Olzen · Maties | Zivilrechtliche Klausurenlehre

# Zivilrechtliche Klausurenlehre

## mit Fallrepetitorium

Von
Professor em. Dr. iur. Dirk Olzen
Universität Düsseldorf

und
Professor Dr. iur. Martin Maties
Universität Augsburg

**8., überarbeitete Auflage**

Verlag Franz Vahlen München 2015

Zitiervorschlag: *Olzen/Maties* Klausurenlehre ZivilR Rn.

**www.vahlen.de**

ISBN 978 3 8006 5098 9


Wilhelmstraße 9, 80801 München
Druck: Druckhaus Nomos
In den Lissen 12, 76547 Sinzheim

Satz: R. John + W. John GbR, Köln
Umschlaggestaltung: Martina Busch Grafikdesign, Homburg Saar

Gedruckt auf säurefreiem, alterungsbeständigem Papier
(hergestellt aus chlorfrei gebleichtem Zellstoff)

# Vorwort zur 8. Auflage

Die Neuauflage bringt die Schrift auf den neuesten Stand. Die Verfasser haben wieder sämtliche Themen, die examensrelevant sein könnten, recherchiert und alle zentralen Entscheidungen und Literaturbeiträge eingearbeitet. Ein Schwerpunkt der Überarbeitung lag in der Einbindung des neuen Verbraucherschutzrechts, das die EU-Verbraucherrechterichtlinie 2011/83/EU (VRRL) zum 13.6.2014 in nationales Recht umgesetzt hat. Zugleich wurden die aktuellen Entwicklungen zum Verbrauchsgüterkauf aufgrund der Rechtsprechung des Europäischen Gerichtshofs in die Fallbearbeitung eingebunden.

Unser Dank gilt Herrn Professor Rolf Wank, der als Mitbegründer und Autor das Werk bis zur 7. Auflage begleitet hat und auch immer noch beratend aktiv ist.

Bei allen Bemühungen und bei aller Sorgfalt mag die eine oder andere Frage offen geblieben sein. Wir sind wieder dankbar für Anregungen zur Verbesserung und zur Ergänzung, die Sie bitte an die nachfolgenden Adressen senden wollen:

Universitätsprofessor em. Dr. Dirk Olzen
Heinrich-Heine-Universität Düsseldorf
Juristische Fakultät – Geb. 24.91
Universitätsstraße 1
40225 Düsseldorf

E-Mail: olzen@uni-duesseldorf.de

Universitätsprofessor Dr. Martin Maties
Professur für Bürgerliches Recht, Arbeits- und Sozialrecht sowie Methodenlehre
Universität Augsburg
Juristische Fakultät Raum 1049
Universitätsstr. 24
86159 Augsburg

E-Mail: martin.maties@jura.uni-augsburg.de

Düsseldorf/Augsburg, im Juli 2015

*Dirk Olzen*
*Martin Maties*

# Vorwort zur 1. Auflage

Mit diesem Werk wird die bereits durch die Strafrechtliche Klausurenlehre von *Claus Roxin/Bernd Schünemann/Bernhard Haffke* und die Öffentlich-rechtliche Klausurenlehre von *Günter Erbel* begründete Serie um das Bürgerliche Recht ergänzt.

Die an den Anfang des Werkes gestellte Methodik der Fallbearbeitung sollte zunächst im Zusammenhang gelesen werden und im Übrigen auch als Nachschlagemöglichkeit bei Zweifelsfragen in Übungen und bei der Vorbereitung auf das Examen dienen.

Den Fällen zu den einzelnen Gebieten des BGB sind jeweils Einleitungen vorangestellt. Sie sollen vor allem systematische Zusammenhänge aufzeigen, wollen aber kein Lehrbuch ersetzen. Zu den wichtigsten Problembereichen werden Aufbauschemata vorgeschlagen. Den Schwerpunkt der Einleitungen bilden die Themen, die auch in den Fällen abgesprochen und veranschaulicht werden.

Die Fälle führen durch das gesamte BGB, vom Allgemeinen Teil bis zum Erbrecht. Es finden sich sowohl Standard- als auch Sonderprobleme, also eine Mischung, wie sie dem Studenten auch in den Übungen und im Examen begegnet.

Die Klausuren sind von unterschiedlichem Schwierigkeitsgrad, was durch den Umfang der Lösungen kenntlich gemacht wird. Teils handelt es sich um Klausuren aus der Fortgeschrittenen-Übung, teils um Examensklausuren. Die meisten Aufgaben sind in dieser Form in Übungen und im Staatsexamen bereits gestellt worden.

Anregungen zur Verbesserung und zur Ergänzung des Buches nehmen wir gern entgegen.

Auch an dieser Stelle möchten wir unseren wissenschaftlichen Mitarbeitern in Hamburg und in Bochum für ihre Unterstützung danken. Frau *Ursula Fiedler* und Frau *Barbara Werner* danken wir für die sorgfältige Erstellung des Manuskripts.

Hamburg/Bochum, im März 1994

*Dirk Olzen*
*Rolf Wank*

# Inhaltsübersicht

# Inhaltsverzeichnis

# Abkürzungsverzeichnis

aA ............ anderer Ansicht
abl. ............ ablehnend
abw. ............ abweichend
AbzG .......... Abzahlungsgesetz
AcP ........... Archiv für die civilistische Praxis
AGV .......... außerhalb von Geschäftsräumen geschlossene Verträge
aE ............ am Ende
AEUV ......... Vertrag über die Arbeitsweise der Europäischen Union
AG ............ Aktiengesellschaft, Amtsgericht
AGB .......... Allgemeine Geschäftsbedingungen
AGBG ......... Gesetz zur Regelung des Rechts der Allgemeinen Geschäftsbedingungen
AGG .......... Allgemeines Gleichbehandlungsgesetz
AktG .......... Aktiengesetz
Alt. ........... Alternative
Amtl. Begr. ...... Amtliche Begründung
Anh. ........... Anhang
Anm. .......... Anmerkung
AnwK-BGB ..... Anwaltskommentar zum BGB
AO ........... Abgabenordnung
AP ............ Arbeitsrechtliche Praxis (Entscheidungssammlung)
ArbG .......... Arbeitsgericht
AT ............ Allgemeiner Teil
Aufl. ........... Auflage
ausf. ........... ausführlich
Ausn. .......... Ausnahme
AuR ........... Arbeit und Recht (Zeitschrift)

BAG .......... Bundesarbeitsgericht
BAGE ......... Entscheidungen des Bundesarbeitsgerichts
BayObLG ...... Bayerisches Oberstes Landesgericht
BB ............ Der Betriebsberater (Zeitschrift)
Bd. ............ Band
Beil. ........... Beilage
betr. ........... betrifft
BetrAVG ....... Gesetz zur Verbesserung der betrieblichen Altersversorgung
BGA .......... Bundesgesundheitsamt
BGB. .......... Bürgerliches Gesetzbuch
BGH .......... Bundesgerichtshof
BGHZ ......... Entscheidungen des Bundesgerichtshofs in Zivilsachen
BImSchG ....... Gesetz zum Schutz vor schädlichen Umwelteinwirkungen durch Luftverunreinigungen, Geräusche, Erschütterungen und ähnliche Vorgänge (Bundesimmissionsschutzgesetz)
BNotO ........ Bundesnotarordnung
BT ............ Besonderer Teil
BT-Drs. ......... Drucksachen des Deutschen Bundestages
BürgerlR ....... Bürgerliches Recht
BVerfG. ........ Bundesverfassungsgericht
BVerfGE ....... Entscheidungen des Bundesverfassungsgerichts

c.i.c. ............ culpa in contrahendo

DB ............ Der Betrieb (Zeitschrift)
ders.. ............ derselbe
DGVZ.......... Deutsche Gerichtsvollzieher-Zeitung
DJT............ Deutscher Juristentag
DNotZ ......... Deutsche Notarzeitschrift
DVBl. .......... Deutsches Verwaltungsblatt

EFZG .......... Entgeltfortzahlungsgesetz
EGBGB......... Einführungsgesetz zum Bürgerlichen Gesetzbuch
EGMR.......... Europäischer Gerichtshof für Menschenrechte
EheG........... Ehegesetz
ErbR ........... Erbrecht
ErfK ........... Erfurter Kommentar zum Arbeitsrecht
EuGH.......... Gerichtshof der Europäischen Gemeinschaften
EWGV ......... Vertrag zur Gründung der Europäischen Wirtschaftsgemeinschaft
EWiR .......... Entscheidungen zum Wirtschaftsrecht
EzA............ Entscheidungen zum Arbeitsrecht
FamR........... Familienrecht
FamRZ ......... Zeitschrift für das gesamte Familienrecht

ff.. ............. folgende
FGG ........... Gesetz über die Angelegenheiten der freiwilligen Gerichtsbarkeit
Fn.. ............ Fußnote
FuR............ Familie und Recht

GBO........... Grundbuchordnung
gem.. ........... gemäß
GewO.......... Gewerbeordnung
GG ............ Grundgesetz für die Bundesrepublik Deutschland
GKG........... Gerichtskostengesetz
GmbH.......... Gesellschaft mit beschränkter Haftung
GmbHG ........ Gesetz betreffend die Gesellschaft mit beschränkter Haftung
GVG........... Gerichtsverfassungsgesetz

hA............. herrschende Ansicht
HausratsVO ..... Verordnung über die Behandlung der Ehewohnung und des Hausrats
HGB........... Handelsgesetzbuch
HK-BGB........ Handkommentar Bürgerliches Gesetzbuch
hL............. herrschende Lehre
hM ............ herrschende Meinung
HRR........... Höchstrichterliche Rechtsprechung
Hs. ............ Halbsatz

idR ............ in der Regel
iE ............. im Ergebnis
ieS............. im engeren Sinne
insbes.......... insbesondere
iR ............. im Rahmen
iRd ............ im Rahmen des
iSd............. im Sinne des/der
iSv............. im Sinne von
iVm............ in Verbindung mit
iwS ............ im weiteren Sinne

JA ............. Juristische Arbeitsblätter
JR ............. Juristische Rundschau
JuS............. Juristische Schulung

Kap. . . . . . . . . . . . . Kapitel
KG. . . . . . . . . . . . Kammergericht
KO . . . . . . . . . . . Konkursordnung
krit. . . . . . . . . . . . kritisch
KSchG . . . . . . . . . Kündigungsschutzgesetz

LAG . . . . . . . . . . Landesarbeitsgericht
Lit.. . . . . . . . . . . . . Literatur

mAnm.. . . . . . . . . mit Anmerkung
MDR . . . . . . . . . . Monatsschrift für Deutsches Recht
MHdB ArbR . . . . Münchener Handbuch zum Arbeitsrecht
MüKo . . . . . . . . . Münchener Kommentar
MuSchG. . . . . . . . Mutterschutzgesetz
mwN . . . . . . . . . . mit weiteren Nachweisen

Nachw.. . . . . . . . . Nachweis
NJW . . . . . . . . . . Neue Juristische Wochenschrift
NJW-RR . . . . . . . Neue Juristische Wochenschrift – Rechtsprechungsreport
NVwZ. . . . . . . . . Neue Zeitschrift für Verwaltungsrecht
NZA . . . . . . . . . . Neue Zeitschrift für Arbeits- und Sozialrecht
NZI . . . . . . . . . . . Neue Zeitschrift für das Recht der Insolvenz und Sanierung

OHG. . . . . . . . . . Offene Handelsgesellschaft
OLG . . . . . . . . . . Oberlandesgericht
ÖffR . . . . . . . . . . Öffentliches Recht
österr.. . . . . . . . . . österreichische

PflVersG . . . . . . . Gesetz über die Pflichtversicherung für Kraftfahrzeughalter
PStG . . . . . . . . . . Personenstandsgesetz

RdA. . . . . . . . . . . Recht der Arbeit
RpflG. . . . . . . . . . Rechtspflegergesetz
RGBl.. . . . . . . . . . Reichsgesetzblatt
RGRK . . . . . . . . . Das Bürgerliche Gesetzbuch mit besonderer Berücksichtigung der Rechtsprechung des Reichsgerichts und des Bundesgerichtshofes, Kommentar, hrsg. von Reichsgerichtsräten und Bundesrichtern (Reichsgerichtsrätekommentar)
RGZ . . . . . . . . . . Entscheidungen des Reichsgerichts in Zivilsachen
Rn.. . . . . . . . . . . . Randnummer
Rspr. . . . . . . . . . . Rechtsprechung

S. . . . . . . . . . . . . . Seite
s. . . . . . . . . . . . . . siehe
SachenR . . . . . . . . Sachenrecht
SchuldR . . . . . . . . Schuldrecht
SGB . . . . . . . . . . . Sozialgesetzbuch
st.. . . . . . . . . . . . . ständig
StAZ . . . . . . . . . . Das Standesamt (Zeitschrift)
StGB . . . . . . . . . . Strafgesetzbuch
str. . . . . . . . . . . . . streitig
StrafR. . . . . . . . . . Strafrecht
StVG . . . . . . . . . . Straßenverkehrsgesetz

teilw. zust. . . . . . . teilweise zustimmend

uU . . . . . . . . . . . . unter Umständen
UStG . . . . . . . . . . Umsatzsteuergesetz

VersR. . . . . . . . . . . Versicherungsrecht (Zeitschrift)
Vorbem.. . . . . . . . . Vorbemerkung
VRS. . . . . . . . . . . . Verkehrsrechts-Sammlung
VVG . . . . . . . . . . . Gesetz über den Versicherungsvertrag

WaStrG . . . . . . . . . Bundeswasserstraßengesetz
WG. . . . . . . . . . . . Wechselgesetz
WHG . . . . . . . . . . Gesetz zur Ordnung des Wasserhaushalts (Wasserhaushaltsgesetz)
WM. . . . . . . . . . . . Wertpapier-Mitteilungen
WuM. . . . . . . . . . . Wohnungswirtschaft und Mietrecht

ZBB. . . . . . . . . . . . Zeitschrift für Bank- und Börsenrecht
ZfA . . . . . . . . . . . . Zeitschrift für Arbeitsrecht
ZGR . . . . . . . . . . . Zeitschrift für Unternehmens- und Gesellschaftsrecht
ZHR . . . . . . . . . . . Zeitschrift für das gesamte Handels- und Wirtschaftsrecht
ZIP . . . . . . . . . . . . Zeitschrift für Wirtschaftsrecht und Insolvenzpraxis
ZivilProzR. . . . . . . Zivilprozessrecht
ZivilR . . . . . . . . . . Zivilrecht
ZPO . . . . . . . . . . . Zivilprozessordnung
zT . . . . . . . . . . . . . zum Teil
ZVG . . . . . . . . . . . Gesetz über die Zwangsversteigerung und die Zwangsverwaltung (Zwangsversteigerungsgesetz)
zZt . . . . . . . . . . . . zur Zeit

# Literaturverzeichnis*

## A. Bürgerliches Recht

### I. Allgemeiner Teil


*Brox, H./Walker, W. D.* . . . . . . . . . . . . Allgemeiner Teil des Bürgerlichen Gesetzbuchs, 38. Aufl. 2014 (zit.: *Brox/Walker* BGB AT)

*Flume, W.* . . . . . . . . . . . . Allgemeiner Teil des Bürgerlichen Rechts, 2. Bd., Das Rechtsgeschäft, 4. Aufl. 1992 (zit.: *Flume* BGB AT)

*Hübner, H.* . . . . . . . . . . . Allgemeiner Teil des Bürgerlichen Gesetzbuches, 2. Aufl. 1996 (zit.: *Hübner* BGB AT)

*Köhler, H* . . . . . . . . . . . . BGB Allgemeiner Teil, 38. Aufl. 2014 (zit.: *Köhler* BGB AT)

*Medicus, D.* . . . . . . . . . . . Allgemeiner Teil des BGB, 10. Aufl. 2010 (zit.: *Medicus* BGB AT)

*Medicus, D./Petersen, J.* . . . . . . . . . . Grundwissen zum Bürgerlichen Recht, 10. Aufl. 2014 (zit.: *Medicus/Petersen* Grundwissen BürgerlR)

*Wolf, M./Neuner, J.* . . . . . . . . . . . . Allgemeiner Teil des Bürgerlichen Rechts, 10. Aufl. 2012 (zit.: *Larenz/Wolf* BGB AT)


### II. Schuldrecht


*Brox, H./Walker, W. D.* . . . . . . . . . . . . Allgemeines Schuldrecht, 39. Aufl. 2015 (zit.: *Brox/Walker* SchuldR AT)

*Brox, H./Walker, W. D.* . . . . . . . . . . . . Besonderes Schuldrecht, 39. Aufl. 2015 (zit.: *Brox/Walker* SchuldR BT)

*Dauner-Lieb, B./Heidel, T./Lepa, M./Ring, G.* . . . . . . Das Neue Schuldrecht, 2002 (zit.: Dauner-Lieb/Heidel/Lepa/Ring/*Bearbeiter* SchuldR)

*Emmerich, V.* . . . . . . . . . BGB – Schuldrecht Besonderer Teil, 14. Aufl. 2015 (zit.: *Emmerich* SchuldR BT)

*Esser, J./Schmidt, E.* . . . . . . . . . . . . . Schuldrecht Bd. I, Allgemeiner Teil, Teilband 1, 8. Aufl. 1995 (zit.: *Esser/Schmidt* SchuldR AT I)

*Esser, J./Schmidt, E.* . . . . . . . . . . . . . Schuldrecht Bd. I, Allgemeiner Teil, Teilband 2, 8. Aufl. 2000 (zit.: *Esser/Schmidt* SchuldR AT II)

*Esser, J./Weyers, H.-L.* . . . . . . . . . . . . . Schuldrecht Bd. II, Besonderer Teil, 8. Aufl. 2002 (zit.: *Esser/Weyers* SchuldR BT II)

*Fikentscher, W./Heinemann, A.s* . . . . . . . Schuldrecht, 10. Aufl. 2006 (zit.: *Fikentscher/Heinemann* SchuldR)

*Larenz, K.* . . . . . . . . . . . Lehrbuch des Schuldrechts, Bd. I, Allgemeiner Teil, 14. Aufl. 1987 (zit.: *Larenz* SchuldR I)

*Larenz, K.* . . . . . . . . . . . Lehrbuch des Schuldrechts, Bd. II, Besonderer Teil, 1. Halbband, 13. Aufl. 1986 (zit.: *Larenz* SchuldR II 1)

*Larenz, K./Canaris, C.-W.* . . . . . . . . . . . Bd. II, Besonderer Teil, 2. Halbband, 13. Aufl. 1994 (zit.: *Larenz/Canaris* SchuldR II 2)

*Looschelders, D.* . . . . . . . . Schuldrecht Allgemeiner Teil, 12. Aufl. 2014 (zit.: *Looschelders* SchuldR AT)

*Looschelders, D.* . . . . . . . . Schuldrecht Besonderer Teil, 10. Aufl. 2015 (zit.: *Looschelders* SchuldR BT)

*Looschelders, D./Roth, W.* . . . . . . Juristische Methodik im Prozess der Rechtsanwendung, 1996 (zit.: *Looschelders/Roth* Juristische Methodik)

*Medicus, D./Lorenz, S.* . . . . . . . . . . Schuldrecht I, Allgemeiner Teil, 20. Aufl. 2012 (zit.: *Medicus/Lorenz* SchuldR I)


* Zum BGB wird nur die zitierte Literatur angegeben.

*Medicus, D./ Lorenz, S.* ......... Schuldrecht II, Besonderer Teil, 17. Aufl. 2014 (zit.: *Medicus/Lorenz* SchuldR II)

*Schlechtriem, P.* ....... Schuldrecht, Besonderer Teil, 6. Aufl. 2003 (zit.: *Schlechtriem* SchuldR BT)


### III. Sachenrecht


*Baur, J. F./ Stürner, R.* ........... Sachenrecht, 18. Aufl. 2009 (zit.: *Baur/Stürner* SachenR)

*Müller, K.*............ Sachenrecht, 4. Aufl. 1997 (zit.: *Müller* SachenR)

*Prütting, H.*.......... Sachenrecht, 35. Aufl. 2014 (zit.: *Prütting* SachenR)

*Schapp, J./ Schur, W.* .......... Sachenrecht, 4. Aufl. 2010 (zit.: *Schapp/Schur* SachenR)

*Schreiber, K.*.......... Sachenrecht, 6. Aufl. 2015 (zit.: *Schreiber* SachenR)

*Vieweg, K./ Werner, A.* .......... Sachenrecht, 6. Aufl. 2013 (zit.: *Vieweg/Werner* SachenR)

*Westermann, H.P.* ..... BGB-Sachenrecht, 12. Aufl. 2012 (zit.: *H.P. Westermann* SachenR)

*Westermann, H.P./ Gursky, K.-H./ Eickmann, D.*..... Sachenrecht, 8. Aufl. 2011 (zit.: *Westermann/Gursky/Eickmann* SachenR)

*Wieling, H.-J.*......... Sachenrecht, 5. Aufl. 2007 (zit.: *Wieling* SachenR)

*Wilhelm, J.*............ Sachenrecht, 4. Aufl. 2010 (zit.: *Wilhelm* SachenR)

*Wolf, M./ Wellenhofer, M.*............ Sachenrecht, 29. Aufl. 2014 (zit.: *Wolf/Wellenhofer* SachenR)

*Wolff, M./ Raiser, L.* ........... Sachenrecht, 10. Aufl. 1957 (zit.: *Wolff/Raiser* SachenR)


### IV. Familienrecht


*Dethloff, N.*.......... Familienrecht 30. Aufl. 2012 (zit.: *Dethloff* FamR)

*Gernhuber, J./ Coester-Waltjen, D.* ........ Familienrecht, 6. Aufl. 2010 (zit.: *Gernhuber/Coester-Waltjen* FamR)

*Grziwotz, H.*.......... Nichteheliche Lebensgemeinschaft, 5. Aufl. 2014 (zit.: *Grziwotz* Nichteheliche Lebensgemeinschaft)

*Rauscher, T.*.......... Familienrecht, 2. Aufl. 2008 (zit.: *Rauscher* FamR)

*Schlüter, W.* .......... BGB-Familienrecht, 14. Aufl. 2013 (zit.: *Schlüter* FamR)

*Schwab, D.*........... Familienrecht, 22. Aufl. 2014 (zit.: *Schwab* FamR)


### V. Erbrecht


*Brox, H./ Walker, W.-D.*............ Erbrecht, 26. Aufl. 2014 (zit.: *Brox/Walker* ErbR)

*Lange, H./ Kuchinke, K.*........... Lehrbuch des Erbrechts, 5. Aufl. 2001 (zit.: *Lange/Kuchinke* ErbR)

*Leipold, D.*........... Erbrecht, 20. Aufl. 2014 (zit.: *Leipold* ErbR)

*Michalski, L.* ......... BGB-Erbrecht, 4. Aufl. 2010 (zit.: *Michalski* ErbR)

*Olzen, D.*............ Erbrecht, 4. Aufl. 2013 (zit.: *Olzen* ErbR)

*Schellhammer, K.* ....... Erbrecht nach Anspruchsgrundlagen, 3. Aufl. 2010 (zit.: *Schellhammer* ErbR)


## B. Methodenlehre


*Adomeit, K./ Hähnchen, S.* ......... Rechtstheorie für Studenten, 6. Aufl. 2012 (zit.: *Adomeit/Hähnchen* Rechtstheorie)

*Bydlinski, F.* .......... Juristische Methodenlehre und Rechtsbegriff, 2. unveränd. Aufl., 1991 (zit.: *Bydlinski* Methodenlehre)

*Engisch, K.*........... Einführung in das juristische Denken, 11. Aufl. 2010 (zit.: *Engisch* Juristisches Denken)

*Fikentscher, W.*........ Methoden des Rechts in vergleichender Darstellung, Band III, 1976 (zit.: *Fikentscher* Methoden des Rechts)

*Larenz, K.* . . . . . . . . . . . Methodenlehre der Rechtswissenschaft, 6. Aufl. 1991 (zit.: *Larenz* Methodenlehre)

*Larenz, K./ Canaris, C.-W.* . . . . . . . . . . . Methodenlehre der Rechtswissenschaft – Studienausgabe, 4. Aufl., 2011 (zit.: *Larenz/Canaris* Methodenlehre)

*Pawlowski, H.-M.* . . . . . Methodenlehre für Juristen, 3. Aufl. 1999 (zit.: *Pawlowski* Methodenlehre)

*Rüthers, B./ Fischer, C./Birk, A.* . . . . . . . . . . Rechtstheorie, 8. Aufl. 2015 (zit.: *Rüthers* Rechtstheorie)

*Wank, R.* . . . . . . . . . . . . Grenzen richterlicher Rechtsfortbildung, 1978 (zit.: *Wank* Grenzen richterlicher Rechtsfortbildung)

*Wank, R.* . . . . . . . . . . . . Die juristische Begriffsbildung 1985 (zit.: *Wank* Juristische Begriffsbildung)

*Wank, R.* . . . . . . . . . . . . Die Auslegung von Gesetzen – eine Einführung, 5. Aufl. 2011 (zit.: *Wank* Auslegung)

*Zippelius, R.* . . . . . . . . . . . Juristische Methodenlehre, 11. Aufl. 2012 (zit.: *Zippelius* Methodenlehre)


## C. Fallsammlungen und Anleitungen

### I. Bürgerliches Recht und Allgemeines


*Brox, H./Henssler, M.* . . . . Handelsrecht, 21. Aufl. 2011 (zit.: *Brox/Henssler* HandelsR)

*Brox, H./Walker, W. D.* . . . . . . Zwangsvollstreckungsrecht, 10. Aufl. 2014 (zit.: *Brox/Walker* ZVR)

*Diederichsen, U./ Wagner, G.* . . . . . . Die BGB-Klausur, 9. Aufl. 1998 (zit.: *Diederichsen/Wagner* BGB-Klausur)

*Grunewald, B.* . . . . . . . . . Bürgerliches Recht, 9. Aufl. 2014 (zit.: *Grunewald* BürgerlR)

*Medicus, D./ Petersen, J.* . . . . . . . . . . Bürgerliches Recht, 24. Aufl. 2013 (zit.: *Medicus/Petersen* BürgerlR)

*Reuter, D./ Martinek, M.* . . . . . . . . . . Ungerechtfertigte Bereicherung, 1983 (zit.: *Reuter/Martinek* Ungerechtfertigte Bereicherung)

*Röthel, A.* . . . . . . . . . . . . . Fallrepetitorium Familien- und Erbrecht, 2009 (zit.: *Röthel* Fallrep FamR/ErbR)

*Staudinger, J.von* . . . . . . Eckpfeiler des Zivilrechts, Neubearbeitung 2014/15 (zit.: Staudinger/*Bearbeiter* Eckpfeiler)

*Tettinger, P. J./ Mann, T.* . . . . . . . . Einführung in die juristische Arbeitstechnik, 4. Aufl. 2009 (zit.: *Tettinger/Mann* Arbeitstechnik)

*Teubner, E.* . . . . . . . . . . . . Die Examens- und Übungshausarbeit im Bürgerlichen Recht einschließlich des Verfahrensrechts, 2. Aufl. 1993 (zit.: *Teubner* Examensarbeit BürgerlR)

*Teubner, E.* . . . . . . . . . . . . Die Examens- und Übungsklausur im Bürgerlichen Recht, Strafrecht und Öffentlichen Recht, einschließlich der Verfahrensrechte, 4. Aufl. 1995 (zit.: *Teubner* Examensarbeit BürgerlR, StrafR, ÖffR)


### II. Zivilprozessrecht


*Baumgärtel, G./ Laumen, H.-W./ Prütting, H.* . . . . . . . Der Zivilprozessrechtsfall, 9. Aufl. 2007 (zit.: *Baumgärtel/Laumen/Prütting* ZivilProzRFall)

*Gerhard, W.r* . . . . . . . . . Zivilprozessrecht (Fälle und Lösungen nach höchstrichterlichen Entscheidungen), 8. Band, 6. Aufl. 2000 (zit.: *Gerhard* ZivilProzR)

*Schreiber, K.* . . . . . . . . . . . Übungen im Zivilprozeßrecht, 2. Aufl. 1996 (zit.: *Schreiber* Übungen ZivilProzR)


## D. Kommentare


*Bamberger, H.G./ Roth, H.* . . . . . Kommentar zum BGB, 3. Aufl. 2012 (zit.: Bamberger/Roth/*Bearbeiter*)

*Baumbach, A./ Hopt, K. J.* . . . . . . . . Kommentar zum Handelsgesetzbuch, 36. Aufl. 2014 (zit.: Baumbach/Hopt/*Bearbeiter*)

*Baumbach, A./ Lauterbach, W./ Albers, J./Hartmann, P.* . . . . . . . . Kommentar zur ZPO, 73. Aufl. 2015 (zit.: BLAH/*Bearbeiter*)

*Erman, W.* . . . . . . . . . . . . Kommentar zum BGB, 14. Aufl. 2014 (zit.: Erman/*Bearbeiter*)

*Jauernig, O.* . . . . . . . . . . . Kommentar zum BGB, 15. Aufl. 2014 (zit.: Jauernig/*Bearbeiter*)

*Palandt, O.* . . . . . . . . . . . Kommentar zum BGB, 74. Aufl. 2015 (zit.: Palandt/*Bearbeiter*)

*Prütting, H./ Helms, T.* . . . . . . . . . Kommentar zum FamFG, 3. Aufl. 2014 (zit.: Prütting/Helms/*Bearbeiter*)

*Prütting, H./ Wegen, G./ Weinreich, G.* . . . . . . . . . Kommentar zum BGB, 9. Aufl. 2014 (zit.: PWW/*Bearbeiter*)

*Rebmann, K./ Säcker, F. J./ Rixecker, R.* . . . . . . . . Münchener Kommentar zum BGB, 6. Aufl. ab 2012 (zit.: MüKoBGB/*Bearbeiter*)

*Dauner-Lieb, B./ Heidel, T./ Ring, G.* . . . . . . Nomoskommentar zum BGB Bd. 1, 2. Aufl. 2011, Bd. 2.1, 2. Aufl. 2012, Bd. 2.2, 2. Aufl. 2012, Bd. 3, 3. Aufl. 2012, Bd. 4, 3. Aufl. 2014, Bd. 5, 4. Aufl. 2014 (zit.: NK-BGB/*Bearbeiter*)

*Saenger, I.* . . . . . . . . . . . . Zivilprozessordnung Handkommentar, 6. Aufl. 2015 (zit.: NK-ZPO/*Bearbeiter*)

*Soergel, T.* . . . . . . . . . . . . Bürgerliches Gesetzbuch mit Nebengesetzen, 13. Aufl. ab 2000 (zit.: Soergel/*Bearbeiter*)

*Schulze, R./ Dörner, H.* . . . . . . . . . . . Handkommentar zum BGB, 8. Aufl. 2014 (zit.: HK-BGB/*Bearbeiter*)

*Staudinger, J. von* . . . . . . Kommentar zum BGB, 13. Aufl. bzw. Neubearbeitung (zit.: Staudinger/*Bearbeiter*)

*Stein, F./ Jonas, M.* . . . . . . . . . . . . . ZPO, 22./23. Aufl. ab 2002 (zit.: Stein/Jonas/*Bearbeiter*)

*Thomas H./ Putzo H.* . . . . . . . . . . ZPO, 36. Aufl. 2015 (zit.: Thomas/Putzo/*Bearbeiter*)

# 1. Teil. Einführung in die Technik zivilrechtlicher Fallbearbeitungen

## 1. Kapitel. Die Lösung Ihrer Aufgabe in fünf Arbeitsschritten

Bei jeder Klausur oder Hausarbeit sollten Sie in folgenden Arbeitsschritten vorgehen:[1]

A. Lektüre des Sachverhalts
B. Erarbeitung der Fallfrage
C. Erarbeitung der Fallprobleme
D. Erarbeitung der Lösungsskizze
E. Ausarbeitung

Diesen fünf Arbeitsschritten wollen wir uns nun im Einzelnen zuwenden.

### A. Die Lektüre des Sachverhalts

Gleich welches Anleitungsbuch für die Lösung juristischer Sachverhalte Sie aufschlagen, immer werden Sie zu Beginn den Rat lesen, den *Klausur- oder Hausarbeitsfall, den Sie zu bearbeiten haben, gründlich zu lesen.*[2] Ein guter Rat wird durch mehrfache Verwendung nicht schlechter. Und bedenken Sie bitte ferner: Wenn alle Autoren, die sich mit der Ausbildungsliteratur beschäftigen und in der Regel dauernd mit Übungs- und Examensarbeiten befassen, auf diesen Punkt viel Wert legen und sich darin jedenfalls einig sind, so spricht das für dessen Richtigkeit. Auch die Autoren selbst mussten sich in ihrer Ausbildungszeit häufig dazu zwingen, diesen Rat zu befolgen. Dafür gibt es eine Erklärung. Klausuren zu schreiben – besonders Examensklausuren – bedeutet wohl für die meisten einen Zustand großer nervlicher Anspannung. Wenige Studenten werden sich davon freimachen können. Die entscheidenden Faktoren dabei sind Zeitdruck und Angst vor Misserfolg. Der erstgenannte Gesichtspunkt führt dazu, sich häufig von der ersten bis zur letzten Minute gehetzt zu fühlen. Aus diesem Grunde möchte man sich möglichst schnell der Ausarbeitung zuwenden. Zudem werden zumindest schon einige Problemkreise beim ersten Durchlesen ersichtlich, die man alsbald behandeln will. Es bedarf deshalb einiger Willensstärke und eines intensiven Trainings, sich zunächst ausführlich dem Sachverhalt zuzuwenden und dafür auch genügend Zeit zu nehmen. Die Empfehlung, sich in ihn »wie in einen guten Kriminalroman hineinzuvertiefen«,[3] mag für manchen schwer zu befolgen sein, wenn man etwa an den einredefreien Hypothekenerwerb oder an Probleme des Grundbuchberichtigungsanspruchs denkt. Aber gleich, wie Sie es schaffen: Sie müssen sich mit dem Sachverhalt in allen Einzelheiten vertraut machen. Die Schwäche mancher unzureichenden Klausur liegt nicht oder jedenfalls nicht nur in einer falschen oder 1

1 *Diederichsen/Wagner* BGB-Klausur 19.

2 *Brox* JA 1987, 169; *Diederichsen/Wagner* BGB-Klausur 20–25 und 147–153; *Rollmann* JuS 1988, 42 (44); *Tettinger* JuS 1982, 357; *Tettinger/Mann* Arbeitstechnik 91 ff.; *Teubner* Examensarbeit BürgerlR, StrafR, ÖffR 1; *Medicus/Petersen* Grundwissen BürgerlR Rn. 9 ff.; s. auch *Fahl* JA 2008, 350; *Körber* JuS 2008, 289 (290).

3 *Tettinger/Mann* Arbeitstechnik, 1. Aufl. 1982, 72.

unvollständigen Lösung der juristischen Probleme, sondern auch im Verkennen oder mangelhaften Auswerten des Sachverhalts.

2 In diesem Zusammenhang spielt auch die Assoziation zum *bekannten Fall* eine Rolle.[4] Nahezu jeder Sachverhalt enthält eine Reihe von Problemen oder Sachverhaltsgestaltungen, die in ähnlicher Form auch in anderen Klausuren auftauchen. Identisch sind zwei Arbeiten aber selten. Die kleinste Abweichung kann jedoch die Lösung völlig verändern, indem der Aufgabensteller zB eine Anfechtungsfrist geändert oder einen Formmangel bei einem Rechtsgeschäft eingearbeitet hat. Erliegen Sie deshalb nicht der Versuchung, aus dem Gefühl eines »déjà vu« den falschen Fall zu lösen. Dieses Problem besteht insbesondere dann, wenn Sie Ihre gesamte Examensvorbereitung induktiv, dh vom Fall her betreiben. Die beste Lösung hilft Ihnen nicht, wenn sie nicht den Sachverhalt betrifft, der Ihnen vorliegt.

Kontrollieren Sie ihn deshalb immer wieder und nicht zuletzt noch einmal am Schluss der Bearbeitung. Dies gilt vor allem bei langen Sachverhalten, denen oft zu Unrecht ein gewisses Unbehagen entgegengebracht wird. Tatsächlich sind sie nicht selten leichter zu bearbeiten als ein Fünfzeiler, der es in sich haben kann, wie man uU zu spät bemerkt.

## I. Hilfsmittel

Sie sollten sich angewöhnen, auch in einfachen Fällen zu drei Hilfsmitteln zu greifen, zur chronologischen Tafel, zur Zeichnung und zur Stoffsammlung.

### 1. Chronologische Tafel

3 Bei der Fallbearbeitung ist vom Aufbau nach Ansprüchen auszugehen. Die im Sachverhalt genannten Ereignisse erscheinen an der Stelle, an der sie im Aufbau zu behandeln sind. Um aber das Geschehen richtig zu verstehen, sollten Sie zunächst die Vorgänge im Sachverhalt in chronologischer Ordnung untereinander schreiben.[5] Das ist unabdingbar, wenn im Sachverhalt Daten genannt werden. Sie sind fast immer von Bedeutung, etwa für Fristen oder für eine eventuelle Verjährung.

### 2. Personenskizze

4 Meist erscheinen im Sachverhalt mehrere Personen. Die Beziehungen zwischen ihnen können durch eine Skizze verdeutlicht werden.[6] Ansprüche lassen sich hierin durch Pfeile kennzeichnen, die Normen mögen zugeschrieben werden, soweit sie Ihnen bereits beim Durchlesen des Sachverhalts auffallen.

**Beispiel:**

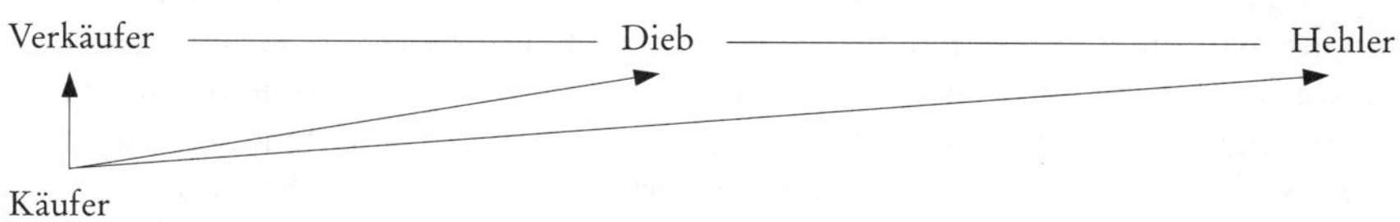


4 → Rn. 37.

5 *Körber* JuS 2008, 289 (291).

6 *Körber* JuS 2008, 289 (291).

### 3. Stoffsammlung

Schon während der Verarbeitung des Sachverhalts sollten Sie sich bei der Lektüre alles notieren, was Ihnen an rechtlich Erheblichem einfällt. Sonst besteht die Gefahr, dass Sie einen guten Gedanken verlieren.[7] 5

## II. Der bereinigte Sachverhalt

In der Praxis besteht eine wichtige Aufgabe des Juristen darin, zunächst den rechtlich bedeutsamen Sachverhalt festzustellen. Der Rechtsanwalt fragt deshalb seinen Mandanten, was sich zugetragen hat; er muss sich dann überlegen, welche Tatsachen für die Lösung des Rechtsproblems notwendig sind. Der Richter versucht aus dem vielfach einander widersprechenden und unvollständigen Vorbringen beider Parteien die Wahrheit herauszufinden, eventuell durch eine Beweisaufnahme. 6

Diese Schwierigkeit haben Sie bei den Übungsaufgaben, die Ihnen bis zum und im ersten Staatsexamen gestellt werden, nicht. Sie erhalten einen *»bereinigten Sachverhalt«*. Das bedeutet: Sie können davon ausgehen, dass alle Sachverhaltsangaben so feststehen, wie Sie sie lesen. Dabei müssen Sie Folgendes bedenken: Dem Aufgabensteller geht es darum, dass Sie ein Problem oder mehrere Probleme bearbeiten, die er sich als bearbeitungswürdig vorgestellt hat. Deshalb ist der Aufgabentext so konstruiert, dass Sie mithilfe des Sachverhaltes und durch die Fallfrage auf diese Probleme hingelenkt werden. Jeder Aufgabensteller wird grundsätzlich bemüht sein, in den Sachverhalt alles, aber andererseits nur so viel hineinzunehmen, wie Sie für die Erörterung des Problems brauchen. Nur wenn Sie das wissen, erkennen Sie, worin das Besondere der Übungssachverhalte liegt. 7

Deshalb ein Rat, der Ihnen unnötige Schwierigkeiten ersparen soll. *Zerbrechen Sie sich grundsätzlich nicht den Kopf darüber, ob der Sachverhalt vernünftig ist oder nicht.* Zwar sollen auch Übungsfälle lebens- und praxisnah sein, und sie sind nicht selten Gerichtsentscheidungen nachgebildet. Aber, wenn davon abgewichen wurde: Verschwenden Sie keine Zeit auf tatsächliche Überlegungen, die Ihnen nicht weiterhelfen. In Klausurbesprechungen kann man immer wieder beobachten, dass das Interesse der Studenten besonders groß wird, wenn es um tatsächliche Fragen geht. Finden Sie etwa in Ihrem Sachverhalt die Angabe, ein Kind sei im Tierpark durch den Prankenschlag eines Löwen verletzt worden, weil es zu nah an das Gitter gekommen war, so nützt Ihnen Ihre Kenntnis des Tierparks Hagenbeck, wo so etwas gar nicht vorkommen kann, nichts, und Sie sollten sich damit auch nicht gedanklich auseinandersetzen. Steht beispielsweise im Sachverhalt, A habe dem B für eine Forderung iHv 2.000 EUR eine Buchhypothek bestellt, dann halten Sie sich nicht mit der Erwägung auf, dass ein solches Vorgehen aus Kostengründen unsinnig ist und deshalb in der Praxis nicht vorkommt.

Finden Sie die Angabe, ein vierjähriges Kind habe aus Wut über den Nachbarn, der mit seinem Lkw das Fahrrad des Kindes zerstört hatte, dessen Lkw-Reifen zerstochen, so gehen Sie davon aus, dass das Kind die dazu erforderliche Kraft besaß, selbst wenn man daran mit Recht zweifeln könnte. Beachten Sie also immer, dass Sie eine Übungsaufgabe behandeln. Dieser Umstand kann auch für Ihren Aufbau von Bedeutung sein; darauf ist später noch einzugehen.

---

7 *Fahl* JA 2008, 350; *Körber* JuS 2008, 289 (290).

Der »bereinigte Sachverhalt« zeichnet sich dadurch aus, dass er im Gegensatz zu dem in der Praxis dem Gericht unterbreiteten Sachverhalt vollständig und unstreitig ist.

### 1. Der Sachverhalt ist vollständig

8 Der Sachverhalt ist in zwei Richtungen vollständig:

- Im Sachverhalt steht nichts, was für die Falllösung unerheblich ist.
- Alles, was man zur Lösung braucht, steht im Sachverhalt.

Zu weitgehend erscheint uns jedoch die Auffassung, die Bindung an den Sachverhalt sei selbst auf Tippfehler und ersichtlich falsche Zeitangaben auszudehnen. Hier sind bei Offensichtlichkeit eine Korrektur und bei Zweifeln eine Nachfrage angebracht. Damit sollte der Bearbeiter nicht zu lange warten und auf diese Weise wertvolle Zeit verstreichen lassen. Derartige Ausnahmen ändern aber nichts am eingangs aufgestellten Grundsatz. Kontrollieren Sie deshalb im Laufe der Klausurbearbeitung und auch am Schluss immer wieder, ob es Ihnen wirklich gelungen ist, den Sachverhalt vollständig auszuwerten. Wie bereits erwähnt, ist er als Übungsaufgabe so gestellt, dass Sie regelmäßig auf den vom Aufgabensteller vorgesehenen Lösungsweg geführt werden.

9 Uneingeschränkt gilt dieser Satz indessen nicht. Es ist nämlich nicht unüblich, dass zur Auflockerung manchmal Angaben in den Text aufgenommen werden oder eine Ausdrucksweise gewählt wird, die juristisch keine Bedeutung haben (Beispiele: »An einem schönen blauen Sonntag« oder »Peter Lustig«). Das führt nicht selten zu der schwierigen Abgrenzung, ob es sich um eine rechtlich relevante Angabe handelt oder nicht. Wird etwa im Rahmen eines Rechtsgeschäfts, das den Kauf eines Bildes zum Gegenstand hat, der Name des Künstlers angegeben, so kann das Bedeutung zum Beispiel für die Frage der Anfechtbarkeit bei mangelnder Echtheit oder für Gewährleistungsansprüche haben. Bei einer anderen Klausur hingegen mag die genaue Kennzeichnung ohne Bedeutung sein.

#### a) Haben Sie alle Sachverhaltsangaben verwertet?

10 Da der Aufgabensteller im Grundsatz nur die für die Lösung notwendigen Angaben in den Sachverhalt aufnimmt, gehen Sie davon aus, dass alle Sachverhaltsbestandteile an irgendeiner Stelle Ihrer Lösung benötigt werden. Wenn man die Ausbildungsliteratur zu dieser Frage betrachtet, muss man den Satz jedoch teilweise relativieren. Zum einen wird die Ansicht vertreten, jedes Wort im Sachverhalt sei von Bedeutung,[8] andere meinen demgegenüber, Sachverhalte mit schmückenden Ausführungen seien schon deshalb geeigneter, weil sie auf die Arbeit des Juristen in der Praxis vorbereiten, Wesentliches vom Unwesentlichen zu unterscheiden.[9] Verbindet man die unterschiedlichen Auffassungen zu einer Faustregel, so wird man Folgendes sagen können: *Sollten Sie Teile des Sachverhaltes*, die sich nicht einwandfrei als belanglos identifizieren lassen – und dies ist sicher die Ausnahme – *nicht bearbeitet haben,* dann müssen Sie befürchten, dass Sie zumindest nach den Vorstellungen des Aufgabenstellers die Lösung verfehlt oder unvollständig erarbeitet haben.

8 *Diederichsen/Wagner* BGB-Klausur 20.

9 *Fikentscher/Heinemann* SchuldR 59 f.

Andererseits brauchen Sie nicht zu argwöhnen, dass man Sie durch bestimmte Formulierungen in die Irre führen will, oder dass der Aufgabensteller den Sachverhalt bewusst unklar gehalten hat (dazu allerdings → Rn. 13).

Die scheinbar überflüssigen Sachverhaltsangaben lassen sich zuweilen auch durch die Form der Aufgabenstellung erklären. Häufig ist umstritten, wie ein bestimmtes Problem juristisch zu bewältigen ist. Der Aufgabensteller wird deshalb den Sachverhalt in der Weise gestalten, dass die Bearbeiter den Fall unabhängig davon lösen können, ob sie dieser oder jener Meinung folgen. Aufgrund einer Weichenstellung benötigen Sie dann auf der Grundlage der von Ihnen zugrunde gelegten Theorie Sachverhaltsangaben nicht mehr, auf die es für die Bearbeitung nach der anderen Theorie ankommt.

### b) Haben Sie den Sachverhalt richtig verstanden?

So wie Gesetze und Willenserklärungen auslegungsbedürftig sind,[10] können auch 11
Sachverhalte auslegungsbedürftig sein. Viele Angaben sind allerdings eindeutig.

**Beispiel:** »Am 1.6.2012 geht dem B ein Kündigungsschreiben des A zu.«

Hier werden Sie nicht unterstellen, dass der Zugang am 2. April erfolgte. Manches wird vom Verfasser aber bewusst unscharf gehalten, damit Sie die Angabe rechtlich einordnen können.

**Beispiel:** »Arbeitgeber U sagt dem Arbeiter A: ›Sie können sich Ihre Papiere geben lassen.‹ «

Bei rechtlicher Wertung des Sachverhaltes ergibt sich, dass dem U gekündigt wurde[11]. Entsprechende Auslegungsprobleme stellen sich auch im Zusammenhang mit Rechtsansichten der Parteien, die im Sachverhalt angegeben werden. Bei ihrer Behandlung[12] soll auf dieses Problem noch einmal eingegangen werden. Allgemein gesagt, beginnt in derartigen Fällen die schwierige Aufgabe des Kandidaten, einerseits den Sachverhalt vernünftig zu erläutern oder zu ergänzen, andererseits aber Unterstellungen zu vermeiden. Beachten Sie bitte: Eine richtige Lösung aufgrund eines falschen Sachverhalts ist falsch. Allerdings ist die Grenzziehung häufig nicht einfach. Der sicherste Schutz vor der Konsequenz einer aus der Sicht des Aufgabenstellers gesehen unrichtigen Auslegung ist die ausführliche Begründung. Als weitere Faustregel mag Ihnen helfen, bei zwei denkbaren Sachverhaltsauslegungen diejenige zu wählen, die Ihnen die weitere Bearbeitung eines Problems ermöglicht.[13] Allenfalls unter besonderem Zeitdruck wäre das gegenteilige Verfahren angebracht.

Allgemein wird zudem empfohlen, unklare oder unvollständige Sachverhalte nach der Lebenserfahrung auszulegen, und diese Empfehlung hat sicherlich ihre Berechtigung. Allerdings ist die Lebenserfahrung der Studenten (und nicht nur ihre) offenbar recht unterschiedlich. So wurde in einer Klausur, in der ein Pferd auf der Weide vom Blitz erschlagen worden war, von der einen Hälfte der Bearbeiter angenommen, der Besitzer – ein Landwirt – habe eine Pflichtverletzung begangen, weil er das Tier nicht im Stall unterbrachte, während die andere Hälfte einen Verbleib von Pferden auf der Weide bei Unwetter als normal ansah. Ähnliche Auslegungsprobleme stellen sich nicht selten bei der Behandlung des Verschuldens und des Mitverschuldens. Unzurei-

10 → Rn. 94 ff., → Rn. 118 ff.
11 Dass die mündlich erklärte Kündigung nach § 623 BGB unwirksam ist, ändert daran nichts.
12 → Rn. 18 ff.
13 *Diederichsen/Wagner* BGB-Klausur 160 (162); *Tettinger/Mann* Arbeitstechnik 107.

chend ist dabei der Hinweis, ob Verschulden oder Mitverschulden vorliege, sei »Tatfrage«, der sich nicht selten in Klausuren findet. Werten Sie den Sachverhalt aus, wagen Sie eigene Argumente und trauen Sie sich eine dezidierte Aussage zu, auch etwa über eine bestimmte Schadensquotelung! Der Prüfer wird Ihre Entscheidungsfreude auch dann zu schätzen wissen, wenn er anderer Meinung ist.

Begründungen sind auch dann nicht einfach, wenn Sie von im Sachverhalt genannten Indizien auf die Existenz innerer Tatsachen, wie Irrtum oder Arglist, rückschließen müssen. Schreiben Sie, was Sie für vernünftig halten, und es wird in aller Regel anerkannt, sofern Sie es begründen.

**12** Bedenken Sie aber auch, dass nach den Vorstellungen des Aufgabenstellers ein Anspruch bestimmt *nicht an einem Nebenpunkt scheitern* soll, wenn im weiteren Verlauf der Klausur ersichtlich interessante Probleme auftauchen. Ein gutes Beispiel hierfür sind *Formfragen*. Fehlt bei einem formbedürftigen Rechtsgeschäft jeglicher Hinweis auf die Erfüllung des Formerfordernisses, kann man den formwirksamen Abschluss mit einer entsprechenden Bemerkung voraussetzen. Dies gilt etwa beim Erbvertrag gem. § 2276[14], beim Grundstückskauf gem. § 311b I 1 oder beim Schenkungsversprechen gem. § 518. Bei der Errichtung von Testamenten wird sich regelmäßig der Zusatz »formgerecht«, zB § 2247 I, finden. Soweit der Verfasser der Klausur in der Formerfüllung ein Problem behandelt wissen wollte, finden sich stets mehr oder weniger versteckte Hinweise. Dies ist etwa der Fall, wenn bei einem Grundstückskaufvertrag ein zu geringer Preis beurkundet wurde, wenn ein wechselseitiges Testament als »maschinenschriftlich« bezeichnet wird oder wenn Sie Angaben zu einer eventuellen Heilung gem. § 311b I 2 oder zu § 518 II lesen. Beachten Sie aber, dass sich im BGB auch an anderer Stelle Formvorschriften finden, die weniger bekannt sind als die genannten (vgl. etwa die §§ 311b II–IV, 623, 766, 781, 782, 1154, 1410), die der Kandidat aber zumindest auch finden muss, wenn er darauf bezogene Sachverhaltsangaben verstehen will. Behalten Sie deshalb die Gesetzeslektüre im Hinblick auf »formelle Erfordernisse«, die Ihnen vom öffentlichen Recht her geläufig sind, auch in der Zivilrechtsklausur im Auge.

Etwas Ähnliches gilt für Prozess- und Sachurteilsvoraussetzungen, auf die später noch eingegangen wird.[15]

**13** Zuweilen sind Sachverhalte bewusst offengehalten worden, weil alle denkbaren Auslegungen die Beurteilung nicht ändern. Dann stellen Sie kurz fest, dass *eine Entscheidung dahinstehen* kann.

> **Beispiel:** Unterstellt man die Sachverhaltsvariante x, so ist der Anspruch des A aus dem Grunde a untergegangen, unterstellt man die Sachverhaltsvariante y, so ist der Anspruch aus dem Grunde b untergegangen. A hat auf keinen Fall einen Anspruch, wie sich mit wenigen Sätzen feststellen lässt. Ob also die Variante a oder b vorlag, »kann dahinstehen«.[16]

Ein »Dahinstehenlassen« gibt es sowohl im Hinblick auf Sachverhaltsvarianten als auch im Hinblick auf unterschiedliche Theorien.[17]

---

14 Paragrafen ohne nähere Bezeichnung sind im Folgenden solche des BGB.

15 → Rn. 32 ff.

16 Vgl. *Diederichsen/Wagner* BGB-Klausur 164 f.

17 Zum Dahinstehenlassen bei Theorien → Rn. 106.

Als Hilfe sollten Sie festhalten, dass eine alternative Sachverhaltsauslegung die Ausnahme darstellt. Überprüfen Sie Ihre Gedankengänge, wenn Sie dahin gelangt sind. Es wird von Ihnen regelmäßig nicht erwartet, aufgrund unterschiedlicher Sachverhalte unterschiedliche Lösungen zu erarbeiten.[18] Ein solches Vorgehen wäre in der Praxis ebenfalls nicht notwendig: Der Richter klärt den Sachverhalt auf, sei es durch Ausübung seines Fragerechts (§ 139 ZPO), sei es durch eine Beweisaufnahme.[19] Stößt er dabei auf Grenzen, so ermöglichen ihm in der Regel die Beweislastregeln eine Entscheidung.

*Hüten Sie sich vor allem davor, den Sachverhalt zu ändern.*[20] Manche Kandidaten verspüren die Neigung, Angaben im Sachverhalt zu unterstellen, um ein ihnen geläufiges juristisches Problem bearbeiten zu können. Derartige »Sachverhaltsquetschen« werden als Fehler angerechnet. **14**

### 2. Der Sachverhalt ist unstreitig

Anders als in der juristischen Praxis und in der Referendarausbildung ist in Übungsarbeiten der Sachverhalt unstreitig. Es braucht kein Beweis erhoben zu werden. Gehen Sie davon aus, dass sich die Parteien übereinstimmend auf den zugrunde gelegten Sachverhalt festgelegt haben. Anders gesagt: Der Sachverhalt, über den ein Gericht normalerweise erst nach einer Beweisaufnahme und nach der Beweiswürdigung entscheiden kann, liegt Ihnen bereits vor. **15**

Bei rein prozessualen Arbeiten und manchmal auch bei materiell-rechtlichen Arbeiten kann allerdings in Ausnahmefällen ein streitiger Sachverhalt ausgegeben werden. Dann können die Regeln über die Beweisführung und über die Beweislast von Bedeutung sein.

Jede Partei muss die ihr günstigen Tatsachen darlegen und beweisen. Dies sind etwa für den Kläger die anspruchsbegründenden Tatbestandsmerkmale, für den Beklagten die anspruchshemmenden oder anspruchsvernichtenden. Wird der Vortrag der Partei von der anderen in erheblicher Weise bestritten, so muss über die streitige Tatsache – soweit ein Beweisantritt vorliegt – Beweis erhoben werden. Endet die Beweisaufnahme ergebnislos, ist nach der Beweislast zu urteilen. Sie trifft denjenigen, der den ihm obliegenden Beweis nicht führen konnte. Er unterliegt im Rechtsstreit.

Die Darlegungs- oder Beweisführungslast bestimmt sich in der Regel nach der Beweislast. Sie betrifft die Frage, wer im Prozess etwas vortragen muss.

Diese hier nur kurz dargestellten Grundsätze können auch für die Bearbeitung unstreitiger Sachverhalte von Bedeutung sein. Das ist dann der Fall, wenn eine Vorschrift des materiellen Rechts eine *Vermutung* enthält. Typisches Beispiel ist § 831 I 2. Nach dieser Vorschrift wird das Verschulden des Geschäftsherrn vermutet; dh der Verletzte braucht zum Verschulden des Geschäftsherrn nichts vorzutragen (sog. »Haftung für vermutetes Verschulden«), während der Verletzte für einen Anspruch nach § 823 I auch das Verschulden des Schädigers darlegen und notfalls beweisen muss (sog. »Haftung für Verschulden«). Enthält der Sachverhalt eindeutige Angaben in dem Sinne, dass den Geschäftsherrn ein Verschulden trifft oder nicht, unterscheidet sich die Anwendung des § 831 insoweit nicht von der des § 823 I. Nur wenn der **16**

18 *Diederichsen/Wagner* BGB-Klausur 165.

19 *Fabricius*, Der Rechtsfall im Privatrecht, 4. Aufl. 1984, 17 f.

20 *Diederichsen/Wagner* BGB-Klausur 22; *Körber* JuS 2008, 289 (290).

Sachverhalt in diesem Punkt offen ist, kommt es auf die Vermutung an. Fehlen Angaben darüber, ob der Geschäftsherr seinen Verrichtungsgehilfen gehörig ausgesucht und beaufsichtigt hat, dann ist dem Geschäftsherrn der Entlastungsbeweis nach § 831 I 2 misslungen. Sie kommen zu einer Haftung des Geschäftsherrn. Ein weiteres Beispiel für die Notwendigkeit der Kenntnis von Beweislastregeln enthält § 932 II. Die Norm hat zur Folge, dass Sie mangels Sachverhaltsangaben zur Bösgläubigkeit – allerdings auch nur dann – von der Gutgläubigkeit des Erwerbers ausgehen müssen. § 891 legt fest, dass die Berechtigung an einem Grundstück entsprechend der Grundbucheintragung vermutet wird. § 1006 können Sie als Argument für die Eigentümerstellung des Besitzers benutzen, und § 280 I 2 hilft Ihnen bei der Prüfung des Verschuldens im Rahmen von Pflichtverletzungen.

### III. Tatsachenangaben und juristische Angaben

17 Der Sachverhalt enthält regelmäßig nur tatsächliche Angaben, die Sie unter eine Norm subsumieren sollen. Es kann aber sein, dass zur Vereinfachung oder zur Abkürzung der Arbeit bereits rechtliche Wertungen vorgenommen worden sind. Heißt es im Sachverhalt beispielsweise: »V verkauft dem K eine Kuh«, dann dürfen und müssen Sie den Abschluss eines Kaufvertrags zugrunde legen.

Leider sind auch von dieser Regel Ausnahmen denkbar. Die Angabe im Sachverhalt: »V verkauft seinem Freund K eine wertvolle Uhr zum halben Preis«, kann trotz Verwendung des Fachausdrucks »Kauf« auf eine gemischte Schenkung hindeuten. Die Sachverhaltsangabe: »A leiht sich von B 500 EUR« oder: »A leiht sich einen Pkw« deutet in dem einen Fall auf ein Darlehen und in dem anderen Fall auf Miete hin. Üblicherweise werden die untechnisch verwendeten Rechtsbegriffe in Anführungszeichen gesetzt oder es werden neutrale Ausdrücke verwandt. Im Übrigen gilt Folgendes: Wenn der Sachverhalt keine Angaben enthält, die Ihnen eine Prüfung der Rechtsnatur oder der Wirksamkeit des Rechtsgeschäfts ermöglichen, bleibt es beim eingangs aufgestellten Satz: *Der im Sachverhalt verwandte Fachausdruck ist verbindlich.*[21] Geht es etwa um die Verpflichtung des Ehegatten aus § 1357 und nennt der Sachverhalt M und F (Eheleute), dann dürfen Sie zur Wirksamkeit der Ehe nicht Stellung nehmen. Entsprechendes gilt, wenn es um einen Gewährleistungsanspruch des M geht und die Parteien als Mieter und Vermieter bezeichnet werden. In einem solchen Fall sind Erörterungen zum Abschluss des Mietvertrags überflüssig.

Heißt es beispielsweise: »Zur Sicherung der Forderung wurde eine Grundschuld eingetragen«, dann müssen Sie zugrunde legen, dass eine Grundschuld wirksam bestellt wurde. Ausführungen darüber, wie A und B die Grundschuld bestellt haben, sind überflüssig und falsch.

Heißt es: »Die Forderung wurde iHv 10.000 EUR an X abgetreten«, dann ist eine Abtretung im Rechtssinne gemeint. Überlegungen zu Schuldübernahme usw sind fehl am Platz.

### IV. Die Bedeutung von Rechtsansichten der Parteien[22]

18 Im engen Zusammenhang mit dem Vorigen steht die Behandlung von Rechtsansichten der Parteien. Hier gilt die umgekehrte Regel wie bei der Verwertung von Fach-

21 *Diederichsen/Wagner* BGB-Klausur 161; *Fabricius*, Der Rechtsfall im Privatrecht, 4. Aufl. 1984, 18; *Tettinger/Mann* Arbeitstechnik 103.

22 S. dazu auch *Diederichsen/Wagner* BGB-Klausur 160 f.

ausdrücken. Sie können nicht von der Richtigkeit der Auffassung einer Partei ausgehen, aber die Angaben sollen Ihnen bei der Beurteilung Ihres Falles helfen.

**Beispiel:** »A meint, er brauche an B deshalb nicht zu zahlen, weil er bereits an C gezahlt habe.«

Sie sollen hieraus ersehen, welche Richtung die Bearbeitung nach der Ansicht des Aufgabenstellers zu nehmen hat.

Manchmal ist in der Angabe einer Rechtsansicht auch eine *zusätzliche Aufgabenstellung* enthalten. Man verlangt von Ihnen, sich mit einem bestimmten Argument auseinanderzusetzen, das in Rechtsprechung und Lehre vertreten wird.

Besondere Aufmerksamkeit verdienen Rechtsansichten noch unter einem anderen 19
Aspekt. Derartigen Äußerungen der Parteien kann im Wege der Auslegung *eine Willenserklärung* oder eine geschäftsähnliche Handlung *zu entnehmen* sein.

**Beispiel:** »A hält dem B entgegen, er mache seine Forderung aber reichlich spät geltend.«

In dieser Rechtsansicht ist die Erhebung der Verjährungseinrede enthalten, sodass Sie am Ende der Anspruchsprüfung hierauf eingehen müssen. Solche inzidenten Erklärungen werden häufig übersehen. Zuweilen kommt es vor, dass sich aus entsprechenden Sachverhaltsangaben ein Zurückbehaltungsrecht des Anspruchsgegners ergibt, sodass Sie etwa im Rahmen des § 273 oder § 1000 Gegenrechte prüfen müssen, obwohl etwa die Fallfrage nur auf Zahlungsansprüche des A gegen B abzielt.

Häufig sind diese versteckten Probleme bei Gestaltungserklärungen, dh etwa bei der Kündigung, der Anfechtung, beim Rücktritt und bei Genehmigungen. Ähnliches gilt für geschäftsähnliche Handlungen, zB hinsichtlich einer für den Verzug notwendigen Mahnung. Eine Rücktrittserklärung kann uU in der Form eingebracht werden, dass eine Partei äußert, »sie fühle sich nicht länger gebunden«, eine Anfechtung mit den Worten »man fühle sich betrogen und wolle sein Geld zurück«. Gerade in dem letztgenannten Fall entsteht uU durch die bewusst unscharfe Formulierung eine weitere Schwierigkeit. Nehmen Sie an, die Parteien hatten einen Kaufvertrag über einen mangelhaften Gebrauchtwagen geschlossen. Dann ist dem so geäußerten Begehren des Käufers juristisch auf unterschiedliche Weise Rechnung zu tragen: Es läuft entweder auf Rücktritt oder Schadensersatz statt der Leistung, § 437 S. 1 Nr. 2, 3, oder aber auf eine Anfechtung gem. § 123 und damit auf eine Rückabwicklung des Vertrags nach Bereicherungsrecht hinaus. In diesem Falle sollten Sie wie folgt verfahren:

**(1)** Sehen Sie sich den Sachverhalt noch einmal sehr genau unter dem Gesichtspunkt an, ob keine Anhaltspunkte im Hinblick auf eine endgültige Entscheidung zu finden sind.

**(2)** Schlagen diese Bemühungen fehl, müssen Sie an der entsprechenden Stelle (etwa bei der Prüfung der Anfechtungserklärung) das Parteibegehren unter Zweckmäßigkeitsgesichtspunkten auslegen. Sie fragen also, womit dem Interesse des Erklärenden am besten Rechnung getragen wird. Zuweilen gelangen Sie dabei zu der Erkenntnis, dass einer der Ansprüche scheitern würde, entweder an einem Frist- oder an einem Verjährungserfordernis. Dann wählen Sie im Rahmen der Auslegung diejenige rechtliche Konstruktion, die den Anspruchsteller zum Ziel führt.

**(3)** Wenn Sie auch auf diese Weise nicht weiterkommen, prüfen Sie die Ansprüche aus einem wirksamen Kaufvertrag (dabei müssen Sie unterstellen, dass der Käufer nicht angefochten hat) und zum anderen Bereicherungsansprüche (dabei müssen Sie eine wirksame Anfechtung vorab untersuchen). Wichtig ist, dass die beiden Lösungswege jeweils in sich folgerichtig entwickelt werden.

Ähnliche Konstellationen treffen Sie auch im Arbeitsrecht, wenn etwa ein Arbeitgeber dem Arbeitnehmer erklärt, »er wolle ihn nicht mehr sehen, weil er ihn bei der Einstellung angelogen habe«. Diese Äußerung des Arbeitgebers kann als fristlose Kündigung oder als Anfechtung des Arbeitsvertrags auszulegen sein.

*Genehmigungen* sind zuweilen in der Geltendmachung eines Herausgabeanspruchs oder auch in einer Klageerhebung zu sehen; auch dazu zwei Beispiele: Wenn der Minderjährige an seinem 18. Geburtstag vom Verkäufer das Kleinkraftrad herausverlangt, das er kurz zuvor ohne Zustimmung seiner Eltern gekauft hat, sollten Sie an § 108 III denken.

Klagt der Eigentümer einer Sache, die ihm abhandengekommen war, gegen deren Verkäufer auf Herausgabe des Erlöses (§ 816 I 1), so ist es streitig, ob damit die Verfügung des Nichtberechtigten gem. § 185 II 1 1. Fall genehmigt wird. Der Streit beruht darauf, dass eine Genehmigung einen Anspruchsverlust im Verhältnis zu Dritten bedeuten würde. Ohne Schwierigkeiten können Sie im Rahmen der Auslegung eine Genehmigung annehmen, wenn im Sachverhalt Angaben vorhanden sind, die die Anspruchsverwirklichung (§ 985) gegen den Dritten zwecklos oder für den Anspruchsteller uninteressant erscheinen lassen, weil es ihm nur auf den Erlös ankommt.[23] Andernfalls wird vorgeschlagen, die Klageerhebung als bedingte Genehmigung zu werten.[24] Dem steht allerdings die Bedingungsfeindlichkeit einseitiger Rechtsgeschäfte entgegen. Deshalb ist im Zweifel eine Genehmigung allein aus dem Umstand zu schließen, dass der Erlös verlangt wird.[25]

Sie ersehen an diesen Beispielen, dass durch die richtige Erfassung und Auswertung des Sachverhalts ein wichtiger Schritt im Hinblick auf die Klausurlösung getan ist.

## B. Die Erarbeitung der Fallfrage[26]

20 Der Aufgabentext endet in aller Regel mit einer Frage, die Sie beantworten müssen. Sie kann auf sehr verschiedene Weise formuliert sein.

Unabhängig von der Fragestellung und von allen differenzierten juristischen Überlegungen sollten Sie sich zunächst darüber Klarheit verschaffen, um welchen wirtschaftlichen oder auch ideellen Erfolg es einer Partei geht. Stellen Sie sich vor, Sie müssten als Rechtsanwalt einen Mandanten beraten. Bevor Sie sich mit der rechtlichen Behandlung und der prozessualen Realisierung seiner Wünsche befassen, müssen Sie feststellen, worum es ihm eigentlich geht.

21 Diesen Rat zu befolgen, kann Ihnen nicht nachdrücklich genug ans Herz gelegt werden. Für die Korrektur Ihrer Arbeit gilt der Grundsatz, dass *Überflüssiges als falsch* bewertet wird. Ähnlich wie bei der Sachverhaltsauslegung neigt man bei der Auslegung der Fallfrage teilweise dazu, sie auszuweiten, um Gelerntes zu präsentieren oder

23 *Diederichsen/Wagner* BGB-Klausur 24.

24 MüKoBGB/*Schwab* § 816 Rn. 34 f.

25 Prozessual lässt sich das Problem mit einer Zug-um-Zug-Verurteilung lösen, vgl. dazu Staudinger/*S. Lorenz*, 2007, BGB § 816 Rn. 9; krit. MüKoBGB/*Schwab* § 816 Rn. 34 f.

26 Dazu *Brox* JA 1987, 169 f.; *Diederichsen/Wagner* BGB-Klausur 25–33; *Medicus/Petersen* BürgerlR Rn. 1–6, 17–19; *Tettinger/Mann* Arbeitstechnik 111 ff.

die Fallfrage umzuändern, um den Sachverhalt und seine Bearbeitung in bekannte Bahnen zu lenken. Beides ist verständlich, aber grob falsch. Unterstellen Sie nicht, die Lösung von Klausuren diene in erster Linie dazu, Wissen zu präsentieren. Sie ist gedacht als Vorbereitung auf die Arbeit des praktischen Juristen, der nicht irgendeinen, sondern den ihm zur Entscheidung oder zur Bearbeitung vorgelegten Sachverhalt lösen soll. Dabei müssen Sie richtig und vollständig arbeiten und sich zugleich auf das Notwendige beschränken. Hierfür ist Voraussetzung, dass Sie sich über das Parteibegehren Klarheit verschaffen. Orientieren Sie sich dabei an der prozessualen Rechtslage. Als Kläger müssen Sie gem. § 253 II Nr. 2 ZPO einen bestimmten Antrag stellen, der Grundlage der richterlichen Entscheidung (§ 308 I ZPO) und damit auch der Zwangsvollstreckung (§ 750 I ZPO) wird. Der Richter wirkt ferner gem. § 139 ZPO auf einen sachdienlichen und zulässigen Klageantrag hin, und er muss unklare Anträge auslegen. Am Ende der Auslegung Ihrer Fallfrage hat deshalb grundsätzlich eine Formulierung zu stehen, die Sie auch als Klageantrag bei Gericht stellen können.

## I. Die Art der Fragestellung

### 1. Die gezielte Frage

In den meisten Fällen gibt der Aufgabentext eine ganz bestimmte Bearbeitungsweise vor. 22

**Beispiel:** »Kann V von K Zahlung von 10.000 EUR verlangen?«, oder: »V verlangt von K Zahlung von 1.000 EUR. Mit Recht?«

Hierdurch sind Sie in Ihrer Falllösung festgelegt. Welche Rechte außer Zahlungsansprüchen eine Partei sonst noch haben mag, bleibt außer Betracht, da nur Geldzahlungsansprüche des V gegen K zu prüfen sind.

Gefragt ist nach einem bestimmten Erfolg (etwa: Zahlung von 10.000 EUR). Bedenken Sie aber, dass die Suche nach dem optimalen Erfolg auch die nach einem Minus enthält. Um dies zu verstehen, versetzen Sie sich am besten wieder in die dargestellte Situation: Der Mandant, dem Sie als Anwalt erklären müssen, dass seine Klage nicht iHv 10.000 EUR begründet ist, wird dennoch die 5.000 EUR haben wollen, die er mit Erfolg einklagen kann.

Anknüpfend an die oben vorausgeschickte Empfehlung, beschränken Sie sich auf die genannten Personen und die zwischen ihnen bestehenden Rechtsbeziehungen. Möglicherweise nennt der Sachverhalt eine Reihe von Personen, zwischen denen ebenfalls Anspruchsbeziehungen bestehen, auf die Sie aber nicht eingehen dürfen. Ausnahmen von diesem Grundsatz gelten allerdings etwa bei der Drittschadensliquidation, beim Auftrag oder bei der Geschäftsführung ohne Auftrag. Hier sind auch Rechtsbeziehungen zwischen dem Anspruchsgegner und einem oder mehreren Dritten im Auge zu behalten. Dabei kommt es auf die Formulierung der Fallfrage an.

**(1)** Ist nur nach Zahlungsansprüchen gefragt, so prüfen Sie lediglich die Rechtsbeziehung im Verhältnis zum Anspruchsgegner. Denn die einschlägigen Vorschriften der §§ 285 I, 667 oder §§ 684 S. 2, 667 gewähren nur Abtretungsansprüche. Sie können nicht durch Leistungsklage, sondern nur durch Klage auf Abgabe einer Willenserklärung geltend gemacht werden.

**(2)** Wenn aber allgemein nach Ansprüchen gegen B gefragt wird, achten Sie bitte darauf, dass Sie auch Ansprüche des B gegen C und andere Personen prüfen müssen, wenn B dem A zur Abtretung dieser Ansprüche verpflichtet ist.

Beachten Sie ferner, welches Anspruchsziel vom Anspruchsteller verfolgt wird. Er kann Erfüllung oder Schadensersatz, Herausgabe oder Nutzungsersatz verlangen. Darüber müssen Sie sich Klarheit verschaffen, denn es ist fehlerhaft, Anspruchsgrundlagen zu prüfen, deren Tatbestand zwar erfüllt sein mag, die aber von der Rechtsfolgenseite her dem Anspruchsteller nicht das gewähren, was er begehrt. Wenn Sie an das Beispiel des § 816 I 1 denken, kommen Herausgabeansprüche gegen den bösgläubigen Erwerber ebenso in Betracht wie Erlösansprüche gegen den Verfügenden. Sind Sachverhalt und Fallfrage aber in der einen oder anderen Richtung eindeutig, so dürfen Sie die Ansprüche, nach denen nicht gefragt ist, auch nicht ansprechen. Bedenken Sie jedoch in diesem Zusammenhang, dass Herausgabeansprüche (wegen des Grundsatzes der Naturalrestitution, § 249 S. 1) zuweilen auch auf der Grundlage einer Schadensersatznorm, etwa § 823, begründet sein können.

Zweifelhaft erscheint die Empfehlung, bei einer Fallfrage, die darauf gerichtet ist, dass der Hypothekar vom Eigentümer »Zahlung der Hypothekensumme« verlangt, neben dem obligatorischen Anspruch (zB aus § 488 I 2) auch den Anspruch auf Duldung der Zwangsvollstreckung zu prüfen.[27] Eine solche Fragestellung ist wegen der unterschiedlichen Rechtsnatur beider Ansprüche so missverständlich formuliert, dass man eine Beschränkung auf den schuldrechtlichen Anspruch zumindest akzeptieren müsste.

### 2. Die Frage nach der Rechtslage[28]

**23** Die Aufgabenstellung: »Wie ist die Rechtslage?« ist in zwei Varianten gebräuchlich.

Zuweilen handelt es sich um eine Form der *gezielten Frage.*

> **Beispiel:** »V verlangt von K Zahlung. Wie ist die Rechtslage?«

Manchmal befindet sich die Konkretisierung der Fallfrage aber nicht unmittelbar am Schluss des Sachverhalts, sondern sie ist innerhalb des Aufgabentextes verborgen. Dabei kann es schwierig sein herauszufinden, inwieweit die Aufgabenstellung beschränkt sein soll. Es gilt aber der Satz: Sofern der Frage nach der Rechtslage eine Konkretisierung vorgeschaltet ist, darf der Fall nur in dieser Richtung untersucht werden.

**24** Nicht selten treffen Sie auf die zweite Form der Frage nach der Rechtslage, dh die Fallfrage ohne vorherige Einschränkung. Dann wird der Sachverhalt nicht in eine bestimmte Richtung gelenkt, und Sie müssen *alle Rechtsbeziehungen zwischen allen Beteiligten umfassend erörtern.*

Schon das folgende kleine Beispiel zeigt, wie aufwendig eine derartige Prüfung sein kann.

> **Beispiel:** A hat B gebeten, während des Urlaubs die Blumen der A zu gießen. Eines Tages stellt B einen Wasserrohrbruch im Hause der A fest. Sie beauftragt ihren Bekannten F, der kein Fachmann auf diesem Gebiet ist, mit der Reparatur und nimmt sich einen Tag frei, um ihn nicht in dem fremden Haus allein zu lassen. F beschädigt bei der Arbeit einen Spiegelschrank der A. – Wie ist die Rechtslage?

Bereits nach kurzer Überlegung kommen Sie auf eine Fülle denkbarer Anspruchsbeziehungen. So könnte F gegen A oder B Vergütungsansprüche geltend machen, A von

27 So aber *Diederichsen/Wagner* BGB-Klausur 31.

28 Dazu *Diederichsen/Wagner* BGB-Klausur 29; *Medicus/Petersen* BürgerlR Rn. 6.

F Schadensersatz wegen des Spiegels verlangen oder von B, weil sie eine ungeeignete Person beauftragt hat. Schließlich müssten Sie noch einen Aufwendungsersatzanspruch der B gegen die A in Erwägung ziehen hinsichtlich eines eventuellen Verdienstausfalles. Sie ersehen daran, dass die Frage nach der Rechtslage selbst bei kleinen Fällen viel Überlegung zur Klärung der Rechtsbeziehungen, zum Aufbau und bei der Ausarbeitung verlangt.

### 3. Die offene Frage

Manchmal ist die Fragestellung noch offener formuliert. 25

**Beispiel:** »G möchte wissen, welche Rechte er gegenüber S hat«, oder: »A fragt nach seinen Ansprüchen«, oder: »Wer trägt den Schaden?«

Ähnlich wie bei der Aufgabe, die Rechtslage zu erläutern, besteht jetzt ein wesentliches Problem darin, die Parteien zu bestimmen, unter denen Rechtsbeziehungen bestehen und die denkbaren Anspruchsziele festzulegen. Sie müssen also die Mehr-Personen-Verhältnisse des Sachverhalts regelmäßig in Zwei-Personen-Verhältnisse aufspalten. Nehmen Sie sich dafür genügend Zeit, denn Sie sind bereits bei einem Schwerpunkt Ihrer Klausur angelangt. Dies gilt umso mehr, als die Festlegung der Personen und der Gegenstände, die Sie behandeln sollen, Konsequenzen für den Aufbau hat. Darauf wird später noch einzugehen sein.[29]

### 4. Mehrere Fragen

An den Sachverhalt können sich mehrere Fragen kumulativ oder in Form von Varianten anschließen. Halten Sie sich bei der Bearbeitung an die Reihenfolge der Fragen. Der Aufgabensteller hat sich in aller Regel eine mit jeder Frage erweiterte Problematik vorgestellt. 26

#### a) Mehrere kumulative Fragen

Werden mehrere Fragen hintereinander geschaltet, so müssen Sie alle beantworten. Nicht selten kann man anhand ihres Verhältnisses zueinander erkennen, auf welche Probleme in welchem Zusammenhang eingegangen werden soll. So kann etwa die erste Frage auf eine Lösung anhand der Meinung abzielen, die sich der Aufgabensteller als richtig vorgestellt hat. Folgt der Bearbeiter einer anderen Auffassung, so erscheint es denkbar, dass er die Ausgangsfrage ohne große Erörterung in einem abweichenden Sinne beantwortet. Für diesen Fall ist eine weitere Aufgabe nachgeschaltet, damit man noch genügend Gelegenheit zu juristischer Erörterung hat. 27

#### b) Fallvarianten[30]

Manchmal verlangt der Aufgabensteller, dass man zunächst den ursprünglichen und später einen abgewandelten Sachverhalt seiner Bearbeitung zugrunde legt. 28

So könnte zB gefragt werden: »Wie wäre es, wenn nicht der A, sondern der B angefochten hätte?« Nicht selten werden auch unterschiedliche Zeitpunkte genannt, was für Fristen- oder Verjährungsprobleme sprechen kann oder auch für Rechtsprobleme, die mit der Kenntnis einer Person von bestimmten Umständen zusammenhängen, etwa beim Grundstückserwerb vom Nichtberechtigten oder auch im Rahmen der Insolvenzanfechtung gem. §§ 129 ff. InsO. Ebenso gehören unterschiedliche Altersstu-

29 → Rn. 48 ff.

30 Dazu *Diederichsen/Wagner* BGB-Klausur 112; *Tettinger/Mann* Arbeitstechnik 114 f.

fen (beschränkte Geschäftsfähigkeit oder volle Geschäftsfähigkeit) in diesen Zusammenhang.

Stets sollten Sie bei der Behandlung der Fallalternative den Sachverhalt im Übrigen unverändert gelten lassen und ihn nur insoweit abändern, wie es für die abweichende Fragestellung von Bedeutung ist (»ceteris paribus«). Das kann allerdings bedeuten, dass man sich auch die eine oder andere Angabe im Sachverhalt nunmehr folgerichtig anders vorstellen muss. Das Problem ist vergleichbar mit der »entsprechenden Anwendung« eines Gesetzes aufgrund einer Verweisung. Vermeiden Sie im Übrigen Wiederholungen. Ansprüche sind grundsätzlich an der Stelle aufzugreifen, an der sich die Abweichung ergibt. Soweit die Falllösung in der Alternative identisch mit der vorangegangenen Lösung ist, verweisen Sie nach oben.

Fallalternativen bilden gelegentlich eine Verständnishilfe. Sie zeigen, auf welches Merkmal es für welche Rechtsfolgen ankommt. Sie können deshalb bei Ihren Überlegungen davon ausgehen, dass für jede Fallvariante eigene Überlegungen notwendig sind. Deshalb wird es in der Regel so sein, dass eine Bearbeitung des Ursprungsfalles, bei der für die Variante kein Problem übrig bleibt, falsch ist. Nicht selten werden Sie aus der Gestaltung der zweiten oder der weiteren Aufgaben Rückschlüsse auf die Beantwortung der bisherigen Fragen ziehen können, jedenfalls aus der Sicht des Aufgabenstellers. Die Zusatzfrage, ob B mit seinen Ansprüchen gegen A aufrechnen kann, deutet darauf hin, dass Ansprüche des A gegen B zu bejahen sind.[31] Entsprechendes gilt, wenn in der Variante unterstellt werden soll, A habe einen Vertrag angefochten oder sei von ihm zurückgetreten. Dann wird in der Ausgangsfrage die Wirksamkeit des Vertrags meist zu bejahen sein.

### II. Anspruchsaufbau[32] und sonstige Fallfragen

**29** In den meisten Klausuren wird ausdrücklich nach Ansprüchen gefragt. Die Bearbeitung folgt den unten dargestellten Regeln des Anspruchsaufbaues.[33] Sie müssen deshalb grundsätzlich auch sonstige Fallfragen so umgestalten, dass sie auf Rechtsfolgen gerichtet sind, die sich aus Anspruchsgrundlagen ableiten lassen. Das bedeutet etwa, dass die Fallfrage, ob V dem K die Lieferung von 5000 l Öl schuldet, dahingehend abzuändern ist, dass Sie einen Übereignungsanspruch des K gegen V aus § 433 I 1 untersuchen. Trägt ein Gebrauchtwagenkäufer vor, er fühle sich betrogen, weil der Pkw einen Motorschaden gehabt habe, so steht nicht ein eventuelles Anfechtungsrecht im Vordergrund, sondern der Anspruch auf Rückzahlung des Kaufpreises oder einer bereits geleisteten Anzahlung. Fragt der Mandant seinen Anwalt, ob er die Zahlung des (Rest-)Kaufpreises wegen dieses Sachverhalts verweigern könne, gehen Sie von einem Zahlungsanspruch aus, der gegen ihn gerichtet ist.

Ausnahmsweise wird aber auch etwas anderes von Ihnen verlangt.[34]

**Beispiel:** »Ist E Eigentümer?« oder: »Wer ist Erbe?«

Kontrollieren Sie dann zunächst den Sachverhalt genau, ob nicht selbst jetzt Herausgabeansprüche abgefragt werden, sei es dass eine der genannten Personen einen Gegenstand als Eigentümer oder auch mehrere Nachlassgegenstände als Erbe bean-

31 *Diederichsen/Wagner* BGB-Klausur 37.

32 Zum Anspruchsaufbau zusammenfassend *Früh* JuS 1991, 659 und 743 ff.

33 → Rn. 43 ff.

34 *Medicus/Petersen* BürgerlR Rn. 18.

sprucht, vgl. § 2018. Es bleiben die Fälle übrig, die prozessual im Wege der Feststellungsklage geltend gemacht werden (§ 256 ZPO). Als weiteres Beispiel dafür seien Aufgabenstellungen genannt, die die Mitgliedschaft in einem Verein oder in einer Gesellschaft zum Gegenstand haben.[35] Wegen der Vielzahl der denkbaren Sachverhalte sind zu diesem Punkt abschließende Ratschläge sehr schwer. In dem letztgenannten Beispiel kann es etwa darum gehen, ob ein Ausschluss wirksam ist oder eine Ausschlussklage zulässig und begründet ist.

Bei den erbrechtlichen Feststellungsfragen handelt es sich meist um die Wirksamkeit einer letztwilligen Verfügung oder um ihr Verhältnis zu einer anderen Verfügung von Todes wegen. Hier empfiehlt sich die Prüfung in der Form einer Untersuchung, ob die betreffende Person wirksam als Erbe eingesetzt ist. Dabei hat die gewillkürte Erbfolge Vorrang vor der gesetzlichen Erbfolge, § 1937.

Das Problem, den Eigentümer festzustellen, kann man ausnahmsweise nach der sog. *historischen Methode* angehen. Das bedeutet, mit der Eigentumsprüfung aufgrund der Vermutung des § 1006 dort zu beginnen, wo Sie das Eigentum sicher feststellen können, wenn Ihnen sonstige Ansatzpunkte fehlen. Von dort sind die weiteren Übertragungsakte durchzuprüfen, etwa mit der Formulierung: »A könnte sein Eigentum gem. § 929 S. 1 an B verloren haben.« Dieses Vorgehen führt Sie dann bis zur letzten Station, der Feststellung des aktuellen Eigentümers. 30

Die sog. historische Methode ist ferner bei dinglichen Ansprüchen angebracht, in denen die dingliche Rechtslage zum Tatbestand der Anspruchsgrundlage gehört, etwa bei § 894 oder bei § 985. Im letztgenannten Fall schreiben Sie zB: »Ursprünglich war X Eigentümer. Er könnte sein Eigentum jedoch gem. §§ 929 S. 1, 932 I 1 an A verloren haben.«

Offene Fragestellungen gibt es schließlich auch im Hinblick auf einen von Ihnen verlangten Vorschlag zur *Rechtsgestaltung*.[36] 31

> **Beispiel:** »Was ist dem A zu raten?«; »Was sollte der Betriebsrat unternehmen?«; »Welche Rechte hat A?«

Dann geht es darum, die Vielzahl denkbarer juristischer Verhaltensweisen aufzuzeigen, beispielweise die verschiedenen Möglichkeiten der Mitwirkung des Betriebsrats bei einer Betriebsänderung.

Ähnlich sind die Fälle gelagert, in denen die Prüfung eines Gestaltungsrechts von Ihnen verlangt wird. Kontrollieren Sie aber den Sachverhalt genau unter dem Gesichtspunkt, ob nicht damit doch nur eine Vorfrage für eventuelle Rückabwicklungsansprüche gemeint ist. Nur wenn die Frage eindeutig auf die Prüfung eines Gestaltungsrechtes abzielt, wenden Sie sich alleine diesem zu. Angemessen ist dann die Formulierung: »A könnte ein Anfechtungsrecht wegen arglistiger Täuschung gem. § 123 I haben«, oder: »A könnte ein Rücktrittsrecht gem. § 323 I 1 haben.«

Wenn Sie danach mit der Untersuchung der genannten Norm beginnen, werden Sie keine großen Aufbauschwierigkeiten haben. Ein gewisses Problem stellt sich allerdings, wenn der Sachverhalt keine Angaben zur Abgabe der Gestaltungserklärung

35 Vgl. *Marburger* Klausurenkurs BGB AT, 8. Aufl. 2004, 15 ff.

36 *Medicus/Petersen* BürgerlR Rn. 19; *Medicus/Petersen* Grundwissen BürgerlR Rn. 5 f.; zur sog. Anwaltsklausur, die an Bedeutung gewinnt, *Medicus/Petersen* BürgerlR Rn. 23.

enthält.[37] Es ist unrichtig, hier ohne Weiteres die fehlende Erklärung zu unterstellen.[38] Vielmehr müssen Sie die Rechtslage mit und ohne Ausübung des Gestaltungsrechts (sofern die Ausübung noch möglich ist, vgl. etwa §§ 121 I, 124 I) darlegen. Insbesondere wenn der Sachverhalt mit einer Fragestellung wie der folgenden abschließt: »Was ist dem A zu raten?«, ist es notwendig, am Ende abzuwägen, ob A von dem Gestaltungsrecht Gebrauch machen soll oder nicht.[39]

Im Übrigen gilt, dass Sie in Ihrem Aufbau desto freier sind, je offener eine Fallfrage gestellt wird. Allgemeine Regeln gibt es dazu nicht.[40] Denken Sie immer daran: Zunächst sollten Sie versuchen, den Fall in die bekannten Gleise des Anspruchsaufbaues zu bringen. Im Übrigen kann es nur im Rahmen von Zweckmäßigkeitserwägungen darum gehen, wie den Interessen der Beteiligten am besten Rechnung zu tragen ist. Dabei dürfen Sie die prozessuale Situation nicht außer Betracht lassen. Auf sie wird im Folgenden eingegangen.

### III. Prozessuale Fragestellungen[41]

32 Prozessuale Aufgabenstellungen schrecken viele Bearbeiter zivilrechtlicher Klausuren ab, während sie in öffentlich-rechtlichen Klausuren üblich sind. Diese Sorge ist deshalb unbegründet, weil selten ein Schwerpunkt der Arbeit im Prozessrecht liegt: Regelmäßig handelt es sich nur um den Einstieg. Um daran nicht zu scheitern, sollten Sie zumindest auf die Zulässigkeitsvoraussetzungen einer Klage, aber auch auf die wichtigsten Rechtsbehelfe in der Zwangsvollstreckung, insbesondere auf die Drittwiderspruchsklage (§ 771 ZPO) und auf die Vollstreckungsgegenklage (§ 767 ZPO), vom Aufbau her vorbereitet sein (vgl. dazu die Schemata im Anhang).

Die Bearbeitung prozessualer Probleme kann durch unterschiedliche Aufgabenstellungen auf zweierlei Weise von Ihnen verlangt werden: Der Sachverhalt gibt entweder eine vorprozessuale Situation wieder und verlangt Ihnen den Rat ab: »Was kann A unternehmen?«; oder der Sachverhalt schildert das gerichtliche Stadium einer Zivilrechtsstreitigkeit, zumeist mit dem Satz umschrieben: »Hat die Klage Aussicht auf Erfolg?«, oder: »Wie wird das Gericht entscheiden?«. Manchmal ergibt sich der prozessuale Einschlag auch allein aus der Bezeichnung der Parteien als Kläger und Beklagter.[42] Nur in diesen Fällen müssen Sie sich überhaupt mit prozessrechtlichen Vorfragen auseinandersetzen, während Sie hierauf sonst nicht einzugehen brauchen.

Im Übrigen ist nach der Art der Aufgabenstellung zu differenzieren.

33 (1) Lautet die Fallfrage, ob eine bestimmte Klage Aussicht auf Erfolg hat oder wie ein Gericht entscheidet, sollten Sie die Zulässigkeit einer Klage stets vor ihrer Begründetheit prüfen. Zuweilen wird diese Rangfolge in Zweifel gezogen,[43] jedoch zu Unrecht; denn die Zulässigkeit einer Klage ist Voraussetzung dafür, dass sich ein Gericht mit Fragen der Begründetheit befasst. Beachten Sie bitte, dass aber auch dann, wenn

37 *Medicus/Petersen* BürgerlR Rn. 19.

38 *Medicus/Petersen* BürgerlR Rn. 19; aA *Tettinger/Mann* Arbeitstechnik 108.

39 → Rn. 18 f.

40 *Medicus/Petersen* BürgerlR Rn. 19.

41 Vgl. *Diederichsen/Wagner* BGB-Klausur 113 f.; *Medicus/Petersen* BürgerlR Rn. 22 f.; *Fikentscher/Heinemann* SchuldR 22; *Teubner* Examensarbeit BürgerlR, StrafR, ÖffR 13 ff.

42 *Diederichsen/Wagner* BGB-Klausur 113.

43 Nachw. bei *Medicus/Petersen* BürgerlR Rn. 20; zu Ausnahmen vgl. *Schreiber* Übungen ZivilProzR Rn. 33 ff. mwN.

die Entscheidung des Gerichts von Ihnen verlangt wird, nur insoweit auf die Zulässigkeitsvoraussetzungen der Klage einzugehen ist, als sie problematisch sind. Schreiben Sie deshalb nicht alles ab, was im unten stehenden Schema aufgelistet ist. Wenn zum Beispiel keine Anhaltspunkte für die mangelnde Partei- oder Prozessfähigkeit gegeben sind, gehen Sie vom Normfall aus, wonach sie vorliegt. Handelt es sich um einen Anwaltsprozess (§ 78 ZPO), können Sie auf diese Notwendigkeit mit einem Satz eingehen, ebenso wie auf die dann erforderliche Prozessvollmacht (§ 80 ZPO). Darin werden selten Probleme liegen. Häufig sind demgegenüber Rechtsweg- und Zuständigkeitsfragen, ferner solche des Rechtsschutzbedürfnisses.[44] In den genannten Punkten erschöpfen sich regelmäßig die Schwierigkeiten, die Sie bei zivilrechtlichen Klausuren mit prozessualem Aufbau zu erwarten haben.

Allerdings gibt es auch Ausnahmen, und Wahlfachklausuren im Prozessrecht sind damit nicht abgedeckt. Hier können sonstige Aufbaufragen hinzutreten, sei es, dass Ihre Lösung in die Form einer einstweiligen Verfügung gem. § 935 ZPO zu kleiden ist, dass Sie die Zulässigkeit einer Klageänderung (§§ 263, 264 ZPO) beurteilen müssen, dass eine Erledigung der Hauptsache gem. § 91a ZPO infrage steht oder dass nach den Erfordernissen für den Erlass eines Versäumnisurteils gem. §§ 330 ff. ZPO gefragt wird. Auch im vollstreckungsrechtlichen Bereich müssen Sie sich dann auf Sonderprobleme einstellen, wie zB den Aufbau einer Beschwerde nach § 793 ZPO, einer Erinnerung gem. § 766 ZPO oder einer Rechtspflegererinnerung gem. § 11 RechtspflegerG. Hierauf kann jedoch an dieser Stelle nicht eingegangen werden.[45] Bitte schließen Sie aus diesen Erfahrungen der Autoren nicht auf eine strenge Trennung dergestalt, dass in den zivilrechtlichen Klausuren kein Versäumnisurteil oder etwas anderes verlangt werden *kann*. Eine gewisse Vorsicht und eine breite Vorbereitung im zivilprozessualen Bereich geben Ihnen ein größeres Maß an Sicherheit beim Eintritt in das Examen.

(2) Wenn die Klausur darauf abzielt, auch die prozessuale Durchsetzbarkeit materiellrechtlicher Ansprüche zu untersuchen, prüfen Sie – abweichend von der üblichen Reihenfolge – zunächst die materielle Rechtslage und dann die Zulässigkeitsvoraussetzungen einer Klage. Unterschiedliche Ansprüche können nämlich dazu führen, dass sich der Kläger an unterschiedliche Gerichte wenden muss. So hat etwa der Erbe gegen den Erbschaftsbesitzer den Gesamtanspruch aus § 2018, den er gem. § 27 ZPO im Gerichtsstand der Erbschaft geltend machen kann. Verlangt er aber – die Einzelansprüche sind ihm nicht verwehrt – etwa nur ein Nachlassgrundstück vom Erbschaftsbesitzer heraus, müsste er dafür am Gerichtsstand der belegenen Sache klagen (§ 24 ZPO). 34

Ein anderes Beispiel für diese Art des Aufbaus ist die »Verkehrsunfallklausur«, in der nach Ansprüchen gegen den Fahrer (§ 18 I StVG, § 823), gegen den Halter (§ 7 I StVG) und gegen den Versicherer (§ 115 VVG, § 1 PflVG) gefragt ist. Sie führt zu verschiedenen Zuständigkeitsregeln; allerdings kann der Versicherer nach der Rechtsprechung des BGH[46] auch an dem Gerichtsstand des § 20 StVG verklagt werden, der dem Gerichtsstand der unerlaubten Handlung (§ 32 ZPO) entspricht. Da es sich um

44 *Medicus/Petersen* BürgerlR Rn. 21.

45 Vgl. dazu *Schreiber* Übungen ZivilProzR; *Schumann* Die ZPO-Klausur, 3. Aufl. 2006; *Baumgärtel/Laumen/Prütting* ZivilProzRFall.

46 BGH VersR 1983, 586.

Wahlgerichtsstände handelt (§ 35 ZPO), kommt daneben der allgemeine Gerichtsstand nach § 13 ZPO in Betracht. Zunehmend wird von der Rechtsprechung in Anwendung des Rechtsgedankens aus § 17 II GVG der Gerichtsstand des Sachzusammenhangs anerkannt.[47] – Alle diese Fragen kann man aber zweckmäßig erst beurteilen, wenn die materielle Rechtslage untersucht worden ist.

35 Abschließend noch ein Wort zur *Terminologie* und zur *Reihenfolge der Prüfung* von Zulässigkeitsvoraussetzungen. Oft werden die Zulässigkeitsvoraussetzungen auch als Prozessvoraussetzungen bezeichnet; der Begriff ist jedoch zumindest unscharf. Denn wenn zB die Prozessführungsbefugnis (etwa bei der Prozessstandschaft) fehlt, wird sehr wohl ein Prozess durchgeführt, der mit einem Prozessurteil endet. Deshalb ist es richtiger, als Prozessvoraussetzungen nur solche Erfordernisse aufzufassen, ohne die kein Prozess stattfindet, dh die Klage nicht zugestellt wird und Terminsanberaumung unterbleibt.[48] Im Übrigen handelt es sich bei den Zulässigkeitsvoraussetzungen um Sachurteilsvoraussetzungen, weil sie notwendig sind, um eine Entscheidung in der Sache treffen zu können. Davon abgesehen, hat sich keine Prüfungsreihenfolge durchgesetzt, sodass es offenbar keine zwingenden Gründe für einen bestimmten Aufbau gibt.[49] Wenn ein Gericht eine Klage als unzulässig abweist, wird es sich allein mit der abgelehnten Sachentscheidungsvoraussetzung befassen, da für die Prüfung der Begründetheit alle Zulässigkeitsvoraussetzungen gegeben sein müssen. Sollten Sie hingegen nach Beurteilung *aller* problematischen Zulässigkeitsvoraussetzungen zur Unzulässigkeit einer Klage gelangen, dürfen Sie die Bearbeitung der Klausur nicht abschließen. Überprüfen Sie noch einmal genau Ihre Ausführungen zu den prozessrechtlichen Vorfragen. Wenn Sie bei Ihrer Auffassung bleiben, müssen Sie die materiell-rechtliche Seite des Falles in einem *Hilfsgutachten* erörtern, in dem Sie unterstellen, dass die Klage zulässig ist. In aller Regel werden Sie darauf in dem Bearbeitungsvermerk aber auch ausdrücklich hingewiesen.

Wegen der Einzelheiten wird auf das Aufbauschema im Anhang verwiesen.

## C. Die Erarbeitung der Fallprobleme

36 Der dritte Arbeitsschritt steht im Zusammenhang mit der Erfassung des Sachverhalts und der Fallfrage. Schon dabei werden Sie in der Regel merken, mit welchen juristischen Fragestellungen Sie sich befassen müssen. Dabei kann es sein, dass die Aufgabe – vor allem in Übungsarbeiten – keine besonderen Schwierigkeiten bereitet, sondern nur eine sorgfältige Subsumtion verlangt. Meist ist es jedoch so, dass der Aufgabensteller gezielt ein oder mehrere Probleme ausgewählt hat, die erörtert werden sollen. Der Kandidat steht dann vor der Aufgabe, diese Schwerpunkte zu erkennen, als solche vorzustellen, die unterschiedlichen Argumente für die Lösung anzugeben und schließlich auf seinen konkreten Fall zu beziehen.

Eine ganz wesentliche Fähigkeit besteht darin, die *Schwerpunkte* der Arbeit festzustellen und als solche zu behandeln. Steuern Sie darauf in knappen Sätzen zu, damit Sie genügend Zeit haben, die Hauptprobleme argumentativ so ausführlich zu behandeln, wie es Ihnen möglich ist, und zwar – bitte lassen Sie diesen Aspekt nicht aus den Augen – unter möglichst intensiver Verwendung der Angaben des Sachverhalts.

47 Nachw. bei *Deubner* JuS 1996, 821 ff.

48 *Zeiss/Schreiber*, Zivilprozessrecht, 12. Aufl. 2014, Rn. 254.

49 *Schreiber* Übungen ZivilProzR Rn. 39; *Medicus/Petersen* BürgerlR Rn. 21.

Wenn Sie zB erkennen, dass bei der Rückabwicklung des Kaufvertrags ein Problem bei der entfallenden Wertersatzpflicht des § 346 III 1 Nr. 3 liegt, während der Abschluss des Kaufvertrags unproblematisch ist, dann sollten Sie sich nicht damit aufhalten, dass ein Kaufvertrag aus zwei übereinstimmenden Willenserklärungen, also aus Angebot und Annahme, besteht, die abgegeben werden und zugehen müssen. Entsprechendes würde etwa gelten, wenn Sie sehen, dass ein unrechtmäßiger Besitzer Verwendungen unterschiedlicher Art auf den Gegenstand der Herausgabe gemacht hat. Hier kann es durchaus so sein, dass die vorrangige Frage des Eigentümer-Besitzer-Verhältnisses mit einem Satz abgehandelt werden kann.

In der Examensklausur liegen die Schwerpunkte anders als in einer Anfängerklausur. Während das Verhältnis von invitatio ad offerendum, Antrag und Annahme in der Anfängerklausur noch detailliert ausgebreitet werden kann und soll, wird die Kenntnis dieser elementaren Fragen vom Examenskandidaten vorausgesetzt, sodass er sich in der Examensklausur zu entsprechenden Fragen nur ganz kurz äußern sollte.

### I. Die Kenntnis des Problems

Manchmal sind Sie bereits in der Vorlesung, der Übung oder bei Ihrem eigenen Stu- 37
dium auf die Frage gestoßen, die den Schwerpunkt der Klausur bildet. Sie haben es dann leichter als derjenige, der damit zum ersten Mal konfrontiert wird. Allerdings entstehen hieraus auch Gefahren: Sie haben ein Problem gelernt und wissen, dass es dazu zwei oder auch mehr Theorien gibt. Sie beschränken sich auf deren Reproduktion und meinen, Sie hätten damit Ihre Aufgabe erfüllt. Sie sollen jedoch den Fall mit Argumenten lösen. Wenn Sie lediglich darstellen, dass es diese oder jene Theorie gibt, ohne Konsequenzen für Ihre Falllösung aufzuzeigen, bleibt alles nur totes Wissen.

Gerade in diesem Punkt scheint es viele Missverständnisse zu geben. Nicht wenige Studenten meinen, sie hätten ihre Aufgabe am besten erfüllt, wenn sie Meinungsstreitigkeiten, zum Teil auch noch versehen mit den Namen der Autoren oder der Bezeichnung der Gerichte, niederschreiben. Diese Meinung ist unzutreffend.[50]

Auch macht *Wiedersehen nicht immer Freude*.[51] Voller Genugtuung darüber, dass Sie das Problem schon kennen, übersehen Sie leicht die Tücken des konkreten Sachverhalts. Die Gefahr ist besonders groß, wenn Sie Ihre Examensvorbereitung ausschließlich anhand von Fällen betreiben. Nicht selten behandelt Ihr Sachverhalt eine Variante der Ihnen bekannten Fragestellung. Sie gilt es zu erkennen und zu behandeln. Unter Umständen scheint es vielleicht auch nur so, als ob die Ihnen geläufige Streitfrage im Sachverhalt angesprochen ist. Aufgrund einer bestimmten Angabe ergibt sich jedoch, dass es hierauf überhaupt nicht ankommt.

> **Beispiele:** Nach dem Sachverhalt hat der Schuldner erklärt, er berufe sich auf sein Zurückbehaltungsrecht aus § 1000 S. 1. Auf den Streit, ob bereits das Bestehen der Voraussetzungen dieser Einrede oder erst das Geltendmachen verzugshindernde Wirkung hat, kommt es demnach nicht an.
> Der Beklagte hat in die Klageänderung eingewilligt (§ 263 ZPO), etwa auch durch rügelose Einlassung gem. § 295 ZPO. In diesem Fall sind die Streitgegenstandstheorien nicht das Zulässigkeitsproblem Ihrer Klausur.

Selbst wenn die von Ihnen wiedererkannte Problematik eine Rolle spielt, ist es nicht ausgeschlossen, dass es andere, wichtigere Punkte gerade in diesem Fall gibt, auf die

50 Zu Einzelheiten bei Hausarbeiten → Rn. 105 f.

51 → Rn. 2.

Sie sich konzentrieren müssen. Sie würden Ihre Schwerpunkte falsch setzen, wenn Sie sich zu ausführlich mit »Ihrem« Problem befassen.

### II. Hilfen anhand der Aufgabenstellung

38 Wie Sie sich erinnern, sind Übungsklausuren darauf zugeschnitten, bestimmte Probleme zu erörtern. Deshalb ist der Sachverhalt vielfach so abgefasst, dass Sie hierauf geradezu gestoßen werden. In dem Maße, in dem Sie sich einerseits materiellrechtliche Kenntnisse aneignen und andererseits Klausuren schreiben, werden Sie schneller zum Kernpunkt Ihrer Aufgabe gelangen. Schon bei der Sachverhaltserfassung hatten wir Ihnen in diesem Zusammenhang geraten, Zeitangaben, Altersangaben und sonstigen Daten besondere Aufmerksamkeit zu schenken, insbesondere wenn sie in unterschiedlichen Fallfragen untergebracht wurden. Entsprechendes gilt auch für Kenntnis- und Wissensumstände. Im Rahmen von Ansprüchen aus dem Eigentümer-Besitzer-Verhältnis zB gilt der Grundsatz,[52] dass die Vindikationslage zu dem Zeitpunkt gegeben sein muss, in dem der Umstand vorlag, auf den sich der Anspruch gründet: etwa die Beschädigung, die Ziehung der Nutzungen oder die Verwendung. Möglicherweise ist auch im Sachverhalt vorgegeben, dass in dem entscheidenden Zeitpunkt einmal ein Besitzrecht gegeben war, das andere Mal nicht. Denken Sie ferner an § 883: Liegt ein Problem des Falles bei den Rechtswirkungen einer Vormerkung, wird Ihnen der Sachverhalt mitteilen, wann die Vormerkung eingetragen wurde und was danach geschah. Ähnliches gilt für § 878: In Ihrer Klausur werden Sie etwa lesen, dass der Verkäufer in Insolvenz fiel, nachdem er den Grundstückskaufvertrag vor dem Notar abgeschlossen hatte (§ 873 II), der dann den Eintragungsantrag beim Grundbuchamt stellte. Von diesen Standardsituationen gibt es eine ganze Fülle. Lesen Sie zB, dass jemand ein Grundstück, das sein gesamtes Vermögen darstellte, veräußert hat oder veräußern wollte, so deutet dies auf § 1365 hin, wenn er im Güterstand der Zugewinngemeinschaft lebte. Sind ausdrücklich mehrere Gegenstände bezeichnet, um die gestritten wird, will der Aufgabensteller Ihnen signalisieren, dass nach deren unterschiedlichen Rechtsschicksalen gefragt ist.

### III. Intuition

39 Als Jurist sind Sie durch Ihre Ausbildung soweit geschult, dass Sie schon bei der Lektüre des Sachverhaltes regelmäßig erkennen, worauf die Aufgabe abzielt. Vertrauen Sie sich dieser Intuition an. Dies gilt auch im Hinblick auf Ergebnisse. Natürlich kann es nicht Aufgabe eines Juristen sein, Fälle allein mit Blick auf das Ergebnis zu lösen und dann rechtliche Argumentationen zu suchen, um es zu rechtfertigen. Andererseits besteht gerade bei Studenten die Gefahr, vor lauter dogmatischer Konstruktion den Blick für das zu verlieren, was vernünftig ist. Zu einem guten Juristen gehört auch ein Judiz. Um es noch einmal klarzustellen: Sie können nicht im Hinblick auf das Ergebnis etwas erreichen, was sich dogmatisch nicht begründen lässt. So werden häufig bei Drittschädigungen Vertragsverhältnisse konstruiert, um die Haftung über § 278 zu begründen, aufgrund der Überlegung, dass § 831 nicht zum Erfolg führt. In einer solchen Situation muss man aber auch bedenken, dass es eine Wertung des Bürgerlichen Gesetzbuches gibt, wonach gerade nicht jeder erlittene Schaden ersetzt wird. Bedenken Sie immer, vor allem bei offenen Tatbeständen, ob das gefundene Ergebnis eine angemessene Interessenwertung darstellt. Dies gilt zB für die Feststellung von Pflichtverletzungen durch Unterlassen oder für die Begründung von

52 MüKoBGB/*Baldus* Vor §§ 987–1003 Rn. 8.

Verkehrspflichten, ferner für die Verteilung des Mitverschuldens oder ähnliche Fragen.

Versäumen Sie deshalb auch nie, am Schluss der Arbeit wie auch bei wichtigen Zwischenschritten, die Überprüfung, ob Sie selbst von Ihren Folgerungen überzeugt sind. Bei den Übungsfällen tritt eine weitere Überlegung klausurtechnischer Art hinzu, die bereits oben angedeutet wurde: Wenn Sie einen frühen Schwerpunkt der Arbeit erkannt haben, und bei zwei denkbaren Betrachtungsweisen sich für eine entscheiden wollen, dann halten Sie den Fortgang Ihres Gutachtens im Auge. Es hat nichts mit Opportunismus zu tun,[53] im Zweifel diejenige Lösung zu wählen, die Ihnen eine weitere Bearbeitung erlaubt. Sicher findet sich dort eine Grenze, wo Sie eigene Überzeugungen verleugnen müssen. Eine solche schwerwiegende Gewissensentscheidung werden Ihnen zivilrechtliche Probleme aber in den meisten Fällen nicht abverlangen. Jedenfalls sollten Sie Ihre Ergebnisse mehrfach überprüfen und die Richtigkeit Ihrer Schwerpunktsetzung aus der Sicht des Aufgabenstellers kontrollieren. Weichen Sie davon ab, müssen Sie sich um eine ausführliche Begründung bemühen. Dem wird der Prüfer in aller Regel dadurch Rechnung tragen, dass er Ihre Lösung zumindest als vertretbar anerkennt.

## D. Die Erarbeitung der Lösungsskizze[54]

Nunmehr können Sie an die Erarbeitung der Lösungsskizze gehen. Wenn Sie die Fallfrage richtig erkannt haben,[55] müssen Sie nach einer gesetzlichen Aussage suchen, die Ihnen die Antwort hierauf gibt (Antwortnorm). 40

Sie besteht am Ende Ihrer Ausarbeitung in einer (hier sog.) »konkreten Rechtsfolge«, also beispielsweise in dem Ergebnis »Meier kann von Müller 1.000 EUR verlangen«. Diese Antwort müssen Sie aus einem Rechtssatz ableiten. Deshalb besteht Ihre Aufgabe, nachdem Sie den Sachverhalt und die Fallfrage ermittelt haben, zunächst darin, den passenden Rechtssatz oder die passenden Rechtssätze aufzufinden, aus denen sich genau die Rechtsfolge ergibt, nach der gefragt ist. Sie benötigen also eine *»abstrakte Rechtsfolge«*, aus der sich die gesuchte konkrete Rechtsfolge ableiten lässt.

Die abstrakte Rechtsfolge wird in den meisten Fällen die Rechtsfolgenseite einer Anspruchsgrundlage sein.

> **Beispiel:** § 823 I iVm § 249: »... ist dem anderen zum Ersatz des daraus entstehenden Schadens verpflichtet« bildet als abstrakte Rechtsfolge die Grundlage zu der konkreten Rechtsfolge »Müller muss Meier 1.000 EUR zahlen«.

Der Begriff der *Anspruchsgrundlage* ist demnach zentral für Ihre gesamte juristische Arbeit; nur wenige Fragestellungen, die oben[56] beispielhaft aufgezählt wurden, zielen nicht hierauf ab. Das BGB hat den Anspruch an versteckter Stelle, im Verjährungsrecht (§ 194 I) definiert. Es spricht von dem »Recht, von einem anderen ein Tun oder Unterlassen zu verlangen«. Dabei bedeutet »Recht« regelmäßig, dass Sie eine Vorschrift des BGB oder auch eines Nebengesetzes, wie zB § 7 I oder § 18 I StVG, finden müssen, durch die der Anspruchsgegner verpflichtet wird, das zu tun oder zu un-

53 Vgl. auch *Diederichsen/Wagner* BGB-Klausur 36.
54 Dazu *Diederichsen/Wagner* BGB-Klausur 39–97.
55 → Rn. 20 ff.
56 → Rn. 23 ff.

terlassen, was der Anspruchsteller von ihm begehrt. Derartige Normen sind so gestaltet, dass sie einen abstrakten Tatbestand formulieren, bei dessen Vorliegen eine Rechtsfolge ausgelöst wird, die in dem vorgenannten Tun oder Unterlassen besteht. Die Anspruchsgrundlagen sind somit in einem »wenn – dann«-Schema verfasst,[57] das zB für § 823 I lautet:

| | |
|---|---|
| »**Wenn** | jemand rechtswidrig und schuldhaft das Eigentum eines anderen zerstört, |
| **dann** | ist er dem anderen zum Schadensersatz verpflichtet«. |

Für Ansprüche aus gesetzlichen Schuldverhältnissen ist diese Sicht unbestritten.

Bei vertraglichen Ansprüchen meinen manche, die gesetzlichen Normen (zB § 433 I) stellten die Rechtsgrundlage für den Anspruch dar, während andere der Meinung sind, Rechtsgrundlage sei der konkrete Vertrag (zB der Kaufvertrag zwischen V und K).[58] Dennoch brauchen Sie nicht zu formulieren: »A könnte gegen B einen Anspruch auf Zahlung des Werklohnes aus dem zwischen ihnen geschlossenen Werkvertrag haben«. Kein Aufgabensteller wird etwas dagegen einzuwenden haben, wenn Sie den Anspruch auf eine gesetzliche Anspruchsgrundlage, hier § 631 I, stützen.

**41** Vor allem bei den *atypischen Verträgen* (→ Rn. 77) sind die Meinungen aber gespalten. Zum Teil wird es als verfehlt angesehen, die §§ 311, 241 als Anspruchsgrundlage für einen vertraglichen Anspruch anzusehen, der nicht in die typisierten Verträge des besonderen Schuldrechts einzufügen ist.[59] Andere halten ein solches Vorgehen demgegenüber für zulässig. Um beiden Meinungen gerecht zu werden, sollten Sie sicherheitshalber den Vertragstyp ergänzend benennen, etwa mit den Worten: »A könnte einen Erfüllungsanspruch aus einem Beherbergungsvertrag gem. §§ 311, 241 gegen B haben.« Immerhin kennzeichnet die Angabe der genannten Normen die Gestaltungsfreiheit der Parteien.

**42** Sie sehen daran, dass Sie die Anspruchsgrundlagen für rechtsgeschäftlich entstandene Ansprüche in vielen Fällen im Gesetz finden; immer ist das allerdings nicht der Fall. Teilweise kommen auch Analogien (→ Rn. 114) zu bestehenden gesetzlichen Anspruchsgrundlagen in Betracht, daneben gibt es *gewohnheitsrechtlich anerkannte Rechtsinstitute*, die ihrerseits ursprünglich aus der analogen Anwendung einer oder mehrerer Vorschriften entstanden sind. Ein Beispiel hierfür war die positive Forderungsverletzung, die zunächst mit einer Analogie zu den §§ 280, 286, 325, 326 aF begründet wurde, jetzt aber in den §§ 280 I, 282, 241 II kodifiziert ist, oder auch die Vertrauenshaftung in Analogie zu §§ 122, 179, 307 aF. Des Weiteren wurde der Vertrag mit Schutzwirkung für Dritte ursprünglich auf eine Analogie zu § 328 gestützt; nunmehr findet er seine Rechtsgrundlage in § 311 III 1, wenngleich dort keine Tatbestandsvoraussetzungen normiert worden sind.

Besondere Vorsicht ist geboten, wenn man in einer Klausur mit § 242 arbeiten will.[60] Einige Rechtsinstitute sind, statt mit einer Analogie, unmittelbar mit § 242 begründet worden; in diesen Fällen stellt § 242 eine Anspruchsgrundlage dar oder schließt zuweilen auch einen anderweitig begründeten Anspruch aus. Sie sollten jedoch Treu

57 *Wank* Auslegung § 1 II 2, S. 6 ff.

58 Vgl. *Diederichsen/Wagner* BGB-Klausur 55; *Petersen* JURA 2008, 180 (187); *Velte* JURA 1980, 198 ff.

59 *Diederichsen/Wagner* BGB-Klausur 55.

60 *Diederichsen/Wagner* BGB-Klausur 41.

und Glauben in Ihrer Klausur als isolierte Anspruchsnorm vermeiden und stets die genaue Ausprägung von Treu und Glauben benennen, etwa die Verwirkung oder den Rechtsmissbrauch.

Sie sehen, dass die Suche nach Anspruchsgrundlagen nicht während der Klausur mit dem Inhaltsverzeichnis der Gesetzessammlung beginnen kann. Dazu sind die gesetzlichen Anspruchsgrundlagen zu verstreut, zum Teil auch nur über lange Verweisungsketten aufzuspüren. Als Beispiel für eine Verweisungskette sei die Haftung des bösgläubigen Bereicherungsschuldners gem. §§ 819 I, 818 IV, 292, 987 ff. genannt.[61] Anspruchsgrundlagen außerhalb des Gesetzes müssen Sie auf jeden Fall gelernt haben. Eine Entwicklung in der Klausur ist nur in seltenen Fällen durch Analogie möglich.[62]

Insoweit lässt sich nicht bestreiten, dass in diesem Stadium Ihrer Klausur Wissen über Erfolg oder Misserfolg entscheidet. Wir haben dem insoweit Rechnung getragen, als wir im Folgenden Übersichten über die wichtigsten Anspruchsgrundlagen geben. Sie zu lernen, mag aufwendig sein und entspricht nicht der sonstigen Lernmethode nach Sachgebieten. Die Kenntnisse der Anspruchsgrundlagen, die Sie auf diese Weise gewinnen, werden Ihnen andererseits in der Fallbearbeitung ein erhebliches Maß an Sicherheit geben, das Sie für den Aufwand entschädigt.

## I. Die Sammlung der Anspruchsgrundlagen

### 1. Zitierweise der Anspruchsgrundlagen

Die Anspruchsgrundlage muss *genau zitiert* werden. Geben Sie daher immer Para- 43
graf, Absatz, Satz und Nummer (Ziffer) an. Hieran sollten Sie sich bereits bei Ihrer Lösungsskizze gewöhnen, damit Sie sofort die richtigen Merkmale prüfen.

**Beispiel:** Es genügt nicht zu schreiben: »V könnte einen Anspruch aus einem Kaufvertrag haben«, sondern: »V könnte einen Anspruch aus § 433 II haben«, oder: »V könnte gegen K einen Anspruch aus § 812 I 1 1. Fall haben.«

Wenn sich ein Anspruch nicht aus einem Rechtssatz ergibt, sondern aus mehreren 44
Normen, so müssen diese alle nebeneinander zitiert werden. Bei solchen Kettenansprüchen, die nicht selten durch Verweisungen zustande kommen, sollten Sie gleich mitlernen, ob es sich um eine *Rechtsgrund- oder eine Rechtsfolgenverweisung* handelt (Rechtsgrundverweisung: auch der Tatbestand der in Bezug genommenen Vorschrift muss erfüllt sein; Rechtsfolgenverweisung: nur die Rechtsfolgen werden in Bezug genommen). Hierfür in der Klausur eine Begründung zu finden, ist nicht immer leicht. Als Anhaltspunkt kann man sich merken, dass die Rechtsfolgenverweisung die Regel ist,[63] die Rechtsgrundverweisung die Ausnahme. Eine wichtige Rechtsgrundverweisung stellt nach ganz überwiegender Auffassung § 951 I dar.[64] Diese Einordnung hat unmittelbaren Einfluss auf Ihr Gutachten, und zwar sowohl im Hinblick auf die Frage, welche Tatbestandsmerkmale zu prüfen sind, als auch im Hinblick auf Konkurrenzen. Eine Rechtsgrundverweisung führt zu einer verdrängenden Konkurrenz, während eine Rechtsfolgenverweisung eine kumulative Konkurrenz[65] eröffnet. So

61 *Diederichsen/Wagner* BGB-Klausur 43 m.w. Beispielen.
62 Zur Analogie → Rn. 114.
63 Vgl. die Aufzählung bei Palandt/*Sprau* Einf. zu § 812 Rn. 8.
64 Palandt/*Bassenge* § 951 Rn. 2.
65 → Rn. 116.

schließt bei der Rechtsgrundverweisung nach § 951 die Kette »§§ 951, 812« den § 812 als eigene Anspruchsgrundlage aus. Bei einer Rechtsfolgenverweisung hingegen ist zu überlegen, ob der Tatbestand der Norm, auf die verwiesen wird, ebenfalls noch in Betracht kommt. Wenn man zB § 684 S. 1 als Rechtsfolgenverweisung auf das Bereicherungsrecht ansieht, bleibt ein Anspruch aus Geschäftsführung ohne Auftrag bestehen. Somit kommen daneben noch Bereicherungsansprüche infrage.

45 Denken Sie daran, die Anspruchsgrundlage nicht nur genau, sondern auch *vollständig* zu zitieren, dh einschließlich eventuell notwendiger Zurechnungs- oder Hilfsnormen. Wenn sich der Anspruch gegen den Vertretenen richtet, erfolgt die Zurechnung über § 164 I. Geht es um einen Schadensersatzanspruch für einen Schaden, den ein Gehilfe verursacht hat, gehört § 278 S. 1 mit zur Anspruchsgrundlage; der Ehegatte, der die Erfüllung eines von dem anderen Ehegatten als Käufer geschlossenen Kaufvertrags geltend macht, stützt sich auf §§ 433 I, 1357 I 2. Wer eine an ihn abgetretene Werklohnforderung durchsetzen möchte, begründet dies mit den §§ 631 I, 398; hat er die Forderung geerbt, kennzeichnen Sie dies durch § 1922, während eine Forderung gegen den Erben durch Hinzunahme des § 1967 I gekennzeichnet wird.

### 2. Vollständigkeit der Anspruchsgrundlagen

46 Nehmen Sie in Ihre Lösungsskizze alle in Betracht kommenden Anspruchsgrundlagen auf. Anfänger im juristischen Studium meinen häufig, das Gutachten sei beendet, wenn eine Anspruchsgrundlage durchgreift. Auch für ein Gericht ist die Klage schon dann begründet, wenn der Tatbestand einer Anspruchsgrundlage erfüllt ist. Deshalb ist es zunächst schwer einzusehen, dass Sie in Ihrer Klausur alle Anspruchsgrundlagen erörtern sollen. Dafür gibt es jedoch gute Gründe. Gehen Sie auch hier wieder von der Situation eines Rechtsanwalts aus, der zusammen mit seinem Mandanten alle Möglichkeiten der Rechtsverwirklichung bespricht. Verschiedene Anspruchsgrundlagen stellen unterschiedliche Anforderungen an die Darlegungs- und Beweislast im Zivilprozess und folgen auch in ihrer Durchsetzbarkeit (zB Verjährung) uU abweichenden Regeln. Welche Norm prozessual günstig ist – das betrifft zB die unterschiedlichen Gerichtszuständigkeiten – kann man vernünftigerweise erst beurteilen, wenn man alle Anspruchsgrundlagen zusammengetragen hat.

Ein anderes Argument tritt hinzu. Wollten Sie die Klausur als Diskussionsgrundlage für ein juristisches Problem ansehen, etwa für die Beratung eines Kollegialgerichts, dann kann es sein, dass die übrigen Mitglieder der Kammer Ihre Ansicht zu dem zunächst geprüften Anspruch nicht teilen. Hätten Sie dann keine weiteren Vorschläge zu unterbreiten, wäre die Beratung zu Ende. Haben Sie stattdessen auch noch andere Anspruchsgrundlagen bedacht, so kann es sein, dass Ihnen die anderen Richter zwar nicht auf dem von Ihnen in erster Linie vorgeschlagenen Weg folgen, aber mit Ihnen im Hinblick auf die zweite Anspruchsgrundlage übereinstimmen. Auch der Einzelrichter muss sich die gesamte materielle Rechtslage vergegenwärtigen. Ob das Vorbringen des Beklagten erheblich und deshalb eine Beweisaufnahme erforderlich ist, muss jeweils im Hinblick auf die einzelnen Anspruchsgrundlagen gesondert geprüft werden.[66] Sie sehen daran, es gibt vernünftige Gründe für den Satz, dass Sie sich nicht auf eine Anspruchsgrundlage beschränken dürfen, deren Voraussetzungen Sie bejahen.

66 *Sattelmacher/Sirp/Schuschke*, Bericht, Gutachten und Urteil, 34. Aufl. 2008, 100 f. (134 f.).

Bei der Sammlung möglicher Anspruchsgrundlagen ist zunächst von dem auszugehen, was die Partei, die den Anspruch geltend macht, wirtschaftlich will.[67] Ihr Wille ist dann in Rechtsnormen umzusetzen, die die gewünschte Rechtsfolge enthalten. Die Auswahl der Anspruchsgrundlagen ist also danach zu treffen, welche Rechtsnormen entsprechende Rechtsfolgen aufweisen.[68]

**Beispiel:** Verlangt A von B Ersatz für eine zerstörte Sache, dann sind alle, aber auch nur die Normen zu prüfen, die auf Schadensersatz gerichtet sind.

Unter den so gefundenen *Normen* müssen in einem zweiten Schritt diejenigen *ausgesondert werden, die vom Tatbestand oder von den Rechtsfolgen her erkennbar nicht passen.*[69] Enthält also ein Rechtssatz zwar die gewünschte Rechtsfolge (»Jemand kann von einem anderen Geld verlangen«), ist aber der Tatbestand erkennbar nicht erfüllt (»wenn zwischen den Parteien ein Mietvertrag besteht«), lassen Sie diese Norm unberücksichtigt. Nehmen Sie also nur solche Vorschriften in Ihre Lösung auf, die mit Gewissheit die gesuchte abstrakte Rechtsfolge enthalten und zumindest wahrscheinlich einen Tatbestand betreffen, der dem Sachverhalt Ihrer Klausur entspricht. 47

In der Aussonderung nicht einschlägiger Anspruchsgrundlagen liegt eine besondere Schwierigkeit, die immer wieder zu Unsicherheiten führt. Denn genauso wie vom Bearbeiter verlangt wird, dass er alle denkbaren Anspruchsgrundlagen prüft, erwartet man von ihm, dass er abwegige Normen außer Betracht lässt. Für Teilbereiche ist diese Regel gesichert. Kein Student kommt auf den Einfall, ohne nähere Anhaltspunkte im Sachverhalt Vorschriften des Familien- oder Erbrechts heranzuziehen. Offensichtlich ist es auch abwegig, vertragliche Ansprüche, sei es nur mit einem Satz, zu behandeln, wenn zwischen den Parteien ersichtlich niemals Vertragsbeziehungen bestanden haben. Aber so einfach stellt sich die Frage nicht immer, und anscheinend sind die Auffassungen darüber, was abwegig ist, recht unterschiedlich.[70] Wenn Sie sich bei der Auswahl der Anspruchsgrundlagen bereits auf diejenigen beschränkt haben, die das Begehren des Anspruchstellers überhaupt tragen könnten, und ferner bei der Auslegung des Sachverhalts Unterstellungen vermieden haben, dann kann Sie der Vorwurf der Abwegigkeit immer noch unter zwei Gesichtspunkten treffen: zum einen wegen der Prüfung einer Norm, deren Voraussetzungen ersichtlich nicht gegeben sind, zum anderen, wenn Sie gegen die unten zu erörternden Konkurrenzregeln verstoßen.

Wann ein Tatbestandsmerkmal offensichtlich nicht gegeben ist, lässt sich allerdings nicht generell beantworten. Anlass, auf die Norm einzugehen, haben Sie, wenn es über die Ausfüllung des Tatbestandsmerkmales einen Meinungsstreit gibt, selbst wenn er mittlerweile in Rechtsprechung oder Literatur entschieden zu sein scheint. Sollten Sie nach Beachtung dieser Grundsätze noch im Zweifel sein, behandeln Sie den fraglichen Tatbestand im Urteilsstil und fassen Sie sich kurz. Ein gutes Beispiel dafür sind die Herausgabeansprüche, die sich auf den Besitz gründen: Die §§ 1007 und 861 I, 858 I greifen nur bei unfreiwilligem Besitzverlust ein. Dies kann man mit einem Satz feststellen. Zu weitgehend erscheint uns der Rat, selbst erfüllte An-

67 → Rn. 20 ff.
68 *Medicus/Petersen* BürgerlR Rn. 3; ferner → Rn. 22 ff.
69 *Medicus/Petersen* BürgerlR Rn. 3; zur »Normhypothese« *Wank* Auslegung § 1 II 1, S. 4.
70 Vgl. *Diederichsen/Wagner* BGB-Klausur 95.

spruchsgrundlagen völlig wegzulassen.[71] Nach unserer Meinung sollte etwa § 823 II iVm § 242 StGB auch dann noch kurz angesprochen werden, wenn bei § 823 I eine Eigentumsverletzung bejaht wurde. Entsprechendes gilt für die Prüfung des § 812 I 1, 1. Fall, nachdem bereits der Grundbuchberichtigungsanspruch aus § 894 begründet wurde.[72] Insgesamt steht das Problem im Zusammenhang mit einer vernünftigen Schwerpunktbildung. Die gute Klausur zeichnet sich dadurch aus, dass nicht alle Normen mit gleichmäßigem Aufwand geprüft werden, sondern dass eine Abwägung erfolgt. Im Übrigen wird allein die Erwähnung einer abwegigen Norm niemals die Klausur scheitern lassen. Andererseits dokumentieren Sie mit einer adäquat kurzen Bearbeitung, dass Sie die Problematik vollständig gewürdigt haben.

### II. Die Gliederung der Prüfung nach Personen und Gegenständen

48 Unter den Anspruchsgrundlagen, die letztlich der Bearbeitung zugrunde gelegt werden, müssen Sie nun die richtige Reihenfolge bestimmen.

Der Frage, in welchem Verhältnis die von Ihnen gesammelten Anspruchsgrundlagen zueinander stehen, widmen Studenten erfahrungsgemäß zu wenig Aufmerksamkeit. Nicht selten ist deshalb eine im Übrigen brauchbare Arbeit als mangelhaft zu bewerten, weil der Bearbeiter die falschen Probleme behandelt hat. Merken Sie sich aus diesen Gründen folgende Regel:

Konkurrenzprobleme im Verhältnis mehrerer Anspruchsgrundlagen zueinander gibt es aus methodischen, praktischen und klausurtechnischen Gründen. Wir versuchen im Folgenden, diese verschiedenen Aspekte gleichzeitig zu verdeutlichen und beginnen mit den klausurtechnischen Überlegungen.

Aufbau- und Reihenfolgeprobleme können entstehen,

- wenn Ansprüche gegen mehrere Personen geprüft werden müssen,
- wenn unterschiedliche Begehren geltend gemacht werden oder
- wenn sich ein Begehren auf verschiedene Anspruchsgrundlagen stützen lässt.

In dieser Reihenfolge ist im Rahmen der Lösungsskizze auch der Aufbau zu überlegen.

#### 1. Ansprüche gegen mehrere Personen[73]

49 Ansprüche gegen verschiedene Personen und unter verschiedenen Personen sind zunächst *in Zweipersonenverhältnisse zu zerlegen*; sodann muss eine Entscheidung über die Prüfungsreihenfolge getroffen werden. Hierfür gibt es keine zwingenden Regeln, es entscheidet die Zweckmäßigkeit. An die Reihenfolge der Namensnennung in der Fallfrage sind Sie dabei nicht gebunden. Mehrere Personen auf der Gläubiger- oder Schuldnerseite gemeinsam zu behandeln, ist nur selten empfehlenswert, etwa dann, wenn eine Person zwei unterschiedlichen Anspruchstellern einen gleichartigen Schaden zugefügt hat. In Haftungsfällen sollten Sie mit dem Schadensverursacher beginnen.[74] Ein anderer Ordnungsgesichtspunkt kann darin liegen, dass Sie die Ansprüche

71 *Medicus/Petersen* BürgerlR Rn. 13; *Diederichsen/Wagner* BGB-Klausur 95.

72 Vgl. *Diederichsen/Wagner* BGB-Klausur 48; str. ist daneben die Anwendbarkeit des § 1004 I BGB.

73 Dazu *Diederichsen/Wagner* BGB-Klausur 104 ff.; vgl. auch *Medicus/Petersen* Grundwissen BürgerlR Rn. 21.

74 *Diederichsen/Wagner* BGB-Klausur 105.

gegen den wirtschaftlich stärksten Schuldner am Anfang prüfen, denn sie sind für den Anspruchsteller von besonderem Interesse. Die Handlung eines Gehilfen ist dann beispielsweise im Rahmen des jeweiligen Anspruchs inzident zu prüfen. Eine ähnliche Fragestellung liegt vor, wenn der Auftraggeber Herausgabeansprüche gem. § 667 oder der Geschäftsherr gem. §§ 681 S. 1, 667 gegen den Beauftragten oder den Geschäftsführer geltend macht. Das »Erlangte« sind uU auch Ansprüche des Geschäftsführers oder des Beauftragten gegen Dritte, die abgetreten werden müssen. Auch dabei kommen entweder die vorrangige Prüfung oder die Inzidentprüfung in Betracht. Lange Inzidentprüfungen sollten Sie aus Gründen der Übersichtlichkeit aber in jedem Falle vermeiden. Hat ein Vertreter ohne Vertretungsmacht gehandelt, bietet es sich an, zunächst Ansprüche gegen den Vertretenen und dann Ansprüche gegen den vollmachtlosen Vertreter zu prüfen.

Allgemein wird man sagen können, dass Sie mit der Person beginnen sollten, die Sie am schnellsten zum Kern der Klausur bringt. In Einzelfällen kann die Reihenfolge aber auch durch andere Gesichtspunkte bestimmt sein. Soweit eine Person nur subsidiär haftet (vgl. §§ 829, 839 I 2), gibt es verschiedene Möglichkeiten: Kommt die bedingte Haftung nicht zum Zuge, können Sie den Aufbau ohne Konsequenzen frei bestimmen. Greift die vorrangige Haftung durch, so hat ihre sofortige Prüfung zur Folge, dass etwa einem Amtshaftungsanspruch die Grundlage von vornherein entzogen wird. Erkennen Sie aber etwa bei § 839 ein Problem, von dem Sie meinen, es sollte sich in Ihrer Klausur wiederfinden, dann prüfen Sie die Norm zunächst bis zur anderweitigen Ersatzmöglichkeit, um den Fall nicht zu früh zu beenden.[75] Dabei handelt es sich allerdings um eine Zweckmäßigkeitsfrage oder um eine Frage der Klausurtaktik; zwingend ist diese Betrachtungsweise nicht. Das umgekehrte Vorgehen dürfte Ihnen nicht als Fehler angerechnet werden.

Schwierigkeiten bereiten nicht selten Fälle der *Drittschadensliquidation*. Auch dazu 50
lassen sich keine bindenden Regeln aufstellen. Eine denkbare Reihenfolge für den Standardfall des Versendungskaufs besteht darin, dass Sie zunächst den Zahlungsanspruch des Verkäufers gegen den Käufer prüfen und bejahen. Die Einrede des Käufers aus § 320 scheitert daran, dass er seinen Erfüllungsanspruch gem. § 275 verloren hat. Im Rahmen des § 275 können Sie anschließend prüfen, ob K von V gem. § 285 die Abtretung der Ersatzansprüche verlangen kann, die dieser gegen einen Dritten hat. Wenn Sie innerhalb der Anspruchsprüfung zum Merkmal »Schaden« gelangen, können Sie dessen Fehlen[76] durch die Voraussetzungen der Drittschadensliquidation überbrücken.[77] In diesem Zusammenhang steht allerdings wiederum eine Inzidentprüfung zu der Frage an, ob der Verkäufer einen Anspruch gegen einen Dritten hat, durch den die Unmöglichkeit der Leistung herbeigeführt wurde und ob der Käufer gegen diesen Dritten nicht einen eigenen Anspruch geltend machen kann.

Als letztes Beispiel sei ein Fall der *Schuldnermehrheit* erwähnt:[78] Hat einer der Ge- 51
samtschuldner den Gläubiger befriedigt, kann er sich uU auf drei verschiedene Anspruchsgrundlagen gegen den oder die anderen Gesamtschuldner berufen. Neben das

75 *Diederichsen/Wagner* BGB-Klausur 106.
76 Str., vgl. die Nachw. bei *Medicus/Petersen* BürgerlR Rn. 838.
77 Zum Aufbau eines Vertrages mit Schutzwirkung für Dritte → Rn. 72.
78 Instruktive Übersicht bei *Fikentscher/Heinemann* SchuldR 115 f.

vertragliche oder vertragsähnliche Schuldverhältnis (Geschäftsführung ohne Auftrag) zum anderen Gesamtschuldner treten sein gesetzlicher Ausgleichsanspruch gem. § 426 I 1 und der auf ihn im Wege der cessio legis übergegangene Anspruch aus § 426 II 1. Innerhalb des letztgenannten Anspruchs ist zu untersuchen, inwieweit der Gläubiger Ansprüche gegen den Gesamtschuldner hatte, der ihn nicht befriedigt hat. Auch daraus können sich Konsequenzen für den Aufbau ergeben, wiederum in der Form, ob man die übergegangenen Ansprüche in Form einer Inzidentprüfung oder einer vorweggenommenen Bearbeitung angeht.

#### 2. Ansprüche wegen verschiedener Gegenstände[79]

52 Wenn Sie die mit der Schuldnermehrheit verbundenen Probleme gelöst haben, wenden Sie sich der Frage zu, ob ein Anspruchsteller verschiedene Begehren verfolgt, zB Herausgabe und Zahlung verlangt. Anerkannt ist dabei der Grundsatz, dass *Primäransprüche vor Sekundäransprüchen* zu prüfen sind, sodass Erfüllungsansprüche den Vorrang vor den Schadensersatzansprüchen haben.[80] Zwingend ist die Reihenfolge auch dann bestimmt, wenn der Antragsteller in zulässiger Weise seine Wünsche in Form von *Haupt- und Hilfsantrag* gestellt hat. Das ist denkbar bei prozessualen Fragestellungen, sofern der Kläger seine Anträge in ein Stufenverhältnis gebracht hat. So kann er zB in erster Linie Herausgabe eines Pkw verlangen, hilfsweise Schadensersatz. Soweit solche Parteibestimmungen vom Dispositionsgrundsatz gedeckt sind,[81] müssen sie bei der Bearbeitung auch zugrunde gelegt werden, und es sind nacheinander Haupt- und Hilfsantrag bezüglich ihrer Zulässigkeit und Begründetheit zu prüfen. Ist der Hauptantrag begründet, geht man auf den Hilfsantrag allerdings nur noch bei einem entsprechenden Bearbeitervermerk ein.[82] Allerdings sollte diese Konstellation zum Anlass genommen werden, noch einmal gründlich die Ausführungen zum Hauptantrag zu überprüfen. Im umgekehrten Fall, wenn der Hauptantrag unzulässig oder unbegründet ist, muss der Hilfsantrag in einem Hilfsgutachten bearbeitet werden.

Dieser prozessualen Fragestellung entspricht bei rein materiell-rechtlicher Aufgabenstellung die Parteibestimmung hinsichtlich der Prüfungsreihenfolge verschiedener Ansprüche. So kann der Anspruchsteller verdeutlichen, dass es ihm in erster Linie auf den Erlös einer Sache ankommt und erst, wenn dieser nicht zu erlangen ist, auf deren Herausgabe. Auch damit ist die Prüfungsreihenfolge vorgegeben.

### III. Ansprüche aufgrund verschiedener Anspruchsgrundlagen (Konkurrenzfragen)

53 Als Zwischenergebnis können Sie nunmehr festgestellt haben, dass für *ein* Parteibegehren gegenüber *einem* Anspruchsgegner und im Hinblick auf *einen* Gegenstand mehrere Anspruchsgrundlagen in Betracht kommen, die jetzt in eine bestimmte Reihenfolge gebracht werden müssen. Dazu sind einige methodische Konkurrenzüberlegungen erforderlich. Es handelt sich um Fragen der Gesetzesauslegung in Form der »systematischen Auslegung«, aus denen sich teilweise eine zwingende Prüfungsreihenfolge ergibt. Sodann sind praktische und klausurtechnische Konkurrenzüberlegungen anzuschließen.

79 *Diederichsen/Wagner* BGB-Klausur 106.
80 *Diederichsen/Wagner* BGB-Klausur 104.
81 *Schreiber* Übungen ZivilProzR 23 f. mwN.
82 *Baumgärtel/Laumen/Prütting* ZivilProzRFall 18.

### 1. Methodische Aufbauüberlegungen

Konkurrenzfragen bereiten deshalb so große Schwierigkeiten, weil sie in allen Rechtsgebieten vorkommen und sie jeweils unterschiedlichen Terminologien[83] und auch Behandlungsweisen unterliegen. 54

Im Grunde gibt es jedoch – und zwar in allen Rechtsgebieten – nur zwei Hauptformen der Konkurrenz zwischen mehreren Normen: Eine Norm verdrängt eine andere (hier sog. »verdrängende Konkurrenz«), oder zwei Normen sind nebeneinander anwendbar (hier sog. »kumulative Konkurrenz«). Dieser Unterschied ist für Ihren Fallaufbau außerordentlich wichtig. Kommt es in Betracht, dass eine Norm eine andere verdrängt, so *muss die (möglicherweise) verdrängende Norm zwingend zuerst geprüft werden! Greift sie ein, darf die verdrängte Norm nicht mehr geprüft werden*. Prüfen Sie sie trotzdem, so ist das überflüssig und daher falsch. Liegt dagegen eine kumulative Konkurrenz vor, dann ist es nicht nur kein Fehler, wenn Sie beide Anspruchsgrundlagen prüfen, sondern dann sind Sie dazu verpflichtet.[84] Sie müssen daher zunächst Fragen der verdrängenden Konkurrenz untersuchen.

Verdrängende Konkurrenz gibt es zum einen zwischen Normen derselben Rangebene (hier spricht man von »Konkurrenzproblemen«, man könnte ebenso von »horizontaler verdrängender Konkurrenz« sprechen) und zum anderen zwischen Normen verschiedener Rangebenen (hier spricht man von »Rangproblemen«, man könnte dies auch als Probleme »vertikal verdrängender Konkurrenz« bezeichnen). Für die Fallbearbeitung folgt daraus in beiden Fällen, dass Sie eine Norm nicht oder jedenfalls zunächst noch nicht prüfen dürfen.

#### a) Rangfragen (vertikale verdrängende Konkurrenz)

Ein Rechtssatz ist nur dann gültig und darf der Prüfung zugrunde gelegt werden, wenn er mit höherrangigem Recht in Einklang steht. Hierzu muss er aus höherrangigem Recht ableitbar sein; er bedarf einer Ermächtigungsgrundlage. Erforderlich ist aber auch, dass er inhaltlich mit höherrangigem Recht übereinstimmt. Das Gleiche gilt im Verhältnis zum nächsten ranghöheren Rechtssatz, sodass letztlich jede Norm des deutschen Rechts mit dem Grundgesetz in Einklang stehen muss.[85] 55

Eine derartige Prüfung führen Sie in Verwaltungsrechtsfällen häufiger durch; im Bürgerlichen Recht ergibt sich das Problem selten. Deshalb sei es hier auch nur kurz behandelt.

> **Beispiel:** § 6 eines Lohn-Tarifvertrags enthält eine Vorschrift, aufgrund deren Frauen für die gleiche Art von Arbeit einen geringeren Lohn erhalten als Männer.

Sie dürfen § 6 dieses Tarifvertrags – eine Rechtsnorm – nicht ohne Weiteres anwenden, sondern müssen sich fragen, ob diese Vorschrift mit höherrangigem Recht übereinstimmt. Die Tarifvertragsparteien bedürfen zum Abschluss eines Tarifvertrags zunächst einer Ermächtigungsgrundlage; sie ergibt sich aus dem Tarifvertragsgesetz als einem einfachen Bundesgesetz. Der Tarifvertrag muss auch inhaltlich mit dem einfachen Bundesrecht übereinstimmen. Hier liegt aber ein Verstoß gegen § 7 I, II, §§ 6;

83 S. zB allein die unterschiedliche Terminologie bei *Hübner* BGB AT Rn. 430 ff.; *Wolf/Neuner* BGB AT 238 ff.; *Medicus* BGB AT Rn. 76.

84 → Rn. 46.

85 *Wolff/Bachof/Stober/Kluth*, Verwaltungsrecht I, 13. Aufl. 2010, § 26, S. 265 ff.; zu den Aufbauproblemen bei einer Verfassungsbeschwerde *Augsberg/Viellecker* JuS 2008, 406 ff.

1, 2 I Nr. 2; 3 I AGG vor. Diese Normen sind ihrerseits an der nächsthöheren Rechtsgrundlage, also am Grundgesetz, zu messen. Ermächtigungsgrundlage für den Bundesgesetzgeber ist Art. 74 Nr. 12 GG; inhaltlich stimmen die genannten Vorschriften mit Art. 3 II GG überein. Ihr Ergebnis heißt deshalb: § 6 des Tarifvertrags ist unwirksam, weil er gegen höherrangiges Recht verstößt.

Haben Sie auf diese Weise festgestellt, dass eine Norm gegen höherrangiges Recht verstößt, dürfen Sie die Prüfung allerdings noch nicht beenden. Sie haben bisher nur die hier sog. »rangkonforme Auslegung als Inhaltskontrolle« durchgeführt. Hieran muss sich die Prüfung anschließen, ob eine Auslegung möglich ist, nach der die niederrangige Norm mit der höherrangigen vereinbar ist (»rangkonforme Auslegung als Inhaltsbestimmung«);[86] darauf ist im Rahmen der systematischen Auslegung zurückzukommen.

### b) Verdrängende Konkurrenz (horizontale verdrängende Konkurrenz)

56 Sofern mehrere einschlägige Rechtssätze derselben Rangebene auf Ihren Fall anwendbar sind, sagen wir die Rechtssätze a, b, c, d und e, müssen Sie diejenigen Rechtssätze eliminieren, die durch (mindestens) einen der anderen Rechtssätze verdrängt werden.

Innerhalb der verdrängenden Konkurrenz wird wiederum zwischen »Alternativität« und »Spezialität« unterschieden. *Alternativität* bedeutet, dass entweder der eine Sachverhalt vorliegt und damit die eine Norm anwendbar ist oder aber der andere Sachverhalt und damit die andere Norm. Bei der *Spezialität* geht es darum, dass zwei Normen denselben Sachverhalt regeln, dass aber für eine bestimmte Fallgestaltung nur eine anzuwenden ist. Für Ihre Falllösung stimmen beide Formen von verdrängender Konkurrenz darin überein, dass Sie die (möglicherweise) verdrängende Norm zwingend zuerst prüfen müssen!

#### aa) Alternativität[87]

57 Bei der Klausurbearbeitung müssen Sie sich vor der Prüfung einer Norm vorab entscheiden, welche von zwei möglichen Sachverhaltsgestaltungen Ihrer Aufgabe zugrunde liegt. Haben Sie sich entschieden, so prüfen Sie die einschlägige Norm vollständig durch; die für den alternativen Sachverhalt zutreffende Norm wird damit zwangsläufig verdrängt.

Für viele Fälle liegt beispielsweise die entscheidende Weichenstellung in der Frage, ob die Parteien einen wirksamen Vertrag geschlossen haben oder nicht. Liegt ein wirksamer Vertrag vor, bestehen zwischen den Parteien vertragliche Ansprüche und keine Bereicherungsansprüche. Das Gleiche gilt für das Verhältnis zwischen Vertrag und Geschäftsführung ohne Auftrag, jedenfalls in Zweipersonenverhältnissen. Sie können das entweder als Konkurrenzproblem verstehen (der Vertrag verdrängt die Geschäftsführung ohne Auftrag) oder als Folge der Subsumtion unter § 677 (»ohne von ihm dazu beauftragt zu sein«).

86 *Wank* Grenzen richterlicher Rechtsfortbildung 97 ff.; *Wank* Auslegung § 6 III 1b, c, S. 58 f.

87 Dieser Fall wird im Schrifttum zum Allgemeinen Teil des BGB üblicherweise nicht behandelt. Er darf nicht verwechselt werden mit den dort genannten Fällen der »Anspruchshäufung« und der »alternativen Konkurrenz«.

Ein alternatives Verhältnis besteht ferner zwischen Verzug und Unmöglichkeit, aber die Grenzen sind bei länger andauernden Leistungshindernissen fließend. In manchen Klausuren muss man erkennen, dass ein vor Eintritt der Unmöglichkeit bereits bestehender Verzug seinerseits Ansprüche wegen des Verspätungsschadens ausgelöst hat.

Ein ähnliches Problem der alternativen Konkurrenz stellt sich im Verhältnis zwischen Irrtumsanfechtung und Gewährleistung.

> **Beispiel:** Ein Verkäufer V erklärt gegenüber dem Käufer K, dem die Ware bereits ausgeliefert worden ist, er habe sich über die Eigenschaft der Ware geirrt und verlange sie zurück.

Sie könnten nun prüfen, ob die fragliche Eigenschaft der Ware wesentliche Eigenschaft iSd § 119 II ist, ob V eine Anfechtungserklärung abgegeben hat, ob sie dem K zugegangen ist und ob sie unverzüglich abgegeben wurde. Wie viele Seiten Sie damit auch füllen würden: Es steht im Voraus fest, dass die gesamte Prüfung überflüssig ist. Nach Gefahrübergang iSd § 446 kann ein Verkäufer keine sich auf die Qualität der Ware beziehende Irrtumsanfechtung geltend machen, weil er sich sonst der Sachmängelhaftung aus §§ 434 ff. entziehen würde.[88] Diese verdrängende Konkurrenz müssen Sie erkennen und Ihrer Fallgestaltung zugrunde legen, in die nähere Prüfung der §§ 119 ff. dürfen Sie deshalb nicht eintreten.

#### bb) Spezialität[89]

Während sich die Frage der Alternativität bei unterschiedlichen Sachverhalten stellt, **58**
betrifft Spezialität den Fall, dass zwei Normen auf *einen* Sachverhalt anwendbar sind. Eine Spezialvorschrift ist ein Rechtssatz, der gegenüber der allgemeinen Norm zusätzliche Merkmale aufweist. Die spezielle Vorschrift verdrängt die allgemeine. Deshalb muss der Sachverhalt zuerst anhand der speziellen Norm geprüft werden. Nur wenn sie nicht zum Zuge kommt, kann auf die allgemeine Vorschrift zurückgegriffen werden.

Für Ihre Klausurbearbeitung ist es letztlich ohne Bedeutung, ob Alternativität oder Spezialität vorliegt, die Art des Vorgehens ist die gleiche: Es ist nur eine von zwei Normen anwendbar, ein endgültiges Urteil über die anzuwendende Norm ist erst möglich, wenn man die eine von beiden (die speziellere oder die alternative) geprüft hat.

Spezialität besteht prinzipiell – im Einzelnen ist hier vieles streitig und wird unten behandelt[90] – zwischen dem Eigentümer-Besitzer-Verhältnis und den Regeln des Delikts- und Bereicherungsrechts (vgl. §§ 993 I aE, 992). § 816 ist ein Spezialfall der Nichtleistungskondiktion iSd § 812 I 1, 2. Var. Ferner wird auch das Verhältnis der §§ 346 ff. zu den §§ 812 ff. teilweise in diesem Zusammenhang als Beispiel genannt, während man darin auch einen Fall der Alternativität sehen könnte. Ein zuweilen übersehenes Spezialitätsverhältnis besteht zwischen den Anfechtungsrechten der §§ 123, 142 und § 138 I. Soweit die Sittenwidrigkeit allein mit der Täuschung oder der Drohung begründet werden kann, verdrängen die Anfechtungsregeln die zwingende Nichtigkeit.[91] Dadurch wird dem Anfechtungsberechtigten die Möglichkeit gegeben, über die Rechtsfolgen des Vertrags zu entscheiden. Anders ist es

88 *Larenz* SchuldR II 73 ff.; *Olzen/Wank*, Die Schuldrechtsreform, 2002, Rn. 19 ff., 341 ff.
89 *Diederichsen/Wagner* BGB-Klausur 106 f.; vgl. *Teubner* Examensarbeit BürgerlR 10 f.
90 → Rn. 1065 ff.
91 Staudinger/*Singer*, 2011, § 123 Rn. 98 mwN.

hingegen, wenn weitere Merkmale hinzutreten, aus denen sich die Sittenwidrigkeit ableitet.

Ein schwieriges Problem der Spezialität stellt das Verhältnis der Geschäftsführung ohne Auftrag zur Leistungskondiktion dar, soweit Leistungen aufgrund nichtiger Vertragsverhältnisse erbracht werden. Zum Teil wird ein Vorrang des Bereicherungsrechts angenommen, um für die Rückabwicklung insbesondere fehlgeschlagener Geschäftsbesorgungsverträge einen Sonderstatus zu vermeiden. Andere lösen das Problem nicht mit der Konkurrenzlehre, sondern dadurch, dass sie einen Fremdgeschäftsführungswillen verneinen.[92]

59 Soviel zu den Beispielen. Um die wichtigsten Erkenntnisse noch einmal zu betonen: *Verdrängende* Vorschriften sind *zuerst* zu prüfen: Greifen sie ein, darf die verdrängte Norm nicht mehr geprüft werden. Viele Klausurbearbeiter erkennen das Problem der Konkurrenz gar nicht und prüfen ohne Weiteres Spezialnorm und verdrängte Norm nacheinander durch. Hierin liegt ein grober Fehler, die zweite Prüfung ist überflüssig und damit falsch. Jedenfalls für das Zivilrecht – im Strafrecht mag es anders sein – ist es auch unrichtig, alle Normen zunächst einmal durchzuprüfen und anschließend die Konkurrenzprobleme gesondert zu untersuchen.[93]

Nicht selten verbirgt sich dahinter der Wunsch zu demonstrieren, dass man das Konkurrenzproblem erkannt hat. Deshalb schließen manche Bearbeiter an die erste Prüfung eine kürzere Prüfung der verdrängten Norm an. Jede Prüfung der verdrängten Norm ist jedoch falsch. Sie haben jedoch zwei andere Möglichkeiten: Entweder Sie stellen die verdrängte Norm in einem Satz vor und untersuchen gleich anschließend die verdrängende Norm, indem Sie auf die Konkurrenz verweisen; oder Sie weisen nach Untersuchung der verdrängenden Norm in einem Satz darauf hin, dass die andere an sich einschlägige Norm als Ergebnis Ihrer vorherigen Ausführungen verdrängt wird.

### 2. Klausurtechnische Aufbauüberlegungen

60 Sie haben nun festgestellt, welche Anspruchsgrundlagen für die Antwort auf Ihre Fallfrage überhaupt übrig bleiben; diese müssen Sie alle vollständig prüfen. Es handelt sich um eine *kumulative Konkurrenz*; man spricht auch von »*Anspruchskonkurrenz*«.[94] Sie stehen nun vor der Aufgabe, die Anspruchsgrundlagen in die richtige Reihenfolge zu bringen. Dafür sind sowohl klausurtechnische als auch praktische Aufbauüberlegungen anzustellen. Im Unterschied zur Spezialität im Sinne der dargestellten Konkurrenz kann man bei den klausurtechnischen Zweckmäßigkeitsregeln das Spezialitätsprinzip in einem weiteren Sinne auffassen.

61 (1) So sind *vertragliche* Ansprüche vor gesetzlichen und damit an erster Stelle zu prüfen. Der Grund liegt darin, dass rechtsgeschäftlich begründete Ansprüche die Rechtsverhältnisse zwischen den Parteien spezieller regeln und sich damit auf die gesetzlichen, allgemeinen Rechtsbeziehungen auswirken. Ein Beispiel dafür ist die

92 Vgl. *Reuter/Martinek* Ungerechtfertigte Bereicherung 706 ff.

93 S. für das Strafrecht *Wessels/Beulke/Satzger,* Strafrecht Allgemeiner Teil, 44. Aufl. 2014, Rn. 860 ff.; für das Zivilrecht *Medicus/Petersen* BürgerlR Rn. 13.

94 *Hübner* BGB AT Rn. 430 ff.: »Anspruchskonkurrenz«; ebenso *Petersen* JURA 2008, 180 (181); *Larenz* Methodenlehre 266 ff., unterscheidet »Anspruchskonkurrenz« von »Anspruchsnormenkonkurrenz«; vgl. auch *Medicus* BGB AT Rn. 76.

Auswirkung von vertraglichen Verschuldensmaßstäben oder Verjährungsfristen auf den deliktischen Anspruch. Dasselbe Ergebnis folgt zT auch bereits aus den oben dargestellten Regeln der Alternativität. Alternativität[95] besteht zB zwischen Vertrag und Geschäftsführung ohne Auftrag oder Bereicherungsrecht, ebenso grundsätzlich zwischen Vertrag und Eigentümer-Besitzer-Verhältnis, da Letzteres gem. § 986 bei (vertraglichen) Rechten zum Besitz entfällt. Mit beiden Begründungen lässt sich damit die Regel aufstellen, dass vertragliche Ansprüche an erster Stelle zu prüfen sind.

**(2)** Die vertragsähnlichen Schuldverhältnisse wie die *Geschäftsführung ohne Auftrag* haben ganz ähnliche Auswirkungen auf andere gesetzliche Ansprüche wie der Vertrag und gehören deshalb an die zweite Stelle. Die Geschäftsführung ohne Auftrag kann einen Eingriff in die Rechtsgüter des § 823 I rechtfertigen, sie stellt einen Rechtsgrund im Sinne des Bereicherungsrechts und ein Recht zum Besitz iSd § 986 dar.[96] **62**

**(3)** An dritter Stelle werden regelmäßig Ansprüche aus dem Sachenrecht geprüft, allgemein spricht man dabei auch von »*dinglichen Ansprüchen*«.[97] Hierzu zählen etwa § 985 und die Folgeansprüche, ferner die Besitzansprüche aus den §§ 861, 1007 (in dieser Reihenfolge, weil gegenüber § 861, dem possessorischen Anspruch, gem. § 863 grundsätzlich nur eingewendet werden kann, es habe keine verbotene Eigenmacht vorgelegen). In erbrechtlichen Klausuren gehören in diesen Zusammenhang die §§ 2018 ff., die den § 987 ff. nachgebildet sind. Sachenrechtliche Ansprüche gehen den deliktischen und den Bereicherungsansprüchen vor, da das Eigentümer-Besitzer-Verhältnis in § 993 I eine entsprechende Sperrwirkung enthält. **63**

**(4)** Es bleiben *Deliktsrecht und Bereicherungsrecht*. In Fällen der Eingriffskondiktion empfiehlt es sich, mit unerlaubter Handlung zu beginnen. Die Rechtmäßigkeit einer Handlung oder die gesetzlich vorgesehene Güterverteilung sind in den Normen des Deliktsrechts meist spezieller ausgeformt, sodass Sie beim Merkmal »Eingriff« darauf Bezug nehmen können. **64**

**(5)** Ansprüche aus Bereicherungsrecht werden als letztes geprüft. Innerhalb der Normen des Deliktsrechts und des Bereicherungsrechts gelten zunächst die allgemeinen Regeln über die Spezialität. So ist § 816 vor § 812 zu prüfen, § 839 vor § 823. Darüber hinaus gibt es keine zwingenden Regeln: § 823 I, § 823 II iVm einem Schutzgesetz und § 826 sind nebeneinander zu prüfen, ohne dass es für die Reihenfolge der Prüfung zwingende Gründe gäbe. **65**

Im Übrigen gilt die Regel, so aufzubauen, dass nur *Verweise nach oben* erforderlich sind. Verweise nach unten sind falsch, da sie Aufbauhinweise darstellen würden. Bei mehreren Möglichkeiten muss man deshalb zunächst die Norm prüfen, die man anwenden kann, ohne zuvor die Voraussetzungen anderer Normen geprüft zu haben. Abzulehnende Ansprüche sind vor solchen zu behandeln, die man bejahen will.[98]

95 → Rn. 57.

96 Zum Sonderproblem des fehlgeschlagenen Geschäftsbesorgungsvertrages → Rn. 58.

97 *Medicus/Petersen* BürgerlR Rn. 10.

98 *Diederichsen/Wagner* BGB-Klausur 109.

66 **Schema für die Reihenfolge der Anspruchsgrundlagen**

Wenn man auf diese Weise die verschiedenen Arten von Anspruchsgrundlagen zueinander in Beziehung gesetzt hat, ergibt sich folgendes Schema:[99]

1. Ansprüche aus Vertrag
2. Ansprüche aus vertragsähnlichen Rechtsbeziehungen (Geschäftsführung ohne Auftrag)
3. Ansprüche aus dem Sachenrecht, zB §§ 985 ff., aus dem Erbrecht gem. §§ 2018 ff.
4. Ansprüche aus unerlaubter Handlung (Gefährdungshaftung, Verschuldenshaftung)
5. Ansprüche aus ungerechtfertigter Bereicherung

### 3. Praktische Aufbauüberlegungen

67 Auf Zweckmäßigkeitserwägungen beruht die nächste Empfehlung: »*Die stärkste Norm zuerst*«. Die stärkste Norm ist diejenige, die entweder am besten gerichtlich zu verwirklichen ist, weil sie weniger Tatbestandsmerkmale aufweist und damit geringere Beweisanforderungen stellt als eine andere Norm, oder diejenige, die dem Anspruchsteller den größtmöglichen Erfolg verspricht. Im Hinblick auf die prozessuale Situation soll diese Überlegung durch ein Beispiel verdeutlicht werden.

**Beispiel:**
Bei einem Verkehrsunfall kommen als Anspruchsgrundlagen in Betracht:
§ 7 I StVG
§ 823 I
§ 823 II iVm einem Schutzgesetz
ferner § 18 StVG, § 115 VVG iVm § 1 PflVG

Im Verhältnis von Ansprüchen aus Gefährdungshaftung zu Ansprüchen aus Verschuldenshaftung würde ein Anwalt den Anspruch aus Gefährdungshaftung in den Vordergrund stellen. Die Norm enthält weniger Anspruchsvoraussetzungen, und diese sind leichter zu beweisen; vor allem entfällt der Verschuldensbeweis. Sieht man allerdings dasselbe Beispiel unter dem Aspekt des »größtmöglichen Erfolges«, so kann sich die Prüfungsreihenfolge umkehren, da es bei Ansprüchen aus Gefährdungshaftung keinen Schmerzensgeldanspruch, wohl aber eine Haftungssummenbegrenzung gibt. Sie sehen daran, dass der Rat: »Die stärkste Norm zuerst« zwar seine Berechtigung hat, aber nicht immer eindeutig zu befolgen ist.

## IV. Typische Fallfragen

68 Die Standardaufgabe in einer zivilrechtlichen Arbeit besteht darin, Ansprüche zu prüfen. Bei jedem Anspruch geht es um folgende *vier W*:

Wer will
von wem
was
woraus?

»Wer« und »von wem« bezeichnet die Parteien des Anspruchs, »was« Art und Inhalt des Anspruchs, »woraus« nennt die Anspruchsgrundlage. Diese vier Fragen müssen Sie sich bei der Prüfung einer jeden Anspruchsgrundlage stellen. Die Einzelheiten werden nachfolgend am Beispiel der Erfüllungsansprüche aus Vertrag erläutert.

99 *Diederichsen/Wagner* BGB-Klausur 44; *Medicus/Petersen* BürgerlR Rn. 7–11.

Im Übrigen sollten Sie bestimmte *Anspruchsarten* kennen, die für die Sammlung von Ansprüchen, für die Konkurrenz und die Auslegung der einzelnen Anspruchsnormen wichtig sind. Nicht nur in der praktischen Arbeit des Juristen, sondern auch in den Klausuren kommen bestimmte Fragestellungen immer wieder vor. Wie bereits oben erwähnt,[100] enthält eine Übungsarbeit regelmäßig einen Schwerpunkt oder wenige Probleme, die Sie vielleicht auch in dieser Konstellation noch nicht gehört haben. Im Übrigen aber gibt es typische Rechts- und auch Fallfragen, die sozusagen das Handwerkszeug darstellen und immer wieder auftauchen. Sie zu lernen und zu beherrschen hilft Ihnen, schneller zum Kern der Arbeit vorzudringen und mehr Zeit für Ihre Lösung zu haben. So wie etwa Mathematikarbeiten zum guten Teil mehr oder weniger schematisch erlernbares Wissen abfragen, können Sie auch bei juristischen Klausuren einen großen Teil durch die Reproduktion eingeübten Wissens lösen. Bestimmte Lösungsmuster lassen sich lernen. Den Einstieg dazu bietet die Kategorisierung nach bestimmten Anspruchsgruppen, mit denen man an Standardfragen herantritt. So können Fallfragen etwa lauten:

»Muss K dem V 10.000 EUR zahlen?«

»Kann G von S für die Beschädigung der Hauswand Ersatz verlangen?«

»Muss D dem E den Pkw herausgeben?«

»Kann E das dem B gezahlte Geld zurückbekommen?«

Wenn man dies abstrakt formuliert, richten sich Standardfallfragen auf folgende Anspruchsarten:

**Schema der Anspruchsarten**

1. Erfüllungsansprüche aus Vertrag
2. Schadensersatzansprüche
3. Herausgabeansprüche
4. Ausgleichsansprüche

Wir hatten Ihnen oben bereits ein Schema für die Reihenfolge der *Anspruchsgrundlagen* genannt. Nunmehr geht es um das Schema der Anspruchs*arten*. Wenn Sie beide Schemata kombinieren, ergibt sich ein

**Kombiniertes Schema für Anspruchsgrundlagen und Anspruchsarten**

1. Ansprüche aus Vertrag
   a) Erfüllungsansprüche
   b) Schadensersatzansprüche
   c) Herausgabeansprüche
   d) Ausgleichsansprüche
2. Ansprüche aus vertragsähnlichen Rechtsbeziehungen
   a) Erfüllungsansprüche
   usw (s. unten 2. Kapitel, Schema Nr. 3, → Rn. 152)

Die Standardfallfragen sollen im Folgenden näher untersucht werden.

100 → Rn. 36.

### 1. Erfüllungsansprüche aus Vertrag

69 Innerhalb der Ansprüche aus Vertrag ist zunächst zwischen den Primäransprüchen (Erfüllungsansprüchen) und den Sekundäransprüchen (Schadensersatzansprüchen) zu unterscheiden. Wir wollen uns etwas eingehender mit den *Erfüllungsansprüchen* befassen.

Sie haben anhand der *vier W* bereits die Vorüberlegungen angestellt, »wer« »von wem« »was« »woraus« haben will. Diese Vorüberlegungen werden nunmehr für eine verfeinerte Vorprüfung des Anspruchs eingesetzt.

**Übersichtsschema: Erfüllungsansprüche aus Vertrag**

Hierbei müssen Sie sich gedanklich mit folgenden Punkten auseinandersetzen:
Vertrag zustandegekommen?
Vertrag wirksam zustandegekommen, Anspruch entstanden?
Ursprünglicher Vertragsinhalt
Änderung des Vertragsinhalts
Vernichtung des Anspruchs
Durchsetzbarkeit des Anspruchs

Stellen Sie sich den Anspruch wie ein Lebewesen vor, das entsteht, eine bestimmte Gestalt hat, diese Gestalt verändert und schließlich stirbt. In gleicher Weise müssen Sie die Lebensstadien eines Anspruchs überprüfen, um feststellen zu können, ob und mit welchem Inhalt ein Anspruch zum Zeitpunkt seiner Geltendmachung besteht.

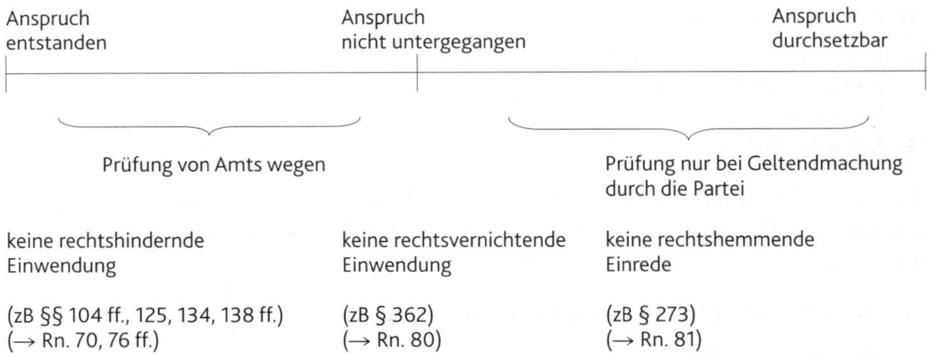


#### a) Das Zustandekommen des Vertrags

70 Wenn eine Partei einen vertraglichen Erfüllungsanspruch geltend macht, setzt das voraus, dass ein wirksamer Vertrag zustande gekommen ist. Stellen Sie sich – gedanklich – die Frage, zwischen welchen Partnern ein solcher Vertrag bestehen könnte. Außerdem sollten Sie die beiden Fragen »Zustandekommen des Vertrags« und »Wirksamkeit des Vertrags« voneinander trennen.

##### aa) Anspruchsteller (»wer«)

71 Die Frage nach dem »wer« im Sinne der *vier W* ist die Frage nach dem Anspruchsteller, nach dem *Gläubiger* des Anspruchs. Hier können mehrere Personen in Betracht kommen, von denen letztlich nur einer der Anspruch zusteht, oder mehrere Personen nebeneinander einen Anspruch haben.

Schwierigkeiten bereiten in diesem Zusammenhang der *Vertrag mit Schutzwirkung* 72
*für Dritte* und die *Drittschadensliquidation*. Verletzt eine Vertragspartei Schutzpflichten aus einem Vertrag, dann ist der Vertragspartner anspruchsberechtigt. Daran dürfte sich eigentlich nichts ändern, wenn nicht die Vertragspartei selbst, sondern eine ihr nahe stehende Person verletzt wird, dh ein Anspruch müsste eigentlich mangels Beteiligung am Vertragsverhältnis für den Dritten verneint werden. Jedoch steht beim Vertrag mit Schutzwirkung für Dritte jemand, der nicht am Vertrag beteiligt ist, ein eigener Anspruch zu, und zwar anstelle des Vertragspartners. Historisch ist das damit zu erklären, dass der Vertrag mit Schutzwirkung für Dritte aus § 328 entwickelt wurde; dort ist der Dritte anspruchsberechtigt, und zwar zu Recht, weil der Primäranspruch nicht dem Vertragspartner zusteht. Beim Vertrag mit Schutzwirkung für Dritte hingegen behält der Vertragspartner den Erfüllungsanspruch, und nur bestimmte Schutzansprüche werden vervielfältigt. Merken Sie sich also die Parallelität der Konstruktion: Vertrag zugunsten Dritter/Vertrag mit Schutzwirkung für Dritte.

**§ 328**

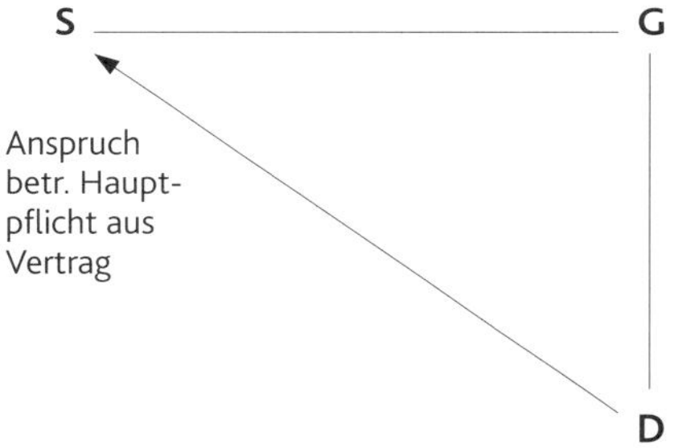


**Vertrag mit Schutzwirkung für Dritte**

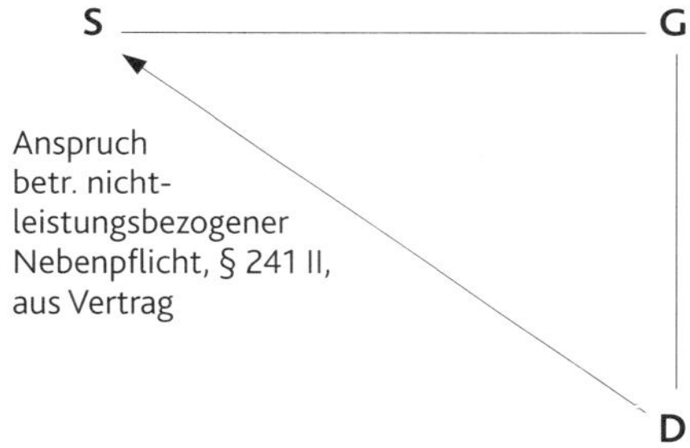


Bei der *Drittschadensliquidation* hingegen sind Anspruchsteller und Anspruchsgegner die Vertragspartner. Allerdings wird der beim Vertragspartner aufgrund einer typischen Schadensverlagerung fehlende Schaden wegen des Drittschadens fingiert.

Als einzelner Gläubiger kann eine natürliche oder eine juristische Person auftreten. Im zweiten Fall brauchen Sie zusätzlich gesellschaftsrechtliche Vorschriften über die gesetzliche Vertretungsmacht zu der konkreten Anspruchsgrundlage, zB § 26 II. In beiden Fällen sind die § 164 ff. uU einschlägig.

Haben mehrere Gläubiger einen Anspruch gegen den Schuldner, so müssen Sie zunächst klären, ob sie im Verhältnis zueinander Gesamtgläubiger (§ 428), Mitgläubiger (§ 432) oder Gesamthandsgläubiger (zB § 2039) sind. Davon hängt insbesondere auch ab, wer den Anspruch überhaupt selbst geltend machen kann und an wen die Leistung zu erbringen ist (vgl. §§ 428, 432).

#### bb) Anspruchsgegner (»von wem«)

Die Frage »von wem« meint die Bestimmung des richtigen Schuldners. Das kann ein 73
Einzelner sein, und zwar wiederum entweder eine natürliche Person oder eine juristische Person. Wenn anstelle oder für die natürliche Person ein anderer gehandelt hat, so brauchen Sie Normen, nach denen deren Verhalten zuzurechnen ist, insbesondere

die §§ 164 ff. Für Verpflichtungen juristischer Personen kommen wiederum gesetzliche Vertretungsregeln in Betracht.[101]

Hat der Gläubiger einen Anspruch gegen mehrere Schuldner, so können diese im Verhältnis zueinander Gesamtschuldner (vgl. § 421) oder Gesamthandsschuldner (vgl. §§ 2058 f.) oder Teilschuldner sein (§ 420).

#### cc) Anspruchsinhalt (»was«)

74 Der Anspruchsinhalt von Primäransprüchen aus Vertrag lässt sich nicht generalisieren. Bei den entgeltlichen Verträgen besteht die Leistung einer Partei regelmäßig in *Geld*, wenn man vom Tausch (§ 480) absieht. Hierzu gehört die Zahlungspflicht des Käufers gem. § 433 II, des Mieters gem. § 535 II, des Pächters gem. § 581 I 2, des Dienstberechtigten gem. § 611 I oder die des Bestellers beim Werkvertrag gem. § 631 I. Für den Reisevertrag gilt § 651a I, für den Makler § 652 I. Einige seltenere Anspruchsgrundlagen für Geldzahlungen aus unterschiedlichen Vertragstypen treten hinzu: Für die Auslobung § 657 und für die Leibrente § 759. Keinen Anspruch begründet dagegen die Wette gem. § 762. Zahlungspflichten ergeben sich aber des Weiteren aus den §§ 780, 781 (abstraktes Schuldversprechen, abstraktes Schuldanerkenntnis) und eventuell nach Inanspruchnahme des Schuldners aus der Bürgschaft gem. § 765. Auch der Vergleich kann eine Anspruchsgrundlage für derartige Verpflichtungen sein, manchmal (im Falle der Novation) ergibt sich die Anspruchsgrundlage aus den §§ 779, 311, im Übrigen (beim abändernden Vergleich) aus § 779 iVm der Norm, die das abgeänderte Schuldverhältnis kennzeichnet. Beim Darlehen gründet sich der Rückzahlungsanspruch bei Geld auf § 488 I, bei vertretbaren Sachen auf § 607 I 2, der Zahlungsanspruch des Darlehensnehmers selbst auf § 488 I 1 oder § 607 I 1. Zu beachten ist schließlich, dass Bankeinlagen nach §§ 700 I 1, 488 I gefordert werden.[102] Bei der Verwahrung (§§ 688, 689) kann eine Vergütung geschuldet sein.

*Die nicht in Geld zu erbringenden vertraglichen Leistungen* lassen sich kaum systematisieren. Z. T. wird Besitzverschaffung und Übereignung geschuldet (§§ 433 I 1, 480), in vielen Fällen Gebrauchsüberlassung auf Zeit (§§ 535 I 1, 581 I 1, 598), in anderen die Erbringung einer Dienstleistung (§ 611 I), eines Geschäfts (§ 662) oder einer Geschäftsbesorgung (§ 675), beim Werkvertrag (§ 631 I) die Herstellung des versprochenen Werks. Unterschiedlichen Inhalt kann ein Schenkungsversprechen gem. §§ 516 I, 518 I 1 haben.

#### dd) Übereinstimmende Willenserklärungen (»woraus«)

75 Verträge kommen durch Angebot und Annahme zustande. Manchmal ist es erforderlich, genau zu bestimmen, welche Aussage einer Partei rechtliche Bedeutung hat und beispielsweise aufzugliedern in

- invitatio – Angebot – Annahme oder:
- Angebot – Annahme unter Änderung = neues Angebot – Annahme des neuen Angebots.

Häufig können Sie aber aufgrund des Sachverhalts lediglich feststellen, dass ein Vertrag zwischen den Parteien zustande gekommen ist, zB, wenn der Sachverhalt (ausschließlich) vorgibt, K kauft von V einen gebrauchten Pkw.

101 → Rn. 71.

102 IE ist hier vieles str., vgl. *Canaris*, Bankvertragsrecht, 3. Aufl. 1988, Rn. 142.

Kommt es dagegen auf Einzelheiten an, müssen Sie beim Angebot prüfen, ob die erforderlichen Elemente einer Willenserklärung gegeben sind,[103] ob die Erklärung abgegeben wurde und ob sie zugegangen ist (§ 130) sowie bei Auslegungsbedürftigkeit, welchen Inhalt sie hat.

Bei der Annahmeerklärung müssen Sie ebenfalls die Voraussetzungen für die Wirksamkeit einer Willenserklärung untersuchen, ferner die Fragen der Annahmefähigkeit, der fristgemäßen Annahme (§§ 146 ff.), der Abgabe und des Zugangs.

Ein Vertrag kommt nur zustande, wenn die beiden Erklärungen inhaltlich übereinstimmen. Bei Auslegungsbedürftigkeit richtet sich der Inhalt der Erklärung nach dem Empfängerhorizont des Adressaten. Die Angebotserklärung ist also aus der Sicht des Angebotsempfängers, die Annahmeerklärung aus der Sicht des Empfängers der Annahmeerklärung auszulegen. Fallen danach Wille und Erklärung bei den beiden Erklärungen auseinander, müssen Sie auf die falsa demonstratio oder auf den Dissens (§§ 154, 155) eingehen. Zuweilen spielt auch ein Scheingeschäft eine Rolle (§ 117), vor allem bei Grundstückskäufen zum Zwecke der Steuerersparnis. Die Fragen der Auslegung von Rechtsgeschäften werden unten (→ Rn. 128 ff.) im Zusammenhang behandelt.

**b) Wirksamkeit des Vertrags**

Beim Vertragsschluss prüfen Sie sowohl, ob überhaupt ein Vertrag zustandegekommen ist, als auch, ob der Vertrag *wirksam* zustandegekommen ist. Die Frage nach der Wirksamkeit stellt sich dreimal: 76

- Ist die Angebotserklärung wirksam?
- Ist die Annahmeerklärung wirksam?
- Ist der daraufhin zustandegekommene Vertrag wirksam?

Die Frage, ob die Angebotserklärung und ob die Annahmeerklärung wirksam sind, haben Sie bereits bei der jeweiligen Erklärung geprüft. Sie müssen also zB jeweils feststellen, ob die notwendige Geschäftsfähigkeit vorlag oder die Zustimmung des gesetzlichen Vertreters. Ferner sind uU Formerfordernisse für einzelne Willenserklärungen zu beachten, zB § 518 I 1 oder § 766 S. 1.

Unabhängig davon gibt es Wirksamkeitshindernisse, die den *Vertrag als Ganzes betreffen*. Es sind das vor allem Formmängel (§ 125), Verstöße gegen gesetzliche Verbote (§ 134) und die Sittenwidrigkeit (§ 138). Auch der Nichteintritt einer aufschiebenden Bedingung oder Befristung kann die Wirkungen eines Vertrags verhindern (§§ 158, 163).

Geht es um die Wirksamkeit von AGB, müssen Sie wegen der Einbeziehung in den Vertrag § 305 im Auge behalten, ferner eine eventuelle Inhaltskontrolle nach den §§ 307 ff. Im Fall der Teilnichtigkeit beachten Sie bitte § 139 oder – wenn es um AGB geht – § 306.

103 Str. ist die Behandlung fehlenden Erklärungsbewusstseins, vgl. dazu BGHZ 91, 327 sowie *Brehmer* JuS 1986, 441 und *Eisenhardt* JuS 1986, 875; krit. zu den subjektiven Tatbestandsmerkmalen der Willenserklärung *Leenen* JuS 2008, 577 (579 ff.).

### c) Bestimmung des ursprünglichen Vertragsinhalts und des ursprünglichen Anspruchsinhalts

77 Wenn Sie auf diese Weise zum Vertragsschluss gekommen sind, steht allerdings noch nicht fest, um welchen Vertragstyp es sich handelt, welchen Inhalt der Vertrag hat und ob sich aus ihm der geltend gemachte Anspruch ergibt.

An dieser Stelle treten vielfach Auslegungsprobleme auf, die sowohl den Vertragstyp als auch den konkreten Anspruchsinhalt betreffen können.

(1) Bei der *Feststellung des Vertragstyps* müssen Sie zunächst klären, ob es sich dabei handelt um einen

- der gesetzlich genannten Vertragstypen (»Typenvertrag«, zB Kaufvertrag),
- zwar nicht gesetzlich speziell geregelten, aber verkehrstypischen Vertrag (»atypischer Vertrag«, zB Leasingvertrag) oder einen
- singulären Vertragstyp (»Vertrag eigener Art«, »Vertrag sui generis«).

Auch im Hinblick auf die gesetzlich geregelten Vertragstypen fällt die Einordnung zuweilen schwer. Häufige Fragestellung ist dabei die Abgrenzung zwischen Dienst- und Werkvertrag. Vom Aufbau her müssen Sie sich entscheiden, ob Sie dieses Problem vor oder nach der Prüfung des Zustandekommens des Vertrags untersuchen wollen, evtl. auch bei der Behandlung der einzelnen Willenserklärungen.[104] Das hängt vom Einzelfall ab, insbesondere auch davon, wie viel einzelne Prüfungspunkte des oben genannten Rasters Sie untersuchen müssen. Sollten mehrere der genannten Wirksamkeitselemente des Vertrags problematisch sein, ist es zweckmäßig, sie möglichst nicht alle an einer Stelle zu prüfen.

Versäumen Sie auch nicht, sich über den Inhalt von Verträgen Gedanken zu machen, die nicht oder nicht in dieser Form im Besonderen Teil des Schuldrechts vorgegeben sind. Neben den drei bereits genannten Fallgruppen, also ausdrücklich geregelte Vertragstypen des BGB, verkehrstypische Verträge und Verträge eigener Art, sind insbesondere die gemischten Verträge zu nennen. Häufig bleiben Wirksamkeitsprobleme, die sich daraus ergeben können, unbearbeitet. Ein gutes Beispiel ist der Freundschaftskauf: Sollte der unentgeltliche Teil überwiegen, können Sie leicht das Problem der Formbedürftigkeit des Gesamtgeschäfts übersehen.[105] Auch bei den Gewährleistungsrechten und bei den Leistungsstörungen spielt der Umstand eine wichtige Rolle.

78 (2) Nur wenn Sie den Vertragstyp genau bestimmt haben, lässt sich feststellen, ob der geltend gemachte Anspruch aus diesem Vertrag folgt. Dabei ist davon auszugehen, welchen *konkreten Inhalt* die Parteien dem Vertrag gegeben haben. Wenn die Parteien Pflichten im Vertrag vereinbart haben, sind diese Bestimmungen verbindlich, soweit die gesetzlichen Regelungen dispositiv sind. Andernfalls ergibt sich der Leistungsinhalt entweder aus gesetzlichen Vorschriften oder aus § 242.

Manche Autoren raten Ihnen, den Vertragstyp stets genau zu bestimmen. Der Ratschlag ist gefährlich. Steht nach dem Inhalt des Vertrags ohne Weiteres fest, dass die eine Partei ihre vertraglichen Pflichten erfüllt hat und ist für diesen Fall eine Zahlungspflicht der anderen Partei bestimmt worden, ist es gleichgültig, welcher Vertragstyp vorliegt. Nur dann, wenn es wegen unterschiedlicher Rechtsfolgen (zB ver-

104 Vgl. zB den Aufbau bei *Tröder* JuS 1972, 463.

105 Vgl. iE *Medicus/Petersen* BürgerlR Rn. 380 f. zur gemischten Schenkung sowie unten Fall 7.

schiedene Arten von Gewährleistungsansprüchen, unterschiedliche Verjährungsfristen) darauf ankommt, muss man die Rechtsnatur des Vertrags klären.

### d) Änderung des Vertragsinhalts

Möglicherweise besteht der Vertrag zwar noch zwischen den Parteien Ihrer Klausuraufgabe, aber sein Inhalt hat sich inzwischen gegenüber dem ursprünglichen geändert. Überprüfen Sie deshalb den Sachverhalt auf nach Vertragsschluss eingetretene Veränderungen. Fragen Sie sich dabei wiederum danach, wer was von wem woraus will. 79

Eine Abweichung kann sich bezüglich des »*Wer*« ergeben: Der Anspruchsteller ist inzwischen ein anderer geworden, weil die Forderung im Wege der Abtretung (§§ 398 ff.) oder im Wege der Legalzession auf einen anderen übergegangen ist, vgl. zB § 426 II 1 oder § 774 I.

Denkbar ist ferner eine Änderung beim Prüfungspunkt »*Von wem*«: An die Stelle des alten Schuldners ist uU ein neuer getreten, zB durch Universalsukzession (§§ 1922, 1967), durch Schuldübernahme (§§ 414 ff.) oder durch einen gesetzlichen Schuldübergang (zB § 613 a I). Aber auch wenn ein weiterer Schuldner neben den ursprünglichen Schuldner getreten ist, können sich daraus Konsequenzen für die Untersuchung ergeben (zB bei Bürgschaft oder Schuldbeitritt).

Schließlich zum »*Woraus*«: Auch der Inhalt des Anspruchs ist möglicherweise ein anderer geworden, sei es, dass die Parteien den Vertrag durch einen anderen ersetzt, sei es dass sie einzelne Teile abgewandelt haben.

Durch Gesetz modifiziert sich der Anspruchsinhalt ebenfalls in manchen Fällen. So können bei teilweiser Zweckerreichung, bei Störung der Geschäftsgrundlage und bei Teilunmöglichkeit Erfüllungsansprüche bestehen bleiben, allerdings mit geändertem Inhalt.

### e) Erlöschen des Anspruchs

Wenn Sie das dargestellte Denkschema durchlaufen haben, ohne ein Wirksamkeitshindernis für den vertraglichen Anspruch zu finden, und wenn Sie feststellen, dass sich aus dem Vertrag der geltend gemachte Anspruch ergibt, dann ist der Primäranspruch entstanden, und Sie kennen seinen Inhalt. Er könnte aber wieder erloschen sein. Auch für diesen Bereich müssen Sie sich die wichtigsten Kategorien einprägen. 80

**aa)** Zunächst ist es möglich, dass die Parteien durch *Aufhebungsvertrag* (zum Erlass vgl. § 397) die Rechtswirkungen des Vertrags beseitigt haben. Dann beurteilen Sie dessen Wirksamkeit nach den gerade aufgezeigten Regeln.

**bb)** Sofern Sie eine *auflösende Bedingung* (§ 158 II) oder eine *auflösende Befristung* (§§ 163, 158 II) feststellen, sind die Rechtswirkungen des Vertrags mit Eintritt des jeweiligen Ereignisses entfallen.

**cc)** In der Lebenswirklichkeit ist es üblich, dass ein Anspruch durch Erfüllung an den Gläubiger erlischt (§ 362). Wenn in Klausuren auch meist ein nicht alltäglicher Ablauf zugrunde gelegt wird, so dürfen Sie jedenfalls die Erfüllung nicht vergessen. Erfüllt wird uU auch durch Leistung an einen Dritten, ferner kann an die Stelle einer Erfüllung nach § 364 ein *Erfüllungssurrogat* treten. Als *Erfüllungsalternativen* kommen Hinterlegung (§§ 372 ff.), Aufrechnung (§§ 387 ff.) und Erlassvertrag (§ 397) in Betracht.

**dd)** Unter den Voraussetzungen des § 281 IV führt ferner das Vorliegen einer nicht oder nicht wie geschuldet erbrachten Leistung zum Erlöschen des Primäranspruchs.

Die geschuldete Leistung kann weiterhin *unmöglich* sein, und zwar mit zwei unterschiedlichen Arten von Rechtsfolgen, sodass Sie immer zu beachten haben, wie die Fallfrage lautet. Einmal bewirkt das Ereignis, dass der Schuldner von seiner ursprünglichen Verpflichtung *frei wird*, § 275 (Entfallen des Primäranspruchs). Zum anderen kann die Unmöglichkeit bewirken, dass der Schuldner *zum Schadensersatz verpflichtet* ist, § 275 IV.

**ee)** Auch der Fall der Störung der Geschäftsgrundlage, § 313, führt uU zum Erlöschen des Primäranspruchs.

**ff)** Sodann gibt es eine Reihe von Möglichkeiten, durch die der Primäranspruch über ein von den Parteien ausgeübtes Gestaltungsrecht[106] in einen *Rückgewähranspruch* umgewandelt werden kann. Hierbei ist etwa an die Kündigung zu denken sowie an die Ausübung eines Rücktrittsrechts.

**gg)** Sollte der Anspruch auf diese Weise nicht untergegangen oder umgestaltet worden sein, bleibt die Möglichkeit, dass *§ 242* anzuwenden ist. Allerdings dürfen Sie sich nicht pauschal auf § 242 berufen, sondern Sie müssen auf ein anerkanntes Rechtsinstitut Bezug nehmen, dessen Voraussetzungen Sie sich ebenfalls einprägen müssen. Hier kommt vor allem die Verwirkung infrage.

#### f) Durchsetzbarkeit des Anspruchs

81 Der letzte Punkt in Ihrem Prüfschema ist die Frage der Durchsetzbarkeit des Erfüllungsanspruchs. Die wichtigsten Einreden sind in diesem Zusammenhang die Verjährung (§ 214 I), die Stundung (§ 205) oder die Geltendmachung von Zurückbehaltungsrechten (§§ 273, 1000, vgl. auch § 320), wobei diese Gegenrechte prozessual allerdings nur zur Zug-um-Zug-Verurteilung führen.

### 2. Schadensersatzansprüche

#### a) Schadensersatzansprüche aus Vertrag

82 Schadensersatzansprüche können sich gelegentlich als Primäransprüche aus einem Vertragsverhältnis darstellen, zum Beispiel beim Versicherungsvertrag (vgl. § 1 VVG). Das Gleiche gilt bei dem inhaltlich ähnlichen Garantievertrag.[107] Hier sichert der Schuldner das Risiko des Gläubigers ab, durch einen bestimmten Umstand einen Schaden zu erleiden. Eine solche Garantie kann selbstständig oder im Rahmen eines sonstigen Vertrags gegeben werden, vgl. dazu §§ 276 I 1 aE, 443.

Meistens jedoch treten vertragliche Schadensersatzansprüche als Sekundäransprüche wegen Pflichtverletzungen auf.

Dabei ist zwischen der Verletzung von Haupt- und Nebenpflichten zu unterscheiden. Verletzungen von Hauptpflichten können zu Schadensersatzansprüchen wegen Unmöglichkeit, Schlechtleistung oder verzögerter Leistung führen, §§ 280 I–III, 281, 283, 286. Für anfängliche Unmöglichkeit gilt die Sonderregelung des § 311a II.

---

106 Zu den Gestaltungsrechten *Leverenz* JURA 1996, 1 ff.

107 Vgl. *Diederichsen/Wagner* BGB-Klausur 57.

Nebenpflichten sind leistungs- oder auch nichtleistungsbezogen.[108] Werden *leistungsbezogene* Nebenpflichten verletzt, ergeben sich dieselben Rechtsfolgen wie bei Hauptpflichtverletzungen. Bei *nichtleistungsbezogenen* Nebenpflichten, §§ 241 II, hingegen führt eine Verletzung zu Ansprüchen aus §§ 280 I oder 280 I, III, 282.

Haben Sie die Art der Pflichtverletzung festgestellt, müssen Sie weiter unterscheiden, ob Schadensersatz *neben* oder *statt* der Leistung geltend gemacht wird.[109] Im letztgenannten Fall besteht kein Primäranspruch (mehr). Bei Unmöglichkeit zeigt dies § 275 I, IV iVm §§ 280 I, III, 283, bei verzögerter oder aus sonstigen Gründen nicht ordnungsgemäßer Leistung des Schuldners § 281 IV iVm §§ 280 I, III, 281. Auch bei Verletzung einer nichtleistungsbezogenen Nebenpflicht ist der Erfüllungsanspruch für den Gläubiger gem. §§ 280 I, III, 282 ausgeschlossen.

Schadensersatzansprüche *neben* der Leistung können dagegen zusätzlich bestehen, so zB bei Geltendmachung des Verzögerungsschadens gem. §§ 280 I, II, 286 oder im Falle des § 280 I.

Bitte beachten Sie auch, dass Sie über die Verweisungen im Gewährleistungsrecht des Besonderen Schuldrechts oft zu diesen Anspruchsgrundlagen geführt werden.[110] Für das Kaufrecht folgt dies aus § 437 Nr. 3, im Werkvertragsrecht enthält § 634 Nr. 4 einen entsprechenden Verweis.

Spezielle Schadensersatzansprüche kennen etwa das Schenkungsrecht in §§ 523, 524, das Mietrecht in § 536a, die Leihe in § 600 oder das Reisevertragsrecht in § 651 f. Fehlt eine abschließende Spezialregelung, bleibt Ihnen der Rückgriff auf die §§ 280 ff.

Zum Schluss dieses Abschnitts noch ein Hinweis: Erfüllungsansprüche und Schadensersatzansprüche aus Vertrag sind nicht immer nur der Vertragspartei vorbehalten. Denken Sie also auch stets an die Rechtsfiguren des Vertrags zugunsten Dritter, § 328, und des Vertrags mit Schutzwirkung für Dritte, § 328 analog.[111]

#### b) Schadensersatzansprüche aus vertragsähnlichen Schuldverhältnissen

Diese Gruppe von Schadensersatzansprüchen[112] ist dadurch gekennzeichnet, dass zwischen den Parteien eine *schuldrechtliche Sonderverbindung* besteht. Der Begriff steht nicht im Gesetz, verdeutlicht aber den Unterschied zu den übrigen Schuldverhältnissen. Während dort (etwa bei § 823 I) das gesetzliche Schuldverhältnis durch die Schadenszufügung begründet wird, besteht es bei der schuldrechtlichen Sonderverbindung bereits vorher.[113] Dazu rechnet man bei der Geschäftsführung ohne Auftrag die Ansprüche wegen *Übernahmeverschuldens*, § 678, sowie wegen *Ausführungsverschuldens* nach § 677 iVm § 280 I. Auf beide Normen verweist § 1959 I für den *vorläufigen Erben*. **83**

Zu der Gruppe der vertragsähnlichen Schadensersatzansprüche gehört auch das sog. »Verschulden bei Vertragsschluss« (culpa in contrahendo), das durch die Schuldrechtsreform nach früherer gewohnheitsrechtlicher Anerkennung eine gesetzliche Grundlage gefunden hat. Die c.i.c. beruht auf dem Gedanken, dass das Vorfeld einer

108 Näher dazu *Dauner-Lieb/Heidel/Lepa/Ring* SchuldR 123.
109 Vgl. dazu *Olzen/Wank*, Die Schuldrechtsreform, 2002, Rn. 22; *Gerhardt* JURA 2012, 251.
110 Vgl. dazu *Olzen/Wank*, Die Schuldrechtsreform, 2002, Rn. 18.
111 → Rn. 72.
112 Dazu *Medicus* JuS 1986, 665 (668).
113 Zu »Vertragsansprüchen ohne Vertrag« vgl. *Medicus/Petersen* BürgerlR Rn. 188 ff.

Vertragsbeziehung besondere Sorgfalts- und Schutzpflichten für die Rechtsgüter der Beteiligten begründet. Verletzungen können einen Schadensersatzanspruch aus §§ 280 I, 311 II begründen. Zu beachten ist, dass derartige Ansprüche uU auch bei der Durchführung eines *nichtigen Vertrags* entstehen.

### c) Sonstige gesetzliche Schadensersatzansprüche

84 Als nächstes ist bei gesetzlichen Schadensersatzansprüchen an das Eigentümer-Besitzer-Verhältnis zu denken (§§ 989, 990; beachte auch § 993 I aE und § 992).

Ein vergleichbares Modell stellt das Rechtsverhältnis zwischen Erben und Erbschaftsbesitzer dar, für das in den §§ 2023–2025 Schadensersatzansprüche ähnlicher Art normiert sind. Wegen der Haftung des Vorerben gegenüber den Nacherben ist auf die §§ 2130, 2131 hinzuweisen.

Während die letztgenannten Normen nur in erbrechtlichen Klausuren eine Rolle spielen, sollten Sie stets das Raster möglicher *deliktischer Schadensersatzansprüche* durchlaufen. Die häufigste Anspruchsgrundlage ist § 823 I. Hat der Anspruchsgegner nicht selbst gehandelt, müssen Sie an § 831 denken. Organhandeln wird bei § 823 I über die §§ 31 und 89 zugerechnet.

Schwierig ist zuweilen zu entscheiden, ob eine Schutzgesetzverletzung iSd § 823 II vorliegt. Dazu muss zum einen festgestellt werden, dass die fragliche Norm nicht nur die Allgemeinheit, sondern auch den Einzelnen schützen soll, zum anderen, dass sie den Geschädigten gerade vor einem Schaden der eingetretenen Art bewahren will.[114] Zu beachten ist schließlich, dass der Tatbestand des Schutzgesetzes schuldhaft verwirklicht worden sein muss, damit eine Schadensersatzverpflichtung nach § 823 II begründet wird.

Für vorsätzliche sittenwidrige Schädigungen gilt § 826. Ebenso wie bei § 823 II werden hier Vermögensschäden ersetzt, allerdings nur, wenn Sittenwidrigkeit und Schaden vom Vorsatz umfasst sind.[115]

Von den zahlreichen Sondertatbeständen des Deliktsrechts sei hier noch auf die Tierhalterhaftung gem. § 833 hingewiesen. Die Vorschrift enthält in Satz 1 eine Haftung aus Gefährdung, in Satz 2 eine Haftung aus vermutetem Verschulden. Im Übrigen sollten Sie nie versäumen, beim geringsten Anhaltspunkt für deliktisches Verhalten die zahlreichen Sondervorschriften in den §§ 824 ff. durchzulesen.

Denken Sie auch im Zusammenhang mit dem Bereicherungsrecht an gesetzliche Schadensersatzansprüche: In den Fällen der §§ 818 IV, 819 I haftet der Bereicherungsschuldner nach den allgemeinen Vorschriften. Damit meint das Gesetz über § 292 den § 989. Sie sollten sich die Verweisungskette »§§ 818 IV, 819 I, 292, 989« merken. Da § 993 I aE die Vorschriften des Eigentümer-Besitzer-Verhältnisses nur bei Nutzungsansprüchen als Sondervorschriften normiert, steht die Konkurrenzregel[116] dem Schadensersatzanspruch aus Bereicherungsrecht dann nicht entgegen, wenn es um Untergang, Verschlechterung oder sonstige Gründe geht, die der Herausgabe entgegenstehen.

114 *Medicus/Petersen* BürgerlR Rn. 621 f.

115 Zum schwierigen Verhältnis der Norm zu § 138 BGB vgl. *Medicus/Petersen* BürgerlR Rn. 626 f.

116 → Rn. 58.

### 3. Herausgabeansprüche

#### a) Vertragliche und vertragsähnliche Herausgabeansprüche

Sofern der Gegenstand eines Schuldverhältnisses auf Besitzüberlassung gerichtet ist, **85**
entsteht mit Beendigung dieses Schuldverhältnisses ein vertraglicher Herausgabeanspruch.[117] Dies gilt für die Miete gem. § 546 I, für die Pacht über § 581 II, ferner für die Leihe gem. § 604 I und für die Verwahrung gem. § 695. Schließlich ist für die BGB-Gesellschaft auf § 732 hinzuweisen.

Daneben führt auch der Rücktritt vom Vertrag aufgrund eines vertraglichen oder gesetzlichen Rücktrittsrechts zu einem Rückgewähr- und damit zu einem Herausgabeanspruch (§ 346 I), wenn die Leistung in der Übertragung einer Sache bestand.

Einen Herausgabeanspruch bezüglich des aus der Geschäftsführung Erlangten enthält § 667, der über § 675 bei allen Geschäftsbesorgungsverträgen einschlägig ist.

Hierauf verweisen für die Geschäftsführung ohne Auftrag § 681 S. 2, ferner § 687 II 1. Bei erbrechtlichen Klausuren sollten Sie wiederum an § 1959 I denken.[118]

#### b) Gesetzliche Herausgabeansprüche

Der zentrale Herausgabeanspruch aus dem Sachenrecht ist § 985. Auf diese Norm **86**
verweist für den Nießbraucher § 1065, für den Pfandgläubiger § 1227. In der Insolvenz findet § 985 über die Brücke des § 47 InsO Anwendung.

Ein Miteigentümer, der den Anspruch auf Herausgabe geltend macht, beruft sich auf die §§ 1011, 985, 432.

Bei der Herausgabe eines Grundstückes wird der Anspruch auch Räumungsanspruch genannt. Beachten Sie bitte, dass § 985 hier eine andere Zielrichtung hat als der Grundbuchberichtigungsanspruch gem. § 894, der ebenfalls gegeben sein kann.

Besondere Schwierigkeiten bereitet die Anwendung des § 985, wenn Geld herausverlangt wird. Die Theorie der sog. Geldwertvindikation, dh der Anwendung des § 985 auf beliebige Scheine im Werte des hingegebenen Geldes, hat sich nicht durchgesetzt.[119] Ein Herausgabeanspruch gem. § 985 kommt deshalb nur in Betracht, wenn Sie im Sachverhalt Ihrer Klausur konkrete Anhaltspunkte dafür finden, dass die infrage stehenden Münzen oder Scheine noch unterscheidbar beim Herausgabeschuldner vorhanden sind.[120] Selbst dann wäre in der Praxis ein bestimmter Klageantrag iSd § 253 II Nr. 2 ZPO schwer zu formulieren.[121]

Im Übrigen gelten hier die §§ 948, 947, 951. Denkbar ist schließlich, dass das hingegebene Geld auf ein Konto eingezahlt wurde, sodass jetzt an die Stelle des Anspruches auf Herausgabe gem. § 985 ein Schadensersatzanspruch (zB § 990) oder ein Bereicherungsanspruch gem. § 812 bezüglich der Forderung des Schuldners gegen die Bank treten kann. Nur darum geht es auch, wenn Geld von vorneherein von einem Konto des Gläubigers auf ein Konto des Schuldners überwiesen wurde. Bei Zahlung größerer Geldbeträge können Sie mangels entgegenstehender Anhaltspunkte im Sachverhalt nach der Lebenserfahrung von bargeldloser Zahlung ausgehen. Sie sehen

117 Dazu *Diederichsen/Wagner* BGB-Klausur 46; *Medicus* JuS 1985, 657 ff.

118 Sonstige Verweisungen sind bei *Medicus* JuS 1985, 663 angegeben.

119 *Westermann/Gursky/Eickmann* SachenR § 29 IV Rn. 27 ff., S. 218 ff.

120 *Diederichsen/Wagner* BGB-Klausur 45 f.

121 Vgl. auch *Medicus* JuS 1983, 898 ff.

daran, dass ein Anspruch auf Herausgabe von Geld gem. § 985 die unwahrscheinlichste Variante darstellt. Verdeutlichen Sie sich das daran, dass die Norm die Sachvindikation regelt, während es bei der Geldzahlung in aller Regel nur auf den in den Zahlungsmitteln verkörperten Wert ankommt.

Weitere sachenrechtliche Herausgabeansprüche neben § 985 enthalten die §§ 861 und 1007, die an den Besitz anknüpfen. Sie werden oft vergessen, sollten aber zumindest kurz angesprochen werden, selbst wenn § 985 zuvor bejaht wurde.[122]

In den Zusammenhang dieser sog. dinglichen Ansprüche gehört auch § 2018[123], der allerdings im Unterschied zu § 985 als Gesamtanspruch mehrere Gegenstände unterschiedlichster Art erfassen kann. Eine andersartige (aber ebenfalls wichtige) Anspruchsgrundlage auf Herausgabe *oder* Schadensersatz begründet § 2130 I für den Nacherben gegen den Vorerben.

Vielfach übersehen wird, dass deliktische Schadensersatzansprüche über die Naturalrestitution gem. § 249 auf Herausgabe gerichtet sein können. Ein gutes Beispiel dafür ist der Diebstahl. Auch dieser Gesichtspunkt wird in der Klausurbearbeitung nicht selten außer Betracht gelassen.

Keiner besonderen Erwähnung bedarf es zum Schluss, dass sich Herausgabeansprüche aus dem Bereicherungsrecht ergeben können. Dabei ist jeweils zu differenzieren, was Bereicherungsgegenstand ist. § 816 kann einen solchen Anspruch ebenfalls begründen, der entweder auf den Erlös, aber auch uU auf die Sache gerichtet ist, vgl. § 816 I 2. Schließlich ist an § 822 zu denken.

#### 4. Ausgleichsansprüche

87 Ausgleichsansprüche sind selten ein zentrales Problem einer Klausur, kommen andererseits aber des Öfteren vor. Ausgleich ist dabei ein Sammelbegriff für ganz unterschiedliche Tatbestände: Derartige Ansprüche betreffen etwa den Fall, dass jemand aufgrund eines Vertrags oder eines vertragsähnlichen Rechtsverhältnisses Aufwendungen gemacht hat oder Verwendungen auf eine fremde Sache. Ein Ausgleichsanspruch kann ferner entstehen, wenn jemand eine fremde Sache oder ein fremdes Recht genutzt hat. Beim Zugewinnausgleich wird die durch den Ehepartner ermöglichte Vermögensmehrung nach Auflösung der Ehe ausgeglichen. Schließlich kann Ausgleich dafür geschuldet werden, dass jemand anstelle eines anderen gezahlt hat.

##### a) Aufwendungs- und Verwendungsersatzansprüche

88 Die Aufwendungsersatzansprüche sind eine wichtige Gruppe der Ausgleichsansprüche. Unter Aufwendung versteht man ein freiwilliges Vermögensopfer für einen anderen zur Erreichung eines bestimmten Zweckes. Ausgedehnt wird die Definition heute auch auf Zufallsschäden, die sich aus der typischen Gefährlichkeit eines Tuns ergeben. Dieses Sonderproblem ist insbesondere bei § 670 zu beachten.

Als Unterfall der Aufwendungen sind die Verwendungen anzusehen, deren Definition recht unterschiedlich vorgenommen wird: Zum einen fasst man hierunter (enger Begriff) alle Verwendungen, die objektiv der Erhaltung, Wiederherstellung oder Verbesserung einer Sache dienen, ohne sie in ihrem Bestand oder in ihrer Art grundle-

122 → Rn. 46, 60.

123 Vgl. dazu § 2030 BGB.

gend zu verändern.[124] Zum anderen umfasst der (weitere) Verwendungsbegriff alles, was den wirtschaftlichen Wert einer Sache erhöht.[125]

Die hier genannten Definitionen von Aufwendung und Verwendung gehören zu den (wenigen) zivilrechtlichen Definitionen, die Sie sich merken sollten.

### aa) Vertragliche und vertragsähnliche Aufwendungs- und Verwendungsersatzansprüche

Die zentrale Vorschrift über den Aufwendungsersatz findet sich in § 670. Hierauf 89
verweist das Recht der Geschäftsführung ohne Auftrag (§ 683), auf dieses wiederum können sich Vormund (§ 1835) und vorläufiger Erbe (§ 1959 I) berufen. Eine Mischung aus Verwendungs- und Aufwendungsersatz enthält § 304 für den Gläubigerverzug. Aufwendungsersatz wird schließlich dem Verwahrer zugesprochen (§ 693), und das Schenkungsrecht gewährt ihn in § 526 ebenfalls. Für alle derartigen Ansprüche gelten die §§ 256, 257, von denen vor allem die letztgenannte Norm (Befreiungsanspruch) zu beachten ist.

Vertragliche Verwendungsersatzansprüche regelt das Gesetz auch in § 539 I für den Mieter sowie in § 2381 II beim Erbschaftskauf.

### bb) Sonstige gesetzliche Aufwendungsersatzansprüche

Ein gesetzlicher Aufwendungsersatzanspruch außerhalb der genannten Schuldver- 90
hältnisse findet sich in § 284. Weiter ist § 1648 für das Eltern-Kind-Verhältnis zu erwähnen, ferner § 2124 II bei Vor- und Nacherbschaft. Jedoch gibt es eine Reihe gesetzlicher Verwendungsersatzansprüche.

Dabei ist vor allem auf die Vorschriften im Eigentümer-Besitzer-Verhältnis hinzuweisen, §§ 994, 996, die inhaltlich hier nicht besprochen werden können, im Übrigen über die §§ 292, 850 weitere Anwendung finden. Recht ähnlich ist die Regelung in § 2022 für das Verhältnis zwischen Erben und Erbschaftsbesitzer ausgestaltet. Weitere erbrechtliche Verwendungsersatzansprüche gelten für den Vorerben (§ 2125), ferner für den mit einem Vermächtnis Beschwerten gem. § 2185. Schon etwas ausgefallen und selten gefragt sind die Verwendungsersatzansprüche des Pfandgläubigers und des Nießbrauchers (§§ 1049, 1216, jeweils mit Verweis auf die Geschäftsführung ohne Auftrag).

### b) Nutzungsansprüche

Eine wichtige Gruppe von Ansprüchen auf die Herausgabe von Nutzungen (zur De- 91
finition vgl. § 100) enthält das Eigentümer-Besitzer-Verhältnis, und zwar zunächst für den bösgläubigen Besitzer und den Besitzer nach Rechtshängigkeit in den §§ 987 I und 990 I. Beide müssen alle Nutzungen herausgeben (auch schuldhaft nicht gezogene), ebenso der gutgläubige *unentgeltliche* Besitzer (§ 988), dieser allerdings nur im Rahmen einer noch bestehenden Bereicherung (§ 818 III). Keine Nutzungen schuldet dagegen der gutgläubige *entgeltliche* Besitzer (§ 993 aE). Diese Regelungen werden im Einzelnen noch später angesprochen.

Die nächste wichtige Gruppe von Nutzungsansprüchen findet sich im Bereicherungsrecht.[126] Dabei ist zunächst darauf hinzuweisen, dass die Nutzungen selbst Be-

124 BGHZ 41, 157 (160 f.).

125 Palandt/*Bassenge* BGB § 994 Rn. 2 ff.; vgl. zum Ganzen auch *Medicus/Petersen* BürgerlR Rn. 874 ff.; HK-BGB/*Schulte-Nölke* § 994 Rn. 2.

126 Wegen der Konkurrenzen zum Eigentümer-Besitzer-Verhältnis → Rn. 1065 ff.

reicherungsgegenstand iSd § 812 I sein können, wenn ein unwirksamer Vertrag auf Gebrauchsüberlassung gerichtet war. Nach § 818 I werden Nutzungen geschuldet, sofern der Bereicherungsgegenstand eine abgetretene Forderung oder ein übereigneter Gegenstand war, den der Bereicherungsschuldner genutzt hat.

#### c) Zugewinnausgleichsansprüche

92 Zugewinnausgleichsansprüche nehmen an Bedeutung im Staatsexamen zu, sodass Sie sich die Anspruchsgrundlage in § 1378 I merken sollten; Hilfsnormen dazu finden sich in den §§ 1372 ff. Neben die Rechtsprobleme, die sich aus den genannten Vorschriften ergeben, tritt die Frage, ob im gesetzlichen Güterstand neben dem Zugewinnausgleich allgemeine schuldrechtliche Ansprüche bestehen.[127] Sicher wird man dabei noch nicht von einer Standardfallfrage sprechen können. Dennoch ergibt sich aus den vielen denkbaren Anspruchsgrundlagen (etwa §§ 531 II, 812 ff.; 730 ff., direkt oder analog, § 812 in Form der condictio ob causam finitam oder condictio ob rem, Wegfall der Geschäftsgrundlage) sowie aus dem nicht einfach aufzulösenden Verhältnis dieser Normen zu den familienrechtlichen Vorschriften[128] ein gewisser Anreiz zur Aufgabenstellung.[129]

#### d) Ausgleichsansprüche bei Zahlung anstelle einer anderen Person

93 Rückgriffsansprüche können zunächst aufgrund von Legalzessionen entstehen, deren wichtigste Sie kennen sollten. Schlagen Sie deshalb die folgenden Vorschriften auf: aus dem Allgemeinen Schuldrecht die §§ 268 III (Ablösungsrecht Dritter) und 426 II (Zahlung eines Gesamtschuldners), im Besonderen Schuldrecht § 774 I (Zahlung des Bürgen), im Sachenrecht § 1143 I (Erfüllung der hypothekengesicherten Forderung durch den Eigentümer, der nicht persönlicher Schuldner ist) sowie § 1150 (Zahlung durch Dritte; beide Vorschriften gelten auch für die Grundschuld). Eine vergleichbare cessio legis kennt das Gesetz auch für die Mobiliarpfandrechte (§§ 1225 S. 1, 1250).

Im Unterhaltsrecht finden sich Vorschriften über den gesetzlichen Forderungsübergang für den Scheidungsunterhalt in § 1584 S. 3, für den Verwandtenunterhalt in den §§ 1607 II 2 und 1608 S. 3, ferner – besonders wichtig – in § 1607 III 2 bei Zahlungen des Scheinvaters. Hier kommt ferner ein Bereicherungsanspruch gegen das Kind gem. § 812 I 1, 1. Fall in Betracht,[130] uU auch ein solcher gegen den Sozialhilfeträger.[131] Außerhalb des BGB sind noch die § 116 SGB X, § 86 VVG und § 6 EFZG zu beachten.

Alle Ansprüche, die auf diese Weise übergegangen sind, prüfen Sie unter dem Stichwort: »Ansprüche aus abgeleitetem Recht« regelmäßig, nachdem Sie eigene Ansprüche des Anspruchstellers untersucht haben. Dabei steht die Frage, ob die cessio legis eingreift, an der Spitze. Ist sie bejaht worden, prüfen Sie den übergegangenen Anspruch so, wie er beim ursprünglichen Inhaber bestand. Auf der Einwendungsseite sind dann *zusätzlich* die §§ 404 ff. zu berücksichtigen (vgl. § 412). Nicht viel anders gestaltet sich die Prüfung im Falle rechtsgeschäftlicher Abtretung.

127 Vgl. dazu BGHZ 87, 227 (230 ff.) und *Medicus/Petersen* BürgerlR Rn. 690a.
128 BGHZ 87, 227; für die Gütertrennung BGHZ 84, 361 ff. und auch BGH NJW 1986, 51 ff.
129 Vgl. dazu unten Fall 33.
130 BGH NJW 1981, 2183.
131 BGHZ 78, 201 ff.; *Medicus/Petersen* BürgerlR Rn. 945 ff.

Abgesehen von den kraft Gesetzes übergegangenen Ansprüchen gibt es noch zwei weitere Anspruchsgrundlagen, die den Rückgriff ermöglichen, wenn jemand anstelle eines anderen geleistet hat: Es ist dies zum einen beim zahlenden Gesamtschuldner nach § 426 I der Fall (hier bestehen also zwei selbstständige Anspruchsgrundlagen) und zum anderen bei der Rückgriffskondiktion. Sie kann nur entstehen, wenn der Rückgriff nicht bereits durch eine cessio legis oder durch eine andere Ausgleichsnorm geregelt ist; andernfalls hat der Schuldner nichts erlangt, sondern nur einen neuen Gläubiger erhalten. Der Hauptanwendungsfall ist die Zahlung fremder Schulden gem. § 267, bei der Zahlung vermeintlich eigener Schulden greift regelmäßig die Leistungskondiktion (condictio indebiti) ein.[132] Sofern man § 684 S. 1 als Rechtsgrundverweisung auffasst[133] (vgl. die Bezugnahme hierauf bei der angemaßten Eigengeschäftsführung gem. § 687 II), hat die Rückgriffskondiktion auch dort ihren Platz.

## V. Die Auslegung von Gesetzen

Bis jetzt haben wir untersucht, welche Ansprüche zu prüfen sind und wie sich das 94
Schicksal des einzelnen Anspruchs entwickeln kann. Nunmehr geht es darum, im Rahmen Ihrer Fallbearbeitung eine konkrete Anspruchsgrundlage anzuwenden. Dazu müssen Sie zwei Denkschritte vornehmen, die Gesetzesauslegung[134] und die Gesetzesanwendung. Bei der Gesetzesauslegung wird zunächst der Inhalt einer Norm festgestellt, bei der Gesetzesanwendung die Norm auf den konkreten Sachverhalt angewandt.

Beginnen wir mit der Gesetzesauslegung. Diejenigen Prüfschritte, die Sie bis zur Auslegung gehen müssen, haben wir Ihnen bereits dargelegt:

Sie haben den Sachverhalt gründlich gelesen.
Sie haben die Fallfrage verstanden.
Sie haben die Sachprobleme erkannt.
Sie haben die in Betracht kommenden Anspruchsgrundlagen gesammelt.
Sie haben die Anspruchsgrundlagen nach Konkurrenzproblemen geordnet.
Sie haben die Probleme (soweit als möglich) einer der typischen Fallfragen zugeordnet.

Haben Sie den Eindruck, dass das reichlich viele Vorüberlegungen sind? Sie glauben nicht, wie viele Bearbeiter daran scheitern, dass sie sofort »zur Sache kommen«, während sie in Wirklichkeit am Sachverhalt vorbeiarbeiten. Es geht nicht darum, irgendetwas zu prüfen, was entfernt mit der Aufgabe zusammenhängt, sondern die richtigen Überlegungen an der richtigen Stelle vorzunehmen. Zwingen Sie sich dazu, auch wenn es schwerfällt.

Die folgenden Hinweise zur Auslegung von Gesetzen sind, wie der übrige Text, daran orientiert, Ihnen den Standort des jeweiligen Prüfungspunktes in Ihrer Lösung zu bezeichnen.

132 *Medicus/Petersen* BürgerlR Rn. 948.
133 Str., vgl. MüKoBGB/*Seiler* § 684 Rn. 4.
134 S. dazu *Hübner* BGB AT Rn. 98 ff.; *Wolf/Neuner* BGB AT 29 ff.; *Medicus* BGB AT Rn. 307 ff. sowie die Lehrbücher zur Methodenlehre von *Bydlinski*, *Engisch*, *Fikentscher*, *Larenz*, *Pawlowski*, *Rüthers* und *Zippelius* sowie *Wank*, Die Auslegung von Gesetzen.

### 1. Der Geltungsbereich der Norm

95 Zunächst ist der Geltungsbereich der von Ihnen geprüften Norm[135] zu bestimmen, und zwar in persönlicher, sachlicher, örtlicher und zeitlicher Hinsicht.

**Beispiel:** Ein Kandidat prüft über mehrere Spalten, ob die von A gegenüber B verwendeten Allgemeinen Geschäftsbedingungen gegen § 308 verstoßen. Nach dem Sachverhalt ist B Unternehmer.

Die gesamte Passage des Kandidaten ist überflüssig und damit für die Bewertung falsch. Der persönliche Geltungsbereich des § 308 erstreckt sich nach § 310 I 1 nicht auf Unternehmer. – Zu fragen ist also generell, ob der anzuwendende Rechtssatz für einen Angehörigen der im Sachverhalt genannten Personengruppe gilt. Bedeutsam ist das etwa für die Personengruppen »Arbeitnehmer«, »leitende Angestellte« oder »Unternehmer«.

**Beispiel:** Ein Kandidat prüft, ob Arbeitgeber X, der vier Arbeitnehmer beschäftigt, dem Angestellten A zu Recht gekündigt hat.

Seine ausführlichen Erörterungen zu § 1 KSchG sind überflüssig und damit falsch. Nach § 23 I 2 KSchG ist das Gesetz auf den Kleinbetrieb des X nicht anwendbar. Hier geht es um den sachlichen Geltungsbereich des Kündigungsschutzgesetzes: Es erstreckt sich nicht auf Kleinbetriebe.

In gleicher Weise müssen Sie überprüfen, ob der Sachverhalt unter den zeitlichen und örtlichen Geltungsbereich einer Norm fällt. So kann ein Gesetz, das Sie anwenden wollen, in dem Zeitpunkt, der in Ihrer Klausur genannt wird, noch gar nicht in Kraft gewesen sein.

### 2. Der vollständige Rechtssatz

#### a) Der Kernrechtssatz

An dieser Stelle Ihrer Bearbeitung befinden Sie sich in folgender Situation: Sie haben einen in Betracht kommenden Rechtssatz gefunden, der weder gegen höherrangiges Recht verstößt[136] noch durch gleichrangige andere Rechtssätze verdrängt wird. Dessen Tatbestand können Sie nunmehr prüfen. Damit haben Sie einen Kernrechtssatz vor sich.[137]

##### aa) Aufspaltung in Tatbestand und Rechtsfolge

96 Günstig ist es, den Rechtssatz in Tatbestand und Rechtsfolge, also in eine »Wenn …, dann …-Struktur« aufzuspalten.[138]

Allerdings stehen manche Merkmale scheinbar auf der Rechtsfolgenseite, obwohl sie tatsächlich zum (objektiven) Tatbestand gehören. So ist das Merkmal »Schaden« in § 823 I scheinbar der Rechtsfolgenseite zuzuordnen. Es gehört aber zu den Merkmalen, die in ihrer Gesamtheit erst den Tatbestand ergeben; das Verschulden braucht sich darauf aber nicht zu beziehen.

##### bb) Aufspaltung in Tatbestandsmerkmale

97 Danach lösen Sie den gesamten Tatbestand in einzelne Merkmale auf. Lassen Sie Füllworte weg und beschränken Sie sich auf die sinntragenden Ausdrücke.

135 *Wolff/Bachof/Stober/Kluth,* Verwaltungsrecht I, 13. Aufl. 2010, § 27 Rn. 1 ff.; *Baumann*, Einführung in die Rechtswissenschaft, 8. Aufl. 1989, 99 ff.

136 → Rn. 55.

137 Vgl. *Larenz/Canaris* Methodenlehre 71 ff. (78 ff.); *Zippelius* Methodenlehre 23 ff.

138 → Rn. 40.

**Beispiel:** § 823 I

| »Wenn jemand | vorsätzlich oder fahrlässig<br>Leben, Körper, Gesundheit, Freiheit, Eigentum<br>oder ein sonstiges Recht<br>eines anderen<br>widerrechtlich<br>verletzt« |
|---|---|

Sie können hieraus eine Grobstruktur des Rechtssatzes herstellen, indem Sie gleichartige gesetzliche Merkmale bündeln:

| »Wenn jemand | schuldhaft<br>das geschützte Rechtsgut<br>eines anderen<br>widerrechtlich<br>verletzt« |
|---|---|

Hiernach müssen Sie die Merkmale nach einer Struktur gliedern. Dafür lassen sich keine allgemeinen Hinweise geben. Vielseitig verwendbar ist die Ihnen aus dem Strafrecht bekannte Gliederung einer unerlaubten Handlung in Tatbestand, Rechtswidrigkeit und Schuld. So erhalten Sie zB für § 823 I folgende Struktur:

Tatbestand iwS
- Tatbestand im engeren Sinne
  »Wenn jemand das Rechtsgut eines anderen verletzt«
- Rechtswidrigkeit
  »rechtswidrig«
- Schuld
  »schuldhaft«

Sie haben jetzt den Tatbestand (im weiteren Sinne) des Kernrechtssatzes untergliedert.

#### cc) Aufspaltung in Merkmale auf der Rechtsfolgenseite

In der Ausbildung wird zuweilen vernachlässigt, dass auch die Rechtsfolgenseite einer Anspruchsgrundlage häufig nicht nur ein einzelnes Merkmal, sondern eine ganze Reihe von Merkmalen enthält. Die Bezeichnung als Tatbestandsmerkmale darf Sie nicht darüber täuschen, dass eine entsprechende Aufspaltung in einzelne Merkmale auf der Rechtsfolgenseite einer Norm ebenfalls erforderlich sein kann. 98

**Beispiel:** Nach § 906 II 2 ist als Rechtsfolge ein »angemessener« Ausgleich in »Geld« zu zahlen.

### b) Konkretisierung des Kernrechtssatzes

Vielfach werden Sie feststellen, dass Sie mit dem Kernrechtssatz allein Ihren Fall nicht lösen können, vielmehr »ergänzende Rechtssätze« einbeziehen müssen. Diese können Konkretisierungen, Erweiterungen und Einschränkungen sein. 99

**Beispiel:** Hauseigentümer und Vermieter V verlangt vom Mieter M unter Berufung auf § 985 die sofortige Räumung der Wohnung.

Kernrechtssatz: § 985
Tatbestand:
  Eigentümer
  Besitzer
Rechtsfolge:
  Herausgabepflicht

Der Kernrechtssatz ist somit erfüllt.

Nun hält M entgegen, er habe einen Mietvertrag mit E geschlossen, V sei nicht Eigentümer des Hauses. V entgegnet, er habe das Hausgrundstück aufgrund eines Testaments von E geerbt.

Sie müssen jetzt den Kernrechtssatz beim Merkmal »Eigentümer« ergänzen, dh Rechtssätze suchen, die den Inhalt haben: »Wenn jemand … dann wird er Eigentümer.«

Als Antwort auf diese Frage enthält das BGB folgende Struktur:

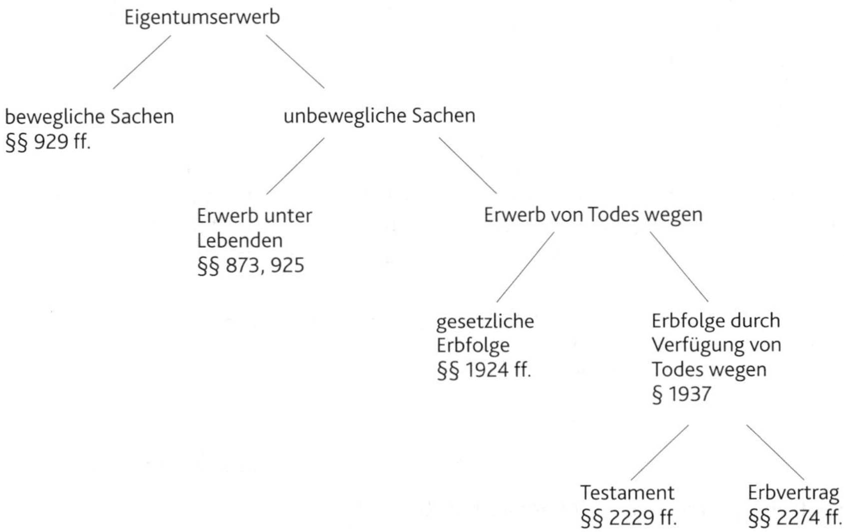


Als einschlägigen Rechtssatz stellen wir fest:

Tatbestand: Wenn jemand durch Testament zum Erben eingesetzt ist (§ 1937),
Rechtsfolge: dann wird er Eigentümer (§ 1922).

In unserem Fall führt die Konkretisierung des Kernrechtssatzes dazu, dass V Eigentümer iSd § 985 ist.

### c) Erweiterungen des Kernrechtssatzes

100 Unterstellt, ein Gläubiger macht aufgrund einer Legalzession einen Anspruch geltend, dem der Schuldner Einreden gegenüber dem ursprünglichen Gläubiger entgegenhält. Sie kennen das Problem aus dem Bereich des Forderungsübergangs kraft Rechtsgeschäfts, §§ 398 ff., und die dafür einschlägige Vorschrift § 404. Gilt § 404 auch beim gesetzlichen Forderungsübergang? Wir suchen also einen Rechtssatz, wonach Vorschriften über den Forderungsübergang kraft Rechtsgeschäfts in gleicher Weise für den Forderungsübergang kraft Gesetzes gelten. Unsere Empfehlung: Suchen Sie Vorschriften, die den Anwendungsbereich einer Norm erweitern,[139] am

139 Dazu *Bydlinski* Methodenlehre 400; *Engisch* Juristisches Denken 73 ff.

Anfang oder Ende des betreffenden Regelungskomplexes. So werden die §§ 398 ff. durch § 412 dahingehend erweitert, dass sie sich auch auf den Fall des gesetzlichen Forderungsübergangs beziehen.

#### d) Einschränkungen des Kernrechtssatzes

Zurück zu unserem Ausgangsbeispiel. V ist Eigentümer iSd § 985; M Besitzer. Muss M deshalb die Wohnung räumen? Die Antwort enthält § 986, der den Anwendungsbereich des § 985 einschränkt.[140] 101

§ 985: Der Eigentümer kann von jedem Besitzer die Herausgabe (ohne Weiteres? sofort?) verlangen.

§ 986: Der Eigentümer kann nur von einem unrechtmäßigen Besitzer die Herausgabe verlangen.

Warum ist der einheitliche Gedanke in zwei Rechtssätze aufgespalten worden? Der Grund liegt in der Beweislastverteilung: V muss beweisen, dass er Eigentümer und M Besitzer ist, M dagegen, dass er als Mieter ein Recht zum Besitz hat. In den Fällen mit unstreitigem Sachverhalt, mit denen Sie es bis zum ersten Staatsexamen in aller Regel nur zu tun haben, brauchen Sie auf diese Fragen nicht einzugehen, sodass Sie §§ 985, 986 als einheitlichen Tatbestand behandeln können.

#### e) Ungeschriebene Merkmale

Außer den im Gesetz ausdrücklich genannten Merkmalen gibt es bei Normen, zu denen bereits eine Interpretation durch Rechtsprechung und Literatur vorliegt, vielfach zusätzliche ungeschriebene Merkmale.[141] 102

Wir wollen zunächst von einem strafrechtlichen Beispiel ausgehen, das Ihnen wahrscheinlich gut bekannt ist. So enthält § 263 StGB, wenn man den vorstehenden Hinweisen folgt, folgende Struktur:

| | | | |
|---|---|---|---|
| Tatbestand iwS | = | Tatbestand ieS | Täuschung<br>Irrtum<br>Vermögensschaden<br>Bereicherungsabsicht |
| | | Rechtswidrigkeit | rechtswidrig |
| | | Schuld | schuldhaft |

Rechtsprechung und Schrifttum sind sich darüber einig, dass zur gedanklichen Verbindung der Merkmale »Irrtum« und »Vermögensschaden« eine »Vermögensverfügung« hinzugedacht werden muss. Weitere ungeschriebene Tatbestandsmerkmale sind die »Kausalität« und die »Stoffgleichheit«. Diese Merkmale müssen Sie sich merken; die anderen können Sie notfalls aus dem Gesetzestext rekonstruieren. Damit ergibt sich folgender Tatbestand des § 263 StGB, ergänzt um ungeschriebene Tatbestandsmerkmale:[142]

140 Zu Einschränkungen des Kernrechtssatzes *Bydlinski* Methodenlehre 401; *Larenz/Canaris* Methodenlehre 80 f.

141 *Wank* Juristische Begriffsbildung 135 ff.

142 *Wessels/Hillenkamp*, Strafrecht, Besonderer Teil, Bd. 2, 37. Aufl. 2014, Rn. 486, 600.

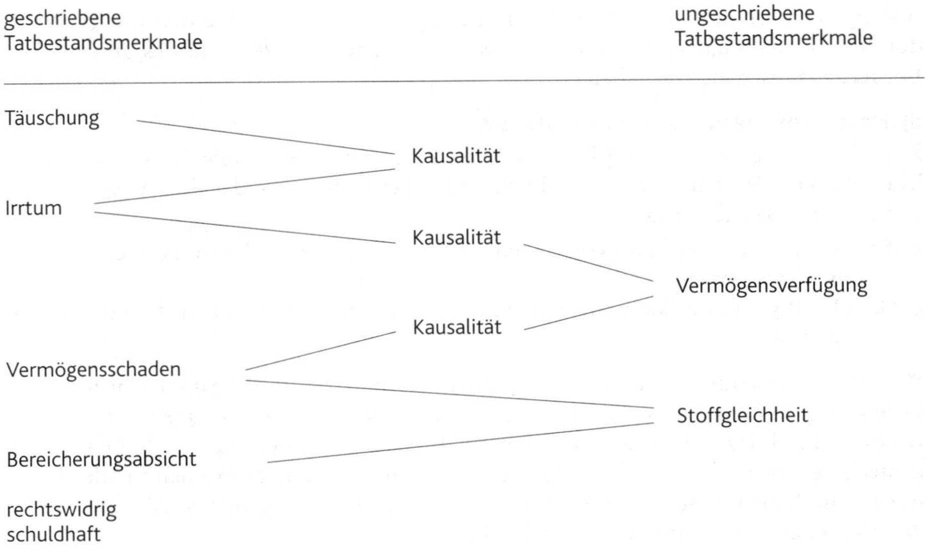


Für das Zivilrecht ergibt sich zB für § 823 I bei Ergänzung mithilfe ungeschriebener Tatbestandsmerkmale:

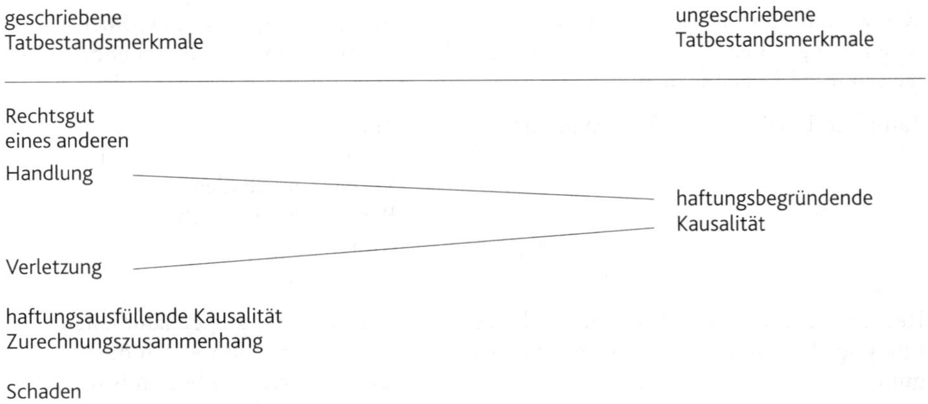


#### f) Mittel zur Vervollständigung des Kernrechtssatzes

103 Um den Anwendungsbereich von Rechtssätzen zu bestimmen oder um gesetzliche Ausdrücke zu konkretisieren, stehen dem Gesetzgeber mehrere Möglichkeiten zur Verfügung:

- Ausdrückliche Umschreibung des Geltungsbereichs des Gesetzes (zB § 23 I 2 KSchG),
- Legaldefinition (zB § 1924),[143]

143 *Bydlinski* Methodenlehre 397 (441 f.); *Fikentscher* Methoden des Rechts 661 f.; *Wank* Auslegung 19; *Zippelius* Methodenlehre 37 f.

- Fiktion (zB § 108 II 2),[144]
- Verweisung ( zB § 951 I 1).[145]

## g) Die Rechtsfolge

Haben Sie die Tatbestandsseite des Kernrechtssatzes und seiner Hilfsnormen gemäß den vorstehenden Überlegungen geprüft, so können Sie sich der Rechtsfolgenseite zuwenden. Diese wirft manchmal eigene Probleme auf. 104

**Beispiel:** Bei einem Kaufvertrag ist dem Verkäufer die Leistung unmöglich geworden, § 275. Kann der Käufer zurücktreten oder Schadensersatz verlangen oder beide Rechte nebeneinander geltend machen? Während bis zur Schuldrechtsreform zwischen beiden Rechten ein Alternativverhältnis bestand, lässt § 325 nunmehr beide Rechte nebeneinander zu.

Zunächst muss der Käufer (K) die Nacherfüllung nach § 437 Nr. 1 wählen; erst wenn und soweit sie nicht möglich oder zumutbar ist, kann er zu den anderen Gewährleistungsrechten übergehen. Diese setzen nämlich alle die Nachfristgewährung und damit die Möglichkeit zur Nacherfüllung voraus.

K kann vom Kaufvertrag zurücktreten und gleichwohl Schadensersatz verlangen. Zwar wird durch den Rücktritt der Kaufvertrag in ein Rückgewährschuldverhältnis umgewandelt, doch lässt § 325 auch nach einem Rücktritt die Geltendmachung von Schadensersatz zu. Ferner kann K mindern und den verbleibenden Schaden ersetzt verlangen sowie ausschließlich Schadensersatz oder Ersatz vergeblicher Aufwendungen verlangen.

**– Exkurs betreffend Hausarbeiten –**

## 3. Die einschlägige Rechtsprechung

Die folgenden Ratschläge gelten für die Bearbeitung von Hausarbeiten; bei der Klausurbearbeitung werden Sie in den seltensten Fällen mehr als Ihren Gesetzestext zur Verfügung haben. Sie sollten in Klausuraufgaben auch Abstand davon nehmen, ohne konkrete Nachweise, die Ihnen regelmäßig nicht im Gedächtnis präsent sein werden, auf Rechtsprechung oder herrschende Meinung zu verweisen. 105

Für die Hausarbeit gilt: Die Methodenlehrbücher unterstellen die Situation, dass sich der Bearbeiter allein mit dem Gesetzestext an die Auslegung begibt. Das ist jedenfalls nicht der Normalfall. Regelmäßig gibt es zu dem von Ihnen herangezogenen Paragrafen Gerichtsentscheidungen[146] und rechtswissenschaftliche Literatur. Diese müssen Sie zuerst ermitteln.

Seien Sie sich dabei der Unterschiede zwischen ständiger Rechtsprechung und gelegentlicher Rechtsprechung, zwischen den tragenden Gründen und nicht zur Fallentscheidung notwendigen Aussagen (obiter dicta) bewusst. Prüfen Sie auch, ob die Rechtsprechung eine wechselhafte Entwicklung genommen hat und schließlich, ob es Widersprüche oder fallgruppenbezogene Abweichungen (»distinguishing«) in der Rechtsprechung gibt.

Diese Durchsicht der Rechtsprechung müssen Sie in jedem Fall vornehmen. Unter den Dozenten umstritten ist die Frage der Darstellung – ob Sie die Rechtsprechung referieren sollen

144 *Engisch* Juristisches Denken 10 ff.; *Larenz/Canaris* Methodenlehre 83 ff.; *Wank* Auslegung 21 f.; *Zippelius* Methodenlehre 29 f.

145 *Budde* JURA 1987, 578 ff.; *Larenz/Canaris* Methodenlehre 81 f.; *Wank* Auslegung 20 f.; *Zippelius* Methodenlehre 28 ff.

146 Dazu *Wank* Grenzen richterlicher Rechtsfortbildung 30 ff., 172 ff.; *Wank* Auslegung 35 ff.

oder ob Sie sie nur im Zusammenhang Ihrer eigenen Argumentation heranziehen sollen. Mit dem zweiten Verfahren gehen Sie sicher kein Risiko ein. Eine überholte Rechtsprechung gehört regelmäßig nicht in Ihre Darstellung, sondern nur ausnahmsweise, wenn aufgrund der Entwicklung der heutige Stand der Rechtsprechung ungeklärt ist.

#### 4. Die einschlägige Literatur

106 Bei der Erarbeitung der Literatur[147] für eine Hausarbeit gehen Sie am besten von einer neuen und möglichst überblickartigen Darstellung aus, etwa in einem Kommentar oder in einem Aufsatz.

Nachdem Sie sich den Meinungsstand zu einem Problem erarbeitet haben, ergeben sich vor allem Darstellungsschwierigkeiten.[148] Ungeschickt ist es, Autoren und ihre Ansicht lediglich aneinander zu reihen. Besser ist es, nach »Meinungslagern« (Theorien) zusammenzufassen. Dazu gehört in den *Fußnoten* der Nachweis, wer die Auffassung vertritt und eine Wiedergabe der Argumente in eigenen Worten, soweit – und nur soweit – sie für den jeweiligen Fall bedeutsam sind. In der Darstellung empfiehlt es sich, die Meinungen, die man selbst ablehnt, voranzustellen und diejenige Meinung, der man sich anschließt, erst zum Schluss zu bringen.

Notwendig ist stets die eigene Stellungnahme. Sie kann sofort zum jeweiligen »Meinungslager« abgegeben werden oder auch zusammenfassend gegenüber allen Auffassungen. Wichtig ist, dass Sie auch Ihre Zustimmung zu einer Ansicht begründen müssen.

Eine Darstellung könnte beispielsweise so aussehen:

(1) Problem des Falles
Unterschiedliche Möglichkeiten, den einschlägigen Rechtssatz auszulegen

(2) Objektive Theorie zu § X
Argumente
Stellungnahme: abzulehnen, weil …

(3) Subjektive Theorie zu § X
Argumente
Stellungnahme: abzulehnen, weil …

(4) Gemischte Theorie
Argumente
Zustimmung, weil …

(5) Anwendung des Ergebnisses der Gesetzesauslegung auf den konkreten Fall

Auf einen Theorienstreit sollten Sie allerdings dann nicht mehr eingehen, wenn die Frage inzwischen in Rechtsprechung und Literatur geklärt ist. Wie ausführlich Sie im Übrigen ein Problem und einen Meinungsstand darstellen, hängt von der Bedeutung dieses Aspekts ab und davon, wie viele andere Fragen in Ihrer Aufgabe außerdem noch zu bearbeiten sind. In vielen Fällen kommt es auf einen Meinungsstreit für die konkrete Entscheidung gar nicht an, sodass Sie nicht näher darauf eingehen dürfen: Sie lassen den Streit dahinstehen. Anders können Sie jedoch verfahren, wenn eine Entscheidung des Meinungsstreites schneller getroffen werden kann als die Subsumtion des Sachverhaltes unter alle dazu vertretenen Auffassungen. Gerade diese Situation bereitet dem Studenten erfahrungsgemäß besondere Mühe. Versetzen Sie sich zum besseren Verständnis in die Lage des Richters. Das Wichtigste für die Parteien ist, zu welchem Ergebnis er gelangt. Im Übrigen ist es dem Kläger eher gleichgültig, ob er nach Theorie x oder nach Theorie y obsiegt oder ob er wegen Fehlens des zweiten oder des dritten Tatbestandsmerkmals unterliegt. Auf dieser Grundlage könnte man

147 Vgl. *Wank* Grenzen richterlicher Rechtsfortbildung 38 ff.; *Wank* DVBl. 1989, 633 ff.
148 *Fahl* JA 2008, 350 (352 ff.).

allerdings für den größten Teil des Gutachtens sagen, dass die Überlegungen dahinstehen können, weil sich ein Gericht bei der Ablehnung eines Anspruchs vor allem auf das Merkmal konzentriert, das mit Sicherheit nicht erfüllt ist. Jedoch würde eine derartige Bearbeitung mit wenigen Sätzen regelmäßig dem Übungszweck der gestellten Aufgabe widersprechen, in der Praxis aber auch den Nachteil der Unzulänglichkeit haben, sofern sich die Entscheidung des Berichterstatters zu dem von ihm in den Vordergrund gestellten Tatbestandsmerkmal in der Beratung der Kammer als unrichtig oder nicht konsensfähig herausstellt.
Insgesamt verlangt es einige Erfahrung und Übung, zu erkennen, wann Sie eine Problematik dahinstehen lassen können und müssen: Berücksichtigen Sie stets, dass Ihr Vorgehen von Zweckmäßigkeitserwägungen getragen sein soll. Ihr Grundanliegen muss es sein, die Aufgabe einerseits im Rahmen des Notwendigen umfassend, andererseits aber so kurz wie möglich zu einem Ergebnis zu bringen.
In aller Regel reicht es für die Fallbearbeitung, von den vorhandenen Argumenten in Rechtsprechung und Literatur auszugehen. Selten werden Sie in Übungsarbeiten eigene Begründungen entwickeln können. Sollte es doch der Fall sein, möchten wir Sie dazu ermutigen. Im Übrigen aber subsumieren Sie letztlich nicht unter das Gesetz selbst, sondern unter eine bestimmte Auslegung, die das Gesetz inzwischen in Rechtsprechung und Literatur erfahren hat. In manchen Fällen sehen Sie sich allerdings unmittelbar mit dem Gesetz konfrontiert, so insbesondere bei der Klausur. Sofern Sie Rechtsprechung und Literatur zu dem einschlägigen Problem nicht kennen, müssen Sie die Lösung Ihres Falles unmittelbar aus dem Gesetz selbst entwickeln. Das wird allerdings in der Ausbildung nicht genügend eingeübt, und deshalb haben Studenten damit oft große Schwierigkeiten. Nur auf diesen, selteneren, Fall, in dem Sie unmittelbar das Gesetz auslegen müssen, sind die herkömmlichen Methodenlehren zugeschnitten.

### 5. Auslegungsziel und Auslegungskriterien

In der Methodenlehre wird allgemein zwischen dem Ziel der Auslegung und den Auslegungskriterien unterschieden. Beim Ziel der Auslegung[149] geht es vor allem um den Streit zwischen subjektiver und objektiver Auslegung, also um die Frage: Ist Ziel der Auslegung der Wille des Gesetzgebers (subjektive Theorie) oder ein normativer Sinn des Gesetzes (objektive Theorie)? Damit verbinden sich die Unterfragen: Wie kann man den Willen des Gesetzgebers erkennen? Inwieweit ist der Wille des historischen oder der des heutigen Gesetzgebers ausschlaggebend? Herrschend ist die geltungszeitlich-objektive Theorie; abzustellen ist danach auf den heutigen, normativen Gesetzessinn. 107

Die isolierte Diskussion zwischen subjektiver und objektiver Theorie ist weitgehend unergiebig. Die eigentlichen Entscheidungen fallen bei den vier Auslegungskriterien:[150]

- Wortlaut
- Systematik
- Entstehungsgeschichte und
- Sinn und Zweck des Gesetzes.

149 *Bydlinski* Methodenlehre 428 ff.; *Fikentscher* Methoden des Rechts 668 ff., 663 ff.; *Larenz/Canaris* Methodenlehre 137 ff.; *Wank* Auslegung § 3, S. 27 ff.; *Zippelius* Methodenlehre 17 ff.

150 Dazu *Bydlinski* Methodenlehre 436 f.; *Fikentscher* Methoden des Rechts 668 f.; *Larenz/Canaris* Methodenlehre 141 ff.; *Wank* Auslegung 39 ff.; *Zippelius* Methodenlehre 35 ff.

In welchem Verhältnis die genannten Auslegungskriterien zueinander stehen, ist in der Literatur umstritten.[151] Jedenfalls müssen alle Kriterien in die Auslegung einbezogen werden. Kommt man bei den einzelnen Auslegungskriterien zu unterschiedlichen Ergebnissen, so ist der Auslegung nach dem Gesetzeszweck der Vorrang einzuräumen.[152]

### a) Der Wortlaut

108 Der »Wortlaut« des Gesetzes[153] ist nach allgemeiner Meinung Ausgangspunkt der Auslegung. Aber welcher Wortlaut, dh welche Bedeutung eines im Gesetz verwandten Ausdrucks ist gemeint? In Betracht kommen:

- entweder der *natürliche* Wortlaut, dh die *übliche* Bedeutung des Ausdrucks in der Umgangssprache oder der *mögliche* Wortlaut, dh die von den Regeln und Gewohnheiten der Umgangssprache gerade noch erfasste Bedeutung,
- der Wortlaut im Sinne der Umgangssprache oder der Wortlaut im Sinne der juristischen Fachsprache[154],
- der Wortlaut im Sinne einer allgemeinen juristischen Bedeutung dieses Ausdrucks oder der Wortlaut im Sinne der spezifischen Bedeutung gerade im vorliegenden Gesetz,
- der Wortlaut im Sinne der allgemeinen Bedeutung in diesem Gesetz (also zB die Bedeutung dieses Ausdrucks innerhalb des BGB) oder
- der Wortlaut im Sinne der spezifischen Bedeutung gerade im vorliegenden Rechtssatz (zB in § X).[155]

Nach unserer Ansicht ist entscheidend die zuletzt genannte Bedeutung. Stellen sie also im Wege der teleologischen Auslegung des konkreten Rechtssatzes den jeweiligen Inhalt des Tatbestandsmerkmales fest.

In Rechtsprechung und in Literatur finden Sie regelmäßig zu jedem im Gesetz verwandten Ausdruck Angaben über dessen Bedeutung in Form von Definitionen oder Beispielen.

Die dort vorgeschlagenen Definitionen sind nur dann methodisch verwertbar, wenn es teleologische Definitionen sind, dh wenn sie sich am Sinn und Zweck des Ausdrucks gerade im auszulegenden Rechtssatz orientieren. Dagegen verstoßen ontologische Definitionen (allein aus dem »Wesen« der Sache oder aus der alltäglichen Anschauung) und rein semantische Definitionen (Wörterbuchdefinitionen für die Umgangssprache) gegen die Anforderungen an eine juristische Definition.[156]

Insgesamt gilt: Vermeiden Sie aufwendige Definitionen, wenn es sich um einen unstreitigen Anwendungsfall handelt oder wenn aus einer umfassenden Definition mit

151 Zum Verhältnis der Auslegungskriterien zueinander s. *Bydlinski* Methodenlehre 553 ff. (558 ff.); *Engisch* Juristisches Denken 146 ff.; *Larenz/Canaris* Methodenlehre 56 f.; *Rüthers/Fischer/Birk* Rechtstheorie Rn. 725 ff.

152 *Wank* RdA 1998, 71 (76).

153 *Bydlinski* Methodenlehre 437 ff.; *Engisch* Juristisches Denken 137 ff.; *Fikentscher* Methoden des Rechts 670 ff.; *Larenz/Canaris* Methodenlehre 141 ff.; *Rüthers/Fischer/Birk* Rechtstheorie Rn. 731 ff.; *Wank* Juristische Begriffsbildung 17 ff.; *Wank* Auslegung § 5, S. 39 ff.; *Zippelius* Methodenlehre 37 ff.

154 Dazu *Schnapp* JZ 2004, 473 ff.

155 Vgl. *Wank* RdA 1985, 1 (7).

156 *Wank* Juristische Begriffsbildung 16, 143 ff. (146 ff.).

zahlreichen Merkmalen nur ein Merkmal für Ihren Fall in Betracht kommt.[157] Verwenden Sie in diesen Fällen eine sog. partielle Definition (»Die Vorschrift ist jedenfalls dann erfüllt, wenn ...«).

Da es auf den Zweck des Rechtssatzes ankommt, kann derselbe Ausdruck in anderen Zusammenhängen anderes bedeuten. Daraus folgt die »Relativität der Rechtsbegriffe«.[158]

**Beispiel:** § 90 definiert »Sache« als »körperlicher Gegenstand«. Wenn § 119 II von »Eigenschaften der Sache« spricht, so wird der Ausdruck in einem weiteren Sinne verstanden.

Um sich selbst die Bedeutung eines im Gesetz verwandten Ausdrucks zu erschließen, arbeiten Sie mit folgenden Hilfsmitteln:
- Grundbegriff und Sonderbegriff (Regelfall und Ausnahmefall)
- Grundbegriff und Gegenbegriff[159]
- Oberbegriff und Unterbegriff.[160]

Der *Grundbegriff* gibt die Bedeutung an, die das Merkmal im Regelfall hat. In Ausnahmefällen müssen Sie die Definition um einige Zusatzmerkmale ergänzen. Stellen Sie sich also vor, welcher Sachverhalt mit Sicherheit vom Gesetz erfasst werden soll und gehen Sie auf Ergänzungen nur ein, wenn das für Ihre Aufgabe bedeutsam ist.

Diesem Regelfall des Gesetzes stellen Sie den Fall gegenüber, den das Gesetz mit Sicherheit nicht meint. Erfassen Sie ihn als *Gegenbegriff*. Alle Zweifelsfälle liegen irgendwo auf einer Skala zwischen Grundbegriff und Gegenbegriff. Für die Zuordnung ist entscheidend, ob Ihr Fall näher an dem einen oder an dem anderen Pol liegt.

Sie können den Grundbegriff auch als *Oberbegriff* verstehen, der eine Vielzahl von Unterbegriffen im Sinne eines Begriffsbaums abdeckt.

**Beispiel:** Oberbegriff abhängig Beschäftigte, Unterbegriffe Arbeiter, Angestellte, Beamte.[161]

### b) Die Systematik

Im Rahmen der systematischen Auslegung[162] sind sowohl das *äußere* als auch das *innere System* des Gesetzes zu berücksichtigen. Bereits die *äußerliche Einordnung* einer Vorschrift (amtliche Überschrift, benachbarte und ähnliche Vorschriften, Aufbau und Abschnitt des Gesetzes) kann Anhaltspunkte für den Zweck der Vorschrift geben. 109

Bei der Auslegung nach dem *inneren System* geht es um die Harmonisierung eines Rechtssatzes mit dem übrigen Rechtssystem. Unter mehreren möglichen Auslegungen eines Rechtssatzes ist diejenige zu wählen, die sich am ehesten mit den Zwecken anderer, in den gleichen Wertungszusammenhang gehörender Vorschriften vereinbaren lässt.

Die rangkonforme Auslegung stellt einen Unterfall der systematischen Auslegung dar mit der Besonderheit, dass das rangniedrigere Recht mit dem ranghöheren Recht

157 Vgl. *Herzberg* JuS 1990, 810 (816).
158 *Wank* Juristische Begriffsbildung 110 ff.
159 *Wank* Juristische Begriffsbildung 39 ff.
160 *Wank* Juristische Begriffsbildung 133 ff.
161 *Wank*, Arbeitnehmer und Selbständige, 1988, 3.
162 *Bydlinski* Methodenlehre 442 ff. (453 ff.); *Engisch* Juristisches Denken 141 ff.; *Fikentscher* Methoden des Rechts 672 ff.; *Larenz/Canaris* Methodenlehre 145 ff. (153 ff.); *Rüthers/Fischer/Birk* Rechtstheorie Rn. 744 ff.; *Wank* Juristische Begriffsbildung 74 ff.; *Wank* Auslegung § 6, S. 55 ff.; *Zippelius* Methodenlehre 42 ff.

vereinbar sein muss. Die Verfassung und das Europarecht sind gegenüber dem einfachen Recht ranghöher und dienen gegenüber dem einfachen Recht zur Inhaltsbestimmung und zur Inhaltskontrolle.[163] Verfassungskonforme oder europarechtskonforme Auslegung als *Inhaltsbestimmung* des einfachen Rechts (»verfassungsorientierte Auslegung«) bedeuten: Bei der Wahl zwischen mehreren möglichen Auslegungen einer Norm des einfachen Rechts ist diejenige zu wählen, die der Verfassung oder dem Europarecht am ehesten entspricht.

Verfassungskonforme Auslegung als *Inhaltskontrolle* meint: Ergibt die Auslegung, dass ein Rechtssatz des einfachen Rechts im Widerspruch zur Verfassung steht, so ist dieser Rechtssatz verfassungswidrig und nichtig.

> **Beispiel:** Eine Auslegung der BGB-Vorschriften des Gesellschaftsrechts, die zu einer übermäßigen Haftung von Minderjährigen führt, ist verfassungswidrig.[164]

Im Verhältnis des Europarechts zum nationalen Recht (»gemeinschaftsrechtskonforme Auslegung«) tritt allerdings nicht die Nichtigkeit ein, sondern es gilt der »Anwendungsvorrang« des Gemeinschaftsrechts;[165] dh wenn und soweit die Norm des nationalen Rechts dem Europarecht nicht widerspricht, bleibt sie wirksam.[166]

### c) Die Entstehungsgeschichte

110 Zu Fragen der Entstehungsgeschichte[167] werden Sie sich in einer Klausur kaum äußern können, da Ihnen keine Materialien zur Verfügung stehen. Manche Gesetzesentwicklungen kennen Sie aber aus Ihrem Studium, zuweilen finden Sie Angaben in Ihrer Gesetzessammlung.

Der Streit um die subjektive oder die objektive Auslegungsmethode (an sich eine Frage des *Auslegungsziels*) taucht bei den *Auslegungskriterien* ebenfalls auf.

Zunächst ist die *Entstehungsgeschichte im engeren Sinne* festzustellen, die Rechtsentwicklung bis zum Inkrafttreten der Norm.[168] Sodann ist die *Entwicklungsgeschichte* zu ermitteln, also sowohl die zwischenzeitliche Entwicklung der Norm selbst (Gesetzesänderungen) als auch die Entwicklung anderer damit im Zusammenhang stehender Gesetze. Anhand dessen ist der *Wille des Gesetzgebers* festzustellen, und zwar möglichst der erkennbare Wille des heutigen Gesetzgebers, hilfsweise der des zwischenzeitlichen und der des ursprünglichen Gesetzgebers.

Ist der Wille des Gesetzgebers nicht erkennbar, so muss der mutmaßliche Wille des Gesetzgebers ermittelt werden. Hierbei besteht allerdings die Gefahr einer Spekulation, indem ein »beredtes Schweigen« des Gesetzgebers oder eine »unbewusste Lücke« unterstellt wird.

---

163 *Höpfner*, Die systemkonforme Auslegung, 2008, 171 ff. (216 ff.); *Wank* Grenzen richterlicher Rechtsfortbildung 97 ff.

164 BVerfGE 72, 155; *Hüffer* ZGR 1986, 603; *K. Schmidt* NJW 1985, 2785 ff.; s. jetzt § 1629a BGB sowie *Grunewald* ZIP 1999, 597 ff.

165 EuGH Urt. v. 15.7.1964 – 6/64, Slg. I 1964, 1251 (1269) = NJW 1964, 2371 – Costa/E.N.E.L.

166 *Wank* Auslegung § 6 III 1d, S. 59 ff.

167 *Bydlinski* Methodenlehre 449 ff.; *Engisch* Juristisches Denken 111 ff.; *Fikentscher* Methoden des Rechts 662 ff.; *Larenz/Canaris* Methodenlehre 32 ff.; *Larenz/Canaris* Methodenlehre 149 ff.; *Rüthers/Fischer/Birk* Rechtstheorie Rn. 778 ff.; *Wank* Juristische Begriffsbildung 59 ff.; *Wank* Auslegung § 7, S. 63 ff.; *Zippelius* Methodenlehre 47 ff.

168 Soweit es um bürgerlich-rechtliche Vorschriften geht, finden Sie eine Sammlung von Motiven und Protokollen bei *Mugdan*, Die gesamten Materialien zum BGB für das Deutsche Reich, Bd. I–V, 1899, sowie bei *Schubert*, Materialien zur Entstehungsgeschichte des BGB, 1978.

Bei einer Abweichung vom Willen des Gesetzgebers ist zu prüfen, ob die Voraussetzungen für eine zulässige Rechtsfortbildung vorliegen (s. unten 6.).

#### d) Die Gesetzeszwecke

Innerhalb der Gesetzeszwecke[169] ist zwischen konkreten und allgemeinen Gesetzeszwecken zu unterscheiden. 111

#### aa) Konkrete Gesetzeszwecke

Entscheidendes Auslegungskriterium sind die konkreten Zwecke des Gesetzes[170]. Sie lassen sich teilweise mithilfe der vorgenannten Auslegungskriterien ermitteln. Im Übrigen kommt es auf den Sinnzusammenhang zwischen Tatbestand und Rechtsfolge an. Zu fragen ist, warum gerade diese Erfordernisse auf der Tatbestandsseite mit diesen Rechtsfolgen zu einem Rechtssatz verbunden worden sind. 112

#### bb) Allgemeine Gesetzeszwecke

Jedes Gesetz verfolgt sowohl konkrete Normzwecke als auch mehrere allgemeine Normzwecke[171], wie Gleichheit, Effektivität, Praktikabilität, Rechtssicherheit, Kontinuität und Anpassung. Die einzelnen Gesetzeszwecke können miteinander kollidieren. Dann müssen Sie sich im Rahmen einer Interessenabwägung entscheiden, welchem Gesetzeszweck Sie den Vorrang einräumen. 113

### 6. Rechtsfortbildung

In der Klausur werden Sie meist nur mit Fragen der Gesetzesauslegung beschäftigt, gelegentlich aber auch mit einer Rechtsfortbildung. 114

In der Regel wird dabei auf eine Rechtsfortbildung Bezug genommen, die entweder allgemein anerkannt ist oder von der Rechtsprechung oder einem beachtlichen Teil der Literatur zu einem Standardproblem vertreten wird. Hierbei wird auf Ihre Kenntnisse zurückgegriffen.

Zuweilen gibt es allerdings weder Literatur noch Rechtsprechung, oder sie ist Ihnen noch nicht bekannt; nach dem Sachverhalt drängt sich aber eine Rechtsfortbildung auf. Deshalb sollten Sie auch die entsprechenden Methoden kennen.

Der Unterschied zwischen Auslegung und Rechtsfortbildung wird von der ganz hM wie folgt gesehen: Alles, was sich innerhalb der Grenze des möglichen Wortsinns hält, ist Auslegung, alles was darüber hinausgeht, ist Rechtsfortbildung.[172]

Wir halten diese Abgrenzung nach der Wortsinngrenze allerdings für ungeeignet[173] und ziehen deshalb die Abgrenzung nach der Gesetzessinntheorie vor.[174]

Die früher herrschende hermeneutische Theorie der Rechtsfortbildung sah als Voraussetzung für die Zulässigkeit einer Rechtsfortbildung das Vorliegen einer Lücke an.[175] Nach der neueren kombiniert hermeneutisch-verfassungsrechtlichen Theorie

169 *Bydlinski* Methodenlehre 453 f.; *Fikentscher* Methoden des Rechts 676 ff.; *Larenz/Canaris* Methodenlehre 153 ff.; *Rüthers/Fischer/Birk* Rechtstheorie Rn. 717 ff.; *Wank* Auslegung 69 ff.; *Zippelius* Methodenlehre 41 ff.

170 *Wank* Juristische Begriffsbildung 92 ff.

171 *Bydlinski* Methodenlehre 324 ff.; *Wank* Juristische Begriffsbildung 95 ff.

172 S. für alle *Larenz/Canaris* Methodenlehre 143.

173 *Wank* Juristische Begriffsbildung 24 ff.

174 *Wank* ZGR 1988, 314 (315, 338 f. mwN).

175 S. für den Meinungswandel auch *Larenz/Canaris* Methodenlehre 189.

hängt die Zulässigkeit sowohl von methodischen Voraussetzungen (Lücke) als auch von verfassungsrechtlichen Voraussetzungen ab (Gewaltenteilungs-, Rechtsstaats- und Demokratieprinzip).[176]

Hauptfälle der Rechtsfortbildung sind *Analogie* und *teleologische Reduktion* (Restriktion).

Im Falle der Analogie geht die Interpretation nach herrschender Meinung über den Wortlaut des Gesetzes hinaus; nach unserer Meinung kommt es auf die Abweichung vom Sinn des Gesetzes an.

Die Prüfung verläuft wie folgt:

#### a) Analogie

- Auslegung des Gesetzes
- Feststellung, dass ein Sachverhalt nicht unter das Gesetz subsumiert werden kann
- Feststellung einer planwidrigen Gesetzeslücke
- Feststellung der verfassungsrechtlichen Voraussetzungen für eine Rechtsfortbildung
- Vergleich mit einer bestehenden gesetzlichen Regelung
- Ähnlichkeit der Interessenlage und des Regelungsgehalts
- Schließung der Lücke durch entsprechende Anwendung der vorliegenden gesetzlichen Regelung
- Anwendung der Analogie auf den Sachverhalt

#### b) Teleologische Reduktion

115 Eine teleologische Reduktion liegt dann vor, wenn der Anwendungsbereich einer Vorschrift entgegen ihrem Wortlaut (so die hM) oder entgegen ihrem scheinbaren Sinn (so nach der von uns vertretenen Ansicht) eingeschränkt wird. Die Überlegungen gleichen denen zur Analogie, nur dass es hier statt um eine Erweiterung des Anwendungsbereichs um eine Einschränkung geht.

### 7. Horizontale nicht-verdrängende Konkurrenz (Normkonkurrenz, Anspruchskonkurrenz)

116 Mit dem ersten Prüfschritt haben Sie diejenigen Vorschriften aussortiert, die erst gar nicht näher zu prüfen sind. Die verbleibenden können nebeneinander auf denselben Fall anwendbar sein. Zivilrechtlich gesprochen handelt es sich um Fälle der Anspruchskonkurrenz, strafrechtlich gesprochen um Fälle der Idealkonkurrenz und der Realkonkurrenz.[177]

### 8. Anwendung

117 Nachdem Sie festgestellt haben, wie das Gesetz bezogen auf Ihren Streitfall auszulegen ist, wenden Sie das Gesetz auf Ihren Fall an.[178] Dazu ist jedes Merkmal des gesetzlichen Tatbestands und der gesetzlichen Rechtsfolge mit Angaben aus dem Sachverhalt in Beziehung zu setzen.

---

176 *Wank* ZGR 1988, 314 (318, 338 f.).

177 Zum Zivilrecht s. *Hübner* BGB AT Rn. 432 f.; *Larenz/Canaris* Methodenlehre 87 ff.; *Medicus/Petersen* BürgerlR Rn. 12 f.; Übersicht über die Arten von Konkurrenz bei *Wank* Auslegung 97 ff.

178 *Bydlinski* Methodenlehre 395 ff.; *Engisch* Juristisches Denken 83; *Larenz/Canaris* Methodenlehre 93 ff.

## VI. Die Auslegung von Willenserklärungen

118 In vielen Fällen stehen Sie vor der Aufgabe, nicht nur ein Gesetz, sondern auch Willenserklärungen auszulegen.[179] Die Auslegung von Willenserklärungen lässt sich ebenso einüben wie die Gesetzesauslegung, und Sie können damit gute Klausurergebnisse erzielen. Deshalb geben wir Ihnen auch hierzu einige Ratschläge.

Prüfen Sie zunächst, welche Art von Willenserklärung vorliegt: eine nicht empfangsbedürftige, eine empfangsbedürftige oder schließlich eine Willenserklärung als Bestandteil eines Vertrags.

### 1. Die Auslegung nicht empfangsbedürftiger (erbrechtlicher) Willenserklärungen

119 Der Auslegung kommt bei letztwilligen Verfügungen besondere Bedeutung zu.[180] Hierfür gibt es verschiedene Gründe: Zum einen ist Erbrecht kompliziert und den wenigsten juristischen Laien bekannt. Zum anderen fehlt – besonders beim eigenhändigen Testament – der Partner, mit dem das Rechtsgeschäft ausgehandelt wird. Daraus ergibt sich, dass bei der Errichtung letztwilliger Verfügungen im juristischen Sinne häufig Fehler gemacht werden. Schließlich liegt zwischen Errichtung und Erbfall nicht selten ein langer Zeitraum, in dem sich die tatsächlichen Verhältnisse geändert haben können.[181]

#### a) Die Auslegung des Testaments

120 Wie bei jeder anderen Willenserklärung gilt auch hier die Grundregel des § 133; § 157 hat allenfalls Bedeutung für die Feststellung eines bestimmten Sprachgebrauchs. Bei Testamenten ergibt sich insofern eine Besonderheit gegenüber der Auslegung empfangsbedürftiger Willenserklärungen, als kein Vertrauensschutz besteht, dem Empfängerhorizont somit keine Bedeutung zukommt: Denn der Bedachte, sei er Erbe, Vermächtnisnehmer oder durch eine Auflage begünstigt (vgl. §§ 1937 ff.), ist nicht Empfänger der Willenserklärung, er erwirbt zu Lebzeiten des Erblassers keine Rechtsposition, und er erbringt auch keine Gegenleistung. Daher steht bei der Auslegung solcher Willenserklärungen das sog. Willensdogma im Vordergrund, der Wille des Erblassers ist stärker zu berücksichtigen als bei der Auslegung lebzeitiger Rechtsgeschäfte.

Bevor man zur Auslegung gelangt, ist zunächst immer die *Formwirksamkeit* der letztwilligen Verfügung, dh der Willenserklärung, zu prüfen. Alle letztwilligen Verfügungen sind formbedürftig; für das Testament folgt dies aus den §§ 2232 f., 2247, 2249 ff. Erst bei der formgerechten Verfügung stellt sich das Problem der Auslegung. Im Übrigen geht die Auslegung – hierin besteht kein Unterschied zu sonstigen Willenserklärungen – der Anfechtung (hier: gem. §§ 2078 ff.) vor. Die Formbedürftigkeit bringt für die Auslegung letztwilliger Verfügungen eine Besonderheit mit sich. Es stellt sich das Problem, wie sich Form und Auslegung zueinander verhalten, eine Frage, die für sonstige Willenserklärungen nur in Ausnahmefällen (etwa bei § 311b) Bedeutung hat. Im Einzelnen ist bezüglich des *Verhältnisses von Form und Auslegung* vieles streitig und muss der Erbrechtsliteratur vorbehalten bleiben[182]. Dennoch lässt sich Folgendes festhalten: Für die Auslegung der erbrechtlichen Willenserklärung

179 *Flume* BGB AT § 16, S. 291 ff.; *Hübner* BGB AT Rn. 743 ff.; *Wolf/Neuner* BGB AT 386 ff.; *Medicus/Petersen* BGB AT Rn. 307 ff.

180 Vgl. dazu *Brox* JA 1984, 549.

181 S. auch *Leenen* JuS 2008, 577 f.

182 Vgl. speziell dazu etwa *Brox* JA 1984, 549 ff.

können sämtliche Umstände außerhalb der Urkunde berücksichtigt werden. Schwierigkeiten bereitet die Fallgestaltung, dass die sonstigen Umstände zu einem Auslegungsergebnis führen, das sich mit dem Text der Urkunde nicht in Einklang bringen lässt. Dabei sind verschiedene Varianten denkbar:

### aa) Die erläuternde Auslegung

121 Der *Erblasser* kann einen *speziellen Sprachgebrauch* gewählt haben, der für ihn – und das ist durch sonstige Umstände zu beweisen, dh für Sie: dem Sachverhalt zu entnehmen – eine besondere Bedeutung hatte. Er hatte etwa mit dem Wort: »Mutter« seine Ehefrau, nicht aber seine leibliche Mutter oder seine Schwiegermutter bezeichnet. Testiert er nun ausschließlich zugunsten seiner »Mutter«, so stellt sich die Frage, ob die Ehefrau Alleinerbin geworden ist. In diesem Zusammenhang hat die Rechtsprechung zunächst die Linie vertreten, der allgemein bei der Auslegung von Gesetzen und Willenserklärungen gefolgt wird: Der klare Wortlaut bilde die Grenze jeder Auslegung. Dieses Prinzip wurde jedoch mittlerweile aufgegeben[183], sodass die Auslegung nach heutiger Rechtsprechung allein aufgrund der außerhalb des Testamentes liegenden Umstände erfolgen kann. Folgt man dieser Betrachtungsweise, dann hat die Form nur noch die Funktion einer Beweislastumkehr; § 125 S. 1 (weil der Ausdruck: »Ehefrau« nicht beurkundet wurde) greift nicht ein. Gleiches würde gelten, wenn der Erblasser das Wort: »Mutter« versehentlich verwendete, aber »Ehefrau« schreiben wollte. Der Vorrang des Willens lässt die an sich mögliche Irrtumsanfechtung entfallen; denn sie hätte wegen § 142 die Nichtigkeit der Verfügung und damit die gesetzliche Erbfolge zur Konsequenz. Das aber hat der Erblasser ersichtlich nicht gewollt.

**Beispiel:** Der Erblasser hat ein eheliches und ein nichteheliches Kind. Unterstellt, er hält das nichteheliche Kind für nicht erbberechtigt und schreibt deshalb: »Es soll die gesetzliche Erbfolge eintreten«, statt die Formulierung zu wählen: »K (das eheliche Kind) soll Alleinerbe sein«.

Auch hier stellt sich die Frage, ob man seinem wirklichen Willen zur Geltung verhelfen kann. Der Unterschied zum vorherigen Fall besteht darin, dass der Wille, das eheliche Kind als Alleinerben einzusetzen, im Testament überhaupt keinen Niederschlag gefunden hat.

Wie gesagt: Vieles ist hier streitig. Kurz zusammengefasst verlangen Rechtsprechung und hM, dass der im Wege der Auslegung unter Einbeziehung aller Umstände festgestellte Wille in der Urkunde in irgendeiner Form seinen Niederschlag gefunden haben muss (sog. Andeutungstheorie[184]). Die Gegner verweisen darauf, dass es kein objektives Kriterium für die Feststellung der zureichenden Andeutung gibt, sodass ein Auslegungsergebnis erzielt werden kann, für das es im Text keine Anhaltspunkte gibt.[185] Dazwischen steht die Auffassung,[186] wenigstens für die Willensermittlung müsse die Andeutungstheorie gelten.

Die Entscheidung zwischen diesen Auffassungen ist schwierig: Verzichtet man auf jegliche Andeutung, so verliert die Form der erbrechtlichen Verfügung stark an Bedeutung. Andererseits zeigt bereits ein Vergleich der beiden dargestellten Beispiele, dass die Frage der Andeutung in vielen Fällen kaum zu entscheiden ist. Für Ihre Klausurbearbeitung sind beide Varianten gleichermaßen vertretbar.

183 Wenn auch zu Unrecht, s. dazu BGHZ 86, 41 (45).
184 Vgl. BGHZ 86, 41 ff.
185 *Brox/Walker* ErbR Rn. 200 mwN.
186 *Leipold* ErbR Rn. 364, 396 mwN.

### bb) Die ergänzende Auslegung

Eine »ergänzende Auslegung« ist bei allen Rechtsgeschäften möglich, unterliegt bei letztwilligen Rechtsgeschäften aber wiederum einigen Besonderheiten. Der Unterschied zur erläuternden Auslegung besteht darin, dass jetzt das Testament lückenhaft ist, ein Anhaltspunkt im Testament also vollständig fehlt. Allerdings muss man einräumen, dass insoweit die Grenze zwischen erläuternder und ergänzender Testamentsauslegung fließend ist. Ergänzende Auslegung kommt entweder in Betracht, wenn der Erblasser aufgrund falscher Vorstellungen testierte, wenn er eine Regelung vollständig übersah oder vergaß oder wenn sich die tatsächlichen Verhältnisse zwischen Errichtung der Verfügung und Erbfall tiefgreifend geändert haben. Die ergänzende Testamentsauslegung erfolgt in zwei Schritten: Zunächst wird der Fehler in der Willensbildung ermittelt oder die nachträgliche Veränderung der Umstände festgestellt. Im Anschluss daran steht die Frage, wie der Erblasser *zum Zeitpunkt der Testamentserrichtung* in Kenntnis der wirklichen Umstände verfügt hätte. Auch bei der ergänzenden Auslegung stellt sich das Problem des Formzwanges, und es wird genau so kontrovers behandelt. 122

**Beispiel:** Nach dem Tode des Erblassers findet man ein Testament und einen nicht unterschriebenen und undatierten Entwurf. Letzterer enthält ein Vermächtnis zugunsten des Neffen, dessen Errichtung dem Willen des Erblassers auch entsprach. Er vergaß aber, diese Regelung in die Reinschrift zu übertragen.

Nach der Andeutungstheorie hat N keinen Anspruch auf das Vermächtnis, obwohl es ihm nach dem Willen des Erblassers zukommen sollte. Hier gelangt man also zu unterschiedlichen Ergebnissen, je nachdem, ob man der Andeutungstheorie folgt oder nicht,[187] sodass Sie sich in Ihrer Arbeit entscheiden müssen.

Für die fehlerhafte Willensbildung noch ein weiteres

**Beispiel:** E enterbt seine Lebensgefährtin L, weil er glaubt, von ihr bestohlen worden zu sein. Der Diebstahl wurde hingegen von seinem Sohn S begangen, den E in Unkenntnis der wirklichen Umstände als Alleinerben einsetzte.

Eine Anfechtung des Testaments durch L scheitert hier mangels Anfechtungsberechtigung (vgl. § 2080). Sie würde auch nur zur gesetzlichen Erbfolge führen, durch die die L nicht begünstigt ist. Dem Willen des E wäre also nur durch Auslegung Rechnung zu tragen. Allerdings hat eine Erbeinsetzung der L im Testament keinerlei Andeutung gefunden. Auch hier ist also entscheidend, ob man der Andeutungstheorie folgt.

Abschließend noch ein Beispiel für die ergänzende Auslegung bei nachträglich veränderten Umständen:

**Beispiel:** E hat zwei Schwestern: S 1 hat zwei Kinder, S 2 ist kinderlos. Mit S 2 lebt E in Streit. Er setzt deshalb S 1 als Erbin ein und fügt hinzu, dadurch sollten auch die Kinder versorgt sein. Kurz vor dem Erbfall stirbt S 1 bei einem Autounfall.

An sich würden jetzt die Kinder der S 1 und S 2 zur Hälfte Miterben (vgl. die §§ 1925 I, III, 1924 III, IV). Dies entspricht ersichtlich nicht dem Willen des Erblassers, der in Kenntnis der Umstände die Kinder der S 1 als Ersatzerben zu gleichen Teilen eingesetzt hätte (vgl. §§ 2096, 2091). Auch in diesem Falle hilft nur die Auslegung, um dem Willen des Erblassers Geltung zu verschaffen. Anders als in den vor-

187 Vgl. BGHZ 80, 242 ff.

hergehenden Fällen könnte man der Auffassung sein, eine notwendige Andeutung für die Ersatzerbschaft der Kinder liege in der Formulierung, auch sie sollten versorgt sein. Für Ihre Klausur gilt der Satz, dass Sie das Problem kennen müssen, während Sie bezüglich des Auslegungsergebnisses einen weiten Spielraum haben. Merken Sie sich am besten den Gegensatz zwischen Formzweck und Willensverwirklichung, zwei dem Gesetz zugrundeliegende Prinzipien, die Ihnen zur Begründung dienen können.

#### cc) Die wohlwollende Auslegung, § 2084

123 Führen erläuternde und ergänzende Auslegung nach den dargestellten Methoden und unter Einbeziehung der unten[188] allgemein für die Auslegung von Willenserklärungen dargestellten Regeln zu keinem eindeutigen Ergebnis, dann gibt es noch eine erbrechtliche Besonderheit: Es handelt sich um den Grundsatz der wohlwollenden Auslegung (benigna interpretatio) in § 2084. Denken Sie bitte daran: Ist das Testament unwirksam oder führt die Auslegung zu einem zweifelsfreien Ergebnis, ist für § 2084 kein Raum.

#### dd) Gesetzliche Auslegungsregeln im Erbrecht

124 Außer den Regeln für die Auslegung von Willenserklärungen sind im Erbrecht eine Fülle gesetzlicher Auslegungsregeln vorhanden, die man sich kaum merken kann. Sie sollten sich einprägen, dass sich eine Gruppe (zur Bestimmung des Bedachten) in den §§ 2066–2073 befindet, eine weitere (für bedingte Zuwendungen) in den §§ 2074–2077. Für die Frage, ob eine Erbeinsetzung gewollt ist, ist vor allem noch auf § 2087 hinzuweisen. Bitte lesen Sie auch die nachfolgenden Vorschriften durch.

### b) Die Auslegung von Erbverträgen

#### aa) Einseitige Verfügungen

125 Soweit ein Erbvertrag einseitige Verfügungen von Todes wegen enthält, gilt das für Testamente Gesagte. Die eben genannten gesetzlichen Auslegungsregeln sind gem. § 2279 I auf alle Verfügungen anzuwenden.

#### bb) Die Auslegung von Erbverträgen im Übrigen

126 Im Übrigen fragt sich bei der Auslegung von Erbverträgen, ob wegen eines Vertrauensschutzes des Vertragspartners hier der Empfängerhorizont beachtet werden muss. Dazu werden wiederum unterschiedliche Auffassungen vertreten, die hier nicht im Einzelnen dargestellt werden sollen. Immerhin kann man sagen, dass die Auslegung aus dem Empfängerhorizont und auch die Anwendung des § 157 dann unproblematisch erscheinen, wenn sich der Partner des Erbvertrags zu einer Gegenleistung verpflichtet hat (§ 2295). Das Gleiche muss gelten, wenn beide Vertragspartner bindende Verfügungen zugunsten des anderen getroffen haben (wechselbezüglicher Erbvertrag). In beiden Fällen kann der Erklärungsempfänger darauf vertrauen, dass auch seine Belange bei der Auslegung des Erbvertrags von Bedeutung sind. Andererseits zeigt ein Blick in das Schenkungsrecht, dass die Frage der Gegenleistung in diesem Zusammenhang keine ausschlaggebende Bedeutung hat. Deshalb kann man zu der Auffassung neigen, allein die vertragsmäßige Bindung führe bereits zu den Auslegungsregeln, die für empfangsbedürftige Willenserklärungen gelten.[189]

188 → Rn. 128 ff.

189 Vgl. iE auch *Brox/Walker* ErbR Rn. 222 ff.

### c) Die Auslegung gemeinschaftlicher Testamente, §§ 2265 ff.

Für wechselbezügliche Verfügungen (§ 2270) gilt das gerade Ausgeführte, obwohl es sich nicht um einen Vertrag handelt und Gegenleistungen nicht vereinbart werden können. 127

Für nicht wechselbezügliche Verfügungen gelten die Auslegungsregeln für Testamente.

Die gesetzlichen Auslegungsregeln finden in beiden Fällen Anwendung, da es sich bei dem gemeinschaftlichen Testament um zwei Testamente handelt (vgl. § 2268 II).

## 2. Die Auslegung empfangsbedürftiger Willenserklärungen

Empfangsbedürftige Willenserklärungen sind von vornherein im Hinblick auf ihren 128
Adressaten auszulegen. Im Übrigen erscheinen die Auslegungskriterien der Gesetzesauslegung hier wieder.

### a) Wortlaut

> **Beispiel:** A hatte B gefragt: »Können Sie mir Ihr Boot leihen?« B bejahte. Später verlangt B von A Geld für die Benutzung des Bootes. Damit hatte A nicht gerechnet.

Die Erklärung des A ist auszulegen: Kommt es auf das Verständnis des Erklärenden A an, so hat A erklärt, entleihen zu wollen, also das Boot unentgeltlich nutzen zu dürfen. Aus der Sicht des B ging es hingegen um Miete. Maßgeblich ist bei empfangsbedürftigen Erklärungen das Verständnis des Adressaten (»Empfängerhorizont«). Hier macht es deshalb einen Unterschied, ob B ein Bootsverleiher oder der Nachbar ist.

> **Beispiel:** V verkauft K seit langem Maschinengewehre. Um den Zoll zu täuschen, werden in den jeweiligen Verträgen und Frachtpapieren die Maschinengewehre als »Klaviere« deklariert. K bestellt »10 Klaviere«. V will nunmehr 10 Klaviere und nicht 10 Maschinengewehre liefern.

In der Literatur wird mit Recht die Auffassung vertreten, der Erklärungsempfänger sei nicht schutzbedürftig, wenn er trotz der vom Willen des Erklärenden abweichenden Erklärung richtig erkenne, was der Erklärende gewollt hat.[190] Weiß V, dass K unter »Klavieren« »Maschinengewehre« versteht, dann sind – vom Empfängerhorizont her – mit Klavieren von vornherein Maschinengewehre gemeint. V muss demnach 10 Maschinengewehre liefern (sofern der Vertrag nicht gegen das Gesetz verstößt, § 134).

#### aa) Ausdrückliche Erklärungen

Liegt eine ausdrückliche Erklärung vor, so ist von ihr auszugehen. Die Bezeichnung durch die Partei ist juristisch nicht verbindlich. Die Parteien können von juristischen Begriffen eine falsche Vorstellung haben. Der Jurist muss daher eine »Parallelwertung in der Laiensphäre« vollziehen, wie sie Ihnen aus dem Strafrecht bekannt ist.

#### bb) Konkludente Erklärungen

Eine Willenserklärung kann in anderen Äußerungen einer Partei enthalten sein, sie kann sich aber auch aus bloßen Handlungen mit Erklärungswert ergeben. Hier stellt die Auslegung oft ein gewisses Risiko dar. Eine Hilfe sollte Ihnen der Rat sein, auf der Grundlage des einen oder anderen Auslegungsergebnisses die weitere Entwicklung der Klausur zu beachten. Haben Sie sich entschieden, so ist es wichtig, möglichst

190 *Brox/Walker* BGB AT Rn. 133.

viele Argumente aus dem Sachverhalt zur Stützung Ihres Ergebnisses zu gewinnen. Damit gelangen Sie regelmäßig mindestens zu der Einschätzung »vertretbar«.

#### b) Systematik

129 Die Willenserklärung muss im Zusammenhang mit anderen Erklärungen ausgelegt werden. Wer auf einen bewachten Parkplatz fährt, erklärt, zu den Bedingungen des Vermieters kontrahieren zu wollen. Erklärt er gleichzeitig, er wolle aber die Parkgebühr nicht bezahlen, so müssen diese beiden Erklärungen zueinander in Beziehung gesetzt werden. Die Lösung des Beispielfalles liegt etwa darin, dass sich gem. § 242 niemand auf ein widersprüchliches Verhalten berufen darf.

#### c) Entstehungsgeschichte

130 Willenserklärungen haben meist eine Vorgeschichte, die bei der Auslegung zu berücksichtigen ist. Hatte in unserem Beispiel oben A schon öfter das Boot des B (im juristischen Sinne) »entliehen«, dann kann die Erklärung des A auch aus der Sicht des B nur so verstanden werden, dass er das Boot auch jetzt wieder »leihen« und nicht »mieten« wollte.

#### d) Sinn und Zweck

131 Bei der Auslegung kann man entweder an den Willen der Parteien anknüpfen (autonome Auslegung) oder an Wertungen unabhängig vom Parteiwillen (heteronome Auslegung).

##### aa) Autonome Auslegung

Willenserklärungen sind ex definitione auf einen rechtlichen Erfolg gerichtet. Zweck der Erklärung ist es, dass dieser Rechtserfolg eintritt. Sind mehrere Auslegungen möglich, dann ist diejenige zu wählen, die am ehesten zum Erfolg führt. Hierbei muss man in gewisser Weise »um die Ecke denken«. Auf der einen Seite kommt es auf das Verständnis des Adressaten an. Auf der anderen Seite geht es aber darum, wie der Adressat die Interessenlage aufseiten des Erklärenden verstehen musste. In unserem Beispielsfall: »Wie musste B unter Würdigung der Interessenlage des A dessen Erklärung verstehen?«

##### bb) Heteronome Auslegung

Bisher wurde nur festgestellt, was der Erklärende aus der Sicht des Adressaten geäußert hat. Denkbar erscheint, dass zwei Auslegungen möglich sind, deren eine einem redlichen Verhalten entspräche und deren andere einem unredlichen. Für Verträge besagt § 157 in diesem Fall, dass die redliche Auslegungsvariante zu wählen ist. Dasselbe muss aber auch bei einseitigen Willenserklärungen gelten.

#### e) Der Rang der Auslegungskriterien

132 Führt die Anwendung der genannten Auslegungskriterien zu unterschiedlichen Ergebnissen, so ist ihr Verhältnis zueinander zu bestimmen. Innerhalb der *autonomen* Kriterien geht die am Zweck der Willenserklärung orientierte Auslegung im Zweifelsfalle den anderen Auslegungskriterien vor. Willenserklärungen dienen der Verwirklichung der Privatautonomie, also der von einer Partei selbst gesetzten Zwecke. Diese Zielrichtung wird allerdings in zweifacher Hinsicht *heteronom* korrigiert: Es kommt zum einen auf das Verständnis des Adressaten an; zum anderen ist die redliche Auslegung nach Treu und Glauben gegenüber jeder anderen vorrangig.

Wie ist also die Erklärung auszulegen, wenn der Erklärende zwar das Wort »X« geäußert hat, aber für den Empfänger erkennbar »Y« meinte? § 133 enthält die Auslegungsregel, dass man nicht am Wortlaut haften darf, sondern »den wirklichen Willen« des Erklärenden erforschen soll. Das ist allerdings eine missverständliche Gesetzesformulierung. Nicht, was der Erklärende wirklich gewollt hat, sondern der Erklärungsinhalt aus der Sicht des Adressaten ist Auslegungsziel. Diese Bedeutung verdrängt die wörtliche Bedeutung.

### 3. Die Auslegung von Verträgen

#### a) Autonome Auslegung

Verträge setzen sich aus mindestens zwei Willenserklärungen zusammen. Wie kann 133
man einen Vertrag auslegen? In Betracht kommt, die beiden Erklärungen je für sich auszulegen und dann ihr Verhältnis zueinander zu bestimmen. Oder man legt nach der Erkenntnis »Das Ganze ist mehr als die Summe seiner Teile« nicht die beiden Erklärungen zugrunde, sondern ein Drittes, den Vertrag als Gebilde eigener Art. Die günstigste Vorgehensweise besteht darin, beide Verfahren nacheinander anzuwenden, dh Sie legen zunächst die Willenserklärung desjenigen aus, der den Antrag auf Abschluss des Vertrags gemacht hat, hiernach die Annahmeerklärung. Beide Erklärungen können in vollem Umfang übereinstimmen; insbesondere, wenn das Angebot des A alle Vertragsbedingungen enthält und die Annahme durch ein schlichtes »Ja« erfolgt. Die Erklärungen von A und B können allerdings auch nur teilweise korrespondieren; divergieren sie völlig, kommt kein Vertrag zustande. Dann muss der übereinstimmende Inhalt der Erklärungen von dem nicht übereinstimmenden abgegrenzt werden, zunächst für die Frage, ob bei bloß teilweiser Übereinstimmung überhaupt ein Vertrag zustande kommt (»Dissens«, §§ 154 f.), sodann für die Frage, welchen Inhalt der Vertrag hat.

Wichtig ist, dass man bei der Vertragsauslegung sozusagen »um die Ecke denken« muss: »Welchen Inhalt hat die Erklärung des A aus der Sicht des B? Welchen Inhalt hat die Erklärung des B aus der Sicht des A?«. Im Übrigen kann sich für den Vertrag als Ganzes eine andere Auslegung ergeben als für die einzelnen Willenserklärungen. Man kann daher zusätzlich den Vertrag auslegen.

##### aa) Wortlaut

Würde man davon ausgehen, dass man »den Vertrag« auslegt, dann würde man eine einzelne Aussage in dem Vertrag nach der Bedeutung bestimmen, die in diesem Vertrag zugrunde gelegt wird, unabhängig davon, wie derjenige sie verstehen durfte, der das Angebot abgegeben hat oder derjenige, der es angenommen hat. Eine solche Betrachtungsweise widerspricht dem Gedanken der Privatautonomie. Sie würde die Parteien an einen Vertrag binden, den sie nicht wollten. Diese Erkenntnis führt zu dem Satz: »Falsa demonstratio non nocet«. Wenn sich beide Vertragspartner übereinstimmend falsch ausgedrückt haben, gilt das übereinstimmend Gemeinte, nicht das übereinstimmend Gesagte.

##### bb) Systematik

In einem Vertrag mit mehreren Regelungen muss ihre Beziehung zueinander beachtet werden. Steht beispielsweise eine Klausel über Pünktlichkeit der Leistung unter der Überschrift »Pflichten des Käufers«, dann ist nur die Pflicht zur rechtzeitigen Zahlung des Kaufpreises gemeint und nicht die pünktliche Übergabe der Ware.

#### cc) Entstehungsgeschichte

Ein Vertrag kann nach langen Verhandlungen zustande kommen, uU nach mehreren Entwürfen. Die endgültige Fassung muss dann mit derjenigen der abgelehnten Entwürfe verglichen werden. Erkennt man, aus welchem Grund eine neue Formulierung gewählt wurde, so klärt dies zuweilen die Bedeutung, die die Partei damit verbinden wollte.

#### dd) Sinn und Zweck des Vertrags

Bei diesem Gesichtspunkt stellt sich das Problem, ob es beim Austauschvertrag einen gemeinsamen Zweck gibt. § 705 nennt den »gemeinsamen Zweck« als Besonderheit des Gesellschaftsvertrags. Aber der Verkäufer beispielsweise möchte einen möglichst hohen Preis erzielen, der Käufer einen möglichst niedrigen Preis bezahlen. Gemeinsam wollen beide Parteien jedoch, dass der Vertrag zu den ausgehandelten Konditionen zustande kommt und durchgeführt wird und dass die Zwecke, die beide Parteien je für sich verfolgen, auch verwirklicht werden.

> **Beispiel:** So besteht aufgrund des gemeinsamen Vertragszwecks eine Vertragsförderungspflicht, die dahin geht, Anträge bei Behörden einzureichen und Hindernisse für eine Genehmigung zu beseitigen.

### b) Heteronome Auslegung

134 Die Parteien lassen viele Fragen ungeregelt. Manches lässt sich auf der Grundlage der vorhandenen Regelungen durch Fortschreibung ermitteln. Im Übrigen sind Verträge »nach Treu und Glauben mit Rücksicht auf die Verkehrssitte« auszulegen, § 157. Daraus folgt, dass die Lückenfüllung aus der Sicht eines objektiven Dritten stattzufinden hat.

### c) Rangfolge der Auslegungskriterien

135 Schon aus §§ 133, 157 folgt, dass sich eine ausschließlich am Wortlaut orientierte Auslegung verbietet; auch ein klarer und eindeutiger Wortlaut stellt keine Grenze für die Auslegung eines lückenhaften Rechtsgeschäftes dar.[191]

Führen im Übrigen die einzelnen Auslegungskriterien zu unterschiedlichen Ergebnissen, so geht der Zweck des Vertrags den anderen Auslegungskriterien vor. Vorrang vor der Auslegung nach dem Parteiwillen hat die Auslegung nach Treu und Glauben.

## E. Die Ausarbeitung

### I. Der Einstieg

136 Alle vorbereitenden Überlegungen sind nun abgeschlossen. Sie haben vor sich den Sachverhalt, eine graphische und eventuell eine chronologische Darstellung sowie eine Gliederung der Bearbeitung mit Hinweisen auf Schwerpunkte. In der Gliederung sind alle Anspruchsgrundlagen in richtiger Reihenfolge sowie die Tatbestandsvoraussetzungen aufgeführt. Nunmehr beginnen Sie mit der Ausarbeitung.

Am Anfang steht eine hypothetische Antwort auf die Fallfrage. Lautet diese: »Hat A gegen B einen Anspruch auf Zahlung?«, dann besteht der Einstieg in einer hypothetischen Antwort, die zB formuliert werden kann:

»A kann gegen B einen Anspruch auf Zahlung aus § XY haben.«

191 BGH NJW 2002, 1260.

»Es ist zu prüfen, ob A gegen B einen Anspruch auf Zahlung aus § XY hat.«
»Ein Anspruch des A gegen B kann sich aus § XY ergeben.«

Sie können die Antwort auch durch die Überschrift geben:
»Anspruch des A gegen B aus § XY«.

## II. Verständnishilfen

Auch wenn Sie alle Denkschritte in der richtigen Reihenfolge und in der richtigen Art und Weise vorgenommen haben: Sofern der Leser sie nicht wiederfindet, ist die Bearbeitung misslungen. Ein großer Teil der schlechten Benotungen beruht darauf, dass es dem Kandidaten nicht gelingt, den Leser zu führen. Stellen Sie sich an jedem Punkt der Bearbeitung folgende Fragen: 137

Um welchen Rechtssatz geht es?
Um welches Problem geht es?
Warum prüfe ich diese Frage gerade hier?
Benötige ich diesen Satz, um der Lösung näher zu kommen?

Diese Überlegungen sind auch dem Leser zu verdeutlichen.

### 1. Bezug zu einem konkreten Rechtssatz

In vielen Bearbeitungen finden sich langatmige Ausführungen, die zwar in irgendeinem Zusammenhang mit dem Fall stehen, bei denen der Leser aber nicht oder erst sehr (oder zu) spät erfährt, weshalb. Sie müssen dagegen gleich zu Beginn klar zum Ausdruck bringen, welchen Rechtssatz Sie Ihrer Prüfung zugrunde legen. Das kann eine Gesetzesvorschrift sein oder ein Rechtssatz des Richterrechts. Wenn Sie dazu nicht mehr in der Lage sind, haben Sie an einer vorherigen Stelle den Gutachtenaufbau verlassen. Genauer noch muss man sagen, dass die Prüfung von einer Rechtsfolge auszugehen hat. Ist etwa gefragt, ob A von B 10.000 EUR verlangen kann, dann interessiert den Mandanten A des Rechtsanwaltes vor allem, ob er die volle Summe beanspruchen kann, dagegen weniger, ob aufgrund von Paragraph X oder Paragraph Y, ferner welche Voraussetzungen die Norm im Einzelnen hat. Auch für das Gutachten ist daher die Rechtsfolge der Leitstern. Zu prüfen ist nur, was im Hinblick auf die Rechtsfolge erheblich ist. Alles was darüber hinausgeht, ist überflüssig und damit falsch. 138

### 2. Aufbauhinweise und Problemhinweise

Verlangt die folgerichtige Bearbeitung mehrere Exkurse, insbesondere in Form von Inzidentprüfungen, dann sollten Sie dem Leser helfen, den roten Faden nicht aus den Augen zu verlieren. 139

Oft ist es für den Leser nicht klar, warum es für die Beantwortung einer Frage auf einen bestimmten Rechtssatz oder auf einen bestimmten Meinungsstreit ankommt. Zeigen Sie dem Leser kurz die gedankliche Verknüpfung auf.

### 3. Zwischenergebnisse und Zusammenfassung

Bei langen Ausführungen in einer Hausarbeit sollten Sie dem Leser an geeigneter Stelle mitteilen, was Sie inzwischen geklärt haben und was noch zu prüfen ist, also Zwischenergebnisse bringen. Am Ende der Arbeit empfiehlt sich die gedrängte Zusammenfassung der gesamten Ergebnisse (von vielen Aufgabenstellern wird das allerdings nicht als erforderlich angesehen). Auch in der Klausur können sich Zwischenergebnisse empfehlen. 140

### III. Die Notwendigkeitsmaxime

141 Sie haben sich inzwischen einige juristische Kenntnisse angeeignet und verspüren den verständlichen Wunsch, diese in Ihrer Arbeit anzubringen. Hüten Sie sich davor! Man kann nicht oft genug betonen: Es darf nur das ausgeführt werden, was für die Beantwortung der Fallfrage *zwingend* erforderlich ist. Alle Probleme, auf die es im konkreten Fall nicht ankommt, müssen für die Lösung außer Betracht bleiben.

Auch der Aufbau folgt der Notwendigkeitsmaxime. Indem Sie von einer Rechtsfolge als hypothetischer Antwort ausgehen, kommen Sie zur Tatbestandsseite eines Rechtssatzes. Nachdem Sie diesen in Tatbestandsvoraussetzungen zerlegt haben, haben Sie zwangsläufig Merkmal für Merkmal dieses Tatbestandes – und nichts anderes – zu prüfen. Der Aufbau ist dadurch vorgegeben.

### IV. Schwerpunktbildung

142 Dem Aufgabensteller geht es meist um ein Problem oder mehrere Probleme, um die sich alles andere herumrankt. Bei der Bearbeitung müssen Sie diesen Kern herausarbeiten und das Schwergewicht Ihrer Erörterung hierauf legen.

Ein solcher Schwerpunkt kann zB sein:

- ein Meinungsstreit in der Literatur,
  - entweder als Standardproblem
  - oder als neues Problem, hervorgerufen durch eine neuere Gerichtsentscheidung oder durch einen neueren Aufsatz,
- eine besondere Fallgestaltung, die dem Aufgabensteller vielleicht in der Praxis begegnet ist,
- eine abgelegene Norm, die nicht jeder kennt und die nicht ganz einfach zu bearbeiten ist.

Inhaltlich müssen Sie auf derartige Fragen ausführlich eingehen. Soweit sie Ihnen bekannt sind, sollten Sie die vorhandenen Meinungen und Argumente anführen, anderenfalls sich anhand des Falles zu Argumenten anregen lassen; die geschilderte Methode der Gesetzesauslegung wird Ihnen dabei eine Hilfe sein.

Stilistisch sollten Sie den Leser im Sinne einer Verständnishilfe darauf hinweisen, weshalb an dieser Stelle der Bearbeitung ein Problem auftaucht.

### V. Argumentation

143 Für die Qualität Ihrer Arbeit ist weniger entscheidend, zu welchem Ergebnis Sie gelangen, als vielmehr, wie Sie argumentiert und Ihre Überlegungen dargestellt haben.[192]

Die Argumente können zum einen aus dem dargestellten Vorrat der Methodenlehre stammen. Zum anderen gibt es eine Reihe anerkannter Argumente, die zwar in der Dogmatik genannt werden, die von der Methodenlehre jedoch (zu Unrecht) nicht oder noch zu wenig im Rahmen der teleologischen Auslegung übernommen worden sind, etwa die Praktikabilität und Gerechtigkeit eines Ergebnisses. Wie auch immer Sie vorgehen, überprüfen Sie stets Ihre Begründung auf logische Überzeugungskraft, dh vermeiden Sie Denkfehler.[193]

---

192 Zum Stil s. *Schnapp*, Stilfibel für Juristen, 2004; *Schapp* JURA 2006, 583 ff.; zu Formulierungsfragen *Schimmel*, Juristische Klausuren und Hausarbeiten richtig formulieren, 10. Aufl. 2012.

193 Dazu *Schneider/Schnapp*, Logik für Juristen, 6. Aufl. 2006.

### VI. Gutachtenstil

Das Urteil folgt dem *Urteilsstil.* Das Ergebnis wird vorweg genannt, die Begründung schließt sich an. 144

> **Beispiel:** V hat einen Anspruch gegen K auf Zahlung von 100 EUR. (Denn) zwischen V und K ist ein wirksamer Kaufvertrag zustande gekommen. (Denn) V hat ein wirksames Angebot abgegeben, das dem K auch zugegangen ist. (Denn) sein Angestellter A hat das Schreiben in Empfang genommen . . .«

Sie ersehen daran, dass das Ergebnis am Anfang steht und jeder Satz mit einem (jedenfalls gedanklichen) »denn« verknüpft wird.

Für Ihre Bearbeitungen bis zum und im ersten juristischen Staatsexamen müssen Sie dagegen den *Gutachtenstil* zugrunde legen. Als Merkhilfe können Sie ihn auch als »Viertakt-Verfahren« kennzeichnen:

1. Hypothese (hypothetische konkrete Rechtsfolge)
2. Prämisse (Rechtssatz, abstrakte Rechtsfolge)
3. Beleg (Sachverhalt)
4. Subsumtion (Antwort auf die Fallfrage durch Anwendung des Rechtssatzes auf den Sachverhalt)

> **Beispiel:**
> 1. V könnte gegen K einen Anspruch auf Zahlung von 100 EUR aus § 433 II haben.
> 2. Dann müsste zwischen V und K ein Kaufvertrag geschlossen worden sein.
> 3. V hat dem K angeboten, ihm das Bild »Röhrender Hirsch« für 100 EUR zu verkaufen. K hat dieses Angebot angenommen.
> 4. Zwischen den Parteien ist damit ein Kaufvertrag zustande gekommen, sodass V von K Zahlung von 100 EUR aus § 433 II verlangen kann.

Dieses »Viertakt-Verfahren« ist immer dann anzuwenden, wenn eine etwas eingehendere Prüfung notwendig ist. Wenn das Ergebnis der Subsumtion dagegen offenkundig erscheint, sollte der Urteilsstil angewandt werden.

**– Exkurs betr. Hausarbeiten –**

### VII. Formalien

#### 1. Gliederung

Jedenfalls bei Hausarbeiten muss Ihrer Ausarbeitung nach dem Deckblatt eine Gliederung voranstehen. Dabei empfiehlt es sich, wie folgt zu untergliedern: A I 1 a) aa) (1) (a) und die Untergliederungen jeweils einzurücken. Bei Klausuren sollte die Gliederung im Text erscheinen, eine vorangestellte Gliederung ist nicht erforderlich. 145

#### 2. Literaturverzeichnis

Viele Prüfer legen Wert darauf, dass Sie die Literaturangaben nach Blöcken untergliedern; etwa nach folgenden Gesichtspunkten: 146

I. Monographien

II. Lehrbücher und Kommentare

III. Aufsätze.

Innerhalb des jeweiligen Blocks müssen Sie alphabetisch gliedern.

Nach unserer Auffassung können Sie auch so vorgehen, wie es allgemein im juristischen Schrifttum üblich ist, dass Sie ohne die beschriebene Gliederung die Autoren alphabetisch

hintereinander reihen. Für die einzelnen Angaben gilt: Familienname des Autors, Vorname, Titel des Werks (evtl. Band), Auflage, Erscheinungsort, Erscheinungsjahr, also zB »Meier, Franz, Die Gesamtschuld, 2. Aufl., Bochum 2012«.
Bei Aufsätzen werden der Titel, Zeitschrift und Fundstelle angegeben, also zB: »Meier, Franz, Aktuelle Probleme der Gesamtschuld, NJW 2012, 1«. Vermeiden Sie bei Zeitschriftenaufsätzen das überflüssige »in«.

### 3. Text

147 Zählen Sie Ihre Arbeit seitenweise durch. Die Fußnotenzählung kann auf jeder Seite neu beginnen oder durchlaufen. Jedenfalls die wichtigsten Punkte Ihrer Gliederung sollen auch im Text als Überschrift erscheinen. Vermeiden Sie fallbezogene Zitate: Das Reichsgericht kannte Ihren Fall noch nicht. Schreiben Sie also nicht: »A hat unter diesen Voraussetzungen keinen Anspruch.« und dazu als Fußnote »RGZ 70, 12 (15)«.
Sondern: »In diesen Fällen hat der Gläubiger keinen Anspruch. A kann daher von B den Betrag nicht herausverlangen.«

### 4. Äußere Anforderungen

148 Zum Abschluss noch einige Hinweise zur äußeren und sprachlichen Gestaltung Ihrer Klausur:
Sicherlich wissen Sie, dass die Seiten nur zur Hälfte beschrieben werden sollen; dennoch wird gegen diese Regel häufig genug verstoßen. Betrachten Sie sie als Minimalforderung und fangen Sie nicht an, ausgerechnet bei entscheidenden Klausuren Papier zu sparen. Sofern Sie nämlich am Ende der Bearbeitung eine Seite austauschen wollen – dies ist günstiger als die Verwendung von Einfügungen oder Zusatzseiten – gewinnen Sie Zeit, da Sie nicht allzu viel abschreiben müssen. Versuchen Sie im Rahmen des Möglichen leserlich zu schreiben und unterschätzen Sie nicht den psychologischen Effekt einer sauberen Bearbeitung auf den Prüfer. Denken Sie ferner daran, neue Gedanken oder Prüfungspunkte durch Absätze zu kennzeichnen. Auch ein (äußerlich) übersichtlicher Verlauf der Klausur dient dem Verständnis. Unangebracht ist die Einführung ungebräuchlicher Abkürzungen. Vor allem in Hausarbeiten sind sie unnötig, wirken aber auch in der Klausur störend. Soviel Zeit muss sein, dass Sie nicht etwa aus einem Rechtsnachfolger einen »RN« oder aus dem Nachlasspfleger einen »Npfl« werden lassen. Sofern Sie stilistische oder Interpunktionsschwächen haben, versuchen Sie im Rahmen Ihrer Möglichkeiten abzuhelfen, insbesondere bei Hausarbeiten sollte Ihnen das gelingen. Vermeiden Sie – soweit es geht – Fremdwörter sowie Schachtelsätze. Derlei Mängel haben unmittelbar Einfluss auf die Notengebung, und ein Weiteres tritt hinzu: Im Unterbewusstsein bereitet es Schwierigkeiten, jemand juristische Fähigkeit zu attestieren, der sich nicht ausdrücken kann. Rührend, aber wirkungslos muss der Zusatz eines Kommilitonen unter der Klausur bleiben: »Bitte meine Deutschschwäche zu entschuldigen«.
Wenn Sie alle unsere Ratschläge beherzigt haben und bedenken, dass sie nicht sämtlich absolute Geltung beanspruchen können, bleibt Ihnen nur noch eins: Auch wenn es eine Belastung darstellt, so nutzen Sie doch jede Gelegenheit, Ihre theoretischen Kenntnisse in der Klausur auch anzuwenden. Im Examen wird diesem Teil von den Prüfungsämtern besonders hohe Bedeutung beigemessen.
Und nun trotz allem: Viel Spaß!

## 2. Kapitel. Aufbauschemata

Übersicht

**Schema Nr.** 149

1 Die Reihenfolge der Anspruchsgrundlagen
2 Anspruchsarten
3 Kombination von Anspruchsgrundlagen und Anspruchsarten
4 Primäransprüche aus Vertrag
5 Sekundäransprüche aus Vertrag
6 Die Auslegung von Rechtssätzen
7 Die Auslegung von Willenserklärungen
8 Die Klage
9 Die Vollstreckungsgegenklage nach § 767 ZPO
10 Die Drittwiderspruchsklage nach § 771 ZPO

**Schema Nr. 1: Die Reihenfolge der Anspruchsgrundlagen** 150

1. Ansprüche aus Vertrag
2. Ansprüche aus vertragsähnlichen Rechtsbeziehungen
3. Ansprüche aus dem Sachenrecht
4. Ansprüche aus unerlaubter Handlung
5. Ansprüche aus ungerechtfertigter Bereicherung

**Schema Nr. 2: Anspruchsarten** 151

1. Erfüllungsansprüche aus Vertrag
2. Schadensersatzansprüche
3. Herausgabeansprüche
4. Ausgleichsansprüche

**Schema Nr. 3: Kombination von Anspruchsgrundlagen und Anspruchsarten** 152

1. Ansprüche aus Vertrag
   a) Erfüllungsansprüche
   b) Schadensersatzansprüche
   c) Herausgabeansprüche
   d) Ausgleichsansprüche
2. Ansprüche aus vertragsähnlichen Rechtsbeziehungen
   a) Erfüllungsansprüche (Ausnahme)
   b) Schadensersatzansprüche
   c) Herausgabeansprüche
   d) Ausgleichsansprüche
3. Ansprüche aus dem Sachenrecht usw.

Dieses Schema ist aus den Schemata 1 und 2 zusammengesetzt und stellt nur ein formales Prüfraster dar. Nicht zu allen hier vorgestellten denkbaren Kombinationen gibt es auch tatsächlich Ansprüche.

153 **Schema Nr. 4: Primäransprüche aus Vertrag**

**A. Grobschema**

1. Übereinstimmende Willenserklärungen?
2. Wirksamkeitshindernisse?
3. Ursprünglicher Vertragsinhalt?
4. Vertragsinhalt oder Anspruchsinhalt geändert?
5. Anspruch untergegangen?
6. Anspruch durchsetzbar?

**B. Detailschema**

1. Anspruchsgrundlagen aus Vertrag, übereinstimmende Willenserklärungen
   - Vertragspartner
   - Abgabe der Willenserklärung
   - Zugang der Willenserklärung
2. Wirksamkeitshindernisse
   a) Allgemeine Wirksamkeitsvoraussetzungen
      - Geschäftsfähigkeit, §§ 104 ff.
      - Form, zB §§ 311b, 518, 623
      - Genehmigung, zB §§ 184, 185 II, 1643, 1821 ff.

   b) Inhaltskontrolle
      § 134, gesetzliches Verbot
      § 138, Sittenwidrigkeit, Wucher
      § 242 usw
      §§ 307 ff.
3. Ursprünglicher Vertragsinhalt
   - zwingende gesetzliche Inhaltsbestimmung
   - vertragliche Bestimmung des Vertragsinhalts
   - Auslegung des Vertrags, §§ 133, 157
   - Welcher Inhalt des Vertrags?
   - gesetzliche Bestimmung des Vertragsinhalts nach dispositivem Recht
   - Spezialnormen
   - verkehrstypische Verträge, zB §§ 433 ff., 535 ff.
   - gemischte Verträge
   - § 242

4. Vertragsinhalt oder Anspruchsinhalt geändert?
   a) Änderung wodurch?
      - durch Vertrag
      - kraft Gesetzes

   b) Änderung in welcher Hinsicht?
      »wer«? (neuer Gläubiger anstelle des alten; Achtung! Dies muss bereits bei der Anspruchsgrundlage erörtert werden)
      - Abtretung, §§ 398 ff.
      - Legalzession, zB §§ 268 III, 426 II, 774 I, 1143 I BGB, § 6 EFZG, § 86 VVG, § 116 SGB X

      »von wem?«
      neuer Schuldner *anstelle* des alten
      - Universalsukzession, zB § 1922 (auch hier: schon in der Anspruchsgrundlage nennen)
      - Schuldübernahme, §§ 414 ff.

neuer Schuldner *neben* dem alten
- Schuldbeitritt usw, zB § 25 HGB, Art. 28 WG

»was« (Änderung der Verpflichtung)

5. Anspruch untergegangen?
   - Erfüllung, § 362
     - Erfüllungssurrogate:
     - Annahme an Erfüllungs Statt, § 364
     - Hinterlegung, §§ 372 ff.
     - Aufrechnung, §§ 387 ff.
     - Erlass, § 397
   - Aufhebungsvertrag
   - Unmöglichkeit, § 275
   - Anfechtung, § 142
   - Rücktritt
     - vertraglicher und gesetzlicher Rücktritt, §§ 346 ff. (Sonderregelungen, wie zB §§ 572 I und 651i, beachten).
6. Anspruch durchsetzbar?
   - Einrede der Verjährung, § 214 I
   - Einrede des nicht erfüllten Vertrags, § 320 (führt zur Verurteilung Zug um Zug, § 322)
   - Einrede der unerlaubten Handlung, § 853
   - Einrede der ungerechtfertigten Bereicherung, § 821

**Schema Nr. 5: Sekundäransprüche aus Vertrag** 154

1. Klärung, ob
   - Unmöglichkeit (s. unten 2.)
   - Schuldnerverzug (s. unten 3.)
   - Schlechterfüllung (s. unten 4.)
   - Hauptpflicht
   - Nebenpflicht
2. Unmöglichkeit
   a) Primäransprüche

      Leistung: Erlöschen des Erfüllungsanspruchs, § 275

      Gegenleistung:

      Regel: Kein Anspruch auf Gegenleistung, § 326 I 1

      Ausnahmen: Trotz Erlöschens des Erfüllungsanspruchs Anspruch auf Gegenleistung,
      - im Rahmen des Gewährleistungsrechts, § 326 I 2
      - wenn der Gläubiger für die Unmöglichkeit allein oder weit überwiegend verantwortlich ist, § 326 II, 1. Var.
      - Unmöglichkeit während des Annahmeverzugs, § 326 II, 2. Var.
      - wenn der Gläubiger das Surrogat gem. § 285 verlangt, § 326 III
      - bei Vorliegen besonderer Gefahrtragungsregeln, §§ 446, 447, 615, 644, 645
      - Sondervorschriften im Arbeitsrecht, wie zB § 616 BGB, § 3 EFZG

   b) Sekundäransprüche und Sekundärrechte

      aa) Schadensersatz

      § 311a II (wegen anfänglicher Unmöglichkeit)

      Tatbestand
      - Vertrag
      - Schuldner braucht nach § 275 I–III nicht zu leisten

- Leistungshindernis bestand bei Vertragsschluss
- kein Ausschluss gem. § 311a II 2

Rechtsfolge
- Schadensersatz statt der Leistung (oder gem. § 284 Aufwendungsersatz), § 311a II 1

§§ 280 I, III, 283 (wegen *nachträglicher* Unmöglichkeit)

Tatbestand
- Schuldverhältnis
- Schuldner braucht nach § 275 I–III nicht zu leisten
- vom Schuldner zu vertreten, § 280 I 2

Rechtsfolge
- Schadensersatz statt der Leistung (oder gem. § 284 Aufwendungsersatz)

bb) Herausgabe des Ersatzes oder Abtretung des Ersatzanspruchs, § 285

Tatbestand
- Schuldverhältnis
- Schuldner braucht nach § 275 I–III nicht zu leisten
- Schuldner erlangt Ersatz oder Ersatzanspruch

Rechtsfolge
- Herausgabe des Ersatzes oder Abtretung des Ersatzanspruchs

cc) Rücktritt

§ 326 IV iVm §§ 346–348

Tatbestand
- gegenseitiger Vertrag
- Schuldner braucht nach § 275 I-III nicht zu leisten
- die nicht geschuldete Gegenleistung ist bereits bewirkt

Rechtsfolge
- erbrachte Leistung kann zurückgefordert werden

§§ 326 V, 323

Tatbestand:
- gegenseitiger Vertrag
- Schuldner braucht nach § 275 I-III nicht zu leisten
- kein Ausschluss nach § 323 VI

Rechtsfolge:
- Rücktritt vom Vertrag

3. Schuldnerverzug

a) Schadensersatz

aa) §§ 280 I und III, 281

Tatbestand
- Schuldverhältnis
- fälliger und durchsetzbarer Anspruch
- Nichtleistung
- Fristsetzung, ggf. gem. § 281 II entbehrlich
- Erfolglosigkeit der Fristsetzung
- Vertretenmüssen nach § 280 I 2

Rechtsfolge
- Schadensersatz statt der Leistung (oder gem. § 284 Ersatz vergeblicher Aufwendungen)

bb) §§ 280 I und II, 286

Tatbestand
- Schuldverhältnis
- fälliger und durchsetzbarer Anspruch
- Mahnung, ggf. gem. § 286 II entbehrlich
- Nichtleistung
- Vertretenmüssen nach § 286 IV

Rechtsfolge:
- Ersatz des Verzögerungsschadens

cc) §§ 286, 288

Tatbestand
- Schuldverhältnis
- Verzug (mit einer Geldschuld)

Rechtsfolge
- Verzugszinsen

b) Rücktritt
§ 323

| | |
|---|---|
| Tatbestand | • gegenseitiger Vertrag<br>• fälliger und durchsetzbarer Anspruch<br>• Verzug<br>• Fristsetzung, ggf. gem. § 323 II entbehrlich<br>• erfolgloser Fristablauf<br>• kein Ausschluss nach § 323 VI |
| Rechtsfolge | • Rücktritt vom Vertrag |

4. Schlechtleistung

a) Schlechtleistung bei Hauptleistungspflicht

aa) Schadensersatz

(1) §§ 280 I und III, 281

| | |
|---|---|
| Tatbestand | • gegenseitiger Vertrag<br>• Schlechtleistung bei einer Hauptleistung<br>• Fristsetzung, ggf. gem. § 281 II entbehrlich<br>• Vertretenmüssen nach § 280 I 2<br>• kein Ausschluss nach § 281 I 2 und 3 |
| Rechtsfolge | • Schadensersatz statt der Leistung (oder gem. § 284 Ersatz vergeblicher Aufwendungen) |

(2) § 280 I

| | |
|---|---|
| Tatbestand | • gegenseitiger Vertrag<br>• Schlechtleistung bei einer Hauptleistung<br>• Vertretenmüssen nach § 280 I 2 |
| Rechtsfolge | • Schadensersatz neben der Leistung |

bb) Rücktritt
§ 323

| | |
|---|---|
| Tatbestand | • gegenseitiger Vertrag<br>• Schlechtleistung bei einer Hauptleistung<br>• Fristsetzung, ggf. gem. § 323 II entbehrlich<br>• kein Ausschluss nach § 323 V und VI |
| Rechtsfolge | • Rücktritt vom Vertrag |

b) Schlechtleistung bei leistungsbezogenen Nebenpflichten

aa) Schadensersatz

§§ 280 I und III, 281

| | |
|---|---|
| Tatbestand | • gegenseitiger Vertrag<br>• Schlechtleistung bei einer leistungsbezogenen Nebenpflicht<br>• Vertretenmüssen nach § 280 I 2 |
| Rechtsfolge | • Schadensersatz statt der Leistung (oder gem. § 284 Ersatz vergeblicher Aufwendungen) |

§ 280 I

| | |
|---|---|
| Tatbestand | • gegenseitiger Vertrag<br>• Schlechtleistung bei einer leistungsbezogenen Nebenpflicht<br>• Vertretenmüssen nach § 280 I 2 |
| Rechtsfolge | • Schadensersatz neben der Leistung |

bb) Rücktritt
§ 323

| | |
|---|---|
| Tatbestand | • gegenseitiger Vertrag |

- Schlechtleistung bei einer leistungsbezogenen Nebenpflicht
- Fristsetzung, ggf. gem. § 323 II entbehrlich
- kein Ausschluss nach § 323 V und VI

Rechtsfolge
- Rücktritt vom Vertrag

c) Schlechtleistung bei nicht leistungsbezogenen Nebenpflichten

aa) Schadensersatz

§§ 280 I, 241 II

Tatbestand
- gegenseitiger Vertrag
- Schlechtleistung bei einer nichtleistungsbezogenen Nebenpflicht iSv § 241 II
- Vertretenmüssen nach § 280 I 2

Rechtsfolge
- Schadensersatz neben der Leistung (Ausn. Schadensersatz statt der Leistung unter den Voraussetzungen von § 282)

bb) Rücktritt

§ 324

Tatbestand
- gegenseitiger Vertrag
- Schlechtleistung bei einer nichtleistungsbezogenen Nebenpflicht iSv § 241 II
- Festhalten am Vertrag unzumutbar

Rechtsfolge – Rücktritt vom Vertrag

155 **Schema Nr. 6: Die Auslegung von Rechtssätzen**

1. Konkrete und abstrakte Rechtsfolge
2. Sammlung einschlägiger Rechtssätze
3. Horizontale und verdrängende Konkurrenz
4. Praktische Konkurrenz unter gleichrangigen Rechtssätzen
5. Vertikale Konkurrenz (Stufenbau der Rechtsordnung)
6. Geltungsbereich
7. Der vollständige Rechtssatz
   a) Der Kernrechtssatz
      aa) Aufspaltung in Tatbestand und Rechtsfolge
      bb) Aufspaltung in Tatbestandsmerkmale
   b) Konkretisierung des Kernrechtssatzes
   c) Erweiterungen
   d) Einschränkungen
   e) ungeschriebene Merkmale
   f) Mittel zur Vervollständigung des Kernrechtssatzes
   g) Die Rechtsfolge
8. Die einschlägige Rechtsprechung
9. Die einschlägige Literatur
10. Verhältnis von Auslegungsziel und Auslegungskriterien
11. Die einzelnen Auslegungskriterien
   a) Wortlaut
   b) Systematik
   c) Entstehungsgeschichte
   d) Gesetzeszwecke
      aa) Konkrete Gesetzeszwecke

bb) Allgemeine Gesetzeszwecke
12. Horizontale nicht-verdrängende Konkurrenz
13. Anwendung

**Schema Nr. 7: Die Auslegung von Willenserklärungen** 156

1. Empfangsbedürftige Willenserklärungen
   a) Wortlaut
      aa) ausdrückliche Erklärung
      bb) konkludente Erklärung
   b) Systematik
   c) Entstehungsgeschichte
   d) Sinn und Zweck
      aa) autonome Auslegung
      bb) heteronome Auslegung
   e) Der Rang der Auslegungskriterien

2. Verträge
   a) autonome Auslegung
      aa) Wortlaut
      bb) Systematik
      cc) Entstehungsgeschichte
      dd) Sinn und Zweck des Vertrags
   b) heteronome Auslegung
   c) Rangfolge der Auslegungskriterien

3. Nichtempfangsbedürftige Willenserklärungen (s. die Ausführungen zum Erbrecht, Rn. 119 ff.).

## Vorbemerkung zu Schemata 8, 9 und 10

In Fällen mit prozessualem Einschlag kann außer den hier erörterten materiell- 157
rechtlichen Fragen auch eine Reihe prozessualer Fragen zu prüfen sein, die hier nicht weiter behandelt werden. Insoweit sei auf die prozessrechtlichen Anleitungsbücher verwiesen (s. Literaturverzeichnis unter C II).

Eine Vielzahl von Fällen lässt sich auf drei Standardschemata zurückführen, nämlich auf »normale Klage«, »Vollstreckungsgegenklage« und »Drittwiderspruchsklage«. Gerade die beiden letztgenannten enthalten oft nur eine geringfügige prozessuale Einkleidung, während die wichtigen Probleme auf dem Gebiet des materiellen Rechts liegen. Die drei Standardschemata werden im Folgenden aufgeführt:

**Schema Nr. 8: Die Klage** 158

**Zulässigkeitsvoraussetzungen**

I. Prozessvoraussetzungen
   - Prozesskostenvorschuss (§ 12 GKG)
   - Unterzeichnung der Klage
     (bestimmender Schriftsatz, §§ 253 IV, 130 Nr. 6 ZPO)
   - kein offenkundiges Fehlen der deutschen Gerichtsbarkeit (»Territorialprinzip«, §§ 18 ff. GVG)

- funktionelle Zuständigkeit (»Instanzenzug«)
- Postulationsfähigkeit (»Anwaltsprozess«, § 78 ZPO)
- evtl. obligatorische Streit-Schlichtung, vgl. § 15 a EGZPO iVm Gütestellen- und Schlichtungsgesetz NW

II. Sachentscheidungsvoraussetzungen
   1. die Parteien betreffend
      - Existenz
      - Parteifähigkeit (§ 50 ZPO)
      - Prozessfähigkeit (§§ 51, 52 ZPO)
      - Prozessführungsbefugnis (evtl. Prozessstandschaft)
      - Rechtsschutzinteresse (bei der Feststellungsklage: § 256 I ZPO)
   2. das Gericht betreffend
      - ordnungsgemäße Klageerhebung (§ 253 ZPO)
      - deutsche Gerichtsbarkeit (§§ 18 ff. GVG)
      - Zulässigkeit des Rechtsweges (§ 13, vgl. auch § 17 a GVG)
      - Zuständigkeit
      - sachlich (§§ 23, 23 c, 71 GVG)
      - örtlich (§§ 13 ff. ZPO)
      - international
   3. die Streitsache betreffend
      - keine anderweitige Rechtshängigkeit (§ 261 III Nr. 1 ZPO)
      - keine anderweitige Rechtskraft (vgl. §§ 322 ff. ZPO)
   4. Besondere Sachentscheidungsvoraussetzungen zB bei Klageänderung: § 263 iVm §§ 264, 267 ZPO
   5. Keine Prozesshindernisse (zB § 1032 I ZPO)

159 **Schema Nr. 9: Die Vollstreckungsgegenklage nach § 767 ZPO**

I. Zulässigkeit
   1. Statthaftigkeit
      a) Die Klage muss sich gegen einen wirksamen Vollstreckungstitel richten.
      b) Der Kläger muss materiell-rechtliche Einwendungen gegen den im Titel festgestellten materiellen Anspruch vortragen.
      (für die Zulässigkeit gilt § 767 II ZPO nicht)
   2. Zuständigkeit: Prozessgericht erster Instanz, §§ 767 I, 802 ZPO
   3. Ordnungsgemäße Klageerhebung
      a) Antrag: Zwangsvollstreckung für unzulässig zu erklären
      b) Parteibezeichnung (regelmäßig die Parteien des Vorprozesses)
   4. Rechtsschutzbedürfnis: besteht, sobald der Titel vorliegt, bis zum Ende der Zwangsvollstreckung

II. Begründetheit
   1. Einwendung gegen die titulierte Forderung
   2. Präklusionswirkung, § 767 II ZPO
      Es sind nur solche Einwendungen möglich, die erst nach Schluss der letzten mündlichen Verhandlung entstanden sind. Es ist nicht entscheidend, ob der Schuldner die Einwendung im Vorprozess kannte oder beweisen konnte; das objektive Bestehen der Einwendung in diesem Zeitraum schließt das Vorbringen in der Vollstreckungsgegenklage aus (so die Rechtsprechung, anders die hM in der Literatur).

**Schema Nr. 10: Die Drittwiderspruchsklage nach § 771 ZPO** 160

I. Zulässigkeit
   1. Statthaftigkeit: Bei allen Arten der Zwangsvollstreckung in Sachen und Vermögensrechte, durch die ein Dritter betroffen sein kann
   2. Zuständigkeit
      a) örtlich: Gericht, in dessen Bezirk Zwangsvollstreckung erfolgt ist, §§ 771 I, 802 ZPO
      b) sachlich: streitwertabhängig, §§ 23 Nr. 1, 71 GVG
   3. Ordnungsgemäßer Antrag: notwendig ist die genaue Bezeichnung des Titels und des Gegenstandes, in den die Zwangsvollstreckung für unzulässig erklärt werden soll
   4. Prozessführungsbefugnis: nur ein Dritter (str.)
   5. Rechtsschutzinteresse: sobald Zwangsvollstreckung (konkrete Maßnahme) begonnen hat und noch nicht beendet ist.

II. Begründetheit

   Der Kläger muss ein Recht iSd § 771 ZPO haben, dh eine Berechtigung, aufgrund derer eine Veräußerung der den Vollstreckungsgegenstand bildenden Sache durch den Schuldner sich dem berechtigten Dritten gegenüber als rechtswidrig darstellen würde.

# 2. Teil. Fälle mit Musterlösungen und Hinweisen

## 1. Abschnitt. Allgemeiner Teil des BGB

### 1. Kapitel. Grundprobleme der Falllösung im Allgemeinen Teil des BGB

Hier wie auch bei allen weiteren »Grundproblemen« sollen vor allem diejenigen Fragen in einem systematischen Zusammenhang unter Hinweis auf Aufbauschemata besprochen werden, die auch in den anschließenden Fällen behandelt sind. 161

Aus den Problembereichen des Allgemeinen Teils werden im Folgenden zwei herausgegriffen, die in vielen Klausuren vorkommen, sei es vorrangig, sei es neben anderen, schwerpunktmäßig zu behandelnden Themen: das Recht der Willensmängel und das Stellvertretungsrecht.

#### A. Willensmängel

Um die Behandlung von Willensmängeln und verwandten Rechtsproblemen zu beherrschen, sind einige Kenntnisse der Voraussetzungen einer Willenserklärung unerlässlich. Denn unterschiedliche Mängel einer Willenserklärung führen zu abweichenden Rechtsfolgen. Stets müssen Sie in der Fallprüfung zwei Fragestellungen voneinander trennen: 162

- Liegt eine Willenserklärung vor?
- Welchen Inhalt hat die Willenserklärung?

##### I. Der Tatbestand der Willenserklärung

Die Willenserklärung[1] als Verbindung von Wille und Erklärung hat einen objektiven und einen subjektiven Tatbestand.[2] 163

##### 1. Der objektive Tatbestand

Der äußere Tatbestand einer Willenserklärung muss ein sinnlich wahrnehmbarer Erklärungsakt sein, der durch beliebige menschliche Verhaltensweisen ausgelöst werden kann und auf die Herbeiführung von Rechtsfolgen gerichtet sein muss; er bildet den Anknüpfungspunkt für die Frage, ob eine Willenserklärung vorliegt. Die Erklärung ist – bei empfangsbedürftigen Willenserklärungen – aus der Sicht des Empfängers auszulegen; die Auslegung[3] hat Vorrang vor der Prüfung von Willensmängeln. 164

Anknüpfungspunkte für den äußeren Tatbestand einer Willenserklärung sind die ausdrückliche Erklärung, die konkludente Erklärung[4] und in Ausnahmefällen das Schweigen, zB im Falle des kaufmännischen Bestätigungsschreibens, s. § 346 HGB. 165

1 Allg. zur Willenserklärung *Neuner* JuS 2007, 881 ff.
2 Zum Tatbestand der Willenserklärung vgl. *Petersen* JURA 2006, 178 ff.
3 → Rn. 118 ff.
4 → Rn. 128.

Unproblematisch ist die Feststellung des objektiven Tatbestandes einer Willenserklärung bei ausdrücklicher Erklärung. Handelt es sich um eine konkludente Erklärung, so prüfen Sie alle in Betracht kommenden Äußerungen und Verhaltensweisen, die einen entsprechenden Rückschluss zulassen. Sofern Sie mit den oben[5] dargestellten Auslegungsmethoden eine objektive Erklärung festgestellt haben, kann es unter dem Aspekt notwendig korrespondierender Willenserklärungen für einen Vertragsschluss dazu kommen, dass nach Ihrem Interpretationsergebnis beide Erklärungsakte nicht übereinstimmen. Wussten die Parteien dies, gelangen Sie (selten) zum offenen, sonst zum versteckten Dissens, §§ 154 f., wenn die Parteien von der Übereinstimmung ausgegangen sind. Ein Beispiel hierfür: Eine Partei ging von amerikanischen, die andere von kanadischen Dollar aus. Es bedarf keiner besonderen Begründung, dass im Beispiel der Ort des Vertragsschlusses eine wichtige Rolle für die Erklärung spielen kann, ebenso die Nationalität der Geschäftspartner.

### 2. Der subjektive Tatbestand

**166** Größere Schwierigkeiten bereitet der subjektive Tatbestand der Willenserklärung. Üblicherweise werden vier Elemente unterschieden:

- Handlungswille
- Erklärungsbewusstsein
- Rechtsfolgewille
- Abgabewille

**167** Übereinstimmung herrscht insoweit, dass eine Willenserklärung eine *privatautonome Entscheidung* des Erklärenden sein soll.

**168** a) Fehlt also der *Handlungswille* (zB bei Reflexen oder zwingender Gewalteinwirkung), liegt keine Willenserklärung vor. Diese Fälle sind selten.

**169** b) Problematischer ist die Notwendigkeit des *Erklärungsbewusstseins.* Gehört zum subjektiven Tatbestand einer Willenserklärung der Wille, mit der Erklärung Rechtsfolgen auszulösen? An dieser Stelle Ihrer Prüfung ist die Grenze zum tatsächlichen Verhalten zu ziehen (berühmtes Beispiel: Trierer Weinversteigerung). Die Antwort auf diese Frage enthält eine Interessenabwägung. Erklärungsbewusstsein zu verlangen, schützt eigenverantwortliches Handeln des Erklärenden; die Gegenauffassung stellt den Rechtsverkehr in den Vordergrund, der den Erklärungsakt nur in seiner Außenwirkung, nicht aber die zugrunde liegende Willenserklärung beurteilen kann. Erst spät hat sich der BGH[6] der letztgenannten Betrachtungsweise angeschlossen, während im Übrigen die Meinungen nach wie vor geteilt sind.[7] Nach Ansicht des BGH liegt eine Willenserklärung vor, wenn für den Erklärenden erkennbar war, dass man seine Erklärung als solche verstehen konnte. In der Sache wird damit die Notwendigkeit der Anfechtung um einen Schritt vorverlagert und ebenso die Schadensersatzverpflichtung nach § 122.

**170** c) Ein weiteres subjektives Element der Willenserklärung ist der sog. *Geschäftswille.* Die Terminologie ist uneinheitlich, manche bezeichnen ihn auch als *Rechtsfolgewil-*

5 → Rn. 128.
6 BGHZ 91, 324 ff.; 109, 171 ff.
7 Nachw. bei *Medicus/Petersen* BürgerlR Rn. 130.

*len*[8]. Als notwendiges Tatbestandsmerkmal einer Willenserklärung verlangt er, dass die *konkreten* Rechtsfolgen einer Willenserklärung vom Willen umfasst sind.

**d)** Abschließend noch ein Hinweis: Nach einer Auffassung schließt der subjektive Tatbestand der Willenserklärung den *Abgabewillen* ein: Nicht willentlich abgegebene Erklärungen (zB vertauschte oder versehentlich abgeschickte Schreiben) sind demnach keine Willenserklärungen. Nach anderer Auffassung genügt für die Wirksamkeit einer abhanden gekommenen Willenserklärung deren Zugang, da durch den Zugang zumindest ein entsprechender Rechtsschein beim Empfänger gesetzt wurde. 171

## II. Die fehlerhafte Willenserklärung

Da Sie nun die objektiven und subjektiven Voraussetzungen einer Willenserklärung kennen, wollen wir uns den fehlerhaften Willenserklärungen zuwenden.

### 1. Mängel im objektiven Tatbestand

*Fehlt der objektive Tatbestand einer Willenserklärung, so fehlt diese insgesamt. Es kommt dann eine Haftung für rechtlich relevantes Verhalten* in Betracht. In diesem Zusammenhang wird Schweigen als Anknüpfungspunkt bedeutsam. 172

Zunächst gibt es eine Reihe von Vorschriften, die Schweigen entweder (Regelfall) als *Ablehnung* werten (§§ 108 II 2, 177 II 2, 415 II 2) oder (selten) als *Zustimmung* (vgl. §§ 416 I 2, 516 II 2). Im erstgenannten Fall sind die Vorschriften über Willensmängel anwendbar.[9] Anderes gilt, soweit das Gesetz Schweigen als Zustimmung wertet: Hier bringt das Schweigen ein Rechtsgeschäft zustande, die Willensbildung muss deshalb fehlerfrei sein. Merken Sie sich bitte: § 151 gehört nicht in diesen Zusammenhang. Hier wird nur auf den Zugang, nicht aber auf den objektiven Tatbestand einer Willenserklärung (Annahme) verzichtet.

Außerhalb der genannten gesetzlichen Regeln wird nach langem Streit um die Dogmatik die Haftung für Schweigen als *Vertrauenshaftung* aus § 242 hergeleitet.[10] Der wichtigste Fall ist das Schweigen auf ein kaufmännisches Bestätigungsschreiben[11]. Hierzu sollten Sie sich folgende Voraussetzungen merken: Das kaufmännische Bestätigungsschreiben gibt den Inhalt vorausgegangener Verhandlungen oder einen mündlich geschlossenen Vertrag wieder, verlangt einen redlichen Absender und einen Empfänger, der Kaufmann ist und nicht unverzüglich nach Zugang des Bestätigungsschreibens widerspricht. Liegen diese Erfordernisse vor, gilt für den Inhalt des Vertrags der Inhalt des Bestätigungsschreibens. 173

Von der Redlichkeit des Absenders ist der Umstand umfasst, dass das Bestätigungsschreiben nicht wesentlich vom Inhalt der Vorverhandlungen abweicht. Streit besteht im Übrigen um die Qualifikation des Absenders; dazu werden nahezu alle Ansichten vertreten.[12] Ein hier nicht zu behandelnder Sonderfall sind die sich kreuzenden Bestätigungsschreiben unterschiedlichen Inhaltes.[13] Überwiegend wird vertreten, dass sie sich neutralisieren und das dispositive Gesetzesrecht gilt.

---

8 Vgl. *Eisenhardt* JZ 1986, 875 ff.
9 AA *Medicus/Petersen* BürgerlR Rn. 53.
10 Staudinger/*Singer*, 2012, BGB Vorbem. zu §§ 116 ff. Rn 60 ff.
11 Allg. zum kaufmännischen Bestätigungsschreiben *Lettl* JuS 2008, 849 ff. und *Petersen* JURA 2013, 377 ff.
12 Vgl. iE *Medicus/Petersen* BürgerlR Rn. 56.
13 Dazu Baumbach/Hopt/*Hopt* HGB § 346 Rn. 22.

174

| **Aufbauschema:** | **Schweigen auf kaufmännisches Bestätigungsschreiben** |
|---|---|
| **Tatbestand** | • Schreiben, das den Inhalt vorangegangener Verhandlungen oder eines mündlichen Vertragsschlusses wiedergibt<br>• redliche Absendung<br>• Empfänger Kaufmann (Qualifikation des Absenders str.)<br>• nach Zugang des Schreibens widerspricht Empfänger nicht unverzüglich |
| **Rechtsfolge** | Der Vertrag gilt als mit dem Inhalt zustandegekommen, wie ihn das Schreiben zusammenfasst |

175 Abzugrenzen vom kaufmännischen Bestätigungsschreiben ist die Auftragsbestätigung, die als Annahme eines Angebotes gewertet wird. Weicht sie vom Angebot ab, greift § 150 II ein; Schweigen darauf gilt als Ablehnung.[14]

176 Eine Anfechtung des Schweigens auf ein kaufmännisches Bestätigungsschreiben kann (analog) §§ 119 ff. stattfinden, allerdings nicht mit der Begründung, man habe die Wirkung des Schweigens verkannt.[15]

177 Davon abgesehen hat Schweigen grundsätzlich – Ausnahme: die entsprechende *Parteivereinbarung* – keine Rechtswirkung und begründet auch keine Vertrauenshaftung. Daran ändert sich selbst dann nichts, wenn jemand zur Ablehnung aufgefordert wird, etwa bei Zusendung unbestellter Waren, vgl. § 241a. Lediglich unter besonderen Umständen kann einem Schweigen gem. § 242 der Wert einer konkludenten Willenserklärung beigemessen werden, etwa, wenn bereits viele Verträge auf diese Weise unter den Parteien widerspruchslos durchgeführt wurden.

### 2. Mängel im subjektiven Tatbestand

Bei Mängeln im subjektiven Tatbestand ist zu differenzieren:

178 **a)** Mangelnder Handlungswille führt nicht zur Willenserklärung und regelmäßig mangels Verschulden auch nicht zur Vertrauenshaftung.[16]

179 **b)** Die Konsequenzen fehlenden *Erklärungsbewusstseins* hängen von der systematischen Einordnung dieses Merkmals ab. Zählt man es zum notwendigen Bestand einer Willenserklärung, fehlt eine solche in Analogie zu § 118 und es kann eine Vertrauenshaftung in Rede stehen; andernfalls ist eine unter den Voraussetzungen des § 119 I anfechtbare Willenserklärung gegeben.[17]

180 **c)** Das Fehlen des auf die konkrete Rechtsfolge gerichteten Geschäftswillens ist für die Wirksamkeit der Willenserklärung irrelevant. Andernfalls verbliebe kein Anwendungsbereich für die Anfechtungsvorschriften der §§ 119 ff.[18]

181 **d)** Bewusst *fehlender Rechtsbindungswille* ist zum einen in den §§ 117, 118 normiert. Zum anderen hat er bei der Abgrenzung Gefälligkeit/Vertrag seine Bedeutung.[19] Die erforderlichen Indizien sind in der genannten BGH-Entscheidung zusammengestellt. Gelangen Sie danach zu der Ansicht, dass kein Rechtsbindungswille gegeben ist, so

14 Baumbach/Hopt/*Hopt* HGB § 346 Rn. 16.
15 Baumbach/Hopt/*Hopt* HGB § 346 Rn. 33.
16 MüKoBGB/*Armbrüster* Vorbem. § 116 Rn. 22.
17 Staudinger/*Singer*, 2012, Vorbem. zu §§ 116 ff. Rn. 34 ff.
18 Vgl. *Medicus/Petersen* BürgerlR Rn. 131.
19 Grdl. BGHZ 21, 102.

fehlt es auch an einer Willenserklärung. Sie müssen aber an den Tatbestand einer Vertrauenshaftung denken. Führt die Auslegung (aus der Sicht des Empfängers) zur Willenserklärung, kommt eine Anfechtung der Willenserklärung in Betracht.

### III. Die anfechtbare Willenserklärung

Daraus folgt für die Willensmängel: Sie betreffen die Fälle fehlenden Erklärungsbewusstseins (nach der Rechtsprechung des BGH und der ihm folgenden Literatur) oder die fehlenden Geschäftswillens. Sie denken also über Willensmängel dann nach, wenn eine Willenserklärung gegeben ist, aber die Auslegung zu dem Ergebnis führt, dass Wille und äußerer Erklärungstatbestand nicht übereinstimmen. Die dafür einschlägigen Vorschriften finden Sie in den §§ 119–124 und 142 ff. Sonderregelungen enthält das Erbrecht in den §§ 2078 ff. für das Testament und in den §§ 2281 ff. für den Erbvertrag. Daneben sind noch die §§ 1949, 1954 und 2308 zu erwähnen.[20] 182

#### 1. Konkurrenzen

Bevor Sie sich mit den Voraussetzungen einer Anfechtung auseinandersetzen, ist die Konkurrenz unter dem Gesichtspunkt der Anwendbarkeit der §§ 119 ff. zu überdenken.[21]

a) *Beitritts- und Zeichnungserklärungen* sind nach der Eintragung im jeweiligen Register nicht mehr anfechtbar, da der Rechtsverkehr auf die Richtigkeit der Eintragung vertrauen muss. Nach den Regeln über die *fehlerhafte Gesellschaft* kann eine Anfechtung des Gründungsvertrags oder der Beitrittserklärung ausgeschlossen sein.[22] Entsprechendes (zumindest Ausschluss der Rückwirkung) gilt für in Vollzug gesetzte Gesellschaftsverhältnisse. Es geht dabei um die Gründungsgesellschaft für juristische Personen, Personenhandelsgesellschaften und Gesellschaften des bürgerlichen Rechts.[23] 183

Im *Wertpapierrecht* ist im Hinblick auf Willensmängel bei der Ausstellung des Wertpapiers oder beim Begebungsvertrag zu unterscheiden, ob sie der in Anspruch Genommene dem Partner des Begebungsvertrags oder einem späteren redlichen Erwerber entgegenhält. Nach der herrschenden kombinierten Vertrags- und Rechtsscheinstheorie ist demjenigen, der den Anschein einer gültigen Verpflichtung gesetzt hat, gegenüber dem späteren redlichen Erwerber die Berufung auf Willensmängel verwehrt.[24] 184

Für *Miet- und Pachtverträge* wird teilweise nach Sachüberlassung eine Verdrängung der Anfechtung durch die fristlose Kündigung befürwortet. Wichtigstes Argument ist dabei – wie bei anderen Dauerschuldverhältnissen auch – die Schwierigkeit der Rückabwicklung.[25] 185

Diese Einschränkungen gelten für die Irrtumsanfechtung und für die Anfechtung wegen arglistiger Täuschung.[26]

20 Vgl. *Medicus/Petersen* BürgerlR Rn. 146 ff.
21 Vgl. zu Konkurrenzen → Rn. 53 ff.
22 Staudinger/*Singer*, 2012, § 119 Rn. 112.
23 Staudinger/*Singer*, 2012, § 119 Rn. 112.
24 Staudinger/*Singer*, 2012, § 119 Rn. 115.
25 Vgl. zum Meinungsstand Staudinger/*Emmerich*, 2014, Vorbem. zu § 535 Rn. 70 mwN.
26 Vgl. MüKoBGB/*Armbrüster* § 119 Rn. 14 ff., § 123 Rn. 6 ff.; zu Abweichungen für die Anfechtung von Arbeitsverträgen wegen arglistiger Täuschung vgl. unten Fall 1.

186 Die Irrtumsanfechtung ist ausgeschlossen bei einseitigem Irrtum über den *Streitstoff* im Rahmen eines *Vergleichsvertrags*, da die Unsicherheit für den Vertragstyp charakteristisch ist.[27] Für den einseitigen Irrtum über den von beiden Parteien als unstreitig angesehenen Sachverhalt gelten keine Beschränkungen. Irren darüber beide Seiten, gilt § 779.

187 Zu beachten ist schließlich, dass § 119 II beim Kauf nach Gefahrübergang für die Käuferseite durch die §§ 434 ff. verdrängt wird; für die Verkäuferseite ist dies streitig, wird aber überwiegend bejaht, damit der Verkäufer sich nicht durch Anfechtung der Gewährleistung entziehen kann.[28] Eine Irrtumsanfechtung bleibt nur insoweit möglich, als sich die Willensmängel nicht auf einen Fehler der Sache beziehen. Die Täuschungsanfechtung ist von dieser Konkurrenz nicht betroffen.

188 **b)** Außer der Einschränkung oder Verdrängung der Anfechtung steht zuweilen eine Abgrenzung von verwandten Rechtsinstituten infrage; § 779 und § 154 wurden bereits genannt. Wichtig ist auch das Verhältnis zur *Störung der Geschäftsgrundlage*. Dieses Rechtsinstitut ist verschiedenen gesetzlichen Vorschriften nachrangig, etwa den §§ 779 oder 2077, 2079.[29] Auch die Auslegung, vor allem die *falsa-demonstratio*-Regel, gilt vorrangig. Im Übrigen gehört in den Zusammenhang der Abgrenzung zwischen Irrtum und Geschäftsgrundlage das Problem der subjektiven Geschäftsgrundlage, speziell der beiderseitige Irrtum über motivationserhebliche Umstände, auf die sich der Geschäftswille der Partei gründete, sodass der Vertrag in Kenntnis der wirklichen Umstände nicht oder nicht so zustandegekommen wäre.[30] Hauptfall in der Rechtsprechung waren beiderseitige Irrtümer über Devisenkurse oder ihre Entwicklung: Zu beachten ist, dass es sich in der Terminologie der §§ 119 ff. um einen Motivirrtum handelt, der an sich unbeachtlich wäre. Deshalb findet das Institut der Störung der Geschäftsgrundlage auch keine Anwendung, soweit § 119 II den Fall erfasst. Dennoch wird zT ein Vorrang des § 313 bei beiderseitigem Irrtum befürwortet: Hier sei es Zufall, wer zuerst anfechte und sich damit der Schadensersatzpflicht nach § 122 aussetze. Es überwiegt jedoch die Gegenmeinung, die die Anwendung des § 119 II bejaht: Anfechten wird regelmäßig derjenige, für den der Bestand des Rechtsgeschäftes nachteiliger wäre als die Schadensersatzverpflichtung des § 122.[31] Folgt man dieser Auffassung, dann berühren sich Irrtumsanfechtung und Geschäftsgrundlage an sich tatbestandsmäßig nicht. Beide Rechtsinstitute und auch die falsa-demonstratio-Regel sind aber uU bei der Klausurlösung in die Überlegung einzubeziehen.

### 2. Die Anfechtung im Einzelnen

189 Gelangt man nach diesen Vorüberlegungen schließlich zur Anfechtung, so gilt folgendes Prüfungsschema (merken Sie sich bitte: Angefochten wird die Willenserklärung, nicht der Vertrag; dies hat Bedeutung für den Aufbau[32], der im Wesentlichen für alle Gestaltungsrechte identisch ist):

27 Staudinger/*Singer*, 2012, § 123 Rn. 96.
28 Staudinger/*Beckmann*, 2014, Vorbem. zu § 433 ff. Rn. 31; NK-BGB/*Büdenbender* § 437 Rn. 106.
29 *Medicus/Petersen* BürgerlR Rn. 153.
30 Zum Rechtsinstitut insgesamt *Medicus/Petersen* BürgerlR Rn. 152 ff.; *Petersen* JURA 2011, 430 ff.
31 *Medicus/Petersen* BürgerlR Rn. 162.
32 S. unten Fall 1.

**Aufbauschema: Anfechtung**

| | |
|---|---|
| **Tatbestand** | • Anfechtungserklärung, § 143 I<br>• Anfechtungsgrund, §§ 119, 123<br>• Erklärungsgegner, § 143<br>• Anfechtungsfrist, §§ 121, 124 |
| **Rechtsfolge** | Nichtigkeit gem. § 142 I |

**a)** § 119 enthält drei Anfechtungsgründe[33], wobei der *Erklärungs-* und *Inhaltsirrtum* in § 119 I gleichbehandelt werden, sodass keine Notwendigkeit für lange Differenzierungen in der Klausur besteht.[34] Für beide Fälle gilt es zu beachten, dass ein Irrtum über die Grundlagen der Willensbildung unbeachtlich ist; der sog. Motivirrtum hat allein nach § 119 II Bedeutung. *Warum* also der Erklärende die Willenserklärung abgegeben hat, bleibt unbeachtlich. Die Irrtumsanfechtung greift vielmehr ein, wenn Wille und Erklärung auseinander fallen, ohne dass der Erklärende es bemerkt. **190**

Beim Erklärungsirrtum ist die Willensbildung an sich fehlerfrei, der Erklärende begeht aber einen Fehler im Erklärungsakt, er verspricht oder verschreibt sich. In diesen Zusammenhang gehört auch der Übermittlungsfehler, der aber in § 120 besonders geregelt ist. **191**

Beim Inhaltsirrtum ist der objektive Tatbestand fehlerfrei. Der Erklärende bringt das zum Ausdruck, was er sagen wollte, verbindet damit aber eine andere Bedeutung. Sie vergleichen also (nach den Auslegungsgrundsätzen) den objektiven Inhalt der Erklärung mit dem Gewollten. **192**

Bei *mangelndem Erklärungsbewusstsein* ist – je nach vertretener Ansicht – zu differenzieren. Zählt man das Erklärungsbewusstsein zu den wesentlichen Bestandteilen einer Willenserklärung, liegt im Falle seines Fehlens keine Willenserklärung vor. Eine Anfechtungsmöglichkeit entfällt daher. Im Rahmen der Gegenauffassung, nach welcher das Erklärungsbewusstsein keinen notwendigen Bestandteil einer Willenserklärung darstellt, lassen sich unterschiedliche Lösungsansätze vertreten. Zum einen besteht die Möglichkeit, auch bei mangelndem Erklärungsbewusstsein vom Vorliegen einer wirksamen Willenserklärung auszugehen. In diesem Fall bietet sich dem Erklärenden die Möglichkeit zur Anfechtung gem. §§ 119 ff. Andere verneinen zwar das Vorliegen einer wirksamen Willenserklärung, gehen aber von einer Haftung aus Rechtsschein aus. Vertreter dieser Ansicht eröffnen dem Erklärenden ein Anfechtungsrecht aus §§ 119 ff. analog. **193**

Bei fehlender Willensbildung in Bezug auf den Geschäftswillen bedeutet der Inhaltsirrtum, dass der Erklärende zwar generell Kenntnis davon hatte, Rechtsfolgen auszulösen, aber die konkreten Rechtsfolgen seiner Erklärung nicht oder unzutreffend bedacht hat. Erforderlich ist also stets, dass der Erklärende sich überhaupt Vorstellungen gemacht hat. Wer nicht denkt, kann auch nicht irren, sodass zB eine ungelesen unterschriebene Urkunde nicht zur Anfechtung führt, wenn nicht in den vorherigen Verhandlungen konkrete inhaltliche Vorgaben gemacht worden sind.[35] **194**

33 Vgl. dazu *Cziupka* JuS 2009, 887 ff. und *Musielak* JuS 2014, 491 ff.

34 *Medicus/Petersen* BürgerlR Rn. 132.

35 Staudinger/*Singer*, 2012, § 119 Rn. 10.

195 Zum Irrtum muss die Kausalität in objektiver (verständiger Würdigung) und subjektiver Hinsicht hinzutreten, damit der Anfechtungsgrund zu bejahen ist.

196 **b)** § 119 II erfasst den Irrtum über verkehrswesentliche Eigenschaften, kurz über solche Faktoren, die den Wert einer Sache unmittelbar bestimmen.[36] Diese Eigenschaften sind verkehrswesentlich, wenn sie im Hinblick auf das *konkrete Geschäft* nach der Verkehrsauffassung von wesentlicher Bedeutung sind. So ist eine Vorstrafe wegen eines Vermögensdeliktes für einen Kassierer verkehrswesentlich, für einen Kranführer dagegen nicht.[37]

Der Umstand, dass § 119 II nur einen Motivirrtum als Anfechtungsgrund normiert, hat zu verschiedenen Irrtumsgruppen geführt, die Sie kennen sollten.

197 Es handelt sich dabei um den Berechnungs- oder Kalkulationsirrtum. Damit ist nicht der Fall gemeint, dass sich jemand im Angebot oder in der Auftragsbestätigung verrechnet; hier greift bereits § 119 I ein. Es kann aber sein, dass ein Angebot aufgrund eines falschen Aufmaßes, eines unzutreffenden geologischen Gutachtens oder eines falsch angesetzten Devisenkurses abgegeben wird. In diesen Situationen stimmen Erklärung und Wille überein; der Fehler liegt in der Willensbildung, im Motiv. Hier kommt zunächst eine Auslegung nach der falsa-demonstratio-Regel in Betracht. Unterliegen beide Parteien dem Irrtum, kann die subjektive Geschäftsgrundlage fehlen.[38] Beim *unbeachtlichen* Motivirrtum bleibt es, wenn der Erklärende dem Vertragspartner seine Berechnungsgrundlage nicht offen gelegt hat (interner Kalkulationsirrtum). Hat er es jedoch getan und konnte der Geschäftspartner diese Berechnung durchschauen und den Fehler erkennen, so wird zT analog § 119 I, II eine Anfechtung zugelassen (externer Kalkulationsirrtum).[39] Dem hingegen hat der BGH in einer neueren Entscheidung[40] klargestellt, dass im Falle eines Kalkulationsirrtums eine Anfechtung generell ausscheidet und lediglich ein Ersatz des Vertrauensschadens in Betracht kommt; dies soll sogar dann gelten, wenn der Irrtum dem Erklärungsempfänger positiv bekannt gewesen ist oder er die Kenntnisnahme treuwidrig vereitelt hat.

198 Die andere umstrittene Irrtumsgruppe nennt man den Rechtsfolgenirrtum.[41] ZT wird eine Anfechtung immer abgelehnt, wenn das Gesetz einer Erklärung Rechtsfolgen beimisst, die der Erklärende nicht gewollt hat.[42] Andere unterscheiden: Unerwartete gesetzliche Nebenfolgen berechtigen nicht zur Anfechtung (etwa der Umstand, dass beim Kauf- oder Mietvertrag Gewährleistungspflichten entstehen), hingegen soll ein beachtlicher Inhaltsirrtum vorliegen, wenn ein Rechtsgeschäft völlig andere Rechtsfolgen zeitigt als erwartet, zB wenn ein Erbe glaubt, seine Ausschlagung der Erbschaft werde sein Erbrecht auf eine bestimmte andere Person übertragen.[43] Diese etwas schwierig vorzunehmende Differenzierung zwischen Haupt- und Nebenfolgen entspricht der hM.[44]

36 Zur Eigenschaft einer Person vgl. Fall 1.

37 Vgl. Fall 1.

38 → Rn. 365.

39 Vgl. MüKoBGB/*Armbrüster* § 119 Rn. 122; aA Staudinger/*Singer*, 2012, § 119 Rn. 51; *Medicus/Petersen* BürgerlR Rn. 134; idS auch BGHZ 139, 177 (180 ff.).

40 BGHZ 139, 177 (180 ff.).

41 Vgl. Staudinger/*Singer*, 2012, § 119 Rn. 67 ff. und *Musielak* JuS 2014, 583 f.

42 *Medicus/Petersen* BürgerlR Rn. 133.

43 Staudinger/*Singer*, 2012, § 119 Rn. 73.

44 Staudinger/*Singer*, 2012, § 119 Rn. 73; so auch BGH NJW 2006, 3353 (3356).

c) Mit § 123[45] befasst sich der Fall 1 im Einzelnen und ebenso Fall 2, vor allem mit dem Problem des § 123 II. 199

d) Hat sich eine Partei im Rahmen des Vertragsschlusses eines Stellvertreters bedient, so ist § 166 zu beachten. Nach dessen Abs. 1 kommt es im Hinblick auf zur Anfechtung berechtigende Willensmängel nicht auf die Person des Vertretenen, sondern allein auf die des Vertreters an. Hieraus folgt, dass ein Recht zur Anfechtung nur dann zu bejahen ist, wenn ein Irrtum iSd § 119 aufseiten des Vertreters vorliegt bzw. der Vertreter gem. § 123 I getäuscht oder bedroht wurde.[46] 200

e) Die *Anfechtungserklärung*, eine empfangsbedürftige Willenserklärung, muss hinreichend deutlich zum Ausdruck bringen, dass die Wirkungen des Rechtsgeschäftes von Anfang an beseitigt werden sollen. Abgesehen von den Sonderfällen der §§ 1955 S. 2, 2308 II 1 und 2282 III,[47] ist sie formfrei, als Ausübung eines Gestaltungsrechtes bedingungsfeindlich und unwiderruflich. 201

Zum Anfechtungsgegner vgl. Fall 2. Die Anfechtungsfrist ergibt sich aus den §§ 121, 124.

## B. Stellvertretung

Das Stellvertretungsrecht[48], §§ 164–181, gehört zu den Rechtsgebieten des Allgemeinen Teils, denen einerseits besondere Examensbedeutung zukommt und die andererseits vielen Kandidaten erhebliche Schwierigkeiten bereiten. Die Gründe dafür sind unterschiedlich: Sicherlich ist es von Bedeutung, dass das Vertretungsrecht den Anfänger überfordert und im Grunde erst in Vertiefungsveranstaltungen oder durch entsprechende Lektüre vollständig erarbeitet werden muss. Zum anderen sind die gesetzlichen Vorschriften nicht einfach zu verstehen. Der Gesetzgeber hat im Verhältnis zwischen Vollmacht und Grundgeschäft das Abstraktionsprinzip verwirklicht, es zT (beim Erlöschen der Vollmacht, § 168 S. 1) auch wieder durchbrochen. Dennoch muss man sich stets vergegenwärtigen, inwieweit ein Klausurproblem das Innen- oder das Außenverhältnis betrifft. Schließlich haben sich neben dem gesetzlichen Modell der Stellvertretung eine Reihe von Rechtsfiguren entwickelt, die man aus den §§ 164 ff. nicht ableiten kann, also gelernt haben muss. Es sind die Grundsätze der Duldungs- und Anscheinsvollmacht, daneben auch noch sonstige Rechtsscheinstatbestände, etwa aus dem Handelsrecht.[49] 202

Die meisten dieser Probleme werden in den folgenden Klausurfällen angesprochen; einige, die nicht darin enthalten sind, kurz vorweg: Fälle von Stellvertretungsverboten, zB gem. § 2064, spielen in Klausuren erfahrungsgemäß keine Rolle. Zweckmäßig ist es, bei jeder Prüfung von drei Tatbestandsvoraussetzungen des § 164 I auszugehen.

45 Vgl. dazu *Büchler* JuS 2009, 976 ff. und *Arnold* JuS 2013, 865 ff.

46 Zu den Einzelheiten vgl. Staudinger/*Schilken*, 2014, § 166 Rn. 13 ff.; zur entsprechenden Anwendbarkeit der Vorschrift auf andere als die ausdrücklich erwähnten Fallgruppen sowie die Einschränkung nach § 166 II *Medicus* BGB AT Rn. 901 ff.

47 Dem Beurkundungszwang des § 2282 III unterliegt nach seinem ausdrücklichen Wortlaut nur die Anfechtungserklärung gem. § 2281 I, dh die Abgabe der Willenserklärung. Der Zugang der Anfechtungserklärung muss hingegen nicht notariell beurkundet werden, BGHZ 198, 32 (37 ff.).

48 Umfassend zum Stellvertretungsrecht *Mock* JuS 2008, 309 ff.; 391 ff.; *Förster* JURA 2010, 351 ff.

49 Vgl. dazu *Medicus/Petersen* BürgerlR Rn. 103 ff.; eine Zusammenstellung der verschiedenen Arten der Rechtsscheinhaftung im BGB und HGB sowie Fallbeispiele aus der aktuelleren Rspr. finden Sie bei *Kneisel* JA 2010, 337 ff.

Versuchen Sie, das jeweils konkrete Problem der Klausur den drei Tatbestandselementen und den dazu gehörigen Untermerkmalen zuzuordnen. Dabei hilft Ihnen das nachfolgende Schema:

203 **Schema: Stellvertretung**

**Tatbestand**
- Abgabe einer eigenen Willenserklärung (Gegensatz: Bote)
- im Namen des Vertretenen
  - Offenkundigkeit des Handelns für einen anderen
  - Handeln unter fremdem Namen
- innerhalb der ihm zustehenden Vertretungsmacht
  - Vertretungsmacht besteht dem Grunde nach
    - kraft Gesetzes (gesetzlicher Vertreter, Organ, Verwalter)
    - kraft Rechtsgeschäfts (Vollmacht)
    - ausdrückliche Erteilung
    - konkludente Erteilung (Duldungsvollmacht)
    - kraft Rechtsscheins
- Vertretungsmacht besteht dem Umfang nach
  - Umfang durch Gesetz bestimmt
    - Einschränkungen gegenüber Dritten unbeachtlich, § 50 I HGB
  - Umfang durch Rechtsgeschäft bestimmt

**Rechtsfolge** Die Erklärung des Vertreters wird dem Vertretenen zugerechnet

Dabei ergibt sich zwanglos eine gewisse Strukturierung der Probleme.

### I. Abgabe einer eigenen Willenserklärung

204 Wenn Sie von der ersten Tatbestandsvoraussetzung ausgehen und ein Dritter am Vertragsschluss beteiligt ist, steht zunächst die Abgrenzung zwischen Boten und Stellvertretern infrage.[50] Sie prüfen also, ob der Betreffende eine *eigene* Willenserklärung abgegeben hat. Im Gegensatz dazu übermittelt der Bote eine ihm *fremde* Willenserklärung. Dem Boten fehlt also die Entscheidungsbefugnis. Eine Parallele besteht demgegenüber zum Vertretungsrecht darin, dass auch beim Boten ein rechtfertigendes Innenverhältnis gegeben sein muss. Allerdings wendet die hM nicht die Regeln über die Geschäftsfähigkeit an, sondern lässt eine natürliche Fähigkeit zur Übermittlung genügen. Sofern beim Boten ein Problem der (wissentlichen oder unwissentlichen) falschen Übermittlung gegeben ist, beachten Sie, ob Abgabe und Zugang der Willenserklärung Zweifeln unterliegen.[51]

#### 1. Erklärungsboten

205 Die falsche Übermittlung (nur) durch den *Erklärungsboten* ist in § 120 geregelt. Die Norm erfasst jedoch allein den Fall, dass ein Erklärungsbote (also mit Botenmacht) irrtümlich falsch übermittelt. Eine Willenserklärung, die vollständig ohne Botenmacht übermittelt wurde, ist nicht *abgegeben* und wird daher dem Erklärenden auch nicht zugerechnet; bei wissentlich falscher Übermittlung gilt das Gleiche. Hier sind nach hM die §§ 177 ff. analog anwendbar.

50 Vgl. dazu *Petersen* JURA 2009, 904 ff.

51 Vgl. dazu Bamberger/Roth/*Wendtland* § 130 Rn. 16 ff.

### 2. Empfangsboten

Beim Empfangsboten hingegen stellt sich die Frage anders. Versteht er die Willenserklärung falsch oder fehlt ihm die Botenmacht oder die Geeignetheit zur Entgegennahme einer Willenserklärung (in der Klausur stellt sich die Frage meist, wenn an Kinder übermittelt wird), entfällt der Zugang. Der ungeeignete Empfangsbote wird Erklärungsbote, und den Zugang müssen Sie deshalb nach allgemeinen Regeln feststellen. In allen anderen Fällen ist die Willenserklärung wirksam zugegangen, und der Empfänger kann weder nach § 120 direkt noch analog anfechten.[52] Erst wenn er aufgrund der falsch übermittelten Willenserklärung durch den Boten eine eigene Willenserklärung (Annahme) abgibt, kommt eine Anfechtung in Betracht.[53] 206

## II. Handeln im Namen des Vertretenen

### 1. Offenkundigkeit

Dieses Tatbestandselement wird auch mit dem Schlagwort der »Offenkundigkeit« gekennzeichnet.[54] Offenkundigkeit aufgrund ausdrücklicher Erklärung gibt es praktisch selten, abgesehen von dem Fall, dass eine schriftliche Vollmacht vorgelegt wird. Schwierigkeiten bereitet die Begründung der Offenkundigkeit aus den Umständen, § 164 I 2. Als Faustregel lässt sich festhalten: Wer für ein Unternehmen auftritt, also etwa kauft oder verkauft, handelt regelmäßig im Namen des Inhabers.[55] Lassen aber die Umstände einen Schluss auf das Handeln im fremden Namen nicht zu, tritt Eigenhaftung ein – und zwar selbst gegen den Willen des Handelnden (§ 164 II), es sei denn, eine der folgenden Ausnahmen greift ein: 207

**a)** Rechtsfolgen einer Willenserklärung für einen anderen ohne Offenlegung eines Vertretungsverhältnisses führt § 1357 herbei, eine Norm, die wegen der Doppelberechtigung und -verpflichtung für den Erklärenden und den Ehegatten aber nicht als Fall wirklicher Stellvertretung angesehen werden kann.[56] 208

**b)** Die nächste Ausnahme vom Erfordernis der Offenkundigkeit betrifft das sog. »*Geschäft für den, den es angeht*«. Angesprochen wird es meist im Sachenrecht, obwohl es bei schuldrechtlichen Verträgen ebenso vorkommen kann. So wird etwa bei Warenhausverkäufen kein Vertretungsverhältnis offengelegt; kein Angestellter würde sich dafür interessieren. Rechtsfolgen (vor allem Gewährleistungsansprüche) aus solchen Verträgen kann jeder geltend machen, der die Ware und die Rechnung oder Garantiekarte vorweist.[57] 209

Im Sachenrecht führen die – ganz überwiegend anerkannten – Regeln dazu, dass bei Bargeschäften des täglichen Lebens (bei denen es also dem Geschäftspartner gleichgültig ist, mit wem er kontrahiert) ohne Offenlegung der Vertretungsverhältnisse Eigentumserwerb beim Vertretenen stattfindet, sofern er Besitz erlangt: Überwunden wird also nur die mangelnde Teilnahme an der Einigung. Besitzerwerb hingegen muss über ein antizipiertes Besitzkonstitut oder über die Besitzdienerschaft stattfinden. Der Nutzen des Rechtsinstituts ist indessen bescheiden: In erster Linie wird auf diese Weise lediglich die Erfassung der Gegenstände durch gesetzliche Pfandrechte wäh-

52 Vgl. MüKoBGB/*Armbrüster* § 120 Rn. 7.
53 Staudinger/*Singer*, 2012, § 120 Rn. 7.
54 Vgl. zum Offenkundigkeitsprinzip bei der Stellvertretung *Petersen* JURA 2010, 187 ff.
55 BGH NJW 1990, 2678; *Medicus/Petersen* BürgerlR Rn. 86.
56 Vgl. Palandt/*Brudermüller* § 1357 Rn. 3.
57 *Medicus/Petersen* BürgerlR Rn. 90.

rend des »Durchgangserwerbes« verhindert. Dennoch gehören die vorgenannten Sätze zum Standardwissen des Allgemeinen Teils.[58]

210 c) Erwähnenswert ist im Zusammenhang mangelnder Offenkundigkeit noch die mittelbare Stellvertretung, für die das BGB keine Regelung enthält (zu der manche auch das »Geschäft für den, den es angeht« rechnen). Handelsrechtlich ist sie kennzeichnend für das Kommissions- und das Speditionsgeschäft (§§ 383 ff. und 407 ff. HGB). Unmittelbare Rechtswirkungen in der Person des Kommittenten treten aber nur in dem Sonderfall des § 392 II HGB ein: Forderungen des Kommissionärs gelten im Verhältnis zu seinen Gläubigern bereits als Forderungen des Kommittenten.

#### 2. Handeln unter fremdem Namen

211 Ein Grenzfall zur Vertretung ist das Handeln *unter fremdem Namen*.[59] Hier verwendet der Dritte den Namen eines anderen, ohne auf die mangelnde Identität mit dem Namensträger hinzuweisen. Abgesehen von den Einzelfällen, lässt sich im Grundsatz feststellen, dass die Stellvertretungsregeln direkt oder analog gelten, sofern der Handelnde sich in Übereinstimmung mit dem Namensträger befindet.[60] Fremdwirkung des Handelns im Sinne einer Vertretung ohne Vertretungsmacht (§§ 177 ff.) tritt hingegen ein, wenn der Namensträger von der Tätigkeit des Handelnden nichts wusste, es dem Geschäftspartner aber gerade auf den Abschluss des Vertrags mit dem Namensträger ankam. War ihm gleichgültig, mit wem er kontrahierte (Handeln unter falschem Namen, etwa bei der Bestellung eines Hotelzimmers mit falscher Namensangabe), kommt es zum Eigengeschäft des Handelnden.[61]

### III. Handeln in Vertretungsmacht

212 Das letzte Erfordernis, welches Sie im Falle der Stellvertretung prüfen müssen, ist die Vertretungsmacht. Differenzieren Sie immer, ob eine Vertretungsmacht besteht und welchen Umfang sie im Einzelfall hat. Die Vertretungsmacht kann auf Gesetz, Rechtsgeschäft (Vollmacht, § 166 II) oder auf Rechtsschein beruhen.

#### 1. Gesetzliche Vertretungsmacht

213 Gesetzliche Vertretungsregeln bereiten eigentlich nur insoweit Schwierigkeit, als man die entsprechenden Vorschriften kennen muss.

a) Als Beispiel für die gesetzliche Vertretung sei die elterliche Vertretung gem. § 1629 I genannt. Dabei müssen Sie an die Beschränkungen in § 1629 II iVm § 1795 und an eventuelle Genehmigungspflichten gem. § 1643 iVm § 1821 denken.

b) In den Zusammenhang der gesetzlichen Vertretung gehört auch die *organschaftliche Vertretung*. Besonderheiten bestehen insoweit, als über Organe nicht nur Willenserklärungen, sondern auch Pflichtverletzungen vertraglicher oder deliktischer Art zugerechnet werden. Soweit es um Willenserklärungen geht, besteht zur Vertretung kein grundsätzlicher Unterschied.[62] Wichtige Normen sind hier § 78 AktG (der Vorstand vertritt die AG), § 35 GmbHG (der Geschäftsführer die GmbH) und § 26 II

58 Vgl. zu den Einzelheiten Staudinger/*Schilken*, 2014, Vorbem. zu §§ 164 ff. Rn. 55 ff.

59 Vgl. zum Handeln unter fremden Namen bei unbefugter Verwendung eines fremden eBay-Accounts BGH NJW 2011, 2421 ff. und *Linardatos* JURA 2012, 53 ff.

60 Staudinger/*Schilken*, 2014, Vorbem. zu §§ 164 ff. Rn. 88 ff.

61 *Medicus/Petersen* BürgerlR Rn. 82.

62 Vgl. dazu *K. Schmidt*, Handelsrecht, 6. Aufl. 2014, § 16 Rn. 1 ff.

(der Vorstand den Verein). Für die Personengesellschaften OHG und KG sollten Sie sich noch § 125 HGB einerseits und §§ 170, 161 II, 125 HGB andererseits merken.

**c)** Nicht unproblematisch ist es, wie die verschiedenen *Verwaltertätigkeiten* eingeordnet werden können (Insolvenzwalter, § 80 I InsO, Testamentsvollstrecker, § 2212 f., und Nachlassverwalter, § 1984): Wenngleich die Vertretertheorie durch die Amtstheorie ersetzt wurde, kann man die Verwalter – was die Zurechnung von Willenserklärungen anbelangt – als gesetzliche Vertreter ansehen.[63]

### 2. Rechtsgeschäftliche Vertretungsmacht

Die *Vollmacht* wird in den nachfolgenden Fällen noch in verschiedenen Formen von **214** Bedeutung sein. Deshalb soll hier nur kurz auf einige handelsrechtliche Vollmachts- und Vertretungsvorschriften eingegangen werden, soweit sie in den Fällen keine Rolle spielen.

**a)** Eine rechtsgeschäftliche Vollmacht mit gesetzlich beschriebenem Inhalt ist die **215** *Prokura* (§§ 48 ff. HGB). Sie ist also eine Vertretungsmacht und – wegen der Abstraktheit der Vollmacht – unabhängig vom Grundverhältnis (meist einem Dienst- oder Arbeitsvertrag). Die Einzelheiten der Erteilung sollen hier außer Betracht bleiben.[64] Abgesehen von den Besonderheiten, die sich aus dem gesetzlichen Inhalt ergeben, erlangt die Prokura, wie jede andere rechtsgeschäftlich erteilte Vollmacht, im Klausurfall ihre Bedeutung im Rahmen der Prüfung des § 164 I oder der §§ 177 ff. Im Zusammenhang der erstgenannten Vorschriften prüfen Sie deshalb bei der Offenkundigkeit, ob der Prokurist von seiner Prokura Gebrauch gemacht hat, also als Vertreter gehandelt hat. Dies kann (Ordnungsvorschrift) durch den Zusatz iSd § 51 HGB (ppa) geschehen, ergibt sich im Übrigen aber auch aus den Umständen, wenn er ein unternehmensbezogenes Rechtsgeschäft geschlossen hat.[65]

Der zweite Prüfungspunkt betrifft dann die Erteilung oder den eventuellen Wegfall der Prokura, etwa durch Widerruf (§ 52 HGB), Wegfall des Grundverhältnisses (§ 168 S. 1) oder auch durch Anfechtung (dazu noch später in Fall 2).

Selbst wenn auf diese Weise keine Prokura entstanden oder die Prokura wieder entfallen sein sollte, müssen Sie zum Schutz des Geschäftspartners § 15 HGB beachten: § 15 I HGB greift ein, wenn die notwendige Eintragung des Erlöschens (§ 53 II HGB) der Prokura fehlt. Wird die Prokura wirksam angefochten (§ 142), führt die ursprüngliche Nichtigkeit eventuell zu § 15 III HGB.[66]

**b)** Eine weitere handelsrechtliche Vollmachtsvorschrift findet sich in § 54 HGB **216** (*Handlungsvollmacht*). Sie wird personell in § 55 HGB noch einmal ausgedehnt. Bei der Handlungsvollmacht unterscheidet man verschiedene Arten, die General-, die Art- und die Spezialhandlungsvollmacht; die beiden erstgenannten finden sich im Gesetz, die Letztere wird für ein bestimmtes Rechtsgeschäft oder einen bestimmten Anlass erteilt. Anders als bei der Prokura wird der Umfang im Außenverhältnis vom Vollmachtgeber festgesetzt, nicht gesetzlich fixiert, § 54 I HGB schafft insoweit nur eine gesetzliche Vermutung für den Umfang einer Generalhandlungsvollmacht oder

---

63 *Medicus/Petersen* BürgerlR Rn. 85; ausf. Staudinger/*Schilken*, 2014, Vorbem. zu §§ 164 ff. Rn. 57 ff.

64 S. dazu Baumbach/Hopt/*Hopt* HGB § 48 Rn. 1 ff.

65 *K. Schmidt*, Handelsrecht, 6. Aufl. 2014, § 16 Rn. 58 ff.

66 Zu den Einzelheiten vgl. *Canaris*, Handelsrecht, 24. Aufl. 2006, § 12 II Rn. 7.

einer Arthandlungsvollmacht. Im Übrigen gelten für die Erteilung und für die Beendigung der Vollmacht keine Besonderheiten, eine Eintragung im Handelsregister ist weder erforderlich noch möglich.[67] Dies ist insoweit erwähnenswert, als – wiederum anders als bei der Prokura, § 48 I HGB – auch eine konkludente und damit auch eine Duldungsvollmacht in Betracht kommt.

### 3. Vertretung kraft Rechtsscheins

217 Haben Sie festgestellt, dass es an der wirksamen Erteilung einer Vollmacht fehlt, müssen Sie prüfen, ob nicht eine Rechtsscheins-(Anscheins-)Vollmacht gegeben ist. Hiermit befasst sich ausführlich Fall 3.

## IV. Der Umfang der Vertretungsmacht

218 Ein Großteil der Klausurprobleme zum Vertretungsrecht betrifft die Frage, ob der Vertreter die Grenzen seiner Vertretungsmacht nicht überschritten hat. Im Falle der gesetzlichen Vertretungsmacht führt dies dazu, dass der Vertretene nicht verpflichtet wird.

Bei rechtsgeschäftlicher Vertretungsmacht gelten die unten dargestellten Grundsätze. Im Übrigen können sich zwei Anschlussfragen ergeben:

- Wird der Vertretene verpflichtet, weil er das Handeln des Dritten genehmigt hat, §§ 177 ff.?
- Wird der Vertreter selbst verpflichtet, § 179?

219 Besonderheiten ergeben sich in diesem Zusammenhang vor allem im Handels- und im Gesellschaftsrecht, wenn Vollmachtsumfang im Innen- und Außenverhältnis auseinander fallen. Dabei kann der Vertretene dem Vertreter im Innenverhältnis eine beschränkte Vollmacht erteilen, während die Vertretungsmacht im Außenverhältnis einen gesetzlich umschriebenen Umfang hat, sodass Beschränkungen Dritten gegenüber unwirksam sind. Diese Konstellation finden Sie in gleicher Weise beim Geschäftsführer einer OHG, einer GmbH oder beim Vorstand einer AG. Im Folgenden soll sie am Beispiel der Prokura erörtert werden.

Der Umfang der Prokura ist sehr weit gefasst. Er wird durch § 49 II HGB eingegrenzt; eine Änderung des Unternehmensgegenstandes (streitig) oder eine Einstellung des Betriebes ist davon nicht gedeckt.[68] Im Übrigen sind rechtsgeschäftliche Beschränkungen zwischen Kaufmann und Prokurist im Außenverhältnis unwirksam, § 50 I HGB.[69]

### 1. Vollmachtsmissbrauch

220 Der Vollmachtsmissbrauch soll hier insbesondere deshalb angesprochen werden, weil er Aufbauschwierigkeiten bereitet. In der Sache geht es um folgende Frage: Die Abstraktheit der Vollmacht führt grundsätzlich dazu, dass Beschränkungen im Innenverhältnis nicht auf das Außenverhältnis durchschlagen. Dies ist der zugrunde liegende Gedanke: Der Kontrahent soll auf die Wirksamkeit des Rechtsgeschäfts in den Grenzen des § 49 I HGB vertrauen können. Aber dieses Vertrauen muss schutzwürdig sein und hat deshalb seine Grenzen.

67 Baumbach/Hopt/*Hopt* HGB § 54 Rn. 8.
68 Baumbach/Hopt/*Hopt* HGB § 49 Rn. 2.
69 Zu den funktionellen Beschränkungen der Vertretungsmacht durch Gesamtprokura s. Baumbach/Hopt/*Hopt* HGB § 50 Rn. 1.

Den einfachsten Fall stellt die *Kollusion* zum Nachteil des Vertretenen dar. Stellen Sie ein gemeinsames Handeln des Vertreters und des Geschäftspartners zum bewussten Nachteil des Vertretenen fest, ist die jeweilige Willenserklärung gem. § 138 I nichtig. Danach kommt noch ein Schadensersatzanspruch aus § 826 in Betracht; auch Schutzgesetze iSd § 823 II könnten verletzt sein, etwa § 266 StGB. 221

Unterhalb dieser Grenze ist die Frage – auch vom Aufbau her – schwieriger. Denn der *Vollmachtsmissbrauch* hat zwei dogmatische Ansatzpunkte, die dafür Bedeutung haben: Die hM versteht den Missbrauch der Vollmacht als Unterfall des § 242. Sie müssten dann prüfen, ob die Berufung des Vertragspartners auf den Bestand der Vollmacht dem Einwand der unzulässigen Rechtsausübung begegnet. Wann das zutrifft, wird im Einzelnen unterschiedlich beantwortet. Meist verlangt man aufseiten des Vertreters einen vorsätzlichen Pflichtverstoß, der dem Vertretenen Schaden zufügt[70]; aufseiten des Geschäftspartners fordert man Kenntnis der Umstände oder zurechenbare Unkenntnis, die überwiegend aus der »Evidenz« des Verstoßes abgeleitet wird.[71] 222

Folgen Sie der Gegenauffassung, steht trotz Bejahung der Vollmacht (siehe oben) eine Prüfung der §§ 177 ff. analog an. Die Gesetzeslücke liegt deshalb vor, weil der Vollmachtsmissbrauch ungeregelt geblieben ist.[72] Vergleichbarkeit mit dem vollmachtslos handelnden Vertreter nimmt man im Falle der Kollusion an,[73] obwohl hier bereits § 138 I eingreift. Aber es ist richtig, verschiedene Unwirksamkeitsgründe zu prüfen und gegebenenfalls zu bejahen. Im Übrigen wird von den Vertretern dieser Auffassung aufseiten des Vertreters nur die objektive Pflichtwidrigkeit, nicht aber Vorsatz gefordert, beim Geschäftspartner die wiederum aus der Evidenz (Vermutung) hergeleitete Fahrlässigkeit.[74] Sollten Sie dann auch die Haftung des Vertreters gem. § 179 prüfen müssen, denken Sie an § 179 III. 223

### 2. Vollmachtsüberschreitung

In den Zusammenhang des *Vollmachtsmissbrauchs* gehört die *Vollmachtsüberschreitung*: Der Vertreter nimmt ein Rechtsgeschäft vor, das den Rahmen seiner Vollmacht überschreitet, ohne indessen die Missbrauchsvoraussetzungen zu erfüllen. Auf solche Weise vorgenommene *unteilbare* Rechtsgeschäfte unterfallen insgesamt den §§ 177 ff., teilbare können in einen wirksamen und einen unwirksamen Teil (§§ 177 ff.) zerfallen, wobei sich für die Wirksamkeit des Restgeschäftes die Frage des § 139 stellt. Auch ist es möglich, dass eine Vollmachtsüberschreitung die Folgen wirksamer Bevollmächtigung nach den Regeln über die Anscheinsvollmacht herbeiführt.[75] 224

Für die *Prüfungsreihenfolge* am Beispiel der Prokura und der Handlungsvollmacht ergibt sich nach alledem: 225

Zunächst prüfen Sie, ob der Vertreter im fremden Namen aufgetreten ist. Im Anschluss stehen Sie vor der Frage, ob ihm wirksam Prokura oder Handlungsvollmacht erteilt wurde und ob diese nicht wieder vor Abschluss des Rechtsgeschäftes entfallen war. Beachten Sie, dass bei der Handlungsvollmacht eine konkludente Erteilung in

70 Staudinger/*Schilken*, 2014, § 167 Rn. 94 f.; s. auch *Wank* JuS 1979, 402 ff.
71 Staudinger/*Schilken*, 2014, § 167 Rn. 96 ff.
72 Staudinger/*Schilken*, 2014, § 167 Rn. 92.
73 Baumbach/Hopt/*Hopt* HGB § 50 Rn. 5.
74 Baumbach/Hopt/*Hopt* HGB § 50 Rn. 5.
75 Dazu Staudinger/*Schilken*, 2014, § 167 Rn. 89 f.

Betracht kommt. Fehlt es am Bestand der Prokura, so kann § 15 HGB zugunsten des Geschäftspartners diesen Umstand überbrücken.

Der Umfang der Prokura folgt dann aus § 49 HGB, derjenige der Handlungsvollmacht aus § 54 HGB. Unterliegen Prokurist oder Handlungsbevollmächtigter Beschränkungen im Innenverhältnis und sind diese Grenzen nicht eingehalten worden, so untersuchen Sie nach dem oben erläuterten Grundsatz eine Vollmachtsüberschreitung oder einen Vollmachtsmissbrauch.[76] Bei der Handlungsvollmacht ist zu beachten, dass der Vollmachtsumfang wirksam beschränkt werden kann. Sofern Sie schließlich zu der Auffassung gelangen, dass keine (auch keine beschränkte) Handlungsvollmacht erteilt war oder auch eine Prokura nicht bestand, steht eine entsprechende Haftung nach den Grundsätzen der Anscheinsvollmacht in Rede.

76 Vgl. iE Baumbach/Hopt/*Hopt* HGB § 50 Rn. 4 ff.; § 54 Rn. 20.

## 2. Kapitel. Fälle

### Fall 1: »Verheimlichte Schwangerschaft«

Arbeitgeber A hat in seinem Betrieb, der über keinen Betriebsrat verfügt, zwei Stellen ausgeschrieben: Eine unbefristete Stelle für einen Angestellten und eine Stelle für einen Packer, die zur Erfüllung eines zusätzlichen Auftrages auf drei Monate befristet ist. Auf beide Stellen bewerben sich ausschließlich Frauen. 226

A stellt S als Sachbearbeiterin und P als Packerin ein. Am 1.9.2011 erklären S und P dem A, sie könnten vorläufig nicht weiter arbeiten, weil dies wegen ihrer Schwangerschaft nach dem vorliegenden ärztlichen Zeugnis ihre Gesundheit gefährden würde. Bis dahin waren S drei Monate und P vier Wochen für A tätig gewesen.

S und P hatten auf den Einstellungsfragebögen die Frage nach einer bestehenden Schwangerschaft mit »nein« beantwortet, obwohl sie beide um ihre Schwangerschaft wussten. A erklärt S und P am 1.9.2011, er fühle sich durch das wahrheitswidrige Ausfüllen der Fragebögen getäuscht und behalte sich weitere Schritte vor. Beide bleiben seitdem zu Hause, beziehen jedoch zunächst weiterhin Arbeitsentgelt von A.

Am 19.9.2011 schreibt A an S und an P, er betrachte ihre Arbeitsverhältnisse wegen der Täuschung als gegenstandslos und stelle die Zahlung von diesem Zeitpunkt an ein.

S und P sind der Ansicht, A habe sie im Einstellungsfragebogen gegenüber Männern diskriminiert. Dem hält A entgegen, dass sich auf beide Stellen ausschließlich Frauen beworben hätten. Im Übrigen dürften sie nicht die Früchte ihres unlauteren Verhaltens ernten; jedenfalls im September hätten sie nicht gearbeitet.

A verlangt von S und P das Entgelt für die Zeit von der Einstellung bis zum 18.9.2011 zurück, während S und P ihrerseits von A Entgelt für den gesamten Monat September 2011 verlangen.

**Frage: Welche Ansprüche bestehen unter den Beteiligten?**

## A. Vorüberlegungen

227 Werten Sie zunächst den Sachverhalt aus und überlegen Sie dann den Aufbau Ihrer Lösung.

Da sowohl Ansprüche der beiden Arbeitnehmerinnen gegen ihren Arbeitgeber als auch Ansprüche des Arbeitgebers gegen seine Arbeitnehmerinnen zu prüfen sind, muss insoweit differenziert werden. Ferner empfiehlt es sich nicht, die Ansprüche beider Arbeitnehmerinnen in einem zu prüfen; vielmehr gilt die Regel, dass nach Zweipersonen-Beziehungen aufzulösen ist. Beginnt man mit dem Rechtsverhältnis A – S, kann bei der Prüfung von Ansprüchen A – P teilweise nach oben verwiesen werden.

228 Ein inhaltliches Problem besteht darin, dass A sich zum Beendigungstatbestand der Arbeitsverträge nicht eindeutig ausgedrückt hat: Er fühle sich getäuscht, er betrachte das Arbeitsverhältnis als gegenstandslos. Diese Äußerungen sind auszulegen unter dem Aspekt, ob eine Kündigung, eine Anfechtung oder eine Androhung weiterer Maßnahmen in Betracht kommt. Dabei muss auf die Äußerungen vom 1.9. und vom 19.9. eingegangen werden.

Soweit eine Anfechtung infrage steht, ist stets zu unterscheiden, welche Rechte jemand hat (im Hinblick auf eine noch nicht erfolgte Anfechtung; Fallfrage: »Welche Rechte hat A?« »Kann A noch anfechten?«) oder ob es um Ansprüche nach erfolgter Anfechtung geht. Hier hat – wenn man eine Anfechtung annimmt – A die Anfechtung bereits erklärt, sodass von einem Anspruch aus § 812 auszugehen und in diesem Rahmen (»ohne Rechtsgrund«) die Rechtsfolge aus § 142 I in den Vordergrund zu stellen ist.

Eine Beendigung des Arbeitsverhältnisses kann ein Arbeitgeber durch Anfechtung oder durch Kündigung erreichen. Kommt beides in Betracht, ist eine Anfechtung vor der Kündigung zu prüfen (»das stärkste Recht zuerst«): Die Anfechtung führt (grundsätzlich) nach § 142 zur Vernichtung ex tunc und die Kündigung (frühestens) zur Vernichtung ex nunc.

Im vorliegenden Fall kann A sein Anliegen (Fallfrage beachten!) auf dem Weg über eine Kündigung sicher nicht erreichen: Zu einem Anspruch auf Rückzahlung von Lohnansprüchen kommt A nur, wenn das Arbeitsverhältnis ex tunc beseitigt wird. Wenn man das klargestellt hat, erübrigt es sich, auf die Kündigung näher einzugehen.

229 Konzentriert man sich auf die Anfechtung, so kommen als Anfechtungsgründe § 119 und § 123 in Betracht, die beide zu prüfen sind. Wegen der übereinstimmenden Rechtsfolge aus § 142 I könnte A auf diesem Wege auch zu einem Anspruch auf Rückzahlung des Lohnes nach § 812 kommen können. Allerdings handelt es sich um einen Fall aus dem Arbeitsrecht, sodass im Rahmen des § 142 I die Besonderheiten des fehlerhaften Arbeitsverhältnisses zu beachten sind. Grundsätzlich kann danach der Arbeitnehmer trotz Anfechtung des Arbeitsverhältnisses den in der Vergangenheit verdienten Lohn behalten. Der Anspruch des A auf Rückzahlung geht dann – ganz gleich, welcher Tatbestand der Anfechtung erfüllt ist – wegen der Besonderheiten auf der Rechtsfolgenseite ins Leere; etwas anderes gilt nur, wenn es von diesem Grundsatz beim fehlerhaften Arbeitsverhältnis Ausnahmen gibt. Hier liegt ein Schwer-

punkt der Klausur. Merken Sie sich für derartige Fälle folgende Prüfungsreihenfolge:

- regelmäßig gilt für die Anfechtung: Rückwirkung gem. § 142 I.
- Ausnahme: bei fehlerhaftem Arbeitsvertrag tritt die Wirkung ex nunc ein.
- Rückausnahme: eventuelle Rückwirkung auch beim Arbeitsverhältnis im Falle des § 123.

Der Sachverhalt macht bezüglich der Einzelumstände bei S und P unterschiedliche Angaben: Bürotätigkeit und unbefristete Beschäftigung hier; schwere körperliche Arbeit und befristete Stelle dort. Offenbar handelt es sich um Faktoren, die zu unterschiedlichen Bewertungen führen können. Auf derartige Differenzierungen im Sachverhalt muss unbedingt eingegangen werden.

Das Kernproblem des Falles drängt sich sofort auf: Fragerecht des Arbeitgebers und mittelbare Diskriminierung von Frauen. Diese Problematik ist ausführlich zu erörtern. Hier muss man eingehender argumentieren als an anderer Stelle. Gleichzeitig müssen die Überlegungen auch in einen überzeugenden Aufbau gebracht werden. So kann man das Fragerecht im Rahmen des § 123 entweder beim ungeschriebenen Merkmal »widerrechtlich« oder beim Merkmal »Arglist« prüfen und hat dann zwischen berechtigten und unberechtigten Arbeitgeberfragen zu unterscheiden. 230

Problematisch ist hier anscheinend, ob eine unmittelbare oder eine mittelbare Benachteiligung vorliegt, da nicht an das Merkmal »Frau«, sondern an das Merkmal »Schwangerschaft« angeknüpft wird.

Bei der Lösung des Falles unmittelbar auf die Verfassung zurückzugreifen (Art. 3 II GG) oder auf Art. 157 AEUV (früher Art. 141 EGV), wäre verfehlt: Grundrechte sind im Rahmen verfassungskonformer Auslegung und Vorschriften des Gemeinschaftsrechts im Rahmen gemeinschaftsrechtskonformer Auslegung in die einzelnen privatrechtlichen Vorschriften einzuarbeiten. Da eine spezialgesetzliche Regelung in §§ 7 I, 6 I Nr. 1, 1 AGG vorhanden ist, sind allgemeine Erörterungen zum Fragerecht ohne diese genaue Anknüpfung unangebracht.

Im Sachverhalt werden schließlich noch Rechtsansichten der Parteien genannt. Mit ihnen sollte sich der Bearbeiter ebenfalls auseinandersetzen. Kernthema ist die Diskriminierung von Frauen gegenüber Männern am Arbeitsplatz. In diesem Zusammenhang besteht möglicherweise ein Anlass zur unterschiedlichen Behandlung, wenn sich auf die Stelle Männer und Frauen oder aber nur Frauen bewerben. Sofern A schließlich die Ansicht vertritt, die beiden Arbeitnehmerinnen dürften nicht die Früchte ihres unlauteren Verhaltens ernten, wirft das die Frage auf, ob Arbeitnehmer auch im Fall einer Täuschung ihren Lohn behalten dürfen. Für § 123 mag etwas anderes gelten als für § 119. 231

Besondere Schwierigkeiten ergeben sich schließlich daraus, dass das Diskriminierungsverbot gegenüber Frauen im Arbeitsrecht durch Art. 157 AEUV (früher Art. 141 EGV) sowie durch mehrere Richtlinien, insbesondere durch die Richtlinie 76/207/EWG gesichert ist. Die verbindliche Auslegung dieser EG-Normen obliegt dem EuGH. Angesichts des Anwendungsvorrangs des EG-Rechts gegenüber dem nationalen Recht muss letztlich diese Rechtsprechung von den deutschen Arbeitsgerichten bei der Auslegung des deutschen Rechts zugrunde gelegt werden. Im Rahmen der Auslegung des AGG ist darauf einzugehen. 232

## B. Lösung

### 1. Teil. Ansprüche des A gegen S

### I. Anspruch auf Rückzahlung des Arbeitsentgelts bis Ende August

### 1. Anspruch gem. § 812 I 1 1. Fall

233 **a)** A könnte gegen S einen Rückzahlungsanspruch gem. § 812 I 1, 1. Fall haben. Das Arbeitsentgelt ist als Vermögensbestandteil »etwas« im Sinne dieser Vorschrift. Es wurde durch eine Leistung des A, dh durch eine bewusste und zweckgerichtete Mehrung des Vermögens der S, erlangt.

234 **b)** Fraglich ist allein, ob S die Leistungen rechtsgrundlos erhalten hat. Ursprünglich war der zwischen A und S geschlossene Arbeitsvertrag Rechtsgrund der Leistung, weil er den Arbeitgeber zur Lohnzahlung verpflichtete. Er könnte aber nach § 142 I rückwirkend nichtig geworden sein, wenn A ihn wirksam angefochten hat.

235 **aa)** Zweifel bestehen hier allerdings darüber, ob die Anfechtungsvorschriften auf diesen Fall anwendbar sind und ob die Rechtsfolge des § 142 eingreift.

236 **(1)** Die Anfechtungsvorschriften könnten bei Arbeitsverträgen durch die Spezialvorschriften über die Kündigung verdrängt sein. Beide Regelungskomplexe unterscheiden sich jedoch in Tatbestand und Rechtsfolgen: Während das Anfechtungsrecht das Zustandekommen des Vertrags infrage stellt, betreffen die Kündigungsvorschriften die Beendigung eines in Vollzug gesetzten Arbeitsverhältnisses: Die Anfechtung wirkt zurück und die Kündigung in die Zukunft. Somit schließen die Kündigungsvorschriften auch im Arbeitsrecht eine Anfechtung nicht aus.[1]

**(2)** Eine Anfechtung könnte jedoch deshalb ausgeschlossen sein, weil unter Umständen die Voraussetzungen des § 9 MuSchG vorliegen. Ohne dass auf dessen Tatbestandsvoraussetzungen im Einzelnen eingegangen zu werden braucht, ist eine Verdrängung des Anfechtungsrechtes auf diese Weise jedoch zu verneinen. Das Mutterschutzgesetz schützt nur den bestehenden Arbeitsvertrag und wirkt sich auf Willensmängel bei dessen Eingehung nicht aus.[2]

**(3)** Schließlich stellt sich aber die Frage, ob zwar nicht die Anfechtbarkeit, wohl aber die Rückwirkung gem. § 142 I bei einem in Vollzug gesetzten Arbeitsvertrag ausscheidet. In diesem Falle wäre eine Prüfung der Anfechtungsvoraussetzungen entbehrlich, da S trotz Anfechtung ihr Entgelt behalten dürfte. Zur Frage der Rückwirkung lassen sich unterschiedliche Standpunkte einnehmen.

**(a)** Zum einen könnte man der Auffassung sein, dass die Anfechtungsvorschriften auf alle Rechtsgeschäfte des Bürgerlichen Rechts anwendbar sind, da die §§ 119 ff. insoweit keine Ausnahmen vorsehen.[3]

**(b)** Andererseits ist aber zu berücksichtigen, dass die Rückabwicklung in Vollzug gesetzter Dauerschuldverhältnisse, zu denen auch Arbeitsverträge gehören, Schwierig-

1 S. BAGE 5, 159 (161) sowie insbes. *Picker* ZfA 1981, 1 ff.; aA *Gamillscheg* AcP 176 (1976), 197 (216 ff.); *Schwerdtner*, Arbeitsrecht I – Individualarbeitsrecht, 1976, Rn. 7 ff.

2 HM, s. BAGE 5, 159 (161); 11, 270 (272) mwN; aA *Gamillscheg*, FS Molitor, 1962, 57 (59).

3 *Beuthien* RdA 1969, 161 ff.; *Lieb*, Die Ehegattenmitarbeit im Spannungsfeld zwischen Rechtsgeschäft, Bereicherungsausgleich und gesetzlichem Güterstand, 1970, 86 f.

keiten bereitet, die mit den starren Rechtsfolgen des Bereicherungsrechts nicht ohne Weiteres zu lösen sind. Ferner ist zu beachten, dass auch die besondere Schutzbedürftigkeit des Arbeitnehmers einer Rückwirkung der Anfechtung entgegenstehen könnte.[4]

**(c)** Eine Entscheidung zwischen den unterschiedlichen Standpunkten erübrigt sich jedoch, wenn diese für den Fall einer Anfechtung wegen arglistiger Täuschung zu dem gleichen Ergebnis kommen. Man muss insoweit zwischen den einzelnen Gründen für die Unwirksamkeit des Arbeitsvertrags unterscheiden. Wenn eine Anfechtung wegen Irrtums begründet ist, mag der Ausschluss der Rückwirkung berechtigt sein. Ob dies in gleicher Weise für die hier in Betracht kommende Anfechtung wegen arglistiger Täuschung geht, ist indessen zu bezweifeln.

Zwar könnte man auch bei arglistiger Täuschung der Ansicht sein, in den §§ 119 ff. werde im Hinblick auf die Wirkung des § 142 I nicht unterschieden; es müsse also dabei bleiben, dass im Falle des Arbeitsverhältnisses die Anfechtung nicht zu einer Rückwirkung führe.[5] Andererseits entfällt aber die Schutzwürdigkeit des Arbeitnehmers, der den Abschluss des Arbeitsvertrags durch arglistige Täuschung erreicht hat. Die Schwierigkeiten bei der Rückabwicklung sind dann kein angemessener Grund, die Wirkungen des § 142 I zu modifizieren. Deshalb sollte jedenfalls bei arglistiger Täuschung gem. § 123 I die Rückwirkung der Anfechtung eintreten.[6]

Zum gleichen Ergebnis würde man gelangen, wenn man anstelle des Verbotes der Rückwirkung dem Arbeitgeber gegen Ansprüche des Arbeitnehmers die Einrede der Arglist gewähren würde.[7] In dieser Konstruktion liegt indessen nur ein unnötiger Umweg.

Deshalb braucht im Falle arglistiger Täuschung keine Entscheidung darüber getroffen zu werden, ob allgemein bei Arbeitsverhältnissen eine Rückwirkung der Anfechtung entfällt. Vielmehr sind im Hinblick auf die Rechtsfolge des § 142 I die tatbestandlichen Voraussetzungen der Anfechtung im Einzelnen zu prüfen.

**bb) (1)** Die Anfechtung bedarf einer Erklärung gegenüber dem richtigen Adressaten, § 143 I.

Als Anfechtungserklärung kommt zunächst die Äußerung des A am 1.9. in Betracht, **237**
er fühle sich durch S getäuscht. Eine wirksame Anfechtungserklärung liegt jedoch nur dann vor, wenn darin eindeutig zum Ausdruck gebracht wird, dass der Getäuschte die rückwirkende Beseitigung einer Willenserklärung anstrebt. Am 1.9. behielt sich A aber noch weitere Schritte vor und zahlte auch das Entgelt weiter, sodass mangels Eindeutigkeit noch keine Anfechtungserklärung zu bejahen ist. Am 19.9. allerdings brachte A zum Ausdruck, dass er das Arbeitsverhältnis wegen der Täuschung als gegenstandslos betrachte; daraus geht der eindeutige Wille zur Beendigung des Arbeitsverhältnisses hervor.

Allerdings muss des Weiteren geprüft werden, ob A hiermit eine Anfechtung oder eine fristlose Kündigung gem. § 626 zum Ausdruck bringen wollte. Bei der Entschei-

4 HM, s. BAG AP Nr. 1 zu § 611 BGB Faktisches Arbeitsverhältnis; seitdem stRspr; ferner ErfK/*Preis*, Arbeitsrecht, 15. Aufl. 2015, § 611 Rn. 145 ff.
5 BAG AP Nr. 32 zu § 63 HGB.
6 BAG AP Nr. 49 zu § 123 BGB.
7 So früher *Schaub*, Arbeitsrechts-Handbuch, 15. Aufl. 2013, § 35 Rn. 41 ff.

dung ist zu berücksichtigen, dass sich A ausdrücklich auf die nach seiner Ansicht erfolgte Täuschung über die Schwangerschaft der S und damit auf einen Umstand bezog, der bereits den Vertragsschluss betraf. Da sich Kündigungen demgegenüber auf Störungen bei der Durchführung eines mangelfrei geschlossenen Arbeitsvertrags beziehen, war der Wille des A, für S erkennbar, auf eine Anfechtung seiner Erklärung gerichtet. Nur so lässt sich im Übrigen begründen, dass A Rückforderungsansprüche geltend macht, die eine Kündigung nicht zur Folge haben könnte.

Auch ist die Anfechtungserklärung nicht gem. § 623 unwirksam. Zwar gilt diese Regelung nach ihrem Wortlaut nur für Kündigungen und Auflösungsverträge, sodass allenfalls eine analoge Anwendbarkeit des § 623 in Betracht kommt. Jedoch ist eine Anfechtung mit einer Kündigung nicht vergleichbar; anders als die Kündigung setzt die Anfechtung einen Grund voraus, der bereits vor oder zumindest bei Abschluss des Arbeitsvertrags vorgelegen haben muss.[8]

**238** (2) Die Anfechtungsfrist nach § 124 war noch nicht abgelaufen.

**239** (3) Es stellt sich die Frage, ob der Anfechtungsgrund des § 123 I dadurch verwirklicht worden ist, dass S auf dem Einstellungsfragebogen wahrheitswidrig eine Schwangerschaft verneinte. Täuschung, Irrtum und Kausalität der Täuschung begegnen keinen Bedenken. Es könnte aber an der Widerrechtlichkeit oder an der Arglist gefehlt haben. Man könnte insoweit beim Merkmal Täuschung das ungeschriebene Merkmal widerrechtlich entsprechend dem dreigliedrigen Tatbestandsaufbau für Handlungen hinzudenken[9] oder – ohne dieses Merkmal – bei einer bewusst falschen Antwort auf eine zulässigerweise gestellte Frage das Merkmal Arglist bejahen.[10] In beiden Fällen kommt es auf die Zulässigkeit der Frage des Arbeitgebers an.

Die Frage des A im Einstellungsfragebogen nach dem Bestehen einer Schwangerschaft könnte wegen Verstoßes gegen das allgemeine Persönlichkeitsrecht gem. § 823 I unzulässig gewesen sein. Soweit jedoch, wie hier, in schonender Form gefragt wird, liegt in dieser Frage keine Beeinträchtigung des Persönlichkeitsrechts.[11]

Es könnte jedoch ein Verstoß gegen §§ 7 I, 6 I Nr. 1, 1 AGG vorliegen. Das Verbot der Benachteiligung wegen des Geschlechts gilt nach § 6 II 2 AGG auch für Bewerberinnen für ein Beschäftigungsverhältnis.

Ob die Frage nach der Schwangerschaft eine unzulässige Benachteiligung von Frauen »wegen des Geschlechts« (§ 1 AGG) bedeutet, lässt sich unterschiedlich beantworten.

**240** Für die Feststellung von Tatbestandsvoraussetzungen und Rechtfertigungsgründen bei einer benachteiligenden Maßnahme ist entscheidend, ob eine unmittelbare oder eine mittelbare Benachteiligung vorliegt, da unterschiedlich strenge Voraussetzungen an eine Rechtfertigung gestellt werden.

Man könnte »unmittelbare Diskriminierung« so definieren, dass unmittelbar an das Geschlecht angeknüpft wird, »mittelbare Diskriminierung« als Anknüpfung an ein

8 Gegen die Anwendbarkeit des § 623 auf die Anfechtung *Preis/Gotthardt* NZA 2000, 348 (350); *Richardi/Annuß* NJW 2000, 1231 (1233); *Rolfs* NJW 2000, 1227 (1228).

9 BAG AP Nr. 35 und Nr. 38 zu § 123 BGB; *Brox/Rüthers/Henssler*, Arbeitsrecht, 18. Aufl. 2011, Rn. 167; *Walker* JA 1987, 47; *Wank* Anm. zu BAG EzA § 123 BGB Nr. 23.

10 BAG AP Nr. 15 zu § 123 BGB; *Bellgardt* BB 1986, 2414 (2417).

11 BAG AP Nr. 2 und Nr. 15 zu § 123 BGB; *Hofmann* ZfA 1975, 1 (38 ff.).

anderes Merkmal, das in einem Sinnzusammenhang mit dem verpönten Merkmal steht (die Legaldefinition in § 3 I AGG ist insoweit unbrauchbar, als das entscheidende Abgrenzungskriterium (»unmittelbar«) wegen eines in § 1 genannten Grundes gerade fehlt).

Da hier an das Merkmal »Schwangerschaft« und nicht an das Merkmal »Frau« angeknüpft wird, liegt bei diesem Ansatz eine mittelbare Benachteiligung vor.[12]

Der EuGH nimmt allerdings bei der Frage nach der Schwangerschaft oder bei der Nichtberücksichtigung einer schwangeren Bewerberin eine unmittelbare Diskriminierung an.

Dementsprechend bestimmt § 3 I 2 AGG, dass eine Benachteiligung wegen Schwangerschaft eine unmittelbare Benachteiligung bedeutet (gemeint ist: »Die Vorschriften über die unmittelbare Benachteiligung sind auf diesen Fall der mittelbaren Benachteiligung entsprechend anwendbar.«) Deshalb ist eine eventuelle Benachteiligung der S als unmittelbare Benachteiligung zu qualifizieren.

An einer Benachteiligung von Frauen gegenüber Männern könnte es aber deshalb fehlen, weil sich ohnehin nur Frauen beworben hatten. Folgerichtig hatte das BAG deshalb früher in derartigen Fällen die Möglichkeit einer Diskriminierung von Frauen verneint.[13] Wenn man aber eine Diskriminierung wegen Schwangerschaft als unmittelbare Diskriminierung betrachtet, dann ist die richtige Vergleichsgruppe nicht die der Männer, sondern die der nicht schwangeren Frauen, sodass eine Diskriminierung auch in diesem Fall in Betracht kommt.[14]

A hat im Einstellungsfragebogen nach dem Bestehen einer Schwangerschaft gefragt, in der Absicht, schwangere Bewerberinnen nicht einzustellen. Darin liegt eine Benachteiligung von schwangeren Arbeitnehmerinnen gegenüber nicht schwangeren Arbeitnehmerinnen. Eine nicht geschlechtsneutrale und daher unzulässige Ausschreibung (§ 11 AGG) ist ein Indiz für eine Benachteiligungsabsicht. Handelte es sich somit bei der Benachteiligung der S wegen ihrer Schwangerschaft um eine unmittelbare Benachteiligung, so kommt als Rechtfertigungsgrund nur § 8 AGG in Betracht und nicht § 3 II aE AGG.

Dann müsste wegen der Art der auszuübenden Tätigkeit oder Bedingungen ihrer Ausübung das Fehlen von Schwangerschaft eine wesentliche und entscheidende berufliche Anforderung darstellen. Das ist bei einer Sachbearbeiterin zu verneinen.

Damit war die Frage des A nach der Schwangerschaft der S unzulässig.

S durfte sie daher verneinen, ohne rechtswidrig oder arglistig zu handeln. Da es an einem Anfechtungsgrund fehlte, ist der Arbeitsvertrag der S nicht durch eine Anfechtung wegen arglistiger Täuschung nichtig geworden.

**cc)** Als Anfechtungsgrund kommt jedoch auch ein Irrtum über eine wesentliche Eigenschaft der S nach § 119 II in Betracht.

12 ErfK/*Schlachter*, 15. Aufl. 2015, AEUV Art. 157 Rn. 13 f.

13 BAG AP Nr. 31 zu § 123 BGB (= DB 1986, 2287); aufgegeben in BAG AP Nr. 8 zu § 611a BGB (= DB 1993, 435).

14 EuGH Urt. v. 8.11.1990 – C-177/88, Slg. 1990, 3941 = NZA 1991, 171 – Dekker.

241 (1) Eine Anfechtungserklärung des A ist auch im Hinblick auf diesen Anfechtungsgrund zu bejahen. Die Auslegung der Willenserklärung des A ergibt, dass er die Wirksamkeit des Arbeitsvertrags unter allen denkbaren Gesichtspunkten angreifen wollte.

242 (2) Ob die Schwangerschaft einer Bewerberin eine »wesentliche Eigenschaft« ist,[15] kann dahinstehen, wenn A auf diese Weise die von ihm erstrebte Rechtsfolge nicht erreichen kann.

Hier ist deshalb die oben zunächst offen gelassene Frage zu entscheiden, ob die Anfechtung eines Arbeitsvertrags nach § 119 zur rückwirkenden Nichtigkeit führt. Für § 119 ist das – anders als für § 123 – zu verneinen. Die Argumente aus der Schutzwürdigkeit des Arbeitnehmers und aus der Schwierigkeit der Rückabwicklung führen dazu, dass ein fehlerhaftes Arbeitsverhältnis anzunehmen ist, bei dem § 142 I nicht gilt. Da S bis Ende August gearbeitet hat, kann sie ihr Gehalt bis August trotz einer Anfechtung durch A behalten.

Eine Anfechtung nach § 119 II scheidet bei gemeinschaftsrechtskonformer Auslegung auch deshalb aus, weil nach der Rechtsprechung des EuGH im Hinblick auf das Diskriminierungsverbot gegenüber Schwangeren nicht danach zu unterscheiden ist, ob es sich um Einstellung, Kündigung oder Anfechtung eines Beschäftigungsverhältnisses handelt.[16]

Deshalb muss § 119 II gemeinschaftsrechtskonform dahin ausgelegt werden, dass die Schwangerschaft einer Bewerberin zwar eine »wesentliche Eigenschaft« sein mag, eine Anfechtung aus diesem Grunde aber ausscheidet.

### 2. Anspruch aus §§ 311 II Nr. 1, 241 II, 280 I

243 Möglicherweise hat A gegen S einen Anspruch auf Rückzahlung des bis August erhaltenen Arbeitsentgelts nach §§ 311 II Nr. 1, 241 II, 280 I. § 123 schließt die Anwendung dieser Vorschriften insoweit nicht aus, als es um den Schadensersatz als Folge einer Täuschung geht. Da A aber nicht nach der Schwangerschaft der S fragen durfte, liegt in der wahrheitswidrigen Beantwortung des Fragebogens durch S auch kein Verstoß gegen eine Pflicht zur Rücksichtnahme bei der Aufnahme von Vertragsverhandlungen iSv § 311 II Nr. 1 im Hinblick auf das vorvertragliche Schuldverhältnis.

Deshalb scheidet ein Schadensersatzanspruch des A aus.

15 Abl. BAGE 11, 270 (272); BAG AP Nr. 13 zu § 119 BGB mwN; aA *Pallasch* Anm. zu BAG EzA zu § 123 BGB 2002 Nr. 2; *Wank* Anm. zu BAG EzA § 123 BGB Nr. 23; *Wank*, Die juristische Begriffsbildung, 1985, 143 ff.; *Wank* JuS 1995, 1086 (1091).

16 S. *Wank* in: Hanau/Steinmeyer/Wank, Handbuch des europäischen Arbeits- und Sozialrechts 2002, § 16 Rn. 236 ff.; zur Anfechtung EuGH Urt. v. 5.5.1994 – C-421/92, Slg. 1994, 1657 = NZA 1994, 609, Rn. 26 – Habermann-Beltermann; EuGH Urt. v. 27.2.2003 – C-320/01, Slg. 2003, I-2041, Rn. 49 f. = NZA 2003, 373 – Busch.

## II. Anspruch des A gegen S auf Rückzahlung des für September gezahlten Gehalts

### 1. Anspruch gem. § 812 I 1, 1. Fall

Wegen des vom 1. bis zum 18.9. gezahlten Gehalts hat A gegen S möglicherweise deshalb einen Rückforderungsanspruch gem. §§ 812 I 1, 1. Fall, 818 II, weil S in dieser Zeit nicht gearbeitet hat. 244

Zwar hat S für diesen Zeitraum mit dem Arbeitsentgelt als Vermögensbestandteil »etwas« im Sinne dieser Vorschrift durch eine Leistung des A erhalten; jedoch bestand während dieser Zeit mangels eines Anfechtungsgrundes und damit einer wirksamen Anfechtung der Arbeitsvertrag zwischen A und S fort.

Ein bereicherungsrechtlicher Rückzahlungsanspruch ist daher ausgeschlossen.

### 2. Anspruch gem. §§ 326 I, IV, 346 ff.

Durch den Abschluss des Arbeitsvertrags mit A hat S einen Lohnzahlungsanspruch nach § 611 I gegen A erworben. Dieser Anspruch auf das Arbeitsentgelt ist im September auch nicht nach § 326 I untergegangen, obwohl S ihre Arbeitsleistung nicht erbracht hat; das folgt aus § 11 I MuSchG, einer vorrangigen Spezialregelung. 245

Gem. § 1 MuSchG fällt S in den Geltungsbereich des Gesetzes. Sie beendete ihre Arbeit aufgrund eines Beschäftigungsverbots gem. § 3 I MuSchG. Damit steht ihr gegen A ein Anspruch auf Fortzahlung des Gehalts nach dem Durchschnittsverdienst der letzten dreizehn Wochen vor Beginn des Monats zu, in dem die Schwangerschaft eingetreten ist. S hat daher für den Zeitraum zwischen dem 1. und dem 18.9. einen Anspruch gegen A aus § 611 I BGB iVm § 11 I 1 MuSchG.

Daher besteht kein Rückzahlungsanspruch des A.

## 2. Teil. Anspruch des A gegen P

## I. Anspruch des A gegen P auf Rückzahlung des bis Ende August gezahlten Lohns gem. § 812 I 1, 1. Fall

### 1. Anfechtung wegen arglistiger Täuschung

**a)** Hinsichtlich der Rechtsgrundlage kann auf die Ausführungen im Verhältnis zu S verwiesen werden. Hier stellt sich allein die Frage, ob die Täuschung des A durch P widerrechtlich oder arglistig war. Das hängt davon ab, ob A P zulässigerweise nach einer Schwangerschaft fragen durfte. 246

**aa)** Abweichend von der Situation im Verhältnis A und S liegen zwei Besonderheiten vor: P wurde als Packerin eingestellt, und zwar lediglich für einen befristeten Zeitraum. Auch wenn man grundsätzlich die Zulässigkeit einer Frage nach der Schwangerschaft verneint, so könnte sich etwas anderes ergeben, wenn sie im Rahmen der Bewerbung für einen zulässigerweise befristeten Vertrag gestellt wird und die Schwangerschaft, bezogen auf die in Aussicht genommene Laufzeit des Vertrags, wie eine dauernde Verhinderung wirkt. Man könnte argumentieren, dass ein Arbeitgeber nicht mit einem Bewerber, gleich welchen Geschlechts, einen Arbeitsvertrag abzuschließen braucht, wenn schon bei der Einstellung abzusehen ist, dass dieser während der gesamten Vertragszeit oder jedenfalls während eines erheblichen Teils der Vertragsdauer nicht zur Verfügung steht.[17]

Ein Fragerecht des A könnte auch deshalb bestanden haben, weil P als Packerin eingestellt werden sollte. Damit war vorhersehbar, dass sie Lasten heben musste und dass sie gerade mit diesen Arbeiten während ihrer Schwangerschaft nicht beschäftigt werden könnte. Die Frage diente daher auch dem Schutz der Bewerberin und dem des ungeborenen Kindes. Das BAG hatte die Frage nach der Schwangerschaft trotz § 611a zugelassen, wenn der Beschäftigung ein Verbot wie zB § 4 MuSchG entgegenstand, weil in diesen Fällen Gesundheitsgefahren für die schwangere Arbeitnehmerin und auch erhebliche Gefährdungen für das Kind bestehen können.[18] Auch in der Literatur[19] hatte man den Schutz der Mutter und des ungeborenen Kindes als zulässigen Grund für eine Ungleichbehandlung schwangerer Bewerberinnen angesehen.

247 **bb)** Einem Fragerecht des A könnte aber die Rechtsprechung des EuGH entgegenstehen, die im Wege europarechtskonformer Auslegung bei der Interpretation zu beachten ist. Der EuGH hat die Berufung des Arbeitgebers auf die Schwangerschaft einer Bewerberin zunächst in zwei Fällen als Verstoß gegen Gemeinschaftsrecht erklärt, in denen dies nach überwiegender Auffassung in der deutschen Rechtsprechung und Literatur zulässig gewesen wäre: bei der Einstellung einer Schwangeren als Schwangerschaftsvertretung[20] und bei Einstellung für eine Tätigkeit, die aus mutterschutzrechtlichen Gründen für Schwangere verboten war.[21] Beiden Fällen war aber gemeinsam, dass die Bewerberinnen unbefristet eingestellt werden sollten. Die eine Bewerberin sollte im Anschluss an die Tätigkeit als Schwangerschaftsvertretung eine Dauerstelle erhalten; die andere sollte von vornherein unbefristet eingestellt werden.

Nach der Rechtsprechung des EuGH gibt es gegenüber einer zur Einstellung vorgesehenen Arbeitnehmerin überhaupt kein Fragerecht des Arbeitgebers bezüglich einer bestehenden Schwangerschaft. Zwar ist die Entscheidung zu einem Fall von Kündigung ergangen, doch hat der EuGH erklärt, dass es für die Beurteilung derartiger Fälle gleichgültig sei, ob ein befristeter oder ein unbefristeter Vertrag vorliege.[22] Nach Meinung des EuGH verstößt die Entlassung einer Arbeitnehmerin wegen Schwangerschaft auch dann gegen die Richtlinien 76/207/EWG und 92/85/EWG, wenn eine Arbeitnehmerin durch einen befristeten Arbeitsvertrag eingestellt wurde und wenn feststeht, dass sie aufgrund ihrer Schwangerschaft während eines wesentlichen Teils

17 S. *Herrmann* SAE 2003, 125 ff.; Stahlhacke/Preis/Vossen/*Stahlhacke*, Kündigung und Kündigungsschutz im Arbeitsverhältnis, 10. Aufl. 2010, Rn. 1328 (1334 ff.); unter dem Aspekt des Rechtsmissbrauchs *Kamanabrou* Anm. zu EuGH EzA § 611a BGB Nr. 17; *Thüsing/Lambrich* BB 2002, 1146 (1147); s. iE *Wank*, FS Richardi, 2007, 441 (454 ff.).

18 BAG AP Nr. 8 zu § 611a BGB; BAG AP Nr. 36 zu § 123 BGB; zur Entwicklung der Rspr. *Schliemann*, Arbeitsrecht im BGB, 2. Aufl. 2000, § 611 Rn. 415 f.

19 Vgl. MHdB ArbR/*Buchner*, 3. Aufl. 2009, § 30 Rn. 302 ff.

20 EuGH Urt. v. 14.7.1994 – C-32/93, Slg. 1994, 3657 = NZA 1994, 783 – Webb.

21 EuGH Urt. v. 3.2.2000 – C-207/98, Slg. 2000, 549 = NZA 2000, 255 – Mahlburg; ebenso vorher bereits LAG Hamm DB 1999, 2114 (n. rkr.); s. auch *Coester* Anm. zu BAG AP Nr. 8 zu § 611a BGB; *Preis* ZIP 1995, 891 (904); aA BAG AP Nr. 1 zu MuSchG § 9 1968; BAG AP Nr. 36 zu § 123 BGB.

22 EuGH Urt. v. 4.10.2001 – C-109/00, Slg. 2001, 7013, Rn. 30 ff. = NZA 2001, 1241 – Tele Danmark.

der Vertragszeit nicht wird arbeiten können.[23] Zwar bezieht sich das Urteil des EuGH nur auf die Kündigung einer schwangeren Arbeitnehmerin – eine solche ist gem. § 9 MuSchG in Deutschland grundsätzlich ausgeschlossen –, doch liegt es auf der Linie des Urteils, sich auch auf diejenigen Konstellationen zu erstrecken, in denen der Arbeitgeber bei der befristeten Einstellung einer Arbeitnehmerin nach einer bestehenden Schwangerschaft fragt.

cc) Die Auslegung des Gemeinschaftsrechts durch den EuGH bedeutet eine Verkennung der Grundstruktur von Austauschverhältnissen, zu denen auch Arbeitsverhältnisse gehören. In einem sinnentleerten Arbeitsverhältnis kann es keinen Lohnanspruch geben.[24] Allerdings muss bei der gemeinschaftsrechtskonformen Auslegung des § 7 AGG die Rechtsprechung des EuGH berücksichtigt werden. Ein Fragerecht bei der Einstellung einer Arbeitnehmerin nach der Schwangerschaft besteht danach nicht; wahrheitswidrig verneinte Fragen nach der Schwangerschaft begründen in keinem Fall ein Anfechtungsrecht für den Arbeitgeber.[25] 248

Unter Zugrundelegung der EuGH-Rechtsprechung durfte P die Frage nach der Schwangerschaft wahrheitswidrig beantworten. A hatte kein Fragerecht und hat daher kein Anfechtungsrecht.

### 2. Anfechtung wegen Irrtums

Eine Anfechtung gem. § 119 II würde, wie im Verhältnis zu S, keine Rückwirkung entfalten und kann deshalb außer Betracht bleiben. 249

### 3. Anspruch aus §§ 311 II Nr. 1, 241 II, 280 I

In der Falschbeantwortung des Fragebogens durch P liegt keine rechtswidrige und schuldhafte Pflichtverletzung. Obwohl P als Packerin und im Rahmen eines kurzzeitigen befristeten Arbeitsverhältnisses eingestellt werden sollte, brauchte sie bei der Einstellung die Frage nach der Schwangerschaft nicht wahrheitsgemäß zu beantworten. 250

P ist danach nicht zur Rückzahlung des erhaltenen Lohns verpflichtet.

## II. Anspruch des A gegen P auf Rückzahlung des Lohns für September

### 1. Anspruch gem. § 812 I 1, 1. Fall

Mit dem Lohn für die Zeit vom 1. bis zum 18.9. hat P iSv § 812 I 1 »etwas« erlangt, dies erfolgte auch durch Leistung des A. Da die Anfechtung durch A ins Leere ging, bestand ein Arbeitsvertrag und damit ein Rechtsgrund für die Lohnzahlung. 251

### 2. Anspruch aus §§ 311 II Nr. 1, 241 II, 280 I

In der Falschbeantwortung des Fragebogens durch P liegt keine Pflichtverletzung. Damit kommt auch kein Schadensersatzanspruch in Betracht. 252

23 EuGH Urt. v. 4.10.2001 – C-109/00, Slg. 2001, 7013 = NZA 2001, 1241 – Tele Danmark; krit. *Thüsing/Lambrich* BB 2002, 1146; Hanau/Steinmeyer/Wank/*Wank*, Handbuch des europäischen Arbeits- und Sozialrechts 2002, § 16 Rn. 238.

24 *Wank*, FS Richardi, 2007, 441 (459).

25 Stahlhacke/Preis/Vossen/*Vossen*, Kündigung und Kündigungsschutz im Arbeitsverhältnis, 10. Aufl. 2010, Rn. 1374 mwN.

### III. Ansprüche aus §§ 823 ff.

253 Da P ihrer Verpflichtung zur Arbeitsleistung nachkommen wollte, fehlte es ihr an der Absicht, sich rechtswidrig zu bereichern iSv § 823 II BGB iVm § 263 StGB. Aus den gleichen Erwägungen kommt mangels vorsätzlicher Schadenszufügung kein Anspruch aus § 826 in Betracht.

## C. Anspruch der S gegen A auf Gehalt für September

254 Die Anspruchsgrundlage ergibt sich aus § 611 BGB iVm § 11 I MuSchG. Das Arbeitsverhältnis zwischen A und S ist, wie oben dargestellt, nicht durch Anfechtung erloschen. Auch die Unmöglichkeit der Leistung berührt hier den Bestand des Arbeitsverhältnisses nicht. Schließlich ist das Arbeitsverhältnis auch nicht durch eine Kündigung aufgelöst worden. Da die Tatbestandsmerkmale des § 11 I MuSchG, wie dargelegt, erfüllt sind, hat S einen Anspruch auf Fortsetzung der Gehaltszahlung entsprechend dem Durchschnittsverdienst der letzten dreizehn Wochen vor Beginn des Monats, in dem die Schwangerschaft eingetreten ist.

## D. Anspruch der P gegen A auf Lohn für September

255 Für den Lohnanspruch der P gegen A gilt das Gleiche wie für den Anspruch der S gegen A; sie hat einen Lohnanspruch für September.

**Hinweis:** Aufgrund der Änderung des § 32 BDSG ist es mittlerweile möglich und auch richtig, die Unzulässigkeit und damit die Rechtswidrigkeit der Frage aus dieser Norm herzuleiten. In einer Examensklausur würde dies jedoch kaum von Ihnen erwartet.

## Fall 2: »Der ungetreue Hausverwalter«

V hatte einen großen Altbau geerbt, in dem die Mieten noch bar bezahlt wurden. Da er sich nicht selbst darum kümmern wollte, stellte er den Rentner H als Hausmeister ein. Nachdem H lange Zeit als Hausmeister ohne jede Beanstandung tätig gewesen war, erteilte ihm V Vollmacht, den monatlich fälligen Mietzins im eigenen Namen einzuziehen. Dementsprechend hing im Hausflur ein von V unterzeichneter Anschlag, in dem es hieß, die Mieten könnten an den Hausverwalter gezahlt werden. H kassierte einige Monate die Mieten und führte sie ordnungsgemäß an V ab. Im Juni allerdings verschwand er mit den von ihm eingenommenen 5.000 EUR Mietzins. 256

Jetzt stellte sich heraus, dass H während seiner Zeit als Hausmeister zweimal wegen Betruges straffällig geworden war. Das hatte er dem V jedoch bei der Vollmachtserteilung verschwiegen. V schrieb daraufhin noch im Juli an den mittlerweile wieder aufgetauchten H, »er fechte alle mit H getätigten Geschäfte an«. Eine Kopie dieses Schreibens mit dem Vermerk »an alle Mieter« befestigte er im Hausflur des Mietshauses. Nunmehr verlangt V von dem Mieter M Zahlung der Juni-Miete iHv 400 EUR.

**Frage: Mit Recht?**

## A. Vorüberlegungen

257 Der Fall ist nicht einfach. Es geht dabei um Willensmängel, in erster Linie um die Anfechtung einer Vollmacht, von der bereits Gebrauch gemacht wurde. Vorab müssen Sie sich deshalb einerseits über die verschiedenen Arten der Vollmacht, andererseits über die Voraussetzungen ihrer Erteilung und ihres Erlöschens Klarheit verschaffen.[1]

258 **I.** Hinsichtlich der Vollmacht unterscheidet das Gesetz drei Arten, die unterschiedlichen Regeln folgen: Die Innenvollmacht, die kundgemachte Innenvollmacht und die Außenvollmacht. Die Innenvollmacht wird durch Erklärung des Vertretenen an den Vertreter erteilt, § 167 I, 1. Var.; es handelt sich um ein vom Grundgeschäft unabhängiges, einseitiges, grundsätzlich formfreies Rechtsgeschäft,[2] § 167 II.

Die Außenvollmacht wird gegenüber dem späteren Geschäftspartner erklärt, § 167 I, 2. Var.

Im 3. Fall, der sog. kundgemachten Innenvollmacht, wird die Bevollmächtigung gem. § 171 I entweder einem Dritten besonders mitgeteilt (geschäftsähnliche Handlung) oder – wie hier – öffentlich bekannt gemacht, dh einem grundsätzlich nicht begrenzten Personenkreis zur Kenntnis gebracht.

**II.** Es liegt auf der Hand, dass ein Erlöschen der Vollmacht sowie eine Anfechtung von der Art ihrer Erteilung abhängig sein müssen.

259 Die Innenvollmacht erlischt zunächst aus den Gründen, die sich – auch auslegungsweise – aus dem Grundverhältnis entnehmen lassen oder zusammen mit dem Grundverhältnis, § 168 S. 1. Sie gilt jedoch gem. § 169 weiter, solange der Auftrag (§ 674) oder die Geschäftsführungsbefugnis eines BGB-Gesellschafters fortbesteht, § 729. Der Hintergrund: Der Vertreter soll, solange er redlich ist, nicht als falsus procurator gem. § 179 II in Anspruch genommen werden können. Da dies bei Kenntnis des Geschäftspartners vom Fehlen der Vertretungsmacht gem. § 179 III 1 entfällt, gilt die Vollmacht gem. § 169 dann nicht als fortbestehend, wenn der Vertragspartner ihren Wegfall kannte oder kennen musste.

260 Daneben tritt die Möglichkeit des Widerrufs mit ex-nunc-Wirkung, § 168 S. 2 und 3. Er kann auch bei der Innenvollmacht sowohl an den Vertreter als auch an den Dritten gerichtet werden, dem gegenüber die Vollmacht Rechtswirkungen entfalten sollte. Der Widerruf ist vertraglich abdingbar, arg. aus § 168 S. 2. Dann spricht man von einer unwiderruflichen Vollmacht. Wurde eine Außenvollmacht erteilt, so treten die Widerrufswirkungen zugunsten des Dritten nur in den Grenzen der §§ 170, 173 ein.

261 Im Falle der kundgemachten Vollmacht muss der Kundmachungsakt gem. § 171 II durch einen sog. actus contrarius aufgehoben werden, bei Erteilung einer Vollmachtsurkunde ist § 172 zu beachten.

1 Allg. zur Stellvertretung *Mock* JuS 2008, 309 ff.; *S. Lorenz* JuS 2010, 382 sowie *S. Lorenz* JuS 2010, 771 ff. (zur Vollmacht).

2 Grds. formfrei bedeutet, dass insoweit Ausnahmen anerkannt sind, als die Vollmacht bereits eine ähnliche Bindung herbeiführt wie das spätere Vertretergeschäft, so etwa die unwiderrufliche Vollmacht zur Veräußerung eines Grundstückes; weitere Beispiele bei Soergel/*Leptien* BGB § 167 Rn. 9 ff.

**III.** Nun zum eigentlichen Problem: der Anfechtung der Vollmacht.[3] Sie bereitet so lange keine Schwierigkeiten, wie der Vertreter die Vollmacht nicht benutzt hat. Wegen der freien Widerruflichkeit im gesetzlichen Normalfall ist dann allerdings für sie auch wenig Raum. Widerruflichkeit und Anfechtbarkeit schließen sich aber nicht aus.[4] **262**

Hinsichtlich der Anfechtbarkeit einer *betätigten* Innenvollmacht werden unterschiedliche Auffassungen vertreten, wobei je nach Art der Vollmacht zwischen dem »Ob« und dem »Wie« unterschieden werden muss. Dieser Meinungsstreit wird im Einzelnen in der Lösung behandelt. **263**

In der Klausur wäre also hier Ihre entscheidende Weichenstellung: Sie könnten die Anfechtbarkeit verneinen, wären dann allerdings auch mit Ihrer Bearbeitung der Klausur praktisch zu Ende.

Bejahen Sie die Anfechtbarkeit der betätigten Innenvollmacht, beachten Sie bitte Folgendes: Es ergeben sich Probleme im Hinblick auf die Anfechtbarkeit auch aus der Kundmachung der Vollmacht.[5] Denn § 171 I sagt, dass diese – unabhängig vom Bestand der Vollmacht – eine Rechtsscheinsvollmacht schafft, die gem. § 171 II bis zum Widerruf gilt, jedenfalls, sofern der Dritte redlich ist, § 173. Damit würde die Anfechtung der Innenvollmacht gegenüber H allein nicht genügen, vielmehr müsste der Rechtsschein der Kundmachung vernichtet werden. Es ist zu beachten, dass es bei der besonderen Mitteilung oder Kundmachung iSd § 171 nicht um eine Willenserklärung, sondern um eine geschäftsähnliche Handlung geht.[6] Hier treffen Sie auf ein generelles Problem: Die direkte Anwendung der §§ 119 ff. scheitert an dem vorgenannten Grund, da es sich nicht um eine Willenserklärung handelt. Ob die für eine Analogie erforderliche Gesetzeslücke trotz § 171 II angenommen werden kann, erscheint fraglich. Andererseits kennt das BGB keine Dogmatik für geschäftsähnliche Handlungen, und wenn man die Anfechtung der sonstigen Vollmachtsarten zulässt, erscheint es nicht interessengerecht, sie für die Kundmachung auszuschließen, die in ihren Rechtsfolgen doch der Außenvollmacht gleicht.[7]

**IV.** In Anbetracht dessen müssen Sie sich Gedanken über die Voraussetzungen einer wirksamen Anfechtung machen, und zwar im Hinblick auf die *Innenvollmacht* und in Bezug auf die *Kundmachung*.

In diesem Zusammenhang enthält der Sachverhalt zum einen das an H gerichtete Schreiben, zum anderen den Aushang dieses Schreibens mit dem Vermerk »an alle Mieter«.

**V.** Ein weiteres schwieriges Problem ist die Frage nach dem richtigen Adressaten einer eventuellen Anfechtungserklärung. Zur Wiederholung: Bei der Innenvollmacht richtet sich die Anfechtung nach dem Grundfall des § 143 I an den Vertreter, bei der Außenvollmacht ist der Dritte gem. § 143 III Anfechtungsgegner. Was aber gilt bei **264**

3 Vgl. dazu umfassend *Brox/Walker* BGB AT Rn. 568 ff.; *Becker/Schäfer* JA 2006, 597 ff.; *Schollmeyer/Vogel* JuS 2013, 136 ff. (Anfängerhausarbeit).

4 Vgl. Staudinger/*Schilken*, 2014, § 167 Rn. 77.

5 Vgl. Staudinger/*Schilken*, 2014, § 171 Rn. 3.

6 Abl. deshalb Staudinger/*Dilcher*, 12. Aufl. 1980, § 171 Rn. 9 mwN; aA Staudinger/*Schilken*, 2014, § 171 Rn. 2.

7 Soergel/*Leptien* § 171 Rn. 4; *Medicus/Petersen* BürgerlR Rn. 97.

der betätigten Innenvollmacht? Ist es hier der Dritte[8], der Vertreter[9] oder sind es gar beide[10]? All das wird ebenso vertreten wie die Ansicht, der Vertretene habe die Wahl.[11] Diese Meinungsvielfalt hat für Sie den Vorteil, kaum einen Fehler begehen zu können, wenn Sie die Schwierigkeit überhaupt erkennen.

**265** Eine gewisse Hilfe ergibt sich für die Falllösung – unabhängig vom vorliegenden Sachverhalt –, wenn man auf die zugrunde liegenden Interessen eingeht. Betrachten Sie zunächst den Fall der Irrtumsanfechtung. Die rückwirkende Beseitigung der Vollmacht gem. § 142 I führt dazu, dass der Vertreter ohne Vertretungsmacht nach § 179 haftet[12], es sei denn, er hat als beschränkt Geschäftsfähiger ohne Zustimmung des gesetzlichen Vertreters gehandelt. Ohne Kenntnis des Mangels seiner Vertretungsmacht, §§ 179 II, 142 II, beschränkt sich seine Haftung auf das negative Interesse. Der Haftung gegenüber dem Dritten steht ein Anspruch gegen den Vertretenen unter den Voraussetzungen des § 122 gegenüber. Dadurch ist den Interessen des Vertreters sowie des Geschäftspartners im Normalfall genügt. Anders nur, wenn der Vertreter beschränkt geschäftsfähig oder zahlungsunfähig ist: Ohne einen eigenen Schadensersatzanspruch des Dritten gegen den Vertretenen müsste der Dritte nicht nur das Risiko der mangelnden Geschäftsfähigkeit, sondern vor allem auch das Insolvenzrisiko des Vertreters tragen, obwohl er auf den Bestand der Vollmacht vertrauen durfte. Dem kann man nur entgegentreten, indem man ihm einen eigenen Schadensersatzanspruch aus § 122 gegen den Vertretenen zubilligt.[13] Deshalb sprechen gute Gründe dafür, den Dritten auch als Anfechtungsgegner anzusehen, obwohl der Wortlaut des § 143 III dem entgegenzustehen scheint. Aber es geht ja im Falle der betätigten Vollmacht nicht mehr nur um die Beseitigung des einseitigen Rechtsgeschäftes »Vollmacht«, sondern in der Sache wendet sich der Vertretene auch oder sogar gerade gegen das Rechtsgeschäft, das der Vertreter geschlossen hat. Somit erscheint die Ausnahme von § 143 III gerechtfertigt, um den Bedürfnissen des Geschäftspartners Rechnung zu tragen.

**266** Nichts anderes gilt grundsätzlich auch im Falle des § 123. Hier will und muss der Dritte ebenfalls wissen, ob die Vollmacht Bestand hat oder nicht. Einen Schadensersatzanspruch gem. § 122 sieht das Gesetz nicht vor. Es ist aber aus der Sicht des Geschäftspartners unerheblich, worauf der Willensmangel bei der Vollmachtserteilung beruhte. Deshalb kann hier ein Schadensersatzanspruch auf § 122 analog gestützt werden.

Bei der Lösung der Klausur müssen Sie nun beachten, dass V dem M gegenüber die Anfechtung nicht erklärt hat. Je nachdem welche Auffassung Sie beim Adressaten der Anfechtung einnehmen, lassen sich deshalb verschiedene Standpunkte zu der Frage vertreten, ob der Aushang der Kopie genügt. Weiter bearbeiten können Sie den Fall aber nur, wenn Sie die Frage bejahen. In diesem Zusammenhang müssen Sie zusätzlich bedenken, ob damit gleichzeitig – neben der Anfechtung der Innenvollmacht – auch die Kundmachung beseitigt wurde.

8 Staudinger/*Dilcher*, 12. Aufl. 1980, § 167 Rn. 79; *Medicus/Petersen* BürgerlR Rn. 96.
9 Palandt/*Ellenberger* § 167 Rn. 3; MüKoBGB/*Schramm* § 167 Rn. 111.
10 *Köhler* BGB AT § 11 III 4 Rn. 28.
11 Soergel/*Hefermehl* § 143 Rn. 10.
12 AA *Flume* BGB AT § 52, 5e, S. 872 ff.
13 Anders die Verfasser des BGB, vgl. *Flume* BGB AT § 52, 5a, S. 867 f.

**VI.** Selbst wenn Sie jetzt bereits zu der Auffassung gelangt sind, der Fall sei schwierig genug, können wir Ihnen ein letztes Problem nicht ersparen: Es geht um den möglichen Ausschluss der Anfechtung wegen arglistiger Täuschung unter dem Aspekt des § 123 II. Verübt bei einer empfangsbedürftigen Willenserklärung ein Dritter die Täuschung, so ist eine Anfechtung nur dann möglich, wenn der Erklärungsempfänger die Täuschung kannte oder kennen musste. Bei der Außenvollmacht, bei der der Vertreter seine Vollmacht durch arglistige Täuschung erhalten hatte, würde das dazu führen, dass die Anfechtbarkeit vom subjektiven Tatbestand beim Erklärungsempfänger abhängig wäre: Denn der Vertreter des Erklärenden ist für den Geschäftspartner »Dritter« iSd § 123 II. **267**

Bei der Innenvollmacht hingegen greift § 123 II 1 deshalb nicht ein, weil es sich um ein Rechtsgeschäft lediglich zwischen Vertretenem und Vertreter handelt. Fraglich ist also in diesem Falle, ob man die kundgemachte Innenvollmacht der Außenvollmacht gleichsetzt. Das Gesetz unterscheidet beide Arten jedoch in ihren Rechtswirkungen gegenüber Dritten durch die §§ 171, 172, sodass sich diese Gleichsetzung an sich nicht begründen lässt. Dies hätte im vorliegenden Fall zur Folge, dass M sich auf den Ausschluss der Anfechtbarkeit nicht berufen könnte. Andererseits ist das Schutzbedürfnis des Geschäftspartners aber nach Betätigung der Vollmacht bei der Innenvollmacht ebenso groß wie bei der Außenvollmacht. Deshalb wenden manche § 123 II 2 analog an. Diese schwierige Konstellation, die sich am Vertrag zugunsten Dritter orientiert und der ein Vierpersonenverhältnis zugrunde liegt, sollten Sie sich vergegenwärtigen. Im Rahmen der Analogie ist zu beachten, dass der »Dritte« in diesem Sinne (M) zwar sein Recht (Erfüllung der Mietzinsforderung) aufgrund des Vertretergeschäftes und nicht aufgrund der Vollmachtserteilung erhält, aber die Unmittelbarkeit soll deshalb gewahrt sein, weil das Vertretergeschäft auf der Vollmacht *beruhe*.[14] Die Bejahung der Analogie würde vorliegend zum Ausschluss der Anfechtbarkeit führen, weil M von der Täuschung keine Kenntnis hatte. Dagegen spricht allerdings die gesetzliche Trennung zwischen der Vollmacht und dem vom Vertreter in Vollmacht geschlossenen Rechtsgeschäft. Vertreten lassen sich beide Auffassungen. **268**

Die übrigen Probleme des Falles betreffen eher den Aufbau oder sind Ihnen bekannt, sodass nunmehr die Lösungsskizze folgen soll.

14 MüKoBGB/*Schramm* § 167 Rn. 113 mwN.

## B. Lösung

### I. Anspruch des V gegen M auf Zahlung der Juni-Miete gem. § 535 II iVm § 549 I

269 **1.** Zwischen den Parteien besteht ein Mietvertrag; die Forderung des V könnte jedoch durch Erfüllung gem. § 362 I erloschen sein. Da die Juni-Miete nicht dem V, sondern dem H übergeben wurde, ist Erfüllung jedoch nur dann eingetreten, wenn H bei der Annahme des Geldes von M hinsichtlich des Übereignungstatbestandes gem. § 929 S. 1 Empfangsvertreter des V war, § 164 III.

Eine wirksame Stellvertretung verlangt nach § 164 I 1, dass eine Willenserklärung im Namen des Vertretenen entgegengenommen wurde, und der Vertreter H Vertretungsmacht dazu hatte.

**a)** Hier ergab sich aus den Umständen, dass H das Geld für V in Empfang genommen hat, § 164 I 2.

**b)** Fraglich ist jedoch, ob H die notwendige Vertretungsmacht hatte, um das Geld zum Zwecke der Erfüllung entgegenzunehmen.

V hatte dem H eine Innenvollmacht erteilt, die monatlichen Mietzahlungen einzuziehen, § 167 I, 1. Fall. Diese Innenvollmacht wurde durch den späteren Anschlag im Hausflur iSd § 171 I kundgemacht. Somit hatte H ursprünglich Vertretungsmacht.

270 **2.** Die Vollmacht könnte jedoch erloschen sein.

**a)** Gem. § 168 S. 1 bestimmt sich das Erlöschen der Vollmacht nach dem ihrer Erteilung zugrunde liegenden Rechtsverhältnis. Dies war ein Arbeitsvertrag, der gem. § 142 I rückwirkend nichtig geworden sein könnte, wenn V den Vertrag wirksam angefochten hat.

Ein eventueller Willensmangel, der in der Person des V durch das Verschweigen der Einträge im Bundeszentralregister verursacht worden sein könnte, lag indessen nicht bei Abschluss des Arbeitsvertrags vor. Unabhängig von der Frage, ob die Anfechtung des Arbeitsvertrags Rückwirkung entfaltet,[15] würde also auf diese Weise die Vollmacht nicht vor Entgegennahme der Juni-Miete erloschen sein.

**b)** Auch eine evtl. mögliche Kündigung aus wichtigem Grunde, § 626, wirkt nur für die Zukunft, sodass sich hierdurch an dem Bestand der Vertretungsmacht des H im Juni nichts ändert.

**c)** Das Gleiche gilt für einen eventuellen Widerruf der Vollmacht gem. § 171 II. Auch er wirkt nicht ex tunc.

**d)** Fraglich ist, ob V die Vollmacht durch Anfechtung rückwirkend gem. § 142 I beseitigen kann.[16]

**aa)** Grundsätzlich ist die Vollmacht als einseitiges Rechtsgeschäft gem. §§ 119 ff. anfechtbar. Die Besonderheit liegt vorliegend aber darin, dass H sie bereits durch Ent-

15 Vgl. dazu Fall 1 → Rn. 236.
16 Zur Anfechtung von Vollmachten umfassend *Becker/Schäfer* JA 2006, 597 ff.

gegennahme des Mietzinses betätigt hat. Man könnte der Auffassung sein, in diesem Falle sei die Anfechtung ausgeschlossen.[17]

Dafür spricht, dass die rückwirkende Nichtigkeit der Anfechtung eine Rechtsscheinshaftung unberührt lassen müsste. Dies gilt jedenfalls dann, wenn man die Ansicht vertritt, dass derjenige, der den Anschein einer Vollmacht nicht verhindert hat, nicht schlechter behandelt werden darf als derjenige, der ihn – wie hier der V – durch Vollmachtserteilung sogar bewusst gesetzt hat. Auch lässt sich aus § 166 I die Wertung entnehmen, dass der Vertretene in Bezug auf Willensmängel nicht besser gestellt sein soll, als wenn er das Rechtsgeschäft selbst abgeschlossen hätte. Diese Wertung würde möglicherweise unterlaufen, wenn der Vertretene das Vertretergeschäft durch Anfechtung der Vollmacht zu Fall bringen könnte, obwohl das Geschäft selbst ohne Willensmängel geschlossen wurde. Außerdem ist der Ausschluss der Anfechtbarkeit uU auch damit zu begründen, dass bei bestimmten Dauerrechtsverhältnissen (Arbeitsvertrag, Gesellschaftsvertrag) die gleiche Auffassung vertreten wird, sodass durch eine Gleichbehandlung verschiedene Rechtsgebiete miteinander vereinheitlicht würden. 271

Andererseits erscheint es denkbar, die Anfechtbarkeit nicht generell auszuschließen, wohl aber auf den Fall zu begrenzen, dass der Willensmangel bei der Vollmachtserteilung für das spätere Rechtsgeschäft relevant geworden ist.[18] Schließlich könnte man argumentieren, es gälten bezüglich der Anfechtbarkeit der Vollmacht selbst keine Besonderheiten. Den notwendigen Interessenausgleich zwischen den Beteiligten müsse man auf der Rechtsfolgenseite suchen.[19] 272

Da diese unterschiedlichen Ansatzpunkte für die Lösung des vorliegenden Sachverhaltes Bedeutung haben, bedarf es einer Entscheidung.

Die Frage, ob die Anfechtbarkeit auf für das Vertretergeschäft relevante Willensmängel zu begrenzen ist, kann man nur dann bejahen, wenn der Lehre vom Gesamttatbestand zwischen Vollmacht und Vertretergeschäft gefolgt würde. Sie widerspricht aber der Abstraktheit des Vertretungsrechtes. Nach dem Willen des Gesetzgebers, der sich in §§ 167, 168 niedergeschlagen hat, sind beide Rechtsgeschäfte scharf voneinander zu trennen.[20] Zusätzlich ist das Merkmal der Relevanz zu unbestimmt. 273

Aber auch der völlige Ausschluss der Anfechtbarkeit begegnet Zweifeln. Zunächst ist diese Betrachtungsweise insoweit bedenklich, als sie an die Stelle der angefochtenen Vollmacht eine Rechtsscheinshaftung treten lassen will, die dann nicht mehr durch Anfechtung beseitigt werden kann. Dies würde dazu führen, dass die Haftung aus veranlasstem Rechtsschein strenger wäre als bei rechtsgeschäftlich eingeräumter Vollmacht. Hierin liegt ein Wertungswiderspruch. Außerdem könnte man sagen, dass – soweit die Willensmängel zum rückwirkenden Wegfall einer Willenserklärung führen –, als Rechtsfolge nur § 122 in Betracht kommt, nicht aber eine Rechtsscheinshaftung. Andernfalls dürfte die Rechtsscheinshaftung nicht auf Vertretungsfälle beschränkt, sondern müsste auf jede angefochtene Willenserklärung ausgedehnt werden; dies geht jedoch zu weit. Auch das Argument aus § 166 I ist nicht zwingend:

17 Vgl. vor allem *Brox/Walker* BGB AT Rn. 571 ff.; krit. NK-BGB/*Ackermann* § 167 Rn. 24.

18 So eine ältere Ansicht, vor allem *Müller-Freienfels*, Die Vertretung beim Rechtsgeschäft, 1955, 404.

19 MüKoBGB/*Schramm* § 167 Rn. 110 ff.; Soergel/*Leptien* § 166 Rn. 23.

20 Vgl. Staudinger/*Schilken*, 2014, § 167 Rn. 78.

Sofern die Anfechtung der Vollmacht ausgeschlossen ist, wäre im Gegenteil der Vertretene schlechter gestellt, als wenn er selbst die Erklärung abgegeben hätte: Soweit sich die Willensmängel bei Vollmachtserteilung auf das Vertretergeschäft ausgewirkt haben, wäre ihm damit eine Anfechtung vereitelt, die ihm bei eigenem Abschluss des Rechtsgeschäftes möglich wäre.[21]

Im Übrigen geht der Hinweis auf verschiedene Dauerrechtsverhältnisse fehl. Sie sind als Ausnahmen, die sich in teleologischer Reduktion des Gesetzes entwickelt haben, nicht verallgemeinerungsfähig. Die Möglichkeit der rückwirkenden Anfechtung ist somit nicht ausgeschlossen.[22]

**bb)** Aus diesem Grunde sind nunmehr die Voraussetzungen einer wirksamen Anfechtung der Vollmacht[23] zu prüfen. Es handelt sich dabei um einen Anfechtungsgrund sowie eine an den richtigen Adressaten gerichtete, fristgemäße Anfechtungserklärung.

274 **(1)** Eine Anfechtungserklärung liegt in V's Schreiben an H, in dem er unmissverständlich zum Ausdruck bringt, dass er an die Vollmacht infolge der arglistigen Täuschung nicht mehr gebunden sein wolle.

275 **(2)** Fraglich bleibt indessen, ob durch Anfechtungserklärung gegenüber H der richtige Erklärungsgegner iSd § 143 gewählt wurde. Grundsätzlich ist die Anfechtung der Innenvollmacht gem. § 143 I an den Vertreter zu richten. Allerdings sind auch hier die Besonderheiten der betätigten Vollmacht zu beachten, die für den Geschäftspartner M Bedeutung erlangt haben. Zwar könnte man der Auffassung sein, selbst dann bleibe es angesichts des klaren Wortlauts von § 143 I bei der Anfechtungserklärung gegenüber H, oder – da die Vollmacht gem. § 167 gegenüber dem Dritten oder gegenüber dem Vertreter erteilt werden kann – der Anfechtende könne wählen, gegenüber wem er anfechten wolle. Aber es ist doch zu berücksichtigen, dass der Vertragspartner ein berechtigtes Informationsinteresse bezüglich der Vollmachtsanfechtung hat. Dennoch kann eine Entscheidung zwischen den verschiedenen Standpunkten offen bleiben, wenn die Anfechtung sowohl gegenüber H als auch gegenüber M erklärt wurde.

Bezüglich M erscheint dies jedoch deshalb zweifelhaft, weil ihm keine Anfechtungserklärung zuging.

Als Anfechtungserklärung kommt vorliegend nur der Aushang der Fotokopie des an H gerichteten Schreibens in Betracht.

Fraglich ist, ob dies den Anforderungen genügt, die an eine wirksame Anfechtungserklärung zu stellen sind.

Auf die Verwendung der Bezeichnung »Anfechtung« kommt es nicht an. Es geht auch zu weit, dass der Anfechtungsberechtigte zum Ausdruck bringen muss, das angefochtene Rechtsgeschäft als von Anfang an nichtig ansehen zu wollen. Vielmehr reicht es aus, wenn der Erklärende erkennen lässt, dass er das fehlerhafte Rechtsgeschäft nicht gelten lassen will. Die Unterschiede zwischen »Rücktritt« und »Anfechtung« sowie »Rückwirkung der Anfechtung« sind regelmäßig nicht bekannt.

21 Hier bejahen auch *Brox/Walker* BGB AT Rn. 574 die Anfechtung.
22 An dieser Stelle wäre eine abweichende Entscheidung möglich.
23 Vgl. *Becker/Schäfer* JA 2006, 597 ff.

Es genügt daher, dass M aus dem Aushang des an H gerichteten Schreibens entnehmen konnte, der erste Aushang des V, in dem es heißt, dass die Mieten an H gezahlt werden können, solle nicht mehr gelten. Danach hatte H also keine Vollmacht mehr, die Mieten einzuziehen.[24] Dem Informationsbedürfnis des M ist damit Rechnung getragen, eine wirksame Anfechtungserklärung liegt vor.

**(3)** Als Anfechtungsgrund kommt § 123 in Betracht. Dann müsste H den V durch arglistige Täuschung zur Erteilung der Vollmacht veranlasst haben. Eine solche Täuschung könnte vorliegend in einem Verschweigen von Tatsachen liegen, hinsichtlich derer eine Aufklärungspflicht des H bestand. H hätte den V über seine Vorstrafen aufklären müssen, da er für diesen Vermögensinteressen wahrnehmen sollte. Unter dem Gesichtspunkt, dass V dem H besonderes Vertrauen entgegenbringen musste, waren die von diesem begangenen Vermögensstraftaten bedeutsam. **276**

**(4)** Das Verhalten des H, das bei V einen entsprechenden Irrtum hervorrief, war kausal für dessen Entscheidung, dem H Vollmacht zur Einziehung der Mieten zu erteilen. Hätte V gewusst, dass H zweimal wegen Betruges vorbestraft war, hätte er ihm eine Vollmacht zur Einziehung des Mietzinses verweigert.

H handelte auch arglistig iSd § 123; er wusste, ihm wäre in Kenntnis der wirklichen Umstände die Vollmacht nicht erteilt worden.

**(5)** Die Frist des § 124 I ist gewahrt.

**(6)** Zu prüfen bleibt, ob dem V die Berufung auf den Anfechtungsgrund verwehrt ist, weil die Voraussetzungen des § 123 II eingreifen. **277**

**(a)** Gem. § 123 II 1 kann sich der Anfechtende auf die durch einen Dritten verübte Täuschung nur dann berufen, wenn der Erklärungsgegner sie kannte oder kennen musste. Diese Konstellation liegt aber deshalb nicht vor, weil V die Innenvollmacht anficht, dh kein Dreipersonen-Verhältnis gegeben ist, sondern vielmehr die Täuschung durch den Vertreter H selbst erfolgte. Etwas anderes gilt nur, wenn man die kundgemachte Innenvollmacht der Außenvollmacht gleichsetzt. Das Gesetz hat jedoch in den §§ 170, 171 die Rechtsfolgen im Verhältnis zum Geschäftspartner des Vertreters unterschieden, sodass eine Anwendung des § 123 II 1 ausscheidet.

**(b)** Allerdings ist nach Betätigung der Innenvollmacht zu berücksichtigen, dass ihre Anfechtung sich auf das Vertretergeschäft auswirkt. Deshalb kommt eine analoge Anwendung des § 123 II 2 in Betracht. Die direkte Anwendung der Norm verlangt ein Vierpersonen-Verhältnis, etwa einen Vertrag zugunsten Dritter, bei dessen Abschluss ein Unbeteiligter täuscht. So liegt der Sachverhalt hier jedoch nicht. Man könnte allerdings der Auffassung sein, M habe zwar sein Recht (Erfüllung der Mietzinsforderung) nicht durch, wohl aber aufgrund der Vollmachtserteilung erlangt, die damit für die Erfüllungswirkung kausal geworden ist. Andererseits wird auf diese Weise jedoch ein Zusammenhang zwischen Vollmacht und Vertretergeschäft hergestellt, der nach dem Gesetz nicht besteht. Außerdem ist § 123 II eine Ausnahmevorschrift, die in Abwägung der Interessen des Getäuschten gegenüber denjenigen des Erklärungsempfängers oder Drittberechtigten Letzterem den Vorrang gibt. Diese Ausnahme von der Grundregel des § 123 I, wonach der Getäuschte vorrangig schutzwürdig ist, sollte nicht auf weitere Fälle ausgedehnt werden, für die das Gesetz

24 Auch hier wäre eine abweichende Entscheidung möglich.

in § 179 eine Rechtsfolgenregelung vorsieht. Somit ist zugunsten des V der Anfechtungsgrund der arglistigen Täuschung gegeben.[25]

278 (7) Ferner kommt als Anfechtungsgrund § 119 II in Betracht. Dann müsste sich V bei der Erteilung der Vollmacht über eine Eigenschaft einer Person geirrt haben, die im Verkehr als wesentlich angesehen wird. »Im Verkehr als wesentlich« anzusehen sind solche Eigenschaften, die nach der Verkehrsauffassung einen nennenswerten Einfluss auf die Wertschätzung der Person auszuüben pflegen. Dabei kommt es darauf an, ob die Eigenschaft nach dem typischen wirtschaftlichen Zweck des konkreten Geschäfts selbst wesentlich ist.

Als V den H zur Einziehung der Mieten bevollmächtigte, irrte er sich über dessen Zuverlässigkeit, das Geld an ihn abzuführen. Für eine Bevollmächtigung zur Entgegennahme des Geldes ist es aber als wesentlich anzusehen, ob der Bevollmächtigte das Geld auch an den Berechtigten abführen wird; eine Eigenschaft iSd § 119 II liegt also vor.

Der Irrtum berechtigt zur Anfechtung jedoch nur dann, wenn anzunehmen ist, dass V bei Kenntnis der Sachlage und verständiger Würdigung des Falles die Vollmacht nicht erteilt hätte. V hätte den H nicht bevollmächtigt, wenn er von dessen einschlägigen Vorstrafen gewusst hätte.

Es besteht daher auch ein Anfechtungsgrund gem. § 119 II.

V hat auch die Frist des § 121 eingehalten; nach dem Sachverhalt ist davon auszugehen, dass die Anfechtung unverzüglich erfolgte, nachdem V von den Umständen Kenntnis erlangt hatte.

279 **3.** Fraglich ist jedoch, ob es bei Vorliegen einer kundgemachten Innenvollmacht ausreicht, die Vollmacht anzufechten, oder ob es zur rückwirkenden Beseitigung der Vertretungsmacht darüber hinaus einer Anfechtung der Kundmachung bedarf. Für die letztgenannte Betrachtungsweise spricht, dass durch die Kundgabe ein besonderer Vertrauenstatbestand geschaffen worden ist, der durch eine Anfechtung der Vollmacht allein jedenfalls nicht beseitigt werden kann.

**a)** Allerdings könnte man meinen, bereits die Anfechtbarkeit der Kundgabe sei ausgeschlossen, da es sich hierbei um eine geschäftsähnliche Handlung[26] und nicht um eine Willenserklärung handelt: Es geht nur um die Unterrichtung des Empfängers über ein erfolgtes Rechtsgeschäft. Ebenso könnte die in § 171 II ausdrücklich genannte Widerrufbarkeit der Kundmachung gegen ihre Anfechtbarkeit sprechen. Würde man daraus jedoch wirklich die Unanfechtbarkeit der Mitteilung folgern, so stünde der Vollmachtgeber bei einer kundgemachten Innenvollmacht schlechter als bei einer Außenvollmacht, die angefochten werden kann. Für eine solche Ungleichbehandlung besteht aber kein Grund. Daher ist auch die Anfechtbarkeit der Kundgabe zu bejahen.

Hinzutreten muss eine Anfechtungserklärung gegenüber dem richtigen Anfechtungsgegner. Wendet man § 143 III 1 auf die Mitteilung entsprechend an, so sind Anfechtungsgegner alle Mieter, an die sich die Kundgabe richtete.

25 **Hinweis:** Wer hier – was sich gut begründen lässt – anders entscheidet, beendet die Prüfung des § 123, gelangt aber zu § 119 II.

26 Zur Auslegung geschäftsähnlicher Handlungen vgl. BGH NJW 1995, 45.

Eine wirksame Anfechtungserklärung bezüglich der Kundgabe liegt auch hier in der im Hausflur ausgehängten Kopie des an H gerichteten Schreibens.

**b)** Als Anfechtungsgrund kommt wiederum § 123 I entsprechend in Betracht. Insoweit gelten die Ausführungen zur Anfechtung der Vollmacht entsprechend.

**c)** Fraglich ist, ob § 123 II 1 entsprechend einer wirksamen Anfechtung entgegensteht.

Aus der Sicht des Erklärungs(= Kundgabe)empfängers M war H Dritter, dessen Verhalten er sich nicht zurechnen lassen musste. Da M die Anfechtbarkeit der Kundgabe weder kannte noch kennen musste, scheidet eine Anfechtung der Kundgabe gem. § 123 I in entsprechender Anwendung aus.

**d)** V konnte die Kundgabe aber nach § 119 II analog anfechten, da er bei Kenntnis der Sachlage und verständiger Würdigung des Falles den H nicht bevollmächtigt und damit den Mietern auch keine entsprechende Vollmacht mitgeteilt hätte.

**e)** Da er das Schreiben an H unmittelbar, nachdem er von dessen Vorstrafen erfahren hatte, aufgesetzt und im Hausflur ausgehängt hatte, ist die Frist des § 121 entsprechend gewahrt.

V hat somit auch die Kundgabe wirksam angefochten, sodass auch keine Vertretungsmacht aufgrund des § 171 mehr bestand.

Durch die Zahlung an H ist somit für den Monat Juni keine Erfüllungswirkung eingetreten. V hat daher einen Anspruch auf Zahlung des Mietzinses gem. § 535 II iVm § 549 I für den Monat Juni gegen M.

**4.** Die Mietforderung des V gegen M für Juni könnte jedoch durch Aufrechnung[27] **280**
gem. § 387 erloschen sein.

**a)** Dies setzt zunächst voraus, dass M gegen V eine gleichartige, fällige und einredefreie Gegenforderung hatte, §§ 387, 390. Sie könnte in einer Schadensersatzforderung gem. § 122 bestehen.

§ 122 erlaubt nur dem Adressaten der Willenserklärung (Vollmacht) die Geltendmachung des Schadens, den er im Vertrauen auf den Fortbestand der Willenserklärung erlitten hat. Dritte haben den Anspruch hingegen allein bei nichtempfangsbedürftigen Willenserklärungen. Dies folgt aus dem Wortlaut der Vorschrift »andernfalls«.[28] Von daher wäre ein entsprechender Anspruch des M vorliegend nicht gegeben.

Man könnte allerdings an eine analoge Anwendung der Vorschrift denken. Das setzt eine planwidrige Lücke des Gesetzes voraus.[29] Dem scheint § 179 II entgegenzustehen, wonach sich der Geschäftspartner zur Befriedigung seines Anspruches an den Vertreter halten kann. Wegen des Haftungsausschlusses für beschränkt Geschäftsfähige gem. § 179 III 2 einerseits und der Gefahr einer Insolvenz des Vertreters andererseits ergeben sich aber Fälle, in denen der Geschäftspartner seinen Schadensersatzanspruch nicht durchsetzen kann. Dies spricht für eine Gesetzeslücke. Weitere Voraussetzung ist allerdings die Ähnlichkeit der Interessenlagen. Durch § 122 soll der

27 Grdl. zur Aufrechnung *S. Lorenz* JuS 2008, 951 ff.
28 Soergel/*Hefermehl* § 122 Rn. 3; vgl. Bamberger/Roth/*Wendtland* § 122 Rn. 4.
29 Zu den Analogievoraussetzungen vgl. im 1. Teil des Buches → Rn. 114.

Anfechtungsgegner für seine wirtschaftlichen Nachteile aufgrund der Anfechtung entschädigt werden. Vorliegend ist allerdings der Vertreter selbst Anfechtungsgegner, der keinen Eigenschaden erleidet. Die Anfechtung richtet sich aber im Ergebnis gegen das Vertretergeschäft, sodass der Geschäftspartner das wirtschaftliche Risiko trägt und seine Interessenlage der eines Anfechtungsgegners iSd § 122 gleichsteht.

Aus diesem Grunde sind die Voraussetzungen einer Analogie zu bejahen,[30] und M hat einen Schadensersatzanspruch gegen V als Anfechtenden.

M konnte darauf vertrauen, an H als Empfangsvertreter mit befreiender Wirkung zahlen zu können. Sein Schaden besteht demgemäß im Verlust der Erfüllungswirkung infolge der Anfechtung von Vollmacht und Kundmachung.

Somit ist die Aufrechnungslage gegeben.

**b)** Allerdings hat M noch keine Aufrechnungserklärung abgegeben. Da dafür jedoch keine Frist besteht, könnte die notwendige Erklärung noch nachgeholt werden. In diesem Falle wäre der Zahlungsanspruch des V erloschen.

## II. Ergebnis:

V hat gegen M einen Anspruch auf Zahlung der Juni-Miete, sofern M nicht die Aufrechnung erklärt.

30 Str.: Für die Analogie MüKoBGB/*Schramm* § 167 Rn. 111 mwN; dagegen zB Staudinger/*Schilken*, 2014, § 167 Rn. 82.

## Fall 3: »Der ungeliebte Computer«

M ist Inhaberin eines kleinen Papier- und Schreibwarengeschäftes, in dem auch ihr Sohn S 281
mitarbeitet. Die Firma ist im Handelsregister eingetragen.

Vor ihrem Urlaub fordert M den S auf, »er solle sich in ihrer Abwesenheit um alles kümmern«. Während sich M im Urlaub befindet, sieht S in der Geschäftspost einen Prospekt der B-KG, die unter anderem Personalcomputer anbietet. S, der sich dafür interessiert und seiner Mutter auch schon erfolglos vorgeschlagen hat, zur Erleichterung der Buchführung einen neuen, schnelleren Computer anzuschaffen, sendet die beigefügte Antwortkarte an die B-KG zurück. Er hatte bei diesem Unternehmen, das jeweils durch den A vertreten worden war, in der Vergangenheit schon mehrfach im Namen und Auftrag seiner Mutter Büroartikel gekauft, unter anderem einen Taschenrechner für 60 EUR und ein Telefonregister für 29 EUR. Mit der Karte bittet S zunächst um unverbindliche Beratung. Er unterschreibt mit S und setzt den Firmenstempel hinzu. Einige Tage später erscheint wiederum A, der S eingehend über die Vorzüge eines Computers aufklärt. S, der ahnt, dass er seine Mutter nicht wird überreden können, den Computer anzuschaffen, entschließt sich, ihre Abwesenheit auszunutzen. Er füllt ein Bestellformular über einen Computer der Marke X nebst Drucker zu einem Gesamtpreis von 3.000 EUR aus und unterschreibt es mit »S i. V. M«; wiederum fügt er den Firmenstempel hinzu. Kurz darauf wird das Gerät geliefert und aufgestellt. Als die Mutter aus dem Urlaub zurückkehrt, ist sie über die Anschaffung entsetzt, schreibt sogleich an die B-KG, dass sie mit dem Kaufvertrag nicht einverstanden sei und der Computer wieder abgeholt werden solle.

**Frage: Kann die B-KG von M oder S Zahlung des Kaufpreises iHv 3.000 EUR verlangen?**

## A. Vorüberlegungen

**I.** Auch dieser Fall behandelt in erster Linie Probleme des Vollmachtsrechts, allerdings geht es nicht um die Beseitigung der Vollmacht, sondern darum, ob sie bestand. Dabei wird auf die handelsrechtlichen Vertretungsvorschriften in den §§ 54, 56 HGB eingegangen, danach auf die wichtigen Rechtsinstitute der Duldungs- und Anscheinsvollmacht.[1]

**282** Zunächst zu § 56 HGB[2]: Nach dieser Norm gilt der Ladenangestellte (oder der Angestellte in einem offenen Warenlager) als ermächtigt zu gewöhnlichen *Verkäufen oder Empfangnahmen*. Die Anwendung des § 56 HGB auf den vorliegenden Fall stellt Sie vor ein Aufbau- und vor ein Inhaltsproblem:

Das Aufbauproblem liegt darin, an welcher Stelle des Gutachtens Sie sich der Norm zuwenden, das Inhaltsproblem, ob § 56 HGB auf *Warenankäufe* anwendbar ist.

**1.** Die dogmatische Einordnung des § 56 HGB bereitet Schwierigkeiten,[3] die für die Klausurlösung Bedeutung haben können. Sofern man die Vorschrift als Fall gesetzlicher Vertretungsmacht ansehen würde,[4] wäre an sich die Prüfung einer rechtsgeschäftlichen Vollmacht überflüssig. Anders hingegen, wenn man sie als Rechtsscheintatbestand einordnet,[5] der gegenüber der rechtsgeschäftlich erteilten Vollmacht zurückstehen müsste. Überzeugend erscheint folgende Betrachtungsweise: Der Ladenangestellte gilt gem. § 56 HGB als ermächtigt, unabhängig davon, ob er Vollmacht hatte oder nicht. Im erstgenannten Fall hat die Vorschrift keine eigenständige Bedeutung, sodass man sie nicht als generelle Fiktion auffassen muss. Nur bei Fehlen rechtsgeschäftlicher Vertretungsmacht kommt ihr rechtsbegründende Wirkung zu. Also begreift man die Norm am besten als unwiderlegliche Vermutung für die Vollmacht und stellt sie an den Anfang: Greift sie ein, brauchen Sie sich nicht mehr mit den Problemen rechtsgeschäftlicher Vollmachtserteilung zu belasten.

**2.** Inhaltlich ist § 56 HGB keine einfache Regelung, obwohl sie sich tatbestandlich auf folgende drei Merkmale beschränkt:

**a)** Im Zusammenhang mit »Laden« sollten Sie sich merken, dass auch Rechtsgeschäfte erfasst werden, die innerhalb des Ladens (oder Lagers) angebahnt, aber außerhalb geschlossen werden.

**b)** »Angestellt« erfordert nicht das Vorliegen eines Arbeitsvertrags, sondern meint die wissentliche und willentliche Einschaltung einer Person in die Verkaufstätigkeit durch den Unternehmensträger oder dessen Vertreter.

**c)** »Verkäufe und Empfangnahmen« iSd § 56 HGB sind auch Erfüllungsgeschäfte, ferner nicht nur Kauf-, sondern auch Werk- und Werklieferungsverträge, ebenso ein damit verbundener Rücktritt oder Umtausch.[6]

**d)** Abschließend noch der Hinweis, dass böser Glaube nach dem Rechtsgedanken der §§ 173 BGB, 54 III HGB die Vermutungswirkung des § 56 HGB zerstört. Bedeutung

1 Zum Bestand und Umfang der Vertretungsmacht im Allgemeinen vgl. *Petersen* JURA 2003, 310 ff.
2 Vgl. *Krebs/Berjasevic* JA 2007, 857 ff.
3 Vgl. *Müller* JuS 1998, 1000 (1005).
4 *Weimar* MDR 1968, 901.
5 Nachw. bei Baumbach/Hopt/*Hopt* HGB § 56 Rn. 4.
6 Vgl. iE Baumbach/Hopt/*Hopt* HGB § 56 Rn. 4.

hat dieser Prüfungspunkt nur, wenn objektiv keine Vollmacht bestand, dh die Rechtsscheinswirkung des § 56 HGB zum Tragen kommt.[7]

**3.** Die eigentliche Fallfrage: »Sind *Verkäufe* auch Ankäufe im Sinne der Norm?« wird in der Lösungsskizze behandelt.

**II.** In Ihrer Fallbearbeitung müssen Sie sich dann mit der rechtsgeschäftlichen Vollmacht in Form einer Handlungsvollmacht gem. § 54 HGB auseinandersetzen. Hierzu sind die entscheidenden Gesichtspunkte bereits oben ausgeführt;[8] das Problem liegt im Merkmal des »gewöhnlichen Geschäfts«. **283**

**III.** Es bleiben die Duldungs- oder die Anscheinsvollmacht. Terminologisch und dogmatisch gibt es bei diesen Rechtsinstituten unterschiedliche Ansätze.[9] Die in der Lösungsskizze gewählte Differenzierung lässt sich gut merken und vertreten. Sie sollten in Ihrer Bearbeitung zu der starken Kritik am Rechtsinstitut der Anscheinsvollmacht einige Überlegungen beisteuern. **284**

Zu den tatbestandlichen Erfordernissen finden Sie im Sachverhalt bei genauem Hinsehen eine Reihe von Vorgaben: S war im Geschäft seiner Mutter tätig, konnte Firmenstempel und Papier benutzen und mit den Geschäftspartnern verhandeln. Er hatte mehrfach (wenn auch kleinere) Bestellungen aufgegeben. M hatte dies offenbar toleriert und ihm während ihrer Urlaubsabwesenheit beträchtliche Möglichkeiten zu Geschäftsabschlüssen eingeräumt. Das Problem liegt also offenbar darin, ob die B-KG aus den Umständen und den früheren Bestellungen, die allerdings einen ganz anderen Umfang hatten, einen Rückschluss auf die Bevollmächtigung zum Kauf eines Computers ziehen durfte. Mit der zentralen Frage der Rechtsscheinshaftung müssen Sie sich demgemäß detailliert auseinandersetzen.

Demgegenüber bieten die restlichen Ansprüche (§§ 280 I, 311 II iVm § 278 gegen M sowie § 179 I und §§ 280 I, 311 II gegen S) weniger Schwierigkeiten. Bei den zuletzt genannten Ansprüchen beachten Sie bitte die Konkurrenzfrage.[10]

7 Baumbach/Hopt/*Hopt* HGB § 56 Rn. 5.

8 → Rn. 214 ff.

9 *Medicus/Petersen* BürgerlR Rn. 98 ff.

10 Informativ *Crezelius* JuS 1977, 798.

## B. Lösung

### 1. Teil. Ansprüche der B-KG gegen M

### I. Anspruch aus § 433 II

Der Anspruch setzt voraus, dass zwischen der B-KG und M ein wirksamer Kaufvertrag zustande gekommen ist.

285 **1.** M selbst hat keine Willenserklärung abgegeben. Das Bestellformular wurde von S unterschrieben. Die Wirkungen des Angebotes sind deshalb nur dann in der Person der M eingetreten, wenn ihr Sohn in wirksamer Stellvertretung gehandelt hat, § 164 I 1.

**a)** S hat durch seine Unterschrift auf dem Formular eine eigene Willenserklärung gem. § 164 I 1 abgegeben.

**b)** Durch die Unterzeichnung »S i.V. M« und die Hinzusetzung des Firmenstempels hat S ferner zu erkennen gegeben, dass die Rechtsfolgen seiner Erklärung nicht ihn selbst, sondern die vertretene M treffen sollten. Die Offenkundigkeit ist damit gewahrt.

**c)** Fraglich ist aber, ob S mit Vertretungsmacht gehandelt hat.

286 **aa)** In Betracht kommt hier zunächst die Vertretungsmacht des Ladenangestellten gem. § 56 HGB. Wie sich aus ihrer systematischen Stellung im Zusammenhang der §§ 48–58 HGB ergibt, setzt eine direkte Anwendung der Norm die Kaufmannseigenschaft der M als Ladenbesitzerin voraus. Unabhängig davon, ob das Geschäft der M nach Art und Umfang einen in kaufmännischer Weise eingerichteten Betrieb iSd § 1 I HGB erfordert oder nicht, ist sie jedenfalls Kauffrau kraft Eintragung im Handelsregister gem. § 2 S. 1 HGB.

Ohne die dogmatische Einordnung von § 56 HGB abschließend zu klären, lässt sich feststellen, dass eine rechtsgeschäftliche Vollmacht nicht untersucht werden muss, sofern die Voraussetzungen der Norm gegeben sind. Da das Rechtsgeschäft hier in einem »Laden« stattfand und S auch iSd Vorschrift angestellt war, bleibt allein das Problem, ob es sich vorliegend um einen »Verkauf« iSd § 56 HGB handelte.

Der Wortlaut des Gesetzes deckt die Anschaffung eines Computers nicht; selbst eine weite Auslegung der Norm müsste an dem eindeutigen Wortlaut scheitern.[11]

287 In Betracht kommt jedoch eine analoge Anwendung der Vorschrift. Sie setzt zunächst voraus, dass das Gesetz in Bezug auf Kaufverträge, bei denen der Ladenangestellte als Käufer auftritt, lückenhaft ist. Dagegen spricht jedoch, dass sich im HGB ein detailliertes System von Vertretungsvorschriften für den Prokuristen, den Handlungsbevollmächtigten und den Abschlussvertreter in den §§ 48–55 HGB und für den Ladenangestellten in § 56 HGB findet.

Auch mag das Schutzbedürfnis der B-KG zwar ähnlich groß sein, als wenn sie selbst einen Ankauf im Laden der M getätigt hätte; andererseits sind Verkauf und Ankauf jedoch zwei verschiedene Sachverhalte, für deren Ungleichbehandlung ein sachlicher Grund besteht: Während der Geschäftsherr auf die Preise und sonstigen Modalitäten bei Verkäufen einen entscheidenden Einfluss nehmen kann, wäre dem Ladenangestellten bei Ankäufen ein weiter Spielraum eingeräumt, der sich im Wesentlichen der

11 Vgl. BGH JR 1990, 59 f. mit ausf. Begründung.

Kontrolle des Geschäftsinhabers entziehen würde.[12] Um den Interessen des Geschäftspartners bei vollmachtloser Vertretung Rechnung zu tragen, bietet das Gesetz andere Handhaben, neben § 179 und § 823 auch die Regelung der §§ 280 I, 311 II iVm § 278 sowie die Rechtsinstitute der Anscheins- und der Duldungsvollmacht.[13] Nach allem fehlen die Voraussetzungen für eine analoge Anwendung des § 56 HGB, sodass nach dieser Vorschrift keine Vertretungsmacht des S bestand.

**bb)** S könnte die M durch eine Handlungsvollmacht iSd § 54 HGB verpflichtet haben. Es handelt sich dabei um eine rechtsgeschäftliche Vollmacht, die gem. § 167 erteilt wird; § 54 HGB bestimmt nur ihren Umfang. **288**

**(1)** Die – auch zur Erteilung einer Handlungsvollmacht nach § 54 HGB – erforderliche Kaufmannseigenschaft der M wurde bereits im Zusammenhang mit § 56 HGB bejaht.

**(2)** Zu einer ausdrücklichen Vollmachtserteilung ist es jedoch nicht gekommen. Indessen kann eine Handlungsvollmacht durch die Bemerkung der M erteilt worden sein, »S solle sich während ihres Urlaubs um alles kümmern«. In Verbindung mit der Tatsache, dass S in Abwesenheit seiner Mutter das Geschäft allein führen sollte, könnte eine Bevollmächtigung stattgefunden haben für Rechtsgeschäfte, die der Betrieb eines Schreibwarenladens gewöhnlich mit sich bringt.

Allerdings ist fraglich, ob der Kauf eines Computers zu den gewöhnlichen Geschäften iSd § 54 I HGB zählt und damit innerhalb der dem S eingeräumten Vertretungsmacht lag. Hierbei kommt es nicht allein auf den Betrieb der M an, sondern darauf, ob ein Geschäft dieser Größenordnung bei der Mehrzahl der branchenzugehörigen und vergleichbaren Geschäftsbetriebe gewöhnlich ist. In diesen Rahmen gehören etwa die Annahme und Bestellung von Waren sowie der Abschluss von Kaufverträgen über die im Geschäft angebotenen Artikel. Der Kauf eines teuren Computers, der eine Umstellung der Buchhaltung mit sich bringt und dessen Benutzung die Aneignung spezieller Kenntnisse voraussetzt, zählt dagegen nicht zu dem gewöhnlichen Geschäft eines kleinen Papier- und Schreibwarenhandels. Somit handelte S außerhalb des Rahmens einer ihm evtl. erteilten Handlungsvollmacht.

In der Erklärung der M, mit dem Kauf des Computers nicht einverstanden zu sein, liegt eine Verweigerung der Genehmigung, sodass auch eine Heilung des Mangels der Vollmacht gem. § 177 I ausscheidet.

**cc)** Möglicherweise besaß S jedoch Vertretungsmacht aufgrund einer sog. Duldungsvollmacht. Sie liegt vor, wenn der Vertretene weiß, dass ein anderer unbefugt für ihn als Vertreter auftritt, aber zurechenbarerweise nichts dagegen unternimmt, und wenn der Geschäftsgegner nach Treu und Glauben und mit Rücksicht auf die Verkehrssitte auf eine Bevollmächtigung schließen darf.[14] Es handelt sich bei der Duldungsvollmacht somit um eine Form konkludenter Vollmachtserteilung.[15] Vorliegend wusste M aber gerade nicht, dass S für sie als Vertreter einen Kaufvertrag dieses Umfangs abschließen würde, ohne von ihr bevollmächtigt worden zu sein. Die früheren Rechtsgeschäfte hatten ein ungleich geringeres Volumen. Eine Duldungsvollmacht kommt damit nicht in Betracht. **289**

12 BGH JR 1990, 59 (61) und Anm. *Kohte* JR 1990, 63.
13 BGH JR 1990, 59 (61) und Anm. *Kohte* JR 1990, 63.
14 BGH NJW 1966, 1915; Palandt/*Ellenberger* § 172 Rn. 8.
15 Str., vgl. Staudinger/*Schilken*, 2014, § 167 Rn. 29 ff.; MüKoBGB/*Schramm* § 167 Rn. 37 ff.

**290** **dd)** Deshalb bleibt zu prüfen, ob S aufgrund einer Anscheinsvollmacht den Kaufvertrag mit Wirkung für seine Mutter geschlossen hat.

Eine solche liegt vor, wenn der Vertretene (hier M) das Handeln seines angeblichen Vertreters zwar nicht kennt, es aber bei pflichtgemäßer Sorgfalt hätte erkennen und verhindern können, und wenn der Geschäftsgegner (hier die B-KG) nach den Umständen und den unter beiden Parteien herrschenden Verkehrsauffassungen auf eine Bevollmächtigung schließen durfte. Dies ist hier der Fall, wenn die B-KG nach Treu und Glauben annehmen konnte, die M kenne und billige das Verhalten ihres Sohnes.[16]

**291** Nun könnte man zunächst Zweifel an dem Rechtsinstitut als solchem haben. Die Anscheinsvollmacht begründet rechtsgeschäftliche Folgen allein aus der Nichterfüllung pflichtgemäßer Sorgfalt, die im Übrigen nur zu einer Schadensersatzhaftung führt[17]. Sie widerspricht damit uU dem Gesetz, da sie die Kategorien von Willenserklärung und Haftung für die Nichterfüllung pflichtgemäßer Sorgfalt miteinander vermischt.[18]

Schließlich könnte man auch ein Bedürfnis für diese Lehre unter dem Aspekt verneinen, dass sich die Haftung in derartigen Fällen regelmäßig schon nach den §§ 280 I, 311 II begründen lässt. Auch die zuweilen vorgetragene Analogie zu den Vorschriften der §§ 170 ff. BGB und zu § 56 HGB[19] bildet keine tragfähige Grundlage. In beiden Fällen weiß der Vertretene nämlich, dass der Rechtsschein einer Bevollmächtigung besteht. Angesichts der starken Kritik, der die Anscheinsvollmacht seit Begründung des Rechtsinstitutes ausgesetzt war, kann man auch schwerlich von Gewohnheitsrecht sprechen.[20]

**292** Andererseits lässt sich nicht verkennen, dass jede Privatperson im Geschäftsverkehr den Grundsätzen von Treu und Glauben unterworfen ist. Zwar wird der gute Glaube an das Bestehen einer Vertretungsmacht im BGB grundsätzlich nicht geschützt. Wenn aber jemand mehrfach einen anderen vertritt, so ist es für den Geschäftsgegner nicht zumutbar, die Vertretungsmacht stets erneut zu überprüfen und den Vertretenen um Bestätigung zu bitten. Man würde sonst Misstrauen im Geschäftsverkehr erwecken und damit übertriebene Anforderungen an den reibungslosen Ablauf stellen. Damit würde die Stellvertretung als Mittel des Geschäfts- und Warenverkehrs ausgehöhlt.

Deshalb ist das Institut der Anscheinsvollmacht zumindest für solche Fälle anzuerkennen, in denen jemand bereits mehrfach einen anderen vertreten hat, sodass es dem Geschäftspartner nicht zugemutet werden kann, in jedem gleichgelagerten Fall einen Nachweis der Bevollmächtigung zu verlangen.

Hinzu tritt, dass im vorliegenden Fall ein evtl. bestehender Rechtsschein der Vollmacht durch die M als Kaufmann gesetzt worden ist. Ihr obliegen höhere Sorgfaltspflichten als Nichtkaufleuten.[21]

Deshalb greift jedenfalls im vorliegenden Fall das Institut der Anscheinsvollmacht ein; seine Voraussetzungen sind im Einzelnen zu prüfen.

16 Vgl. zur Anscheinsvollmacht die stRspr, etwa BGH NJW 1981, 1727 (1728); ferner Staudinger/*Schilken*, 2014, § 167 Rn. 28 ff.; Erman/*Maier-Reimer* § 167 Rn. 9 ff.; Palandt/*Ellenberger* BGB § 172 Rn. 11.

17 Vgl. *Flume* BGB AT § 49, 4, S. 834; *Medicus/Petersen* BürgerlR Rn. 100 f.

18 Vgl. *Medicus/Petersen* BürgerlR Rn. 101 f.

19 Vgl. MüKoBGB/*Schramm* § 167 Rn. 46.

20 Vgl. *Larenz/Canaris* Methodenlehre 176 f. (258 f.).

21 Vgl. dazu BGHZ 65, 13.

(1) In objektiver Hinsicht muss zunächst ein Vertrauens- oder Rechtsscheintatbestand gegeben sein. 293

Er ergibt sich hier daraus, dass S im Geschäft seiner Mutter tätig war und Gelegenheit hatte, die Geschäftspost zu erledigen, mit Geschäftspartnern zu verhandeln und den Firmenstempel zu benutzen. Diese Umstände – sowie die Tatsache, dass er bereits früher als Vertreter seiner Mutter bei der B-KG gekauft hatte – sprechen für eine Bevollmächtigung während der urlaubsbedingten Ortsabwesenheit der Geschäftsinhaberin M.

(2) Ferner muss der Vertreter wiederholt und während einer gewissen Zeitdauer im Namen des Vertretenen aufgetreten sein. 294

Auch diese Voraussetzung ist erfüllt; S hatte seit einiger Zeit die Stellung im Geschäft der M und ist der B-KG gegenüber auch schon früher als Vertreter der Geschäftsinhaberin aufgetreten.

(3) Weiterhin müsste der Rechtsscheintatbestand der vertretenen M zurechenbar sein. 295

Offen bleiben kann die Frage, ob die M den Rechtsschein der Bevollmächtigung schuldhaft gesetzt haben muss[22] oder ob die bloße Veranlassung ausreicht[23]. M hatte sich gegenüber der B-KG bereits früher bewusst und gewollt durch ihren Sohn S vertreten lassen. Dadurch und durch die Tatsache, dass sie ihn während des Urlaubs allein das Geschäft führen ließ, war es ihr erkennbar, dass ihr Sohn eine Stellung einnahm, die ihm nach außen ein Vertreterhandeln ermöglichte. Dies hätte sie unter anderem dadurch verhindern können, dass sie ihm den Firmenstempel für die Zeit ihres Urlaubs entzogen hätte. M handelte fahrlässig iSd § 276.

(4) Auf Seiten der B-KG, vertreten durch A, ist zunächst erforderlich, dass der Anschein der Bevollmächtigung für den Entschluss des Geschäftspartners zur Vornahme des Rechtsgeschäftes ursächlich war.[24] 296

Die B-KG oder ihr Vertreter A hätten den Vertrag nicht in Kenntnis des Umstandes geschlossen, dass S für den Kauf eines Computers keine Vollmacht erteilt worden war. Die Kausalität ist somit zu bejahen.

(5) Schließlich bleibt als Voraussetzung, dass die B-KG nach Treu und Glauben davon ausgehen durfte, die M dulde und billige das Verhalten ihres Vertreters.[25] Sie durfte also den wahren Sachverhalt nicht kennen und auch nicht fahrlässig iSd § 276 verkannt haben. Fahrlässigkeit ist der B-KG vorzuwerfen, wenn besondere Umstände das Vorliegen einer Vollmacht zweifelhaft erscheinen ließen und sie trotzdem keine Nachforschungen anstellte. 297

Zwar hatte S bereits früher im Namen seiner Mutter mit der B-KG kontrahiert. Dabei handelte es sich jedoch stets um kleinere Bestellungen, zB um die Bestellung eines

22 Schuldhaftes Setzen eines Rechtsscheins verlangen die Rspr.: BGHZ 65, 13 und ein Teil der Lit.: vgl. MüKoBGB/*Schramm* § 167 Rn. 59 ff.

23 So die ältere Auffassung: Soergel/*Schultze-v. Lasaulx*, 11. Aufl. 1978, § 167 Rn. 24 für den durch positives Tun des »Vertretenen« veranlassten Rechtsschein. Hier wird allerdings häufig eine Duldungsvollmacht in Betracht kommen.

24 Vgl. BGH WM 1981, 171 f.

25 Vgl. die stRspr, etwa BGH WM 1981, 1728; Bamberger/Roth/*Valenthin* § 167 Rn. 17; Staudinger/*Schilken*, 2014, § 167 Rn. 43.

Taschenrechners oder eines Telefonregisters. Der Kauf eines Computers zu einem Preis von 3.000 EUR hielt sich nicht im Rahmen dieses Geschäftsumfanges und unterschied sich schon äußerlich von den bisher durch S getätigten Geschäften. Aufgrund der Größenordnung des Kaufvertrags und der finanziellen Belastung, die damit für die Geschäftsinhaberin verbunden war, hätte A, der Vertreter der B-KG, Anlass zu Zweifeln gehabt, ob S in Abwesenheit seiner Mutter zu einem solchen Geschäft bevollmächtigt war. A hätte sich über das Vertretungsverhältnis erkundigen oder bestätigen lassen müssen, dass M mit dem Kauf einverstanden war. Seine Unkenntnis mangelnder Vollmacht aufseiten des S beruhte daher auf Fahrlässigkeit. Dieser Umstand ist analog § 166 I der B-KG zuzurechnen. Somit sind die Voraussetzungen einer Anscheinsvollmacht nicht erfüllt. Der von S unterzeichnete Kaufvertrag wirkt deshalb nicht gem. § 164 I für und gegen M. Die B-KG hat mithin keinen Zahlungsanspruch gem. § 433 II gegen M.

### II. Anspruch aus §§ 280 I, 311 II Nr. 1 iVm § 278

298 Ein Schadensersatzanspruch der B-KG gegen M nach den §§ 280 I, 311 II iVm § 278 scheitert daran, dass M den S nicht als Verhandlungsgehilfen eingesetzt hat.

## 2. Teil. Ansprüche der B-KG gegen S

### I. Anspruch aus § 179 I

299 Nach dieser Vorschrift kann der Vertragspartner den Vertreter ohne Vertretungsmacht bei Verweigerung der Genehmigung durch den angeblich Vertretenen wahlweise auf Erfüllung oder Schadensersatz wegen Nichterfüllung in Anspruch nehmen.

Die Verweigerung der Genehmigung durch M wurde bereits oben festgestellt, sodass diese Voraussetzung vorliegt.

300 Wie aus § 179 II folgt, besteht eine weitere Voraussetzung für eine Haftung des S aus § 179 I darin, dass S den Mangel der Vertretungsmacht kannte. Dies ist zu bejahen.

301 Gem. § 179 III 1 ist die Haftung des Vertreters aber ausgeschlossen, wenn der andere Teil, dh die B-KG oder ihr Vertreter A, den Mangel der Vertretungsmacht gekannt oder infolge Fahrlässigkeit nicht gekannt hat. Wie oben dargestellt, beruhte die Unkenntnis der mangelnden Vollmacht des S auf Fahrlässigkeit seitens des Geschäftspartners.

Ein Anspruch der B-KG gegen den S aus § 179 I scheidet somit ebenfalls aus.

### II. Anspruch aus §§ 280 I, 311 II Nr. 1

Die B-KG könnte gegen S einen Anspruch aus Verschulden bei Vertragsschluss geltend machen, wenn S seine vorvertraglichen Pflichten verletzt hat.

302 Sofern die Haftung des Vertreters gem. § 179 III 1 entfällt, bestehen jedoch gegen die Anwendbarkeit dieser Anspruchsgrundlage Bedenken. Hierdurch würde der Haftungsausschluss nach § 179 III umgangen.

## 3. Teil. Ergebnis:

Die B-KG hat keine Zahlungsansprüche gegen M oder S.

## Fall 4: »Die abgelehnte Grundbuchberichtigung«

Die verwitwete W schenkte ihrem 17-jährigen Sohn S ein Hausgrundstück, das mit einer Hypothek über 80.000 EUR belastet war. Außerdem hatte W die Einliegerwohnung für fünf Jahre an M vermietet und zugunsten des 70-jährigen Vaters V der W eine Reallast eintragen lassen, die einen Anspruch auf Zahlung einer Rente iHv 800 EUR sicherte. 303

Die Schenkung wurde in Anwesenheit der Mutter und des Sohnes notariell beurkundet. Einige Tage später erklärte W vor dem Notar N für sich und zugleich im Namen des S die Auflassung. N beantragte unter Vorlage der Auflassung die Eintragung des S als Eigentümer im Grundbuch. Der Grundbuchamtbeamte lehnte die Eintragung ab.

**Frage 1: Zu Recht?**

**Frage 2: W fragt, ob ihr gegen N Schadensersatzansprüche zustehen.**

## A. Vorüberlegungen

Dieser Fall behandelt Probleme der gesetzlichen Vertretung, des § 181[1] und des Minderjährigenrechtes.[2]

### Frage 1:

304 **I.** Ausgangsnorm und Vertretungsgrenzen bei der gesetzlichen Vertretung wurden bereits eingangs[3] genannt; wichtig ist die Kenntnis der §§ 1629 II, 1795, die Sie zum Problem führt. Dazu müssen Sie zunächst die etwas ungewöhnliche Fragestellung bedenken. Der Grundbuchbeamte hat die Eintragung abgelehnt; wäre nach einem Rechtsbehelf gefragt, so müssten Sie die §§ 71 ff. GBO oder § 11 RpflG beachten. Vorliegend ist Ihr Ansatzpunkt, dass der Grundbuchbeamte die Eintragung dann zu Recht abgelehnt hat, wenn die grundbuchrechtlichen Voraussetzungen nicht vorlagen. Dafür benötigen Sie die wichtige Kette der §§ 13, 19, 20, 29, 39 GBO.

305 Der Schwerpunkt der Klausur liegt in § 181, und zwar beim Verhältnis der Norm zum Recht des beschränkt Geschäftsfähigen, wenn der gesetzliche Vertreter ihn beschenken will.

306 **II.** In diesen Zusammenhang passen recht gut noch einige Informationen zu den Rechtsgeschäften Minderjähriger, § 106, dh also zu dem System der §§ 107–113, die Sie sich bei dieser Gelegenheit mit aneignen sollten.[4]

307 **1.** Zweiseitige Rechtsgeschäfte beschränkt Geschäftsfähiger (für einseitige, zB Kündigung oder Anfechtung, gilt die Sonderregelung des § 111) bedürfen der Einwilligung des gesetzlichen Vertreters gem. § 108 I,[5] sofern sie nicht lediglich rechtlich vorteilhaft sind, § 107. Ohne Einwilligung geschlossene Rechtsgeschäfte sind gem. § 108 I schwebend unwirksam, aber in den Grenzen der §§ 108, 109 genehmigungsfähig, wiederum durch den (die) gesetzlichen Vertreter, gem. § 108 III auch durch den beschränkt Geschäftsfähigen selbst. Die Einwilligung kann speziell erteilt werden, der uneingeschränkte Generalkonsens verstößt gegen den Zweck der §§ 107 ff.[6] Zwischen diesen beiden Grenzen gibt es Sonderformen: So zunächst die Teilgeschäftsfähigkeit der §§ 112 f. Ihre praktische Bedeutung ist heute nicht mehr sehr groß, und zwar wegen der Volljährigkeitsgrenze von 18 Jahren; Ausbildungsverträge fallen nicht unter § 113.[7] Interessant ist hier, dass der beschränkt Geschäftsfähige im Rahmen beider Normen als unbeschränkt geschäftsfähig gilt, was auch seine Prozessfähigkeit zur Folge hat, § 52 ZPO.

1 Zu dieser Vorschrift vgl. *Keller* JA 2009, 561 ff.

2 Weitere Fälle zum Minderjährigenrecht finden Sie bei *Czeguhn/Dickmann* JuS 2008, 336 ff.; *Bellardita/Gregorio* JuS 2007, 444 ff.; *Preuß* JuS 2006, 305 ff. In diesem Zusammenhang ist auf § 1629a hinzuweisen, der durch das Minderjährigenhaftungsbeschränkungsgesetz mit Wirkung zum 1.1.1999 ins BGB eingefügt wurde. Danach kann der volljährig Gewordene seine Haftung für bestimmte Verbindlichkeiten, die während seiner Zeit als Minderjähriger begründet wurden, auf das bei Vollendung des 18. Lebensjahres vorhandene Vermögen beschränken. Ihm wird so ein schuldenfreier Eintritt in die Volljährigkeit ermöglicht.

3 → Rn. 202 ff.

4 Zu § 105a *Casper* NJW 2002, 3425 ff.

5 Vgl. zum Sorgerecht und der daraus folgenden Vertretungsbefugnis §§ 1626, 1629.

6 Staudinger/*Knothe*, 2011, § 107 Rn. 36.

7 Soergel/*Hefermehl* § 113 Rn. 2.

**2.** Daneben gibt es jedoch noch die besondere Ausgestaltung der Einwilligung durch den sog. *beschränkten Generalkonsens*. Solche Einwilligungen erstrecken sich auf vorhersehbare Rechtsgeschäfte in abgegrenzten Geschäftsbereichen, die üblicherweise mit solchen Situationen verbunden sind, wie sie der gesetzliche Vertreter des beschränkt Geschäftsfähigen erlaubt hat. Dies gilt etwa, wenn einem Minderjährigen gestattet wird, eine auswärtige Schule zu besuchen.[8] Die Rechtsfigur ist also dem § 110 nachgebildet, bei dem Sie immer beachten müssen, dass die Leistung mit den entsprechenden Mitteln auch *bewirkt* sein muss.[9] Davon zu unterscheiden ist der sog. *Folgekonsens*, dh die im Wege der Auslegung gewonnene Erstreckung einer Einwilligung auf *notwendig* folgende Rechtsgeschäfte. So enthält die Einwilligung zur Anschaffung eines Mopeds etwa den Folgekonsens für den Abschluss des Haftpflichtversicherungsvertrags.[10] 308

**3.** Auch beim Zugang einer Willenserklärung kommt der Frage der Einwilligung oder des lediglich rechtlichen Vorteils Bedeutung zu, § 131 II. Dabei ist es wichtig zu wissen, dass man ein *Vertragsangebot* unabhängig von seinem Inhalt als lediglich rechtlich vorteilhaft sieht, da es dem beschränkt Geschäftsfähigen eine Entscheidungsposition verschafft.[11] Der Inhalt wird demgemäß unter Zugangsgesichtspunkten erst für die Annahmeerklärung relevant.[12] Die dann evtl. notwendige Einwilligung bezieht sich auf den Eintritt der Wirksamkeit einer empfangenen Willenserklärung. Für sie gelten die oben geschilderten Grundsätze zum beschränkten General- und Folgekonsens. Im Rahmen der §§ 112, 113 greift § 131 nicht ein, da unbeschränkte Geschäftsfähigkeit gegeben ist. 309

**Frage 2:**

Der Notar ist Träger eines öffentlichen Amtes, kommt aber bei seiner Tätigkeit keiner Verpflichtung aus einem Dienstvertrag nach. Er ist im Verhältnis zu den Parteien unabhängig, nicht Vertreter einer Partei, sondern unparteiischer Betreuer beider. Für Verschulden im Rahmen seiner Amtsführung haftet er in entsprechender Anwendung der Grundsätze der Beamtenhaftung. Für eine vertragliche Haftung oder die Anwendung deliktischer Normen ist kein Raum.[13] Vielmehr bestimmt sich die Haftung des Notars allein nach § 19 BNotO, einer Anspruchsgrundlage, die Sie sich merken sollten. 310

8 Staudinger/*Knothe*, 2011, BGB § 107 Rn. 36.
9 Hierzu NK-BGB/*Baldus* § 110 Rn. 3 ff.; *Modrzyk* JA 2012, 407 ff.
10 Vgl. iE Staudinger/*Knothe*, 2011, BGB § 107 Rn. 38 ff.
11 S. Bamberger/Roth/*Wendtland* BGB § 131 Rn. 7.
12 MüKoBGB/*Einsele* § 131 Rn. 5.
13 Schippel/Bracker/*Schramm*, Bundesnotarordnung, 9. Aufl. 2011, BNotO § 19 Rn. 1 ff.

## B. Lösung

### Frage 1:

### I. Anspruch des S auf Eintragung ins Grundbuch

Der Grundbuchbeamte hat die Eintragung zu Recht abgelehnt, wenn ihre Voraussetzungen nicht vorlagen. Diese bestimmen sich nach den §§ 13, 19, 20, 29 und 39 GBO.

311 **1.** Der gem. § 13 GBO erforderliche Antrag lag vor. Der Notar war gem. § 15 II GBO zur Antragstellung berechtigt.

312 **2.** Im Fall der Auflassung genügt im Unterschied zu § 19 GBO nicht die Eintragungsbewilligung des Betroffenen, sondern es bedarf gem. § 20 GBO des Nachweises der Einigung, §§ 873 I, 925 I, und zwar in der Form des § 29 GBO. Das Grundbuchamt ist dabei verpflichtet, die Richtigkeit des Grundbuches zu wahren. Es muss deshalb eine Eintragung ablehnen, wenn eine materielle Voraussetzung, die zugleich eine Verfahrensvoraussetzung darstellt, fehlt. Aus diesem Grunde hat der Grundbuchbeamte die ihm vorgelegte Einigungserklärung der Beteiligten zu prüfen und bei berechtigten Zweifeln an der Wirksamkeit der Einigung die Eintragung bis zur Beseitigung des Hindernisses abzulehnen.[14] Es ist deshalb zu prüfen, ob eine wirksame Einigung zwischen W und S vorliegt. Die Voraussetzungen des § 29 GBO sowie die Voreintragung der Betroffenen W gem. § 39 GBO sind demgegenüber unproblematisch.

**a)** Nach dem Sachverhalt liegt eine Auflassung in der Form des § 925 vor.

313 **b)** Zweifel hinsichtlich ihrer Wirksamkeit resultieren jedoch daraus, dass W als Veräußerer und gleichzeitig als gesetzlicher Vertreter des Erwerbers S aufgetreten ist, §§ 1629 I 3, 1680 I. Sie konnte die Auflassung nur dann wirksam erklären, wenn sie zur Vertretung berechtigt war. Ein Ausschluss der Vertretungsmacht könnte sich vorliegend aus den §§ 1629 II 1, 1795 II, 181 ergeben.

**aa)** Fraglich erscheint, ob die letztgenannte Norm auf den vorliegenden Fall anwendbar ist oder ob sie möglicherweise teleologisch reduziert werden muss.[15]

314 **(1)** Zunächst könnte man die Auffassung vertreten, § 181 unterliege nur den eigenen tatbestandlichen Beschränkungen, weitere Einschränkungen seines Anwendungsbereiches kämen nicht in Betracht. Dies wäre dann der Fall, wenn es sich um eine formale Ordnungsvorschrift handeln würde.[16]

315 **(2)** Eine solche Betrachtungsweise lässt allerdings den Sinn und Zweck der Vorschrift, Interessenkollisionen zwischen den Beteiligten zu verhindern, außer Betracht. Sofern man diesen Gesetzeszweck in die Auslegung einbezieht, müsste eine Anwendung des § 181 ausscheiden, sofern von vornherein keine Interessenkollision denkbar ist.[17]

14 Diese Verpflichtung folgt aus § 20 GBO, nicht aus dem materiellen Recht, vgl. *Kuntze/Ertl/Hermann/Eickmann*, Grundbuchrecht, 6. Aufl. 2006, Einl. C 68.

15 Zu den Möglichkeiten einer analogen Anwendung vgl. hingegen HK-BGB/*Dörner* § 181 Rn. 15 ff.

16 BGHZ 56, 97.

17 BGHZ 75, 358; BGH NJW 1975, 1885.

Der letztgenannte Ansatz hat den Vorteil, eine schematische Anwendung des Gesetzes zu vermeiden und vielmehr die im Einzelfall berührten Interessen gerecht gegeneinander abzuwägen.

Folgt man ihm, so führt dies zu der Frage, ob eine teleologische Reduktion des § 181 nur dann in Betracht kommt, wenn im jeweiligen Einzelfall keine Interessenkollision zu befürchten ist[18] oder ob eine abstrakt-generelle Betrachtungsweise entscheidend ist.[19] 316

Unabhängig von der Entscheidung dieser Streitfrage lässt sich jedoch sagen, dass § 181 vorliegend den Abschluss des Rechtsgeschäftes dann nicht verhindern würde, wenn es für den S als Vertretenen lediglich rechtlich vorteilhaft wäre,[20] da dann eine Interessenkollision stets ausgeschlossen ist. Zur Beurteilung dieser Frage sind die Kriterien des § 107 heranzuziehen.[21] 317

Wann danach für einen beschränkt Geschäftsfähigen ein Rechtsgeschäft lediglich rechtlich vorteilhaft ist, wird unterschiedlich beurteilt. Zum einen besteht die Möglichkeit, auf die *unmittelbaren*[22] rechtlichen[23] Folgen des Geschäftes abzustellen, zum anderen wäre auch eine wirtschaftliche Betrachtungsweise[24] denkbar. Schließlich ist es möglich, nicht nur die rechtliche Situation für den beschränkt Geschäftsfähigen zu untersuchen, sondern auch den Schutz des elterlichen Sorgerechtes und die Rechtssicherheit in die Überlegungen einzubeziehen.[25]

Die beiden letztgenannten Auffassungen unterliegen jedoch Bedenken: Die wirtschaftliche Betrachtungsweise widerspricht dem eindeutigen Wortlaut des Gesetzes; eine allein am Normzweck ausgerichtete Interpretation bringt eine nicht unerhebliche Rechtsunsicherheit mit sich und verfehlt damit einen wesentlichen Aspekt des Minderjährigenrechtes. Aus diesem Grunde erscheint es überzeugend, einer rein rechtlichen Betrachtungsweise zu folgen, die zwischen den mittelbaren und unmittelbaren Folgen des jeweils infrage stehenden Rechtsgeschäftes differenziert. 318

Unter Anwendung dieser Grundsätze ist vorliegend zu prüfen, ob der Grundstückserwerb unmittelbare rechtliche Nachteile für S mit sich bringt.

Der Eigentumserwerb als solcher ist für den beschränkt Geschäftsfähigen lediglich rechtlich vorteilhaft. Zweifel an dieser Wertung könnten sich jedoch deshalb ergeben, weil das Grundstück mit einer Hypothek sowie einer Reallast belastet ist, ferner ein Mietvertrag besteht und schließlich noch den S kraft öffentlichen Rechtes Lasten des Grundstückeigentümers, wie Grunderwerbs-, Grund- und Schenkungssteuer, Polizeipflicht, Erschließungsbeiträge usw, treffen könnten. 319

18 Erman/*Maier-Reimer* § 181 Rn. 2.

19 BGH NJW 1995, 3126 (3127); MüKoBGB/*Schramm* § 181 Rn. 8 ff.

20 Vgl. hierzu BGH NJW 1975, 1885 = JR 1976, 66 mAnm *Schubert*.

21 Vgl. dazu MüKoBGB/*Schramm* § 181 Rn. 15.

22 Staudinger/*Knothe*, 2011, § 107 Rn. 6; das Merkmal »Unmittelbarkeit« schließt Nachteile aus, die zwar Bezug zum Rechtsgeschäft haben, sich aber erst aus weiteren Umständen ergeben.

23 MüKoBGB/*Schmitt* § 107 Rn. 28; Erman/*H.-F. Müller* § 107 Rn. 3; *Wolf/Neuner* BGB AT § 34 Rn. 20 f.

24 *Stürner* AcP 173 (1973), 402 (421).

25 *Preuß* JuS 2006, 305 (306 ff.).

320 Die öffentlichen Lasten trägt jeder Eigentümer; sie beruhen gerade nicht auf dem zu prüfenden Rechtsgeschäft und sind sog. mittelbare Folgen, die für die Prüfung der rechtlichen Vorteilhaftigkeit außer Betracht bleiben müssen.[26]

321 Fraglich ist, ob die Belastung des Grundstückes mit der Hypothek zu einem anderen Ergebnis führt.

Dabei muss man jedoch berücksichtigen, dass die dingliche Belastung bereits vor der Auflassung auf dem Grundstück ruhte und lediglich seinen Wert mindert.[27] S wird durch das Grundpfandrecht keiner persönlichen Leistungspflicht ausgesetzt, sondern allenfalls gezwungen, im Falle der Nichterfüllung der gesicherten Forderung die Zwangsvollstreckung in das Grundstück zu dulden, § 1147. Somit stellt auch die Belastung mit einer Hypothek keinen rechtlichen Nachteil dar.

322 Zu prüfen ist jedoch, ob sich hinsichtlich des Mietvertrags etwas anderes ergibt.

Gem. §§ 566 I, 535 I ist S gegenüber dem M persönlich verpflichtet, die Mietsache zu überlassen und in einem mangelfreien Zustand zu erhalten. Er haftet dem M als Erwerber des Grundstückes nach den Gewährleistungsregeln der §§ 536 ff. Diese persönliche Haftung stellt einen unmittelbaren Nachteil dar.[28]

323 Rechtliche Nachteile könnten sich ferner aus der Reallast ergeben. Zwar gilt auch insoweit, dass lediglich ein eingeschränkter Erwerb vorliegt, da die Reallast bereits vor der Auflassung eingetragen war. Anders als eine Hypothek verpflichtet eine Reallast jedoch den Grundstückseigentümer zu wiederkehrenden Leistungen aus dem Grundstück, § 1105 I 1. Sofern S das Grundstück erwirbt, ist er gem. § 1108 I persönlich verpflichtet, monatlich 800 EUR an den Großvater zu zahlen, sodass auch hierin ein rechtlicher Nachteil liegt. Damit ist die Auflassung für S insgesamt nicht lediglich rechtlich vorteilhaft, sodass eine teleologische Reduktion des § 181 nicht in Betracht kommt. Die Norm ist anwendbar.

**bb)** Es bleibt deshalb zu prüfen, ob nach den beiden im Tatbestand des § 181 genannten Ausnahmen hier das Selbstkontrahieren ausnahmsweise erlaubt war.

324 **(1)** Eine Gestattung kommt deshalb nicht in Betracht, weil sie wegen der beschränkten Geschäftsfähigkeit des S durch W hätte erfolgen müssen und damit ihrerseits wieder § 181 unterläge.

325 **(2)** Es könnte sich aber bei der Auflassung um die Erfüllung einer Verbindlichkeit, nämlich des zugrunde liegenden Schenkungsversprechens, gehandelt haben.

W und S haben in der erforderlichen Form des § 518 I einen Schenkungsvertrag gem. § 516 I über das Grundstück geschlossen. Allerdings konnte S auch hier nur die Einigungserklärung wirksam abgeben, wenn das Rechtsgeschäft für ihn lediglich rechtlich vorteilhaft iSd § 107 war.

26 MüKoBGB/*Schmitt* § 107 Rn. 39. BGH NJW 2005, 415 (417). Zur Begründung führte das Gericht an, dass es bestimmte Rechtsnachteile gebe, die wegen ihres typischerweise sehr geringen Gefährdungspotentials für das Vermögen des Minderjährigen als vom Anwendungsbereich des § 107 nicht erfasst anzusehen seien. Dies gelte insbesondere für die in Rede stehenden öffentlichen Lasten, die ihrem Umfang nach begrenzt seien und in der Regel aus den laufenden Erträgen des Grundstücks gedeckt werden könnten. Zust. *Menzel/Führ* JA 2005, 859 (861), krit. hingegen *Staudinger* JURA 2005, 547 (551) sowie *Röthel/Krackhardt* JURA 2006, 161 (165 f.).

27 Vgl. MüKoBGB/*Schmitt* § 107 Rn. 40.

28 Vgl. BayObLG NJW 2003, 1129 f.; Palandt/*Ellenberger* § 107 Rn. 4.

Die Annahme eines Schenkungsversprechens allein ist nicht darauf gerichtet, nachteilige Rechtsfolgen für S auszulösen. Betrachtet man deshalb das Kausalgeschäft getrennt, so ist die Annahme des Schenkungsangebotes lediglich rechtlich vorteilhaft; sie verschafft dem Minderjährigen einen Leistungsanspruch. Die vorgenannten Belastungen treffen S erst durch das spätere Erfüllungsgeschäft. **326**

Diese aufgrund des Abstraktionsprinzips[29] scheinbar einleuchtende Trennung von Grund- und Erfüllungsgeschäft würde allerdings uU der gesetzlichen Wertung der §§ 107, 181 zuwiderlaufen. S wäre nach Erfüllung des Schenkungsvertrags persönlich verpflichtet, ihn würden mithin die vorgenannten rechtlichen Nachteile treffen. **327**

Es stellt sich deshalb die Frage, ob im Rahmen der §§ 107, 181 die getrennte oder eine gemeinsame Betrachtungsweise von Verpflichtungs- und Erfüllungsgeschäft angebracht ist.[30]

Für eine Gesamtbetrachtung[31] spricht, dass die isolierte Prüfung des Grundgeschäftes ohne Blick auf die endgültigen Rechtsfolgen stattfinden würde. **328**

Die Rechtsfolgen des Erfüllungsgeschäftes sind in die Frage der rechtlichen Vorteilhaftigkeit des Grundgeschäftes mit einzubeziehen. Letztlich geht es dabei nicht um eine dem Abstraktionsprinzip zuwiderlaufende rechtliche Verknüpfung zweier unterschiedlicher Geschäftsarten, sondern allein um eine wertende Betrachtungsweise des Kausalgeschäftes. Dabei kann aber nicht außer Acht gelassen werden, dass der schuldrechtliche Vertrag zwingend das dingliche Rechtsgeschäft vorbereitet.

Daraus folgt, dass S bereits zur Annahme des Schenkungsversprechens gem. § 107 der Einwilligung des gesetzlichen Vertreters bedurft hätte, und auch, da die Mutter hieran beteiligt war, der Einwilligung eines Ergänzungspflegers wegen §§ 1629 II 1, 1795 II, 181.

Somit ist der Schenkungsvertrag schwebend unwirksam, sodass W bei der Auflassung in Form des Selbstkontrahierens nicht in Erfüllung einer Verbindlichkeit handelte.

Eine wirksame Einigung scheitert damit an den §§ 1629 II 1, 1795 II, 181, sodass der Grundbuchbeamte die Eintragung zu Recht abgelehnt hat.

29 Vgl. *Jauernig* JuS 1982, 576 (577). Diese Ansicht führt zum wirksamen Kausalgeschäft. Auf das Erfüllungsgeschäft wird danach in teleologischer Reduktion des § 181 der letzte Halbsatz der Vorschrift »Erfüllung einer Verbindlichkeit« nicht angewendet, wenn es dem beschränkt Geschäftsfähigen nachteilig ist.

30 Zu den unterschiedlichen Ansichten vgl. *Keller* JA 2009, 561 (563 ff.).

31 BGHZ 78, 28 (34 f.); Palandt/*Ellenberger* § 107 Rn. 6. Der BGH (NJW 2005, 415 [416 f.]) hat die Reichweite der von ihm begründeten Gesamtbetrachtungslehre spezifiziert und ihre Anwendbarkeit verneint, sofern bereits das Kausalgeschäft für sich rechtlich nachteilig und somit bei fehlender Genehmigung schwebend unwirksam sei (konkret ging es um einen Grundstücksüberlassungsvertrag, der dem Schenker einen Rücktrittsvorbehalt einräumte und die minderjährigen Beschenkten damit der Gefahr eines Wertersatz- bzw. Schadensersatzanspruchs aussetzte (§ 346 II–IV). In einem solchen Fall fehle es von vornherein an einer Verpflichtung, die der gesetzliche Vertreter im Wege des In-Sich-Geschäfts gem. § 181 letzter Hs. erfüllen könne, sodass eine Umgehung des von § 107 intendierten Schutzes nicht möglich sei. Da aufgrund des § 181 das Verpflichtungsgeschäft ohnehin unwirksam ist, kann die Wirksamkeit des Geschäfts nach § 107 in dieser besonderen Konstellation nur anhand des dinglichen Geschäfts geprüft werden. Nunmehr hat der BGH (NJW 2010, 3643) seine auf eine Gesamtbetrachtung abstellende Rspr. aufgegeben und sich zur isolierten Betrachtung bekannt.

## II. Ergebnis zu Frage 1:

W hat keinen Anspruch auf Eintragung in das Grundbuch.

## Frage 2:

## 1. Teil. Ansprüche der W gegen N auf Schadensersatz

### I. Anspruch W gegen N aus §§ 280 I, 241 II

329 Ein Anspruch der W gegen N auf Schadensersatz könnte zunächst wegen einer Pflichtverletzung aus dem Schuldverhältnis des Dienstvertrags gegeben sein.

Der Notar handelt jedoch in Ausübung eines ihm anvertrauten öffentlichen Amtes und folgt keiner Verpflichtung aus dem Dienstvertrag; er ist unparteiischer Betreuer der Parteien und an keine Partei vertraglich gebunden.

Eine vertragliche Haftung scheidet damit aus.

### II. Anspruch gem. § 19 BNotO

330 **1.** Voraussetzung dafür ist, dass N eine Amtspflicht verletzt hat. Indem er die Beteiligten nicht über die notwendige Mitwirkung eines Ergänzungspflegers beim Abschluss des Schenkungsvertrags unterrichtete, verstieß er gegen seine sich aus den §§ 17 ff. BeurkG ergebenden Prüfungs- und Belehrungspflichten. Somit liegt eine Amtspflichtsverletzung vor. N handelte auch fahrlässig iSd § 276 II. Die mangelnde Beachtung der gesetzlichen Vertretungsvorschriften bedeutet für einen Notar die Außerachtlassung der im Verkehr erforderlichen Sorgfalt.

331 **2.** Der Anspruch könnte jedoch gem. § 19 I 2 BNotO ausgeschlossen sein, sofern die W auf andere Weise Ersatz für ihren Schaden hätte verlangen können.[32] Nach dem Sachverhalt ist jedoch eine solche anderweitige Ersatzmöglichkeit nicht ersichtlich.

332 **3.** Der Schaden der W besteht darin, dass die Beurkundung des Schenkungsvertrags neu vorgenommen werden muss. Zum Ersatz dieses Schadens ist N gem. § 249 verpflichtet. Fraglich ist, ob W von ihm im Wege der Naturalrestitution die Vornahme einer erneuten Beurkundung verlangen kann. Dagegen spricht aber, dass der Notar als Inhaber eines öffentlichen Amtes unabhängig sein muss und deshalb nicht zur Vornahme einer Amtshandlung gezwungen werden darf.[33]

Somit kann W nur die Kosten der Beurkundung verlangen sowie uU damit in Zusammenhang stehende Kosten, etwa für Fahrt, Porto oder ähnliches.

### III. Anspruch gem. § 839

333 Schließlich käme noch eine Haftung gem. § 839 in Betracht; sie ist jedoch deshalb ausgeschlossen, weil § 19 BNotO für den notariellen Bereich eine Sondervorschrift darstellt.

## 2. Teil. Ergebnis zu Frage 2

W hat gegen N einen Schadensersatzanspruch aus § 19 BNotO.

32 Vgl. BGH NJW 1993, 1589.

33 Vgl. MüKoBGB/*Papier* § 839 Rn. 295 ff. zum parallelen Problem bei § 839.

# 2. Abschnitt. Schuldrecht Allgemeiner Teil

## 1. Kapitel. Grundprobleme der Falllösung im Allgemeinen Teil des Schuldrechts

Aus den Problemen des Allgemeinen Teils des Schuldrechts werden hier die in den folgenden Fällen behandelten Fragen vertieft. Begonnen wird mit einem Gebiet, das zwar nicht mit einem Fall vertreten ist, in Ausbildung und Praxis aber große Bedeutung hat, mit dem Recht der AGB. 334

### A. Allgemeine Geschäftsbedingungen

Bei der Lösung eines AGB-Falles[1] muss man zwischen drei Bestandteilen bei der Erklärung des AGB-Verwenders unterscheiden: 335

- Individualvertrag
- Einbeziehungsklausel
- AGB.

Diejenigen Vertragsbestandteile, die sich auf die konkreten Vertragspartner und die konkreten Vertragsbedingungen beziehen, werden im Individualvertrag geregelt. 336

Dieser enthält eine Einbeziehungsklausel wie zB »Es gelten unsere umseitig abgedruckten AGB«.

Schließlich geht es um die AGB selbst, insbesondere im Hinblick auf Auslegung und Inhaltskontrolle.

#### I. Die Anwendung des AGB-Rechts

Die Inhaltskontrolle richtet sich nach den §§ 305 ff. Bevor Sie im Einzelnen auf diese Bestimmungen eingehen können, müssen Sie zunächst deren Anwendungsbereich klären. So sind zB nach § 310 IV 1 Verträge auf dem Gebiet des Erbrechts, des Familienrechts und des Gesellschaftsrechts vollständig ausgenommen. 337

Eine eingeschränkte Geltung findet sich bei AGB, die gegenüber einem Unternehmer verwandt werden. Schließlich gelten eine Reihe von Besonderheiten beim Verbrauchervertrag, § 310 III.

Im Arbeitsrecht müssen Sie unterscheiden zwischen Tarifverträgen und Betriebsvereinbarungen einerseits, die keiner AGB-Kontrolle unterliegen, § 310 IV 2, und den AGB in Form der Allgemeinen Arbeitsbedingungen.[2]

#### II. Das Vorliegen von AGB

Nach § 305 liegen AGB nur dann vor, wenn die Vertragsbedingungen vorformuliert und für eine Vielzahl von Verträgen vorgesehen sind. Eine Ausnahme gilt allerdings bei Verbraucherverträgen nach § 310 III; nach Nr. 1 gelten die AGB als vom Unternehmer gestellt. 338

1 S. die Einführungen von *Hamann/Rudnik* JURA 2009, 335 ff.; *Rolfs* RdA 2006, 349 ff.

2 S. hierzu mit Aufbauschema *Wank/Maties* JURA 2010, 1 ff.

### III. Die Einbeziehungsklausel

339 Nach § 305 II ist in der Regel ein ausdrücklicher Hinweis auf die Geltung der AGB erforderlich.

### IV. Das Instrumentarium der Kontrolle von AGB

340 Die §§ 305 ff. nehmen eine Kontrolle der AGB auf unterschiedlichem Wege vor:

- Es gelten besondere Auslegungsregeln.
- Manche Klauseln finden erst gar keinen Eingang in den Vertrag.
- Andere Klauseln gehen zwar in den Vertrag ein, sind aber unwirksam.

### V. Auslegung

341 Nach § 305c II gehen Auslegungszweifel zulasten des Verwenders. Man stellt also zunächst fest, dass überhaupt eine Auslegung möglich ist (weil die Klausel klar genug ist; anderenfalls s. → Rn. 343 zur Transparenz) und dass mindestens zwei Auslegungsvarianten möglich sind. Es ist dann die für den Verwender ungünstigere zugrunde zu legen.

### VI. Der Ausschluss des Übergangs der AGB in den Vertrag

342 Nach zwei Bestimmungen werden bestimmte Klauseln in AGB erst gar nicht Vertragsbestandteil. Nach § 305c I gilt das für überraschende Klauseln. Das sind typischerweise solche, die man im jeweiligen Kontext nicht erwartet.

Nach § 305b geht eine individuelle Vereinbarung derjenigen in AGB vor.

### VII. Inhaltskontrolle

#### 1. Transparenzgebot und Hauptpflichten

343 Bevor Sie sich nunmehr an die Inhaltskontrolle begeben, sind zwei weitere Stolpersteine zu beachten. Eine Klausel kann bereits deshalb unwirksam sein, weil sie nicht transparent ist, § 307 I 2. Eine Inhaltskontrolle findet im Übrigen nach § 307 III nicht statt im Hinblick auf die Hauptpflichten.

#### 2. Die weiteren Prüfschritte

344 Nunmehr prüfen sie in der Reihenfolge:

- § 309
- § 308
- § 307.

### VIII. Rechtsfolgen

345 Ist eine Klausel zwar Vertragsbestandteil geworden, aber unwirksam, so wird sie nicht etwa in einer anderen, für den Verbraucher erträglichen Fassung aufrechterhalten. Vielmehr gilt das Verbot der geltungserhaltenden Reduktion: Die Klausel ist unwirksam und wird durch Gesetzesrecht ersetzt.

## B. Leistungsstörungen

346 Man kann das Recht der Leistungsstörungen[3] in verschiedener Hinsicht untergliedern. Ein ursprüngliches Anliegen der Schuldrechtsreform war es, auf die einzelnen Tatbestände zu Gunsten eines Grundtatbestandes der Pflichtverletzung zu verzich-

3 Zu Leistungsstörungen im neuen Schuldrecht *Medicus* JuS 2003, 521.

ten.[4] Es hat sich aber gezeigt, dass an weiteren Untergliederungen nicht vorbeizukommen ist. Für ein systematisches Verständnis bieten sich zwei Wege an. Zum einen kann man von den Rechtsfolgen ausgehen und dabei nach den einzelnen Arten von Leistungsstörungen unterscheiden. Setzt man also zB bei einem Schadensersatzanspruch bei der Pflichtverletzung an, so schließen sich die Untergliederungen einer Pflichtverletzung aus Unmöglichkeit der Leistung, wegen Schuldnerverzug oder wegen Schlechterfüllung an.[5] Für das Verständnis besser geeignet erscheint uns ein Vorgehen nach der Art der Leistungsstörung, wobei sich nach der Bestimmung des Tatbestandes der Leistungsstörung die Untersuchung der Rechtsfolgen anschließt.[6] Der Gesetzgeber hat jedenfalls ein Mischsystem aus rechtsfolgenorientiertem und tatbestandsorientiertem Ansatz geschaffen.[7]

Im Folgenden wird nach Leistungsstörungen aufseiten des Schuldners, Leistungsstörungen aufseiten des Gläubigers und Leistungsstörungen in der neutralen Sphäre differenziert.

### I. Leistungsstörungen aufseiten des Schuldners

Das BGB unterscheidet bei den Leistungsstörungen aufseiten des Schuldners drei Bereiche: 347

- Unmöglichkeit
- Schuldnerverzug und
- Schlechterfüllung.

Jede der drei Arten von Leistungsstörungen steht in Alternativität zu den beiden anderen. Prüfen Sie daher zuerst, ob und warum nicht eine der beiden anderen Arten von Leistungsstörungen in Ihrem Fall vorliegt!

#### 1. Unmöglichkeit

Im Recht der Unmöglichkeit hat die Schuldrechtsreform einige Vereinfachungen gebracht.[8] Dieses Recht war im Gesetz sehr unübersichtlich geregelt. 348

Nunmehr ist auch der auf eine anfängliche objektiv unmögliche Leistung gerichtete Vertrag wirksam; im Hinblick auf den Schadensersatzanspruch gilt als Sondervorschrift § 311a.[9]

In einer Reihe von Fällen, in denen die Leistung »eigentlich« noch möglich war, hat man früher Unmöglichkeitsrecht angewandt. Im Einzelnen ging es um faktische Unmöglichkeit, wirtschaftliche Unmöglichkeit, Unmöglichkeit aus Gewissensgründen und Unzumutbarkeit. Die faktische Unmöglichkeit wird im neuen Recht unter § 275 I subsumiert. Auf die wirtschaftliche Unmöglichkeit ist § 275 II anzuwenden. Für die Leistungsverweigerung aus Gewissensgründen ist § 275 III heranzuziehen.

4 Dazu *Huber* ZIP 2000, 2273; *Schapp* JZ 2001, 583 einerseits, *Anders* ZIP 2001, 184 andererseits.
5 So das Vorgehen bei Dauner-Lieb/Heidel/Lepa/Ring/*Dauner-Lieb* SchuldR § 2 Rn. 32 ff.; *Lorenz/Riehm*, Lehrbuch zum neuen Schuldrecht, 2002, Rn. 168; *Westermann/Bydlinski/Weber*, BGB Schuldrecht Allgemeiner Teil, 8. Aufl. 2013, Rn. 5/17.
6 So auch *Emmerich*, Das Recht der Leistungsstörungen, 6. Aufl. 2005, § 2 Rn. 1; *Medicus* in: Haas/Medicus/Rolland/Schäfer/Wendtland (Hrsg.), Das neue Schuldrecht, 2002, 3. Kap. Rn. 31.
7 *Looschelders* SchuldR AT Rn. 414.
8 *Huber* ZIP 2000, 2137; *Olzen/Wank*, Die Schuldrechtsreform, 2002, Rn. 57 ff., 158 ff.
9 Dazu *Sutschet* NJW 2005, 1404 ff.; *Windel* JR 2004, 265 ff.; *Windel* ZGS 2003, 466 ff.

Im Bereich der Unzumutbarkeit im Arbeitsverhältnis verdrängt § 616 teilweise den neuen § 275 III.[10]

Objektive und subjektive Unmöglichkeit werden seit der Schuldrechtsreform gleich behandelt.

Wichtig ist für die Fallbearbeitung, wonach in der Aufgabenstellung gefragt ist. Sie sollten daher stets die Bearbeitung nach Leistung und Gegenleistung entsprechend der Aufgabenstellung trennen. Wird nach der Verpflichtung des Schuldners zur Erfüllung seiner Leistung gefragt, geht es um § 275.[11] Geht es darum, welche Konsequenzen die Unmöglichkeit der einen Leistung für die Gegenleistung hat, gilt § 326.[12] Man kann auch sagen, § 275 regelt die Leistungsgefahr, § 326 die Gegenleistungsgefahr.

349 **Schema Leistungsgefahr, § 275**

**Tatbestand**

1. Schuldverhältnis, aus dem der Schuldner zur Leistung verpflichtet ist
2. a) Unmöglichkeit der Leistung gem. § 275 I (und zwar gleichgültig, ob anfängliche oder nachträgliche, ob objektive oder subjektive, ob vom Schuldner zu vertretende oder nicht zu vertretene) oder
   b) Leistungsverweigerungsrecht gem. § 275 II oder
   c) Leistungsverweigerungsrecht gem. § 275 III

**Rechtsfolge**

Der Schuldner wird von der Verpflichtung zur Leistung frei.

350 Besondere Probleme treten bei der *Gattungsschuld* und bei Schadensverlagerungen auf.[13]

Im Hinblick auf die Frage, ob der Schuldner von seiner Leistungspflicht bei Unmöglichkeit frei wird, ist zwischen Speziesschuld und Gattungsschuld zu unterscheiden.

Für die Speziesschuld gilt § 275. Ist dem Schuldner die Leistung (schuldhaft oder nicht) unmöglich geworden, wird er von der Verpflichtung zur Leistung frei. Bei der Gattungsschuld ist wiederum zwischen nicht-konkretisierter und konkretisierter Gattungsschuld zu differenzieren.

Für die nicht-konkretisierte Gattungsschuld gilt § 243 I. Der Schuldner wird nicht frei, obwohl ihm die (ursprünglich vorgesehene) Leistung unmöglich ist; er kann ja noch aus der Gattung liefern.

Mit der Konkretisierung der Gattungsschuld wird demgegenüber § 275 anwendbar. Anders gesagt: Die Konkretisierung macht aus einer Gattungsschuld eine Speziesschuld.[14]

---

10 S. *Wank*, Übungen im Arbeitsrecht, 3. Aufl. 2002, Fall 5.

11 S. Fall 6, Anspruch K gegen V, Fall 7, Anspruch N gegen O.

12 S. Fall 6, Anspruch V gegen K.

13 Zur Leistungsgefahr bei Gattungsschulden → Rn. 352; vgl. zum Beschaffungsrisiko MüKoBGB/*Grundmann* § 276 Rn. 177 f.; Palandt/*Grüneberg* § 276 Rn. 30 ff.

14 Palandt/*Grüneberg* § 243 Rn. 7.

Wichtig ist daher die Kenntnis, wodurch eine *Konkretisierung* eintritt. Dafür müssen Sie auf

- § 243 II,
- § 243 I und
- §§ 293 ff.

zurückgreifen. Der Schuldner muss seine Leistung

- in der richtigen Art und Weise, § 243 I,
- am richtigen Ort, § 269
- zur richtigen Zeit, § 271
- dem richtigen Gläubiger
- in einer den Annahmeverzug begründenden Weise, §§ 293 ff., anbieten.

Um zu klären, wann der Schuldner das seinerseits Erforderliche getan hat (§ 243 II) und wann er in einer den Annahmeverzug begründenden Weise angeboten hat, kommt es noch vor Anwendung der §§ 293 ff. auf eine Qualifizierung des Schuldverhältnisses an, nämlich darauf, ob eine

- Holschuld
- Bringschuld oder
- eine Schickschuld

vorliegt.

351

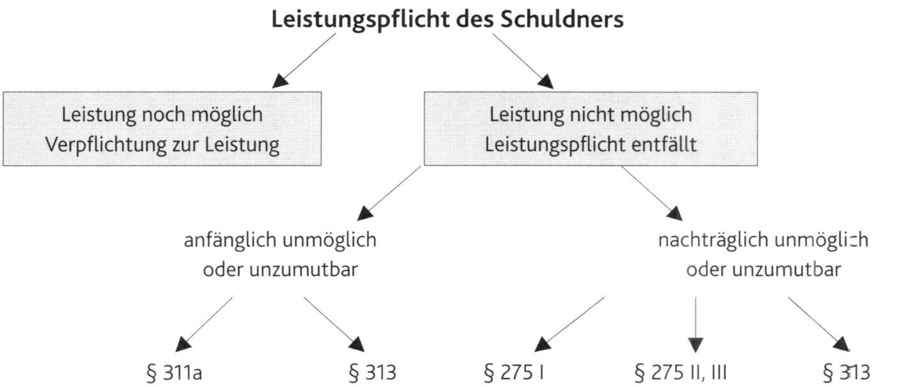


Für die Gegenleistung bei Unmöglichkeit der eigenen Leistung, also für die Gegenleistungsgefahr, gilt Folgendes: 352

**Gegenleistungsgefahr, § 326**

**Regel: § 326 I 1**

| | |
|---|---|
| **Tatbestand:** | Leistungspflicht gem. § 275 I–III ausgeschlossen. |
| **Rechtsfolge:** | Der Anspruch auf die Gegenleistung geht unter. |

Das Risiko der *Gegenleistung* verteilt das Gesetz nach der Grundregel des § 326. Von dieser Grundregel gibt es *Ausnahmen*, die sich in zwei Gruppen gliedern:

- vorzeitiger Gefahrübergang auf den Gläubiger und
- Risikoverlagerung aus sozialen Gründen.

Zu der ersten Gruppe gehören §§ 446, 447 I.[15] Die Vorschrift ist mit § 326 II vergleichbar. Zwar wird der Schuldner von seiner Leistungspflicht frei, doch behält er den Anspruch auf die Gegenleistung.

Eine Risikoverlagerung aus sozialen Gründen findet vor allem im Arbeitsrecht vielfach statt.[16] Ausnahmen von § 326 enthalten zB

- § 615
- § 616
- § 3 EFZG.

Das bedeutet: In den genannten Fällen erhält der Arbeitnehmer sein Arbeitsentgelt, obwohl er selbst keine Arbeitsleistung erbringt.

**Ausnahme 1:** § 326 I 2
**Tatbestand:** Unmöglichkeit der Nacherfüllung.
**Rechtsfolge:** Der Anspruch auf die Gegenleistung bleibt bestehen (Gläubiger kann aber Gewährleistungsrechte geltend machen)

**Ausnahme 2:** § 326 II 1 1. Var.
**Tatbestand:** Die Unmöglichkeit ist vom Gläubiger allein oder überwiegend zu vertreten.
**Rechtsfolge:** Der Schuldner behält den Anspruch auf die Gegenleistung.

**Ausnahme 3:** § 326 II 1 2. Var.
**Tatbestand:** Der Gläubiger befand sich in Annahmeverzug; die Unmöglichkeit ist vom Schuldner nicht zu vertreten.
**Rechtsfolge:** Der Anspruch auf die Gegenleistung bleibt bestehen.

**Ausnahme 4:** § 326 III
**Tatbestand:** Der Gläubiger geht nach § 285 vor
**Rechtsfolge:** Der Gläubiger bleibt zur Gegenleistung verpflichtet

**Ausnahme 5:** Gefahrtragungsregeln, zB
- §§ 446, 447
- §§ 615, 616
- §§ 644, 645

### 2. Schuldnerverzug

353 Das BGB regelt den Verzug in §§ 286 ff.[17] Geht es dem Gläubiger beim gegenseitigen Vertrag um die Geltendmachung des Verzugsschadens und will er am Vertrag festhalten, so stützt er sich auf die §§ 286 ff.; möchte er sich notfalls vom Vertrag lösen, so greift er auf § 323 zurück.

15 S. Fall 6.

16 S. zum Verhältnis des § 275 zu arbeitsrechtlichen Spezialvorschriften *Wank*, Übungen im Arbeitsrecht, 3. Aufl. 2002, Fall 5.

17 S. zum Schuldnerverzug Fall 10 sowie allg. zur Neuregelung *Huber/Faust*, Schuldrechtsmodernisierung, 2002, 81 ff.; Dauner-Lieb/Heidel/Lepa/Ring/*Schulte-Nölke* SchuldR 158 ff.

**Schema § 286** 354

**Tatbestand**

1. Schuldverhältnis
2. Nichtleistung, § 286 I 1
3. Nachholbarkeit der Leistung (ungeschriebenes Merkmal)
4. Fälligkeit und Wirksamkeit der Forderung, § 286 I 1
5. Mahnung, § 286 I, alternativ § 286 III
6. Vertretenmüssen, §§ 286 IV, 287

**Rechtsfolge**

alternativ:

1. Schadensersatz wegen des Verspätungsschadens, entweder in Form von Schadensersatz, §§ 280 I, II, 286 oder in Form von Verzugszinsen, §§ 286, 288
2. Schadensersatz statt der Leistung, §§ 280 I, III, 281 I
3. Rücktritt, § 323
4. Aufwendungsersatz, § 284

**Schadensersatz im Falle des Verzugs** 355

Schadensersatz **neben** der Leistung
§§ 280 I und II, 286

- andere als Entgeltforderungen, § 286 I, II
- Entgeltforderungen, § 286 III (alternativ: § 286 I, II; § 286 III ist keine Spezialvorschrift)

Schadensersatz **statt** der Leistung
§§ 280 I und III, 281

## 3. Schlechterfüllung

Bei der Schlechtleistung ist zwischen der mangelhaften Leistung im Sinne des Gewährleistungsrechts und der Verletzung sonstiger Vertragspflichten zu unterscheiden. 356

Im Hinblick auf das Gewährleistungsrecht s. unten zum Besonderen Teil des Schuldrechts.

Bei der sonstigen Schlechtleistung ist zu unterscheiden zwischen:

- Schlechtleistung bei leistungsbezogenen Nebenpflichten und
- Schlechtleistung bei nichtleistungsbezogenen Nebenpflichten, § 241 II.[18]

Es gilt also entweder eine spezielle gesetzliche Regelung oder es greift ein Anspruch aus §§ 280 I, III, 281; § 280 I oder §§ 280 I, 282, 241 II ein.

18 Dazu *Madaus* JURA 2004, 289 ff.

357 **Schadensersatz bei Schlechterfüllung**

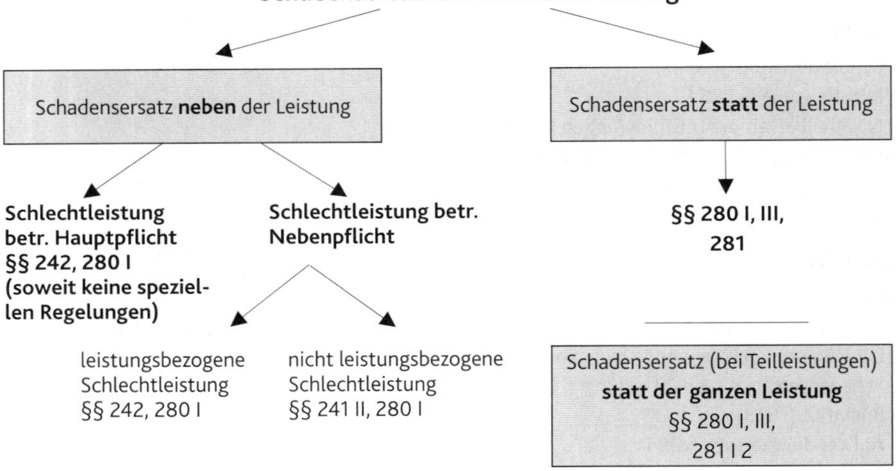


### II. Leistungsstörungen aufseiten des Gläubigers

358 An Leistungsstörungen aufseiten des Gläubigers kommen in Betracht:

- Unmöglichkeit
- Gläubigerverzug
- Schlechterfüllung.

#### 1. Unmöglichkeit

359 Wie der Fall zu regeln ist, dass beide Vertragspartner und damit der Schuldner und der Gläubiger die Unmöglichkeit der Leistung herbeigeführt haben und sich weder beim Schuldner noch beim Gläubiger ein Überwiegen der Schuld feststellen lässt, ist seit jeher streitig.

Nach heutigem Recht bestehen diese Schwierigkeiten nicht mehr.[19] Wenn der Gläubiger nicht ausnahmsweise weit überwiegend für die Unmöglichkeit der Leistung verantwortlich ist, geht der Anspruch auf die Gegenleistung gem. § 326 I 1 unter; der Schuldner hat aber einen Anspruch auf Schadensersatz gem. §§ 280 I, III, 283 gegen den Gläubiger, der entsprechend dem Verschuldensanteil des Schuldners nach § 254 zu kürzen ist; dabei besteht der Schaden im Verlust des Anspruchs auf die Gegenleistung, den der Gläubiger durch die Verletzung einer Nebenleistungspflicht mit verursacht hat. Soweit auch der Gläubiger einen Schaden hat, kann er diesen vom Schuldner gem. §§ 280 I, III, 283 ersetzt verlangen, allerdings ebenfalls gekürzt um seinen Verschuldensanteil nach § 254.[20]

#### 2. Gläubigerverzug

360 Untersuchen Sie zunächst, ob die Annahme der Leistung durch den Gläubiger Nebenpflicht ist. Dies ist die Regel, es gelten die §§ 293 ff. Ist die Annahmepflicht zugleich Hauptpflicht, gelten auch die Vorschriften über den Schuldnerverzug. Je nachdem, was der Erbringer der Leistung geltend macht, müssen Sie Anspruchsgrundlagen aus dem Recht des Gläubigerverzugs oder aus dem Recht des Schuldnerverzugs in Betracht ziehen.

19 S. zur beiderseits zu vertretenden Unmöglichkeit nach neuem Recht *Gruber* JuS 2002, 1066.
20 Dazu *Schulze/Ebers* JuS 2004, 366 (368).

**Schema §§ 293 ff.** 361

**Tatbestand**

1. Leistungsberechtigung des Gläubigers
2. Leistungsfähigkeit des Schuldners, § 297
3. Angebot des Schuldners, entweder tatsächlich in der geschuldeten Weise, § 294, oder wörtlich, § 295
   oder entbehrlich, § 296
4. Nichtannahme der Leistung durch den Gläubiger, § 293, oder Verweigerung der Gegenleistung, § 298
5. Merke: Vertretenmüssen des Gläubigers unerheblich

**Rechtsfolgen**

- Merke: Erfüllungspflicht des Schuldners bleibt bestehen
- Haftungserleichterung, § 300 I, II
- Gefahrübergang, § 326 II 1 2. Var.
- Hinterlegungsrecht des Schuldners, § 372
- Befreiung von Verzinsungspflicht, § 301
- Beschränkung der Herausgabe von Nutzungen, § 302
- Ersatz von Mehraufwendungen, § 304

### 3. Schlechterfüllung

Schlechterfüllung kann auch durch den Gläubiger erfolgen, wenn er – abgesehen von Hauptleistungspflichten – seine Vertragspflichten verletzt. Es kommen Ansprüche aus §§ 280 I, III, 241 II; §§ 280 I, 241 II oder aus § 280 I in Betracht. 362

## III. Leistungsstörungen aus der neutralen Sphäre

Stammt die Leistungsstörung weder aus der Sphäre des Schuldners noch aus der des Gläubigers, kommen folgende Rechtsinstitute in Betracht: 363

- ergänzende Vertragsauslegung
- § 313 (Fehlen oder Wegfall der Geschäftsgrundlage)
- Zweckerreichung, Zweckfortfall und Zweckvereitelung

Im Arbeitsrecht ist § 615 zu beachten.

### 1. Ergänzende Vertragsauslegung

Soweit die Verteilung bestimmter Risiken weder im Gesetz noch im Vertrag geregelt ist, kann sich aus der Art des Vertrags und auf der Grundlage der geregelten Risikoverteilung die Lösung im Wege einer ergänzenden Vertragsauslegung ergeben.[21] 364

### 2. Fehlen oder Wegfall der Geschäftsgrundlage, § 313

Bevor Sie zur Anwendung des § 313 kommen, prüfen Sie zunächst, ob sich Ihr Fall nicht über Auslegung, Irrtumsrecht, Unmöglichkeit (ggf. unter Einbeziehung der Grundsätze über die Zweckstörung → Rn. 368) lösen lässt. Sie müssen das Fehlen der Geschäftsgrundlage und den Wegfall der Geschäftsgrundlage auseinanderhalten. Beim Fehlen der Geschäftsgrundlage geht es häufig um Sachverhalte, die auch oder sogar besser über Auslegung und Irrtumsrecht zu lösen sind, insbesondere um den 365

21 BGHZ 9, 273 (277 f.); 77, 301 (304 f.); BGH NJW-RR 1989, 1490 (1491); BGH NJW 2002, 2310; 2005, 2069; dazu *Emmerich* JuS 2005, 942; s. im Übrigen zur ergänzenden Vertragsauslegung → Rn. 134.

beiderseitigen Motivirrtum. Die eigentlichen Anwendungsfälle betreffen den Wegfall der Geschäftsgrundlage. Haben Sie Unmöglichkeit (§ 275 I–III), Zweckerreichung, Zweckstörung und Zweckfortfall verneint, kann die Äquivalenzstörung als Unterart des Wegfalls der Geschäftsgrundlage übrigbleiben.[22]

#### a) Tatbestand (Wegfall der Geschäftsgrundlage)

366 1. Durch die Leistungsstörung verwirklicht sich ein Risiko, das nicht eine der Parteien zu tragen hat wegen
   - vertraglicher Risikoübernahme
   - normativer Risikozuweisung (auch Zweckerreichung oder Zweckfortfall; ggf. auch Zweckvereitelung)
     - Unmöglichkeit
     - Mängelhaftung
     - Vorhersehbarkeit
     - Verschulden
2. Das Risiko betrifft die Geschäftsgrundlage (Gegensatz: Vertragsinhalt)
3. Die Geschäftsgrundlage entfällt oder es tritt eine wesentliche Änderung der Geschäftsgrundlage ein
4. Die unveränderte Vertragserfüllung kann der von der Störung betroffenen Partei nicht mehr zugemutet werden

#### b) Die Rechtsfolgen hängen vom Einzelfall ab.[23] In Betracht kommen:

367 1. Vertragsanpassung
   - Ausgleichszahlung
   - Abwandlung der Leistung
   - Abwandlung der Gegenleistung
2. Beendigung des Vertrags
   - Rücktritt
   - Kündigung
   - Rechtsbehelf eigener Art

### 3. Zweckerreichung, Zweckfortfall und Zweckverfehlung

368 Die Fälle der Zweckerreichung und des Zweckfortfalls können eintreten, wenn der Schuldner einen bestimmten Leistungserfolg herbeiführen soll (zB Abschleppen eines aufgrund gelaufenen Schiffes). Ist der Erfolg bereits anderweitig eingetreten (Beispiel: Das aufgrund gelaufene Schiff kommt durch eine Flutwelle wieder frei), liegt Zweckerreichung vor.

Wenn der Erfolg nicht mehr erreicht werden kann (Beispiel: Das aufgrund gelaufene Schiff sinkt), ist Zweckfortfall anzunehmen. Dem Schuldner ist die Herbeiführung des Leistungserfolges unmöglich geworden, daher sind diese Fälle grundsätzlich nach Unmöglichkeitsrecht zu lösen. Teilweise sind diese Fälle im Gesetz geregelt, wie zB in § 645. Ansonsten wird entgegen früher vertretener Auffassung heute allgemein Unmöglichkeit angenommen.[24] Der von der Leistungspflicht befreite Schuldner behält folglich den Anspruch auf die Gegenleistung dann, wenn der Gläubiger die Zweckerreichung oder den Zweckfortfall allein oder überwiegend zu vertreten hat, § 326 II 1.

22 Dazu *Riesenhuber/Domröse* JuS 2006, 208 ff.; *Rösler* JuS 2004, 1058 ff.; 2005, 27 ff.; 2005, 120 ff.
23 BGHZ 47, 48 (51 f.); 101, 143 (150); 109, 139 (143 f.); MüKoBGB/*Finkenauer* § 313 Rn. 100 ff.
24 *Larenz* SchuldR I § 21 Ic, S. 312 ff.; MüKoBGB/*Ernst* § 275 Rn. 152.

Eine Zweckvereitelung liegt vor, wenn mit der Leistung ein über sie hinausgehender weiterer Zweck verfolgt wird und dieser nicht mehr erreicht werden kann (Beispiel: Der Festumzug, für den Fensterplätze gemietet wurden, fällt aus). Wie diese Fälle zu behandeln sind, ist weiterhin problematisch, denn die Unmöglichkeit gem. § 275 II und III sowie die Störung der Geschäftsgrundlage nach § 313 sind hinsichtlich ihrer Voraussetzungen sehr ähnlich. So verlangt § 275 II ein grobes Missverhältnis gegenüber dem Leistungsinteresse des Gläubigers; bei § 313 ist ein solches Missverhältnis bei der Berücksichtigung aller Umstände des Einzelfalles einzubeziehen. Auch das Kriterium der Unzumutbarkeit erscheint sowohl in § 275 III als auch in § 313 Unter diesen Umständen erscheint es angezeigt, die Abgrenzung zwischen § 313 und § 275 II, III über die Rechtsfolgenseite vorzunehmen.[25] Immer dort, wo eine Vertragsanpassung zweckmäßig ist, ist § 313 anzuwenden, andernfalls Unmöglichkeitsrecht.

## C. Schadensersatz

### I. Reform des Schadensersatzrechts

Bei Fällen aus dem Schadensersatzrecht muss das Zweite Gesetz zur Änderung scha- 369
densrechtlicher Vorschriften (Schadensrechtsreformgesetz)[26] beachtet werden.[27]

Einen Schmerzensgeldanspruch gibt es nun nicht mehr nur für Ansprüche aus Deliktsrecht, sondern auch bei Verletzung vertraglicher Pflichten, § 253 II.[28]

Für Klausuren bedeutsam ist auch die Änderung in § 7 II StVG. Bislang wurde der Schädiger beim Vorliegen eines unabwendbaren Ereignisses entlastet. Nunmehr tritt eine Haftungsbefreiung nur noch in den Fällen von »höherer Gewalt« ein. Darunter versteht man ein betriebsfremdes, von außen durch elementare Naturkräfte oder durch Handlungen dritter Personen herbeigeführtes Ereignis, das nach menschlicher Einsicht und Erfahrung unvorhersehbar ist, mit wirtschaftlich erträglichen Mitteln auch durch äußerste nach der Sachlage vernünftigerweise zu erwartende Sorgfalt nicht verhütet oder unschädlich gemacht werden kann und auch nicht wegen seiner Häufigkeit in Kauf zu nehmen ist.[29] Eine Haftungsbefreiung kommt danach noch weniger als früher in Betracht.

Es wird diskutiert, § 253 II auch auf Ansprüche zu erstrecken, die zwar keine Schadensersatzansprüche sind, die aber nach schadensrechtlichen Grundzügen behandelt werden.[30]

### II. Auswirkungen der Schadensersatzreform auf die Fallbearbeitung

#### 1. § 253 II

Für Ihre Fallbearbeitung bedeutet der neue § 253 II: Ist allgemein nach Schadenser- 370
satzansprüchen des Geschädigten gefragt, so müssen Sie jetzt prüfen, ob über die bisherigen Regelungen in §§ 847, 611 a, 651 f hinaus auch in anderen Fällen »wegen des Schadens, der nicht Vermögensschaden ist«, gem. § 253 II Ersatz zu leisten ist. Im Einzelnen:

25 So auch Haas/Medicus/Rolland/Schäfer/Wendtland/*Medicus*, Das neue Schuldrecht, 2002, Kap. 3 Rn. 52.

26 BGBl. I 2674 ff.

27 Dazu *Däubler* JuS 2002, 625; *Jansen* JZ 2002, 964; *Rauscher* JURA 2002, 577; *Scheffen* ZRP 2001, 380.

28 Dazu *Schulze/Ebers* JuS 2003, 366 (367).

29 So schon zum Haftpflichtgesetz BGHZ 7, 338 (339); 62, 351 (354).

30 *Däubler* JuS 2002, 625 (626); *Schulze/Ebers* JuS 2004, 366 (367).

- Der Schmerzensgeldanspruch ist nicht mehr aufgrund einer eigenen Anspruchsgrundlage (so § 847 aF) zu prüfen, sondern bezogen auf den Verletzungstatbestand im Rahmen der §§ 249 ff.
- Schmerzensgeldansprüche gibt es jetzt auch aufgrund der Verletzung vertraglicher Pflichten.
- Im Deliktsrecht knüpft der Schmerzensgeldanspruch nicht mehr nur an die Verschuldenshaftung an, sondern auch an die Tatbestände des vermuteten Verschuldens und der Gefährdungshaftung.
- Eines besonderen Augenmerks bedarf der Kreis der geschützten Rechtsgüter; vgl. § 823 I mit § 253 II. Das Leben wird in § 253 II nicht genannt. Es gibt also zwar einen postmortalen Persönlichkeitsschutz nach § 823 I, nicht aber postmortales Schmerzensgeld. Bei Körper, Gesundheit und Freiheit besteht zwischen beiden Normen ein Gleichklang. Die in § 253 II genannte »sexuelle Selbstbestimmung« wurde aus § 847 II übernommen.

Nicht erfasst wird von § 253 II die Verletzung von Eigentum in Form des Nutzungsausfalls. Zum früheren Recht haben Rechtsprechung und Lehre Vermeidungsstrategien entwickelt, um trotzdem in manchen Fällen zu einem Ausgleich wegen des Nichtvermögensschadens zu kommen. Das wurde bei Schäden im Hinblick auf Kfz und Wohnhäuser mithilfe des Kommerzialisierungsgedankens erreicht (s. Fall 5). Auch die Ausdehnung der Verkehrssicherungspflicht im Sinne einer deliktischen Produkthaftungspflicht führte zum Ausgleich immaterieller Schäden, der nach dem Produkthaftungsgesetz nicht zu erlangen war. Im Übrigen bleibt auch der Schutz des allgemeinen Persönlichkeitsrechts weiterhin der Rechtsprechung überlassen.[31] Dabei stützt die Rechtsprechung den Schmerzensgeldanspruch nicht mehr auf § 847 aF, sondern meint, dass es sich bei dem Anspruch auf Geldentschädigung wegen der Verletzung des allgemeinen Persönlichkeitsrechts um ein Recht handelt, das auf den Schutzauftrag aus Art. 1, 2 I GG zurückgeht.[32] Die Herleitung des Anspruchs folgt damit aus § 823 I iVm Art. 1, 2 I GG. Daran hat sich auch durch die Aufhebung des § 847 aF und die Ergänzung in § 253 nichts geändert.

### 2. Die Haftung Minderjähriger

371 Die Neuregelung des Rechts der deliktischen Haftung Minderjähriger geht über die bisherigen Einschränkungen der Rechtsprechung hinaus, indem Minderjährige bis zur Vollendung des zehnten Lebensjahres im Straßen- und Schienenverkehr bei Fahrlässigkeit als deliktsunfähig erklärt werden. Hiermit ist zugleich die Bewertung des Verhaltens von Minderjährigen dieser Altersgruppe als mitwirkendes Verschulden im Rahmen des § 254 ausgeschlossen.[33] Beachten Sie, dass die Neuregelung nur den Teilbereich des motorisierten Straßenverkehrs erfasst. Wenn das schadenstiftende Kind in Ihrem Sachverhalt also nicht am Straßenverkehr teilnimmt oder sich mit Fahrrad oder Roller fortbewegt, sind §§ 823 I, 828 III anwendbar.[34] Das Gleiche gilt auch dann, wenn das Kind im Straßenverkehr einen anderen Verkehrsteilnehmer schädigt, der aber nicht motorisiert ist (zB bringt das Kind einen Fahrradfahrer zum Sturz oder schädigt ein parkendes Auto)[35].

31 Vgl. *Däubler* JuS 2002, 625 (627); *Rauscher* JURA 2002, 577 (579 f.).
32 BVerfGE 32, 373 (379 f.); BGH NJW 1996, 984 (985).
33 *Däubler* JuS 2002, 625 (628).
34 BGH NJW 2005, 354 ff.
35 BGH NJW-RR 2005, 327.

Nach Altersstufen gegliedert, ergibt sich für die

**deliktische Haftung Minderjähriger**

- bis zu 7 Jahren: Keine Haftung
- 7–10 Jahre: keine Haftung,
  - Ausnahme: – Unfall mit einem Kfz, einer Schienenbahn oder einer Schwebebahn
    – vorsätzliche Verletzung eines Anderen
- 10–18 Jahre: keine Haftung
  - Ausnahme: die zur Erkenntnis der Verantwortlichkeit erforderliche Einsicht war vorhanden
- ab 18 Jahre: volle Haftung

### 3. Die Halterhaftung

Im Bereich der Halterhaftung wurde in § 7 II StVG das »unabwendbare Ereignis« durch die »höhere Gewalt« ersetzt. In der Praxis wird dadurch eine absolute Einstandspflicht erreicht. Sind jedoch mehrere Schädiger beteiligt, so bleibt es gem. § 17 III StVG weiterhin bei einer Entlastung durch ein unabwendbares Ereignis. Für die Falllösung bedeutet das: Zwei motorisierte Schädiger haften dem Geschädigten jeweils gesamtschuldnerisch voll; im Innenverhältnis zwischen den beiden Schädigern haftet derjenige Schädiger dagegen nicht, für den es sich bei dem Unfall um ein unabwendbares Ereignis handelte. Unentgeltlich beförderte Personen sind nicht mehr nach § 8 a StVG als Anspruchsteller von der Gefährdungshaftung nach § 7 I StVG ausgeschlossen sind; damit tritt die Gefährdungshaftung neben die Verschuldenshaftung nach § 823 I. Die Gefährdungshaftung nach § 7 StVG gilt somit umfassend und ohne Rücksicht darauf, ob sich der Geschädigte im Kraftfahrzeug oder außerhalb des Kraftfahrzeugs aufhält. 372

## III. Antidiskriminierungsrecht

Eine bedeutsame Neuerung ergibt sich aus dem im August 2006 in Kraft getretenen Allgemeinen Gleichbehandlungsgesetz (AGG). 373

Die Regelung für das *Arbeitsrecht* bezieht sich auf insgesamt acht verpönte Merkmale (also Merkmale, die als Anknüpfungskriterien zweifelhaft sind), § 1 AGG.[36] Schadensersatz wegen des materiellen Schadens erhält ein abgelehnter Bewerber oder eine abgelehnte Bewerberin nach § 15 I AGG. Aber auch die abgelehnten ungeeigneten Bewerber und Bewerberinnen können nach § 15 II AGG einen Anspruch geltend machen, gerichtet auf Schmerzensgeld.[37] Hierbei sollte allerdings zwischen der Gruppe der potentiell geeigneten und der Gruppe der ganz ungeeigneten Bewerber unterschieden werden (vgl. auch § 82 S. 3 SGB IX).[38]

Im *Zivilrechtsverkehr*[39] gibt es nur sieben verpönte Merkmale, die »Weltanschauung« wurde nicht aufgenommen (§ 19 AGG). Ein Schadensersatzanspruch ergibt sich hier bezüglich des materiellen Schadens aus § 21 II 1 und 2 sowie aus S. 3 wegen des Nichtvermögensschadens.

36 *Kamanabrou* RdA 2006, 321; *Richardi* NZA 2006, 881; *Willemsen/Schweibert* NJW 2006, 2583 sowie die Kommentare zum AGG.

37 Zum Schadensersatzanspruch nach § 15 AGG *Bauer/Evers* NZA 2006, 893 sowie *Jacobs* RdA 2009, 193; *Stoffels* RdA 2009, 204.

38 S. *Wank*, FS Richardi, 2007, 441 (447).

39 Dazu *Maier-Reimer* NJW 2006, 2577 sowie die Kommentare zum AGG.

Das materielle Recht muss im Zusammenhang mit der Sonderregelung über die Beweislast in § 22 AGG gesehen werden.[40]

### IV. Das System des Schadensersatzrechts

374 Im Wesentlichen sind zwei Arten der Anspruchsbegründung zu unterscheiden.

Im *Vertragsrecht* tritt der Schadensersatzanspruch als Sekundäranspruch vielfach an die Stelle des ursprünglichen Primäranspruchs, der auf eine Leistung gerichtet ist; zB §§ 437 Nr. 3, 536a, 634 Nr. 4.

Im Recht der *unerlaubten Handlungen* (und einigen anderen gesetzlichen Schuldverhältnissen) wird der Schadensersatzanspruch als primärer Anspruch zum Ausgleich von Beeinträchtigungen gegeben.

Im »Schadensersatzverhältnis« als Schuldverhältnis können wiederum Erfüllungsansprüche (auf Leistung von Schadensersatz) oder, bei deren Verletzung, neue Schadensersatzansprüche (Tertiäransprüche) entstehen.

Das BGB trennt zwischen der Frage, *ob* ein Schadensersatzanspruch besteht, und der Frage, *wie* der Schadensersatz zu leisten ist. Das »ob« kann sich aus den verschiedensten Bereichen des Zivilrechts ergeben. Für das »wie« gelten einheitlich, »vor die Klammer gezogen«, die §§ 249 ff. Daneben sind Sondervorschriften, wie zB die §§ 842 ff., zu beachten.

Das Merkmal »Schaden«[41] taucht bei der Fallbearbeitung in zwei Zusammenhängen auf: Einmal als Tatbestandsmerkmal der zum Ersatz verpflichtenden Norm, zum anderen als Merkmal der §§ 249 ff. Über diese Brücke sind anspruchsbegründende Normen und Ausführungsnormen nach §§ 249 ff. als Einheit zu sehen.

Dabei ist zu beachten, dass sich regelmäßig das Verschulden des Schädigers nur auf die »Verletzung«, nicht aber auf den »Schaden« und auf die Höhe des Schadens zu beziehen braucht. Insoweit ist das Merkmal Schaden in der Anspruchsgrundlage einer objektiven Bedingung der Strafbarkeit im Strafrecht vergleichbar.

Insgesamt ergibt sich folgendes:

375 **Grundschema »Unerlaubte Handlung«**

**§ 823 I**

**Tatbestand iwS**

1. Tatbestand im engeren Sinne
   Wer
   geschütztes Rechtsgut
   verletzt
2. rechtswidrig
3. schuldhaft
4. Schaden

**Rechtsfolge**

hat den aus der Rechtsgutsverletzung entstandenen Schaden zu ersetzen, §§ 249 ff. (Sonderregelung §§ 842 ff.)

40 Dazu *Grobys* NZA 2006, 898; *Windel* RdA 2007, *Windel* RdA 2011, 193.

41 Zu typischen Problemen *Homann* JuS 2002, 554.

**Schema Vertragspflichtverletzung am Beispiel der §§ 280, 241 II** 376

**Tatbestand iwS**

1. Schuldverhältnis
2. Pflichtverletzung, § 276
   a) leistungsbezogen, Regelung im Vertrag oder § 242
   b) nicht leistungsbezogen, § 241 II
3. schuldhaft, § 280 I 2
4. Schaden

**Rechtsfolge**

hat den aus der Pflichtverletzung entstandenen Schaden zu ersetzen, §§ 249 ff.

**Schema Schadensersatzansprüche, §§ 249 ff.** 377

In aller Regel wird der Geschädigte nicht Wiederherstellung des beschädigten Gutes, sondern Schadensersatz verlangen. Welche Rechtsfolge zur Verfügung steht, hängt davon ab, ob eine Wiederherstellung noch möglich ist oder nicht.

1. Herstellung möglich

   **Tatbestand**

   Sache selbst reparaturfähig
   genau wie früher
   ähnlich wie früher
   oder gleichartige oder gleichwertige Sache erhältlich

   **Rechtsfolge**

   Wahlrecht
   - Wiederherstellung, § 249 I
   - Geldleistung, § 249 II
     (auch über den objektiven Wert einer Neuanschaffung hinaus, sofern verhältnismäßig)

2. Herstellung nicht mehr möglich

   **Tatbestand**

   Beschädigung einer Sache
   Reparatur ist nicht genügend

   **Rechtsfolge**

   Geldleistung, § 251 I (nur objektiver Wert)

## D. Vertrag mit Schutzwirkung für Dritte

Im Hinblick auf den Vertrag mit Schutzwirkung für Dritte fehlt eine ausdrückliche 378
und klare Regelung auch nach der Schuldrechtsreform. Einigkeit besteht darüber, dass sich an der bisherigen Rechtslage nichts ändern sollte. Zweifelhaft ist aber, ob man nunmehr auf eine gesetzliche Vorschrift zurückgreifen kann. Dafür bietet sich am ehesten § 311 III an, wonach ein Schuldverhältnis auch zu Personen entstehen kann, die nicht selbst Vertragspartei werden sollen. Zwar zeigt § 311 III 2, dass der Gesetzgeber hierbei wohl nicht an den Vertrag mit Schutzwirkung für Dritte gedacht hat, jedoch lässt die Formulierung in III 1 die Einbeziehung zu.[42] Zutreffend ist es jedoch weiter § 328 analog heranzuziehen, da die Auslegung ergibt, dass bei

42 S. Fall 8 sowie *Schwab* JuS 2002, 872; zust. *Looschelders* Schuldrecht AT Rn. 162.

§ 311 III 1 der Dritte auf Schädigerseite stehen muss. Der Streitentscheid kann jedoch immer dahinstehen, da die Voraussetzungen identisch sind.

379 **Tatbestand**

1. Vertrag zwischen Gläubiger und Schuldner
2. Dritter ist in den Schutzbereich des Vertrags einbezogen[43]
   - Leistungsnähe
   - Gläubigernähe
   - Erkennbarkeit für den Schuldner
3. Verletzung einer drittbezogenen Pflicht durch den Schuldner
4. rechtswidrig
5. schuldhaft
6. Schaden des Dritten

**Rechtsfolge**

Schadensersatzanspruch des Dritten gegen den Schuldner

380 Wichtig ist die Abgrenzung des Vertrags mit Schutzwirkung für Dritte von der Drittschadensliquidation. In dem ersten Fall hat der Dritte als Geschädigter einen eigenen Anspruch gegen den Vertragspartner;[44] das können Sie sich dadurch merken, dass das Institut aus einer Analogie zu § 328 entwickelt wurde. Bei der Drittschadensliquidation hat nur der Vertragspartner einen Schadensersatzanspruch, der Schaden wird gleichsam zum Vertragspartner gezogen.[45]

## E. Gesamtschuld

381 Eine Gesamtschuld kann kraft Gesetzes entstehen (zB §§ 427, 840) oder kraft Richterrechts. Problematisch und bis heute nicht geklärt ist, unter welchen Voraussetzungen im Einzelnen das Bestehen eines Gesamtschuldverhältnisses zu bejahen ist.[46]

Das zweite Hauptproblem betrifft den Regress eines Gesamtschuldners gegen den oder die anderen. Hier kommen jeweils drei Anspruchsgrundlagen in Betracht[47]:

- Rückgriff aus dem Grundverhältnis, zB § 670
- Rückgriff aus § 426 I
- Rückgriff aus § 426 II iVm dem übergegangenen Anspruch (wichtig insbesondere wegen §§ 412, 401)

## F. Rücktritt

382 Im Rahmen der Schuldrechtsreform hat das Rücktrittsrecht[48] umfassende Änderungen erfahren.[49]

43 S. dazu BGH NJW 2006, 1975 mAnm *Lettl* NJW 2006, 2817.
44 BGHZ 49, 350 (353); Palandt/*Grüneberg* § 328 Rn. 13; s. auch Fall 8.
45 S. Fall 8.
46 BGHZ 13, 360 (365); 43, 227 (230 f.); MüKoBGB/*Bydlinski* § 421 Rn. 6 ff.
47 S. Fall 8.
48 S. dazu Fall 9.
49 Dazu *Arnold* JURA 2002, 154 ff.; Dauner-Lieb-Heidel/Lepa/Ring/*Hager*, Das Neue Schuldrecht, 2002, 174 ff.; *Kaiser* JZ 2001, 1057 ff.; *Kohler* JZ 2001, 325 ff.; Haas/Medicus/Rolland/Schäfer/Wendtland/*Rolland*, Das neue Schuldrecht, 2002, 133 ff.; Schwab/Witt/*Schwab*, Examenswissen zum neuen Schuldrecht, 2. Aufl. 2003, 343 ff.

Die Neuregelung des Rücktrittsrechts in §§ 346 ff. gilt unmittelbar nicht nur für das vertragliche, sondern auch für das gesetzliche Rücktrittsrecht. Durch die Erklärung des Rücktritts gem. § 349 erlöschen die primären Leistungspflichten[50], der Vertrag wird in ein Rückgewährschuldverhältnis umgewandelt.

Die Verpflichtungen sind gem. § 348 Zug um Zug zu erfüllen. Die Unmöglichkeit der Rückgewähr schließt das Rücktrittsrecht nicht aus. Die Probleme der Gefahrtragung wurden in ein System des Wertersatzes verlagert, § 346 II, III. Grundsätzlich sind empfangene Leistungen gem. § 346 I in natura zurückzugewähren. Wann stattdessen Wertersatz zu leisten ist, ergibt sich aus § 346 II; § 346 III regelt Ausnahmen von der Wertersatzpflicht. § 346 III 1 Nr. 3 gilt nur für das gesetzliche Rücktrittsrecht.

Wer seine Pflichten aus § 346 I verletzt, ist gem. § 346 IV iVm §§ 280–283 zum Schadensersatz verpflichtet.[51] Ersatz für gezogene Nutzungen ist gem. § 346, für nicht gezogene Nutzungen unter den Voraussetzungen des § 347 zu leisten. Auch § 347 I 2 gilt nur für das gesetzliche Rücktrittsrecht. Notwendige Verwendungen werden gem. § 347 II 1 ersetzt.

383

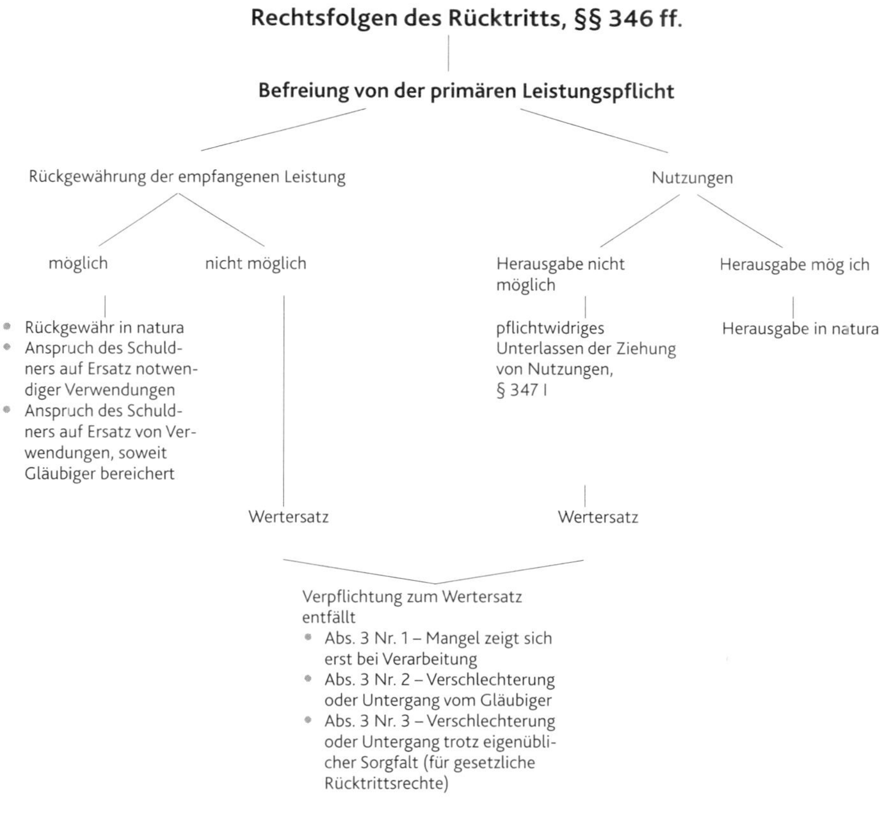


50 *Lorenz/Riehm*, Lehrbuch zum neuen Schuldrecht, 2002, Rn. 417.

51 Zum Verhältnis von Rücktritt zu Schadensersatz *Gsell* JZ 2004, 643 ff.

## G. Widerruf

384 Seit 13.6.2014 hat sich das Widerrufsrecht, das mit der Schuldrechtsreform 2002 eingeführt wurde, inhaltlich verändert. Es werden die Vorgaben der »EU-Verbraucherrechterichtlinie« (EU-VRRL = RL 2011/83/EU) umgesetzt. Das Widerrufsrecht ist »nur« ein Teil des Verbraucherschutzrechts, allerdings der examensrelevanteste Teil.

385 Die anderen Elemente des neuen Verbraucherschutzrechts sind die Offenlegungspflicht bei Telefonanrufen bezüglich Identität und Zweck (§ 312a I), vorvertragliche Informationspflichten (§ 312a II) und eine Begrenzung der Dispositivität von Entgelten in § 312a Abs. 3–5 (zB kein Entgelt für Zahlungsmodalität, Abs. 4 [außer es wird auch eine kostenfreie angeboten]; keine teuren Hotlines, Abs. 5). Im elektronischen Geschäftsverkehr sind nunmehr ausdrücklich Informationspflichten für den elektronischen Rechtsverkehr (besonders wichtig für das Internet) vorgesehen (§ 312j II) und die sog. Button-Lösung für die Bestellung im Internet wurde gesetzlich eingeführt (§ 312j IV).

386 Systematisch geht der Gesetzgeber so vor, dass es mittlerweile einen kleinen allgemeinen Teil gibt (§§ 312, 312a, der für alle Verbraucherverträge abzüglich der zahlreichen Ausnahmen gilt). Daneben gibt es Regelungen, die an besondere Vertriebsformen anknüpfen (besondere Art des Zustandekommens bzw. Anbahnungskontakte gem. §§ 312b, 312c, 312g, 312i, 312j) und an besondere Vertragsinhalte anknüpfen (§§ 356a, 356b, 356c, §§ 474 ff.). Es wird zunächst der jeweilige Anwendungsbereich definiert, danach werden die (zT zahlreichen) Bereichsausnahmen geregelt. Es gilt daher bei der Anwendbarkeit ganz genau zu prüfen, ob auf der ersten Stufen die allgemeine Anwendbarkeit gegeben ist und auf der zweiten Stufe, ob keine Ausnahme besteht.

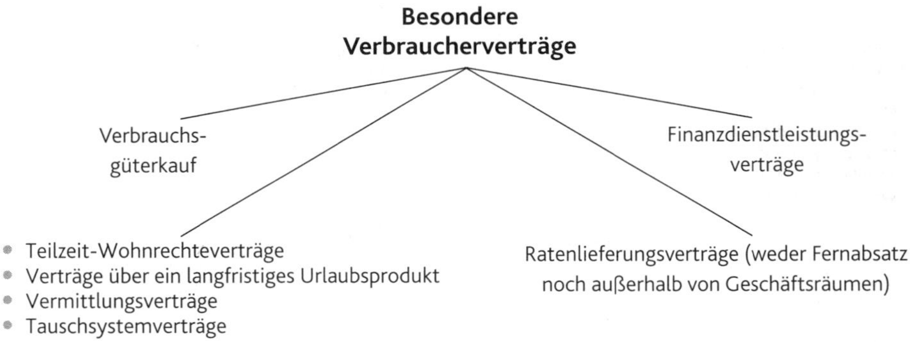


387 Nicht bei allen besonderen Vertragsinhalten gibt es ein Widerrufsrecht (insbesondere beim Verbrauchsgüterkauf nicht, vgl. zu diesem → Rn. 527 ff.). Die allgemeinen Regelungen zum Widerrufsrecht in den §§ 312 ff. wollen eine typisierte Unterlegenheit (dh ohne Einzelfallprüfung) einer Vertragspartei dadurch ausgleichen, dass ihr die Möglichkeit gegeben wird, nach Abschluss des Vertrags (und Erhalt der Leistung) erneut zu entscheiden.

388 Die typisierte Überlegenheit kann sich insbesondere aus der Art des Zustandekommens des Vertrags kombiniert mit einer typisierten persönlichen Unterlegenheit (Unternehmer-Verbrauchervertrag) ergeben. Eine Überrumpelungssituation (dh man

rechnet nicht mit dem Antrag eines Vertragsschlusses) kann sich daraus ergeben, dass der Ort des Vertragsschlusses oder der Anbahnung für den Vertragspartner überraschend war. Früher wurde dies bei sog. Haustürgeschäften (die auf weitere Fälle ausgeweitet wurden) angenommen. Während man daran anknüpfte, dass bestimmte Orte ein Widerrufsrecht auslösten, ist es mittlerweile so, dass das nunmehr (mit Einschränkungen) alle Orte außerhalb der Geschäftsräume (AGV) eines Unternehmers bewirken (§ 312b). Die bisher bereits existente Widerrufsmöglichkeit bei Fernabsatzverträgen ist geblieben, hat sich aber inhaltlich leicht verändert (§ 312c). Daher ist das wichtigste Widerrufsrecht das nach § 312g I. Hierbei sind drei wichtige Stufen des Schutzes auseinanderzuhalten:

1. es bestehen Informationspflichten (§ 312d iVm Art. 246a, 246b EGBGB [ohne Bezug zum Widerruf auch §§ 312i, 312j])
2. es besteht ein Widerrufsrecht (§§ 355 ff.)
3. es bestehen Rückgewähransprüche aufgrund ausgeübten Widerrufs (§§ 357 ff.)

Die Prüfung eines Widerrufsrechts im Verbraucherschutzrecht bei Fernabsatzgeschäften und Verträgen außerhalb von Geschäftsräumen sieht daher ungefähr so aus: 389

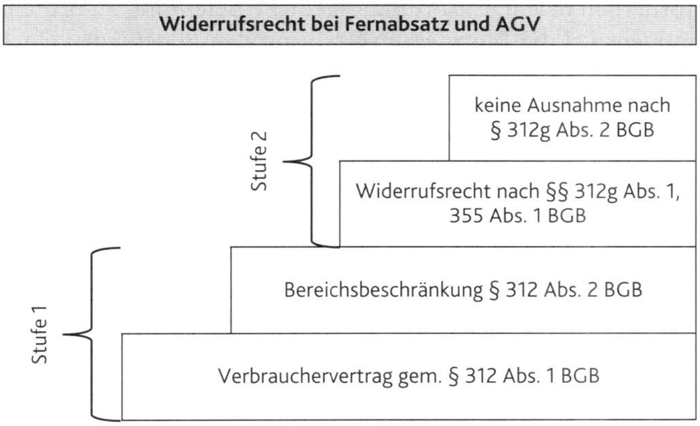


Die Widerrufsfrist dient dazu, dem Verbraucher Zeit zu geben, über den Vertragsschluss neu zu befinden. Daher hat der Gesetzgeber eine Frist von 14 Tagen vorgesehen. Sollte bei einem Fernabsatzvertrag oder AGV die Belehrung nicht ordnungsgemäß sein, so beginnt die Widerrufsfrist des § 355 II gem. § 356 III 1 nicht, aber erlischt 1 Jahr und 14 Tage nach dem sonst maßgeblichen Fristbeginn (§ 356 III 2). → Höchstfrist = 1 Jahr und 14 Tage 390

Die Widerrufserklärung war bisher nur in Textform oder durch Rücksendung der Ware möglich. Jetzt ist sie zwar formlos möglich, vgl. § 355 I, aber muss eindeutig erklärt werden, da die Rücksendung auch anders ausgelegt werden kann als die Erklärung eines Widerrufs. 391

Es bleibt bei Folgendem: 392

- Widerrufsempfänger = Unternehmer (§ 355 I 2)
- Auslegungsanforderung = eindeutig (§ 355 I 3)
- Grund = nicht erforderlich (§ 355 I 4)

- Risiko des verspäteten Zugangs = rechtzeitige Absendung reicht (§ 355 I 5)

**393** Auf der Rechtsfolgenseite richtet sich die Rückabwicklung (durch den Widerruf ausgelöst) der erbrachten Leistungen nicht mehr nach den Regelungen der §§ 346 ff. (dem Rücktrittsrecht), sondern nach eigenen Regeln (§§ 357 ff.). Diese sind den Folgen eines Rücktritts ähnlich, aber weisen einige bedeutsame Unterschiede auf. Wichtig ist, dass je nach Widerrufsrecht (am bedeutsamsten ist § 357 für Fernabsatz und AGV) die unterschiedlichen Rückabwicklungsfolgen der §§ 357 ff. unterschieden werden. Die wichtigsten sind bei § 357:

**394**
- Rückgabepflicht binnen 14 Tagen (Abs. 1), beachte aber Abs. 4 (ZBR des Unternehmers beim Verbrauchsgüterkauf)
- Transportkosten für den *Hinweg* trägt grundsätzlich Unternehmer (Abs. 2)
- Transportkosten für den *Rückweg* sind *zunächst* wertunabhängig vom Verbraucher zu tragen (Abs. 6); *aber* nur bei ordnungsgemäßer Belehrung nach Art. 246a § 1 II 1 Nr. 2 EGBGB [*klausurrelevant*]) sind sie dies
- Wertersatzpflicht (Abs. 7) *nur* wenn der Umfang über Testen hinausgeht *und* bei ordnungsgemäßer Belehrung nach Art. 246a § 1 II 1 Nr. 1 EGBGB

**395** Bei der Prüfung eines Widerrufs ist in Klausuren häufig eine Fristproblematik angelegt, die es erforderlich macht, die ordnungsgemäße Belehrung zu prüfen. Schauen Sie sich das Zusammenspiel der Normen im BGB mit den Regelungen des EGBGB einmal im Gesetz an.

## H. Die Anwendung in der Falllösung

**396** Wie verwenden Sie die bisher erarbeiteten Erkenntnisse für Ihre Falllösung? Als erstes müssen Sie von der Fallfrage ausgehen:[52] Was verlangt der Antragsteller:

- Einen Erfüllungsanspruch bezüglich der Hauptleistung?
- Einen sonstigen Leistungsanspruch?
- Einen Schadensersatzanspruch neben dem bestehenden Schuldverhältnis?
- Einen Schadensersatzanspruch bei Nichtbestehen des Schuldverhältnisses?
- Einen sonstigen Anspruch?

## I. Erfüllungsanspruch und Leistungsstörungen

Verlangt der Antragsteller Erfüllung, so prüfen Sie das oben angegebene Schema für Erfüllungsansprüche[53] durch. Dabei sind Leistungsstörungen wie folgt zu berücksichtigen:

a) Die Entstehung des Anspruchs ist ausgeschlossen, wenn kein wirksamer Vertrag zustande gekommen ist.

b) Der entstandene Anspruch kann untergegangen sein, zB

   aa) weil dem Schuldner die Leistung unmöglich geworden ist, § 275 I, oder

   bb) weil der Schuldner aufgerechnet hat, § 389.

c) Der entstandene und noch bestehende Anspruch kann nicht durchsetzbar sein, zB
   - weil sich der Schuldner auf § 320 oder
   - auf § 273 oder ein anderes Leistungsverweigerungsrecht berufen hat.

52 → Rn. 20 ff.
53 → Rn. 153.

Dieses Prüfschema gilt sowohl im Hinblick auf die Erfüllung von Hauptleistungspflichten als auch im Hinblick auf die Erfüllung von Nebenleistungspflichten.

## II. Schadensersatzanspruch neben dem bestehenden Schuldverhältnis

### 1. Anspruch des Gläubigers gegen den Schuldner

Besteht ein wirksamer Vertrag, so kann der Gläubiger daneben Schadensersatzansprüche haben,

- aus Verzug, §§ 280 I, II, 286
- aus §§ 280 I oder
- aus §§ 280 I, 241 II.

### 2. Anspruch des Schuldners gegen den Gläubiger

Im Falle des Gläubigerverzugs hat der Schuldner gegen den Gläubiger einen Anspruch auf Ersatz von Mehraufwendungen, § 304. Ist die Abnahme der Leistung des Schuldners zugleich eine Hauptpflicht des Gläubigers, so kann der Schuldner darüber hinaus auch Schadensersatzansprüche aus Schuldnerverzug, §§ 280 I, II, 286, geltend machen.

## III. Sonstige Ansprüche

Neben Erfüllungsansprüchen und Schadensersatzansprüchen gibt es eine Reihe anderer Anspruchsarten, wie Aufwendungsersatzansprüche und Herausgabeansprüche usw.[54]

54 → Rn. 85 f., 87 ff.

## 2. Kapitel. Fälle

### Fall 5: »Bastlerfreuden«

397 **1.** Der Bastler B hat in mehrjähriger Arbeit das Schiff »Santa Maria« von Columbus nachgebaut und damit bei Bastlerwettbewerben vielfach Preise gewonnen. Eines Tages kommt der handwerklich völlig unbegabte Gast G bei B zu Besuch. Bei einem fröhlichen Umtrunk im Wohnzimmer gestikuliert G so lebhaft, dass das Schiff zu Boden fällt; nur das Heck bleibt erhalten.

Die Materialkosten für das Schiff betrugen 5.000 EUR. An Arbeitsaufwand hat B – wenn man seinen beruflichen Stundenlohn zugrunde legt – 10.000 EUR in das Boot investiert. Schiffe dieser Art sind im Handel zu Preisen zwischen 20.000 EUR und 30.000 EUR erhältlich; doch ist das von B gebaute Boot in dieser Form einmalig. Ein Besucher hat B einmal 25.000 EUR für das Boot angeboten. Die Modellbau-GmbH M würde das Boot für 30.000 EUR reparieren; doch erhielte es dann einen anderen Charakter.

**Frage 1: Welche Ansprüche stehen B gegen G zu?**
Kommt es darauf an, ob B auch bereit wäre, eines der im Handel erhältlichen Schiffe zu kaufen?

**2.** B lässt sich durch dieses Unglück nicht davon abschrecken, sein Einfamilienhaus mit Einliegerwohnung durch den Handwerker H von Grund auf renovieren zu lassen. Der von H beauftragte Lieferant L wirft, als er Material hineinträgt, in dem Haus eine brennende Zigarette weg, wodurch ein erheblicher Brandschaden verursacht wird. Das gesamte Haus ist drei Monate lang unbewohnbar. B zieht während dieser Zeit für 1.000 EUR monatlich in ein weit weniger komfortables Hotelzimmer. Die Einliegerwohnung hätte er D für 500 EUR pro Monat vermieten können. Das Haus hat ohne die Wohnung einen Nutzungswert von 2.000 EUR monatlich.

**Frage 2: Welche Ansprüche hat B?**

## A. Vorüberlegungen

Die Problematik dieses Falls liegt auf der Rechtsfolgenseite vertraglicher oder deliktischer Schadensersatzansprüche und betrifft den Regelungsbereich der §§ 249 ff. Dabei hat die Systematik dieser Vorschriften eine entscheidende Bedeutung. Die Grundvorschrift ist § 249 I, nach der der Schädiger den Zustand wiederherstellen muss, der ohne das schadensbegründende Ereignis bestanden hätte. Danach sind im Wege der Naturalrestitution alle dem Schädiger zurechenbaren Schäden auszugleichen, unabhängig davon, ob sie materieller oder immaterieller Natur sind.[1] Dies bedeutet nicht die Herstellung eines identischen, sondern eines wirtschaftlich gleichen Zustands.[2] Bei Verletzung einer Person oder Beschädigung einer Sache kann der Geschädigte stattdessen gem. § 249 II 1 den für die Herstellung erforderlichen Geldbetrag verlangen. Da sich dieser Geldbetrag nach den Herstellungskosten richtet, handelt es sich auch hierbei um eine Restitution. 398

Abzugrenzen ist die Vorschrift des § 249 von dem auf Kompensation abzielenden § 251. Nach § 251 I besteht eine Entschädigungspflicht des Schädigers, wenn die Herstellung nicht möglich oder zur Entschädigung des Gläubigers nicht genügend ist. Da die Vorschrift nur dann eingreift, wenn die Naturalrestitution nicht möglich oder ausreichend ist, besteht gegenüber § 249 Subsidiarität. Der Umfang der gem. § 251 I geschuldeten Entschädigung richtet sich daher auch nicht auf Wiederherstellung, sondern auf Ausgleich des Wertinteresses.[3]

Außerdem ist nach § 252 der entgangene Gewinn zu erstatten.

Aus § 253 I ergibt sich, dass die Entschädigung, außer in den gesetzlich geregelten Fällen, nicht den Ausgleich immaterieller Schäden erfasst.

Nur bei Verletzungen von Körper, Gesundheit und Freiheit wird der Nichtvermögensschaden nach § 253 II ersetzt. Im Hinblick auf die Eigentumsverletzung bringt die Vorschrift jedoch nichts Neues gegenüber der Rechtslage vor der Schadensersatzrechtsreform. Hier muss man weiterhin prüfen, inwieweit der scheinbare immaterielle Schaden »kommerzialisiert« und damit ersatzfähig ist.

1 Palandt/*Grüneberg* Vor § 249 Rn. 9; MüKoBGB/*Oetker* § 249 Rn. 24 f.

2 BGH NJW 1985, 793; Palandt/*Grüneberg* § 249 Rn. 2.

3 BGH NJW 1984, 2570 (2571); MüKoBGB/*Oetker* § 251 Rn. 14.

## B. Lösung

### Frage 1:

### Anspruch des B gegen G auf Schadensersatz aus § 823 I

B könnte gegen G einen Anspruch aus § 823 I auf Schadensersatz für das Modellboot haben.

399 **I.** Aufgrund des Gestikulierens des G fiel das Modellschiff zu Boden. Dadurch hat G in das Eigentum des B an dem Boot eingegriffen. Zweifelhaft kann allerdings sein, ob er das Eigentum »verletzt« hat. Eine die Schadensersatzpflicht begründende Verletzung liegt nur bei einer Handlung des Schädigers vor, nicht bei einem bloßen Reflex.[4] Aus dem Handlungsbegriff sind zB Verhaltensweisen eines Schlafwandlers auszunehmen oder einer Person, die spontan auf einen Insektenstich reagiert. G konnte jedoch sein Verhalten kontrollieren. Eine Handlung ist zu bejahen.

G handelte auch rechtswidrig und fahrlässig iSd § 276. Er hat gem. § 823 I dem B den aus der Eigentumsverletzung entstandenen Schaden zu ersetzen.

400 **II.** Zweifelhaft ist, worin der Schaden des B besteht und in welchem Umfang G zum Ersatz verpflichtet ist.

**1.** B steht aus § 249 I ein Anspruch darauf zu, dass G das Boot selbst repariert. Daran wird B kein Interesse haben, weil G handwerklich völlig unbegabt ist. Auch an einer Erfüllung dieser Pflicht durch Gehilfen des G nach §§ 249 I, 278 wird B aus diesem Grunde nicht interessiert sein.

401 **2.** B geht es somit eher darum, die Reparatur selbst durchzuführen und dafür von G Geld zu erhalten. Nach § 249 II 1 kann bei der Beschädigung einer Sache der zur Wiederherstellung erforderliche Geldbetrag verlangt werden.

**a)** Fraglich ist, ob die »Santa Maria« nur beschädigt oder ob sie zerstört ist. Auf diese Abgrenzung kommt es deshalb an, weil im Falle der Beschädigung § 249 II eingreift, bei der Zerstörung § 251 I.[5] Zwar sind beide Vorschriften auf Schadensersatz gerichtet; doch können sich beim Umfang des Schadensersatzes Unterschiede dadurch ergeben, dass für die Wiederherstellung nach § 249 II ein höherer Geldbetrag verlangt werden kann als nach § 251 I.

Die Abgrenzung richtet sich danach, ob eine Wiederherstellung noch möglich ist. Das ist der Fall, wenn durch die Reparatur die Sache genauso wie früher würde, oder wenn sie in einen ähnlichen Zustand versetzt würde oder wenn es zumindest möglich wäre, anstelle der ursprünglichen Sache eine gleichartige und gleichwertige Sache herzustellen.

**aa)** Im vorliegenden Fall könnte man deshalb eine bloße Beschädigung annehmen, weil das Heck noch intakt ist. Dem lässt sich entgegenhalten, dass aufgrund der Reparatur des Vorderschiffs das Boot nicht mehr den Charakter als Bastelboot des B hätte, mit dem B weiterhin auf Ausstellungen gehen könnte.[6]

4 Soergel/*Spickhoff* § 823 Rn. 3; MüKoBGB/*Wagner* § 823 Rn. 53; *Deutsch/Ahrens*, Deliktsrecht, 6. Aufl. 2014, Rn. 3.

5 BGHZ 66, 239 (242 ff.); BGH JZ 1985, 39 (40); OLG Köln VersR 1983, 377 (378).

6 Vgl. *Medicus* JZ 1985, 42 (43).

**bb)** Von der Möglichkeit zur Wiederherstellung könnte man allerdings auch dann noch ausgehen, wenn zwar nicht dieses konkrete Schiff, wohl aber gleichartige und gleichwertige auf dem Markt erhältlich wären.[7] Schiffe nach Art der Santa Maria sind zwar für 20.000–30.000 EUR zu erwerben. Doch würde es sich dabei um ein gekauftes und nicht um ein gebasteltes Boot handeln, dem der besondere Charakter dieser Santa Maria fehlen würde.

**cc)** Es könnte von Bedeutung sein, ob B bereit ist, ein Schiff dieser Art zu kaufen; dann könnte er sich darauf berufen, dass die Herstellung noch möglich sei. Entscheidend ist, aus wessen Perspektive die Möglichkeit der Wiederherstellung beurteilt werden muss. Insoweit könnte die Sicht des Geschädigten oder eine normative Sicht maßgeblich sein.[8] Hierzu ist eine Interessenabwägung erforderlich: Der aus § 249 II abgeleitete Anspruch kann für den Geschädigten finanziell günstiger sein als derjenige aus § 251, da ihm nach § 249 II auch der Liebhaberwert zu ersetzen ist. Der Schädiger würde dementsprechend belastet, wenn dem Geschädigten ein Wahlrecht zugebilligt würde. Das Gesetz sieht aber, wie sich auch aus §§ 253, 251 II ergibt, eine definitive Abwägung zwischen den Interessen vor; damit muss ein Wahlrecht ausscheiden und eine objektive Beurteilung stattfinden.

**dd)** Allerdings könnte eine Anwendbarkeit des § 251 I wegen eines Eingreifens des vorrangigen § 249 II dann entfallen, wenn in § 249 I »soweit wie möglich« hineinzulesen wäre.[9] Dann könnte nach § 249 durch die Ersatzbeschaffung eines ähnlichen Schiffes oder die Zurverfügungstellung des erforderlichen Geldbetrages eine teilweise Wiederherstellung des früheren Zustands erreicht werden. Die bezüglich des nicht befriedigten Bastlerstolzes und der verhinderten Teilnahme an Wettbewerben bestehende Teilunmöglichkeit der Wiederherstellung könnte, weil Eigentumsverletzungen in § 253 II ausgenommen sind, nicht zu einer darüber hinausgehenden Schadensersatzpflicht führen.

Gegen eine derartige Auslegung des § 249 spricht jedoch, dass diese Norm auf die vollständige Wiederherstellung des früheren Zustands gerichtet ist: durch eine Teilwiederherstellung wird der Anspruch auf Naturalrestitution nicht befriedigt. Sofern eine Wiederherstellung ausgeschlossen ist, hat das Gesetz eine Entschädigungspflicht nach § 251 vorgesehen.

Demnach ist eine Wiederherstellung ausgeschlossen, sodass eine Anwendung des § 249 II ausscheidet.

**3.** G hat B vielmehr nach § 251 I in Geld zu entschädigen. **402**
Fraglich ist, welchen Wert das Bastelboot hatte.

**a)** Das Boot könnte nur einen immateriellen Wert als Bastelboot des B gehabt haben, sodass ein Ersatz seines Wertes gem. § 253 I, II ausgeschlossen wäre.[10] Dabei würde aber nicht berücksichtigt, dass Schiffe dieser Art im Handel erhältlich sind. Die Tatsache, dass die Bastelarbeit des B diese Santa Maria zu einem einmaligen Gegenstand gemacht hat, wurde bereits dadurch berücksichtigt, dass die Anwendbarkeit des § 249 II ausgeschlossen wurde.

7 Vgl. BGH JZ 1985, 39 (41).
8 Offengeblieben in BGH JZ 1985, 39 (41).
9 So *Medicus* JZ 1985, 42 (43).
10 Abl. *Medicus* JZ 1985, 42 (43).

**b)** Es kommt in Betracht, den Verkehrswert zugrunde zu legen. Schiffe dieser Art sind im Handel für 20.000–30.000 EUR erhältlich. Dabei handelt es sich aber nicht um gebastelte Boote. Einen Marktwert für Bastelboote gibt es nicht.[11]

c) B kann auch nicht 25.000 EUR als entgangenen Gewinn nach § 252 verlangen. Es ist nicht ersichtlich, dass B das Boot verkauft und dafür 25.000 EUR erzielt hätte. Es könnte sich bei dem Angebot, das ihm gemacht wurde, auch um ein einmaliges Angebot gehandelt haben.[12]

**d)** Als Alternative zum Verkehrswert könnten die Herstellungskosten für den Neubau eines derartigen Bootes zugrunde gelegt werden. Hierzu könnten die Materialkosten[13] und die Lohnkosten herangezogen werden.

Gegen eine derartige Betrachtung spricht aber, dass zwischen »Tauschwert« und »Gebrauchswert« keine notwendige Beziehung besteht. Wer ein Kunstwerk oder ein kunsthandwerkliches Erzeugnis kauft, bezahlt dafür so viel, wie ihm persönlich der Gegenstand wert ist. Wenn der Hersteller unwirtschaftlich teures Material verwendet oder teures Material durch schlechte Arbeit verdorben hat, dann wird kein Kunde den Materialpreis bezahlen. Umgekehrt kann das Werk eines Künstlers aus ganz wenigen und billigen Materialien bestehen und dennoch hohe Preise erzielen.[14]

e) Fraglich ist, wonach unter diesen Umständen die Höhe des Schadens zu bemessen ist. Es könnte in Fällen der Zerstörung eines Unikats an einem Vergleichsmarkt fehlen, sofern es weder einen Marktpreis gibt noch eine Möglichkeit der Ersatzbeschaffung besteht, sodass überhaupt kein Schadensersatz zu zahlen ist.[15]

Dies würde aber dazu führen, dass beispielsweise der durch die Zerstörung eines Original-Gemäldes Geschädigte keinen Ersatz erhält, wohl aber derjenige, bei dem eine Kopie dieses Gemäldes zerstört wird. Vielmehr muss auch in Fällen der Zerstörung eines Unikats Schadensersatz geleistet werden.

f) Danach lässt es sich nicht vermeiden, den Wert des Bootes auch ohne Rückgriff auf andere Größen, wie Materialwert oder Herstellungskosten, zu bestimmen.

Einerseits muss sich die Wertbemessung an dem Gedanken des § 253 orientieren; die entgangene Bastelfreude kann nicht ersetzt werden. Andererseits darf ein Bastler als Geschädigter aber nicht schlechter stehen als jemand, dessen gekaufte Sache zerstört wird. Insofern kommt es darauf an, ob die Bastelarbeit an den handelsüblichen Wert vergleichbarer Erzeugnisse heranreicht oder ob sie als Laienarbeit schlechter bezahlt würde.

Im Streitfall ist zu berücksichtigen, dass B mit dem Boot bei Bastlerwettbewerben vielfach Preise gewonnen hat. Auch die Tatsache, dass derartige Schiffe im Handel 20.000–30.000 EUR kosten, muss in die Bewertung eingehen. Unter diesen Umständen erscheint nach § 251 I ein Schadensersatzanspruch iHv 25.000 EUR angemessen.

403 **4.** Der Anspruch ist nicht gem. § 254 I wegen eines Mitverschuldens des B zu kürzen, weil er ein Schiff von diesem Wert im Wohnzimmer aufgestellt hat. Damit, dass ein Besucher so wild gestikuliert, dass er dabei ein Bastelboot zu Boden wirft, brauchte B als Gastgeber nicht zu rechnen.

11 Vgl. BGH JZ 1985, 39 (41).
12 Vgl. BGH JZ 1985, 39 (41); *Medicus* JZ 1985, 42 (43).
13 So OLG Köln VersR 1983, 377 (378 f.).
14 BGH JZ 1985, 39 (41 f.); *Medicus* JZ 1985, 42 (42 f.).
15 *Medicus* JZ 1985, 42 (43 f.).

B hat gegen G einen Anspruch auf Schadensersatz iHv 25.000 EUR aus § 251.

**Frage 2:**

## 1. Teil. Ansprüche B gegen H auf Schadensersatz

B könnte einen Schadensersatzanspruch gegen H haben.

### I. Anspruch aus §§ 280 I, 241 II

Es kommt ein Anspruch aus §§ 280 I, 241 II in Betracht. Zwar bestand zwischen B und H ein vertragliches Schuldverhältnis. H selbst hat seine Pflichten jedoch nicht schuldhaft verletzt. Er könnte allerdings für ein schuldhaftes Verhalten des L gem. § 278 haften. Dann müsste L als Erfüllungsgehilfe des H, also mit dessen Willen in seinem Pflichtenkreis tätig geworden sein. Jedoch erfüllt der Lieferant mit der Lieferung nur seinen Vertrag mit dem Handwerker und wird damit nicht im Pflichtenkreis des Handwerkers gegenüber seinem Auftraggeber tätig.[16] Somit hat L nicht als Erfüllungsgehilfe des H gem. § 278 gehandelt. 404

Daher scheidet ein Anspruch aus §§ 280 I, 241 II aus.

### II. Anspruch aus § 823 I

Ein deliktischer Anspruch gem. § 823 I ist mangels eines schuldhaften Verhaltens des H ebenfalls nicht gegeben. Da L von H nicht weisungsabhängig ist, greift auch keine Haftung für einen Verrichtungsgehilfen gem. § 831 ein. 405

Somit hat B gegen H keinen Anspruch.

## 2. Teil. Ansprüche B gegen L auf Schadensersatz

B könnte gegen L einen Schadensersatzanspruch haben. 406

### I. Tatbestandsvoraussetzungen der jeweiligen Ansprüche

Dann müssten zunächst die Tatbestandsvoraussetzungen für einen Anspruch auf Schadensersatz gegeben sein.[17]

**1.** Es könnte ein Anspruch aus §§ 280 I, 241 II vorliegen. Zwischen B und L bestanden keine vertraglichen Beziehungen. Es liegt auch kein Vertrag zugunsten Dritter iSv § 328 vor, da der Vertrag zwischen H und L keinen unmittelbaren Anspruch für B begründen sollte. 407

Daher scheidet ein Anspruch aus §§ 280 I, 241 II aus.

**2.** Es könnte ein deliktischer Ersatzanspruch gem. § 823 I eingreifen. Indem L die brennende Zigarette in dem Haus des B weggeworfen hat, hat er einen Brand verursacht und dadurch das Eigentum des B rechtswidrig verletzt. Da er damit die im Verkehr erforderliche Sorgfalt verletzt hat, handelte er auch fahrlässig, § 276 II. 408

16 BGH NJW 1978, 1157; Palandt/*Grüneberg* § 278 Rn. 14; zum Vorlieferanten mangelhaften Öls s. *Schwab/Wippler* JuS 2004, 404 (406).

17 **Hinweis:** Die verschiedenen Tatbestandsvoraussetzungen kann man hier zusammenfassen, weil sich im Hinblick auf die Kausalität oder den Schutzzweck der Norm keine Probleme ergeben.

Somit ist ein Ersatzanspruch gem. § 823 I gegeben.

409 **3.** Es kommt auch ein Anspruch gem. § 823 II iVm §§ 306, 306d StGB in Betracht. Bei den §§ 306, 306 d StGB handelt es sich auch um Schutzgesetze iSd § 823 II.[18] Das Haus des B war ein zur Wohnung von Menschen dienendes Gebäude. L hat es durch Wegwerfen der Zigarette in Brand gesetzt, sodass es für drei Monate unbewohnbar war. L hat auch fahrlässig gehandelt. Demnach ist ein Anspruch gem. § 823 II iVm §§ 306, 306d StGB ebenfalls gegeben.

Somit hat B gegen L einen deliktischen Schadensersatzanspruch.

### II. Ersatzfähiger Schaden

410 B müsste ein ersatzfähiger Schaden entstanden sein. Ob B einen Vermögensschaden erlitten hat, ist nach der Differenzhypothese durch einen rechnerischen Vergleich zwischen der durch das schädigende Ereignis eingetretenen Vermögenslage und der ohne dieses Ereignis vorliegenden Vermögenslage zu ermitteln.[19]

Als Schadensposten kommen zum einen der eigentliche Brandschaden und zum anderen der Schaden wegen entgangener Nutzungsmöglichkeiten für das Haus in Betracht.

411 **1.** B hat des Weiteren einen Schaden an seinem Eigentum dadurch erlitten, dass das Haus wegen des Brandschadens renoviert werden muss; hierfür muss L nach § 249 II Schadensersatz in Geld leisten.

412 **2.** B hat dadurch einen Schaden erlitten, dass er die Hotelkosten von monatlich 1.000 EUR aufbringen musste. Da B in diesem Zeitraum ohne das von L verursachte schädigende Ereignis in seinem Haus gewohnt hätte, sind diese Kosten iHv 3.000 EUR ersatzfähig.

413 **3.** Außerdem hätte B die in seinem Haus befindliche Einliegerwohnung für 500 EUR monatlich vermieten können. Gem. § 252 umfasst der zu ersetzende Schaden auch den entgangenen Gewinn. Da B die Miete ohne den durch L verursachten Brandschaden von seinen Mietern erhalten hätte, ist ihm dieser Gewinn entgangen. Daher kann er auch den Ersatz der Miete für drei Monate iHv 1.500 EUR beanspruchen.

414 **4.** Ein Schaden könnte auch darin liegen, dass B das Haus nicht nutzen konnte. Ein Anspruch auf Schadensersatz ergibt sich nicht aus § 253 II, da sich dieser nur auf die Verletzung der dort genannten Rechtsgüter bezieht. In Betracht kommt daher nur ein Anspruch aus § 253 I. Dann müsste die Gebrauchsentziehung einen materiellen Schaden, einen Vermögensschaden, hervorgerufen haben.

Gegen einen Vermögensschaden des B spricht, dass er bei einer isolierten Betrachtung der entgangenen Nutzungsmöglichkeit nach der Differenzhypothese keine Vermögensaufwendungen getätigt und keine sichtbaren Vermögenseinbußen erlitten hat. Ohne das schädigende Ereignis hätte B das Haus allerdings auch innerhalb der drei Monate nutzen können; wegen des durch L verursachten Brandschadens ist ihm diese Nutzungsmöglichkeit entgangen. Ob die Vorenthaltung einer solchen Nutzungsmöglichkeit einen Vermögensschaden darstellt, ist zweifelhaft. Die Schuldrechtsreform hat insoweit keine Änderung gebracht.

18 Palandt/*Sprau* § 823 Rn. 70.

19 Palandt/*Grüneberg* Vor § 249 Rn. 10.

**a)** Man könnte die Ansicht vertreten, ein Anspruch wegen Nutzungsausfalls sei grundsätzlich abzulehnen.[20] Die Zweckbestimmung einer Sache, diese zu gebrauchen, sei deshalb kein selbstständiger Vermögenswert, sondern Bestandteil des Substanzwertes. Der zeitweilige Nutzungsentzug der Sache sei kein Vermögensschaden. Der damit verbundene Entzug von Annehmlichkeiten könne auch dann kein Vermögensschaden sein, wenn diese ideellen Werte erkauft, also kommerzialisiert seien.

**b)** Andererseits gehört zum Vermögen auch die Möglichkeit für den Vermögensträger, das Vermögen zur Verwirklichung seiner Lebensziele zu nutzen. Der Markt bewertet die Eignung von Wirtschaftsgütern für den eigenwirtschaftlichen Einsatz im Preis und sieht deren zeitweisen Verlust als zeitweise Entwertung der Sache an. Ist danach die abstrakte Nutzungsmöglichkeit einer Sache kommerzialisiert, lässt sich grundsätzlich ein Schadensersatzanspruch für einen Nutzungsausfall annehmen.[21]

Auch aus § 252 kann nicht gefolgert werden, dass Einbußen bei einem eigenwirtschaftlichen Einsatz eines Wirtschaftsgutes nicht ersatzfähig sind. Zwar ist die Vorschrift nur auf deren erwerbswirtschaftlichen Einsatz bezogen, doch schließt sie die Berücksichtigung einer hypothetischen Entwicklung in anderen Fällen nicht aus.

Würde beim Nutzungsausfall dem Geschädigten stets ein Anspruch versagt, so würde vielfach eine schutzwürdige Position ohne Sanktion bleiben.

So kommt ein Ersatzanspruch insbesondere für die fehlende Nutzungsmöglichkeit eines Pkw[22], aber auch für den Nutzungsentgang bei einem Kraftfahrzeugeinstellplatz[23] in Betracht.

Allerdings muss ein Schadensersatzanspruch bei Nutzungsausfall an bestimmte Voraussetzungen gebunden sein, um die Haftung des Schädigers nicht ausufern zu lassen. Damit es nicht zu einer rein abstrakten Nutzungsentschädigung kommt, muss ein fühlbarer Schaden vorliegen, dh der Geschädigte muss zur Nutzung willens und fähig gewesen sein.[24] Auch ist der Anspruch auf Sachen zu beschränken, auf deren ständige Verfügbarkeit der Geschädigte typischerweise angewiesen ist.[25] Aus der Beschränkung des Geldersatzes auf Vermögensschäden durch § 253 I folgt, dass objektivierbare Wertungsmaßstäbe vorliegen müssen. Danach ist beispielsweise ein Schadensersatzanspruch für die fehlende Nutzungsmöglichkeit bezüglich eines Pelzmantels[26] oder einer Schwimmhalle[27] abzulehnen.

**c)** Fraglich ist daher, ob in dem hier vorliegenden Fall des Nutzungsentzugs eines Hauses ein ersatzfähiger Nutzungsausfall angenommen werden kann. Der Eigen-

20 *Keuk*, Vermögensschaden und Interesse, 1972, 208 ff.; *Larenz* SchuldR I § 29 IIc, S. 495 ff.; *Löwe* VersR 1963, 307 (309); *Tolk* JZ 1975, 530 (531).

21 BGHZ 98, 212 (216 ff.); MüKoBGB/*Oetker* § 249 Rn. 51, 60 ff.; Soergel/*Ekkenga/Kuntz* Vor § 249 Rn. 77 ff.; *Mertens*, Der Begriff des Vermögensschadens im Bürgerlichen Recht, 1967, 157; *Jahr* AcP 183 (1993), 725 (751 ff.); *Schulte*, Schadensersatz in Geld für Entbehrungen, 1978, 101 ff.; *Werber* AcP 173 (1973), 158 (182 ff.).

22 BGH NJW 1982, 2304 (2304 ff.); 1983, 2139; dazu *Wagner*, Gutachten A zum 66. DJT, 2006, 24 ff.

23 BGHZ 96, 124 (128).

24 BGHZ 98, 212 (219 f.); Soergel/*Ekkenga/Kuntz* Vor § 249 Rn. 85.

25 BGHZ 98, 212 (222); Soergel/*Ekkenga/Kuntz* Vor § 249 Rn. 83; *Deutsch/Ahrens*, Deliktsrecht, 6. Aufl. 2014, Rn. 670.

26 BGH NJW 1975, 733 (734 f.); krit. *Wagner*, Gutachten A zum 66. DJT, 2006, 32.

27 BGHZ 76, 179 (186 f.).

tümer eines von ihm selbst bewohnten Hauses ist typischerweise in besonderem Maße auf den Wohngebrauch angewiesen. Die ständige Verfügbarkeit der Wohnung für diesen Gebrauch ist ein wesentlicher Bestandteil der eigenen Wirtschaftsführung, sodass sie auch zum Gesamtvermögen des Geschädigten zu rechnen ist. Der zeitweise Verlust des Wohngebrauchs eines vom Eigentümer selbst bewohnten Hauses kann daher ein ersatzfähiger Vermögensschaden sein.[28] Demnach ist B durch die für drei Monate entgangene Nutzung des Hauses ein Schaden entstanden.

**d)** Problematisch ist allerdings, in welchem Verhältnis dieser Schaden zu den bereits festgestellten Schadenspositionen steht. Dabei ist zu berücksichtigen, dass B anstelle der Nutzung seines Hauses ein Hotelzimmer gemietet hatte. Demnach stellt der Ersatz dieser Miete bereits einen Ausgleich für die fehlende Wohnmöglichkeit dar, sodass B daneben keinen vollen Nutzungsersatz mehr geltend machen kann. Andererseits ist durch die Miete des Hotelzimmers, zumal dieses weniger komfortabel als das Haus des B war, nicht sein voller Ersatzbedarf abgedeckt worden. Daher kommt in Betracht, dass er anstelle des Mietersatzes den Nutzungsausfall verlangen kann. Da dieser einen höheren Betrag aufweist, wäre das für B günstiger. Für diese Lösung spricht, dass der Geschädigte nicht dadurch schlechter gestellt werden soll, dass er tatsächlich einen »Ersatzwohnraum« mietet, als wenn er darauf verzichtet. Daher muss ihm ein Wahlrecht eingeräumt werden, ob er den Schaden konkret nach den ihm entstandenen Kosten berechnet oder ob er den Nutzungsausfall verlangt.[29] Da hier der Nutzungsausfall höher ist, ist davon auszugehen, dass B seinen Anspruch darauf richtet.

Den ihm für die Einliegerwohnung entgangenen Gewinn kann B allerdings weiterhin daneben geltend machen, da sich der Nutzungsentgang nur auf seine eigene Wohnung bezieht.

**e)** B hat daher gegen L einen Anspruch auf Ersatz des Nutzungsausfalls. Bei der Bemessung des Umfangs des ersatzfähigen Schadens könnten die infolge des Gebrauchsverlustes fehlgeschlagenen Aufwendungen maßgeblich sein.[30] B würde damit jedoch nicht so gestellt, wie er bei ordnungsgemäßer Renovierung gestanden hätte. Andererseits kann auch nicht darauf abgestellt werden, wie viel den geschädigten Eigentümer die Überbrückung der Ausfallzeit durch das Mieten einer Ersatzsache gekostet hätte, da es nicht um das Reparationsinteresse, sondern um das Kompensationsinteresse geht. Allerdings kann ein Vergleichswert dann herangezogen werden, wenn er um Gewinnanteile berichtigt wird; auch können die anteiligen Vorhaltekosten Grundlage der Schadensbemessung sein.[31] Hier braucht dieses Problem nicht entschieden zu werden, da der Nutzungswert des Hauses im Sachverhalt mit monatlich 2.000 EUR beziffert ist. Für den dreimonatigen Nutzungsausfall hat B daher einen Ersatzanspruch iHv 6.000 EUR.

Somit hat B einen Anspruch auf Ersatz der Kosten für die Renovierung des Hauses aufgrund des Brandschadens sowie einen Anspruch auf Nutzungsersatz iHv 6.000 EUR und auf Ersatz des entgangenen Gewinns für die Einliegerwohnung iHv 1.500 EUR.

---

28 BGHZ 98, 212 (224); Soergel/*Ekkenga/Kuntz* Vor § 249 Rn. 85, 87.

29 Soergel/*Ekkenga/Kuntz* Vor § 249 Rn. 88.

30 Vgl. *Mertens*, Der Begriff des Vermögensschadens im Bürgerlichen Recht, 1967, 159 ff.; *Dunz* JZ 1984, 1010 (1012 ff.).

31 BGHZ 98, 212 (225 f.); aA Soergel/*Ekkenga/Kuntz* Vor § 249 Rn. 87.

## Fall 6: »Party-Service«

K ist in seine Kommilitonin D verliebt. Um die Sache voranzutreiben, bestellt er bei dem bekannten Party-Service V ein Abendessen für zwei Personen zum Preise von 50 EUR. V soll es zwischen 20 und 21 Uhr bei D abgeben. Der Angestellte A des V bringt das vorschriftsmäßig verpackte Menü um 20 Uhr zur Wohnung der D, die allerdings auf sein Klingeln nicht öffnet. Da das Essen innerhalb einer Stunde ungenießbar wäre und der Rücktransport zu lange dauern würde, bittet A – nach telefonischer Rücksprache mit V – die Nachbarin N der D um Aufbewahrung im Backofen. N erklärt sich dazu bereit, da sie weiß, dass D bald zurückkommen muss. Sie stellt das Essen in den Backofen. Um 21.30 Uhr kommt D zurück. Als N ihr das Essen übergeben will, stellt sie fest, dass der Backofen nicht eingeschaltet war und das Essen jetzt verdorben ist. 415

**Frage: Wie ist die Rechtslage?**

## A. Vorüberlegungen

416 Bei einem Sachverhalt mit mehreren Personen und einer auf die Rechtslage gerichteten Frage muss man sich zunächst darüber klar werden, zwischen welchen Personen überhaupt Rechtsbeziehungen bestehen können. Dann müssen die in Betracht kommenden Ansprüche geordnet werden. Dabei müssen Sie darauf achten, dass logisch vorrangige Ansprüche zuerst geprüft werden, um Verschachtelungen bei der Prüfung von Ansprüchen verschiedener Personen zu vermeiden. Es muss daher zunächst festgestellt werden, welches die ursprünglich zugrundeliegende Rechtsbeziehung ist und in welchem Zusammenhang damit die Ansprüche anderer Personen stehen.

Hier handelt es sich bei der zugrundeliegenden Rechtsbeziehung um den Vertrag zwischen V und K, sodass zunächst grundsätzlich deren Ansprüche untereinander geprüft werden sollten. Aus dem Ergebnis dieser Prüfung ergibt sich dann die Reihenfolge der Ansprüche zwischen anderen Personen. Dabei darf jedoch nicht außer Acht gelassen werden, dass letztlich keine der Personen doppelt begünstigt oder belastet werden darf, sodass das gefundene Ergebnis daraufhin in jedem Fall noch einmal überprüft werden sollte.

## B. Lösung

### I. Anspruch des K gegen V auf Lieferung des Essens gem. §§ 651 S. 1, 433 I

K könnte gegen V einen Anspruch auf Lieferung des Essens gem. §§ 651 S. 1, 433 I haben. 417

**1.** Gem. § 651 S. 1 ist auf den Vertrag zwischen V und K Kaufrecht anwendbar, da sich V zur Lieferung herzustellender beweglicher Sachen verpflichtet hat. Anhaltspunkte für einen echten Vertrag zugunsten Dritter mit der Folge, dass durch ihn ausschließlich D berechtigt sein sollte, § 328 I, II, sind nicht ersichtlich. 418

**2.** Der Anspruch könnte durch Erfüllung nach § 362 I erloschen sein. 419

**a)** Eine Erfüllung gegenüber D oder K scheidet aus, da sie die Übereignung eines genießbaren Essens voraussetzt.

**b)** Auch eine Erfüllung durch Leistung an N kommt nicht in Betracht, da diese weder von K noch von D gem. §§ 362 II, 185 II 1, 184 I zum Empfang der Leistung ermächtigt war.

Mangels einer Übereignung fehlt es somit an einer Erfüllung von V an K oder D. Außerdem fehlt es auch an einer Übergabe; denn N ist weder Besitzdienerin, § 855, noch Besitzmittlerin von K oder D gem. § 868, da K oder D sie nicht zuvor gebeten hatten, das Essen für sie entgegenzunehmen und aufzubewahren.[1]

**3.** Der Erfüllungsanspruch des K könnte gem. § 275 I erloschen sein. Dann müsste V die Leistung unmöglich geworden sein. 420

Das für die Erfüllung vorgesehene Essen ist verdorben.

**a)** V ist aber nur dann gem. § 275 I von seiner Leistungspflicht freigeworden, wenn sich das Schuldverhältnis allein auf dieses Essen bezog, wenn also eine Stückschuld vereinbart war. Bei dem Abendessen handelte es sich um die Lieferung einer vertretbaren Sache iSd § 91. K hatte bei V ein Abendessen zum Preise von 50 EUR bestellt, es kam ihm nicht auf ein ganz bestimmtes Essen an. Vereinbart war daher eine Gattungsschuld, § 243 I. Bei einer Gattungsschuld liegt Unmöglichkeit der Leistung grundsätzlich erst vor, wenn aus der gesamten Gattung nicht mehr geleistet werden kann, § 276, es sei denn, es handelt sich um eine beschränkte Gattungsschuld.[2]

**b)** Die Anwendung des § 275 I auf eine Gattungsschuld setzt die Konkretisierung der Leistungspflicht von der Gattung auf eine ganz bestimmte Sache voraus, § 243 II. Sie tritt ein, wenn der Schuldner das zur Leistung einer gem. § 243 I erfüllungstauglichen Sache Erforderliche getan hat. Die Konkretisierung hat bei der Gattungsschuld den Übergang der Leistungsgefahr auf den Gläubiger zur Folge: Geht die konkretisierte Sache unter, wird der Schuldner von seiner Verpflichtung zur Leistung frei.

Es sind daher die Voraussetzungen des § 243 II zu prüfen.

**aa)** V hatte das Menü ausgesondert.

1 Vgl. *Baur/Stürner* SachenR § 51 Rn. 16.
2 Palandt/*Grüneberg* § 276 Rn. 31.

**bb)** Mangels entgegenstehender Sachverhaltsangaben ist davon auszugehen, dass das Essen von mittlerer Art und Güte war.

**cc)** V lieferte das Abendessen zur rechten Zeit iSd § 271 I; nach der Vereinbarung zwischen K und V sollte die Lieferung zwischen 20.00 Uhr und 21.00 Uhr erfolgen.

**dd)** Schließlich müsste die Leistung am rechten Ort erbracht worden sein.

**(1)** § 269 I geht grundsätzlich von einer Holschuld aus, dh Erfüllungsort ist der Wohnsitz des Schuldners oder gem. § 269 II der Gewerbebetrieb des Schuldners, soweit sich nicht aus den Umständen oder der Natur des Schuldverhältnisses etwas anderes ergibt.[3]

**(2)** Hier lag eine Vereinbarung über die Anlieferung des Essens am Wohnsitz der D vor. Es könnte sich daher um eine Bring- oder um eine Schickschuld handeln.

Bei einer Schickschuld hat der Schuldner mit der Absendung der Ware alles seinerseits Erforderliche getan. Danach läge hier eine Konkretisierung iSd § 243 II vor. Bei einer Bringschuld muss die Leistung am Wohnsitz des Berechtigten, hier der D, in verzugsbegründender Weise angeboten werden, § 294. Auch diese Voraussetzungen sind hier erfüllt.

Eine Konkretisierung ist daher in jedem Fall zu bejahen, ohne dass eine Entscheidung zwischen Schickschuld und Bringschuld getroffen werden muss.

Demnach wurde die ursprünglich vorliegende Gattungsschuld gem. § 243 II in eine Speziesschuld umgewandelt. Während V bis dahin gem. § 276 I 1 zur Leistung aus der Gattung verpflichtet war, hat sich durch die Konkretisierung seine Verpflichtung auf diesen Gegenstand beschränkt, sodass § 275 I anwendbar ist.

**c)** Die Leistung müsste nachträglich unmöglich geworden sein.

**aa)** Unmöglichkeit iSd § 275 I liegt vor, wenn die geschuldete Leistung, also hier Anlieferung und Übereignung eines genießbaren Essens, weder vom Schuldner noch von einem Dritten erbracht werden kann. Das konkrete von V hergestellte Abendessen kann nicht mehr verwendet werden.

**bb)** Die geschuldete Leistung ist dem V unmöglich geworden: Unter Leistung iSd § 275 ist der Leistungserfolg und nicht die Leistungshandlung zu verstehen.[4]

Zwar könnte V ein neues Essen zubereiten, hierzu ist er jedoch nicht verpflichtet, weil er das zur Leistung seinerseits Erforderliche getan hat, § 243 II.

Da die Leistung des V nach Vertragsschluss unmöglich geworden ist, liegt eine nachträgliche Unmöglichkeit vor.

Demnach ist der Erfüllungsanspruch des K gem. § 275 I erloschen, er hat keinen Anspruch gem. §§ 651 S. 1, 433 I.

---

3 *Wank* Anm. zu BGH JR 1991, 419.

4 Vgl. Palandt/*Grüneberg* § 362 Rn. 2.

## II. Anspruch der D gegen V auf Lieferung des Essens gem. §§ 651 S. 1, 433 I

Auch ein Anspruch der D gegen V auf Lieferung des Essens gem. §§ 651 S. 1, 433 I kommt nicht in Betracht. Unabhängig von der Frage, ob ein Vertrag zugunsten Dritter vorliegt, sind auch hier die Voraussetzungen des § 275 I erfüllt, sodass die Leistungspflicht des V entfallen ist. 421

## III. Anspruch V gegen K auf Zahlung des Werklohnes gem. §§ 651 S. 1, 433 II

V könnte gegen K einen Anspruch auf Zahlung des Werklohns gem. §§ 651 S. 1, 433 II haben. 422

**1.** Der Anspruch ist mit dem Vertragsschluss entstanden. 423

**2.** Der Vergütungsanspruch könnte jedoch gem. § 326 I erloschen sein. 424

**a)** Bei dem Vertrag über die Lieferung herzustellender beweglicher Sachen handelt es sich um einen gegenseitigen Vertrag.

**b)** Die Leistung, für die die Gegenleistung verlangt wird, ist unmöglich geworden.

**c)** Die in § 326 I getroffene Regelung gilt jedoch nicht, wenn die Preisgefahr bereits auf den Gläubiger übergegangen war.

**aa)** Die Preisgefahr könnte hier auf K übergegangen sein, wenn es sich um einen Versendungskauf handelte. § 447 I gilt gem. § 651 S. 1 auch in den Fällen, in denen der Vertrag die Herstellung oder Erzeugung beweglicher Sachen zum Gegenstand hat.

**(1)** Die Bestellung des Abendessens bei V ist auf die Herstellung einer beweglichen Sache gerichtet.

**(2)** Ferner ist zu prüfen, ob ein Versendungskauf vorliegt.

Diese Frage kann allerdings offen bleiben, wenn § 447 nicht einschlägig ist. Gem. § 474 IV ist § 447 bei einem Verbrauchsgüterkauf nur anwendbar, wenn der Käufer den Spediteur, den Frachtführer oder die sonst zur Ausführung der Versendung bestimmte Person oder Anstalt mit der Ausführung beauftragt hat und der Unternehmer dem Käufer diese Person oder Anstalt nicht zuvor benannt hat.

Im vorliegenden Fall hat K als Verbraucher nach § 13 bei V als einem Unternehmer nach § 14 I das Abendessen bestellt. Damit liegt ein zwar Verbrauchsgüterkauf vor, aber wegen § 474 IV ist § 447 nicht einschlägig. Die Preisgefahr ist nicht auf K übergegangen.

**Hinweis:** Selbst wenn es sich bei K nicht um einen Verbraucher handelte, sodass die Vorschriften des Verbrauchsgüterkaufs nicht anzuwenden wären und daher auf § 447 zurückgegriffen werden könnte, verbliebe es bei dem genannten Ergebnis; denn die Inanspruchnahme eines Party-Services bedeutet nach üblichem Verständnis, dass die Ware an den Kunden geliefert werden soll. Der Transport der Ware erfordert in derartigen Fällen besondere Maßnahmen im Hinblick auf Verpackung und Beförderung. Damit stellt die Lieferung des Abendessens keine zusätzliche Leistung dar, sondern einen wesentlichen Bestandteil der Erfüllungspflicht. Da es sich um eine Bringschuld handelt, wäre § 447 auch in dieser Konstellation nicht anwendbar.
Soweit § 447 einmal anzuwenden ist, muss stets noch § 421 I 2 HGB beachtet werden. Dadurch dass § 421 I 2 HGB einen eigenen Anspruch des Käufers gegen den Frachtführer begründet, ist in vielen

Fällen einer Drittschadensliquidation die Grundlage entzogen worden.[5] Erfolgt hingegen der Transport durch den Verkäufer und nicht durch einen Dritten, so wird er regelmäßig als Nebenleistung zum Kaufvertrag aufzufassen sein; die Annahme, dass parallel ein eigenständiger Frachtvertrag abgeschlossen würde, wäre dann lebensfremd.

**bb)** Die Preisgefahr könnte jedoch gem. § 326 II 1, 2. Var. auf K übergegangen sein. Im Hinblick auf den Annahmeverzug ist hier nicht auf K, sondern auf D abzustellen, da an sie geleistet werden sollte.

**(1)** Ein erfüllbarer Anspruch lag vor, denn es war vereinbart, dass V zwischen 20.00 und 21.00 Uhr liefern sollte.

**(2)** Es lag auch ein ordnungsgemäßes Angebot iSd § 294 vor, und D war zur vereinbarten Zeit nicht zu Hause. Die Voraussetzungen des Annahmeverzuges sind daher erfüllt.

**(3)** Die Preisgefahr ist jedoch trotz Annahmeverzuges gem. § 326 II 1, 2. Var. nicht auf K übergegangen, wenn V die Unmöglichkeit zu vertreten hatte. Im Annahmeverzug hat der Schuldner gem. §§ 300 I, 278 eigenes Verschulden und solches seiner Erfüllungsgehilfen, beschränkt auf Vorsatz und grobe Fahrlässigkeit, zu vertreten. Ein eigenes Verschulden des V liegt nicht vor.

Zu prüfen ist, ob das Verhalten des A schuldhaft und V zuzurechnen war. A wurde mit dem Einverständnis des Schuldners bei der Erfüllung der Verbindlichkeit tätig, er war somit Erfüllungsgehilfe des V, § 278. Die Übergabe des Essens an N war nach Rücksprache mit V und angesichts der Dauer des Rücktransports nicht schuldhaft.

Ein Verschulden des A könnte aber darin liegen, dass er nicht kontrollierte, ob der Backofen auch eingeschaltet war, als er die Wohnung der N verließ. Da die von N vorzunehmende Handlung jedoch alltäglich war, konnte sich A auf ihre Durchführung verlassen. Sein Verhalten könnte daher allenfalls den Vorwurf leichter Fahrlässigkeit begründen.

Das Unmöglichwerden der Leistung ist daher von V nicht zu vertreten.

K bleibt zur Gegenleistung verpflichtet, V behält seinen Anspruch auf Bezahlung des Abendessens.

### IV. Ansprüche des V gegen N auf Schadensersatz wegen des verdorbenen Essens

425 V könnte gegen N einen Anspruch auf Schadensersatz wegen des verdorbenen Essens haben.

#### 1. Ansprüche aus §§ 280 ff. iVm einem Vertrag

426 Vertragliche Ansprüche, zB aus Verwahrungsvertrag, könnten an einem mangelnden Rechtsbindungswillen der N scheitern. Bei der Frage, ob von einem Rechtsbindungswillen auszugehen ist, sind nach hM alle Umstände, insbesondere Art, Grund und Zweck der Gefälligkeit, ihre wirtschaftliche und rechtliche Bedeutung, insbesondere für den Empfänger, sowie die bestehende Interessenlage der Beteiligten zu würdigen.[6] Wendet man diese Kriterien auf den vorliegenden Fall an, so ist davon auszu-

5 Vgl. zu den einzelnen Fallgestaltungen *Oetker* JuS 2001, 833 (835).
6 BGHZ 21, 102 (107).

gehen, dass N bei ihrer Zusage, das Essen im Ofen warm zu halten, nicht den Willen hatte, sich rechtlich zu binden. Es handelte sich lediglich um eine Gefälligkeit des täglichen Lebens, wie sie unter Nachbarn üblich ist.[7]

Daher scheiden vertragliche Ansprüche aus.

## 2. Anspruch aus § 823 I

V könnte wegen des verdorbenen Essens gegen N einen Anspruch auf Schadensersatz gem. § 823 I haben. 427

**a)** Es liegt eine Eigentumsverletzung vor. Da das Essen weder an K noch an D übereignet worden ist, war V noch Eigentümer.

**b)** Die Verletzungshandlung liegt darin, dass der Backofen nicht eingeschaltet wurde. Ein Unterlassen ist jedoch nur dann tatbestandsmäßig, wenn eine Garantenstellung besteht.[8] Sie ergibt sich hier aus vorangegangenem Tun.

**c)** Rechtfertigungsgründe sind nicht ersichtlich.

**d)** Fraglich ist, ob N schuldhaft gehandelt hat. Der Haftungsmaßstab des § 823 ist bei Gefälligkeiten in entsprechender Anwendung des § 690 dahin eingeschränkt, dass N nur für diejenige Sorgfalt einzustehen hat, die sie in eigenen Angelegenheiten anzuwenden pflegt.[9] Mangels entgegenstehender Sachverhaltsangaben ist nicht auszuschließen, dass die N auch in ihren eigenen Angelegenheiten so nachlässig ist.

Gem. § 277 ist N jedoch von der Haftung wegen grober Fahrlässigkeit nicht befreit. Das Verhalten der N, die eine so einfache Handlung wie das Einschalten eines Backofens unterließ, obwohl es offensichtlich war, dass das Essen dann verderben würde, ist als grob fahrlässig einzustufen.

**e)** V müsste durch die Rechtsgutsverletzung ein Schaden entstanden sein.

**aa)** V selbst hat keinen Schaden erlitten, da er seinen Anspruch auf die Gegenleistung gegen K behält.

**bb)** Ein Schaden ist jedoch K entstanden, da er für ein Essen zahlen muss, das er nicht verwenden kann. Insofern könnte V einen Schadensersatzanspruch nach den Grundsätzen der Drittschadensliquidation haben. Obwohl durch die Schuldrechtsreform eine Reihe von richterrechtlich entwickelten Rechtsinstituten gesetzlich normiert wurde, fehlt es weiterhin an einer gesetzlichen Regelung der Drittschäden. Insofern bleibt es bei der gewohnheitsrechtlichen Anerkennung des Rechtsinstituts. Solche Drittschäden sind nur in Ausnahmefällen und unter besonderen tatbestandlichen Voraussetzungen ersatzfähig. Hier kommt ein Ersatz nach den Regeln der »Drittschadensliquidation«[10] in Betracht.

7 Vgl. Palandt/*Grüneberg* Vor § 241 Rn. 7 f.; Soergel/*Wolf* Vor § 145 Rn. 85 ff.

8 BGHZ 7, 204; *Deutsch/Ahrens*, Deliktsrecht, 5. Aufl. 2009, Rn. 38 f.; Palandt/*Grüneberg* Vor § 249 Rn. 51.

9 Abl. die Rspr. des BGH BGHZ 21, 102 (110); NJW 1979, 414; VersR 1980, 384; krit. dazu *Looschelders* SchuldR AT Rn. 99 ff.

10 S. dazu *Hagen*, Die Drittschadensliquidation im Wandel der Rechtsdogmatik, 1971; *Lange/Schiemann*, Schadensersatz, 3. Aufl. 2003, § 8 III, S. 462 ff.; s. zu § 421 HGB *Homann* JA 1999, 978 ff., sowie *Maaß* JuS 1999, 312 und dazu *Schroiff* JuS 2000, 624.

Voraussetzung für die Geltendmachung des einem anderen als dem Verletzten entstandenen Schadens ist, dass sich der Schaden aufgrund schuldrechtlicher Beziehungen des Verletzten zu einem Dritten auf diesen verlagert hat, den Schaden also statt des Verletzten ein Dritter erlitten hat. Dieser Schaden wird dann »zum Anspruch gezogen«. Der Verletzte macht den Schaden gegen den Schädiger im eigenen Namen geltend.

Es sind drei Fallgruppen der Drittschadensliquidation anerkannt, nämlich

- Fälle von »mittelbarer Stellvertretung« und Treuhand,[11]
- die sog. Obhutsfälle,[12]
- Fälle der Gefahrenentlastung, zB gem. § 275 oder gem. §§ 446, 447, 644.[13]

Hier kommt die Fallgruppe der Gefahrentlastung in Betracht.

**(1)** Der Verletzte V hat keinen Schaden, da er gem. § 326 II 1, 2. Var. seinen Anspruch auf Kaufpreiszahlung gegen K behält.

**(2)** Der Geschädigte K hat keinen Anspruch gegen N, da K weder Eigentümer noch Besitzer des Essens geworden ist.

**(3)** Schließlich war die Schadensverlagerung zufällig. N hätte die Aufbewahrung nicht für K oder D, sondern für V übernehmen können.

Es besteht daher ein Anspruch des V gegen N auf Zahlung von Schadensersatz, den V jedoch gem. § 285 an K abtreten muss.

### V. Anspruch des N gegen D auf Freistellung aus §§ 677, 683 S. 1, 670

**428** N könnte einen Freistellungsanspruch gegen D aus Geschäftsführung ohne Auftrag gem. §§ 677, 683 S. 1, 670 haben.

**429** **1.** Bei der Entgegennahme und der Aufbewahrung des Essens handelte es sich um ein für N objektiv fremdes Geschäft.

**430** **2.** N handelte auch mit Fremdgeschäftsführungswillen, sie wollte das Essen für D warm halten.

**431** **3.** Dazu war sie weder von K noch von D beauftragt.

**432** **4.** Die Aufbewahrung des Essens entsprach auch dem Interesse und dem mutmaßlichen Willen der D.

**433** **5.** Daher kann N von D wie eine Beauftragte Ersatz ihrer Aufwendungen verlangen. Aufwendungen sind von dem Geschäftsführer freiwillig erbrachte Vermögensopfer. Danach ist ein Schaden, der einem anderen zu ersetzen ist, eigentlich nicht erstattungsfähig. Eine Ausnahme gilt für solche Schäden, in denen sich das typische Risiko

---

11 BGHZ 25, 250 (258); 40, 91 (100); MüKoBGB/*Oetker* § 249 Rn. 296, 306; *Larenz* SchuldR I § 27 IV b 3, S. 465 f.

12 BGHZ 15, 224 (228); 40, 91 (101); *Larenz* SchuldR I § 27 IV b 2, S. 464 f.; *Lange/Schiemann*, Schadensersatz, 3. Aufl. 2003, § 8 III 7, S. 474 ff.

13 Str., dafür BGHZ 40, 91 (100 f.); *Deutsch/Ahrens*, Deliktsrecht, 6. Aufl. 2014, Rn. 624; Soergel/*Mertens* Vor § 249 Rn. 256; *Medicus/Petersen* BürgerlR Rn. 838; dagegen MüKoBGB/*Oetker* § 249 Rn. 287; *Hagen*, Die Drittschadensliquidation im Wandel der Rechtsdogmatik, 1971, 185 ff.; *Larenz* SchuldR I § 27 IV b 1, S. 462 ff.

der übernommenen Tätigkeit verwirklicht hat.[14] Die Einbeziehung dieser Schäden in die Aufwendungsersatzpflicht des Geschäftsherrn ergibt sich zwar nicht aus dem Gesetz, sie kann aber als eigenständige richterrechtliche Risikohaftung angesehen werden.[15]

Jedoch sind derartige Schäden, sofern den Geschäftsherrn wie hier kein Verschulden trifft, grundsätzlich nur dann ersatzfähig, wenn es sich um Zufallsschäden handelt.[16] Sie dürfen daher nicht vom Geschäftsführer zu vertreten sein. Indem N den Backofen nicht anstellte, hat sie ihre Schadensersatzpflicht gegenüber K aber selbst schuldhaft verursacht, sodass kein Zufallsschaden vorliegt. Insoweit kommt allerdings die Anwendung der arbeitsrechtlichen Grundsätze über die Haftungsbeschränkung beim innerbetrieblichen Schadenausgleich in Betracht.[17] Selbst wenn man diese Grundsätze für eine einmalige Geschäftsführung ohne Auftrag heranziehen will,[18] scheidet eine Ersatzpflicht der D aus, da sie grob fahrlässig gehandelt hat.[19]

N hat daher gegen D keinen Anspruch gem. §§ 677, 683 S. 1, 670.

14 *Medicus/Petersen* BürgerlR Rn. 428.

15 Vgl. etwa BGHZ 89, 153 (157); BGH NJW 1985, 269 (269 f.); *Larenz* SchuldR II 1 § 56 III, S. 417 ff., § 57 I b, S. 449 f. mwN.

16 MüKoBGB/*Seiler* § 670 Rn. 14; Soergel/*Beuthien*, 12. Aufl. 1999, § 670 Rn. 16 ff.

17 Vgl. BGH NJW 1984, 789 (790).

18 Dagegen MüKoBGB/*Seiler* § 670 Rn. 18.

19 Vgl. BGH NJW 1984, 789 (790).

## Fall 7: »Der Kupferstich«

434 Onkel O sagte seinem Neffen N am 1.3.2011, er verkaufe ihm seinen Kupferstich »Münster um 1648« zum Preise von 1.000 EUR. Der Wert des Kupferstichs beträgt 1.500 EUR. N stimmte zu.

Da der Kupferstich ein Geschenk des Arbeitgebers des O zum 25. Dienstjubiläum war, wollte ihn O auch noch am 40. Dienstjubiläum, im September 2011, in seinem Wohnzimmer hängen haben, wenn seine Kollegen zu Besuch kommen wollten. Er vereinbarte deshalb die Kaufpreiszahlung und Übergabe des Kupferstichs für den 1.10.2011.

Am 1.5.2011 erkrankte O und kam zunächst ins Krankenhaus. Dort stellte sich heraus, dass er nicht mehr nach Hause zurück könne, sondern direkt vom Krankenhaus ins Altenheim sollte. Am 15.5.2011 erteilte er dem Anwalt R, einem Freund, Vollmacht in allen Vermögensangelegenheiten und stellte ihm eine entsprechende Urkunde aus. O informierte ihn über seinen Kaufvertrag mit N und sagte nachdrücklich, dass er selbst, O, N den Kupferstich übergeben wolle. Aufgrund seiner gesundheitlichen Umstände übergab O dem R auch seine Wohnungsschlüssel. R sollte den Hausrat des O später, wenn O im Altenheim nicht alles unterbringen könne, veräußern.

Am 15.6.2011 veräußerte R den Kupferstich für 1.300 EUR unter Vorlage der von O ausgestellten Urkunde an X, dem dieser Stich zur Vervollständigung seiner Sammlung noch fehlte.

Am 1.10.2011 verlangt N von O, der über das Verhalten des R empört ist, die Übergabe des Kupferstiches Zug um Zug gegen Zahlung des Kaufpreises. Im Falle der Nichtlieferung will N jedenfalls Vergütung des Wertes gegen Zahlung des Kaufpreises haben oder zumindest Herausgabe des Erlöses aus dem Verkauf an X. O sagt, dann wolle er aber den Kaufpreis haben.

**Frage: Sind die Ansprüche des N begründet?**

## A. Vorüberlegungen

Die Vorüberlegung zur Klausurlösung muss an der Fallfrage ansetzen. 435

Der vorliegende Sachverhalt enthält zwar keine konkret ausformulierte Fallfrage, aber die verschiedenen Begehren des N sind genannt. Diese sind aber zunächst aufzugliedern und in konkrete Fallfragen umzuformulieren. Hier ergeben sich drei Fallfragen:

1. Hat N einen Anspruch auf Übergabe des Kupferstiches Zug um Zug gegen Zahlung des Kaufpreises?
2. Hat N im Fall der Nichtlieferung einen Anspruch auf Vergütung des Wertes des Bildes Zug um Zug gegen Zahlung des Kaufpreises?
3. Hat N zumindest für den Fall, dass ein Vergütungsanspruch nicht besteht, Anspruch auf Herausgabe des Erlöses aus dem Verkauf an X?

Als nächstes ist die Aussage des O, dann wolle er den Kaufpreis haben, einem der Begehren des N zuzuordnen. Dafür bleibt nur Raum bei der dritten Frage, da die ersten beiden Fragen bereits auf die Berücksichtigung des Kaufpreises ausgerichtet sind.

Hat man sich die Fallfragen so vergegenwärtigt, steht der Klausuraufbau eigentlich schon fest. Zunächst ist nach dem vertraglichen Erfüllungsanspruch gefragt. Für den Fall, dass dieser nicht besteht oder nicht erfüllt wird, sind Sekundäransprüche auf Schadensersatz zu prüfen. Ist man bei dieser Prüfung zu einem negativen Ergebnis gekommen, muss man in jedem Fall zur letzten Frage Stellung nehmen. Für den Fall, dass der Bearbeiter einen Schadensersatzanspruch für begründet hält, muss er die letzte Frage ebenfalls erörtern. Neben ihrer Formulierung spricht dafür, dass dieser Anspruch des N nicht zwangsläufig durch einen Schadensersatzanspruch ausgeschlossen wird und möglicherweise wertmäßig höher ausfällt (1.300 EUR) als ein Schadensersatzanspruch.

## B. Lösung

### I. Anspruch des N gegen O auf Übereignung des Kupferstiches gem. § 433 I

436 **1.** Der Erfüllungsanspruch setzt den wirksamen Abschluss eines Vertrags voraus. In Betracht kommt dafür nur die Einigung vom 1.3.2011 mit dem Inhalt, dass O dem N den Kupferstich am 1.10.2011 übergeben und N dem O dafür 1.000 EUR bezahlen sollte. Fraglich ist, was für ein Vertrag damit zwischen O und N zustande gekommen ist.

**a)** Aufgrund der Diskrepanz zwischen Leistung und Gegenleistung ist daran zu denken, dass es sich um einen Schenkungsvertrag handelt, der gem. §§ 518, 125 S. 1 unwirksam sein könnte. Das wäre der Fall, wenn es sich bei dem Vertrag um eine Schenkung handelt, denn die Parteien haben keine notarielle Beurkundung des Vertrags gem. § 518 I 1 vornehmen lassen. Am 1.3.2011 wurde die Schenkung auch noch nicht vollzogen, sodass keine Heilung des Formmangels eingetreten ist, § 518 II.

**b)** Andererseits könnte aber auch ein Kaufvertrag geschlossen worden sein, der nicht wegen §§ 518, 125 unwirksam wäre. Dafür spricht die Verpflichtung des N zur Zahlung der 1.000 EUR.

**c)** Da sowohl Aspekte für einen Schenkungs- als auch für einen Kaufvertrag sprechen, könnte eine aus den beiden Vertragstypen »gemischte Schenkung« vorliegen.

**d)** Entscheidend ist also, wie der Vertrag rechtlich zu qualifizieren ist. Dass O sagte, er »verkaufe« den Kupferstich, ist nicht entscheidend. Die Parteien können zwar den Inhalt eines Vertrags selbst festlegen, dagegen steht die rechtliche Qualifikation eines Vertrags nicht zur Disposition der Parteien.

**aa)** Man könnte den Vertrag trotz beider Aspekte als Einheit betrachten, sodass eine Entscheidung zwischen den Regeln des Schenkungs- und des Kaufvertragsrechts erforderlich würde. Für eine Anwendung der Formvorschrift des § 518 auf den gesamten Vertrag[1] spräche, dass die Norm neben anderen auch den Zweck verfolgt, den Schenker vor übereilten Schenkungen zu schützen.[2] Da diese Form hier nicht eingehalten wurde, wäre das Verpflichtungsgeschäft nichtig.

**bb)** Man könnte aber auch versuchen, den zwischen N und O geschlossenen Vertrag in einen entgeltlichen und einen unentgeltlichen Teil aufzuspalten mit der Folge, dass das Formerfordernis nur auf den Teil des Vertrags anzuwenden ist, der die Schenkung betrifft.[3] Handelt es sich um untrennbare Teile eines Rechtsgeschäfts, hilft diese Überlegung aber nicht weiter. Ist der schenkungsrechtliche Teil abtrennbar,[4] wäre auf ihn § 518 anwendbar mit der Konsequenz, dass der Formmangel zur Nichtigkeit führt. Damit wäre ein Teil des Rechtsgeschäfts nichtig, sodass anhand von § 139 weiter geprüft werden müsste, ob dann die Teilnichtigkeit zur Gesamtnichtigkeit führt. Vorliegend bestehen schon erhebliche Zweifel an der Trennbarkeit des Vertrags. Jedenfalls kann nicht davon ausgegangen werden, dass die Parteien den Vertrag auch ohne den Schenkungsaspekt geschlossen hätten.

---

1 Vgl. dazu *Larenz/Canaris* SchuldR II 2 § 63 III 1, S. 54 ff. mwN.
2 Palandt/*Weidenkaff* § 518 Rn. 1a.
3 Vgl. RGZ 148, 236 (239); 163, 257 (260).
4 Vgl. dazu auch die sog. Zweckwürdigungstheorie, MüKoBGB/*Koch* § 516 Rn. 36 ff.

**cc)** Als Zwischenergebnis lässt sich feststellen, dass der zwischen O und N geschlossene Vertrag nur dann wirksam ist, wenn es sich um einen Kaufvertrag und nicht um eine gemischte Schenkung handelt. Gegen eine reine Schenkung spricht die Zahlungsverpflichtung des N.

Fraglich ist, ob eine gemischte Schenkung vorliegt. Allein ein objektives Missverhältnis zwischen den auszutauschenden Werten kann dazu nicht ausreichen,[5] denn sonst wäre jeder billige Verkauf als gemischte Schenkung zu qualifizieren. Eine Entscheidung kann also nicht danach getroffen werden, ob der gegenseitige Vertrag der einen Partei einen größeren Vorteil bietet als der anderen.

Da auch die gemischte Schenkung ein Vertrag ist, ist die Einigung der Parteien der richtige Ansatzpunkt. Der Parteiwille muss hinsichtlich des »überschießenden« Wertes auf eine unentgeltliche Zuwendung gerichtet sein.[6] Beide Parteien müssen sich darüber einig sein, dass die Leistung in Höhe des Mehrwerts unentgeltlich erfolgen soll.[7] Das setzt die Kenntnis der Parteien über den realen Marktwert des Gegenstandes voraus. Im Streitfall könnte für eine Schenkungsabsicht sprechen, dass O dem N den Stich möglicherweise mit Rücksicht auf ihre verwandtschaftliche Beziehung günstig überlassen wollte. Hier ist jedoch zu beachten, dass Vertragsgegenstand ein Kunstobjekt war. Bei anderen Objekten ist den Beteiligten häufig ein Marktwert bekannt, sodass sie – auch ohne ausdrücklichen Hinweis – den Schenkungscharakter deutlich machen. Kunstgegenstände, zumal wenn sie von Privaten verkauft werden, werden demgegenüber in Unkenntnis der Parteien über den Wert vielfach unterhalb ihres eigentlichen Wertes verkauft. Berücksichtigt man im Übrigen, dass N selbst erklärte, er »verkaufe« das Bild, ergibt sich daraus, dass er selbst von einem angemessenen Kaufpreis ausging.

Unter diesen Umständen lag hier keine gemischte Schenkung vor, sondern ein Kaufvertrag. Dieser wurde wirksam geschlossen.

**2.** O könnte jedoch von seiner Verpflichtung zur Übereignung des Bildes gem. § 275 **437**
I frei geworden sein. Eine objektive Unmöglichkeit iSv § 275 I 2. Var. ist nicht gegeben, da jedenfalls X den Stich an N übereignen könnte.

**a)** Unvermögen des O iSd § 275 I 1. Var. ist zu bejahen, wenn O den Stich nicht mehr an N übereignen kann, weil der Kaufgegenstand in der Zwischenzeit wirksam an X übereignet wurde.

**aa)** Zwischen O selbst und X hat keine Einigung stattgefunden. Jedoch haben sich R und X gem. § 929 S. 1 über die Eigentumsübertragung auf X geeinigt. Diese Einigung könnte gem. § 164 I 1 für und gegen O wirken. Dann müsste R eine Willenserklärung im Namen des O abgegeben haben und dabei innerhalb der ihm zustehenden Vertretungsmacht gehandelt haben. Fraglich ist, in welchem Umfang R zur Vertretung des O bevollmächtigt war. O hatte R auf der einen Seite Vollmacht in allen Vermögensangelegenheiten erteilt und eine entsprechende Urkunde ausgestellt, auf der anderen Seite R mitgeteilt, dass er den Stich schon an N verkauft habe und ihn selbst übergeben wolle.

5 Erman/*Herrmann* § 516 Rn. 16.
6 Palandt/*Weidenkaff* § 516 Rn. 13.
7 RGZ 165, 223 (224).

Es stellt sich also die Frage, ob der Verkauf des Stichs von der Vollmacht umfasst war. Legt man eine Vollmacht in allen Vermögensangelegenheiten zugrunde – über die auch die Urkunde lautete –, ist der Verkauf erfasst. Berücksichtigt man die Einschränkung des O, dann könnte R mit dem Verkauf die erteilte Vollmacht überschritten haben. Dies hätte zur Folge, dass das Geschäft zunächst schwebend unwirksam war,[8] § 177 I. Da angesichts der Empörung des O auch keine Genehmigung, sondern vielmehr seine Verweigerung zu erwarten ist, würde das Geschäft endgültig unwirksam.[9] Die Frage der Wirksamkeit des Geschäfts hängt also davon ab, wonach man den Umfang der Vertretungsmacht beurteilt. Dazu ist zwischen dem Innen- und dem Außenverhältnis zu unterscheiden. Die Beschränkung hinsichtlich des Bildes betrifft nur das Innenverhältnis zwischen O und R. Der Erklärungsempfänger X, der davon nichts weiß, wird über §§ 170–173 geschützt. Danach braucht ein Dritter, dem eine Urkunde vorgelegt wird, aus der sich diese Einschränkung nicht ergibt, die Beschränkung der Vertretungsmacht nicht gegen sich gelten lassen; im Außenverhältnis liegt kraft Rechtsscheins eine unbeschränkte Vollmacht vor.[10]

R hat gegenüber X damit im Rahmen seiner Vertretungsmacht gehandelt. Eine wirksame Einigung zwischen R und X mit Wirkung für und gegen O ist daher zu bejahen.

**bb)** Weiter ist zur wirksamen Übereignung gem. § 929 S. 1 erforderlich, dass der Veräußerer die Sache dem Erwerber übergibt. Hier hat nicht der Veräußerer O, sondern R den Kupferstich übergeben. Die Besitzverschaffung erfolgte damit nicht direkt vom früheren Eigentümer auf den Erwerber, sondern durch Zwischenschaltung eines Dritten. Die Übergabe iSv § 929 S. 1 ist ein Realakt, sodass die Stellvertretungsregeln nicht anwendbar sind.[11] Damit ist die Übergabe jedoch nicht auf die unmittelbare Übertragung der tatsächlichen Gewalt von dem Veräußerer auf den Erwerber beschränkt, sondern es können dabei Dritte als Besitzdiener oder Besitzmittler tätig werden, die auf Weisung des Veräußerers den Besitz übertragen.[12] R könnte Besitzmittler und O infolgedessen mittelbarer Besitzer des Bildes gewesen sein, § 868. Dann müsste R unmittelbarer Fremdbesitzer gewesen sein und aufgrund eines Besitzmittlungsverhältnisses mit O zum Besitz berechtigt gewesen sein. Aufgrund des Umstandes, dass R alleiniger Inhaber der Schlüssel zur Wohnung des O war und den Hausrat für diesen besitzen wollte, ist er als unmittelbarer Fremdbesitzer anzusehen. Das erforderliche Besitzmittlungsverhältnis kam durch das Auftragsverhältnis zwischen O und R zustande, wonach R zunächst verwalten und anschließend zum Teil veräußern sollte.[13]

Dass O mit einer Besitzverschaffung von R auf X nicht einverstanden war, ist unerheblich, da die Übergabe selbst ein Realakt ist. Die fehlende Weisung des O an R kann als geschäftsähnliche Handlung mit den Regeln über die Stellvertretung überwunden werden.

X ist damit Eigentümer des Kupferstiches geworden. Damit steht ein nachträgliches Unvermögen aufseiten des O, dem N das Eigentum an dem Kupferstich zu übertra-

8 Vgl. *Wolf/Neuner* BGB AT § 49 Rn. 3.
9 Vgl. Palandt/*Ellenberger* § 177 Rn. 5.
10 Erman/*Maier-Reimer* § 171 Rn. 1 f.; § 172 Rn. 1, 8.
11 Palandt/*Bassenge* § 929 Rn. 23.
12 *Baur/Stürner* SachenR § 51 Rn. 12.
13 Vgl. Palandt/*Bassenge* § 868 Rn. 9, 12, 14.

gen, fest. Da X den Stich im Wert von 1.500 EUR für 1.300 EUR erhalten hat und er durch den Kauf seine Sammlung vervollständigen wollte, ist auch nicht anzunehmen, dass er ihn an O rückübereignen wird.

**cc)** Der Schuldner wird gem. § 275 I unabhängig von seinem Verschulden von der Leistungspflicht befreit.

N hat keinen Anspruch auf Übereignung des Kupferstiches gegen O.

## II. Anspruch des N gegen O auf Zahlung von 500 EUR gem. §§ 433 I, 280 I, III, 283

Da O dem N gegenüber die gem. § 433 I geschuldete Verpflichtung auf Übereignung des Kupferstiches nicht erfüllen kann, könnte N gegen O gem. §§ 280 I, III iVm § 283 einen Anspruch auf Schadensersatz haben. Dann müssten die Voraussetzungen der genannten Vorschriften vorliegen. **438**

**1.** O ist die Verpflichtung zur Übergabe und Eigentumsübertragung des Bildes an N unmöglich.[14] **439**

**2.** Fraglich ist, ob O die Unmöglichkeit zu vertreten hat. O selbst trifft kein Verschulden, da er R ausdrücklich über den Verkauf und die bevorstehende Übereignung des Kupferstichs an N informiert hatte. O könnte jedoch das Verhalten des R gem. § 278 zu vertreten haben. Dann müsste R als Erfüllungsgehilfe des O schuldhaft gehandelt haben. Zunächst stellt sich die Frage, ob R Erfüllungsgehilfe des O war. Das wäre dann anzunehmen, wenn R mit dem Willen des O bei der Erfüllung einer dem O obliegenden Verbindlichkeit als dessen Hilfsperson tätig geworden wäre.[15] Dagegen könnte sprechen, dass O dem R gerade deutlich gemacht hatte, dass er hinsichtlich des Kaufvertrags mit N nicht tätig werden sollte. Von einer Handlung des R mit Willen des O bei Erfüllung einer Verbindlichkeit kann nicht gesprochen werden. Das hieße jedoch, § 278 so zu verstehen, dass eine Haftung für Erfüllungsgehilfen stets nur eintreten kann, wenn sich der Gehilfe an die ihm erteilten Weisungen hält. Der Geschäftsherr soll aber auch das Verhalten zu vertreten haben, wenn sich der Gehilfe gerade nicht an seine Weisungen hält,[16] sofern die verrichtete Tätigkeit im Bereich des vom Schuldner geschuldeten Gesamtverhaltens liegt.[17] Der Geschäftsherr haftet nur dann nicht, wenn die vom Gehilfen vorgenommene Handlung in keinem sachlichen Zusammenhang mit den Aufgaben steht, die ihm vom Schuldner zugewiesen wurden, sondern vielmehr bei Gelegenheit der Aufgabenerfüllung erfolgte.[18] Hier gehörte auch der Kaufvertrag zwischen O und N zu den Vermögensangelegenheiten des O und damit zum allgemeinen Aufgabenkreis des R, der alle Vermögensangelegenheiten wahrzunehmen hatte. R war daher auch im Hinblick auf den Kaufvertrag zwischen N und O Erfüllungsgehilfe des O. O muss sich das Verhalten des R zurechnen lassen. N hat daher einen Anspruch auf Schadensersatz nach §§ 433 I, 280 I, III, 283. Er ist so zu stellen, wie er im Falle der Erfüllung gestanden hätte. Dann wäre N jetzt Eigentümer eines Stiches im Werte von 1.500 EUR. Allerdings hätte N dann auch den Kaufpreis iHv 1.000 EUR bezahlen müssen. **440**

14 → Rn. 348 f.
15 Vgl. BGHZ 50, 32 (35); 87, 330 (334).
16 BGHZ 31, 358 (366); MüKoBGB/*Grundmann* § 278 Rn. 46.
17 Palandt/*Grüneberg* § 278 Rn. 12.
18 RGZ 63, 341 (343); BGH NJW 1965, 1709 (1710).

Der ihm entstandene Schaden beläuft sich daher auf 500 EUR.

### III. Anspruch des N gegen O auf Herausgabe des Erlöses gem. §§ 433 I, 275 I, IV, 285 I

441 **1.** Statt des Schadensersatzanspruches aus §§ 433 I, 280 I, III, 283 kann N auch die Rechte aus §§ 326 III, 275 I, IV, 285 I geltend machen.

442 **2.** Nach § 285 I kann der Gläubiger der unmöglich gewordenen Leistung Herausgabe des als Ersatz Empfangenen verlangen, das der Schuldner infolge des Umstandes, welcher die Leistung unmöglich macht, für den geschuldeten Gegenstand erlangt hat. Hier kommt nur der Erlös, der aus dem Verkauf des Stichs an X erzielt wurde, als stellvertretendes commodum der unmöglich gewordenen Leistung, in Betracht. Allerdings hat O den Zahlungsanspruch gegen X nicht im Zusammenhang mit der Eigentumsübertragung an X, die ihm die Leistung unmöglich machte, erlangt, sondern aus dem Kaufvertrag mit X. Es fragt sich, ob O den Zahlungsanspruch noch infolge des Umstandes iSv § 285 als Ersatz empfangen hat. Hierzu genügt es, wenn der die Unmöglichkeit auslösende Umstand und der den Ersatzanspruch begründende Umstand bei natürlicher Betrachtungsweise eine wirtschaftliche Einheit bilden.[19] Davon kann bei einem Kaufvertrag und anschließender Übereignung der Kaufsache ausgegangen werden. Das durch den Verkauf erzielte Entgelt stellt das stellvertretende commodum dar.[20]

N hat gegen O einen Anspruch auf Herausgabe des Erlöses iHv 1.300 EUR.

443 **3.** Der Anspruch auf Zahlung von 1.300 EUR könnte jedoch durch Aufrechnung des O gem. § 387 teilweise erloschen sein, § 389. In der Erklärung des O, er wolle den Kaufpreis haben, liegt eine Aufrechnungserklärung nach § 388. Die Aufrechnungswirkung tritt allerdings nur ein, wenn O gegen N eine gleichartige, wirksame und fällige Gegenforderung hatte. In Betracht kommt der Kaufpreisanspruch des O gegen N aus § 433 II, der mit Abschluss des Kaufvertrags entstanden ist. Aus § 326 III ergibt sich, dass der Anspruch auf die Gegenleistung erhalten bleibt, wenn der Vertragspartner den Anspruch aus § 285 geltend macht. Dem Grunde nach besteht der Kaufpreisanspruch des O gegen N weiterhin. Es fragt sich nur, ob iHv 1.000 EUR oder in geringerer Höhe, da das stellvertretende commodum wertmäßig hinter dem Wert der unmöglich gewordenen Leistung zurückbleibt. § 326 III 2 verweist auf die Minderungsvorschriften beim Kaufvertrag, § 441 III. Danach ergibt sich Folgendes:

| **Objektiver Wert:** | **vereinbarter Preis:** |
|---|---|
| 1.500 EUR | 1.000 EUR |
| Stellvertretendes commodum: | X (= geminderter Preis) |
| 1.300 EUR | |

Daraus ergibt sich folgende Berechnung: objektiver Wert dividiert durch den Wert des stellvertretenden commodums = 1,5; durch diesen Wert wird der vereinbarte Preis herabgesetzt, also 1.000 EUR durch 1,5. Hier: X = 866,66 EUR.

O hat damit nur iHv 866,66 EUR einen Kaufpreisanspruch gegen N. Dieser Anspruch ist fällig und gegenüber der gem. § 271 sofort erfüllbaren Forderung des N

19 Palandt/*Grüneberg* § 285 Rn. 7.
20 BGHZ 46, 260 (264).

aus §§ 280 I, III, 283 auch gleichartig, da es sich bei beiden Forderungen um Geldforderungen handelt.

N hat gegen O einen Anspruch auf Zahlung von 1.300 EUR abzüglich 866,66 EUR, also auf 433,34 EUR. Damit steht N sich besser, wenn er den Schadensersatzanspruch aus §§ 433 I, 280 I, III, 283 iHv 500 EUR geltend macht.

## Fall 8: »Das stürzende Gerüst«

444 Vermieter und Hauseigentümer V bestellt den Malermeister M, damit dieser den Außenanstrich seines Hauses erneuert. An einem Montag im April stellt V fest, dass das von M für diese Arbeiten errichtete Gerüst unsicher steht; M hatte es nicht sorgfältig aufgebaut. Am Dienstagmorgen stürzt das Gerüst zusammen und verletzt die 18-jährige Tochter T des Mieters Schulze (S) sowie den gleichaltrigen F, der mit dem Sohn des Mieters Lehmann aus dem zweiten Stock befreundet ist. T und F wollten gerade gemeinsam das Haus verlassen.

**1.** Welche Ansprüche haben T und F?

**2.** V zahlt die Heilungskosten iHv 300 EUR für F. Da T das gute Verhältnis ihres Vaters S zu seinem Vermieter V nicht beeinträchtigen will, verzichtet sie gegenüber V auf die Erstattung der 600 EUR. Daraufhin zahlt M an T 600 EUR.

**Frage 1: Welche Ansprüche haben V und M jeweils?**
**Frage 2: Welche Ansprüche haben V und M untereinander?**

**Bearbeitervermerk:** Die Verantwortung für den Einsturz des Gerüstes tragen V und M im Verhältnis eins zu zwei. T und F werden ärztlich behandelt. Es entstehen Heilungskosten iHv 600 EUR für T und 300 EUR für F.

## A. Vorüberlegungen

Der Fall beschäftigt sich mit Schadensersatzansprüchen wegen Pflichtverletzungen aus Vertrag und aus Delikt. 445

Damit die Verletzung einer Vertragspflicht einen Schadensersatzanspruch begründen kann, muss diese Pflicht gerade gegenüber dem Anspruchsteller bestehen. Dies ist unproblematisch, wenn der Verletzte selbst Vertragspartner ist oder im Rahmen eines Vertrags zugunsten Dritter gem. § 328 I selbst Vertragspartner ist oder im Rahmen eines Vertrags zugunsten Dritter jedenfalls selbst Anspruchsinhaber ist. Anders verhält es sich, wenn lediglich ein Vertrag mit Schutzwirkung zugunsten Dritter vorliegt. Zum Teil wird für die Begründung eines Schuldverhältnisses im Rahmen des § 280 I hierfür § 311 III herangezogen. Vorzugswürdig erscheint es jedoch, weiterhin § 328 analog heranzuziehen, da die Konstellation des § 311 III einen Dritten meint, der auf Schädigerseite steht und nicht aufseiten des Geschädigten. Unter welchen Voraussetzungen der Dritte in den Vertrag einzubeziehen ist, bleibt nach beiden Auffassungen offen. Insoweit muss wie bisher im Einzelfall festgestellt werden, ob die verletzte Vertragspflicht auch den Anspruchsteller schützen sollte, er also in den Schutzbereich des Vertrags einbezogen ist.[1]

Eine deliktische Haftung kommt vorliegend durch die Verletzung einer Verkehrssicherungspflicht in Betracht. Auch hierbei ist entscheidend, ob diese Pflicht gerade gegenüber dem Anspruchsteller bestand.[2] Dabei ist zu beachten, dass sich der Schutzbereich nicht mit dem der verletzten vertraglichen Pflicht decken muss. Vielmehr können die grundsätzlich auf ein Zweipersonenverhältnis ausgerichteten Vertragspflichten nur in bedingtem Umfang auf weitere Personen erstreckt werden, während die Verkehrssicherungspflicht von vornherein eine unbestimmte Vielzahl von Personen erfasst.

Haben die Geschädigten danach gegen mehrere Personen Ersatzansprüche, so ist zu klären, wer endgültig den Schaden tragen muss. Haften sie nach ihren Verschuldensanteilen nebeneinander, so stellt sich das Problem des Gesamtschuldnerausgleichs.

1 Palandt/*Grüneberg* Vor § 328 Rn. 1; § 328 Rn. 16.
2 Palandt/*Sprau* § 823 Rn. 53; MüKoBGB/*Wagner* § 823 Rn. 314 ff.

## B. Lösung

### Frage 1:

### 1. Teil. Ansprüche der T

### I. Ansprüche der T gegen V auf Zahlung von 600 EUR Heilungskosten

### 1. Anspruch aus §§ 280 I, 328 analog

446 T könnte gegen V einen Anspruch auf Ersatz der Heilungskosten iHv 600 EUR aus §§ 535, 280 I, 328 analog aus einem Mietvertrag mit Schutzwirkung zugunsten Dritter haben.

**a)** Das setzt zunächst das Bestehen eines Schuldverhältnisses voraus. Zwischen T selbst und V liegt kein Schuldverhältnis vor. T könnte aber einen Anspruch aus dem zwischen ihrem Vater V und S geschlossenen Mietvertrag haben. Da T aus diesem Vertrag kein eigener Leistungsanspruch zustehen sollte, handelt es sich nicht um einen echten Vertrag zugunsten Dritter gem. § 328.

Es kommt allenfalls ein Vertrag mit Schutzwirkung für Dritte als Schuldverhältnis in Betracht. Bei strenger rechtsdogmatischer Auslegung findet sich in § 311 III 1 allerdings keine Regelung des Vertrags mit Schutzwirkung für Dritte; jedoch lässt es der Wortlaut scheinbar zu, diesen unter § 311 III 1 oder zumindest unter § 311 II Nr. 3 zu subsumieren.[3] Auch entspricht es dem Ziel der Schuldrechtsreform, dass § 311 III 1 das Rechtsverhältnis mit Schutzwirkung zugunsten Dritter nunmehr ausdrücklich auf eine gesetzliche Grundlage stellt.[4] Die systematische Auslegung spricht jedoch eindeutig gegen eine Auslegung in diesem Sinne, da das verwendete Regelbeispiel in § 311 III 2 verdeutlicht, dass der Dritte Schädiger sein muss. Ein Theorienstreit, ob § 311 I 1 herangezogen werden sollte oder weiterhin § 328 analog, ist für die Falllösung unerheblich, da die Existenz dieses Instituts unumstritten ist. Da die Einzelheiten nicht gesetzlich geregelt sind,[5] muss man jedoch weiterhin auf die bisher in Analogie zu § 328 entwickelten Voraussetzungen zurückgreifen.[6]

Für die Anwendung des § 311 III 1 bzw. die analoge Anwendung des § 328 ist keine rechtswirksame Begründung eines Leistungsverhältnisses erforderlich. Vielmehr kommen als Gläubiger des Anspruchs aus § 311 III 1 bzw. § 328 auch solche Personen in Betracht, die aufgrund eines Vertrags in den Schutz einbezogen sind.[7] Somit müsste der Mietvertrag von V und S ein Vertrag mit Schutzwirkung iSd § 311 III 1 bzw. analog § 328 für T sein. Dies ist im Wege der Auslegung gem. §§ 133, 157 zu ermitteln.[8]

**b) aa)** Voraussetzung für den Vertrag mit Schutzwirkung für Dritte ist, dass der Dritte mit der vom Schuldner zu erbringenden Leistung bestimmungsgemäß in gleicher

---

3 *Canaris* JZ 2001, 499 (520).

4 *Schwab* JuS 2002, 872 (873); *Huber/Faust*, Schuldrechtsmodernisierung, 2002, Kap. 3 Rn. 12; Dauner-Lieb/Heidel/Lepa/Ring/*Dauner-Lieb* SchuldR § 3 Rn. 45.

5 *Westermann*, Das Schuldrecht 2002, 2002, 46.

6 *Olzen/Wank*, Die Schuldrechtsreform, 2002, Rn. 312; *Schwab* JuS 2002, 872 (873); *Teichmann* BB 2001, 1485 (1492).

7 BGHZ 69, 82 (85 f.); BGH NJW 1978, 883.

8 Nach anderer Ansicht ist Grundlage § 242, vgl. MüKoBGB/*Gottwald* § 328 Rn. 110.

Weise in Berührung kommt wie der Gläubiger.[9] Da T bei ihrem Vater S wohnt, kommt sie mit den Leistungen des V aus dem Mietvertrag in gleicher Weise in Berührung wie der Gläubiger S.

**bb)** Des Weiteren müsste der Gläubiger ein Interesse am Schutz des Dritten haben.[10] Ein solches Interesse ist gegeben, wenn zwischen dem Gläubiger und dem Dritten ein personenrechtliches Verhältnis besteht, aufgrund dessen der Gläubiger für das »Wohl und Wehe« des Dritten mitverantwortlich ist, weil er ihm Schutz und Fürsorge schuldet.[11] T ist die Tochter des S. Es besteht daher ein familienrechtliches Verhältnis, § 1618a, kraft dessen S für T verantwortlich ist und für ihr Wohlergehen Sorge zu tragen hat. S hat demnach ein Interesse am Schutz der T.

**cc)** Außerdem müssen die Umstände, aus denen sich diese Voraussetzungen ergeben, dem Schuldner erkennbar gewesen sein.[12] V wusste, dass T bei S wohnte und daher mit der Leistung aus dem Mietvertrag in Berührung kam. Ihm war auch bekannt, dass T die Tochter des S war und dass damit ein besonderes personenrechtliches Fürsorgeverhältnis bestand. Somit waren V diese Umstände bekannt.

Demnach sind die Voraussetzungen für den Mietvertrag mit Schutzwirkung zugunsten der T gegeben.[13] Ein Schuldverhältnis mit Schutzwirkung für T liegt also vor.

**c)** Die §§ 280 I, 311 III bzw. § 328 analog, 241 II setzen des Weiteren voraus, dass V Sorgfaltspflichten aus dem Mietvertrag verletzt hat. V als Vermieter traf die Pflicht, die Sicherheit der Mieter sowie der in den Schutzbereich einbezogenen Dritten im Haus und auf den hauseigenen Anlagen zu gewährleisten. Er hatte dafür Sorge zu tragen, dass etwaige Gefahren von den Mietern abgewandt oder die Mieter zumindest darauf hingewiesen wurden. V kannte die Mangelhaftigkeit des von M aufgebauten Gerüsts bereits vor dessen Einsturz. Trotzdem hat er es unterlassen, Maßnahmen zur Sicherung des Gerüsts zu ergreifen oder wenigstens die Mieter vor dem Gerüst zu warnen. Demnach hat er seine Sorgfaltspflichten aus dem Mietvertrag verletzt.

**d)** V müsste schuldhaft iSd § 276 I gehandelt haben. Indem V nicht die zur Abwendung der von dem Gerüst ausgehenden Gefahr erforderlichen Maßnahmen ergriffen hat, hat er die erforderliche Sorgfalt außer Acht gelassen und handelte somit fahrlässig gem. § 276 II.

Somit liegen die Voraussetzungen der §§ 280 I, 311 III 1 bzw. § 328 analog, 241 II vor. V muss T den durch die Sorgfaltspflichtverletzung entstandenen Schaden ersetzen. Wegen der durch den Einsturz des Gerüstes verursachten Körperverletzung sind T Heilungskosten iHv 600 EUR entstanden.

Somit hat T gegen V einen Anspruch auf Ersatz der 600 EUR.

9 BGHZ 70, 327 (329); *Medicus/Petersen* BürgerlR Rn. 844; Palandt/*Grüneberg* § 328 Rn. 17.

10 *Medicus/Petersen* BürgerlR Rn. 845; Palandt/*Grüneberg* § 328 Rn. 17a.

11 BGHZ 51, 96; BGH NJW 1977, 2208 (2209); *Medicus/Petersen* BürgerlR Rn. 845; Palandt/*Grüneberg* § 328 Rn. 17a.

12 BGHZ 66, 51 (57); BGHZ 49, 350 (354); Palandt/*Grüneberg* § 328 Rn. 18.

13 Vgl. zum Mietvertrag als Vertrag mit Schutzwirkung zugunsten der Angehörigen des Mieters als Dritte, BGH NJW 2010, 3152; Soergel/*Hadding* Anh. zu § 328, Rn. 37; zum Bauvertrag BGH NJW 1994, 2231; allg. zur Eingrenzung dieser Rechtsfigur *Marting* JZ 1996, 19 sowie allg. zum vertraglichen Drittschutz *Bayer* JuS 1996, 473.

### 2. Anspruch gem. § 823 I

447 T könnte gegen V ein Anspruch auf Schadensersatz iHv 600 EUR gem. § 823 I zustehen.

**a)** Dann müsste eine Rechtsgutsverletzung vorliegen. Durch das einstürzende Gerüst wurde der Körper der T verletzt. Eine Rechtsgutsverletzung iSd § 823 I ist daher gegeben.

**b)** Diese Rechtsgutsverletzung müsste durch V verursacht worden sein. Ein Handeln des V, durch das die Verletzung der T hervorgerufen wurde, ist nicht erfolgt. Vielmehr unterließ V, obwohl er den mangelnden Aufbau des Gerüstes erkannt hatte, Sicherungsmaßnahmen für das Gerüst. Er könnte demnach die Körperverletzung durch ein Unterlassen verursacht haben.

**aa)** Das Unterlassen wird dem positiven Tun dann gleichgestellt, wenn eine Rechtspflicht zur Verhinderung der Rechtsgutsverletzung besteht.[14] Eine derartige Rechtspflicht des V könnte sich aus einer Verkehrssicherungspflicht ergeben. Jeder, der im Verkehr eine Gefahrenquelle schafft oder unterhält, muss die erforderlichen Maßnahmen zum Schutze Dritter vor dieser Gefahr treffen.[15]

V ist Hauseigentümer, der seine Wohnungen vermietet. Dadurch führt er auf seinem Grundstück und in seinem Haus einen öffentlichen Verkehr herbei. Da der Hauseigentümer in der Lage ist, über die Sache zu verfügen, ist er auch verpflichtet, Gefahren abzuwenden, die von ihr drohen.[16] Somit trifft V eine Verkehrssicherungspflicht. Beauftragt er einen Maler mit einem Außenanstrich des Hauses, so hat er demnach Sorge zu tragen, dass durch dessen Tätigkeit kein Dritter, der ins Haus kommt oder aus dem Haus geht, zu Schaden kommt.

**bb)** Diese Pflicht müsste auch gerade gegenüber T bestanden haben. Die Verkehrssicherungspflicht schützt jede Person, die befugtermaßen mit der Gefahrenquelle in Berührung kommen soll oder kann.[17] Darunter fallen jedenfalls die Mieter des V. T ist die Tochter des Mieters S. Sie lebt in der von S gemieteten Wohnung. Daher kommt sie ebenfalls befugtermaßen mit der Gefahrenquelle in Berührung. Demnach trifft V ihr gegenüber eine Verkehrssicherungspflicht.

**cc)** Diese Pflicht müsste V verletzt haben. V hat einen Tag vor dem Zusammensturz des Gerüstes festgestellt, dass das Gerüst des M nicht ordnungsgemäß aufgebaut war. Dennoch hat er nichts dagegen unternommen. Somit hat er seine Verkehrssicherungspflicht verletzt.

**dd)** Die Verletzung der Verkehrssicherungspflicht muss für die eingetretene Rechtsgutsverletzung kausal geworden sein. Dieses Unterlassen ist kausal, wenn pflichtgemäßes Handeln den Eintritt des schädigenden Erfolges mit an Sicherheit grenzender Wahrscheinlichkeit verhindert hätte.[18] Falls V den M auf die Mangelhaftigkeit des Gerüstes hingewiesen und für Maßnahmen zur Sicherung des Gerüstes gesorgt hätte, wäre es nicht eingestürzt. Allerdings musste auch M für die Sicherheit des Gerüstes

14 Soergel/*Spickhoff* § 823 Rn. 157.
15 BGHZ 60, 54 (55); Soergel/*Spickhoff* § 823 Rn. 17.
16 Palandt/*Sprau* § 823 Rn. 48.
17 MüKoBGB/*Wagner* § 823 Rn. 314 ff.
18 BGHZ 34, 206 (215); 64, 46 (51); Palandt/*Grüneberg* Vor § 249 Rn. 51.

sorgen. Die Handlung oder die Unterlassung eines Dritten heben jedoch die Kausalität nur dann auf, wenn deshalb die Adäquanz zu verneinen ist.[19] Dies war hier nicht der Fall; somit ist das Unterlassen des V kausal für den bei T eingetretenen Erfolg.

c) Da keine Rechtfertigungsgründe ersichtlich sind, indiziert die Tatbestandsmäßigkeit die Rechtswidrigkeit.

d) V hat fahrlässig iSd § 276 II gehandelt. Somit liegt ein Verschulden vor.

Als Schadensersatz für die Körperverletzung kann T nach § 249 S. 2 den zur Wiederherstellung erforderlichen Geldbetrag verlangen.

Also hat T gegen V einen Anspruch auf Ersatz ihrer Heilungskosten iHv 600 EUR gem. § 823 I.

### 3. Anspruch gem. § 823 II BGB iVm § 229 StGB

T könnte auch einen Anspruch gem. § 823 II BGB iVm § 229 StGB haben. **448**

V unterließ sorgfaltswidrig Maßnahmen zur Sicherung des Baugerüsts entgegen seiner Schutzpflicht gegenüber den Mietern. Somit hat er fahrlässig eine Körperverletzung der T durch Unterlassen verursacht. Der dadurch erfüllte § 229 StGB ist auch ein Schutzgesetz iSd § 823 II BGB. Somit hat T gegen V auch einen Schadensersatzanspruch auf 600 EUR aus den genannten Vorschriften.

### 4. Anspruch gem. § 823 II BGB iVm §§ 319, 13 StGB

Möglicherweise besteht auch ein Anspruch gem. § 823 II BGB iVm §§ 319, 13 StGB. **449**
Bei § 319 handelt es sich auch um ein Schutzgesetz.[20]

Dann müsste die Planung, Leitung oder Ausführung eines Baus vorliegen. Der Begriff des Baus ist weit auszulegen. Darunter fallen auch die Ausbesserung eines Gebäudes und Hilfsarbeiten, wie zB die Errichtung eines Baugerüstes.[21] Allerdings kann Täter des § 319 StGB nur sein, wer den Bau leitet, ausführt oder plant. V hat aber weder die tatsächliche Leitung ausgeübt noch hat er die Ausführung geplant oder an ihr mitgewirkt.

Demnach besteht kein Anspruch der T gem. § 823 II BGB iVm §§ 319, 13 StGB.

### 5. Anspruch gem. § 836 I

T könnte gegen V einen Anspruch auf Schadensersatz iHv 600 EUR gem. § 836 I ha- **450**
ben.

a) Eine Körperverletzung iSd § 836 I ist aufgrund der Verletzung der T gegeben. Sie könnte vorliegend durch den Einsturz eines Gebäudes oder eines anderen mit einem Grundstück verbundenen Werkes oder durch die Ablösung von Teilen des Gebäudes oder des Werkes erfolgt sein.

19 Palandt/*Grüneberg* Vor § 249 Rn. 47, 33 f.
20 Palandt/*Sprau* § 823 Rn. 70.
21 *Lackner/Kühl*, Strafgesetzbuch, 28. Aufl. 2014, StGB § 319 Rn. 4.

Eine Körperverletzung wurde durch das Einstürzen eines Baugerüstes verursacht. Ein Baugerüst wird außerhalb des Gebäudes errichtet. Es gehört daher nicht zum Gebäude selbst.

Ein Baugerüst könnte jedoch »ein anderes mit dem Grundstück verbundenes Werk« sein. Darunter versteht man einen Gegenstand, der einem bestimmten Zweck dient und nach gewissen Regeln der Kunst oder Erfahrung unter Verbindung mit dem Erdkörper hergestellt wurde.[22] Ein Baugerüst dient als Hilfsmittel zur Durchführung von Schönheitsreparaturen an einem Gebäude, also einem bestimmten Zweck. Es wird gewöhnlich nach den Regeln der Baukunst errichtet. Es wird auch unter Verbindung mit dem Erdkörper hergestellt.

Somit ist ein Baugerüst ein mit einem Grundstück verbundenes Werk iSd § 836 I.[23] Die Körperverletzung der T wurde also durch den Einsturz eines mit einem Grundstück verbundenen Werkes verursacht.

**b)** Der Einsturz müsste die Folge einer fehlerhaften Errichtung oder mangelhaften Unterhaltung sein. Das Baugerüst war nicht sorgfältig aufgebaut und ist aufgrund dessen zusammengestürzt. Demnach war der Einsturz die Folge einer fehlerhaften Errichtung.

**c)** Anspruchsgegner ist gem. § 836 I, III der Eigenbesitzer des Grundstücks. V ist Hauseigentümer und somit auch Eigenbesitzer des Grundstücks, § 872.

**d)** Gem. § 836 I 2 entfällt die Haftung, wenn der Besitzer zum Zwecke der Abwendung der Gefahr die im Verkehr erforderliche Sorgfalt beachtet hat. V hat vor dem Zusammensturz des Gerüstes festgestellt, dass es nicht sorgfältig aufgebaut ist, und nichts dagegen unternommen. E hat also er die im Verkehr erforderliche Sorgfalt missachtet.

Somit hat T gegen V gem. § 836 I iVm § 249 S. 2 einen Anspruch auf Ersatz der Heilungskosten iHv 600 EUR.

## II. Ansprüche der T gegen M auf Zahlung von 600 EUR Heilungskosten

### 1. Anspruch aus §§ 631, 280 I, 311 III 1 bzw. § 328 analog, § 241 II

**451** T könnte gegen M einen Anspruch auf Ersatz der Heilungskosten iHv 600 EUR aus §§ 631, 280 I, 311 III 1 bzw. § 328 analog, 241 II aus einem Werkvertrag mit Schutzwirkung zugunsten Dritter haben.

Voraussetzung für die genannten Ansprüche ist wiederum das Bestehen eines Schuldverhältnisses. Zwischen T selbst und M liegt kein Schuldverhältnis vor. T könnte jedoch einen Anspruch aus einem zwischen V und M geschlossenen Vertrag haben. V und M haben einen Werkvertrag geschlossen.

Dabei müsste es sich um einen Vertrag mit Schutzwirkung zugunsten Dritter, hier der T, handeln.

22 BGH NJW 1961, 1670 (1672); Palandt/*Sprau* § 836 Rn. 2; Soergel/*Krause* § 836 Rn. 8.

23 RG JW 1910, 288; Erman/*Schiemann* § 836 Rn. 3; MüKoBGB/*Wagner* § 836 Rn. 9; Palandt/*Sprau* § 836 Rn. 3.

Erforderlich ist wiederum die Leistungsnähe der T zur Leistung des M an V. Da T als Tochter des Mieters S in demselben Haus lebt, kam sie mit der Leistung des M, dem Außenanstrich, in gleicher Weise in Berührung wie V.

Der Gläubiger V müsste ein Interesse am Schutz der T haben. Ein derartiges Fürsorgeverhältnis könnte sich aus dem Mietvertrag zwischen V und S ergeben. In dessen Schutzbereich ist T einbezogen, wie oben ausgeführt wurde. Aufgrund dieses mietrechtlichen Verhältnisses ist V daher auch der T zu Schutz und Fürsorge verpflichtet. Demnach ist ein personenrechtliches Fürsorgeverhältnis gegeben.[24] V hat also ein Interesse am Schutz der T.

Diese Umstände müssten M erkennbar gewesen sein, dh er müsste damit gerechnet haben, durch die Abwicklung des Vertragsverhältnisses nicht nur Rechtsgüter des Gläubigers, sondern auch Dritter zu schädigen.[25] Es war M durchaus erkennbar, dass neben V auch dessen Mieter und deren Angehörige in den Schutzbereich des Vertrags einbezogen werden sollten. Mithin erstreckte sich die Erkennbarkeit auf alle Bewohner des Hauses, also auch auf T.

Der Werkvertrag entfaltet somit Schutzwirkung zugunsten der T. Ein entsprechendes Schuldverhältnis ist daher gegeben.

Indem M das Gerüst nicht sorgfältig aufgestellt hat, hat er auch seine Sorgfaltspflicht aus dem Werkvertrag verletzt.

Da M dabei die im Verkehr erforderliche Sorgfalt außer Acht gelassen hat, hat er auch fahrlässig und damit schuldhaft iSd § 276 II gehandelt.

Durch die Sorgfaltspflichtverletzung ist T ein Schaden in Form der Heilungskosten iHv 600 EUR entstanden.

Demnach hat T gegen M einen Anspruch auf Ersatz der 600 EUR aus §§ 631, 280 I, 311 III 1 bzw. § 328 analog, 241 II aus einem Werkvertrag mit Schutzwirkung zugunsten Dritter.

### 2. Anspruch gem. § 823 I

Eine Rechtsgutsverletzung in Form einer Körperverletzung der T ist gegeben. 452

Diese Rechtsgutsverletzung müsste M verursacht haben. Eine Handlung ist kausal für den Erfolg, wenn sie nicht hinweggedacht werden kann, ohne dass der konkrete Erfolg entfiele, und der Eintritt des Erfolges nicht außerhalb aller Wahrscheinlichkeit liegt.[26]

M hat das Gerüst nicht sorgfältig aufgebaut. Hätte er beim Gerüstbau keinen Fehler gemacht, wäre das Gerüst nicht eingestürzt und hätte T nicht verletzen können. Die Kausalität ist somit gegeben.

Da keine Rechtfertigungsgründe ersichtlich sind, indiziert die Tatbestandsmäßigkeit die Rechtswidrigkeit.

---

24 Vgl. zum Werkvertrag als Vertrag mit Schutzwirkung zugunsten der Mieter des Bestellers und seiner Angehörigen Soergel/*Hadding* Anh. zu § 328 Rn. 40; ferner BGH DB 2011, 2713.

25 Vgl. BGH NJW 1985, 2411; BGHZ 66, 51 (57); BGHZ 49, 350 (354).

26 BGHZ 57, 137 (141); BGH NJW 1986, 1329 (1331); Palandt/*Grüneberg* Vor § 249 Rn. 25 f.

Durch die Körperverletzung ist T auch ein Schaden in Höhe der Heilungskosten von 600 EUR entstanden. Gem. § 249 S. 2 muss M diesen zur Wiederherstellung erforderlichen Betrag ersetzen.

Somit hat T gegen M einen Anspruch auf Ersatz der 600 EUR gem. § 823 I.

### 3. Anspruch gem. § 823 II BGB iVm § 229 StGB

453 Durch den sorgfaltswidrigen Aufbau des Gerüsts hat M eine fahrlässige Körperverletzung der T verursacht und das Schutzgesetz des § 229 StGB verletzt. Also hat T gegen M einen Anspruch auf Zahlung von 600 EUR gem. § 823 II BGB iVm § 229 StGB.

### 4. Anspruch gem. § 823 II BGB iVm § 319 StGB

454 Wie oben ausgeführt, werden sowohl Ausbesserungen als auch Hilfsarbeiten, wie zB die Errichtung eines Baugerüstes, vom Tatbestand des § 319 StGB erfasst. Da M als Ausführender auch Täter iSd § 319 StGB ist, liegt eine Verletzung des Schutzgesetzes § 319 StGB vor. Demnach hat T gegen M einen Anspruch auf Zahlung von 600 EUR aus § 823 II BGB iVm § 319 I, IV StGB.

## 2. Teil. Ansprüche des F

### I. Ansprüche des F gegen V auf Zahlung von 300 EUR Heilungskosten

### 1. Anspruch aus §§ 535, 280 I, 311 III 1 bzw. § 328 analog, 241 II

455 F könnte gegen V einen Anspruch auf Erstattung der Heilungskosten iHv 300 EUR aus einem Mietvertrag mit Schutzwirkung zugunsten Dritter haben.

Das dazu erforderliche Schuldverhältnis könnte der zwischen V und L geschlossene Mietvertrag sein. Dann müssten bezüglich dieses Mietvertrags die Voraussetzungen eines Vertrags mit Schutzwirkung zugunsten Dritter vorliegen.

Da F als Freund des Sohnes des L mit Leistungen des V aus dem Mietvertrag in gleicher Weise in Berührung kommt wie L selbst, ist die Leistungsnähe gegeben.

L müsste an dem Schutz des F auch ein besonderes Interesse haben. F ist nicht mit L verwandt, sondern lediglich der Freund seines Sohnes. Zwischen L und F liegt daher kein Fürsorgeverhältnis vor. Fraglich ist, ob darauf verzichtet werden kann. Der geschützte Personenkreis muss jedoch begrenzt und überschaubar sein,[27] damit es dem Vertragspartner möglich ist, die Risiken einzuschätzen.

Würden auch Freunde der Kinder der Mieter in den Schutzbereich einbezogen, so wäre für den Vermieter kaum noch erkennbar, wer zu dem durch den Mietvertrag geschützten Kreis gehört. Demnach ist ein besonderes Interesse des L am Schutz des F abzulehnen.

Der Mietvertrag zwischen V und L entfaltet somit keine Schutzwirkung zugunsten des F.

27 BGHZ 33, 247 (249); Soergel/*Hadding* Anh. § 328 Rn. 17.

Demnach hat F gegen V keinen Anspruch aus §§ 535, 280 I, 311 III 1 bzw. § 328 analog, 241 II aus einem Mietvertrag mit Schutzwirkung zugunsten des F.

### 2. Anspruch gem. § 823 I

Durch das einstürzende Gerüst wurde der Körper des F verletzt, eine Rechtsgutsverletzung ist daher gegeben. **456**

Diese Rechtsgutsverletzung muss durch V verursacht worden sein. V traf eine Verkehrssicherungspflicht, sodass ein Unterlassen dem positiven Tun grundsätzlich gleichgesetzt werden kann. Diese Pflicht müsste jedoch auch gerade gegenüber F bestehen.

Durch die Verkehrssicherungspflicht werden diejenigen Personen geschützt, die mit der Gefahrenquelle befugtermaßen in Berührung kommen. Der Hauseigentümer ist zunächst verpflichtet, für die Sicherheit seiner Mieter und deren Angehörigen zu sorgen. F war lediglich der Freund des Sohnes eines Mieters. Jedoch muss ein Hauseigentümer damit rechnen, dass Freunde und Bekannte der Mieter zu Besuch kommen. Das ist verkehrsüblich und muss daher als im Mietvertrag konkludent vorausgesetzt angesehen werden. Demnach trifft den Hauseigentümer auch ihnen gegenüber eine Pflicht zum Schutz vor Gefahren, die vom Gebäude und den hauseigenen Anlagen ausgehen können. Somit bestand die Verkehrssicherungspflicht auch gerade gegenüber F.

Indem V nicht für die Sicherung des fehlerhaft aufgebauten Gerüsts gesorgt hat, hat er diese Verkehrssicherungspflicht verletzt. Er hat auch rechtswidrig und schuldhaft gehandelt. F ist ein Schaden in Höhe der Heilungskosten von 300 EUR entstanden.

Insoweit besteht ein Anspruch des F gegen V auf Zahlung der Heilungskosten iHv 300 EUR gem. § 823 I iVm § 249 S. 2.

### 3. Anspruch gem. § 836 I

F könnte gegen V einen Anspruch auf Schadensersatz iHv 300 EUR gem. § 836 I haben. **457**

Eine Körperverletzung des F ist gegeben. Diese wurde durch ein mit einem Grundstück verbundenes Werk iSd § 836 I verursacht. Der Einsturz war auch die Folge einer fehlerhaften Errichtung. Der Anspruch auf den Ersatz des daraus entstandenen Schadens richtet sich gem. § 836 I und III gegen den Eigenbesitzer V. Da er die verkehrserforderliche Sorgfalt zur Abwendung der Gefahr nicht beobachtet hat, entfällt seine Haftung nicht gem. § 836 I 2.

Somit hat F gegen V einen Anspruch gem. § 836 I auf Ersatz des aus der Körperverletzung entstandenen Schadens, also der Heilungskosten iHv 300 EUR.

### 4. Anspruch gem. § 823 II BGB iVm § 229 StGB

V hat durch sein fahrlässiges Unterlassen eine Körperverletzung des F verursacht und damit das Schutzgesetz des § 229 StGB verletzt. F hat daher gegen V einen Anspruch auf Zahlung von 300 EUR aus den genannten Vorschriften. **458**

## II. Ansprüche des F gegen M auf Zahlung von 300 EUR Heilungskosten

### 1. Anspruch aus §§ 631, 280 I, 311 III 1 bzw. § 328 analog, § 241 II

459 F könnte einen Anspruch aus dem zwischen V und M geschlossenen Werkvertrag herleiten, wenn es sich dabei um einen Vertrag mit Schutzwirkung zugunsten des F handelte.

F ist der Freund des Sohnes des L, der im Haus des V eine Wohnung gemietet hat. Da F sich aufgrund dessen auf dem Hausgrundstück des V aufhält, kommt er mit der Leistung des M aus dem Werkvertrag in gleicher Weise in Berührung wie V selbst.

Dieser müsste ein besonderes Interesse am Schutz des F haben. Ein mietrechtliches Verhältnis besteht lediglich gegenüber L und dessen Angehörigen, nicht aber gegenüber F. Auch sonst ergibt sich kein personenrechtliches Fürsorgeverhältnis zwischen V und F.

Zudem ist zu berücksichtigen, dass der Schutzbereich des Werkvertrags begrenzt und überschaubar bleiben muss. In den Schutzbereich sind jedenfalls die Mieter des Bestellers V und ihre Angehörigen einbezogen. Der Schutzbereich würde jedoch überdehnt, wenn auch noch Freunde der Kinder der Mieter berücksichtigt würden.

Demnach hat der Werkvertrag keine Schutzwirkung zugunsten des F, und dieser hat keinen Anspruch gegen M aus §§ 631, 280 I, 311 III 1 bzw. § 328 analog, § 241 II aus einem Werkvertrag mit Schutzwirkung zu seinen Gunsten.

### 2. Anspruch gem. § 823 I

460 F könnte gegen M einen Anspruch auf Ersatz der Heilungskosten iHv 300 EUR gem. § 823 I haben.

Eine Körperverletzung des F ist gegeben. Diese hat M durch den nicht sorgfältigen Aufbau des eingestürzten Gerüsts auch verursacht. M hat auch rechtswidrig und schuldhaft gehandelt. F ist ein Schaden in Höhe der Heilungskosten von 300 EUR entstanden.

Demnach hat F gegen M einen Anspruch auf Zahlung der Heilungskosten von 300 EUR gem. § 823 I iVm § 249 S. 2.

### 3. Anspruch gem. § 823 II BGB iVm § 229 StGB

461 M hat fahrlässig eine Körperverletzung des F verursacht und damit das Schutzgesetz des § 229 StGB verletzt. F hat daher einen entsprechenden Anspruch auf Zahlung von 300 EUR gegen M.

### 4. Anspruch gem. § 823 II BGB iVm § 319 I, IV StGB

462 Insofern gelten die Ausführungen zum Anspruch der T gegen M gem. § 823 II BGB iVm § 319 I, IV StGB entsprechend.

**Frage 2:**

## 1. Teil. Ansprüche des V gegen M auf Ersatz für die Zahlung von 300 EUR an F

### I. Anspruch des V aus §§ 631, 280 I

V könnte gegen M ein Anspruch auf Schadensersatz iHv 300 EUR aus §§ 631, 280 I zustehen. 463

Zwischen V und M besteht ein Schuldverhältnis in Form eines Werkvertrags.

#### 1. Sorgfaltspflicht

M müsste Sorgfaltspflichten aus dem mit V geschlossenen Werkvertrag verletzt haben. M traf die Pflicht, sich gegenüber seinem Vertragspartner V so zu verhalten, dass dessen Rechtsgüter keinen Schaden erleiden. Insbesondere gehört es zu den Sorgfaltspflichten des Werkunternehmers, seine allgemeine Verkehrssicherungspflicht zu beachten.[28] Begibt sich der Besteller in den Machtbereich des Werkunternehmers und kommt er infolge fehlender Verkehrssicherheit zu Schaden, so haftet der Unternehmer dafür. Da bei der Durchführung eines Außenanstrichs gewöhnlich ein Gerüst erforderlich ist, musste M dieses Gerüst ordnungsgemäß so aufstellen, dass weder sein Vertragspartner V noch ein Dritter dadurch verletzt werden konnten. M hat demgegenüber das Gerüst nicht sorgfältig aufgebaut und dadurch seine Sorgfaltspflicht gegenüber V verletzt. Sein Verschulden wurde bereits bejaht. 464

#### 2. Schadensersatz

Art und Umfang des Schadensersatzanspruchs ergeben sich aus den §§ 249 ff.[29] Zum Schaden gehören alle Aufwendungen, die der Geschädigte zur Abwendung des schädigenden Ereignisses und seiner Folgen gemacht hat.[30] 465

Durch das zusammenstürzende Gerüst wurden F und T verletzt, sodass Heilungskosten iHv 900 EUR entstanden sind. Zur Abwendung dieser Folgen der Pflichtverletzung des M hat V die Heilungskosten des F iHv 300 EUR ersetzt. Ihm ist demnach durch das schädigende Ereignis ein Vermögensschaden iHv 300 EUR entstanden.

Allerdings ist bei der Berechnung des Schadens ein Mitverschulden des Gläubigers gem. § 254 I zu berücksichtigen.[31] Indem V trotz seiner Kenntnis von dem nicht sorgfältigen Aufbau des Gerüsts nichts zu dessen Sicherung unternommen hat, hat er ebenfalls fahrlässig gehandelt.

Somit hat V gegen M unter Berücksichtigung eines Mitverschuldensanteils von einem Drittel einen Anspruch auf Schadensersatz iHv 200 EUR aus § 280.

### II. Anspruch gem. § 426 I

V könnte gegen M einen Anspruch gem. § 426 I haben. Dann müssten V und M Gesamtschuldner hinsichtlich der Forderung des F auf Ersatz der Heilungskosten iHv 300 EUR sein. 466

28 MüKoBGB/*Busche* § 631Rn. 83.
29 MüKoBGB/*Oetker* § 249 Rn. 1 ff.
30 Soergel/*Ekkenga/Kuntz* § 249 Rn. 54.
31 MüKoBGB/*Oetker* § 254, § 275 Rn. 2.

Die Begründung der Gesamtschuld könnte sich aus dem Gesetz ergeben. Gem. § 840 haften diejenigen als Gesamtschuldner, die für den aus einer unerlaubten Handlung entstehenden Schaden nebeneinander verantwortlich sind. Sowohl V als auch M haften dem F jeweils aus § 823 deliktsrechtlich auf Ersatz der Heilungskosten iHv 300 EUR. Wie im Rahmen des § 421, sind sie beide zur Bewirkung der ganzen Leistung verpflichtet, F ist aber nur einmal zur Forderung der Leistung berechtigt. Somit sind V und M nebeneinander für den aus einer unerlaubten Handlung entstandenen Schaden verantwortlich. Die Voraussetzungen des § 840 I sind erfüllt.

Die Gesamtschuldner V und M trifft gem. § 426 I eine Ausgleichungspflicht. Da V den dem F geschuldeten Betrag von 300 EUR bezahlt hat, hat er gegenüber M einen Ausgleichsanspruch.

Gem. § 426 I 1 sind die Gesamtschuldner im Verhältnis zueinander zu gleichen Anteilen verpflichtet, soweit nicht ein anderes bestimmt ist. Hier tragen V und M die Verantwortung für den Einsturz des Gerüstes im Verhältnis 1 : 2. Danach trägt V nur ein Drittel des Verschuldens. Insoweit ist demnach »ein anderes bestimmt«. V kann von M $^2/_3$ der von ihm an F gezahlten Heilungskosten verlangen, also 200 EUR. Somit hat V gegen M einen Anspruch auf Zahlung von 200 EUR gem. § 426 I.

### III. Anspruch gem. § 426 II iVm § 823 I

467 V könnte gegen M ein Anspruch auf Zahlung von 300 EUR gem. § 426 II zustehen.

V und M sind Gesamtschuldner iSd § 840. Demnach gehen gem. § 426 II die Forderungen des F gegen M insoweit auf V über, als er von M Ausgleich verlangen kann. V kann $^2/_3$ des an F gezahlten Betrages gem. § 426 I von M ersetzt verlangen. Demnach geht der Anspruch des F gegen M gem. § 823 I auch nur in der entsprechenden Höhe, also iHv 200 EUR, auf V über.

V hat somit gegen M einen Anspruch auf Zahlung von 200 EUR gem. § 426 II iVm § 823 I.

## 2. Teil. Ansprüche des M gegen V auf Ersatz für die Zahlung von 600 EUR an T

### I. Anspruch gem. § 426 I

468 M und V haften der T jeweils gem. § 823 I auf Zahlung der 600 EUR und sind somit gem. § 840 Gesamtschuldner bezüglich der deliktischen Ansprüche der T.

T hatte gegen V und M aber auch vertragliche Ansprüche. Insoweit könnte sich ebenfalls eine Gesamtschuld aus der allgemeinen Regel des § 421 ergeben. Die doppelte Begründung der Gesamtschuld hat Bedeutung hinsichtlich der gem. § 426 II übergehenden Ansprüche. Somit müssten die Voraussetzungen des § 421 vorliegen.

#### 1. Gesamtschuld

469 **a)** Dem Gläubiger müssten mehrere Schuldner verpflichtet sein, wobei der Rechtsgrund der Verpflichtung nicht identisch zu sein braucht.[32] T hat gegen M einen Anspruch auf Zahlung der 600 EUR aus §§ 631, 280 I, 311 III 1 bzw. § 328 analog, § 241 II aus einem Werkvertrag mit Schutzwirkung zugunsten Dritter. Sie hat auch

32 Palandt/*Grüneberg* § 421 Rn. 4, 10; Soergel/*Gebauer* § 421 Rn. 5, 6.

gegen V einen Anspruch auf Zahlung von 600 EUR aus §§ 535, 280 I, 311 III 1 bzw. § 328 analog, § 241 II aus einem Mietvertrag mit Schutzwirkung zugunsten Dritter. Sowohl V als auch M waren zur Bewirkung der ganzen Leistung verpflichtet. Da T nur ein Gesamtschaden iHv 600 EUR entstanden ist, war sie jedoch nur einmal zur Forderung der Leistung berechtigt. Also sind M und V der T beide als Schuldner zur Leistung der 600 EUR verpflichtet.

**b)** Die Ansprüche des Gläubigers gegen die mehreren Schuldner müssen auf Befriedigung des gleichen Leistungsinteresses gerichtet sein.[33] Sowohl V als auch M haften T aufgrund einer durch Sorgfaltspflichtverletzung verursachten Körperverletzung auf Ersatz der Heilungskosten iHv 600 EUR. Das Leistungsinteresse stimmt daher für beide Ansprüche überein.

**c)** Neben einem gleichen Leistungsinteresse könnte man noch zusätzliche Voraussetzungen fordern, etwa die gleichstufige Haftung der verschiedenen Schuldner.[34] Die Ansprüche der T gegen V und M richten sich beide auf Ersatz der Heilungskosten für eine Körperverletzung iHv 600 EUR. Sie sind daher gleichstufig. Ferner könnte man das Bestehen einer Zweckgemeinschaft zwischen den Schuldnern für erforderlich halten.[35] Diese liegt vor allem dann vor, wenn die Verpflichteten das Entstehen des Gläubigerinteresses verantwortlich mitverursacht haben.[36] V und M haben beide eigenverantwortlich die Körperverletzung der T mitverursacht. Somit besteht zwischen ihnen auch eine Zweckgemeinschaft.

Da sämtliche Anforderungen, die an ein Gesamtschuldverhältnis gestellt werden können, vorliegen, ist eine Entscheidung des Meinungsstreites nicht erforderlich. Nach allen Ansichten sind die Voraussetzungen für eine Gesamtschuldnerschaft von V und M auch hinsichtlich der vertraglichen Ansprüche der T grundsätzlich gegeben.

V ist M daher gem. § 426 I zum Ausgleich verpflichtet. Gem. § 426 I haften beide grundsätzlich zu gleichen Anteilen, »soweit nicht ein anderes bestimmt ist«. Hier trägt V jedoch nur $^{1}/_{3}$ der Verantwortung an dem Einsturz des Gerüstes. Demnach muss er M nur $^{1}/_{3}$ des an T gezahlten Betrages von 600 EUR ersetzen, also 200 EUR. Demnach hätte M gegen V einen Anspruch auf Zahlung von 200 EUR gem. § 426 I.

## 2. Verzicht auf Erstattung der Heilungskosten

Dabei ist jedoch unberücksichtigt geblieben, dass T gegenüber V auf die Erstattung **470**
der Heilungskosten iHv 600 EUR verzichtet hat.

Dies hat jedenfalls zur Folge, dass T gegenüber V ihren vertraglichen oder deliktischen Anspruch nicht mehr geltend machen kann. Fraglich ist aber, ob dieser Verzicht gegenüber V auch Wirkung gegenüber dem anderen Gesamtschuldner M entfaltet. Gem. § 425 I wirken andere als die in §§ 422–425 genannten Tatsachen nur für und gegen den Gesamtschuldner, in dessen Person sie eintreten. Dies gilt insbesondere für die in § 425 II genannten Tatsachen, zu denen der Verzicht jedoch nicht zählt. Hier könnte § 423 eingreifen.

33 Palandt/*Grüneberg* § 421 Rn. 6; Erman/*Böttcher* § 421 Rn. 8; MüKoBGB/*Bydlinski* § 421 Rn. 5.
34 *Medicus/Petersen* BürgerlR Rn. 917; MüKoBGB/*Bydlinski* § 421 Rn. 12.
35 BGHZ 52, 39 (42 f.); 43, 227 (229).
36 BGHZ 59, 97 (99 f.).

Ein Verzicht hätte gem. § 423 Wirkung gegenüber M, wenn es sich dabei um einen zwischen T und V vereinbarten Erlass gem. § 397 handelte. Dann müsste die Absicht der Parteien bestanden haben, das ganze Schuldverhältnis aufzuheben.

T hat gegenüber V nur deswegen auf eine Erstattung der 600 EUR verzichtet, weil sie das gute Verhältnis ihres Vaters S zu seinem Vermieter V nicht beeinträchtigen wollte. Der Verzicht sollte nur der endgültigen Bereinigung der Verpflichtung des V gegen T dienen. Durch einen derartigen Verzicht wird die Leistungspflicht des anderen Gesamtschuldners gegenüber dem Gläubiger nicht ohne Weiteres berührt.[37] Es sollte nicht das ganze Schuldverhältnis aufgehoben werden. Demnach entfaltet der Verzicht nicht gem. § 423 Wirkung gegenüber M.

Gem. § 425 I hat der Verzicht daher nur Auswirkungen auf das Verhältnis der T gegenüber V.

Fraglich ist, wie sich diese Haftungsfreistellung des V auf das Gesamtschuldverhältnis zwischen V und M auswirkt. Diesbezüglich sind verschiedene Lösungswege denkbar, die die Beteiligten unterschiedlich belasten. Der für den Einzelfall vorzugswürdige Lösungsweg muss unter Abwägung der Interessen der Beteiligten im speziellen Fall gefunden werden.

**471** **a)** Man könnte der Meinung sein, dass der Gläubiger, hier T, aufgrund der Freistellung eines Schuldners, hier V, nur noch gegen den anderen Schuldner vorgehen kann und die zunächst entstandene Gesamtschuld nachträglich entfallen ist.[38] M müsste den gesamten Schaden iHv 600 EUR alleine tragen, aufgrund des fehlenden Gesamtschuldverhältnisses könnte er auch keinen internen Ausgleich gem. § 426 I von V verlangen. Dadurch würde V begünstigt, und die Haftungsfreistellung würde sich ausschließlich zum Nachteil des M auswirken. Die Vereinbarung zwischen dem Gläubiger und dem begünstigten Gesamtschuldner würde sich daher als Vertrag zulasten Dritter darstellen.[39] Ein derartiger Vertrag ist unzulässig. Demnach ist ein Anspruch gegen M in voller Höhe ohne Ausgleichsanspruch ausgeschlossen.

**472** **b)** Diesem Einwand könnte begegnet werden, indem der verbliebene Anspruch der T gegen M um den Betrag gekürzt wird, den V ohne den Verzicht der T gem. § 426 I dem M schuldete.[40] Danach hätte T gegen M nur einen Anspruch iHv 400 EUR. Diese Lösung benachteiligt T und begünstigt M. Die Abrede zwischen T und V wirkt sich wie ein Vertrag zugunsten Dritter gegenüber M aus. Eine derartige Anspruchskürzung kann angenommen werden, wenn dem Verzicht des Gläubigers durch Auslegung eine Abrede nach § 328 zu entnehmen ist.[41] T wollte lediglich das gute Verhältnis des S zu V erhalten. Die Beziehung des S zu M war ihr gleichgültig, sie wollte M nicht begünstigen. Der Verzicht weist daher nicht den Charakter eines Vertrags zugunsten Dritter auf. Somit ist auch eine Kürzung des Anspruchs der T gegen M ausgeschlossen.

37 BGH WM 1972, 929 (930); Soergel/*Gebauer* § 423 Rn. 2.

38 Soergel/*Gebauer* § 426 Rn. 41; vgl. MüKoBGB/*Bydlinski* § 426 Rn. 8; vgl. zum anfänglichen Haftungsausschluss *Medicus/Petersen* BürgerlR Rn. 932.

39 Soergel/*Gebauer* § 426 Rn. 42.

40 BGH NJW 1986, 1097 (1098); Soergel/*Gebauer* § 426 Rn. 45; MüKoBGB/*Bydlinski* § 423 Rn. 1, 3.

41 Soergel/*Gebauer* § 426 Rn. 46; MüKoBGB/*Bydlinski* § 426 Rn. 55.

c) Möglich ist jedoch auch, die Haftungsfreistellung zwischen T und V im Außenverhältnis für den Innenausgleich zwischen V und M unberücksichtigt zu lassen, sodass ein Gesamtschuldnerausgleich gem. § 426 I erfolgen könnte.[42] Damit würde V die Privilegierung im Außenverhältnis letztlich nicht zugutekommen, diese Lösung benachteiligt daher V. M hätte gegen V gem. § 426 I einen Anspruch auf Zahlung von 200 EUR. Indem T gegenüber V auf Begleichung der Ansprüche verzichtete, wollte sie jedoch gerade V begünstigen. Nähme man nun die Unerheblichkeit des Verzichts für das Innenverhältnis zwischen V und M an, so wäre der Verzicht durch T wertlos gewesen. Sie hätte ihr Ziel der Begünstigung des V durch den Verzicht nicht erreicht. Demnach ist auch eine derartige Möglichkeit auszuschließen. 473

d) Denkbar ist schließlich, dass die Haftungsfreistellung zwar im Innenverhältnis zwischen V und M unerheblich ist, sodass M von V gem. § 426 I Ausgleich verlangen kann, V aber nach Inanspruchnahme durch M gegen T aufgrund ihres Verzichts einen Erstattungsanspruch in derselben Höhe hat.[43] Dann müsste der Vereinbarung zwischen T und V im Wege der Auslegung entnommen werden, dass eine völlige Freistellung des V gewollt war und T einen Teil des Schadens selbst zu tragen beabsichtigte. T wollte V auf jeden Fall begünstigen. Da es ausgeschlossen war, M mit dem gesamten Schaden zu belasten, konnte sie dieses Ziel nur erreichen, wenn sie einen Teil des Schadens übernahm. T hatte daher einen Selbstbehalt des Schadens in Höhe des an sich von V zu zahlenden Betrages eingeplant. Demnach wollte T 200 EUR des Schadens selbst tragen. Diese Lösung entspricht daher den Interessen der Beteiligten. Somit hat der Verzicht der T gegenüber V keine Auswirkung auf den Ausgleichsanspruch des M gegenüber V gem. § 426 I. Dieser kann den an M gezahlten Betrag jedoch von T ersetzt verlangen. 474

Also hat M gegen V einen Ausgleichsanspruch iHv 200 EUR gem. § 426 I.

### II. Anspruch gem. § 426 II

M könnte gegen V einen Anspruch auf Zahlung von 200 EUR gem. § 426 II geltend machen. 475

M und V sind sowohl gem. § 840 als auch gem. § 421 Gesamtschuldner. M hat die gemeinsame Gläubigerin T iHv 600 EUR befriedigt. Somit geht die Forderung der T gegen V in der Höhe auf M über, in der er von V Ausgleich gem. § 426 I verlangen kann. T hat gegen V deliktische Ansprüche gem. § 823 I und § 836 I sowie einen vertraglichen Anspruch aus § 280 aus einem Mietvertrag mit Schutzwirkung zugunsten Dritter. M kann von V gem. § 426 I $^1/_3$ des gezahlten Betrages, also 200 EUR, ersetzt verlangen. Also gehen gem. § 426 II die Ansprüche der T gegen V ebenfalls iHv 200 EUR auf M über.

M hat somit gegen V einen Anspruch auf Zahlung von 200 EUR gem. § 426 II iVm § 823 I und iVm § 836 I iVm §§ 280, 311 III 1 bzw. § 328 analog, § 241 II aus einem Mietvertrag mit Schutzwirkung zugunsten Dritter.

42 Vgl. BGHZ 12, 213 (217 ff.); 35, 317 (323); BGHZ 58, 216 (219 f.); vgl. zur nachträglichen Haftungsbefreiung bei der gestörten Gesamtschuld *Medicus/Petersen* BürgerlR Rn. 929.

43 Vgl. Soergel/*Gebauer* § 426 Rn. 43.

## Fall 9: »Motorschaden«

476 Spediteur S hat beim Autohändler H einen gebrauchten Lkw für 50.000 EUR gekauft. Er erhielt von H die Zusicherung, dass das Fahrzeug fahrtüchtig sei. Tatsächlich bleibt er wegen eines Motorschadens mehrfach während der Fahrt stehen. Wegen dieser Fehler war das Fahrzeug tatsächlich nur 45.000 EUR wert. Eine Reparatur ließ S unterwegs für 1.000 EUR in einer Werkstatt vornehmen. Im Übrigen brachte er den Lkw zweimal vergebens in die Werkstatt des H zur Reparatur. Inzwischen ist das Fahrzeug durch die Nutzung seitens des S 2.000 EUR weniger wert.

S erklärt H, er wolle sein Geld zurück; H verlangt daraufhin den Wagen oder den Wert des Wagens zusätzlich Nutzungsentschädigung. Auf der Fahrt zu H wird S, der äußerst sorgfältig fährt, vom fahrlässig handelnden Bus-Fahrer D angefahren. Der Lkw ist nicht mehr fahrtüchtig; der Schrottwert beträgt 1.000 EUR.

**Frage 1: Welche Rechte hat S? Kann H gegen D vorgehen?**

**Frage 2: Wie wäre es, wenn S den Unfall verschuldet hätte?**

**Frage 3: Wie wären die beiden Fallgestaltungen zu behandeln, wenn H dem S nicht die Fahrtüchtigkeit zugesichert, sondern den Wagen »unter Ausschluss jeder Gewährleistung« an S abgegeben und S ein Rücktrittsrecht innerhalb von drei Monaten eingeräumt hätte? Gehen Sie davon aus, dass S nach zwei Monaten den Rücktritt erklärt.**

## A. Vorüberlegungen

### I. Rücktrittsrecht

Durch die Schuldrechtsreform wurde auch das Rücktrittsrecht stark verändert. Die Abgrenzung zwischen § 350 aF und § 351 aF, von der abhing, ob das Rücktrittsrecht trotz Untergangs der Sache besteht, sollte beseitigt werden. Nunmehr besteht das Rücktrittsrecht unabhängig davon, ob die Sache zum Zeitpunkt der Rücktrittserklärung noch unversehrt vorhanden ist oder ob sie verschlechtert oder untergegangen ist. 477

Die Differenzierungen haben sich jetzt auf die Frage des Wertersatzes für die verschlechterte oder untergegangene Sache verlagert. Hier kommt es weiterhin auf die Unterscheidung zwischen einem gesetzlichen und einem vertraglichen Rücktrittsrecht an (gleichgestellt in § 346 I, ein Unterschied besteht aber in § 346 III 1 Nr. 3).

Die frühere Verweisung in § 347 aF auf das Eigentümer-Besitzer-Verhältnis ist entfallen. Wertersatz- und Verwendungsansprüche ergeben sich nunmehr unmittelbar aus §§ 346, 347.

### II. Kaufrecht

Im Hinblick auf das Kaufvertragsrecht erfordert der Fall einige Überlegungen zum Kauf gebrauchter Sachen. Wie nach bisherigem Recht kann die Haftung des Verkäufers für Sachmängel grundsätzlich ausgeschlossen werden (§ 444; beachte für den Verbrauchsgüterkauf § 475 I, III); der Verkäufer kann aber auch insoweit eine Haftung übernehmen (vgl. §§ 276, 443). 478

Besonderheiten ergeben sich durch die Schuldrechtsreform für die Beweislast und die Verjährung.

Beim Verbrauchsgüterkauf sind nunmehr hinsichtlich der Beweislast zwei Perioden zu unterscheiden. Während der ersten sechs Monate nach Gefahrübergang wird das anfängliche Vorhandensein des Mangels grundsätzlich vermutet, § 476. Allerdings greift die Vermutung nicht ein, wenn sie mit der Art der Sache unvereinbar ist – wie insbesondere beim Verschleiß gebrauchter Sachen. Danach trägt der Käufer die Beweislast (bei einem Kauf, der nicht Verbrauchsgüterkauf ist, während der gesamten Zeit).

Die Verjährungsfrist beträgt nicht mehr nur ein halbes Jahr wie nach § 477 aF, sondern zwei Jahre, § 438 I Nr. 3, ab Lieferung, § 438 II. Dazu gibt es Ausnahmen bei Arglist.

## B. Lösung

### Frage 1:

**Anspruch des S gegen H auf Rückgewähr des Kaufpreises aus §§ 433, 434, 437 Nr. 2, 323, 346 I**

**S könnte gegen H einen Anspruch auf Rückgewähr des Kaufpreises haben, §§ 433, 434, 437 Nr. 2, 323, 346 I.**

479 **I.** Dann müsste der verkaufte Lkw einen Sachmangel aufgewiesen haben. Das ist der Fall, wenn er bei Gefahrübergang, also bei Übergabe, § 446, nicht die vereinbarte Beschaffenheit hatte, § 434 I 1.

Als Beschaffenheit war hier zum einen vereinbart worden, dass H einen gebrauchten Lkw liefern sollte; das Fahrzeug brauchte daher nach dem Vertrag also nur die Beschaffenheit eines gebrauchten Lkw mit dem entsprechenden Verschleiß zu haben. Zum anderen hatte H aber die »Fahrtüchtigkeit« »zugesichert«. Ob es sich dabei um eine Zusicherung iSd §§ 459 II, 463 aF handelte, ist unerheblich; die Sonderregelung zur »zugesicherten Eigenschaft« ist durch die Schuldrechtsreform entfallen.[1] Es lag jedenfalls eine unerfüllte Beschaffenheitsvereinbarung vor, weil das Fahrzeug während der Fahrt mehrfach stehen blieb.

480 **II.** Wegen des Sachmangels könnte S grundsätzlich gem. §§ 437 Nr. 2, 323 ein Rücktrittsrecht zustehen.

481 **1.** Dieses Recht könnte aber deshalb nicht eingreifen, weil S dem H keine Frist gesetzt hat. Grundsätzlich bedarf es vor der Ausübung des Rücktrittsrechts einer Fristsetzung, § 323 I.[2] Hier könnte das Erfordernis der Fristsetzung nach § 440 entfallen sein, wenn die dem S zustehende Art der Nacherfüllung fehlgeschlagen ist.

S stand nach §§ 439 I, 437 Nr. 1, 434 wegen des Sachmangels grundsätzlich das Recht zu, sich für die Beseitigung des Mangels oder für die Lieferung einer mangelfreien Sache zu entscheiden. Dieses Recht beschränkte sich aber angesichts des Verkaufs einer gebrauchten Sache auf das Nachbesserungsrecht. Dieses Recht hat S gegenüber H geltend gemacht. Der Nachbesserungsversuch des H ist fehlgeschlagen, da zwei Reparaturversuche erfolglos waren, § 440 S. 2.

482 **2.** S hat auch gegenüber H den Rücktritt erklärt, § 349.

Als Folge des Rücktritts müssen S und H nach § 346 I die empfangenen Leistungen zurückgewähren. H müsste danach 50.000 EUR zurückzahlen, S müsste den Lkw zurückgeben.

483 **3.** Das Rücktrittsrecht des S könnte ausgeschlossen sein, weil er seinerseits zur Rückgewähr außerstande ist. Nach der Schuldrechtsreform ist es jedoch nicht mehr Voraussetzung für die Ausübung des Rücktrittsrechts, dass der Rücktrittsberechtigte die zurück zu gewährende Sache noch hat.[3]

1 *Lorenz/Riehm*, Lehrbuch zum neuen Schuldrecht, 2002, Rn. 484.
2 Schwab/Witt/*Schubel*, Examenswissen zum neuen Schuldrecht, 2. Aufl. 2003, 185 (196).
3 Dauner-Lieb/Heidel/Lepa/Ring/*Hager* SchuldR § 5 Rn. 16; *Lorenz/Riehm*, Lehrbuch zum neuen Schuldrecht, 2002, Rn. 419 f.

**4.** Der Anspruch des S gegen H auf Zahlung von 50.000 EUR könnte jedoch nach § 389 untergegangen sein. **484**

**a)** Dann müsste H die Aufrechnung mit einer Gegenforderung erklärt haben. H hat verlangt, dass S ihm den Lkw zurückgibt; damit hat er sich auf eine Leistung Zug um Zug nach § 348 berufen. Zugleich hat er aber erklärt, dass S andernfalls den Wert des Lkw ersetzen müsse. Darin könnte eine Aufrechnungserklärung iSd § 388 liegen. Dagegen könnte sprechen, dass die Erklärung nicht unbedingt abgegeben wurde, § 388 S. 2. Es lag jedoch keine Bedingung iSd § 388 S. 2 vor, sondern eine unschädliche Rechtsbedingung: Für den Fall, dass eine Rückgewähr nicht möglich sein sollte, war nach §§ 133, 157 für S erkennbar, dass er dem Zahlungsanspruch des S seinerseits einen Zahlungsanspruch entgegensetzen wollte.

Die Forderung des S ist durch die Aufrechnung seitens des A dann erloschen, wenn die beiden Forderungen die Voraussetzungen des § 387 erfüllen.

Da sowohl S als auch H eine Geldforderung geltend machen, sind ihre Forderungen gleichartig.

**b)** Fraglich ist, welche Forderung H geltend machen kann.

H könnte den Wert des Lkw sowie 2.000 EUR Ersatz für die Nutzung durch S geltend machen.

Statt zur Rückgabe des Fahrzeugs könnte S hier zur Zahlung von Wertersatz verpflichtet sein. Der empfangene Gegenstand könnte untergegangen sein, § 346 II 1 Nr. 3. Vom Lkw ist nur noch Schrott vorhanden, das Material hat nur noch einen Wert von 1.000 EUR. Der Lkw ist jedoch nicht mehr fahrtüchtig, sodass hier ein Untergang der Sache vorliegt.

Der Wertersatzanspruch könnte jedoch ausgeschlossen sein, weil der Untergang auf der bestimmungsgemäßen Inbetriebnahme beruhte, § 346 II 1 Nr. 3: Der Lkw sollte als Fahrzeug eingesetzt werden und wurde dabei beschädigt.

Eine derartige Auslegung würde jedoch gegen den Sinn der Vorschrift verstoßen. Gemeint sein kann nur der Schaden, der durch die bestimmungsgemäße Verwendung selbst entsteht, bei Kraftfahrzeugen also der Schaden durch Abnutzung. Die Beschädigung durch einen Unfall ist demgegenüber keine bestimmungsgemäße Verwendung.[4]

Gegen die Anwendung von § 346 II 1 Nr. 3 aE spricht auch, dass dort von der Verschlechterung, nicht aber vom Untergang der Sache die Rede ist. Da zu Beginn der Vorschrift noch ausdrücklich Verschlechterung und Untergang genannt werden, ist davon auszugehen, dass es sich nicht um ein Redaktionsversehen handelt.[5]

Somit könnte sich H ohne die Einschränkung des § 346 II 1 Nr. 3 aE auf den vollen Wertersatzanspruch berufen.

4 *Lorenz/Riehm*, Lehrbuch zum neuen Schuldrecht, 2002, Rn. 424.

5 Vgl. *Arnold* JURA 2002, 154 (157); Schwab/Witt/*Schwab*, Examenswissen zum neuen Schuldrecht, 2. Aufl. 2003, 356; auf den Wortlaut und die in § 346 II 1 Nr. 2, III vorgesehene Risikoverteilung stellen *Schulze/Ebers* JuS 2004, 366 (370) ab; aA *Kaiser* JZ 2001, 1057 (1061), die eine analoge Anwendung befürwortet.

Fraglich ist, wie der Wert zu bestimmen ist. Nach § 346 II ist die Gegenleistung, hier der Kaufpreis, bei der Berechnung des Wertersatzes zugrunde zu legen. Das könnte bedeuten, dass H für seinen Lkw, der wegen des Mangels noch 45.000 EUR wert war, von S 50.000 EUR verlangen könnte. Das entspricht nicht dem Sinn und Zweck der Vorschrift; gemeint ist der Kaufpreis abzüglich eines Minderungsbetrages wegen Mängeln in der Sache.[6] Damit könnte H nur 45.000 EUR von S verlangen.

Soweit sich H auf die Abnutzung beruft, ist ein Entgeltanspruch nach § 346 II 1 Nr. 3 aE ausgeschlossen.[7]

Der Anspruch auf Wertersatz könnte hier aber nach § 346 III 1 Nr. 3 ausgeschlossen sein.

Das Rücktrittsrecht ergibt sich aus § 437 Nr. 2 iVm § 323. Es besteht somit ein gesetzliches Rücktrittsrecht. Der Untergang der Sache ist eingetreten, obwohl S als Fahrer des Lkw die Sorgfalt beachtet hat, die er selbst in eigenen Angelegenheiten beachtet, § 277. Damit ist der Wertersatzanspruch ausgeschlossen. Also hat H keinen aufrechenbaren Gegenanspruch iSd § 387 gegen S.

485 **III.** Jedoch hat H gegen S einen Anspruch auf Herausgabe der Bereicherung, § 346 III 2. Er kann daher Herausgabe des Schrottfahrzeuges von S verlangen.

486 **IV.** Ein weiterer Anspruch des H gegen S kann sich aus § 346 IV iVm § 280 I ergeben.

Dann müsste S eine Pflicht aus dem Rückgewährschuldverhältnis nach § 346 I verletzt haben.

S war aufgrund des Rücktritts verpflichtet, H den Lkw zurückzugewähren. Zu diesem Zwecke musste er und durfte er zu H fahren. Da ihn bei der Erfüllung dieser Pflicht kein Verschulden traf (§ 280 I 2), hat H insoweit keinen Schadensersatzanspruch.

Zwischenergebnis: Die Aufrechnung war nicht wirksam.

487 **V.** S könnte im Zusammenhang mit dem Rücktritt einen Anspruch auf Verwendungsersatz wegen der Reparaturen iHv 1.000 EUR haben, § 347 II.

Wie dargelegt, ist die Wertersatzpflicht des S nach § 346 III 1 Nr. 3 ausgeschlossen. Einen Anspruch auf Ersatz notwendiger Verwendungen gibt es aber nur, wenn der Wertersatz nach § 346 III 1 Nr. 1 oder 2 ausgeschlossen ist. S muss daher die Kosten der notwendigen Verwendung selbst tragen, da der Gläubiger H wegen des Untergangs der Sache nicht mehr in den Genuss der Verwendung kommen kann, § 347 II 2.

**VI.** Ergebnis: S hat wirksam den Rücktritt erklärt. H ist daher zur Rückzahlung des Kaufpreises iHv 50.000 EUR verpflichtet. Der Anspruch ging auch nicht durch die Aufrechnung durch H unter. S braucht H lediglich das Schrottfahrzeug herauszugeben, § 346 III 2.

---

6 Stellungnahme des Bundesrats, BT-Drs. 14/6857, 22; *Lorenz/Riehm*, Lehrbuch zum neuen Schuldrecht, 2002, Rn. 425; Dauner-Lieb/Heidel/Lepa/Ring/*Hager* SchuldR § 5 Rn. 27 f.; *Schwab/Wippler* JuS 2004, 404 (406).

7 Vgl. Schwab/Witt/*Schwab*, Examenswissen zum neuen Schuldrecht, 2. Aufl. 2003, 352.

Da S zur Herausgabe des mangelfreien Lkw außer Stande ist, ist er gem. § 285 H gegenüber zur Abtretung derjenigen Ersatzansprüche verpflichtet, die ihm aufgrund des der Unmöglichkeit zugrunde liegenden Umstands entstanden sind.

Hier hat S gegen D Ansprüche aus § 7 StVG, § 18 StVG, § 823 I BGB sowie möglicherweise aus § 823 II iVm einem Schutzgesetz. Diese Ansprüche muss er an H abtreten, sodass dieser dann gegen D vorgehen kann.

**Frage 2:**

In diesem Fall greift § 346 III 1 Nr. 3 nicht ein. S ist zum Wertersatz verpflichtet. Er kann sich allerdings auch auf § 347 II 1 berufen. H kann 45.000 – 1.000 = 44.000 EUR von S verlangen. **488**

Da S schuldhaft die Unmöglichkeit der Rückgewähr des Lkw herbeigeführt hat, tritt neben den Wertersatzanspruch ein inhaltsgleicher Anspruch des H auf Schadensersatz gem. §§ 346 IV, 280 I, III, 283 S. 1.

**Frage 3:**

**Variante 1 zu Frage 1**

Hier besteht ein vertragliches Rücktrittsrecht nach § 346 I. Auf §§ 433, 434, 437 Nr. 2, 323, 346 I kommt es nicht an. H hat nämlich durch die Vereinbarung »unter Ausschluss jeder Gewährleistung«[8] in diesem Fall die Haftung für Mängel, die auf Verschleiß beruhen, ausgeschlossen. Das ist nach § 444 möglich, da er weder arglistig gehandelt noch eine Garantie für eine bestimmte Beschaffenheit übernommen hat. **489**

Es handelt sich nicht um einen Verbrauchsgüterkauf, bei dem eine derartige Vereinbarung gem. § 475 I 1 unzulässig wäre.

Auch in diesem Fall kann H gegen S einen Anspruch auf Wertersatz nach § 346 II 1 Nr. 3 erheben.

Allerdings greift in diesem Fall § 346 III 1 Nr. 3 nicht ein. Zwar werden nach der Schuldrechtsreform vertragliches und gesetzliches Rücktrittsrecht grundsätzlich gleich behandelt.[9] Jedoch bezieht sich § 346 III 1 Nr. 3 nur auf das gesetzliche Rücktrittsrecht. In diesem Fall muss er also das Risiko des zufälligen Untergangs – anders als beim gesetzlichen Rücktrittsrecht – selbst tragen. Der Fall liegt wie bei Frage 2.

**Variante 2 zu Frage 2**

Auf die Frage des Verschuldens kommt es nicht an. Das Ergebnis ist das Gleiche. **490**

---

8 Palandt/*Weidenkaff* § 444 Rn. 18.

9 Dauner-Lieb/Heidel/Lepa/Ring/*Hager* SchuldR § 5; *Huber/Faust*, Schuldrechtsmodernisierung, 2002, § 10 Rn. 2.

## Fall 10: »Das Erinnerungstablet«

491 A läuft am 1.6.2015 über den Augsburger Königsplatz, als ihn Verkäufer V anspricht, der mit Kollegen an einem Verkaufsstand vor der Filiale der T-GmbH (T) das neue Tablet »T354« vorstellt und bewirbt. A lässt sich von V bereitwillig die neuen Funktionen des Produktes zeigen und ist schnell von diesen begeistert. Nur die Farbauswahl der am Stand befindlichen Modelle ist nicht nach seinem Geschmack. Als er dies anspricht meint V, dass es in der Filiale noch ein paar Ansichtsexemplare mit anderer Farbgebung gäbe. Daraufhin begleitet A den V in die Filiale, um sich diese anzusehen. Als er die Geräte sieht ist er entzückt, insbesondere hat es ihm das Gerät im Farbton »Himmelblau« angetan, da dieses so gut zu den Augen seiner Freundin passt.

Weil A knapp bei Kasse ist, bietet V dem A auch gleich eine entsprechende Finanzierungsmöglichkeit, um den Kaufpreis von 600 EUR stemmen zu können. Diese umfasst sechs gleich große Raten zu je 100 EUR und zusätzlich einen Zinsbetrag von 5 EUR pro Rate.

A ist einverstanden und unterschreibt in der Filiale ein entsprechendes Bestellformular für ein Tablet »T354 (Himmelblau)« zum Preis von 600 EUR inklusive der Finanzierungsvereinbarung, welche alle gesetzlichen Hinweise und Informationen sowie einen Durchschlag des Bestellformulars enthält. Da das Modell derart neu ist, dass die Filiale der T bislang nur ein Ansichtsexemplar dieser speziellen Farbgebung hat, soll dem A ein entsprechendes Gerät direkt nach Hause geliefert werden. Die erste Rate zuzüglich dem erstmalig anfallenden Zinsbetrag zahlt A sofort.

Leider kommt V mit den Unterlagen durcheinander, sodass A statt zwei verschiedener Widerrufsbelehrungen (entsprechend der Anlagen zum EGBGB) lediglich zweimal die Widerrufsbelehrung hinsichtlich der Finanzierungsvereinbarung erhält. In Bezug auf die Finanzierung erhält A dafür immerhin aber auch eine für ihn bestimmte Abschrift der Vertragsurkunde.

Am 16.6.2015 trifft das sehnsüchtig erwartete Paket (mit den benannten Dokumenten) per Post bei A ein, welcher das gelieferte Gerät sogleich freudig in Gebrauch nimmt.

Am 14.7.2015 brennt die Freundin des A mit dessen Bruder durch. Da ihn die himmelblaue Farbgebung nun zu sehr an den mit der Trennung verbundenen Schmerz erinnert (und er zudem feststellen musste, dass einer der USB-Anschlüsse nicht immer einwandfrei funktioniert), erklärt A noch am selben Tag per E-Mail an T, dass er von dem Tablet nichts mehr wissen und seine bereits bezahlten 105 EUR zurück erstattet haben möchte. T erklärt, dass eine Erstattung nicht infrage käme, sie aber zur Lieferung eines Ersatzgerätes bereit wäre. Jedenfalls habe A das Tablet aber vier Wochen benutzt, weshalb sie – wenn sie doch zur Erstattung verpflichtet sei – Ersatz für die Gebrauchszeit verlange. Außerdem erklärt T, dass sie in diesem Fall nur zahlen würde, wenn sie zuvor ihre Ware bekäme.

**Frage 1: Kann A von T Rückerstattung der 105 EUR verlangen?**
**Frage 2: Hat T Anspruch auf Ersatz bezüglich der Gebrauchszeit?**

**Bearbeitervermerk:** Es ist ein umfassendes Gutachten zu erstellen, das auf alle aufgeworfenen Rechtsfragen eingeht. Sachenrechtliche und deliktische Ansprüche sind nicht zu prüfen.

## A. Vorüberlegungen

### Frage 1:

Der Grundsatz »pacta sunt servanda« erfährt neben der Anfechtung, dem Rücktritt (innerhalb und außerhalb des Gewährleistungsrechts) und der Kündigung auch durch den Widerruf gem. § 355 eine wichtige Durchbrechung. Die Voraussetzungen des Widerrufs (grundlos möglich) sind gegenüber denen des Rücktritts weniger streng und auch bei den Rechtsfolgen ist der Widerruf im Vergleich zum Rücktritt für den sich vom Vertrag Lösenden weniger belastend. Daher erscheint es geboten, den Widerruf vorrangig zu prüfen. Das seit 13.6.2014 geltende neue Verbraucherwiderrufsrecht ist in der nächsten Zeit aufgrund seiner Aktualität auch bei leichteren Konstellationen prüfungsrelevant. 492

Bei der »bekannten« Konstellation der verbundenen Verträge bei Widerrufsfällen muss hier genau gearbeitet werden. Die Rückzahlung der Rate und der Zinsen muss getrennt geprüft werden, da diese aufgrund unterschiedlicher Rechtsgrundlagen erfolgen.

### Frage 2:

Das neue Widerrufsrecht verweist nicht mehr auf § 346, sondern enthält eigene Regelungen für den Wertersatz wegen Verschlechterung und Nutzungsersatz. Die dortigen Regelungen sind abschließend; weitergehende Ansprüche scheitern an § 361 I. Ein Wertersatz ist also nur gem. §§ 312b I, 312g I, 355 I, 357 VII denkbar. 493

Im Vergleich zum Rücktritt aufgrund von Mängelrechten ist der Widerruf aufgrund der Sperrwirkung des § 361 I somit vorteilhafter. Dieser sperrt (ausgenommen des Wertersatzes gem. § 357 VII und § 357 VIII) sonstige Ersatzansprüche des Unternehmers gegen den Verbraucher infolge des Widerrufs. Möglich wären dann höchstens noch Ansprüche, die nicht infolge des Widerrufs geltend gemacht werden, sondern auf anderen Rechts- oder Pflichtverletzungen beruhen. Der Rücktritt hingegen hat keine vergleichbare Norm (im Gegenteil sogar einen Nutzungsersatzanspruch aus § 346 I).

## B. Lösung

### Frage 1:

494 **I. Anspruch des A gegen T auf Rückerstattung der 105 EUR aus §§ 433, 312b I Nr. 3, 312g I, 355 I, III, 357 I**

**1.** Der Anspruch wäre entstanden, wenn A den Kaufvertrag mit T wirksam widerrufen hätte.

§ 355 I erlaubt es einem Verbraucher seine Willenserklärung, die zu einem Vertrag mit einem Unternehmer führt, grundlos zu widerrufen, wenn das Gesetz für die jeweilige Situation ein Widerrufsrecht vorsieht.

Gem. § 355 I bedarf es zunächst eines bisher wirksamen Verbrauchervertrags iSd § 310 III. Ferner muss ein Widerrufsrecht im Gesetz angeordnet sein.

495 **a)** A kauft das Tablet zu rein privaten Zwecken und ist somit Verbraucher gem. § 13, während die juristische Person T das Rechtsgeschäft in Ausübung ihrer gewerblichen Tätigkeit abschließt und somit Unternehmerin gem. § 14 I ist. Vertragsinhalt ist ferner eine entgeltliche Leistung der Unternehmerin T, nämlich die Lieferung einer beweglichen Sache (Tablet) gegen Geld.

Klarzustellen ist, dass eine GmbH gem. § 13 I GmbHG die Fähigkeit hat, Trägerin von Rechten und Pflichten zu sein, also rechtsfähig ist. Somit kann sie auch Willenserklärungen abgeben und Partei eines Vertrags sein.[1] Vertreten wird diese grundsätzlich von ihren Geschäftsführern gem. § 35 I GmbHG (organschaftliche Vertretungsmacht). Dies schließt eine weitere rechtsgeschäftliche Vertretungsmacht (Vollmacht) nicht aus.[2] Hier wurde die GmbH von ihrem Arbeitnehmer V vertreten; von einer Vollmacht ist auszugehen. Zumindest greift aber die Fiktion des § 56 HGB (iVm Art. 2 EGBGB), nach welcher V, sollte er tatsächlich keine Vollmacht gehabt haben, zu Verkäufen ermächtigt gälte, die üblicherweise im Geschäft der T erfolgen.

496 **b)** Ferner muss ein gesetzliches Widerrufsrecht vorliegen. In Betracht kommt ein Widerrufsrecht gem. § 312g I wegen Vorliegens eines »Außerhalb von Geschäftsräumen geschlossenen Vertrags« gem. § 312b I 1 Nr. 3.

**aa)** Hierfür müsste § 312g I zunächst anwendbar sein. Hier ist § 312 zu prüfen; ein Ausschlussgrund gem. § 312 II–VI ist nicht ersichtlich.

497 **bb)** Der Vertrag wurde zwar innerhalb der Geschäftsräume der T geschlossen, allerdings wurde A unmittelbar zuvor außerhalb der Geschäftsräume persönlich und individuell iSd § 312b I 1 Nr. 3 angesprochen. Der Stand vor der Filiale stellt dabei keinen Geschäftsraum iSd § 312b II 1 dar, da nicht davon auszugehen ist, dass die T dort für gewöhnlich ihre Tätigkeit (Abschluss von Verträgen) ausübt.

Eine persönliche Anwesenheit der T ist nicht möglich, da es sich bei dieser nicht um eine natürliche, sondern um eine juristische Person handelt. Für den Vertragsschluss außerhalb der Geschäftsräume des Unternehmers genügt jedoch die Anwesenheit des Vertreters V gem. § 312b I 2.

---

1 Baumbach/Hueck/*Fastrich*, 20. Aufl. 2013, GmbHG § 13 Rn. 1.
2 Baumbach/Hueck/*Fastrich*, 20. Aufl. 2013, GmbHG § 35 Rn. 70.

Ferner besteht kein Ausschluss des Widerrufsrechts gem. § 312g II, III.

**c)** A müsste den Widerruf gem. § 355 I 2 wirksam erklärt haben. Als Erklärung kommt die E-Mail vom 14.7.2015, in welcher er erklärt, dass er vom Tablet nichts mehr wissen wolle, in Betracht. **498**

**aa)** Aus dieser Erklärung muss der Entschluss zum Widerruf eindeutig hervorgehen gem. § 355 I 3. Während aus der E-Mail nicht ausdrücklich der Wunsch des A hervorgeht sich durch das Rechtsinstitut des Widerrufes von seiner bindenden Willenserklärung zu lösen, muss die Erklärung dennoch als konkludente Willenserklärung verstanden werden, welcher nach Auslegung gem. §§ 133, 157 der Wille innewohnt, sich auf jede mögliche Weise vom Vertrag zu lösen. **499**

**bb)** Die Erklärung bedarf weder einer besonderen Form (früher Textform gem. § 355 I 2 aF) noch einer Begründung gem. § 355 I 4. Hervorzuheben ist, dass das bloße Rücksenden des Vertragsgegenstandes – im Gegensatz zur alten Rechtslage – keine taugliche Widerrufserklärung mehr darstellt. Grund hierfür ist, dass aus einem solchen Verhalten nicht eindeutig der Wunsch zum Widerruf hervorgeht; so könnte die Rücksendung auch zum Zwecke der Nacherfüllung erfolgen.[3] **500**

**cc)** Die Erklärung müsste auch fristgerecht erfolgt sein.

**(1)** Grundsätzlich muss die Erklärung innerhalb einer vierzehntägigen Frist erfolgen, welche gem. § 355 II 2 mit Vertragsschluss beginnt. Der Vertragsschluss erfolgte am 1.6.2015, das Ende der Frist ist somit §§ 187 I, 188 II der 15.6.2015 um 24:00 Uhr. Die Erklärung erfolgte erst am 14.7.2015 und wäre außerhalb der Frist erfolgt. **501**

**(2)** Ein anderes Ergebnis könnte sich aus § 356 II Nr. 1 lit. a ergeben, da der Kaufvertrag zwischen A und T ein Verbrauchsgüterkauf gem. § 474 I ist. Die Frist beginnt in diesem Falle mit Erhalt der Sache am 16.6.2015 und endet am 30.6.2015, §§ 187 I, 188 II. Auch nach dieser Berechnung wäre der Widerruf nicht rechtzeitig erklärt worden.

**(3)** Allerdings hat A keine Widerrufsbelehrung bezüglich des Kaufvertrags erhalten. Gem. § 356 III 1 beginnt die Widerrufsfrist nicht, bevor der Verbraucher ordnungsgemäß über sein Widerrufsrecht unterrichtet wurde. Die Belehrungen bezüglich der Finanzierungshilfe genügen hierfür nicht. Es handelt sich zwar um zwei verbundene Verträge iSd § 358 I, III mit der Folge, dass der Widerruf eines Vertrags auch die Wirksamkeit des anderen Vertrags entfallen lässt, allerdings bleiben die Verträge eigenständige Rechtsgeschäfte. So treten beim Widerruf beider Verträge verschiedene Rechtsfolgen ein (vgl. § 357 mit § 357a); zudem sind die Anforderungen an die Informationspflicht im Rahmen der Widerrufsbelehrung unterschiedlich (vgl. Art. 246a § 1 II 1 EGBGB mit Art. 246b § 2 EGBGB). **502**

Die Frist hat noch nicht begonnen, das Widerrufsrecht erlischt gem. § 356 III 2 erst nach zwölf Monaten und 14 Tagen nach dem Zeitpunkt der sonst für den Fristbeginn maßgeblich gewesen wäre. Folglich ist die Widerrufserklärung vom 14.7.2015 fristgemäß.

**d)** Mithin hat A den Kaufvertrag mit T wirksam widerrufen.

3 Vgl. *Goldkamp/Reimer* jM 2014, 189, 191.

503 **2.** Der bestehende Anspruch auf Rückzahlung ist aber noch nicht durchsetzbar, da T eine vorübergehende Einrede in Form eines Leistungsverweigerungsrechts gem. § 357 IV 1 erhoben hat. Diese steht ihr zu, bis sie ihr Produkt zurückerhalten hat oder A den Nachweis erbringen konnte, dass er dieses abgesendet hat. Ein Ausschluss gem. § 357 IV 2 ist nicht einschlägig.

504 **3.** Der Anspruch des A gegen T auf Rückzahlung gem. §§ 433, 312b I Nr. 3, 312g I, 355 I, III, 357 I besteht, ist allerdings zurzeit nicht durchsetzbar.

Die Rechtsfolge des Widerrufs ist die Rückabwicklung des widerrufenen Vertrags, also die Rückgewähr der empfangenen Leistungen binnen 14 Tagen gem. § 357 I. Die §§ 355 I, 357 I beziehen sich aber nur auf den widerrufenen Kaufvertrag und nicht auf die entgeltliche Finanzierungshilfe, weshalb auch nur die von T empfangene Kaufpreisrate iHv 100 EUR ersetzt wird.

### II. Anspruch des A gegen T auf Rückerstattung der 5 EUR aus §§ 506, 312b I Nr. 3, 312g I, 355 I, III, 357a I

505 A hätte einen Anspruch auf Rückerstattung gegen T, wenn er die zwischen ihm und T getroffene Finanzvereinbarung wirksam widerrufen hätte.

**1.** Dafür müsste zwischen A und T gem. §§ 355 I, 312 I ein entgeltlicher Verbrauchervertrag geschlossen worden sein. Ein solcher liegt in der Finanzierungsvereinbarung, welche einen entgeltlichen Zahlungsaufschub gem. § 506 I darstellt. Die Entgeltlichkeit ergibt sich dabei bereits aus dem vereinbarten Zinsbetrag von 5 EUR, der als Gegenleistung für die vertragliche Abweichung von dem Fälligkeitszeitpunkt des § 271 I anzusehen ist. Auch die Form und der Inhalt entsprechen den gesetzlichen Vorschriften der §§ 506 I, 492 I, II.

Die Anwendbarkeit der §§ 312g, 312b gem. § 312 ist gegeben, insbesondere ist ein Ausschluss gem. § 312 V nicht einschlägig. Aus dem Umkehrschluss zu § 312 V 1 folgt, dass der Anwendungsbereich der Vorschriften der Kapitel 1 und 2 des 2. Untertitels (§§ 312–312k) bezüglich der Vereinbarung der Finanzdienstleistung grundsätzlich eröffnet ist.

506 **2.** Als gesetzliches Widerrufsrecht kommt hier wieder § 312g I in Betracht. So ist auch der entgeltliche Zahlungsaufschub ein »Außerhalb von Geschäftsräumen geschlossener Vertrag« gem. § 312b I 1 Nr. 3 (s. oben). Allerdings ist gem. § 312g III das Widerrufsrecht dann ausgeschlossen, wenn dem Verbraucher bereits ein Widerrufsrecht nach § 495 I zusteht. Für ein solches bedarf es grundsätzlich eines Verbraucherdarlehensvertrags gem. § 491 I. Allerdings findet § 495 I über die Verweisung des § 506 I auch entsprechende Anwendung für entgeltliche Finanzierungshilfen. Folglich besteht kein Widerrufsrecht gem. § 312g I.

507 **3.** Somit hat A keinen Anspruch auf Rückerstattung gem. §§ 506, 312b I Nr. 3, 312g I, 355 I, III, 357a I.

### III. Anspruch des A gegen T auf Rückerstattung der 5 EUR aus §§ 506 I, 495 I, 355 I, III, 357a I

508 **1.** Wie bereits festgestellt, hat A ein gesetzliches Widerrufsrecht gem. §§ 506 I, 495 I.

**2.** Die Erklärung, nichts mehr von dem Vertrag wissen zu wollen, bezieht sich nach dem reinen Wortlaut nur auf den Kaufvertrag über das Tablet. Allerdings erfasst sie nach Auslegung gem. §§ 133, 157 auch die Finanzierungshilfe. Es ist der wahre Wille des A, sich auch von diesem Geschäft zu lösen. Dies ist auch für einen objektiven Betrachter in Person des Empfängers erkennbar, da die Finanzierung ohne den Kaufvertrag gegenstandslos ist. 509

Problematisch ist aber, dass A bezüglich der Finanzierungsvereinbarung ordnungsgemäß belehrt worden war. Die Frist müsste somit mit Vertragsschluss am 1.6.2015 zu laufen beginnen. Allerdings erhält A die Vertragsunterlagen erst am 16.6.2015, sodass die Frist gem. § 356b I erst dann zu laufen begann; sie endete somit am 30.6.2015. Der Widerruf des A erfolgt aber erst am 14.7.2015 und somit nach Ablauf der Frist.

**3.** Somit besteht kein Anspruch auf Rückerstattung gem. §§ 506 I, 495 I, 355 I, III, 357a I. 510

### IV. Anspruch des A gegen T auf Rückerstattung der 5 EUR aus §§ 506, 358 I, III, IV, 355 III, 357a I

Der Kaufvertrag und die entgeltliche Finanzierungshilfe könnten verbundene Verträge iSd § 358 III sein. In diesem Fall wäre mit dem wirksamen Widerruf des Kaufvertrags auch die Bindung an das damit verbundene Finanzierungsgeschäft gem. §§ 358 I, IV entfallen. 511

**1.** Der Kaufvertrag, ein Vertrag über die Lieferung einer Ware durch Unternehmerin T, wurde wirksam widerrufen (s. oben).

**2.** Die entgeltliche Finanzierungshilfe müsste ein mit jenem verbundener Vertrag sein. 512

**a)** Zunächst müsste es sich nach dem Wortlaut der Norm bei dem mit dem Kaufvertrag verbundenen Vertrag um einen Darlehensvertrag handeln. Vorliegend handelt es sich bei dem zwischen A und T geschlossenen Vertrag um eine entgeltliche Finanzierungshilfe gem. § 596 I und somit nicht um ein Darlehen. Allerdings findet § 358 auch entsprechende Anwendung auf Finanzierungshilfen.[4] Eine vergleichbare Interessenlage ist gegeben, da der Vertrag, ebenso wie ein Darlehen, ausschließlich zur Finanzierung des Hauptgeschäfts geschlossen wird. Eine Bindung an die Finanzierung – trotz Wegfall des zu finanzierenden Geschäfts – wäre unbillig und sinnentleert.

**b)** Die Verträge sind miteinander verbunden, wenn die entgeltliche Finanzierung zumindest teilweise der Finanzierung eben jenes Kaufvertrags dient und beide Verträge eine wirtschaftliche Einheit bilden, § 358 III 1. 513

**aa)** Die Finanzierungsvereinbarung wurde nur getroffen, damit A den Kaufpreis des Tablets »stemmen« konnte. Sie dient damit ausschließlich der Finanzierung des Kaufvertrags.

**bb)** Eine wirtschaftliche Einheit wird gem. § 358 III 2 unwiderlegbar vermutet,[5] da die Unternehmerin T selbst die Gegenleistung des Verbrauchers aus dem Kaufvertrag finanziert.

4 HK-BGB/*Schulze* § 358, Rn. 2; Palandt/*Grüneberg* § 358 Rn. 10.
5 HK-BGB/*Schulze* § 358, Rn. 8; Palandt/*Grüneberg* § 358 Rn. 11.

c) Folglich sind die Verträge miteinander verbunden und die Bindungswirkung an die Finanzierungsvereinbarung entfällt gem. § 358 I.

514 **3.** Mithin hat A einen Anspruch gegen T auf Rückerstattung der 5 EUR aus §§ 506, 358 I, III, IV, 355 III, 357a I. Diesem steht kein Leistungsverweigerungsrecht des Unternehmers entgegen, da das Finanzierungsgeschäft kein Verbrauchsgüterkauf ist. T muss die empfangenen Leistungen binnen 30 Tagen nach Widerruf gem. §§ 358 IV 1, 357a I zurückgewähren.

### V. Anspruch des A gegen T auf Rückerstattung der 105 EUR aus §§ 433, 434, 437 Nr. 2, 323 I, 346 I

515 A könnte einen Anspruch auf Rückerstattung aus einem Rückgewährschuldverhältnis als Folge eines wirksamen Rücktritts gem. § 346 I haben.

Dieser scheitert allerdings an der fehlenden Fristsetzung seitens A. Eine Entbehrlichkeit dieser gem. § 323 II oder § 440 S. 1 ist nicht ersichtlich. Ferner kommt ein Ausschluss wegen Geringfügigkeit des Mangels gem. § 323 V 2 (ab ca. 5%) in Betracht. Eine Verwirkung der Gewährleistungsrechte (§ 242) ist mangels Details im Sachverhalt abzulehnen.

### VI. Anspruch des A gegen T auf Herausgabe der 105 EUR gem. § 812 I 1 1. Var.

516 Denkbar wäre ein Herausgabeanspruch aus § 812 I 1 1. Var., wenn A den Kaufvertrag, der Rechtsgrund für das Behaltendürfen im Rahmen des Kondiktionsrechts ist, wirksam angefochten hätte.

Hinsichtlich des Kaufvertrags scheitert eine Anfechtung aber aus zwei Gründen. Erstens handelt es sich bei der Produktauswahl nach der Augenfarbe der damaligen Freundin lediglich um einen unbeachtlichen Motivirrtum und zweitens tritt eine Anfechtung wegen eines Eigenschaftsirrtums gem. § 119 II (bei Vorliegen eines Mangels liegt immer auch ein Irrtum über eine wesentliche Eigenschaft der Sache vor) jedenfalls nach Gefahrübergang hinter die Regeln des Kaufrechts gem. §§ 434 ff. als lex generalis zurück.[6]

### VII. Anspruch des A gegen T auf Herausgabe der 105 EUR gem. § 812 I 2 1. Var.

517 Ein Anspruch wegen nachträglichen Wegfalls des Rechtsgrundes aufgrund des Widerrufs scheitert bereits aufgrund der Spezialität der §§ 357 ff.

### Frage 2:

### 518 I. Anspruch der T gegen A auf Wertersatz bezüglich des Gebrauchs der Sache gem. §§ 433, 312b I, 312g I, 355 I, 357 VII.

**1.** A hat den Kaufvertrag mit T wirksam widerrufen (s. oben).

519 **2.** Es müsste ein Wertverlust durch übermäßige Nutzung der Sache gem. § 357 VII Nr. 1 vorliegen. Ein solcher Anspruch entfällt nur, wenn der Wertverlust für eine Prüfung der Beschaffenheit, Eigenschaften und Funktionsweise des Kaufgegenstandes notwendig war.

6 Staudinger/*Beckmann*, 2013, Vorbem. zu § 433 ff. Rn. 31; NK-BGB/*Büdenbender* § 437 Rn. 106.

Was notwendig iSd § 357 VII ist, bestimmt sich nach den Begebenheiten des Einzelfalls.[7] Im vorliegenden Sachverhalt ist dies zum einen die Untersuchung der Oberfläche auf etwaige Mängel, zum anderen die erstmalige Inbetriebnahme des Gerätes, um zu prüfen, ob das Gerät die Leistung erbringt, zu welcher sich der Verkäufer verpflichtet hat. A verzichtet jedoch auf eine solche Untersuchung und nimmt das Gerät für mehrere Wochen zum täglichen Gebrauch in Betrieb. Dies geht weit über das von § 357 VII erlaubte Maß hinaus, sodass übermäßige Nutzungen vorliegen. Bei derartiger Nutzung ist schließlich auch von einem Wertverlust auszugehen.[8]

**3.** Ferner müsste T den A aber zusätzlich über sein Widerrufsrecht unterrichtet haben gem. § 357 VII Nr. 2. 520

**a)** Eine Belehrung über das Widerrufsrecht bezüglich des Kaufvertrags ist nicht erfolgt. Belehrt wurde nur über das Widerrufsrecht im Hinblick auf die Finanzierungshilfe. Dies genügt für das Entstehen eines Wertersatzanspruchs des Unternehmers gegen den Verbraucher nicht, da es hierfür einer Belehrung gem. Art. 246a § 1 II 1 Nr. 1 EGBGB bedarf. Diese bezieht sich ausschließlich auf das Widerrufsrecht gem. § 312g I, hier also auf den Widerruf des außerhalb von Geschäftsräumen geschlossenen Kaufvertrags. Nur wenn A über die Einzelheiten des Widerrufsrechts den Kaufvertrag betreffend aufgeklärt ist, kann er wissen, dass er sich grundlos von diesem lösen kann und in dieser Zeit entsprechend sorgsam mit dem Kaufgegenstand umzugehen hat.[9]

**b)** Mithin hat T nicht iSd § 357 VII Nr. 2 belehrt; der Wertersatzanspruch ist nicht gegeben.

**4.** Folglich hat T gegen A keinen Anspruch auf Wertersatz gem. §§ 433, 312b I, 312g I, 355 I, 357 VII. 521

Ein Wertersatz nach der Sonderregelung des § 357 VIII ist nicht einschlägig. Sonstige Wertersatzansprüche, die infolge[10] des Widerrufs geltend gemacht werden, scheitern an der Sperrwirkung des § 361 I.

## II. Anspruch der T gegen A auf Nutzungsersatz bezüglich des Gebrauchs der Sache

Für einen Nutzungsersatzanspruch fehlt es an einer Anspruchsgrundlage. Vor dem Inkrafttreten der Änderung des Verbraucherrechts am 13.06.2014 verwies § 357 I 1 aF bezüglich der Rechtsfolgen des Widerrufsrechts auf die Regeln des gesetzlichen Rücktritts gem. §§ 346 ff. Demnach war der Verbraucher zum Nutzungsersatz gem. § 346 I (nach dessen Wortlaut) verpflichtet. Mit Änderung des Verbraucherrechts ist dieser Verweis weggefallen. Der Widerruf hat nun eigene, abschließende Rechtsfolgen gem. §§ 355 ff. Ein Rückgriff auf den Nutzungsersatzanspruch gem. § 346 I ist somit nicht mehr möglich.[11] Insbesondere kommt dies durch die Sperrwirkung des § 361 I zum Ausdruck. 522

7 Vgl. HK-BGB/*Schulze* § 357 Rn. 9; Palandt/*Grüneberg* § 357 Rn. 9.
8 Staudinger/*Kaiser*, 2012, § 357 Rn. 47.
9 Vgl. HK-BGB/*Schulze* § 357 Rn. 10.
10 Vgl. Palandt/*Grüneberg* § 361 Rn. 1; *Schärtl* JuS 2014, 577, 582.
11 HK-BGB/*Schulze* § 358 Rn. 2; Palandt/*Grüneberg* § 357 Rn. 8.

### III. Anspruch der T gegen A auf Schadensersatz bezüglich des Gebrauchs der Sache

523 Auch Schadensersatzansprüche, die infolge des Widerrufs geltend gemacht werden, sind in ihrer Anwendbarkeit durch § 361 I gesperrt.

Andere Schadensersatzansprüche, die nicht infolge des Widerrufs geltend gemacht werden, sondern auf anderen Rechts- oder Pflichtverletzungen beruhen, sind nicht ersichtlich.

# 3. Abschnitt. Schuldrecht Besonderer Teil

## 1. Kapitel. Grundprobleme der Falllösung im Besonderen Teil des Schuldrechts

Bei den einzelnen Vertragstypen des Besonderen Teils des Schuldrechts wirft vor allem das Recht der Leistungsstörungen viele Probleme auf. Teils gelten die Vorschriften aus dem Allgemeinen Teil, teils gelten beim einzelnen Vertragstyp Sondervorschriften. Versuchen Sie sich deshalb jedes Mal klarzumachen, wie die drei Hauptkategorien des Leistungsstörungsrechts – Unmöglichkeit, Verzug, Schlechterfüllung – bei dem jeweiligen Vertragstyp geregelt sind. Auch wenn durch die Schuldrechtsreform der Oberbegriff der »Pflichtverletzung« eingeführt wurde, muss weiterhin nach diesen drei Arten differenziert werden. 524

### A. Kaufvertrag

#### I. Bedeutung und Anwendungsbereich des Kaufrechts

Das Kaufrecht ist immer noch eine der examenrelevantesten Materien des Zivilrechts. 525
Das Kaufvertragsrecht ist nicht nur auf Kaufverträge anwendbar, sondern wegen seiner ausgeklügelten Systematik und seinem hohen Gerechtigkeitswert und aufgrund der Nähe zu anderen Verträgen des BGB sowie Instituten des Zivilrechts insbesondere kraft jeweiliger Verweisung auch anwendbar auf den Tauschvertrag (§ 480), den Werklieferungsvertrag (§ 651) und die Annahme einer anderen Leistung an Erfüllung statt (§ 365).

Das Rechtsfolgensystem wurde 2002 um Nachbesserung[1] und Aufwendungsersatz 526
erweitert und im Übrigen in das allgemeine Leistungsstörungsrecht eingefügt. Im Zusammenhang mit der Nachbesserung bestehen Probleme, wenn der Käufer selbst die Beseitigung des Mangels vornimmt. Problematisch ist auch der Anspruch auf Nacherfüllung beim Stückkauf.[2]

#### II. Der Verbrauchsgüterkauf

Auf den Kaufvertrag zwischen einem Unternehmer und einem Verbraucher sind er- 527
gänzend die Sondervorschriften der §§ 474 ff. anzuwenden.[3] So gilt beispielsweise gem. § 474 IV die Risikotragung für den Versendungskauf nach § 447 nur in besonderen Konstellationen; es bleibt mithin grundsätzlich dabei, dass erst mit Übergabe der Sache die Gefahr übergeht.

Prüfungstechnisch hat § 475 eine herausragende Bedeutung. Da dieser die dort aufge- 528
führten Normen zum zwingenden Recht erhebt, kann nicht zulasten des Verbrauchers von ihnen abgewichen werden. Aufgrund dessen ist § 475 einer evtl. AGB-Kontrolle nach den §§ 305 ff. gegenüber vorrangig. Auch sind etwaige Umgehungen

---

1 Dazu *Kieselstein/Rückebeil* JA 2006, 423; *Bitter/Meidt* ZIP 2001, 2114.

2 Dazu BGH NJW 2006, 2839; OLG Braunschweig JZ 2003, 863; *Canaris* JZ 2003, 831 ff.; *Ebel* JA 2004, 566 ff.; *Kamanabrou* ZGS 2004, 57 ff.

3 Ausf. zu den Besonderheiten des Verbrauchsgüterkaufs *Olzen/Wank*, Die Schuldrechtsreform, 2002, Rn. 424 ff.; ferner *Hoffmann* ZRP 2001, 347; *Honsell* JZ 2001, 278; *Jorden/Lehmann* JZ 2001, 952; *Looschelders* SchuldR BT Rn. 256 ff.; *S. Lorenz* JuS 2004, 105 ff.; *Schroeter* JuS 2006, 682 ff.; *Schulze/Ebers* JuS 2004, 462 (466); krit. *Adomeit* JZ 2003, 1053 f.; zur Fristsetzung für die Nacherfüllung BGH JZ 2012, 147.

gem. § 475 I 2 ausgeschlossen, etwa indem man als Unternehmer ein fahrtaugliches Kfz mit TÜV als Bastlerfahrzeug oder Schrott verkauft.

529 Auch ist die Verbrauchereigenschaft iSd § 13 nicht dispositiv. Sollte der Käufer den Verkäufer jedoch bewusst über seine Verbrauchereigenschaft getäuscht haben, um den Unternehmer zum Vertragsschluss zu bewegen, so kann es vom Verbraucher rechtsmissbräuchlich sein gem. § 242, sich auf seine Rechte zu berufen, wenn anderenfalls ein Gewährleistungsausschluss wirksam wäre (str.).

530 Für die ersten sechs Monate seit Gefahrübergang gilt die Vermutung, dass der Mangel schon vorher vorhanden war, § 476. Die Beweislast für das Vorliegen eines Mangels bleibt nach dem Wortlaut der Norm beim Käufer (Verbraucher). In jüngster Vergangenheit entschied der EuGH jedoch, dass der Verbraucher, wenn er wegen fehlerhafter Ware von einem Kaufvertrag zurücktreten will, in den ersten sechs Monaten nicht nachweisen muss, dass der Mangel schon bei der Lieferung bestand, sondern nur, dass überhaupt ein Defekt vorliegt.[4] Die Auswirkung dieser Entscheidung auf das deutsche Recht ist noch nicht abschließend zu beurteilen und muss beobachtet werden.

531 Eine Reihe von Vorschriften des Kaufvertragsrechts ist gem. § 475 I (allgemeine Vorschrift) und § 475 II (Verjährung) zwingend. So findet bei gekauften Sachen kein Ausschluss der Mangelhaftung statt, § 475 I; möglich ist aber eine Beschaffenheitsvereinbarung. Die Verjährungsfrist muss mindestens ein Jahr betragen, § 475 II.

532 Für Garantieerklärungen gelten besondere Anforderung gem. § 477. Der Käufer kann bei Verletzung der Anforderungen jedoch keinerlei Rechte herleiten, er wird hinreichend durch § 477 III geschützt. Verbraucherschutzverbände können jedoch nach dem UKlaG vorgehen.

533 Auch der Regress des Unternehmers gegenüber den Lieferanten sowie der des Lieferanten gegenüber einem weiteren Unternehmer unterliegen besonderen Vorschriften gem. §§ 478 f.[5] Wichtig ist hierbei zu erkennen, dass § 478 II eine eigene Anspruchsgrundlage ist, während § 478 I nur eine Ergänzungsnorm zu den Ansprüchen aus § 437 ist, die die Fristsetzung zur Geltendmachung der dortigen Rechte obsolet macht, die Regelung des § 479 I die Verjährung für den eigenständigen Anspruch aus § 478 II regelt und § 479 II den sog. Verjährungsfall im Dreipersonenverhältnis schließt und § 479 III die Lieferkette »verlängert«.

## III. Das Anspruchssystem

### 1. Ansprüche des Verkäufers

534 Bei den Ansprüchen des Verkäufers muss zwischen den Erfüllungsansprüchen oder Primäransprüchen und den Sekundäransprüchen unterschieden werden.

#### a) Erfüllungsansprüche

Nach § 433 II hat der Verkäufer einen Anspruch darauf, dass

- der Käufer den Kaufpreis bezahlt und
- die Ware abnimmt.

4 EuGH BeckRS 2015, 80710.
5 Dazu *Jacobs* JZ 2004, 225 ff.

#### aa) Der Kaufpreisanspruch

Voraussetzung ist, dass ein wirksamer Kaufvertrag geschlossen worden ist. Auch die anfängliche Unmöglichkeit führt nunmehr nicht zur Unwirksamkeit des Kaufvertrags, wie sich aus § 311a I ergibt. Im Übrigen gelten die allgemeinen Vorschriften.

Ist die Sache mangelhaft, kann der Kaufpreis gem. §§ 323, 437 Nr. 2 entfallen. Die Abwicklung über das Rücktrittsrecht erscheint hierbei auf den ersten Blick überraschend, da gem. § 433 I 2 der Verkäufer nur mit einer mangelfreien Sache erfüllen kann, weshalb bei nicht behebbaren Mängeln eigentlich Unmöglichkeit, § 275, einträte und damit der speziellere § 326 I 1 eingriffe. Jedoch ordnet § 326 I 2 dessen Unanwendbarkeit für Fälle mangelhafter Leistung an. Der Kaufpreisanspruch kann somit nur durch Rücktritt vom Vertrag gem. §§ 323, 326 V, 440, 437 Nr. 2 entfallen. Das setzt voraus, dass der Verkäufer die Leistung nicht vertragsgemäß erbringt. Welche Leistung der Verkäufer schuldet, ist bei Gattungsschulden und bei Stückschulden verschieden. Aus § 276 I ergibt sich, dass je nach dem Inhalt des Vertrags zu unterscheiden ist, ob der Verkäufer eine Lieferung aus der Gattung (»unbeschränkte Gattungsschuld«), aus einer bestimmten vorhandenen Gattung (»eingeschränkte Gattungsschuld«) oder ein bestimmtes Stück (»Stückschuld«) schuldet.

Probleme wirft der Übergang von der Gattungsschuld zur Speziesschuld durch Konkretisierung auf. Vor der Konkretisierung wird der Verkäufer durch den Untergang eines Einzelstückes aus der Gattung nicht frei, danach wird er bei Unmöglichkeit gem. § 275 I frei. Der Umschlag erfolgt durch Konkretisierung nach § 243 II. Der Verkäufer hat nur dann das seinerseits Erforderliche getan, wenn er eine Sache mittlerer Art und Güte (§ 243 I als Konkretisierung des § 433 I 2) ausgesondert hat.

Die konkreten Erfordernisse hängen davon ab, ob der Verkäufer

- die richtige Leistung
- dem richtigen Gläubiger
- zur rechten Zeit
- am rechten Ort

angeboten hat.

Das ist unterschiedlich zu beurteilen, je nachdem, ob

- eine Bringschuld
- eine Schickschuld oder
- eine Holschuld

vorliegt.[6]

Ist nach der Konkretisierung die Unmöglichkeit eingetreten, gilt § 275 I; der Verkäufer wird von der Verpflichtung zur Leistung frei. Für den Kaufpreisanspruch bedeutet das: Er entfällt nach § 326 I 1.

Gegenüber § 326 gibt es allerdings einige Spezialvorschriften. Sie besagen, dass der Kaufpreisanspruch trotz Freiwerdens des Verkäufers erhalten bleibt, nämlich

allgemein

- § 326 II 1, 1. Hs. – Verschulden des Käufers
- § 326 II 1, 2. Hs. – Annahmeverzug des Käufers

6 Dazu *Bernhard* JuS 2011, 9.

sowie dann, wenn die Preisgefahr nach den speziellen Vorschriften bereits übergegangen ist, gem.

- § 446
- § 447 – wobei dieser gem. § 474 II auf den Verbrauchsgüterkauf keine Anwendung findet.[7]

Ist dem Verkäufer die Leistung noch möglich, so kann die Durchsetzung des Kaufpreisanspruchs an einer Einrede des Käufers, zum Beispiel aus §§ 320, 273 oder § 438, scheitern.

**bb) Der Abnahmeanspruch des Verkäufers**

Die Prüfung erfolgt wie beim Zahlungsanspruch. Zu beachten ist, dass es sich im Regelfall um eine einseitige, nicht im Gegenseitigkeitsverhältnis stehende Pflicht handelt, sodass die §§ 320 ff. nicht anwendbar sind.[8]

**cc) Weitere Erfüllungsansprüche des Verkäufers betr. Nebenpflichten**

§ 448 I (Kosten der Versendung)
§ 448 II (Beurkundungskosten)
§ 242 (leistungsbezogene Nebenpflichten)
§ 241 II (nicht leistungsbezogene Nebenpflichten)

**b) Sekundäransprüche des Verkäufers**

535 aa) Im Hinblick auf den *Zahlungsanspruch* kann sich der Käufer nicht auf Unmöglichkeit berufen, Gedanke des § 276 I. Bei Verzug des Käufers gelten:

- §§ 280 I, II, 286 I
- §§ 280 I, II, 286 I, 288 I, II
- §§ 280 I, III, 281

bb) Im Hinblick auf den *Abnahmeanspruch*

bei Schuldnerverzug:

- §§ 280 I, II, 286 I
- §§ 280 I, III, 281

cc) Im Hinblick auf die *Verletzung sonstiger Pflichten*:

- §§ 311 II, 241 II, 280 I (im vorvertraglichen Bereich)
- § 280 I (241 II)[9]

**2. Ansprüche des Käufers**

**a) Erfüllungsansprüche**

536 Der Käufer hat nach § 433 I Ansprüche auf

- Übereignung
- Übergabe
- Lastenfreiheit (Ausnahme § 435 S. 1 2. Hs.).

Beachte: Der Verkäufer kann nur mit einer mangelfreien Sache erfüllen.

**b) Sekundäransprüche des Käufers**

Die Ansprüche des Käufers können gerichtet sein auf:

---

7 BGH NJW 2003, 3341.

8 Palandt/*Weidenkaff* § 433 Rn. 43; Soergel/*Huber*, 12. Aufl. 1991, § 433 Rn. 275, 277.

9 *Kaiser* NJW 2008, 1709 ff.

- Nacherfüllung (dieser Anspruch wird teilweise auch als Primäranspruch eingeordnet)[10]
- Rücktritt
- Minderung
- Schadensersatz
- Aufwendungsersatz.

Die Ansprüche können beruhen auf:

- Unmöglichkeit
- Verzug
- Schlechterfüllung.
- Zum Nacherfüllungsanspruch stellt sich die Frage, ob der Verkäufer beim Verbrauchsgüterkauf aufgrund der RL 1999/44/EG auch zum *Ausbau einer mangelhaften* und zum Einbau einer mangelfreien *Sache* verpflichtet ist. Das wird vom EuGH bejaht,[11] der BGH folgt dem.[12]

**aa)** Die Leistung des Verkäufers ist *unmöglich*:

- § 311a II 1 oder §§ 311a II 1 iVm § 284 (bei anfänglicher Unmöglichkeit)
- §§ 280 I, III, 283 I Schadensersatz statt der Leistung
- §§ 326 V 1. Hs., 323 Rücktritt

**bb)** Der Verkäufer ist in *Verzug*:

- Schadensersatz, §§ 280 I, II, 286 I oder
- Rücktritt, § 323 I

**cc)** Auf Seiten des Verkäufers liegt *Schlechterfüllung* vor:

**(1)** Gewährleistungsrecht[13]

- Nacherfüllung, §§ 439, 437 Nr. 1[14]
- Rücktritt, §§ 323, 437 Nr. 2, 440[15] oder (bei Unmöglichkeit der Nacherfüllung) §§ 323, 326 V, 437 Nr. 2
- Minderung, §§ 441, 437 Nr. 2
- Schadensersatz, §§ 280, 281, 283 oder 311a, jeweils iVm §§ 440, 437 Nr. 3
  Beachte: § 280 I erfasst auch Mangelfolgeschäden!
- Aufwendungsersatz, §§ 284, 437 Nr. 3.

**(2)** Schlechterfüllung im vorvertraglichen Bereich,

§§ 280 I, 311 II

Fallgruppen:

  - fahrlässiges Vorspiegeln oder Verschweigen von Eigenschaften der verkauften Sache[16]

10 Dazu *S. Lorenz* NJW 2009, 1633; *Jaensch* NJW 2012, 1025; *Staudinger/Artz* NJW 2011, 3121.

11 EuGH NJW 2011, 2269 (*Weber*).

12 BGH NJW 2011, 2278; 2012, 1073; zum Ganzen *Eisenberg* BB 2011, 2634; *Kaiser* JZ 2011, 978; *Lippstreu/Rachlitz* JURA 2012, 304; *S. Lorenz* NJW 2011, 2241; *Purnhagen* EuZW 2011, 626.

13 S. *S. Lorenz* NJW 2002, 2497; *Röthel* JURA 2002, 621; *Zimmer/Eckhold* JURA 2002, 145; zu Mangel- und Mangelfolgeschäden *Recker* NJW 2002, 1247; *Wagner* JZ 2002, 475.

14 Dazu BGH NJW 2008, 2837; *Ackermann* JZ 2002, 378; *Ehmann/Sutschet* JZ 2004, 62 (63 f.); *Huber* NJW 2002, 1004; *Petersen* JURA 2002, 461; *Schubel/Koch* DB 2004, 119 ff.; *Skamel* NJW 2008, 2820 ff.; zur Entbehrlichkeit einer Fristsetzung für die Nacherfüllung BGH NJW 2008, 1371 ff.; *Gutzeit* NJW 2008, 1359 ff.

15 Zur Erheblichkeit eines Mangels BGH NJW 2009, 508 ff. (*Bruns*).

16 Zur Problematik s. *Medicus/Petersen* BürgerlR Rn. 150.

- Verschulden ohne Zusammenhang mit Eigenschaften der gekauften Sache (zB Verletzung einer Beratungspflicht)

(3) Nebenpflichtverletzung
Fallgruppen:
- Verschulden im Hinblick auf leistungsbezogene Nebenpflichten, Schadensersatz aus § 280 I (erfasst auch den früheren Mangelfolgeschaden) oder §§ 280 I, II, 281 I Schadensersatz statt der Leistung
- Verschulden im Hinblick auf nichtleistungsbezogene Nebenpflichten (Verletzung von Schutzpflichten, Beratungspflichten und andere), Schadensersatz aus § 280 I iVm § 241 II oder aus §§ 280 I, III, 282 iVm § 241 II Schadensersatz statt der Leistung

(4) §§ 823 ff. (sog. »weiterfressende Mängel«)

**Hinweis:** Erst wenn Sie festgestellt haben, dass diese Anspruchsgrundlage durch das Gewährleistungsrecht nicht verdrängt wird, kommen Sie zu einer näheren Prüfung dieser Anspruchsgrundlage; zB können § 823 und § 119 II durch die §§ 434 ff. ausgeschlossen sein (→ Rn. 58, → Rn. 547 f.).

### IV. Fehler, §§ 434–436

#### 1. Der Grundtatbestand des Sachmangels, § 434

537 Ein entscheidender Problemschwerpunkt des Kaufvertragsrechts betrifft Fragen im Zusammenhang mit dem Fehlerbegriff.[17] Dabei geht es einmal um die Voraussetzungen der Gewährleistung des Verkäufers und zum anderen um das Verhältnis des Gewährleistungsrechts zu anderen Rechtsbehelfen.

Auszugehen ist stets von der Parteivereinbarung, § 434 I 1. Hierbei ist zunächst zu untersuchen, worauf sich die Vereinbarung bezieht. Soweit es um die Verwendung, also um den Gebrauchszweck und damit nur mittelbar um die Eigenschaft der Sache geht, wurde dieser Verwendungszweck zum Vertragsinhalt erhoben. Auf diese Fälle bezieht sich § 434 I 2. Haben die Parteien dagegen ausdrücklich oder konkludent eine bestimmte Eigenschaft der Sache vereinbart, bezieht sich also die Parteivereinbarung unmittelbar auf die Eigenschaft, so ist diese zum Vertragsinhalt erhoben worden mit der Folge, dass es auf den Verwendungszweck insoweit dann nicht mehr ankommt.[18]

##### a) Beschaffenheit

538 Auch nach der Schuldrechtsreform ist das Problem geblieben, wie weit der Eigenschaftsbegriff im Hinblick auf den Sachmangel zu verstehen ist.[19] § 434 I 1 spricht nicht von einer Eigenschaft der Sache, sondern von der »Beschaffenheit«.

Zwar deutet der Wortlaut »Beschaffenheit« in § 434 auf einen engen Eigenschaftsbegriff hin; der Begriff wurde jedoch vom Gesetzgeber bewusst nicht definiert.[20] Vom Zweck der Regelung her – in erster Linie auf die Parteivereinbarung abzustellen –, ist jedoch an dem weiten Eigenschaftsbegriff festzuhalten, wie ihn die Rechtsprechung

---

17 Dazu *Boerner* ZIP 2001, 2264.

18 OLG Koblenz NJW 2004, 1670; *Derleder* NJW 2004, 969; *Weitz/Küttner* BB 2008, 1142.

19 S. BGH NJW 2006, 2694 (betr. Jahreswagen); BGH NJW 2009, 2056 mAnm *Höpfner* (betr. Dieselfahrzeug); ferner *Berger* JZ 2004, 276 f.; *Jost* JURA 2005, 750; *D. Schmidt* BB 2005, 2763 ff.; *Schulze/Ebers* JuS 2004, 462 f.; *Tröger* JuS 2005, 503.

20 Regierungsentwurf, BT-Drs. 14/6040, 213.

früher zu § 459 II vertrat.[21] § 459 II aF wurde nicht ins neue Recht übernommen wurde, dh dass das Fehlen einer zugesicherten Eigenschaft keine eigenständige Kategorie eines Mangels mehr darstellt.[22]

#### b) Vorausgesetzte Verwendung

Als nächstes kommt es nach § 434 I 2 Nr. 1 auf die nach dem Vertrag vorausgesetzte Verwendung an. Damit ist entgegen dem irreführenden Wortlaut (»nach dem Vertrag vorausgesetzt«) nicht die Geschäftsgrundlage iSd § 313 (»Umstände, die zur Grundlage des Vertrags geworden sind«) gemeint, sondern der Inhalt des Vertrags. 539

#### c) Eignung

In einer dritten Stufe kommt es dann, wenn weder eine bestimmte Eigenschaft noch eine bestimmte Verwendung Vertragsinhalt geworden sind, auf die Eignung für die gewöhnliche Verwendung und auf die übliche Beschaffenheit an, soweit der Käufer sie nach der Art der Sache erwarten kann.[23] 540

Nach § 434 I 3 haftet der Verkäufer auch für diejenigen Eigenschaften, die insbesondere in der Werbung der Ware beigemessen werden.[24] Er muss sich insofern nicht nur eigene Äußerungen sondern auch solche des Herstellers oder seiner Gehilfen zurechnen lassen. Dies gilt nur dann nicht, wenn der Verkäufer nachweisen kann, dass zu seinen Gunsten einer der Ausschlussgründe des § 434 I 3 2. Hs. eingreift.

In den Fehlerbegriff aufgenommen sind auch Montagefehler, § 434 II 1, und Montageanleitungsfehler, § 434 II 2.[25]

§ 434 III 1. Fall stellt die aliud-Lieferung der fehlerhaften Lieferung gleich.[26] Das Gleiche gilt für die Zuweniglieferung, § 434 III 2. Var.[27]

### 2. Der Gefahrübergang

Der Gefahrübergang nach §§ 446, 447 spielt nicht nur für den Bereich der Unmöglichkeit, sondern auch für die Sachmängelhaftung eine Rolle. Denn nach dem Wortlaut des Gesetzes, § 434 I 1, muss die Sache *bei* Gefahrübergang frei von Mängeln sein; erst dann kann der Käufer seine in § 437 aufgeführten Rechte geltend machen. Daraus ergeben sich folgende Probleme: 541

#### a) Stückschuld

Bei der Stückschuld sind mehrere Fälle zu unterscheiden: 542

- Der Käufer hat Besitz und Eigentum an der fehlerhaften Sache erhalten: Geht sie jetzt unter, kann der Käufer immer noch zurücktreten (§§ 323 I, V 2, 326 V, 440, 437 Nr. 2) oder mindern, § 441. Diese Rechte können auch dann geltend gemacht

21 *Huber/Faust*, Schuldrechtmodernisierung, 2002, § 12 Rn. 23 ff.; *Lorenz/Riehm*, Lehrbuch zum neuen Schuldrecht, 2002, Rn. 483 ff.; *Roth* NJW 2004, 330 f.; aA *Grunewald*, FS Konzen, 2006, 131 (135).

22 Zur »Zusicherung« nach neuem Recht BGH BB 2006, 1984 mAnm *Graf von Westphalen*; zur Garantie BGH NJW 2011, 2653 (2655); zur Garantie BGH NJW 2011, 2653; *Braunschmidt/Vesper* JuS 2011, 393.

23 Zur üblichen Beschaffenheit von Gebrauchtfahrzeugen BGH NJW 2009, 2807 mAnm *Gutzeit;* BGH JA 2009, 731 mAnm *Looschelders*.

24 Dazu *Lehmann* DB 2002, 1090.

25 Dazu *Ebers/Henninger* JURA 2006, 58 ff.; *Rappenglitz* JA 2003, 36.

26 Dazu *Lettl* JuS 2002, 866; s. auch *Schulze* NJW 2003, 1022.

27 Dazu *Windel* JURA 2003, 793 ff.

werden, wenn die fehlerhafte Sache beim Käufer untergeht oder beschädigt wird (vgl. § 346 II 1 Nr. 3). Geschieht dies ohne dass es dem Käufer zurechenbar ist, ist er auch nicht zum Wertersatz verpflichtet (§ 346 III 1 Nr. 3).

- Der Käufer hat schon den Besitz, aber noch kein Eigentum an der fehlerhaften Sache erhalten: Gem. § 446 I 1 hat er dieselbe Stellung wie der Eigentümer im ersten Fall.
- Der Käufer hat bisher weder Besitz noch Eigentum an der fehlerhaften Sache erhalten: Geht sie unter, gelten die §§ 275 I, 326 I 1. Bleibt sie erhalten, kann der Käufer schon vor Gefahrübergang die Gewährleistungsansprüche geltend machen;[28] andererseits darf der Verkäufer die Sache bis zum Übergang in einen mangelfreien Zustand versetzen. Daher bleibt für Mängelgewährleistung im Ergebnis nur dann Raum, wenn der Mangel unbehebbar ist und wenn sich der Verkäufer ernsthaft und endgültig weigert, den Mangel zu beheben.[29]

#### b) Gattungsschuld

543 Eine Konkretisierung nach § 243 II tritt nur ein, wenn der Verkäufer eine fehlerfreie Sache aussondert, § 243 I. Geht die Sache vor Gefahrübergang unter, muss man auf den Zeitpunkt des hypothetischen Gefahrübergangs abstellen. Wäre die Sache dann konkretisiert und fehlerfrei gewesen, greift § 243 II ein, es gelten nunmehr die Grundsätze über die Stückschuld. War die Sache dagegen beim hypothetischen Gefahrübergang zwar ausgesondert, aber fehlerhaft, so bleibt es bei den Grundsätzen über die Gattungsschuld.

#### c) Der Sonderfall des Verbrauchsgüterkaufs

544 Liegt ein Verbrauchsgüterkauf (vgl. § 474 I 1) vor, sind hinsichtlich der Gefahrtragung zwei Sondervorschriften zu beachten. Erstens findet die Regelung über den Gefahrübergang beim Versendungskauf (§ 447) gem. § 474 II keine Anwendung. Zweitens ist zu beachten, dass § 476 bei einem Auftreten von Mängeln innerhalb von sechs Monaten seit Gefahrübergang (§ 446) eine Beweislastumkehr zugunsten des Käufers anordnet. Soweit § 439 IV auf die Rücktrittsvorschriften der §§ 346–348 Bezug nimmt, gilt das nur für die Rückgewähr der mangelhaften Sache selbst. Der Verkäufer hat aber gegen den Käufer keinen Anspruch auf Herausgabe der gezogenen Nutzungen.[30]

### 3. Konkurrenzen

545 Während die §§ 434 ff. nicht durch andere Vorschriften verdrängt werden, können andere Rechtsbehelfe durch die §§ 434 ff. ausgeschlossen werden. Für den Fallaufbau bedeutet das, dass man vor ihrer Anwendung auf die Konkurrenzproblematik eingehen muss.[31]

#### a) Mängelgewährleistung und Unmöglichkeit

546 Der Verkäufer ist zur Lieferung einer fehlerfreien Sache verpflichtet; weist die Sache einen Fehler auf, liegt Nichterfüllung vor.

Die Abgrenzung zwischen Fehler und aliud erübrigt sich; auch die aliud-Lieferung (und damit auch die eines völlig abwegigen, also nicht genehmigungsfähigen aliud!) ist der mangelhaften Lieferung gleichgestellt, § 434 III 1. Fall.

28 IErg hM, s. BGHZ 34, 34 f.; Erman/*Grunewald* § 434 Rn. 68.
29 S. zu diesem Problemkreis *Larenz* SchuldR II 1 § 41 I c, S. 45.
30 BGH JZ 2009, 518 (*Gsell*); zur abweichenden Lösung beim Rücktritt BGH NJW 2010, 148 mAnm *Höpfner* NJW 2010, 127.
31 Zur Konkurrenzproblematik *Köster* JURA 2005, 145 ff.

### b) Mängelgewährleistung und Irrtum[32]

#### aa) Unterschiedliche Sachverhalte

Irrtumsanfechtung und Sachmängelhaftung können sich auf unterschiedliche Sachverhalte beziehen. Das ist der Fall im Hinblick auf § 119 I und § 434. Aber auch bei einem Irrtum nach § 119 II oder einer Täuschung nach § 123 ist es möglich, dass eine Eigenschaft der Kaufsache Gegenstand eines Irrtums ist, die keinen Sachmangel darstellt, oder dass sich die Täuschung durch den Verkäufer auf eine andere Eigenschaft als den Sachmangel bezieht. Für die Falllösung bedeutet das, dass beide Rechtsbehelfe nebeneinander zu prüfen sind. 547

#### bb) Gleicher Sachverhalt

Der gleiche Sachverhalt kann insbesondere im Verhältnis von § 119 II zu § 434 vorliegen. 548

Kennt der Käufer allerdings den Mangel, fehlt es bereits an einem Irrtum; Gewährleistungsansprüchen steht § 442 I entgegen.

Ist dem Käufer der Mangel (grob) fahrlässig unbekannt geblieben, kann Gewährleistungsrecht eingreifen, § 442 I 2. Seine Rechte auf Nacherfüllung, Schadensersatz und Aufhebungsersatz verjähren, je nachdem, ob § 438 I Nr. 3 oder III eingreift, in zwei oder drei Jahren. Könnte sich der Käufer auf einen Irrtum berufen, so kommt ein späterer als der von § 438 geregelte Zeitpunkt für die Anfechtung noch in Betracht. Die Verjährungsfrist des § 438 (früher § 477) läuft ab Übergabe, unabhängig von der Kenntnis, die Verjährungsfrist des § 121 dagegen erst ab Kenntnis. Um den Rückgriff auf Irrtumsrecht im Hinblick auf die längeren Verjährungsfristen zu vermeiden, wird nach allgemeiner Meinung § 119 II durch die §§ 434 ff. verdrängt.[33]

Der Verkäufer kann sich ebenfalls nicht auf § 119 II berufen; andernfalls könnte er sich der gegenüber § 122 strengeren Haftung aus den §§ 434 ff. entziehen.[34]

### c) Mängelgewährleistung und Pflichtverletzung

Zwar sind positive Vertragsverletzung (§ 280 Abs. 1) und Verschulden bei Vertragsschluss (§ 311abs. 2) gesetzlich geregelt, Gewährleistungsrecht und das Recht der Pflichtverletzung sind miteinander verzahnt.[35] Die Unterscheidungen sind jedoch weiterhin notwendig. So ist der Schadensersatz wegen eines Schadens, der im Mangel selbst liegt (Mangelschaden) in die Rubrik »Schadensersatz statt der Leistung« einzuordnen[36] und richtet sich demgemäß nach §§ 280 I, III, 281, der Schadensersatz wegen eines Mangelfolgeschadens dagegen nur nach § 280 I.[37] Die vorvertragliche Pflichtverletzung führt zwar ebenfalls zu § 280 I, aber iVm § 311 II.[38] 549

33 Dazu *Krampe* JuS 2005, 773 ff.; *Schur* AcP 204 (2004), 883 ff.; zur Anfechtung wegen Arglist s. BGH BB 2006, 1984 mAnm *Graf von Westphalen*.

33 Vgl. Palandt/*Weidenkaff* § 437 Rn. 53; MüKoBGB/*Westermann* § 437 Rn. 53 mwN.

34 Vgl. BGH NJW 1988, 2597 (2598); s. auch *Hönn* JuS 1989, 293 (295 ff.).

35 Zum Schadensersatz wegen eines Mangels der Sache s. die Übersicht bei *Hirsch* JURA 2006, 120 ff.

36 *Huber/Faust*, Schuldrechtmodernisierung, 2002, § 13 Rn. 99 unter Verweis auf BT-Drs. 14/6040, 225; s. auch *Ehmann/Sutschet* JZ 2004, 62 ff.

37 Dazu und zur Verjährung *Schulze/Ebers* JuS 2004, 462 (464 f.).

38 Zum Verhältnis des Verschuldens bei Vertragsschluss zum Gewährleistungsrecht s. BGH NJW 2009, 2120; *Fischinger/Lettmaier* NJW 2009, 2496.

Verletzt der Verkäufer Nebenpflichten, so ist zu unterscheiden, ob es sich bei ihnen um mangelbezogene oder um nicht mangelbezogene handelt. Liegt ein Fall nicht mangelbezogener Nebenpflichtverletzung vor, so richtet sich die Haftung nach den Vorschriften des allgemeinen Schuldrechts, eines Schadensersatzanspruches also nach §§ 280 I, 241 II. Wurde dagegen eine mangelbezogene Nebenpflicht verletzt (Bsp.: Durch fehlerhafte Verpackung wird die Kaufsache beschädigt), so ist problematisch, in welchem Verhältnis Ansprüche aufgrund einer solchen Verletzung zu den besonderen Vorschriften des Kaufrechts stehen.[39] Hält man im Falle einer solchen Nebenpflichtverletzung ebenfalls die allgemeine Haftung aus § 280 für anwendbar, sollte auf diese zumindest § 438 angewandt werden. Anderenfalls bestünde die Gefahr, dass die kaufrechtlichen Regelungen zur kurzen Verjährung unterlaufen würden.

#### d) Mängelgewährleistung und unerlaubte Handlung

550 Wenn die verkaufte Sache wegen eines Mangels Schäden an anderen Gütern des Käufers anrichtet, kommen neben der Gewährleistungshaftung Ansprüche aus unerlaubter Handlung in Betracht. Sie können aus Konkurrenzgründen durch die §§ 434 ff. ausgeschlossen sein. Auf die schwierige Problematik des »weiterfressenden Mangels« kann hier nur verwiesen werden.[40]

### Schemata I. –III.

551 **Schema I. Kaufpreisanspruch**

1. Vertrag zustande gekommen?
2. Vertrag wirksam?
3. Ursprünglicher Vertragsinhalt
4. Veränderungen des Vertragsinhalts
5. Untergang des Anspruchs
   a) Erfüllung, § 362 (Käufer hat bezahlt)
   b) Unmöglichkeit

| | |
|---|---|
| Stückschuld: § 323 | Gattungsschuld: § 323 |
| Voraussetzung: § 275 | Voraussetzung: §§ 243 II, 275 |
| | § 243 I |
| | andernfalls: § 276, Lieferpflicht des Verkäufers, |
| | aber auch Kaufpreisanspruch |
| Spezialvorschriften gegenüber | § 323: |
| | § 326 II 1, 1. Hs. |
| | § 326 II 1, 2. Hs. |
| | hinsichtlich der Preisgefahr: |
| | § 446 |
| | § 447 |

   c) Rücktritt § 323 I
6. Falls Kaufpreisanspruch bestehen geblieben: Einreden des Käufers möglich, zB
   § 320
   § 273
   § 438 IV 2

39 Ausf. zu diesem Konkurrenzproblem *Huber/Faust*, Schuldrechtmodernisierung, 2002, § 14 Rn. 14–21.

40 S. *Looschelders* SchuldR BT Rn. 181 ff.; *Lorenz/Riehm*, Lehrbuch zum neuen Schuldrecht, 2002, § 8 Rn. 581 f.; *Mankowski* JuS 2006, 481.

**Schema II. Erfüllungsansprüche des Käufers** 552

1. Vertrag zustande gekommen?
2. Vertrag wirksam?
3. Ursprünglicher Vertragsinhalt
4. Änderungen des Vertragsinhalts
5. Anspruch untergegangen
   a) durch Erfüllung, § 362 (Verkäufer hat geliefert)
   b) bei Unmöglichkeit
   Stückschuld: § 275 I
   Gattungsschuld: § 276, es sei denn, Konkretisierung, §§ 243 II, 275 I
6. Falls Anspruch bestehen geblieben: Leistungsverweigerungsrecht des Verkäufers möglich, zB
   § 320
   § 273

**Schema III. Gewährleistungsansprüche des Käufers** 553

1. Vertrag zustande gekommen?
2. Kaufvertrag wirksam?
3. Ursprünglicher Vertragsinhalt
4. Vertragsänderungen
5. Voraussetzungen des Gewährleistungsanspruchs
   Tatbestand: Sach- oder Rechtsmangel, §§ 434 ff.

## Rechtsfolgen: 554

### Gewährleistungsrechte des Käufers

Mangel (Sach- und Rechtsmangel, §§ 434 ff.)

1. **Nacherfüllungsanspruch**, § 439
Wahlrecht des Käufers

Mängelbeseitigung, § 439 I Var. 1

Lieferung der mangelfreien Sache, § 439 I Var. 2

Ausnahme: § 275 I-III
§ 439 III 1

2. nach erfolglosem **Ablauf der Frist** (§§ 281 I 1, 323 I–III) oder falls **Nacherfüllung fehlgeschlagen** oder **verweigert** oder **unzumutbar** (§ 440)

**Schadensersatz**
(auch neben Rücktritt oder Minderung, §§ 325, 437 Nr. 2)
§§ 437 Nr. 3, 440, 281, 283, 311a)

**Rücktritt**
(nur bei erheblichem Mangel)
§§ 437 Nr. 2, 440, 323, 326 V

**Minderung**
(statt Rücktritt; auch bei nicht erheblichem Mangel, § 441 I 2)
§§ 437 Nr. 2, 323, 441

**Aufwendungsersatz**
(anstelle von Schadensersatz statt der Leistung)
§§ 437 Nr. 3, 284

## B. Mietvertrag

### I. Mietobjekt

555 Das Mietrecht des BGB ist in einen *allgemeinen* und in einen *besonderen Teil* untergliedert. Vor die Klammer gezogen und damit unabhängig von der Art der Mietsache zu beachten sind die

- Allgemeinen Vorschriften für Mietverhältnisse der §§ 535 ff.

Um festzustellen, welche Vorschriften darüber hinaus gelten, muss geklärt werden, worum es sich bei der vermieteten Sache handelt, ob um

- Mietverhältnisse über Wohnraum, §§ 549–577a, oder um
- Mietverhältnisse über andere Sachen (einschl. Geschäftsräume), §§ 578 ff.

Hinsichtlich der Hauptleistungspflichten ist zu beachten, dass auch das neue Mietrecht keine gesetzliche Regelung in Bezug auf »Schönheitsreparaturen« enthält.

Von besonderer Bedeutung sind aus dem Leistungsstörungsrecht Schadensersatzansprüche, ferner die jeweiligen Kündigungsrechte des Vermieters und des Mieters.

### II. Rechte des Vermieters gegen den Mieter

#### 1. Erfüllungsansprüche

556 Der Mieter ist zur Zahlung des Mietzinses verpflichtet, § 535 II. Regelungen betreffend die Erhöhung des Mietzinses finden sich in den §§ 557 ff.

Daneben ist der Mieter zur Erfüllung von Nebenpflichten verpflichtet. So besteht bei der Wohnraummiete unter anderem eine Duldungspflicht nach § 554.

Eine bedeutsame Nebenpflicht des Mieters besteht in der Pflicht zur Durchführung von Schönheitsreparaturen.[41] Eine formularmäßige Schönheitsreparaturklausel mit starrem Fristenplan ist wegen unangemessener Benachteiligung des Mieters nach § 307 I 1 unwirksam.[42] Anders liegt es, wenn durch Formulierungen wie »in der Regel« oder »im Allgemeinen« eine Anpassung der Renovierungsintervalle an den tatsächlichen Renovierungsbedarf möglich ist.[43] Um eine starre Frist handelt es sich jedoch, wenn die Schönheitsreparaturen »regelmäßig« innerhalb bestimmter Fristen durchzuführen sind.[44] Erweist sich eine Klausel als unwirksam, so kann der Vermieter keine Mieterhöhung in Form eines Zuschlags zur ortsüblichen Vergleichsmiete verlangen.[45]

#### 2. Leistungsstörungen

##### a) Unmöglichkeit

557 Wird die Überlassung der Mietsache nachträglich unmöglich, gelten bezüglich der Zahlungspflicht die allgemeinen Vorschriften der §§ 323 ff. (326), wobei das Rücktrittsrecht nach § 323 durch § 543 verdrängt wird.[46]

---

41 Zur Definition BGH NJW 2009, 1408.

42 BGH NJW 2004, 2586; 2004, 3775; 2005, 3416; 2006, 2113; *Herrler* JURA 2008, 248 ff.; Anm. *Looschelders* JA 2009, 228 ff.; zu Vorgaben bei der Art der Durchführung BGH NJW 2008, 2499 f.

43 BGH NJW 2006, 1728.

44 BGH NJW 2008, 2787 ff.

45 BGH JZ 2009, 52 ff. (*Bydlinski*); aA *Herrler* JURA 2008, 248 (252 ff.).

46 *Grundmann* NJW 2001, 2497; Palandt/*Weidenkaff* § 542 Rn. 5.

#### b) Verzug

Vor Übergabe kann sich der Vermieter auf §§ 280 I, II, 286, 288 stützen. Nach Übergabe kann der Vermieter geltend machen:

- §§ 286, 288 (Schadensersatz, Verzugszinsen)
- § 543 II 1 Nr. 3 (Kündigung).

#### c) Sonstige Rechte

Der Vermieter hat folgende Rechte:

- § 541 Unterlassungsanspruch
- § 543 I außerordentliches Kündigungsrecht
- § 573 ordentliches Kündigungsrecht
- § 280 I Schadensersatzanspruch bei Pflichtverletzung.

## III. Rechte des Mieters gegen den Vermieter

### 1. Erfüllungsansprüche

Der Mieter hat nach §§ 535 I gegen den Vermieter einen Anspruch auf Überlassung und Erhaltung der Mietsache. 558

Häufiger Gegenstand des Streits sind die Vorschriften über Schönheitsreparaturen im Mietvertrag.[47]

Der Vermieter muss gegenüber dem Mieter weitere Nebenpflichten erfüllen.

### 2. Leistungsstörungen

#### a) Unmöglichkeit

Auch bei anfänglicher Unmöglichkeit ist der Mietvertrag wirksam. Bei Unmöglichkeit wegen Rechten Dritter (Rechtsmangel) verweist § 536 III auf die Vorschriften über den Sachmangel. Darüber hinaus haftet der Vermieter gem. § 536a auf Schadensersatz. 559

Die Regelung des § 323 wird nach Überlassung der Mietsache durch § 543 (nach hM auch im Falle nicht nur teilweiser Unmöglichkeit) als lex specialis verdrängt.[48]

#### b) Verzug

Vor Überlassung der Mietsache gelten die Vorschriften des allgemeinen Schuldrechts. Stellt der Vermieter die Mietsache in einer nicht zum vertragsgemäßen Gebrauch geeigneten Weise zur Verfügung, mindert sich kraft Gesetzes die Miete, § 536 I (§ 536 I ist eine rechtsvernichtende Einrede gegen den Anspruch auf Miete). Während der Mietzeit kann der Mieter unbeschadet der Rechte aus § 536 I Gewährleistungsrechte aus § 536a I (Schadensersatz) und ggf. § 543 II Nr. 1 (fristlose Kündigung) geltend machen.

Verzug iSd § 536a I Fall 3 bedeutet Schuldnerverzug, § 286, des Vermieters mit der Erfüllung der in § 535 I 2 genannten Pflichten. Er setzt grundsätzlich eine auf Mängelbeseitigung gerichtete Mahnung voraus, § 286 I. Die Mängelanzeige nach § 536 c genügt nicht.

#### c) Schlechterfüllung

Bei Schlechterfüllung kann der Mieter geltend machen:

47 S. zB BGH NJW 2012, 1280.
48 Palandt/*Weidenkaff* § 542 Rn. 5.

§ 536 Minderung[49] (gem. III auch bei Rechtsmangel)
§ 536a Schadensersatz
- § 536a I, 1. Var. ursprünglicher Mangel (Garantiehaftung)
- § 536a I, 2./3. Var. späterer Mangel (Verschuldenshaftung),

wobei Mangelfolgeschäden durch § 536a mit umfasst werden.[50]

§ 543 Kündigung (wegen Pflichtverletzung)
§ 543 iVm § 569 Kündigung (wegen Gesundheitsgefährdung)

Problematisch kann hier sein, ob im Hinblick auf die Verwendungsabsicht ein Mangel der Mietsache vorliegt.[51]

### IV. Haftung

**560** Fragen der Haftung stellen sich im Mietrecht vor allem aufseiten des Vermieters. Die des Mieters beschränkt sich im Wesentlichen darauf, dass er bei Zahlungsverzug dem Vermieter den Verspätungsschaden aus §§ 280 I, II, 286 ersetzen muss.

Problematischer dagegen ist der Umfang der Haftung des Vermieters. Gem. § 535 I ist er verpflichtet, dem Mieter die Sache frei von Mängeln zu überlassen und zu erhalten. Da hierin seine Hauptleistungspflicht besteht, haftet er wegen eines (nach hM auch wegen eines nicht behebbaren) Mangels, der bereits bei Vertragsschluss vorhanden war, verschuldensunabhängig nach § 536a I, 1. Var. (»Garantiehaftung«) auf Schadensersatz.

Für nachträglich auftretende Mängel haftet der Vermieter dagegen nur, wenn er den Mangel zu vertreten hat (§ 536a I, 2. Var.) oder mit der Mängelbeseitigung in Verzug geraten ist (§ 536a I, 3. Var.). Diese Ansprüche kann der Mieter unbeschadet seiner Befreiung von der vollen Mietzinszahlung aus § 536 geltend machen. Die Möglichkeit, diese Gewährleistungsansprüche des Mieters auszuschließen, wird durch §§ 536 IV und 536d beschränkt.

Darüber hinaus ist bei der Überprüfung von Mietverträgen zu klären, ob ein Formularmietvertrag vorliegt und damit die hierfür speziellen Vorschriften der §§ 305 ff. zu beachten sind. Beispielsweise ist nach einem Rechtsentscheid des BGH aus dem Jahre 2001[52] eine Klausel unwirksam, die die Haftung des Vermieters für durch einen Mangel der Mietsache verursachte Schäden auf Vorsatz und grobe Fahrlässigkeit beschränkt. Die Pflicht zur Erhaltung der Mietsache in einem zum vertragsgemäßen Gebrauch erforderlichen Zustand stelle eine wesentliche Vertragspflicht dar, weshalb eine Beschränkung einen Verstoß gem. 9 II Nr. 2 AGBG bedeute. Nach neuem Recht wäre ein Verstoß gem. § 307 II Nr. 2 anzunehmen.

### V. Beendigung des Mietverhältnisses

**561** Das Mietverhältnis endet durch Zeitablauf, § 542 II, bei befristetem Mietverhältnis oder sonst durch Kündigung. Hinsichtlich der Kündigung wird des Weiteren terminologisch zwischen ordentlicher, §§ 573 ff., und außerordentlicher Kündigung unterschieden.

49 Dazu *Schuster* JA 2009, 105 (107).
50 Palandt/*Weidenkaff* § 536a Rn. 14.
51 S. bezüglich eines Einkaufszentrums: fehlende Akzeptanz der Kunden, BGH NJW 2000, 1714; 2006, 899.
52 BGH NJW 2002, 673 ff. = JZ 2002, 1001 mAnm *Derleder* (noch zum alten Recht).

Die Regelung der ordentlichen Kündigung bezüglich Wohnraums, §§ 573 ff., blieb im Zuge der Mietrechtsreform weitestgehend unangetastet, insbesondere hinsichtlich des Kündigungsschutzes für den Mieter. Es bedarf weiterhin eines berechtigten Interesses des Vermieters an der Kündigung (exemplarische Aufführung in § 573 II). Ein berechtigtes Interesse liegt auch bei Eigenbedarf vor, § 537 II Nr. 2 (s. dazu Fall 13)[53]. Lediglich die Frist für eine Kündigung durch den Mieter wurde – unabhängig von der Dauer des Mietverhältnisses – auf drei Monate verkürzt, § 573c.

Bei der außerordentlichen Kündigung[54] ist indes auf eine mietrechtliche Besonderheit zu achten. Diese besteht darin, dass die außerordentliche Kündigung lediglich in der Regel, nicht aber immer auch eine fristlose ist. So ergeben sich Rechte zur fristlosen Kündigung sowohl auf Vermieter- als auch auf Mieterseite aus § 543 als zentraler Vorschrift (evtl. iVm § 569). Demgegenüber normieren die §§ 563 ff. an mehreren Stellen (für den Vermieter zB in § 563 IV) ein Recht auf außerordentliche Kündigung mit (gesetzlicher) Frist.

Die Kündigung ist grundsätzlich formlos wirksam; für die Kündigung eines Wohnraummietverhältnisses aber ordnet § 568 an, dass diese schriftlich (§§ 126, 126a) erfolgen muss. Wird die (außerordentliche) Kündigung auf einen wichtigen Grund gestützt, so ist auch dieser im Kündigungsschreiben anzugeben, § 569 IV.

## C. Dienstvertrag

### I. Abgrenzung gegenüber anderen Vertragstypen

Der Dienstvertrag muss gegenüber zwei anderen Vertragstypen abgegrenzt werden. **562**
Bei der Abgrenzung Dienstvertrag/*Werkvertrag* geht es darum, dass einmal ein Tätigwerden geschuldet ist und das andere Mal ein Erfolg (so die hM[55]). Die Abgrenzung ist insbesondere dann schwierig, wenn der Erfolg in einer Dienstleistung besteht, § 631 II. Richtigerweise muss man darauf abstellen, ob die Anwendung der Rechtsfolgen der §§ 611 ff. oder der §§ 631 ff. sachgemäß ist.[56]

Die Abgrenzung zum *Arbeitsvertrag* richtet sich – nach hM – danach, ob der Beschäftigte weisungsgebunden ist (dann Arbeitsvertrag) oder nicht (dann entweder Dienstvertrag oder Werkvertrag)[57]. Ob es auf dieses oder auf andere Merkmale ankommt, wie »freiwillige Übernahme eines Unternehmerrisikos«[58], ist streitig. Die §§ 611 ff. enthalten überwiegend Vorschriften, die für Dienstvertrag und Arbeitsvertrag in gleicher Weise gelten, teils aber auch Sondervorschriften nur für den Dienstvertrag und teils Sondervorschriften nur für den Arbeitsvertrag. Der Arbeitsvertrag ist im Übrigen weitgehend außerhalb des BGB geregelt. Er bleibt im Folgenden außer Betracht.

53 Zum nachträglichen Wegfall des Eigenbedarfs BGH NJW 2006, 220 ff.; BVerfG NJW 2006, 2033.

54 Diese ist nicht nur bei unbefristeten, sondern auch bei befristeten Mietverhältnissen möglich!

55 BGH JZ 1984, 1046; *Brox/Rüthers/Henssler*, Arbeitsrecht, 18. Aufl. 2011, Rn. 45; Palandt/*Sprau* Vor § 631 Rn. 1, 8; s. auch BGH NJW 2002, 1571; dazu *Emmerich* JuS 2002, 923.

56 *Esser/Weyers* SchuldR BT II 1 § 27 II 3, S. 232 f.; *Wank*, Arbeitnehmer und Selbstständige, 1988, 152.

57 *Brox/Rüthers/Henssler*, Arbeitsrecht, 18. Aufl. 2011, Rn. 49 ff.; *Lieb/Jacobs*, Arbeitsrecht, 9. Aufl. 2006, Rn. 1 ff.

58 S. dazu *Wank*, Arbeitnehmer und Selbstständige, 1988, insbes. S. 122 ff.; *Wank* DB 1992, 90; *Wank* NZA 1999, 225 (226 ff.).

Der *Geschäftsbesorgungsvertrag* (§ 675) ist kein eigener Vertragstyp, sondern ein Dienstvertrag (oder Werkvertrag), auf den einige Vorschriften des Auftragsrechts anwendbar sind. Es wird also nur das Dienstvertragsrecht und das Werkvertragsrecht um Auftragsrecht ergänzt.

### II. Rechte des Dienstberechtigten gegen den Dienstnehmer

#### 1. Erfüllungsansprüche

563 Der Dienstnehmer hat – im Zweifel in Person, § 613 – die versprochenen Dienste zu leisten.

Er hat weitere Verhaltenspflichten zu erfüllen.

#### 2. Leistungsstörungen

##### a) Unmöglichkeit

564 Kann der Dienstnehmer seine Pflicht nicht erfüllen, so entfällt grundsätzlich die Pflicht zur Vergütung, § 326 I. Unbeschadet dessen ist der Dienstberechtigte zur Kündigung berechtigt:

- § 621 ordentliche Kündigung
- § 626 außerordentliche Kündigung, lex specialis zu § 314 I.

##### b) Verzug

Ist die Leistung nachholbar, ist der Dienstnehmer zur Nachholung verpflichtet; der Dienstberechtigte hat im Übrigen einen Anspruch aus § 286.

Ist die Leistung nicht nachholbar, gilt Unmöglichkeitsrecht.

##### c) Schlechterfüllung

Der Dienstberechtigte kann

- kündigen, § 621 oder § 626
- Schadensersatz nach § 280 I verlangen (str., teilweise wird Teilunmöglichkeit angenommen).[59]

### III. Rechte des Dienstverpflichteten gegen den Dienstberechtigten

#### 1. Erfüllungsansprüche

565 Der Dienstverpflichtete hat gegen den Dienstberechtigten einen Anspruch auf Zahlung der Vergütung, § 611 I.

Daneben hat der Dienstberechtigte weitere Verhaltenspflichten zu erfüllen, zB nach § 618.

#### 2. Leistungsstörungen

##### a) Unmöglichkeit

566 Nach § 326 entfällt der Lohnanspruch, wenn die Dienstleistung unmöglich ist. Das Dienstvertragsrecht enthält jedoch Sondervorschriften, nämlich unter anderem

- § 615
- § 616,

nach denen der Vergütungsanspruch bestehen bleibt.

59 Vgl. früher *Lieb*, Arbeitsrecht, 7. Aufl. 2000, Rn. 186 ff. mit Darstellung der verschiedenen Ansichten.

#### b) Verzug

Kommt der Dienstberechtigte mit der Zahlung der Vergütung in Verzug, kann der Dienstverpflichtete

- Verzugsschaden geltend machen, §§ 280 I, II, 286
- Verzugszinsen geltend machen, §§ 280 I, II, 288
- kündigen,
  - § 621
  - § 626.

#### c) Schlechterfüllung

Bei Schlechterfüllung kann der Dienstverpflichtete

- Schadensersatz nach den §§ 280 ff. geltend machen
- kündigen,
  - § 621
  - § 626.

## D. Werkvertrag

### I. Abgrenzung gegenüber anderen Vertragstypen

Der Werkvertrag[60] muss gegen den Dienstvertrag abgegrenzt werden,[61] nur beim Werkvertrag besteht eine Verpflichtung zur Herstellung eines Werkes, § 631 I. Dieses kann hierbei nach § 631 II verkörpert, also eine Sache sein oder nicht. **567**

Nach der Neuregelung des § 651 S. 1 gilt für einen Vertrag, der die Lieferung herzustellender oder zu erzeugender beweglicher Sachen zum Gegenstand hat, grundsätzlich Kaufrecht. S. 2 enthält eine Erweiterung der kaufrechtlichen Vorschriften, und S. 3 ordnet, soweit es sich bei den zu liefernden Sachen um nicht vertretbare handelt, die zusätzliche Anwendbarkeit einiger Vorschriften des Werkvertragsrechts an.

Gegenüber dem bisherigen Recht ist zu beachten, dass § 651 S. 1 auch dann gilt, wenn der Besteller den Stoff, aus dem die Sache herzustellen ist, ganz oder teilweise selbst liefert. Schließlich gibt es spezielle Formen des Werkvertrags wie den Reisevertrag, § 651 a ff.; auch der Geschäftsbesorgungsvertrag kann ein Werkvertrag sein, §§ 631, 675.

### II. Rechte des Bestellers gegen den Unternehmer

#### 1. Erfüllungsansprüche

Der Unternehmer muss das versprochene Werk herstellen, § 631 I, gegebenenfalls muss er es übereignen. **568**

Nebenpflichten sind in der Regel im Falle der Pflichtverletzung für Schadensersatzansprüche bedeutsam (§ 280 I); ausnahmsweise ergeben sich Erfüllungsansprüche, so bei der Koordinationspflicht des Architekten oder bei der Verpflichtung zur Lieferung von Ersatzteilen.

60 Vgl. zum neuen Werkvertragsrecht *Maifeld* in: Westermann (Hrsg.), Das Schuldrecht 2002, 2002, 251 ff.; *Meub* DB 2002, 131; *Olzen/Wank*, Die Schuldrechtsreform, 2002, Rn. 445 ff.; Dauner-Lieb/Heidel/Lepa/Ring/*Raab* 261 ff.; *Schudnagies* NJW 2002, 396; *Teichmann* JuS 2002, 417.

61 Zum Parteiwillen BGH JZ 2003, 369 (*Roth*).

Das Werk ist dem Besteller frei von Sach- und Rechtsmängeln zu verschaffen, § 633 I.[62] Hierbei werden – parallel zum Kaufrecht – nach § 633 II 3 die aliud- und die Zuweniglieferung dem Sachmangel gleichgestellt.

### 2. Leistungsstörungen

#### a) Unmöglichkeit

569 Leistet der Unternehmer nicht, gilt Unmöglichkeitsrecht. Bis zur Abnahme gem. § 640 besteht der ursprüngliche Erfüllungsanspruch aus § 631; nach der Abnahme besteht ein modifizierter Erfüllungsanspruch, der auf Nacherfüllung, §§ 634 Nr. 1, 635, gerichtet ist. Die Abnahme hat damit eine entsprechende Konkretisierungsfunktion wie der Gefahrübergang im Kaufrecht. Ist die Erstellung oder Nacherfüllung unmöglich, ist ein Erfüllungsanspruch gem. § 275 I ausgeschlossen. Tritt die Unmöglichkeit vor Gefahrübergang ein (s. hierzu §§ 644, 645), entfällt damit grundsätzlich auch der Anspruch auf die Gegenleistung, § 326 I 1, 1. Hs. Bei nicht vertragsgemäßer Leistung dagegen besteht ein Rücktrittsrecht des Bestellers aus §§ 636, 323, 326 V.

#### b) Verzug

Kommt der Unternehmer mit der Herstellung des Werks in Verzug, hat der Besteller die Rechte aus

- §§ 280 II, 286 (nach aA §§ 634 Nr. 4, 280 I[63]) (Ersatz des Verzugsschadens)
- §§ 280 I, III, 281 I (Schadensersatz statt der Leistung)
- oder § 323 I (Rücktritt vom Vertrag)

#### c) Schlechterfüllung

Der Besteller hat die Rechte aus § 634 (Parallelvorschrift zu § 437), also grundsätzlich vorrangig[64] auf

- Nacherfüllung, § 635 (beachte: bezogen auf die Art der Nacherfüllung hat das Wahlrecht der Unternehmer), bleibt diese aus, auf
- Selbstvornahme einschließlich Ersatz der Aufwendungen dazu, § 637
- Rücktritt, §§ 636, 323 und § 326 V
- Minderung, § 638
- Schadensersatz, §§ 636, 280, 281, 283 und § 311a
- Ersatz vergeblicher Aufwendungen, § 284.

Ein besonderes Zurückbehaltungsrecht im Hinblick auf eine ausstehende Mängelbeseitigung sieht § 641 III vor. Nach dieser Vorschrift kann der Besteller nach der Abnahme zur Sicherstellung der Mängelbeseitigung einen angemessenen Teil der Vergütung verweigern. Angemessen ist in der Regel das Doppelte der für die Beseitigung des Mangels erforderlichen Kosten (sog. Druckzuschlag).

Bei Verletzung von Nebenpflichten (Schutz- und Obhutspflichten; Nebenpflichtverletzungen, die nicht zu Sachmängeln führen), § 241 II, kann der Besteller Schadensersatz nach § 280 I verlangen, wobei § 280 I auch Mangelfolgeschäden erfasst (*Beachte: Die Unterscheidung zwischen nahen und fernen Mangelfolgeschäden ist im neuen Recht entbehrlich*). Wird wegen der Nebenpflichtverletzung das Festhalten am Ver-

62 Zu Anordnungen durch den Auftraggeber BGH NJW 2011, 3780.
63 *Lorenz/Riehm*, Lehrbuch zum neuen Schuldrecht, 2002, Rn. 654.
64 *Huber/Faust*, Schuldrechtmodernisierung, 2002, § 18 Rn. 2 ff.

trag unzumutbar, kann der Besteller auch Schadensersatz statt der ganzen Leistung verlangen, §§ 280 I, III, 282, oder nach §§ 324, 323 zurücktreten.

### Gewährleistungsrechte des Bestellers 570

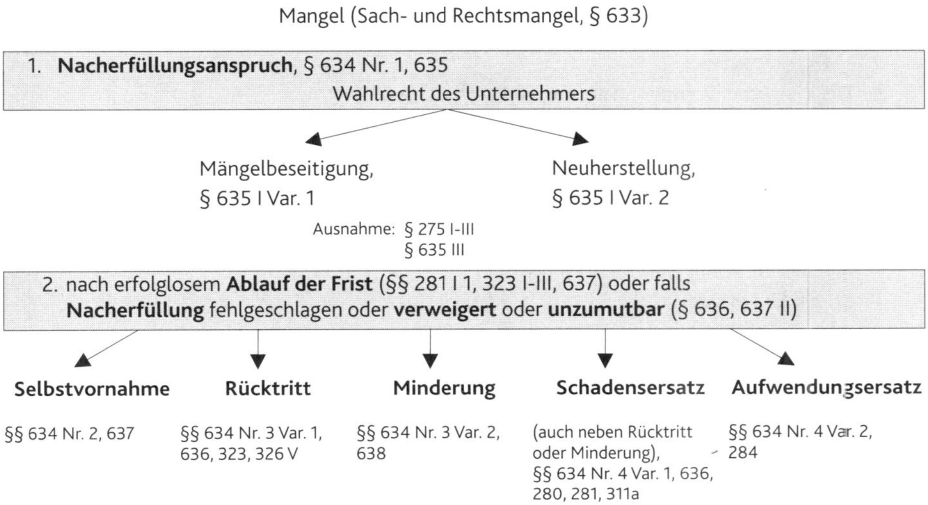


## III. Rechte des Unternehmers gegen den Besteller

### 1. Erfüllungsansprüche

Der Unternehmer hat gegen den Besteller einen Anspruch auf Zahlung der Vergü- 571
tung, § 631 I. Mangels besonderer Vereinbarung ist die Vergütung bei Abnahme fällig, § 641 I. Gem. § 632a besteht ein Anspruch auf Abschlagszahlungen. Es besteht, wie beim Kaufvertrag, ein Anspruch auf Abnahme.

Wenn der Besteller, obwohl er zur Abnahme verpflichtet ist, das Werk innerhalb angemessener Frist nicht abnimmt, greift die Abnahmefiktion des § 640 I 3.

Des Weiteren hat der Besteller sonstige Verhaltenspflichten zu erfüllen.

### 2. Leistungsstörungen

#### a) Unmöglichkeit

Mangelnde Zahlungsfähigkeit entlastet den Besteller nicht. 572

Ist er zur Mitwirkung außerstande, kann der Unternehmer nach § 643 vorgehen.

#### b) Verzug

Kommt der Besteller mit der Zahlung in Verzug, hat der Unternehmer die Rechte aus §§ 280 I, II, 286, 288.

Bei verzögerter Mitwirkung kann der Unternehmer nach § 642 eine Entschädigung verlangen.

#### c) Schlechterfüllung

Bei Verletzung sonstiger Vertragspflichten hat der Unternehmer gegen den Besteller Ansprüche aus §§ 280 ff.

**Schema: Schadensersatzanspruch des Bestellers (Aufrechnung gegenüber Werklohnanspruch)**

Es liegt folgender Sachverhalt vor: Der Unternehmer verlangt nach Abnahme Zahlung der vereinbarten Vergütung; der Besteller wendet ein, das Werk sei, wie er erst jetzt festgestellt habe, mangelhaft und deshalb rechne er diesbezüglich auf.

I. § 631
   1. Vertrag zustande gekommen
   2. Vertrag wirksam
   3. Ursprünglicher Vertragsinhalt (Abgrenzung § 611/§ 631)
   4. Spätere Veränderungen
   5. Fälligkeit, §§ 640, 641

II. § 389
   1. Aufrechnungserklärung, § 388
   2. Gegenanspruch
      in § 634 Nr. 4 aufgeführter Anspruch
      a) • § 633 Mangel
         • vertraglich vereinbarte Eigenschaft
         • gewöhnlicher Gebrauch
      b) Haftungsausschluss durch Vertrag?
         • Arglist, § 639
      c) Nichtbeseitigung des Mangels, 635
         • Fristsetzung
         • (Ausnahme §§ 636, 637 II )
      d) Schadensersatzanspruch aus §§ 636, 280, 281, 283
         • Mangel vom Unternehmer zu vertreten
         • Schaden
   3. Gleichartigkeit, Fälligkeit, § 387

## E. Geschäftsführung ohne Auftrag

573 Innerhalb der Geschäftsführung ohne Auftrag sind die drei Grundfälle der berechtigten, der unberechtigten und der angemaßten Geschäftsführung ohne Auftrag zu unterscheiden.

### I. Die berechtigte Geschäftsführung ohne Auftrag

574 Bei der berechtigten Geschäftsführung ohne Auftrag sind vor allem zwei Anspruchsgrundlagen von Bedeutung,

- der Anspruch auf Aufwendungsersatz des Geschäftsführers gegen den Geschäftsherrn, §§ 677, 683, 670 sowie
- der Herausgabeanspruch des Geschäftsherrn gegen den Geschäftsführer, §§ 677, 681 S. 2, 667.

Für beide Ansprüche können die allgemeinen Voraussetzungen für die berechtigte Geschäftsführung ohne Auftrag »vor die Klammer gezogen« werden; sie ergeben sich im Wesentlichen aus § 677 und § 683.

§ 677 enthält im ersten Hs. die Merkmale

- Geschäft
- für einen anderen
- ohne Auftrag oder Berechtigung.

Aus § 683 S. 1, 1. Hs. ergeben sich die weiteren Merkmale
- Interesse des Geschäftsherrn
- Wille des Geschäftsherrn
  - wirklicher Wille oder
  - mutmaßlicher Wille.

§ 677 sieht die Maßnahme aus der Perspektive des Geschäftsführers (Warum wird der Geschäftsführer tätig?), § 683 aus der Perspektive des Geschäftsherrn (Soll der Geschäftsführer für ihn tätig werden?). Eine Prüfung des § 683 ist entbehrlich, wenn der Geschäftsherr gem. § 684 S. 2 die Geschäftsführung genehmigt hat. Eine konkludente Genehmigung kommt in Betracht, wenn der Geschäftsherr den Anspruch aus §§ 681 S. 2, 667 geltend macht.[65]

Bei Schadensersatzansprüchen des Geschäftsherrn gegen den Geschäftsführer ist zu differenzieren: Bei unberechtigter Geschäftsführung ohne Auftrag ist § 678 anzuwenden (Übernahmeverschulden), ansonsten greift bei einem Verstoß gegen die Pflichten aus §§ 677, 681 S. 1 die Vorschrift des 280 I ein.

### II. Das Geschäft »für« einen anderen

Im Schrifttum wird zu diesem Merkmal vielfach gefordert, es müsse erst geprüft werden, ob überhaupt ein fremdes Geschäft und nicht etwa ein eigenes vorliege.[66] Das ist zweifelhaft, da die Abgrenzung über die Merkmale »für«, »Interesse« und »Wille« vorzunehmen ist. **575**

Zweitens wird gesagt, beim Merkmal »für« müsse immer geprüft werden, in wessen Rechtskreis das Geschäft fällt.[67] Auch das ist bedenklich. Vielmehr ist zu unterscheiden:
- unstreitiger Sachverhalt: Der Geschäftsführer hatte unstreitig die Absicht, für den Geschäftsherrn tätig zu werden – eine Prüfung des Geschäftskreises ist entbehrlich;
- streitiger Sachverhalt: Die Motive des Geschäftsführers sind zwischen den Parteien streitig. Dann muss von Indizien her auf den Willen des Geschäftsführers geschlossen werden. Hauptindiz ist dabei die Zugehörigkeit des Geschäfts zu einem bestimmten Geschäftskreis. Dabei ist wiederum wie folgt zu unterscheiden:
  - Rechtskreis des Geschäftsherrn – der Fremdgeschäftsführungswille wird vermutet.
  - Neutraler Geschäftskreis – der Fremdgeschäftsführungswille kann nur aufgrund weiterer Indizien bejaht werden.
  - Rechtskreis des Geschäftsführers – der Fremdgeschäftsführungswille ist nicht zu vermuten (s. aber auch im Folgenden zum »auch-fremden-Geschäft«).

### III. Das »auch-fremde-Geschäft«

Zweifelhaft ist, ob und wann ein Geschäft auch dann für einen anderen getätigt wird, wenn der Geschäftsführer in seinem eigenen Geschäftskreis tätig wird. Nach der Rechtsprechung genügt es in vielen Fällen, wenn die Maßnahme gleichzeitig in den Geschäftskreis des Geschäftsführers und in den des Geschäftsherrn fällt (»auch-fremdes-Geschäft«).[68] Dagegen werden in der Literatur mit Recht Bedenken erhoben. Dabei setzt sich die Rechtsprechung schon über den Wortlaut des § 677 hinweg (»ohne be- **576**

65 Erman/*Dornis* § 684 Rn. 9.

66 So zB *Esser/Weyers* SchuldR BT II § 46 II 2, S. 394; dagegen *Gursky* AcP 185 (1985), 13 ff. mwN; *Larenz* SchuldR II 1 § 57 I a, S. 438; Überblick zum Meinungsstreit beim Geschäftsführungswillen bei *Martinek/Theobald* JuS 1997, 805 (806 ff.).

67 Vgl. *Schwark* JuS 1984, 321 ff.

68 Zum »neutralen Geschäft« BGH NJW 2009, 2590 (2591).

rechtigt zu sein«); Spezialvorschriften werden umgangen, das Recht der Geschäftsführung ohne Auftrag wird zweckwidrig auf nichtaltruistische Fälle ausgedehnt.[69]

Besonders bedenklich ist die Anerkennung des »auch-fremden-Geschäfts« im Bereich der öffentlichen Hand.[70] Im Verhältnis zweier Behörden zueinander werden auf diese Weise Zuständigkeits- und Erstattungsvorschriften umgangen.

Auszuschließen sind – entgegen der Rechtsprechung – Ansprüche aus Geschäftsführung ohne Auftrag von Behörden gegenüber Bürgern, wenn die Behörde im Rahmen ihrer Aufgabe tätig geworden ist; für den Eingriff gegenüber dem Bürger sind allein die Ermächtigungsnormen des öffentlichen Rechts einschlägig.[71]

Streitig ist das Bestehen von Ansprüchen aus Geschäftsführung ohne Auftrag ferner bei unwirksamen Verträgen, bei »Selbstaufopferung« (vgl. zur Problematik im Straßenverkehr Fall 15) und bei »eigener Verpflichtung gegenüber Dritten«.[72]

577 **Schema**

| §§ 677, 683, 670<br>Aufwendungsersatzanspruch des Geschäftsführers | §§ 677, 681 S. 2, 667<br>Herausgabeanspruch des Geschäftsherrn |
|---|---|

**Tatbestand**

§ 677
- Geschäft
- für einen anderen
  - unstreitiger Sachverhalt: Wille des Geschäftsführers
  - streitiger Sachverhalt: Abgrenzung nach Geschäftskreisen
  - Sonderproblem: »auch-fremdes-Geschäft«
- ohne Beauftragung oder Berechtigung

§ 683
- Interesse des Geschäftsherrn/ Genehmigung gem. § 684 S. 2
- Wille des Geschäftsherrn
  - wirklicher Wille oder
  - mutmaßlicher Wille
  - Sondervorschriften: § 679

**Rechtsfolge**

| | |
|---|---|
| • Aufwendungen (s. § 670; analog anwendbar auf Schäden)<br>• zu ersetzen | • Erlangtes<br>• herauszugeben |

69 Vgl. *Medicus/Petersen* BürgerlR Rn. 412.

70 S. zB OLG Hamm NJW 2012, 1088; zum Ganzen *Franzen/Blatt* NJW 2012, 1031.

71 Zur Anwendung der Geschäftsführung ohne Auftrag im öffentlichen Recht s. den Überblick bei Erman/*Dornis* Vor § 677 Rn. 29 ff.; *Linke* DVBl. 2006, 148 ff.

72 Instruktiv hierzu *Giesen* JURA 1996, 229 ff.; s. ferner *Linke* DVBl. 2006, 148 ff.

### IV. Unberechtigte und angemaßte Geschäftsführung ohne Auftrag

Liegen die Voraussetzungen der berechtigten Geschäftsführung ohne Auftrag nach §§ 677, 683 nicht vor, kommen zwei Formen einer nicht-berechtigten Geschäftsführung in Betracht: 578

- die unberechtigte Geschäftsführung ohne Auftrag, § 684
- die angemaßte Geschäftsführung ohne Auftrag, § 687 II.

Bei § 684 S. 1 ist str., ob es sich um eine Rechtsgrund- oder um eine Rechtsfolgenverweisung handelt. In der Sache geht es um das Problem der Abwehr aufgedrängter Bereicherungen.[73]

Die angemaßte Eigengeschäftsführung gem. § 687 II ist von praktischer Bedeutung, weil die Anwendung der §§ 681 S. 2, 667 eine Gewinnabschöpfung bei der Verletzung gewerblicher Schutzrechte sowie des allgemeinen Persönlichkeitsrechts ermöglicht (Verschärfung gegenüber dem Schadensersatzrecht, § 252, und dem Bereicherungsrecht, § 816 I 1).[74]

## F. Bürgschaft

### I. Rechtsnatur des Vertrags

Als Personalsicherheiten kommen insbesondere in Betracht 579

- Garantievertrag, § 311
- Schuldbeitritt, § 311
- Bürgschaft, § 765.[75]

Die Zuordnung eines Vertrags zu einem dieser Vertragstypen ist ein typisches Problem der Vertragsauslegung. In erster Linie können Sie auf den Wortlaut der Vereinbarung abstellen. Ihm kommt umso größeres Gewicht zu, je geschäftsgewandter die Vertragsparteien sind. Sie können darüber hinaus die weiteren Umstände der Erklärungen berücksichtigen. Dabei müssen Sie insbesondere die Rechtsfolgen der verschiedenen Auslegungsmöglichkeiten berücksichtigen. Der *Garant* haftet am stärksten. Eine Kredit- oder Zahlungsgarantie kann sogar unabhängig von der Wirksamkeit der gesicherten Forderung zur Zahlung verpflichten. Der *Schuldmitübernehmer* haftet als Gesamtschuldner gem. §§ 421, 427. Er kann nicht einwenden, der Gläubiger müsse zuerst den anderen, den Hauptschuldner, in Anspruch nehmen. Der *Bürge* haftet grundsätzlich nur akzessorisch und nachrangig (Ausnahme: selbstschuldnerische Bürgschaft, § 773 I Nr. 1). Diese Nachrangigkeit regelt mit der Einrede der Vorausklage § 771; diesem wurde – zur Anpassung an die neuen Verjährungsvorschriften – im Zuge der Schuldrechtsreform ein eigenständiger Hemmungstatbestand in S. 2 beigefügt.

Soweit die Sicherheiten unentgeltlich gestellt werden, können Sie im Zweifel von der für den Haftenden günstigsten Form ausgehen; je höher das wirtschaftliche Eigeninteresse, umso stärker ist im Zweifel auch die Form der Haftung.

73 S. Erman/*Dornis* § 684 Rn. 2.

74 Erman/*Dornis* § 687 Rn. 14 ff. (insbes. Rn. 17).

75 Rechtsprechungsübersicht bei *Tiedtke* NJW 2003, 1359 ff.; NJW 2005, 2498 ff.; Grundfälle bei *Schmolke* JuS 2009, 784; zur Abgrenzung von Mitdarlehensnehmerschaft und Mithaftungsübernahme BGH NJW 2005, 973.

**Beachte:** Die Bürgschaft ist kein Darlehensvertrag (vgl. die Definition in § 488 I). Folglich sind auch die speziellen Vorschriften für das Verbraucherdarlehen, §§ 491 ff., auf sie nicht – auch nicht analog – anwendbar. Dies entspricht der schon bisher hM.[76]

### II. Sittenwidrigkeit

580 Dass Bürgschaftsverträge gem. § 138 sittenwidrig sein können, ist inzwischen allgemein anerkannt, insbesondere im Hinblick auf die sog. *Verwandtenbürgschaft*.[77] Umstritten ist aber, welche Voraussetzungen dafür im Einzelnen vorliegen müssen.[78]

### III. Schriftform

581 Das Schriftformerfordernis des § 766 bezieht sich nur auf die Erklärung des Bürgen, nicht auf den Bürgschaftsvertrag. Die Bürgschaftsurkunde muss insoweit vollständig sein; haftungserweiternde Nebenabreden sind ebenfalls formbedürftig. Die Bürgschaftserklärung eines Kaufmanns bedarf nicht der Schriftform, § 350 HGB.

### IV. Widerrufsrecht, §§ 355 ff.

582 Auch nach der Integration des Haustürwiderrufgesetzes in das BGB bleibt problematisch, ob auf einen in einer »Haustürsituation« zustande gekommenen Bürgschaftsvertrag die speziellen Regeln über Haustürgeschäfte anwendbar sind, §§ 312 f. Die Entscheidung hängt im Wesentlichen davon ab, ob man die Bürgschaft als entgeltlichen Vertrag einordnet.[79]

### V. Ersatzansprüche

583 Rückgriffsansprüche des Bürgen, der den Gläubiger befriedigt hat, können sich sowohl aus dem Bürgschaftsrecht als auch aus dem Innenverhältnis ergeben.

#### 1. Gesetzlicher Forderungsübergang aus § 774 I

**Tatbestand**
- Erfüllung
  - Erfüllung im engeren Sinne
  - Erfüllungssurrogate (Leistung an Erfüllung Statt und andere).
- Umfang der Erfüllung (»soweit«)

**Rechtsfolge**
- Forderungsübergang (§§ 774, 412; wichtig: § 401, Übergang von Sicherungsrechten)
- bei nur teilweiser Befriedigung des Gläubigers Nachrang des Bürgen bei der Verwertung von Sicherheiten, § 774 I 2
- der Hauptschuldner kann dem Bürgen entgegenhalten: Einreden und Einwendungen aus dem Hauptverhältnis, §§ 404 ff., 412, Einreden und Einwendungen aus dem Innenverhältnis, § 774 I 3

#### 2. Rückgriffsanspruch aus dem Innenverhältnis, insbesondere aus § 670

**Tatbestand**
- zugrunde liegendes Rechtsverhältnis zwischen Bürgen und Hauptschuldner (Innenverhältnis), wie Auftrag, Geschäftsführung, Geschäftsführung ohne Auftrag
- Aufwendung (Erfüllung der Hauptschuld), die der Bürge für erforderlich halten durfte

---

76 Palandt/*Weidenkaff* § 491 Rn. 11.
77 BVerfG NJW 1994, 36 ff.; 2749 ff.
78 Dazu *Tonner* JuS 2003, 325 ff.; *Wagner* NJW 2005, 2956 ff.; s. Fall 16.
79 Zum Stand der Rspr. vgl. Palandt/*Grüneberg* § 312 Rn. 5.

**Rechtsfolge**
- Zahlungsanspruch (§ 670 oder §§ 677, 683, 670 oder §§ 611, 675, 670 oder §§ 631, 675, 670)
- Einwendungen und Einreden aus dem Innenverhältnis

## G. Ungerechtfertigte Bereicherung

### I. Überblick

584 Die Bereicherungsvorschriften haben zwei Grundfunktionen, die Rückabwicklung gestörter Verträge und die Beseitigung sonstiger ungerechtfertigter Vermögensverschiebungen. Bei der Rückabwicklung gestörter Verträge gibt es im Zusammenhang mit Übereignungen zwei Grundfälle; entweder ist nur das zugrunde liegende Verpflichtungsgeschäft gestört (dann nur Ansprüche aus Bereicherung), oder Verpflichtungs- und Verfügungsgeschäft sind gestört (dann Ansprüche aus § 985 und aus § 812). Bei den sonstigen ungerechtfertigten Vermögensverschiebungen, also bei der Nicht-Leistungskondiktion, sind die drei Grundfälle

- Eingriffskondiktion,
- Verwendungskondiktion und
- Rückgriffskondiktion

zu unterscheiden.

Bei der Anwendung des § 812 ergibt sich je nach Theorie ein unterschiedlicher Aufbau. Nach der früher herrschenden Einheitstheorie galt:

- etwas
- durch Leistung oder in sonstiger Weise auf dessen Kosten (= unmittelbare Vermögensverschiebung)
- ohne Rechtsgrund.

Nach der heute überwiegenden Ansicht ergibt sich ein nach Leistungskondiktion und Nicht-Leistungskondiktion getrennter Aufbau:[80]

| Leistungskondiktion | Nicht-Leistungskondiktion |
|---|---|
| • etwas | • etwas |
| • durch Leistung | • in sonstiger Weise auf dessen Kosten |
| • ohne Rechtsgrund | • ohne Rechtsgrund |

Der Meinungsstreit ist für das 2-Personen-Verhältnis idR ohne Bedeutung; wichtig ist er aber für das Mehr-Personen-Verhältnis, also insbesondere für das Dreiecksverhältnis. Hier sollte man sich folgende Faustregeln merken:

1. Prüfen Sie zuerst, ob irgendwo eine Leistung vorliegt!
2. Wenn ja, prüfen Sie die Leistungskondiktionen durch; Leistungskondiktion geht vor Eingriffskondiktion.
3. Ausnahmsweise greift die Eingriffskondiktion trotz beabsichtigter Leistung durch (s. unten Fall 17).

**1.** Eine *Leistungskondiktion* kann sich insbesondere aus §§ 812 I 1, 1. Var., 812 I 2 1. Var. und aus § 812 I 2 2. Var. ergeben.

80 Vgl. zur Entwicklung in der Rspr. BGHZ 36, 30 (31 f.); 40, 272 (276 f.) (»Idealheim«); zur Entwicklung der Lehre *Medicus/Petersen* BürgerlR Rn. 663 ff.

§ 812 I 1, 1. Var. stellt den Grundfall dar. Hierher gehören, wegen § 142, auch die Fälle der Anfechtung.[81]

§ 812 I 2 1. Var. erfasst die Fälle
- Vorleistung,
- Veranlassung und
- zweckgebundene Leistung (str.).[82]

Fälle der zweckgebundenen Leistung sollten besser nach Sondervorschriften oder nach § 313 (Wegfall der Geschäftsgrundlage) entschieden werden.

Weitere Anspruchsgrundlagen für eine Leistungskondiktion ergeben sich aus § 813 und § 817 S. 1.

**2.** Auch bei der *Nicht-Leistungskondiktion* ist zum erlangten Etwas streitig, ob es auf die ersparte Aufwendung oder auf den erfolgten Gebrauch ankommt.

Beim *Eingriff* wird je nach Theorie auf
- die Rechtswidrigkeit der Handlung
- die Ausnutzung eines fremden, gegenständlich identifizierbaren Rechtsobjekts oder
- auf den Eingriff in den Zuweisungsgehalt eines fremden Rechts (hM)

abgestellt.[83]

### II. Das Mehr-Personen-Verhältnis

**585** Die eigentlich problematischen Fälle des Bereicherungsrechts sind die des Mehr-Personen-Verhältnisses, der Einfachheit halber im folgenden Drei-Personen-Verhältnis oder Dreiecksverhältnis genannt. Dreiecksverhältnisse gibt es sowohl bei der Leistungskondiktion als auch bei der Eingriffskondiktion sowie in Mischfällen.[84]

Im Bereich der Dreiecksverhältnisse zur Leistungskondiktion gibt es *mehrere Fallgruppen*, die Probleme aufwerfen:
- die Leistungskette
- die Anweisung
- den Vertrag zugunsten Dritter
- die Leistung auf fremde Schuld
- den Irrtum über die Person des Leistenden
- sowie die Zession.

Formal werden die Fälle mithilfe des Begriffs der Leistung gelöst. Inhaltlich kommt es darauf an, welche Wertungen den einzelnen Lösungen zugrunde liegen. Diese Wertungen sind von *Canaris*[85] herausgearbeitet worden:

1. Jeder Partei eines fehlerhaften Kausalverhältnisses sollen ihre Einwendungen gegen die andere Partei erhalten bleiben.

---

81 Str., vgl. Palandt/*Sprau* § 812 Rn. 26; der Streit ist unerheblich, §§ 814, 815 greifen jedenfalls nicht ein.

82 Vgl. *Medicus/Petersen* BürgerlR Rn. 690.

83 BGHZ 82, 299 (306); 87, 299; 107, 117 (120); *Medicus/Petersen* BürgerlR Rn. 704 ff., 712.

84 Übersicht zu Drittbeziehungen bei *S. Lorenz* JuS 2003, 839 ff.; *Looschelders* SchuldR BT Rn. 1141 ff.

85 *Canaris*, FS Larenz, 1973, 799 ff.

2. Jede Partei soll vor Einwendungen geschützt werden, die ihr der Vertragspartner aus einem Rechtsverhältnis zu einem Dritten herleitet.
3. Jede Partei soll nur das Insolvenzrisiko desjenigen tragen, den sie sich selbst als Partner ausgesucht hat.

Zur Darstellung der Problematik von Dreiecksverhältnissen soll von der Grundkonstellation eines *Anweisungsfalles* ausgegangen werden.

586

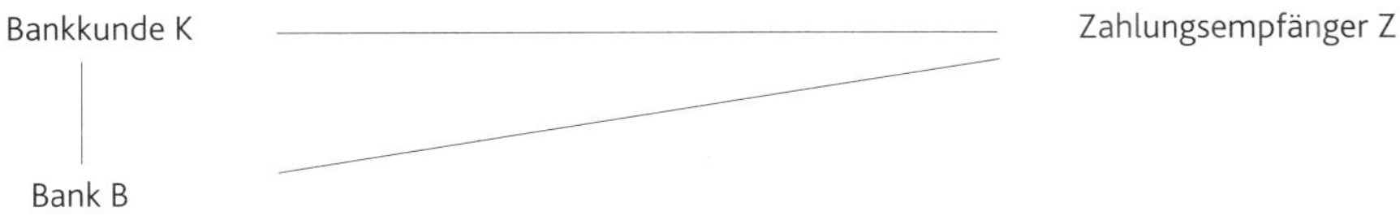


Es bestehen drei Rechtsbeziehungen: B–K, K–Z und B–Z.

Die Rechtsbeziehung zwischen B und K nennt man Deckungsverhältnis. Der Ausdruck rührt daher, dass der Bankkunde K, der bei seiner Bank über ein Konto verfügt, die Bank B anweist, einen bestimmten Betrag an den Zahlungsempfänger Z auszuzahlen. Das auf seinem Konto vorhandene Guthaben liefert K die dazu erforderliche Deckung; oder umgekehrt: die Bank zahlt nur deshalb, weil das Guthaben ihres Kunden K ihr eine entsprechende Deckung gibt.

Das Verhältnis zwischen K und Z wird Valuta- oder Gegenwertverhältnis genannt. Es bezeichnet die Rechtsbeziehung, innerhalb deren K gegenüber Z eine Verbindlichkeit zu erfüllen hat oder begründen will. Die Zahlung des Geldbetrages an Z findet ihren Rechtsgrund also in dem Verhältnis von Z und K.

Das Verhältnis zwischen B und Z kann man als (tatsächliches) Zuwendungsverhältnis bezeichnen, weil zwischen diesen beiden der äußerliche Zahlungsvorgang stattfindet.

Deckungs- und Valutaverhältnis stellen Leistungsverhältnisse im Sinne einer Leistungskondiktion dar, das Zuwendungsverhältnis demgegenüber nicht. Das folgt daraus, dass die »Leistung« als bewusste und zweckgerichtete Mehrung fremden Vermögens verstanden wird. Die Verfolgung eines bestimmten Zweckes wird als das maßgebliche Kriterium zur Unterscheidung zwischen Leistung und bloßer Zuwendung angesehen. Dabei genügt es nicht, dass der Zuwendende irgendeinen Zweck verfolgt, sondern es muss sich um einen im Verhältnis zum Leistungsempfänger wurzelnden Zweck (regelmäßig die Erfüllung einer Verbindlichkeit) handeln.[86] Da gerade in Dreiecksverhältnissen unterschiedliche Auffassungen darüber entstehen können, wer wem eine Leistung erbracht hat, braucht man einen Maßstab.

(1) Nach h. A. kommt es auf die Sicht des Empfängers eines erlangten Etwas an, wenngleich dieser Standpunkt überwiegend durch das Kriterium der »Auffassung eines verständigen Dritten« verobjektiviert wird.

86 Vgl. zum Leistungsbegriff, seiner Funktion und zum Meinungsstand den Überblick bei MüKo-BGB/*Schwab* § 812 Rn. 41.

(2) Die Gegenmeinung stellt auf die Sicht des Leistenden ab und gewährt dem Empfänger Vertrauensschutz im Hinblick auf die Leistungsperson lediglich über § 818 III.

(3) Eine dritte Ansicht lässt zwar ebenfalls die Sicht des Empfängers maßgeblich sein, gibt dem Leistenden aber ein allgemeines Anfechtungsrecht mit der Folge der Schadensersatzpflicht gegenüber dem Empfänger nach § 122.[87]

Dem Zuwendungsverhältnis B–Z liegt demgegenüber, von Ausnahmefällen abgesehen, kein eigenständiger Zweck zugrunde. Durch die Zuwendung bewirkt B aber zwei Leistungen, nämlich eine eigene im Verhältnis zu K und eine weitere zwischen K und Z.

Hat man auf diese Weise die Leistungsbeziehungen herausgearbeitet, so ergibt sich auch der Grundsatz für eine Lösung bereicherungsrechtlicher Probleme:

Treten im Deckungs- und/oder Valutaverhältnis Gründe für eine bereicherungsrechtliche Rückabwicklung auf, so hat sie im jeweiligen Leistungsverhältnis stattzufinden (also B–K und K–Z); auch bei einem Doppelmangel scheiden Durchgriffsansprüche (B–Z) aus.

**587** Von diesem Grundsatz gibt es *Ausnahmen*. Sie sind deshalb gerechtfertigt, weil es in einer Anweisungslage Fälle gibt, in denen nicht oder nicht nur das Kausalverhältnis zwischen zwei Beteiligten fehlerhaft ist, sondern eine Anweisung entweder gänzlich fehlt oder dem vermeintlich Anweisenden nicht zugerechnet werden kann oder wieder entfallen ist oder zumindest Fehler aufweist. Dazu gehören folgende Sachverhalte:

- Fehlen eines Überweisungsauftrags, Schecks usw
- fehlende Unterschrift
- Fälschung, Verfälschung
- Vertretung ohne Vertretungsmacht
- vis absoluta
- Widerruf oder Anfechtung einer Anweisung
- Zuviellieferung[88].

In diesen Fällen kommt es für die Feststellung des richtigen Bereicherungsschuldners immer auf eine sorgfältige Abwägung der Interessen aller Beteiligten und auf ihre Schutzbedürftigkeit an. Als geeignete Prüfungsmaßstäbe haben sich die Frage nach der Zurechenbarkeit einer – vermeintlichen – Anweisung sowie der Vertrauensschutzgesichtspunkt (zugunsten des Zahlungsempfängers) herausgestellt.[89] Danach führen die Fälle der fehlenden und der gefälschten Anweisung, des nicht unterschriebenen Schecks sowie der Vertretung ohne Vertretungsmacht grundsätzlich zu einer Direktkondiktion der Bank gegen den Zahlungsempfänger. Problematischer sind die Fälle der widerrufenen Anweisung (s. dazu Fall 17) und der Zuvielüberweisung. Bei ihnen kommt in der Regel eine Direktkondiktion der Bank gegen den Zahlungsempfänger nicht in Betracht.[90]

---

87 Vgl. zum Ganzen MüKoBGB/*Schwab* § 812 Rn. 51 ff.
88 Zur Zuvielüberweisung BGHZ 176, 234 mAnm *Kiehnle* JURA 2009, 604.
89 *Canaris*, FS Larenz, 1973, 799 ff. (857 ff.); *Canaris* WM 1980, 354 ff.
90 BGH ZIP 2008, 1161; s. auch *Hack/Tümmel* JuS 2009, 46 ff.

# H. Unerlaubte Handlung

## I. System

Das Deliktsrecht kann nach verschiedenen Gesichtspunkten gegliedert werden: **588**

- Haftung aus Verschulden, zB § 823 I,
- Haftung aus vermutetem Verschulden, zB § 831,
- Haftung aus Gefährdung[91], zB § 833 S. 1 BGB, § 7 I, III 1, 2 StVG; ProdHG, UmwHG.

Bei der Falllösung müssen Sie deshalb vorab prüfen, ob nicht neben dem Anspruch aus Verschuldenshaftung andere Ansprüche in Betracht kommen. Dabei müssen Sie sich merken, dass Ansprüche aus den genannten drei Bereichen in Anspruchskonkurrenz nebeneinander stehen.

Unabhängig davon empfiehlt sich innerhalb der Deliktshaftung eine gedankliche Aufgliederung in folgende Bereiche:

- Spezialgesetze,
- die drei klassischen Haftungstatbestände,
  § 823 I
  § 823 II BGB iVm Schutzgesetz,
  § 826
- Erweiterungen des § 823 I durch Richterrecht.

Sondertatbestände finden sich allein schon im BGB in §§ 824, 825, 831, 832, 833, 834, 836, 837, 838, 839. Gehen Sie zunächst die Reihe der Sondertatbestände durch. Nicht immer handelt es sich um eine lex specialis; dh der (scheinbare) Sondertatbestand kann auch neben § 823 I anwendbar sein.

## II. § 823 I

### 1. Tatbestand

§ 823 sollten Sie sich schon gleich im Zusammenhang mit der Rechtsfolgenregelung in §§ 249 ff. und §§ 842 ff. merken. Die Norm hat dann folgenden Aufbau:

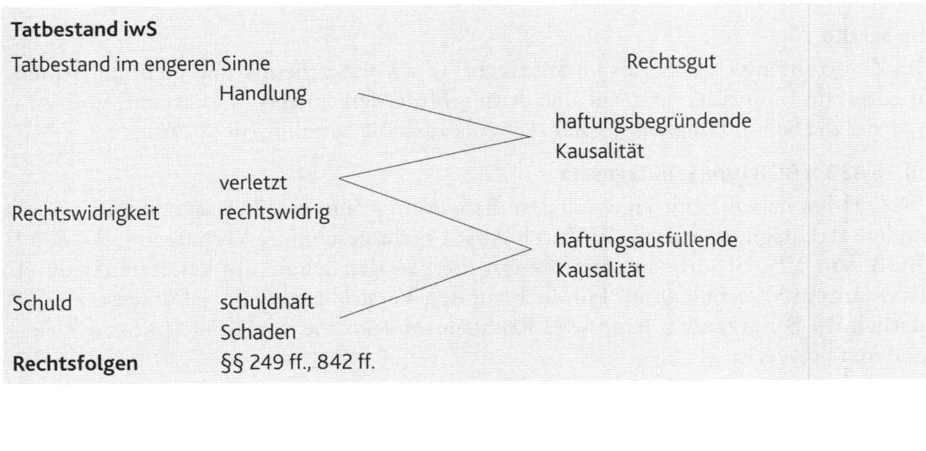


91 *Deutsch* NJW 1992, 73.

§ 823 I sieht eine Haftung nur bei der Verletzung enumerierter Rechtsgüter vor (Leben, Körper, Gesundheit, Freiheit und Eigentum); die meisten Erweiterungen durch Richterrecht werden auf das Merkmal »sonstiges Recht« gestützt.

Folgende Problemfälle bestehen:

Wer ist geschützt, auch der nasciturus? Das wird heute allgemein bejaht.[92]

Sind auch Dritte geschützt? Kommt es auf eine unmittelbare Verletzung an? – Diese abstrakte Fragestellung ist eher irreführend. Orientieren Sie sich an der konkreten Auslegung des Gesetzes:

- In §§ 844, 845 haben Dritte einen eigenen Anspruch aufgrund der Verletzung bei einem anderen.
- In den Schockschadenfällen hat derjenige einen Anspruch, der selbst verletzt ist.[93]
- In den Fällen des § 823 I führt nicht jede beliebige Handlung zur Haftung, sondern zwischen der Handlung und der Verletzung muss eine unmittelbare Beziehung bestehen.

Weitere Problemfälle betreffen:

- »Kind als Schaden«[94]
- Ärztliche Behandlung
- Schutz der Ehe.[95]

#### 2. Rechtswidrigkeit

589 Die Rechtswidrigkeitsprüfung verläuft unterschiedlich, je nachdem, ob Sie es mit dem »klassischen § 823 I« zu tun haben oder nicht. Bei den klassischen Rechtsgütern indiziert die Tatbestandsmäßigkeit der Verletzung deren Rechtswidrigkeit. Sie brauchen also nur zu prüfen, ob besondere Rechtfertigungsgründe eingreifen, wie Notwehr (§ 227), Notstand (§§ 228, 904) oder Selbsthilfe (§ 229). Rechtfertigungsgründe ergeben sich auch aus gesetzlichen Ermächtigungen, insbesondere aus der berechtigten Geschäftsführung ohne Auftrag und aus der Wahrnehmung berechtigter Interessen, § 193 StGB, sowie aus Einwilligung (s. im Übrigen → Rn. 595 ff. sowie die Vorüberlegungen zu Fall 22).

#### 3. Schuld

590 Im Zivilrecht gilt – anders als im Strafrecht – die Vorsatztheorie und nicht die Schuldtheorie; dh Sie prüfen erst auf der dritten Stufe den inneren Tatbestand, und zwar sowohl die Schuldfähigkeit (§§ 827, 828) als auch die Schuldform (§ 276).

### III. § 823 II BGB iVm Schutzgesetz

591 § 823 II hat neben I eine eigenständige Bedeutung. Zum einen erfasst die Norm auch andere Rechtsgüter, wie zB das durch Abs. 1 nicht geschützte Vermögen (zB § 823 II BGB iVm § 263 StGB); zum anderen erweitert sie den Schutz des Verletzten dadurch, dass nur ein Verschulden im Hinblick auf den Verstoß gegen ein Schutzgesetz erforderlich ist. Schutzgesetz kann jede Rechtsnorm sein, die – auch – den Schutz eines anderen bezweckt.

92 Vgl. BGHZ 58, 48; BGH NJW 1989, 1538.
93 Vgl. BGHZ 93, 354 sowie Fall 21.
94 BGHZ 89, 104 mwN; BGH NJW 2000, 1782; dazu *Gehrlein* NJW 2000, 1771.
95 Vgl. *Medicus/Petersen* BürgerlR Rn. 616 ff.

**Tatbestand § 823 II BGB iVm Schutzgesetz**

Schutzgesetz
- jede Rechtsnorm, die (auch) den Schutz eines anderen bezweckt
- Schutzbereich der Norm
  - persönlicher Schutzbereich
  - sachlicher Schutzbereich

verletzt

rechtswidrig

schuldhaft (Verschulden im Hinblick auf Verletzung des Schutzgesetzes)

**Rechtsfolge:** den daraus entstandenen Schaden ersetzen, § 823 I iVm Abs. 2, §§ 249 ff., 842 ff.

### IV. § 826

Die Vorschrift hat eine eigenständige Bedeutung im Hinblick auf Vermögensschäden, da § 823 I nur das Eigentum schützt und § 823 II immer das Bestehen eines einschlägigen Schutzgesetzes voraussetzt. 592

Für die Anwendung der Vorschrift ist es notwendig, sich an Fallgruppen zu orientieren. Derartige Fallgruppen sind:
- Verleiten zum Vertragsbruch
- wissentlich falsche Auskunft
- Ausnutzen einer formalen Rechtsstellung
- Ausnutzen eines Monopols.[96]

### V. Beamtenhaftung

Art. 34 GG bildet zusammen mit § 839 einen einheitlichen Tatbestand. Zu unterscheiden sind hoheitliches und fiskalisches Handeln des Beamten. 593

#### 1. Hoheitliches Handeln

- Jemand in Ausübung eines öffentlichen Amtes
- Amtspflicht verletzt
  - Amtspflicht
  - abstrakt: Dritten gegenüber bestehend
- konkrete Verletzung gegenüber dem Anspruchsteller
- rechtswidrig
- schuldhaft
  - Vorsatz
  - Fahrlässigkeit: subsidiäre Haftung
- Schaden
- Haftungseinschränkung und Haftungsausschluss
  - § 839 II
  - § 839 III
- Anspruchsgegner: Anstellungskörperschaft
- Art des Schadensersatzes: idR Geldersatz

96 Vgl. die Fallgruppen bei MüKoBGB/*Wagner* § 826 Rn. 48 ff.

### 2. Fiskalisches Handeln

594 Die Prüfung unterscheidet sich in Folgendem: Der Schädiger muss Beamter im staatsrechtlichen Sinne sein, und er muss in Wahrnehmung fiskalischer Interessen der Anstellungskörperschaft tätig geworden sein. Rechtsfolge ist die Haftung des Beamten selbst.

## VI. Durch Rechtsfortbildung entwickelte Rahmenrechte

### 1. Persönlichkeitsrecht, Gewerbebetrieb

595 Die Rahmenrechte Persönlichkeitsrecht und Gewerbebetrieb sind sonstige Rechte nach § 823 I. Bevor Sie an die Subsumtion gehen können, müssen Sie zunächst die einschlägige Fallgruppe herausarbeiten. Bei beiden Rahmenrechten indiziert die Tatbestandsmäßigkeit noch nicht die Rechtswidrigkeit. Die Rechtswidrigkeit kann vielmehr nur durch eine umfassende Interessenabwägung festgestellt werden.

Fallgruppen für das allgemeine Persönlichkeitsrecht sind:

- Eingriff in die Persönlichkeitssphäre durch Veröffentlichung von Privatem
  - Briefe, Tagebücher
  - Fotos[97]
  - Tonbandaufnahmen
  - Mitteilungen der Privatsphäre
- Ehrverletzung
  - falsche Tatsachenbehauptungen
  - verletzende Wertung[98].

Fallgruppen für den Eingriff in den Gewerbebetrieb sind:

- Ungerechtfertigte Schutzrechtsverwarnung[99]
- abträgliche Werturteile
- wahre Tatsachen, wenn kein überwiegendes Interesse an ihrer Verbreitung besteht
- Boykott
- Arbeitskampf
- Parallele zur Eigentumsverletzung.[100]

### 2. Verkehrssicherungspflicht

596 Die Verletzung der Verkehrssicherungspflicht stellt im Grunde keinen eigenen Tatbestand dar; es handelt sich vielmehr um Fälle der Verletzung der in § 823 I enumerierten Rechtsgüter durch Unterlassen. Sie prüfen also beispielsweise eine »Eigentumsverletzung«, so wie oben zu § 823 I dargelegt. Innerhalb der Subsumtion, bei den Verhaltenspflichten, ist auf die Verkehrssicherungspflicht einzugehen.

Auch hier haben sich Fallgruppen herausgebildet:[101]

- Haftung für gefährliches Gelände
- Haftung für gefährliches Bauwerk
- Haftung im Straßenverkehr

97 S. zu Fotos von Caroline von Monaco BGHZ 131, 332; BVerfG NJW 2000, 1021; EGMR NJW 2012, 1053.

98 Palandt/*Sprau* § 823 Rn. 93 f.

99 S. BGH NJW 2005, 3141.

100 MüKoBGB/*Wagner* § 823 Rn. 256 ff.; Palandt/*Sprau* § 823 Rn. 135 ff.; s. auch BGH NJW 2003, 1040 sowie unten Fall 22.

101 Vgl. die Übersicht bei MüKoBGB/*Wagner* § 823 Rn. 430 ff.

- Berufshaftung (s. insbesondere Arzthaftung)
- Produzentenhaftung (Achtung: neben Produkthaftungsgesetz zusätzlich anwendbar)[102].

## VII. Haftung aus vermutetem Verschulden

Hauptanwendungsfall ist § 831. Auf die Besonderheiten der Beweislast kommt es nur an bei einem streitigen Sachverhalt. Sind also die Voraussetzungen des § 831 I 2 zwischen den Parteien bestritten, kommt es darauf an, ob der Schädiger gegenüber der gesetzlichen Vermutung aus S. 1 den Gegenbeweis nach S. 2 führen kann. 597

In der Universitätsausbildung haben Sie es meist mit einem unstreitigen Sachverhalt zu tun; in diesen Fällen ist auf die Beweisfrage nicht einzugehen, S. 1 und S. 2 sind als einheitlicher Tatbestand zugrunde zu legen.

**Tatbestand des § 831 bei unstreitigem Sachverhalt**

- Ein anderer zur Verrichtung bestellt
- in Ausführung der Verrichtung
- Schadenszufügung durch Verrichtungsgehilfen bei einem Dritten
  *Inzidentprüfung:* Schadensersatzanspruch des Dritten gegen Verrichtungsgehilfen, bis hin zur Rechtswidrigkeit, aber ohne Verschulden,
  zB
  D – V
  Eigentum
  verletzt
  rechtswidrig
  Schaden
- Verschulden des Geschäftsherrn
  - Auswahl
  - Beschaffung von Geräten
  - Leitung der Verrichtung
- Kausalität der Pflichtverletzung beim Geschäftsherrn für Schaden beim Dritten.

## VIII. Gefährdungshaftung

Bei der Haftung für vermutetes Verschulden ist ein Verschulden des Schädigers Voraussetzung. Ein solches Verschulden wird zwar vermutet, doch kann der Schädiger den Gegenbeweis erbringen. Im Falle der Gefährdungshaftung ist das Verschulden dagegen keine Tatbestandsvoraussetzung; vgl.: 598

§ 833 S. 2 – Haftung für vermutetes Verschulden (Haustier)
§ 833 S. 1 – Gefährdungshaftung (Luxustier).

**Aufbau nach § 7 StVG**

- Kraftfahrzeug
- Halter, § 7 I StVG
- Anspruchsberechtigter: jeder Geschädigte
- Ausnahmen: § 8 StVG
- enumeriertes Rechtsgut
- beim Betrieb

102 Zum Produktrückruf BGH NJW 2009, 1080 (*Molitoris*).

- keine höhere Gewalt
- keine Haftungsminderung, insbesondere § 17 I StVG (Anrechnung der Betriebsgefahr mehrerer beteiligter Kfz)

**Aufbau nach § 1 ProdHG[103]**

- Produktfehler (§§ 2, 3 ProdHG)
- Verletzung eines der in § 1 I genannten Rechtsgüter
- Kausalität zwischen Fehler und Verletzung
- der Anspruchsteller ist Geschädigter (Erweiterungen: §§ 7, 8 ProdHG)
- der Anspruchsgegner ist Hersteller (§ 4 ProdHG)
- kein Haftungsausschluss nach § 1 II und III ProdHG

103 Zur BGH-Rspr. zur Produkthaftpflicht s. *Kullmann* NJW 1996, 18.

## 2. Kapitel. Fälle

### Fall 11: »Inzahlungnahme eines Pkw«

**Ausgangsfall:** 599

V ist Autohändler und betreibt neben dem Verkauf von Neuwagen eine Gebrauchtwagenabteilung sowie eine Reparaturwerkstatt mit Fachkräften. Im Februar 2015 schließt K mit V einen Vertrag über einen neuen Mercedes C 180 zum Preis von 37.000 EUR ab. Da K nicht den gesamten Preis bar zahlen kann, will er seinen gebrauchten BMW 316 i in Zahlung geben. V sieht sich den Wagen an, führt eine Probefahrt durch und erklärt sich schließlich mit Rücksicht auf das lukrative Neuwagengeschäft mit einer Inzahlungnahme des BMW zum Preis von 7.000 EUR einverstanden. In das Vertragsformular wird unter der Rubrik »Zahlungsbedingungen« handschriftlich folgender Satz eingefügt: »Ein BMW 316 i, Baujahr 2006, km-Stand 150000, wird für 7.000 EUR wie gesehen, unter Ausschluss jeglicher Gewährleistung in Zahlung gegeben. Rest in bar.«

V liefert den Neuwagen aus, K bezahlt 30.000 EUR und übergibt den BMW. Einige Zeit später stellt sich bei einer Prüfung in der Werkstatt des V heraus, dass der Wagen einen Unfallschaden hatte, der dazu geführt hat, dass der Fahrzeugrahmen leicht verzogen ist. Die Reparatur des Schadens würde 3.800 EUR kosten. V wendet sich sofort an K und verlangt von ihm Zahlung des Restkaufpreises Zug um Zug gegen Rückgabe des BMW. Auf keinen Fall wolle er den Gebrauchtwagen jetzt noch behalten. K weigert sich, V entgegenzukommen. Er ist der Ansicht, V hätte den Schaden vorher feststellen können. Außerdem habe der Vorbesitzer den Unfall verursacht. Schließlich habe er den Mercedes gerade deshalb bei V gekauft, weil dieser zur Inzahlungnahme des BMW bereit war. Wenn V nun den BMW zurückgeben wolle, so stelle er ihm seinerseits den Mercedes Zug um Zug gegen Zahlung von 30.000 EUR zur Verfügung.

**Frage 1: Welche Ansprüche kann V gegen K geltend machen?**

**Abwandlung:**

Für den Mercedes gibt es längere Lieferzeiten. Der Angestellte A des V erklärt dem K, er habe ein neuwertiges Ausstellungsfahrzeug, das mit den Modellen des Jahres 2015 identisch sei. V und K schließen daraufhin einen Vertrag über einen neuen Mercedes C 180 Baujahr 2015 zum Listenpreis von 37.000 EUR. Nach Übergabe der Fahrzeuge stellt K fest, dass es sich bei dem Mercedes – wie A wusste – um ein Ende 2014 produziertes Fahrzeug handelt. Die Modelle des Jahres 2015 weisen technische Verbesserungen auf, ohne dass sich der Listenpreis geändert hätte. K stellt dem V den Mercedes zur Verfügung und verlangt Rückzahlung der 30.000 EUR sowie die Herausgabe des gebrauchten BMW mit der Begründung, dass er sich getäuscht fühle. V hat den BMW bereits mit einem Gewinn von 2.000 EUR weiterverkauft und will daher an dem Geschäft festhalten. K wendet sich an seinen Rechtsanwalt R und fragt ihn nach seinen Rechten.

**Frage 2: Was wird R ihm raten?**

## A. Vorüberlegungen

600 Der Fall der Inzahlungnahme eines Pkw ist alltäglich. Verwirrend erscheint, dass es in Bezug auf das Verhältnis von Neuwagengeschäft zum Gebrauchtwagengeschäft die unterschiedlichsten Ansichten über die rechtliche Konstruktion gibt. Im Kern geht es darum, ob beide Geschäfte rechtlich isoliert betrachtet werden können oder ob sie eine unzertrennliche Einheit bilden.[1]

Im Ausgangsfall ist weiterhin zu beachten, dass der von K in Zahlung genommene BMW nicht nur einen verzogenen Fahrzeugrahmen hat, sondern auch ein Unfallwagen ist. Es handelt sich hierbei um zwei Sachmängel, die rechtlich unterschiedlich zu behandeln sind.

In der Abwandlung sind Rücktritt und Anfechtung sowie die sich daraus jeweils ergebenden rechtlichen Konsequenzen gegenüberzustellen, weil K eine entsprechende Gestaltungserklärung noch nicht abgegeben hat.

Im Übrigen geht es um Fragen der Zusicherung und des Sachmangels. Die Aufgabe überschreitet den Umfang einer Examensklausur. Grundfall und Abwandlung wären jeweils dafür genügend. Auf diese Weise konnten aber die Probleme zusammengefasst werden.

1 Vgl. zu dieser Problematik BGH NJW 2008, 2028 ff.; *Gsell* NJW 2008, 2002 ff.; *Eberle* VRR 2008, 223.

## B. Lösung

### Frage 1:

### Ansprüche des V gegen K

### I. Ansprüche auf Zahlung des Restkaufpreises iHv 7.000 EUR

### 1. Anspruch aus § 433 II

Ein Anspruch des V gegen K auf Zahlung des Restkaufpreises iHv 7.000 EUR könnte sich aus § 433 II ergeben.

#### a) Anspruch entstanden

Mit Vertragsschluss ist jedenfalls ein Anspruch iHv 30.000 EUR aus § 433 II entstan- 601
den.[2]

Hinsichtlich der restlichen 7.000 EUR wurde die Inzahlungnahme des BMW vereinbart. Ob insofern ebenfalls eine Leistungspflicht zur Zahlung entstehen sollte, muss durch Auslegung dieser Vereinbarung gem. §§ 133, 157 ermittelt werden. Diesbezüglich kann man drei Auffassungen vertreten:

#### aa) Einheitlich gemischter Vertrag aus Kauf und Tausch

Zunächst könnte man der Ansicht sein, es handle sich um einen einheitlichen Vertrag 602
aus Kauf und Tausch.[3] Der Neuwagenkäufer schuldet dann die Übereignung des Gebrauchtwagens als tauschvertragliches und die Zahlung des Differenzpreises als kaufvertragliches Element.[4]

Folglich wäre von vornherein kein Anspruch des V aus § 433 II über 30.000 EUR hinaus entstanden.

#### bb) Doppelkauf mit Aufrechnungsabrede

Denkbar ist es aber auch, von einem sog. Doppelkauf mit Aufrechnungsabrede aus- 603
zugehen.[5] Dann lägen zwei voneinander unabhängige Kaufverträge vor, deren Zahlungsansprüche in einer parallel geschlossenen Abrede, soweit sie sich decken, gegeneinander aufgerechnet werden. Letztlich schuldet der Neuwagenkäufer also nur den Differenzbetrag.

Nach dieser Ansicht hätte dem V für eine juristische Sekunde ein Anspruch iHv insgesamt 37.000 EUR zugestanden.

---

2 **Hinweis:** Ob aufgrund der Tatsache, dass es sich bei dem in Zahlung gegebenen BMW um einen Unfallwagen handelt, ein Fall der anfänglichen objektiven Unmöglichkeit vorliegt, bedarf hier keiner Klärung, da dies gem. § 311a I die Wirksamkeit des Vertrages nicht berühren würde.

3 Stellvertretend für viele: *Medicus/Petersen* BürgerlR Rn. 756; auch Teile der Rspr.: LG Wuppertal NJW-RR 1997, 1416.

4 **Hinweis:** Da der Verkäufer regelmäßig an dem Gebrauchtwagen nicht interessiert sein wird, ergibt die Auslegung, dass der Käufer auch befugt ist, statt seines Gebrauchtwagens Geld zu leisten.

5 So OLG Karlsruhe NJW 1965, 111 f.

### cc) Einheitlicher Kaufvertrag mit Ersetzungsbefugnis

604 Schließlich erscheint noch die Annahme denkbar, es handle sich um einen einheitlichen Kaufvertrag über den Neuwagen,[6] bei dem der Kaufpreis in voller Höhe geschuldet wird. Der Käufer erhielte dann das Recht (nicht die Pflicht), den Kaufpreis durch Hingabe des Gebrauchtwagens zu tilgen, sog. Ersetzungsbefugnis.

Rechtlich handelte es sich dabei um eine Leistung an Erfüllungs Statt iSd § 364 I. Da die Ersetzungsbefugnis bereits bei Abschluss des Kaufvertrags vereinbart wird, greift § 364 I aber nur analog.

Auch nach dieser Auffassung wäre mit Abschluss des Kaufvertrags der Anspruch des V iHv 37.000 EUR entstanden.

### b) Anspruch erloschen

605 Nach alledem ist eine rechtliche Qualifizierung der Vereinbarung von V und K deshalb nicht notwendig, weil mit ihr keine unterschiedlichen Rechtsfolgen verknüpft sind: In jedem Falle ist der Anspruch iHv 30.000 EUR mit der Barzahlung des K erloschen, § 362 I. Je nach vertretener Ansicht ist ein Zahlungsanspruch darüber hinaus nicht entstanden (a) oder aber infolge einer Aufrechnung (b) bzw. aufgrund der Übereignung des Gebrauchtwagens an Erfüllungs Statt (c) erloschen.

Somit hat V nach keiner der drei denkbaren Auslegungsmöglichkeiten einen Anspruch aus § 433 II.

## 2. Anspruch aus §§ 433 I 2, 434 I 2 Nr. 1, 437 Nr. 2 Fall 1, 440, 323 I, 346 I

606 Ein Anspruch des V gegen K auf Rückgewähr der erlangten Befreiung von der Verbindlichkeit zur Kaufpreiszahlung bzw. des erlangten Kaufpreisnachlasses iHv 7.000 EUR könnte sich nach wirksamem Rücktritt gem. §§ 433 I 2, 434 I 2 Nr. 1, 437 Nr. 2 Fall 1, 440, 323 I, 346 I ergeben.

Dies setzt voraus, dass V gegenüber K den Rücktritt erklärt hat, § 349, und ihm ein Rücktrittsrecht infolge eines Sachmangels am Gebrauchtwagen zustand, §§ 346 I, 437 Nr. 2 Fall 1.

### a) Rücktrittserklärung

607 V hat die Zahlung des Restkaufpreises Zug um Zug gegen Rückgabe des BMW verlangt. Eine Rücktrittserklärung iSd § 349 ist daher gegeben. V möchte allerdings ausdrücklich nicht den gesamten Vertrag rückabwickeln, sondern lediglich insoweit, als es um den in Zahlung genommenen Gebrauchtwagen geht.

### b) Rücktrittsgrund

Es stellt sich daher die Frage, ob der Rücktritt bezüglich eines Teils dieser Vereinbarung angesichts der Verbindung von Verkauf und Inzahlungnahme möglich ist. Dafür sind die denkbaren Vertragskonstruktionen im Einzelnen zu untersuchen.

---

6 BGHZ 46, 338; 89, 126; so auch beim Leasingvertrag BGH NJW 2008, 2028 ff.; 2003, 505 ff.; Staudinger/*Olzen*, 2011, § 365 Rn. 35.

### aa) Einheitlich gemischter Vertrag aus Kauf und Tausch

Wenn man von einem einheitlichen aus Kauf und Tausch gemischten Vertrag ausgeht, kommt ein Rücktritt grundsätzlich in Betracht. Auf die Inzahlungnahme des Gebrauchtwagens als tauschvertragliches Element finden die kaufrechtlichen Gewährleistungsvorschriften über § 480 entsprechende Anwendung. Zurücktreten kann ein Rücktrittsberechtigter aber nur vom ganzen Vertrag; im Tauschrecht finden sich keine abweichenden Sonderregelungen. 608

Folglich käme es auch zur Rückabwicklung des Neuwagengeschäfts, sodass V die bereits von K gezahlten 30.000 EUR zurückzugewähren hätte. Das entspricht allerdings weder dem Willen des V, noch hat er eine dahingehende Rücktrittserklärung abgegeben (→ Rn. 607).

Die Annahme eines einheitlich gemischten Vertrags aus Kauf und Tausch hätte demnach zur Folge, dass das Rücktrittsbegehren des V im Hinblick auf den Vertragsteil, der die Inzahlungnahme betrifft, nicht verwirklicht werden kann.

### bb) Doppelkauf mit Aufrechnungsabrede

Läge hingegen ein Doppelkauf mit Aufrechnungsabrede vor, wäre ein isolierter Rücktritt denkbar, da zunächst zwei Verträge bestanden. Allerdings müsste im Hinblick auf die Rechtsfolgen der Inhalt der Rückgewährpflicht überprüft werden. Gewährleistungs- und damit auch Rücktrittsrecht des § 437 Nr. 2 Fall 1 fände aber prinzipiell auf jeden der beiden Kaufverträge Anwendung. 609

### cc) Einheitlicher Kaufvertrag mit Ersetzungsbefugnis

Im Falle eines einheitlichen Kaufvertrags mit Ersetzungsbefugnis iSd § 364 I analog wäre ein Rücktritt ebenfalls denkbar. § 365 stellt klar, dass der Inzahlunggebende für das an Erfüllungs Statt Geleistete in gleicher Weise wie ein Verkäufer Gewähr zu leisten hat. Anders als beim einheitlich gemischten Vertrag könnte folglich auch nur der Vertragsteil hinsichtlich des Altwagens rückabgewickelt werden. 610

Zurückzugewähren wäre gem. § 346 I »die empfangene Leistung«, also die gem. § 364 I analog erloschene Forderung. Das ist hier der Primäranspruch des V aus § 433 II iHv 7.000 EUR.

Im Ergebnis stünde V also ein (wiederentstandener) Anspruch aus § 433 II iHv 7.000 EUR zu.[7]

Da die unterschiedlichen Vertragsgestaltungen im Hinblick auf das Rücktrittsrecht zu verschiedenen Ergebnissen gelangen, muss durch Auslegung gem. §§ 133, 157 ermittelt werden, welche Vertragsgestaltung vorlag. Dabei sind insbesondere die Umstände der Vereinbarung zu berücksichtigen, weil der Wortlaut der Erklärungen von V und K keine Anhaltspunkte gibt. 611

7 **Hinweis:** Aus diesem Grunde wäre es auch vertretbar, die diversen Auslegungsmöglichkeiten des Vertrages bereits beim Primäranspruch des § 433 II in der nun folgenden Ausführlichkeit zu diskutieren.

### (1) Doppelkauf mit Aufrechnungsabrede

612 Ein Doppelkauf mit Aufrechnungsabrede kann immer dann angenommen werden, wenn sich zwischen zwei Verträgen trennen lässt, und zwar im Hinblick auf den Kauf des Neuwagens und den Kauf des Gebrauchtwagens. Daraus resultierten dann nicht nur die zwei aufgerechneten Kaufpreisforderungen, sondern dem Anspruch des Käufers auf Lieferung des Neuwagens stünde ein Anspruch des Händlers auf Lieferung des Gebrauchtwagens gegenüber.

Das aber entspricht regelmäßig nicht den Interessen der Parteien. An einer Pflicht zur Übereignung seines Gebrauchtwagens ist dem Neuwagenkäufer deshalb nicht gelegen, weil er dadurch gehindert wäre, seinen Pkw an eine dritte, mehr bietende Person zu veräußern, ohne sich schadensersatzpflichtig zu machen. Auch der Neuwagenverkäufer erklärt sich zur Inzahlungnahme meist nur bereit, um das Neuwagengeschäft abschließen zu können.

Der Doppelkauf mit Aufrechnungsabrede scheidet somit als Auslegungsmöglichkeit aus. Vielmehr ist von einem einheitlichen Vertrag auszugehen.[8]

### (2) Abgrenzung zwischen gemischtem Vertrag und Kauf mit Ersetzungsbefugnis

Abzugrenzen ist demnach zwischen dem einheitlich gemischten Vertrag aus Kauf und Tausch sowie dem einheitlichen Kaufvertrag mit Ersetzungsbefugnis.

613 Für die Annahme eines einheitlichen Kaufvertrags mit Ersetzungsbefugnis spricht, dass der Neuwagenverkäufer grundsätzlich an Bargeld und nicht am Gebrauchtwagen interessiert ist. Die Inzahlungnahme stellt sich als Entgegenkommen des Händlers dar. Dies zeigt der vorliegende Fall insofern, als K nicht in der Lage ist, den Kaufpreis in bar zu entrichten.

614 Auf der anderen Seite kann ein Verkäufer Neuwagen aber regelmäßig auch nur dann absetzen, wenn er Gebrauchtwagen in Zahlung nimmt. Insofern handelt es sich für ihn um eine wirtschaftliche Notwendigkeit. Auch hierfür sprechen im vorliegenden Fall deshalb Anhaltspunkte, weil K das Geschäft von der Inzahlungnahme abhängig gemacht hat. Andernfalls hätte er nicht kaufen können. Für V war also ersichtlich, dass er niemals den Kaufpreis in vollem Umfang als Barzahlung erlangen würde.[9]

Somit ist die Vereinbarung im vorliegenden Fall so auszulegen, dass ein einheitlicher Kaufvertrag aus Kauf und Tausch abgeschlossen wurde, der einen isolierten Rücktritt hinsichtlich des Teils der Inzahlungnahme ausschließt.

Ein Anspruch des V aus §§ 433 I 2, 434 I 2 Nr. 1, 437 Nr. 2 Fall 1, 440, 323 I, 346 I besteht daher im Ergebnis nicht.

8 Die Inzahlungnahmevereinbarung beim Neuwagenkauf wird auch von der hM im Schrifttum sowie von der Rspr. als einheitlicher Vertrag behandelt; vgl. dazu BGH NJW 2013, 1733 (1735); 2008, 2028 ff.; Erman/*Grunewald* § 480 Rn. 5; Soergel/*Huber* § 515 Rn. 6; *Reinking/Eggert*, Der Autokauf, 12. Aufl. 2014, Rn. 1465 ff.; *Faust* NJW 2009, 3696 (3697).

9 Vgl. auch ausf. Staudinger/*Olzen*, 2011, § 365 Rn. 30 ff.

## II. Ansprüche auf Schadensersatz

### 1. Anspruch aus § 480 iVm §§ 433 I 2, 434 I 2 Nr. 1, 437 Nr. 3 Fall 1, 280 I, III, 281 I

Gewährleistungsansprüche des V gegen K haben zwei denkbare Anknüpfungspunkte: Zunächst könnte sich V auf den verzogenen Fahrzeugrahmen des BMW berufen, daneben aber auch noch auf dessen Eigenschaft als Unfallwagen. 615

Wegen des verzogenen Fahrzeugrahmens kommt ein Anspruch auf Schadensersatz statt der Leistung iHv 7.000 EUR gem. § 480 iVm §§ 433 I 2, 434 I 2 Nr. 1, 437 Nr. 3 Fall 1, 280 I, III, 281 I in Betracht. Zwar hat V bereits den Rücktritt von einem Teil des Vertrags erklärt. Selbst im Falle von dessen Wirksamkeit dürfte V aber Schadensersatz fordern, § 325. Dies muss erst recht gelten, wenn der Rücktritt – wie hier – fehlgeschlagen ist.

#### a) Sachmangel, § 434 I 2 Nr. 1

Voraussetzung für einen Schadensersatzanspruch ist gem. § 437 Nr. 3 Fall 1 die Mangelhaftigkeit der Sache. § 434 I 1 bestimmt zunächst, dass eine Sache frei von Sachmängeln ist, wenn sie die vereinbarte Beschaffenheit hat.[10] V und K haben jedoch im Hinblick auf den Fahrzeugrahmen keine Absprachen getroffen, auch für eine konkludente Vereinbarung fehlen Anhaltspunkte. Es wäre also bloße Fiktion, eine (im Allgemeinen mögliche) stillschweigende Vereinbarung anzunehmen.[11] 616

Deshalb stellt sich die Frage, ob ein Sachmangel aus § 434 I 2 Nr. 1 abgeleitet werden kann. Danach ist maßgeblich, ob sich der in Zahlung gegebene BMW für die nach dem Vertrag vorausgesetzte Verwendung eignet. Ein derartiger Sachmangel liegt nicht nur bei voller Aufhebung der Eignung des Kaufgegenstandes vor, sondern es genügt bereits eine Verminderung.[12]

Fraglich erscheint, welche Verwendung V und K nach dem Vertrag vorausgesetzt haben. In Betracht kommt einerseits die Benutzung des Gebrauchtwagens, andererseits dessen Weiterverkauf.

V als Autohändler will das Auto verkaufen. Dazu ist der BMW aufgrund seines verzogenen Rahmens nur vermindert geeignet. V wird einem Neukäufer entweder einen Preisnachlass gewähren oder den Rahmen reparieren lassen müssen. Ein Sachmangel liegt daher nach § 434 I 2 Nr. 1 vor.

#### b) Verletzung einer Pflicht aus dem Schuldverhältnis, § 280 I 1

K hat dem V eine mangelhafte Sache verschafft und dadurch seine Pflicht aus § 480 iVm § 433 I 2 verletzt.[13] 617

10 Subjektiver Fehlerbegriff.

11 **Hinweis:** Insbesondere kann aus der Vertragsklausel »wie gesehen« nicht geschlossen werden, dass von K lediglich die Ist-Beschaffenheit des BMW geschuldet werden sollte. Dann wäre ein Sachmangel undenkbar, wobei selbst Arglist des K nicht schaden würde. Auf diese Weise würde § 444 umgangen. Der Zusatz »wie gesehen« ist aus diesem Grund als Haftungsausschluss zu interpretieren, vgl. Palandt/*Weidenkaff* § 444 Rn. 16.

12 Palandt/*Weidenkaff* § 434 Rn. 23.

13 Zur Pflichtverletzung beim Kauf s. Palandt/*Grüneberg* § 280 Rn. 19.

### c) Vertretenmüssen der Pflichtverletzung, § 280 I 2

618 Eine Haftung des K entfiele, wenn dieser beweisen könnte, dass er die Pflichtverletzung nicht zu vertreten hat, § 280 I 2.

K macht geltend, dass nicht ihn, sondern den Vorbesitzer die Schuld am verzogenen Rahmen treffe. Die Pflichtverletzung liegt jedoch nicht in der Sachmangelverursachung, sondern in der Verschaffung des Eigentums an einem mangelhaften Auto.

K hatte von dem verzogenen Fahrzeugrahmen Kenntnis, handelte mithin vorsätzlich. Folglich hat er die Pflichtverletzung gem. § 276 I 1 zu vertreten.

### d) Erfolglose und angemessene Fristbestimmung, § 281 I 1

619 Ein Schadensersatzanspruch statt der Leistung setzt gem. §§ 280 III, 281 I 1 voraus, dass dem Schuldner erfolglos eine Nachfrist gesetzt worden ist.[14] Da dies nicht geschehen ist, muss geprüft werden, ob eine Fristbestimmung hier ausnahmsweise entbehrlich ist.[15]

Eine sofortige Geltendmachung des Schadensersatzanspruchs wäre zunächst unter den Voraussetzungen des § 281 II möglich. Weil K es ausschließt, V in irgendeiner Weise entgegenzukommen, liegen die Voraussetzungen der ernsthaften Erfüllungsverweigerung gem. § 281 II Fall 1 vor.

Somit war eine Fristsetzung zur Nacherfüllung für V unzumutbar, sodass der Anspruch auf Schadensersatz statt der Leistung nicht aus diesem Grunde ausgeschlossen ist.

### e) Keine unerhebliche Pflichtverletzung, § 281 I 3

620 V strebt die Zahlung von 7.000 EUR gegen Rückgabe des BMW an, verlangt also Schadensersatz statt der ganzen Leistung. Dies ist gem. § 281 I 3 möglich, sofern die Pflichtverletzung des K nicht nur unerheblich war.

Die Übereignung eines Kaufgegenstandes mit einem Mangel, dessen Reparaturkosten mehr als 50% des Inzahlungnahmepreises betragen, lässt sich aber nicht in die Kategorie unerheblicher Pflichtverletzungen einordnen.

### f) Ermittlung des Schadensumfangs

621 Da für den BMW als Gebrauchtwagen eine Ersatzlieferung in Form der Naturalrestitution ausscheidet, bemisst sich der Schadensumfang nach § 251 I.[16] Maßgebend ist

---

14 Da es sich bei dem Gebrauchtwagen um eine Stückschuld handelt, ist Nacherfüllung nur in Form der Mangelbeseitigung möglich. Allgemein zum Nacherfüllungsanspruch s. *Lorenz/Arnold* JuS 2014, 4, 7 ff.

15 **Hinweis:** Eine erfolglose Fristbestimmung ist sowohl bei Rücktritt (§ 323 I), Minderung (§ 441 I 1 iVm § 323 I) als auch Schadensersatz (§ 281 I 1) erforderlich. Damit ist der Anspruch des Käufers auf Nacherfüllung vorrangig. Dies entspricht – wie früher im Werkvertragsrecht – dem Recht des Verkäufers zur sog. »zweiten Andienung«, vgl. dazu *Looschelders* SchuldR AT Rn. 583. Der BGH (NJW 2009, 3153) hat die Anforderungen an eine hinreichende Nachfristsetzung stark abgesenkt, indem er auf deren zeitliche Bestimmtheit verzichtet.

16 Zur unterschiedlichen Schadensbemessung bei neuen und gebrauchten Kfz vgl. Palandt/*Grüneberg* § 251 Rn. 16 ff. mwN.

somit der Wiederbeschaffungswert, der nicht dem vereinbarten Kaufpreis iHv 7.000 EUR entsprechen muss. Vielmehr ist auf den Preis für ein gleichwertiges gebrauchtes, unfallfreies Fahrzeug abzustellen.

#### g) Kein Kennenmüssen des V, § 442 I 2

Der Anspruch könnte gem. § 442 I 2 ausgeschlossen sein, wenn V den Mangel kannte oder infolge grober Fahrlässigkeit nicht kannte. Aufgrund der oberflächlichen Ausbesserung war der Schaden am Fahrzeugrahmen aber auch einem Händler nicht ohne Weiteres erkennbar, sodass man dem V keine grobe Fahrlässigkeit vorwerfen kann. **622**

#### h) Haftungsausschluss, § 444

Eine Sachmangelhaftung des K könnte jedoch aufgrund des vertraglich vereinbarten Gewährleistungsausschlusses (»wie gesehen, unter Ausschluss jeglicher Gewährleistung«) entfallen. Auf diesen Haftungsausschluss darf K sich aber gem. § 444 nicht berufen, wenn er den Mangel arglistig verschwiegen hat.[17] Laut Sachverhalt kannte K den Fehler. Er wusste, dass der Unfall vom Vorbesitzer verursacht worden war. Bei einer Reparatur des Fahrzeugrahmens hätte er V darüber informieren müssen. Sein Schweigen war arglistig iSd § 444, sodass er sich auf den Haftungsausschluss nicht berufen darf. **623**

#### i) Korrektur aus Wertungsgründen

In der Rechtsfolge, das zeigt insbesondere § 281 V, kommt der Anspruch auf Schadensersatz statt der ganzen Leistung einem isolierten Rücktritt (nur hinsichtlich des in Zahlung gegebenen Gebrauchtwagens) sehr nahe. Ein solcher wurde jedoch abgelehnt (→ Rn. 606 ff.). Es stellt sich daher die Frage, ob dem V auch ein Schadensersatzanspruch statt der ganzen Leistung zu verwehren ist. **624**

Dafür spricht, dass die Voraussetzungen des Rücktritts und des Schadensersatzes vielfach identisch sind.[18] Aus dieser Parallelität könnte zu schließen sein, dass das beim Rücktritt gefundene Ergebnis nicht durch die Bejahung eines Schadensersatzanspruches umgangen werden darf.

Allerdings bleibt dem Neuwagenkäufer im Rahmen des Schadensersatzanspruchs – anders als beim Rücktritt – der in der Aufrechnungsabrede versteckte Rabatt erhalten, da der in der Inzahlungnahme angegebene Gegenwert des Gebrauchtwagens in aller Regel über dem zu ersetzenden Wiederbeschaffungswert liegen wird. Das gefundene Ergebnis unterscheidet sich daher wesentlich vom oben abgelehnten, isolierten Rücktrittsrecht und muss somit nicht korrigiert werden.

V hat gegen K einen Anspruch auf Schadensersatz statt der ganzen Leistung in Höhe des Wiederbeschaffungswertes, und zwar Zug um Zug gegen Rückgabe des Pkws, § 281 V iVm § 346.

17 **Hinweis:** Die Formulierung des § 444 soll hervorheben, dass nur der Haftungsausschluss unwirksam ist, der Kaufvertrag davon aber unberührt bleibt. § 444 ist somit lex specialis zu § 139. Vgl. zu § 444 BGH NJW 2014, 211 ff.; *Faust* JuS 2012, 354 ff. und *Looschelders* JA 2012, 628 ff.

18 Vgl. nur § 323 mit § 281, § 324 mit § 282 sowie § 326 V mit § 283.

## 2. Anspruch auf Schadensersatz statt der Leistung gem. § 480 iVm §§ 433 I 2, 434 I 2 Nr. 1, 437 Nr. 3 Fall 1, 311a II

Außerdem könnte V von K gem. § 480 iVm §§ 433 I 2, 434 I 2 Nr. 1, 437 Nr. 3 Fall 1, 311a II Schadensersatz statt der Leistung verlangen, weil es sich bei dem BMW überdies um einen Unfallwagen handelt.

### a) Sachmangel, § 434 I 2 Nr. 1

625 Der Umstand, dass der BMW bereits in einen Unfall verwickelt war, müsste einen Sachmangel iSd § 434 darstellen.

Insoweit stellt sich zunächst die Frage, ob die Unfallfreiheit unter den Beschaffenheitsbegriff des § 434 fällt. Die Beschaffenheit einer Sache ist mit ihrem tatsächlichen Zustand gleichzusetzen. Sie umfasst alle ihr anhaftenden Eigenschaften.[19]

Die Unfallfreiheit eines Gebrauchtwagens gehört somit zu seiner Beschaffenheit.[20]

Eine Vereinbarung über die Unfallfreiheit wurde allerdings im vorliegenden Fall weder ausdrücklich noch stillschweigend getroffen. Auch hier muss daher gem. § 434 I 2 Nr. 1 auf die nach dem Vertrag (stillschweigend) vorausgesetzte Verwendung, also den Weiterverkauf, abgestellt werden.

Da diese eingeschränkt ist, weist der BMW somit einen Sachmangel iSd § 434 I 2 Nr. 1 auf.

### b) Anfängliche objektive Unmöglichkeit, § 311a

626 § 437 Nr. 3 verweist auf § 311a. Dieser ist nur anwendbar, wenn die Leistungspflicht des Schuldners gem. § 275 entfällt. Vorliegend war es von Beginn an undenkbar, den BMW des K – wie gem. § 433 I 2 geschuldet – ohne Sachmangel, dh auch in unfallfreiem Zustand, an V zu übereignen. Selbst nach einer Reparatur des Fahrzeugrahmens bliebe der Makel des Unfallwagens haften. Es liegt daher ein Fall anfänglicher objektiver Unmöglichkeit iSd § 275 I Fall 2 vor. Damit ist der Anwendungsbereich des § 311a II eröffnet.[21]

### c) Keine Unkenntnis des K vom Leistungshindernis, § 311a II 2

627 Da K von dem Unfall des Vorbesitzers Kenntnis hatte, wird der Schadensersatzanspruch auch nicht durch § 311a II 2 ausgeschlossen.

### d) Sonstige Anspruchsvoraussetzungen

628 In Bezug auf das Kennenmüssen des Sachmangels, den Haftungsausschluss, die Unerheblichkeit der Pflichtverletzung gem. § 311a II 3 iVm § 281 I 3, den Schadensum-

19 Vgl. Palandt/*Weidenkaff* § 434 Rn. 10; **Hinweis:** Damit kann die Rspr. zum bisher vorherrschenden Eigenschaftsbegriff nahezu vollständig auf den Beschaffenheitsbegriff übertragen werden, vgl. Palandt/*Weidenkaff* § 434 Rn. 12.

20 So auch BGH NJW 1982, 435.

21 *Hinweis:* Das führt insbesondere dazu, dass es keiner Fristbestimmung bedarf, da § 311a II 3 gerade nicht auf § 280 I 1 verweist. Eine Fristsetzung zur Nacherfüllung wäre angesichts der gegebenen Unmöglichkeit auch unsinnig.

fang sowie die nicht vorzunehmende Korrektur aus Wertungsgründen gelten die früheren Ausführungen sinngemäß (→ Rn. 620 ff.).

V hat gegen K somit auch gem. § 480 iVm §§ 433 I 2, 434 I 2 Nr. 1, 437 Nr. 3 Fall 1, 311a II einen Anspruch auf Schadensersatz statt der ganzen Leistung in Höhe des Wiederbeschaffungswertes.

### 3. Anspruch aus §§ 280 I, 241 II iVm § 311 II Nr. 1

Da K seine Aufklärungspflicht im Hinblick auf die Sachmängel des Pkws verletzt haben könnte, kommt daneben ein Anspruch wegen »c.i.c.« gem. §§ 280 I, 241 II iVm § 311 II Nr. 1 in Betracht. 629

Als Rechtsfolge ergäbe sich allerdings nur der Ersatz des negativen Interesses: V müsste so gestellt werden, als wenn K ihn entsprechend aufgeklärt hätte. Dann wäre es nicht zum Abschluss des Vertrags und somit nicht zu einem Kaufpreisanspruch gekommen. Aufgrund dieser Anspruchsgrundlage kann V also den begehrten Rechtserfolg nicht erreichen.

### 4. Anspruch aus §§ 812 I 2 Fall 1, 818 II

Ein Anspruch auf Zahlung iHv 7.000 EUR könnte nach erfolgreicher Anfechtung gem. §§ 812 I 2 Fall 1, 818 II bestehen.[22] 630

Voraussetzung wäre, dass K von V »etwas« im Wert von 7.000 EUR erlangt hätte. Infrage kommt dafür allenfalls die teilweise Befreiung von der Verpflichtung zur Zahlung des Kaufpreises. Dazu wäre erforderlich, dass K zunächst den vollen Kaufpreis iHv 37.000 EUR geschuldet hat. Das ist jedoch nicht der Fall. K war aus dem einheitlich gemischten Vertrag aus Kauf und Tausch von Beginn an nur zur Zahlung der 30.000 EUR sowie zur Übereignung des Gebrauchtwagens verpflichtet (→ Rn. 601 ff.).[23]

Somit hat K neben dem Eigentum am Neuwagen nichts von V erlangt. Die Rückgewähr des Neuwagens entspricht jedoch nicht V's Willen.[24]

Somit scheiden bereicherungsrechtliche Ansprüche des V aus.

### 5. Anspruch aus § 823 I

Auch ein Anspruch aus § 823 I ist nicht gegeben. Es fehlt an einer Rechtsgutsverletzung, weil V niemals mangelfreies Eigentum am BMW erlangt hat. 631

### 6. Anspruch aus § 823 II iVm §§ 263 I, 13 StGB

Es könnte jedoch ein Anspruch gem. § 823 II iVm §§ 263 I, 13 StGB bestehen.

22 **Hinweis:** Der Meinungsstreit über die Anwendung des § 812 I 1 Fall 1 oder § 812 I 2 Fall 1 hat hier keine praktische Bedeutung und ist deshalb nicht berücksichtigt worden, vgl. dazu Palandt/*Sprau* § 812 Rn. 26.

23 **Hinweis:** Zu einem anderen Ergebnis gelangt man, wenn man von einem einheitlichen Kaufvertrag mit Ersetzungsbefugnis ausgeht.

24 **Hinweis:** Zudem würde ein bereicherungsrechtlicher Anspruch auch scheitern, weil die Leistung des Neuwagens nicht rechtsgrundlos erfolgte. Es fehlt mangels Erklärung an einer Anfechtung des V, die das schuldrechtliche Geschäft gem. § 142 I entfallen lassen würde.

632 § 263 StGB ist ein Schutzgesetz iSd § 823 II 1. Allerdings täuschte K durch Unterlassen, weshalb gem. § 13 StGB eine Garantenpflicht bestehen müsste. Eine solche wird durch Kaufverträge allein jedoch nicht begründet.[25] Daher ist der Betrugstatbestand nicht erfüllt.

Ein Anspruch aus § 823 II iVm §§ 263 I, 13 StGB besteht somit nicht.

### 7. Anspruch aus § 826

In Betracht kommt schließlich § 826.

633 Die vertraglichen Verpflichtungen des V zur Übereignung des Neuwagens ohne angemessenen Gegenwert stellen einen Schaden dar. Allerdings richtet sich die Norm – wie die c.i.c. – nur auf das negative Interesse; V müsste so gestellt werden, als wenn ihn K über die Mangelhaftigkeit des Gebrauchtwagens informiert hätte. Dann wäre es aber nicht zum Vertragsschluss gekommen. Demnach kann über § 826 sein Begehren nicht abgedeckt werden.

### 8. Ergebnis des Ausgangsfalles

Im Ergebnis stehen dem V gegen K Ansprüche auf Schadensersatz statt der ganzen Leistung in Höhe des Wiederbeschaffungswertes gem. § 480 iVm §§ 433 I 2, 434 I 2 Nr. 1, 437 Nr. 3 Fall 1, 280 I, III, 281 I bzw. gem. § 480 iVm §§ 433 I 2, 434 I 2 Nr. 1, 437 Nr. 3 Fall 1, 311a II zu.

Da die Leistung des K insgesamt in der Übereignung eines fehlerfreien Pkws bestand, ist der Schadensersatzanspruch des V in seiner Höhe auch durch dessen Wert begrenzt, obwohl er zwei Gewährleistungsansprüche geltend machen kann, die beide auf den Wiederbeschaffungswert gerichtet sind.

## Frage 2:

R wird K entweder zum Rücktritt oder zur Anfechtung raten, um danach Rückgewähransprüche oder Schadensersatzansprüche geltend zu machen.

### 1. Teil. Ansprüche des K gegen V bei erklärtem Rücktritt[26]

634 Sollte K den Rücktritt gem. § 349 erklären, ergeben sich folgende Ansprüche:

### I. Ansprüche auf Zahlung von 30.000 EUR

### 1. Anspruch aus §§ 433 I 2, 434 I 1, 437 Nr. 2 Fall 1, 440, 323 I, 346 I

Ein Anspruch des K gegen V auf Rückabwicklung des gesamten Geschäfts und somit auf Zahlung der 30.000 EUR könnte gem. §§ 433 I 2, 434 I 1, 437 Nr. 2 Fall 1, 440, 323 I, 346 I bestehen.

#### a) Sachmangel, § 434 I 1

635 Der übergebene Mercedes entspricht sowohl hinsichtlich des Baujahres als auch hinsichtlich der technischen Ausstattung nicht der vereinbarten Beschaffenheit. Somit

25 BGH NJW 2000, 3013 (3014).

26 Vgl. weiterführend zu den Folgen des Rücktritts *Annuß* JA 2006, 184 ff.

liegt ein Sachmangel iSd § 434 I 1 vor. Ob sogar von einer Falschlieferung[27] (aliud) ausgegangen werden kann, bedarf aufgrund deren rechtlicher Gleichbehandlung keiner Klärung, § 434 III Fall 1.

#### b) Erheblichkeit des Mangels, § 323 V 2

Der Verstoß gegen die Verpflichtung zur mangelfreien Eigentumsverschaffung gem. § 433 I 2 stellt eine erhebliche Pflichtverletzung dar, sodass der Rücktritt nicht gem. § 323 V 2 ausgeschlossen ist. 636

#### c) Erfolglose und angemessene Fristbestimmung, §§ 323 I, 440 S. 1 Fall 3

Problematisch erscheint, dass K dem V bisher noch keine Nacherfüllungsfrist gesetzt hat, wie dies § 323 I voraussetzt. Sie könnte jedoch entbehrlich sein, da A den K bewusst falsch über den Kaufgegenstand informiert hat. Dieser Umstand wird dem V gem. § 166 I zugerechnet. Denkbar erscheint, dass dieser Tatbestand die Fristsetzung entweder iSd § 323 II oder iSd § 440 S. 1 Fall 3 überflüssig macht. Dabei ist zu berücksichtigen, dass § 440 auf die Unzumutbarkeit abstellt, die damit kein Abgrenzungskriterium im Rahmen des § 323 II Nr. 3 sein darf, damit die kaufrechtliche Vorschrift nicht bedeutungslos wird. 637

Aus der Sicht des Käufers ist es aber nach dem Vorverhalten des A jedenfalls nicht zumutbar, eine Nacherfüllung in Betracht zu ziehen. Damit war die Fristsetzung gem. § 440 S. 1 Fall 3 entbehrlich.

Somit liegt ein gesetzlicher Rücktrittsgrund vor. Ein Anspruch des K gegen V auf Rückzahlung des Kaufpreises iHv 30.000 EUR besteht gem. §§ 433 I 2, 434 I 1, 437 Nr. 2 Fall 1, 440, 323 I, 346 I.

### 2. Anspruch aus § 280 I iVm § 311 II Nr. 1

Ein Anspruch des K gegen V könnte sich ferner aus § 280 I iVm § 311 II Nr. 1 (c.i.c.) ergeben.[28]

Im Rahmen der c.i.c. kommt eine Rückgängigmachung des gesamten Vertrags gem. § 249 I als Rechtsfolge grundsätzlich in Betracht. 638

Dies setzt jedoch voraus, dass der Anwendungsbereich der c.i.c. eröffnet ist.

Man könnte fragen, ob die speziellen Vorschriften des Gewährleistungsrechts in den §§ 434 ff. einen Anspruch aus c.i.c. ausschließen. Dafür spricht zum einen die Gesetzessystematik, da das Gewährleistungsrecht mit dem allgemeinen Leistungsstörungsrecht verknüpft ist. Dies legt nahe, dass die Existenz von Vorschriften im Besonderen Teil des Schuldrechtes eine besondere Bedeutung im Hinblick auf ihre Spezialität zum Allgemeinen Teil des Schuldrechtes hat. 639

Auch die Entstehungsgeschichte[29] des § 437 deutet darauf hin. Vor dem 1.1.2002 ging die Rechtsprechung von einer grundsätzlichen Unvereinbarkeit aus, damit eine fahr- 640

27 Vgl. zur Falschlieferung *Brors* JR 2002, 133 ff.; *Lettl* JuS 2002, 866 ff.

28 **Hinweis:** § 328 analog sowie § 311 II stellen ebenso wie § 311 III keine Anspruchsgrundlage dar. Die Normen regeln lediglich das Zustandekommen eines gesetzlichen Schuldverhältnisses, welches von der haftungsbegründenden Norm des § 280 I vorausgesetzt wird.

29 Die Entstehungsgeschichte müssen Sie in der Klausur nicht parat haben.

lässige Pflichtverletzung als Grundlage einer Haftung aus c.i.c. nicht zu einer Umgehung der §§ 460 S. 2, 463 S. 2, 477 I 1 aF führen konnte, die für eine Rückabwicklung eines Kaufvertrags grundsätzlich das Arglisterfordernis aufstellten. Es war deshalb konsequent, ausnahmsweise eine Haftung aus c.i.c., gerichtet auf Rückabwicklung eines Vertrags, dann zuzulassen, wenn der Verkäufer arglistig gehandelt hat. Diesen gewohnheitsrechtlichen Rechtszustand wollte der Gesetzgeber durch die Schuldrechtsreform nicht ändern.

**641** Darüber hinaus würden bei einem Nebeneinander von c.i.c. und Gewährleistungsrecht die kaufrechtlichen Sonderregelungen an Bedeutung verlieren. Außerdem soll der Käufer neben der Möglichkeit, gem. § 437 Nr. 3 Fall 1 iVm § 281 I 1, 3 den sog. kleinen oder großen Schadensersatz zu beanspruchen, über die Regeln der c.i.c. nicht noch zusätzlich einen Anspruch auf Rückabwicklung des Vertrags oder Vertragsanpassung bekommen. Zwar könnte man für die Verkäuferhaftung aus c.i.c. weiterhin geltend machen, dass die Rechtsfolge, der Ersatz des negativen Interesses, im Gewährleistungsrecht keine Anspruchsgrundlage findet.

Allerdings liegt gerade insoweit der Umkehrschluss näher: Weil die §§ 434 ff. das negative Interesse nicht ersetzen, muss darin eine gesetzgeberische Entscheidung ab Gefahrübergang gesehen werden.

**642** Schließlich lässt sich geltend machen, dass für die Anwendung der c.i.c.-Regeln ein wesentliches Argument entfallen ist: Ihre Notwendigkeit wurde vor der Schuldrechtsreform häufig mit der kurzen Verjährung begründet, also mit einem Mangel des Gewährleistungsrechts, der durch § 438 beseitigt ist.

Somit spricht insgesamt mehr dafür, die §§ 434 ff. als abschließende Sonderregelungen für die Rückgängigmachung eines Vertrags aufgrund eines Sachmangels anzusehen. Bei dieser Betrachtungsweise scheidet ein Anspruch des V gem. § 280 I iVm § 311 II Nr. 1 aus.[30]

### 3. Ansprüche aus §§ 812 ff.

**643** Auch bereicherungsrechtliche Ansprüche kommen nicht in Betracht, da durch Rücktritt der Vertrag in ein Abwicklungsverhältnis umgestaltet, jedoch nicht aufgehoben wird. Folglich hat K die 30.000 EUR nicht rechtsgrundlos iSd §§ 812 ff. geleistet.

### 4. Anspruch aus § 831 I

K könnte gegen V allerdings einen Schadensersatzanspruch aus § 831 I haben.

**644** A war als Angestellter weisungsgebunden und somit Verrichtungsgehilfe des V.

Er müsste in Ausübung der Verrichtung den Tatbestand einer unerlaubten Handlung rechtswidrig erfüllt haben.

Da es nicht zu einer Eigentumsverletzung des K gekommen ist, scheidet § 823 I aus. Man könnte an § 823 II iVm § 263 StGB denken. A hat durch Täuschung K zu einem Vertragsschluss veranlasst, den er sonst nicht getätigt hätte. Dies war ihm auch bewusst. Damit verwirklichte er den objektiven und subjektiven Tatbestand des Betruges. Daneben ist die Herbeiführung des Vertragsschlusses durch bewusste Täuschung

30 **Hinweis:** Aber auch die entgegengesetzte Betrachtungsweise wäre hier denkbar.

auch eine sittenwidrige Schädigung des Käufers, der infolge dieser Umstände einen schlechteren Kaufgegenstand für seine Kaufpreiszahlung erhielt, als er erwarten durfte, sodass auch der Tatbestand des § 826 erfüllt ist.

Da A in Ausübung seiner Verrichtung handelte und keine Rechtfertigungsgründe ersichtlich sind, ist der Schadensersatzanspruch begründet.

Der Sachverhalt enthält auch keine Umstände, die für das Gelingen eines Entlastungsbeweises gem. § 831 I 2 sprächen. Deshalb ist gem. dem gesetzlichen Regelfall davon auszugehen, dass V für A haftet. Demzufolge hat V dem K auch aus § 831 I iVm § 249 I die 30.000 EUR zu erstatten.

### 5. Zwischenergebnis

Es besteht ein Anspruch des K auf Rückzahlung der 30.000 EUR aus §§ 433 I 2, 434 I 1, 437 Nr. 2 Fall 1, 440, 323 I, 346 I. Zudem besteht ein Anspruch auf Schadensersatz in derselben Höhe gem. § 831 I.

## II. Ansprüche auf Rückgabe des BMW

Fraglich ist, ob K gegenüber V auch einen Anspruch auf Rückgabe des BMW geltend machen kann.

### 1. Anspruch aus §§ 433 I 2, 434 I 1, 437 Nr. 2 Fall 1, 440, 323 I, 346 I

Ein Anspruch aus §§ 433 I 2, 434 I 1, 437 Nr. 2 Fall 1, 440, 323 I, 346 I auf Rückgabe **645**
des BMW besteht dem Grunde nach (→ Rn. 634 ff.). Allerdings hat V das Fahrzeug bereits weiterveräußert. Damit ist, wie sich aus § 346 II 1 Nr. 2 ergibt, die Herausgabe ausgeschlossen.

### 2. Anspruch aus § 831 I

Die Voraussetzungen des Schadensersatzanspruchs aus § 831 I wurden bereits bejaht **646**
(→ Rn. 644). Allerdings ist dem V eine Naturalrestitution iSd § 249 I infolge der Weiterveräußerung unmöglich, sodass der Anspruch lediglich auf Entschädigung gem. § 251 I gerichtet sein kann.

### 3. Zwischenergebnis

Weitere Ansprüche sind nicht ersichtlich. Folglich kann K im Falle eines Rücktritts sein Begehren auf Herausgabe des BMW nicht durchsetzen.

## III. Ansprüche auf Wert- und Schadensersatz

### 1. Anspruch aus §§ 433 I 2, 434 I 1, 437 Nr. 2 Fall 1, 440, 323 I, 346 II 1 Nr. 2 Fall 2

K kann gem. §§ 433 I 2, 434 I 1, 437 Nr. 2 Fall 1, 440, 323 I, 346 II 1 Nr. 2 Fall 2 **647**
Wertersatz für den BMW verlangen.

### 2. Anspruch aus § 346 IV iVm §§ 280 I, III, 283 iVm § 325

Überdies könnte er von V Schadensersatz statt der ganzen Leistung in Höhe des **648**
Fahrzeugwertes gem. § 346 IV iVm §§ 280 I, III, 283 iVm § 325 verlangen. Ausschlussgründe gem. § 346 III sind nicht ersichtlich.

### a) Pflichtverletzung gem. § 346 IV

649 Fraglich ist die Anwendbarkeit des § 346 IV, obwohl die Herausgabe des Empfangenen infolge der Veräußerung des Pkw bereits vor Ausübung des Rücktritts unmöglich war. Man könnte deshalb eine Rückgewährpflicht nach § 346 I bezweifeln, die Abs. 4 der Norm voraussetzt.

650 Dafür spricht der Wortlaut der Vorschrift. Eine »Pflicht aus Abs. 1« gibt es ebenso wie einen »Gläubiger« erst nach der Ausübung des Rücktrittsrechts. Bei dieser Betrachtungsweise wäre eine Haftung gem. § 346 IV iVm § 280 ausgeschlossen.

651 Andererseits entsteht die Pflicht, das Empfangene zurückzugewähren, durch jeden wirksamen Rücktritt, und zwar unabhängig von ihrer Erfüllbarkeit, also selbst dann, wenn die herauszugebende Sache bereits vor dem Rücktritt untergegangen war.[31]

Im vorliegenden Fall besteht somit ab dem Zeitpunkt der Rücktrittserklärung eine Pflicht des V, den in Zahlung gegebenen BMW zurückzugewähren. Die Erfüllung dieser Pflicht ist ihm zwar infolge der Weiterveräußerung subjektiv unmöglich, § 275 I Fall 1, sein Verhalten stellt aber dennoch eine objektive Pflichtverletzung iSd § 346 IV dar.

### b) Verschulden, §§ 346 IV, 283 S. 1, 280 I 2

652 Fraglich ist jedoch, ob den V ein Verschulden trifft, § 346 IV iVm §§ 283 S. 1, 280 I 2. Dem könnte entgegenstehen, dass er den BMW bereits vor der Ausübung des Rücktritts weiterveräußert hat, also zu einem Zeitpunkt, als er von seiner Rückgewährverpflichtung aus § 346 I keine Kenntnis hatte.[32]

653 Allerdings wird dem V das Wissen des A bezüglich der Eigenschaften des Mercedes gem. § 166 I zugerechnet, sodass der Rücktritt unter Berücksichtigung dieses Umstandes für ihn vorhersehbar war.

Somit besteht ein Anspruch des K gegen V auf Zahlung des Verkehrswertes des BMW aus § 346 IV iVm §§ 280 I, III, 283 iVm § 325.

## 3. Anspruch aus § 831 I

654 Überdies hat V dem K gem. § 831 I iVm § 251 I den Fahrzeugwert zu erstatten (→ Rn. 644).

## 4. Zwischenergebnis

K steht ein Anspruch auf Wertersatz gem. §§ 433 I 2, 434 I 1, 437 Nr. 2 Fall 1, 440, 323 I, 346 II 1 Nr. 2 Fall 2 sowie Schadensersatzansprüche gem. § 346 IV iVm §§ 280 I, III, 283 iVm § 325 und § 831 I zu.

31 Bamberger/Roth/*Grothe* § 346 Rn. 58; Palandt/*Grüneberg* § 346 Rn. 15; zu den unterschiedlichen Ansichten hinsichtlich der zeitlichen Reichweite des § 346 IV vgl. *Meyer* JURA 2011, 244 (245 ff.).

32 **Hinweis:** Anders als beim hier vorliegenden gesetzlichen Rücktrittsrecht stellt sich diese Frage beim vorbehaltenen Rücktritt nicht. Dort müssen die Vertragsparteien jederzeit mit dem Rücktritt der Gegenseite rechnen und unterliegen folglich einem strengeren Haftungsmaßstab (s. hierzu Palandt/*Grüneberg* § 346 Rn. 16).

### IV. Ansprüche des K gegen V auf den Verkaufserlös gem. § 285 I

Fraglich ist, ob K gem. § 285 I auch den von V erzielten Verkaufserlös iHv 9.000 EUR herausverlangen kann. Dazu müsste der V gem. § 285 I infolge des Umstands, aufgrund dessen er die Leistung nach § 275 I–III nicht zu erbringen braucht, für den geschuldeten Gegenstand einen Ersatz oder einen Ersatzanspruch erlangt haben. 655

§ 285 gilt unabhängig vom Rechtsgrund des Anspruchs und findet somit auch auf die im Falle eines Rücktritts bestehende Leistungspflicht aus § 346 I Anwendung.[33] 656

Vorliegend ist diese Leistungspflicht gem. § 275 I Fall 1 entfallen.

V müsste weiterhin aufgrund dessen ein Surrogat, also einen Vermögensvorteil, der wirtschaftlich an die Stelle des geschuldeten Gegenstandes tritt, erlangt haben. Hier hat V den vom Zweiterwerber gezahlten Kaufpreis iHv 9.000 EUR und damit ein Surrogat erhalten. Man könnte allerdings fragen, ob dies infolge der Veräußerung des BMW geschah. V erhielt das Eigentum am Kaufpreis aufgrund der Übereignung des Geldes gem. § 929 S. 1 und nicht durch den Kaufvertrag. Beide Rechtsgeschäfte bilden jedoch eine wirtschaftliche Einheit, die eine Anwendung des § 285 rechtfertigt.[34] 657

Der Verkaufserlös iHv 9.000 EUR, der den Wert des BMW iHv 7.000 EUR um 2.000 EUR übersteigt, steht wertungsmäßig eher dem Gläubiger als dem Schuldner zu. Der Anspruch aus § 285 hat seine praktische Bedeutung vor allem dann, wenn der Ersatz oder Ersatzanspruch den Wert der Gegenleistung übertrifft.

Ein Anspruch des K gegen V aus § 285 I ist somit gegeben, und zwar iHv 9.000 EUR.

### V. Zwischenergebnis für den Fall, dass K den Rücktritt gem. § 349 erklärt

Sollte K vom Vertrag zurücktreten, könnte er die Rückzahlung des Kaufpreises iHv 30.000 EUR verlangen. Daneben besteht wahlweise ein Anspruch auf Wertersatz für den BMW oder auf das stellvertretende commodum iHv 9.000 EUR. Da der K über § 285 sogar den Verkaufserlös iHv 2.000 EUR erhält, wird der Anwalt des K seinem Mandanten raten, anstelle des Wertersatzes iHv 7.000 EUR das stellvertretende commodum zu fordern.

## 2. Teil. Ansprüche nach Anfechtung

Zu prüfen bleiben die Rechtsfolgen einer Anfechtung. 658

### I. Ansprüche auf Zahlung von 30.000 EUR

#### 1. Anspruch aus § 280 I iVm § 311 II Nr. 1

Ein Anspruch aus c.i.c. auf Rückgängigmachung des Vertrags kommt nicht in Betracht, da ansonsten die Wertungen der §§ 434 ff. umgangen würden (→ Rn. 598 ff.).[35] 659

33 NK-BGB/*Dauner-Lieb* § 285 Rn. 2; Palandt/*Grüneberg* § 285 Rn. 3.

34 Palandt/*Grüneberg* § 285 Rn. 7.

35 **Hinweis:** Dabei kommt es nicht darauf an, dass die §§ 434 ff. infolge der Anfechtung nicht anwendbar sind, da es sonst der Getäuschte beeinflussen könnte, welchen Weg er gehen will.

### 2. Anspruch aus § 812 I 2 Fall 1

Ein Anspruch könnte sich aber aus § 812 I 2 Fall 1 ergeben.

660 V hat den Kaufpreis iHv 30.000 EUR durch Leistung des K erlangt. Dies müsste ohne rechtlichen Grund geschehen sein. Rechtlicher Grund ist der einheitliche, gemischte Vertrag aus Kauf und Tausch, der jedoch infolge der Anfechtung gem. § 142 I entfallen sein könnte. Dann müsste zunächst ein Anfechtungsgrund bestehen.

#### a) § 119 II als Anfechtungsgrund

661 K unterlag hinsichtlich Baujahr und technischer Ausstattung des Mercedes einem Irrtum, sodass er eine Anfechtung uU auf § 119 II stützen könnte. Dadurch hätte der Käufer die Möglichkeit, das Rechtsgeschäft nach den Vorschriften des Bereicherungsrechts rückabzuwickeln und eine rücktrittsähnliche Wirkung herbeizuführen, ohne dass die Voraussetzungen des Rücktritts gem. § 437 Nr. 2 Fall 1 vorliegen müssten. Damit würden aber die gewährleistungsrechtlichen Besonderheiten, insbesondere der Vorrang der Nacherfüllung, die Verjährung nach § 438 und § 442 unterlaufen. Hinsichtlich der Beschaffenheit der Kaufsache sind die Gewährleistungsvorschriften somit spätestens ab dem Zeitpunkt ihrer Anwendbarkeit, dh mit Gefahrübergang, Sonderregelungen.

§ 119 II scheidet als Anfechtungsgrund daher aus.

#### b) § 123 I als Anfechtungsgrund

662 Die Anfechtbarkeit des Vertrags könnte sich jedoch aus § 123 I ergeben, sofern der Anfechtungsgrund der arglistigen Täuschung nicht ebenfalls durch die §§ 434 ff. verdrängt wird.

Bei Arglist des Verkäufers droht wegen § 438 III keine Umgehung der gewährleistungsrechtlichen Verjährungsvorschriften, und auch § 442 läuft aufgrund von Abs. 1 S. 2 nicht leer. Da die Fristsetzung gem. § 440 S. 1 Fall 3 wegen Unzumutbarkeit für den Käufer entbehrlich ist (→ Rn. 637), wird der Vorrang der Nacherfüllung auch auf diese Weise nicht umgangen. Zudem lässt sich aus verschiedenen Vorschriften des BGB ein allgemeiner Rechtsgedanke des Inhalts entnehmen, dass der arglistig Handelnde nicht schutzwürdig ist, wie zB die §§ 523 I, 600, 634 a III, 2339 I Nr. 3 zeigen. Schließlich hätte eine Beschränkung des Käufers auf seine Rechte aus § 439 in solchen Fällen, in denen das Bereicherungsrecht günstigere Rechtsfolgen für den Getäuschten vorsieht als das Gewährleistungsrecht, eine Privilegierung der arglistigen Vertragspartei zur Folge, die nicht nur täuscht, sondern auch eine mangelhafte Sache liefert.

§ 123 ist somit neben §§ 434 ff. anwendbar.

663 Eine arglistige Täuschung von Seiten des A liegt vor. V hatte allerdings keine Kenntnis von der Täuschung durch A, sodass die Anfechtbarkeit gem. § 123 II 1 entfallen könnte, falls A als »Dritter« iSd Norm gilt.

Bei enger Auslegung des Wortlautes wäre jede Person außer dem Erklärungsempfänger selbst Dritter. Da die Vorschrift bei einer solchen Betrachtungsweise leer liefe, muss man sie teleologisch dahingehend reduzieren,[36] dass dritte Personen nur solche

36 BGHZ 20, 36; BGH NJW 1974, 1505.

sind, die nicht das Vertrauen des Erklärungsempfängers genießen und ihm auch sonst nach Treu und Glauben nicht zuzurechnen sind.

Da A als Angestellter und Vertreter bei Vertragsschluss maßgeblich an dessen Zustandekommen mitgewirkt hat, ist er nicht Dritter iSd § 123 II 1. Die Anfechtung kann gem. § 124 auch fristgerecht erfolgen, sodass nach der entsprechenden Anfechtungserklärung gem. § 143 I der Vertrag als von Anfang an nichtig anzusehen ist, § 142 I.

V hat deshalb gem. §§ 812 I 2 Fall 1, 818 II Wertersatz iHv 30.000 EUR zu entrichten.

### 3. Anspruch aus § 831 I

Ein Schadensersatzanspruch gem. § 831 I iHv 30.000 EUR ist gegeben (s. → Rn. 644). **664**
Diesbezüglich gilt bei Anfechtung nichts anderes als im Falle des Rücktritts.

### 4. Zwischenergebnis

V hat dem K gem. §§ 812 I 2 Fall 1, 818 II Wertersatz iHv 30.000 EUR zu leisten. Zudem besteht ein Anspruch auf Schadensersatz iHv 30.000 EUR aus § 831 I.

## II. Ansprüche auf Rückgabe des BMW

### 1. Anspruch aus § 985

Einem Anspruch aus § 985 steht bereits entgegen, dass V nicht mehr Besitzer des **665**
Fahrzeugs ist.

### 2. Anspruch aus § 812 I 2 Fall 1

Ein Bereicherungsanspruch auf Herausgabe des Fahrzeugs scheidet wegen der Wei- **666**
terveräußerung ebenfalls aus.

### 3. Anspruch aus § 831 I

Auch § 831 I iVm § 249 I ist nicht einschlägig (→ Rn. 644). **667**

### 4. Zwischenergebnis

Folglich kann K die Herausgabe des BMW auch nach erfolgter Anfechtung nicht verlangen.

## III. Ansprüche auf Ersatz für den BMW

### 1. Anspruch aus §§ 989, 990 I 1

Es könnte ein Schadensersatzanspruch in Höhe des Fahrzeugwertes gem. §§ 989, 990 I 1 gegeben sein.

#### a) Vindikationslage

Dann müsste im Zeitpunkt der Verletzungshandlung, also der Veräußerung des Fahrzeuges durch V, eine Vindikationslage bestanden haben.

668 Fraglich ist, ob K noch Eigentümer des BMW war. Das wäre nur zu bejahen, wenn die Anfechtung des K auch die dingliche Einigung erfasste, § 142 I. Grundsätzlich berührt die Anfechtung des Grundgeschäfts das Erfüllungsgeschäft aber nicht. Das folgt aus dem Abstraktionsprinzip. Erfasst jedoch der Grund, der den Kaufvertrag anfechtbar macht, auch die dingliche Einigung, so unterliegt auch diese der Anfechtung.[37] Im Falle einer arglistigen Täuschung ist dies regelmäßig der Fall.[38] K hätte keine Einigungserklärung gem. § 929 S. 1 abgegeben, wenn er die näheren Umstände des Kaufgegenstandes gekannt hätte.

Die Anfechtungserklärung gem. § 143 I kann in einem solchen Fall demnach auch auf das Erfüllungsgeschäft erstreckt werden. K war dann aufgrund dessen Nichtigkeit zum Zeitpunkt der Veräußerung noch Eigentümer, § 142 I.

669 V hatte im Zeitpunkt der Weiterveräußerung Besitz am BMW. Wegen der rückwirkenden Nichtigkeit gem. § 142 I fehlte ihm ein Recht zum Besitz iSd § 986 I 1.

Eine Vindikationslage war somit im Zeitpunkt der Weiterveräußerung gegeben.

### b) Verschulden, § 989

670 V hat den BMW vorsätzlich verkauft, sodass er ihn infolge eigenen Verschuldens iSd § 276 I 1 nun nicht mehr an K herausgeben kann.

### c) Guter Glaube, § 990 I 1

671 Zu klären bleibt, ob V im Zeitpunkt des Besitzerwerbs an dem Gebrauchtwagen nicht in gutem Glauben war, § 990 I 1.

672 V selbst hatte keine Kenntnis von den Umständen, wohl aber hat A den K arglistig getäuscht. Fraglich ist, ob und auf welcher Grundlage eine Wissenszurechnung im Rahmen des § 990 I 1 erfolgt. In Betracht käme, dem V das Wissen des A über die Wertung des § 278, § 831 oder § 166, jeweils in analoger Anwendung, zuzurechnen. Für all diese dogmatischen Ansätze bestehen im einzelnen Argumente.[39]

Eine Entscheidung kann jedoch hier deshalb ausbleiben, weil A im Verhältnis zu V sowohl Erfüllungsgehilfe als auch Verrichtungsgehilfe sowie Vertreter iSd soeben aufgeführten Normen ist, sodass eine Wissenszurechnung in jedem Fall erfolgt.

Da die Voraussetzung des § 990 I 1 damit gegeben ist, steht V ein Schadensersatzanspruch aus §§ 989, 990 I 1 iVm § 249 I in Höhe des Fahrzeugwertes zu.

## 2. Anspruch aus §§ 687 II 1, 678

673 Weiterhin könnte K einen Anspruch aufgrund angemaßter Fremdgeschäftsführung geltend machen. Schadensersatz hat gem. §§ 687 II 1, 678 derjenige zu leisten, der ein fremdes Geschäft als sein eigenes behandelt und seine Nichtberechtigung kennt.

Fremdes Geschäft iSd §§ 687 II 1 iVm § 677 ist ein objektiv fremdes Geschäft, dh dasjenige, für das die Rechtsordnung eine andere Zuständigkeit begründet als die des

37 Sog. Fehleridentität.
38 BGH DB 1966, 818; Palandt/*Ellenberger* Überbl. v. § 104 Rn. 23.
39 Vgl. *Medicus/Petersen* BürgerlR Rn. 581.

Geschäftsführers.[40] Die Veräußerung fremder Sachen durch einen Nichtberechtigten ist ein solches fremdes Geschäft. Mangels wirksamer Übereignung war V nicht Eigentümer und somit Fremdgeschäftsführer.

Von seiner Nichtberechtigung hatte V auch Kenntnis, § 166 I iVm § 142 II, wie bereits ausgeführt wurde (→ Rn. 671 f.).

V ist daher gem. §§ 687 II 1, 678 zum Schadensersatz in Höhe des Fahrzeugwertes verpflichtet, § 249 I.

### 3. Anspruch aus § 812 I 2 Fall 1

K könnte zudem einen Anspruch auf Wertersatz gem. §§ 812 I 2 Fall 1, 818 II geltend machen, sofern die Sperrwirkung des § 993 I 2. Hs. dem nicht entgegensteht.

Da Rechtsfolge des hier geprüften Anspruchs Wertersatz, nicht aber Schadensersatz oder der Ersatz von Nutzungen ist, kommt eine Anwendung neben den das Eigentümer-Besitzer-Verhältnis regelnden Vorschriften grundsätzlich infrage, § 993 I 2. Hs. Der Ausschluss von Bereicherungsansprüchen durch die §§ 987 ff. erstreckt sich nicht auf solche, die sich aus einer Verletzung der Sachsubstanz, etwa durch Weiterveräußerungen, ergeben.[41] 674

Da eine Herausgabe des BMW nicht möglich ist, hat V dem K gem. § 818 II den Fahrzeugwert zu ersetzen. 675

Darin ist der Erlösgewinn des V nicht enthalten. Die 2.000 EUR können auch nicht als gezogene Nutzung des BMW iSd § 818 I angesehen werden, da Nutzungen gem. § 100 voraussetzen, dass die Sache erhalten bleibt.

### 4. Anspruch aus §§ 812 I 2 Fall 1, 818 IV, 819 I, 292 I, 989

Außerdem besteht möglicherweise ein Anspruch des K gegen V auf Schadensersatz in Höhe des Fahrzeugwertes gem. §§ 812 I 2 Fall 1, 818 IV, 819 I, 292 I, 989.

Da V die Kenntnis des A zugerechnet werden kann, wusste er um den Mangel des rechtlichen Grundes, § 166 I iVm § 142 II. V haftet deshalb gem. § 818 IV iVm § 819 I nach den allgemeinen Vorschriften, zu denen auch § 292 I gehört. Dieser verweist im Falle der Unmöglichkeit der Herausgabe auf § 989. 676

Ein Verschulden im Sinne der Norm liegt vor. Somit ist eine Haftung des V gem. §§ 812 I 2 Fall 1, 818 IV, 819 I, 292 I, 989 zu bejahen.

### 5. Anspruch aus §§ 819 I, 818 IV, 292 I, 989

Zum gleichen Ergebnis gelangt man über §§ 819 I, 818 IV, 292 I, 989, die eine eigene Anspruchsgrundlage darstellen. 677

### 6. Anspruch aus § 831 I

K könnte überdies gegen V einen Schadensersatzanspruch aus § 831 I haben. Da die Anspruchsvoraussetzungen bereits bejaht wurden → Rn. 644, → Rn. 654), bleibt nur 678

40 *Medicus/Petersen* BürgerlR Rn. 408; *Looschelders* SchuldR BT Rn. 842.

41 BGHZ 14, 7; *Medicus/Petersen* BürgerlR Rn. 597.

noch zu klären, ob die Vorschriften des Eigentümer-Besitzer-Verhältnisses der Haftung aus der genannten Norm entgegenstehen.

679 Dies ist grundsätzlich gem. § 993 I Hs. 2 der Fall, vorliegend aber uU deshalb nicht, weil sich A eines Betruges iSd § 263 I StGB schuldig gemacht hat, sodass die Voraussetzungen des § 992 Fall 2 gegeben sein könnten.

Dies würde allerdings voraussetzen, dass die Straftat des A dem V zuzurechnen ist. Da es hierbei nicht um die Zurechnung von Kenntnis, sondern um die eines rechtswidrigen Verhaltens geht, ist die Wertung des § 831 heranzuziehen.[42]

Da die Voraussetzungen der Norm vorliegen, wird der Betrug des A dem V im Rahmen des § 992 zugerechnet, sodass V auch gem. § 831 I einem Schadensersatzanspruch in Höhe des Fahrzeugwertes ausgesetzt ist, § 249 I.

#### 7. Zwischenergebnis

K kann Wertersatz für den BMW gem. §§ 989, 990 I 1 sowie §§ 687 II 1, 678 verlangen. Zudem sind §§ 812 I 2 Fall 1, 818 II und §§ 812 I 2 Fall 1, 818 IV, 819 I, 292 I, 989 sowie §§ 819 I, 818 IV, 292 I, 989 gegeben. Schließlich steht K ein Schadensersatzanspruch aus § 831 I zu.

### IV. Ansprüche auf den Verkaufserlös

Fraglich ist, ob K auch im Falle der Anfechtung den Verkaufserlös fordern kann.

#### 1. Anspruch aus §§ 687 II 1, 681 S. 2, 667

680 Ein Anspruch gem. §§ 687 II 1, 681 S. 2, 667 auf Herausgabe des aus der Geschäftsführung Erlangten, also des kompletten Verkaufserlöses samt Gewinn iHv 2.000 EUR, besteht. Diesbezüglich wird auf die Ausführungen zu §§ 687 II 1, 678 verwiesen (→ Rn. 673).

#### 2. Anspruch aus §§ 812 I 2 Fall 1, 818 IV, 819 I iVm § 285

681 K kann im Anfechtungsfalle den Verkaufserlös von V auch gem. §§ 812 I 2 Fall 1, 818 IV, 819 I, 292 I (→ Rn. 676) iVm § 285 herausverlangen, da § 285 eine allgemeine Vorschrift iSd § 818 IV darstellt.

#### 3. Anspruch aus §§ 819 I, 818 IV, 292 I iVm § 285

682 Dasselbe ergibt sich aus §§ 819 I, 818 IV, 292 I iVm § 285 (→ Rn. 677).

#### 4. Anspruch aus § 816 I 1

683 Ein Anspruch des K gegen V könnte zudem gem. § 816 I 1 bestehen. § 816 wird durch die §§ 987 ff. nicht verdrängt,[43] weil die Konkurrenz zum Bereicherungsrecht sich wiederum nur auf die Herausgabe der Früchte bezieht, nicht aber auf die Sachsubstanz.[44]

42 Staudinger/*Gursky*, 2013, § 992 Rn. 18 (**Hinweis:** § 831 ist also zweimal zu prüfen: zunächst als Zurechnungsnorm im Rahmen des § 992 und anschließend als eigentliche Anspruchsgrundlage).

43 BGH WM 1970, 1297; Palandt/*Bassenge* Vorbem. § 987 Rn. 15.

44 Staudinger/*Gursky*, 2013, Vorbem. 43 zu § 987.

V müsste als Nichtberechtigter über den BMW eine gegenüber K wirksame Verfügung getroffen haben.

### a) Nichtberechtigter

V war Nichtberechtigter, da die dingliche Einigung gem. § 142 I als von Anfang an nichtig anzusehen ist und somit der BMW nicht von K an V übereignet wurde (→ Rn. 668). 684

### b) Wirksame Verfügung

Die Verfügung war gegenüber dem Berechtigten K wirksam, weil der Zweiterwerber das Fahrzeug entweder gem. §§ 929 S. 1, 932 gutgläubig erworben oder aber K die Weiterveräußerung konkludent durch die Geltendmachung des Anspruchs aus § 816 I 1 mit Rückwirkung gem. §§ 185 II 1 Fall 1, 184 I genehmigt hat.[45] 685

### c) Rechtsfolge

Demnach muss V das aus der Verfügung Erlangte herausgeben. Fraglich ist, ob diese Verpflichtung auch den erzielten Gewinn einbezieht. Dies hängt davon ab, wem das Verhandlungsgeschick des nichtberechtigten Veräußerers zugutekommen soll.

Nach grammatikalischer Auslegung der Norm erlangt der Nichtberechtigte durch die Veräußerung die Befreiung von der Pflicht zur Übereignung aus dem von ihm mit dem Erwerber geschlossenen Kaufvertrag, §§ 433 I 1, 362 I. Dem entspräche die Herausgabe des Gegenstandswertes, nicht aber diejenige des erzielten Kaufpreises. In die gleiche Richtung geht ein Vergleich mit § 812 I 1, der ebenfalls das »Erlangte« als Anspruchsgegenstand kennt, für das man im Falle der Unmöglichkeit der Herausgabe gem. § 818 II Wertersatz zu leisten hat. Dieses Ergebnis erscheint auch aus systematischer Sicht gerechtfertigt, da ein Anspruch auf Gewinnherausgabe vom Nichtberechtigten sonst nur unter den strengeren Voraussetzungen der §§ 687 II 1, 681 S. 2, 667 oder der §§ 812 I 2 Fall 1, 818 IV, 819 I, 292 I iVm § 285 bzw. der §§ 819 I, 818 IV iVm § 285 besteht. 686

Andererseits müsste diese Betrachtungsweise »das Erlangte« iSd § 816 I 1 anders auffassen als in § 285 I, der den Veräußerungserlös ersetzt. 687

Letztlich handelt es sich um eine Wertungsfrage. Für die Herausgabe des erzielten Gewinns spricht, dass der Bereicherungsschuldner im Falle des Weiterverkaufs unter Preis gem. § 818 III entreichert wäre. Trägt der Bereicherungsgläubiger also das Risiko für Verlustverkäufe, erscheint es sachgerecht, ihm im umgekehrten Fall den gesamten erzielten Erlös zu gewähren.[46] 688

K hat daher aus § 816 I 1 einen Anspruch auf Zahlung von 9.000 EUR.

45 **Hinweis:** Genehmigt werden nur die Rechtsfolgen der Veräußerung, nicht hingegen die Verfügung als Ganzes. Anderenfalls wäre V nämlich Berechtigter, sodass ein Anspruch aus § 816 I 1 ausscheiden müsste.
Die Genehmigung wirkt sich wegen dieser nur begrenzten Rückwirkung auch nicht auf die Ansprüche aus, die infolge der angemaßten Fremdgeschäftsführung bestehen.

46 So auch die Rspr., vgl. BGHZ 29, 157 (159); zum Problem vgl. *Medicus/Petersen* BürgerlR Rn. 720 ff.

### 5. Zwischenergebnis

K kann den Verkaufserlös von V gem. §§ 687 II 1, 681 S. 2, 667 herausverlangen. Zudem bestehen bereicherungsrechtliche Ansprüche aus §§ 812 I 2 Fall 1, 818 IV, 819 I, 292 I iVm § 285, aus §§ 819 I, 818 IV, 292 I iVm § 285 sowie aus § 816 I 1.

### V. Zwischenergebnis für den Fall, dass K die Anfechtung gem. § 143 I erklärt

Sollte K den Vertrag anfechten, könnte er die bezahlten 30.000 EUR zurückverlangen. Daneben besteht wahlweise ein Anspruch auf Wertersatz für den BMW oder auf den Erlös des Weiterverkaufs.

## 3. Teil. Gesamtergebnis

Damit finden sich in der Rechtsfolge keine Unterschiede zwischen Anfechtung und Rücktritt. Folglich wird R bei der Ermittlung des günstigeren Gestaltungsrechts vorrangig andere Aspekte berücksichtigen.

### I. Kein Entreicherungsrisiko

689 Gegen eine Anfechtung könnte sprechen, dass im Rahmen von Ansprüchen aus §§ 812 ff. der Bereicherungsgläubiger das Entreicherungsrisiko trägt, § 818 III. Allerdings besteht diese Gefahr im konkreten Fall deshalb nicht, weil V aufgrund der Kenntnis des A vom Mangel des rechtlichen Grundes, die ihm gem. §§ 166 I, 142 II zugerechnet wird, verschärft haftet. Zudem bestehen im Falle einer Anfechtung nicht nur bereicherungsrechtliche Ansprüche, sondern auch solche aus GoA (→ Rn. 673, → Rn. 680), §§ 989, 990 I 1 (→ Rn. 627 ff.) sowie § 831 (→ Rn. 664, → Rn. 678 f.), die das Entreicherungsproblem nicht entstehen lassen.

### II. Verjährung und Ausschlussfristen

690 Für einen Rücktritt könnten allerdings zeitliche Aspekte sprechen. Daran anschließende Ansprüche unterliegen nicht der kurzen zweijährigen Verjährungsfrist des § 438 I Nr. 3, sondern – ebenso allerdings die Ansprüche nach erfolgter Anfechtung – der dreijährigen Regelverjährung des § 195. Dies folgt einerseits aus § 438 I, der keine abweichende Regelung für den Anspruch nach Rücktritt enthält, andererseits auch daraus, dass solche Ansprüche nicht auf § 437 beruhen.[47]

691 Unterschiede ergeben sich jedoch hinsichtlich des Zeitpunkts der Ausübung von Anfechtung bzw. Rücktritt. Während der Rücktritt bis zu zwei Jahre nach Ablieferung der Kaufsache erklärt werden kann, §§ 438 IV 1, 218 I 1 iVm § 438 I Nr. 3, II, gilt für die Anfechtung die einjährige Ausschlussfrist des § 124 I, die allerdings an die Kenntnis anknüpft.

Folglich wird R dem K raten, den Rücktritt vom Vertrag zu erklären, um die danach entstehenden Ansprüche geltend zu machen.

47 Palandt/*Weidenkaff* § 438 Rn. 20.

## Fall 12: »Alles Käse«

### Ausgangsfall: 692

K kauft im Supermarkt des Einzelhändlers E am Samstagmorgen den Familienbedarf an Lebensmitteln für das Wochenende ein. Unter anderem erwirbt er 20 Packungen Joghurt zum Preis von 9 EUR und zwei Packungen französischen Weichkäse für 4 EUR.

Noch bevor er den Käse am Abend zum Verzehr öffnet, hört er in den Nachrichten, dass das Bundesgesundheitsamt (BGA) in einer bereits am Freitagnachmittag veröffentlichten Mitteilung vor dem Verzehr bestimmter Sorten französischen Weichkäses gewarnt hat, weil der Verdacht bestehe, dass diese mit einer gesundheitsgefährdenden Bakterienart verseucht seien. K stellt fest, dass der von ihm erworbene Käse zu den genannten Sorten gehört und verzichtet daraufhin auf den Verzehr.

Mit umso größerem Appetit will K danach den Verschluss eines Joghurtbechers aufreißen, als er bemerkt, dass das Mindesthaltbarkeitsdatum am Freitag abgelaufen ist. Er lässt die Packung daher ungeöffnet, um sie beim Händler reklamieren zu können.

Am Montag erscheint K und möchte gegen Rückgabe der Käse- und Joghurtpackungen den Kaufpreis erstattet erhalten. E weigert sich und ist auch unter keinen Umständen dazu bereit, erneut zu liefern. Hinsichtlich des Käses weist er darauf hin, dass sich solche Warnungen schon oft als voreilig erwiesen hätten und K deshalb die weitere Entwicklung abwarten solle. Im Hinblick auf den Joghurt meint er, K hätte die Packungen überprüfen sollen, um festzustellen, ob sie wirklich verdorben gewesen seien.

K reißt daraufhin empört mehrere Joghurtbecher auf und hält E deren Inhalt unter die Nase. Der Joghurt ist verdorben. Trotzdem beharrt E auf seinem Standpunkt, da K nicht sicher sein könne, dass der Joghurt bereits am Samstag verdorben gewesen sei.

**Frage 1: Hat K einen Anspruch auf Erstattung des Kaufpreises?**

### Abwandlung 1:

E, dessen Firma in das Handelsregister eingetragen ist, hatte den von K erworbenen Joghurt am Samstagmorgen gegen 5 Uhr vom Großhändler G-GmbH in einer Lieferung von 300 Paletten zum Gesamtpreis von 900 EUR wie üblich ohne vorherige Besichtigung gekauft und dann durch den Angestellten A vom Lager des G abtransportieren lassen, der die Ware nicht untersucht hat. Das Mindesthaltbarkeitsdatum war aber, wie E am Montagmorgen bei einer Überprüfung der Restbestände aufgrund von Kundenreklamationen feststellte, bei ca. 20% der Packungen bereits am Freitag abgelaufen.

Kann E Rückzahlung des Gesamtpreises iHv 20% oder zumindest Nachlieferung verlangen, wenn er die Joghurtpackungen am Montagmorgen gegenüber G hinsichtlich der Mindesthaltbarkeitsdaten gerügt hat?

**Frage 2: Hat E Ansprüche gegen den Großhändler?**

**Abwandlung 2:**

Von dem französischen Weichkäse hatte E ebenfalls am Samstagmorgen 300 Stück zum Preis von 300 EUR von G erworben. Kann E die Rückzahlung des Kaufpreises verlangen, wenn er die Unverkäuflichkeit der Ware sofort per Fax gerügt hatte, nachdem er hiervon am Samstagmittag in den Radionachrichten erfuhr?

**Frage 3: Hat E Ansprüche auf Rückzahlung des Kaufpreises?**

## A. Vorüberlegungen

Der Fall verbindet Fragen des allgemeinen Kaufrechts mit den Rechtsproblemen des Verbrauchsgüterkaufs[1] sowie des Handelskaufs. Dabei ist die Verbindung mit dem Leistungsstörungsrecht des allgemeinen Schuldrechts stets im Auge zu behalten. 693

In allen drei Varianten steht die Beurteilung von Sachmängeln im Vordergrund. Dabei sollte streng nach dem Gesetz geprüft werden: Gab es eine vereinbarte Beschaffenheit, war die nach dem Vertrag vorausgesetzte oder die gewöhnliche Verwendung der Ware beeinträchtigt? Diese Probleme sind für Joghurt und Käse unterschiedlich zu beachten, und im Falle des K muss man berücksichtigen, dass die Ware verzehrt, im Falle des E, dass sie weiterverkauft werden sollte. Mängel bei Lebensmitteln lassen sich relativ leicht begründen, wenn diese zum Verbrauch nicht mehr geeignet sind. Die Besonderheit der Aufgabenstellung besteht aber in der Prüfung, ob der »Ablauf der Mindesthaltbarkeit« und die »Verzehrwarnung« einem solchen Tatbestand gleichzusetzen sind. Dabei wird der Bearbeiter eine Abwägung im Hinblick auf die Interessen der Parteien vornehmen müssen.

1 Vgl. zu aktuellen Problemen im Zusammenhang mit dem Verbrauchsgüterkauf *Lettl* JA 2009, 241 ff.; *Herrler/Tomasic* ZIP 2009, 181 ff.; *Najdecki* ZGS 2009, 155 ff.; *Herrler* NJW 2009, 1845 ff.

## B. Lösung

### Frage 1:

### 1. Teil. Ansprüche des K gegen E auf Rückzahlung des Kaufpreises für 20 Packungen Joghurt iHv 9 EUR

### I. Anspruch aus §§ 433 I 2, 434 I, 437 Nr. 2 Fall 1, 323 I, 346 I

**1.** K und E haben einen Kaufvertrag über 20 Packungen Joghurt geschlossen.

694 **2.** E könnte K gem. § 346 I zur Rückgewähr des empfangenen Kaufpreises verpflichtet sein, wenn K gem. § 437 Nr. 2 Fall 1 iVm §§ 323 I, 349 den Rücktritt verlangt hat und dazu auch berechtigt war.

Indem K gegenüber E gegen Rückgabe der gekauften Sache die Erstattung des Kaufpreises begehrte, gab er die erforderliche Rücktrittserklärung gem. § 349 ab.

Fraglich ist aber, ob K dazu berechtigt war.

695 **a)** Dem Käufer steht in erster Linie ein Anspruch auf unentgeltliche Nacherfüllung, § 439 I, zu. Erst nachdem der Käufer dem Verkäufer erfolglos eine Frist zur Nacherfüllung gesetzt hat, darf er gem. § 437 Nr. 2 Fall 1 iVm § 323 I zurücktreten. Eine Fristsetzung ist jedoch gem. § 323 II Nr. 1 entbehrlich, wenn der Schuldner die Leistung ernsthaft und endgültig verweigert. Hier lehnt es E ab, neu zu leisten, sodass die Notwendigkeit einer Fristsetzung entfallen ist.

696 **b)** Ein Anspruch auf Rückzahlung des Kaufpreises setzt gem. § 437 Nr. 2 einen Sachmangel iSd § 434 voraus. Ein solcher könnte zum einen im Ablauf des Haltbarkeitsdatums, zum anderen in der Unbrauchbarkeit des Joghurts zum Verzehr liegen.

**aa)** Bei dem von K erworbenen Joghurt war zum Zeitpunkt des Kaufs und damit des Gefahrübergangs gem. § 446 S. 1 das auf der Packung aufgedruckte Mindesthaltbarkeitsdatum überschritten. Dies könnte einen Mangel darstellen.

697 **(1)** In erster Linie kommt es für die Mangelfreiheit der Sache gem. § 434 I 1 auf die vereinbarte Beschaffenheit an.

Man könnte deshalb daran denken, ob die Parteien bei Vertragsschluss vereinbart haben, dass die Haltbarkeitsdauer noch nicht abgelaufen ist. K und E haben sich jedenfalls nicht ausdrücklich über eine besondere Beschaffenheit geeinigt; eine Beschaffenheitsvereinbarung kann allerdings auch stillschweigend getroffen werden.[2]

Besondere Umstände aus dem Kaufvertragsschluss zwischen E und K sind nicht erkennbar, sodass eine typisierende Auslegung gem. § 157 vorzunehmen ist.

Ob eine konkludente Einigung über eine Eigenschaft der Kaufsache dahingehend erzielt wurde, dass das Mindesthaltbarkeitsdatum nicht überschritten wurde, hängt zunächst davon ab, ob ein solches Haltbarkeitsdatum überhaupt der Beschaffenheit einer Sache zuzurechnen ist. Deren Begriff umfasst die der Sache anhaftenden Eigenschaften und ist insofern mit dem tatsächlichen Zustand der Sache gleichzusetzen.[3] Durch die Angabe des Mindesthaltbarkeitsdatums wird der Verbraucher über den

2 Palandt/*Weidenkaff* § 434 Rn. 17.

3 Palandt/*Weidenkaff* § 434 Rn. 10; umfassend zum Begriff der Beschaffenheit *Looschelders* SchuldR BT Rn. 38.

Zeitpunkt unterrichtet, bis zu dem dieses Lebensmittel unter angemessenen Aufbewahrungsbedingungen seine spezifischen Eigenschaften behält.[4] Das aufgedruckte Datum könnte insoweit also ein formalisiertes Kennzeichen für die Unterscheidung zwischen frischer und nicht frischer Ware sein.[5] Andererseits ist zu beachten, dass diese Angabe nicht notwendigerweise eine Aussage über die einwandfreie Beschaffenheit des Lebensmittels einschließt. Die Überschreitung des Mindesthaltbarkeitsdatums führt nicht zwangsläufig zu einer Veränderung des Lebensmittels. Deshalb stellt die Angabe lediglich eine Information für den Verbraucher dar.[6]

K und E haben folglich keine bestimmte Beschaffenheit des Kaufgegenstandes vereinbart. Die Annahme eines Sachmangels nach § 434 I 1 kommt daher nicht in Betracht.

**(2)** Die Kaufsache könnte allerdings iSd § 434 I 2 Nr. 1 mangelhaft sein, sofern sie sich nicht für die nach dem Vertrag vorausgesetzte Verwendung eignete. **698**

Der vertraglich vorausgesetzte Gebrauch eines Lebensmittels und damit hier des Joghurts liegt in seinem Verzehr, allerdings innerhalb der Haltbarkeitsfrist.[7] Insofern lässt sich in Folge des Verbrauchs nach Ablauf dieser Frist kein Mangel begründen. Man könnte aber daran denken, dass die Parteien in derartigen Fällen – ebenso wie bei Produkten, die ohne Haltbarkeitsdatum verkauft werden – stillschweigend darüber hinaus vereinbaren, dass es generell zur Verwendung eines Lebensmittels gehört, es gefahrlos verzehren zu können. Eine solche Annahme widerspräche jedoch der Gesetzessystematik: Sähe man den gefahrlosen Verzehr stets als stillschweigend vereinbart an, könnte keine Abgrenzung mehr zur gewöhnlichen Verwendung iSd § 434 I 2 Nr. 2 getroffen werden; beide Tatbestände wären deckungsgleich. Dies kann der Gesetzgeber nicht gewollt haben. Ein Mangel gem. § 434 I 2 Nr. 1 entfällt also.

**(3)** Der Ablauf des Mindesthaltbarkeitsdatums könnte aber dementsprechend einen Sachmangel iSd § 434 I 2 Nr. 2 begründen. Ergibt sich daraus der Verdacht oder jedenfalls das erhöhtes Risiko, dass die Ware nicht mehr einwandfrei zum Verzehr geeignet ist,[8] wäre damit uU bereits die Tauglichkeit zur gewöhnlichen Verwendung, dh dem Verzehr der Ware, aufgehoben oder zumindest gemindert. **699**

Voraussetzung dafür ist aber, dass der Verdacht eines Mangels dem Mangel der Sache gleich steht.[9] Dies ergibt sich im Wege der Auslegung gem. § 157. Es ist also zu fragen, wie die Kennzeichnung »mindestens haltbar bis« verstanden werden muss. Aus der Formulierung »mindestens« ergibt sich, dass nach Aussagen des Herstellers die Ware regelmäßig auch über das Datum hinaus verwendet werden kann. Während der Hersteller für die Haltbarkeit bis zum Ablauf des Datums einstehen will, wissen die Parteien des Kaufvertrags danach nicht sicher, ob das Lebensmittel noch gebrauchsfähig ist oder nicht. Der Verkäufer könnte diesem Umstand dadurch begegnen, dass er solche Waren nicht mehr verkauft. Der Käufer hingegen kann einem eventuellen Risiko dadurch entgehen, dass er sich beim Kauf der Ware über das Mindesthaltbarkeitsdatum vergewissert und bei Überschreitung jedenfalls vom Kauf absieht. Wenn **700**

4 Vgl. Legaldefinition des § 7 I Lebensmittel-Kennzeichnungsverordnung v. 6.9.1984, BGBl. I 1221.
5 S. *Köhler* DB 1985, 215.
6 So auch *Meyer* BB 1987, 287 (290); aA ohne Begründung *Köhler* DB 1985, 215.
7 Palandt/*Weidenkaff* § 434 Rn. 22.
8 *Looschelders* SchuldR BT Rn. 42.
9 Vgl. hierzu *Faust,* FS Picker, 2010, 185 ff.

er die Ware ungeachtet dessen kauft, so muss er in der Folgezeit abschätzen, wie viel Zeit seit dem Verfallsdatum vergangen ist und ob eine Ware innerhalb dieses Zeitraumes verdirbt oder jedenfalls an Geschmack verliert. Verteilt man die Risiken der Parteien gerecht, so ergibt sich daraus, dass der Verkäufer mit den Rechtsfolgen der Fristüberschreitung von dem Zeitpunkt an belastet sein muss, an dem derartige Waren erfahrungsgemäß ihre Haltbarkeit verlieren. Wenn er sie dann noch anbietet, so sind diese Lebensmittel fehlerhaft. In dem Zwischenzeitraum zwischen Ablauf des Verfallsdatums und dem voraussichtlichen Verderb der Ware handelt der Käufer dagegen gleichsam »auf eigene Gefahr«.[10]

Hier war das Mindesthaltbarkeitsdatum auf den Joghurtbechern seit einem Tag abgelaufen. Erfahrungsgemäß verdirbt Joghurt in dieser Zeitspanne noch nicht, sodass allein aufgrund des Ablaufs des Haltbarkeitsdatums noch nicht zwingend auf einen Sachmangel der Ware nach § 434 I 2 Nr. 2 geschlossen werden kann. Die Ware war zu diesem Zeitpunkt noch zur gewöhnlichen Verwendung geeignet.

701 **bb)** Den Joghurtpackungen könnte aber deshalb ein Sachmangel iSd § 434 I 2 Nr. 2 anhaften, weil die Ware uU bereits zum Zeitpunkt der Übergabe an K verdorben war.

Es bestehen keine Erfahrungssätze darüber, mit wie großer Wahrscheinlichkeit Joghurt bei einer kurzfristigen Überschreitung der Haltbarkeitsgrenze generell bereits verdorben ist. Deshalb schließt sich die Frage an, wer das Risiko der Nichterweislichkeit dieses Umstandes trägt.

702 Die fehlende Aufklärbarkeit des Sachverhalts im Hinblick auf einen Sachmangel zum Zeitpunkt der Übergabe trägt grundsätzlich der beweispflichtige Käufer, weil er daraus Ansprüche ableitet oder vom Vertrag zurücktreten will. Dies entspricht der gesetzlichen Wertung in § 363.[11]

703 Allerdings könnte sich etwas anderes aus § 476 ergeben. Die Vorschrift stellt für den Käufer eines Verbrauchsgutes eine Vermutung für die Mangelhaftigkeit der Ware bei Gefahrübergang auf, falls der Mangel sich innerhalb einer Frist von sechs Monaten nach Gefahrübergang zeigt.

704 Gem. § 474 I setzt die Anwendung des § 476 einen Verbrauchsgüterkauf voraus, also einen Kaufvertrag, den ein Verbraucher iSd § 13 mit einem Unternehmer iSd § 14 über eine bewegliche Sache schließt.

K ist eine natürliche Person und hat das Rechtgeschäft nicht im Rahmen einer gewerblichen Tätigkeit abgeschlossen, sodass er die Voraussetzungen des § 13 erfüllt. E hat den Kaufvertrag mit K hingegen in Ausübung seiner gewerblichen Tätigkeit als Einzelhändler abgeschlossen und ist demzufolge Unternehmer iSd § 14. Da es sich bei den Joghurtpackungen auch um bewegliche Sachen handelt, ist die Vorschrift des § 476 grundsätzlich anwendbar.

705 Die Vermutungswirkung tritt allerdings gem. § 476 Hs. 2 dann nicht ein, wenn sie entweder mit der Art des Kaufgegenstandes oder mit der Art des Mangels in Widerspruch steht. Dies ist dann der Fall, wenn der Mangel mit außergewöhnlicher Wahr-

10 S. auch *Meyer* BB 1987, 287 (290); aA *Michalski/Riemenschneider* JURA 1995, 90 (92), die in der bloßen Überschreitung des Mindesthaltbarkeitsdatums einen Mangel sehen.

11 Vgl. auch Staudinger/*Olzen*, 2011, § 363 Rn. 6 f.

scheinlichkeit erst nach Gefahrübergang entstand. Die genannte Ausnahme betrifft deshalb vor allem Verbrauchsgegenstände mit kurzfristiger Nutzung oder Lebensdauer und damit insbesondere Lebensmittel.[12] Deshalb greift die Beweislast für Joghurt, der unter keinen Umständen eine Haltbarkeitsdauer von einem halben Jahr hat, nicht ein.

**cc)** Zuletzt könnte sich ein Mangel daraus ergeben, dass der Wert der Ware zur Zeit 706
des Gefahrübergangs vermindert war, weil Frischwaren, deren Mindesthaltbarkeitsdatum abgelaufen ist, oft zu ermäßigten Preisen verkauft werden. Der Verkaufswert des von K erworbenen Joghurts könnte deshalb geringer sein als derjenige einer Ware, deren Mindesthaltbarkeitsdatum nicht abgelaufen ist. Fraglich erscheint aber, ob sich K auf einen verminderten Verkaufswert des Joghurts berufen darf. Das würde voraussetzen, dass der Verkäufer unabhängig vom Vertragszweck für Wertminderungen einzustehen hätte. Das erscheint jedoch nicht zumutbar. Vielmehr ist die Wertminderung nur in Abhängigkeit vom Vertragszweck als Mangel zu berücksichtigen. Der gewöhnliche Gebrauch lag aber hier nur im Verzehr der Ware, nicht etwa in einer Weiterveräußerung an Dritte. Im Hinblick auf die vorgesehene Verwendung ist der Warenwert insofern also nicht eingeschränkt und damit ein Sachmangel iSd § 434 abzulehnen.[13]

**c)** Ein Anspruch aus Rücktritt auf Erstattung des Kaufpreises hinsichtlich der 20 Packungen Joghurt ist daher nicht gegeben.

## II. Anspruch aus einer Garantie iVm § 443

Möglicherweise hat K einen Anspruch auf Erstattung des Kaufpreises aus einer Garantie iVm § 443.[14]

§ 443 setzt voraus, dass der Verkäufer die Gewähr dafür übernimmt, dass die verkauf- 707
te Sache eine bestimmte Beschaffenheit aufweist oder für eine bestimmte Dauer behält.[15]

Hier könnte E eine Garantie dahingehend übernommen haben, dass der Joghurt eine bestimmte Resthaltbarkeitsdauer aufweist. Eine ausdrückliche Vereinbarung mit diesem Inhalt zwischen E und K ist nicht ersichtlich. In Betracht kommt daher lediglich eine konkludente Abrede, die sich wiederum allein aus dem abgedruckten Datum ableiten lassen könnte. Wenn aber das Mindesthaltbarkeitsdatum lediglich eine Information für den Verbraucher darstellt und nicht einmal geeignet ist, eine Beschaffenheitsvereinbarung zu begründen, so liegt darin erst recht keine Garantieerklärung des Verkäufers. Der Verkäufer möchte gerade nicht in jedem Fall dafür einstehen, dass seine Ware ausweislich des Datums als frisch anzusehen ist.

Die Annahme einer Vereinbarung einer durch das Mindesthaltbarkeitsdatum abgesicherten Resthaltbarkeit durch E ist daher abzulehnen.

12 NK-BGB/*Büdenbender* § 476 Rn. 15; *Westermann* NJW 2002, 241 (244).

13 **Hinweis:** Eine andere Entscheidung wäre wohl mit der Begründung vertretbar, es bestehe nach Ablauf des Mindesthaltbarkeitsdatums auch ein Verdacht auf das Vorliegen äußerlich nicht erkennbarer gesundheitsschädlicher Veränderungen der Ware. In diesem Falle wäre zu prüfen, ob nicht § 442 I 2 eingreift und K den Fehler grob fahrlässig nicht erkannt hat.

14 Zu den Garantiebegriffen des Kaufrechts vgl. *Braunschmidt/Vesper* JuS 2011, 393 ff.

15 Palandt/*Weidenkaff* § 443 Rn. 3; *Looschelders* SchuldR BT Rn. 165.

### III. Anspruch aus §§ 280 I, 311 II Nr. 1, 241 II

708 E müsste eine Pflicht aus einem Schuldverhältnis verletzt haben. Zwischen K und E ist gem. § 311 II Nr. 1 durch die Aufnahme von Vertragsverhandlungen ein Schuldverhältnis mit Pflichten nach § 241 II entstanden. Dies verpflichtet die Beteiligten zur Aufklärung über Umstände, die für den anderen Teil wesentlich sind.[16]

709 E könnte sich dadurch, dass er K nicht auf den Ablauf des Mindesthaltbarkeitsdatums hingewiesen hat, wegen Verletzung einer Aufklärungspflicht aus dem vorvertraglichen Schuldverhältnis schadenersatzpflichtig gemacht haben. Die Aufklärungspflicht würde sich aber auf einen Umstand beziehen, der nach der bisherigen Prüfung weder einen Sachmangel begründete noch den Gegenstand einer Garantie des E. Die Annahme einer Pflichtverletzung führte damit zu einer Schadensersatzhaftung des E, die ihm das Gewährleistungsrecht gerade nicht auferlegt. Deshalb ist davon auszugehen, dass die kaufrechtlichen Gewährleistungsrechte Vorrang vor dem Anspruch aus §§ 280 I, 311 II, 241 II genießen, soweit es sich um Merkmale der Sache handelt, die einer Beschaffenheitsvereinbarung, § 434 I 1, zugänglich sind.[17] Andernfalls würde zudem die Sonderverjährung nach § 438 I Nr. 3 unterlaufen, die mit zwei Jahren nach Ablieferung immer noch deutlich kürzer ist als die auch für den Anspruch aus §§ 280 I, 311 II, 241 II geltende dreijährige Regelverjährung des § 195, die gem. § 199 I Nr. 2 erst mit Kenntnis des Schuldners beginnt.

Eine Pflicht des E, den K auf das abgelaufene Mindesthaltbarkeitsdatum hinzuweisen, besteht demnach nicht. Damit entfällt ein entsprechender Schadensersatzanspruch des K aus §§ 280 I, 311 II Nr. 1, 241 II.

## 2. Teil. Ansprüche des K gegen E auf Rückzahlung des Kaufpreises für zwei Packungen französischen Weichkäse iHv 4 EUR

### I. Anspruch aus §§ 433 I 2, 434 I, 437 Nr. 2 Fall 1, 323 I, 346 I

**1.** K hat den Käse von E gekauft.

710 **2.** K kann gem. § 346 I Rückzahlung des gezahlten Kaufpreises von E verlangen, wenn ihm ein Rücktrittsrecht hinsichtlich des Kaufvertrags über den Käse zusteht.

Dann muss der von K erworbene Käse einen Sachmangel nach § 434 aufweisen.

711 **a)** Gem. § 434 I 1 liegt ein Sachmangel zunächst dann vor, wenn die Kaufsache nicht die vereinbarte Beschaffenheit aufweist. Eine vertragliche Beschaffenheitsvereinbarung wurde zwischen E und K im Hinblick auf den Käse weder ausdrücklich noch konkludent getroffen.

712 **b)** Die Kaufsache wäre auch dann mangelhaft, wenn sie sich nicht für die nach dem Vertrag vorausgesetzte Verwendung eignet, die hier im Verzehr des Käses liegt, vgl. § 434 I 2 Nr. 1.

Ob dem von K erworbenen Lebensmittel die Verzehrtauglichkeit aufgrund einer wirklichen Verseuchung fehlt, kann vorliegend nicht festgestellt werden.

16 Palandt/*Grüneberg* § 311 Rn. 40.
17 Palandt/*Weidenkaff* § 437 Rn. 51a; aA Bamberger/Roth/*Faust* § 437 Rn. 190.

Fraglich ist, ob die vertragsmäßige Verwendung bereits aufgrund des Bakterienverdachts ausgeschlossen ist. 713

Hierfür spricht, dass ausweislich der öffentlichen Warnung die drohenden Gesundheitsgefahren erheblich waren. Anders als bei dem möglicherweise verdorbenen Joghurt konnte sich ein Verbraucher auch nicht durch Überprüfung der Ware selbst von ihrer bakteriellen Verunreinigung überzeugen. Eine sachverständige Untersuchung des Käses hätte den Kaufpreis und somit das Erfüllungsinteresse des Käufers erheblich überstiegen und war ihm daher unzumutbar. Dem K konnte also weder die Inkaufnahme einer evtl. bestehenden Gesundheitsgefahr noch die Überprüfung des Kaufgegenstandes abverlangt werden.[18] Deshalb stand der Käse nach der Warnung des BGA einem untauglichen Lebensmittel gleich.

**c)** Allerdings erfolgte die Bekanntmachung des Mangelverdachtes erst nach Gefahrübergang gem. § 446 S. 1 durch Übergabe der Ware. Stellt man für die Beurteilung des Mangels hierauf ab, so wäre sie also noch mangelfrei übergeben worden. 714

Der Zeitpunkt der Bekanntgabe einer Gesundheitsgefahr wäre jedoch nur dann entscheidend, wenn man die Existenz eines Mangels nach dem Kenntnisstand der Parteien beurteilen müsste. Daran lässt sich deshalb denken, weil bei der Gleichsetzung von Mangel und Mangelverdacht die Kenntnis der Parteien entscheidend sein könnte. Dies hätte jedoch zur Folge, dass man den Mangel anders beurteilen würde als verdeckte Mängel, die ebenfalls bereits bei Gefahrübergang vorliegen, aber erst nach einiger Zeit der Benutzung erkennbar werden. In beiden Fällen ist aber der Mangel von Anfang an bereits in der Sache angelegt.[19] 715

Bereits zu dem Zeitpunkt, als K den Käse erwarb, lagen genügend Anhaltspunkte vor, dass das BGA sich zur Bekanntgabe seiner Warnung veranlasst fühlte. Der Kauf der von K erworbenen Käsesorte war daher bereits zum Zeitpunkt des Vertragsschlusses mit dem Risiko einer Gesundheitsgefährdung behaftet, sodass der Mangel iSd § 434 I 2 Nr. 1 auch schon zum Zeitpunkt des Gefahrübergangs gem. § 446 S. 1 vorlag.

**3.** Gem. § 323 I setzt das Rücktrittsrecht schließlich noch voraus, dass der Verkäufer eine ihm vom Käufer gesetzte Nacherfüllungsfrist ungenutzt hat verstreichen lassen. Die Fristsetzung war im vorliegenden Fall jedoch gem. § 323 II Nr. 1 deshalb entbehrlich, weil E sich weigerte, die geschuldete Leistung zu erbringen. 716

Daneben könnte eine Fristsetzung auch gem. § 323 II Nr. 3 deshalb entbehrlich sein, weil unter Berücksichtigung der beiderseitigen Interessen der sofortige Rücktritt des K gerechtfertigt ist. Dies folgt daraus, dass das Erwerbsinteresse des E im Hinblick auf den Kaufpreis gegenüber der möglichen Gesundheitsgefahr des K zurücktreten muss. 717

Eine Prüfung des § 440 ist hingegen deshalb entbehrlich, weil die Norm nur zur Anwendung kommt, wenn nach allgemeinen Regeln ein Fristsetzungserfordernis besteht.[20] Da dieses im vorliegenden Fall allerdings bereits nach § 323 II Nr. 1 und 3 ausscheidet, läuft § 440 leer. 718

18 Vgl. BGHZ 52, 51 (54) im Hinblick auf für den Weiterverkauf bestimmtes unter Salmonellenverdacht stehendes Hasenfleisch; dazu *Wank* JuS 1990, 95 ff.

19 Vgl. Soergel/*Huber*, 1991, § 459 aF Rn. 87, der von »latenten Fehlern« spricht.

20 NK-BGB/*Büdenbender* § 440 Rn. 5.

Insgesamt ergibt sich daraus, dass E zum sofortigen Rücktritt ohne Fristsetzung berechtigt ist und deshalb einen Anspruch gem. §§ 433 I 2, 434 I, 437 Nr. 2 Fall 1, 323 I, 346 I auf Rückzahlung des bereits für den Käse bezahlten Kaufpreises hat.

### II. Ansprüche aus §§ 280 I, 311 II Nr. 1, 241 II und §§ 812 ff.

719 Evtl. Ansprüche aus §§ 280 I, 311 II Nr. 1, 241 II wegen einer Aufklärungspflichtverletzung treten aufgrund der Vorrangigkeit des kaufrechtlichen Gewährleistungsrechts in §§ 434 ff. im Hinblick auf die Rechtsfolgen des Verseuchungsverdachtes zurück.

720 Entsprechendes würde für einen Bereicherungsanspruch nach erfolgter Anfechtung gem. § 119 II gelten, während für eine mögliche Anfechtung wegen arglistiger Täuschung gem. § 123 I keine Anhaltspunkte im Sachverhalt vorhanden sind.

## Frage 2:

## Ansprüche des E gegen G auf Rückzahlung des Kaufpreises für den Joghurt iHv 20%

### I. Anspruch aus §§ 433 I 2, 434 I, 437 Nr. 2 Fall 2, 441

**1.** E und G haben einen Kaufvertrag über 300 Paletten Joghurt zum Gesamtpreis von 900 EUR geschlossen.

721 **2.** E kann gegen G einen Anspruch auf Rückzahlung des Kaufpreises iHv 20% aus §§ 437 Nr. 2 Fall 2, 441 I 1 haben, wenn ihm ein entsprechendes Minderungsrecht zur Verfügung steht.

722 **a)** Die Minderung setzt zunächst ebenso wie der Rücktritt eine mangelhafte Kaufsache zum Zeitpunkt des Gefahrübergangs gem. § 446 S. 1 voraus.

Mangels einer besonderen Beschaffenheitsvereinbarung zwischen E und G kommt zunächst ein Sachmangel gem. § 434 I 2 Nr. 1 in Betracht. Die Tauglichkeit des Joghurts müsste also gemindert sein. Vertraglich vorausgesetzte Verwendung war hier der Weiterverkauf der Ware durch E. Dieser könnte dadurch eingeschränkt worden sein, dass das Mindesthaltbarkeitsdatum bei einem Teil der Ware abgelaufen war. Für diesen Teil war damit die Verkäuflichkeit eingeschränkt oder sogar ausgeschlossen, da solche Waren üblicherweise, wenn überhaupt, nur mit erheblichen Preisabschlägen verkäuflich sind.[21]

Damit lag zur Zeit der Übergabe ein Sachmangel vor.

723 **b)** Der Käufer ist jedoch gem. § 441 I 1 iVm § 323 I grundsätzlich erst nach erfolgloser Fristsetzung zur Minderung berechtigt.

724 **aa)** Dafür, dass das Fristsetzungserfordernis nach § 323 II entfällt, bestehen keine Anhaltspunkte.

725 **bb)** Die Fristsetzung könnte aber gem. § 440 S. 1 deshalb entbehrlich sein, weil die dem Käufer zustehende Nacherfüllung fehlgeschlagen oder unzumutbar ist, wobei hier die Unzumutbarkeit der Nacherfüllung in Betracht kommt. Diese ist nach dem

21 Vgl. *Köhler* DB 1985, 215 (218) zu Waren, bei denen die Überschreitung des Mindesthaltbarkeitsdatums kurz bevor steht.

Wortlaut der Regelung aus der Sphäre des Käufers zu beurteilen. Dafür muss eine Gesamtabwägung aller Umstände des Falles vorgenommen werden. Der Umstand, dass ein Mangel nach § 434 vorliegt, genügt nicht.[22] Fallgruppen, in denen eine Unzumutbarkeit der Nacherfüllung angenommen werden kann, sind zB der Wegfall des Vertrauens in die Lieferbereitschaft und -fähigkeit des Verkäufers[23] oder wenn der Wert, die Verwertbarkeit und der Gebrauch der Sache infolge geänderter Umstände erheblich beeinträchtigt sind.[24] Der Sachverhalt enthält jedoch keine darüber hinausgehenden Anhaltspunkte, die dafür sprechen könnten, den E zu berechtigen, ohne Nachfristsetzung vom Vertrag zurückzutreten. Folglich sind die Voraussetzungen des § 440 S. 1 nicht gegeben.

**cc)** Die Entbehrlichkeit der Fristsetzung könnte schließlich noch aus § 478 I folgen. Zwar ist E Unternehmer iSd § 14 und er hat auch in Ausübung seiner gewerblichen Tätigkeit als Einzelhändler den Joghurt als eine neu hergestellte Sache an seine Kunden verkauft. Er musste jedoch diesen Kaufgegenstand weder infolge seiner Mangelhaftigkeit zurücknehmen noch Kaufpreisminderungen seiner Kunden Rechnung tragen.[25] Die Entbehrlichkeit der Nachfristsetzung entfällt also auch nicht aus diesem Grunde. **726**

**c)** E ist folglich ohne entsprechende Nachfristsetzung und ihren ergebnislosen Ablauf nicht berechtigt, 20% des Kaufpreises zurückzufordern.

### II. Anspruch aus §§ 433 I 2, 434 I, 437 Nr. 1, 439 I

**1.** Ein Kaufvertrag über 300 Paletten Joghurt ist zustande gekommen.

**2.** Wie bereits dargelegt (→ Rn. 722), lag ein Sachmangel nach § 434 I 2 Nr. 1 vor, da für die bereits abgelaufenen Packungen die Verkäuflichkeit eingeschränkt ist.

**3.** Dem Anspruch auf Lieferung von 60 Paletten Joghurt (= 20% von 300 Paletten) könnte jedoch der Einwand einer nicht ordnungsgemäßen Rüge gem. § 377 II HGB entgegen gehalten werden.[26] Der Anwendbarkeit der Norm steht die Konstellation des sog. Händlerregresses, in dessen Rahmen ein Unternehmer bei einem anderen Unternehmer Rückgriff wegen der Haftung gegenüber einem Verbraucher nimmt, gem. § 478 VI nicht entgegen. **727**

**a)** Dann müsste es sich bei dem Kauf für G und E um einen beiderseitigen Handelskauf, dh jeweils um einen zum Betriebe des Handelsgewerbes gehörenden Kauf, § 343 I HGB, gehandelt haben. Das erfordert die Kaufmannseigenschaft von E und G. **728**

E betreibt ein Handelsgewerbe gem. § 1 II HGB. G gilt gem. § 13 III GmbHG, § 6 I HGB ebenfalls als Kaufmann. Der An- und Verkauf von Waren ist für beide ein Handelsgeschäft.

22 NK-BGB/*Büdenbender* § 440 Rn. 8.
23 Vgl. *Bitter/Meidt* ZIP 2001, 2114 (2117) mwN.
24 Palandt/*Weidenkaff* § 440 Rn. 8.
25 → Rn. 694 ff.
26 **Hinweis:** Auch bei § 377 HGB liegt der Ansatzpunkt der Prüfung bei der Rechtsfolge und damit nicht bei der Untersuchungspflicht in § 377 I HGB; vgl. *K. Schmidt*, Handelsrecht, 6. Aufl. 2014, § 29 Rn. 74 ff.

729 **b)** E hat gegenüber G die Mängelrüge erhoben, und zwar am Montag, gleich nachdem er den Mangel entdeckt hat. Fraglich ist jedoch, ob E die Ware auch unverzüglich nach Ablieferung gem. § 377 I HGB untersuchen musste und den Mangel dabei hätte erkennen können, es sich also um einen sog. offenen Mangel handelte.

E hätte bei Übergabe der Ware zumindest einen Teil im Hinblick auf die Einhaltung des Mindesthaltbarkeitsdatums untersuchen können. Bei einer solchen ordnungsgemäßen Stichprobe wäre, da der Anteil der Fristüberschreitungen bei 20% lag, mit großer Wahrscheinlichkeit der Mangel hervorgetreten, sodass es sich um einen offenen Mangel handelt, der am Samstag unverzüglich iSd § 121 nach Wareneingang hätte gerügt werden müssen.

Damit gilt die verdorbene Ware wegen der nicht ordnungsgemäßen Rüge als genehmigt gem. § 377 II HGB. Diesen Einwand kann G dem Minderungsanspruch des E entgegenhalten.

**4.** Auch ein Anspruch des E gegen G auf Nachlieferung ist damit ausgeschlossen.

### III. Ansprüche aus §§ 280 I, 311 II Nr. 1, 241 II und § 812 ff.

730 Ansprüche aus §§ 280 I, 311 II Nr. 1, 241 II und ungerechtfertigter Bereicherung entfallen aus den genannten Gründen (→ Rn. 719 f.) auch hier.

### Frage 3:

### Anspruch des E gegen G auf Rückzahlung von 300 EUR gegen Rückgabe des französischen Weichkäses aus §§ 433 I 2, 434 I, 437 Nr. 2 Fall 1, 323 I, 346 I

E kann gegen G einen Anspruch aus §§ 433 I 2, 434 I, 437 Nr. 2 Fall 1, 323 I, 346 I haben.

### I. Kaufvertrag

Ein Kaufvertrag über 300 Stück französischen Käse zum Preis von 300 EUR ist zwischen E und G geschlossen worden.

### II. Sachmangel

E steht ein Recht zum Rücktritt zu, wenn die von G gelieferte Ware mangelhaft war. Aufgrund der Verzehrwarnung war die Ware unverkäuflich und damit nicht für die vertraglich vorausgesetzte Verwendung, den Weiterverkauf, geeignet. Es lag mithin ein Sachmangel gem. § 434 I 2 Nr. 1 vor. Soweit E bereits Waren weiter verkauft hat, war er verpflichtet, hierfür den Kaufpreis wegen Mangelhaftigkeit zurückzuerstatten. Der Mangel lag auch bereits zur Zeit des Gefahrübergangs, also bei der Übergabe, § 446 S. 1, vor. Seine Entstehung war bereits zu diesem Zeitpunkt angelegt.

### III. Entbehrlichkeit der Fristsetzung

731 Weitere Voraussetzung für einen Rücktritt ist grundsätzlich gem. § 323 I die erfolglose Fristsetzung zur Nacherfüllung. Vorliegend kann diese aber nach § 478 I entbehrlich sein. Der Unternehmer, der an einen Verbraucher verkauft hat, muss danach, wenn er seinen Lieferanten in Anspruch nimmt, keine Frist zur Mängelbeseitigung setzen, sondern darf die mangelhafte Sache sofort zurückgeben. Demzufolge kann E

grundsätzlich als Unternehmer gem. § 14 gegen Rückgabe der nicht mehr zum Weiterverkauf geeigneten Ware ohne Fristsetzung Rückzahlung der 300 EUR verlangen.

## IV. Verspätete Rüge

G hat gegen den Anspruch des E gem. § 377 III HGB den Einwand der verspäteten Rüge, wenn dieser den Mangel, der bei Ablieferung durch zumutbare Untersuchung nicht entdeckt werden konnte, nicht unverzüglich nach Entdeckung moniert hat. **732**

E entdeckte den Gefahrenverdacht mit dessen Veröffentlichung am Samstagmittag und rügte ihn sogleich gegenüber G. Auf den Umstand, dass die Warnung bereits früher vom BGA veröffentlicht worden war, kommt es in diesem Zusammenhang deshalb nicht an, weil E keine weitergehenden Informationen zur Verfügung standen und ihn auch keine Erkundigungspflicht traf.

Die Rüge des E war nicht verspätet. Dem Anspruch des E steht daher nicht der Einwand aus § 377 III HGB entgegen.

## V. Ergebnis

E kann von G Rückzahlung des Kaufpreises iHv 300 EUR verlangen.

## Fall 13: »Der fleißige Rechtsanwalt«

### Ausgangsfall:

733 K, selbstständiger Rechtsanwalt, ist Eigentümer eines ansehnlichen Einfamilienhauses in der Umgebung von Augsburg. In dem Einfamilienhaus befindet sich neben fünf privat genutzten Zimmern mit einer Fläche von insgesamt ca. 200 qm auch ein Arbeitszimmer mit 15 qm, in dem er ab und an Mandanten empfängt und ansonsten seiner schriftstellerischer Tätigkeit für diverse juristische Zeitschriften nachgeht. Da er in seinem Dachboden seit einiger Zeit mit Feuchtigkeit zu kämpfen hat, wollte er das Dach neu decken. Er begab sich daher am 4.5.2015 zu V, einem Fachhändler für Dachziegel. K suchte sich dort schwarz lackierte Dachziegel aus, die er selbst verlegen wollte. In einem Handwerksbetrieb aufgewachsen, hat er schon so einige handwerkliche Herausforderungen an seinem Haus meisterhaft bewältigen können. Er kaufte 1.500 Stück zum Preis von 3.000 EUR.

Da K selbst kein passendes Transportfahrzeug besaß, bat er V, sich um den Transport zu seinem Haus zu kümmern. Dieser beauftragte den in das Handelsregister eingetragenen Spediteur S, mit dem er schon seit Jahren beanstandungsfrei für den Transport zusammengearbeitet hatte.

Am 7.5.2015 lieferte S die Dachziegel bei K an. Dieser begann sogleich am folgenden Wochenende mit der Verlegung. K entschied sich eine Woche später kurzerhand auf seinem neu eingedeckten Dach eine Photovoltaik-Anlage anbringen zu lassen. Wie ihm ein befreundeter Mitarbeiter einer Firma für Solarenergie versicherte, könne er so auf lange Sicht nachhaltig Heizkosten einsparen. Schon am 20.5.2015 wurde eine solche Anlage bei K montiert. Die Kosten für die Montage beliefen sich auf 5.000 EUR.

Als K eines Morgens im Juli voller Stolz sein neues Dach im Sonnenlicht betrachtete, stellte er fest, dass an den sichtbaren Ziegeln teilweise der Lack absplitterte und die rote Tonfarbe der Dachziegel durchschimmerte. Wutentbrannt – schließlich passen rote Ziegel nicht in das Farbkonzept des Hauses – meldete er sich telefonisch bei V, um ihn darüber zu informieren. Dieser besichtigte das Dach schon am nächsten Tag und stellte fest, dass es sich nur um einen optischen Fehler handelt, der die Funktion der Dachziegel in keiner Weise beeinträchtigt und auf feine Risse in der Struktur der Dachziegel zurückzuführen ist. Er erklärte K, dass eine Reparatur nicht möglich ist. Es verbleibe lediglich der Austausch der gesamten Dachziegel.

Da K auf gar keinen Fall riskieren wollte, dass sich die Nachbarn über sein »zweifarbiges« Dach brüskieren und sein Ruf als vorbildlicher Heimwerker ruiniert ist, bestand er auf den vollständigen Austausch aller Dachziegel. V lehnte dies ab. Durch den notwendigen Ab- und Wiederaufbau der Photovoltaik-Anlage entstünden Kosten von ca. 10.000 EUR. Daneben stehe ein Wert der Dachziegel ohne Risse von nur 1.500 EUR. Er bot an, die gleiche Menge an Dachziegeln wie ursprünglich vereinbart bereitzustellen, sodass K diese bei ihm abholen könne. Um die Verlegung und die damit verbundenen Schwierigkeiten habe sich K selbst zu kümmern. Schließlich habe K den Aufbau der Photovoltaik-Anlage in Auftrag gegeben.

**Frage 1: Kann K von V neben der Lieferung neuer Dachziegel den Ausbau der mangelhaften sowie den Einbau mangelfreier Dachziegel verlangen oder Ersatz der hierfür anfallenden Kosten?**

Auf die folgende Richtlinie wird hingewiesen:

RICHTLINIE 1999/44/EG DES EUROPÄISCHEN PARLAMENTS UND DES RATES zu bestimmten Aspekten des Verbrauchsgüterkaufs und der Garantien für Verbrauchsgüter (Verbrauchsgüterkaufrichtlinie) v. 25.5.1999

Art. 3 Rechte des Verbrauchers

(1) Der Verkäufer haftet dem Verbraucher für jede Vertragswidrigkeit, die zum Zeitpunkt der Lieferung des Verbrauchsgutes besteht.

(2) Bei Vertragswidrigkeit hat der Verbraucher entweder Anspruch auf die unentgeltliche Herstellung des vertragsgemäßen Zustands des Verbrauchsgutes durch Nachbesserung oder Ersatzlieferung nach Maßgabe des Absatzes 3 oder auf angemessene Minderung des Kaufpreises oder auf Vertragsauflösung in Bezug auf das betreffende Verbrauchsgut nach Maßgabe der Absätze 5 und 6.

(3) Zunächst kann der Verbraucher vom Verkäufer die unentgeltliche Nachbesserung des Verbrauchsgutes oder eine unentgeltliche Ersatzlieferung verlangen, sofern dies nicht unmöglich oder unverhältnismäßig ist. Eine Abhilfe gilt als unverhältnismäßig, wenn sie dem

Verkäufer Kosten verursachen würde, die

- angesichts des Werts, den das Verbrauchsgut ohne die Vertragswidrigkeit hätte,
- unter Berücksichtigung der Bedeutung der Vertragswidrigkeit und
- nach Erwägung der Frage, ob auf die alternative Abhilfemöglichkeit ohne erhebliche Unannehmlichkeiten für den Verbraucher zurückgegriffen werden könnte, verglichen mit der alternativen Abhilfemöglichkeit unzumutbar wären.

Die Nachbesserung oder die Ersatzlieferung muss innerhalb einer angemessenen Frist und ohne erhebliche Unannehmlichkeiten für den Verbraucher erfolgen, wobei die Art des Verbrauchsgutes sowie der Zweck, für den der Verbraucher das Verbrauchsgut benötigte, zu berücksichtigen sind.

(4) Der Begriff »unentgeltlich« in den Absätzen 2 und 3 umfasst die für die Herstellung des vertragsgemäßen Zustands des Verbrauchsgutes notwendigen Kosten, insbesondere Versand-, Arbeits- und Materialkosten.

(5) ...

## Abwandlung 1:

Um sein Arbeitszimmer für seine Mandantschaft ansehnlich zu gestalten, kaufte K bei H, dem Schreiner seines Vertrauens, hochwertige Holzdielen aus Kirschbaumholz zur Vertäfelung der Wände. Er wies H darauf hin, dass es ihm enorm wichtig ist, bei seinen Mandanten auch durch die Gestaltung seines Arbeitszimmers einen professionellen Eindruck zu machen. Auch hier wollte K wieder sein handwerkliches Talent unter Beweis stellen und die Vertäfelung selbst anbringen. In der Zwischenzeit hatte sich K einen kleinen Anhänger zugelegt, der für den Transport der Dielen ausreichend ist. Er holte die Dielen daher selbst bei H ab und begann sofort mit der Verarbeitung.

Als K die Arbeiten in seinem Arbeitszimmer gerade abgeschlossen hatte, bemerkte er, dass die Dielen eine auch für Holz überdurchschnittlich hohe Farbverschiedenheit aufweisen. Er rief umgehend bei H an und bat ihn, sich dies anzusehen. H besichtigte das Zimmer in der gleichen Woche und stellte fest, dass diese, in der Tat überdurchschnittlich hohe Farbverschiedenheit auf einen Fehler bei der Lackierung zurückzuführen ist. H hatte die Dielen mit der entsprechenden Lackierung vom Hersteller erhalten. Der Fehler wäre nur dann erkennbar gewesen, wenn H alle Dielen nebeneinander im Vergleich betrachtet hätte. Eine Reparatur ist nicht möglich. Eine weitere Lackierung würde den Effekt nur verstärken. Es bleibt nur der Austausch der Dielen.

**Frage 2: Kann K von H die Lieferung neuer sowie den Ausbau der mangelhaften und den Einbau neuer mangelfreier Dielen verlangen oder Ersatz der hierfür anfallenden Kosten?**

### Abwandlung 2:

Für die Vertäfelung seines Arbeitszimmers suchte sich K selbst bei H die Dielen aus, die er haben möchte. Um ein wenig Geld zu sparen, wählte er dabei Einzelstücke aus den Überschüssen verschiedener Produktionslinien zu einem Gesamtpreis von 300 EUR aus. H verpackte diese ordnungsgemäß und stellte sie zur Abholung bereit. Auf Bitte des K beauftragte H den S mit dem Transport zu K.

S holte die Dielen am 1.6.2015 bei H ab und lieferte sie am 5.6.2015 an K aus. Da S seine Transportfahrzeuge nicht ordnungsgemäß gewartet hatte, gelangte in der Zwischenzeit, bedingt durch einen heftigen Platzregen, Feuchtigkeit in das Fahrzeug. Obwohl die Dielen ordnungsgemäß verpackt waren, drang die Feuchtigkeit aufgrund der langen Lieferzeit auch in die Substanz der Dielen und machte diese so völlig unbrauchbar.

Als K die feuchten Dielen auspackte, wendete er sich sofort an H und verweigerte diesem gegenüber die Zahlung.

**Frage 3: Welche Ansprüche haben die Beteiligten gegeneinander?**

### Abwandlung 3:

K war sich nach dem Desaster mit seinem Dach seiner handwerklichen Fähigkeiten nicht mehr so sicher und beauftragte deshalb für die Vertäfelung seines Arbeitszimmers den Handwerker U zu einem Pauschalpreis für Arbeit und Material von 1.000 EUR. Dieser begann sofort mit den Arbeiten. Als bereits zwei der vier Wände vollständig vertäfelt waren, stellte K fest, dass das dunkle Holz an den Wänden den Raum kleiner wirken lässt. Er bat U daher um eine Woche Bedenkzeit, ob ihm eine solche Wandgestaltung optisch überhaupt zusagt.

In der Zwischenzeit verbreitete sich vermehrt Schimmel in den Wänden des Hauses. Schon beim Kauf des Hauses war K darauf hingewiesen worden, dass er unbedingt für eine Trocknung sorgen müsse, um auf lange Sicht eine Schimmelbildung im Haus zu verhindern. Aufgrund dessen hatte K einen erheblichen Preisnachlass beim Erwerb des Hauses erhalten. Da bisher jedoch nur die Kellerräume betroffen waren, kümmerte K sich nicht darum. Das Arbeitszimmer im Erdgeschoss ist nun von der Schimmelbildung zuvorderst betroffen. Durch die schnelle Verbreitung in den Wänden, wurden die bereits angebrachten Dielen völlig unbrauchbar.

K klärte U darüber auf und veranlasste sofort eine Trockenlegung und Entgiftung des Hauses. Eine Zahlung an U nahm er bisher nicht vor.

**Frage 4: Kann U von K Zahlung für die geleisteten Arbeiten verlangen?**

**Abwandlung 4:**

Während der Woche, die ihm U als Bedenkzeit einräumte, beschloss K kurzerhand mit dem nächsten Flieger in die Karibik zu fliegen, um den Kopf für die Gestaltung seines Arbeitszimmers frei zu bekommen. In der Eile vergaß er jedoch, das noch offen stehende Fenster im Arbeitszimmer zu verschließen. Der Nachbar N des K, mit dem er seit Jahren einen erbitterten baurechtlichen Nachbarschaftsstreit ausficht, bemerkte dies auf seinem Nachhauseweg. N erkannte darin seine Chance, dem K einen saftigen Denkzettel zu verpassen. Er kletterte durch das Fenster und besprühte die neue Wandvertäfelung mit der Aufschrift »Rechtsverdreher raus!«. Die aggressive Farbe ätzte sich derart in das Holz, dass dieses völlig unbrauchbar wurde.

**Frage 5: Kann U von K Zahlung für die geleisteten Arbeiten verlangen?**

## A. Vorüberlegungen

734 Der Ausgangsfall verbindet verschiedene Fallstricke des Verbrauchsgüterkaufs. Es gilt die Entscheidung des EuGH und die darauf basierende Rechtsprechungsänderung des BGH zum Problem des Leistungskataloges der Nacherfüllung umzusetzen. Daneben dürfen auch die weiteren Besonderheiten, die den Verbrauchsgüterkaufvertrag von sonstigen Kaufverträgen unterscheiden, insbesondere in Bezug auf den Gefahrübergang und die Beweislastverteilung, nicht außer Acht gelassen werden.

Mit der Abwandlung 1 werden die unterschiedlichen Rechtsfolgen ein- und desselben Anspruchs auf Nacherfüllung eines Verbrauchsgüterkaufs im Gegensatz zu einem Kaufvertrag zwischen Parteien auf Augenhöhe – wie bei zwei Unternehmern – verdeutlicht. Dabei haben sich die Bearbeiter damit auseinanderzusetzen, ob die Rechtsprechung des BGH und EuGH zum Verbrauchsgüterkauf auch auf andere Kaufverträge Anwendung finden kann.

735 In der 2. Abwandlung geht es um die Feinheiten des Versendungskaufs. Es sind die Grundsätze der Drittschadensliquidation darzustellen und gleichzeitig darauf einzugehen, dass diese für den Fall des Versendungskaufs mit der Transportrechtsreform praktisch irrelevant wurden. Dabei ist inzident zu prüfen, ob dem Empfänger des Transportgutes gegen den Spediteur ein eigener Anspruch zusteht.

736 Zu guter Letzt setzen sich die 3. und 4. Abwandlung mit dem Anspruch des Werkunternehmers auf Vergütung bei Zerstörung des Werkes vor Abnahme auseinander. Dabei ist insbesondere zu erkennen, dass das Gesetz nur für bestimmte Ausnahmefälle einen Vergütungsanspruch ohne Abnahme vorsieht. Bei der 3. Abwandlung kommt ein solcher Ausnahmetatbestand infrage, wohingegen sich die Bearbeiter bei der 4. Abwandlung mit der sog. »Sphärentheorie« auseinanderzusetzen und schließlich Argumente für und gegen eine Analogie zu § 645 herauszuarbeiten haben.

## B. Lösung

### Frage 1:

### Ansprüche K gegen V

### I. Anspruch auf Nacherfüllung gem. §§ 433, 434 I 1, 437 Nr. 1, 439 I Var. 2

Ein Anspruch des K gegen V auf Lieferung neuer sowie auf Ausbau der mangelhaften 737
und auf Einbau der mangelfreien Dachziegel könnte sich aus §§ 433, 434 I 1, 437 Nr. 1, 439 I Var. 2 ergeben.

#### 1. Anspruch entstanden

Dies setzt voraus, dass K und V einen wirksamen Kaufvertrag über eine bestimmte Menge Dachziegel geschlossen haben, die Dachziegel jedoch zum Zeitpunkt des Gefahrüberganges nach § 446 einen Sachmangel gem. § 434 aufweisen.

#### a) Wirksamer Vertragsschluss

K und V haben einen Kaufvertrag nach § 433 über 1.500 Dachziegel zum Preis von 3.000 EUR geschlossen.

#### b) Sachmangel zum Zeitpunkt des Gefahrüberganges

Voraussetzung für einen Anspruch auf Nacherfüllung gem. §§ 433, 434 I 1, 437 Nr. 1, 439 I Var. 2 ist die Mangelhaftigkeit der Sache bei Gefahrübergang.

#### aa) Vorliegen eines Sachmangels

§ 434 I 1 bestimmt, dass eine Sache frei von Sachmängeln ist, wenn sie die vereinbarte 738
Beschaffenheit hat (subjektiver Fehlerbegriff). K und V haben vereinbart, dass die Dachziegel schwarz lackiert sein sollen. Sie sollen gerade nicht den für Dachziegel üblichen roten Farbton aufweisen. Zum Zeitpunkt der Übergabe an K waren die Dachziegel schwarz.

Allerdings könnten die Dachziegel auch einen Mangel nach § 434 I 2 Nr. 1 aufweisen, wenn sie sich nicht für die nach dem Vertrag vorausgesetzte Verwendung eignen (objektiver Fehlerbegriff). Die Ziegel weisen feine Strukturrisse auf, die dazu führen, dass die Lackierung absplittert, jedoch die Funktion der Dachziegel in keiner Weise beeinträchtigen. Sie eignen sich zwar für die Dachdeckung im Allgemeinen, jedoch nicht für die nach dem Vertrag vorausgesetzte Verwendung. Vertragszweck ist nämlich die Dachdeckung mit schwarzen Dachziegeln. Dies war K wegen seines Farbkonzeptes besonders wichtig. Da er sich gerade diese Ziegel ausgesucht hat, war das für V auch erkennbar. Da die Strukturrisse jedoch dazu führen, dass die schwarze Farbe nach und nach absplittert, eignen sich die Dachziegel gerade nicht zur Dachdeckung mit schwarzen Dachziegeln. Es liegt daher ein Sachmangel gem. § 434 I 2 Nr. 1 vor.[1]

1 **Hinweis:** Falls die vertraglich vereinbarte Verwendung nur in der Dachdeckung im Allgemeinen gesehen wird, liegt zumindest ein Sachmangel nach § 434 I 2 Nr. 2 BGB vor, da die Dachziegel nicht die übliche Beschaffenheit aufweisen, die der Käufer bei Sachen der gleichen Art erwarten kann. Dachziegel weisen üblicherweise keine Strukturrisse auf.

#### bb) Gefahrübergang beim Versendungskauf

739 Der Sachmangel muss bereits im Zeitpunkt des Gefahrüberganges vorgelegen haben.

Vorliegend ist nicht § 446 S. 1 einschlägig, der den Gefahrübergang für den Zeitpunkt der Übergabe normiert, sondern der speziellere § 447 I. Dieser regelt den Gefahrübergang beim Versendungskauf, wonach die Gefahr auf den Käufer übergeht, sobald der Verkäufer die Sache dem Spediteur ausgeliefert hat, wenn dieser die Sache auf Verlangen des Käufers an einen anderen Ort als den Erfüllungsort versendet. Der Erfüllungsort für den Kaufvertrag über die Dachziegel befindet sich gem. § 269 am Sitz des V. Da K die Ziegel mangels Transportmittels nicht selbst abholen konnte, bat er V, sie zu ihm nach Hause liefern zu lassen. Die Gefahr des zufälligen Untergangs und der zufälligen Verschlechterung ging daher mit der Übergabe der Dachziegel an den Spediteur S auf K über.

#### cc) Modifikation bei Vorliegen eines Verbrauchsgüterkaufs

740 Etwas anderes könnte sich aus § 474 IV ergeben, wenn es sich bei dem Kaufvertrag zwischen K und V um einen Verbrauchsgüterkauf handeln würde.

##### (1) Verbrauchsgüterkauf

Nach § 474 I 1 sind Verbrauchsgüterkäufe Verträge, durch die ein Verbraucher von einem Unternehmer eine bewegliche Sache kauft. V ist als Fachhändler für Dachziegel Unternehmer iSd § 14 I.

Verbraucher ist nach § 13 jede natürliche Person, die ein Rechtsgeschäft zu Zwecken abschließt, die überwiegend[2] weder ihrer gewerblichen noch ihrer selbstständigen beruflichen Tätigkeit zugerechnet werden können. K kaufte die Dachziegel für das durch ihn privat bewohnte Haus. Dass sich darin auch ein Arbeitszimmer befindet, indem er seiner selbstständigen Autorentätigkeit nachgeht, ist unschädlich. Das Arbeitszimmer ist mit ca. 15 qm im Verhältnis zu insgesamt ca. 215 qm nur von untergeordneter Größe. Daneben wird das Haus überwiegend zu nicht beruflichen Zwecken genutzt. Damit ist auch der Kauf der Dachziegel überwiegend privat motiviert.

##### (2) Auswirkung auf den Gefahrübergang

741 Nach § 474 IV gilt § 447 I mit der Maßgabe, dass die Gefahr des zufälligen Unterganges und der zufälligen Verschlechterung nur dann auf den Käufer übergeht, wenn der Käufer den Spediteur mit der Ausführung beauftrag hat und der Unternehmer dem Käufer diese Person nicht zuvor benannt hat. Vorliegend beauftragte V seinen Spediteur des Vertrauens S mit dem Transport der Ziegel. Der Gefahrübergang vollzog sich hier daher nicht schon mit der Übergabe der Ziegel an S, sondern erst mit der Übergabe an K.

#### dd) Vermutung des § 476

742 Der Mangel zeigte sich im Folgenden nicht bei der Übergabe an K, sondern ca. zwei Monate später im Juli, als die Dachziegel vollständig verbaut waren. Fraglich ist, ob

2 **Hinweis:** Die Problematik des sog. »dual use« ist nun in § 13 BGB ausdrücklich kodifiziert. Vor der Gesetzesänderung entsprach es der hM die Fälle des »dual use« entsprechend der jetzigen Regelung zu lösen.

der Mangel schon im Zeitpunkt des Gefahrüberganges vorlag oder später entstand. Für diesen Fall stellt § 476 die Vermutung auf, dass die Sache bereits bei Gefahrübergang mangelhaft war, wenn sich innerhalb von sechs Monaten seit Gefahrübergang ein Sachmangel zeigt, sofern die Vermutung mit der Art des Mangels vereinbar ist. Diese Vermutung bezieht sich nicht auf das Vorliegen eines Grundmangels selbst[3], sondern lediglich darauf, dass ein vom Verbraucher zu beweisender Grundmangel bereits zum Zeitpunkt des Gefahrübergangs vorlag. Das Splittern des Lackes ist unstreitig auf feine Risse in der Struktur der Dachziegel zurückzuführen. Nach § 476 wird widerlegbar vermutet, dass diese Risse bereits bei Gefahrübergang vorlagen, mithin also entweder schon bei V vorlagen oder auf dem Transportweg entstanden sind. Diese Vermutung ist mit der Art des Mangels vereinbar.

### 2. Anspruchsinhalt

§ 439 I bestimmt, dass ein Käufer als Nacherfüllung nach seiner Wahl die Beseitigung des Mangels oder die Lieferung einer mangelfreien Sache verlangen kann. Da vorliegend eine Reparatur der Dachziegel nicht möglich ist, kommt nur die Lieferung mangelfreier, neuer Dachziegel in Betracht. 743

#### a) Lieferung

Problematisch ist, ob K von V die Lieferung mangelfreier Dachziegel verlangen kann, oder ob er diese selbst bei V abholen muss. Es stellt sich hierbei die Frage nach dem Leistungsort für die Nacherfüllung.

#### aa) Aktueller Belegenheitsort

Vielfach wird angenommen, dass der Erfüllungsort für die Nacherfüllung nach § 439 mit dem bestimmungsgemäßen aktuellen Belegenheitsort der Sache übereinstimmt.[4] Vereinzelte Stimmen stellen nur im Falle eines Verbrauchsgüterkaufs auf den aktuellen Belegenheitsort ab. 744

#### bb) Erfüllungsort der Primärleistungspflicht

Es wird weiter der Standpunkt vertreten, dass für den Erfüllungsort der Nacherfüllung der Erfüllungsort der Primärleistungspflicht entscheidend sei.[5] Teilweise werden hierbei aber Ausnahmen für nicht oder nur schwer transportierbare Gegenstände zugelassen. 745

#### cc) Umstände des Einzelfalles

Eine andere Ansicht differenziert nach den maßgeblichen Umständen des Einzelfalls sowie der Interessenlage und der Verkehrsanschauung.[6,7] 746

3 Palandt/*Weidenkaff* § 476 Rn. 8.
4 OLG München [15. Zivilsenat] NJW 2006, 449 f.
5 OLG München [20. Zivilsenat] NJW 2007, 3214.
6 Palandt/*Grüneberg* § 269 Rn. 15.
7 **Hinweis:** Eine weitere Ansicht, die sich speziell auf den Autokauf bezieht, sieht in Anwendung der Kriterien des § 269 BGB bei einem Nachbesserungsverlangen regelmäßig den Betriebssitz des Händlers als Erfüllungsort an. Begründet wird dies mit den regelmäßig erforderlichen Diagnose- und Instandsetzungsmaßnahmen.

### dd) Anwendung des § 269

747 Der BGH[8] entschied, dass auf den Nacherfüllungsanspruch § 269 anzuwenden ist. Nachlieferung iSd § 439 I Var. 2 bedeutet nicht von vornherein, dass es sich um eine Bringschuld handelt. § 439 II regelt daneben allein die Kostentragungspflicht, nicht aber einen Erfüllungsort. Das Kaufrecht enthält keine spezielle Regelung zum Erfüllungsort der Nacherfüllung. Es ist daher sachgerecht die allgemeine Vorschrift des § 269 anzuwenden. Diese ermöglicht eine an den konkreten Umständen orientierte Bestimmung des Erfüllungsortes.

### ee) Vereinbarkeit mit der Verbrauchsgüterkaufrichtlinie

748 Hier könnte jedoch Art. 3 II, III RL 1999/44/EG zu beachten sein, da es sich bei dem zwischen V und K geschlossenen Vertrag um einen Verbrauchsgüterkauf handelt. Gem. Art. 3 II, III RL 1999/44/EG hat die Nacherfüllung ohne erhebliche Unannehmlichkeiten für den Verbraucher zu erfolgen.

Nach Ansicht des EuGH ist Art. 3 RL 1999/44/EG aufgrund der Systematik und des Wortlauts dahingehend auszulegen, dass die Nacherfüllung im Allgemeinen in der Situation erfolgt, in der sich das Verbrauchsgut im Zeitpunkt des Auftretens des Mangels befindet.[9] Dies gilt jedenfalls immer dann, wenn der Verbraucher – wie in diesem Fall – das Verbrauchsgut seiner Bestimmung gemäß am Bestimmungsort ein- oder aufbaut.[10] Andernfalls würden dem Verbraucher nicht zumutbare Unannehmlichkeiten bei der Durchsetzung seines Anspruches auf Nacherfüllung entstehen. § 439 I Var. 2 ist in diesem Sinne richtlinienkonform auszulegen.

K kann daher von V die Lieferung neuer mangelfreier Dachziegel verlangen.

### b) Einbau

749 Fraglich ist, ob V neben der Lieferung auch den Einbau der mangelfreien Dachziegel aus § 439 I Var. 2 schuldet. Es handelt sich hierbei um die Frage der Definition des Inhalts des Nacherfüllungsanspruchs.

750 Nach früherer Rechtsprechung des BGH[11] schuldet der Verkäufer nur die Verschaffung des Eigentums und des Besitzes an der mangelfreien Sache, nicht hingegen auch deren Einbau. Dies wird damit begründet, dass es sich bei dem Anspruch auf Nacherfüllung aus § 439 I um die Fortsetzung des ursprünglichen Erfüllungsanspruches handele. Er kann daher nicht umfangreicher sein, als der Erfüllungsanspruch selbst, welcher lediglich auf die Verschaffung von Eigentum und Besitz an einer mangelfreien Sache gerichtet ist.

751 In Abweichung von dieser Rechtsprechung entschied der EuGH jedoch entgegengesetzt.[12] Nach seiner Ansicht ist der Verkäufer verpflichtet, die mangelfreie Sache

8 BGH NJW 2011, 2278 ff.

9 Palandt/*Weidenkaff* § 439 Rn. 3a; EuGH NJW 2011, 2269 [51].

10 **Hinweis:** Offen bleibt, ob die Auslegung des EuGH dazu führt, dass der Erfüllungsort für jeden Fall am Sitz des Käufers zu sehen ist, wenn sich die Sache dort befindet, oder ob dies nur für die Fälle gilt, in welchen die Verbringung der Sache zum Verkäufer zu erheblichen Unannehmlichkeiten für den Käufer führt.

11 BGH NJW 2008, 2837 ff.

12 EuGH NJW 2011, 2269 ff.

selbst einzubauen oder die hierfür anfallenden Kosten zu tragen, wenn der Verbraucher die Sache vor Auftreten des Mangels gutgläubig gemäß ihrer Art und ihres Verwendungszweckes eingebaut hat. Dies gelte unabhängig davon, ob der Verkäufer sich im Kaufvertrag dazu verpflichtet hat, die Sache einzubauen. Dieses Ergebnis ergäbe sich zwingend aus einer Auslegung des Art. 3 II, III RL 1999/44/EG.

Art. 3 RL 1999/44/EG bestimmt, dass der Verbraucher vom Verkäufer die unentgelt- 752
liche Nachbesserung des Verbrauchsgutes oder eine unentgeltliche Ersatzlieferung verlangen kann. Die Bestimmung der Unentgeltlichkeit ist zum Schutze des Verbrauchers vor finanziellen Belastungen, die er bei ordnungsgemäßer Vertragserfüllung nicht gehabt hätte, wörtlich zu verstehen. Würde man dem Käufer keinen Anspruch auf Einbau des mangelfreien Verbrauchsgutes zugestehen, würden diesem durch die Ersatzlieferung zusätzliche Kosten entstehen, die er bei ordnungsgemäßer Vertragserfüllung durch den Verkäufer nicht hätte tragen müssen. Um seine Gewährleistungsrechte wahrnehmen zu können, müsste der Käufer daher die Einbaukosten zweimal tragen. Dies stünde in diametralem Gegensatz zu der durch Art. 3 der Verbrauchsgüterkaufrichtlinie vorgeschriebenen Unentgeltlichkeit der Nacherfüllung. Dass Art. 3 IV RL 1999/44/EG die Einbaukosten nicht ausdrücklich nennt, steht dieser Auffassung nicht entgegen. Das Wort »insbesondere« zeigt, dass der Unionsgesetzgeber hier gerade keine abschließende Aufzählung normieren wollte. Für die Herstellung des vertragsgemäßen Zustandes sind die Kosten überdies notwendig, da diese, wie bereits gezeigt, bei vertragsgemäßer Erfüllung bei K nur einmal angefallen wären.

K kann daher nach der hM von V im Wege der richtlinienkonformen Auslegung[13] des § 439 I Var. 2 den Einbau der mangelfreien Dachziegel verlangen.

### c) Ausbau

Es stellt sich des Weiteren die Frage, ob V neben der Lieferung und dem Einbau 753
mangelfreier Dachziegel auch den Ausbau der mangelhaften Dachziegel aus §§ 433, 434 I 1, 437 Nr. 1, 439 I Var. 2 schuldet. Auch einen solchen Anspruch bejaht der EuGH über den Wortlaut des § 439 I Var. 2 hinaus aus einer richtlinienkonformen »Auslegung«.

Auch hierfür spricht Art. 3 III RL 1999/44/EG, wonach die Nacherfüllung ohne erhebliche Unannehmlichkeiten für den Verbraucher zu erfolgen hat. Nach Ansicht des EuGH[14] kann aber der Umstand, dass der Verkäufer das vertragswidrige Verbrauchsgut nicht ausbaut und das als Ersatz Gelieferte nicht einbaut, zweifellos eine erhebliche Unannehmlichkeit für den Verbraucher darstellen. Insbesondere in Fällen, wie dem vorliegenden, in denen das als Ersatz gelieferte Verbrauchsgut, um seiner Bestimmung entsprechend verwendet werden zu können, zunächst eingebaut werden muss. Dies setzt den vorherigen Ausbau des vertragswidrigen Verbrauchsgutes gerade voraus. Art. 3 II RL 1999/44/EG verlangt die »Herstellung des vertragsgemäßen Zustandes des Verbrauchsgutes durch Nachbesserung oder Ersatzlieferung«. Dieser Wortlaut geht über den des § 439 I hinaus, der von »Nacherfüllung durch Beseitigung

13 **Hinweis:** Richtigerweise handelt es sich hierbei nicht um eine richtlinienkonforme Auslegung. Äußerste Grenze der Auslegung ist der Wortlaut. Diese Grenze würde in diesem Fall überschritten, sodass sich der Anspruch nur aus einer richtlinienkonformen richterlichen Rechtsfortbildung ergeben kann.

14 EuGH NJW 2011, 2269 ff.

des Mangels oder Lieferung einer mangelfreien Sache« spricht. Der Wortlaut »Ersatzlieferung« ist nach Ansicht des EuGH insofern konkreter als der der »Lieferung einer mangelfreien Sache«. Aus ihm könne geschlossen werden, dass der Verkäufer die mangelhafte Sache zu »ersetzen« habe. »Ersetzen« ist nach dieser Ansicht im Sinne eines vollständigen Austauschs des Verbrauchsgutes zu verstehen.[15]

K kann daher von V auch den Ausbau der mangelhaften Dachziegel verlangen.

### 3. Kein Ausschluss des Anspruchs

754 Der Anspruch des K auf Nacherfüllung könnte jedoch gem. § 439 III ausgeschlossen sein.

#### a) Unmöglichkeit nach § 275 I

Dies wäre der Fall, wenn nach § 275 I beide Arten der Nacherfüllung unmöglich wären. Unmöglich ist hier nur eine Art der Nacherfüllung, die Nachbesserung.

#### b) Relative Unverhältnismäßigkeit

755 Unbeschadet davon, könnte V die Nacherfüllung gem. § 439 III 1 verweigern, wenn diese nur mit unverhältnismäßigen Kosten möglich ist. § 439 III 2 normiert dabei die relative Unverhältnismäßigkeit, die die Kosten der beiden verschiedenen Arten der Nacherfüllung ins Verhältnis setzt. Eine relative Unverhältnismäßigkeit kommt hier nicht infrage, da nur eine Art der Nacherfüllung möglich ist.

#### c) Absolute Unverhältnismäßigkeit

756 V könnte daher die Nacherfüllung nur dann verweigern, wenn eine absolute Unverhältnismäßigkeit nach § 439 III 3 Hs. 2 vorliegen würde. Eine solche ist anzunehmen, wenn die Kosten der verbleibenden Nacherfüllungsvariante unverhältnismäßig hoch sind. Ausgangspunkt hierfür ist der Wert der Sache in mangelfreiem Zustand. Daneben ist die Bedeutung des Mangels für den Käufer mit einzubeziehen.[16]

Der Wert der Dachziegel in mangelfreiem Zustand beträgt 1.500 EUR, wohingegen der Ausbau der mangelhaften und der Einbau der mangelfreien Dachziegel durch die Demontage und den Wiederaufbau der Photovoltaik-Anlage ca. 10.000 EUR kosten würden. Daneben ist zu beachten, dass es sich um einen rein optischen Mangel handelt, der die Funktion der Dachziegel unberührt lässt, so dass man im vorliegenden Fall eine absolute Unverhältnismäßigkeit annehmen müsste.

V könnte daher gegenüber K die Nacherfüllung verweigern. K bliebe somit die Möglichkeit der Minderung oder des Rücktritts sowie die Geltendmachung von Schadensersatzansprüchen.

#### d) Modifikation bei Vorliegen eines Verbrauchsgüterkaufs

757 Diese Lösung akzeptiert der EuGH für den Fall des Verbrauchsgüterkaufs nicht. Nach seiner Ansicht ist die in Art. 3 III RL 1999/44/EG definierte Unverhältnis-

15 EuGH NJW 2011, 2269 ff.
16 Palandt/*Weidenkaff* § 439 Rn. 16a.

mäßigkeit im Gegensatz zu der in § 439 III 3 definierten nicht als absolute Unverhältnismäßigkeit zu verstehen. Der Unionsgesetzgeber habe ausschließlich den Fall der relativen Unverhältnismäßigkeit normiert und erfasse daher nur die Unverhältnismäßigkeit der Kosten einer Abhilfemöglichkeit im Verhältnis zur anderen.[17]

Einer richtlinienkonformen Auslegung des § 439 III stünde jedoch der Wortlaut der Norm, der die absolute Unverhältnismäßigkeit ausdrücklich regelt, entgegen. Stattdessen ist die, durch die Nichtanwendung des § 439 III 3 auftretende Regelungslücke, bis zu einer gesetzlichen Neuregelung durch eine teleologische Reduktion zu schließen. Die Vorschrift ist beim Verbrauchsgüterkauf einschränkend dahingehend anzuwenden, dass ein Verweigerungsrecht des Verkäufers nicht besteht, wenn nur eine Art der Nacherfüllung möglich ist oder der Verkäufer die andere Art der Nacherfüllung zu Recht verweigert. In diesem Fall kann der Verkäufer den Käufer auf die Erstattung eines angemessen Betrages zur Herstellung des vertragsgemäßen Zustandes verweisen, sofern gewährleistet ist, dass durch die Beschränkung auf eine Kostenbeteiligung des Verkäufers das Recht des Käufers auf Erstattung der Aus- und Einbaukosten nicht ausgehöhlt wird.[18]

V kann daher die Nacherfüllung nicht verweigern. Stattdessen hat er K auf die Möglichkeit der Erstattung eines angemessenen Betrages für die Durchführung der Nacherfüllung hinzuweisen.[19]

## II. Anspruch auf Schadensersatz statt der Leistung gem. §§ 433, 434 I 2, 437 Nr. 3, 280 I, III, 281 I

K könnte daneben gegen V einen Anspruch auf Schadensersatz statt der Leistung aus §§ 433, 434 I 2, 437 Nr. 3, 280 I, III, 281 I haben. Dies wäre dann der Fall, wenn V gegenüber K eine Pflicht aus dem Schuldverhältnis schuldhaft verletzt hätte und dem K daraus ein Schaden entstanden wäre. 758

### 1. Schuldverhältnis

Der Kaufvertrag bildet das erforderliche Schuldverhältnis.

### 2. Pflichtverletzung

Die Nichtvornahme der Lieferung bzw. des Ein- und Ausbaus stellt eine hinreichende Pflichtverletzung dar. Wie oben bereits dargestellt, gehört die Lieferung sowie Ein- und Ausbau zum Pflichtenkreis des V im Rahmen einer Nacherfüllung, sodass die bloße Übergabe und Übereignung mangelfreier Dachziegel nicht ausreichend wären.[20]

17 EuGH NJW 2011, 2269 ff.

18 BGH NJW 2012, 1073 ff.

19 **Hinweis:** K hat vorliegend daneben einen Anspruch auf Bezahlung eines Vorschusses schon vor der Durchführung der Nacherfüllung. Dies ergibt sich aus dem in Art. 3 II, III RL 1999/44/EG normierten Prinzip der Unentgeltlichkeit der Nacherfüllung; vgl. BGH NJW 2012, 1073 ff.

20 **Hinweis:** Alternativ kann die Lieferung einer mangelhaften Sache der Anknüpfungspunkt für die Pflichtverletzung sein. Allerdings ändert dies nichts an der Erforderlichkeit einer angemessenen Fristsetzung.

### 3. Erfolgloser Fristablauf

Allerdings hätte K dem V gem. § 281 I 1 zunächst eine angemessene Frist zur Nacherfüllung setzen müssen. Eine ernsthafte und endgültige Weigerung des V, welche eine Fristsetzung nach § 281 II entbehrlich machen würde, ist in der Ablehnung des V noch nicht zu sehen.

K kann gegenüber V keinen Schadensersatzanspruch geltend machen, bevor er nicht eine angemessene Frist zur Nacherfüllung gesetzt hat.

## Frage 2:

## Ansprüche K gegen V

### I. Anspruch auf Nacherfüllung gem. §§ 433, 434 I 1, 437 Nr. 1, 439 I Var. 2

759 K könnte gegen V einen Anspruch auf Lieferung und Einbau neuer Holzdielen sowie auf den Ausbau der mangelhaften Dielen aus §§ 433, 434 I 1, 437 Nr. 1, 439 I Var. 2 haben.

### 1. Wirksamer Vertragsschluss

K und V schlossen einen Kaufvertrag iSd § 433 über Dielen aus Kirschbaumholz.

### 2. Sachmangel zum Zeitpunkt des Gefahrüberganges

Es müsste ein Sachmangel im Zeitpunkt des Gefahrüberganges (§ 446 S. 1) vorgelegen haben. Ein Sachmangel nach § 434 I liegt vor, wenn die Ist-Beschaffenheit negativ von der Soll-Beschaffenheit abweicht. Eine Beschaffenheitsvereinbarung nach § 434 I 1 haben die Parteien nicht getroffen. Es könnte jedoch ein Mangel nach § 434 I 2 Nr. 1 vorliegen, wenn sich die Sache für die nach dem Vertrag vorausgesetzte Verwendung nicht eignet.

Wie V weiß, will K mit den Dielen sein Arbeitszimmer vertäfeln, in dem er ab und an auch Mandanten empfängt. Daher sollte die hochwertige Wandvertäfelung einen repräsentativen Eindruck erwecken. Die Holzdielen weisen eine auch für Holz überdurchschnittlich hohe Farbverschiedenheit auf, welche die Hochwertigkeit der Dielen infrage stellen würde. Sie eignen sich daher nicht für den nach dem Vertrag vorausgesetzten Zweck.[21]

Der Mangel muss bei Gefahrübergang vorgelegen haben. Wann sich der Gefahrübergang vollzieht, richtet sich nach § 446 S. 1. Entscheidend ist die Übergabe der Dielen an K. Bereits damals waren die Dielen falsch lackiert.[22] K hat gegen V einen Anspruch auf Nacherfüllung.

---

21 Vertretbar ist es auch, hier keine besondere vereinbarte Verwendung anzunehmen, sondern die allgemeine Üblichkeit der Beschaffenheit gem. § 434 I 2 Nr. 2.

22 **Hinweis:** Auf die Vermutung des § 476 BGB kommt es hier nicht an, selbst wenn es sich um einen Verbrauchsgüterkauf handeln würde, da eine Entstehung des Mangels erst nach Übergabe aufgrund der Mangelursache nicht infrage kommt.

### 3. Anspruchsinhalt

Es stellt sich die Frage der Reichweite des Anspruchs auf Nacherfüllung. Eine Reparatur der Dielen ist nicht möglich, sodass nur die Lieferung mangelfreier Dielen nach § 439 I Var. 2 in Betracht kommt. 760

Wie bereits oben dargestellt, findet auf den Anspruch auf Nacherfüllung gem. § 439 der § 269 Anwendung. Der Kaufvertragsschluss findet am Sitz des V statt. K holt die Dielen daneben selbst bei V ab. Ein Transport der Dielen ist dem K mit seinem Anhänger problemlos möglich. Es spricht daher vieles dafür, den Ort der Nacherfüllung trotz des bereits erfolgten Einbaus ebenfalls am Wohnsitz/Niederlassungsort des V anzunehmen.

Fraglich ist, ob dieses Ergebnis durch eine richtlinienkonforme Auslegung des § 439 modifiziert werden muss. Dies wäre nur dann der Fall, wenn es sich bei dem Geschäft um einen Verbrauchsgüterkauf nach § 474 I 1 handelt. V handelt als Unternehmer, § 14 I. K müsste Verbraucher gem. § 13 sein. K kaufte die Dielen nur für sein Arbeitszimmer und nicht für die privat genutzten Räume des Hauses. K handelte hier nicht als Verbraucher, sondern in Ausübung seiner selbstständigen, beruflichen Tätigkeit und damit als Unternehmer nach § 14 I. Die Verbrauchsgüterkaufrichtlinie ist nicht zu berücksichtigen.

Eine über den Anwendungsbereich der Richtlinie hinausgehende, erweiternde Auslegung des Begriffs der Nacherfüllung kommt nach dem BGH[23] nicht in Betracht. Nach der gesetzgeberischen Konzeption handele es sich bei dem Anspruch auf Nacherfüllung um eine Modifikation des ursprünglichen Erfüllungsanspruches. Der Verkäufer schulde nochmals die Übergabe des Besitzes und die Verschaffung des Eigentums einer mangelfreien Sache, nicht mehr, aber auch nicht weniger. Es entspräche nicht dem Willen des deutschen Gesetzgebers eine derart weitreichende Ausdehnung der Nacherfüllungspflicht, wie sie der EuGH nur für den Fall des Verbrauchsgüterkaufs verbindlich vorgenommen hat, auch auf andere Kaufverträge zu übertragen. 761

K kann daher von V im Wege der Nacherfüllung die Übergabe und Übereignung neuer mangelfreier Dielen verlangen, nicht jedoch deren Lieferung sowie deren Ein- oder Ausbau.

## II. Anspruch auf Schadensersatz neben der Leistung nach §§ 433, 434 I 2, 437 Nr. 3, 280 I, 241 II

K könnte gegen V einen Anspruch auf Schadensersatz gem. §§ 433, 434 I 2, 437 Nr. 3, 280 I, 241 II haben. Das wäre der Fall, wenn V eine leistungsbezogene oder nichtleistungsbezogene Nebenpflicht aus dem Schuldverhältnis schuldhaft verletzt hätte. 762

### 1. Schuldverhältnis

Zwischen V und K bestand ein Schuldverhältnis in Form des Kaufvertrags.

### 2. Pflichtverletzung

Anknüpfungspunkt für die Pflichtverletzung kann in diesem Fall nur die Übergabe und Übereignung der mangelhaften Dielen sein. Die Nichtvornahme der Nacherfüllung

23 BGH NJW 2013, 220 ff.

durch V wäre nicht kausal für das Entstehen der Kosten für die Lieferung bzw. den Ein- und Ausbau. In diesem Fall sind diese Maßnahmen nicht vom Pflichtenkatalog der Nacherfüllung umfasst. Die hierfür anfallenden Kosten entstehen daher zwangsweise auch, wenn V die Nacherfüllung in dem Umfang vornimmt, wie er sie schuldet.

### 3. Verschulden

763 Ein Verschulden des V wird gem. § 280 I 2 vermutet. Allerdings wird sich V vorliegend exkulpieren können, da er die Dielen in diesem Zustand bereits vom Hersteller erhalten hat. Zwar treffen V Kontrollpflichten was die Ware angeht, die er weiter veräußert; jedoch wird es nicht zumutbar sein, jede einzelne Diele mit den anderen auf deren Farbverschiedenheit zu prüfen. Das Verschulden des Herstellers ist dem V nicht gem. § 278 S. 1 zurechenbar. Hierfür müsste der Hersteller Erfüllungsgehilfe[24] des V sein. Dies wäre nur dann der Fall, wenn dieser mit Wissen und Wollen des V in dessen Pflichtenkreis tätig werden würde. V schuldet als Verkäufer jedoch gerade nicht die Herstellung seiner Produkte. Der Hersteller kann daher nicht im Pflichtenkreis des V tätig geworden sein.

K hat gegen V keinen Anspruch auf Schadensersatz.

### Frage 3:[25]

### I. Anspruch des H gegen K auf Kaufpreiszahlung iHv 300 EUR aus § 433 II

764 H könnte gegen K einen Anspruch auf Zahlung des Kaufpreises iHv 300 EUR haben, wenn zwischen H und K ein wirksamer Kaufvertrag zustande gekommen und der Anspruch nicht untergegangen wäre.

### 1. Anspruch entstanden

Zwischen H und K kam ein Kaufvertrag über die von K ausgesuchten Holzdielen zum Preis von 300 EUR zustande. K ist grundsätzlich verpflichtet den Kaufpreis zu zahlen (§ 433 II).

### 2. Anspruch nicht untergegangen

Der Anspruch auf Kaufpreiszahlung könnte nach § 326 I 1 Hs. 1 untergegangen sein, wenn die Pflicht zur Leistung nach § 275 I unmöglich geworden wäre. Unmöglichkeit liegt gem. § 275 I vor, wenn die Leistung für den Schuldner (subjektiv) oder für jedermann (objektiv) unmöglich ist.

### a) Unmöglichkeit der Leistung

765 Die Pflicht des H zur Übergabe und Übereignung mangelfreier Dielen aus § 433 I könnte diesem unmöglich geworden sein. Die von K ausgesuchten Dielen wurden während des Transportes so durchfeuchtet, dass sie völlig unbrauchbar geworden sind. Die Übereignung und Übergabe anderer Dielen kommt nicht in Betracht, da es

24 Vgl. auch *Fall 7 »Der Kupferstich«*, → Rn. 440, Palandt/*Grüneberg* § 278 Rn. 7.

25 **Hinweis:** Für ein Prüfungsschema zur Fallgestaltung der Drittschadensliquidation beim Versendungskauf vgl. Rn. 50. Zur verständlicheren Darstellung wurde hier ein einfacherer Aufbau der Anspruchsprüfung weitgehend ohne Inzidentprüfungen gewählt.

sich um eine Stückschuld handelt. K hat sich genau die Dielen ausgesucht, die er haben möchte, sodass eine Gattungsschuld nach § 243 II nicht in Betracht kommt. Grundsätzlich ist K daher von seiner Pflicht zur Kaufpreiszahlung befreit.

### b) Anspruchserhaltung

Etwas anderes könnte sich jedoch aus § 447 I ergeben.[26] Gem. § 447 I geht die Preisgefahr auf den Käufer über, sobald der Verkäufer die Sache dem Spediteur übergibt, wenn er sie auf Verlangen des Käufers an einen anderen Ort als den Erfüllungsort versendet. Wie bereits oben gezeigt, liegt hier ein Versendungskauf vor. Die Gefahr des zufälligen Unterganges und der zufälligen Verschlechterung ging daher mit Übergabe der Dielen an S auf K über. **766**

Unter einer zufälligen Verschlechterung oder einem zufälligen Untergang ist ein Ereignis zu verstehen, welches von keiner der Vertragsparteien iSd §§ 276, 278 zu vertreten ist.[27] K selbst hat die Zerstörung der Dielen nicht zu vertreten. Fraglich ist, ob H ein Verschulden trifft. Eigenes Verschulden trifft ihn nicht. Er hat seinerseits die Ware ordnungsgemäß verpackt. Aber auch eine Haftung für fremdes Verschulden nach § 278 S. 1 Var. 2 kommt nicht in Betracht. Dafür müsste S Erfüllungsgehilfe des H sein. Erfüllungsgehilfe ist, wer mit Wissen und Wollen im Pflichtenkreis des Schuldners tätig wird.[28] Der Transport müsste in den Pflichtenkreis des H fallen. Dies ist nicht der Fall, da H und K keine Bringschuld vereinbart hatten, sondern eine Schickschuld. Bei der Schickschuld schuldet der Verkäufer nur die Übergabe an den Spediteur, nicht auch den Transport selbst.[29] S wurde nicht im Pflichtenkreis des H tätig. H hat ein mögliches Verschulden des S nicht zu vertreten. **767**

Er verliert nicht seinen Anspruch auf Kaufpreiszahlung gegen K.

## II. Ansprüche des H gegen S auf Schadensersatz

Daneben könnte H gegen S Ansprüche auf Schadensersatz aus Vertrag oder Delikt haben. **768**

### 1. Anspruch des H gegen S auf Schadensersatz aus §§ 631, 633 II, 634 Nr. 4, 280 I, III, 283

H könnte gegen S einen Anspruch auf Schadensersatz gem. §§ 631, 633 II, 634 Nr. 4, 280 I, III, 283 haben.

### a) Schuldverhältnis

Zwischen H und S müsste ein Schuldverhältnis bestehen. H und S haben für den Transport der Dielen einen Beförderungsvertrag geschlossen. Es handelt sich dabei um einen Werkvertrag nach § 631, da S den Transporterfolg schuldet.[30]

---

26 **Hinweis**: Es handelt sich in dieser Fallabwandlung gerade nicht um einen Verbrauchsgüterkauf (s. oben), sodass § 447 I BGB nicht durch § 474 IV BGB modifiziert wird und uneingeschränkt Anwendung findet.

27 Palandt/*Weidenkaff* § 446 Rn. 8; MüKoBGB/*Westermann* § 446 Rn. 2.

28 Palandt/*Grüneberg* § 278 Rn. 7.

29 Palandt/*Grüneberg* § 269 Rn. 1; s. auch Übersicht bei MüKoBGB/*Krüger* § 269 Rn. 4 ff.

30 Palandt/*Sprau* vor § 631 Rn. 17a; MüKoBGB/*Busche* § 631Rn. 248 f.

#### b) Pflichtverletzung

S müsste eine Pflicht verletzt haben. Um den Transport ordnungsgemäß durchführen zu können, hat S dafür Sorge zu tragen, dass sich seine Transportmittel in ordnungsgemäßem Zustand befinden. Dies hat er unterlassen. Die Herbeiführung des Erfolges wurde deshalb unmöglich. Es liegt daher eine hinreichende Pflichtverletzung vor.

#### c) Verschulden

Diese müsste S auch zu vertreten haben. Das Vertretenmüssen des S wird nach § 280 I 2 vermutet. Für eine Exkulpation ist nichts ersichtlich.

#### d) Schaden

Hierdurch müsste H ein Schaden entstanden sein. Dies ist nicht der Fall. Aufgrund der Regelung des § 447 I ging die Preisgefahr auf K über und H hat trotz der nachträglichen Unmöglichkeit den vollen Kaufpreisanspruch gegen K.

H hat keinen Anspruch gegen S auf Schadensersatz gem. §§ 631, 633 II, 634 Nr. 4, 280 I, III, 283.

### 2. Anspruch des H gegen S auf Schadensersatz aus § 823 I

769 H könnte gegen S einen Anspruch auf Schadensersatz aus § 823 I haben. Zwar liegt eine Rechtsgutsverletzung vor, da H noch Eigentümer der Dielen war, die durch den nicht ordnungsgemäßen Transport zerstört wurden. Jedoch entstand H kein ersatzfähiger Schaden. Nach der Differenzhypothese ist ein Vergleich der Vermögenslagen mit und ohne schädigendem Ereignis anzustellen. In beiden Fällen hätte H das Eigentum nicht mehr für sich beanspruchen können und stattdessen den Kaufpreisanspruch gegen K als Äquivalent. Aus dem schädigenden Ereignis resultiert für H kein Schaden.

H hat keinen Anspruch auf Schadensersatz aus § 823 I.

## III. Anspruch des K gegen H auf Übergabe und Übereignung mangelfreier Dielen aus § 433 I

770 K könnte gegen H einen Anspruch auf Übergabe und Übereignung mangelfreier Dielen aus § 433 I haben.

### 1. Anspruch entstanden

H und K haben einen wirksamen Kaufvertrag abgeschlossen.

### 2. Anspruch nicht untergegangen

Allerdings ist H gem. § 275 I von seiner Leistungspflicht befreit (s. oben). Der Anspruch des K ist daher untergegangen.

K hat keinen Anspruch auf Übergabe und Übereignung mangelfreier Holzdielen.

### IV. Anspruch des K gegen H auf Schadensersatz gem. §§ 433, 434 II, 437 Nr. 3, 280 I, III, 283

K könnte gegen H einen Anspruch auf Schadensersatz gem. §§ 433, 434 II, 437 Nr. 3, 280 I, III, 283 haben. 771

Zwischen H und K besteht mit dem Kaufvertrag ein Schuldverhältnis. Dass die Übergabe und Übereignung der Dielen nachträglich nach § 275 I unmöglich wurde, genügt gem. § 283 als Pflichtverletzung. Diese müsste H gem. § 276 zu vertreten haben. H kann sich vorliegend jedoch exkulpieren, da er für die Instandhaltung der Transportmittel des S nicht verantwortlich ist und sich dessen Verschulden nicht gem. § 278 zurechnen lassen muss (s. oben).

K hat gegen H keinen Anspruch auf Schadensersatz gem. §§ 433, 434 II, 437 Nr. 3, 280 I, III, 283.

### V. Anspruch des K gegen H auf Abtretung des Ersatzanspruches aus § 285

K könnte gegen H einen Anspruch auf Herausgabe des stellvertretenden commo- 772
dums[31] gem. § 285 I haben. Dieser richtet sich auf die Herausgabe eines Ersatzes oder die Abtretung eines möglichen Ersatzanspruches den H gegen S haben könnte.

#### 1. Schuldverhältnis

Auch dieser Anspruch setzt voraus, dass zwischen H und K ein Schuldverhältnis besteht, aus dem eine Leistungspflicht resultiert. H und K haben einen Kaufvertrag geschlossen.

#### 2. Unmöglichkeit der Leistung nach § 275

Wie bereits oben dargestellt, ist H gem. § 275 I von seiner Pflicht zur Leistung, Übergabe und Übereignung der Dielen aufgrund der Zerstörung befreit.

#### 3. Surrogat

Aufgrund des Umstandes der zur Befreiung der Leistungspflicht geführt hat, müsste H etwas erlangt haben. Dies könnte ein Ersatz für den zerstörten Gegenstand oder ein Ersatzanspruch gegen den Schädiger sein.

#### a) Schadensersatzansprüche des H gegen S

In Betracht käme vorliegend ein Schadensersatzanspruch des H gegen S aufgrund des 773
fahrlässigen Handelns des S. Allerdings scheitert ein Anspruch auf Schadensersatz statt der Leistung aus §§ 631, 633 II, 634 Nr. 4, 280 I, III, 283 an dem erforderlichen Schaden. Die Regelung des § 447 I führt hier zu einer den Schaden ausschließenden Risikoverteilung. Es liegen gerade keine Ansprüche des H gegen S vor.

31 **Hinweis:** Zum Anspruch auf Herausgabe des stellvertretenden commodum vgl. auch *Fall 7 »Der Kupferstich«*, → Rn. 442.

#### b) Grundsätze der Drittschadensliquidation[32]

774 Etwas anderes könnte sich aus den Grundsätzen der Drittschadensliquidation ergeben. In den Fällen, in denen sich aufgrund gesetzlicher Regelungen eine atypische Schadensverlagerung ergibt, führt deren Anwendung dazu, dass ausnahmsweise die Geltendmachung des einem anderen als dem Anspruchsinhaber entstandenen Schadens möglich ist.

##### aa) Anspruchsinhaber hat keinen Schaden

H steht zwar dem Grunde nach ein Schadensersatzanspruch gegen S zu, jedoch ist er wegen § 447 I nicht geschädigt.

##### bb) Geschädigter hat keinen Anspruch

K hingegen hat einen Schaden. Wegen § 447 I trägt er die Preisgefahr für den zufälligen Untergang der Dielen.

Für die Anwendung der Grundsätze der Drittschadensliquidation dürfte K selbst keine Ansprüche gegen den Schädiger S haben. K könnte gegen S jedoch einen Anspruch auf Schadensersatz gem. §§ 421 I 2, 425 I HGB haben.

###### (1) Abschluss eines Frachtvertrags zwischen H und S

775 Zwischen H und S müsste ein Frachtvertrag nach § 407 HGB zustande gekommen sein. Durch diesen wird der Frachtführer verpflichtet, das Gut zum Bestimmungsort zu befördern und dort an den Empfänger abzuliefern. Der Absender wird verpflichtet, die vereinbarte Fracht zu zahlen. Ein Vertrag dieses Inhaltes kam zwischen H und S zustande.

Fraglich ist, ob § 407 HGB objektiv sowie subjektiv Anwendung findet. Nach § 407 I Nr. 1 Var. 1 HGB finden die Vorschriften über den Frachtvertrag Anwendung, wenn das Gut zu Lande transportiert werden soll. Dies ist der Fall.

Subjektiv muss die Beförderung nach § 407 I Nr. 2 HGB zum Betrieb des gewerblichen Unternehmens des S gehören. S ist Spediteur, somit gehört die Beförderung der Dielen zu seinem gewerblichen Unternehmen.[33]

###### (2) Zerstörung des Frachtgutes

Das Frachtgut müsste in der Zeit von der Übernahme zur Beförderung bis zur Ablieferung entweder beschädigt worden oder verlorenen gegangen sein, § 425 I HGB. Da die Feuchtigkeit aus dem Transporter in die Dielen gedrungen ist, wurden diese während des Transportes und damit nach Übernahme und noch vor Ablieferung beschädigt.

###### (3) Schaden

Fraglich ist, bei wem der Schaden aufgrund dieses Ereignisses eingetreten ist. Wegen der Regelung des § 447 I trägt K die Preisgefahr für den Untergang des Gutes wäh-

32 **Hinweis:** Zu den anerkannten Fallgestaltungen der Drittschadensliquidation vgl. *Fall 6 »Party-Service«* → Rn. 424.

33 **Hinweis:** Da S in das Handelsregister eingetragen ist, findet § 407 III 2 HGB keine Anwendung.

rend des Transportes. Er hat daher den vollen Kaufpreis an H zu bezahlen. Deshalb ist auch ihm und nicht dem H ein Schaden entstanden (s. oben).

#### (4) Aktivlegitimation des K

Problematisch ist, dass der Frachtvertrag gerade nicht zwischen K und S, sondern zwischen H und S zustande kam (s. oben). Grundsätzlich gilt das Prinzip der Relativität der Schuldverhältnisse, sodass auch vertragliche Sekundäransprüche nur zwischen den Vertragsparteien bestehen können. Jedoch regelt § 421 I 2 HGB hiervon ausdrücklich eine Ausnahme. Bei einer Beschädigung, verspäteten Ablieferung oder dem Verlust des Gutes, kann der Empfänger Ansprüche aus dem Frachtvertrag gegen den Frachtführer im eigenen Namen geltend machen. 776

K ist vorliegend der Empfänger des Transportgutes, nämlich derjenige, an den geliefert werden soll. Damit steht ihm ein eigener Anspruch gegen S zu.

Die Voraussetzungen der Anwendung der Grundsätze der Drittschadensliquidation sind daher nicht erfüllt. K hat keinen Anspruch gegen H aus § 285, da er selbst einen Anspruch gegen S hat (s. oben).[34]

### Frage 4:

### Ansprüche des U gegen K auf Zahlung

### I. Anspruch auf Zahlung von 1.000 EUR aus § 631 I

U könnte gegen K einen Anspruch auf Vergütung iHv 1.000 EUR gem. § 631 I haben, wenn zwischen U und K ein Werkvertrag zustande gekommen, der Anspruch auf Bezahlung des Werklohnes nicht untergegangen und fällig wäre. 777

#### 1. Anspruch entstanden

Zwischen U und K kam ein wirksamer Werkvertrag nach § 631 I zustande. Vereinbart wurde, dass U die Wände des Arbeitszimmers in K's Haus vertäfelt. Damit schuldet U einen Erfolg und nicht die bloße Dienstleistung (§ 611). Es wurde eine Vergütung iHv 1.000 EUR vereinbart.

#### 2. Anspruch nicht erloschen

Der Anspruch auf Entrichtung der vereinbarten Vergütung nach § 631 I dürfte nicht erloschen sein. Er könnte jedoch gem. § 326 I 1 erloschen sein, wenn U von seiner Leistungspflicht gem. § 275 I–III befreit wurde. Dafür müsste die Vertäfelung des Arbeitszimmers unmöglich geworden sein, § 275 I. Eine Unmöglichkeit liegt nicht vor. Der Schimmelbefall wurde bereits beseitigt. Eine Vertäfelung der Wände ist möglich. Eine solche ist U nicht gem. § 275 II unzumutbar, da der Aufwand nicht in grobem Missverhältnis zum Leistungsinteresse des Gläubigers K steht.

Der Anspruch ist nicht gem. § 326 I 1 erloschen.

34 **Hinweis:** Seit der Transportrechtsreform 1998 sind damit die Grundsätze der Drittschadensliquidation für den Fall des Versendungskaufs nicht mehr von Bedeutung, wenn es sich um einen gewerbsmäßigen Frachtführer handelt. Für den (praktisch seltenen) Fall eines nicht gewerbsmäßigen Frachtführers gelten sie jedoch weiterhin unverändert.

### 3. Anspruch durchsetzbar

778 Allerdings müsste der Werklohn auch fällig sein. Fälligkeit tritt nach § 641 I 1 mit der Abnahme des Werkes gem. § 640 ein. Abnahme bedeutet die körperliche Entgegennahme des Werkes verbunden mit der Anerkennung als die in der Hauptsache vertragsgemäße Leistung. Ist eine körperliche Entgegennahme nach der Beschaffenheit des Werkes ausgeschlossen, zB bei Arbeiten am Grundstück des Bestellers – wie vorliegend – besteht die Abnahme nur in der vorstehend erwähnten Anerkennung nach Vollendung des Werkes, mithin nach Erbringung aller wesentlicher vertraglich geschuldeten Leistungen.[35]

Vorliegend bedurfte es keiner körperlichen Entgegennahme, die Billigung des Werkes als in der Hauptsache vertragsgemäß genügte. Das Werk wurde noch nicht fertig gestellt und K wollte sich gerade noch einmal überlegen, ob ihm die Vertäfelung überhaupt gefällt, so dass nicht von einer Billigung ausgegangen werden kann. Daher scheidet auch eine Teilabnahme für die bereits angebrachte Vertäfelung aus. Der Werklohn ist noch nicht fällig.

## II. Anspruch auf eine Abschlagszahlung gem. § 632 a I

779 U könnte gegen K einen Anspruch auf eine Abschlagszahlung in Höhe des Wertes um den K durch die bereits erbrachte Leistung bereichert ist, haben.

Voraussetzung für den Anspruch ist, dass bereits eine vertragsgemäße Leistung erbracht wurde. Darunter fallen alle nach dem Werkvertrag geschuldeten Tätigkeiten und Sachen. Die Leistung muss, da der Anspruch beim Besteller einen Wertzuwachs voraussetzt, dem Besteller in nicht mehr entziehbarer Weise zur Verfügung gestellt und für ihn in sich werthaltig sein, zB weil er sie eigenständig nutzen kann oder auf ihr aufbauend das Gesamtwerk fertigstellen kann.[36] Dies ist vorliegend nicht der Fall. Die Vertäfelung nur des halben Zimmers stellt für K keinen eigenständigen Wertzuwachs dar. Die Leistung ist nicht selbstständig nutzbar. Auf ihr aufbauend kann auch nicht das Gesamtwerk fertiggestellt werden. Würde es ausreichen, dass K aufbauend auf den zwei bereits vertäfelten Wänden die restlichen zwei Wände selbst oder durch einen anderen Unternehmer vertäfeln lassen könnte, so könnte für jede angebrachte Diele bereits eine Abschlagszahlung verlangt werden. Das Werk (vertäfeltes Arbeitszimmer) ist als solches nicht teilbar.[37]

U hat daher keinen Anspruch auf eine Abschlagszahlung.

## III. Anspruch auf teilweise Vergütung gem. § 645 I 1

780 U könnte gegen K einen Anspruch auf anteilige Vergütung gem. § 645 I 1 haben. § 645 I 1 gewährt einen Anspruch auf einen Teil der Vergütung, wenn noch keine Abnahme erfolgte, das Werk vielmehr zuvor untergegangen ist, sich verschlechtert hat oder unausführbar wurde. Dafür müsste das Werk infolge eines Mangels des vom Besteller gelieferten Stoffes oder infolge einer von dem Besteller für die Ausführung

35 Palandt/*Sprau* § 640 Rn. 3.
36 Palandt/*Sprau* § 632a Rn. 6.
37 **Hinweis:** Beispiele für eine Leistung, auf deren Grundlage das Gesamtwerk fertig gestellt werden kann, sind ein Bodenaushub oder die Erstellung des Rohbaus (vgl. Palandt/*Sprau* § 632a Rn. 6).

erteilten Anweisung untergegangen, verschlechtert oder unausführbar geworden sein, ohne dass ein Umstand mitgewirkt hat, den der Unternehmer zu vertreten hat.

### 1. Vom Besteller gelieferter Stoff

Fraglich ist, ob es sich bei der vom Schimmel befallenen Wand um einen vom Besteller gelieferten Stoff handelt. Der Begriff des vom Besteller gelieferten Stoffes ist weit auszulegen und umfasst alle Gegenstände, aus denen, an denen oder mit deren Hilfe das Werk herzustellen ist. Damit ist auch die stoffliche Umgebung, auf der ein Werk errichtet werden soll, erfasst.[38] Die Beweglichkeit des Stoffes ist keine Voraussetzung.

Die weite Auslegung des Begriffes umfasst auch die Zimmerwand, auf der die Dielen angebracht werden sollen. Der Besteller K stellt diese für die Arbeiten daran zur Verfügung, sodass es sich um einen vom Besteller gelieferten Stoff handelt.

### 2. Mangelhaftigkeit des Stoffes

Mangel bedeutet auch in diesem Zusammenhang, dass die reale Beschaffenheit des Stoffes von der im Vertrag vereinbarten oder vorausgesetzten abweicht bzw. diese für die vorausgesetzte Verwendung ungeeignet ist. In der Regel ist davon auszugehen, dass vom Werkvertrag die Eignung des Stoffes für das Werk vorausgesetzt wird. Daran fehlt es, wenn ein Sachmangel des Stoffes iSd § 434 vorliegt, aber auch dann, wenn dem Stoff generell bestimmte für den Werkerfolg erforderliche Eigenschaften fehlen.[39] Der Schimmelbefall der Wände stellt einen Mangel der Wände dar. Sie eignen sich deshalb nicht dafür mit Holzdielen vertäfelt zu werden.

### 3. Untergang des Werkes

Durch die Verbreitung des Schimmels in den Wänden wurden die bereits angebrachten Dielen befallen und völlig unbrauchbar.

### 4. Kein Verschulden des Unternehmers

Diesen Umstand dürfte U nicht zu vertreten haben. Dies ist der Fall. Die Schimmelbildung im Haus ist allein der Risikosphäre des K zuzuordnen, da dieser sich fahrlässig trotz des Hinweises beim Kauf nicht um die Trockenlegung des Hauses gekümmert hat.

### 5. Umfang der Vergütung

U hat gem. § 645 I einen Anspruch auf einen der geleisteten Arbeit entsprechenden Teil der Vergütung. Dies dürfte ungefähr der Hälfte des vereinbarten Werklohnes entsprechen, da U bereits zwei der vier Wände des Arbeitszimmers vollständig vertäfelt hat.

U hat gegen K einen Anspruch auf die Hälfte der vereinbarten Vergütung, mithin auf 500 EUR aus § 645 I.

---

38 Palandt/*Sprau* § 645 Rn. 7; Jauernig/*Mansel* § 645 Rn. 6.

39 Palandt/*Sprau* § 645 Rn. 7.

## Frage 5:

### I. Anspruch auf Zahlung von 1.000 EUR aus § 631 I.

781 Mangels Fälligkeit scheidet in diesem Fall ein Anspruch auf Zahlung aus § 631 I aus (s. oben).

### II. Anspruch auf eine Abschlagszahlung gem. § 632a I

782 Ein Anspruch aus § 632a I auf eine Abschlagszahlung scheidet mangels Eigenständigkeit der bereits erbrachten Leistung ebenfalls aus (s. oben).

### III. Anspruch auf teilweise Vergütung gem. § 645 I 1

783 U könnte gegen K einen Anspruch auf teilweise Vergütung gem. § 645 I 1 haben.

#### 1. Direkte Anwendung

Allerdings ist § 645 I 1 in diesem Fall nicht direkt anwendbar, da die Zerstörung der Dielen nicht auf einen Mangel des vom Besteller gelieferten Stoffes oder infolge einer von dem Besteller für die Ausführung erteilten Anweisung zurückzuführen ist, sondern auf die Schmiererei des N. Ein solcher Fall wird von den beiden Varianten nicht erfasst.

#### 2. Analoge Anwendung

784 Fraglich ist, ob § 645 I 1 analog heranzuziehen ist. Eine Analogie[40] setzt eine planwidrige Regelungslücke sowie eine vergleichbare Sach- und Interessenlage voraus. Eine Regelungslücke liegt vor. Für den Fall, dass der Untergang des Werkes auf einen Umstand aus der Sphäre des Bestellers zurückgeht, der nicht in der Lieferung eines Stoffes oder einer Anweisung zu sehen ist, trifft das Gesetz keine Regelung. Problematisch ist, ob es sich dabei um eine planwidrige Regelungslücke handelt oder ob der Gesetzgeber den Anspruch auf Teilvergütung in § 645 I 1 gerade abschließend regeln wollte.

Der Wortlaut der Norm spricht dafür, dass es sich um eine abschließende Regelung handelt. Daneben streitet für diese Ansicht auch die Systematik des Gesetzes. Das Gesetz berücksichtigt es nämlich nur in beschränkten Fällen zugunsten des Unternehmers, wenn die Gründe, die zum Untergang des Werkes geführt haben, aus der Sphäre des Bestellers stammen. Dies ist zB anhand der Normen des § 644 II iVm § 447 zu erkennen. Für den Fall, dass der Unternehmer das Werk auf Verlangen des Bestellers nach einem anderen Ort als den Erfüllungsort versendet, geht die Gefahr auch schon vor Abnahme auf den Besteller über.[41,42]

40 **Hinweis:** vgl. zur Analogie im Allgemeinen Rn. 114.

41 BGH NJW 1963, 1824.

42 **Hinweis:** In seinem Urteil (BGH NJW 1963, 1824) führte der BGH ebenso ein historisches Argument ins Felde: In den Beratungen über den Entwurf des BGB ist beantragt worden, in den § 577 des Entwurfes, der dem § 645 des Gesetzes entspricht, die Bestimmung aufzunehmen, dass der Unternehmer den dort eingeräumten Anspruch auch haben solle, wenn das Werk »infolge eines bei dem Besteller eingetretenen Umstandes« untergehe. Dieser Antrag wurde abgelehnt. Der Begriff des bei dem Besteller eingetretenen Umstandes entbehre der notwendigen Bestimmtheit und sei nicht praktikabel. Auch der Antrag, dem Unternehmer einen Anspruch bei Untergang des Werkes infolge höherer Gewalt zuzusprechen, wurde abgelehnt.

Gleichwohl ist zu bedenken, dass in der Rechtslehre schon früh erkannt wurde, dass der Unternehmer auch in den Fällen, in denen das Werk aus einem im Bereich des Bestellers liegenden Grundes untergeht, jeden Anspruchs auf die Vergütung beraubt wird, eine unbillige Härte darstellt und dies nicht im Willen des Gesetzesgebers liegen kann. Daraus etablierte sich die sog. »Sphärentheorie«. Danach wird dem Unternehmer ein Anspruch zugebilligt, wenn das Werk infolge eines Umstandes untergeht, der der Sphäre bzw. dem Risikobereich des Bestellers zuzurechnen ist.[43]

Dem Unternehmer einen solchen Anspruch zuzubilligen, ist zumindest dann gerechtfertigt, wenn eine Handlung des Bestellers das Werk in einen Zustand oder in eine Lage versetzt hat, die eine Gefährdung des Werkes mit sich gebracht hat und ursächlich für seinen Untergang geworden ist. Insofern besteht zu den in § 645 I 1 genannten Fällen eine Vergleichbarkeit, da der Besteller in allen Fällen selbst die Gefahr des Unterganges erhöht hat und ohne diese Erhöhung das Werk nicht untergegangen wäre.[44]

Für diese Fälle liegt sowohl eine planwidrige Regelungslücke als auch eine vergleichbare Interessenlage vor, sodass nur eine analoge Anwendung des § 645 I 1 zu sachgerechten Ergebnissen führt.

Vorliegend hat K grob fahrlässig vergessen, das Fenster des im Erdgeschoss liegenden Arbeitszimmers zu schließen, bevor er für eine Woche in den Urlaub flog. Dieses Unterlassen wirkte sich gefahrerhöhend aus, da sich dem N nur so die Möglichkeit und Gelegenheit bot, in das Haus einzudringen und die Wände zu besprühen. Schlussendlich war diese Fahrlässigkeit auch ursächlich für den Untergang der Dielen.

Das bedeutet, dass U zwar keinen Anspruch auf die volle vereinbarte Vergütung hat, jedoch zumindest auf einen der bereits geleisteten Arbeit entsprechenden Teil der Vergütung. Dies dürfte wieder ungefähr der Hälfte des vereinbarten Werklohnes entsprechen, da U bereits zwei der vier Wände des Arbeitszimmers vollständig vertäfelt hat (s. oben).

U hat gegen K einen Anspruch auf die Hälfte der vereinbarten Vergütung, mithin auf 500 EUR.

43 Palandt/*Sprau* § 645 Rn. 9.
44 BGH NJW 1963, 1824.

## Fall 14: »Der Umzug der alten Dame«

785 **Ausgangsfall:**

Die pflegebedürftige 90-jährige E lebt in einem Seniorenwohnheim. In dem der E gehörenden, von vier Parteien bewohnten Haus hat die 80-jährige M im Erdgeschoss alleine eine Drei-Zimmer-Wohnung. E kündigt M fristgerecht. In ihrem Kündigungsschreiben führt sie aus, sie wolle in ihrem eigenen Haus wohnen, dort könne sie von ihrer Tochter versorgt werden. Die Wohnung im Erdgeschoss brauche sie, weil sie keine Treppen mehr steigen könne. M widerspricht der Kündigung schriftlich und verlangt die Fortsetzung des Mietverhältnisses. Sie entgegnet, E sei im Seniorenwohnheim angemessen untergebracht; eine Kündigung durch die Heimleitung brauche sie nicht zu befürchten. M beruft sich des Weiteren darauf, dass ihr selbst ein Umzug wegen ihres hohen Alters nicht mehr zumutbar sei. E meint, wenn es eine Bestimmung geben sollte, die ihr den Umzug in ihr eigenes Haus verbiete, sei diese verfassungswidrig. Jedenfalls müsse bei der Beurteilung ihres Anliegens berücksichtigt werden, dass »wir schließlich noch ein Grundgesetz haben«.

**Frage 1: Hat eine Klage der E Aussicht auf Erfolg?**

**Abwandlung:**

Gegen M ist ein rechtskräftiges Räumungsurteil ergangen. Nach Ablauf der ihr gewährten Räumungsfrist erfährt sie, dass E angesichts ihres Alters nun doch die Mühen eines Umzugs scheut und lieber im Seniorenwohnheim bleiben will. M wohnt noch im Hause der E. Sie ist der Meinung, dass sie nun das Recht habe, in der Wohnung zu verbleiben und will deshalb gegen das Räumungsurteil vorgehen. Wenn sie wirklich »raus müsse«, will sie Ersatz der Umzugskosten iHv 2.000 EUR verlangen.

**Frage 2: Welche Rechte hat M gegen E?**

## A. Vorüberlegungen

Der Sachverhalt gliedert sich in zwei Abschnitte. Daraus lässt sich bereits ersehen, dass zwei unterschiedliche, allerdings inhaltlich voneinander abhängige Rechtsprobleme geprüft werden sollen. Der Schwerpunkt des Falles liegt in der Kündigung eines Mietvertrags wegen Eigenbedarfs. **786**

Der erste Abschnitt bezieht sich auf die Wirksamkeit einer solchen Kündigung. Es müssen also die Voraussetzungen einer Kündigung wegen Eigenbedarfs untersucht werden. Da E sich auf die Verfassung beruft, liegt eine Überprüfung des hierfür einschlägigen § 573 II Nr. 2 auf seine Verfassungsmäßigkeit nahe. Auch eine Auslegung der gesetzlichen Voraussetzungen des § 573 erscheint aufgrund der entsprechenden Äußerung der E erforderlich. Außerdem müssen die von M geltend gemachten Interessen angemessen berücksichtigt werden.

Der zweite Abschnitt geht von einer nachträglichen Veränderung der Verhältnisse aus. Es muss daher festgestellt werden, welche Rechtsfolgen eine derartige Veränderung hat. Problematisch könnte auch sein, bis zu welchem Zeitpunkt diese Rechtsfolgen eingreifen.

**Hinweis:** Soweit im Rahmen der Gesetzesauslegung[1] die Entstehungsgeschichte zu berücksichtigen ist, werden von einem Klausurverfasser in aller Regel hierzu keine Ausführungen erwartet. 787

1 Zu einem Überblick über die Gesetzesauslegung → Rn. 94 ff. sowie *Lüdemann* JuS 2004, 27 ff. und *Saueressig* JURA 2005, 525 ff.; ausf. *Wank* Auslegung, 4. Aufl. 2008.

## B. Lösung

### Frage 1:

### I. Zulässigkeit

788 E muss eine Leistungsklage auf Räumung der Wohnung durch M erheben. Die sachliche und örtliche Zuständigkeit für die Räumungsklage bestimmt sich nach § 29a I ZPO. Danach ist das Amtsgericht, in dessen Bezirk die an M vermietete Wohnung der E liegt, ausschließlich zuständig.

### II. Begründetheit

789 Die Klage der E ist begründet, wenn das Mietverhältnis mit M beendet ist. Die Beendigung könnte sich aus einer wirksamen Kündigung gem. §§ 542 I, 568, 573c, 573 I, II Nr. 2 ergeben.

790 E hat gegenüber M schriftlich die Kündigung erklärt und die Gründe für die Kündigung angegeben, § 568 I. Auf die Möglichkeit des Widerspruchs hat E die M nicht hingewiesen; doch ist § 568 II nur eine Sollvorschrift, deren Verletzung nicht zur Unwirksamkeit der Kündigung führt. Die Kündigung erfolgte auch fristgerecht, §§ 542 I, 573c I. Somit sind die Erfordernisse einer wirksamen Kündigungserklärung gegeben.

791 Als Kündigungsgrund könnte ein berechtigtes Interesse der E nach § 573 I vorliegen.

#### 1. Verfassungsmäßigkeit des § 573

§ 573 kann als Rechtsgrundlage für die Kündigung der E nur dann berücksichtigt werden, wenn diese Vorschrift verfassungsgemäß ist.

792 In Betracht kommt hier ein Verstoß gegen das Eigentumsrecht aus Art. 14 I 1 GG. Zwar kann der Gesetzgeber gem. Art. 14 I 2 GG Inhalt und Schranken des Eigentums durch Gesetze bestimmen. Doch müssen diese der Grundentscheidung zugunsten des Eigentums Rechnung tragen.

793 Bei der Konkretisierung der Verfassung steht dem Gesetzgeber ein Ermessen zu,[2] wobei die Grenzen des Ermessens wiederum durch die Verfassung bestimmt werden. Aus Art. 14 I 1 GG ergibt sich die grundsätzliche Anerkennung des privaten Eigentums und aus Art. 14 II GG dessen Sozialbindung.

794 Auf der einen Seite ist also zugunsten des Eigentümers der Gedanke der Privatnützigkeit des Eigentums zu beachten. Dazu gehört, dass dem Eigentümer eines Wohnhauses dieses auch zur eigenen Verfügung und Nutzung bereitstehen muss. Die Eigentumsgarantie soll dem Eigentümer die Möglichkeit geben, sein Leben nach seinen eigenen Vorstellungen zu gestalten.[3]

795 Auf der anderen Seite hat die Wohnung für den Einzelnen und seine Familie eine besondere Bedeutung, die zu einer verstärkten Sozialbindung führt. Große Teile der Bevölkerung sind auf Mietwohnungen angewiesen. Ein Wohnungswechsel bewirkt

2 BVerfGE 18, 121 (132), jeweils zur Vorgängernorm des § 564b aF.
3 BVerfGE 46, 325 (334); 79, 292 (303 f.).

erhebliche Belastungen in persönlicher, familiärer, wirtschaftlicher und sozialer Hinsicht.[4]

Diese Abwägung zwischen Art. 14 I 1 GG einerseits und Art. 14 II GG andererseits wird in § 573 zutreffend konkretisiert. Nur dann, aber auch immer dann, wenn der Eigentümer eigenen Bedarf hat, kann er dem Mieter kündigen. Der Gesetzgeber hat somit die Belange des Eigentümers und des Mieters in angemessener Weise berücksichtigt. Die Vorschrift ist daher verfassungsgemäß[5] und im vorliegenden Fall anwendbar. 796

## 2. Die Auslegung des § 573

Die Voraussetzungen des § 573 müssten vorliegen. Die Kündigung bezog sich auf ein Mietverhältnis über Wohnraum, § 549 I, 573 I. Da E nicht selbst in dem Gebäude wohnt, sind die Voraussetzungen des § 573a nicht gegeben. Nach § 573 I ist ein berechtigtes Interesse der E an der Beendigung des Mietverhältnisses erforderlich. Dieses kann sich gem. § 573 II Nr. 2 aus einem Eigenbedarf der E ergeben, wenn sie also die Wohnung für sich benötigt. Ob die Erfordernisse dieser Tatbestandsvoraussetzung vorliegen, erscheint angesichts der Argumente, die M vorträgt, zweifelhaft. Deshalb ist zunächst der Inhalt dieser Tatbestandsvoraussetzung zu untersuchen. 797

### a) Wortlaut

Bei der Auslegung eines Gesetzes ist zunächst von dessen Wortlaut auszugehen.[6] 798

Danach ist maßgeblich, dass der Vermieter ein »berechtigtes Interesse« hat, weil er die Wohnung »benötigt«.

Das Erfordernis eines »berechtigten Interesses« erfasst nicht jedes beliebige Interesse, sondern nur ein schutzwürdiges. Der Begriff wird auch in § 553 I 1 verwandt. Diese Bestimmung ist genauso wie § 573 Teil des sozialen Mietrechts. Sie verlangt, dass der Mieter vernünftige Gründe hat, die seinen Wunsch nach Überlassung eines Teils der Wohnung an Dritte nachvollziehbar erscheinen lassen.[7] 799

Der Ausdruck »benötigt« weist einen objektiven Einschlag auf. Allerdings kann eine willkürliche, nur subjektiver Laune entspringende Kündigung vom Gesetz ohnehin nicht anerkannt werden. Andererseits darf aus dem Wort »benötigen« aber nicht gefolgert werden, dass aufseiten des Vermieters ein wirklicher Notfall vorliegen muss.[8] 800

Da die Kündigung durch E jedenfalls nicht willkürlich erfolgte, sondern sich auf sachliche Gründe stützte, sind die aus der Wortauslegung gewonnenen Voraussetzungen des § 573 erfüllt.

4 BVerfGE 68, 361 (370); das BVerfG sieht die Rechtsposition des Mieters als »Eigentum« iSd Art. 14 I 1 GG an.

5 BVerfGE 68, 361 (371); 79, 283 (289); 79, 292 (302 f.); 85, 219 (223); BVerfG NJW-RR 2000, 673.

6 *Larenz/Canaris* Methodenlehre 141.

7 BGHZ 92, 213 (218 f.); BGH NJW 2014, 2102; NJW-RR 2014, 78 f.

8 BVerfG NJW 1994, 309; vgl. auch BGHZ 103, 91 (96, 100).

### b) Systematik

801 **aa)** Die Stellung dieser Vorschrift im BGB lässt keinen Rückschluss auf ihre Auslegung zu. § 573 gehört zu den Vorschriften über die ordentliche Kündigung von Mietwohnraum.

802 **bb)** Jedoch könnte ein Vergleich mit anderen Vorschriften des Mietrechts einen Aufschluss darüber geben, wie das BGB die Rechtsposition des Vermieters gegenüber derjenigen des Mieters bewertet.

803 **(1)** Das Wohnraummietrecht enthält zugunsten des Vermieters einerseits Vorschriften über die ordentliche Kündigung. Hier werden ein Kündigungsgrund (§ 573), eine schriftliche Erklärung (§ 568) und die Beachtung von Kündigungsfristen (§§ 573c, 573d) verlangt. Daneben gibt es Vorschriften über eine fristlose Kündigung, nämlich §§ 543 und 569.

804 Bei einer Gesamtschau ergibt sich, dass der Vermieter jedenfalls gegenüber Pflichtverletzungen des Mieters genügend geschützt wird: bei schwerwiegenden Pflichtverletzungen gem. §§ 543 I, II 569 II, IIa, III durch das Recht zur fristlosen Kündigung und bei weniger schwerwiegenden Pflichtverletzungen nach § 573 II Nr. 1 durch das Recht zur ordentlichen Kündigung.

805 Auch in der Verwertung seines Eigentums ist der Vermieter durch das Kündigungsrecht geschützt. Soweit er die Wohnung selbst nutzen will, gibt ihm § 573 II Nr. 2 ein Kündigungsrecht; soweit er sonst an einer wirtschaftlichen Verwendung gehindert würde, hat er ein Kündigungsrecht aus § 573 II Nr. 3.

806 Vor diesem systematischen Hintergrund ergibt sich, dass § 573 II Nr. 2 das Verwendungsinteresse des Vermieters als Ausfluss des Eigentums normiert. Während es in den anderen Fällen um Pflichtverletzungen des Mieters geht und damit auch um eine Abwägung der beiderseitigen Interessen, kommt es in § 573 II Nr. 2 allein auf das Verwendungsinteresse des Eigentümers an. Da hier die ordentliche im Gegensatz zur fristlosen Kündigung geregelt ist, können an den Grund keine allzu hohen Anforderungen gestellt werden.

**(2)** Als Zwischenergebnis lässt sich nach den bisher zugrunde gelegten Auslegungskriterien noch eine gewisse Spannweite von Auslegungsmöglichkeiten erkennen.

807 Sie betreffen zum einen die Frage, welche Anforderungen an das Merkmal »Eigenbedarf« aufseiten des Vermieters zu stellen sind.

808 **(a)** Man könnte es genügen lassen, dass der Vermieter die Wohnung selbst nutzen will; nur ein willkürlicher Nutzungswille wäre danach nicht anzuerkennen.[9]

809 **(b)** Denkbar erscheint ferner, dass die Gründe des Vermieters vernünftig und billigenswert sind.[10]

810 **(c)** Schließlich lässt sich die Ansicht vertreten, es müsse ein konkreter Bedarf vorliegen, etwa weil der Vermieter unzulänglich oder zu teuer untergebracht sei.[11]

9 Ausf. Staudinger/*Rolfs*, 2014, § 573 Rn. 97 ff.

10 Palandt/*Weidenkaff* § 573 Rn. 23 ff.

11 Vgl. zur aF *Sternel*, Mietrecht, 3. Aufl. 1988, Rn. IV 112, 127.

Eine andere Auslegungsschwierigkeit betrifft die Frage, ob es bei der Ermittlung des Eigenbedarfs allein auf die Interessen des Vermieters ankommt oder ob sie gegen die Interessen des Mieters abzuwägen sind. Auch hier kommen unterschiedliche Auffassungen in Betracht. 811

**(aa)** Es wäre denkbar, bereits bei der Prüfung des Eigenbedarfs ein generalisiertes Mieterinteresse zu berücksichtigen.[12] 812

**(bb)** Es könnte bei § 573 II Nr. 2 aber auch nur auf die Interessen des Vermieters ankommen. Die Interessen des Mieters wären dann über §§ 574, 574a, 574b zu berücksichtigen.[13] 813

**(3)** In Rahmen der systematischen Auslegung ist eine Vorschrift des einfachen Rechts auch anhand der Verfassung auszulegen. Unter den verschiedenen nach einfachem Recht möglichen Auslegungen ist nach dem Grundsatz der verfassungskonformen Auslegung diejenige zu wählen, die die Wertungen der Verfassung am meisten berücksichtigt. Bei der Auslegung des § 573 muss also diejenige Interessenabwägung nachvollzogen werden, die das Grundgesetz vorschreibt.[14] 814

Die verfassungsrechtliche Interessenabwägung ergibt, dass weder einseitig die Interessen des Vermieters noch einseitig die des Mieters berücksichtigt werden dürfen.[15] Es müssen also alle nach einfachem Recht möglichen Auslegungen des § 573 ausscheiden, die auf eine einseitige Interessenabwägung hinauslaufen. Damit scheidet – als den Vermieter zu stark beeinträchtigend – diejenige Auslegung aus, nach der ein dringender Bedarf des Vermieters Voraussetzung für die Wahrnehmung seiner Eigentumsrechte ist.[16] Die beiden anderen Auslegungsmöglichkeiten – nicht willkürlicher Wunsch oder vernünftiger Grund – sind dagegen gleichermaßen mit der Verfassung vereinbar. Der weiteren einfachrechtlichen Prüfung dürfen also von Verfassungs wegen beide Interpretationen zugrunde gelegt werden. 815

Für die weitere Frage, ob innerhalb des § 573 II Nr. 2 auch die Interessen des Mieters zu berücksichtigen sind, gibt die Verfassung keine Richtlinie vor. Aus ihr ergibt sich nur, dass sie berücksichtigt werden müssen, aber nicht, an welcher systematischen Stelle. Auch wenn in § 573 nur die Interessen des Vermieters berücksichtigt werden, können die Mieterinteressen über §§ 574, 574a, 574b rechtliche Wirkungen entfalten.[17] 816

### c) Entstehungsgeschichte

Als weiteres Auslegungskriterium ist die Entstehungsgeschichte einer Vorschrift heranzuziehen.[18] Sie wird vom Klausurbearbeiter nicht verlangt, somit also nur zur Information: Eine dem § 573 entsprechende Vorschrift war zunächst in Art. 1 § 1 des Ersten Wohnraumschutzgesetzes von 1971 enthalten. Diese Vorschrift gehörte zur Gesetzgebung über die Wohnraumbewirtschaftung und war zeitlich beschränkt. 1975 817

12 Staudinger/*Rolfs*, 2014, § 573 Rn. 64.
13 BGH NJW 1988, 904 (905).
14 BVerfGE 37, 132 (145, 148); 53, 352 (357 f.); 68, 361 (373).
15 BVerfGE 68, 361 (374 f.).
16 BVerfG NJW 1994, 2605.
17 So BVerfGE 79, 292 (302 f.); BGHZ 103, 91 (100 f.).
18 *Larenz/Canaris* Methodenlehre 149 ff.

trat § 564b zeitlich unbefristet an die Stelle der alten Regelung. § 564b wurde durch das Mietrechtsreformgesetz vom 19.6.2001 in den §§ 573, 573a, 573b, 577a und 549 II, III übernommen und dabei leicht geändert. Damit wurde eine Dauerregelung des sozialen Mietrechts beabsichtigt, bei der es nicht auf die Lage auf dem Wohnungsmarkt ankommen soll.[19] Für die Auslegung folgt daraus, dass die Vorschrift nicht im Hinblick auf eine vorübergehende Wohnungsnot, wie kurz nach dem Krieg, sondern im Sinne einer dauerhaften gerechten Interessenabwägung auszulegen ist.[20]

#### d) Sinn und Zweck

818 Letztlich entscheidend für die Auslegung einer Vorschrift sind ihr Sinn und Zweck.[21]

Die Norm, § 573, dient einer gerechten Interessenabwägung in Konkretisierung des Art. 14 GG. Die verschiedenen Auslegungskriterien weisen allesamt in die gleiche Richtung. Eine Kündigung ohne weitere Begründung des Eigenbedarfs ist aus verfassungsrechtlichen Gründen nicht zulässig. Zu hohe Anforderungen an den Nachweis des Eigenbedarfs würden aber das Recht des Eigentümers in unvertretbarer Weise zurückdrängen. Eine Kündigung ist daher wirksam, wenn der Eigentümer vernünftige und nachvollziehbare Gründe für seinen Wunsch vorbringt, die Wohnung selbst zu nutzen.[22]

819 Dabei dürfen entsprechend dem systematischen Aufbau des Wohnungskündigungsrechts bei § 573 II Nr. 2 nur die Interessen des Vermieters und nicht auch die des Mieters im konkreten Fall berücksichtigt werden. Die Interessen des Mieters können gem. § 574, 574a, 574b angemessene Berücksichtigung finden.

### 3. Anwendung des § 573

820 Die durch Auslegung ermittelten Voraussetzungen des § 573 I, II Nr. 2 müssten vorliegen. E hätte danach aufgrund ihres Eigenbedarfs ein berechtigtes Interesse an der Beendigung des Mietverhältnisses mit M, wenn hierfür vernünftige und nachvollziehbare sachliche Gründe bestehen.

E möchte die an M vermietete Wohnung selbst bewohnen. Sie ist 90 Jahre alt und pflegebedürftig, will ihren Lebensabend in ihrem eigenen Haus beschließen und sich dort von ihrer Tochter pflegen lassen. Zwar ist E bisher in einem Seniorenwohnheim untergebracht. Wenn sie aber in ihrem eigenen Haus wohnen möchte, um sich von ihrer Tochter pflegen zu lassen, handelt es sich um einen sachlichen Grund. Dieser Wunsch zur Eigennutzung wird von E auch ernsthaft verfolgt.

Wegen ihres Alters kann E zudem keine Treppen mehr steigen; dass sie unter den vier Wohnungen in ihrem Haus gerade die im Parterre liegende Wohnung der M auswählt, ist ebenfalls sachlich gerechtfertigt.

Der Kündigungsgrund des Eigenbedarfs gem. § 573 greift daher ein.

19 BVerfGE 68, 361 (369 ff.); 79, 292 (302); BGHZ 103, 91 (96 ff.).
20 → Rn. 724.
21 *Larenz/Canaris* Methodenlehre 137 ff., 153 ff.; *Wank*, Die juristische Begriffsbildung, 1985, 77 ff.
22 BVerfG NJW 1994, 2605.

### 4. Anwendung der §§ 574, 574a, 574b

Einem Anspruch der E auf Räumung der Wohnung durch M könnte § 574 entgegenstehen.

M hat der Kündigung schriftlich widersprochen und von E die Fortsetzung des Mietverhältnisses verlangt, § 574 I 1. Aus § 308a I ZPO ergibt sich, dass dieser Fortsetzungsanspruch gegenüber der Räumungsklage der E auch ohne Widerklage der M im Klageverfahren berücksichtigt werden muss.[23] 821

Das Fortsetzungsverlangen ist begründet, wenn die Beendigung des Mietverhältnisses für den Mieter eine Härte bedeuten würde, die auch unter Würdigung der berechtigten Interessen des Vermieters nicht zu rechtfertigen ist. M beruft sich darauf, dass ihr aufgrund ihres hohen Alters ein Umzug nicht mehr zumutbar sei. Allein das hohe Alter eines Mieters begründet jedoch keinen Fortsetzungsanspruch.[24] 822

Eine besondere Härte liegt erst dann vor, wenn zu dem Alter andere soziale Kriterien hinzutreten, zB ein schlechter Gesundheitszustand oder eine Verwurzelung in der Umgebung.[25] Derartige zusätzliche Umstände hat M jedoch nicht vorgetragen. 823

Daher steht die Sozialklausel des § 574 dem Räumungsanspruch der E nicht entgegen.

Die Klage der E ist demnach begründet.

### Frage 2:

### 1. Teil. Klage gegen den titulierten Räumungsanspruch

M kann eine Räumung ihrer Wohnung verhindern, wenn eine gegen den titulierten Räumungsanspruch gerichtete Klage zulässig und begründet ist.

### I. Vollstreckungsgegenklage gem. § 767 ZPO

### 1. Zulässigkeit

In Betracht kommt eine Vollstreckungsgegenklage gem. § 767 ZPO. Eine solche ist statthaft, wenn der Kläger materiell-rechtliche Einwendungen gegen einen titulierten Anspruch vorbringt. Das rechtskräftige Räumungsurteil gegen M ist gem. § 704 ZPO ein Vollstreckungstitel für E. M macht den Wegfall der materiellen Voraussetzungen des titulierten Räumungsanspruches der E geltend. Daher ist die gegen das Räumungsurteil gerichtete Klage gem. § 767 ZPO statthaft.[26] 824

Gegen Urteile ist sachlich und örtlich gem. §§ 767 I, 802 ZPO das Prozessgericht des ersten Rechtszuges zuständig, also wiederum das Amtsgericht, in dessen Bezirk die Wohnung der M liegt.

23 Palandt/*Weidenkaff* § 574a Rn. 8.
24 OLG Karlsruhe NJW 1970, 1746 (1747).
25 BGH NZM 2005, 143; LG Bonn NJW-RR 1990, 973 (974).
26 Vgl. BVerfG NJW 1990, 3259 (3260).

### 2. Begründetheit

825 Die Klage der M ist begründet, wenn der Räumungsanspruch der E nicht durchgesetzt werden kann, weil E nicht länger in die Wohnung der M einziehen will. Der Räumungsanspruch könnte entfallen, sofern die Kündigung des Mietvertrags nachträglich dadurch unwirksam geworden ist.

#### a) Wegfall des Kündigungsgrundes

826 Fraglich ist, wie es sich auf das Mietverhältnis auswirkt, wenn die Gründe für eine Eigenbedarfskündigung nach Zugang der Kündigungserklärung und nach Ablauf der Kündigungsfrist entfallen. Es ist denkbar, dass die Kündigung des Vermieters aufgrund des Wegfalls des Kündigungsgrundes ex tunc unwirksam wird.[27]

827 Gegen einen Fortbestand des Mietverhältnisses über den Zeitpunkt des Zugangs einer wirksamen Kündigungserklärung und den Ablauf der Kündigungsfrist hinaus bestehen jedoch Bedenken.[28]

Die Wirksamkeit der Kündigung als Gestaltungserklärung bestimmt sich nach der Rechtslage im Zeitpunkt ihres Zugangs. Spätere Vorgänge haben auf die Wirksamkeit der Kündigung keinen Einfluss, soweit sie nicht unter dem Aspekt der Prognose bereits im Zeitpunkt der Kündigung zu berücksichtigen waren. Diese allgemeinen Grundsätze gelten auch im Mietrecht. Allerdings enthält das Gesetz in §§ 545, 574a Vorschriften, nach denen aufgrund nachträglicher Umstände ein bereits beendetes Mietverhältnis nachträglich wieder auflebt.[29] Dabei handelt es sich jedoch um ausdrückliche gesetzliche Sonderregelungen, die nicht auf andere Fälle übertragbar sind.[30]

Durch Fortsetzung des Mietverhältnisses entstünde auch für den Mieter eine unbefriedigende Rechtslage. Er wäre daran gebunden, selbst wenn er inzwischen ausziehen wollte.[31] Ferner böte man Mietern einen Anreiz, den Räumungsprozess zu verschleppen, um auf diese Weise die Wirksamkeit der Kündigung entfallen zu lassen.[32] Daher ist ein Fortbestand des Mietverhältnisses abzulehnen.[33]

Demnach bleibt die Kündigung des Mietvertrags durch E trotz der geänderten Umstände wirksam.

#### b) Treuwidrigkeit der Berufung auf die Kündigung gem. § 242

Dem Räumungsanspruch der E könnte § 242 entgegenstehen.[34]

828 Entfällt der Eigenbedarf nachträglich, könnte der Vermieter jedoch nach Treu und Glauben verpflichtet sein, den Mieter auf den Wegfall des Eigenbedarfs hinzuweisen und ihm freizustellen, in der Wohnung zu bleiben oder ihm den Besitz wieder einzu-

27 LG Karlsruhe MDR 1981, 231; LG Köln ZMR 1978, 85; AG Helmstedt WuM 1980, 41.
28 *Seier* NJW 1988, 1617 ff.
29 *v. Stebut* NJW 1985, 289 (290).
30 *Seier*, Der Kündigungsbetrug, 1989, 363 f.
31 *Seier* NJW 1988, 1617 (1619); *v. Stebut* NJW 1985, 289 (291).
32 *v. Stebut* NJW 1985, 289 (292).
33 So auch BGH NJW 2007, 2845.
34 Vgl. Staudinger/*Looschelders/Olzen*, 2015, § 242 Rn. 763 ff.

räumen.[35] Einer Berufung des Vermieters auf die Kündigung stünde dann möglicherweise der Einwand unzulässiger Rechtsausübung entgegen, sodass die Kündigungswirkungen nachträglich entfielen.[36] Andererseits trifft den Vermieter uU zur Wiederherstellung des durch die Kündigung beendigten Mietverhältnisses auch die durch Treu und Glauben konkretisierte Vertragspflicht, den bisherigen Mietvertrag fortzusetzen.[37] Beide Möglichkeiten stellen jedoch lediglich unterschiedliche Konstruktionen dar, da jeweils entscheidend ist, ob eine entsprechende Verpflichtung des Vermieters aus § 242 besteht.

Insoweit muss man berücksichtigen, dass mit Zugang der Kündigungserklärung das Rechtsverhältnis zwischen den Parteien noch nicht beendet ist. Auch nach Ablauf der Kündigungsfrist besteht bis zur tatsächlichen Räumung ein Abwicklungsverhältnis zwischen den Parteien fort. Daraus folgt nicht nur, dass wirksam entstandene Rechte wegen Rechtsmissbrauchs nicht durchgesetzt werden können, wenn sich die Sachlage geändert hat. Vielmehr besteht während des Abwicklungsverhältnisses auch eine Verpflichtung beider Parteien nach § 242, auf Veränderungen der Sachlage einzugehen. Der Vermieter ist deshalb im Nachwirkungszeitraum verpflichtet, bei Wegfall des Eigenbedarfs dem Mieter eine Fortsetzung des Mietverhältnisses anzubieten. Der Mieter hat dann die Wahl, ob er den Antrag annimmt oder es bei der Kündigung belässt.[38] 829

Zweifelhaft bleibt aber, für welchen Zeitraum diese nachvertragliche Pflicht des Vermieters gilt. Man könnte zunächst auf den Ablauf der Kündigungsfrist abstellen.[39] Ein nachträglicher Wegfall des Eigenbedarfs würde demnach den Vermieter nicht nach Treu und Glauben zur Fortsetzung des Mietverhältnisses verpflichten. Möglich wäre es aber auch, Veränderungen der tatsächlichen Verhältnisse bis zur letzten mündlichen Verhandlung über die Räumungsklage[40] oder bis zum Ablauf einer gerichtlich gewährten Räumungsfrist[41] (§ 721 ZPO) zu berücksichtigen. Schließlich könnte man auch auf den Zeitpunkt des Auszugs des Mieters abstellen.[42] 830

Im vorliegenden Fall hat die E erst nach Ablauf der Räumungsfrist ihren Eigenbedarf aufgegeben. Demnach wäre ein Festhalten der E an der Kündigung nur dann rechtsmissbräuchlich, wenn man den Zeitpunkt des Auszugs für maßgeblich hielte. Das aber würde bedeuten, den vertragsuntreuen Mieter, der die Wohnung nicht räumt, gegenüber einem vertragstreuen Mieter zu privilegieren.[43] Der Wirkungszeitraum der nachvertraglichen Treupflichten der E ist damit jedenfalls mit Ablauf der Räumungsfrist beendet. Ob das möglicherweise sogar schon mit Ablauf der Kündigungsfrist der Fall war, kann hier offen bleiben.[44] § 242 steht einer Berufung der E auf die Kündi- 831

35 OLG Karlsruhe NJW 1982, 54 f.; *Looschelders* SchuldR BT Rn. 498.
36 LG Hamburg WuM 1989, 256; LG Hamburg WuM 1997, 680; Palandt/*Weidenkaff* § 573 Rn. 25.
37 OLG Karlsruhe NJW 1982, 54 f.
38 OLG Karlsruhe NJW 1982, 54 (55).
39 BGH NJW 2006, 220; OLG Düsseldorf NJW-RR 1992, 1489; Palandt/*Weidenkaff* § 573 Rn. 29; MüKoBGB/*Häublein* § 573 Rn. 80.
40 So OLG Karlsruhe NJW-RR 1994, 80.
41 Vgl. Staudinger/*Looschelders/Olzen*, 2015, § 242 Rn. 781; *Timme* NZM 2006, 249.
42 *Blank* NJW 2006, 739.
43 Vgl. Staudinger/*Looschelders/Olzen*, 2015, § 242 Rn. 781; *Timme* NZM 2006, 249 (250 f.)
44 Laut BVerfG NJW 2006, 2033 begegnet es jedenfalls keinen verfassungsrechtlichen Bedenken, dass der BGH (NJW 2006, 220) den nachträglichen Wegfall des Eigenbedarfs nicht berücksichtigt hat.

gung demnach nicht entgegen. Somit ist der Räumungsanspruch der E durch die veränderten Umstände nicht entfallen.

Die Vollstreckungsgegenklage ist unbegründet.

### II. Leistungsklage gem. § 826

832 M könnte gegen E einen mit einer Leistungsklage geltend zu machenden Anspruch auf Herausgabe des Titels gem. § 826 haben. Dies setzt voraus, dass der Titel materiell unrichtig ist, der Titelgläubiger die Unrichtigkeit des Titels kennt und insbesondere die Sittenwidrigkeit begründende Umstände hinzutreten.[45] Da jedoch, wie bereits dargelegt, der titulierte Anspruch der E auf Räumung fortbesteht, ist der Titel nicht unrichtig.

Daher scheidet ein Anspruch der M gem. § 826 aus.

## 2. Teil. Anspruch auf Zahlung von 2.000 EUR

833 M könnte gegen E einen Anspruch auf Zahlung von 2.000 EUR aus culpa post contrahendum[46] haben. Das setzt voraus, dass E im nachvertraglichen Stadium eine ihr obliegende Pflicht verletzt hat.

Aus den oben dargelegten Gründen ist der Vermieter auch noch während des Nachwirkungszeitraums verpflichtet, dem Mieter den Wegfall des Eigenbedarfs mitzuteilen.[47] E hat der M nicht mitgeteilt, dass sie nicht mehr in die Wohnung einziehen will. Allerdings besteht auch diese Mitwirkungspflicht nur während des Abwicklungszeitraums.[48] Danach bestand keine Rechtspflicht der E zur Mitteilung mehr, sodass sie auch keine Pflichtverletzung begehen konnte.

Somit hat M keinen Anspruch auf Erstattung der 2.000 EUR.

**Ergebnis:** M hat gegen E keine Ansprüche.

45 BGH WM 1987, 1245 (1246 f.).

46 Zu vertraglichen Pflichten »post contractum finitum« vgl. *Bodewig* JA 2005, 505 ff.; zur Darlegungs- und Beweislast in Schadensersatzprozessen des Mieters gegen den Vermieter wegen unberechtigter Eigenbedarfskündigung vgl. *Fischinger* JA 2005, 757 ff.

47 Das LG Frankfurt im Falle BVerfG NJW 1997, 2377 bejahte bei vorgetäuschtem Eigenbedarf eine Pflichtverletzung.

48 Ausf. Staudinger/*Rolfs*, 2014, § 573 Rn. 121 ff.

## Fall 15: »Auch Rechtsanwälte machen Fehler«

**1.** Rechtsanwalt R, der eine eigene Kanzlei hat, arbeitet unter anderem für den Unternehmer U. Dieser hat R mit der Erstellung eines Gutachtens beauftragt. Er will seinen Betrieb eventuell umstrukturieren und möchte wissen, ob und wie er den Betriebsrat beteiligen muss. Das von R erstellte Gutachten kommt zu dem Ergebnis, dass U den Betriebsrat nicht zu beteiligen braucht. U verfährt entsprechend. In dem vom Betriebsrat angestrengten Verfahren vor dem Arbeitsgericht muss U 14 Monate nach Ende des Jahres nach Übergabe des Gutachtens erfahren, dass R die letzten Änderungen des Betriebsverfassungsgesetzes übersehen hatte und daher zu einem unzutreffenden Ergebnis gekommen war. U verweigert daraufhin die Bezahlung der noch offenen Rechnung für das Erstellen des Gutachtens iHv 1.000 EUR. Des Weiteren verlangt er Ersatz iHv 500 EUR für Rechtsanwaltskosten, die durch die – zu Recht erfolgte – Beauftragung eines Rechtsanwaltes durch den Betriebsrat entstanden sind. Er hält der Forderung des R eine Schadensersatzforderung entgegen: Bei einem zutreffenden Gutachten hätte er den Betriebsrat ordnungsgemäß beteiligt, sodass es zu dem Arbeitsgerichtsprozess nicht gekommen wäre. 834

**Frage 1: Welche Ansprüche hat R, der gegenüber U vorbringt, für Reklamationen sei es jetzt zu spät?**

**2.** Daneben hat U den R mit der Führung eines Arbeitsgerichtsprozesses beauftragt. Einer seiner Kraftfahrer (K) hatte sich abends nach Eintritt der Dunkelheit in einer fremden Stadt auf einer Dienstfahrt befunden. An einer sehr unübersichtlichen Kreuzung beachtete er die Vorfahrt nicht und stieß mit einem anderen Fahrzeug zusammen, wobei am Lkw des U ein Schaden von 12.000 EUR entstand. Die von R im Namen des U erhobene Klage war vor dem Arbeitsgericht erfolglos. Daher beauftragte U den R, Berufung einzulegen. Durch ein Versehen versäumte R die Frist für die ansonsten zulässige Berufungseinlegung. U verlangt von R 12.000 EUR Schadensersatz, weil die Berufung, wie U meint, in jedem Fall Erfolg gehabt hätte.

**Frage 2: Hat U gegen R einen Anspruch auf Schadensersatz iHv 12.000 EUR?**

**3.** R, der die Last der Arbeit mittlerweile nicht mehr alleine tragen kann, hat den jungen Assessor A eingestellt. In dem schriftlichen Vertrag wird A als »freier Mitarbeiter« bezeichnet. Vereinbart ist eine Vollzeittätigkeit zu einem Entgelt von 2.000 EUR inklusive MwSt. Die zu bearbeitenden Mandate sollen dem A von R zugewiesen und in Abstimmung mit ihm bearbeitet werden. Nach etwa vier Monaten wird A so krank, dass er einen Monat nicht in die Kanzlei kommen kann. R verweigert für diesen Zeitraum jegliche Bezahlung.

**Frage 3: Welche Ansprüche hat A?**

**Bearbeitungshinweis:** Die Vorschriften des RVG sollen außer Betracht bleiben.

## A. Vorüberlegungen

835 Wie die drei Fallvarianten deutlich machen, geht es jeweils um unterschiedliche Vertragstypen, wobei Werkvertrag, Dienstvertrag und Arbeitsvertrag in Betracht kommen. Insoweit besteht die Aufgabe darin, den Unterschied zwischen diesen Vertragstypen am Fall herauszuarbeiten.

Die beiden ersten Fallvarianten betreffen Fragen der Schlechtleistung. Die Anspruchsvoraussetzungen für einen Schadensersatzanspruch sind für Werkvertrag und Dienstvertrag unterschiedlich.

Für den Dienstvertrag ergibt sich die Besonderheit, dass die Leistungsstörungsart »Schlechtleistung« nicht gesondert im Dienstvertragsrecht geregelt ist. Man muss daher auf § 280 I zurückgreifen. Eine Pointe der zweiten Variante besteht in der Verschachtelung der Anspruchsprüfung: Nur wenn die Berufung des U Erfolg gehabt hätte, kann überhaupt ein Schadensersatzanspruch gegen R bestehen. Im Rahmen des Anspruchs aus § 280 I muss daher der Anspruch des U gegen K geprüft werden. Dabei ist auch auf die arbeitsrechtliche Frage des innerbetrieblichen Schadensausgleichs einzugehen (in NRW beispielsweise gehört das Individual-Arbeitsrecht zum Pflichtfach Bürgerliches Recht).

Im dritten Komplex geht es um die Abgrenzung zwischen dem Dienstvertrag eines Selbstständigen und dem Arbeitsvertrag. Hierzu muss der Kandidat einige Kriterien angeben können.

## B. Lösung

### Frage 1:

### Ansprüche des R gegen U auf Zahlung von 1.000 EUR

### I. Anspruch aus §§ 675, 631 I

#### 1. Entstehung des Anspruchs

**a)** R könnte gegen U einen Anspruch aus §§ 675, 631 I auf Zahlung von 1.000 EUR haben, wenn ein Werkvertrag in der Form eines Geschäftsbesorgungsvertrags zwischen beiden zustande gekommen ist. Zwischen R und U ist ein Vertrag über die Erstellung eines Rechtsgutachtens durch R abgeschlossen worden. Fraglich ist, ob R sich dadurch zur Herstellung eines Werkes gem. § 631 verpflichtete oder ob er eine Dienstleistung nach § 611 versprochen hat. Probleme ergeben sich deshalb, weil Inhalt des Werkvertrags nach § 631 II auch ein durch eine Dienstleistung herbeizuführender Erfolg sein kann. **836**

**b)** Die Abgrenzung zwischen beiden Vertragstypen könnte man entsprechend dem Gesetzeswortlaut danach vornehmen, ob Dienste geschuldet werden oder ein Erfolg.[1] Ein Werkvertrag liegt danach vor, wenn durch die zu erbringende Leistung ein bestimmter Erfolg geschuldet wird. Folgt man dem, so schuldete R hier ein Werk, weil U nur an einem ausgearbeiteten Rechtsgutachten, nicht aber an einer Dienstleistung des R als solcher interessiert war.

Diese Abgrenzung vermag allerdings in vielen Zweifelsfällen nicht weiter zu helfen. Daher bietet sich eine andere Abgrenzung an:[2] Entscheidend für die Einordnung ist die Angemessenheit der Rechtsfolgen, insbesondere die Verteilung der Gefahrtragung zwischen den Parteien. Danach ist hier maßgebend, ob R die Haftung dafür tragen soll, dass das Gutachten nach den Regeln der Kunst erstellt wurde. U war alleine an einem richtigen, auf dem aktuellen Gesetzesstand basierenden Gutachten interessiert, nicht an irgendeiner Expertise. Die Vorschriften, die dem Besteller Gewährleistungsrechte einräumen, liefern somit einen sachgerechten Ausgleich der Interessen. Nach beiden Ansätzen kommt man hier zum Vorliegen eines Werkvertrags.[3] Dabei handelt es sich um einen Geschäftsbesorgungsvertrag iSd § 675, da U R mit der selbstständigen Wahrnehmung seiner Vermögensinteressen beauftragt hat.[4]

**c)** Die Vertragsparteien haben nicht ausdrücklich eine Vergütung ausgemacht. Gem. § 632 I gilt hier eine Vergütung als vereinbart, deren Höhe gem. § 632 II dem für derartige Gutachten Üblichen entspricht. Da über die wesentlichen Vertragsbestandteile Einigung zwischen den Parteien bestand, ist ein wirksamer Vertrag zustande gekommen.

---

1 Erman/*Schwenker* BGB Vor § 631 Rn. 8; *Larenz* SchuldR II 1 § 52 I, S. 309 ff.; MüKoBGB/*Müller-Glöge* § 611 Rn. 22; MüKoBGB/*Busche* § 631 Rn. 14; Soergel/*Kraft*, 12. Aufl. 1998, Vor § 611 Rn. 37; Soergel/*Teichmann,* 12. Aufl. 1998, Vor § 631 Rn. 2.

2 *Emmerich* SchuldR BT § 9 Rn. 4; Esser/*Weyers* SchuldR BT II § 27 II 3 S. 232 ff.; *Schiemann* JuS 1983, 649 (651); *Wank*, Arbeitnehmer und Selbständige, 1988, 151 ff.

3 Allg. für Rechtsgutachten: RGZ 88, 223; 110, 139; 162, 171; BGH NJW 1965, 106; Soergel/*Kraft,* 12. Aufl. 1998, Vor § 611 Rn. 45.

4 Vgl. zur Definition der Geschäftsbesorgung *Larenz* SchuldR II 1 § 56 V S. 422.

**d)** Der Anspruch des R aus §§ 675, 631 ist auch fällig geworden, da U das Werk abgenommen hat, §§ 641 I 1, 640 I. Demnach ist ein Anspruch auf Zahlung von 1.000 EUR zunächst entstanden.

### 2. Untergang des Anspruchs nach § 326 I 1

837 Der Anspruch des R ist nicht nach § 326 I 1 wegen Unmöglichkeit der eigenen Leistung des R untergegangen. Nach der Abnahme iSd § 640 verdrängen die §§ 633 ff. die Vorschriften des Unmöglichkeitsrechts, soweit die Unmöglichkeit auf einem Fehler des Werks beruht. Zwar kann man Unmöglichkeit bezüglich des Planungsfehlers eines Architekten bejahen, nachdem das Bauwerk fehlerhaft errichtet worden war.[5] Hier wäre jedoch die geschuldete Leistung – Erstellung eines Gutachtens – noch möglich (wenn auch nicht sinnvoll).

### 3. Untergang des Anspruchs nach §§ 631, 634 Nr. 3, 636, 323, 346 ff.

838 Der Zahlungsanspruch könnte allerdings aufgrund eines Rücktritts gem. §§ 631, 634 Nr. 3, 636, 323, 346 ff. erloschen sein. Die Verweigerung der Bezahlung durch U lässt sich als Rücktrittserklärung auslegen, § 349. Allerdings sind die Gewährleistungsrechte ausgeschlossen, wenn der Besteller den Mangel bei Abnahme kennt, § 640 II. Als Laie konnte U aber nicht erkennen, dass das Gutachten juristisch fehlerhaft war, sodass es an einer Kenntnis des U fehlt.

Die Geltendmachung des Rücktritts setzt allerdings grundsätzlich voraus, dass der Gläubiger dem Schuldner erfolglos eine Frist für die ordnungsgemäße Erfüllung gesetzt hat, § 323 I 1. Diese Fristsetzung ist hier nach § 636 3. Var. entbehrlich, da eine Nacherfüllung für U unzumutbar ist. U hat also wirksam den Rücktritt erklärt.

Der Ausübung des Rücktritts könnte jedoch der Einwand des R entgegenstehen, dass der Rücktritt des U wegen Verjährung des Anspruchs auf Leistung oder Nacherfüllung unwirksam ist, §§ 634 a IV 1 iVm § 218 I. Das setzt voraus, dass der Leistungs- und Nacherfüllungsanspruch verjährt ist.

Ein solcher Anspruch verjährt gem. § 634a I Nr. 3 innerhalb der regelmäßigen Verjährungsfrist der §§ 195, 199, also nach drei Jahren beginnend mit dem Schluss des Jahres, in dem der Anspruch entstanden ist.

Hier macht U seinen Anspruch 14 Monate nach Ende des Jahres der Anspruchsentstehung geltend, also noch innerhalb der Verjährungsfrist.

Auf die Frage, ob U gem. §§ 634a IV 2, 218 I trotz Unwirksamkeit des Rücktritts die Zahlung der Vergütung verweigern kann, braucht somit nicht eingegangen zu werden.

Die Einrede des R ist daher gegenstandslos. Nach § 346 I sind empfangene Leistungen zurückzugewähren. Da U noch nicht gezahlt hat, ist er aufgrund des Rücktritts von seiner Leistungspflicht befreit.

5 BGHZ 43, 227 (232 f.).

### 4. Untergang des Anspruchs nach § 389

Der Anspruch des R gegen U könnte im Übrigen durch eine Aufrechnung erloschen sein, § 389. 839

**a)** Eine Aufrechnungserklärung nach § 388 hat U abgegeben. Fraglich ist, ob er noch mit einem Schadensersatzanspruch aufrechnen konnte, nachdem er bereits den Rücktritt erklärt hatte. Wie sich aus § 325 ergibt, ändert auch die Tatsache, dass aus dem bisherigen Schuldverhältnis ein Rückgewährschuldverhältnis geworden ist, an der Möglichkeit zur Geltendmachung von Schadensersatz nichts.

**b)** Die Aufrechnungslage ist gegeben, wenn gem. § 387 gegenseitige, gleichartige und fällige Forderungen einander gegenüberstehen, § 389.[6]

**aa)** U könnte im Gegenseitigkeitsverhältnis stehende Schadensersatzforderungen gegen R gem. §§ 631, 634 Nr. 4, 636, 280 I, III, 281 I und gem. §§ 631, 634 Nr. 4, 636, 280 I haben.

**(1)** Dann müsste das Werk gem. § 633 I, II mangelhaft gewesen sein. Dem von R erstellten Gutachten lag nicht der aktuelle Rechtszustand zugrunde, sodass es zu einem unzutreffenden Ergebnis kam. Nach dem Vertrag zwischen R und U sollte das Gutachten dem U eine Entscheidungsgrundlage für die Umstrukturierung seines Betriebs auf der Grundlage des geltenden Rechts liefern. Das Gutachten war für diesen nach dem Vertrag vorausgesetzten Gebrauch ungeeignet und daher mangelhaft iSd § 633 I, II Nr. 1.

**(2)** Nach §§ 631, 634 IV, 280, 281 I 1 hätte U dem R eine Frist setzen müssen.

Eine Fristsetzung könnte aber unter den Voraussetzungen der §§ 631, 634 Nr. 4, 636 Var. 3 entbehrlich gewesen sein.

Man könnte daran denken, dass die Beseitigung des Mangels hier unmöglich war. Zu dem Zeitpunkt, als der Mangel für U erkennbar wurde, war U aufgrund des Gutachtens bereits tätig geworden. Gerade das, was U auch erreichen wollte, nämlich einen Streit mit dem Betriebsrat zu vermeiden, war nicht mehr möglich. Doch bestand die geschuldete Leistung hier in der Abgabe eines zutreffenden Gutachtens. Diese Leistung könnte R auch jetzt noch erbringen. Hier kann sich U aber auf § 636 Var. 3 berufen. Eine Nachbesserung des Gutachtens wäre für ihn unzumutbar. Da er nunmehr die Rechtslage kennt, hat er auch bei objektiver Betrachtung an einem neuen Gutachten kein Interesse mehr. Die Fristsetzung war daher entbehrlich.

**(3)** Der Mangel müsste des Weiteren von R zu vertreten sein. Gem. § 276 I 1 hat R Vorsatz und Fahrlässigkeit zu vertreten. Die bloße Tatsache, dass sich die in einem Rechtsgutachten dargestellte Rechtsauffassung nicht mit der Auffassung des Gerichts deckt, führt zwar nicht zu einem schuldhaften Pflichtverstoß. Hier geht es aber nicht um die Vertretbarkeit einer Rechtsauffassung, sondern um die Berücksichtigung des geltenden Gesetzesrechts. Grundsätzlich wird von einem Rechtsanwalt erwartet, dass er das Gesetzesrecht kennt.[7] Dies ist einschränkend dahingehend zu verstehen, dass

6 Erman/*Wagner* § 387 Rn. 2 ff., 10 ff., 17 ff.; Palandt/*Grüneberg* § 387 Rn. 4, 8, 12.
7 BGH NJW 2009, 987; *Borgmann/Jungk/Grams*, Anwaltshaftung, 5. Aufl. 2014, § 19 Rn. 36; *Ehlers* DB 2009, 2475 (2476); *Odersky* NJW 1989, 1 (3); BGH MDR 1958, 496 (497); BVerwG DVBl. 1970, 279; OLG Hamm VersR 1981, 936.

sich der Anwalt jedenfalls dann, wenn er ein arbeitsrechtliches Gutachten zu einer schwierigen Frage übernimmt, in die einschlägigen Gesetze einarbeitet[8] und auch Sekundärliteratur heranzieht.[9] Hätte R dies getan, wäre ihm bei genügender Sorgfalt die Gesetzesänderung aufgefallen. Er hat damit die erforderliche Sorgfalt außer Acht gelassen. R hat somit den Mangel zu vertreten.

**(4)** U macht hier einen Schaden geltend, der ihm durch die Nichtbeteiligung des Betriebsrates aufgrund des fehlerhaften Gutachtens entstanden ist. Schadenspositionen sind hier zum einen die Zahlungsverpflichtung gegenüber R aus dem Werkvertrag iHv 1.000 EUR und zum anderen die Zahlung der 500 EUR für die Beauftragung des Rechtsanwalts durch den Betriebsrat, für die U gem. § 40 BetrVG aufkommen muss. Fraglich ist, ob dieser Schaden nach § 634 Nr. 4 ersatzfähig ist.

Die Schadensposition iHv 1.000 EUR aufgrund der werkvertraglichen Zahlungsverpflichtung ist als Schaden statt der Leistung gem. §§ 631, 634 Nr. 4, 636, 280 I, III, 281 I ersatzfähig. Demgegenüber bilden die 500 EUR Anwaltskosten keinen im Rahmen dieser Vorschriften zu ersetzenden Schaden. Der Anspruch auf Ersatz von Folgeschäden, die durch Nacherfüllung nicht mehr beseitigt werden können und bei denen eine Nachfristsetzung sinnlos wäre, ist gerade kein Anspruch statt der Leistung. Er lässt die Leistungspflicht unberührt und ist dementsprechend über § 280 I zu ersetzen.[10]

**bb)** Es müssten auch die übrigen Voraussetzungen der §§ 387, 389 vorliegen. Hauptforderung und Gegenforderung bestehen hier zwischen denselben Personen, sodass die Gegenseitigkeit zu bejahen ist. Da es bei beiden Forderungen um Geld geht, sind sie auch gleichartig. Die Schadensersatzforderung ist auch fällig geworden.

**cc)** Nach § 389 ist die Werklohnforderung des R untergegangen. R hat keinen Anspruch gegen U gem. § 631.

### 5. Verhältnis von Rücktritt zu Schadensersatz

Nach § 325 kann U Schadensersatz und Rücktritt vom Vertrag nebeneinander geltend machen. Hinsichtlich der Zahlungsverpflichtung des U gegen R iHv 1.000 EUR aus dem Werkvertrag besteht im Ergebnis zwischen den gewährten Rechten kein Unterschied; U wird von der Zahlungsverpflichtung frei.

**840** Gleiches gilt für den Anspruch auf Ersatz der Anwaltskosten. Sowohl bei Ausübung des Rücktritts als auch bei einem Schadensersatzverlangen nach §§ 631, 634 Nr. 4, 636, 280 I, III, 281 I muss U den Ersatz der Anwaltskosten eigenständig gem. §§ 631, 634 Nr. 4, 636, 280 I geltend machen.

## Frage 2:

### I. Anspruch des U gegen R auf Schadensersatz iHv 12.000 EUR aus § 280 I

**841** U könnte gegen R einen Anspruch auf 12.000 EUR Schadensersatz wegen Pflichtverletzung eines Dienstvertrags haben.

8 *Borgmann/Jungk/Grams*, Anwaltshaftung, 5. Aufl. 2014, § 19 Rn. 36 f.
9 Vgl. OLG Zweibrücken NJW 2005, 3358; *Hirte*, Anwaltshaftung, 1996, 16 mwN.
10 Bamberger/Roth/*Grüneberg* § 281 Rn. 3; Palandt/*Grüneberg* § 280 Rn. 18 und § 281 Rn. 2 f.

### 1. Dienstvertrag als Geschäftsbesorgungsvertrag

Zwischen U und R müsste ein Dienstvertrag zustande gekommen sein. U hat dem R das Angebot unterbreitet, das Berufungsverfahren durchzuführen, was R akzeptiert hat. 842

Fraglich ist aber, ob es sich um einen Dienstvertrag handelt. Grenzt man danach ab, ob ein Erfolg oder Dienste geschuldet werden, stellt sich der Vertrag als Dienstvertrag dar, da R die Führung eines Prozesses als Tätigkeit und nicht einen bestimmten Erfolg, dh einen bestimmten Abschluss des Prozesses, schuldet. Hält man demgegenüber die Risikotragung für entscheidend, so wäre hier maßgeblich, ob R die Haftung dafür tragen soll, dass der Prozess für M erfolgreich ausgeht. Einen solchen Erfolg verspricht ein Anwalt jedoch nicht, sondern nur, dass er den Prozess ordnungsgemäß führen wird.[11] Auch von daher ist im vorliegenden Fall ein Dienstvertrag zu bejahen, sodass dahinstehen kann, welchem Ansatz zu folgen ist.[12]

Dieser Dienstvertrag ist ein Geschäftsbesorgungsvertrag, §§ 611, 675.

### 2. Voraussetzungen des § 280 I

#### a) Keine Unmöglichkeit

§ 280 I statt §§ 280 I, III, 281 greift nur ein, wenn der Fall nicht den Vorschriften über die Unmöglichkeit unterliegt. Da R die Berufung nicht mehr einlegen kann, könnte man die Leistung des R für unmöglich halten. 843

Hier muss jedoch zwischen der Hauptpflicht des R, den Prozess zu führen, und den einzelnen Teilleistungen, wie Einlegung der Berufung, unterschieden werden. Die Hauptleistung, Prozessführung, hat R erbracht; wegen der Versäumung der Berufungsfrist hat R den Prozess schlecht geführt. Unmöglichkeit scheidet damit aus.

#### b) Verletzung einer Vertragspflicht

R hatte nach dem Vertrag die Nebenpflicht, die Berufungsschrift rechtzeitig einzureichen. Das hat er unterlassen. 844

#### c) Verschulden

Diese Pflichtverletzung müsste R zu vertreten haben. R hat Vorsatz und Fahrlässigkeit zu vertreten, § 276 I. Maßstab für die Fahrlässigkeit ist § 276 II. R müsste die im Verkehr erforderliche Sorgfalt außer Acht gelassen haben. Dabei wird im Zivilrecht nicht ein subjektiver, sondern ein objektiver Maßstab angelegt.[13] Danach kommt es nicht auf die Sorgfalt an, die R einzuhalten in der Lage war, sondern auf diejenige Sorgfalt, die allgemein von einem Angehörigen der betroffenen Berufsgruppe verlangt werden kann. Rechtsanwälte müssen ihr Büro so organisieren, dass Fristversäumnisse ausgeschlossen sind. Das war hier offenbar nicht der Fall, sodass Fahrlässigkeit iSd § 276 II zu bejahen ist. R hat die Pflichtwidrigkeit zu vertreten. 845

---

11 *Borgmann/Jungk/Grams*, Anwaltshaftung, 5. Aufl. 2014, § 25 Rn. 14.

12 Zum Vertragstyp bei der Prozessführung s. allg. BGH NJW 1965, 106 ff.; *Borgmann/Jungk/Grams*, Anwaltshaftung, 5. Aufl. 2014, § 10 Rn. 24 ff.; MüKoBGB/*Müller-Glöge* § 611 Rn. 118 ff.; Soergel/*Kraft*, 12. Aufl. 1998, Vor § 611 Rn. 92; ferner *Henssler/Kilian* JuS 1999, 257.

13 S. nur *Borgmann/Jungk/Grams*, Anwaltshaftung, 5. Aufl. 2014, § 26 Rn. 29.

### d) Schaden

846 Dem U ist ein Schaden iHv 12.000 EUR entstanden.

### e) Kausalität

#### aa) Anspruch des U gegen K aus § 280 I

847 Das objektiv pflichtwidrige Verhalten des R müsste für den Schaden des U kausal geworden sein. Daran fehlt es jedenfalls dann, wenn die Berufung auch bei fristgerechter Einreichung der Berufungsschrift unbegründet gewesen wäre. Mithin kommt es darauf an, wie das Berufungsgericht – hypothetisch – entschieden hätte.[14] Im Folgenden ist also die Rechtsauffassung der Arbeitsgerichte, insbesondere des BAG, zugrunde zu legen, da davon auszugehen ist, dass die Berufungsinstanz im Sinne dieser Rechtsprechung entschieden hätte.

Die ansonsten zulässige Berufung hätte Erfolg gehabt, wenn dem U der eingeklagte Anspruch iHv 12.000 EUR gegen K zusteht. Anspruchsgrundlage könnte § 280 I sein.

**(1)** U hat gegen K nur dann einen Anspruch aus § 280 I iVm § 249 S. 2, wenn K seine vertraglichen Pflichten verletzt hat. Zu diesen Pflichten des K aus dem mit U geschlossenen Arbeitsvertrag gehört es, den Lkw im Verkehr sorgfältig zu führen und Verkehrsvorschriften zu beachten. Insbesondere muss er die Vorfahrtvorschriften einhalten (§ 8 StVO). Diese Pflicht hat K verletzt.

Eine abweichende Beurteilung ergibt sich auch nicht daraus, dass U im Rahmen eines Arbeitsvertrags tätig wurde. Dadurch wird der Pflichtmaßstab nicht verändert.[15]

**(2)** Die Pflichtverletzung des K müsste schuldhaft iSd § 276 I, II gewesen sein. Man könnte daran denken, den Sorgfaltsbegriff bezüglich der Fahrlässigkeit im Arbeitsrecht anders zu interpretieren.[16] Eine solche Ausgliederung des Sorgfaltsbegriffs aus dem Zivilrecht ist aber für das Arbeitsrecht nicht geboten, da man die Arbeitnehmerhaftung auch auf anderen Wegen sinnvoll einschränken kann, die das zivilrechtliche Haftungssystem nicht verändern.[17] Mithin kommt es nicht auf die individuelle Sorgfalt des K an, sondern auf diejenige, die von einem Angehörigen seiner Berufsgruppe verlangt werden kann. Von einem Berufskraftfahrer kann auch abends verlangt werden, dass er die Verkehrslage überblickt und insbesondere die Vorfahrt beachtet. Danach hat K hier fahrlässig gehandelt.

**(3)** Durch die schuldhafte Pflichtverletzung ist dem K ein Schaden iHv 12.000 EUR an seinem Lkw entstanden.

**(4)** Der Anspruch des U gegen K aus § 280 I könnte gem. § 254 analog nach den Grundsätzen des innerbetrieblichen Schadensausgleichs ausgeschlossen oder eingeschränkt sein. Darüber, dass im Arbeitsrecht eine Haftungserleichterung bei einer Tä-

14 Vgl. BGH NJW 1956, 140 f.; BGHZ 72, 228 (230); BGH NJW 1985, 2482 (2483); *Borgmann/Jungk/Grams*, Anwaltshaftung, 5. Aufl. 2014, § 29 Rn. 97 ff., § 46 Rn. 37 ff.; *Hübner* NJW 1989, 5 (9); zur Unterbrechung des Kausalverlaufs s. BGH NJW 2008, 1309 ff.; *Hager* JA 2003, 303 f.

15 Zutr. *Brox/Walker* DB 1985, 1469; *Gick* JuS 1980, 393 (397); anders *Rother*, Haftungsbeschränkung im Schadensrecht, 1965, 251 ff.

16 So *Steindorff* JZ 1959, 1 (5); *Moritz* DB Beil. Nr. 18/1985, 9 ff.

17 *Brox/Walker* DB 1985, 1469 f.; *Wank*, Arbeitnehmer und Selbstständige, 1988, 65.

tigkeit für den Betrieb stattfindet, besteht in Rechtsprechung und Literatur allgemeine Übereinstimmung. Umstritten sind sowohl die dogmatische Herleitung[18] als auch die tatbestandlichen Voraussetzungen für die Haftungserleichterung.

Noch immer umstritten ist, bei welchem Verschuldensgrad welche Haftungserleichterung für den Arbeitnehmer eintritt.

Man könnte in Fällen der leichten Fahrlässigkeit des Arbeitnehmers die Haftung grundsätzlich auf den Arbeitgeber verlagern oder aber in diesen Fällen eine Schadensteilung vornehmen.[19] K befand sich in einer fremden Stadt und hat bei Dunkelheit an einer sehr unübersichtlichen Kreuzung die Vorfahrt missachtet. Er hat jedenfalls nicht in gröblichem Maße diejenige Sorgfalt außer Acht gelassen, die von einem Lkw-Fahrer beachtet werden muss, sondern er hat den Schaden nur leicht fahrlässig verursacht. Ein Fall »leichtester Fahrlässigkeit«, bei dem vielleicht eine Haftung des Arbeitnehmers von vornherein entfallen könnte, liegt bei einer Missachtung der Vorfahrt nicht vor.

Ob man bei leichter Fahrlässigkeit zu einer Haftungsverlagerung oder zu einer Schadensteilung kommt, hängt davon ab, worin der Grundgedanke der unterschiedlichen Risiken im Arbeitsrecht und im Selbstständigenrecht zu sehen ist. Der Selbstständige übernimmt ein eigenes unternehmerisches Risiko, er hat die Chance, Gewinne zu machen und muss Verluste selbst tragen. Er trägt daher das Risiko seines Fehlverhaltens gegenüber dem Vertragspartner. Der Arbeitnehmer dagegen übt keine eigene unternehmerische Tätigkeit aus. Er bietet seine Arbeitskraft an und erhält dafür im Gegenzug Existenzschutz und Berufsschutz. Daher muss der Arbeitgeber das allgemeine Organisationsrisiko tragen, während der Arbeitnehmer für sein individuelles Fehlverhalten selbst verantwortlich ist. Eine darüber hinausgehende Haftungseinschränkung ist nur der Höhe nach aus dem Äquivalenzgedanken gerechtfertigt; doch ist es Sache des Gesetzgebers, nicht der Gerichte, diese grundlegende Umgestaltung des Rechtssystems herbeizuführen.[20] Da bei leichter Fahrlässigkeit das Organisationsrisiko des Arbeitgebers und das individuelle Fehlverhalten des Arbeitnehmers zusammenfließen, ist insoweit eine Schadensteilung angebracht.[21]

Bei leichter Fahrlässigkeit ist der Schaden zwischen Arbeitgeber und Arbeitnehmer zu teilen. Dabei ist nach der Rechtsprechung eine Fülle von Gesichtspunkten zu beachten.[22] Mangels näherer Angaben im Sachverhalt wird hier eine hälftige Aufteilung vorgenommen; K haftet daher auf 6.000 EUR.

Die Berufung des U wäre somit nur iHv 6.000 EUR begründet gewesen, weshalb die schuldhafte Pflichtverletzung des R auch nur in dieser Höhe für den Schadenseintritt kausal war.

Ein Schadensersatzanspruch des U gegen R besteht iHv 6.000 EUR aus § 280 I iVm § 249 S. 2.

**(5)** Der Regressanspruch des U verringert sich des Weiteren insofern nach § 254 II in der direkten Anwendung, wenn U Maßnahmen zur Schadensminderung versäumt

18 Dazu *Wank*, Arbeitnehmer und Selbstständige, 1988, 65 ff.
19 BAG AP Nr. 97 und Nr. 101 zu § 611 BGB Haftung des Arbeitnehmers.
20 S. auch BAG AP Nr. 93 zu § 611 BGB Haftung des Arbeitnehmers.
21 So der zuständige Achte Senat BAG AP Nr. 93 zu § 611 BGB Haftung des Arbeitnehmers.
22 S. die Nachw. bei Schaub/*Linck*, Arbeitsrechts-Handbuch, 14. Aufl. 2012, § 59 Rn. 50.

hat. Bei Abschluss einer Kaskoversicherung hätte U nur den Selbstbehalt zu zahlen brauchen. U hatte als Halter die Obliegenheit zum Abschluss einer derartigen Versicherung.[23] Daher muss U sich insoweit eine Haftungsminderung anrechnen lassen.

848 **II.** Weitere Anspruchsgrundlage für einen Schadensersatzanspruch könnte § 823 I iVm § 249 S. 2 sein. A hat durch das Missachten der Vorfahrt das Eigentum des U durch Beschädigung des Lkw verletzt. Das geschah rechtswidrig und schuldhaft. Für die Frage des Verschuldens gelten im Deliktsrecht die Ausführungen zu § 280 I entsprechend.

In gleicher Weise ist die Haftung des K gem. § 254 analog hier beschränkt, sodass ein Anspruch ebenfalls nur iHv 6.000 EUR besteht.

Der Anspruch aus Delikt tritt in Anspruchskonkurrenz neben den aus § 280 I.

**III.** Zwar hat K die Vorfahrtsvorschrift des § 8 StVO verletzt; doch umfasst der Schutzbereich der Vorschrift nicht auch den Schutz des Eigentümers gegenüber seinem berechtigten Fahrer.[24]

**IV. Ergebnis**

U hat gegen R einen Anspruch in Höhe des Selbstbehalts in der Kaskoversicherung, höchstens iHv 6.000 EUR.

**Frage 3:**

849 Anspruch des A gegen R auf Zahlung der Vergütung aus § 611 iVm Arbeitsvertrag

**I. Entstehung des Anspruchs**

Ein Anspruch könnte sich aus § 611 in Verbindung mit dem Arbeitsvertrag ergeben. Ein Vertrag zwischen A und R ist zustande gekommen, wonach A für R Dienste leisten soll.

**II. Untergang des Anspruchs**

850 Der Anspruch könnte gem. § 326 I 1 wegen Unmöglichkeit untergegangen sein, wenn nicht eine Spezialvorschrift diese Norm verdrängt.

Als solche kommt § 3 I 1 EFZG in Betracht.

**1.** Allerdings müsste A dann Arbeitnehmer sein.

Voraussetzung für die Lohnfortzahlung ist also, dass A Arbeitnehmer und nicht freier Mitarbeiter ist.

851 **a)** Man kann die Abgrenzung zwischen Arbeitnehmern und sonstigen Dienstnehmern danach vornehmen, ob der Dienstpflichtige »persönlich abhängig« ist.[25] Kennzeichnend für die persönliche Abhängigkeit kann die Weisungsgebundenheit, insbe-

23 Vgl. BAG AP Nr. 92 zu § 611 BGB Haftung des Arbeitnehmers.

24 Zum Schutzzweck der haftungsbegründenden Norm s. Soergel/*Zeuner* § 823 Rn. 279.

25 StRspr, s. nur BAG AP Nr. 35 zu § 611 BGB Abhängigkeit; *Hueck/Nipperdey*, Lehrbuch des Arbeitsrechts Bd. 1, 7. Aufl. 1963, § 9, S. 34 ff.; MüKoBGB/*Müller-Glöge* § 611 Rn. 169 ff.; Schaub/*Vogelsang*, Arbeitsrechts-Handbuch, 14. Aufl. 2012, § 8 Rn. 21, 26 ff.

sondere im Hinblick auf die Durchführung der Arbeit sowie im Hinblick auf Ort und Zeit der Arbeitsleistung, sowie die Eingliederung in den Betrieb des Vertragspartners sein.

A ist in Vollzeitbeschäftigung für R tätig, er hat keinerlei Einfluss auf die von ihm zu betreuenden Mandanten. Die Bearbeitung selbst muss er mit R abstimmen. Unter Vollzeittätigkeit ist in diesem Zusammenhang zu verstehen, dass A seine gesamte Arbeitskraft für R zur Verfügung stellen muss. Er ist damit insgesamt an die Weisungen des R gebunden. Etwas anderes ergibt sich auch nicht daraus, dass er als Rechtsanwalt unabhängiges Organ der Rechtspflege ist (§ 1 BRAO) und er nach § 2 BRAO einen freien Beruf ausübt (vgl. aber den Bearbeitungshinweis). Dies betrifft nicht das Innenverhältnis des A zu R, sondern nur seine Berufsstellung. Denn es ist unumstritten, dass das duale System der Erwerbstätigkeit[26] es gestattet, dass Rechtsanwälte sowohl als freie Dienstnehmer als auch als Arbeitnehmer beschäftigt werden können.[27]

Dass die Vertragspartner eine Regelung der Mehrwertsteuer in den Vertrag aufgenommen haben, ist für die Abgrenzung nicht entscheidend. Zwar sind R und A von einer selbstständigen Tätigkeit des A ausgegangen, denn nur in diesem Falle wäre A gem. § 2 I UStG umsatzsteuerpflichtig. Kennzeichnend für die Arbeitnehmerstellung des A kann aber nicht die Selbsteinschätzung der Parteien sein, wenn alle übrigen Umstände für eine abhängige Tätigkeit des A sprechen.[28] Danach wäre A Arbeitnehmer.

**b)** Man könnte sich allerdings fragen, ob die Anknüpfung an das Merkmal persön- **852**
liche Abhängigkeit sachgerecht ist. Zwischen den Voraussetzungen auf der Tatbestandsseite und den daran anknüpfenden Rechtsfolgen muss bei teleologischer Begriffsbildung ein Sinnzusammenhang bestehen. Der Arbeitnehmerbegriff muss daher so definiert werden, dass er sich als Anknüpfung für den durch eine Vielzahl arbeitsrechtlicher Gesetze gewährleisteten Existenzschutz eignet. Nicht weil er weisungsgebunden ist, erhält der Beschäftigte beispielsweise Lohnfortzahlung und Kündigungsschutz, sondern weil er in der Alternative zwischen selbstständiger Tätigkeit und damit verbundener freiwilliger Übernahme eines Unternehmerrisikos einerseits und abhängiger Beschäftigung und Risikotragung durch den Auftraggeber andererseits eine Bindung seiner Arbeitskraft für einen anderen gewählt hat, der ihm dafür im Gegenzug Existenzschutz gewähren muss. Maßgeblich ist die unternehmerische Entscheidungsfreiheit bei finanzieller Zurechnung des Ergebnisses.[29] Eine solche Freiheit hat A aber gerade nicht, da er in Vollzeit für den R allein tätig ist und er in finanzieller Hinsicht nicht am wirtschaftlichen Erfolg der Kanzlei beteiligt ist. Es ist daher angemessen, dass A den Schutz des § 3 I 1 EFZG genießt. Auch nach dieser Ansicht ist A Arbeitnehmer, sodass eine Entscheidung des Meinungsstreites entbehrlich ist.

26 S. dazu *Wank*, Arbeitnehmer und Selbständige, 1988, 117 ff.

27 S. dazu *Wank*, Arbeitnehmer und Selbständige, 1988, 300; LAG Berlin NZA 1988, 488 f.; BSG DB 1981, 1581 f.

28 Zum Rechtsformzwang s. *Wank*, Arbeitnehmer und Selbständige, 1988, 152 ff.; zur Selbsteinschätzung s. ebenda, 169 f.

29 *Wank*, Arbeitnehmer und Selbständige, 1988, passim; *Wank* DB 1992, 90 ff.; *Wank* NZA 1999, 225 (226 ff.) mwN; zu den verbreiteten inhaltlichen Falschzitaten *Wank*, FS Küttner, 2006, 5 (14); zu der diesem Ansatz entsprechenden Regelung im früheren § 7 SGB IV s. *Wank* AuR 2001, 291 ff. (327 ff.); ebenso LAG Köln LAGE § 611 BGB Arbeitnehmerbegriff Nr. 29; ArbG Nürnberg NZA 1997, 37; LSG Berlin NZA 1995, 139; s. auch *Brox/Rüthers/Henssler*, Arbeitsrecht, 18. Aufl. 2011, Rn. 53 ff.

## 2. Weitere Voraussetzungen des § 3 I 1 EFZG

853 § 3 I 1 EFZG setzt weiter voraus, dass A wegen Krankheit an der Arbeitsleistung verhindert ist. Das ist der Fall.

Rechtsfolge ist, dass für eine Zeit von sechs Wochen der Lohn fortzuzahlen ist. Damit greift hier das Entgeltfortzahlungsgesetz ein und verdrängt § 326 I 1.

A hat einen Anspruch gegen R auf Zahlung der Vergütung iHv 4.000 EUR gem. § 3 I 1 EFZG.

## Fall 16: »Der geistesgegenwärtige Fahrer«

A fährt mit seinem Pkw innerhalb der Stadt auf einer geraden, übersichtlichen Strecke mit einer Geschwindigkeit von 50 km/h. Der Fußgänger F ist auf dem Bürgersteig in derselben Richtung unterwegs. Als A sich fast in gleicher Höhe mit F befindet, wird F plötzlich von einem unbekannten Passanten versehentlich gestoßen und stürzt wenige Meter vor dem Pkw des A auf die Fahrbahn. A verhindert einen Zusammenstoß mit F, indem er das Lenkrad geistesgegenwärtig nach links reißt. Auf der Gegenfahrbahn ist zu diesem Zeitpunkt kein Verkehr. Unvorhersehbar biegt jedoch B mit seinem Pkw aus einer Seitenstraße in die Fahrbahn und stößt mit dem Pkw des A zusammen. 854

A verlangt von F den Ersatz seines Schadens von 2.000 EUR. F meint, er brauche dafür nicht einzustehen, zumindest aber sei der Anspruch nicht in vollem Umfang begründet.

Es ist davon auszugehen, dass F durch die Vermeidung des Zusammenstoßes Heilbehandlungskosten iHv 9.500 EUR und A ein Sachschaden iHv 500 EUR erspart geblieben sind.

Auch B möchte seinen Schaden iHv 1.000 EUR ersetzt haben. Er fragt sich, ob er einen Anspruch hat und gegen wen er diesen gegebenenfalls geltend machen kann.

**Frage: Wie ist die Rechtslage?**

**Bearbeitungshinweis:** Versicherungsrechtliche Aspekte bleiben bei der Lösung des Falles außer Betracht.

## A. Vorüberlegungen

855 Nach der Aufgabenstellung sind die Ansprüche für zwei verschiedene Personen zu untersuchen. Dabei liegt eine Problematik des Falles darin, die in Betracht kommenden Anspruchsgrundlagen herauszufinden. Hierfür ist es zunächst erforderlich, sich die tatsächlichen Beziehungen zwischen den drei beteiligten Personen klarzumachen. Dies gelingt am besten mithilfe einer Skizze des Unfallhergangs, in der auch die entstandenen und vermiedenen Schäden vermerkt sind.

Danach wird erkennbar, dass A deswegen einen Ersatzanspruch gegen F geltend macht, weil der ihm entstandene Schaden auf dem Ausweichmanöver zugunsten des F beruht. Da somit F durch die Handlung des A begünstigt wurde, kommt ein Anspruch aus Geschäftsführung ohne Auftrag in Betracht. Dabei ist insbesondere zu untersuchen, ob A mit dem Ausweichen ein fremdes Geschäft des F iSd § 677 geführt hat. Außerdem ist problematisch, in welcher Höhe A von F Ersatz verlangen kann. Daneben muss wegen der notstandsähnlichen Situation an einen Anspruch analog § 904 S. 2 gedacht werden.

Der von B geltend gemachte Schadensersatzanspruch ergibt sich unmittelbar aus dem Unfall mit A, damit jedoch letztlich auch aus dessen Ausweichmanöver zugunsten des F. Da die Schädigung des B demnach auf der Rettungshandlung des A beruht, ist insbesondere ein Anspruch aus § 904 S. 2 zu prüfen. Dabei ist allerdings problematisch, ob dessen Voraussetzungen hier erfüllt sind.

## B. Lösung

### 1. Teil. Ansprüche des A gegen F auf Ersatz des Schadens iHv 2.000 EUR

### I. Anspruch aus §§ 677, 683, 670

A könnte gegen F wegen des ihm iHv 2.000 EUR entstandenen Schadens an seinem Pkw einen Ersatzanspruch aus berechtigter Geschäftsführung ohne Auftrag haben. 856

#### 1. Führen eines fremden Geschäfts

Dann müsste A ein fremdes Geschäft geführt haben. 857

**a)** Der Begriff des »Geschäfts« umfasst alle Handlungen, auch rein tatsächlicher Art.[1] Daher ist das Herumreißen des Lenkrads eine Geschäftsbesorgung.[2]

**b)** A müsste dieses Geschäft »für einen anderen« geführt haben.

**aa)** Maßgeblich hierfür ist primär die subjektive Zielrichtung des Geschäftsherrn. Auch objektiv neutrale oder (scheinbar) eigene Geschäfte können durch den Fremdgeschäftsführungswillen zu subjektiv fremden Geschäften werden, während nach anderer Ansicht objektiv nach Geschäftskreisen abzugrenzen ist.[3] Die Streitfrage kann hier dahinstehen; aus dem Sachverhalt ergibt sich nicht, welchen Zweck A mit seinem Verhalten erreichen wollte. 858

**bb)** In diesem Fall beurteilt sich nach beiden Ansichten die Fremdheit des Geschäfts danach, in wessen Geschäftskreis das Handeln objektiv fällt. 859

Das Herumreißen des Lenkrads könnte ein Geschäft des F gewesen sein. Durch diese Reaktion hat A den F vor einem Zusammenstoß und damit vor einer Schädigung bewahrt. Damit hat er zugunsten des F gehandelt. Das spricht für die Annahme eines fremden Geschäfts.

**(1)** Demgegenüber könnte in der Verhinderung des Unfalls auch ein Eigengeschäft des A liegen. Hierfür lässt sich § 1 II StVO heranziehen, der jedem Verkehrsteilnehmer gebietet, Schädigungen anderer zu vermeiden.[4] Danach könnte es zum eigenen Geschäftskreis des A als Verkehrsteilnehmer gehören, Zusammenstöße mit anderen abzuwenden. 860

Gegen ein Eigengeschäft des A spricht jedoch, dass er die Fremdschädigung nur vermeiden konnte, indem er sich selbst schädigte. § 1 II StVO normiert keine Rechtspflicht des Verkehrsteilnehmers zur Selbstopferung.[5] Daher lässt sich aus dieser Vorschrift kein Eigengeschäft des A herleiten.

**(2)** Ein Eigengeschäft des A könnte aber dennoch vorliegen, wenn sich aus einer systematischen Betrachtung der gesetzlichen Vorschriften ergibt, dass diese dem Verkehrsteilnehmer die Selbstopferung als Eigengeschäft zuweisen. Dabei ist zu berücksichtigen, dass jeder Verkehrsteilnehmer im Falle eines Unfalls von dem Geschädigten aus unerlaubter Handlung nach §§ 823 ff., im Übrigen als Fahrzeugführer nach § 18 861

1 Soergel/*Beuthien* § 683 Rn. 18.
2 MüKoBGB/*Seiler* § 683 Rn. 23; Soergel/*Beuthien* § 677 Rn. 2; Erman/*Dornis* § 677 Rn. 2.
3 *Giesen* JURA 1996, 225 (227) mwN.
4 OLG Koblenz NJW 1953, 1632 (1633).
5 BGHZ 38, 270 (275 f.); *Frank* JZ 1982, 737 (739).

StVG oder als Fahrzeughalter aus Gefährdungshaftung nach § 7 StVG in Anspruch genommen werden kann. Liegen die Anspruchsvoraussetzungen vor, muss er den Schaden des anderen ersetzen und darüber hinaus auch seinen eigenen Schaden selbst tragen. Wenn nun der Verkehrsteilnehmer diese Schadensersatzverpflichtung dadurch zu vermeiden versucht, dass er den Unfall verhindert, kann er nicht besser gestellt werden. Vielmehr muss die gesetzliche Risikoverteilung beibehalten werden. Wenn sich der Geschäftsführer demnach durch den Unfall schadensersatzpflichtig gemacht hätte, mutet ihm das Gesetz bei einer Vermeidung dieses Unfalls erst recht zu, seinen eigenen Schaden selbst zu tragen. In diesem Fall gehört daher das Geschäft, den Unfall zu verhindern, zum Geschäftskreis des Geschäftsführers. Umgekehrt führt er dann aber ein fremdes Geschäft, wenn er auch bei einem Unfall weder aus Delikt noch aus Gefährdungshaftung hätte in Anspruch genommen werden können.[5]

Danach ist entscheidend, ob F dann, wenn A den Zusammenstoß nicht vermieden hätte, gegen A einen Schadensersatzanspruch gehabt hätte.

**862** **(a)** In Betracht kommt ein Anspruch aus § 823 I. Eine Verletzung des Körpers des F liegt vor. Die Verletzungshandlung ist auch rechtswidrig, da keine Rechtfertigungsgründe ersichtlich sind. Es müsste auch ein Verschulden des A vorliegen. A hat nach § 276 II fahrlässig gehandelt, wenn er die im Verkehr erforderliche Sorgfalt außer Acht gelassen hat. A fuhr auf einer geraden, übersichtlichen Strecke mit der innerhalb einer Stadt zulässigen Geschwindigkeit. Er hatte keinen Anlass, mit besonderer Aufmerksamkeit zu fahren; insbesondere musste er nicht damit rechnen, dass F unvermittelt auf die Straße gestoßen würde. Da F nur wenige Meter vor seinem Fahrzeug zu Fall kam, konnte daher von A im Rahmen seiner Sorgfaltspflicht auch nicht mehr erwartet werden, dass er F noch ausweichen konnte. Daher hat A nicht fahrlässig gehandelt. Eine Verschuldenshaftung aus § 823 scheidet daher aus.

Aus demselben Grund greift auch der ebenfalls von einem Verschulden abhängige Anspruch nach § 18 StVG nicht ein.

**863** **(b)** In Betracht kommt aber ein Anspruch aus Gefährdungshaftung nach § 7 StVG. Ein solcher Anspruch besteht nach § 7 II StVG nicht, wenn der Unfall durch »höhere Gewalt« verursacht worden ist. Es ist zweifelhaft, ob es sich um höhere Gewalt handelt, wenn ein Verkehrsteilnehmer von einem anderen plötzlich auf die Fahrbahn gestoßen wird. Hierzu bedarf es der Auslegung des Begriffes höhere Gewalt. Er findet sich bereits seit langem in den Gefährdungshaftungstatbeständen § 1 HPflG und § 89 Wasserhaushaltsgesetz. Mit der 2002 erfolgten Übernahme in § 7 II StVG wurde an den dazu bisher entwickelten Bedeutungsgehalt angeknüpft. Nach der Rechtsprechung zum Begriff der höheren Gewalt handelt es sich um ein betriebsfremdes, von außen durch elementare Naturkräfte oder durch Handlungen dritter Personen herbeigeführtes Ereignis, das nach menschlicher Einsicht und Erfahrung unvorhersehbar ist, mit wirtschaftlich erträglichen Mitteln auch durch die äußerste nach der Sachlage vernünftigerweise zu erwartende Sorgfalt nicht verhütet oder unschädlich gemacht werden kann und auch nicht wegen seiner Häufigkeit in Kauf zu nehmen ist.[7] Schon

6 BGHZ 38, 270 (273); OLG Hamm VersR 1976, 392 (393); OLG Celle VersR 1976, 448 (449); *Deutsch* AcP 165 (1965), 193 (202 ff.); *Lange* JZ 1963, 550; MüKoBGB/*Seiler* § 683 Rn. 23; Soergel/*Beuthien* § 683 Rn. 18.

7 BGHZ 7, 338 (339); 62, 351 (354); BGH NJW 1953, 184; 1986, 2313; BGH VersR 1967, 138 (139); 1976, 963; 1988, 910.

das Reichsgericht hat in einem frühen Urteil mit dem Begriff der »höheren Gewalt« auch das Verhalten eines Dritten umfasst.[8] Dritter ist demnach derjenige, dessen Verhalten keiner Partei (also weder dem Anspruchsteller noch dem Anspruchsgegner) zuzurechnen ist. In seinem Urteil verneint das RG das Vorliegen höherer Gewalt iSv § 1 HPflG, da das schädigende Verhalten des anderen (als Angestellter der Reichsbahn) der Bahn zuzurechnen sei; anderenfalls hätte hier höhere Gewalt vorliegen können.

Als höhere Gewalt kommt hier das Verhalten des unbekannten Passanten in Betracht, der F plötzlich auf die Fahrbahn gestoßen hatte. Darin liegt ein durch Handlungen dritter Personen herbeigeführtes betriebsfremdes Ereignis. Es entlastet den A allerdings dann nicht, wenn es durch die äußerste nach der Sachlage vernünftigerweise zu erwartende Sorgfalt hätte verhindert werden können. Fraglich ist, auf welchen Zeitpunkt für die Beachtung dieser Sorgfaltspflicht abzustellen ist.

Maßgeblich könnte sein, welches Verhalten dem Kraftfahrer unmittelbar in der Unfallsituation aufgrund einer Güterabwägung zumutbar ist.[9]

Sobald der Kraftfahrer die Unfallgefahr erkennt, muss er sich zwischen der Ausnutzung einer Ausweichmöglichkeit und dem Risiko eines Zusammenstoßes entscheiden. Wenn durch das Ausweichmanöver höherwertige oder zumindest gleichwertige Rechtsgüter gefährdet würden, dann ist dem Kraftfahrer das Ausweichen nicht zumutbar. Kommt es daher in diesem Fall zu einem Zusammenstoß, weil der Kraftfahrer das Ausweichmanöver unterlässt, so liegt in diesem Verhalten keine Sorgfaltspflichtverletzung. Wenn durch das Ausweichmanöver allerdings geringerwertige Güter als durch den Zusammenstoß gefährdet würden, ist dem Kraftfahrer das Ausweichen zumutbar. In diesem Fall handelt er bei einem Unterlassen des Ausweichmanövers sorgfaltswidrig.[10]

A hätte bei einem Zusammenstoß mit dem Fußgänger F dessen Leben und Gesundheit gefährdet. Dagegen war aufgrund des fehlenden Gegenverkehrs voraussehbar, dass er bei einem Ausweichmanöver lediglich die Beschädigung von Sachgütern riskierte. Danach war A das Ausweichen aufgrund der Gefährdung geringerwertiger Güter zumutbar. Daher wäre ein Zusammenstoß mit F keine höhere Gewalt iSd § 7 II StVG gewesen, sodass A in diesem Fall nach § 7 StVG gehaftet hätte. Demnach hätte A mit der Vermeidung dieser Schadensersatzverpflichtung durch die Verhinderung des Unfalls kein fremdes, sondern ein eigenes Geschäft geführt.

**Hinweis:** Bearbeiter, die sich dieser Ansicht anschließen, müssen an dieser Stelle die Prüfung der Geschäftsführung ohne Auftrag abbrechen und einen Anspruch aus § 904 S. 2 analog prüfen.

Jedoch kann demgegenüber von einem Kraftfahrer nicht erwartet werden, dass er in dem Zeitpunkt, in dem er die Gefahr erkennt, eine genaue Situationsanalyse und außerdem eine rechtliche Güterabwägung vornimmt. Vielmehr wird er nur wenige Sekundenbruchteile für seine Entscheidung Zeit haben und muss spontan reagieren. Dies spricht dagegen, auf den Zeitpunkt der Unfallsituation abzustellen.

8 RGZ 1, 253.
9 So (zu § 7 StVG aF) *Canaris* JZ 1963, 655 (657).
10 *Canaris* JZ 1963, 655 (659 f.).

Vielmehr kann für die Beurteilung, ob der Kraftfahrer die äußerste Sorgfalt beachtet hat, nur der Zeitraum vor dem Unfall maßgeblich sein.[11] Es ist daher entscheidend, ob der Kraftfahrer – von der Sachlage vor dem Unfall aus gesehen – über den gewöhnlichen und persönlichen Maßstab hinaus sachgemäß und geistesgegenwärtig gehandelt hat.[12]

A fuhr auf einer geraden, übersichtlichen Strecke mit der in der Stadt zulässigen Geschwindigkeit. Er ist daher zunächst in jeder Hinsicht verkehrsgerecht gefahren. Fraglich ist, ob der Sturz des F für ihn unvorhersehbar war. F ist nur deswegen vor das Fahrzeug des A gestürzt, weil er von einem Passanten gestoßen wurde. Daher geschah der Sturz vollkommen unerwartet. Da F unmittelbar vor das Fahrzeug des A fiel, hätte ein Unfall auch nicht mehr durch ein sofortiges Bremsen des A vermieden werden können. Daher war der Zusammenstoß auch bei Anwendung der äußersten Sorgfalt unabwendbar. Dem steht nicht entgegen, dass A tatsächlich den Unfall mit F vermieden hat, da Unabwendbarkeit trotz äußerster Sorgfalt nicht die absolute Unvermeidbarkeit des Ereignisses erfordert.[13] Demnach hätte im Falle eines Zusammenstoßes ein Fall von höherer Gewalt iSd § 7 II StVG vorgelegen, sodass F gegen A keinen Anspruch aus § 7 StVG gehabt hätte.

Daher hat A durch das Ausweichmanöver nicht seine eigene Schadensersatzpflicht verhindert, sondern ein fremdes Geschäft geführt. Dass A selbst wegen des ihm drohenden Sachschadens ein materielles Eigeninteresse an der Abwendung des Unfalls hatte, steht der Annahme einer Fremdgeschäftsführung nicht entgegen.

### 2. Fremdgeschäftsführungswille

864 A müsste auch den Willen gehabt haben, ein fremdes Geschäft zu führen. Im Falle der Führung eines fremden oder »auch-fremden« Geschäfts wird der Fremdgeschäftsführungswille vermutet.[14] Daher hatte A einen Fremdgeschäftsführungswillen.

### 3. Ohne Auftrag und ohne sonstige Berechtigung

865 A könnte das Geschäft des F aufgrund einer Berechtigung geführt haben, die sich korrespondierend aus einer entsprechenden gesetzlichen Verpflichtung ergibt. Da die insoweit in Betracht kommenden § 7 StVG und § 1 II StVO jedoch keine Verpflichtung zum Ausweichen enthalten, können sie bereits aus diesem Grunde auch keine Berechtigung des A gegenüber F begründen.

### 4. Interesse und Wille, § 683

866 Nach § 683 setzt die berechtigte Geschäftsführung ohne Auftrag voraus, dass die Übernahme des Geschäfts dem Interesse und dem wirklichen oder mutmaßlichen Willen des Geschäftsherrn entsprach.

11 Vgl. BGH VersR 1965, 81.

12 BGH NJW 1973, 44 (45) (zu § 7 StVG aF).

13 BGH NJW 1973, 44 (45); BGH VersR 1966, 1076; vgl. auch Hentschel/König/Dauer/*König*, Straßenverkehrsrecht, 43. Aufl. 2015, StVG § 17 Rn. 28.

14 Palandt/*Sprau* § 677 Rn. 4, 6.

**a)** Das Interesse bestimmt sich danach, ob das Geschäft für den Geschäftsherrn objektiv nützlich ist.[15] F wurde durch das Ausweichmanöver des A vor körperlichen Schäden bewahrt. Daher ist der dem F tatsächlich entstandene Schaden erheblich geringer als der Schaden, der im Falle einer Kollision mit A eingetreten wäre. Demnach entsprach die Geschäftsführung dem Interesse des Geschäftsherrn.

**b)** Ein wirklicher Wille des F ist nicht nach außen erkennbar geworden. Danach ist der mutmaßliche Wille maßgeblich. Dieser entspricht mangels anderer Anhaltspunkte dem Interesse des Geschäftsherrn.[16] Somit ist ein auf die Geschäftsführung gerichteter Wille des F anzunehmen.

Damit liegen die Voraussetzungen des § 683 vor.

### 5. Rechtsfolge

A hat daher aus berechtigter Geschäftsführung ohne Auftrag gem. §§ 677, 683 einen Anspruch auf Ersatz seiner Aufwendungen nach § 670. **867**

Dann müsste A Aufwendungen gemacht haben. Aufwendungen sind freiwillige Vermögensopfer. An dem Fahrzeug des A ist zwar durch den Unfall mit B ein Sachschaden iHv 2.000 EUR entstanden. Da A diesen Unfall nicht verursachen wollte, handelt es sich aber um eine unfreiwillige Vermögenseinbuße. Möglicherweise kann sie dennoch als Aufwendung angesehen werden.

Hierfür lässt sich der allgemeine Grundsatz der Risikozurechnung bei einer Tätigkeit im fremden Interesse heranziehen, wie er sich im Dienstvertragsrecht entwickelt hat und auch in § 110 I HGB zum Ausdruck kommt.[17] Andererseits kann auch § 670 analog angewendet werden, indem der Aufwendungsbegriff auf die Fälle ausgedehnt wird, in denen der Geschäftsführer zwar nicht das Vermögensopfer, aber zumindest das Risiko eines möglichen Schadenseintritts freiwillig auf sich nimmt.[18] Nach beiden Ansätzen sind unfreiwillige Vermögensopfer jedenfalls dann Aufwendungen iSd § 670, wenn es sich um »risikotypische Begleitschäden« handelt, also um Schäden, die mit der Besorgung eines gefahrbehafteten Geschäfts erkennbar und mit einer gewissen Wahrscheinlichkeit verbunden sind.

Wenn ein Kraftfahrer ausweicht, um einen Unfall mit einem Fußgänger zu vermeiden, so birgt das typischerweise die Gefahr eines Zusammenstoßes mit einem anderen Verkehrsteilnehmer in sich. Daher ist der dem A dabei entstandene Schaden ersatzfähig.

A hat damit dem Grunde nach einen Anspruch auf Ersatz des ihm entstandenen Schadens gegen F.

### 6. Umfang des Anspruchs

Fraglich ist, ob sich der Ersatzanspruch des A gegen F auf die volle Höhe des ihm entstandenen Schadens von 2.000 EUR richtet. **868**

15 Palandt/*Sprau* § 683 Rn. 4.
16 BGHZ 47, 370 (374).
17 *Genius* AcP 173 (1973), 481 (511 f.); *Larenz* SchuldR II 1 § 57 Ib, S. 449 ff.
18 BGHZ 33, 251 (257); 38, 270 (277); *Helm* VersR 1968, 209 (211, Fn. 26).

**a)** In Betracht kommt eine Kürzung des Anspruches gem. § 9 StVG iVm § 254 BGB, weil auch A ein Interesse an der Schadensabwendung hatte.

Dagegen lässt sich einwenden, dass im Falle der Selbstopferung kein ersatzmindernder Umstand zulasten des Geschäftsführers eingreift. Die insoweit in Betracht kommende Betriebsgefahr des Pkw könne wegen des Haftungsausschlusses gem. § 7 II StVG keine Berücksichtigung finden.[19]

Jedoch spricht für die Möglichkeit einer Kürzung des Anspruchs, dass die Haftung des Geschäftsherrn regelmäßig auf eine bloße Kausalität zurückgeht. Daher muss auch der Ursachenbeitrag des Geschäftsführers berücksichtigt werden.[20] Hierbei kann der für ein Mitverschulden geltende § 254 in entsprechender Anwendung für die Mitverursachung herangezogen werden.[21]

Daraus ergibt sich, dass in den Fällen der Selbstopferung eine Kürzung des Anspruchs vorgenommen werden kann.

**b)** Fraglich ist jedoch, in welcher Höhe eine Kürzung des Anspruchs vorzunehmen ist.

869 **aa)** In Betracht kommt eine Beschränkung des Anspruchs auf eine angemessene Entschädigung.[22] Allerdings ist es dann problematisch, nach welchen Kriterien die Höhe des Ersatzanspruches zu bestimmen ist.

Möglicherweise ist aufgrund einer ex-ante-Betrachtung der Grad der Gefährdung der Beteiligten und damit ihr Interesse an der Schadensabwendung einzuschätzen. Danach ist eine Quotelung nach dem Verhältnis der Schäden vorzunehmen, die dem Gefährdeten und dem Ausweichenden durch die Abwendung des Unfalls erspart geblieben sind.[23] Bei einer Gegenüberstellung der vermiedenen Schäden von A und F ergibt sich, dass A an der Abwendung des Gesamtschadens zu 5% materiell interessiert sein musste. Demnach wäre sein Ersatzanspruch entsprechend zu kürzen, dh A könnte von F die Zahlung von 1.900 EUR verlangen.

Es könnte auch eine Güterabwägung wie bei Notstandssituationen entsprechend §§ 228, 904 vorzunehmen sein.[24] Steht danach der Gefahr für Gesundheit und Leben des geretteten Geschäftsherrn nur drohender Sachschaden oder leichter Körperschaden des Geschäftsführers gegenüber, so ist ihm die Selbstgefährdung ersatzlos zumutbar. Ein Ersatzanspruch besteht danach nur bei drohendem schwerem Körperschaden. Außerdem kommt dann auf der Rechtsfolgenseite entsprechend § 228 ebenfalls eine Beschränkung des Haftungsumfangs auf Personenschäden in Betracht.[25] Da A kein schwerer Körperschaden gedroht hat, ist danach ein Ersatzanspruch ausgeschlossen.

19 *Belemann* MDR 1963, 186 (187); *Böhmer* VersR 1963, 323 (323 f.); *Reinicke* JuS 1964, 421 (427).

20 Dafür lässt sich § 700 HGB (»große Haverei«) anführen, der ebenfalls einen Fall zufälliger Gefahrenlage regelt, BGHZ 38, 270 (277 ff.).

21 MüKoBGB/*Seiler* § 683 Rn. 23 mwN.

22 BGHZ 38, 270 (277 ff.).

23 *Hagen* NJW 1966, 1893 (1898); *Helm* VersR 1968, 209 (212 f.).

24 *Canaris* JZ 1963, 655 (662); *Larenz* SchuldR II 1 § 57 I b, S. 450 f.; *Wollschläger*, Die Geschäftsführung ohne Auftrag, 1976, 306 ff.

25 *Wollschläger*, Die Geschäftsführung ohne Auftrag, 1976, 306 ff.

**bb)** Gegen diese Ansichten spricht jedoch, dass dann der Ersatzanspruch des Ausweichenden in jedem Fall von der Höhe des dem Gefährdeten drohenden Schadens abhängig ist. Damit wird der Geschäftsführer letztlich dafür bestraft, dass er wegen eines drohenden geringfügigen Schadens ausweicht. Auch wird er in dem Zeitpunkt, in dem er die Gefahr erkennt, aufgrund der erforderlichen schnellen Reaktion kaum in der Lage sein, die jeweils bedrohten Interessen gegeneinander abzuwägen. Danach ist der Umfang seines Ersatzanspruches von der bloßen Zufälligkeit des Verhältnisses der drohenden Schäden zueinander abhängig. Somit sind diese Ansichten abzulehnen.

**cc)** Vielmehr ist ausschließlich das materielle Eigeninteresse des Geschäftsführers an der Abwendung des Unfalls zu berücksichtigen. Hierfür muss der hypothetische Schaden ermittelt werden, den der Geschäftsführer bei dem abgewendeten Zusammenstoß mit dem Geschäftsherrn erlitten hätte. Dieser hypothetische Eigenschaden wird unter Anwendung des Prinzips der Vorteilsausgleichung von dem Ersatzanspruch abgezogen.[26]

Da A bei einem Unfall mit F ein Schaden iHv 500 EUR entstanden wäre, ist dieser Betrag von seinem Anspruch abzuziehen. Er kann daher gegenüber F gem. § 670 nur die Zahlung von 1.500 EUR geltend machen.

### II. Anspruch aus § 823 I

Für einen Anspruch gem. § 823 I fehlt bereits eine Verletzungshandlung des F im Hinblick auf das Eigentum des A an dessen Pkw, da hier ein Fall von »vis absoluta« vorliegt. 870

### III. Anspruch des A gegen F aus § 904 S. 2 analog

A könnte gegen F einen Anspruch gem. § 904 S. 2 haben. Eine direkte Anwendung scheidet aus, da F nicht unmittelbar auf das Eigentum des A eingewirkt hat. In Betracht kommt eine analoge Anwendung des § 904 S. 2. 871

Eine Analogie setzt das Bestehen einer planwidrigen Gesetzeslücke voraus. Da jedoch für den Fall der Selbstopferung die Vorschriften der Geschäftsführung ohne Auftrag eingreifen, liegt keine Regelungslücke vor.[27] Daher scheidet bereits deswegen eine Analogie aus.

Zudem ist für eine Analogie eine gleichartige Interessenlage erforderlich. Gegen eine vergleichbare Interessenlage spricht hier, dass § 904 die Folgen eines Eingriffs in fremdes Eigentum regelt, bei der Selbstopferung aber eigene Rechtsgüter beeinträchtigt werden.[28]

Somit kommt eine analoge Anwendung des § 904 S. 2 nicht in Betracht, sodass A daraus auch kein Anspruch zusteht.

---

26 OLG Oldenburg VersR 1972, 1178 (1180); *Frank* JZ 1982, 737 (741 f.); MüKoBGB/*Seiler* § 683 Rn. 23.

27 *Helm* VersR 1968, 209 (215); Soergel/*Baur* § 904 Rn. 24.

28 *Deutsch* AcP 165 (1965), 193 (209 f.).

**Hinweis:** Wird eine analoge Anwendung des § 904 S. 2 bejaht,[29] müssen dessen Voraussetzungen geprüft werden: Eine Notstandslage ist wegen der gegenwärtigen Gefahr für die Gesundheit und den Körper des F gegeben. Die Notstandshandlung besteht im Einwirken auf das Eigentum des A, da A die Beschädigung seines Fahrzeuges billigend in Kauf genommen hat. Die Einwirkung war auch zur Abwendung der Gefahr für F notwendig, ein anderer Ausweg ist nicht erkennbar. Der drohende Schaden war gegenüber dem tatsächlich entstandenen unverhältnismäßig groß, selbst wenn der Schaden des B mitberücksichtigt wird. A handelte auch mit Rettungswillen. Demnach hat A einen Schadensersatzanspruch gem. § 904 S. 2, dessen Umfang sich nach den gleichen Grundsätzen bemisst wie der Anspruch aus berechtigter Geschäftsführung ohne Auftrag.

### IV. Anspruch aus § 812 I 1, 2. Var.

872 Ein Bereicherungsanspruch gem. § 812 I 1, 2. Var. ist bereits deswegen ausgeschlossen, weil die berechtigte Geschäftsführung ohne Auftrag im Verhältnis zwischen A und F einen Rechtsgrund darstellt.[30]

## 2. Teil. Ansprüche des B auf Schadensersatz

### I. Anspruch des B gegen A

#### 1. Anspruch aus § 7 I StVG

873 B könnte gegen A einen Anspruch gem. § 7 I StVG haben. Unabhängig von den Voraussetzungen des § 7 I StVG scheidet ein Anspruch nach § 7 II StVG aus, wenn der Unfall durch höhere Gewalt verursacht wurde. Hierzu zählt insbesondere auch das Verhalten eines Dritten, sofern der Fahrzeugführer jede nach den Umständen des Falles gebotene Sorgfalt beobachtet hat. Das Ausweichmanöver des A war durch den unerwarteten Sturz des F vor seinen Pkw bedingt. Der Sturz des F vor das Kfz des A war ursächlich für dessen Ausweichmanöver und den dadurch entstehenden Unfall. Da dieser Sturz des F durch den Stoß seitens eines Passanten verursacht wurde, also durch ein äußerliches, für A nicht vorhersehbares Ereignis, liegt ein Fall höherer Gewalt nach § 7 II StVG vor. Ein Anspruch gegen A entfällt somit.

#### 2. Anspruch aus § 823 I

874 Ein Anspruch aus § 823 I scheidet jedenfalls wegen fehlenden Verschuldens des A aus, da A die im Verkehr erforderliche Sorgfalt beachtet hat.

#### 3. Anspruch aus § 904 S. 2

875 B könnte einen Anspruch aus § 904 S. 2 haben. Die Anwendbarkeit des § 904 S. 2 könnte wegen des Vorrangs des § 7 StVG ausgeschlossen sein.[31] Dies ist jedoch abzulehnen, da beide Vorschriften in Tatbestand und Zielsetzung sehr verschieden sind.[32] Demnach müssten die Voraussetzungen des § 904 S. 2 gegeben sein.

29 *Horn* JZ 1960, 350 (352 f.); *Kraffert* AcP 165 (1965), 453 (461 f.); vgl. auch *Frank* JZ 1982, 737 (738 f.).

30 Vgl. Palandt/*Sprau* Einl. vor § 677 Rn. 10.

31 *Schlund* JR 1985, 285 (286).

32 *Dilcher* JuS 1987, 100.

Eine Notstandslage bestand in Form einer gegenwärtigen Gefahr für Gesundheit und Körper des F.

Da A seinen Pkw zur Rettung des F bewusst zur Seite gelenkt hat, liegt eine Notstandshandlung ebenfalls vor.

Durch diese Handlung müsste A auf das Eigentum des B eingewirkt haben. Aufgrund des Ausweichmanövers des A wurde der im Eigentum des B stehende Pkw beschädigt. Fraglich ist aber, ob diese unvorsätzliche Beschädigungshandlung unter den Begriff der Einwirkung fällt.

a) Hierfür könnte der Sinn und Zweck des § 904 S. 2 sprechen. Sinn und Zweck der Vorschrift könnte es sein, ein höherwertiges Rechtsgut zu schützen und ein geringerwertiges aufzuopfern. Danach sieht § 904 S. 2 keine Eingriffshaftung, sondern eine Begünstigtenhaftung vor. Diese Zweckbestimmung kann auch bei unvorsätzlichen Eingriffen erfüllt werden.[33] 876

b) Dagegen spricht jedoch der Wortlaut des § 904 S. 2. Die Begriffe »Einwirkung« und »zur Abwendung einer gegenwärtigen Gefahr« deuten auf einen vom Willen getragenen, zielgerichteten Eingriff hin. Diese Voraussetzung ergibt sich auch aus einem systematischen Vergleich mit §§ 227, 228. Entsprechend dem dort erforderlichen Verteidigungswillen muss bei § 904 ein Einwirkungswille notwendig sein. Der bloße Rettungswille kann demgegenüber nicht ausreichen, weil § 904 nicht den Zweck verfolgt, eine bestimmte Handlung im Rahmen einer allgemeinen Güter- und Interessenkollision zu rechtfertigen, sondern gerade die Einwirkung auf ein bestimmtes Rechtsgut zu erlauben. Schließlich ist diese einschränkende Interpretation auch erforderlich, um die Grenzen zur Gefährdungshaftung nicht zu verwischen.[34] 877

Da somit eine Einwirkung durch eine unvorsätzliche Schädigungshandlung abzulehnen ist, kommt ein Anspruch aus § 904 S. 2 nicht in Betracht.

**Hinweis:** Nimmt man demgegenüber eine Einwirkungshandlung an, sind die weiteren Voraussetzungen des § 904 S. 2 zu prüfen: Die Einwirkung war zur Rettung des F notwendig. Der drohende Schaden für Körper und Gesundheit des F war unverhältnismäßig groß gegenüber dem entstandenen Sachschaden des B. Auch lag ein Rettungswille des A vor. Grundsätzlich besteht somit ein Schadensersatzanspruch. Fraglich ist aber, gegen wen sich der Anspruch richtet.
Einerseits könnte der »Einwirkende« ersatzpflichtig sein. Dies ergibt sich daraus, dass die Duldungspflicht des geschädigten Eigentümers nach § 904 S. 1 ihm gegenüber begründet ist und der Schadensersatzanspruch nach S. 2 lediglich aus dieser Duldungspflicht folgt.[35]
Andererseits kommt auch eine Haftung des Begünstigten in Betracht. Dieser hätte ohne die Einwirkung in das Eigentum des Geschädigten den Schaden aus der Notstandslage ebenfalls selbst tragen müssen.[36] § 904 soll jedoch nicht bezwecken, dass es zu einer Schadensabwälzung auf den Träger des geringerwertigen Rechtsguts kommt.

33 *Horn* JZ 1960, 350 (354) Fn. 52; *Konzen* JZ 1985, 181 ff.; *Konzen,* Aufopferung im Zivilrecht, 1969, 133 ff.

34 RGZ 113, 301 (302); BGH NJW 1985, 490 (491); BGH VersR 1955, 10 (11); OLG Karlsruhe VersR 1952, 183; *Dilcher* JuS 1987, 100 (101); *Hohloch* JuS 1986, 46 (48 f.).

35 RGZ 113, 301 (303); BGHZ 6, 102 (105); Palandt/*Bassenge* § 904 Rn. 5; RGRK-BGB/*Augustin* § 904 Rn. 9; Soergel/*Baur* § 904 Rn. 23.

36 *Canaris* NJW 1964, 1987 (1993); *Konzen* JZ 1985, 181 (181 ff.); *Konzen*, Aufopferung im Zivilrecht, 1969, 108 ff.; MüKoBGB/*Säcker* § 904 Rn. 17 f.; Staudinger/*Seiler*, 2002, § 904 Rn. 38 ff.

Demnach besteht in diesem Fall ein Anspruch aus § 904 S. 2 entweder gegen A oder gegen F, je nachdem, welcher Ansicht man folgt.

### 4. Anspruch aus Aufopferung

878 Auch ein allgemeiner bürgerlich-rechtlicher Aufopferungsanspruch scheidet aus, weil § 904 insoweit eine abschließende Regelung für Notstandsfälle enthält.[37]

### 5. Anspruch aus § 904 S. 2 analog

879 Ein Anspruch aus § 904 S. 2 analog ist abzulehnen, da sonst eine reine Veranlassungs- oder Billigkeitshaftung begründet würde, die mit dem geltenden Schadensrecht nicht zu vereinbaren ist. Die Notstandshaftung soll nicht zu einer Korrektur der Verantwortlichkeit des Handelnden für Verschulden gem. § 823 oder für die Betriebsgefahr gem. § 7 StVG führen.[38]

## II. Anspruch des B gegen F gem. § 904 S. 2

880 Für einen Anspruch des B gegen F gem. § 904 S. 2 fehlt bereits eine Einwirkungshandlung, außerdem ist F nicht der aufgrund der Einwirkung Ersatzpflichtige.

**Hinweis:** Lässt man eine unvorsätzliche Einwirkung ausreichend sein und hält man die Ersatzpflicht in der Person des Begünstigten für begründet, ist ein Anspruch des B gegen F aus § 904 S. 2 zu bejahen.

37 BGH NJW 1985, 490 (492); *Dilcher* JuS 1987, 100 (102).
38 BGH NJW 1985, 490 (492); ebenso *Dilcher* JuS 1987, 100 (102); *Hohloch* JuS 1986, 46 (49).

## Fall 17: »Vergebliche Liebesmüh«

**1.** Die B-Bank hatte dem Unternehmer U bisher eine Mio. EUR als laufenden Kredit eingeräumt, wollte ihm aber im Januar ohne neue Sicherheiten keine neuen Kredite mehr gewähren. Zur Umschuldung brauchte U nun kurzfristige Kredite. Bei einem Gespräch zwischen dem Direktor D der B-Bank und U sowie dem leitenden Angestellten L – der bei U gut verdiente – bat U den L, bis zu einem Betrag von 100.000 EUR bis zum Jahresende für ihn zu bürgen. L brauche sich keine Sorgen zu machen, da er, U, ja vorher mit seinem Privatvermögen hafte. L unterzeichnete, wie gewünscht, eine von B vorgefertigte Urkunde über eine selbstschuldnerische Bürgschaft. Im März meldete U Insolvenz an. B kündigte, entsprechend ihren Vertragsbedingungen, das Darlehen gegenüber U. B nahm L auf Zahlung von 100.000 EUR in Anspruch. L lehnte die Zahlung ab: B hätte ihn schon bei den Vertragsverhandlungen über das besondere Risiko aufklären müssen; jedenfalls sei die Zahlung für ihn unzumutbar, weil er mit dieser Entwicklung nicht hätte zu rechnen brauchen. Derartige Verträge dürften ohnehin nicht das gesamte Vermögen eines Bürgen binden und seien zudem anstößig. 881

**Frage 1: Muss L zahlen?**

**2.** Dem V hatte die B-Bank gegen Bestellung einer Sicherungsgrundschuld ein Darlehen über 1,4 Mio. EUR eingeräumt; V wollte ein Mietshaus errichten. Der zugrundeliegende Finanzierungsplan war sehr optimistisch angelegt. Als Sicherheit bot V der B-Bank unter anderem eine selbstschuldnerische Bürgschaft seines 19-jährigen Sohnes S an, womit sich der Angestellte A der B-Bank einverstanden erklärte. Dem Wunsch seines Vaters folgend, unterschrieb S die Bürgschaftsverpflichtung gegenüber der B-Bank iHv 1,4 Mio. EUR. S hatte – wonach sich A nicht erkundigt hatte – kein Vermögen und nur sein Einkommen als Bäckerlehrling sowie eine monatliche Unterstützung seines Vaters iHv 400 EUR. Als V wegen eines Zinsanstiegs das Darlehen nicht zurückzahlen konnte, kündigte die B-Bank den Vertrag gegenüber V und verlangte, nach Mahnung, von S Zahlung der noch offenen Darlehensschuld iHv 1,3 Mio. EUR sowie Verzugszinsen iHv 12%, weil S nicht sofort gezahlt hatte.

**Frage 2: Mit Recht?**

## A. Vorüberlegungen

882 Der Sachverhalt ist in zwei Fallvarianten aufgespalten. Das deutet für den Bearbeiter darauf hin, dass sich in einigen Punkten Unterschiede für die Lösung ergeben. Die entscheidenden rechtlichen Beurteilungsmaßstäbe gehen als Rechtsansicht des L schon aus dem Sachverhalt hervor. Übersetzt in juristische Figuren geht es insoweit um §§ 241 II, 313, 310 und § 138, und zwar § 138 II und I. Die beiden Fallvarianten unterscheiden sich durch die Einzelumstände aufseiten der Bürgen. S ist – anders als L – einkommens- und mittellos, er ist Jugendlicher und Sohn des Hauptschuldners. Alle diese Einzelumstände sowie die entsprechenden Umstände bei L müssen bei der Falllösung berücksichtigt werden.

Zur Frage der Bürgenhaftung vermögensloser Angehöriger hat sich das BVerfG in BVerfGE 89, 214 ff. geäußert. Die Gerichte seien zur Inhaltskontrolle von Verträgen verpflichtet, die einen der beiden Vertragspartner ungewöhnlich stark belasten und das Ergebnis strukturell ungleicher Verhandlungsstärke sind. Diese Inhaltskontrolle vollzieht sich im Wege verfassungskonformer Auslegung über die Vorschriften des Bürgerlichen Rechts. Da die neuere Rechtsprechung und Literatur zur Bürgenhaftung den Anforderungen des BVerfG Rechnung tragen, braucht auf die verfassungsrechtlichen Maßgaben nicht näher eingegangen zu werden.

## B. Lösung

### Frage 1:

### Anspruch der B gegen L auf Zahlung von 100.000 EUR aus § 765 883

Die B hat gegen L einen Anspruch auf Zahlung von 100.000 EUR aus § 765, wenn zwischen B und L ein wirksamer Bürgschaftsvertrag besteht.

### I. Entstehung des Anspruchs

**1.** Zwischen B und L ist ein Bürgschaftsvertrag zustande gekommen, § 765 I. Eine 884
Bürgschaft kann auch für einen laufenden Kredit in wechselnder Höhe übernommen werden, § 765 II.

**2.** Die nach § 766 S. 1 erforderliche Schriftform ist gewahrt.

Die §§ 492 ff. sind nicht anwendbar, da es sich bei der Bürgschaft des L zum einen nicht um einen entgeltlichen Vertrag handelt und da zum anderen nach ganz herrschender Ansicht diese Vorschriften auf die Bürgschaft keine Anwendung finden.

**3.** Da L auf die Einrede der Vorausklage verzichtet hat, § 773 I Nr. 1, kann B gegen L vorgehen, ohne zunächst Befriedigung bei V zu versuchen.

**4.** Dann müsste aber auch die Forderung der B gegen U bestehen und fällig sein, §§ 765, 767 I. Vom Bestand eines wirksamen Darlehensvertrags zwischen B und U ist auszugehen. Gegen die Wirksamkeit einer Klausel im Darlehensvertrag, dass bei Vermögensverfall das gesamte Darlehen zur Rückzahlung fällig wird, bestehen keine Bedenken. §§ 491 I, 498 sind nicht anwendbar, da U kein Verbraucher nach § 13 ist.

Damit ist der Anspruch der B gegen U auf Rückzahlung des Kredits gem. §§ 488 I 2 fällig.

### II. Untergang des Anspruchs

**1.** Der Anspruch der B gegen L könnte aber nach § 389 entfallen sein. 885

**a)** In der Weigerung des L zu zahlen ist gem. § 133 eine Aufrechnungserklärung nach § 388 zu sehen.

**b)** Diese Erklärung hat dann zum Untergang der Forderung der B geführt, wenn die Voraussetzungen des § 387 vorliegen. Der Forderung der B gegen L könnte eine Gegenforderung des L gegen B aus §§ 280, 241 II gegenüberstehen.

**c)** Dann müsste B eine Aufklärungspflicht gegenüber L verletzt haben.

**aa)** Grundsätzlich besteht keine Aufklärungspflicht des Gläubigers gegenüber dem Bürgen über das Risiko einer Bürgschaft. Jedermann weiß, wie gefährlich eine Bürgschaft ist. Das Gesetz sieht eigens die Schriftform vor, um den Bürgen zur Vorsicht anzuhalten.[1] Es ist grundsätzlich Sache des Bürgen, sich über seine Risiken selbst zu informieren. L als leitender Angestellter ist geschäftlich nicht unerfahren.

**bb)** Von dieser Beurteilung kann es jedoch Ausnahmen geben. Zu denken ist insbesondere daran, dass der Gläubiger durch sein Verhalten und auch für ihn erkennbar

1 Vgl. BGHZ 25, 318.

einen Irrtum des Bürgen und ein erhöhtes Risiko veranlasst hat.[2] Zu prüfen ist daher, ob B einen entsprechenden Irrtum des L erweckt hat. Bei dem Gespräch zwischen U, B und L hat B, vertreten durch D, keine Erklärung abgegeben, die in L einen Irrtum hervorrufen konnte. Es könnte aber zu berücksichtigen sein, dass D bei der Erläuterung durch U geschwiegen hat und dass sich B die Erklärungen des U zurechnen lassen muss.

U selbst hat L zutreffend erklärt, er brauche eine Bürgschaft zur Beschaffung kurzfristiger Kredite, die er sonst nicht bekommen könne. Dadurch musste L erkennen, dass die Bank das Risiko nicht tragen und auf ihn als Bürgen abwälzen wollte. Wenn er dennoch die Bürgschaft übernahm, so beruhte das auf seinem eigenen Willen und wurde nicht durch ein Verhalten der B veranlasst. Eine Pflichtverletzung der B, die zu einem Anspruch aus §§ 280, 241 II führen könnte, liegt nicht vor.

Der Anspruch der B ist nicht durch Aufrechnung mit einem Anspruch aus §§ 280, 241 II untergegangen.

886 **2.** Möglicherweise braucht L aber nach § 313 deshalb nicht zu zahlen, weil die Geschäftsgrundlage für den Bürgschaftsvertrag entfallen ist.

**a)** Obwohl das Rechtsinstitut Störung der Geschäftsgrundlage nunmehr ins Gesetz aufgenommen wurde, ist es weiterhin subsidiär.[3] Es kommt nur dann zum Zuge, wenn die gesetzlichen Regelungen nicht eingreifen. Hier kommt jedoch weder eine ergänzende Vertragsauslegung noch eine Anfechtung wegen Irrtums oder wegen arglistiger Täuschung in Betracht.[4]

**b)** Fraglich ist aber, ob § 313 auf die Bürgschaft überhaupt anwendbar ist.

887 **aa)** Man könnte meinen, der Bürge wisse im Voraus, dass er ein Risiko eingeht, weil er die zukünftige Vermögensentwicklung des Hauptschuldners nicht vorhersehen kann. Zweck des Bürgschaftsvertrags ist es auch gerade, den Gläubiger vor diesem Risiko zu schützen. Würde man dem Bürgen die Berufung auf den Wegfall der Geschäftsgrundlage wegen ungünstiger Vermögensentwicklung des Hauptschuldners zugestehen, so könnte der Sinn des Bürgschaftsvertrags damit entfallen.

888 **bb)** Wenn überhaupt, kann eine Anwendung des § 313 daher nur in besonderen Fällen in Betracht kommen.[5] Daran ist insbesondere zu denken, wenn sich der Bürge erkennbar für den Versuch einer Sanierung des Hauptschuldners innerhalb einer bestimmten Frist engagiert und diese Sanierung unvorhergesehen schnell scheitert.

Hier ging L von der Vorstellung aus, durch seine Bürgschaft eine kurzfristige Umschuldung des U erreichen zu können. Da B für diesen Fall weitere Kredite in Aussicht stellte, ging B von einer ähnlichen Vorstellung wie L aus. Zweifelhaft ist aber, ob sich B redlicherweise darauf hätte einlassen müssen, eine schnelle und erfolgreiche Sanierung zur Bedingung zu erheben. Zwar hatten beide Parteien die Vorstellung,

2 BGH WM 1986, 11; BGH NJW 1988, 3205 (3206).

3 *Lorenz/Riehm*, Lehrbuch zum neuen Schuldrecht, 2002, 406; *Medicus/Petersen* BürgerlR Rn. 153 f.; *Olzen/Wank*, Die Schuldrechtsreform, 2002, Rn. 144; Palandt/*Grüneberg* § 313 Rn. 1 und 10.

4 Vgl. *Geißler* NJW 1988, 3184 (3185).

5 *Reinicke/Tiedtke* NJW 1995, 1449 ff.; zur Geschäftsgrundlage betr. Vermögensverschiebungen *Medicus* JuS 1999, 833 (837).

dass es nur einer kurzfristigen Umschuldung bedürfe und nicht um die wirtschaftliche Existenz des Unternehmens des U ging. Dennoch kann man nicht sagen, dass den Bürgen nicht auch zugleich das Insolvenzrisiko treffen sollte. Besondere Umstände, wie völliges Fernliegen einer Insolvenzgefahr, äußerst kurzfristiger Kredit oder besondere Erläuterungen und Zusagen, liegen nicht vor.

Damit ist die Forderung der B gegen L nicht nach § 313 entfallen.

L ist daher zur Zahlung von 100.000 EUR an B verpflichtet.

**Frage 2:**

**I. Anspruch der B gegen S auf Zahlung von 1,3 Mio. EUR aus § 765**

B könnte gegen S einen Anspruch auf Zahlung von 1,3 Mio. EUR aus § 765 haben. 889

**1.** Zwischen B und S ist ein Bürgschaftsvertrag geschlossen worden.

**2.** Gegen die Wirksamkeit des Vertrags bestehen im Hinblick auf § 766 keine Bedenken. Auch die Abrede nach § 773 I Nr. 1 wurde schriftlich getroffen.

**3.** Eine Verpflichtung des S setzt aber voraus, dass eine Verpflichtung des V gegenüber B als Hauptschuld entstanden ist.

Auch wenn man davon ausgeht, dass B das Risiko bei V besser beurteilen konnte als S,[6] könnte sich daraus allenfalls ein Anfechtungsrecht des S oder ein Anspruch aus §§ 280, 241 II ableiten lassen, nicht aber die Sittenwidrigkeit des Bürgschaftsvertrags gem. § 138.

**4.** Der Bürgschaftsvertrag ist auch nicht gem. § 311b II nichtig, da sich S nicht verpflichtet hat, der B einen Bruchteil seines künftigen Vermögens zu übertragen.

**5.** Der Bürgschaftsvertrag könnte jedoch nach § 311b II analog nichtig sein.

Man könnte gem. § 311b II analog die Nichtigkeit eines Bürgschaftsvertrags für ein 890
Darlehen bejahen, wenn der Bürge vermögens- und einkommenslos ist. Denn dann steht von Anfang an fest, dass der Bürge – wenn er in Anspruch genommen wird – sein Leben lang nicht mehr von seinen Schulden loskommt.[7] Dafür spricht, dass § 311b II nicht nur dazu dienen soll, die öffentliche Ordnung aufrechtzuerhalten und die Sozialhilfe zu entlasten, sondern auch dazu, dem Schuldner die Chance einzuräumen, sich durch seine Erwerbstätigkeit von seinen Verpflichtungen wieder zu befreien.

Die analoge Anwendung des § 311b II setzt – abgesehen von einer Lücke – eine Vergleichbarkeit der Sachverhalte voraus.

Zweck des § 311b II ist es, zu verhindern, dass sich der Schuldner seiner Erwerbsfähigkeit begibt und allen Antrieb zum Erwerb verliert. Demgegenüber bedeutet die Verpflichtung zur Zahlung einer bestimmten Geldsumme nicht von vornherein eine Beeinträchtigung aller Chancen. Allerdings erfasst § 311b II auch den Fall, dass der Schuldner nur einen Bruchteil seines künftigen Vermögens überträgt. Aber auch dann

6 Vgl. dazu *Medicus* ZIP 1989, 817 (821).
7 OLG Stuttgart NJW 1988, 833 = WM 1988, 450 mAnm *Emmerich;* teilw. zust. *Schwintowski* ZBB 1989, 91 (92 ff.) (jeweils zu § 310 aF).

ist die Lage nicht vergleichbar.[8] Im Falle des § 311b II 2. Var. hat der Schuldner wenig davon, wenn er sich mehr anstrengt, denn dann wächst gleichzeitig seine Verpflichtung.[9] Geht der Schuldner eine Geldverpflichtung ein, dann behält er umso mehr für sich, je mehr er arbeitet. Ihm kommt im Allgemeinen der Vollstreckungsschutz nach § 850 c ZPO zugute.[10]

§ 311b II ist daher nicht analog anwendbar.

**6.** Der Bürgschaftsvertrag könnte jedoch nach § 138 II nichtig sein.

**891** Möglicherweise ist allerdings § 138 II auf den Bürgschaftsvertrag von vornherein nicht anwendbar. Die Vorschrift könnte nur für gegenseitige Verträge gelten.[11]

Dagegen spricht, dass die Merkmale der Vorschrift auch bei einem Bürgschaftsvertrag erfüllt sind. Als Leistung einer Bank iSd § 138 II könnte man das ansehen, was sie dem Hauptschuldner wegen der Bürgschaft gewährt. Wird die Bürgschaft nur routinemäßig verlangt und hätte ihr Ausbleiben am Ergebnis der Darlehensgewährung nichts geändert, fehlt es an einer Leistung. Der Bürge gewährt der Bank durch seine Sicherheit einen »Vermögensvorteil«. Ein krasses Missverhältnis besteht dann, wenn dieser Vermögensvorteil gewährt wird, obwohl die Bank dem Hauptschuldner dafür keine Leistung gewährt.[12]

Eine solche Argumentation ist jedoch nicht tragfähig. Um das Äquivalenzverhältnis geht es in diesen Fällen nicht. Der Einwand gegenüber dem Verhalten der Bank geht nicht dahin, die Bank habe dem Hauptschuldner und dem Bürgen nichts Adäquates gewährt, sondern dieser Bürge hätte gar nicht erst mit der Bürgschaftsverpflichtung belastet werden dürfen, gleichgültig wie das Äquivalenzverhältnis ist. Daher findet § 138 II hier keine Anwendung.

**7.** Der Bürgschaftsvertrag könnte jedoch wegen Sittenwidrigkeit nach § 138 I nichtig sein.

**892** Dann müsste ein Verstoß gegen das Anstandsgefühl aller billig und gerecht Denkenden vorliegen. Dabei kann § 138 I auch insoweit eingreifen, wie der Wuchertatbestand des § 138 II nicht vollständig erfüllt ist.[13]

**893** **a)** Ein Rechtsgeschäft ist nach § 138 I nur dann nichtig, wenn es in seinem aus der Zusammenfassung von Inhalt, Beweggrund und Zweck zu entnehmenden Gesamtcharakter den guten Sitten widerspricht, wobei allein auf die Umstände bei Vertragsabschluss abzustellen ist.[14] Der Umstand, dass der Inhalt des Vertrags nur S in erheb-

8 BGH NJW 1989, 830 = JuS 1989, 491 = WM 1989, 245 = BB 1989, 580; BGH WM 1989, 830 *(Emmerich);* BGH ZIP 1989, 487 = EWiR § 138 BGB 4/89, 441 *(Rümker);* BGH ZIP 1989 = EWiR § 138 BGB 2/89, 327 *(Medicus);* ebenso die ganz überwiegende Ansicht in der Literatur; s. außer den genannten Anmerkungsverfassern *Medicus* ZIP 1989, 817 (818); *Reinicke/Tiedtke* ZIP 1989, 613 (614); *H. P. Westermann* JZ 1989, 746.

9 *Medicus* ZIP 1989, 817.

10 *Reinicke/Tiedtke* ZIP 1989, 613 (614).

11 So RG HRR 1932 Nr. 1430; dem folgend unter anderem Palandt/*Ellenberger* § 138 Rn. 66; RGRK/*Krüger-Nieland/Zöller* § 138 Rn. 44; Staudinger/*Sack/Fischinger*, 2011, § 138 Rn. 204 f.; Soergel/*Hefermehl* § 138 Rn. 74.

12 *Wochner* BB 1989, 1354 ff.

13 Palandt/*Ellenberger* § 138 Rn. 65, 24 ff.

14 BGHZ 86, 82 (88); 107, 92 (97); 125, 207 (209).

lichem Umfang belastet, stellt für sich genommen die Wirksamkeit der Bürgschaft noch nicht infrage. Die Bürgschaft ist nämlich schon in ihrem rechtlichen Kern darauf angelegt, nur einer Seite Vorteile zu verschaffen.[15]

**b)** Die Sittenwidrigkeit der eingegangenen Bürgschaftsverpflichtung ergibt sich auch nicht schon daraus, dass S im Zeitpunkt des Vertragsschlusses weder die Einkünfte noch das Vermögen zur Erfüllung der Verbindlichkeiten hatte, für die er haften soll. Aus der verfassungsrechtlich geschützten Vertragsfreiheit folgt, dass es grundsätzlich jedem unbenommen sein muss, in eigener Verantwortung auch risikoreiche Geschäfte abzuschließen und sich zu Leistungen zu verpflichten, die nur unter besonders günstigen Bedingungen erbracht werden können.[16] Im Regelfall muss ein Volljähriger erkennen, dass er mit einer Bürgschaft ein erhebliches persönliches Risiko eingeht. Dies gilt grundsätzlich auch dann, wenn der Bürge dem Hauptschuldner verwandtschaftlich eng verbunden ist.[17] **894**

**c)** Nach nunmehr ständiger Rechtsprechung des IX. Zivilsenats des BGH[18], der im Grundsatz zuzustimmen ist,[19] kann ein Bürgschaftsvertrag jedoch dann sittenwidrig und nichtig sein, wenn sich der Bürge in einem Umfang verpflichtet, der seine gegenwärtigen und zukünftig zu erwartenden Einkommens- und Vermögensverhältnisse weit übersteigt. Für die Sittenwidrigkeit hinzukommen muss, dass der Bürge durch zusätzliche, dem Gläubiger zurechenbare Umstände in seiner Entscheidungsfreiheit durch ein rechtlich oder sittlich zu beanstandendes Verhalten beeinträchtigt worden ist. **895**

**d)** Die Haftung, die S gegenüber der B übernommen hat, übersteigt seine wirtschaftliche Leistungsfähigkeit bei weitem. Es ist nämlich nicht zu erwarten, dass S nach seiner Ausbildung zum Bäcker ein Einkommen erzielen wird, das ihm die Tilgung der Verbindlichkeit je ermöglichen wird. **896**

**e)** Fraglich ist, ob S auch durch ein rechtlich oder sittlich zu beanstandendes Verhalten in seiner Entscheidungsfreiheit beeinträchtigt worden ist. V könnte dadurch, dass er der B von sich aus die Bürgschaft angeboten und seinen Sohn veranlasst hat, die Haftung für das Darlehen iHv 1,4 Mio. EUR zu übernehmen, seiner aus § 1618a folgenden Pflicht zur Rücksichtnahme auf die Belange seines Sohnes zuwider gehandelt haben. **897**

Treten Eltern an ihre zwar schon erwachsenen, finanziell aber noch unterstützungsbedürftigen Kinder mit dem Ansinnen heran, für sie eine Bürgschaft zu übernehmen, sind diese in aller Regel schwerlich in der Lage, nüchtern abzuwägen, welche rechtlichen und wirtschaftlichen Folgen damit für sie verbunden sind, sowie frei und unabhängig darüber zu entscheiden, ob sie ein solches Risiko eingehen wollen. Junge, geschäftsunerfahrene Erwachsene werden in einer solchen Situation vielmehr geneigt sein, aus Vertrauen zu den Eltern oder auch aufgrund ihrer wirtschaftlichen Abhängigkeit der an sie herangetragenen Bitte ohne große Überlegung zu entsprechen. Kommt hinzu, dass die Verpflichtung bei Eintritt des Risikos zur Folge haben kann,

15 BGHZ 125, 23; 207, 209.
16 BGHZ 106, 269 (272); 107, 92 (98); 125, 207 (209 f.).
17 BGHZ 106, 269 (272); 107, 92 (103); 125, 207 (210).
18 BGH NJW 1997, 52; 1996, 2088; 2000, 1182; zuletzt BGH NJW 2009, 2671; zur »krassen Überforderung« *Kulke* ZIP 2000, 952 ff.
19 Zust. auch *Grün* NJW 1994, 295; *Tiedtke* JZ 1994, 908; krit. *Gernhuber* JZ 1995, 1086 ff.

dass der Bürge auf unabsehbare Zeit an den Gläubiger hohe, den eigenen wirtschaftlichen Spielraum völlig ausschöpfende Leistungen zu erbringen hat, so verstößt das Begehren der Eltern an ihre erwachsenen Kinder, allein aus familiärer Hilfsbereitschaft eine Bürgschaft zu leisten, sowohl gegen § 1618a, wonach Eltern und Kinder einander lebenslang Beistand und Rücksicht schulden, als auch gegen die allgemein anerkannten Anschauungen zur Verantwortung der Eltern ihren erwachsenen Kindern gegenüber.[20]

S ist somit durch ein rechtlich und sittlich zu beanstandendes Verhalten in seiner Entscheidungsfreiheit beeinträchtigt worden.

898 f) Zu prüfen bleibt, ob das sittenwidrige Handeln des V seinem Sohn gegenüber der B zugerechnet werden kann. Der Angestellte A hatte sich nach den Vermögensverhältnissen des S nicht erkundigt, also keine Kenntnis von den das Verhalten des Vaters kennzeichnenden Umständen. Die B muss sich jedoch so behandeln lassen, als ob sie die Vermögensverhältnisse des S gekannt hätte, wenn sie sich einer Kenntnis über die Einkommens- und Vermögensverhältnisse des S bewusst verschlossen hat.[21] A hat davon abgesehen, sich nach den finanziellen Verhältnissen des S zu erkundigen und damit im Widerspruch zur banküblichen Gepflogenheit gehandelt, eine angebotene Sicherheit auf deren Wert zu überprüfen.

Anhaltspunkte dafür, dass S die Bürgschaft nicht aus persönlicher und wirtschaftlicher Abhängigkeit vom Vater, sondern aufgrund einer vernünftigen Abwägung der in Betracht zu ziehenden Vor- und Nachteile eingegangen ist, hatte A nicht. Dies lässt den Schluss zu, dass die B die Einkommens- und Vermögensverhältnisse des S bewusst außer Acht gelassen hat. Es sind auch keine sonstigen Gründe ersichtlich, die es rechtfertigen könnten, den Bürgschaftsvertrag als rechtlich hinnehmbar zu beurteilen.

Allerdings könnte eine Sittenwidrigkeit abzulehnen sein, weil es die Möglichkeit einer Restschuldbefreiung gibt.[22] Dieser Argumentation steht allerdings entgegen, dass keine Konkurrenz zwischen den entsprechenden Vorschriften der Insolvenzordnung und § 138 besteht; die Restschuldbefreiung setzt voraus, dass ein wirksames Schuldverhältnis besteht. Auch wollte der Gesetzgeber trotz Einführung der Restschuldbefreiung die Lösung des Problems über § 138 beibehalten. Schließlich dient das Institut der Restschuldbefreiung nicht dazu, sittenwidrige Verträge vor dem Verdikt der Sittenwidrigkeit zu bewahren.[23]

Der Bürgschaftsvertrag war daher bei einer Gesamtabwägung aller Umstände nach § 138 I nichtig. B hat keinen Anspruch gegen S auf Zahlung von 1,3 Mio. EUR zuzüglich Verzugszinsen.

**Hinweis:** Wird der Bürgschaftsvertrag nicht als nichtig angesehen, so ist ein Anspruch der B gegen S gegeben. Dann kommt eine Aufrechnung des S gem. § 387 mit einem Schadensersatzanspruch aus §§ 280, 241 II in Betracht, den S mit einer Aufrechnungserklärung geltend machen müsste.[24]

---

20 BGH NJW 1997, 52 (53); BGHZ 125, 207 (214 f.).

21 Vgl. BGHZ 125, 106 (212 f.); BGH NJW 1997, 52 (54).

22 *Kupiza* NZI 2004, 14; *Medicus* JuS 1999, 833; Nachw. bei *Homann/Maas* JuS 2011, 774 (775 f.).

23 Zum Ganzen BGH NJW 2009, 2671 mAnm *Krüger* NJW 2009, 3408; *Homann/Maas* JuS 2011, 774 (778).

24 Zum Vorrang des § 138 vor der c.i.c. *Medicus* JuS 1999, 833 (836, 838 f.).

Räumt man der Vertragsfreiheit eine überragende Bedeutung ein, so trifft die Bank weder eine Untersuchungspflicht im Hinblick auf das Bonitätsrisiko noch eine Aufklärungspflicht im Hinblick auf die Verhältnisse des Bürgen. Wenn sich aber der Bank geradezu aufdrängen muss, dass sich der mittellose Bürge in einen lebenslangen »Schuldturm« begibt, ist sie nach Treu und Glauben verpflichtet, den Bürgen über dieses Risiko aufzuklären.[25] Sie trägt die Beweislast dafür, dass der Bürge trotz der Aufklärung den Vertrag geschlossen hätte.[26] Da dafür hier nichts ersichtlich ist, ist davon auszugehen, dass S dann den Vertrag nicht geschlossen hätte und mit der Verpflichtung nicht belastet wäre. Er hat daher gegen B einen Schadensersatzanspruch aus §§ 280, 241 II wegen Verletzung der Aufklärungspflicht.
Da die weiteren Voraussetzungen des § 387 vorliegen, erlischt der Anspruch der B gegen S aufgrund der Aufrechnung.

## II. Anspruch der B gegen S auf Zahlung von Verzugszinsen aus §§ 280 I, II, 286 I, 288

Ein Anspruch der B gegen S aus §§ 280 I, II, 286 I, 288 setzt voraus, dass eine Verpflichtung des S gegenüber B besteht, mit der S in Verzug kommen konnte. Da S aber von vorneherein aus dem Bürgschaftsvertrag nicht verpflichtet wurde, besteht auch kein Anspruch gegen S auf Zahlung von Verzugszinsen. 899

25 Krit. *Westermann* ZHR 153 (1989), 123, (136, 140).
26 *Schwintowski* ZBB 1989, 91 (97); *Westermann* ZHR 153 (1989), 123 (137).

## Fall 18: »Der widerrufene Scheck«

900 **Ausgangsfall:**

K übergibt dem Z einen auf die Bank B gezogenen Scheck über 5.000 EUR. Zwischen Z und K kommt es bei Durchführung des zwischen ihnen geschlossenen Kaufvertrags zu Unstimmigkeiten. Noch bevor Z den Scheck einlöst, widerruft K den Scheck nach zwei Wochen bei B, was diese ihm auch bestätigt. K verlangt den Scheck von Z zurück, ohne ihn auf den Widerruf hinzuweisen. Z meint jedoch – zu Recht – einen Anspruch iHv 5.000 EUR gegen K zu haben und legt den Scheck bei B vor; aufgrund eines Versehens der Bank wird der Scheck eingelöst und der Betrag dem Konto des Z gutgeschrieben. Nachdem K die Bank auf ihren Fehler hingewiesen hat, macht diese die Belastung des Kontos des K rückgängig. B verlangt von Z Erstattung der 5.000 EUR.

**Frage 1: Mit Recht?**

**Abwandlung:**

Die K-GmbH unterhält bei der Bank B ein Konto, über das der Architekt A und der Geschäftsführer B nur gemeinsam verfügen können. A stellt dem Z einen versehentlich undatierten und lediglich von ihm unterzeichneten Scheck über 5.000 EUR zur Begleichung einer Kaufpreisschuld der GmbH aus. Die Bank löst den Scheck versehentlich ein.

**Frage 2: Kann die Bank Erstattung der 5.000 EUR von Z verlangen?**

## A. Vorüberlegungen

Das Bereicherungsrecht lässt sich auf zwei große Gruppen von Fällen zurückführen, auf die Leistungskondiktion und auf die Nichtleistungskondiktion. Die Unterscheidung wird vor allem bei Mehrpersonenverhältnissen bedeutsam. 901

Bei der Leistungskondiktion folgt die Rückabwicklung nicht der tatsächlichen Vermögensverschiebung, sondern knüpft an die beabsichtigte rechtliche Vermögensverschiebung durch Leistung an, rückabgewickelt wird also zwischen dem vorgesehenen Empfänger der Leistung und dem Leistenden.

Bei der Nichtleistungskondiktion wird demgegenüber die tatsächliche Vermögensverschiebung rückgängig gemacht.

Die Konkurrenz zwischen beiden Arten von Bereicherung ist mit der heute überwiegenden Meinung mit dem Grundsatz des Vorrangs der Leistungskondiktion vor der Nichtleistungskondiktion zu lösen: Hat der Empfänger die Vermögensmehrung aufgrund einer Leistung erlangt, so muss diese an den Leistenden zurückgewährt werden. Ansprüche des Leistungsmittlers, etwa der zahlenden Bank, scheiden aus. Im Falle eines unwirksamen Schecks bedeutet das, bezogen auf den vorliegenden Fall: Es liegt eine Leistung des K an Z vor, sodass K gegenüber Z eine Leistungskondiktion geltend machen kann; ausgeschlossen sind eine Leistungskondiktion und eine Nichtleistungskondiktion im Verhältnis B–Z.

Von dieser Regel gibt es, wie weitgehend anerkannt ist,[1] Ausnahmen: so insbesondere, wenn eine Anweisung fehlt oder unwirksam ist. In diesem Fall wird der angeblich Leistende gar nicht mit in die Rückabwicklung einbezogen. Das würde im Falle eines unwirksamen Schecks bedeuten: Es besteht kein Anspruch des K gegen Z aus Leistungskondiktion, stattdessen ist ein Anspruch der B gegen Z aus Nichtleistungskondiktion gegeben.

Der hier zunächst zu entscheidende Fall liegt zwischen dem der wirksamen Anweisung und dem der fehlenden Anweisung: eine ursprünglich vorhandene, wirksame Anweisung wird widerrufen. Stellt man ihn der Fallgestaltung der wirksamen Anweisung gleich, kommt man zu einem Anspruch des K gegen Z und nicht zu einem Anspruch B gegen Z, stellt man ihn dem Fall der fehlenden Anweisung gleich, ergibt sich ein Anspruch B gegen Z.

**Hinweis:** Die Rechtsprechung hatte den Fall einer widerrufenen Anweisung häufig im Zusammenhang mit Banküberweisungen zu entscheiden. Diesbezüglich schränkt § 675j II iVm § 675p die Möglichkeit des Kunden, den Überweisungsvertrag zu »kündigen«, erheblich ein. Der Widerruf eines Schecks ist hingegen nach Art. 32 ScheckG möglich. Die Vorschrift ist durch Einzelabrede oder auch durch Verkehrssitte abdingbar, sodass die Bank gegebenenfalls jeden Widerruf beachten muss.[2] Die scheckrechtliche Anweisung nach Art. 1 Nr. 2 ScheckG ist ein spezieller Fall der Anweisung nach § 783.[3]

In der Abwandlung müssen Sie sich gleich mit zwei Fehlern bei der Scheckausstellung auseinandersetzen.

---

1 Vgl. nur Palandt/*Sprau* § 812 Rn. 57.

2 Baumbach/Hefermehl/*Casper*, Wechselgesetz, Scheckgesetz, Recht der kartengestützten Zahlung, 23. Aufl. 2008, ScheckG Art. 32 Rn. 2 f.

3 *Medicus/Petersen* BürgerlR Rn. 674; *Bülow* WM 2002, 58.

## B. Lösung

### Frage 1:

### Anspruch der B gegen Z auf Zahlung von 5.000 EUR

### I. Anspruch nach §§ 812 I 1, 1. Var., 818 II

902 B könnte gegen Z einen Anspruch aus einer Leistungskondiktion iSv § 812 I 1, 1. Var. haben.

#### 1. Erlangtes etwas

Z müsste etwas erlangt haben. Etwas iSd § 812 ist jeder Vermögensvorteil. Z sind 5.000 EUR gutgeschrieben worden. Damit stand ihm ein Anspruch gegen B auf Auszahlung dieses Betrages auf seine Anforderung hin zu. Rechtsgrundlage für diesen Anspruch ist ein abstraktes Schuldanerkenntnis oder Schuldversprechen der Bank nach §§ 780, 781 BGB, § 350 HGB.[4] Dieser Anspruch ist ein Vermögensvorteil. Diesen Vermögensvorteil hat Z erlangt.

#### 2. Leistung

903 Fraglich ist, ob dies durch Leistung der B erfolgt ist. Leistung ist die bewusste und zweckgerichtete Vermehrung fremden Vermögens. B hat Z den Betrag bewusst gutgeschrieben, da sie von der Wirksamkeit des Schecks ausgegangen ist. Fraglich ist aber, ob B gegenüber Z einen eigenen Leistungszweck verfolgt hat, oder ob sie insoweit nur Leistungsmittler war. Das hängt von der Rechtsbeziehung zwischen K und Z ab.

K und B hatten einen Scheckvertrag, einen Geschäftsbesorgungsvertrag[5], geschlossen. Mit der Ausstellung des Schecks hatte K der Bank eine rechtsgeschäftliche Weisung erteilt (vgl. § 665).[6]

B hat folglich nur im Deckungsverhältnis zwischen ihr und K einen eigenständigen Leistungszweck verfolgt. B war nur Leistungsmittler für eine Leistung des K an Z. Sie selbst hat Z keine Leistung erbracht.[7] Durch den Widerruf des Schecks hat sich daran nichts geändert.

Teilweise wird, wenn Zweifel an einer Leistung bestehen, auf den Empfängerhorizont abgestellt.[8] Auch wenn man dies zugrunde legt, so ergibt sich, dass Z hier davon ausgehen musste, dass B lediglich aufgrund der Weisung des K an ihn leisten wollte.[9] Mithin liegt im Verhältnis zwischen B und Z keine Leistung vor.

Ein Anspruch der B gegen Z aus Leistungskondiktion scheidet daher aus.

---

4 Soergel/*Häuser/Welter* §§ 780, 781 Rn. 81 ff. mwN.

5 Vgl. *Baumbach/Hefermehl/Casper*, Wechselgesetz, Scheckgesetz, Recht der kartengestützten Zahlung, 23. Aufl. 2008, ScheckG Art. 3 Rn. 4 zur Frage Werkvertrag oder Dienstvertrag.

6 Vgl. *Bülow* WM 2000, 58 (59).

7 An dieser Betrachtung ändert sich auch nichts aufgrund von § 784; vgl. *Medicus/Petersen* BürgerlR Rn. 679. Im Streitfall ist § 784 ohnehin wegen Art. 4 ScheckG ausgeschlossen.

8 BGHZ 40, 272 (278); 58, 184 (188).

9 Vgl. BGHZ 61, 289 (293).

## II. Anspruch der B gegen Z auf Zahlung von 5.000 EUR gem. § 812 I 1, 2. Var.

### 1. Nichtleistungskondiktion oder Leistungskondiktion

Wie dargelegt, hat Z etwas erlangt. Die Übereignung von 5.000 EUR könnte er in sonstiger Weise erlangt haben. 904

Ein Anspruch aus Nichtleistungskondiktion könnte aus Konkurrenzgründen entfallen. Grundsätzlich ist die Nichtleistungskondiktion gegenüber der Leistungskondiktion subsidiär.[10] Hier könnte eine Leistungsbeziehung zwischen K und Z vorliegen mit der Folge, dass eine Rückabwicklung nur im Leistungsverhältnis zwischen K und Z erfolgen kann und ein Anspruch der B gegen Z aus Nichtleistungskondiktion ausscheidet.

Für den Zeitraum bis zum Widerruf des Schecks hätte sich die Rechtslage so dargestellt. Zweifelhaft ist, ob der Widerruf des K daran etwas geändert hat. Jedenfalls fehlt es für die Zeit nach dem Widerruf an einer Leistungsbestimmung des K. Deshalb könnte es gerechtfertigt sein, von dem Grundsatz der Subsidiarität der Nichtleistungskondiktion hier eine Ausnahme zu machen. Derartige Ausnahmen sind im bargeldlosen Zahlungsverkehr dann gerechtfertigt, wenn es an einer Anweisung gänzlich fehlt und die Bank nur annimmt, es liege eine Anweisung vor, oder wenn die Anweisung zwar vorhanden, aber unwirksam ist.[11] Die tragenden Überlegungen für die Annahme der Subsidiarität der Nichtleistungskondiktion treffen dann nicht zu. In diesen Fällen ist es ungerechtfertigt, den Bankkunden in die Rückabwicklung überhaupt einzubeziehen. Stattdessen besteht ein unmittelbarer Anspruch der Bank gegen den Zahlungsempfänger aus Nichtleistungskondiktion.

### 2. Widerruf

Voraussetzung für einen solchen Anspruch ist, dass ein wirksamer Widerruf erfolgt 905
ist. Der Widerruf enthält eine der ursprünglich erteilten Weisung entgegengesetzte Erklärung mit dem Inhalt, die Weisung nicht mehr auszuführen.

Ein Scheck kann gem. Art. 32 I ScheckG erst nach Ablauf der Vorlegungsfrist (Art. 29 I ScheckG: acht Tage) wirksam widerrufen werden. Hier hat K den Scheck nach zwei Wochen widerrufen, sodass ein wirksamer Widerruf vorliegt.

Ein Widerruf erfolgt jedoch zu spät, wenn die Weisung bereits ausgeführt wurde. Dies ist hier nicht der Fall, denn im Zeitpunkt des Widerrufs hatte die Bank den Scheck noch nicht eingelöst.

### 3. Auswirkung des Widerrufs

Damit stellt sich die Frage, ob der Fall des wirksamen Widerrufs des Schecks so zu 906
bewerten ist wie der Fall, dass von vornherein keine oder keine wirksame Anweisung vorliegt.

Das würde bedeuten, dass keine Leistung des K an Z anzunehmen wäre und unmittelbar zwischen B und Z eine Rückabwicklung über eine Nichtleistungskondiktion stattfinden könnte.

10 BGHZ 40, 272 (276 ff.); BGH NJW 2001, 2880 (2881) mwN.

11 BGHZ 66, 362; 66, 372; *Reuter/Martinek* Ungerechtfertigte Bereicherung 427 ff. mwN.

907 **a)** Dafür könnte sprechen, dass der Widerruf des Schecks sowohl die Weisung an die Bank als auch die Tilgungs- und Zweckbestimmung im Hinblick auf das Verhältnis zum Empfänger des Schecks entfallen lässt.[12]

908 **b)** Auf der anderen Seite könnte sich aber unter den Gesichtspunkten der Veranlassung und der Zurechnung des Rechtsscheins aufseiten des K und des Vertrauens aufseiten des Z etwas anderes ergeben.

**aa)** Geht man vom Kriterium der Zurechenbarkeit aus, lassen sich die Fälle des Fehlens einer Anweisung und des Widerrufs einer Anweisung in der Wertung nicht vergleichen. Während beim Fehlen einer Anweisung eine Zurechnung zulasten des angeblich Anweisenden ausscheidet, könnte sie in dem Fall, dass jedenfalls ursprünglich eine wirksame Anweisung vorliegt, zu bejahen sein.[13]

Der Kunde, der einen Scheck ausstellt, hat die Einlösung des Schecks veranlasst. Dem steht zwar das fehlerhafte Verhalten der Bank bei der Nichtbeachtung des Widerrufs gegenüber, das man als ebenso schwerwiegend ansehen kann. Der Anweisende hat aber durch die Auftragserteilung auch dieses Risiko geschaffen. So wie ein etwaiger Sinneswandel des Kunden nur dann noch realisierbar ist, wenn ein Widerruf die Bank rechtzeitig erreicht, trägt der Kunde ebenfalls die Gefahr, dass das bezogene Institut einen Fehler macht. Insofern realisiert sich eine Gefahr, die ausschließlich das Vertragsverhältnis der Bank zu ihrem Kunden betrifft und zu entsprechenden Rechtsfolgen, insbesondere Schadensersatzansprüchen, führen kann.

Der Fehler ist hier in erster Linie K zuzurechnen. Das Verhältnis zwischen K und Z ist demgegenüber ausschließlich dadurch gekennzeichnet, dass K einen Rechtsschein gesetzt hat, ohne dass Z selbst etwas hierzu beigetragen hätte, was eine andere Beurteilung rechtfertigte.

Mithin ist festzuhalten, dass der Widerruf des Schecks die Zurechnung des Rechtsscheins zulasten des K zulässt mit der Folge, dass grundsätzlich die bereicherungsrechtliche Rückabwicklung über das Dreieck aufrechterhalten bleibt.[14]

909 **bb)** Eine Schutzbedürftigkeit des Z liegt jedoch nur dann vor, wenn er gutgläubig ist. Gegenüber einem bösgläubigen Zahlungsempfänger kann die Bank direkt kondizieren.[15]

Es ist also zu prüfen, ob im konkreten Fall die Voraussetzungen für eine Gutgläubigkeit des Z vorgelegen haben. Eine ausdrückliche Vorschrift über den guten Glauben in derartigen Fällen besteht nicht.

**(1)** Man könnte davon ausgehen, dass dem Empfänger nur die positive Kenntnis vom Widerruf des Schecks schadet. Dem könnte man nach § 242 den Fall gleichstellen, dass sich der Zahlungsempfänger in Kenntnis aller Umstände bewusst unwissend gestellt hat, sodass er sich so behandeln lassen muss, als hätte er die entsprechende Kenntnis gehabt.[16]

12 MüKoBGB/*Schwab* § 812 Rn. 112; *Heimann-Trosien* JR 1974, 286 f.
13 *Stolte* JZ 1990, 224 (225 f.).
14 Vgl. BGHZ 61, 289 (293 ff.); BGH NJW 1983, 2499 (2500); 1983, 2501; 1984, 1348 (1349 f.); 1984, 2205 f.
15 BGHZ 87, 393; *Medicus/Petersen* BürgerlR Rn. 676.
16 BGH NJW 1987, 185 (187).

Danach ist Z hier als gutgläubig anzusehen, da er von dem Widerruf und dem Fehlverhalten der Bank nichts wusste.

**(2)** Statt von § 242 auszugehen, kann man auch an eine analoge Anwendung von Rechtsvorschriften denken, die einen vergleichbaren Fall regeln. Die Rechtsscheinsproblematik im Falle des Widerrufs eines Schecks entsteht dadurch, dass der Empfänger von einer Leistung des Scheckausstellers ausgeht. Diese Annahme beruht wiederum auf der Vorstellung, es bestehe eine wirksame und unwiderrufene Weisung, die unter anderem zum Inhalt hat, die im Verhältnis Anweisender-Empfänger erforderliche Tilgungsbestimmung dem Begünstigten durch Einlösung des Schecks zu überbringen. Die Bank betätigt sich also als Bote ihres Kunden und übermittelt dem Begünstigten die entsprechende Erklärung. Da sie hierzu allerdings aufgrund des Widerrufs nicht mehr berechtigt ist, handelt sie ohne Botenmacht. Zu denken ist deshalb an eine entsprechende Anwendung der §§ 170, 171 II, 172 II, 173, wonach der Rechtsschein einer Vollmacht in bestimmten Fällen den Gutgläubigen schützt. Gem. § 173 reicht bereits die fahrlässige Unkenntnis des Empfängers vom Widerruf, um ihn dem Rückgriffsanspruch der Bank auszusetzen.[17]

Hier wurde Z zwar von K aufgefordert, den Scheck zurückzugeben. Von dem Widerruf wusste Z jedoch nichts, und bezüglich seiner Unkenntnis ist ihm kein Fahrlässigkeitsvorwurf zu machen.

Die Frage, ob man von § 242 ausgeht oder von §§ 170 ff. analog, kann mithin offen bleiben, da das Ergebnis nach beiden Ansichten dasselbe ist. Z ist nach beiden Meinungen gutgläubig und verdient Vertrauensschutz.

### 4. Ergebnis

Im Hinblick auf die Zurechenbarkeit des Vorgangs gegenüber K und auf die Gutgläubigkeit des Z kann dieser Fall der widerrufenen Anweisung dem Fall der ursprünglich fehlenden Anweisung nicht gleichgestellt werden. Als Ergebnis zum Anspruch der B gegen Z gem. § 812 I 1, 2. Var. ist somit festzuhalten, dass der Durchgriffsanspruch am Vorrang der bereicherungsrechtlichen Rückabwicklung über das Anweisungsdreieck scheitert. B kann sich allenfalls an K halten. 910

## Frage 2:

## Anspruch der B gegen Z auf Zahlung von 5.000 EUR

### I. Anspruch nach §§ 812 I 1, 1. Var., 818 II

Im Hinblick auf diesen Anspruch ergibt sich vorliegend keine andere Bewertung als beim Ausgangsfall. Zwar hat Z etwas erlangt, die Bank ging jedoch von einem wirksamen Scheck aus und hat deshalb im Verhältnis zu Z keine Leistung erbracht. Ein Anspruch der B gegen Z aus Leistungskondiktion scheidet daher auch hier aus. 911

17 *Stolte* JZ 1990, 225.

### II. Anspruch der B gegen Z auf Zahlung von 5.000 EUR gem. § 812 I 1, 2. Var.

#### 1. Subsidiarität der Nichtleistungskondiktion

912 Ein Anspruch könnte sich jedoch aus einer Nichtleistungskondiktion ergeben. Der Grundsatz der Subsidiarität der Nichtleistungskondiktion könnte hier nicht gelten, wenn von vornherein keine wirksame Anweisung vorliegt.

##### a) Umdeutung

913 Fraglich ist, wie es sich auswirkt, dass der Scheck undatiert war.

Gem. Art. 1 Nr. 5, 2 I ScheckG ist der Scheck formunwirksam. In Betracht kommt jedoch eine Umdeutung der Scheckanweisung in eine Zahlungsermächtigung an die Bank nach § 140. Die Scheckanweisung enthält als minus eine Zahlungsermächtigung. Regelmäßig entspricht es dem hypothetischen Willen des Ausstellers, wenn er – wie hier – den Scheck versehentlich nicht datiert, dass die Bank die Schecksumme an den Begünstigten auszahlt.[18]

Die Voraussetzungen einer Umdeutung gem. § 140 liegen also vor.

##### b) Fehlende Vertretungsmacht

914 Darüber hinaus war der Scheck jedoch nur von einem der beiden Gesamtvertreter unterzeichnet.

Gem. § 177 kann der Scheck, da er nur von einem der gesamtvertretungsberechtigten Vertreter unterzeichnet wurde und keine Genehmigung durch K vorliegt, der K nicht zugerechnet werden. Die Anweisung war somit von Beginn an unwirksam, denn Zweck der Gesamtvertretung ist es gerade, dass der Vertretene nur durch übereinstimmende Erklärungen aller Vertreter verpflichtet werden kann.[19]

In diesem Fall ist es ungerechtfertigt, die K überhaupt in die Rückabwicklung mit einzubeziehen.

Man könnte daran denken, dass die Abwicklung dennoch ausnahmsweise entlang der Leistungsbeziehungen zu erfolgen hat, wenn man darauf abstellt, dass der Zuwendungsempfänger das Fehlen einer Anweisung nicht kannte oder kennen musste. Dagegen spricht jedoch, dass der Empfänger selbst bei Gutgläubigkeit, wenn es an der Zurechenbarkeit des Rechtsscheins fehlt, nicht geschützt werden kann.[20]

Mithin gilt vorliegend ausnahmsweise nicht der Vorrang der Leistungskondiktion. B hat bei Vorliegen der sonstigen Voraussetzungen unmittelbar einen Anspruch gegen Z aus Nichtleistungskondiktion.

#### 2. Leistung in sonstiger Weise auf dessen Kosten

915 Nach der Lehre vom Zuweisungsgehalt, wonach der Tatbestand der Nichtleistungskondiktion erfüllt ist, wenn ohne Rechtsgrund in den Zuweisungsgehalt eines Rechtsguts eingegriffen wird, dessen wirtschaftliche Verwertung dem Bereiche-

18 BGHZ 147, 145 (148); *Koller* LM § 140 BGB Nr. 28.
19 BGHZ 147, 145 (150).
20 BGHZ 147, 145 (151).

rungsgläubiger vorbehalten ist,[21] stellte die Gutschrift einen Eingriff iSd § 812 I 1 2. Var. dar. Der Eingriff in den Zuweisungsgehalt indiziert die Rechtsgrundlosigkeit der Bereicherung.

### 3. Ergebnis

B hat einen Erstattungsanspruch gegen Z iHv 5.000 EUR gem. § 812 I 1, 2. Var. 916
Gegebenenfalls kann sich Z auf § 818 III berufen.

21 BGHZ 107, 117 (120).

## Fall 19: »Billiger Dachboden«

917 A ist ein arbeitsloser Maurer. Um sein Arbeitslosengeld aufzubessern, renoviert er Wohnungen, nimmt kleinere Reparaturen vor und übernimmt Maler- und Maurerarbeiten. Steuern führt er nicht ab. In der Regel erzielt er im Monat 1.500 EUR. G beauftragt A mit dem Ausbau seines Dachbodens; dabei legt G Wert darauf, dass A keine Mehrwertsteuer berechnet. Als Lohn soll A 24.000 EUR erhalten. Bei ordnungsgemäßer Versteuerung müsste A 36.000 EUR verlangen. Dieser Preis entspräche auch dem Wert der Arbeit.

Als A die Hälfte der Arbeiten erledigt hat, erhält er von G einen Abschlag iHv 14.000 EUR. Nach Fertigstellung des Dachbodens geraten G und A wegen der Ausführung der Arbeit so in Streit, dass G dem A nichts mehr zahlen will. G ist der Ansicht, der Vertrag sei unwirksam; deshalb könne A im Grunde überhaupt nichts fordern. A meint, selbst bei Unwirksamkeit der Vereinbarung könne es nicht Sinn einer gesetzlichen Regelung sein, dass G die von ihm erhaltene Leistung behalten dürfe; jedenfalls wäre dieses Ergebnis ausgesprochen unbillig.

**Frage: Kann A von G Zahlung der restlichen 10.000 EUR verlangen?**

**Bearbeitungshinweis:**

**Auszug aus dem Schwarzarbeitsgesetz**[1]

**§ 1 Zweck des Gesetzes**

(1) Zweck des Gesetzes ist die Intensivierung der Bekämpfung der Schwarzarbeit.

(2) Schwarzarbeit leistet, wer Dienst- oder Werkleistungen erbringt oder ausführen lässt und dabei

1. als Arbeitgeber, Unternehmer oder versicherungspflichtiger Selbstständiger seine sich aufgrund der Dienst- oder Werkleistungen ergebenden sozialversicherungsrechtlichen Melde-, Beitrags- oder Aufzeichnungspflichten nicht erfüllt,

2. als Steuerpflichtiger seine sich aufgrund der Dienst- oder Werkleistungen ergebenden Pflichten nicht erfüllt,

3. als Empfänger von Sozialleistungen seine sich aufgrund der Dienst- oder Werkleistungen ergebenden Mitteilungspflichten gegenüber dem Sozialleistungsträger nicht erfüllt,

4. als Erbringer von Dienst- oder Werkleistungen seiner sich daraus ergebenden Verpflichtung zur Anzeige vom Beginn des selbstständigen Betriebes eines stehenden Gewerbes (§ 14 der Gewerbeordnung) nicht nachgekommen ist oder die erforderliche Reisegewerbekarte (§ 55 der Gewerbeordnung) nicht erworben hat,

5. als Erbringer von Dienst- oder Werkleistungen ein zulassungspflichtiges Handwerk als stehendes Gewerbe selbstständig betreibt, ohne in der Handwerksrolle eingetragen zu sein (§ 1 der Handwerksordnung).

(3) Absatz 2 findet keine Anwendung für nicht nachhaltig auf Gewinn gerichtete Dienst- oder Werkleistungen, die

1. von Angehörigen iSd § 15 der Abgabenordnung oder Lebenspartnern,

2. aus Gefälligkeit,

3. im Wege der Nachbarschaftshilfe oder

1 BGBl. 2004 I 1842.

4. im Wege der Selbsthilfe iSd § 36 II und IV des Zweiten Wohnungsbaugesetzes in der Fassung der Bekanntmachung v. 19.8.1994 (BGBl. I 2137) oder als Selbsthilfe iSd § 12 I 2 des Wohnraumförderungsgesetzes v. 13.9.2001 (BGBl. I 2376), zuletzt geändert durch Art. 7 des Gesetzes v. 29.12.2001 (BGBl. I 3076), erbracht werden.

Als nicht nachhaltig auf Gewinn gerichtet gilt insbesondere eine Tätigkeit, die gegen geringes Entgelt erbracht wird.

### § 8 Bußgeldvorschriften

(1) Ordnungswidrig handelt, wer

....

1.

e) ein zulassungspflichtiges Handwerk als stehendes Gewerbe selbstständig betreibt, ohne in die Handwerksrolle eingetragen zu sein (§ 1 der Handwerksordnung) und Dienst- oder Werkleistungen in erheblichem Umfang erbringt oder

2. Dienst- oder Werkleistungen in erheblichem Umfang ausführen lässt, indem er eine oder mehrere Personen beauftragt, die diese Leistungen unter vorsätzlichem Verstoß gegen eine in Nummer 1 genannte Vorschrift erbringen.

### Auszug aus der Handwerksordnung

§ 1 II

Ein Gewerbebetrieb ist ein Betrieb eines zulassungspflichtigen Handwerks, wenn er handwerksmäßig betrieben wird und ein Gewerbe vollständig umfaßt, das in der Anlage A aufgeführt ist, oder Tätigkeiten ausgeübt werden, die für dieses Gewerbe wesentlich sind (wesentliche Tätigkeiten).

### Anlage A zur Handwerksordnung

Verzeichnis der Gewerbe, die als Handwerk betrieben werden können (§ 1 II)

Nr. 1 Maurer . . .

3 Zimmerer . . .

10 Maler und Lackierer

## A. Vorüberlegungen

918 Der Fall betrifft eine typische Problematik der Schwarzarbeit. Zuerst ist zu prüfen, ob sich ein Anspruch aus einem wirksamen Vertrag ergibt. In diesem Zusammenhang ist zu § 134 zu beachten, dass ein einseitiger Gesetzesverstoß grundsätzlich nicht zur Nichtigkeit eines Vertrags führt. Auch bei einem beiderseitigen Verstoß wird teilweise keine Nichtigkeit des gesamten Vertrags angenommen. Nach dieser Prüfung stellt sich das Problem einer Rückabwicklung des nichtigen Vertrags. Hier muss mit Geschäftsführung ohne Auftrag begonnen werden, weil die berechtigte Geschäftsführung ohne Auftrag einen Rechtsgrund darstellt und somit die Rechtswidrigkeit einer Handlung ausschließt. Im Verhältnis des § 823 zu § 812 empfiehlt es sich im Allgemeinen, mit § 823 zu beginnen, weil Überlegungen zur Rechtswidrigkeit dann bei der Prüfung des § 812 übernommen werden können – ein Problem, das allerdings meist nur bei der Eingriffskondiktion auftaucht, die hier keine Rolle spielt. Der Sachverhalt steuert schließlich auf § 817 S. 2 zu. Dabei sind die Hinweise im Sachverhalt zu verwerten, die sich in den Rechtsansichten der Beteiligten niederschlagen. Zu unterscheiden ist dabei zwischen einer Korrektur des Rückforderungsausschlusses nach dem Sinn und Zweck des Verbotsgesetzes und allgemeinen Billigkeitserwägungen nach § 242. Zugleich wird von Examenskandidaten erwartet werden, dass sie die neue Rechtsprechung des BGH kennen, die eine Abkehr von der Ergebniskorrektur über § 242 vorgenommen hat.

## B. Lösung

### Ansprüche des A gegen G auf Zahlung von 10.000 EUR

### I. Anspruch des A gegen G aus § 631 I

A könnte gegen G ein Anspruch auf Zahlung von 10.000 EUR Werklohn aus § 631 I zustehen.

**1.** A und G haben sich über einen Erfolg, den Ausbau des Dachbodens, geeinigt und darüber übereinstimmende vertragliche Erklärungen abgegeben.

**2.** Zweifelhaft ist aber, ob ein wirksamer Vertrag zustande gekommen ist. Der Vertrag könnte gem. § 134 nichtig sein, weil er gegen ein gesetzliches Verbot verstößt. Hier kommt ein Verstoß gegen § 1 II Nr. 2, 5 und § 8 I Nr. 1 lit. e SchwarzArbGin Betracht. 919

**a)** Es könnte ein Verstoß gegen § 1 II Nr. 5 SchwarzArbG vorliegen. Dann müsste A eine handwerkliche Tätigkeit ausgeübt haben. 920

**aa)** Was zum Handwerk gehört, ergibt sich aus § 1 II Handwerksordnung iVm der Anlage A zu diesem Gesetz. Nach der Anlage A sind die Tätigkeiten, die A ausübt, nämlich Maurer-, Maler- und Zimmererarbeiten, handwerkliche Tätigkeiten.

**bb)** Diese Tätigkeit müsste A als selbstständiger Unternehmer und nicht als Arbeitnehmer betreiben. Man könnte zur Abgrenzung darauf abstellen, ob A bei seiner Arbeit persönlich abhängig, dh in erster Linie weisungsgebunden ist.[2] Das könnte je nach der Intensität der Weisungen durch den jeweiligen Auftraggeber des A zu bejahen sein. Jedoch muss zwischen einer Weisung im Rahmen eines Werkvertrags und der Weisung im Rahmen eines Arbeitsvertrags unterschieden werden.[3] Der maßgebliche Unterschied liegt somit nicht in der Weisungsgebundenheit, sondern darin, wem das Unternehmerrisiko finanziell zugeordnet wird.[4] Da A für eigene Rechnung arbeitet, ist er selbstständig.[5]

**cc)** Des Weiteren müsste A seine Tätigkeit als Gewerbe ausüben. Unter einem Gewerbe wird jede Tätigkeit verstanden, die planmäßig und auf Dauer angelegt ist. Selbst wenn man auch das Merkmal Gewinnerzielungsabsicht als Voraussetzung fordert[6], liegt hier ein Gewerbe vor, da A ständig in dieser Weise arbeiten will und dabei Gewinnerzielungsabsicht hat.

**dd)** A übt sein Gewerbe auch als stehendes Gewerbe aus; es handelt sich nicht um ein Reisegewerbe iSd § 55 GewO.

**ee)** Obwohl A ein zulassungspflichtiges Handwerk als stehendes Gewerbe selbstständig betreibt, ist er nicht in die Handwerksrolle eingetragen.

2 BAG AP Nr. 42 zu § 611 BGB Abhängigkeit; *Junker*, Grundkurs Arbeitsrecht, 14. Aufl. 2014, Rn. 97 ff.

3 BAG AP Nr. 24 zu § 611 BGB Ärzte, Gehaltsansprüche.

4 *Wank*, Arbeitnehmer und Selbstständige, 1988, 117 ff. sowie 145 ff. zur Weisungsbindung; *Wank* DB 1992, 90; *Wank* NZA 1999, 225 (226 ff.).

5 Zu diesem entscheidenden Abgrenzungskriterium s. auch BAG AP Nr. 37 zu § 611 BGB Abhängigkeit.

6 S. zu § 1 HGB BGHZ 33, 325; 57, 199 einerseits, *Hopt* ZGR 1987, 145; *Tettinger/Wank/Ennuschat*, Gewerbeordnung, 8. Aufl. 2011, GewO § 1 Rn. 12 ff. andererseits.

**ff)** Die (rechtfertigenden) Voraussetzungen des § 1 III Nr. 3, 4 SchwarzArbG liegen nicht vor, da A nicht im Wege der Nachbarschaftshilfe oder im Wege der Selbsthilfe tätig wird.

**gg)** Nach alledem verstieß A gegen das Schwarzarbeitsgesetz.

921 **b)** Für einen Verstoß gegen § 1 II Nr. 2 SchwarzArbG ist erforderlich, dass jemand als Dienst- oder Werkleistung Schwarzarbeit leistet oder ausführen lässt und dabei als Steuerpflichtiger seine sich aufgrund der Leistung ergebenden steuerlichen Pflichten nicht erfüllt.[7] Steuerpflichtiger ist gem. § 33 AO jedenfalls der Steuerschuldner. Gem. § 13a I UStG ist Steuerschuldner der Unternehmer, der eine Leistung gem. § 1 Nr. 1 UStG erbringt. Dann müsste A Unternehmer sein und im Inland gegen Entgelt im Rahmen seines Unternehmens Leistungen ausgeführt haben. Wie gezeigt, ist A Unternehmer einer Werkvertragsleistung, sodass er Steuerpflichtiger ist. Ihn trifft mithin die Verpflichtung, die Umsatzsteuer abzuführen. Allerdings entsteht diese Verpflichtung erst mit Ablauf des Voranmeldezeitraums, § 13 I UStG.[8] Hierzu sind keine Angaben vorhanden, sodass ein Verstoß noch nicht angenommen werden kann.[9]

922 **c)** Ferner kann in der von A erbrachten Leistung ein Verstoß gegen die Ordnungswidrigkeitsvorschrift des § 8 I Nr. 1 Buchst. e und 2 SchwarzArbG vorliegen. Hierzu ist erforderlich, dass A ein zulassungspflichtiges Handwerk als stehendes Gewerbe betreibt, ohne in die Handwerksrolle eingetragen zu sein. Dies ist nach den obigen Ausführungen zu bejahen. Des Weiteren muss er Werkleistungen in erheblichem Umfang erbringen. Angesichts der vereinbarten Summe ist auch dieses Merkmal erfüllt. Es liegt folglich ein Verstoß gegen § 8 I Nr. 1 Buchst. e SchwarzarbG seitens des A vor.

G begeht einen Verstoß gegen § 8 II SchwarzarbG, da er Werkleistungen in erheblichem Umfang von einer Person vornehmen lässt, die vorsätzlich gegen § 8 I Nr. 1 SchwarzarbG verstößt.

Damit verstößt der Vertrag zwischen A und G gegen ein gesetzliches Verbot.

**3.** Fraglich ist aber, ob sich daraus die Nichtigkeit des Vertrags nach § 134 ergibt.

923 **a)** Im Hinblick auf § 134 kommt es jeweils darauf an, welchen Zweck das Gesetz verfolgt, gegen das verstoßen wird. Zweck des Gesetzes kann es sein, nur das Verhalten einer Partei zu verhindern; beispielsweise wird es Kaufleuten untersagt, außerhalb der gesetzlichen Ladenöffnungszeiten zu verkaufen. Dann richtet sich der Zweck nur gegen bestimmte Umstände außerhalb des Rechtsgeschäfts, das Rechtsgeschäft als solches ist neutral.

Ausgehend vom Gesetzeszweck führt ein einseitiger Verstoß gegen das Schwarzarbeitsgesetz in der Regel nicht zur Nichtigkeit gem. § 134.[10] Der Nichtigkeit können

7 Hier werden vom Bearbeiter keine Kenntnisse des Steuerrechts erwartet. In der Klausur genügt der allgemeine Hinweis auf die Verletzung steuerlicher Pflichten.

8 Ihn trifft auch die Verpflichtung zur ordnungsgemäßen Buchführung gem. § 140 AO, jedoch ist diese nur zeitnah vorzunehmen; hierzu sind keine Angaben im Sachverhalt vorhanden.

9 G ist nicht Steuerschuldner. Zwar liegt eine Leistung vor, die der Änderung von Bauwerken dient (§ 13b UStG) und die G entgegennimmt; aber gem. § 13b II 2 UStG trifft eine Steuerpflicht nur Unternehmer, die auch solche Leistungen erbringen.

10 BGH NJW 1984, 1175; 1985, 2403 (2404) m. krit. Anm. *Canaris.*

nämlich schutzwürdige Belange des Vertragspartners entgegenstehen, wie zB die Erhaltung von Gewährleistungsansprüchen.

**b)** Anders liegt es, wenn auch der Vertragspartner des Schwarzarbeiters gegen das Gesetz verstößt. Wie oben gezeigt, verstößt G durch die Annahme der Leistung gegen § 8 I Nr. 2 SchwarzarbG. **924**

**c)** Das Schwarzarbeitsgesetz ist auch ein Verbotsgesetz, wie sich aus der Androhung einer Geldbuße in § 8 ergibt. **925**

Zweifelhaft ist aber, ob daraus die Nichtigkeit des Werkvertrags insgesamt folgt, oder ob nur die Abrede, keine Steuern zu zahlen, nichtig ist.

Im Hinblick auf einen Arbeitsvertrag, der vereinbarungsgemäß unter Verletzung von steuer- und sozialversicherungsrechtlichen Pflichten durchgeführt wird, hat das BAG eine Nichtigkeit des gesamten Vertrags verneint:[11] Diese Pflichten sollten nämlich nicht die Beschäftigung des Arbeitnehmers verhindern. Vielmehr sollten die Sanktionen nur die Erfüllung der Verpflichtungen sichern. Nur dann, wenn die Absicht, Steuer- und Sozialversicherungsleistungen zu hinterziehen, Hauptzweck der Abrede sei, sei eine Nichtigkeit des gesamten Vertrags anzunehmen.

In ähnlicher Weise hat der BGH in einem Fall, in dem eine Werkleistung »ohne Rechnung« erbracht wurde, eine Nichtigkeit des gesamten Vertrags abgelehnt.[12] Die Steuerhinterziehung sei nicht Hauptzweck eines Architekten- oder Bauvertrags. Zweck sei vielmehr die Errichtung des vereinbarten Werks.

Der vorliegende Fall ist jedoch anders zu beurteilen als die vom BAG und vom BGH entschiedenen, weil die Tätigkeit unter Verletzung der Handwerksordnung erfolgt.[13]

Richtigerweise kommt es nicht darauf an, welchen Zweck die Parteien verfolgen, sondern ob der Gesetzgeber gerade die Leistung gem. § 134 verbieten wollte. Bereits aus dem Wortlaut des § 8 SchwarzarbG folgt, dass die zu erbringende Leistung nicht gewollt ist, denn sowohl die Erbringung der Leistung wird in § 8 I Nr. 1 Buchst. e SchwarzarbG sanktioniert als auch die Annahme der Leistung in § 8 I Nr. 2 SchwarzarbG. Es soll also gerade diese Leistung untersagt werden.

In diesem Fall ist eine Nichtigkeit des gesamten Vertrags zu bejahen.

A hat gegen G keinen Anspruch auf Zahlung von 10.000 EUR aus § 631 I.

## II. Anspruch aus §§ 670, 683 S. 2, 677

A könnte gegen G ein Anspruch auf Zahlung von 10.000 EUR aus §§ 670, 683 S. 2, 677 zustehen. Dann müsste A als Geschäftsführer ohne Auftrag ein Geschäft für G getätigt haben. **926**

**1.** Das Merkmal Geschäft iSd § 677 ist weit zu verstehen. Darunter fällt jedes Handeln, hier also auch der Ausbau des Dachbodens.

11 BAG AP Nr. 24 zu § 134 BGB (mit der Begründung, dass der Arbeitnehmer als Schwächerer stets benachteiligt würde, eine Generalprävention schon durch die §§ 263, 266 StGB erreicht wird und einem Argument aus § 14 II SGB IV, der die Wirksamkeit in diesen Fällen voraussetzt).

12 BGH NJW-RR 2001, 380 = BB 2001, 385.

13 So auch BAG AP Nr. 24 zu § 134 BGB.

**2.** Dieses Geschäft müsste A nach § 677 für einen anderen, hier also für G, besorgt haben. Bedenken ergeben sich daraus, dass A aufgrund eines nichtigen Vertrags gehandelt hat.

a) Man könnte argumentieren, dass A zur Erfüllung einer Verbindlichkeit tätig geworden ist und dass es deshalb an einem Fremdgeschäftsführungswillen fehlt.[14] – Dem steht aber entgegen, dass A eindeutig nicht für sich, sondern für G handeln wollte.

b) § 677 enthält jedoch das negative Tatbestandsmerkmal, dass der Geschäftsherr nicht von dem anderen »beauftragt« sein darf. Damit ist im Rahmen des Tatbestandes eine Konkurrenzregelung getroffen worden. Haben die Parteien eine vertragliche Vereinbarung getroffen, so schließt das Vertragsrecht das Recht der Geschäftsführung ohne Auftrag aus. Insoweit kommt es nicht darauf an, ob der Vertrag wirksam ist oder nicht: Unwirksame Verträge sind nach Bereicherungsrecht und nicht nach dem Recht der Geschäftsführung ohne Auftrag rückabzuwickeln.[15]

c) Selbst wenn man dem nicht folgt, scheitert ein Anspruch des A daran, dass er keine Aufwendungen iSd § 670 hatte. Nach § 670 sind die Aufwendungen zu ersetzen, die A den Umständen nach für erforderlich halten durfte. Hier bestanden die Aufwendungen des A aber in einer gesetzlich verbotenen Tätigkeit.[16] Er durfte sie daher nicht iSd § 670 den Umständen nach für erforderlich halten. Es kann daher dahinstehen, welcher der drei genannten Argumentationen man folgt.

Also steht A gegen G kein Anspruch auf Zahlung von 10.000 EUR aus §§ 670, 683 S. 2, 677 zu.

### III. Anspruch des A gegen G auf Zahlung von 10.000 EUR aus § 823 II BGB iVm § 263 I StGB

927 A könnte gegen G einen Anspruch auf Zahlung von 10.000 EUR aus § 823 II BGB iVm § 263 I StGB haben.

Voraussetzung ist, dass G gegen § 263 I StGB, der ein Schutzgesetz iSd § 823 II ist, verstoßen hat. In Betracht kommt hier ein sog. Eingehungsbetrug. Dann müsste G bereits beim Abschluss der Vereinbarung vorgehabt haben, A nicht zu bezahlen. Dies ist jedoch nicht der Fall. G hat erst im Laufe der Arbeit aufgrund von Streitigkeiten über die Bauausführung den Entschluss gefasst, die Restzahlung wegen Mängeln einzubehalten. Er hat außerdem vorher 14.000 EUR an A gezahlt. Ein Eingehungsbetrug liegt nicht vor. Somit hat A gegen G keinen Anspruch aus § 823 II BGB iVm § 263 I StGB.

---

14 Vgl. *Medicus/Petersen* BürgerlR Rn. 412; aA BGHZ 37, 258 (263); MüKoBGB/*Seiler* § 677 Rn. 47 f. mwN.

15 So die hM in der Literatur; s. für alle *S. Lorenz* NJW 1996, 893; aA BGHZ 39, 87; 101, 393 (397); 111, 308 (311).

16 BGHZ 111, 308; s. auch BGH NJW 1997, 47 ff.

### IV. Anspruch des A gegen G auf Zahlung von 10.000 EUR aus § 812 I 1, 1. Fall, § 818 II

**1.** A könnte gegen G ein Anspruch auf Zahlung von 10.000 EUR aus §§ 812 I 1, 1. Fall, 818 II zustehen. 928

**a)** Voraussetzung ist, dass G etwas erlangt hat. Etwas ist jeder Vermögensvorteil. Hier hat G die Arbeitsleistung des A sowie die Erstellung eines Werkes – nämlich den ausgebauten Dachboden – erhalten. Dies ist ein Vermögensvorteil. Also hat G etwas erlangt.

**b)** Dies müsste durch Leistung des A geschehen sein. Leistung ist eine bewusste und zweckgerichtete Mehrung fremden Vermögens. A hat den Dachausbau zur Erfüllung des (nichtigen) Werkvertrags vorgenommen. Er hat also bewusst und zweckgerichtet das Vermögen des G vermehrt.

**c)** Diese Leistung müsste ohne rechtlichen Grund erfolgt sein, dh unter Verfehlung des intendierten Zweckes. Da der Werkvertrag wegen Verstoßes gegen das Schwarzarbeitsgesetz gem. § 134 nichtig ist, wurde der beabsichtigte Zweck verfehlt. Die Leistung erfolgte also ohne rechtlichen Grund.

A könnte somit nach § 812 I 1, 1. Fall ein Bereicherungsanspruch zustehen, der sich nach § 818 II auf Wertersatz iHv 10.000 EUR richtet.

**2.** Der Forderung könnte jedoch § 817 S. 2 entgegenstehen. Nach dieser Vorschrift ist die Rückforderung einer Leistung ausgeschlossen, deren Annahme durch den Leistungsempfänger gegen ein gesetzliches Verbot verstößt, § 817 S. 1, wenn dem Leistenden, hier dem A, ebenfalls ein solcher Verstoß zur Last fällt. § 817 S. 2 gilt für alle Leistungskondiktionen, nicht nur für Ansprüche nach § 817 S. 1.[17] Die Voraussetzungen des § 817 liegen hier vor. Sowohl A als auch G haben gegen ein gesetzliches Verbot verstoßen. Danach wäre G nicht zur Zahlung von 10.000 EUR verpflichtet. 929

Gegen dieses Ergebnis bestehen jedoch Bedenken. Obwohl auch G gegen das Schwarzarbeitsgesetz verstoßen hat, würde er bei dieser Betrachtungsweise seinen Dachausbau weitgehend unentgeltlich erhalten.

Zu prüfen ist daher, ob sich eine Einschränkung des § 817 zum einen aus dem Sinn und Zweck des Verbotsgesetzes ergibt und zum anderen aus Billigkeitserwägungen nach § 242.

**a)** Dazu ist zunächst der Zweck des Verbotsgesetzes zu ermitteln.[18] Aus ihm könnte sich ergeben, dass der Ausschluss von Bereicherungsansprüchen unnötig oder gar verfehlt ist.[19] Dies ist der Fall, wenn das Verbotsgesetz gerade dem Schutz des Leistenden dienen soll oder andere schutzwürdige Belange für die Möglichkeit einer Rückforderung sprechen. 930

17 BGHZ 44, 1 (6); BGHZ 36, 396 (399); *Beuthien/Weber*, Schuldrecht II, Ungerechtfertigte Bereicherung und Geschäftsführung ohne Auftrag, 2. Aufl. 1987, 125; *Reuter/Martinek* Ungerechtfertigte Bereicherung 201.

18 Erman/*Westermann/Buck-Heeb* § 817 Rn. 15 ff.

19 S. BGH NJW 2006, 45 (bei einem Schneeballsystem) mAnm *K. Schmidt* JuS 2006, 265; zum Ganzen *Armgardt* NJW 2006, 2070; *Möller* NJW 2006, 362; s. ferner *Fabricius* JZ 1963, 85 (86 ff.); *Koppensteiner/Kramer*, Ungerechtfertigte Bereicherung, 2. Aufl. 1988, 62 ff.; *Larenz/Canaris* SchuldR II 2 § 68 III 3f, 166; *Reuter/Martinek* Ungerechtfertigte Bereicherung 207 ff.

**aa)** An Zwecken des Schwarzarbeitsgesetzes sind zum einen öffentliche Belange und zum anderen die Interessen des Auftraggebers zu nennen. Schwarzarbeit führt zu erhöhter Arbeitslosigkeit, schädigt den Fiskus und die korrekt arbeitenden Betriebe.

Durch das Gesetz soll aber auch der Auftraggeber davor geschützt werden, dass er bei fehlerhafter Werkleistung keine Gewährleistungsansprüche hat. Man könnte unter den beiden Zwecken den öffentlichen Belangen das höhere Gewicht einräumen.[20] Dieser Zielrichtung könnte dadurch Genüge getan sein, dass vertragliche Ansprüche ausgeschlossen sind. Dass zusätzlich der Besteller die Leistung auf Kosten des vorleistenden Schwarzarbeiters unentgeltlich behalten soll, könnte daneben zur Durchsetzung der Ziele des Gesetzes nicht mehr unbedingt geboten sein.[21] Die generalpräventive Wirkung des Schwarzarbeitsgesetzes könnte bereits durch den Ausschluss vertraglicher Ansprüche, die Gefahr der Strafverfolgung und die Pflicht zur Nachzahlung von Steuern und Sozialabgaben verwirklicht worden sein. Da das Geschäft schon ausgeführt ist und ein Verstoß gegen das Schwarzarbeitsgesetz bereits vorliegt, könnte es auf generalpräventive Aspekte nicht mehr ankommen. Nach dieser Argumentation wäre § 817 S. 2 für Fälle der vorliegenden Art ausgeschlossen.

Danach wäre G verpflichtet, A die restlichen 10.000 EUR zu zahlen.

931 **bb)** Diese Lösung ist jedoch Bedenken ausgesetzt. Die Regel des § 817 ist, dass der Bereicherungsanspruch ausgeschlossen bleibt. Wer gegen ein Verbotsgesetz verstößt, kann weder den vertraglichen Erfüllungsanspruch durchsetzen noch eine Rückforderung nach Bereicherungsrecht verlangen.[22] Für die Abkehr von dieser Regel müssten gewichtige Gründe angeführt werden.

Das Argument, die generalpräventive Wirkung des Schwarzarbeitsgesetzes würde bereits durch den Ausschluss vertraglicher Ansprüche, durch die Strafandrohung und sozialversicherungsrechtliche Nachzahlungspflichten herbeigeführt, ist nicht überzeugend. Fraglich ist schon die tatsächliche Richtigkeit dieses Arguments angesichts der weiten Verbreitung der Schwarzarbeit. Das Gesetz hat den beabsichtigten Zweck offensichtlich nicht erreicht. Die Bedeutung der Generalprävention wurde bereits vom BGH in einem anderen Fall in den Vordergrund gestellt.[23]

Der Ausschluss auch der Bereicherungsansprüche ist daher geboten. Das Argument, die hinreichende Abschreckung im Verbotsgesetz genüge und brauche nicht durch den Ausschluss von Bereicherungsansprüchen verstärkt zu werden, ist auch unabhängig von der Wirksamkeit des Gesetzes verfehlt. Dies würde dazu führen, dass Leistungen für Handlungen mit besonderem Unrechtsgehalt zurückgefordert werden können, zB beim bezahlten Mord, wo die Abschreckung durch die lebenslange Freiheitsstrafe ungleich höher ist als beim Schwarzarbeitsgesetz.[24] Ferner sollte der Schutz der Handwerksrolle, die wiederum eine Qualitätssicherung bedeutet, berücksichtigt werden.

Sinn und Zweck des Schwarzarbeitsgesetzes sprechen für den Ausschluss einer Rückforderung. Es soll generalpräventive Wirkung entfalten. Dazu bedarf es auch des

20 So BGH DB 1990, 2162 (2164).
21 BGH DB 1990, 2162 (2164).
22 *Tiedtke* DB 1990, 2307.
23 BGH NJW 2006, 45.
24 *Tiedtke* DB 1990, 2307 (2309).

Ausschlusses von Bereicherungsansprüchen. Ob der zusätzliche Ausschluss von Bereicherungsansprüchen die Zielsetzungen des Gesetzes verwirklichen kann, mag dahinstehen. Jedenfalls ist jede Möglichkeit zu nutzen, die dazu führen kann, die schädlichen Wirkungen der Schwarzarbeit zu unterbinden.

**b)** Es könnten jedoch Billigkeitsgesichtspunkte nach § 242 für eine Nichtanwendung von § 817 S. 2 sprechen. Ansatzpunkt dafür könnte die als unbefriedigend empfundene Situation sein, dass G bei Anwendung von § 817 S. 2 zum großen Teil unentgeltlich Leistungen von erheblichem Wert auf Kosten des A behalten darf. Auch könnte allgemein der Gedanke eine Rolle spielen, dass in der Regel der wirtschaftlich stärkere Auftraggeber besser behandelt wird als der wirtschaftlich schwächere Schwarzarbeiter.[25] Das könnte dafür sprechen, dass den Auftraggeber neben den übrigen Sanktionen auch bei den zivilrechtlichen Folgen die volle Strenge des Gesetzes treffen soll.[26] **932**

Es ist jedoch nicht ersichtlich, dass die Handlung des Auftraggebers verwerflicher zu beurteilen ist als die des Schwarzarbeiters (auch das Ausführenlassen ist in § 8 I Nr. 2 SchwarzArbG sanktioniert). Auch ist es zweifelhaft, dass immer der Auftraggeber der wirtschaftlich Stärkere ist. Diese Gesichtspunkte wiegen jedenfalls nicht so schwer, dass der Schwarzarbeiter als schützenswert anzusehen ist. Auch ist zu berücksichtigen, dass bei einem Ausschluss des § 817 S. 2 die generalpräventive Wirkung des Schwarzarbeitsgesetzes stark beeinträchtigt wird. Die Wirkungen des § 817 S. 2 treffen auch nicht in jedem Fall den Schwarzarbeiter. In Fällen, in denen der Auftraggeber vorleistet, schlägt die Situation zu dessen Lasten aus.

Die so entstehende Situation mag dem Rechtsgefühl widersprechen, sie muss aber in Kauf genommen werden, weil die Rechtsordnung auf ein Eingreifen verzichtet.[27] Wenn man an eine Korrektur über § 242 denkt, hat man diese gesetzliche Anordnung zu beachten; sie kann daher nicht in jedem Falle der Unbilligkeit erfolgen, sondern nur in besonders krassen Fällen. Allenfalls Umstände des Einzelfalles könnten ausnahmsweise eine Korrektur über § 242 erforderlich machen, so wenn zB der Schwarzarbeiter vom Auftraggeber zur Schwarzarbeit gedrängt wird und unter dessen bestimmendem Einfluss den Gesetzesverstoß begeht oder wenn er sich in einer besonderen Notstandslage befand. Dies ist jedoch hier nicht der Fall. Es bleibt beim Forderungsausschluss nach § 817 S. 2.[28]

A hat also keinen Anspruch auf Zahlung von 10.000 EUR gegen G aus §§ 812 I 1, 1. Fall, 818 II.

25 BGH DB 1990, 2162 (2164).

26 Amtl. Begr., BT-Drs. 2/1111, 4.

27 BGHZ 8, 348 (373); *Kern* JuS 1993, 193 (195); *Larenz/Canaris* SchuldR II 2 § 68 III 3g, S. 167.

28 So neuerdings auch der BGH, der in seiner Entscheidung v. 10.4.2014 – VII ZR 241/13 = NJW 2014, 1805, bestätigt und fortgeführt auch jüngst im Urteil des BGH v. 11.6.2015 – VII ZR 216/14, BeckRS 2015, 11917.

## Fall 20: »Der versteigerte Biedermeierschrank«

933 A wird für zwei Jahre von seiner Firma ins Ausland versetzt. Er löst seine Wohnung auf und verkauft seine Möbel. Einen von seinen Eltern geerbten Biedermeierschrank, von dem er sich nicht trennen möchte, stellt er bei seinem Freund F unter.

Nach einem Jahr erwirbt G gegen F ein rechtskräftiges Urteil auf Zahlung von 12.000 EUR. Da F diesen Betrag nicht aufbringen kann, leitet G ordnungsgemäß die Zwangsvollstreckung ein. Der Gerichtsvollzieher sucht die Wohnung des F auf und pfändet dort den Schrank des A, obwohl F beteuert, er gehöre ihm nicht. Versuche, A im Ausland zu erreichen, scheitern. F erzählt D von der Begebenheit. D war schon immer an dem Schrank interessiert, und er denkt sich, wenn das Möbelstück schon versteigert wird, möchte er es erwerben. Bei der Versteigerung sind neben D noch zwei weitere Interessenten anwesend. Nach längerem Bieten erhält D schließlich den Zuschlag für 5.000 EUR. Der Gerichtsvollzieher liefert D den Schrank aus, den Erlös, den D bar bezahlt, kehrt er nach Abzug der Versteigerungskosten iHv 500 EUR an G aus.

Als A aus dem Ausland zurückkehrt, will er seinen Schrank wiederhaben, zumindest aber möchte er den Versteigerungserlös bekommen, der noch unvermischt vorhanden ist.

**Frage 1: Welche Ansprüche hat A gegen D?**

**Frage 2: Welche Ansprüche hat A gegen G?**

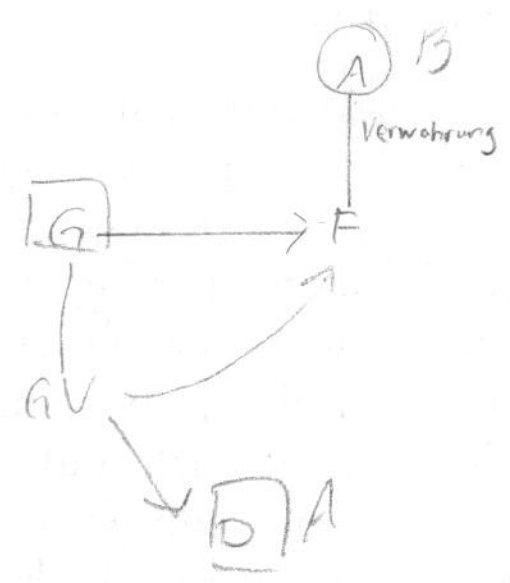

## A. Vorüberlegungen

Die Versteigerung schuldnerfremder Sachen ist nach wie vor ein beliebtes Klausurthema im Staatsexamen. Es ist dabei wichtig, alle Anspruchsgrundlagen durchzuprüfen und sich klarzumachen, dass das Vollstreckungsrecht eigene Voraussetzungen für die Rechtmäßigkeit von Maßnahmen aufstellt. Verlieren Sie sich nicht lange in Theorienstreitigkeiten, zumal da die Ergebnisse heute ganz überwiegend gleich ausfallen. 934

## B. Lösung

935 **Frage 1:**

**Ansprüche des A gegen D auf Herausgabe des Schranks**

**I. Anspruch auf Herausgabe des Schranks aus § 985**

**1.** D ist Besitzer des Schranks.

**2.** Weitere Voraussetzung für den Anspruch ist das Eigentum des A.

936 **a)** Ursprünglich war A Eigentümer.

**b)** A könnte sein Eigentum jedoch im Wege der Zwangsversteigerung an D verloren haben.

937 **aa)** Durch den Zuschlag gem. § 817 II ZPO ist der Eigentumsverlust nicht eingetreten; er lässt die Eigentumslage unberührt.[1]

938 **bb)** Der Eigentumsverlust könnte jedoch dadurch eingetreten sein, dass der Gerichtsvollzieher gem. § 817 II ZPO den Schrank an D ablieferte. Regelmäßig erfolgt in der Zwangsvollstreckung der Eigentumsübergang auf diese Weise.

939 **cc)** Der Eigentumsübergang könnte jedoch hier daran scheitern, dass F zwar Vollstreckungsschuldner, aber nicht Eigentümer des Schrankes war. Es ergibt sich also das Problem, ob ein Dritter in der Zwangsversteigerung an schuldnerfremden Sachen überhaupt Eigentum erlangen kann.

**(1)** Zu einem Eigentumserwerb könnte es deshalb nicht gekommen sein, weil kein Pfandrecht als Grundlage der Verwertung in der Zwangsversteigerung entstanden ist.

Ein Pfandrecht kann nach den Vorschriften des bürgerlichen Rechts nur an Sachen des Verpfänders bestellt werden; hier würde es um ein Pfandrecht an einer dem F nicht gehörenden Sache gehen. Gutgläubig konnte D das Pfandrecht nicht erwerben. § 1207 gilt nur für das rechtsgeschäftlich bestellte Pfandrecht nach § 1205.[2]

Als Ergebnis zeigt sich, dass bei dieser privatrechtlichen Sicht D kein Pfandrecht an der schuldnerfremden Sache erwerben konnte.

**(2)** Fraglich ist aber, ob man überhaupt an ein Pfandrecht als Grundlage der Zwangsvollstreckung anknüpfen sollte. Das Zwangsvollstreckungsverfahren einschließlich der Verwertung verläuft nach öffentlich-rechtlichen Vorschriften. Daher ist die oben genannte privatrechtliche Sicht abzulehnen. Grundlage der Verwertung kann daher auch nicht das privatrechtliche Pfandrecht sein, sondern die öffentlich-rechtlich zu beurteilende Verstrickung, die mit der Pfändung gem. §§ 808 ff. ZPO entsteht,[3] sowie die Einhaltung der tragenden Grundsätze des Verwertungsrechts.

Dann hängt die Rechtmäßigkeit von den Verfahrensvoraussetzungen ab, die der Gerichtsvollzieher zu prüfen hat. Umstände, die außerhalb der Prüfungsbefugnis des

---

1 Stein/Jonas/*Münzberg* ZPO § 817 Rn. 20.

2 *Brox/Walker* ZVR Rn. 383.

3 BGHZ 23, 293 (299); 56, 339 (351); *Baur/Stürner/Bruns*, Zwangsvollstreckungsrecht, 13. Aufl. 2006, Rn. 27.11; *Brox/Walker* ZVR Rn. 380, 391; *Säcker* JZ 1971, 156 (162); *Werner* JR 1971, 278 (283).

Gerichtsvollziehers liegen, berühren die Rechtmäßigkeit der Pfändung nicht. Gem. § 808 I ZPO hat der Gerichtsvollzieher bei der Pfändung nur auf den Gewahrsam des Schuldners abzustellen. Die Eigentumslage, die er regelmäßig nicht prüfen kann, ist für ihn unbeachtlich. Dies gilt auch, wenn der Schuldner auf sein fehlendes Eigentum hinweist. Lediglich wenn das Eigentum eines Dritten evident ist, wenn sich also die Nichtberechtigung des Schuldners aus präsenten, objektiv überprüfbaren Umständen ergibt, darf der Gerichtsvollzieher nicht pfänden.[4]

Da der Pfändungsakt hier verfahrensrechtlich einwandfrei erfolgte, ist die Verstrickung eingetreten und damit eine Verwertungsgrundlage gegeben.

**(3)** Schließlich kann man der Auffassung sein, dass zwar nicht die Verstrickung, sondern das Pfandrecht Grundlage der Verwertung in der Zwangsvollstreckung sein muss, dass dessen Entstehung aber nur von den Voraussetzungen der ZPO abhängig ist. Danach entsteht das Pfandrecht bei ordnungsgemäßer Pfändung bereits mit der Verstrickung, unabhängig von der privatrechtlichen Zuordnung.[5] An dem Schrank war somit ein Pfandrecht als Verwertungsgrundlage entstanden.

**(4)** Im vorliegenden Fall kann dahinstehen, ob für die Verwertung in der Zwangsvollstreckung an ein Pfandrecht oder an die Verstrickung anzuknüpfen ist und ob das Pfandrecht privatrechtlicher oder öffentlich-rechtlicher Art ist. Die Verfahrensvoraussetzungen für eine ordnungsgemäße Verstrickung oder für ein Pfändungspfandrecht waren jedenfalls erfüllt, sodass der Gerichtsvollzieher dem D grundsätzlich Eigentum an dem Schrank übertragen konnte.

**dd)** Fraglich ist jedoch, wie der Umstand zu bewerten ist, dass D von dem fehlenden 940
Eigentum des F wusste, dass er also bösgläubig war. Einem Eigentumserwerb könnte § 1244 entgegenstehen. Dann müsste eine rechtsgeschäftliche Veräußerung iSd § 1244 vorliegen. Der Gerichtsvollzieher handelt jedoch nicht als Vertreter des Gläubigers. Dies ist mit seiner hoheitlichen Tätigkeit nicht vereinbar. Die Übereignung erfolgt vielmehr durch Hoheitsakt.[6] § 1244 findet daher bei der Versteigerung nach §§ 814 ff. ZPO keine Anwendung.

**ee)** In Betracht kommt jedoch eine Anwendung des Rechtsgedankens aus § 1244, um 941
den Bösgläubigen nicht durch die formalisierten Voraussetzungen des Zwangsvollstreckungsverfahrens zu schützen.[7]

Dabei würde jedoch verkannt, dass die Verwertung rechtmäßig erfolgt, auch wenn die Sache nicht im Eigentum des Schuldners stand. Der Gerichtsvollzieher darf die Sache verwerten, da er nach § 808 I ZPO nicht die Eigentumslage überprüft, sondern nur den Gewahrsam des Schuldners festzustellen hat. Die Lösung wäre außerdem inkonsequent. Wenn man die Verstrickung oder ein öffentlich-rechtlich entstandenes Pfandrecht als Grundlage der Verwertung anerkennt, muss man es bei dieser Grundlage auch beim bösgläubigen Ersteher belassen. Hier kann nicht wieder auf das

---

4 BLAH/*Hartmann* ZPO § 808 Rn. 2; *Brox/Walker* ZVR Rn. 259.

5 BLAH/*Hartmann* ZPO Übers. § 803 Rn. 8; *Lüke* JZ 1955, 484; *Lüke* JZ 1957, 239 ff.; Stein/Jonas/*Münzberg* ZPO § 804 Rn. 7 ff.; Thomas/Putzo/*Seiler* ZPO § 804 Rn. 2 ff.

6 RGZ 156, 395 (397 ff.); Baur/Stürner/*Bruns*, Zwangsvollstreckungsrecht, 13. Aufl. 2006, Rn. 29.7; BLAH/*Hartmann* ZPO § 817 Rn. 8; *Brox/Walker* ZVR Rn. 411; zur Rechtslage bei Verwertung nach § 825 ZPO s. BGH NJW 1992, 2570.

7 *Marotzke* NJW 1978, 133; *Paulus*, FS Nipperdey I, 1965, 918 ff.; *Säcker* JZ 1971, 159.

Pfandrecht zurückgegriffen werden. Art. 14 GG ist nicht verletzt, da dem Eigentümer kein Sonderopfer im Interesse der Allgemeinheit abverlangt wird.

942 **ff)** A könnte D allenfalls den Einwand unzulässiger Rechtsausübung nach § 242 entgegenhalten. Dies setzt aber voraus, dass D arglistig gehandelt hätte unter Ausnutzung der besonderen Umstände des Einzelfalls. Zur Arglist genügt jedoch noch nicht, dass der Erwerber positive Kenntnis von der fehlenden Berechtigung des Schuldners hat.[8] Vielmehr müssen besondere Umstände hinzukommen, die das Verhalten von D anstößig erscheinen lassen. Hier nutzt D zwar die Abwesenheit von A aus, A ist jedoch nicht zu erreichen. Würde D in Kenntnis der Umstände auf die Ersteigerung des Schranks verzichten, so hätte einer der Mitbewerber in der Versteigerung den Schrank erstanden. Angesichts der besonderen Konstellation ist D nicht vorzuwerfen, dass er den Schrank für sich ersteigert hat. Seinem Eigentumserwerb steht daher nicht der Einwand der unzulässigen Rechtsausübung entgegen.

A hat somit sein Eigentum im Wege der Zwangsversteigerung an D verloren.

Ihm steht gegen D kein Anspruch auf Herausgabe des Schranks aus § 985 zu.

### II. Anspruch aus §§ 687 II, 681, 667

943 Voraussetzung für den Herausgabeanspruch ist, dass ein für D objektiv fremdes Geschäft vorlag. Der Erwerb in der Zwangsvollstreckung ist jedoch kein Geschäft des früheren Sacheigentümers.[9] Somit besteht kein Anspruch aus §§ 687 II, 681, 667.

### III. Anspruch aus § 823 I

944 A könnte gegen D einen Anspruch auf Herausgabe des Schranks aus § 823 I haben. Dies setzt zunächst eine Rechtsgutsverletzung voraus. D hat das Eigentum des A erlangt. Dies geschah jedoch nicht widerrechtlich, da der Eigentumsverlust auf eine rechtmäßige hoheitliche Eigentumsübertragung durch den Gerichtsvollzieher zurückzuführen ist. Somit hat A gegen D keinen Anspruch auf Herausgabe des Schranks aus § 823 I.

### IV. Anspruch aus § 812 I 1

945 A könnte gegen D einen Anspruch auf Herausgabe des Schranks aus § 812 I 1 haben.

**1.** D hat das Eigentum an dem Schrank erlangt.

946 **2.** Dies könnte durch eine Leistung des Gerichtsvollziehers geschehen sein. Leistung ist die bewusste und zweckgerichtete Mehrung fremden Vermögens. Zweckgerichtet bedeutet, dass die Vermögensmehrung zur Erfüllung eines Schuldverhältnisses erfolgt. Ein Schuldverhältnis könnte durch das Gebot des D und den daraufhin erfolgten Zuschlag durch den Gerichtsvollzieher zustande gekommen sein. Insofern könnte ein kaufrechtsähnlicher, öffentlich-rechtlicher Vertrag geschlossen worden sein.[10] Zu bedenken ist dabei jedoch, dass der Erwerber D nach der gesetzlichen Systematik durch Gebot und Zuschlag nicht zur Bezahlung des Schrankes verpflichtet wird. Er

8 *Lippross*, Vollstreckungsrecht, 10. Aufl. 2011, Rn. 261; aA *Reinicke/Tiedtke* JA 1984, 202 (215).

9 *Brox/Walker* ZVR Rn. 460.

10 Vgl. OLG München DGVZ 1980, 122 (123); BLAH/*Hartmann* ZPO § 817 Rn. 5; *Baur/Stürner/Bruns*, Zwangsvollstreckungsrecht, 13. Aufl. 2006, Rn. 29.6.

haftet nur nach § 817 III 2 ZPO für den Ausfall, der dadurch entsteht, dass bei einer erneuten Versteigerung des Schrankes ein geringerer Erlös erzielt wird. Auch könnte D gegen den Gerichtsvollzieher, falls dieser sich weigern würde, den Schrank an ihn abzuliefern, nicht mit der Leistungsklage vorgehen. Ebenso scheidet gem. § 806 ZPO die Geltendmachung von Gewährleistungsrechten aus. Desgleichen ist eine Anfechtung des Gebots nach den §§ 119 ff. ausgeschlossen.[11] Alle diese Gesichtspunkte sprechen dafür, dass es sich bei einem Zuschlag um einen auf das Meistgebot reagierenden einseitigen staatlichen Hoheitsakt handelt.[12] Danach würde keine Leistung, sondern ein Eingriff in das Eigentum des A vorliegen.

Eine Entscheidung zwischen diesen beiden Möglichkeiten ist jedoch nicht erforderlich, da entweder die Voraussetzungen des § 812 I 1 1. Var. oder die der 2. Var. erfüllt sind.

**3.** Zugunsten des D dürfte weiterhin kein Rechtsgrund für den Eigentumserwerb eingreifen. 947 Den Rechtsgrund für die Eigentumsübertragung nach § 817 II ZPO bilden hier jedoch Gebot und Zuschlag. Unabhängig von deren rechtlicher Einordnung ist anerkannt, dass sie einen Rechtsgrund in der Zwangsvollstreckung abgeben.[13]

D hat daher das Eigentum mit Rechtsgrund erlangt, sodass A gegen D kein Anspruch auf Herausgabe des Schranks aus § 812 I 1 zusteht.

### V. Anspruch aus § 1007 I iVm Abs. 2

A könnte gegen D einen Anspruch auf Herausgabe des Schrankes aus § 1007 I oder II 948 haben. Dieser Anspruch richtet sich gegen den Besitzer der Sache und kann nicht gegen den Eigentümer durchgesetzt werden, wie sich aus der systematischen Stellung des § 1007 ergibt. Da D das Eigentum an dem Schrank erworben hat, scheidet ein Anspruch nach § 1007 aus.

### VI. Anspruch aus §§ 869, 861

A könnte gegen D einen Anspruch auf Herausgabe des Schranks aus §§ 869, 861 ha- 949 ben. Dies setzt voraus, dass F der Schrank durch verbotene Eigenmacht, § 858 I, entzogen wurde. Der Gerichtsvollzieher hat die Sache F jedoch nach einer ordnungsgemäßen Pfändung zur Verwertung weggenommen. Da dies rechtmäßig war, scheidet verbotene Eigenmacht aus. A hat also gegen D keinen Anspruch auf Herausgabe des Schrankes aus den §§ 869, 861.

## Frage 2:

## Ansprüche des A gegen G auf Herausgabe des Erlöses

### I. Anspruch aus § 985

A könnte gegen G einen Anspruch auf Herausgabe des Erlöses aus § 985 haben. G ist 950 Besitzer des Geldes. Als Grundlage für den Eigentumserwerb des A kommt hier nur § 1247 S. 2 in Betracht. Danach wäre A zunächst Eigentümer des Geldes geworden. Er könnte sein Eigentum jedoch durch die Auskehr des Erlöses durch den Gerichts-

11 Stein/Jonas/*Münzberg* ZPO § 806 Rn. 3.
12 Stein/Jonas/*Münzberg* ZPO § 817 Rn. 20.
13 *Brox/Walker* ZVR Rn. 463: Rechtsgrund Pfändungspfandrecht.

vollzieher an G wieder verloren haben. Durch die Auskehr erwirbt G kraft Hoheitsaktes Eigentum am Erlös.[14] A ist daher nicht mehr Eigentümer des Erlöses.

Somit hat er gegen G keinen Anspruch auf Herausgabe aus § 985.

### II. Anspruch aus §§ 687 II, 681, 667

**951** A könnte gegen G einen Anspruch auf Herausgabe des Erlöses aus §§ 687 II, 681, 667 haben. Dann müsste G, indem er die Vollstreckung in eine Sache des A betrieb, ein fremdes Geschäft geführt haben. Die Verwertung einer Sache ist ein Geschäft des Eigentümers oder dessen Gläubigers. Da G nicht Gläubiger des A war, führte er also ein fremdes Geschäft. Er könnte jedoch zur Geschäftsführung berechtigt gewesen sein, wenn er Inhaber eines Pfändungspfandrechts an der Sache war. Beurteilt man das Pfändungspfandrecht privatrechtlich, so konnte es an der schuldnerfremden Sache nicht entstehen. Ordnet man das Pfändungspfandrecht öffentlich-rechtlich ein, so ist zwar ein Pfandrecht entstanden; ihm korrespondiert aber kein materielles Befriedigungsrecht am Schrank des A. Das öffentlich-rechtliche Pfändungspfandrecht gibt nur ein prozessuales Recht, die Verwertung zu betreiben und den Erlös zu empfangen, nicht dagegen das Recht, den erhaltenen Erlös auch zu behalten.

Weiterhin müsste G von seiner fehlenden Berechtigung Kenntnis gehabt haben. Dies ist hier nicht der Fall. Fraglich ist, ob G sich eine eventuelle Kenntnis des Gerichtsvollziehers gem. § 166 I zurechnen lassen muss, weil F den Gerichtsvollzieher auf sein fehlendes Eigentum hingewiesen hat. Der Gerichtsvollzieher ist jedoch nicht Vertreter des Gläubigers, sondern wird selbstständig hoheitlich tätig. Eine Zurechnung erfolgt daher nicht.

Somit hat A gegen G keinen Anspruch aus den §§ 687 II, 681, 667.

### III. Anspruch aus § 812 I 1 2. Var.

**952** A könnte gegen G ein Anspruch auf Herausgabe des Erlöses aus § 812 I 1 2. Var. zustehen.

**1.** G hat etwas erlangt, nämlich den Erlös, dh das Eigentum an dem Geld.

**953** **2.** Den Erlös müsste er in sonstiger Weise erlangt haben. G hat das Geld nicht durch Leistung, sondern kraft Hoheitsaktes erlangt.[15] In der Auskehr liegt ein Eingriff in das Vermögen des A als des früheren Eigentümers des Schrankes, weil sich dessen Eigentum nach der Verwertung am Erlös fortgesetzt hat. Gemäß dem Surrogationsprinzip, das in § 1247 S. 2 zum Ausdruck kommt, war der Erlös A als Eigentümer zugewiesen.[16]

**954** **3.** Weiterhin müsste G den Erlös ohne rechtlichen Grund erlangt haben.

**955** **a)** Als Rechtsgrund kommt zunächst der Zuschlag durch den Gerichtsvollzieher in Betracht. Dieser stellt jedoch lediglich einen Rechtsgrund für die Übertragung des Eigentums an dem Schrank an D dar. Mit der Auskehr des Erlöses besteht kein Zusammenhang.

14 Vgl. RGZ 156, 395 (400); *Brox/Walker* ZVR Rn. 454.
15 Vgl. RGZ 156, 395 (400).
16 *Brox/Walker* ZVR Rn. 452; Stein/Jonas/*Münzberg* ZPO § 771 Rn. 85.

**b)** Ein Rechtsgrund lässt sich unter Umständen aus den §§ 815 III, 817 IV 2 und 819 ZPO begründen. Aus diesen Vorschriften könnte man ableiten, dass der Gläubiger bei der Auskehr des Erlöses auf jeden Fall wegen seiner Vollstreckungsforderung befriedigt wird, dh die Forderung des G könnte erloschen sein, und G könnte das Geld behalten dürfen.[17] Sofern sich dieser Gedanke überhaupt aus den genannten Vorschriften ableiten lässt, spricht dagegen aber jedenfalls der Sinn und Zweck dieser Normen. Die §§ 815 III, 817 IV 2, 819 sind allein dazu bestimmt, dem Schutz des Schuldners zu dienen. Bei einer Verwertung schuldnerfremder Sachen sind sie daher nicht einschlägig, weil in diesen Fällen das Vermögen des Schuldners nicht betroffen ist.[18] Sie ordnen nicht das Behaltendürfen in jedem Falle an, sondern enthalten Regelungen zur Gefahrtragung. **956**

**c)** Schließlich könnte ein Rechtsgrund für das Behalten des Erlöses darin gesehen werden, dass das Zwangsvollstreckungsverfahren mit der Auskehr des Erlöses beendet ist und A während dieses Verfahrens die zustehenden Rechtsbehelfe, insbesondere die Drittwiderspruchsklage nach § 771 ZPO, nicht eingelegt hat. Dem abgeschlossenen Verfahren würde damit eine Art materieller »Vollstreckungskraft« ähnlich der Rechtskraft eines Urteils zukommen. Dagegen könnte man einwenden, dass der Eigentümer am Vollstreckungsverfahren gar nicht beteiligt ist und hier noch nicht einmal Kenntnis von diesem Verfahren hatte.[19] Da er sein Eigentumsrecht im Vollstreckungsverfahren nicht geltend machen konnte, könnte es gegenüber A nicht sachgerecht sein, wenn eine »Vollstreckungskraft« gegen ihn wirken würde. Dieser Einwand ist jedoch nur formaler Natur. Auch in anderen Verfahren tritt Bestands- oder Rechtskraft in Fällen ein, in denen der Betroffene seine Rechte nicht wahrnehmen konnte oder wollte. Ähnliches gilt für Aufgebotsverfahren. Gegen eine materielle »Vollstreckungskraft« aufgrund der Beendigung des Vollstreckungsverfahrens spricht jedoch, dass das Zwangsvollstreckungsverfahren ein rein formales Verfahren ist, in dem es auf materielle Güterzuordnungen nicht ankommt, vgl. § 808 ZPO. Diese formale Struktur rechtfertigt keine endgültige Güterverteilung.[20]

Ein Rechtsgrund für das Behaltendürfen des Erlöses ergibt sich also weder aus einer Ableitung aus den §§ 815 III, 817 IV 2, 819 ZPO noch aus einer Vollstreckungskraft. Der Rechtsgrund für das Behaltendürfen kann allein in einem materiellen Verwertungsrecht bestehen. Dies stand G aber an dem Schrank des A gerade nicht zu.

G muss also an A das Erlangte, den Versteigerungserlös, herausgeben. Er hat das Geld an A zu übereignen.

**4.** Fraglich ist, ob G sich gegenüber A auf den Wegfall der Bereicherung gem. § 818 III berufen kann. **957**

**a)** Dies wäre der Fall, wenn er seine titulierte Forderung gegen F verloren hätte. Die Vollstreckung in eine schuldnerfremde Sache, an der dem Gläubiger kein Verwertungsrecht zusteht, führt jedoch nicht zur Befriedigung des Gläubigers. Die Vollstreckungs-

17 Vgl. *Gloede* MDR 1972, 291 (293).

18 *Brox/Walker* ZVR Rn. 470.

19 Vgl. *Brox/Walker* ZVR Rn. 470.

20 *Büchler* JuS 2011, 779 (780); *Gaul* AcP 173 (1973), 323 (325 ff., 340); *Gaul/Schilken/Becker-Eberhard*, Zwangsvollstreckungsrecht, 12. Aufl. 2010, § 41 Rn. 188.

forderung bleibt bestehen. Insoweit steht G also nicht der Einwand der Entreicherung zu.

**b)** Fraglich ist jedoch, ob G sich bezüglich der Vollstreckungskosten auf den Wegfall der Bereicherung berufen kann. Wären diese eine Gegenleistung für den Erwerb des Erlöses, könnten sie den Bereicherungsanspruch nicht schmälern. Solche Gegenleistungen, die auch gegenüber dem Herausgabeanspruch nach § 985 ohne Bedeutung wären, sind regelmäßig nicht abziehbar. Insoweit spielt der Gedanke eine Rolle, dass der Bereicherungsanspruch einen Rechtsfortwirkungsanspruch des untergegangenen Herausgabeanspruchs nach § 985 darstellt. Die Vollstreckungskosten sind jedoch keine Kosten für den Erwerb des Anspruchs. Der Erlös würde G aufgrund eines – hier nicht bestehenden – Verwertungsrechts zustehen. Bei den Vollstreckungskosten handelt es sich jedoch um Kosten, die nicht für den Erwerb, sondern für die Realisierung eines Anspruchs erforderlich sind, da die Verwirklichung von der Einhaltung eines gesetzlich vorgeschriebenen, kostenverursachenden Verfahrens abhängt.[21]

G kann sich also iHv 500 EUR auf den Wegfall der Bereicherung berufen.

A hat somit gegen G einen Anspruch auf Herausgabe des erlangten Erlöses iHv 4.500 EUR gegen G aus § 812 I 1 2. Var.

### IV. Anspruch aus §§ 989, 990

958 A könnte gegen G ein Schadensersatzanspruch aus §§ 989, 990 iHv 5.000 EUR zustehen.

**1.** Voraussetzung dafür ist, dass eine Vindikationslage bestand, dh dass A gegen G zuvor einen Herausgabeanspruch hatte. Ob ein solcher Anspruch hier gegeben ist, ist zweifelhaft. Die Möglichkeit eines materiell-rechtlichen Herausgabeanspruchs ist in diesen Fällen durch die Möglichkeit einer Drittwiderspruchsklage nach § 771 ZPO verdrängt. Entscheidend für die Beurteilung, ob eine Vindikationslage vorlag, ist, ob § 771 ZPO § 985 BGB materiell-rechtlich verdrängt[22] oder nur verfahrensrechtliche Bedeutung hat.[23]

**2.** Auf die Streitfrage braucht jedoch nicht eingegangen zu werden, da es jedenfalls an der weiteren Voraussetzung der Bösgläubigkeit des G fehlt.

A hat gegen G keinen Schadensersatzanspruch aus §§ 989, 990.

### V. Anspruch aus § 823 I

Soweit die §§ 989, 990 für anwendbar gehalten werden, verdrängen sie § 823 I, wie sich aus § 993 I letzter Hs. ergibt.

---

21 So iErg die hM, BGHZ 32, 240 (244); 66, 150 (155 ff.); *Baur/Stürner/Bruns*, Zwangsvollstreckungsrecht, 13. Aufl. 2006, Rn. 49.5 ff.; *Brox/Walker* ZVR Rn. 471; *Lent* NJW 1955, 674; Palandt/*Sprau* BGB § 812 Rn. 112; aA Stein/Jonas/*Münzberg* ZPO § 771 Rn. 87 mit zahlreichen weiteren Nachweisen.

22 So RGZ 108, 260 (263); BGHZ 58, 207 (214); *Brox/Walker* ZVR Rn. 465.

23 So *Gaul/Schilken/Becker-Eberhard*, Zwangsvollstreckungsrecht, 12. Aufl. 2010, § 53 Rn. 57; Stein/Jonas/*Münzberg* ZPO § 771 Rn. 90.

Findet § 823 I dagegen Anwendung, ist eine rechtswidrige Eigentumsverletzung gegeben, da G kein Pfändungspfandrecht und kein materielles Befriedigungsrecht zustand. Jedoch kannte G die Schuldnerfremdheit des Schrankes nicht und musste sie auch nicht kennen, sodass ihn kein Verschulden trifft. 959

Ein Anspruch nach § 823 I besteht daher nicht.

## Fall 21: »Verkaufstalent«

960 B stiehlt das Auto des A. Der Wert des Wagens beträgt 6.000 EUR. Er verkauft ihn an den Hehler H, der einen Gebrauchtwagenhandel betreibt, in dem er neben seinem normalen Geschäftsbetrieb auch regelmäßig von B gestohlene Autos verkauft. Für diese stellt er auch die Kfz-Papiere her, die von echten nicht zu unterscheiden sind. Das Auto des A wird von D, der H für seriös hält, für 5.000 EUR gekauft. D gelingt es, das Auto für 8.000 EUR an Z weiterzuverkaufen. Z verursacht kurz danach einen Totalschaden am Auto. Als die Polizei die Machenschaften von H aufdeckt, kann sie anhand seiner Unterlagen A informieren. B ist unauffindbar, H ist insolvent. A verklagt D auf Zahlung von 8.000 EUR beim zuständigen Landgericht.

**Frage: Ist die – zulässige – Klage begründet?**

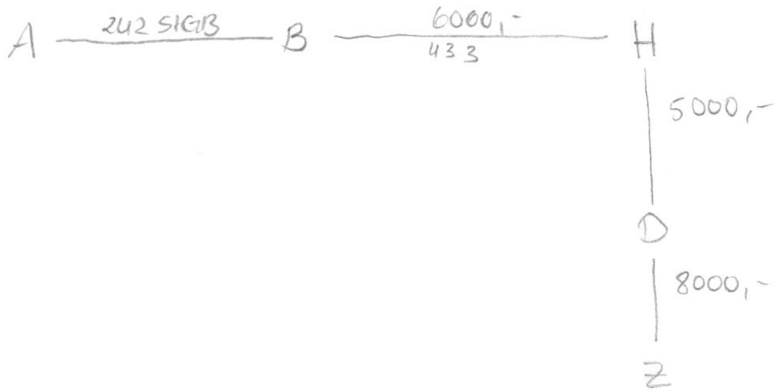

## A. Vorüberlegungen

Der Fall ist mit § 816 I 1 zu lösen. Diese Vorschrift stellt nach hM einen Spezialfall der Eingriffskondiktion dar.[1] § 816 I 1 enthält einen Rechtsfortwirkungsanspruch zu § 985 und ergänzt so das Eigentümer-Besitzer-Verhältnis. Daher ist zunächst das sachenrechtliche Schicksal des Pkw zu klären. Dabei ist die Wirkung der Klage von besonderer Bedeutung, da sie den Makel des Abhandenkommens beseitigen kann. 961

Das Hauptproblem des Falles bildet die umstrittene Frage nach der Höhe des Anspruchs. Die einzelnen Ansätze können und brauchen in der Klausur nicht dargestellt werden. Es sind jedoch anhand der Systematik des Gesetzes und der Argumentationen in Rechtsprechung und Lehre die den verschiedenen Lösungen zugrunde liegenden Wertungen herauszuarbeiten.

Ein Anspruch aus § 985 I iVm § 285 I braucht nicht geprüft zu werden, da § 285 nach zutreffender herrschender Meinung[2] nicht auf den Herausgabeanspruch anwendbar ist. Würde man die Anwendung von § 285 auf den Herausgabeanspruch gem. § 985 zulassen, so führte dies dazu, dass der Eigentümer sein Eigentum behielte und dennoch den Erlös bekäme. Eine solche Doppelbegünstigung ist nicht gerechtfertigt.[3]

Die Eigentumsfrage kann im Rahmen des § 816 I geprüft werden, da sie relativ einfach zu beantworten ist und die Prüfung dadurch nicht kopflastig wird.

1 Erman/*Buck-Heeb* § 816 Rn. 1; Soergel/*Hadding* § 816 Rn. 1; aA MüKoBGB/Schwab § 816 Rn. 1 ff.

2 *Medicus/Petersen* BürgerlR Rn. 599; *Baur/Stürner* SachenR § 11 Rn. 44.

3 *Medicus/Petersen* BürgerlR Rn. 599.

## B. Lösung

962 **Anspruch des A gegen D auf Zahlung von 8.000 EUR aus § 816 I 1**

Die Klage ist begründet, wenn A gegen D ein Anspruch auf Zahlung von 8.000 EUR zusteht. Der Anspruch kann sich aus § 816 I 1 ergeben.

963 **I.** D hat über das Eigentum an dem Kfz verfügt, indem er das Auto an Z übereignete.

**II.** D müsste als Nichtberechtigter verfügt haben.[4]

964 Eine Verfügungsberechtigung des D bestand, wenn er Eigentümer des Autos war. Das Auto wurde D gem. § 929 S. 1 von H übereignet. Der Wirksamkeit der Übereignung stand aber § 935 I 1 entgegen. Auf den guten Glauben des D kommt es daher nicht an. Er war im Zeitpunkt der Verfügung Nichtberechtigter.

**III.** Des Weiteren müsste die Verfügung des D an Z dem A gegenüber wirksam sein.

965 **1.** Die Wirksamkeit scheitert, wie dargelegt, daran, dass D dem Z wegen § 935 I 1 ebenfalls kein Eigentum verschaffen konnte.

966 **2. a)** Eine Wirksamkeit des Rechtsgeschäfts könnte sich daher nur über eine Einwilligung oder Genehmigung durch A ergeben.[5] Eingewilligt iSd § 183 S. 1 hat A in die Veräußerung an Z nicht. In Betracht kommt aber eine Genehmigung der Veräußerung nach § 185 II. Ausdrücklich hat A die Verfügung des D jedoch nicht genehmigt.

Die Genehmigung könnte aber hier durch ein konkludentes Handeln erfolgt sein.[6] Eine konkludente Genehmigung stellt insbesondere die Klage auf Herausgabe des aus der Verfügung Erlangten gem. § 816 I dar.[7] Es wäre widersprüchlich, wenn A von D den Erlös herausverlangen und sich gleichzeitig einen etwaigen Vindikationsanspruch vorbehalten wollte.[8] Auch hätte die Klage des D, wenn man keine Genehmigung annehmen würde, keinen Erfolg, da der Anspruch aus § 816 I 1 eine wirksame Verfügung voraussetzt. In der Klage des A gegen D ist somit eine Genehmigung der Verfügung des D nach §§ 185 II, 184 I zu sehen.

**b)** A hat allerdings dann keinen Anspruch gegen D aus § 816 I 1, wenn die Genehmigung der Verfügung dazu führt, dass D rückwirkend zum Berechtigten wird.

Für die Entscheidung kommt es darauf an, ob für das Merkmal »Nichtberechtigter« auf den Zeitpunkt der Verfügung oder auf den Zeitpunkt der Genehmigung abzustellen ist. Sinn der Genehmigung ist es, dass die Verfügung wirksam wird, obwohl sie von einem Nichtberechtigten vorgenommen wurde.[9] Dadurch wird die Verfügung legitimiert und nicht der Verfügende. D bleibt also auch nach der Genehmigung Nichtberechtigter.

Nach alledem ist der Tatbestand des § 816 I 1 erfüllt.

967 **IV.** Die Rechtsfolge des § 816 I besteht darin, dass der Anspruchsgegner zur Herausgabe des Erlangten verpflichtet ist.

4 Vgl. zur Verfügungsberechtigung MüKoBGB/*Schwab* § 816 Rn. 24 ff.
5 Vgl. MüKoBGB/*Schwab* § 816 Rn. 33.
6 Vgl. MüKoBGB/*Bayreuther* § 182 Rn. 10.
7 BGH DB 1960, 1212; Staudinger/*Gursky*, 2006, § 185 Rn. 54 f.
8 Vgl. RGZ 106, 44 f.; krit. hierzu MüKoBGB/*Schwab* § 816 Rn. 35.
9 RGZ 115, 31 (35).

Zweifelhaft ist, was im vorliegenden Fall als das Erlangte anzusehen ist. Das können hier sowohl 8.000 EUR sein, die D als Kaufpreis von Z erhalten hat, aber auch nur 5.000 EUR, weil D über diesen Wert verfügt hat.

**1. a)** Im Hinblick auf einen Anspruch iHv 5.000 EUR lässt sich, ausgehend vom Wortlaut des § 816 I 1, wie folgt argumentieren: Den Kaufpreis hat D nicht »durch« die Verfügung, dh durch die Veräußerung des Autos erlangt. Vielmehr ist auf den Kaufvertrag zwischen D und Z abzustellen. Aufgrund dieses Kaufvertrags hat D nicht den Kaufpreis, sondern die Befreiung von der im Kaufvertrag begründeten Verbindlichkeit gegenüber Z erlangt.[10] Diese Befreiung kann D dem H nicht herausgeben. **968**

Folgt man dem, so muss D dem A gem. § 818 II den Wert ersetzen, den die Befreiung von der Verbindlichkeit für ihn hatte. Hierfür wäre der Wert der Sache anzusetzen, auf deren Leistung die Forderung gerichtet war.[11] Das Auto des A hatte im Zeitpunkt des Verkaufs einen Wert von 5.000 EUR. Nur diesen brauchte D danach an A herauszugeben.

Für dieses Ergebnis spricht, dass § 818 II – sofern man als Erlangtes die Befreiung von einer Verbindlichkeit ansieht – einen objektiven Maßstab zur Wertermittlung enthält. Die Höhe des Anspruchs richtet sich nach dem objektiven Wert der Sache und nicht nach dem Wert, den die Parteien des Kaufvertrags zugrunde gelegt haben.

**b)** Bei systematischer Auslegung des § 816 I 1 ist darauf zu achten, dass Wertungswidersprüche vermieden werden. Würde man den Verfügenden auch auf den Mehrerlös haften lassen, könnte sich ein Widerspruch zum Recht der Geschäftsführung ohne Auftrag ergeben. Dort haftet nach §§ 687 II, 681 S. 2, 667 nur der bösgläubig Verfügende auf Herausgabe von allem, was er aus der angemaßten Geschäftsführung ohne Auftrag erlangt hat. Deshalb könnte man im Umkehrschluss argumentieren, dass bei einem nicht schuldhaften Eingriff der Gewinn beim Verfügenden bleiben muss. Da D gutgläubig war, würde diese Argumentation dazu führen, dass D nur 5.000 EUR herausgeben muss. **969**

**c)** Für dieses Ergebnis könnte auch der Zweck des § 816 I 1 sprechen. Der Empfänger soll die Bereicherung herausgeben. D hat den günstigen Kaufpreis von 8.000 EUR durch sein persönliches Verhandlungsgeschick erzielt. Es könnte unbillig sein, A davon profitieren zu lassen. Demnach wäre die Herausgabepflicht des A auf den Wert der Sache beschränkt. Da D nur über einen Wert von 5.000 EUR verfügt hat, braucht er D nur 5.000 EUR herauszugeben.[12] **970**

**2.** Dem lassen sich jedoch Argumente für eine Verpflichtung des D zur Herausgabe von 8.000 EUR entgegenhalten.

**a)** Auch wenn man im Rahmen der Wortlautauslegung davon ausgeht, dass A durch den zugrunde liegenden Kaufvertrag die Befreiung von seiner Verbindlichkeit erlangt hat, so folgt daraus nicht, dass der Wert der Befreiung dem Wert der Sache entspricht. **971**

10 Vgl. *Medicus/Petersen* BürgerlR Rn. 723.
11 *Medicus/Petersen* BürgerlR Rn. 723.
12 Vgl. *Larenz/Canaris* SchuldR II 2 § 72 I 2 a, b, S. 267 ff. (diff. gegenüber der Vorauflage); Soergel/*Mühl/Hadding* § 816 Rn. 29.

Näher liegend erscheint es vielmehr, den Wert der Befreiung nach der Höhe des zwischen D und Z ausgehandelten Kaufpreises zu bemessen.

Die Anknüpfung an § 818 II erscheint im Übrigen unabhängig von der Frage, ob ein objektiver oder ein subjektiver Wertmaßstab zugrunde gelegt wird, bereits im Ansatz nicht als zutreffend. § 818 II setzt einen Anspruch auf das ursprünglich Erlangte voraus, das nicht mehr herausgegeben werden kann. § 816 I 1 knüpft demgegenüber daran an, dass ein dinglicher Herausgabeanspruch weggefallen ist. Die sich daraus ergebende Rechtsfortwirkung ist stärker als der Anspruch aus § 812.[13] Bei § 816 I 1 wird der Gewinn stets durch die Verfügung über eine fremde Sache erlangt, deren Eigentum und Verwendung dem Gläubiger zugewiesen sind.

972 **b)** Bei systematischer Auslegung ist zu beachten, dass in den Fällen, in denen § 285 anzuwenden ist, auch der Gewinn herausgegeben werden muss.[14]

**aa)** § 816 I 1 beruht auf dem gleichen Gedanken der Surrogation wie § 285.[15] Wenn das Auto für A verloren ist, herrscht für ihn eine mit dem Tatbestand des § 285 vergleichbare Lage.[16] Legt man den Surrogationsgedanken des § 285 zugrunde und berücksichtigt man, dass auch die Gewinnerzielung zum Zuweisungsgehalt des Eigentums gehört, so erfolgte die Verfügung des D unter Verletzung des Zuweisungsgehalts des Eigentums des A.

Gegen diese Argumentation lässt sich nicht einwenden, dass § 285 auf das Eigentümer-Besitzer-Verhältnis nicht anzuwenden ist. Diese Lücke schließt gerade § 816 als Rechtsfortwirkungsanspruch, der die Regelung des Eigentümer-Besitzer-Verhältnisses ergänzt.[17]

**bb)** Der Gegenschluss aus §§ 687 II, 681 S. 1, 687 ist nicht zwingend. § 687 II begründet eine Sonderhaftung im Bereich der Geschäftsführung ohne Auftrag, enthält aber keinen allgemeinen Rechtsgedanken zur Gewinnhaftung.

973 **c)** Der Zweck des § 816 I lässt sich am ehesten aus der Fortsetzung des Herausgabeanspruchs und aus dem Eigentumsschutz verstehen. Dieser Zweck spricht dafür, dass dem ursprünglichen Eigentümer auch die in der Sache enthaltene Chance zur Erzielung eines Mehrerlöses zusteht.

Nach alledem sprechen die überwiegenden Argumente dafür, dass der Schuldner des Anspruchs aus § 816 I 1 auch den Gewinn an den Gläubiger herauszugeben hat.

974 **d)** Allerdings könnte man auch daran denken, dass der Schuldner nicht den gesamten Mehrerlös herausgeben muss, sondern einen Anteil behalten darf, der auf seinem besonderen Verkaufsgeschick beruht.

Ein solcher Anteil ist allerdings kaum zu bemessen. Hier könnte jedoch § 287 I ZPO weiterhelfen. Entscheidend ist aber, dass auch A unter Umständen einen solchen Gewinn hätte erzielen können und dass ihm diese Chance zustand.

13 *Reuter/Martinek* Ungerechtfertigte Bereicherung 323.
14 BGHZ 46, 260 (264).
15 RGZ 120, 299; 120, 349 (351); Staudinger/*S. Lorenz*, 2007, § 816 Rn. 24.
16 Vgl. *Reuter/Martinek* Ungerechtfertigte Bereicherung 321.
17 *Reuter/Martinek* Ungerechtfertigte Bereicherung 324.

Erlangtes etwas ist nach alledem der gesamte Betrag, den D aufgrund der Verfügung über das Eigentum erlangt hat, also 8.000 EUR.

**V.** Fraglich ist, ob D die an A gezahlten 5.000 EUR als Entreicherung nach § 818 III gegenüber A geltend machen kann. **975**

Auch zur Beantwortung dieser Frage ist die enge Verknüpfung des § 816 I mit den §§ 985 ff. zu beachten. Hätte D das Auto noch, so wäre er dem Herausgabeanspruch des A aus § 985 ausgesetzt. Gegenüber diesem Anspruch hätte er nicht einwenden können, dass er 5.000 EUR an H gezahlt hat.[18] In diesem Fall wird der Ausgleich zwischen den Beteiligten dadurch erreicht, dass sich der Käufer an seinen Verkäufer halten muss. Auch im vorliegenden Falle stehen D gegen H Ansprüche aus §§ 437 Nr. 2, 440, 435, 323 I zu, weil H ihm nicht das Eigentum am Fahrzeug verschaffen konnte. Mit dem Risiko dieses Geschäfts darf der entreicherte A nicht belastet werden.[19] Dass H insolvent ist, ist also ein von D zu tragendes Risiko. D kann sich gegenüber A nicht auf die Zahlung des Kaufpreises an H berufen.

A hat gegen D einen Anspruch auf Zahlung von 8.000 EUR aus § 816 I 1.

18 Vgl. BGHZ 55, 176 (179); *v. Caemmerer*, FS Rabel I, 1954, 385 f.

19 Vgl. *Beuthien/Weber*, Schuldrecht II, Ungerechtfertigte Bereicherung und Geschäftsführung ohne Auftrag, 2. Aufl. 1987, 79.

## Fall 22: »Der Nervenschock«

976 Der übermüdete S fährt mit dem Pkw seiner Frau an einer Kreuzung mit dem Zeichen »Vorfahrt gewähren!« weiter, ohne anzuhalten, und stößt mit dem Pkw des G zusammen. G, der sich auf der vorfahrtberechtigten Straße befindet, hat S zwar von weitem vor sich einbiegen sehen, ist aber im gleichen Tempo weitergefahren. G wird lebensgefährlich verletzt und ist zwei Wochen bewusstlos.

Als die Polizei der im fünften Monat schwangeren, ohnehin sensiblen V, der langjährigen Verlobten des G, von dem Unfall berichtet, erleidet V einen Schock mit erheblichen Kreislaufbeschwerden; eine ärztliche Behandlung ist erforderlich.

Als ihr Kind K auf die Welt kommt, ist es wegen Durchblutungsstörungen aufgrund des Schocks der V an den Beinen gelähmt.

1. Der privat krankenversicherte G verlangt von S Ersatz seiner Behandlungskosten.
2. Die ebenfalls privat krankenversicherte V verlangt von S Ersatz ihrer Arztkosten.
3. V macht im Namen des K gegen S Schadensersatz wegen geminderter Erwerbsaussichten geltend.
4. Einige Monate darauf stirbt G an den Folgen des Unfalls. V, die G inzwischen geheiratet hat, verlangt von S Schadensersatz: G hätte nach der Hochzeit in ihrem Lebensmittelladen mitgearbeitet.

**Frage: Sind die Ansprüche berechtigt?**

## A. Vorüberlegungen

Der Fall betrifft die Problematik »unmittelbarer Schaden/mittelbarer Schaden« oder »unmittelbare Verletzung/mittelbare Verletzung«. Die einprägsame Charakterisierung führt aber leicht zu Missverständnissen. Ihnen entgehen Sie nur, wenn Sie sich den Standort des Problems und die zugrunde liegende Sachproblematik vergegenwärtigen. 977

Dabei geht es einmal um Fragen der Rechtswidrigkeit.

Eine Fallgruppe ist dadurch gekennzeichnet, dass sozialadäquates Verhalten vom Rechtswidrigkeitsurteil ausgenommen werden soll: Wer Küchenmesser produziert, setzt eine Ursache für einen eventuellen späteren Mord, und dass Messer als Mordwaffe benutzt werden, liegt auch nicht außerhalb aller Wahrscheinlichkeit. Um dennoch den Messerhersteller nicht nach § 823 I haften zu lassen, argumentiert man, er habe das Opfer nur »mittelbar« verletzt. Bei mittelbaren Verletzungen indiziere die Tatbestandsverwirklichung nicht die Rechtswidrigkeit.[1] Ein sozialadäquates Verhalten – hier: die Herstellung von Küchenmessern – sei daher nicht rechtswidrig.

Bei einer zweiten Fallgruppe geht es darum, dass § 823 I einerseits genau bestimmte Rechtsgüter aufführt, nämlich Leben, Körper, Gesundheit, Freiheit, Eigentum, andererseits aber als »sonstige Rechte« bloße Rahmenrechte, nämlich das allgemeine Persönlichkeitsrecht und das Recht am Gewerbebetrieb schützt. Während bei der Verletzung eines Rechtsguts aus der ersten Gruppe die Tatbestandsmäßigkeit die Rechtswidrigkeit indiziert, findet bei der anderen Gruppe von Rechtsgütern jeweils eine gesonderte Rechtswidrigkeitsprüfung statt (wie bei § 240 II StGB).[2] Bei der Verletzung des Gewerbebetriebs reicht also die »mittelbare« Verletzung nicht.

Schließlich verbindet sich mit »mittelbar« und »unmittelbar« die Bestimmung des anspruchsberechtigten Personenkreises.[3] So gilt der Satz: »Mittelbar Geschädigte sind grundsätzlich nicht anspruchsberechtigt; eine Ausnahme gilt nur nach §§ 844 ff.« Diese Regel ist nicht falsch, kann aber leicht in die Irre führen. Entscheidend ist vielmehr, welche Rechtsgüter im Deliktsrecht geschützt werden. Mittelbar Geschädigte erleiden in der Regel keinen Schaden an den benannten Rechtsgütern (zB Körper oder Eigentum), sondern einen Vermögensschaden. Beispiel: Der Angestellte wird angefahren, der Arbeitgeber muss Lohnfortzahlung leisten. Über § 823 I erhält der Arbeitgeber vom Schädiger keinen Ersatz; nicht, weil er nur mittelbar Geschädigter ist, sondern weil das Vermögen nicht zu den von § 823 I geschützten Rechtsgütern gehört.[4] Anspruchsberechtigt ist der Arbeitgeber über § 826, wenn der Dritte den Angestellten bewusst angefahren hat, um den Arbeitgeber zu schädigen. Sie sehen: Schon insoweit stimmt der eingangs genannte Satz nicht.

Wenn allerdings ein »mittelbar« Geschädigter einen Schaden an einem der benannten Rechtsgüter erleidet, hat er auch einen Anspruch. Für Schockschäden wie im vorliegenden Fall ist charakteristisch, dass ein Angehöriger einen Schaden an dem benannten Rechtsgut »Gesundheit« erleidet. Gleichgültig, über wie viele Glieder die Kausal-

1 *Larenz/Canaris* SchuldR II 2 § 80 II, S. 498 ff.; *Medicus/Petersen* BürgerlR Rn. 643, 646.

2 *Fikentscher/Heinemann* SchuldR Rn. 1571; *Larenz/Canaris* SchuldR II 2 § 81 I 3, S. 543.

3 *Esser/Weyers* SchuldR BT II § 60 II 1, S. 237; *Larenz* SchuldR I § 27 IVa, S. 459 f.

4 *Esser/Schmidt* SchuldR AT I 2 § 34 I, § 31 II 2c, S. 259, 187 f.; *Fikentscher/Heinemann* SchuldR Rn. 1557; *Schlechtriem/Schmidt-Kessel* SchuldR BT Rn. 761.

kette verläuft, diese Rechtsgutsverletzung macht ihn zum Anspruchsberechtigten.[5] Rührt eine Schädigung aus der bloßen Anwesenheit bei einem schrecklichen Ereignis her, so ist diese dem allgemeinen Lebensrisiko zuzurechnen.[6]

Besondere Probleme ergeben sich dann, wenn den erstgradig verletzten Angehörigen ein Mitverschulden trifft. Das Rechtsgefühl sagt einem, dass dann auch der Anspruch des Schockgeschädigten gekürzt werden muss, aber die rechtsdogmatische Begründung ist nicht einfach.

Der Aufbau des vorliegenden Falles bringt eine Steigerung des Schwierigkeitsgrades mit sich. Im Verhältnis G zu S kommt es (nur) auf die sorgfältige und vollständige Prüfung der Anspruchsgrundlagen an. Im Verhältnis V zu S geht es darum, zu erkennen, dass V unmittelbar Verletzte ist und dass sie sich das Mitverschulden des G anrechnen lassen muss. Bei K sind Sonderprobleme des nasciturus zu prüfen. Schließlich geht es um §§ 844, 845.

5 S. allg. zur psychisch vermittelten Kausalität *Medicus* JuS 2005, 289 ff.

6 Dazu BGH NJW 2007, 2764 ff. (*Elsner*); *Faust* JuS 2008, 375 f.

## B. Lösung

### 1. Teil. Ansprüche des G gegen S auf Schadensersatz

### I. Anspruch aus § 18 I 1 StVG

Es kommt ein Anspruch aus § 18 I StVG in Betracht.[7] Dieser kann gem. §§ 18 II, 16 StVG neben den Ansprüchen aus dem BGB geltend gemacht werden. 978

**1.** Bei dem Betrieb des von S geführten Kraftfahrzeuges wurde der Körper des G verletzt, §§ 18 I 1, 7 I StVG. Dabei handelte S rechtswidrig.

**2.** Ferner müsste S gem. § 18 I 2 StVG ein Verschulden iSd § 276 treffen. S könnte fahrlässig gehandelt haben. Im Bereich der unerlaubten Handlung gilt ein objektiver Fahrlässigkeitsmaßstab. Danach handelt fahrlässig, wer die Sorgfalt eines ordentlichen Kraftfahrers außer Acht lässt.[8] S ist im übermüdeten Zustand gefahren und hat deswegen ein Vorfahrtsschild missachtet. Dies entspricht nicht der Sorgfalt eines ordentlichen Kraftfahrers, sodass S fahrlässig gehandelt hat. S führte die Verletzung folglich schuldhaft herbei, § 18 I 1, 2 StVG.

**3.** G ist ein Schaden entstanden. Der Ersatzanspruch erfasst nach § 11 StVG die Kosten der Heilung, also auch die Arzt- und Krankenhauskosten.

**4.** Gem. § 18 III StVG findet § 17 StVG entsprechende Anwendung auf die Haftung des Fahrzeugführers gem. § 18 I StVG. Es dürfte daher kein Haftungsausschluss gem. § 18 III iVm § 17 III StVG in Form eines unabwendbaren Ereignisses vorliegen.

**Hinweis:** Zwar wurde in § 7 I StVG das »unabwendbare Ereignis« durch die »höhere Gewalt« ersetzt. In § 17 StVG kommt es jedoch weiterhin auf das unabwendbare Ereignis an.

Vorliegend war für S der Unfall nicht unabwendbar, da ein Idealfahrer in der Situation des S den Unfall hätte vermeiden können.

Ferner muss sich G als Fahrer gem. § 18 III iVm § 17 I, II StVG seinen Verursachungsanteil (insbesondere sein Verschulden) anspruchsverringernd anrechnen lassen.

**Hinweis:** § 17 I StVG entspricht im Wesentlichen dem bekannten § 254. Für Ansprüche unter Beteiligung mehrerer Kraftfahrzeuge ist § 17 I StVG jedoch für alle Anspruchsgrundlagen, insbesondere auch für Ansprüche aus dem BGB, vorrangig.[9] Auch wenn die Entscheidung für § 254 oder § 17 StVG am praktischen Ergebnis nichts ändert, ist es genauer, § 17 StVG anzuwenden.

Grundsätzlich darf G als Fahrer auf einer vorfahrtberechtigten Straße darauf vertrauen, dass sich andere Verkehrsteilnehmer an die Vorfahrtregeln halten.[10] Jedoch hat G bereits gesehen, dass S vor ihm einbiegt und damit gegen die Vorfahrtregeln verstößt. In einem solchen Fall muss der Vorfahrtberechtigte im eigenen Interesse sofort rea-

---

7 Ansprüche aus § 7 StVG sind nicht einschlägig, da G nicht Halter iSd § 7 StVG ist, sondern seine Frau.

8 Hentschel/König/Dauer/*König*, Straßenverkehrsrecht, 43. Aufl. 2015, Einl. Rn. 139.

9 *Schneider* MDR 1969, 361.

10 Allg. zum vorschriftsgemäßen Verhalten anderer BGH VersR 1976, 365; 1977, 524 (525); *Böhmer* VersR 1977, 122 (122 f.); Geigel/*Zieres*, Der Haftpflichtprozeß, 26. Aufl. 2011, 27. Kap. Rn. 234; Hentschel/König/Dauer/*König*, Straßenverkehrsrecht, 43. Aufl. 2015, StVO § 1 Rn. 20.

gieren.[11] Da G dennoch im gleichen Tempo weiterfuhr, hat er gegen das im eigenen Interesse gebotene Verhalten verstoßen. Daher ist eine Schadensaufteilung nach § 17 I, II StVG vorzunehmen.

Somit hat G gegen S einen nach § 17 I, II StVG geminderten Schadensersatzanspruch gem. § 18 I StVG.

**Hinweis:** Eine Bestimmung der Quoten wird vom Bearbeiter nicht erwartet.

### II. Anspruch aus § 823 I

979 G könnte gegen S einen Anspruch auf Ersatz seiner Behandlungskosten aus § 823 I haben.

**1.** Indem S mit dem Pkw des G zusammengestoßen ist, hat er den Körper des G verletzt. Dabei handelte S rechtswidrig.

**2.** S handelte auch schuldhaft (→ Rn. 978).

**3.** G ist ein Schaden entstanden, und zwar in Form der Arzt- und Krankenhauskosten. Für diesen Schaden war die Verletzung durch S kausal. G kann nach §§ 823 I, 249 S. 2 Schadensersatz in Geld verlangen.

**4.** Allerdings muss sich G auch hier wiederum gem. §§ 18 III, 17 I, 2 StVG seinen Verursachungsanteil anspruchsmindernd zurechnen lassen.

### III. Anspruch aus § 823 II BGB iVm § 229 StGB

980 G könnte gegen S auch einen Anspruch aus § 823 II BGB iVm § 229 StGB haben. Die strafrechtliche Vorschrift des § 229 StGB ist ein Schutzgesetz zugunsten des Verletzten. S hat rechtswidrig und fahrlässig eine Körperverletzung des G verursacht. Damit hat er eine fahrlässige Körperverletzung gem. § 229 StGB begangen.

Somit hat G gegen S einen im gleichen Umfang wie nach § 823 I durch §§ 18 III, 17 I, II StVG geminderten Anspruch gem. § 823 II BGB iVm § 229 StGB.

### IV. Anspruch aus § 823 II BGB iVm § 41 I StVO Anlage 2 Abschnitt 1 Nr. 2, § 49 III Nr. 4 StVO, § 24 I 1 StVG

981 Als Schutzgesetz iSd § 823 II kommt auch § 24 StVG in Betracht.

**1.** Ein Verstoß gegen § 24 StVG setzt eine Zuwiderhandlung gegen eine Rechtsverordnung nach § 6 I StVG voraus, die ihrerseits auf § 24 StVG verweist. S hat schuldhaft die Vorfahrt missachtet und damit gegen § 41 I StVO iVm Anlage 2 Abschnitt 1 Nr. 2 StVO verstoßen. Die StVO ist eine Rechtsverordnung iSd § 6 I StVG. Sie verweist in § 49 III Nr. 4 StVO wegen dieses Verstoßes auf § 24 StVG.

**2.** § 24 StVG iVm den genannten Vorschriften der StVO ist ein Gesetz zum Schutze eines anderen, nämlich des vorfahrtberechtigten Verkehrsteilnehmers, und damit auch zugunsten des G.

11 BGH VersR 1975, 37 (39); 1976, 365; OLG Hamm VersR 1989, 755; Geigel/*Zieres*, Der Haftpflichtprozeß, 26. Aufl. 2011, 27. Kap. Rn. 236.

Demnach ist S dem G gem. § 823 II BGB, § 24 StVG iVm §§ 18 III, 17 I, II StVG im gleichen Umfang wie nach § 823 I zum Schadensersatz verpflichtet.

### V. Anspruch aus § 823 II BGB iVm § 1 StVO, § 24 StVG

§ 1 StVO scheidet als verletztes Schutzgesetz iSd § 823 II deswegen aus, weil auf § 1 StVO gestützte Ansprüche gegenüber denen aus anderen Bestimmungen der StVO subsidiär sind.[12] **982**

## 2. Teil. Ansprüche der V gegen S auf Schadensersatz

### I. Anspruch aus § 823 I

V könnte gegen S einen Schadensersatzanspruch aus § 823 I haben. **983**

**1.** Es kommt eine Körperverletzung der V in Betracht. Darunter fallen nicht nur physische, sondern auch psychische Einwirkungen auf den Körper, wie der durch die Unfallnachricht veranlasste Schock der V. Dabei darf es sich jedoch nicht lediglich um solche Beeinträchtigungen handeln, denen man bei einer Unfallnachricht gewöhnlich ausgesetzt ist, da diese zum allgemeinen Lebensrisiko gehören.[13] Insbesondere ist seelischer Schmerz alleine nicht ausreichend, erforderlich ist vielmehr eine den Körper selbst beeinträchtigende, nicht geringfügige Störung.[14] Dabei geht es allerdings nicht um eine Besonderheit der psychisch vermittelten Gesundheitsbeschädigung, sondern um eine bei jeder Körperverletzung zu prüfende Tatbestandsvoraussetzung. S hat einen Schock mit erheblichen Kreislaufbeschwerden erlitten. Daher liegt eine Körperverletzung vor.

**2.** Für diese Körperverletzung müsste eine Handlung des S kausal gewesen sein.

**a)** Die haftungsbegründende Kausalität einer Handlung für die Verletzung ist im Hinblick auf den ersatzberechtigten Personenkreis nur dann gegeben, wenn sie einen unmittelbar Verletzten trifft. Wie sich im Umkehrschluss aus §§ 844, 845 ergibt, sollen mittelbar Verletzte in anderen als den genannten Fällen nicht geschützt werden.[15] **984**

Um eine nur mittelbare Verletzung der V könnte es sich deshalb handeln, weil zunächst G verletzt wurde und V erst aufgrund der Benachrichtigung von der Verletzung des G einen Schock erlitt. Jedoch führen in einem derartigen Fall nicht die Tötung oder die Körperverletzung des Angehörigen zum Schock, sondern der Anblick des Unfalls oder die Nachricht vom Unfall. Demnach wird durch das schädigende Verhalten eine eigene zweite Ursachenkette in Gang gesetzt, sodass eine unmittelbare

12 Hentschel/König/Dauer/*König*, Straßenverkehrsrecht, 43. Aufl. 2015, StVO § 1 Rn. 48.

13 BGHZ 56, 163 (165 f.); OLG Köln VersR 1989, 519; OLG Stuttgart NJW-RR 1989, 477 (478); *Lange/Schiemann*, Schadensersatz, 3. Aufl. 2003, § 3 X 5, S. 149; krit. *Deubner* JuS 1971, 622 (623).

14 BGHZ 93, 351 (355 f.); BGH NJW 1989, 2317; 1996, 2425; s. zur Erheblichkeit einer Primärverletzung eines Geschädigten im Hinblick auf psychische Folgeschäden BGHZ 137, 142 = JZ 1998, 680 mAnm *Schiemann*.

15 BGHZ 7, 30; Geigel/*Münkel*, Der Haftpflichtprozess, 26. Aufl. 2011, 8. Kap. Rn. 4; *Lange/Schiemann*, Schadensersatz, 3. Aufl. 2003, § 8 I, II, S. 455 ff.; *Schmidt* MDR 1971, 538 (539).

Verletzung vorliegt.[16] Somit ist die durch den Schock geschädigte V unmittelbar Verletzte. Damit ist die Kausalität im Sinne der conditio sine qua non gegeben.

985 **b)** Auch die Adäquanz müsste vorliegen. Es darf nicht außerhalb aller Wahrscheinlichkeit liegen, dass die Handlung des Schädigers den Schockschaden herbeiführt.

**aa)** Dass ein Dritter nicht nur beim Anblick eines Unfalls, sondern auch auf die Nachricht vom Unfall einen Schock erleidet, liegt nicht außerhalb aller Wahrscheinlichkeit.[17]

**bb)** Der Kreis der Ersatzberechtigten könnte aber auf nahe Angehörige begrenzt sein.[18] Hierzu könnten jedoch auch Verlobte gerechnet werden. Zwar sind Verlobte nicht in den Schutzbereich der §§ 844, 845 einbezogen. Diese Vorschriften finden indessen auf die hier vorliegende unmittelbare Verletzung keine Anwendung. Entscheidend ist allein, ob dieser Personenkreis dem Verletzten so nahe steht, dass er üblicherweise ebenso wie Ehegatten oder Eltern seelisch betroffen wird. Das ist jedenfalls bei langjährigen Verlobten, wie hier G und V, zu bejahen.[19]

**cc)** Es könnte auch Voraussetzung sein, dass der Schock auf der Nachricht vom *Tod* eines Angehörigen beruht.[20] Jedoch kann auch eine schwere Körperverletzung in gleicher Weise zu einer seelischen Betroffenheit führen.[21] Jedenfalls wenn der Verletzte, wie hier G, in Lebensgefahr schwebt und zwei Wochen bewusstlos ist, ist eine Gleichbehandlung zu bejahen.

986 **dd)** Fraglich ist schließlich, ob den Schädiger eine besondere Labilität des Angehörigen entlastet. In diesem Fall könnte eine Haftungseinschränkung in Betracht kommen.[22] Für eine derartige Haftungsbegrenzung gibt es jedoch keine Rechtsgrundlage. Insbesondere kann § 254 keine analoge Anwendung finden, da die Empfindsamkeit dem Angehörigen nicht vorwerfbar ist. Daher muss eine besondere Empfindlichkeit außer Betracht bleiben.[23] Demnach entlastet die Sensibilität der V den S nicht.

Es war somit vorhersehbar, dass V als langjährige Verlobte bei der Nachricht von der lebensgefährlichen Verletzung ihres Verlobten einen schweren Kreislaufschaden er-

16 RGZ 133, 270 (272); *Brüggemeier*, Deliktsrecht, 1986, Rn. 195; *Deutsch/Ahrens*, Deliktsrecht, 6. Aufl. 2014, Rn. 45; Geigel/*Münkel*, Der Haftpflichtprozess, 26. Aufl. 2011, 8. Kap. Rn. 1; *Kötz/Wagner*, Deliktsrecht, 12. Aufl. 2013, Rn. 138; *Lange/Schiemann*, Schadensersatz, 3. Aufl. 2003, § 8 I 3, S. 460.

17 RGZ 133, 270 (273); BGHZ 56, 163 (167, 170); OLG Stuttgart VersR 1988, 1187; *Deutsch*, Allgemeines Haftungsrecht, 2. Aufl. 1996, Rn. 915.

18 BGHZ 56, 163 (170, 173); BGH NJW 2007, 2764 (2766); OLG Stuttgart NJW-RR 1989, 478; Soergel/*Mertens* Vor § 249 Rn. 137; aA *Deubner* JuS 1971, 622 (624); zum Ganzen auch *Teichmann* Anm. JZ 2007, 1154 ff.

19 LG Frankfurt NJW 1969, 2286 (2287); Palandt/*Grüneberg* Vor § 249 Rn. 40; aA *v. Hippel* NJW 1965, 1890 (1893).

20 Vgl. *Deutsch*, Allgemeines Haftungsrecht, 2. Aufl. 1996, Rn. 915.

21 BGHZ 93, 351 (355 f.); *Brüggemeier*, Deliktsrecht, 1986, Rn. 196; *Lange/Schiemann*, Schadensersatz, 3. Aufl. 2003, § 3 X 5, S. 149; Palandt/*Grüneberg* Vor § 249 Rn. 40.

22 *v. Hippel* NJW 1965, 1890 (1893 f.); *Deutsch* JuS 1969, 197 (200); *Deutsch*, Allgemeines Haftungsrecht, 2. Aufl. 1996, Rn. 915. Zur Nichtentlastung des Schädigers bei Schadensanfälligkeit des primär Geschädigten s. BGHZ 137, 142 = JZ 1998, 680 mAnm *Schiemann*.

23 BGHZ 56, 163 (165); BGH NJW 1996, 2425; *Lange/Schiemann*, Schadensersatz, 3. Aufl. 2003, § 3 X 5, S. 149; *Selb* JZ 1972, 124.

leiden würde. Daher war die Handlung des S adäquat kausal für den Schockschaden der V.

**Hinweis:** Ähnliche Überlegungen können auch unter dem Gesichtspunkt des Schutzzwecks der Norm angestellt werden.[24] Es ist vertretbar, wenn ein Bearbeiter aus einem der unter b) bis d) genannten Gründe einen Ersatzanspruch der V verneint. Er muss dann jedoch unabhängig davon einen eigenen Anspruch des K prüfen und bejahen.

**3.** S handelte gegenüber V rechtswidrig und schuldhaft. Er hat die im Verkehr erforderliche Sorgfalt gem. § 276 II außer Acht gelassen.[25]

**4.** V ist ein Schaden in Form der Arztkosten entstanden.

**5.** Fraglich ist, ob sich V das Mitverschulden ihres Verlobten G anrechnen lassen muss.

**a)** Es könnte § 846 eingreifen. Eine direkte Anwendung des § 846 kommt nicht in Betracht, da sich diese Vorschrift nur auf mittelbar Verletzte bezieht.

§ 846 könnte aber analoge Anwendung finden.[26] Dann müsste eine gleichartige Interessenlage gegeben sein. Jedoch wird entgegen § 846 der Anspruch der V nicht durch den Anspruch des G vermittelt, vielmehr handelt es sich um einen eigenständigen Anspruch. Er ist auch unabhängig davon, ob G selbst überhaupt einen Anspruch gegen S hätte. Danach stimmt der dem § 846 zugrunde liegende Rechtsgedanke nicht mit dem hier vorliegenden Fall überein. Eine analoge Anwendung ist daher abzulehnen.[27]

**b)** Eine Berücksichtigung des Mitverschuldens könnte sich aus § 254 ergeben. Jedoch **987**
beruht die Schädigung der V auf einer von dem Verhalten des G unabhängigen, selbstständigen Kausalkette. Eine unmittelbare Anwendung des § 254 scheidet daher aus.

Es könnte eine Analogie zu § 254 in Betracht kommen. Gegen die Berücksichtigung des Mitverschuldens analog § 254 bestehen jedoch Bedenken, sofern auch der geschädigte G der V für den ihr entstandenen Schaden haftet. Dann könnte sich S als Gesamtschuldner auf das Mitverschulden des anderen Gesamtschuldners G berufen. Dies widerspricht der nach dem Gesetz jeweils auf die volle Leistung gerichteten Haftung eines jeden Gesamtschuldners.[28]

Jedoch haftet G der V nicht. Es besteht keine Rechtspflicht des Geschädigten im Rahmen des § 823 I, seine Gesundheit deshalb zu schonen, weil er sonst eine seelische Fehlverarbeitung des Unfalls durch seine Angehörigen erwarten müsste.[29] Durch das Mitverschulden an dem Unfall hat G daher nur die Sorgfalt gegenüber seinem eige-

24 *Berg* NJW 1970, 515; *Ehmann/Breitfeld* JURA 1993, 208 (209); *Lange/Schiemann*, Schadensersatz, 3. Aufl. 2003, § 3 IX 7, S. 115.
25 Vgl. BGHZ 93, 351 (357 f.).
26 Dafür RGZ 157, 11 (12 f.); *Lange/Schiemann*, Schadensersatz, 3. Aufl. 2003, § 10 XI 5 l, S. 604 f.; *v. Hippel* NJW 1965, 1890 (1893).
27 BGHZ 56, 163 (168 f.); *Deubner* JuS 1971, 622 (625); *Dolff* JuS 2009, 1007 (1010); Soergel/*Beater* § 846 Rn. 4.
28 *Weimar* MDR 1970, 565 (566); vgl. auch *Schünemann* VersR 1978, 116 (119).
29 BGHZ 56, 163 (170); aA *Schünemann* VersR 1978, 116 (119).

nen Wohl nicht gewahrt, nicht aber gegenüber V schuldhaft gehandelt. Daher sind G und S im Verhältnis zu V auch keine Gesamtschuldner.

Allerdings könnte dennoch gegen eine Berücksichtigung des Mitverschuldens sprechen, dass grundsätzlich der in Anspruch genommene Schädiger das Risiko trägt, ob er andere auf Ausgleich in Anspruch nehmen kann.[30] Dies würde zu einer vollen Schadensersatzpflicht des einzigen Haftungsschuldners führen.[31]

Bei einem Schockschaden besteht jedoch die Besonderheit, dass die Haftung des Schädigers auf der besonders engen persönlichen Bindung des Schockgeschädigten zu dem Erstgeschädigten beruht. § 254 verbietet es nach seinem Grundgedanken, Schadensersatz auch insoweit zu fordern, als eine für den Erfolgseintritt wesentliche Schadensursache aus dem eigenen Verantwortungsbereich des Geschädigten hervorgegangen ist. Insoweit ist auch im Rahmen eines Schockschadens eine Wertung vorzunehmen. Läge eine reine Selbstschädigung eines Angehörigen ohne Beteiligung eines Dritten vor, so hätte derjenige, der durch dessen Unfall einen Schock erlitten hat, keinen Ersatzanspruch. Der Schockschaden durch den Unfall eines Angehörigen liegt daher im eigenen Risikobereich. Der Geschädigte kann nicht dadurch besser gestellt werden, dass ein Dritter an dem Unfall beteiligt ist. Ansonsten wäre es denkbar, dass er auch bei einer nur geringfügigen Mitverursachung durch einen Dritten den gesamten Schaden ersetzt erhielte. Daher ist der Verursachungsbeitrag des Angehörigen nicht dem fremden Schädiger, sondern dem Schockgeschädigten zuzurechnen. Deshalb ist eine Anspruchsminderung analog § 254 vorzunehmen.[32] V muss sich somit das Verschulden ihres Verlobten anrechnen lassen.

Somit hat V gegen S einen analog § 254 geminderten Schadensersatzanspruch gem. § 823 I.

### II. Anspruch aus § 823 II BGB iVm § 229 StGB

988 V könnte gegen S einen Anspruch aus § 823 II BGB iVm § 229 StGB haben. Dann müsste S gegen V eine fahrlässige Körperverletzung begangen haben. Grundsätzlich kann die Herbeiführung eines Schocks eine Strafbarkeit gem. § 229 StGB begründen.[33] Bezüglich der Verletzung der V fehlt jedoch die im Strafrecht für die Schuld des S erforderliche subjektive Voraussehbarkeit des Erfolgs und des wesentlichen Kausalverlaufs. Daher kommt ein Anspruch aus § 823 II BGB iVm § 229 StGB nicht in Betracht.

### III. Anspruch aus § 823 II BGB iVm § 41 I StVO iVm Anlage 2 Abschnitt 1 Nr. 2, § 49 III Nr. 4 StVO, § 24 I 1 StVG

989 Es könnte sich ein Anspruch aus § 823 II iVm den genannten Straßenverkehrsvorschriften ergeben. Diese dienen jedoch nur dem Schutz des beteiligten Verkehrsteilnehmers, nicht aber dem Schutz außen stehender Dritter. Daher steht V gegen S auch hieraus kein Anspruch zu.

30 *Deubner* JuS 1971, 622 (626).

31 *Deubner* JuS 1971, 622 (625 f.).

32 BGHZ 56, 163 (169 ff.); *Deutsch* JuS 1969, 197 (200 f.); *Deutsch*, Allgemeines Haftungsrecht, 2. Aufl. 1996, Rn. 917; Palandt/*Grüneberg* § 254 Rn. 56 (Anwendung des § 242); Soergel/*Beater* § 846 Rn. 1; aA *Selb* JZ 1972, 124 (125 f.).

33 OLG Koblenz VRS 42, 29.

## IV. Anspruch aus § 18 StVG

Es kommt ein Anspruch aus § 18 StVG in Betracht. § 18 StVG richtet sich als Straßenverkehrsvorschrift nach seinem Schutzzweck aber nur auf den Ersatz solcher Schäden, die unter Verkehrsteilnehmern im Straßenverkehr verursacht wurden. Daher wird V als Außenstehende durch diese Vorschrift nicht geschützt. 990

## 3. Teil. Ansprüche des K gegen S auf Schadensersatz

### I. Anspruch aus § 823 I

K könnte gegen S einen Anspruch gem. § 823 I haben. 991

**1.** Fraglich ist, ob K als im Zeitpunkt des Unfalls noch Ungeborener »ein anderer« iSd § 823 I ist. Jedoch wird der nasciturus allgemein, insbesondere im Strafrecht gem. §§ 218 ff. StGB und im Erbrecht gem. § 1923 II, als schutzwürdig angesehen. Daher wird der nasciturus auch durch § 823 I geschützt.[34]

**2.** V ist gem. §§ 1626 I, 1629 I berechtigt, im Namen des K Ansprüche geltend zu machen.

**3.** K hat durch die Lähmung seiner Beine eine Körperverletzung erlitten.

**4.** Das Handeln des S müsste für diese Körperverletzung kausal sein. K könnte mittelbar über G oder mittelbar über V Geschädigter oder unmittelbar Geschädigter sein. Wenn der nasciturus jedoch selbst durch § 823 I geschützt wird, muss auch die Verletzungshandlung auf ihn bezogen werden. Demnach ist eine unmittelbare Schädigung anzunehmen.[35] Es liegt auch nicht außerhalb aller Wahrscheinlichkeit, dass die Mutter eines Ungeborenen bei der Nachricht von einer lebensgefährlichen Verletzung des Vaters einen Schock erleidet, der zu einer Durchblutungsstörung und damit zu einer Schädigung des Kindes führt.[36] Insofern ist es unerheblich, ob die Mutter selbst anspruchsberechtigt ist, solange das »allgemeine Lebensrisiko« eines Ungeborenen gegenüber sonstigen Belastungen der Mutter erhöht ist.[37] Daher war die Handlung des S kausal für die Schädigung des K. 992

**5.** Der Schaden des K umfasst gem. § 842 die geminderten Erwerbsaussichten.

**6.** Fraglich ist, ob sich K das Mitverschulden des Vaters und die Veranlagung der Mutter analog § 254 zurechnen lassen muss. Eine Berücksichtigung des Mitverschuldens des Vaters könnte abzulehnen sein.[38] Dagegen spricht, dass die Schädigung des K gerade nicht wie bei V auf seiner besonderen persönlichen Beziehung zu G beruht, sondern der nasciturus alleine aufgrund organischer Vorgänge im Mutterleib geschädigt wurde. Demgegenüber ist es jedoch im Verhältnis zu dem Schädiger unbillig, das Mitverschulden beim Schockgeschädigten zu berücksichtigen, nicht aber beim Kind des Schockgeschädigten. Wäre V eine für G fremde Person gewesen, so hätten weder sie noch K einen Ersatzanspruch erhalten, da sich dann in dem Schockschaden nur das allgemeine Lebensrisiko verwirklicht hätte. Danach beruht der Ersatzanspruch 993

34 BGHZ 58, 48 (49 ff.); 93, 351; MüKoBGB/*Wagner* § 823 Rn. 93.
35 BGHZ 58, 48 (54); 93, 351 (356); *Brüggemeier*, Deliktsrecht, 1986, Rn. 195; *Lange/Schiemann*, Schadensersatz, 3. Aufl. 2003, § 8 I 3, S. 459.
36 BGHZ 58, 48 (56); 93, 351 (356 f.); *Deutsch/Ahrens*, Deliktsrecht, 6. Aufl. 2014, Rn. 43.
37 BGHZ 93, 351 (356).
38 *Deubner* NJW 1985, 1392.

des K zwar nicht auf seiner eigenen persönlichen Bindung zu G, wohl aber auf der engen Bindung der V zu G. Während der Schwangerschaft der V wirkt sich diese persönliche Beziehung unmittelbar auf das ungeborene Kind K aus, da sich V und K nach außen wie eine Person darstellen. Folgerichtig muss auch bei K eine Anspruchskürzung analog § 254 wegen eines Mitverschuldens des durch den Unfall Verletzten vorgenommen werden.

Demgegenüber ist die besondere Empfindlichkeit der V schon bezüglich ihres eigenen Schadensersatzanspruches nicht zu berücksichtigen. Dann kann die sensible Veranlagung der V aber auch nicht dem im Mutterleib geschädigten K angerechnet werden.

**Hinweis:** Bezüglich des Mitverschuldens ist auch eine andere Auffassung vertretbar.

K hat somit gegen S einen im Umfang des Mitverschuldens des G gem. § 254 I geminderten Anspruch aus § 823 I.

### II. Anspruch aus § 823 II BGB iVm § 229 StGB

994 K könnte gegen S auch einen Anspruch gem. § 823 II BGB iVm § 229 StGB haben. Dann müsste die Körperverletzung eines Menschen vorliegen. Strafrechtlich wird die Leibesfrucht jedoch erst mit dem Beginn des Geburtsaktes zum Menschen.[39] Maßgeblich ist hierfür nicht der Zeitpunkt des Erfolgseintritts, sondern der der Einwirkung. Daher wird die pränatale Einwirkung auf K als nasciturus nicht durch § 229 StGB geschützt. Es besteht kein Anspruch aus § 823 II BGB iVm § 229 StGB.

### III. Anspruch aus § 823 II BGB iVm § 41 I StVO iVm Anlage 2 Abschnitt 1 Nr. 2, § 49 III Nr. 4 StVO, § 24 I 1 StVG

995 Da die straßenverkehrsrechtlichen Vorschriften keine Schutzgesetze zugunsten des außen stehenden K sind, scheidet ein Anspruch aus § 823 II in Verbindung mit den genannten Vorschriften aus.

### IV. Anspruch aus § 18 StVG

996 S haftet K auch nicht aus § 18 StVG, weil diese Vorschrift nach ihrem Schutzzweck nur für Schädigungen von Verkehrsteilnehmern im Straßenverkehr eingreift.

## 4. Teil. Anspruch der V gegen S wegen entgangener Dienste

### I. Anspruch aus § 845

997 V könnte gegen S einen Anspruch aus § 845 haben. Dies setzt voraus, dass G der V zur Leistung von Diensten verpflichtet war. G war jedoch allenfalls aufgrund der Ehe verpflichtet, im Betrieb der V mitzuarbeiten. Er erfüllte insoweit eine Unterhaltspflicht nach § 1360 S. 1 und keine Dienstleistungspflicht, sodass § 845 nicht eingreift.[40]

39 Schönke/Schröder/*Eser*, StGB, 27. Aufl. 2014, StGB Vor §§ 211 ff. Rn. 13.
40 BGHZ 59, 172 (173 f.); BGH NJW 1980, 2196 (2197); MüKoBGB/*Wagner* § 845 Rn. 3.

## II. Anspruch aus § 844 II

V könnte einen Anspruch aus § 844 II haben. Dann müsste G zu V in einem Verhältnis gestanden haben, aufgrund dessen er ihr gegenüber unterhaltspflichtig war oder werden konnte. 998

**1.** Ob G der V in der Weise nach Eherecht unterhaltspflichtig war, dass er im Geschäft der V mithelfen musste, lässt sich hier nicht feststellen. Aber selbst wenn eine Unterhaltspflicht des G aus dem Eheverhältnis bejaht würde, müsste G der V zur Zeit der Verletzung unterhaltspflichtig gewesen sein.[41] Zu diesem Zeitpunkt waren G und V jedoch noch nicht verheiratet. Zwischen Verlobten besteht keine Unterhaltspflicht.

**2.** Dass G der V aufgrund der im Zeitpunkt der Verletzung geplanten Eheschließung iSd § 844 II unterhaltspflichtig werden konnte, reicht nicht aus. Voraussetzung ist, dass diese Rechtspflicht dem Grunde nach bereits angelegt ist.[42] Die Eheschließung hätte daher bereits erfolgt sein müssen.

**Hinweis:** Wer – zu Unrecht – einen Anspruch aus § 845 oder aus § 844 II bejaht, muss folgerichtig § 846 (direkt) anwenden.

Somit hat V gegen G keinen Anspruch aus § 844 II.

41 *Kötz/Wagner*, Deliktsrecht, 12. Aufl. 2013, Rn. 725 f.; KG NJW 1967, 1089 (1090).
42 *Kötz/Wagner*, Deliktsrecht, 12. Aufl. 2013, Rn. 726.

## Fall 23: »Der Dammbruch«

999 Die Dortmund-Ems Kanalbau GmbH ist für die Unterhaltung des Kanals und für seinen ordnungsgemäßen Zustand verantwortlich. Der hochqualifizierte Angestellte A der GmbH, der die Überwachung eigenverantwortlich durchführt, hat es versäumt, den Damm zu kontrollieren und deshalb die Entstehung von Haarrissen nicht bemerkt. Der Alleingeschäftsführer G hat den von der GmbH ordnungsgemäß ausgesuchten A bei der Ausübung seiner Tätigkeit nicht kontrolliert.

Die Risse im Damm führen zum Dammbruch. Wasser flutet in die mehrere Kilometer landabwärts gelegenen Lagerhallen des Verladebetriebs des L und beschädigt dort lagernde, L gehörende Waren. Das Wasser zerstört außerdem Kabel außerhalb des Verladebetriebs, die dessen Stromversorgung dienen. Wegen eines Kurzschlusses bleiben alle Maschinen stehen, und die Arbeiter des L können drei Stunden lang keine Arbeiten verrichten.

Der Schleppkahn des S, der seine Ware gerade bei L ablädt, ist wegen des Dammbruchs vor der Anlegestelle des L eingeklemmt und kann erst am nächsten Tag weiterfahren. T, der den Dammbruch vor sich sieht, kann nicht, wie vorgesehen, seinen Schleppkahn bei L entladen. Er fährt wieder nach Hause.

**Frage: Welche Ansprüche haben L, S und T gegen die GmbH?**

## A. Vorüberlegungen

Der Fall behandelt allein Deliktsrecht. Hier gilt es zunächst, alle einschlägigen Anspruchsgrundlagen zu finden. Neben § 831 wird für die Haftung im Rahmen einer arbeitsteiligen Organisation im weiten Umfang § 823 I herangezogen, wobei es nicht um das Auswahl- und Überwachungsverschulden, sondern um ein Organisationsverschulden geht. Aber auch an § 823 II BGB iVm § 39 WHG sowie an §§ 836, 838 ist zu denken. 1000

Die deliktische Haftung knüpft sowohl an ein Verhalten als auch an eine Rechtsgutsverletzung an. Am Beispiel der §§ 823 I, II, 826 verdeutlicht, prüfen Sie: »Verletzung« eines absoluten Rechts, »Verletzung« eines Schutzgesetzes, »vorsätzliche sittenwidrige Schädigung«; »absolutes Recht«, »Schutzgesetz« und »Vermögen«. Im Kern betrifft der vorliegende Fall unter dem Handlungsaspekt die Verletzung einer Verkehrssicherungspflicht. Für die Fallbearbeitung ist wichtig, dass man nicht etwa von einem eigenen Tatbestand »Verkehrssicherungspflichtverletzung« ausgeht, sondern unter § 823 I, verwirklicht durch Unterlassen, subsumiert, wobei Art und Umfang der Rechtspflicht zum Handeln besonderer Aufmerksamkeit bedürfen.

Im Hinblick auf die Rechtsgutsverletzung werden im vorliegenden Sachverhalt vier Varianten unterschieden: Beschädigung von Waren, Zerstörung eines Stromkabels, völlige Beseitigung der Bewegungsfreiheit und Einschränkung der Bewegungsfreiheit. Die beiden ersten Gruppen betreffen ein Standardproblem (»Stromkabelfall«): die Anknüpfung am Eigentum hier und Vermögen dort erscheint formal; dahinter steht die Wertung, dass in den Stromkabelfällen sonst eine uferlose Haftung eintreten könnte. Die beiden anderen Varianten betreffen die Frage, inwieweit Eigentumsbeeinträchtigungen in anderer Weise als durch Substanzverletzung zu Schadensersatzpflichten führen können; hier kommt es auf den Grad der Beeinträchtigung und den Kreis der potentiell Anspruchsberechtigten an, wobei das Versperren der Garagenausfahrt und der kurze Stau auf der Autobahn als Endpunkte der Bewertungsskala dienen können.

## B. Lösung

### Ansprüche des L gegen die GmbH

### I. Ansprüche des L gegen die GmbH aufgrund der Beschädigung seiner Ware

### 1. Anspruch gem. §§ 823 I, 31

1001 L könnte gegen die GmbH ein Anspruch auf Schadensersatz für seine beschädigten Waren gem. §§ 823 I, 31 zustehen.

**a)** Dann müsste ein Rechtsgut iSd § 823 I betroffen sein. Die beschädigten Waren standen im Eigentum des L. Durch das in die Lagerhallen des L eindringende Wasser wurden die dort lagernden Waren des L beschädigt. Somit liegt eine Substanzverletzung seines Eigentums vor.

1002 **b)** Diese Rechtsgutsverletzung müsste von der GmbH verursacht worden sein. Ein Handeln, durch das die GmbH den Dammbruch herbeigeführt hat, ist nicht erkennbar. Vielmehr führte eine unterlassene Kontrolle dazu, dass die den Dammbruch verursachenden Haarrisse nicht bemerkt wurden. Das Unterlassen kann dem Tun jedoch nur dann gleichgestellt werden, wenn eine Rechtspflicht zur Abwendung des Erfolgs, also zur Verhinderung der Rechtsgutsverletzung, besteht.[1]

**aa)** Eine derartige Rechtspflicht der GmbH könnte sich aus einer Verkehrssicherungspflicht hinsichtlich des Kanals ergeben. Die Verkehrssicherungspflicht beruht auf dem Grundgedanken, dass jeder, der eine Gefahrenlage schafft, zumutbare Vorkehrungen dagegen treffen muss, dass Dritte zu Schaden kommen.[2] Danach hat auch derjenige, der für andere einen Verkehr eröffnet oder andauern lässt, für dessen Sicherheit einzustehen.[3]

Die Dortmund-Ems Kanalbau GmbH ist für die Unterhaltung des Kanals und für seinen ordnungsgemäßen Zustand verantwortlich, sodass sie eine Verkehrssicherungspflicht trifft. Daraus ergibt sich die Rechtspflicht, die Wasserstraße in einem ihrer Bestimmung entsprechenden verkehrssicheren Zustand zu erhalten.

**bb)** Diese Pflicht müsste gerade gegenüber L bestanden haben. Die Verkehrssicherungspflicht besteht grundsätzlich gegenüber den Personen, die befugtermaßen mit der Gefahrenquelle in Berührung kommen sollen oder können.[4] Dazu zählen unzweifelhaft diejenigen, die den Kanal zum Verkehr benutzen, also die Schifffahrtsteilnehmer selbst.[5] L ist jedoch Inhaber eines Verladebetriebes mit Lagerhallen am Ufer des Kanals und somit lediglich Kanalanlieger. Fraglich ist, ob die Verkehrssicherungspflicht auch gegenüber Anliegern besteht.

Einen speziellen Anliegergebrauch gibt es bei einer Bundeswasserstraße wie dem Dortmund-Ems-Kanal nicht, vgl. §§ 5, 6 Bundeswasserstraßengesetz. Dies schließt jedoch eine Schutzpflicht gegenüber den Anliegern nicht aus. Kanalanlieger befinden sich ständig in unmittelbarer Nähe des Kanals. Wie dem Verkehrssicherungspflichtigen bekannt ist, kommen sie daher dauernd befugtermaßen mit der Gefahrenquelle

1 Soergel/*Spickhoff* BGB § 823 Rn. 15.
2 BGHZ 60, 54 (55); Soergel/*Spickhoff* § 823 Rn. 17.
3 BGHZ 16, 95 (96); Soergel/*Krause* § 823 Anh. II, Rn. 21; MüKoBGB/*Wagner* § 823 Rn. 243.
4 Vgl. MüKoBGB/*Wagner* § 823 Rn. 267 ff.
5 Vgl. BGH JZ 1983, 857 (858).

in Berührung. Demnach besteht die Verkehrssicherungspflicht auch gegenüber den Kanalanliegern. Der GmbH oblag damit auch gegenüber L eine Verkehrssicherungspflicht.

**cc)** Die GmbH müsste ihre Verkehrssicherungspflicht verletzt haben. Sie müsste es unterlassen haben, L vor Gefahren zu schützen, die von dem Verkehrsweg ausgehen. Insbesondere muss der Verkehrsteilnehmer vor solchen Gefahren gesichert werden, die ihm bei zweckgerechter Benutzung des Verkehrsweges nicht ohne Weiteres erkennbar sind.[6]

Die GmbH hat es versäumt, den Damm zu kontrollieren. Deshalb wurde die Entstehung der Haarrisse nicht bemerkt, die den Dammbruch verursacht haben. Dementsprechend konnten die Verkehrsteilnehmer auch nicht vor der für sie nicht erkennbaren Möglichkeit des Dammbruchs gesichert oder zumindest gewarnt werden. Somit hat die GmbH ihre Verkehrssicherungspflicht verletzt.

**dd)** Die Verletzung der Verkehrssicherungspflicht muss für die eingetretene Rechtsgutsverletzung kausal gewesen sein. Das Unterlassen ist kausal, wenn pflichtgemäßes Handeln den Eintritt des schädigenden Erfolgs mit an Sicherheit grenzender Wahrscheinlichkeit verhindert hätte.[7] Wäre der Damm ordnungsgemäß kontrolliert worden, so hätten die Haarrisse frühzeitig bemerkt werden und Gegenmaßnahmen ergriffen werden können. Es wäre mit an Sicherheit grenzender Wahrscheinlichkeit nicht zum Dammbruch und damit zur Eigentumsverletzung des L gekommen. Das Unterlassen ist demnach kausal für den Erfolg.

Eine Eigentumsverletzung durch Unterlassen ist somit gegeben.

**c)** Da zugunsten der GmbH keine Rechtfertigungsgründe ersichtlich sind, indiziert die Tatbestandsmäßigkeit die Rechtswidrigkeit. 1003

**d)** Es müsste auch ein Verschulden gem. § 276 I, II vorliegen. Da die GmbH durch ihre Organe handelt, ist ihr deren Verschulden gem. § 31 zuzurechnen.[8]

Hier kommt ein Verschulden des Alleingeschäftsführers G in Betracht. Als Alleinge- 1004
schäftsführer ist G gem. § 35 I GmbHG ein verfassungsmäßig berufener Vertreter iSd § 31 BGB. Er müsste die Verkehrssicherungspflicht schuldhaft verletzt haben. Die Pflicht zur Kontrolle des Dammes oblag nicht G unmittelbar, sondern sie war dem Angestellten A zur eigenverantwortlichen Durchführung übertragen worden. Das Versäumnis dieser Kontrolle ist daher grundsätzlich A und nicht G zuzurechnen. Die Verkehrssicherungspflicht traf jedoch ursprünglich die GmbH, für die G handelt. Der Verkehrssicherungspflichtige kann sich nicht allein dadurch seiner Verantwortlichkeit entledigen, dass er mit der Wahrnehmung der Sicherungsaufgaben geeignete Hilfspersonen betraut.[9] Vielmehr verbleibt bei dem Sicherungspflichtigen regelmäßig die Pflicht, selber für die erforderlichen allgemeinen Anordnungen sowie für eine

6 BGH NJW 1980, 2194 (2195); Soergel/*Krause* § 823 Anh. II, Rn. 90; MüKoBGB/*Wagner* § 823 Rn. 261.
7 BGHZ 34, 206 (215); 64, 46 (51).
8 Vgl. Soergel/*Hadding* § 31 Rn. 1, 6.
9 Soergel/*Krause* § 823 Anh. II Rn. 57; MüKoBGB/*Wagner* § 823 Rn. 298 ff.; MüKoBGB/*Wagner* § 831 Rn. 11.

ordnungsgemäße Organisation der der Hilfsperson übertragenen Tätigkeiten und besonders auch für die Überwachung ihrer Ausführung zu sorgen.[10]

Da G Alleingeschäftsführer einer GmbH ist, trifft ihn gem. § 31 diese Organisationspflicht der GmbH. G hätte den allein mit der Überwachung des Kanals betrauten A bei der Ausübung dieser Aufgabe kontrollieren und dafür Gewähr schaffen müssen, dass A den Kanal regelmäßig auch auf Risse überprüfte. Da G eine derartige Beaufsichtigung unterlassen hat, trifft ihn ein Organisationsverschulden. Dieses Verschulden ist der GmbH gem. § 31 zurechenbar.

Demnach muss die GmbH dem L den entstandenen Schaden ersetzen. Der Schaden umfasst gem. § 249 S. 2 den Betrag, der zur Wiederherstellung des vor der Substanzverletzung des Eigentums des L bestehenden Zustands erforderlich ist.

### 2. Anspruch gem. § 831 I 1

1005 L könnte gegen die GmbH des Weiteren ein Anspruch auf Schadensersatz gem. § 831 I 1 zustehen.

**a)** Dann müsste ein Verrichtungsgehilfe gehandelt haben. Verrichtungsgehilfe ist, wer mit Wissen und Wollen des Geschäftsherrn in dessen Interesse tätig wird und von dessen Weisungen abhängig ist.[11]

Hier kommt ein Handeln des A in Betracht. Der hochqualifizierte Angestellte A führte die Überwachung des Kanals eigenverantwortlich durch. A wurde zu einer Verrichtung für die GmbH bestellt. Da A eigenverantwortlich handelte, könnten allerdings Bedenken gegen seine Weisungsgebundenheit bestehen. Ausreichend ist jedoch, dass der Geschäftsherr die Tätigkeit des Handelnden jederzeit beschränken oder entziehen oder auch Zeit und Umfang bestimmen kann.[12] Hier sollte eine Kontrolle des A durch den Alleingeschäftsführer G erfolgen. G hätte daher auch die weitere Tätigkeit des A verhindern können. Somit war A weisungsgebunden und damit Verrichtungsgehilfe.

1006 **b)** A müsste einem anderen Schaden zugefügt, also tatbestandsmäßig eine unerlaubte Handlung begangen haben.

Das Eigentum des L wurde aufgrund des Dammbruchs verletzt. Diese Rechtsgutsverletzung müsste durch A verursacht worden sein. A hat es unterlassen, den Damm zu kontrollieren. Deshalb hat er die Entstehung von Haarrissen nicht bemerkt, sodass es zum Dammbruch kommen konnte. Dieses Unterlassen steht einem Tun gleich, sofern A zum Handeln verpflichtet war. Eine derartige Rechtspflicht könnte sich aus einer Verkehrssicherungspflicht ergeben. A war die Überwachung des Damms durch die GmbH zur eigenverantwortlichen Durchführung übertragen worden. Somit war A insbesondere zur Kontrolle des Damms verpflichtet. Diese Sicherungspflicht des Gehilfen A beruht jedoch lediglich auf der Verkehrssicherungspflicht der GmbH, deren Verletzung bereits zur Haftung der GmbH aus § 823 I geführt hat. Die

10 BGH NJW 1985, 484 f.; Soergel/*Krause* § 823 Anh. II Rn. 57; MüKoBGB/*Wagner* § 823 Rn. 302.
11 BGHZ 14, 163 (177); Soergel/*Krause* § 831 Rn. 19.
12 BGHZ 45, 311 (313).

zusätzliche Berücksichtigung dieser Verkehrssicherungspflicht im Rahmen des § 831 könnte daher ausgeschlossen sein.[13]

Jedoch trifft die Pflicht zur Abwendung der von einem Verkehr ausgehenden Gefahren auch denjenigen, der die Erfüllung dieser Pflichten gegenüber dem primär Verkehrssicherungspflichtigen vertraglich übernimmt.[14] Dementsprechend kann bei einer Verletzung dieser Pflichten auch die deliktsrechtliche Haftung eingreifen. Somit trifft A eine Verkehrssicherungspflicht. Indem A eine regelmäßige Kontrolle des Damms unterlassen hat, verletzte er diese Pflicht.

Das Unterlassen des A müsste auch kausal für die Eigentumsverletzung des L gewesen sein. Dies ist der Fall, wenn pflichtgemäßes Handeln den Eintritt des schädigenden Erfolges mit an Sicherheit grenzender Wahrscheinlichkeit verhindert hätte.[15] Hätte A den Damm kontrolliert, hätte er das Entstehen der Haarrisse feststellen und den Dammbruch verhindern können, der die Eigentumsverletzung herbeigeführt hat. Die Kausalität ist aus den gleichen Erwägungen wie im Rahmen des § 823 I zu bejahen.

c) Die Kontrolle des Dammes gehörte zum Aufgabenbereich des A. Er hat also in Ausführung der Verrichtung gehandelt. 1007

d) Da keine Rechtfertigungsgründe ersichtlich sind, indiziert die Tatbestandsmäßigkeit die Rechtswidrigkeit. A hat somit auch widerrechtlich gehandelt. 1008

e) Demnach sind die Voraussetzungen des § 831 I 1 gegeben. Gem. § 831 I 2 tritt die Haftung nicht ein, wenn sich der Geschäftsherr exkulpieren kann. Bei der Auswahl des A hat die GmbH die im Verkehr erforderliche Sorgfalt beobachtet, er war »hochqualifiziert«. Da die GmbH jedoch selbst für den ordnungsgemäßen Zustand des Kanals verantwortlich ist, hatte sie die Ausführung der Verrichtung durch A zu leiten. Gem. § 831 I 2 musste die GmbH demnach auch bei der Leitung die im Verkehr erforderliche Sorgfalt beobachten. A hätte daher bei der Ausübung seiner Tätigkeit überwacht werden müssen. Der Alleingeschäftsführer G hat es jedoch versäumt, A zu kontrollieren. Damit hat er die gem. § 276 II im Verkehr erforderliche Sorgfalt verletzt. Die GmbH kann sich also hinsichtlich der Überwachung des A nicht exkulpieren. Somit ist die Ersatzpflicht nicht gem. § 831 I 2 ausgeschlossen. L hat gegen die GmbH einen Anspruch auf Schadensersatz gem. § 831 I 1. 1009

### 3. Anspruch gem. § 823 II BGB iVm § 39 WHG

L könnte gegen die GmbH des Weiteren ein Anspruch auf Schadensersatz gem. § 823 II BGB iVm § 39 WHG zustehen. Dann müsste § 39 WHG ein Schutzgesetz iSd § 823 II sein, das die GmbH verletzt hat. Schutzgesetze sind materiell-rechtliche Normen, die zumindest auch den Schutz des Einzelnen oder eines einzelnen Personenkreises vor einer Verletzung bestimmter Rechtsgüter oder Interessen bezwecken.[16] Nicht ausreichend ist es, wenn nur der Schutz der Allgemeinheit bezweckt und der Einzelne nur über eine Art von Reflexwirkung miterfasst wird.[17] 1010

13 Vgl. Soergel/*Krause* § 831 Rn. 5; MüKoBGB/*Wagner* § 831 Rn. 2.
14 Soergel/*Krause* § 831 Rn. 13.
15 Erman/*Schiemann* § 823 Rn. 14.
16 BGHZ 40, 306 (306); Palandt/*Sprau* § 823 Rn. 56 ff.; Soergel/*Spickhoff* § 823 Rn. 195.
17 BGHZ 66, 388 (390).

§ 39 WHG normiert eine Unterhaltungspflicht für Gewässer, also auch für den Kanal. Sie dient dem Schutz der Allgemeinheit vor Gefahren, die von dem Kanal ausgehen. Hingegen ist die Unterhaltungspflicht nicht gerade auf den Schutz bestimmter einzelner Benutzer des Kanals, schon gar nicht der Anlieger, gerichtet. Vielmehr werden sie von dem Schutzzweck nur mittelbar erfasst. Somit ist § 39 WHG kein Schutzgesetz iSd § 823 II.[18] Ein Anspruch des L gegen die GmbH gem. § 823 II BGB iVm § 39 WHG scheidet somit aus.

### 4. Anspruch gem. §§ 836, 838

1011 L könnte auch einen Anspruch gem. §§ 836, 838 haben. Zwar ist ein Damm kein Gebäude, er könnte aber ein »anderes« mit einem Grundstück verbundenes Werk sein. Hierunter versteht man einen einem bestimmten Zweck dienenden, nach gewissen Regeln der Kunst oder Erfahrung unter Verbindung mit dem Erdkörper hergestellten Gegenstand.[19] Ein Staudamm erfüllt diese Voraussetzungen.[20]

Es müsste ein Einsturz oder die Ablösung von Teilen des Werkes erfolgt sein. Bei dem Dammbruch eines Teilstücks des Dortmund-Ems-Kanals bleibt der Hauptteil des Kanals stehen. Demnach ist nur eine Ablösung von Teilen des Werkes gegeben.

Der Dammbruch hat das Eigentum des L zerstört, also eine Sachbeschädigung verursacht. Dies war auch die Folge einer mangelhaften Unterhaltung des Dammes. Gem. § 838 ist derjenige schadensersatzpflichtig, der die Unterhaltung für den Besitzer übernimmt. Hier hat sich die GmbH zur Unterhaltung des Kanals verpflichtet. Also haftet sie gem. § 838.

Eine Exkulpation gem. § 836 I 2 ist ausgeschlossen, da die GmbH gem. § 31 zum Zwecke der Gefahrabwendung nicht die im Verkehr erforderliche Sorgfalt beobachtet hat.

Somit hat L gegen die GmbH auch einen Anspruch auf Schadensersatz gem. §§ 836, 838.

## II. Ansprüche des L gegen die GmbH aufgrund des Maschinenstillstands

### 1. Anspruch gem. §§ 823 I, 31

1012 L könnte gegen die GmbH einen Anspruch auf Schadensersatz für den durch den Maschinenstillstand verursachten Produktionsausfall gem. §§ 823 I, 31 haben. Dann müsste eines der in § 823 I genannten Rechtsgüter verletzt worden sein.

**a)** Denkbar ist eine Verletzung des Eigentums des L. Der Schutzbereich des Eigentums umfasst grundsätzlich die durch § 903 gewährten Eigentümerrechte.[21]

Eine Eigentumsverletzung ist danach jedenfalls dann gegeben, wenn die Substanz der Sache verletzt wird.[22] Das durch den Dammbruch in die Lagerhallen des L einflutende Wasser zerstörte aber ein Kabel außerhalb des Verladebetriebes. Diese Kabel stehen im Eigentum des Stromversorgers, sodass das Eigentum des L daran nicht verletzt wurde.

---

18 S. bereits (zu § 28 WHG) BGHZ 55, 153 (158); RG HRR 1935, Nr. 1068.
19 BGH NJW 1961, 1670 (1672); Palandt/*Sprau* § 836 Rn. 2.
20 RGZ 97, 112 (114).
21 Staudinger/*Hager*, 1999, § 823 Rn. B 58; *Medicus/Lorenz* SchuldR II Rn. 1285.
22 *Medicus/Lorenz* SchuldR II Rn. 1286; MüKoBGB/*Wagner* § 823 Rn. 112; Soergel/*Spickhoff* § 823 Rn. 60.

§ 903 gewährt jedoch die Befugnis, mit einer Sache nach Belieben zu verfahren. Danach ist der Eigentümer berechtigt, seine Sache jederzeit zu benutzen. Eine Eigentumsverletzung könnte daher auch in einer Gebrauchsbeeinträchtigung liegen. Der Schutzbereich des Eigentums ist allerdings sachbezogen, bloße Vermögensschäden begründen keine Eigentumsverletzung.[23] Demnach liegt in einer Gebrauchsbeeinträchtigung nur dann eine Eigentumsverletzung, wenn diese durch eine tatsächliche Einwirkung auf die Sache selbst erfolgt.[24]

Aufgrund des Stromausfalls kam es bei L zu einem Maschinenstillstand, durch den die Arbeiter des L drei Stunden lang an der Weiterarbeit gehindert waren. Dadurch könnte dem L jedenfalls ein Vermögensschaden entstanden sein. Jedoch erfolgte keine Einwirkung auf die Maschinen selbst. Diese hätten, zB mithilfe eines Notstromaggregats, ohne Weiteres betrieben werden können. Nach Wiederherstellung der Stromzufuhr konnte die Arbeit an den Maschinen wieder aufgenommen und zu Ende geführt werden. Die Maschinen selbst sind daher nur vorübergehend in ihrer Brauchbarkeit beeinträchtigt worden. Somit wird der Produktionsstillstand nicht vom Schutzbereich des Eigentums erfasst.[25]

Eine Eigentumsverletzung ist nicht gegeben.

**b)** Es könnte die Verletzung eines sonstigen Rechts iSd § 823 I vorliegen.

Das hier verletzte Vermögen des L ist kein sonstiges Recht iSd § 823 I.[26] **1013**

Möglicherweise ist hier aber ein Eingriff in das Recht am eingerichteten und ausgeübten Gewerbebetrieb gegeben. Hierbei handelt es sich um ein sonstiges Recht iSd § 823 I.[27]

Allerdings ist zu berücksichtigen, dass das Recht am Gewerbebetrieb von der Rechtsprechung entwickelt wurde, um den gesetzlichen Unternehmensschutz zu ergänzen und bestehende Haftungslücken auszufüllen.[28] Das Recht am Gewerbebetrieb dient nur als Auffangtatbestand. Soweit sich demnach eine Haftung bereits aus anderen speziellen, dem Unternehmensschutz dienenden Vorschriften, wie zB § 823 I (Eigentum), § 824 oder dem UWG ergibt, kann auf das Recht am Gewerbebetrieb nicht, auch nicht ergänzend, zurückgegriffen werden.[29]

Hier greifen keine anderen derartigen Anspruchsgrundlagen ein. Eine Haftung gem. § 823 I wegen Verletzung des Rechts am eingerichteten und ausgeübten Gewerbebetrieb kommt somit in Betracht.

Dann müsste in den Schutzbereich des Rechts am Gewerbebetrieb eingegriffen worden sein.

**aa)** Zunächst müsste ein Gewerbebetrieb vorliegen. Darunter fällt jedenfalls der Gewerbebetrieb im Sinne der Handelsrechts.[30] Dabei handelt es sich nach der Definition **1014**

23 BGH JZ 1983, 857 (858); MüKoBGB/*Wagner* § 823 Rn. 188.
24 BGHZ 55, 153 (159); Soergel/*Spickhoff* § 823 Rn. 61; Staudinger/*Hager*, 1999, § 823 Rn. 61; *Möschel* JuS 1977, 1 (2).
25 BGHZ 29, 65 (75); 41, 123 (126); aA Erman/*Schiemann* § 823 Rn. 29, 31.
26 Vgl. BGHZ 27, 137 (140); *Medicus/Lorenz* SchuldR II Rn. 1306.
27 BGHZ 29, 65 (67); Soergel/*Spickhoff* § 823 Rn. 90; MüKoBGB/*Wagner* § 823 Rn. 179.
28 BGHZ 29, 65 (67 ff.); 65, 325 (328); *Medicus/Lorenz* SchuldR II Rn. 1313.
29 MüKoBGB/*Wagner* § 823 Rn. 197; Soergel/*Beater* § 823 Anh. V Rn. 15.
30 Soergel/*Beater* § 823 Anh. V Rn. 23.

der hM um eine äußerlich erkennbare, erlaubte, selbstständige, planmäßig auf eine gewisse Dauer zum Zweck der Gewinnerzielung ausgeübte Tätigkeit, die nicht zu den freien Berufen gehört.[31] Diese Voraussetzungen erfüllt der Verladebetrieb des L, ein Gewerbebetrieb ist daher gegeben.

1015 **bb)** Der Schutzbereich des Gewerbebetriebs müsste verletzt worden sein. Zum Schutzbereich gehört zunächst der eigentliche Bestand des Gewerbebetriebs, dieser umfasst die Produktionsmittel. Darüber hinaus ist aber auch die wirtschaftliche Betätigung und Entfaltung, also der Gewerbebetrieb in seinen einzelnen Erscheinungsformen, geschützt, zB in seinen Geschäftsverbindungen und in seinem Kundenkreis.[32]

Im Gewerbebetrieb des L kam es durch die Stromunterbrechung zu einem dreistündigen Maschinenstillstand. Der Betrieb war somit in seiner Funktionsfähigkeit behindert. Der Schutzbereich des Bestands des Gewerbebetriebs ist daher betroffen. Würde das allerdings bereits für eine Rechtsgutsverletzung ausreichen, so könnte auch jeder entfernte Eingriff, der sich nur mittelbar auf den Gewerbebetrieb auswirkt, als Beeinträchtigung des Gewerbebetriebs angesehen werden. Dies würde zu einer uferlosen Ausdehnung der Haftung führen. Zur Wahrung der lückenfüllenden Funktion ist daher eine Beschränkung erforderlich.[33] Eine Verletzung des Rechts am Gewerbebetrieb ist demnach nur gegeben, wenn ein *unmittelbarer* Eingriff in den gewerblichen Tätigkeitsbereich vorliegt.[34] Unmittelbarkeit ist anzunehmen bei solchen Eingriffen, die gegen den Betrieb als solchen gerichtet, also betriebsbezogen sind und nicht vom Gewerbebetrieb ohne Weiteres ablösbare Rechte oder Rechtsgüter betreffen.[35] Hätte die Unterbrechung der Stromzufuhr einen Sachschaden bei L verursacht, so hätte eine die Schadensersatzpflicht begründende Eigentumsverletzung vorgelegen.[36] Wird hingegen lediglich der Verladungsbetrieb vorübergehend unterbrochen, so handelt es sich aufgrund der fehlenden Eigentumsverletzung um einen nicht ersatzfähigen reinen Vermögensschaden. Diese Differenzierung erscheint allerdings aufgrund der gleichen wirtschaftlichen Folgen ungerecht und unbefriedigend.[37] Aufgrund dessen könnte man in derartigen Fällen die Betriebsbezogenheit des Eingriffs bejahen.[38] Jedoch wurde hier lediglich das Eigentum des Stromversorgers an dem Kabel verletzt, und diese Eigentumsverletzung wirkte sich nur mittelbar auf den Gewerbebetrieb aus, indem sie ihm den für die Verladung erforderlichen Strom entzog. Dabei hätte dieses Stromkabel aber genauso gut für die Stromlieferung an andere Abnehmer bestimmt sein können.[39] Diese Erwägung spricht gegen die Betriebsbezogenheit des Eingriffs. Zudem muss nach dem Deliktssystem des BGB jeder, der infolge der Verletzung der Rechtsgüter Dritter einen Vermögensschaden erleidet, diesen Schaden grundsätzlich selbst tragen. Würde man aufgrund des Arbeitsausfalls die Be-

31 *Canaris*, Handelsrecht, 24. Aufl. 2006, § 2 Rn. 16 ff.; teilw. abweichend *Wank*, Handels- und Gesellschaftsrecht, 3. Aufl. 2013, 1. Kap. Rn. 13 ff.

32 BGHZ 29, 65 (70).

33 MüKoBGB/*Wagner* § 823 Rn. 194; Soergel/*Beater* § 823 Anh. V Rn. 6.

34 BGHZ 29, 65 (70); MüKoBGB/*Wagner* § 823 Rn. 194.

35 BGHZ 29, 65 (74); Soergel/*Beater* § 823 Anh. V Rn. 35; krit. Erman/*Schiemann* § 823 Rn. 63.

36 Vgl. BGHZ 41, 123 (126 f.); 66, 388 (393 f.).

37 *Schwerdtner* JURA 1981, 414 (423); *Neumann-Duesberg* NJW 1968, 1990 (1992); *Löwisch/Meier-Rudolph* JuS 1982, 237 (243); *Möschel* JuS 1977, 1 (2).

38 *Neumann-Duesberg* NJW 1968, 1990 (1992); ebenfalls kritisch: *Löwisch/Meier-Rudolph* JuS 1982, 237 (243); *Hager* JZ 1979, 53 (54 f.); *Finzel* NJW 1973, 761.

39 Vgl. BGHZ 29, 65 (74); krit. dazu *Medicus/Petersen* BürgerlR Rn. 612.

triebsbezogenheit des Eingriffs in den Gewerbebetrieb bejahen und L dadurch gestatten, den durch die Stromunterbrechung erlittenen Vermögensschaden zu liquidieren, so würde dies eine sachlich nicht begründbare Bevorzugung der Gewerbebetriebe darstellen und den Grundprinzipien des Deliktsrechts widersprechen.[40] Demnach ist ein betriebsbezogener Eingriff zu verneinen.

Das Recht am eingerichteten und ausgeübten Gewerbebetrieb ist somit nicht verletzt.

L hat gegen die GmbH keinen Anspruch auf Schadensersatz gem. §§ 823, 31.

**Hinweis:** Wurde mit der Minderheitsmeinung die Betriebsbezogenheit des Eingriffs in den Gewerbebetrieb bejaht, so ist damit eine Rechtsgutsverletzung hinsichtlich des Rechts am eingerichteten und ausgeübten Gewerbebetrieb gegeben. Rechtswidrigkeit und Verschulden der GmbH liegen vor. Die Voraussetzungen des § 823 I wären damit erfüllt.
L hätte gegen die GmbH einen Anspruch auf Schadensersatz gem. § 823 I. Fraglich ist allerdings, welchen Umfang der durch die GmbH zu ersetzende Schaden hat. Gem. § 249 S. 1 muss die GmbH den Zustand wiederherstellen, der bestehen würde, wenn der zum Ersatz verpflichtende Umstand nicht eingetreten wäre. Wäre es nicht zum Stromausfall gekommen, hätten die Arbeiter des L drei Stunden länger verladen können. L könnte daher ein Schaden entstanden sein, wenn er trotzdem an die Arbeiter für drei Stunden den Lohn entrichten müsste. Die Voraussetzungen der §§ 611, 615 sind gegeben. Somit haben die Arbeiter gegen L einen Anspruch auf ihren Lohn, obwohl sie nicht gearbeitet haben. Da L für den zu zahlenden Lohn keine Gegenleistung erhalten hat, ist ihm in Höhe des Lohnes ein Schaden entstanden. Diesen Schaden muss die GmbH gem. § 823 I iVm § 249 S. 1 ersetzen. Ist L durch die fehlende dreistündige Arbeitszeit zusätzlich ein Gewinn entgangen, so muss die GmbH diesen ebenfalls gem. § 823 I iVm § 252 erstatten.

## 2. Anspruch gem. § 831

Da keine Rechtsgüter des L verletzt sind, kann auch keine durch einen Verrichtungsgehilfen verursachte Rechtsgutsverletzung vorliegen, sodass ein Anspruch gem. § 831 ausscheidet. 1016

**Hinweis:** Nimmt man mit der Gegenansicht eine Rechtsgutsverletzung an, so ist aufgrund des Vorliegens der übrigen Voraussetzungen des § 831 auch ein Anspruch aus § 831 gegeben.

## 3. Anspruch gem. § 823 II BGB iVm § 39 WHG

Da § 39 WHG kein Schutzgesetz iSd § 823 II BGB ist, scheidet auch ein Anspruch gem. § 823 II BGB iVm § 39 WHG aus. 1017

## 4. Anspruch gem. §§ 836, 838

L könnte einen Anspruch gem. §§ 836, 838 haben. Im Rahmen des § 836 müsste durch den Dammbruch ein Rechtsgut iSd § 823 I verletzt worden sein.[41] Eine derartige Rechtsgutsverletzung liegt hier nicht vor. Somit scheidet ein Anspruch gem. §§ 836, 838 aus. 1018

40 BGHZ 66, 388 (393 f.); *Hager* JZ 1979, 53 (55); *Schwerdtner* JURA 1981, 414 (423).
41 MüKoBGB/*Wagner* § 836 Rn. 6, 16.

### III. Anspruch des S gegen die GmbH aufgrund der Einschließung seines Schiffes

#### 1. Anspruch gem. §§ 823 I, 31

1019 S könnte gegen die GmbH ein Anspruch auf Schadensersatz für den Verdienstausfall gem. §§ 823 I, 31 zustehen.

Das Eigentum des S müsste beeinträchtigt worden sein.

Da durch den Einschluss die Substanz des Schiffes nicht betroffen wurde, liegt kein Eigentumseingriff in Form einer Substanzverletzung vor. § 903 gewährt jedoch auch die ungehinderte Ausübung der Eigentümerbefugnisse. Die Verletzung des Eigentums kann daher auch durch eine sonstige, die Eigentümerbefugnisse treffende, tatsächliche Einwirkung auf die Sache erfolgen.

S konnte sein Schiff einen Tag lang nicht mehr zum Transport von Gütern gebrauchen. Das Schiff war durch den Verlust der Bewegungsmöglichkeit als Transportmittel unbrauchbar. Gegen die Annahme einer Eigentumsverletzung könnte allerdings eingewendet werden, dass das Schiff des S seine Ware noch bei L abladen konnte, also insoweit benutzbar geblieben war.[42] Möglicherweise hätte das Schiff auch in ein passierbares Kanalstück gehoben werden können. Entscheidend ist jedoch die realistische Durchsetzbarkeit der Eigentümerbefugnisse.[43] Faktisch waren die Befugnisse des S zur freien Verwendung seines Eigentums vollständig aufgehoben. Die Gebrauchsbeeinträchtigung im Hinblick auf das eingeschlossene Schiff erfolgte demnach durch eine tatsächliche Einwirkung auf die Sache selbst.[44]

Somit liegt eine Eigentumsverletzung vor.

Aufgrund der Subsidiarität des Rechts am Gewerbebetrieb kommt dessen Verletzung daneben nicht in Betracht.[45]

Rechtswidrigkeit und Verschulden im Hinblick auf den die Eigentumsverletzung verursachenden Dammbruch sind gegeben.

Somit hat S gegen die GmbH einen Anspruch auf Schadensersatz gem. §§ 823 I, 31. Ihm ist gem. §§ 249, 252 der durch die eintägige »Zwangspause« entgangene Gewinn zu ersetzen.

#### 2. Anspruch gem. § 831 I 1

1020 S könnte gegen die GmbH einen Anspruch auf Schadensersatz gem. § 831 I 1 haben. Diese Vorschrift kann grundsätzlich neben den §§ 823 I, 31 angewandt werden. Wie oben ausgeführt, hat A als Verrichtungsgehilfe der GmbH gehandelt und in Ausübung der Verrichtung widerrechtlich den Dammbruch verursacht. Aufgrund des Dammbruchs wurde das Schiff des S eingeschlossen und damit sein Eigentum verletzt. Eine Exkulpation gem. § 831 I 2 ist hinsichtlich der Überwachung des A ausgeschlossen.

42 Vgl. *Medicus/Petersen* BürgerlR Rn. 613; *Müller-Graff* JZ 1983, 860 (862).
43 *Müller-Graff* JZ 1983, 860 (862).
44 Vgl. BGHZ 55, 153 (159); BGH NJW 1998, 377; *Möschel* JuS 1977, 1 (3); MüKoBGB/*Wagner* § 823 Rn. 111.
45 Vgl. BGHZ 55, 153 (160).

Somit hat S gegen die GmbH auch einen Anspruch auf Schadensersatz gem. § 831 iVm §§ 249, 252.

### 3. Anspruch gem. § 823 II BGB iVm § 39 WHG

Da § 39 WHG kein Schutzgesetz zugunsten der Benutzer des Kanals verkörpert, sondern nur der Allgemeinheit dienen soll, scheidet ein Anspruch aufgrund einer Schutzgesetzverletzung gem. § 823 II BGB iVm § 39 WHG aus. 1021

### 4. Anspruch gem. §§ 836, 838

Da die durch den Dammbruch verursachte Verletzung des Eigentums des S eine Rechtsgutsverletzung iSd § 836 ist und die übrigen Voraussetzungen vorliegen, besteht auch ein Anspruch des S gegen die GmbH gem. §§ 836, 838. 1022

## IV. Ansprüche des T gegen die GmbH aufgrund der Aussperrung seines Schiffes

### 1. Anspruch gem. §§ 823 I, 31

T könnte gegen die GmbH ein Anspruch auf Schadensersatz gem. §§ 823 I, 31 zustehen. Dann müsste ein Rechtsgut iSd § 823 I verletzt sein. 1023

**a)** Eine Eigentumsverletzung in Form einer Substanzverletzung scheidet aus. Es könnte jedoch eine Gebrauchsbeeinträchtigung vorliegen.

T wurde durch den Dammbruch von der Anlegestelle des L ausgesperrt. Der Unterschied zu S liegt darin, dass T durch den Dammbruch nicht eingesperrt war, sondern vielmehr nur die Anlegestelle des L nicht erreichen, sich aber ansonsten frei bewegen konnte. Demnach war das Schiff des T weiterhin als Transportmittel benutzbar. T war nicht in dem bestimmungsgemäßen Gebrauch seines Eigentums behindert. Allerdings war er daran gehindert, seine Waren bei L abzuladen. Darin könnte eine tatsächliche Einwirkung auf die Sache selbst gesehen werden, sodass eine Eigentumsverletzung vorläge.[46] Entscheidend ist, ob auch diese Form der Gebrauchsbeeinträchtigung vom Schutzbereich des Eigentums iSd § 823 I erfasst wird. Dafür ist maßgeblich, wem das Risiko für die Beeinträchtigung der Schiffbarkeit des Kanals jeweils zugerechnet werden kann, ob also T auf die uneingeschränkte Befahrbarkeit des Kanals mit seinem Schiff vertrauen konnte.[47]

Grundsätzlich könnte man davon ausgehen, dass aufgrund der bestehenden Vorschriften über die Unterhaltungspflicht für Gewässer das Vertrauen aller Benutzer auf die ordnungsgemäße Unterhaltung des Kanals schutzwürdig ist.[48] Dann hätte T einen Ersatzanspruch. Da es sich bei diesen Vorschriften jedoch nicht um Schutzgesetze zugunsten bestimmter Einzelner, sondern nur zugunsten der Allgemeinheit handelt, scheidet ein derartiger Ansatzpunkt für die Risikoverteilung aus. Das ausgesperrte Schiff blieb als Transportmittel einsatzfähig, nur der Kontakt zu einem bestimmten Kunden war nicht mehr herstellbar. Eine tatsächliche Einwirkung auf die Sache kann darin nur liegen, wenn auch jedes konkrete Transportziel zum Schutzbereich des Eigentums gehört. Dann könnte aber jeder Eigentümer selbst die Reichwei-

46 Vgl. *Medicus/Petersen* BürgerlR Rn. 613.
47 *Medicus/Petersen* BürgerlR Rn. 613; *Müller-Graff* JZ 1983, 860 (863).
48 *Medicus/Petersen* BürgerlR Rn. 613.

te seines Eigentumsschutzes bestimmen. Damit würde der Schutzbereich des Eigentums uferlos.[49]

Es kann daher nur die Möglichkeit geschützt sein, sein Schiff überhaupt zum Transport zu verwenden. Der Schifffahrtsunternehmer darf hingegen nicht darauf vertrauen, jede beliebige Anlegestelle erreichen zu können. Vielmehr liegt in der Aussperrung des T von dem Verladebetrieb des L nur eine Behinderung des T bei der Ausübung seines ihm wie jedem Schifffahrttreibenden zustehenden Gemeingebrauchs.[50]

Diese Behinderung erfolgte also nicht durch eine tatsächliche Einwirkung auf die Sache selbst und ist daher keine Eigentumsverletzung. Ein Eingriff in das Eigentum ist somit nicht gegeben.

1024 **b)** Möglicherweise ist aber ein sonstiges Recht iSd § 823 I verletzt. Der hier verletzte Gemeingebrauch ist allerdings kein sonstiges Recht in diesem Sinne. In Betracht kommt aber das Recht am eingerichteten und ausgeübten Gewerbebetrieb.

Es ist davon auszugehen, dass der Schiffer T ein Gewerbe betreibt. Indem T durch den Dammbruch mit seinem Schlepper an der Weiterfahrt gehindert wurde, war er in der Ausübung seines Gewerbes beeinträchtigt. Hierbei müsste es sich um einen unmittelbaren, dh betriebsbezogenen Eingriff in den Gewerbebetrieb des T handeln.

Ein derartiger Eingriff liegt nur dann vor, wenn die Schiffbarkeit des Kanals zum Gewerbebetrieb des T gehört. Die Sperrung des Kanals betrifft jedoch auch andere Schifffahrtsunternehmer. Es handelt sich dabei nur um eine Beschränkung des allen Schifffahrtsunternehmern gleichermaßen zustehenden Gemeingebrauchs. Die Unterbrechung der Schiffbarkeit ist daher nicht gerade gegen den Gewerbebetrieb des T gerichtet. Die Schiffbarkeit des Kanals gehört nicht zum Schutzbereich des Gewerbebetriebs.[51] Würde man sie dem Schutzbereich hinzurechnen, so würde der von § 823 I nicht geschützte Gemeingebrauch zu einem »sonstigen Recht« in diesem Sinne.[52]

Somit liegt kein betriebsbezogener Eingriff in den Gewerbebetrieb des T vor. Das Recht des T am eingerichteten und ausgeübten Gewerbebetrieb ist nicht verletzt.

Somit besteht kein Anspruch des T gegen die GmbH auf Schadensersatz gem. §§ 823 I, 31.

**Hinweis:** Wird ein Eingriff in das Eigentum mit der Minderheitsmeinung bejaht, so ist aufgrund des Vorliegens der übrigen Voraussetzungen des § 823 I ein Anspruch des T gegen die GmbH gem. §§ 823 I, 31 gegeben.

### 2. Anspruch des T gegen die GmbH auf Schadensersatz aus sonstigen Vorschriften

1025 Ein Anspruch des T gegen die GmbH auf Schadensersatz gem. §§ 831, 823 II BGB iVm § 39 WHG oder §§ 836, 838 scheidet aus denselben Gründen aus wie entsprechende Ansprüche des S, wie oben dargelegt.

49 *Möschel* JuS 1977, 1 (3).
50 Vgl. BGHZ 55, 153 (160); zust. *Neumann-Duesberg* NJW 1972, 133.
51 BGHZ 55, 153 (161); *Neumann-Duesberg* NJW 1972, 133.
52 BGHZ 55, 153 (162); krit. *Medicus/Petersen* BürgerlR Rn. 613.

# 4. Abschnitt. Sachenrecht

## 1. Kapitel. Grundprobleme der Falllösung im Sachenrecht

Die Kenntnis des Rechts der beweglichen Sachen gehört mit zum Mindestprogramm Ihrer juristischen Ausbildung. Damit aber nicht genug: Unabhängig von Trennungs- und Abstraktionsprinzip sind Schuldrecht und Sachenrecht so eng miteinander verzahnt, dass eine rein schuldrechtliche Betrachtung in vielen Fällen nicht ausreicht. Besonders deutlich wird der Zusammenhang in den Bereichen Eigentumsvorbehalt, Sicherungsübereignung und Eigentümer-Besitzer-Verhältnis, die hier deshalb eingehend behandelt werden. 1026

Im Recht der unbeweglichen Sachen gehören Kernfragen des Rechts der Grundschuld, der Vormerkung und des hypothekarischen Haftungsverbandes zu den Standardthemen, die Sie beherrschen sollten.

### A. Bewegliche Sachen

#### I. Eigentumsvorbehalt und Sicherungsübereignung

#### 1. Der Eigentumsvorbehalt

Im gewerblichen Verkehr, insbesondere bei sachbezogenen Konsumentenkrediten und Warenkrediten im kaufmännischen Bereich, werden Waren aufgrund der allgemeinen Geschäftsbedingungen des Verkäufers nur noch unter Eigentumsvorbehalt veräußert. Obwohl die Stellung des § 455 aF innerhalb der §§ 433 ff. aF den Schluss zuließ, dass der Gesetzgeber die Norm als Ausnahmevorschrift angesehen hatte,[1] ist der Eigentumsvorbehalt in der Rechtspraxis eines der bedeutendsten Kreditsicherungsmittel geworden. 1027

Der Grund für diese Entwicklung wird deutlich, wenn man sich die Interessenlage des Verkäufers vor Augen hält, der Warengeschäfte tätigt, ohne sich das Eigentum daran vorzubehalten: Verhält sich der Käufer vertragswidrig, so kann der Verkäufer nur schuldrechtliche Ansprüche geltend machen; zum einen den Erfüllungsanspruch gem. § 433 II, zum anderen die Schadensersatzansprüche nach §§ 280, 281. Ist der Käufer aber insolvent, so sind diese Ansprüche praktisch ohne Wert. Der Verkäufer hätte nur noch den Status eines Insolvenzgläubigers, §§ 38 ff. InsO.

Somit besteht ein Sicherungsbedürfnis des Verkäufers, das dadurch befriedigt wird, dass er das Eigentum am Gegenstand des Vertrags aufschiebend bedingt gem. §§ 929, 158 übertragen kann. Obwohl er dem Käufer die Sache zum unmittelbaren Besitz und damit zur Nutzung überlässt, ist er also nicht mehr gezwungen vorzuleisten. Der Verkäufer bleibt zum Rücktritt berechtigt und hat im Falle der Insolvenz des Käufers ein Recht zur Aussonderung des Vertragsgegenstandes, §§ 47 ff. InsO, sofern der Insolvenzverwalter nicht nach § 103 I InsO Erfüllung wählt und somit den Bedingungseintritt herbeiführt. Dann allerdings wird der Verkäufer auch in vollem Umfang befriedigt, § 55 I Nr. 2 InsO. Ebenso kann der Käufer gem. § 107 InsO für den Fall, dass er eine bewegliche Sache unter Eigentumsvorbehalt erworben hat, in der Insolvenz des Verkäufers abweichend von § 103 InsO Erfüllung des Kaufvertrags verlangen.[2]

1 *Graf Lambsdorff*, Handbuch des Eigentumsvorbehalts, 1974, Rn. 7.
2 *Lackmann*, Zwangsvollstreckungsrecht, 10. Aufl. 2013, Rn. 806.

### a) Die Vereinbarung des Eigentumsvorbehalts

1028 Grundsätzlich muss der Eigentumsvorbehalt im Kaufvertrag und in der Einigung erklärt werden, um seine schuld- und sachenrechtlichen Wirkungen entfalten zu können.[3] Eine *einseitige Erklärung* über den Eigentumsvorbehalt des Verkäufers bei oder vor Übergabe der Sache ist nur dann wirksam, wenn der Käufer sich, unter Umständen konkludent, mit dem Vorbehalt einverstanden erklärt. In der einseitigen Erklärung des Verkäufers liegt einerseits ein Angebot auf Änderung des ursprünglichen Vertrags, andererseits eine Bedingung für den Eigentumsübergang. Weigert sich der Käufer, diese Bedingung zu akzeptieren, so liegt keine Einigung vor. In diesem Fall erwirbt der Käufer kein Eigentum, auch kein Vorbehaltseigentum.[4] Unwirksam ist eine nachträgliche Erklärung des Eigentumsvorbehaltes, zum Beispiel in Lieferungsbedingungen oder Rechnungsaufdrucken. Beide Parteien können allerdings nachträglich wirksam einen Eigentumsvorbehalt vereinbaren.

Probleme bereitet die Konstellation, in der der Verkäufer in seinen allgemeinen Geschäftsbedingungen einen Eigentumsvorbehalt zugrunde legt, der Käufer hingegen in seinen Einkaufsbedingungen einen Eigentumsvorbehalt ausdrücklich ausschließt, sog. *kollidierende AGB*. Zur Lösung könnte man zunächst daran denken, dass diejenigen AGB den Vorrang haben, die in stärkerer, unmissverständlicher Weise formuliert sind[5] oder diejenigen, auf die als letzte von einem der beiden Vertragspartner hingewiesen wurde.[6] Dagegen spricht jedoch, dass es zum Teil schwer festzustellen ist, welche AGB deutlicher ausgedrückt sind, insbesondere wenn beide den Eigentumsvorbehalt oder die Abwehrklausel unmissverständlich formulieren. Auch wäre es kaum praktikabel, wenn immer nur die zuletzt verwandten AGB gelten sollten. Dies würde bedeuten, dass die Vertragsparteien stets versuchen müssten, einander die widersprechenden AGB erneut zuzusenden.

Aus diesen Gründen ist von einem sog. partiellen Dissens auszugehen, der sich auf die widersprechenden AGB beschränkt: Weder die AGB des Verkäufers noch die des Einkäufers sind insoweit wirksam, als sie einander widersprechen. Der Grund für diesen dogmatischen Ansatz liegt darin, dass die Vertragspartner mit der Durchführung des Vertrags zum Ausdruck bringen, dass die Geltung oder Nichtgeltung der AGB nicht den gesamten Vertrag infrage stellen soll. Es entspricht lediglich nicht dem Parteiwillen, die AGB der anderen Seite zu akzeptieren. An die Stelle der unwirksamen AGB tritt das dispositive Gesetzesrecht, § 306 I, II. Dies bedeutet, dass kein Eigentumsvorbehalt vereinbart wird.[7]

Zu denken ist schließlich noch an eine stillschweigende Vereinbarung eines Eigentumsvorbehaltes, zum Beispiel bei ständiger Geschäftsverbindung, unter Umständen auch bei Branchenüblichkeit oder Handelsbrauch.[8] Nicht angenommen werden kann jedoch ein Geschäftsbrauch, der bei Lieferung von Waren ohne sofortige Bezahlung stets eine stillschweigende Vereinbarung eines Eigentumsvorbehaltes vorsieht. Es ist

3 *Baur/Stürner* SachenR § 59 Rn. 10.
4 BGH NJW 1953, 217.
5 BGH BB 1952, 238.
6 RGZ 105, 14 (15); BGH NJW 1963, 1248 (sog. Theorie des letzten Wortes).
7 BGHZ 61, 282 (289); Staudinger/*Bork*, 2010, § 150 Rn. 17 f.; *Bunte* JA 1982, 321 (324); ähnlich *Medicus/Petersen* BürgerlR Rn. 75.
8 BGH BB 1973, 1393 (1394); *Graf Lambsdorff*, Handbuch des Eigentumsvorbehalts, 1974, Rn. 45 f.; str.

daher im Einzelfall zu prüfen, ob im Verhalten der Parteien eine stillschweigende Übereinkunft zu sehen ist.

### b) Die schuldrechtlichen Wirkungen des Eigentumsvorbehalts

§ 449 I enthält eine Legaldefinition des Eigentumsvorbehalts. In der Sache hat sich nichts geändert.[9] Erfüllt der Verkäufer seine Zahlungsverpflichtung nicht, so hat der Verkäufer ein Interesse daran, die verkaufte Sache zurück zu bekommen. Ein schlichtes Rückholrecht ist jedoch ausgeschlossen. Der Verkäufer muss erst vom Vertrag zurücktreten, § 449 II. Die Folge des Rücktritts besteht darin, dass die Bedingung der vollständigen Bezahlung des Kaufpreises nicht mehr eintreten kann, sodass sowohl das Anwartschaftsrecht des Vorbehaltskäufers als auch sein Besitzrecht entfallen.[10] Die beiderseitigen Leistungen sind nach den §§ 346 ff. zurückzugewähren. 1029

Der Verkäufer hat ein gesetzliches Rücktrittsrecht, das sich nach den allgemeinen Vorschriften richtet.

Abweichungen von der gesetzlichen Regelung sind durch Individualvertrag möglich: Der Käufer kann auf das Erfordernis der Nachfrist verzichten. Eine entgegenstehende Regelung in AGB ist jedoch nach § 309 Nr. 4 unwirksam. Bei Verbraucherverträgen gilt unabhängig von der Regelung durch Individualvertrag oder durch AGB: Jedenfalls wenn ein Teilzahlungskauf vorliegt, kann der Verkäufer wegen Zahlungsverzugs des Käufers nur zurücktreten, wenn dieser mit mindestens zwei Raten in Verzug ist und eine zweiwöchige Nachfrist erfolglos verstrichen ist, §§ 503 II 1, 498 I (ab 11.6.2010: §§ 508 II 1, 498 I).

Der Verkäufer kann die Sache auch dann zurückverlangen, wenn der Käufer nicht zahlt, die *Kaufpreisforderung* aber *verjährt* ist. Heute ist dies ausdrücklich im Sinne der früher hM[11] in § 216 II 2 normiert worden.

Bezüglich der schuldrechtlichen Wirkung des Eigentumsvorbehalts ist schließlich problematisch, ob der Vorbehaltsverkäufer bereits erfüllt hat, wenn er dem Vorbehaltskäufer die Sache übergeben und aufschiebend bedingt übereignet hat, oder ob er auch in diesem Falle die Verschaffung des vollen Eigentums gem. § 433 schuldet. Von Bedeutung ist diese Frage vor allem für das *Wahlrecht des Insolvenzverwalters* nach § 103 InsO.[12]

### c) Die sachenrechtliche Wirkung des Eigentumsvorbehalts

**aa)** Bis zum Eintritt der Bedingung, dh bis zur vollständigen Bezahlung des Kaufpreises durch den Käufer, bleibt der *Vorbehaltsverkäufer* Eigentümer der Sache. Ihm steht deshalb im Falle der Insolvenz des Vorbehaltskäufers ein Aussonderungsrecht gem. § 47 InsO zu. Ist die Sache jedoch schon vom Insolvenzverwalter veräußert worden, bevor der Vorbehaltsverkäufer sein Aussonderungsrecht geltend machen konnte, kann er Ersatzaussonderung gem. § 48 InsO verlangen. Er hat also das Recht, die Forderung aus dem Verkauf der Sache aus der Insolvenzmasse auszusondern, sofern sie in der Masse noch unterscheidbar vorhanden ist.[13] 1030

9 Zum Eigentumsvorbehalt nach der Schuldrechtsreform *Habersack/Schürnbrand* JuS 2002, 833; *Schulze/Kienle* NJW 2002, 2842.

10 BGHZ 75, 221 (225).

11 BGHZ 34, 191; *Dilcher* JuS 1979, 331 (335); aA *Blomeyer* JZ 1971, 186 (187).

12 S. dazu unten Fall 24.

13 Dazu *Baur/Stürner* SachenR § 59 Rn. 15, 28.

Betreibt ein Gläubiger des Vorbehaltskäufers die Zwangsvollstreckung, so ist der Vorbehaltsverkäufer als Eigentümer berechtigt, gegen diesen Zugriff im Wege der Drittwiderspruchsklage vorzugehen, § 771 ZPO.

1031 **bb)** Im Vergleich zu dieser klar umrissenen Rechtsstellung des Vorbehaltsverkäufers wirft die des *Vorbehaltskäufers* mehr Fragen auf. Man spricht insoweit davon, dass ihm ein Anwartschaftsrecht an der Sache zusteht. Beschrieben wird dieses Anwartschaftsrecht als eine »bloße Vorstufe des Eigentums« oder als dessen »wesensgleiches Minus«[14]. Das sind Metaphern, die die Lösung von Einzelfragen offen lassen. Unstreitig kann ein Anwartschaftsrecht auf einen anderen *übertragen* werden.[15] Fraglich ist, welche Rechte dem Vorbehaltskäufer *zum Schutz des Anwartschaftsrechts* zustehen. Das Anwartschaftsrecht ist ein sonstiges Recht iSd § 823 I.[16] Da der Vorbehaltskäufer unmittelbarer Besitzer der Sache ist, steht ihm auch der Besitzschutz gem. den §§ 858 ff., 1007 zu. Auch ist unzweifelhaft, dass das Anwartschaftsrecht im Verhältnis des Vorbehaltskäufers zum Vorbehaltsverkäufer dem Käufer ein Recht zum Besitz iSd § 986 gibt. Problematisch ist hingegen, inwieweit der Vorbehaltskäufer durch das Anwartschaftsrecht ein gegenüber jedermann wirkendes dingliches Recht zum Besitz hat. Dafür sprechen folgende Erwägungen: Einerseits gibt das Gesetz auch den Inhabern beschränkter dinglicher Nutzungs- und Verwertungsrechte die Befugnisse eines Eigentümers (§§ 1065, 1227). Andererseits ist die Anerkennung eines Anwartschaftsrechts als Vorstufe zum Vollrecht nur dann sinnvoll, wenn die mit diesem Recht verbundenen Befugnisse auch dinglich gesichert sind.[17]

Unstreitig ist schließlich, dass das Anwartschaftsrecht des Vorbehaltskäufers *gepfändet* werden kann. Problematisch ist dabei jedoch, wie diese Pfändung erfolgen soll. Zunächst liegt es nahe, gem. § 857 ZPO eine Rechtspfändung vorzunehmen. Das so entstandene Pfändungspfandrecht am Anwartschaftsrecht könnte sich dann nach Bedingungseintritt ohne Weiteres an der Sache fortsetzen, analog § 1287 BGB, § 847 ZPO.[18] Ebenso könnte man daran denken, lediglich die Sache gem. § 808 ZPO zu pfänden.[19] Würde man so vorgehen, ergäben sich aber in der Rechtspraxis erhebliche Nachteile. Wird nur die Sache gepfändet, so besteht für den Gläubiger die Gefahr, dass der Eigentümer nach § 771 ZPO vorgehen und so die Vollstreckung und damit die weitere Verwertung verhindern kann. Auch die bloße Pfändung des Anwartschaftsrechts ist unzureichend, da die Konstruktion einer Fortsetzung des Pfandrechts an der Sache bei Bedingungseintritt mangels tragfähiger Analogie nicht haltbar ist. Als sicherste Form empfiehlt sich daher die sog. Doppelpfändung, dh eine Rechtspfändung gem. § 857 ZPO, verbunden mit einer Sachpfändung nach § 808 ZPO. Diese auf den ersten Blick umständlich erscheinende Vorgehensweise hat den Vorteil, dass die Pfändung des Anwartschaftsrechts zunächst die Wirkung des § 829 I 2 ZPO nach sich zieht, der Schuldner also nicht mehr über die Anwartschaft verfügen darf. Hinzu kommt, dass nach Bedingungseintritt die gepfändete Sache in das Pfandrecht des Gläubigers hineinwächst, ohne dass es einer dinglichen Surrogation bedarf.[20]

14 BGHZ 28, 16 (21); 30, 374 (377).
15 RGZ 101, 185 (187).
16 RGZ 170, 1 (6).
17 *Wieling* SachenR § 17 II 2 a, S. 242.
18 *Brox* JuS 1984, 657 (665); *Medicus/Petersen* BürgerlR Rn. 486.
19 *Stoll* ZHR 1966 (128), 239 (250).
20 BGH NJW 1954, 1325 (1327); *Westermann/Gursky/Eickmann* SachenR § 43 Rn. 29; *Reinicke* MDR 1959, 613 (616).

### d) Sonderformen des Eigentumsvorbehalts

Unter den Sonderformen des Eigentumsvorbehalts ist zunächst der sog. *verlängerte Eigentumsvorbehalt* zu nennen. Er liegt vor, wenn der Vorbehaltsverkäufer und der Vorbehaltskäufer vereinbaren, dass an die Stelle des Eigentumsvorbehalts, wenn dieser zB durch Weiterveräußerung, Verarbeitung oder ähnliches erlischt, eine neue Sache, zB das Arbeitsprodukt oder die daraus entstehende Forderung treten soll.[21] 1032

Da meist neben dem Warenkredit auch Geldkredite von Banken in Anspruch genommen werden, ergibt sich das Problem, ob im Sicherungsfall dem Geld- oder dem Warenkreditgeber der Vorzug einzuräumen ist. Dabei ist zunächst vom Prioritätsprinzip auszugehen, dh, dass der zuerst eingeräumte Kredit Vorrang genießt. Dies beruht auf dem Gedanken, dass ein Recht nur einmal vom Berechtigten übertragen werden kann, sodass bei mehrfacher Abtretung einer Forderung also nur die zeitlich erste Abtretung wirksam ist.[22] Die Lösung überzeugt jedoch nicht immer. Lag die Globalzession zeitlich früher, so würde die ausschließliche Anwendung des Prioritätsprinzips bedeuten, dass der Vorbehaltsverkäufer keine Möglichkeit hätte, seinen Kredit zu sichern. Beide Sicherungsmöglichkeiten müssen also nebeneinander bestehen, Übersicherungen müssen durch die Rechtsordnung reduziert werden, zudem darf beiden Gläubigergruppen nur ihr jeweils angemessener Anteil an den Sicherungen zugebilligt werden. Außerdem erhält der Warenlieferant den Vorrang, wenn die Globalzession gem. § 138 wegen Sittenwidrigkeit nichtig ist. Die Sittenwidrigkeit kann sich dabei vor allem aus dem Gesichtspunkt der Kredittäuschung ergeben. Sie liegt insbesondere vor, wenn der Geldkreditgeber aufgrund des Sicherungsvertrags den Eigentumsvorbehaltskäufer veranlasst, sich vertragsuntreu zu verhalten, indem er die Aufklärung des Warenlieferanten über die bestehende Globalzession unterlässt.[23]

Eine Sittenwidrigkeit der Globalzession kann nur vermieden werden, wenn der Zedent mit dem Zessionar eine sog. *dingliche Teilverzichtsklausel* vereinbart.[24] Eine bloß schuldrechtliche Vereinbarung (sog. *schuldrechtliche Teilverzichtsklausel*), durch die dem Zedenten nur die Verpflichtung zur Befriedigung des Vorbehaltsverkäufers auferlegt wird, genügt nicht.[25] Dadurch würde dem Vorbehaltskäufer die Durchsetzung seiner ursprünglichen Rechte aus dem verlängerten Eigentumsvorbehalt unangemessen erschwert, und außerdem würde im Falle der Insolvenz der Bank sein Absonderungsrecht, das er gegenüber dem Vorbehaltskäufer hat, vereitelt.[26]

Ein ähnliches Problem stellt sich, wenn verlängerter Eigentumsvorbehalt und Globalzession beim *Factoring* aufeinander treffen. Von Factoring spricht man, wenn ein Unternehmer seine Forderungen gegen seine Abnehmer an einen gewerblichen Forderungsaufkäufer, den Factor (bei dem es sich in der Regel um eine Bank oder eine bankähnliche Factoringgesellschaft handelt), abtritt. Der Unternehmer erspart sich dabei die Debitorenbuchhaltung und das Mahnwesen und erhält den Gegenwert der abgetretenen Forderungen unter Abzug der banküblichen Zinsen und Gebühren so-

21 Palandt/*Weidenkaff* § 449 Rn. 18.
22 BGHZ 30, 140 (151); *Bülow* JA 1982, 58 (59).
23 BGHZ 30, 140 (152), stRspr; sehr str.; s. dazu auch *Flume* NJW 1959, 913 (918) einerseits, *Esser* JZ 1968, 281 ff. andererseits.
24 BGH NJW 1999, 940 f.
25 BGHZ 72, 308 (311 ff.); BGH NJW 1999, 940 f.
26 BGHZ 72, 308 (312 ff.).

fort.[27] Zu unterscheiden sind dabei das echte Factoring, bei dem der Factor das Risiko der Bezahlung der Forderung durch die Abnehmer trägt, und das sog. unechte Factoring, bei dem das Delkredererisiko beim Unternehmer verbleibt.[28]

Treffen verlängerter Eigentumsvorbehalt und Globalzession beim unechten Factoring aufeinander, so liegt ein normales Kreditgeschäft vor, das nach den zuvor genannten Grundsätzen zu behandeln ist. Die Sicherungszession an den Factor ist also wegen Sittenwidrigkeit nichtig.[29] Ob diese Rechtsfolge auch beim echten Factoring eintritt, erscheint fraglich, insbesondere, weil sich die Situation des Vorbehaltsverkäufers in keiner Weise zu ändern scheint.[30] Dem ist aber entgegenzuhalten, dass dadurch, dass das Zahlungsrisiko beim Factor verbleibt, kein einfaches Kreditgeschäft vorliegt, sondern ein Forderungskauf.[31] Der die Forderung verkaufende Unternehmer bekommt vom Factor gerade keinen Kredit, sondern darf den vom Factor gezahlten Betrag endgültig behalten. Das Ergebnis ist nicht anders, als wenn ein Abnehmer des Unternehmers direkt an diesen zahlen würde. Mit der Bezahlung erlischt die Forderung, die an den Vorbehaltsverkäufer vorausabgetreten wurde. Der Aufkauf der Forderung durch den Factor führt zu keinem anderen Ergebnis.[32] Beim echten Factoring liegt beim Aufeinandertreffen von verlängertem Eigentumsvorbehalt und Globalzession daher Sittenwidrigkeit wegen Verleitung zum Vertragsbruch vor.

Eine andere Erweiterungsform des Eigentumsvorbehalts ist der *Konzernvorbehalt*. Gesichert wird hierbei nicht nur die Forderung des Vorbehaltsverkäufers gegen den Vorbehaltskäufer, sondern auch die anderer Lieferanten des Vorbehaltskäufers, die dem gleichen Konzern angehören wie der Vorbehaltsverkäufer.[33] Diese Vertragsgestaltung ist nach § 449 III nichtig.

#### e) Das Erlöschen des Eigentumsvorbehalts

1033 Der Regelfall des Erlöschens eines Eigentumsvorbehaltes ist der Eintritt der vereinbarten Bedingung, die vollständige Bezahlung des Kaufpreises. Ist keine Erweiterungsform des Eigentumsvorbehalts vereinbart, so kann er noch durch Verarbeitung gem. § 950 untergehen. Weiterhin kann der Vorbehaltsverkäufer den Vorbehaltskäufer gem. § 185 zur Weiterveräußerung ermächtigen oder auf den Eigentumsvorbehalt gem. § 397 verzichten. Eine Gefahr droht dem Eigentumsvorbehalt schließlich durch den gutgläubigen Erwerb eines Dritten, wobei jedoch im kaufmännischen Verkehr eine Erkundigungspflicht des Käufers anzunehmen ist. Schließlich ist das Eigentum des Vorbehaltsverkäufers in der Zwangsvollstreckung gefährdet, weil der Ersteher hier durch Hoheitsakt, also unabhängig vom guten Glauben, erwirbt.

### 2. Die Sicherungsübereignung

1034 Neben dem Eigentumsvorbehalt ist die Sicherungsübereignung das verbreitetste Mittel der Mobiliarsicherheit. Sie hat sich insbesondere durchgesetzt, weil sie nicht die Nachteile der gesetzlich vorgesehenen Kreditsicherungsmittel aufweist. Ein Perso-

27 *Esser/Weyers* SchuldR BT II 1 § 4 IV 4, S. 28.
28 BGHZ 58, 364 (368 f.).
29 BGHZ 82, 50 (64).
30 *Baur/Stürner* SachenR § 59 Rn. 58.
31 BGHZ 69, 254 (258).
32 BGHZ 100, 352 (359); *Canaris* NJW 1981, 249 (250); *Wolf/Wellenhofer* SachenR § 14 Rn. 71; *Serick*, Eigentumsvorbehalt und Sicherungsübertragung, Bd. IV, 1976, § 52 IV 3 c, S. 575.
33 *Baur/Stürner* SachenR § 59 Rn. 6.

nalkredit, etwa eine Bürgschaft, scheitert häufig daran, dass kein Dritter bereit ist, als Bürge einzustehen. Ein Nachteil des Besitzpfandrechts besteht gem. § 1204 darin, dass der Verpfänder die Sachherrschaft über die Sache verliert, mit ihr also zB nicht weiter produzieren kann. Die Bestellung einer Hypothek oder einer Grundschuld entfällt häufig, weil der Schuldner selbst über kein Grundstück verfügt und ein Dritter nicht bereit ist, sein Grundstück für den Schuldner zu belasten.

### a) Begründung und Gegenstand des Sicherungseigentums

Die Sicherungsübereignung ist gekennzeichnet durch ein komplexes, dreistufiges System von Rechtsbeziehungen: Die gesicherte Forderung (in der Regel ein Darlehensrückzahlungsanspruch), die schuldrechtliche Sicherungsabrede und schließlich die Eigentumsübertragung. 1035

Die erste Stufe im Aufbau dieses komplexen Vorgangs besteht in der zu *sichernden Forderung*. Zwar wird dies in der Regel ein Darlehensrückzahlungsanspruch sein, jedoch kommt auch jede andere schuldrechtliche Forderung in Betracht. Grundsätzlich ist es für die Sicherungsübereignung gleichgültig, ob die Forderung nicht entstanden oder ob sie schon erloschen ist, da es sich bei der Sicherungsübereignung um ein nicht akzessorisches Sicherungsmittel handelt. Eine Ausnahme gilt nur dann, wenn vertraglich das Entstehen der Forderung zur aufschiebenden oder ihr Erlöschen zur auflösenden Bedingung gemacht wurde.[34] Das Sicherungseigentum ist kein Nebenrecht iSd § 401, sodass es auch nicht kraft Gesetzes auf den Zessionar übergeht, wenn die gesicherte Forderung vom Sicherungsnehmer abgetreten wird.[35]

Die zweite Stufe der Sicherungsübereignung stellt der *Sicherungsvertrag* dar. Er ist von der gesicherten Forderung zu unterscheiden. In ihm ist das Innenverhältnis zwischen Sicherungsgeber und Sicherungsnehmer geregelt; die gesicherte Forderung ist ebenso festgelegt wie die Verpflichtung zur Sicherungsübereignung. Des Weiteren kann der Sicherungsvertrag die Verwaltung des Sicherungsgutes regeln, die Modalitäten der Verwertung oder den Rückfall des Sicherungsgutes an den Sicherungsgeber. Fehlt ein Sicherungsvertrag oder ist er unwirksam, so ist die Sicherungsübertragung als abstraktes Geschäft gleichwohl wirksam, der Sicherungsgeber hat aber einen Rückübertragungsanspruch aus § 812. In Ausnahmefällen kann eine Sittenwidrigkeit des Sicherungsvertrags wegen Gläubigergefährdung oder Knebelung des Sicherungsgebers zugleich auf das dingliche Geschäft durchgreifen.

Die letzte Stufe des Gesamtkomplexes bildet die *Übereignung* des Sicherungsgutes als abstraktes Geschäft. Sie geschieht in der Regel durch Einigung und Vereinbarung eines Besitzkonstituts gem. § 930. Der Grund dafür liegt darin, dass die Wirtschaft ein Sicherungsmittel benötigt, das es erlaubt, eine Forderung mithilfe beweglicher Sachen dinglich zu sichern, ohne dass der Sicherungsgeber auf den unmittelbaren Sachbesitz verzichten muss.[36] Vereinbart wird dabei außer im seltenen Falle des § 925 eine Übereignung, die durch die Entstehung der gesicherten Forderung aufschiebend oder durch ihr Erlöschen auflösend bedingt ist. Problematisch ist die Sicherungsübereignung von Sachgesamtheiten, wie zB Warenlagern. Dabei müssen die übereigneten Sachen hinreichend bestimmt sein (Bestimmtheitsgrundsatz). Hierzu genügt eine Sammelbezeichnung, die den Übereignungswillen auf alle Sachen erstreckt und die

34 Soergel/*Henssler* § 930 Anh. Rn. 24; *Wolff/Raiser* SachenR § 180 II 2, S. 733 f.
35 Palandt/*Bassenge* § 930 Rn. 26.
36 *Serick*, Eigentumsvorbehalt und Sicherungsübertragung, Bd. II, 2. Aufl. 1986, § 20 I 4, S. 117.

gemeinten Einzelsachen klar erkennen lässt.[37] Sind die Sachen nicht individuell bestimmt, so ist eine Konkretisierung erforderlich, die im Einzelfall verschieden sein kann, so zB das Inventar eines bestimmten Hauses oder die Sicherungsübereignung der in einem Raum befindlichen Sachen, ein sog. Raumsicherungsvertrag. Unzureichend ist jedoch die bloße Bezeichnung von Wert- oder Mengenangaben oder die vertragliche Bezugnahme auf ein Lagerbuch.[38] Schwierigkeiten werfen auch Sachgesamtheiten mit wechselndem Bestand auf. War eine solche Sachgesamtheit zu Anfang bestimmt, so wird diese Bestimmtheit nicht dadurch hinfällig, dass nachträglich durch das Hinzukommen weiterer nicht übereigneter Sachen Unsicherheiten über die Abgrenzung eintreten. Ist jedoch vorgesehen, dass auch diese Sachen übereignet werden sollen, so müssen die Einigung und das vorweggenommene Besitzmittlungsverhältnis dem Bestimmtheitsgrundsatz genügen.[39]

#### b) Die Verwertung des Sicherungseigentums

**1036** Die Abwicklung der Sicherungsübereignung geschieht entweder durch die Verwertung des Sicherungsgutes oder durch die Rückübereignung des Sicherungsgutes an den Sicherungsgeber.[40]

Wie die Verwertung des Sicherungsgutes seitens des Sicherungsnehmers vonstattengehen soll, bestimmt in aller Regel der Sicherungsvertrag. Sagt er nichts darüber aus, so ist im beschränkten Umfang ein Rückgriff auf die Pfandrechtsvorschriften möglich. So tritt die Verwertungsreife nach Fälligkeit der gesicherten Forderung entsprechend § 1228 II ein, wobei jedoch die Treuepflicht entsprechend § 1234 I gebietet, dass der Sicherungsnehmer dem Sicherungsgeber die Verwertung mit einer angemessenen Frist androht. Ist die Verwertungsreife eingetreten und enthält der Sicherungsvertrag keine Modalitäten über die Verwertung, stehen dem Sicherungsnehmer der freihändige Verkauf, der Pfandverkauf in Form des § 1233 oder die Zwangsvollstreckung aufgrund eines Zahlungstitels offen. Er hat dabei aber zu beachten, dass die Verwertung nach der bestmöglichen Weise geschieht und nur zur Befriedigung im notwendigen Umfang.[41]

Wird in das Sicherungsgut die *Zwangsvollstreckung* betrieben, so sind zwei Fallvarianten zu unterscheiden. Vollstrecken Gläubiger des Sicherungsnehmers in das gesicherte Gut, steht dem Sicherungsgeber nach hM die Klage gem. § 771 ZPO zu.[42]

Bei unmittelbarem Besitz kann er auch nach § 766 ZPO vorgehen und § 809 ZPO als verletzt rügen.

Wenn Gläubiger des Sicherungsgebers in das Sicherungsgut vollstrecken, steht dem Sicherungsnehmer die Klage nach § 771 ZPO zu. Die Gläubiger des Sicherungsgebers können dem Sicherungsnehmer im Einzelfall § 9 Anfechtungsgesetz entgegenhalten.[43]

Ist die gesicherte Forderung voll befriedigt und kommt es zur Insolvenz des Sicherungsnehmers, so hat der Sicherungsgeber ein Aussonderungsrecht gem. § 47 InsO;

37 BGH NJW 1986, 1985; BGH NJW 1992, 1161.
38 BGHZ 21, 52; OLG Düsseldorf WM 1990, 1190.
39 Palandt/*Bassenge* § 930 Rn. 2 ff.
40 Dazu unten Fall 23.
41 BGH BB 1961, 463.
42 Statt vieler BGHZ 12, 232 (234); Thomas/Putzo/*Seiler* ZPO § 771 Rn. 15.
43 BGH NJW 1986, 1985.

dies ist unabhängig davon, ob er durch die Tilgung der Forderung von selbst sein Eigentum zurückerlangt oder nur einen Rückübertragungsanspruch. Ist die gesicherte Forderung jedoch nicht befriedigt, dann hat der Sicherungsgeber aufgrund seiner Anwartschaft ein Aussonderungsrecht. Er ist jedoch nicht berechtigt, ohne Zustimmung des Insolvenzverwalters vorzeitig zu erfüllen. Der Insolvenzverwalter ist nach Maßgabe der Sicherungsabrede zudem zum Besitz berechtigt.

Wird umgekehrt der Sicherungsgeber insolvent, so steht dem Sicherungsnehmer am Sicherungsgut nur ein Absonderungsrecht gem. § 51 Nr. 1 InsO zu. Dies erscheint zwar inkonsequent, weil das Sicherungseigentum ein vollwertiges Eigentum ist und nicht lediglich ein Pfandrecht, doch lässt sich diese Behandlung des Sicherungseigentums damit erklären, dass die Insolvenz zu einer sofortigen Lösung nicht nur des sachenrechtlichen Verhältnisses, sondern auch des der Sicherungsübereignung zugrunde liegenden Verhältnisses nötigt. Außerdem liegt der Berücksichtigung des Sicherungseigentums im Rahmen der Insolvenz keine formalrechtliche, sondern eine wirtschaftliche Sichtweise zugrunde. Zudem bestimmt die Sicherungsabrede in aller Regel, dass der Sicherungseigentümer das Sicherungsgut wertmäßig nur in der Höhe verwerten darf, die der gesicherten Forderung entspricht. Das bloße Absonderungsrecht trägt dieser Beschränkung Rechnung; es ist in § 51 InsO ausdrücklich geregelt.

### Schema: Rechte des Gläubigers G in Zwangsvollstreckung und Insolvenz 1037

Rechte des Gläubigers G bei Pfändung

| | Normalfall | Eigentumsvorbehalt | Sicherungsübereignung |
|---|---|---|---|
| Sachverhalt: | ein Dritter pfändet eine Sache des Gläubigers G | ein Dritter pfändet beim Vorbehaltskäufer | ein Dritter pfändet beim Sicherungsgeber |
| Rechte des G: | § 771 ZPO | § 771 ZPO (BGHZ 54, 218) | § 771 ZPO (hM) |

### Rechte des Gläubigers G bei Insolvenz des Schuldners S 1038

| | Normalfall | Eigentumsvorbehalt | Sicherungsübereignung |
|---|---|---|---|
| Sachverhalt: | S hat Besitz an einer Sache des G | a) Insolvenz des Vorbehaltskäufers, einfacher Eigentumsvorbehalt<br>b) dto., erweiterter oder verlängerter Eigentumsvorbehalt | Insolvenz des Sicherungsgebers |
| Rechte des G: | § 47 InsO | a) § 47 InsO, wenn G vom Vertrag gem. § 449 II BGB zurücktritt oder Insolvenzverwalter gem. §§ 103, 107 II InsO Erfüllung ablehnt<br>b) §§ 50,51 InsO analog | § 51 S. 1 Nr. 1 InsO |

1039 **Schema: Rechte des Schuldners S in Zwangsvollstreckung und Insolvenz**

Rechte des Schuldners S bei Pfändung

| | Normalfall | Eigentumsvorbehalt | Sicherungsübereignung |
|---|---|---|---|
| Sachverhalt: | ein Dritter pfändet eine Sache des S | ein Dritter pfändet das Vorbehaltsgut | ein Dritter pfändet eine Sache des Sicherungsgebers |
| Rechte des S: | § 771 ZPO | § 771 ZPO (BGHZ 55, 27; hM) | § 771 ZPO, aber nur bis zum Eintritt der Verwertungsreife (BGHZ 72, 141) |
| | | Das die Veräußerung hindernde Recht ist in beiden Fällen die Anwartschaft des Vorbehaltskäufers oder Sicherungsgebers | |

1040 **Rechte des Schuldners S bei Insolvenz des Gläubigers G**

| | Normalfall | Eigentumsvorbehalt | Sicherungsübereignung |
|---|---|---|---|
| Sachverhalt: | G hat Besitz an einer Sache des S | Insolvenz des Vorbehaltsverkäufers G | Insolvenz des Sicherungsnehmers G |
| Rechte des S: | § 47 InsO | §§ 107 I, 47 InsO | § 47 InsO, sobald S die gesicherte Forderung erfüllt |

**II. Das Eigentümer-Besitzer-Verhältnis**[44]

1041 Das Eigentümer-Besitzer-Verhältnis gehört zu den Standardgebieten zivilrechtlicher Examensvorbereitung. Die Berechtigung dazu liegt weniger in der praktischen Bedeutung als in der geschlossenen Systematik des Regelungswerkes, an dem sich juristisches Denken (wohl) gut einüben lässt. Hinzu tritt, dass sich hieran verschiedene Streitfragen entzündet haben. Darüber hinaus finden sich im BGB eine Reihe von Verweisungsnormen auf das Eigentümer-Besitzer-Verhältnis, die den Anwendungsbereich vergrößern, etwa §§ 292, 818 IV, 819 I[45]. Schließlich kennt das Gesetz zwei ähnliche Modelle: §§ 2018 ff. für das Verhältnis zwischen Erben und Erbschaftsbesitzer[46] und die §§ 2124 ff. für das Verhältnis zwischen Vor- und Nacherben, wobei hier die Ähnlichkeit nicht so stark ausgeprägt ist wie die zwischen den §§ 987 ff. und 2018 ff. Insgesamt wird aber deutlich, dass man das »EBV« nicht vernachlässigen sollte.

**1. Überblick über die gesetzliche Regelung**

1042 Es wird Ihnen nicht unbekannt sein, dass die schwierigsten Probleme im Anwendungsbereich der Normen und in der Konkurrenz zu sonstigen Ansprüchen liegen. Oben haben wir Ihnen bereits empfohlen, in der Fallbearbeitung diese Frage an den Anfang Ihrer Klausurprüfung zu stellen.[47] Für die Einführung in die §§ 985 ff. soll demgegenüber die gesetzliche Regelung in den Vordergrund gestellt und erst dann ihr

44 Zu den Grundfragen des Eigentümer-Besitzer-Verhältnisses *S. Lorenz* JuS 2014, 485 ff.

45 Vgl. iE auch *Medicus/Petersen* BürgerlR Rn. 573.

46 Vgl. dazu unten Fall 37 → Rn. 1611 ff.

47 → Rn. 60 ff.

Verhältnis zu den anderen Vorschriften angesprochen werden. Dies wird Ihnen das Verständnis erleichtern.[48]

### a) Vindikationslage

Dreh- und Angelpunkt des Eigentümer-Besitzer-Verhältnisses ist § 985. Vergessen Sie aber nicht, dass es auch vertragliche Herausgabeansprüche gibt und weitere gesetzliche, vor allem die §§ 861, 1007, die in der Klausur häufig »stiefmütterlich« behandelt werden. **1043**

Der Herausgabeanspruch gem. § 985 setzt voraus, dass der vom Eigentümer in Anspruch genommene Besitzer kein Recht zum Besitz iSd § 986 I geltend machen kann, betrifft also nicht den rechtmäßigen Besitzer. § 986 I ist trotz der Formulierung »kann« als Einwendung ausgestaltet, sodass im Prozess ein Recht zum Besitz von Amts wegen berücksichtigt wird.[49] Dies folgt daraus, dass § 986 die Folgeansprüche aus den §§ 987 ff. auf den unrechtmäßigen Besitzer beschränken soll, eine Funktion, die unabhängig vom Willen des Anspruchsgegners ist.[50] Im Übrigen bietet die Norm – abgesehen davon, dass man auch Abs. 1 S. 2 und Abs. 2 der Vorschrift lesen muss – nur wenig Schwierigkeiten. Die wichtigste behandelt der Fall: Es geht um die Frage, ob ein Zurückbehaltungsrecht ein Recht zum Besitz begründet. **1044**

Ist ein Recht zum Besitz zu verneinen, so besteht zwischen Eigentümer und Besitzer die Vindikationslage, und der Herausgabeanspruch ist begründet. Damit ist gleichzeitig der Weg zu den §§ 987 ff. eröffnet. Dabei ist es wichtig, drei Anspruchsgruppen zu unterscheiden.[51] Zwei richten sich als Ansprüche des Eigentümers gegen den Besitzer: Der Anspruch auf Nutzungen, §§ 987, 988, 990 I, und auf Schadensersatz gem. §§ 989, 990 I, evtl. iVm § 992. Demgegenüber kann der Besitzer gegen den Eigentümer Verwendungsersatzansprüche gem. §§ 994, 996 haben. Regelmäßig führen sie nur zu einem Zurückbehaltungsrecht gem. § 1000. **1045**

### b) Nutzungen

Zunächst sei kurz auf den Anspruch auf *Herausgabe der Nutzungen* eingegangen. Hier – wie auch beim Schadensersatzanspruch – ist die Rechtslage davon abhängig, ob und seit wann der Besitzer *bezüglich seines Besitzrechtes* bösgläubig ist. Beim Besitzerwerb erfüllt derjenige diese Voraussetzung gem. § 990 I 1, der die mangelnde Besitzberechtigung kennt oder *grob fahrlässig* nicht kennt. Später schadet nur Kenntnis gem. § 990 I 2. Dem bösgläubigen Besitzer ist gem. § 987 der auf Herausgabe verklagte Besitzer gleichgestellt. Die Rechtshängigkeit wird gem. § 261 I ZPO durch Klageerhebung, dh gem. § 253 I ZPO durch Zustellung der Klageschrift, begründet; danach weiß der Besitzer um seine mangelnde Berechtigung. **1046**

Zum Schutz des *mittelbaren Besitzers* stellt § 991 I für die Gutgläubigkeit nicht nur auf den unmittelbaren Besitzer, sondern auch auf den mittelbaren Besitzer ab: Denn wenn der Eigentümer den bösgläubigen unmittelbaren Besitzer in Anspruch nehmen könnte, würde dieser Regress beim gutgläubigen mittelbaren Besitzer nehmen.[52] Dies **1047**

48 So auch *Baur/Stürner* SachenR § 11 Rn. 3.

49 BGHZ 82, 13 (18); *Prütting* SachenR Rn. 517; *Wilhelm* SachenR Rn. 1198; *Vieweg/Werner* SachenR § 7 Rn. 14.

50 *Baur/Stürner* SachenR § 11 Rn. 24, 26.

51 *Ebenroth/Zeppernick* JuS 1999, 209 (210).

52 Vgl. dazu auch *Ebenroth/Zeppernick* JuS 1999, 209 (214).

gilt etwa, wenn ein Mieter, der gutgläubig bezüglich seines nicht bestehenden Besitzrechtes ist, an einen bösgläubigen Untervermieter weitervermietet, vgl. § 540.

1048 **aa)** Ist der Besitzer gutgläubig, muss er lediglich »Übermaßfrüchte« nach Bereicherungsrecht herausgeben, ordnungsgemäß gezogene Nutzungen darf er dagegen behalten,[53] § 993 I: Er darf also zB den Pflaumenbaum leerpflücken, ihn aber nicht abholzen, um sich das Besteigen der Leiter zu ersparen. Eine Ausnahme gilt gem. § 988 für den unentgeltlichen Besitzer.[54] Er schuldet stets Herausgabe der gezogenen Nutzungen, jedoch vor Rechtshängigkeit nur nach Bereicherungsrecht. Damit wird ein allgemeines Prinzip im BGB zum Ausdruck gebracht, dass der unentgeltliche Erwerb schwächer geschützt ist als der entgeltliche.[55]

1049 **bb)** Der bösgläubige Besitzer muss gem. §§ 990, 987 alle Nutzungen, unabhängig vom Erwerbsgrund, herausgeben, ja sogar schuldhaft nicht gezogene Nutzungen gem. §§ 990 I, 987 II ersetzen.

1050 **cc)** Der Deliktsbesitzer schuldet unter Umständen Nutzungen auch über §§ 992, 823, 252, dh, wenn der Eigentümer sie gezogen hätte. Im Übrigen verweist § 850 wieder auf das Eigentümer-Besitzer-Verhältnis.

#### c) Schadensersatz

1051 Ebenso wie bei den Nutzungen unterscheidet das Gesetz auch bezüglich des Schadensersatzes wegen *Verschlechterung* oder *Untergangs* der Sache.

1052 **aa)** Der redliche Besitzer haftet nicht auf Schadensersatz, § 993 I, 2. Hs. Er haftet indessen, wenn er Besitzmittler ist, dem Eigentümer ebenso, wie er seinem Oberbesitzer haften würde, § 991 II.[56] Dies gilt zB, wenn ein Gutgläubiger einen Gegenstand für einen Dieb verwahrt und ihn grob fahrlässig beschädigt. Er ist jetzt dem Eigentümer im gleichen Umfang verpflichtet, wie er es dem Dieb aus dem Verwahrungsvertrag wäre, §§ 277, 690.

1053 **bb)** Der bösgläubige oder verklagte Besitzer haftet gem. §§ 989, 990 I. Außerdem trägt er die Gefahr für Zufall, wenn er mit der Herausgabe in Verzug gerät, §§ 990 II, 287 S. 2. Die Bösgläubigkeit beurteilt sich ebenso wie bei den Nutzungen: Das schwierige Problem der Zurechnung des Verhaltens Dritter beim Besitzerwerb wird im Fall 24 behandelt.[57]

1054 **cc)** Schadensersatzansprüche und Zufallshaftung treffen auch den Deliktsbesitzer, §§ 992, 823, 848. Unabhängig von der Rechtsfolge sind bei § 992 zwei Dinge zu beachten: Die verbotene Eigenmacht, die den Tatbestand begründet, setzt kein Verschulden voraus, § 858, wenngleich es hieran regelmäßig nicht fehlen wird. Jedenfalls muss aber im Rahmen des § 992 wegen der Gleichsetzung mit der Straftat schuldhaft iSd § 276 gehandelt worden sein.[58] Eine Straftat iSd Norm ist eine solche, die die *Art*

53 *Schreiber* SachenR Rn. 218 f.

54 Trotz des Wortlautes »Nutzungsrechts an der Sache« kann dieses Recht auch ein obligatorisches sein, zB Leihe, vgl. BGHZ 71, 216 (225 f.); *Medicus/Petersen* BürgerlR Rn. 385.

55 *Medicus/Petersen* BürgerlR Rn. 382 ff.

56 Vgl. dazu *Moebus/Schulz* JURA 2013, 189 ff.

57 Vgl. dazu auch *Ebenroth/Zeppernick* JuS 1999, 209 (212).

58 Teilweise wird vertreten, es müsste nur eine verschuldensunabhängige Haftung vermieden werden. Dazu genüge es, § 992 als Rechtsgrundverweisung aufzufassen und das Verschulden demgemäß im Tatbestand des § 823 I zu fordern, MüKoBGB/*Baldus* § 992 Rn. 5; ausf. zum Verständnis des § 992 *Kempny* JuS 2008, 858.

*der Besitzverschaffung* zum Schutz des Eigentümers unter Strafe stellt. Probleme bereitet die Unterschlagung, allerdings weniger dann, wenn sie mit der Besitzbegründung zusammen fällt (Fundunterschlagung). Hier geht man von § 992 aus. Im Übrigen müsste man die Umwandlung von Fremd- in Eigenbesitz im Zusammenhang mit der Unterschlagung als Besitzbegründung iSd § 992 ansehen. Dazu sind die Meinungen geteilt.[59]

Das komplizierte Problem der Zurechnung des Gehilfenverschuldens ist wiederum im Fall 24 angesprochen.

#### d) Verwendungsersatz

Ebenso sind die im Zusammenhang mit den Gegenansprüchen des Besitzers bestehenden Rechtsprobleme, dh die Voraussetzungen der *Verwendungsersatzansprüche*,[60] im Wesentlichen in den nachfolgenden Fällen behandelt. Deshalb an dieser Stelle nur kurz:

**aa)** Das Gesetz bürdet dem redlichen Besitzer, dem die Nutzungen verbleiben, die gewöhnlichen Erhaltungskosten auf, § 994 I 2, beim Auto etwa die Kosten für Benzin, Öl und Inspektionen. Es unterscheidet im Übrigen notwendige, nützliche und sonstige, dh Luxusverwendungen. Notwendige Verwendungen sind zur Erhaltung oder Bewirtschaftung der Sache erforderliche,[61] vgl. auch § 995. Nützliche Verwendungen steigern den objektiven Wert, Luxusverwendungen befriedigen nur das subjektive Interesse des Besitzers. Um im Beispiel zu bleiben: Eine Kupplungsreparatur wäre eine notwendige Verwendung, die Montage von Winterreifen eine nützliche, das »Umspritzen« des Autos in die Lieblingsfarbe Violett eine Luxusverwendung. 1055

**bb)** Dem gutgläubigen unverklagten Besitzer werden notwendige Verwendungen immer ersetzt. Nützliche Verwendungen müssen erstattetet werden, soweit sie noch in ihrem Wert zu dem Zeitpunkt vorhanden sind, in dem der Eigentümer den Besitz an der Sache wiedererlangt, §§ 994 I 1, 996. Luxusverwendungen werden nicht ersetzt. 1056

**cc)** Der bösgläubige Besitzer erhält gem. § 994 II allein die notwendigen Verwendungen ersetzt und dies auch nur nach Maßgabe der Geschäftsführung ohne Auftrag, dh der §§ 683 S. 1, 670.[62] Davon abgesehen gilt § 684 S. 2: Ansprüche sind danach von der Genehmigung durch den Eigentümer abhängig. Im Übrigen erhält der bösgläubige Besitzer keinen Ersatz. 1057

**dd)** Für den Deliktsbesitzer gelten gem. § 850 keine Besonderheiten: Die Norm verweist wiederum auf das Eigentümer-Besitzer-Verhältnis. 1058

**ee)** Daneben hat *jeder* Besitzer unter den Voraussetzungen des § 997 ein Wegnahmerecht, allerdings mit der Verpflichtung, die Sache in den vorherigen Stand zu versetzen, §§ 997 I 2, 258. Dieses Recht ist durch § 997 II eingeschränkt. 1059

59 Vgl. MüKoBGB/*Baldus* § 992 Rn. 9.

60 Zum Verwendungsproblem bei Umgestaltung der Sache vgl. *Kindl* JA 1996, 201 f.

61 BGH NJW-RR 1996, 336 f. mAnm *K. Schmidt* JuS 1996, 749; zur Abgrenzung zu nützlichen Verwendungen bei Instandsetzung eines Pkw vgl. BGH NJW-RR 1996, 1527 mAnm *K. Schmidt* JuS 1996, 266 f.

62 *Müller* SachenR Rn. 596 ff.

Zur Geltendmachung der Verwendungsersatzansprüche werfen Sie bitte einen Blick auf die §§ 1000–1003.

### 2. Anwendungsbereich und Konkurrenzen

1060 Nach diesem Überblick über die gesetzliche Regelung nun einige Worte zum Anwendungsbereich der Vorschriften und zur Konkurrenz zu den übrigen bürgerlichrechtlichen Ansprüchen.[63] Bei der Frage des Anwendungsbereiches geht es darum, ob die §§ 987 ff. anzuwenden sind, bei der Konkurrenzfrage darum, ob daneben weitere Ansprüche, vor allen Dingen deliktsrechtlicher und bereicherungsrechtlicher Art, zum Zuge kommen.

#### a) Anwendungsbereich

1061 **aa)** Zunächst entsteht das Problem, inwieweit der Herausgabeanspruch gem. § 985 neben *vertraglichen* Herausgabeansprüchen, etwa gem. § 546 nach Beendigung des Mietvertrags, anzuwenden ist.[64] Verschiedentlich ist angenommen worden, der vertragliche Anspruch schließe denjenigen aus § 985 aus, weil der berechtigte Besitzer durch die Beendigung des Besitzrechtes – zB aus dem Mietvertrag – nicht zum unberechtigten Besitzer werde.[65] Auch seien die vertraglichen Ansprüche Sondervorschriften zu den gesetzlichen Herausgabeansprüchen. Durchgesetzt hat sich diese Auffassung aber nicht. Nach ganz überwiegender Ansicht steht § 985 gleichberechtigt neben den vertraglichen Herausgabeansprüchen.[66] Dies erscheint deshalb überzeugend, weil das Gesetz auch an anderen Stellen ein Nebeneinander von vertraglichen und gesetzlichen Ansprüchen kennt.

1062 **bb)** Folgeansprüche des Eigentümers gegen den unberechtigten Besitzer knüpfen stets an die Vindikationslage an. Demgegenüber differenziert das Gesetz nicht nach mittelbarem und unmittelbarem Besitz und ebenso nicht nach Fremd- und Eigenbesitz, mag man auch annehmen, dass die §§ 987 ff. an sich auf den Eigenbesitzer zugeschnitten sind.[67] Einen zwingenden Niederschlag hat diese Betrachtungsweise aber im Gesetz nicht gefunden. Daraus ergibt sich folgende Konstellation: Die Vorschriften des Eigentümer-Besitzer-Verhältnisses sind auch beim nichtigen Rechtsverhältnis anzuwenden, nicht aber bei einem bestehenden, wenn dessen Grenzen überschritten werden. Die Figur des »Nicht-so-berechtigten-Besitzers« hat sich zu Recht nicht durchsetzen können.[68] Die Aufspaltung eines Rechtsverhältnisses in einen berechtigten und in einen nichtberechtigten Teil ist nicht überzeugend zu begründen,[69] und es besteht auch kein Bedürfnis für die Anwendung der §§ 987 ff.[70]

1063 **cc)** Streitig bleibt die Anwendung der §§ 987 ff. auch in dem Fall, dass der zunächst rechtmäßige Fremdbesitzer sich zum unrechtmäßigen Eigenbesitzer »aufschwingt«. Nur wenn man diese Willensänderung als einen Besitzerwerb ansieht, kann man die Vorschriften anwenden. Sie sind aber auf den Ersterwerb des Besitzes zugeschnitten.

63 Ein Überblick zu den bei Eigentumsverletzungen möglichen Ansprüchen bei *Mylich* JuS 2014, 298 ff., 398 ff.
64 Vgl. *Medicus/Petersen* BürgerlR Rn. 582 ff.
65 *Raiser* JZ 1961, 529 ff.
66 BGH NJW 1985, 141; *Müller* SachenR Rn. 529.
67 Gegen ihre Anwendung auf den Fremdbesitz *Harder*, FS Mühl, 1981, 273 ff.
68 Vgl. *Medicus/Petersen* BürgerlR Rn. 582 mwN.
69 Staudinger/*Gursky*, 2013, Vorbem. § 987 Rn. 10, 13.
70 Palandt/*Bassenge* Vorbem. § 987 Rn. 3; MüKoBGB/*Baldus* Vorbem. §§ 987–1003 Rn. 12 ff.

Somit erscheint es überzeugender, auch hier nur eine Besitzrechtsüberschreitung anzunehmen, die nicht zu den §§ 987 ff. führt.[71]

**dd)** Schließlich ist streitig, ob die §§ 987 ff. nach Wegfall des Besitzrechtes eingreifen, etwa nach Kündigung des Mietvertrags. Wie für § 985, wird zT auch für die Folgeansprüche der Vorrang vertraglicher Regelungen befürwortet.[72] Geht man aber von dem möglichen Zusammentreffen des § 985 mit einem vertraglichen Herausgabeanspruch aus, dann erscheint es konsequent, dieses Nebeneinander auch für die Folgeansprüche zuzulassen. Etwaige Ungereimtheiten, beispielsweise bei den unterschiedlichen Verjährungsvorschriften, können durch Angleichung der Vorschriften des Eigentümer-Besitzer-Verhältnisses, die der Regelverjährung des § 195 unterliegen, an die jeweilige vertragliche Regelung ausgeräumt werden.[73] **1064**

### b) Konkurrenzen

An sich enthalten die §§ 987 ff. in den §§ 992, 993 aE eine eindeutige Aussage hinsichtlich der Konkurrenzen zu den §§ 823 ff. und 812 ff. § 992 lässt das Deliktsrecht – zusätzlich zum Eigentümer-Besitzer-Verhältnis[74] – nur unter engen Voraussetzungen zu; § 993 privilegiert den redlichen und unverklagten Besitzer im Hinblick auf Schadensersatz und Nutzungsherausgabe, dh gegenüber Ansprüchen aus den genannten allgemeinen Vorschriften. **1065**

Dennoch gibt es auch dazu eine Reihe von Streitfragen.

**aa)** So wird vertreten, § 992 schütze nur den unverklagten, gutgläubigen Besitzer vor der deliktischen Haftung.[75] Die Betrachtungsweise, die unabhängig von der Art des Besitzerwerbes den *bösgläubigen* Besitzer immer dem Deliktsrecht unterwirft, nimmt jedoch § 992 nahezu jede Bedeutung. Ein redlicher Besitzer wird sich nur selten den Besitz durch verbotene Eigenmacht oder Straftat verschaffen. Deshalb ist diese Betrachtungsweise abzulehnen.[76] **1066**

**bb)** Zwei Ausnahmen vom gesetzlich vorgegebenen Konkurrenzrahmen in den §§ 992, 993 aE sind demgegenüber anerkannt:

**(1)** Der unberechtigte Fremdbesitzer, der die Grenze seines *vermeintlichen* Besitzrechtes überschreitet, haftet ohne die Beschränkungen des § 992 nach Deliktsrecht. Der Haftungsumfang ergibt sich aus seinem vermeintlichen Besitzrecht. Die Begründung liegt darin, dass er sich nicht besser stehen soll, als wenn sein Besitzrecht bestünde. Auch dann würde er nach Deliktsrecht zur Verantwortung gezogen.[77] **1067**

**(2)** § 826 wird durch das Eigentümer-Besitzer-Verhältnis ebenfalls nicht verdrängt. Wer vorsätzlich und sittenwidrig schädigt, verdient keinerlei Privilegierung.[78] **1068**

71 Staudinger/*Gursky*, 2013, § 990 Rn. 29; MüKoBGB/*Baldus* § 990 Rn. 12 f.; aA BGHZ 31, 129 (133).
72 MüKoBGB/*Baldus* Vorbem. §§ 987–1003 Rn. 21; *Müller* SachenR Rn. 569 ff.
73 Vgl. BGHZ 34, 122; BGH NJW 1968, 197; Staudinger/*Gursky*, 2013, Vorbem. § 987 Rn. 13; ferner *Medicus/Petersen* BürgerlR Rn. 587 ff.
74 Str., vgl. *Medicus/Petersen* BürgerlR Rn. 596.
75 Erman/*Ebbing* Vorbem. § 987 Rn. 21 f.
76 Vgl. Staudinger/*Gursky*, 2013, Vorbem. § 987 Rn. 67.
77 So schon RGZ 157, 132 (135); vgl. auch *Medicus/Petersen* BürgerlR Rn. 586, 595; allg. Meinung.
78 *Prütting* SachenR Rn. 542.

cc) Im Zusammenhang mit der Konkurrenz zwischen den §§ 987 ff. und den §§ 812 ff. sind folgende Probleme zu berücksichtigen:

1069 (1) Zunächst ist im Zusammenhang mit der Herausgabe von Nutzungen umstritten, wie der fehlgeschlagene, dh rechtsgrundlose, Erwerb zu behandeln ist. Teilweise wird vorgeschlagen, § 988 analog auf den rechtsgrundlosen Erwerb anzuwenden, teilweise wird eine direkte Anwendung des Bereicherungsrechts befürwortet. Den Hintergrund bildet folgende Situation: Erwirbt jemand Eigentum aufgrund eines unwirksamen Kausalgeschäfts, so entsteht kein Eigentümer-Besitzer-Verhältnis, und er muss nach Bereicherungsrecht den Gegenstand, aber auch die Nutzungen, gem. § 818 I, herausgeben. Ist hingegen auch das Erfüllungsgeschäft unwirksam, so besteht die Vindikationslage, und § 993 aE sperrt den Anspruch auf Herausgabe der Nutzungen. Um den Widerspruch zu vermeiden, dass der Anspruchsteller besser steht, wenn er auch sein Eigentum verloren hat, als wenn er es behalten hätte, will insbesondere die Rechtsprechung § 988 analog anwenden.[79] Zur Begründung wird angeführt, der rechtsgrundlose Besitzer schulde wie der unentgeltliche Besitzer keine Gegenleistung. Deshalb wird auch der Fall erfolgreicher Anfechtung des Kausalgeschäftes und des Erfüllungsgeschäftes in diesen Zusammenhang gestellt.[80] Akzeptabel erscheint die Betrachtungsweise aber nur für das Zwei-Personen-Verhältnis.[81] Im Drei-Personen-Verhältnis ist hingegen die Auffassung vorzuziehen, die den Anspruch auf Herausgabe von Nutzungen im Wege der Leistungskondiktion demjenigen gewährt, der den Besitz geleistet hat. Denn ihm kann der rechtsgrundlose Besitzer seine Gegenleistung entgegenhalten.[82] Der Eigentümer mag sich über die Nutzungen gem. §§ 823 I, 249, 252 mit demjenigen auseinandersetzen (zB dem Dieb), der ihm den Besitz entzogen hat.[83]

1070 Abgesehen von diesen beiden möglichen Betrachtungsweisen werden auch noch andere Ansichten vertreten, sodass Sie in Ihrer Entscheidung frei sind: Zum Teil wird ein Vorrang des Bereicherungsrechts vor dem Eigentümer-Besitzer-Verhältnis im Falle des rechtsgrundlosen Erwerbes angenommen,[84] der Anspruch demgemäß nach §§ 812 I 1, 818 I gewährt. Nach anderer Ansicht soll gerade umgekehrt die Wertung des § 993 aE die Leistungskondiktion verdrängen. Demnach ist der Anspruch auf Herausgabe der Nutzungen gem. § 818 I auch dann ausgeschlossen, wenn lediglich das Kausalgeschäft, nicht aber die Übereignung, gescheitert ist.[85]

1071 (2) Schließlich ist im Verhältnis zum Bereicherungsrecht zu beachten, dass nicht in allen Fällen Konkurrenzprobleme auftauchen: Die Spezialität der §§ 987 ff. geht nur so weit, wie es – aus der Sicht des Eigentümers – um Ansprüche wegen Schadensersatzes und Nutzungsherausgabe geht. Verbrauch und Veräußerung der Sache hingegen werden nicht erfasst. Dies zeigt schon § 993 aE: Übermaßfrüchte, die die Sachsubstanz angreifen, sind stets nach Bereicherungsrecht zu ersetzen.[86] Daraus folgt:

79 Vgl. BGH NJW 1983, 164 ff.; w. Nachw. bei *Medicus/Petersen* BürgerlR Rn. 600.
80 MüKoBGB/*Baldus* § 988 Rn. 10 mwN.
81 *Medicus/Petersen* BürgerlR Rn. 600; *Schapp/Schur* SachenR Rn. 141.
82 Das Sonderproblem, dass der Bereicherungsschuldner minderjährig ist, behandelt *Medicus/Petersen* BürgerlR Rn. 601 f.; es gehört aber eher in den Zusammenhang des Bereicherungsrechts.
83 MüKoBGB/*Baldus* § 988 Rn. 9; NK-BGB/*Schanbacher* § 988 Rn. 9.
84 *Waltjen* AcP 175 (1975), 109 ff.
85 *Wieling* AcP 169 (1969), 137 ff.
86 *Medicus/Petersen* BürgerlR Rn. 597.

(a) Beim Verbrauch einer Sache kann der Eigentümer vom Verbraucher Ersatz gem. § 812 I 1, zweiter Fall (Eingriffskondiktion) verlangen. Dies gilt auch, wenn der Besitz geleistet wurde: Denn der Anspruch gründet sich nicht auf den verlorenen Besitz, sondern auf das verbrauchte Eigentum, das gerade nicht mit Rechtsgrund geleistet wurde.[87] Das Eigentümer-Besitzer-Verhältnis kommt insoweit nicht zur Anwendung. 1072

(b) Wird eine Sache veräußert und ist die Veräußerung nach § 932 ff. oder durch Genehmigung des Eigentümers gem. § 185 II 1 wirksam, so greift § 816 I 1 als Sonderfall der Eingriffskondiktion ein. Auch diesen Fall betrifft das Eigentümer-Besitzer-Verhältnis nicht, da der Anspruchsteller sein Eigentum verloren hat. 1073

(c) Ist die Veräußerung unwirksam, kann der Eigentümer den Veräußerungserlös nicht über §§ 985, 285 verlangen. Dies ergibt sich nicht nur aus der systematischen Stellung der Norm im Allgemeinen Schuldrecht, sondern auch aus Sinn und Zweck der Regelung: Der Eigentümer könnte andernfalls den Erlös und damit regelmäßig den Sachwert verlangen, ohne sein Recht zu verlieren.[88] Wohl ist es möglich, gegen den unredlichen Besitzer nach § 990 vorzugehen. Dieser kann allerdings gem. § 255 die Eigentumsübertragung verlangen.[89] 1074

### III. Der Geheißerwerb

Das BGB geht im Grundfall des § 929 S. 1 davon aus, dass der Veräußerer unmittelbaren Besitz hat und diesen auf den Erwerber überträgt. Problematisch ist dagegen der Fall, dass ein Dritter auf Geheiß des Veräußerers dem Erwerber oder einer vom Erwerber benannten Person die Sache übergibt.[90] Die Übergabe in § 929 S. 1 trägt dem Publizitätsgedanken Rechnung;[91] die Rechtsänderung soll für jedermann erkennbar sein.[92] Auch beim Geheißerwerb findet eine Übergabe statt – allerdings entweder nicht vom Veräußerer oder nicht an den Erwerber selbst, sondern von einem Dritten oder an einen Dritten. Trotz dieser Durchbrechung des sachenrechtlichen Traditionsprinzips wird heute der Geheißerwerb aus Gründen des Verkehrsinteresses anerkannt.[93] 1075

Dazu, wie der Eigentumsübergang beim Geheißerwerb zu verstehen ist, werden im Wesentlichen drei Theorien vertreten: die sog. Unterwerfungstheorie, die modifizierte Unterwerfungstheorie und die Besitzverschaffungstheorie.[94] Der Geheißerwerb kann dabei in drei Konstellationen auftauchen: als Erwerb durch eine Geheißperson des Veräußerers, als Erwerb durch eine Geheißperson des Erwerbers und als Kombination der vorgenannten Konstellationen.[95] Der letzte Fall ist dabei die in der Praxis im Rahmen von Streckengeschäften am häufigsten auftretende Variante. In der Literatur wird daher häufig das Problem des Geheißerwerbs am Fall der Durchlieferung im Streckengeschäft mit doppeltem Geheißerwerb erörtert, wobei keine strikte Trennung zwischen Veräußerergeheißerwerb und Erwerbergeheißerwerb vorgenommen wird.[96]

87 *Medicus/Petersen* BürgerlR Rn. 597.
88 *Medicus/Petersen* BürgerlR Rn. 599.
89 Vgl. *Medicus/Petersen* BürgerlR Rn. 599; diese Probleme werden auch noch im Fall 24 angesprochen.
90 *v. Caemmerer* JZ 1963, 586 ff.
91 *Martinek* AcP 188 (1988), 573 (582 f.).
92 *Wadle* JZ 1974, 689 (694).
93 Anm. *Ann* zu BGH JA 1999, 529 (530).
94 *Gursky*, 20 Probleme aus dem Sachenrecht (ohne EBV), 8. Aufl. 2014, 50 ff.
95 *Martinek* AcP 188 (1988), 573 (601 ff.).
96 Dazu *Martinek* AcP 188 (1988), 573 (607), der jedoch eine solche Trennung vornimmt.

1076 Nach der *Unterwerfungstheorie* genügt es für die Übergabe, dass ein unmittelbar besitzender Dritter auf Geheiß des nichtbesitzenden Veräußerers die Sache dem Erwerber oder einer von ihm benannten weiteren Person übergibt. Erforderlich ist aber zum einen, dass sich der unmittelbare Besitzer den Weisungen des Veräußerers wirklich unterwirft und die Übergabe für dessen Rechnung vollzieht und zum anderen, dass der Erwerber selbst tatsächliche Besitzverschaffungsmacht hat und seine Erwerbsgeheißperson unterwerfen kann.[97]

1077 Strengere Anforderungen stellt dagegen die sog. *modifizierte* oder *korrigierte Unterwerfungstheorie*. Danach ist der Erwerb nur möglich, wenn der unmittelbar besitzende Dritte auf Geheiß des nichtbesitzenden Veräußerers sich tatsächlich den Weisungen des Veräußerers unterwirft und die Besitzübertragung im Hinblick auf die konkrete Einigung zwischen Veräußerer und Erwerber vornimmt.[98] Im Falle des Geheißes des Erwerbers ist nach dieser Theorie erforderlich, dass der Erwerber die Übertragung veranlasst und dass sich zusätzlich die Erwerbsgeheißperson dem Geheiß unterordnet.[99] Danach scheidet also ein Geheißerwerb aus, wenn die Geheißperson des Erwerbers Eigenbesitz gem. § 872 statt des zum Beispiel vorab vereinbarten Fremdbesitzes begründet.[100]

Vorzugswürdig ist die von der Rechtsprechung vertretene *Theorie der Besitzverschaffung*, da sie dem Interesse des Warenverkehrs am ehesten Rechnung trägt. Für einen objektiven Empfänger ist es nämlich oft nicht erkennbar, ob sich die Geheißperson tatsächlich der Weisung unterworfen hat oder welche Besitzform die Erwerbsgeheißperson tatsächlich begründet hat. Erforderlich ist danach auf *Veräußererseite* lediglich, dass der Besitz auf Geheiß des Veräußerers von einem Dritten, der unmittelbarer Besitzer ist, an den Erwerber übertragen wird, ohne Rücksicht darauf, ob der Veräußerer jemals mittelbaren Besitz hatte.[101] *Auf Seiten des Erwerbers* ist erforderlich, dass aus Sicht des Veräußerers der Erwerber mit Besitzverschaffungsmacht ausgestattet ist, ganz gleich, ob sich nun die Erwerbsgeheißperson dem Geheiß des Erwerbers unterwirft oder nicht.[102] Demnach kann eine Sache vom Veräußerer an den Erwerber auf Geheiß des Veräußerers durch einen Dritten und zugleich auf Geheiß des Erwerbers an eine von ihm bestimmte Person erfolgen, auch wenn diese ihm absprachewidrig nicht den Besitz mittelt.[103] Damit stellt die Rechtsprechung nunmehr den Geheiß der Besitzübertragung in § 929 S. 1 völlig gleich. Dies ist insbesondere im Hinblick auf Streckengeschäfte mit einer Vielzahl von Beteiligten vorzugswürdig, da es dem Verkehrsinteresse und letztlich auch dem Publizitätsgedanken des § 929 S. 1 am ehesten Rechnung trägt.[104]

97 MüKoBGB/*Oechsler* BGB § 929 Rn. 68 (er verwendet für die Erwerberseite den Begriff »Besitzzuweisungsmacht« und für die Veräußererseite den Begriff »Besitzverschaffungsmacht«); *v. Caemmerer* JZ 1963, 586 (587 f.); *Gursky*, 20 Probleme aus dem Sachenrecht, 8. Aufl. 2008, 52 ff. mwN; *Masloff* JA 2000, 503.

98 *Gursky*, 20 Probleme aus dem Sachenrecht, 8. Aufl. 2014, 54 f.; *Wadle* JZ 1974, 689 (693 f.); *Martinek* AcP 188 (1988), 573 (605 f.).

99 *Martinek* AcP 188 (1988), 573 (611 f.).

100 *Martinek* AcP 188 (1988), 573 (610); *Masloff* JA 2000, 503 (504).

101 *Gursky*, 20 Probleme aus dem Sachenrecht, 8. Aufl. 2014, 50 ff.

102 *Masloff* JA 2000, 503 (504).

103 BGH NJW 1999, 425 (425) Ls. 1.

104 Vgl. auch *Masloff* JA 2000, 503 (504 f.).

## IV. Der gutgläubige Erwerb an beweglichen Sachen

Liegen zwar Einigung und Übergabe oder ein Übergabesurrogat vor, fehlt es jedoch an der Berechtigung des Veräußerers, so kommt ein gutgläubiger Eigentumserwerb in Betracht. Dabei schützt das BGB in den §§ 932 ff. den guten Glauben an das Eigentum des Veräußerers. Dies wird dem kaufmännischen Verkehr nicht immer gerecht, insbesondere nicht im Falle des Verkaufskommissionärs, der in eigenem Namen für fremde Rechnung Sachen verkauft, wobei der Erwerber annehmen muss, dass sie nicht dem Verkaufskommissionär gehören.[105] § 366 HGB erweitert die Möglichkeit des gutgläubigen Erwerbs im Handelsrecht: Danach ist auch der gute Glaube an die Verfügungsbefugnis des Veräußerers geschützt.[106] Gehört jedoch das Geschäft des Kaufmanns nicht zum ordnungsgemäßen Geschäftsbetrieb, so sind an die Gutgläubigkeit des Erwerbers erhöhte Anforderungen zu stellen.[107] Gleiches gilt für im Geschäftsleben erfahrene Kaufleute im Hinblick auf die Anforderungen an die Gutgläubigkeit iSd § 932 II.[108] Sind die Sachen gem. § 935 I abhandengekommen, so scheidet ein gutgläubiger Erwerb aus. Unter Abhandenkommen ist dabei der Verlust des unmittelbaren Besitzes ohne oder gegen den Willen des Berechtigten zu verstehen.[109] § 935 I findet jedoch keine Anwendung, wenn es sich um Geld oder Inhaberpapiere handelt, um deren Umlauffähigkeit nicht zu beeinflussen. Ebenso findet § 935 I gem. § 935 II keine Anwendung, wenn die Sache gem. § 383 III öffentlich versteigert wird. Voraussetzung ist dabei aber immer, dass der Erwerber gutgläubig ist.[110] 1078

1079

| Erwerbsvorschrift | Gutglaubensvorschrift | Zeitpunkt der Gutgläubigkeit |
|---|---|---|
| § 929 S. 1 | § 932 I 1 | Übergabe |
| § 929 S. 2 | § 932 I 2 | Einigung; dies gilt auch wenn diese aufschiebend bedingt ist (Palandt/*Bassenge* § 932 Rn. 14) |
| §§ 929, 930 | § 933 | Übergabe; dabei kann die Übergabe durch eine Übergabe an einen Besitzdiener oder -mittler des Erwerbers oder aber auch durch Abtretung des Herausgabeanspruchs gegenüber einem unmittelbaren Besitzer erfolgen (Palandt/*Bassenge* § 933 Rn. 4) |
| §§ 929, 931 | § 934 | Ist der Veräußerer mittelbarer Besitzer, so kommt es auf den Zeitpunkt der Abtretung an, § 934 1. Var.<br>Ist der Veräußerer nicht mittelbarer Besitzer, so ist auf den Zeitpunkt der unmittelbaren oder mittelbaren Besitzerlangung abzustellen, § 934 2. Var. |

105 *Brox/Henssler* HandelsR Rn. 314 f.
106 *Brox/Henssler* HandelsR Rn. 309a.
107 BGH NJW 1999, 425 (426); BGH NJW 1989, 895 (897); BGH WM 1964, 1193 (1195); Staub/*Canaris*, Großkommentar zum HGB, 4. Aufl. 2004, HGB § 366 Anm. 40.
108 MüKoBGB/*Oechsler* § 932 Rn. 52.
109 MüKoBGB/*Oechsler* § 932 Rn. 52.
110 MüKoBGB/*Oechsler* § 935 Rn. 14 ff.

Des Weiteren besteht noch die Möglichkeit des gutgläubigen lastenfreien Erwerbs gem. § 936. Der gute Glaube daran, dass jemand gutgläubig lastenfrei verfügen kann, obwohl der Erwerber die Belastung kennt, wird in § 366 II HGB geschützt.[111]

## B. Unbewegliche Sachen

### I. Der gutgläubige Vormerkungserwerb

#### 1. Allgemeines

1080 Das Vormerkungsrecht wird, ebenso wie andere Institute des Immobiliarsachenrechts, häufig als rein »technische«, formale Materie gesehen und insofern als wenig interessant empfunden. Diese Sichtweise wird der praktischen Bedeutung der Vormerkung aber nicht gerecht.

Die Vormerkung ist, ebenso wie der Eigentumsvorbehalt bei beweglichen Sachen, ein Sicherungsmittel beim Erwerb des Eigentums oder eines anderen Rechts an einem Grundstück. Sinn und Zweck des Instituts werden deutlich, wenn man die Regelung des § 873 betrachtet: Zur Übertragung des Rechts an einem Grundstück ist die Einigung von Veräußerer und Erwerber und die Eintragung der Rechtsänderung notwendig. Diese beiden Akte fallen notwendigerweise – aufgrund des Verfahrens beim Grundbuchamt – zeitlich auseinander. Für die Zwischenzeit besteht ein Bedürfnis des Erwerbers, davor geschützt zu sein, dass der Veräußerer ein zweites Mal wirksam über das Recht verfügt.

Hilfe scheint § 873 II zu bieten, der unter bestimmten Umständen – insbesondere im Falle einer wirksamen Auflassung – eine Bindung des Veräußerers an seine Erklärung vorsieht. Doch darf nicht übersehen werden, dass eine Bindung immer nur inter partes besteht. Sie betrifft daher nicht die Wirksamkeit einer Zweitverfügung des Veräußerers über das Recht.

Auch das Grundbuchverfahren bietet nur einen beschränkten Schutz. Nach § 17 GBO ist für die Reihenfolge der Eintragungen die Reihenfolge des Eingangs der Anträge maßgeblich. Der Eintragungsantrag, zu dem regelmäßig der beurkundende Notar bevollmächtigt ist, wird in der Regel erst nach dem Vorliegen aller Eintragungsvoraussetzungen gestellt. Davon abgesehen, macht der Verstoß gegen § 17 GBO eine pflichtwidrig erfolgte Eintragung nicht unwirksam.

Die vorhandene Sicherungslücke wird durch die Vormerkung ausgefüllt. Sie sichert den Erwerb bereits vor der Eintragung, zwar nicht durch die Anordnung der absoluten Unwirksamkeit des Zweiterwerbs, aber über den – komplizierten – Weg der relativen Unwirksamkeit im Verhältnis zwischen Vormerkungsberechtigtem und Zweiterwerber, § 883 II. Zur Durchsetzung besteht der Anspruch aus § 888.

Neben den im Folgenden zu besprechenden Problemen des Gutglaubensschutzes ist als weiteres Standardproblem des Vormerkungsrechts die Reichweite des Begriffs der vormerkungswidrigen Verfügung iSv § 883 II 1 zu nennen,[112] schließlich das dem Dreiecksverhältnis bei den Grundpfandrechten entsprechende Problem, welche Ein-

111 *Brox/Henssler* HandelsR Rn. 314; *Wank*, Handels- und Gesellschaftsrecht, 2. Aufl. 2010, 1. Teil Kap. 5, V.

112 Vgl. BGHZ 13, 1 einerseits; MüKoBGB/*Kohler* § 883 Rn. 53 andererseits.

wendungen und Einreden dem Anspruch des Vormerkungsberechtigten aus § 888 entgegengesetzt werden können.[113]

### 2. Der gutgläubige Vormerkungserwerb

Im Hinblick auf die Anwendbarkeit der Gutglaubensschutzvorschriften, §§ 892, 893, auf die Vormerkung liegt nach herrschender Meinung eine – unbewusste – Gesetzeslücke vor. Der Zusammenhang der beiden Regelungsbereiche ist vom Gesetzgeber nicht gesehen worden. Die Falllösung muss hier daher über eine bloße Gesetzessubsumtion hinausgehen. Das erklärt die ungebrochene Beliebtheit entsprechender Klausuren. Man sollte sich darauf einstellen, indem man sich mit den grundlegenden Problemen beschäftigt. Dabei sind zu unterscheiden: 1081

- der gutgläubige Erwerb der Vormerkung
- der gutgläubige Erwerb des Rechtes, auf dessen Erwerb der vormerkungsgesicherte Anspruch gerichtet ist.

#### a) Der gutgläubige Erwerb der Vormerkung

##### aa) Ersterwerb

Die Vormerkung kann durch einen gutgläubigen Erwerber von einem im Grundbuch eingetragenen Scheininhaber des Rechtes erworben werden. Umstritten ist lediglich, aufgrund welcher Vorschrift: 1082

Nimmt man an, die Vormerkung sei ein Recht an einem Grundstück oder ein Recht an einem solchen Rechte, ist § 892 I 1 anwendbar[114]. Verneint man dies, bietet es sich an, in der Bestellung der Vormerkung eine Verfügung über das Recht iSv § 893 2. Var. zu sehen.[115] Da im Ergebnis über die Anwendbarkeit der Gutglaubensvorschriften Einigkeit besteht, kann schließlich als Mindestbedingung eine entsprechende Anwendung von § 893 bejaht werden.[116] Es ist im Hinblick auf das Ergebnis in der Klausur empfehlenswert, ebenfalls eine jedenfalls entsprechende Anwendung von § 893 2. Var., § 892 zu bejahen, um dem nicht der Lösung dienenden dogmatischen Streit über die Rechtsnatur der Vormerkung auszuweichen. Zu beachten ist aber, dass auch die entsprechende Anwendung der genannten Vorschriften eine rechtsgeschäftliche Bestellung der Vormerkung voraussetzt, sodass ein gutgläubiger Erwerb bei Eintragung der Vormerkung aufgrund einstweiliger Verfügung gem. § 885 I 1, 1. Var. ausscheidet.[117]

##### bb) Zweiterwerb

Umstritten ist die Möglichkeit eines gutgläubigen Zweiterwerbs der Vormerkung. Das Problem stellt sich, wenn ein bösgläubiger Vormerkungsberechtigter seinen Auflassungsanspruch gegen den im Grundbuch eingetragenen Eigentümer gem. § 398 an einen hinsichtlich des Bucheigentums gutgläubigen Erwerber abtritt. Die entstandene Vormerkung ginge an sich kraft Gesetzes gem. § 401 als akzessorisches Nebenrecht auf den Zessionar über. Fraglich ist aber, ob nicht im Hinblick darauf, dass zwischen Zedent und Zessionar ein Rechtsgeschäft vorgenommen wird und der Zedent durch 1083

113 S. Palandt/*Bassenge* § 888 Rn. 6 m. Nachw.

114 So *E. Wolf*, Sachenrecht, 2. Aufl. 1979, § 13 IV C, S. 589; *Kempf* JuS 1961, 24; *Wunner* NJW 1969, 113 (114).

115 So BGH NJW 1981, 446 (447); Palandt/*Bassenge* § 893 Rn. 3; Soergel/*Stürner* § 883 Rn. 2; *Baur/Riede* JuS 1987, 380 (382).

116 So *Medicus/Petersen* BürgerlR Rn. 553; *Tiedtke*, Gutgläubiger Erwerb, 1985, 106.

117 AA jetzt MüKoBGB/*Kohler* § 883 Rn. 78.

die eingetragene Vormerkung eine Buchposition erworben hat, auf deren Bestand der Zessionar vertrauen könnte, ein gutgläubiger Erwerb bejaht werden soll.[118] Praktisch geht es darum, ob bei der Abtretung eine erneute kostenpflichtige Bewilligung des Bucheigentümers zugunsten des Zessionars beschafft werden muss.

**b) Der gutgläubige Erwerb des Rechtes, für dessen Erwerbsanspruch die Vormerkung bestellt worden ist**

1084 Ein Meinungsstreit über den gutgläubigen Erwerb der Vormerkung wäre praktisch gegenstandslos, wenn eine gutgläubig erworbene Vormerkung nicht auch den Erwerb des Rechtes herbeiführen könnte. Der Ansatz ist also hier der gutgläubige Erwerb des Grundstücksrechtes. Zwei Konstellationen sind denkbar:

**aa) Der Rechtserwerb vom Bucheigentümer**

1085 Der gutgläubige Erwerb des Grundstückseigentums oder eines Grundpfandrechtes wird durch § 892 I 1 ermöglicht. Aufgrund des gestreckten Erwerbsvorganges besteht das Bedürfnis des Erwerbers nach einer Vorverlegung des maßgeblichen Zeitpunktes der Gutgläubigkeit, um das Risiko der Zerstörung der Gutgläubigkeit durch Kenntniserlangung oder Eintragung eines Widerspruchs im Grundbuch gering zu halten. Im Hinblick auf eine nachträgliche Bösgläubigkeit verlangt § 892 II die Vorverlegung auf den Zeitpunkt der Stellung des Eintragungsantrags. Der durch die Vormerkung bewirkte Schutz geht nach hM weiter:

Nach Eintragung der Vormerkung (teilweise wird auch hier analog § 892 II auf die Antragstellung abgestellt)[119] könne der gute Glaube des Vormerkungsberechtigten weder durch nachträglich erworbene Kenntnis von der wahren Rechtslage, noch durch die Eintragung eines Widerspruchs zerstört werden.[120] Im Hinblick auf den Widerspruch lässt sich das Ergebnis mit § 883 II begründen. Für die Bösgläubigkeit kann dann nur teleologisch argumentiert werden. Kann die Vormerkung gutgläubig erworben werden und schützt sie den Berechtigten vor Zweitverfügungen des Bucheigentümers, so erscheint es nahe liegend, den Schutz auch auf die Zerstörung des guten Glaubens zu erstrecken. Dagegen spricht eine am Gesetzeswortlaut orientierte Interpretation, wonach der Zweck der Vormerkung eben nur auf den Schutz vor Zweitverfügungen, also in die Zukunft gerichtet ist, es aber nicht um die Heilung des bereits vorhandenen Mangels des Bucheigentums geht.[121] Zu bedenken ist allerdings auch, dass selbst dann, wenn man die dogmatische Herleitung des Ergebnisses bezweifelt, das Vertrauen der Praxis auf die bisherige Rechtsprechung schutzwürdig sein kann.[122]

118 Dafür BGHZ 25, 16 (23) ohne nähere Begründung; MüKoBGB/*Kohler* § 883 Rn. 75 mwN; aA *Medicus/Petersen* BürgerlR Rn. 557; Soergel/*Stürner* § 893 Rn. 8 mwN; *Tiedtke*, Gutgläubiger Erwerb, 1985, 115 ff.

119 Soergel/*Stürner* § 893 Rn. 6; *Tiedtke*, Gutgläubiger Erwerb, 1985, 109; MüKoBGB/*Kohler* § 883 Rn. 74.

120 So BGH NJW 1981, 446 (447); BGHZ 28, 182 (187); RGZ 121, 44 (47); Palandt/*Bassenge* § 885 Rn. 13; *Baur/Riede* JuS 1987, 380 (384) mwN; *Medicus/Petersen* BürgerlR Rn. 554.

121 Ausf. hierzu *Goetzke/Habermann* JuS 1975, 82 (84 f.); iE ebenso *Knöpfle* JuS 1981, 158 (165 f.); *Wiegand* JuS 1975, 205 (212).

122 BGH NJW 1981, 446 (447) unter 4. aE.

Ein Sonderproblem stellt in diesem Zusammenhang noch der maßgebliche Zeitpunkt bei der Vormerkung zugunsten eines gem. § 883 I 2 vormerkungsfähigen aufschiebend bedingten Anspruchs dar.[123]

#### bb) Der Rechtserwerb vom wahren Eigentümer

Schließlich besteht auch die Möglichkeit, dass der wahre Eigentümer (wieder) in das Grundbuch eingetragen wird, bevor sich der Rechtserwerb des Vormerkungsberechtigten vollziehen konnte. 1086

Grundsätzlich gilt hier für die Lösung das zu a) Ausgeführte. Zusätzlich tritt noch das Problem auf, dass unter den Vertretern der hM, die einen Rechtserwerb des Vormerkungsberechtigten bejahen, umstritten ist, auf welchem Wege er sich im vorliegenden Falle vollzieht. Es bietet sich die Anwendung des § 888 auch gegenüber dem wahren Eigentümer an.[124] Fraglich ist, ob sich der Anspruch nur auf die formale grundbuchrechtliche Zustimmung nach § 19 GBO bezieht oder ob auch eine materiell-rechtliche Genehmigung gem. § 185 erzwungen werden muss.[125]

## II. Die Hypothek

Hypothekenrecht gehört zum Standardrepertoire sachenrechtlicher Examensklausuren, weil die Hypothek wegen ihrer Verknüpfung mit einer Forderung vom Klausurbearbeiter die Erörterung schuld- *und* sachenrechtlicher Fragestellungen erfordert. Aus dem Akzessorietätsgrundsatz[126] ergeben sich eine Reihe schwieriger Detailfragen, die beliebte Klausurprobleme darstellen.[127] Schließlich ist das Verständnis des Hypothekenrechts Voraussetzung für den Zugang zum Recht der Grundschuld.[128] 1087

Das Hypothekenrecht steht in dem Ruf, kompliziert und schwer zugänglich zu sein. Diesem Vorurteil zum Trotz lässt es sich in der juristischen Fallbearbeitung »in den Griff bekommen«, sofern man Grundlagen beherrscht. Der folgende Kurzüberblick nennt sie, ohne das vertiefende Studium ersetzen zu können.

### 1. Begriff und Rechtsnatur

Die Hypothek ist als Grundpfandrecht ein *abstraktes, akzessorisches* Sicherungs- und Verwertungsrecht an einem Grundstück, eine Form des Realkredits.[129] Bei Eintritt des Sicherungsfalles (Pfandreife) gewährt sie dem *Hypothekar* gegen den *Eigentümer* einen Anspruch auf *Duldung der Zwangsvollstreckung* in das Grundstück, § 1147, die in Form der Zwangsversteigerung oder der Zwangsverwaltung erfolgen kann, § 866 I ZPO.[130] Dem Gläubiger stehen zwei Rechte zu: Die zu sichernde Geldforderung (»persönliche Forderung«) auf der einen, das dingliche Verwertungsrecht auf der anderen Seite. 1088

123 Vgl. hierzu BGH NJW 1981, 446 (447) einerseits; *Hepting* NJW 1987, 865 ff.; *Hager* JuS 1987, 555 andererseits.

124 MüKoBGB/*Kohler* § 883 Rn. 79; *Roloff* NJW 1968, 484 (485).

125 Dafür *J. F. Baur* JZ 1967, 437 (439).

126 Eing. *Medicus* JuS 1971, 497 ff.

127 Probleme des Hypothekenrechts behandeln die Fälle 29 und 30 (→ Rn. 1252 ff., → Rn. 1303 ff.).

128 Hierzu im folgenden → Rn 1096 ff.

129 *Weber*, Kreditsicherheiten, 8. Aufl. 2006, 221 f.; *Schreiber* SachenR Rn. 443.

130 Die Eintragung einer Zwangshypothek iSv § 866 I ZPO scheidet praktisch aus, da die Eintragung einer der Verkehrshypothek des Vollstreckungsgläubigers nachrangigen Sicherungshypothek diesem keine Vorteile verschafft, vgl. Palandt/*Bassenge* § 1147 Rn. 5.

Im Gegensatz zu der umfangreichen Regelung, die die Hypothek in den §§ 1113–1190 erfahren hat, kommt in der Rechtspraxis allerdings der Grundschuld, § 1191,[131] als nichtakzessorischem Grundpfandrecht erheblich größere Bedeutung zu.[132]

### 2. Arten der Hypothek

1089 Nach der Umlauffähigkeit unterscheidet man zwischen *Verkehrs- und Sicherungshypothek*, §§ 1184, 1185, wobei die erstgenannte den praktischen Regelfall bildet. Des Weiteren ist zwischen *Brief- und Buchgrundschuld zu* differenzieren. Je nachdem, ob Belastungsgegenstand ein *einzelnes* oder *mehrere* Grundstücke gleichzeitig sind, lassen sich außerdem *Einzel-* und *Gesamthypothek* sondern.[133]

### 3. Entstehung der Hypothek

1090 In Klausurfällen kommt es regelmäßig – zumindest als Vorfrage – darauf an festzustellen, ob der Anspruchsteller *Inhaber* einer Hypothek geworden ist.

Weil die Hypothek ein – beschränkt dingliches – Grundstücksrecht ist, sind nach § 873 I für ihre Entstehung zunächst die *Einigung* mit dem Inhalt des § 1115 nebst *Eintragung* in das Grundbuch (und zwar in die Dritte Abteilung[134]!) erforderlich. Aus dem Grundsatz der *Akzessorietät* folgt außerdem, dass die zu *sichernde Forderung entstanden* sein muss (arg. aus § 1113 I: »wegen einer ihm zustehenden Forderung«). Andernfalls gelangt auch die Hypothek nicht zur Entstehung.[135] Die dingliche *Einigung* muss zZt der Eintragung *fortdauern*, arg. aus § 873 II.[136] Ferner ist erforderlich, dass der Besteller der Hypothek (= der Verfügende) *Berechtigter* ist. Andernfalls kommt (nur) ein gutgläubiger Erwerb des Grundpfandrechts gem. § 892 in Betracht.[137] Bei der Briefhypothek tritt noch die *Übergabe des Briefes* an den Hypothekar als Entstehungsvoraussetzung hinzu, § 1117.[138]

### 4. Übertragung der Hypothek

1091 In Klausurfällen wird die Hypothek meist vom Inhaber auf eine dritte Person übertragen, die den Grundstückseigentümer dann in Anspruch nimmt. Hieran schließen sich Probleme der *Einwendungslehre und des gutgläubigen einredefreien Erwerbs* an, §§ 1137, 1138, 1157.[139]

Wichtig für die Übertragung einer Hypothek ist das *Akzessorietätsprinzip*: Die Hypothek teilt als akzessorisches Sicherungsrecht einer schuldrechtlichen Geldforderung deren rechtliches Schicksal, ohne dass das dingliche Recht gesondert übertragen werden müsste, §§ 1153 I, 401. Die Forderung ist also rechtlich gesehen die »Hauptsache«; wird sie abgetreten, folgt die Hypothek automatisch (sog. *Mitlaufgebot*[140]). § 1153 II stellt klar, dass eine isolierte Übertragung beider Rechte nicht möglich ist (*Trennungsverbot*).

131 Dazu → Rn. 1096 ff.

132 Zu den Gründen s. *Baur/Stürner* SachenR § 36 Rn. 59; *Schreiber* SachenR Rn. 459.

133 Zu Einteilungen und zu Sonderformen: Palandt/*Bassenge* § 1113 Rn. 2.

134 Zum Aufbau des Grundbuchs vgl. *Schreiber* SachenR Rn. 341.

135 Hieraus folgt allerdings nicht, dass überhaupt kein dingliches Recht entstanden ist. Vielmehr entsteht bei Nichtigkeit der zu sichernden Forderung eine Eigentümergrundschuld, § 1163 I 1.

136 Vgl. *Medicus/Petersen* BürgerlR Rn. 32.

137 Hierzu *Schreiber* SachenR Rn. 473 ff.

138 Zur Rechtslage nach Eintragung, aber vor Briefübergabe vgl. Palandt/*Bassenge* § 1117 Rn. 1.

139 Vgl. unten Fall 29 »Ein schlechtes Geschäft«, → Rn. 1252 ff.

140 *Baur/Stürner* SachenR § 38 Rn. 3.

Für die Übertragung der Hypothek ist zwischen *Brief-* und *Buchhypothek* zu unterscheiden: Bei der Briefhypothek sind eine *schriftliche Abtretungserklärung* gem. § 398 und die *Übergabe des Briefes* erforderlich, § 1154 I 1.[141] Bei der Buchhypothek gilt das Prinzip von *Einigung* und *Eintragung*, §§ 1154 III, 873: Die Forderungsabtretung wird sachenrechtlichen Grundsätzen unterworfen.

### 5. Gegenstand der Hypothekenhaftung

Gegenstände der *Grundpfandhaftung* sind gem. § 1113 zunächst das *Grundstück* nebst *wesentlichen Bestandteilen*, §§ 93, 94. § 1120 erweitert die Hypothekenhaftung auf *Erzeugnisse, sonstige Bestandteile* und *Zubehörstücke* des Grundstücks iSv §§ 97, 98 (sog. *Hypothekenhaftungsverband*).[142] Unter den Voraussetzungen der §§ 1123, 1126, 1127 können schließlich bestimmte *Forderungen*, etwa aus Vermietung oder Verpachtung, erfasst sein. Die §§ 1121, 1122 regeln, ob und unter welchen Voraussetzungen diese Gegenstände wieder *haftungsfrei* werden können (Enthaftung).[143] Entsprechende Probleme können in Klausuren auch über einen verfahrensrechtlichen Einstieg, etwa über § 865 II ZPO, abgefragt werden. 1092

### 6. Die Rechtsstellung des Hypothekars

Die Rechtsstellung des Gläubigers ist durch das Nebeneinander zweier Rechte gekennzeichnet, die Sie strikt auseinander halten müssen: So steht dem Gläubiger die *persönliche Geldforderung* (meist aus Darlehen oder Kauf) auf der einen, das *dingliche Sicherungsrecht* auf der anderen Seite zu. Während der Geldanspruch durch *Zahlungsklage* zu verfolgen ist, erfolgt die Durchsetzung der Hypothek gem. § 1147 über einen Anspruch auf *Duldung der Zwangsvollstreckung* in das Grundstück. Eine persönliche Zahlungsverpflichtung begründet sie – entgegen dem missverständlichen Wortlaut des § 1113 I (»eine bestimmte Geldsumme [...] aus dem Grundstück zu zahlen«) – nicht. Zum Zugriff auf das Grundstück muss der Gläubiger also zunächst einen sog. *Duldungstitel* gegen den Eigentümer erstreiten (»dingliche Klage«).[144] In der Kreditpraxis herrscht allerdings die vollstreckbare Urkunde als Vollstreckungstitel vor, § 794 I Nr. 5 ZPO.[145] 1093

### 7. Die Gegenrechte des Eigentümers

Aus dem Nebeneinander von Forderung und Hypothek folgt für den Grundstückseigentümer ein *zweifaches Verteidigungssystem*.[146] Er kann sich gegen die Inanspruchnahme aus der *Hypothek* einerseits mit *Einwendungen* und *Einreden* unmittelbar gegen die *dingliche Berechtigung* des Anspruchstellers wenden (Bsp.: mangelnde Entstehung des Grundpfandrechts; Verlust der Aktivlegitimation durch Rechtsübergang außerhalb des Grundbuchs, fehlende Fälligkeit etc.).[147] Andererseits kann er sich gegenüber der Hypothek auf *Mängel der persönlichen Forderung* berufen. Dies gilt 1094

141 Nach § 1154 II kann die schriftliche Form der Abtretungserklärung dadurch ersetzt werden, dass die Abtretung in das Grundbuch eingetragen wird. In Klausuren spielt dies eine Rolle, wenn die privatschriftliche Abtretungserklärung nicht den Anforderungen des § 126 genügt, zB im Falle einer sog. *Oberschrift*; vgl. hierzu BGHZ 113, 51.

142 Näher *Schreiber* SachenR Rn. 450 ff.; Palandt/*Bassenge* § 1120 Rn. 1 ff.

143 Zum Hypothekenhaftungsverband vgl. näher unten Fall 30 → Rn. 1303 ff.

144 Möglich ist ein unterschiedlicher Erfolg von persönlicher und dinglicher Klage; vgl. Palandt/*Bassenge* § 1113 Rn. 19 ff.

145 *Schreiber* SachenR Rn. 446.

146 Eing. *Coester-Waltjen* JURA 1991, 186 ff.

147 Ausf. zu den Einwendungen und Einreden des Eigentümers unten Fall 29 → Rn. 1252 ff.

sowohl für *Einwendungen* gegen die gesicherte Forderung (Nichtentstehen, Erlöschen) als auch gem. § 1137 für die dem persönlichen Schuldner gegen die Forderung sowie die nach § 770 einem Bürgen zustehenden *Einreden* (Beispiel: Zurückbehaltungsrechte, Stundung, Einrede der Anfechtbarkeit etc.).[148] § 1137 bringt den Gedanken der *Durchsetzbarkeitsakzessorietät* zum Ausdruck und macht deutlich, dass persönlicher Schuldner und Hypothekenschuldner nicht ein und dieselbe Person sein müssen.

In beiden Varianten besteht die Möglichkeit eines (einredefreien) *gutgläubigen Erwerbs* der Hypothek (§§ 1137, 1138, 1157 S. 2, 892).

#### 8. Die Rechtsfolgen der Zahlung

1095 Für die Rechtsfolgen der Zahlung[149] ist zwischen *Zwei- und Dreipersonenverhältnissen* zu unterscheiden:

Sind *Forderungs-* und *Hypothekenschuldner* identisch, so bewirkt die Erfüllung des gesicherten Geldanspruches gem. §§ 1163 I 2, dass sich die (Fremd-)Hypothek in eine *Eigentümergrundschuld* verwandelt.

Ist der Eigentümer *nicht* zugleich der *persönliche Schuldner* und befriedigt er den Hypothekengläubiger, muss man zwei Konstellationen trennen: Leistet der Eigentümer als *Dritter iSv § 267* anstelle des Schuldners, so erlischt die Forderung, § 362 I, und die (Fremd-)Hypothek wandelt sich in eine Eigentümergrundschuld, §§ 1163 I 2, 1177 I 1. Leistet der Eigentümer hingegen nach § 1142 *zur Abwendung des § 1147* auf die Hypothek, dann erwirbt er mit der Befriedigung die *persönliche Forderung kraft Gesetzes*, § 1143 I, und die Hypothek gem. §§ 1153 I, 401, die sich gem. § 1177 II wiederum in eine Eigentümergrundschuld umwandelt.[150]

Befriedigt ein *Schuldner*, der *nicht Eigentümer* ist, die persönliche Forderung, so erlischt diese, § 362 I. Die Hypothek wird, sofern der persönliche Schuldner nicht ausnahmsweise einen Rückgriffsanspruch gegen den Eigentümer hat, zur *Eigentümergrundschuld*, §§ 1163 I 2, 1177 I. Besteht ein solcher Ersatzanspruch, so geht nach § 1164 I die Hypothek auf den *Schuldner* über.[151] Es handelt sich um eine *gesetzliche Forderungsauswechslung*.[152]

Wird der Gläubiger im Wege der *Zwangsvollstreckung* befriedigt, so erlischt nach § 1181 auch die Hypothek.

### III. Die Sicherungsgrundschuld

#### 1. Allgemeines

1096 Die Grundschuld ist im Vergleich zur Hypothek in den §§ 1191–1198 nur knapp geregelt. Im Übrigen verweist § 1192 auf die Hypothekenvorschriften, soweit sich nicht etwas anderes daraus ergibt, dass die Grundschuld keine Forderung voraussetzt. Bevor man also eine Norm des Hypothekenrechts auf die Grundschuld anwendet, ist stets zu prüfen, ob und gegebenenfalls wie eine entsprechende Anwendung aufgrund des wesentlichen Unterschiedes zwischen beiden Grundpfandrechten möglich ist.

148 Entsprechende Vorschriften finden sich für Bürgschaft und Pfandrecht in den §§ 768, 1211.
149 Zusammenfassend Palandt/*Bassenge* § 1113 Rn. 22 ff.
150 *Wieling* SachenR § 33 III 1c, S. 470.
151 *Baur/Stürner* SachenR § 40 Rn. 19.
152 Palandt/*Bassenge* § 1164 Rn. 4.

Eine isolierte Grundschuld kommt relativ selten vor. Zumeist dient auch die Grundschuld der Sicherung einer schuldrechtlichen Forderung. Man spricht dann von einer Sicherungsgrundschuld, § 1192 Ia 1. Die Verknüpfung, die bei der Hypothek kraft Gesetzes besteht, erfolgt bei der Grundschuld und der zu sichernden Forderung durch einen schuldrechtlichen Vertrag, den Sicherungsvertrag.

### 2. Rechtsverhältnisse

Wird eine Sicherungsgrundschuld bestellt, so sind die folgenden Rechtsverhältnisse 1097
zu unterscheiden[153]:

a) Zwischen dem Gläubiger und dem Schuldner besteht ein *schuldrechtlicher Vertrag*, aus dem sich die zu sichernde Forderung ergibt.

b) Daneben wird der *Sicherungsvertrag* zwischen dem Gläubiger der Forderung als Sicherungsnehmer und dem Eigentümer des Grundstücks, für das die Grundschuld bestellt werden soll, als Sicherungsgeber geschlossen. Der Grundstückseigentümer und der Forderungsschuldner brauchen nicht personengleich zu sein; eine Grundschuld kann auch für eine fremde Forderung bestellt werden. In diesem Fall ist noch das zwischen dem Forderungsschuldner und dem Sicherungsgeber bestehende Rechtsverhältnis zu berücksichtigen.

c) Davon zu unterscheiden ist das *Verfügungsgeschäft* zwischen Sicherungsgeber und -nehmer zur Bestellung der Grundschuld. Auch die Sicherungsgrundschuld wird, wie die Grundschuld, nach den allgemeinen Regeln über die Belastung des Eigentums mit beschränkt dinglichen Rechten begründet. Erforderlich sind somit eine Einigung mit dem Inhalt des § 1191, ferner Eintragung, Einigsein zum Zeitpunkt der Eintragung und die Verfügungsberechtigung des Eigentümers oder ein gutgläubiger Erwerb vom Nichtberechtigten. Wird eine Briefgrundschuld bestellt, ist dies gem. §§ 1192, 1116 ins Grundbuch einzutragen: gem. §§ 1192, 1117 ist die Übergabe des Briefs erforderlich.

### 3. Der Sicherungsvertrag

Eine Anzahl klausurrelevanter Probleme knüpft an den Sicherungsvertrag an. Zu ihrer Lösung ist zunächst erforderlich, dass man sich verdeutlicht, welchen Zweck der Sicherungsvertrag verfolgt. 1098

#### a) Nichtigkeit

Zum einen ist der Sicherungsvertrag das der Grundschuldbestellung zugrunde liegende Verpflichtungsgeschäft. Sollte der Sicherungsvertrag nichtig sein, hat der Eigentümer gegen den Sicherungsnehmer gem. § 812 I 1 1. Var. einen Anspruch auf Herausgabe der erlangten Grundschuld, die aufgrund ihrer nicht akzessorischen Natur entstanden ist. Der Anspruch ist nach Wahl des Eigentümers gerichtet auf Rückübertragung der Grundschuld, auf Verzicht entsprechend § 1169 oder auf Aufhebung.[154] Wird der Eigentümer gem. §§ 1147, 1192 I auf Duldung der Zwangsvollstreckung in Anspruch genommen, steht ihm bei Nichtigkeit der Sicherungsabrede die Bereicherungseinrede nach § 821 zu. Da der Eigentümer damit gleichzeitig eine dauernde Einrede gegen die Geltendmachung der Grundschuld hat, kann er nach

153 *Zetsche* AcP 209 (2009), 543 (545).
154 BGH NJW 1985, 800.

§ 1169 auch den Verzicht des Gläubigers auf die Grundschuld verlangen.[155] Der dingliche Anspruch auf Verzicht besteht neben § 821 einredeweise.

#### b) Zweck

1099 Zum anderen dient der Sicherungsvertrag den Parteien dazu, mittels schuldrechtlicher Verpflichtung den Zusammenhang zwischen Grundschuld und Forderung herzustellen, der bei der Hypothek kraft Gesetzes vorhanden ist. Auch die Sicherungsgrundschuld besteht unabhängig von der Existenz der Forderung als Fremdgrundschuld. Die Sicherungsabrede verfolgt daher regelmäßig den Zweck, die aufgrund der Akzessorietät der Grundschuld bestehende überschießende Rechtsmacht in Form des Verwertungsrechts des Sicherungsnehmers schuldrechtlich zu begrenzen und an seine Rechte als Forderungsgläubiger zu koppeln. Dazu erfolgt zumeist eine Abrede des Inhalts, dass die Verwertung der Grundschuld erst dann erfolgen darf, wenn die gesicherte Forderung fällig und einredefrei besteht. In der Klausur werden Sie mit den Problemen wahrscheinlich in der Form befasst sein, dass der Eigentümer auf Duldung der Zwangsvollstreckung gem. § 1147 in Anspruch genommen wird, ohne dass die Forderung fällig und einredefrei besteht. Dann sind die möglichen Einreden des Eigentümers zu prüfen. Dazu ist zu differenzieren, ob die Forderung nur zurzeit nicht besteht oder gar nicht entstehen kann.[156]

Oftmals enthält die Sicherungsabrede in den Klausurfällen trotz eines bestehenden Regelungsbedürfnisses zu dem einen oder anderen Punkt keine Vereinbarung. Dann müssen Sie prüfen, ob man im Wege der ergänzenden Auslegung des Sicherungsvertrags gem. § 157 einen dem Vertragszweck entsprechenden Parteiwillen ermitteln kann.

### 4. Die Abtretung von Forderung und Grundschuld

1100 Ein weiteres Standardproblem in Grundschuldklausuren knüpft an die Abtretung von Forderung und Grundschuld an verschiedene Personen an. Die Abtretung der Forderung erfolgt nach § 398 durch einen formlosen Abtretungsvertrag. Die zumeist als Briefgrundschuld bestellte Grundschuld wird nach § 1192 iVm § 1154 I durch Abtretung der Grundschuld, schriftliche Abtretungserklärung gem. § 1154 und Übergabe des Grundschuldbriefs übertragen. Soll verhindert werden, dass Forderung und Grundschuld an verschiedene Personen gelangen, stehen den Parteien zwei Möglichkeiten zur Verfügung. Zum einen können Forderungsschuldner und -gläubiger ein pactum de non cedendo schließen, § 399, ferner Sicherungsgeber und -nehmer ebenfalls die Unabtretbarkeit der Grundschuld vereinbaren. Die Nichtabtretbarkeit der Grundschuld ist im Grundbuch eintragungsfähig.[157] Zum anderen besteht die Möglichkeit, im Sicherungsvertrag vorzusehen, dass Grundschuld und Forderung nur zusammen abgetreten werden können. Eine solche Abrede hat nur schuldrechtliche Wirkung und ist deshalb nicht eintragungsfähig,[158] da ansonsten die Akzessorietät von Forderung und Grundschuld herbeigeführt würde. Daraus ergibt sich das Klausurproblem, dass die Grundschuld von der Forderung getrennt an einen Dritten abgetreten wird, bevor der Sicherungsfall eingetreten ist. Im Innenverhältnis hat dies zur Folge, dass der Sicherungsnehmer dem Sicherungsgeber wegen positiver Ver-

155 Palandt/*Bassenge* § 1169 Rn. 2.
156 Vgl. dazu Fall 28 → Rn. 1234 ff.
157 Soergel/*Konzen* BGB § 1191 Rn. 28 ff.
158 BGH NJW 1974, 185.

tragsverletzung der Sicherungsabrede gegebenenfalls gem. § 280 I zum Schadensersatz verpflichtet ist.[159] Im Außenverhältnis gilt Folgendes:

#### a) Inanspruchnahme des Forderungsschuldners

Wird der Schuldner vom Gläubiger der Forderung in Anspruch genommen, ist zunächst die Wirksamkeit der Abtretung zu prüfen. Sofern der Sicherungsvertrag keine Abrede über die Abtretbarkeit von Grundschuld und Forderung enthält, ergibt der Sicherungsvertrag allein noch nicht die Unabtretbarkeit der Forderung, § 399.[160] 1101

Sodann ist die Durchsetzbarkeit der Forderung zu prüfen. Sofern der ursprüngliche Forderungsgläubiger und der Schuldner Vertragsparteien der Sicherungsabrede waren, braucht der Schuldner an den Gläubiger aufgrund dieser Abrede nur Zug um Zug gegen Rückgabe der Grundschuld an den Sicherungsgeber zu zahlen. Diese Einrede aus dem Sicherungsvertrag kann der Schuldner iVm § 404 jedem neuen Forderungsinhaber gegenüber geltend machen.[161] Ist die Forderung getrennt von der Grundschuld abgetreten worden, hemmt diese Einrede dauernd die Geltendmachung des schuldrechtlichen Anspruchs.

Ist der Forderungsschuldner nicht Vertragspartner der Sicherungsabrede geworden, so ist fraglich, ob er sich auf diese Einrede berufen kann. Das könnte dann der Fall sein, wenn dieser Sicherungsvertrag ein Vertrag mit Schutzwirkung zugunsten Dritter wäre.

#### b) Inanspruchnahme des Eigentümers

Ginge der ursprüngliche Grundschuldgläubiger aus der Grundschuld gegen den Eigentümer vor, könnte dieser seiner Inanspruchnahme alle Einreden entgegensetzen, die sich aus der Sicherungsabrede ergeben. Er kann sich gegen die Duldung der Zwangsvollstreckung wehren, wenn die zu sichernde Forderung noch nicht besteht, noch nicht fällig und einredefrei besteht oder schon zurückgezahlt wurde. Sofern der Eigentümer vom Zessionar der Grundschuld auf Duldung der Zwangsvollstreckung in Anspruch genommen wird, stellt sich die Frage, welche Gegenrechte der Eigentümer in dieser Situation hat. Der Zessionar ist mit der Abtretung der Grundschuld nicht Vertragspartner des Sicherungsvertrags geworden, sodass ihm daraus bestehende Einreden nicht direkt entgegengehalten werden können. 1102

Dieser Fall ist gem. dem durch das Risikobegrenzungsgesetz neu eingeführten § 1192 Ia zu lösen, der für die vom Satz 1 erfassten Einreden eine von der bisherigen Rechtslage abweichende Regelung trifft.[162] Für den Fall, dass eine Sicherungsgrundschuld vorliegt, bestimmt § 1192 Ia 1 Hs. 1, dass der Eigentümer Einreden, die ihm aufgrund des Sicherungsvertrags mit dem bisherigen Gläubiger gegen die Grundschuld zustehen oder die sich aus dem Sicherungsvertrag ergeben, auch gegenüber jedem Erwerber der Grundschuld geltend machen kann. Handelt es sich um eine Einrede nach § 1192 Ia 1, ist ein gutgläubiger einredefreier Erwerb ausgeschlossen, § 1192 Ia 1 Hs. 2. Danach findet § 1157 S. 2 bei der Sicherungsgrundschuld keine Anwendung.

159 BGH NJW-RR 1987, 139 (141).
160 BGH NJW 1972, 1463.
161 *Baur/Stürner* SachenR § 45 Rn. 68.
162 Hierzu *Derleder* ZIP 2009, 2221 ff.; *Hamm* JURA 2009, 539 ff.; *Nietsch* NJW 2009, 3606; *Weller* JuS 2009, 969 ff.; *Zetsche* AcP 209 (2009), 543 ff.; zur *Rechtslage* bei einer bis zum 19.8.2008 erworbenen Sicherungsgrundschuld (Art. 229 § 18 II EGBGB) s. *Baur/Stürner* SachenR § 45 Rn. 62 ff.

Dem Erwerber der Grundschuld braucht nicht bekannt gewesen sein, dass es sich um eine Sicherungsgrundschuld handelt, damit ihm die Einreden aus dem Sicherungsvertrag entgegen gehalten werden können.[163] Für die Frage, ob der Eigentümer dem Zessionar die Einrede entgegenhalten kann, kommt es auch nicht darauf an, ob die Einrede zum Zeitpunkt des Erwerbs der Grundschuld schon entstanden war. Der Eigentümer kann dem Erwerber der Sicherungsgrundschuld die Einreden aus dem Sicherungsvertrag auch dann entgegenhalten, wenn sie bereits im Sicherungsvertrag begründet waren.[164]

Von den Einreden nach § 1192 Ia 1 sind die Einreden zu unterscheiden, die unabhängig vom Sicherungsvertrag gegen die Grundschuld vorgebracht werden können. Für diese Einreden ist der Anwendungsbereich der §§ 1192 Ia 1, 1157 S. 2 eröffnet. Im Gegensatz zu den Einreden, die auf einem Sicherungsvertrag beruhen, ist hier also ein gutgläubiger einredefreier Erwerb möglich.[165] Eine eigentümerbezogene Einrede, die unabhängig vom Sicherungsvertrag gegen die Grundschuld erfolgt, kann dem Erwerber außer bei fehlender Gutgläubigkeit auch dann entgegengehalten werden, wenn sie im Grundbuch eingetragen war.[166] Bei der Anwendung von § 1157 iVm § 1192 I ist zu beachten, dass im Rahmen des § 1157 S. 1 erforderlich ist, dass der gesamte Tatbestand der Einrede vor dem Erwerb verwirklicht wurde.[167]

Zwischen beiden Konstellationen können sich Abgrenzungsschwierigkeiten ergeben. Im Einzelfall kann es zweifelhaft sein, ob es sich tatsächlich um eine Einrede aus dem Sicherungsvertrag handelt. Problematisch ist dies beispielsweise dann, wenn nachträglich eine Abrede bezüglich der Grundschuld erfolgt, etwa eine Stundungsabrede.[168]

Neben § 1192 I a wurde im Sachenrecht durch das Risikobegrenzungsgesetz § 1193 II 2 eingefügt.

Dient die Grundschuld der Sicherung einer Geldforderung, so ist eine von § 1193 I abweichende Bestimmung danach nicht mehr zulässig. § 1193 I normiert, wann das Kapital einer Grundschuld fällig wird und sieht hierfür eine Kündigung mit einer Kündigungsfrist von sechs Monaten vor.

#### c) Das Risikobegrenzungsgesetz

1103 Wurde ein Darlehen mit einem Grundpfandrecht gesichert, konnte der Darlehensnehmer nach der früheren Rechtslage erhebliche Nachteile erleiden, wenn der Darlehensgeber, häufig die »Hausbank«, Forderungen aus dem Darlehensvertrag abtrat. Erfolgte die Sicherung etwa mit einer Sicherungsgrundschuld, bestand die Gefahr, dass diese gutgläubig einredefrei erworben wurde. Ferner waren keine entsprechenden Informationspflichten vorgesehen. Auch kann das Interesse des neuen Gläubigers primär auf die Verwertung der Sicherheit gerichtet sein, wobei er mangels Rücksicht auf eine Kundenbindung anders vorgehen kann als die »Hausbank«, was zur

163 *Meyer* JURA 2009, 561 (565).

164 MüKoBGB/*Eickmann* § 1191 Rn. 91.

165 *Baur/Stürner* SachenR § 45 Rn. 67g; zur Problematik der Behandlung der Bereicherungseinrede *Baur/Stürner* SachenR § 45 Rn. 67g f.; *Nietsch* NJW 2009, 3606 (3607 f.); *Zetsche* AcP 209 (2009), 543 (559 ff.).

166 Vgl. *Baur/Stürner* SachenR § 45 Rn. 35, 67i.

167 Palandt/*Bassenge* § 1157 Rn. 2.

168 S. *Baur/Stürner* SachenR § 45 Rn. 67i; *Meyer* JURA 2009, 561 (566).

zügigen Kündigung des Darlehens und der Verwertung der Sicherheit führt.[169] Aufgrund der zunehmenden Praxis, Forderungen aus Darlehensverträgen abzutreten oder zu verkaufen, sah der Gesetzgeber Handlungsbedarf.[170] Durch das Risikobegrenzungsgesetz hat er den Schutz des Darlehensnehmers bei Verkauf und Abtretung von Darlehensforderungen verbessert.[171] Das führte unter anderem zu Änderungen im BGB, und zwar im Schuldrecht und im Sachenrecht (zu den Auswirkungen im Sachenrecht → Rn. 1102). Im Schuldrecht gibt es folgende Änderungen:

Bei Darlehensverträgen ist es nicht mehr möglich, formularmäßig zu bestimmen, dass ein Dritter anstelle des Verwenders in die sich aus dem Vertrag ergebenden Rechte und Pflichten eintritt oder eintreten kann, es sei denn der Dritte wird in der Bestimmung namentlich bezeichnet oder dem anderen Vertragsteil wird das Recht eingeräumt, sich dann vom Vertrag zu lösen, § 309 Nr. 10.

Für Immobiliardarlehensverträge gem. § 503 I verlangt § 492 II iVm Art. 247 § 9 II 1 EGBGB einen deutlich gestalteten Hinweis darauf, dass der Darlehensgeber auch ohne Zustimmung des Darlehensnehmers Forderungen aus dem Darlehensvertrag abtreten und das Vertragsverhältnis auf einen Dritten übertragen darf.

Laufen eine Zinsbindung oder der Darlehensvertrag aus, normiert § 493 eine entsprechende Unterrichtungspflicht des Darlehensgebers gegenüber dem Darlehensnehmer. Wurden Forderungen aus dem Darlehensvertrag abgetreten, treffen diese Pflichten auch den neuen Gläubiger, § 493 IV.

Wird eine Forderung des Darlehensgebers abgetreten, sieht § 496 II eine Unterrichtungspflicht gegenüber dem Darlehensnehmer darüber und über die Kontaktdaten des neuen Gläubigers vor. Sie entfällt aber, wenn im Verhältnis zum Darlehensnehmer der Darlehensgeber weiterhin alleine auftritt.

Das in § 498 normierte Kündigungsrecht wird nunmehr durch § 503 III für Immobiliardarlehensverträge modifiziert.

169 *Langenbucher* NJW 2008, 3169.
170 Vgl. *Langenbucher* NJW 2008, 3169; BT-Drs. 16/7438, 9; 16/9778, 2 f.
171 BGBl. 2008 I 1666; dazu *Langenbucher* NJW 2008, 3169 ff.

## 2. Kapitel. Fälle

### Fall 24: »Alles Blech«

1104 Der Blechhersteller V liefert für 50.000 EUR Bleche an K, der daraus erheblich wertvollere Stahlfilter produziert. In den Verkaufsbedingungen des V, die Vertragsinhalt wurden, heißt es: »Die Lieferung erfolgt unter Eigentumsvorbehalt. Unser Eigentum bleibt auch bei Verarbeitung in Höhe des Wertes unserer Ware bestehen.«

Der Gläubiger G des K lässt in Unkenntnis des Eigentumsvorbehalts aufgrund eines Zahlungstitels einen Teil der Filter pfänden, versteigern und sich den Erlös ausbezahlen.

**Frage 1: Welche Rechte hat V gegenüber G?**

Nachdem V sich mit G auseinandergesetzt hat, nimmt er bei der S-Bank ein Darlehen auf. Zur Sicherung des Rückzahlungsanspruchs übereignet er der S die bei ihm lagernden Bleche. Später nimmt er ein weiteres Darlehen bei D auf und tritt diesem »alle Rechte aus dem Vertrag mit S« ab. Bevor die Bleche aufgrund eines vollstreckbaren Zahlungstitels der S-Bank vom Gerichtsvollzieher bei V gepfändet werden, zahlt D, um die Verwertung der Bleche abzuwenden, dessen Restschuld bei der S-Bank.

**Frage 2: Kann D die Zwangsvollstreckung in die Bleche verhindern?**

Nunmehr wird über das Vermögen des V das Insolvenzverfahren eröffnet. Vorbehaltskäufer K bietet dem Insolvenzverwalter die Zahlung des Restkaufpreises zwecks Eigentumserwerbs an, aber dieser erklärt, er sei an dem Geschäft nicht mehr interessiert.

K, der schon 30.000 EUR gezahlt hat, ist entsetzt und fragt, welche Rechte er geltend machen kann, um die Verwertung der Bleche zu verhindern.

**Frage 3: Rechte des K?**

Angenommen, der Insolvenzverwalter akzeptiert die Zahlung des Restkaufpreises seitens des K: K verkauft nun die Filter an den Kaufmann F, mit dem er in ständiger Geschäftsverbindung steht. Dem Kaufvertrag liegen die Lieferbedingungen des K zugrunde, die unter anderem folgende Regelung enthalten: »Die Übereignung erfolgt unter der aufschiebenden Bedingung der Zahlung aller Verbindlichkeiten aus der Geschäftsbeziehung zwischen uns und dem Erwerber. Letztgenannter ist zur Weiterveräußerung nur berechtigt, wenn dies unter einem von uns schriftlich bestätigten Hinweis auf den Vorbehalt des Eigentums geschieht. Erfolgt die Veräußerung ohne diesen Hinweis, geht der Anspruch gegen den Zweiterwerber unmittelbar auf uns über.« Daneben vereinbaren K und F, dass F, der vom Warenverkauf lebt, den Kaufpreis erst zu zahlen habe, wenn er selbst den Weiterveräußerungserlös erhalten hat. F veräußert darauf einige Filter an X. Er erwähnt dabei den Eigentumsvorbehalt des K nicht. Als über das Vermögen des F das Insolvenzverfahren eröffnet wird, verlangt K die Filter von X heraus.

**Frage 4: Hat K einen Anspruch gegen X?**

## A. Vorüberlegungen

Der Fall enthält mehrere Probleme aus den Bereichen Eigentumsvorbehalt und Sicherungsübereignung.[1] Er ist dabei durch vier Fragen strukturiert.

Zunächst geht es um die Funktion des Eigentumsvorbehalts als Sicherungsmittel des Vorbehaltsverkäufers, der Waren veräußert, die zur Weiterverarbeitung bestimmt sind. Seine Rechte wären wertlos, wenn sich der Eigentumsvorbehalt nicht auch auf die vom Vorbehaltskäufer verarbeitete Sache erstreckte. Ein Eigentumserwerb des Vorbehaltskäufers ist gem. § 950 möglich; das hängt unter anderem vom Wertverhältnis zwischen Rohstoff und Endprodukt ab. Das Kernproblem der ersten Frage besteht darin, wie der Vorbehaltsverkäufer trotz Verarbeitung seiner Ware Eigentümer bleiben kann. 1105

Im Falle des Sicherungseigentums bestehen nach Bezahlung der Forderung zwei Möglichkeiten: Entweder das Eigentum fällt von selbst unbelastet an den Sicherungsgeber zurück. Dies wäre dann der Fall, wenn es sich um eine auflösend bedingte Übereignung iSd § 158 II handeln würde. Oder der Sicherungsnehmer ist schuldrechtlich verpflichtet, das Eigentum zurück zu übertragen. Umstritten ist, was gilt, wenn in dieser Hinsicht keine Vereinbarung getroffen wurde. Den prozessualen Anknüpfungspunkt für die Problematik bildet in der Examensklausur häufig eine Drittwiderspruchsklage gem. § 771 ZPO, deren Voraussetzungen Sie deshalb kennen sollten. 1106

Nicht nur für den Gläubiger ergeben sich Probleme, wenn bei seinem Schuldner gepfändet oder über das Vermögen des Schuldners das Insolvenzverfahren eröffnet wird; auch dem Schuldner kann es nicht gleichgültig sein, was aufseiten des Gläubigers geschieht, insbesondere also bei Insolvenz des Vorbehaltsverkäufers oder des Sicherungsnehmers. 1107

Beim Kontokorrentvorbehalt geht es um die Wirksamkeit der AGB-Klauseln im Hinblick auf eine mögliche Gefährdung des Vertragszwecks. Zu klären ist, inwieweit sich die Teilnichtigkeit der AGB auf den Eigentumsvorbehalt auswirkt. 1108

1 Zu den Grundfragen des Eigentumsvorbehalts *S. Lorenz* JuS 2011, 199 ff. und der Sicherungsübereignung *S. Lorenz* JuS 2011, 493 ff.

## B. Lösung

### Frage 1:

### Anspruch des V gegen G aus §§ 812 I 1, 2. Var., 818 II auf Zahlung von Wertersatz

V könnte gegen G einen Anspruch aus §§ 812 I 1, 2. Var., 818 II auf Zahlung von Wertersatz für seinen Anteil am Versteigerungserlös in Höhe seiner Forderung gegen K haben.

**I.** G hat durch die Versteigerung »etwas« erlangt, und zwar das Eigentum am Versteigerungserlös bzw. eine entsprechende Gutschrift auf seinem Konto.

**II.** Dies müsste weiterhin durch den Eingriff in eine Rechtsposition des V geschehen sein.

V war Eigentümer der Bleche. Durch die Vereinbarung des Eigentumsvorbehalts mit K hat er sein Eigentum daran nicht verloren.

Es könnte aber dadurch untergegangen sein, dass K daraus Filter herstellte und demzufolge eine neue Sache entstand, an der er nach § 950 Eigentum erworben hat.

1109 **1.** Geht man davon aus, dass § 950 in vollem Umfang zwingend ist, so kommt es auf Vereinbarungen zwischen V und K nicht an. Wer *tatsächlich* verarbeitet, wird dann unter den Voraussetzungen des § 950 Eigentümer.[2]

Diese liegen hier vor. K hat durch Verarbeitung der Bleche die Filter als neue Sache hergestellt; auch ist der Wert der Verarbeitung nicht erheblich geringer als der Wert der Bleche. Damit hätte K Eigentum erlangt, eine Rechtsposition des V wäre durch das Vorgehen des G gar nicht betroffen.

1110 Gegen ein solches naturalistisches Verständnis des § 950 spricht aber, dass dann folgerichtig nicht der Arbeitgeber als Unternehmer, sondern die jeweiligen Arbeitnehmer das Eigentum entsprechend ihrer Verarbeitung erwerben müssten. Eine derartige Sicht war den Schöpfern des BGB fremd. Man kann also nicht allein auf die tatsächliche Verarbeitung abstellen, sondern muss auch den Inhalt von Vereinbarungen über die Verarbeitung einbeziehen.

1111 **2.** Am weitesten ginge man, wenn man § 950 insgesamt als dispositiv ansehen würde. Dann könnten Produzent und Lieferant anstelle der Regelung des § 950 eine beliebige andere Vereinbarung treffen. Durch die Einbeziehung der Verkaufsbedingungen des V in den Vertrag zwischen V und K wäre V somit Eigentümer der Stahlfilter geworden. Bedenklich an dieser Auslegung erscheint, dass die systematische Stellung der Norm innerhalb anderer Vorschriften, deren zwingender, zuordnender Charakter außer Frage steht, darauf hindeutet, dass auch hier ein originärer Eigentumserwerb geregelt werden sollte; dies ergibt sich auch aus den Materialien zum BGB.[3]

1112 **3.** Es ist aber auch eine weniger weit vom Wortlaut des Gesetzes entfernte Lösung denkbar, die den Bedürfnissen der Praxis gerecht wird. Dafür genügt es, wenn man einerseits § 950 als zwingend versteht, den Parteien aber andererseits die Möglichkeit

2 So *Medicus/Petersen* BürgerlR Rn. 519.

3 *Baur/Stürner* SachenR § 53 Rn. 15; **Hinweis:** Solche Kenntnisse werden in der Klausur nicht von Ihnen erwartet.

einräumt zu vereinbaren, dass der tatsächliche Hersteller im Rechtssinne für einen anderen, insbesondere für den Vorbehaltsverkäufer, produziert.[4] Diese Betrachtungsweise steht mit dem Zweck des § 950 in Einklang, Zuordnungskonflikte zu lösen.

Hier besteht zwischen V und K eine Vereinbarung des Inhalts, dass sich der Eigentumsvorbehalt des V an der verarbeiteten Sache fortsetzen soll. Danach produziert K für V.

Bedenken gegen eine solche Lösung bestehen aber insoweit, als der Hersteller Werte geschaffen hat, auf die dem Vorbehaltsverkäufer kein Zugriff zustehen soll. Vereinbarungen über einen verlängerten Eigentumsvorbehalt verstoßen daher gegen § 138 I, wenn die Sicherung in ihrem Umfang nicht dem berechtigten Sicherungsbedürfnis des Gläubigers entspricht.[5] **1113**

V beansprucht Eigentum jedoch nur in Bezug auf den Wert seiner Lieferung. Entsprechend §§ 947, 948 entstand Miteigentum von V und K an den Filtern, wobei der Miteigentumsanteil des V demjenigen des Wertes seiner Bleche entspricht. Deshalb liegt kein Verstoß gegen § 138 I vor.

Der Miteigentumsanteil des V an den Filtern bildet also eine Rechtsposition, in die G durch die Versteigerung eingegriffen hat.

**III.** Zur Herausgabe ist G jedoch nur verpflichtet, wenn es an einem Rechtsgrund fehlte.

Gegenüber K geschah die Pfändung und Versteigerung mit Rechtsgrund, da G eine unbeglichene Forderung gegen K hatte. Der Titel gegen seinen Schuldner K gab ihm das Recht, Sachen im Besitz des Schuldners zu pfänden, § 808 ZPO. **1114**

Die Filter standen aber im Miteigentum des V. Dieser hätte der Zwangsvollstreckung durch G gem. § 771 ZPO widersprechen können, sodass sich die Frage stellt, ob V nicht durch das Unterlassen der Drittwiderspruchsklage einen Rechtsgrund für G geschaffen hat. Das Vollstreckungsrecht lässt jedoch die Pfändung und Verwertung schuldnerfremden Eigentums zu, obwohl der zwischen Schuldner und Gläubiger wirksame Titel nicht gegenüber Dritten wirkt; die materielle Berechtigung des Eigentümers im Verhältnis zum Vollstreckungsgläubiger bleibt davon unberührt. Durch das Unterlassen der Drittwiderspruchsklage hat V somit keinen Rechtsgrund für G geschaffen. **1115**

### IV. Ergebnis zu Frage 1:

G muss damit das Erlangte, also den Erlös, herausgeben. Ist eine Zahlung an G erfolgt und kann G den Betrag in der erhaltenen Form nicht mehr herausgeben, so ist er gem. § 818 II zum Ersatz des Wertes verpflichtet. Er braucht allerdings den Wert nur in der Höhe herauszugeben, wie er dem Wert des Miteigentumsanteils des V an den versteigerten Blechen entspricht.[6] **1116**

4 BGHZ 20, 159 (163 f.).
5 MüKoBGB/*Füller* § 950 Rn. 28.
6 Vgl. BGHZ 66, 150 (155).

## Frage 2:

### Drittwiderspruchsklage des D gem. § 771 ZPO

D könnte gegen die Pfändung der Bleche bei V im Wege der Drittwiderspruchsklage gem. § 771 ZPO vorgehen.

### I. Zulässigkeit der Klage

#### 1. Statthaftigkeit

1117 Die Drittwiderspruchsklage ist statthaft, wenn sie der Kläger gegen eine Vollstreckungsmaßnahme mit der Begründung erhebt, er habe eine materiell-rechtliche Einwendung. D könnte Eigentümer der Bleche geworden sein. Das Eigentum an einer Sache begründet eine materiell-rechtliche Einwendung gegen eine Vollstreckungsmaßnahme. Die Drittwiderspruchsklage ist statthaft.

#### 2. Zuständigkeit

1118 Für die Drittwiderspruchsklage ist örtlich das Gericht ausschließlich zuständig, in dessen Bezirk die Zwangsvollstreckung erfolgt, §§ 771 I, 802 ZPO. Die sachliche Zuständigkeit richtet sich nach den §§ 23 Nr. 1, 71 GVG, sodass die Klage in Abhängigkeit vom Streitwert beim Land- oder Amtsgericht erhoben werden muss.

#### 3. Ordnungsgemäßer Antrag

1119 Der ordnungsgemäße Antrag verlangt die genaue Bezeichnung des Titels und des Gegenstandes, in den die Zwangsvollstreckung für unzulässig erklärt werden soll. Hiervon ist auszugehen.

#### 4. Rechtsschutzinteresse

1120 Das Rechtsschutzinteresse beginnt im Falle der Drittwiderspruchsklage mit Vornahme der ersten Zwangsvollstreckungsmaßnahme und endet durch Verwertung des Pfandguts. Aufgrund der Pfändung der Bleche durch den Gerichtsvollzieher besteht das Rechtsschutzinteresse des D.

Somit ist die Klage des D zulässig.

### II. Begründetheit der Klage

1121 Die Begründetheit der Klage erfordert, dass D ein »die Veräußerung hinderndes Recht« iSd § 771 ZPO an den Blechen zusteht. Ein Recht iSd § 771 ZPO verlangt, dass die Zwangsvollstreckung widerrechtlich in den Rechtskreis des Dritten eingreifen würde.[7] Diese Wirkung kommt insbesondere dinglichen Rechten zu.[8]

#### 1. Eigentum des D

D könnte Eigentümer der Bleche sein.

7 BGH NJW 1971, 799, (800).

8 Vgl. Thomas/Putzo/*Seiler* ZPO § 771 Rn. 15 ff.; ferner Beispiele bei BLAH/*Hartmann* ZPO § 771 Rn. 14 ff.

Indem D die Restschuld des V gegenüber S erfüllt hat, könnte er Eigentum an den Blechen erworben haben, wenn ein daran bestehendes Anwartschaftsrecht durch Bedingungseintritt zum Vollrecht erstarkt wäre. 1122

**a)** Ursprünglich war V Eigentümer der Bleche; er hat sie jedoch der S zur Sicherheit übereignet, sodass diese gem. §§ 930, 868 Eigentümerin wurde.

**b)** Durch die Sicherungsübereignung könnte ein Anwartschaftsrecht des V an den Blechen entstanden sein, das dieser anschließend dem D übertragen hat.

Dafür müssten V und S im Rahmen der dinglichen Einigung vereinbart haben, dass auflösend bedingt durch die Tilgung des Darlehens das unbelastete Eigentum an V zurückfallen solle, § 158 II.

Eine ausdrückliche Vereinbarung zwischen V und S liegt nicht vor. Es besteht auch kein allgemeiner Grundsatz des Inhalts, dass die Sicherungsübereignung stets durch die Erfüllung der gesicherten Forderung bedingt sei.[9] Die Vereinbarung muss daher nach ihrem verkehrstypischen Sinn ausgelegt werden, § 157.

**aa)** Die Sicherungsübereignung verfolgt den Zweck, einerseits die Darlehensrückzahlungsforderung der S als Sicherungsnehmerin zu sichern und andererseits dem V als Sicherungsgeber die Möglichkeit zu belassen, mit den Blechen zu arbeiten, um die Mittel für die Rückzahlung des Kredits zu erwirtschaften. Dieser Zweck kann auch ohne Vereinbarung eines Anwartschaftsrechts zugunsten des V erreicht werden. Zwar hat der Sicherungsgeber ein Interesse daran, das Eigentum an dem Sicherungsgut in dem Augenblick automatisch zurück zu erhalten, in dem er die Forderung tilgt. Andererseits bietet ein schuldrechtlicher Rückübertragungsanspruch wegen der erforderlichen Mitwirkungshandlung des Sicherungsnehmers für diesen mehr Sicherheit. Aber auch das Sicherungsinteresse des Sicherungsgebers ist gewahrt. Aus dem Treuhandcharakter der Sicherungsübereignung folgt nämlich ein Aussonderungsrecht des Sicherungsgebers, wenn er die gesicherte Forderung erfüllt.[10] Im Falle der Zwangsvollstreckung durch die Gläubiger des Sicherungsnehmers kann er – wenn die Sache bei ihm gepfändet wird – wegen Verletzung des § 808 ZPO seine Rechte im Wege der Erinnerung nach § 766 ZPO geltend machen. Schließlich ist auch sein Interesse an der wirtschaftlichen Verwertbarkeit des Anwartschaftsrechts nicht schützenswert. Er wäre zwar in der Lage, das Sicherungsgut ein zweites Mal als Sicherheit zu verwenden, indem er das Anwartschaftsrecht an einen weiteren Gläubiger veräußert (sog. Anschlusssicherungsübereignung). Dies birgt aber zum einen einen Konflikt zwischen Erst- und Zweitgläubiger[11] und zum anderen ist dem Sicherungsgeber, der sich eine solche Option offen halten möchte, zuzumuten, eine auflösende Bedingung ausdrücklich zu vereinbaren. 1123

**bb)** Nach Berücksichtigung der beiderseitigen Interessen ist deshalb festzustellen, dass auch Treu und Glauben (§ 157) es nicht gebieten, die Sicherungsabrede so auszulegen, dass zu Gunsten des Sicherungsgebers V ein Anwartschaftsrecht entstehen sollte. Somit konnte D auch kein Anwartschaftsrecht an den Blechen erwerben. Die

9 BGH NJW 1991, 353 (354); 1984, 1184 (1186).

10 HM, vgl. Staudinger/*Wiegand*, 2011, Anh zu §§ 929 ff. Rn. 252; MüKoBGB/*Oechsler* Anh zu §§ 929 ff. Rn. 57.

11 Vgl. BGH NJW 1991, 353; Staudinger/*Wiegand*, 2011, Anh zu §§ 929 ff. Rn. 206 f.

»Abtretung aller Rechte aus dem Vertrag mit S« ist somit als Erklärung über die Abtretung des schuldrechtlichen Rückübertragungsanspruchs zu verstehen (§ 398).

cc) Durch die Zahlung der restlichen Summe, die nach § 267 I wirksam erfolgte, ist D also nicht Eigentümer der Bleche geworden.

**2. Schuldrechtlicher Rückübertragungsanspruch**

**1124** Schuldrechtliche Ansprüche begründen kein die Veräußerung hinderndes Recht, soweit sie bloße Verschaffungsansprüche sind.[12] Das ist bei dem Anspruch auf Rückübereignung des Eigentums der Fall. Auch daraus kann der D kein die Veräußerung hinderndes Recht iSd § 771 ZPO ableiten.

**III. Ergebnis zu Frage 2:**

Die Drittwiderspruchsklage des D wäre somit unbegründet.

**Frage 3:**

**Rechte des K in der Insolvenz auf Aussonderung gem. § 47 InsO**

**1125** Der Anspruch setzt voraus, dass er Eigentümer der Bleche wird. Dazu ist erforderlich, dass er den Restkaufpreis zahlt, also den Bedingungseintritt herbeiführt. Diese Zahlung könnte aber daran scheitern, dass der Insolvenzverwalter die Abwicklung des Geschäfts ablehnt, § 103 II InsO.

Die Frage, ob der Vorbehaltskäufer Erfüllung verlangen kann, ist in § 107 I 1 InsO geregelt. K hat somit einen Erfüllungsanspruch, den der Insolvenzverwalter nicht vereiteln kann.

**Ergebnis zu Frage 3:**

K ist zur Zahlung berechtigt und kann auf diese Weise seinen Eigentumserwerb herbeiführen, der ihn dazu berechtigt, gem. § 47 InsO Aussonderung aus der Insolvenzmasse, dh Herausgabe, zu verlangen.

**Frage 4:**

**Anspruch des K gegen X auf Herausgabe der Filter gem. § 985**

**I.** X ist Besitzer der Filter.

**II.** K müsste Eigentümer sein.

**1. Eigentumserwerb**

K hat den Restkaufpreis an den Insolvenzverwalter entrichtet und somit die dem Eigentumserwerb vorgeschaltete Bedingung erfüllt, § 158 II. Er war daher vom Augenblick der Zahlung an Eigentümer der Filter.

12 MüKoZPO/*K. Schmidt*, 4. Aufl. 2012, ZPO § 771 Rn. 39 mwN.

## 2. Eigentumsverlust an F

Durch die Auslieferung der Filter hat K dem F zwar den unmittelbaren Besitz, § 854 I, daran verschafft, doch lagen dem Kaufvertrag und dem in der Auslieferung liegenden Angebot auf Übertragung des Eigentums die AGB des K zugrunde. Diese sahen unter anderem vor, dass die Übertragung des Eigentums nur aufschiebend bedingt gem. den §§ 929 S. 1, 158 I erfolgen sollte. Bedenken gegen die Gültigkeit dieses Eigentumsvorbehaltes ergeben sich jedoch, weil F erst Eigentümer werden sollte, nachdem er *alle* Verbindlichkeiten aus der Geschäftsbeziehung zwischen F und K beglichen hätte. Dies bedeutet, dass das vorbehaltene Eigentum nicht nur die konkrete Kaufpreisforderung, sondern alle Forderungen des K aus der Geschäftsbeziehung mit dem F sicherte. Es handelt sich also um einen erweiterten Eigentumsvorbehalt in Form des Kontokorrentvorbehalts. 1126

Fraglich ist, ob die Vereinbarung des durch AGB in den Vertrag einbezogenen Kontokorrentvorbehaltes gegen § 307 I verstößt.

Dann müsste der Kontokorrentvorbehalt den F *unangemessen* benachteiligen. Bei der Auslegung ist auf die im Handelsverkehr herrschenden Gebräuche Rücksicht zu nehmen. Unter Kaufleuten ist es üblich, einen Eigentumsvorbehalt inhaltlich auszugestalten und zu erweitern.[13] Außerdem vereinfacht die Vereinbarung eines Kontokorrentvorbehaltes die Abwicklung gegenseitiger Geldansprüche. Somit führt sie allein noch nicht zu einer unangemessenen Benachteiligung des F iSd § 307 I. 1127

Zu fragen bleibt jedoch, ob in der über den einfachen Eigentumsvorbehalt hinausgehenden Sicherung der Lieferantenforderung nicht eine Übersicherung liegt. Die Kontokorrentvorbehaltsklausel in den allgemeinen Lieferbedingungen des K wäre dann gem. § 138 I wegen übermäßiger Beschränkung der wirtschaftlichen Bewegungsfreiheit des F nichtig. Dem ist aber entgegenzuhalten, dass aufgrund der weiten Fassung des § 307 I eine unangemessene Benachteiligung im Sinne dieser Norm eher anzunehmen ist als eine sittenwidrige Übersicherung iSd § 138 I.[14] Zudem war F berechtigt, die Filter weiter zu veräußern und sollte den Kaufpreis erst bezahlen, wenn er selbst den Kaufpreis von seinen Abnehmern erhalten hatte. Eine Sittenwidrigkeit der Kontokorrentvorbehaltsklausel in den allgemeinen Lieferbedingungen des K wegen Übersicherung ist somit abzulehnen. 1128

Die Vereinbarung eines Kontokorrentvorbehaltes zwischen K und F war wirksam, sodass K dem F das Eigentum an den Filtern nur bedingt gem. §§ 929, 158 übertragen hat. K war zu diesem Zeitpunkt demzufolge noch Eigentümer der Filter.

## 3. Eigentumsverlust an X

X hat die Filter von F erworben. Dieser war zwar nicht Eigentümer der Filter, doch könnte X dennoch vom Berechtigten erworben haben, wenn F zur Weiterveräußerung gem. § 185 I ermächtigt gewesen wäre. Die allgemeinen Lieferbedingungen des K sahen vor, dass F die Filter weiterveräußern durfte, wenn dies unter einem von K schriftlich bestätigten Hinweis auf den Vorbehalt des Eigentums des K geschah. F hat die Filter aber ohne einen derartigen Hinweis veräußert, sodass unter Zugrunde 1129

13 BGHZ 94, 105 (112).
14 BGHZ 94, 105 (112).

legung der allgemeinen Lieferbedingungen des K der F nicht als Berechtigter anzusehen ist.

1130 Bedenken gegen die Wirksamkeit dieser Klausel ergeben sich jedoch wiederum aus § 307 I. Die Lieferbedingungen des K sahen bereits einen erweiterten Eigentumsvorbehalt in Form eines Kontokorrentvorbehaltes vor. Durch die hier in Rede stehende Klausel wurde jedoch zusätzlich ein sog. weitergeleiteter Eigentumsvorbehalt vereinbart. Dieser verpflichtet den Vorbehaltskäufer, den Eigentumsvorbehalt in der Weise offen weiterzugeben, dass der Vorbehaltsverkäufer bis zur Tilgung der ihm zustehenden Forderung Eigentümer bleibt, also nur das Anwartschaftsrecht übertragen kann.[15]

1131 Die Klausel könnte den F nach den Grundsätzen von Treu und Glauben unangemessen benachteiligen und gem. § 307 II Nr. 2 unwirksam sein, wenn sie wesentliche Rechte des Vorbehaltskäufers, die sich aus der Natur des Vertrags ergeben, so einschränkte, dass die Erreichung des Vertragszwecks gefährdet wäre.

Die Tätigkeit des F liegt im Weiterverkauf von Waren, sodass die Weiterveräußerung der Filter der Zweck des Vertrags zwischen K und F war. Darüber hinaus ergaben die individuell ausgehandelten Vereinbarungen zur Tilgung des Kaufpreises, dass F sich die erforderlichen Geldmittel aus dem Weiterverkauf beschaffen sollte. Dazu müsste F über das Eigentum an den Filtern in der Weise verfügen können, dass ein Zweiterwerber sich auf dieses Geschäft einlässt. Andernfalls wäre die Abwicklung des Geschäfts zum Scheitern verurteilt gewesen. Kaum ein Zweiterwerber ist bereit, den vollen Kaufpreis zu zahlen, ohne gleichzeitig Eigentümer zu werden. Eine Klausel, die dem F einen Weiterverkauf wenn nicht unmöglich machte, so doch zumindest außerordentlich erschwerte, gefährdete daher den Zweck des Vertrags.

1132 Für eine Gefährdung des Vertragszwecks iSd § 307 II Nr. 2 spricht zudem, dass eine solche Vertragsgestaltung den Geschäftsverkehr zum Erliegen bringen könnte, insbesondere dann, wenn mehrere Wiederverkäufer nacheinander oder nebeneinander beteiligt sind, die ihre Verträge ähnlich gestalten.[16] Deshalb ist ein weitergeleiteter Eigentumsvorbehalt im Geschäftsleben auch unüblich. Der Vorbehaltskäufer müsste seinem Abnehmer den eigenen Kredit offen legen. Das würde seine Position beim Rechtsgeschäft erheblich schwächen. Im Ergebnis führt die Klausel zu einer unangemessenen Benachteiligung des Vorbehaltskäufers in seiner wirtschaftlichen Bewegungsfreiheit.[17]

Insgesamt gefährdet die in Rede stehende allgemeine Lieferbedingung des K den Zweck des Vertrags, den er und F geschlossen haben. Sie ist somit gem. § 307 II Nr. 2 unwirksam.

1133 Auch wenn man die Vertragsklausel nicht zugrunde legt, müsste F durch K dazu ermächtigt gewesen sein, das Eigentum gem. §§ 929 S. 1, 185 zu übertragen. Die Verfügungsbefugnis ergibt sich nicht aus den AGB. Sie folgt vielmehr aus der Tatsache, dass die Weiterveräußerung der Filter vor Erlangung des Eigentums der vereinbarte Zweck des Geschäfts zwischen K und F war, weil sie dazu dienen sollte, dass F den

15 So die ältere Auffassung: *Serick*, Eigentumsvorbehalt und Sicherungsübertragung, 2. Aufl. 1993, § 2 I 1, S. 55.

16 OLG Stuttgart BB 1975, 1131.

17 BGH ZIP 1991, 665 (667).

Kaufpreis im Verhältnis zu K aufbringen konnte. Die hieraus folgende Ermächtigung konnte zwar eingeschränkt werden, allerdings nur insoweit, als es den Vertragszweck nicht gefährdete. Deshalb bleibt es entgegen dem in den allgemeinen Lieferbedingungen des K erklärten Willen dabei, dass F ermächtigt war, über die Filter im ordentlichen Geschäftsgang zu verfügen.

Durch die Veräußerung der Filter von F an X hat X wirksam Eigentum daran gem. §§ 929 S. 1, 185 I erworben.

### III. Ergebnis zu Frage 4:

K hat gegen X keinen Anspruch gem. § 985 auf Herausgabe.

## Fall 25: »Billig kommt teuer zu stehen«

1134 H ist Hersteller hochwertiger Laptops. Großen Absatz findet vor allem das Modell »Mobile 2000« zum Preis von 1.000 EUR. Der im Werk angestellte Lagerarbeiter L zweigt gelegentlich einige Laptops für sich ab, nimmt sie mit nach Hause und deklariert sie intern als »Transportschäden«. Der Prokurist P des Handelsgeschäftes B kauft von L 20 dieser Geräte zum Preis von jeweils 800 EUR. Dem Prokuristen ist zwar aufgefallen, dass es sich um ein ungewöhnliches Angebot handelt, und zwar zum einen wegen der limitierten Stückzahl, zum anderen wegen des relativ niedrigen Preises. Er hat jedoch nie nach der Herkunft der Geräte gefragt. B verkauft die Laptops an verschiedene Kunden zum Preis von 900 EUR.

Nur ein Gerät findet sich beim ahnungslosen K wieder; er hat es zwischenzeitlich durch unsachgemäße Bedienung beschädigt.

H fragt Sie nach seinen Ansprüchen: Gegen L und P will er nicht vorgehen, da beide vermögenslos sind. Am liebsten möchte er B in Anspruch nehmen, aber auch wissen, ob er Rechte gegen K hat. Dieser hat bereits geltend gemacht, er sei zur Herausgabe des Laptops nur bereit, wenn H ihm sowohl den Kaufpreis als auch den Wert einer kürzlich eingesetzten Speichererweiterung iHv 100 EUR ersetze. Der Arbeitsspeicher sei für ihn ohne den mobilen Rechner wertlos.

B hat gegen seine Inanspruchnahme vorgebracht, P sei ein sorgfältig ausgesuchter und instruierter Prokurist, der sich noch nie etwas habe zuschulden kommen lassen.

**Frage: Wie ist die Rechtslage?**

## A. Vorüberlegungen

Der Fall ist umfangreich, aber nicht allzu schwierig. Vom Aufbau her stellt sich die Frage, ob Sie mit den Ansprüchen des H gegen B oder gegen K anfangen. Sachverhalt und praktische Vernunft deuten auf die erstgenannte Variante. H wird lieber gegen B bezüglich aller Geräte vorgehen als gegen K wegen eines Laptops, zumal dieser dezidiert Einwände erhebt. Zwingend ist diese Reihenfolge allerdings nicht. Sie müssen jedoch auf jeden Fall bedenken, dass die Ansprüche gegen B und K in einem Abhängigkeitsverhältnis zueinander stehen. 1135

Bei den Ansprüchen des H gegen B aus dem Eigentümer-Besitzer-Verhältnis besteht das Problem in der Gutgläubigkeit des B bzw. seines Prokuristen P. Dies ist zunächst im Zusammenhang mit dem Eigentumserwerb zu bedenken. Ähnlich ist die Problematik aber auch im Folgenden gelagert: Schadensersatzansprüche aus dem Eigentümer-Besitzer-Verhältnis hängen von der Bösgläubigkeit des Besitzers B ab. Wie kann hier der Kenntnisstand des Besitzdieners dem Besitzer zugerechnet werden? Denken Sie dabei an die Ihnen bekannten Zurechnungsnormen und überlegen Sie, inwieweit diese auf den Sachverhalt passen. Sofern Sie die §§ 987 ff. behandelt haben, stellt sich die Frage, ob sonstige Anspruchsgrundlagen eingreifen und wie ihr Verhältnis zu den §§ 987 ff. ist, das eingangs erörtert wurde. Beachten Sie bitte, dass jemand, der seine Forderung nicht im vollen Umfang realisieren kann, auch alle Ansprüche geprüft wissen will, die ihm weniger gewähren, etwa den Veräußerungserlös, den B erzielt hat. Bei dem dann einschlägigen § 816 I 1 müssen Sie die Wirksamkeit der Verfügung des B untersuchen. Hier bereitet die Frage des »Abhandenkommens« bei H gewisse Probleme, da L den Besitz weitergab. Am Schluss dieser Passage steht die Prüfung, ob B dem H Gegenansprüche entgegenhalten kann. 1136

Der zweite Teil behandelt die Rechtslage zwischen H und K. Zunächst sind dort alle infrage kommenden Herausgabeansprüche zu untersuchen. Ferner will H Schadensersatz wegen der Beschädigung des Gerätes. Diesbezüglich kommt wieder ein Anspruch aus dem Eigentümer-Besitzer-Verhältnis infrage, ferner stellt sich erneut das Konkurrenzproblem. K selbst gibt seine Einwände vor: Sie sind in eventuelle Ersatzansprüche umzusetzen. Überlegen Sie, in welche Verwendungskategorie der Arbeitsspeicher fallen könnte und ob Sie vielleicht auch noch auf einen bereicherungsrechtlichen Anspruch (Verwendungskondiktion) zurückgreifen können. 1137

## B. Lösung

### 1. Teil. Ansprüche zwischen H und B wegen Veräußerung der Geräte

### I. Schadensersatzansprüche des H gegen B auf Zahlung von 20.000 EUR

### 1. Anspruch aus §§ 989, 990 I

1138 **a)** Voraussetzung dafür ist das Bestehen einer Vindikationslage zwischen H und B im Zeitpunkt der Veräußerung. H müsste Eigentümer und B nichtberechtigter Besitzer der Geräte iSd § 986 I gewesen sein.

**aa)** Ursprünglich war H als Hersteller Eigentümer der Laptops. Er hat aber möglicherweise sein Eigentum verloren, und zwar durch gutgläubigen Erwerb des B – vertreten durch P – von L gem. §§ 929 S. 1, 932 I 1, 164 I, § 48 HGB.

Einigung und Übergabe zwischen L und P als Vertreter und Besitzdiener des B haben anlässlich des Erwerbs der Laptops stattgefunden. Da L nicht Eigentümer und auch nicht verfügungsberechtigt war, kommt es darauf an, ob B bösgläubig iSd § 932 gewesen ist.

1139 Gem. § 932 II fehlt dem Erwerber dann der gute Glaube, wenn er Kenntnis oder grob fahrlässig keine Kenntnis von der fehlenden Eigentümerstellung des Veräußerers hat.

Bösgläubigkeit des Geschäftsinhabers B kommt nicht in Betracht. Entsprechend dem für die Stellvertretung geltenden Repräsentationsprinzip kommt es jedoch gem. § 166 I auf die Kenntnis des Vertreters P an. Maßgeblich ist daher, ob nach den im Sachverhalt geschilderten Umständen P die fehlende Eigentümerstellung des L kannte oder grob fahrlässig nicht kannte.

P hat L nicht nach der Herkunft der Geräte gefragt; Kenntnis der Eigentumsverhältnisse scheidet somit aus.

Fraglich bleibt, ob die unterlassene Nachfrage grob fahrlässig gem. § 932 II war. Dann müsste P die im Verkehr erforderliche Sorgfalt in hohem Maße verletzt und dasjenige unbeachtet gelassen haben, was im gegebenen Fall jedem hätte einleuchten müssen.[1] Offenbar war P ohne besondere Aufmerksamkeit aufgefallen, dass es sich um ein ungewöhnliches Angebot handelte. L konnte nur eine begrenzte Stückzahl liefern und das zu einem recht niedrigen Preis, der unter dem objektiven Wert der Notebooks lag. Zwar mag es bei Anwendung eines durchschnittlichen Sorgfaltsmaßstabes nicht ohne Weiteres erkennbar gewesen sein, dass L die Laptops 200 EUR unter Wert verkaufte. Insoweit ist aber zu beachten, dass die persönlichen Verhältnisse des Erwerbers und Handelsgewohnheiten den Sorgfaltsmaßstab zwar nicht mindern, wohl aber verschärfen können.[2]

Daraus folgt, dass der Einkauf der mobilen PCs ohne Nachfrage zum Preis von 800 EUR eine grobe Fahrlässigkeit des P iSd § 932 II darstellt. P war mithin nicht gutgläubig, und H hatte sein Eigentum an den Laptops nicht durch einen Erwerb des

1 BGH NJW 1981, 1271 (1272); Palandt/*Bassenge* § 932 Rn. 10.
2 Palandt/*Bassenge* § 932 Rn. 10.

B verloren. Folglich war H im Zeitpunkt der Veräußerung an die Kunden Eigentümer.[3]

**bb)** B war in diesem Moment auch Besitzer der Geräte. Ein Recht zum Besitz der Laptops im Verhältnis zu H gem. § 986 I ist nicht ersichtlich. Somit bestand zwischen H und B eine Vindikationslage.

**b)** Weitere Voraussetzung für einen Anspruch des H gegen B ist die Bösgläubigkeit des Besitzers im Zeitpunkt des Besitzerwerbes gem. § 990 I 1, dh im Augenblick der Veräußerung von L an P. Sie liegt vor, wenn jemand bei der Besitzergreifung den Mangel seines Besitzrechtes kennt oder grob fahrlässig nicht kennt.[4] 1140

Bösgläubigkeit des B kommt lt. Sachverhalt nicht in Betracht. Bösgläubig könnte jedoch P gewesen sein, der als Besitzdiener gem. § 855 die Geräte für B entgegengenommen hat.[5] Ebenso wie P nach dem oben Gesagten auf die Nichtberechtigung des L zur Veräußerung der Geräte hätte schließen müssen, ergab sich für ihn ohne besondere Aufmerksamkeit die mangelnde Berechtigung des L zur Besitzübertragung und damit auch die fehlende eigene Besitzberechtigung. Damit war P bösgläubig.[6]

Fraglich ist aber, inwieweit B die grob fahrlässige Unkenntnis des P im Rahmen des § 990 I zugerechnet werden kann.

Eine Regelung für die Zurechnung der Bösgläubigkeit beim Besitzerwerb durch den Besitzdiener fehlt im Gesetz. § 278 gilt nur für die Verschuldenszurechnung im Rahmen bereits bestehender Schuldverhältnisse. Die Bösgläubigkeit gehört aber zu den haftungsbegründenden Tatbestandsmerkmalen der §§ 989, 990 I. Da das Schuldverhältnis erst entsteht, wenn man die Bösgläubigkeit des Besitzdieners dem Besitzherrn zurechnet, ist § 278 somit ein ungeeigneter Anknüpfungspunkt. 1141

§ 831 begründet einen selbstständigen Anspruch gegen den Geschäftsherrn wegen eigenen Auswahl- oder Überwachungsverschuldens.[7] Auch darum geht es nicht. § 166 I schließlich regelt den Fall der Wissenszurechnung bei rechtsgeschäftlicher Vertretung, dh bei der Abgabe der Willenserklärungen. Somit ist auch diese Norm nicht einschlägig. 1142

Wegen der Lückenhaftigkeit der gesetzlichen Regelung stellt sich deshalb die Frage nach einer analogen Anwendung der Zurechnungsnormen, wobei die Analogie zu § 278 aus den genannten Gründen ausscheidet. 1143

**aa)** Man könnte zunächst der Ansicht sein, § 831 I sei analog anzuwenden. Dafür spricht, dass es sich beim Eigentümer-Besitzer-Verhältnis um ein dem Deliktsrecht ähnliches, gesetzliches Schuldverhältnis handelt.[8] Außerdem haftet der Geschäftsherr vor seiner Besitzerlangung für Schädigungen durch seinen Gehilfen unter den Voraussetzungen des § 831, sodass man folgern könnte, er dürfe für Schädigungen *bei* der 1144

3 Sofern Sie dieser Auffassung nicht folgen, würde über § 935 das gleiche Ergebnis erreicht.
4 Palandt/*Bassenge* § 990 Rn. 2 ff.
5 Die Stellung als Prokurist steht der Annahme dieser Eigenschaft nicht entgegen, vgl. MüKoBGB/*Joost* § 855 Rn. 5: auch Personen in »leitender Stellung«.
6 Bei anderer Entscheidung ist an dieser Stelle die Prüfung des Eigentümer-Besitzer-Verhältnisses beendet.
7 Palandt/*Sprau* § 831 Rn. 1.
8 *Westermann/Gursky/Eickmann* SachenR § 13 Rn. 3 ff.; *Baur/Stürner* SachenR § 5 Rn. 15; aA *Wilhelm* SachenR Rn. 1243 ff.

Besitzerlangung nicht strenger, dh ohne die Möglichkeit der Exkulpation, in Anspruch genommen werden.

1145 **bb)** Gegen die analoge Anwendung des § 831 spricht der Gesichtspunkt, dass es im Rahmen dieser Norm auf ein Verschulden des Verrichtungsgehilfen überhaupt nicht ankommt, während die für § 990 notwendige Bösgläubigkeit ein subjektives Tatbestandselement darstellt. Die Zurechnung von Bösgläubigkeit und die Zurechnung fremder Schadensverursachungen betreffen also verschiedene Probleme. Deshalb könnte man erwägen, § 166 I analog anzuwenden.[9]

Danach müsste B für die Bösgläubigkeit seines Prokuristen P ohne die Möglichkeit der Exkulpation einstehen.

1146 **cc)** Schließlich könnte man noch dahingehend differenzieren, dass § 166 I analog beim selbstverantwortlich handelnden Gehilfen,[10] § 831 I analog beim weisungsgebundenen anzuwenden sei.[11]

Auch dabei käme – weil P als Prokurist im Handelsgeschäft des B freie Hand gelassen wurde – eine Zurechnung der Bösgläubigkeit analog § 166 I in Betracht.

**dd)** Da die beiden erstgenannten Ansichten aber zu unterschiedlichen Ergebnissen gelangen, muss zwischen ihnen entschieden werden.

1147 Für eine analoge Anwendung des § 831 I spricht, dass es sich beim Eigentümer-Besitzer-Verhältnis um eine deliktsähnliche Haftung handelt. Andererseits ist aber auch richtig, dass es im Zusammenhang mit der Bösgläubigkeit bei § 990 I um eine Zurechnung fremder Kenntnisse geht. Somit lassen sich für beide Analogieschlüsse Anknüpfungspunkte finden. Entscheidend ist deshalb die Frage, ob dem Besitzherrn der Entlastungsbeweis möglich sein soll oder nicht. Zum Schutze der Allgemeinheit erscheint es notwendig, dass jemand, der die Vorteile der Arbeitsteilung in Anspruch nimmt, sich andererseits nicht dadurch der Haftung entziehen kann. Mit dieser Erwägung ist die gesetzliche Regelung des § 831 I auch in anderem Zusammenhang vielfach kritisiert worden. Sie stellt mit ihrer Entlastungsmöglichkeit einen Einzelfall im System der Haftungsvorschriften für Gehilfen dar. Wegen dieses Ausnahmecharakters sollte man sie nicht ohne Weiteres im Wege der Analogie auf andere Sachverhalte übertragen. Deshalb kommt eine entsprechende Anwendung des § 831 I letztlich nicht in Betracht.

Somit ist dem B die Bösgläubigkeit des P analog § 166 I zuzurechnen. Die Haftungsvoraussetzungen der §§ 989, 990 I im Zeitpunkt der Veräußerung der Laptops sind somit gegeben.[12]

1148 **c)** § 989 verlangt ferner die Unmöglichkeit der Herausgabe. Dazu reicht Unvermögen (subjektive Unmöglichkeit) aus. Dieses trat durch die Übergabe der Geräte im Zuge der Veräußerung an die Kunden ein: Hierdurch ist B die Herausgabe der Geräte an H unmöglich geworden.

---

9 Staudinger/*Gursky*, 2013, § 990 Rn. 48 f. mwN.

10 BGHZ 32, 53 (55 ff.); 41, (17, 21 f.); 55, 307 (311); *Müller* SachenR Rn. 474 ff.

11 So – wenn auch mit anderer Beweislast – BGHZ 16, 259 (264).

12 Bei entgegengesetzter Betrachtungsweise wäre die Prüfung des Anspruchs hier wiederum beendet.

**d)** Schließlich erfordert die Schadensersatzverpflichtung gem. § 989, dass der Besitzer die Unmöglichkeit verschuldet hat. B hat die Notebooks veräußert und handelte insofern vorsätzlich iSd § 276 I, als er die Geräte des H weggab.

Somit kann H von B Schadensersatz gem. §§ 989, 990 I verlangen. Der Umfang bemisst sich gem. §§ 249 I, 251 I und beträgt 20.000 EUR.

### 2. Anspruch aus §§ 992, 831

Der Anspruch setzt voraus, dass B den Besitz an den Laptops durch verbotene Eigenmacht oder durch eine Straftat erlangt hat.

B selbst hat weder das eine noch das andere verwirklicht. Fraglich ist deshalb, ob und unter welchen Voraussetzungen ihm das Verhalten seines Prokuristen bei der Besitzergreifung wiederum zugerechnet werden kann.

Zunächst stellt sich die Frage, ob P den Besitz durch verbotene Eigenmacht oder eine Straftat erlangt hat.[13]

Eine verbotene Eigenmacht gem. § 858 I liegt deshalb nicht vor, weil H der Besitz bereits durch das vorherige Verhalten des L verloren gegangen war, als dieser die Notebooks mit nach Hause nahm. Fraglich bleibt deshalb, ob die Besitzverschaffung durch eine Straftat erfolgte. Hier kommt eine Hehlerei gem. § 259 StGB in Betracht. 1149

Die Hehlerei ist eine Strafnorm, deren Schutzgut das Eigentum ist und die damit den Tatbestand des § 992 erfüllen kann.[14] 1150

P müsste aber vorsätzlich gehandelt, also gewusst haben, dass L sich die Laptops durch Diebstahl oder eine andere Tat iSd § 259 StGB verschafft hat.

Nun wurde zwar im Rahmen der Gutgläubigkeit festgestellt, dass P sich nicht genügend Gedanken über die Eigentumslage gemacht hat, obwohl ihm als Fachmann der zu geringe Preis aufgefallen sein musste. Andere Anhaltspunkte für seine Bewusstseinslage sind aber nicht ersichtlich. Wenn ihm auch grobe Fahrlässigkeit zur Last fällt, so geht es doch zu weit, anhand der Angaben im Sachverhalt bereits auf Vorsatz zu schließen, vgl. auch § 15 StGB. Sonst wäre jeder Kauf unter ungewöhnlich guten Bedingungen uU allein schon deshalb eine Straftat.

Daraus folgt, dass § 992 nicht eingreift.[15]

Auf die Zurechnung des Verhaltens des P bei der Besitzergreifung kommt es demgemäß nicht an.

### 3. Anspruch aus § 831 I

H könnte gegen B außerdem einen Anspruch auf Schadensersatz iHv 20.000 EUR gem. § 831 I haben, sofern die Norm anwendbar ist.

Zwar könnte man der Auffassung sein, die §§ 987 ff. wollten nur den redlichen Besitzer privilegieren. Demgegenüber spricht aber die Gesetzessystematik, dh vor allem das Zusammenspiel der § 993 I, 2. Hs. und § 992 dafür, dass die §§ 987 ff. den Scha- 1151

13 Vgl. Palandt/*Bassenge* § 992 Rn. 2 f.
14 Vgl. MüKoBGB/*Baldus* § 992 Rn. 7; Bamberger/Roth/*Fritzsche* § 992 Rn. 8.
15 Wenn Sie hier anderer Auffassung sind, ergibt sich dieses Ergebnis aus § 831 I 2.

densersatzanspruch des Eigentümers gegen den unrechtmäßigen Besitzer grundsätzlich abschließend regeln. Eine direkte Anwendung nach §§ 823 ff. ohne die Voraussetzungen des § 992 bedarf daher der besonderen Begründung. Die Bösgläubigkeit des Besitzers allein reicht hierzu nicht aus.

Somit besteht kein Anspruch des H gegen B gem. § 831 I.[16]

**II. Ansprüche des H gegen B auf den Veräußerungserlös iHv 18.000 EUR**

**1. Anspruch aus § 285**

1152 Ein Anspruch des H gegen B auf den Erlös gem. § 285 setzt voraus, dass er auf § 985 anwendbar ist.[17] Dagegen spricht zum einen seine systematische Stellung, zum anderen würde § 285 nur Besitzsurrogate betreffen, während der Verkaufserlös ein Surrogat des Eigentums ist.[18] Ein entsprechender Anspruch entfällt somit.

**2. Anspruch aus §§ 681 S. 2, 667**

Ebenso kommt ein Anspruch des H gegen B gem. §§ 681 S. 2, 667 auf den Erlös mangels Fremdgeschäftsführungswillens des B gem. § 687 I nicht in Betracht.

**3. Anspruch aus § 816 I 1**

**a)** § 816 müsste neben den §§ 987 ff. anwendbar sein.

1153 Die §§ 987 ff. enthalten nur Ansprüche des Eigentümers gegen den unrechtmäßigen Besitzer auf Nutzungsherausgabe und Schadensersatz, nicht aber auf den Veräußerungserlös. Deshalb ist § 816 durch die Sondervorschriften des Eigentümer-Besitzer-Verhältnisses nicht ausgeschlossen.[19]

1154 **b)** § 816 I 1 verlangt die wirksame Verfügung eines Nichtberechtigten. Sie könnte hier in der Veräußerung der Notebooks an die Kunden gem. §§ 929, 932 liegen. In lebensnaher Auslegung des Sachverhaltes ist davon auszugehen, dass Einigung und Übergabe zwischen B oder seinem Vertreter und dem jeweiligen Kunden erfolgt sind. Mangels Eigentum des B kommt es also für den Erwerb der Kunden zunächst auf deren Gutgläubigkeit an.

Für eine grob fahrlässige Unkenntnis der Kunden bezüglich der wahren Eigentumslage enthält der Sachverhalt keine ausreichenden Anhaltspunkte. Zwar hätte dem einzelnen Kunden der niedrige Verkaufspreis auffallen können; aber an durchschnittliche Kunden können nicht die gleichen Sorgfaltsanforderungen im Hinblick auf die Marktkenntnisse gestellt werden wie an P. Auf der Grundlage der Beweislastverteilung in § 932 I 1 ist somit von der Gutgläubigkeit der Kunden auszugehen.

16 Auch hier würde das umgekehrte Ergebnis über die Exkulpationsmöglichkeit des B zu erreichen sein. Bedenken Sie bitte: Wenn Sie vorher im Rahmen der §§ 989, 990 zu deren Ablehnung gelangt sind, weil Sie P für gutgläubig hielten oder jedenfalls dem B sein Verhalten nicht zurechnen wollten, so würde jetzt die direkte Anwendung des § 831 an § 993 I aE scheitern.

17 Palandt/*Grüneberg* § 285 Rn. 4; *Schapp/Schur* SachenR Rn. 125.

18 Palandt/*Grüneberg* § 285 Rn. 4 mwN.

19 Palandt/*Sprau* § 816 Rn. 5.

Ein gutgläubiger Erwerb entfällt jedoch gem. § 935 I 1, wenn die Geräte dem H abhandengekommen sind. Hierfür ist zu prüfen, ob H den unmittelbaren Besitz ohne seinen Willen verloren hat.[20]

L war Lagerarbeiter des H und damit dessen Besitzdiener gem. § 855, solange sich die Geräte im Lager befanden. H blieb also weiterhin unmittelbarer Besitzer der Geräte, bevor L sie an sich nahm. Fraglich erscheint deshalb, ob in diesem Zeitpunkt ein Abhandenkommen iSd § 935 vorlag.

**aa)** Dafür lässt sich anführen, dass nach der gesetzlichen Regelung in den §§ 854, 855 der Besitzer Alleinbesitzer bleibt, dh mit der Überlassung der Sache an den Besitzdiener diese nicht aus der Hand gegeben hat.[21] **1155**

**bb)** Andererseits könnte man aber auch zum Schutz des gutgläubigen Erwerbers darauf abstellen, ob die Besitzdienerschaft als solche erkennbar und der Besitzdiener der Einwirkung des Besitzherrn entzogen war. In diesem Fall wäre Grundlage des Rechtsscheins die tatsächliche Gewalt des Besitzdieners, nicht die gesetzgeberische Grundentscheidung iSd § 855 zugunsten des unmittelbaren Besitzers.[22] **1156**

**cc)** Gegen die letztgenannte Betrachtungsweise lässt sich jedoch einwenden, dass der gute Glaube an einen vermeintlichen Besitz vom Gesetz nicht geschützt wird. Die Regelung des § 935 zeigt, dass es auf die Erkennbarkeit der Verhältnisse für den Erwerber nicht ankommt. Ein Abhandenkommen wirkt auch gegenüber späteren Erwerbern, obwohl diese keine Möglichkeit haben, die Besitzverhältnisse richtig einzuordnen. Zwar mag es zweifelhaft erscheinen, ob der Besitzer, der das Risiko der Veruntreuung durch den Besitzmittler trägt, dieses Risiko nicht erst recht bezüglich des ihm viel näher stehenden Besitzdieners tragen muss. Entscheidend ist aber, dass der Besitzer dem Besitzdiener gerade keine Besitzposition einräumt und insofern auch kein Auseinanderfallen von Eigentum und Besitz veranlasst wie im Fall der Übertragung des unmittelbaren Besitzes an den Besitzmittler. Folgt man dieser Betrachtungsweise, dann sind H die Geräte durch dieses Verhalten des L gem. § 935 I 1 abhandengekommen. Damit war die Verfügung des P unwirksam. **1157**

**c)** Um den Erlösanspruch gem. § 816 I 1 gegenüber B geltend machen zu können, müsste H die Verfügung gem. § 185 II 1 genehmigen. § 816 ist auch anwendbar, wenn die Verfügung des Nichtberechtigten dem Berechtigten gegenüber zunächst unwirksam war, aber nachträglich gem. § 184 I wirksam wurde. Hierdurch werden lediglich die Rechtsfolgen der Verfügung im Verhältnis zum Erwerber dahingehend geändert, dass ihm gegenüber die Verfügung als von Anfang an wirksam angesehen werden kann. Der Verfügende bleibt im Verhältnis zum Berechtigten H aber nach wie vor Nichtberechtigter.[23] Die Genehmigung liegt im Zahlungsverlangen des H. **1158**

**d)** H hat folglich im Fall der Genehmigung gegen B einen Anspruch auf den Erlös iHv 18.000 EUR gem. § 816 I 1.

20 Vgl. Palandt/*Bassenge* § 935 Rn. 3; Bamberger/Roth/*Kindl* § 935 Rn. 3.

21 Palandt/*Bassenge* § 935 Rn. 8.

22 Vgl. *Westermann/Gursky/Eickmann* SachenR § 49 Rn. 11 ff.

23 Palandt/*Sprau* § 816 Rn. 9. Sie ersehen daraus, dass die Entscheidung beim »Abhandenkommen« das Ergebnis nicht beeinflusst.

### III. Gegenansprüche des B gegen H

1159 Entschädigt B den H wegen des Verlustes der Laptops, so kann er gem. § 255 verlangen, dass H ihm alle Ansprüche abtritt, die ihm aufgrund seines Eigentums gegen Dritte zustehen, insbesondere auch solche gegen K.

## 2. Teil. Ansprüche zwischen H und K

### I. Ansprüche auf Herausgabe des Laptops

#### 1. Anspruch aus § 985

**a)** H war ursprünglich Eigentümer und hat sein Eigentum an dem Gerät auch nicht durch die Veräußerung des B an K verloren.

**b)** K ist Besitzer des Notebooks gem. § 854 I. Ein Recht zum Besitz gegenüber H gem. § 986 I könnte sich aus eventuellen Gegenansprüchen ergeben, die K wegen des gezahlten Kaufpreises und des eingebauten Arbeitsspeichers geltend macht.

1160 Dabei ist zu berücksichtigen, dass beide Positionen über die Begründung von Verwendungsersatzansprüchen allenfalls zu einem Zurückbehaltungsrecht gem. § 1000 führen können, sodass sich die Frage stellt, ob auf dieser Grundlage ein Recht zum Besitz iSd § 986 I entsteht.[24] Dafür spricht, dass man einem Besitzer, der aufgrund eines Zurückbehaltungsrechtes eine Sache nicht herausgibt, nicht den Vorwurf rechtswidrigen Verhaltens machen kann.

1161 Andererseits bestehen zwischen einem Zurückbehaltungsrecht und einem Recht zum Besitz erhebliche Unterschiede: Während ein Zurückbehaltungsrecht im Prozess nur gem. § 274 zu einer Verurteilung auf Herausgabe Zug um Zug führt, lässt das Besitzrecht die Klage als insgesamt unbegründet erscheinen. Hieran zeigt sich, dass ein Recht zum Besitz auf den Herausgabeanspruch einwirkt, ein Zurückbehaltungsrecht aber nicht. Ein Weiteres tritt hinzu: Sofern man aus § 1000 ein Recht zum Besitz ableitet, bedeutet dies auch, dass der Besitzer damit den Folgeansprüchen der §§ 987 ff. nicht ausgesetzt ist. Damit würde aber zugleich mangels Vindikationslage auch dem möglichen Zurückbehaltungsrecht nach § 1000 der Boden entzogen. Aus diesen Erwägungen stellt ein eventuelles Zurückbehaltungsrecht kein Recht zum Besitz iSd § 986 I dar.[25]

Der Anspruch des H gegen K ist deshalb nicht gem. § 986 I ausgeschlossen.

H kann von K – sofern er nicht die Veräußerung des B genehmigt – Herausgabe des Laptops gem. § 985 verlangen.[26]

---

24 Bejahend BGHZ 64, 122 (124 f.); BGH NJW-RR 1986, 282 (283).

25 MüKoBGB/*Baldus* § 986 Rn. 19; Staudinger/*Gursky*, 2013, § 986 Rn. 28; Soergel/*Stadler* § 986 Rn. 9, jeweils mwN. Sie können selbstverständlich auch hier wiederum die gegenteilige Ansicht vertreten, vgl. dazu auch *Roussos* JuS 1987, 607 (609).

26 **Aufbauhinweis:** Es handelt sich um ein Zwischenergebnis. Man könnte sofort im Anschluss ein mögliches Zurückbehaltungsrecht prüfen sowie später bei § 1007 nach oben verweisen. Möglich ist es aber auch, wie hier, das Zurückbehaltungsrecht für § 985 und für § 1007 später im Zusammenhang zu prüfen.

### 2. Anspruch aus § 861 I

H war unmittelbarer Besitzer des Notebooks, das L als Besitzdiener mit nach Hause nahm und hat somit den unmittelbaren Besitz ohne seinen Willen verloren. Dies stellt eine verbotene Eigenmacht des L gegenüber H gem. § 858 I dar.[27] 1162

Entscheidend ist jedoch, ob K im Verhältnis zu H fehlerhaft besitzt. Die Fehlerhaftigkeit des durch verbotene Eigenmacht erlangten Besitzes muss der Nachfolger gem. § 858 II 2 gegen sich gelten lassen, wenn er sie kannte. Für eine Kenntnis des K bestehen aber keine Anhaltspunkte. Im Gegenteil: Nach dem Sachverhalt war K ahnungslos. Damit besitzt K nicht fehlerhaft gegenüber H; der Herausgabeanspruch gem. § 861 I besteht nicht.

### 3. Anspruch aus § 1007 I

Aus der gleichen Überlegung scheidet ein Anspruch des H gegen K auf Herausgabe des Gerätes gem. § 1007 I aus. 1163

### 4. Anspruch aus § 1007 II

H hat aber einen Herausgabeanspruch gem. § 1007 II gegen K. Das Notebook ist ihm als früherem Besitzer abhandengekommen. Somit kann er seine Herausgabe auch vom gutgläubigen K verlangen, da dieser wegen § 935 kein Eigentum erworben hat. 1164

### 5. Anspruch aus § 812 I 1, 2. Var.

Schließlich könnte man einen Anspruch aus § 812 I 1, zweiter Fall (Nichtleistungskondiktion) in Betracht ziehen. Allerdings ist zu berücksichtigen, dass der Besitz an dem Laptop dem K durch eine Leistung des B verschafft wurde. Soweit aber ein Bereicherungsanspruch aufgrund einer rechtsgrundlosen Leistung infrage kommt, hat dieser im Hinblick auf den Vertrauensschutz, der dem Empfänger im Verhältnis zu seinem Vertragspartner einzuräumen ist, grundsätzlich gegenüber der Eingriffskondiktion Vorrang.[28] Somit scheidet ein Anspruch gem. § 812 I 1, zweiter Fall aus. 1165

## II. Zurückbehaltungsrecht des K

Fraglich ist, ob K dem Herausgabeanspruch gem. §§ 985 und 1007 II ein Zurückbehaltungsrecht gem. § 1000 S. 1 entgegensetzen kann. Unmittelbar gilt § 1000 zwar nur für den Anspruch aus § 985, aber über die Verweisung in § 1007 III 2 auch entsprechend für die Ansprüche aus § 1007. 1166

Voraussetzung dafür wäre, dass K gegen H einen Verwendungsersatzanspruch geltend machen kann.

### 1. Anspruch aus § 994 I

Dann müsste K notwendige Verwendungen auf das Notebook gemacht haben.

27 Vgl. MüKoBGB/*Joost* § 860 Rn. 4.

28 Palandt/*Sprau* § 812 Rn. 7 mwN; eine Ausnahme, die teilweise bei Anwendung des § 935 in Betracht gezogen wird, kommt hier nicht infrage, da § 985 durchgreift. Sie ist im Fall einer Verarbeitung der Sache zu erwägen.

1167 Verwendungen sind willentliche Vermögensaufwendungen, die (zumindest auch) der Sache zugutekommen sollen, indem sie sie erhalten, wiederherstellen oder verbessern.[29]

**a)** Demgemäß ist der für den Erwerb des Laptops aufgewendete Kaufpreis keine Verwendung. Er kommt nicht der Sache, sondern ausschließlich dem Verkäufer zugute.

**b)** Allerdings könnte es sich bei dem Arbeitsspeicher um eine Verwendung handeln. Durch seinen Einbau ist das Notebook in seiner Gebrauchstauglichkeit verbessert worden. Die Maßnahme bewirkte eine Leistungssteigerung.

1168 Der Arbeitsspeicher ist indessen nicht wesentlicher Bestandteil des Laptops iSd § 93 geworden, weil ein Ausbau ohne Zerstörung von Speicher oder Laptop möglich ist. Damit hat H hieran auch nicht gem. § 947 II Eigentum erworben. Deshalb stellt sich die Frage, ob der Verwendungsbegriff einen mit der Aufwendung verbundenen Rechtsverlust voraussetzt.[30]

1169 **aa)** Zum einen könnte man argumentieren, dass es sich nach der gesetzgeberischen Vorstellung vom Verwendungsbegriff um ein echtes Vermögensopfer handeln müsse. Ein solches fehlt uU, sofern der Besitzer eine eigene Sache mit der fremden ohne Eigentumsverlust verbindet: Er kann dann diese Sache trennen und behalten. Hiernach handelte es sich bei dem Arbeitsspeicher also nicht um eine Verwendung iSd §§ 994 ff.[31]

1170 **bb)** Dem lässt sich entgegenhalten, diese Betrachtungsweise sei zu eng: Sie beschränke das Vermögensopfer auf den Verlust von Rechten und lasse sonstige Vermögenseinbußen unberücksichtigt. Ein Vermögensopfer kann nämlich auch dann gegeben sein, wenn die zugefügte Sache – wie hier – ohne die herauszugebende ihren Wert für den Besitzer ganz oder teilweise verliert.

1171 **cc)** Stellt man diese Positionen einander gegenüber, so ergibt sich folgendes Bild: Der letztgenannten Auffassung ist deshalb zu widersprechen, weil sie die Wegnahme- bzw. Wiederverkaufsmöglichkeit des Besitzers bezüglich der eingebauten Sache in der Vermögensbilanz nicht berücksichtigt. Auf diese Weise kann der Besitzer die eingebaute Sache grundsätzlich wieder seinem Vermögen zuführen.

Folgt man dieser Betrachtungsweise, so ist hier der Arbeitsspeicher nicht als Verwendung iSd §§ 994 ff. anzusehen, weil kein Eigentumsverlust und damit kein echtes Vermögensopfer des Besitzers K gegeben ist.

Der Anspruch aus § 994 I 1 entfällt damit.

### 2. Anspruch aus § 996

1172 Aus den gleichen Erwägungen scheitert auch ein Anspruch aus § 996.

---

29 BGHZ 131, 220 ff.; BGH NJW 1955, 340 f.; MüKoBGB/*Baldus* § 994 Rn. 6; *Baur/Stürner* SachenR § 11 Rn. 55.

30 Zum Streitstand: Staudinger/*Gursky*, 2013, Vorbem. zu § 994 Rn. 6 ff.

31 In diesem Sinne etwa Staudinger/*Gursky*, 2013, Vorbem. § 994 Rn. 4.

### 3. Anspruch aus § 812 I 1, 2. Var.

K könnte schließlich einen Verwendungsersatzanspruch wegen des Arbeitsspeichers gem. § 812 I 1, zweiter Fall (Verwendungskondiktion) haben. Dies setzt die Anwendbarkeit der Norm neben den Vorschriften des Eigentümer-Besitzer-Verhältnisses voraus. Aus den oben genannten Gründen sind allerdings die §§ 987 ff. einschließlich der §§ 994 ff. als abschließende Sonderregelung im Verhältnis zum Bereicherungsrecht anzusehen.[32] Damit scheidet auch ein Anspruch auf Verwendungsersatz gem. § 812 I 1, zweiter Fall aus. 1173

K kann also dem Anspruch des H auf Herausgabe des Laptops kein Zurückbehaltungsrecht gem. § 1000 entgegensetzen.

Ein Zurückbehaltungsrecht gem. § 273 I oder II scheidet aus diesen Gründen ebenfalls aus.[33]

## III. Schadensersatzanspruch des H wegen des abgebrochenen DVD-Einzugs

### 1. Anspruch aus §§ 989, 990

Im Zeitpunkt der Beschädigung des Gerätes durch K bestand zwischen H und K eine Vindikationslage, wie oben ausgeführt wurde. Allerdings war K gutgläubig bezüglich seines fehlenden Besitzrechtes. Damit entfällt der Anspruch aus den genannten Normen. 1174

### 2. Anspruch aus § 823 I

Insoweit haben die §§ 987 ff. jedoch jedenfalls zugunsten des redlichen Besitzers eine Sperrwirkung, wie es sich aus § 993 I aE ergibt, wonach ohne die Voraussetzungen der §§ 987 ff. eine weitergehende Haftung für Schäden ausgeschlossen ist. Somit scheidet ein Anspruch des H gegen K aus § 823 I ebenfalls aus. 1175

## 3. Teil. Ergebnis:

H kann von B wahlweise Schadenersatz iHv 20.000 EUR gem. §§ 989, 990 I verlangen, allerdings gem. § 255 gegen Abtretung aller Ansprüche, die ihm aufgrund seines Eigentums gegen Dritte zustehen. Im Fall der Genehmigung der Verfügung hat H einen Anspruch auf den Erlös iHv 18.000 EUR gem. § 816 I 1. H hat zudem gegen K – sofern er nicht die Veräußerung des B genehmigt – einen Anspruch auf Herausgabe des Laptops gem. § 985 bzw. gem. § 1007 II.

32 BGH NJW 1996, 52 f.

33 Wenn Sie dieser Ansicht nicht folgen, müssen Sie die Voraussetzungen des § 273 prüfen.

## Fall 26: »Das geht zu weit«

1176 E gehört ein Grundstück in Hamburg-B. Darauf befindet sich ein Haus, das er zusammen mit seiner Frau bewohnt.

An der einen Grundstücksseite liegt das Wohnhaus des N, das an A vermietet ist. A hält im Hause zwei Katzen. Gelegentlich laufen sie auf das Grundstück des E, jagen dort Vögel und verschmutzen die Terrasse mit Kot.

An der anderen Grundstücksgrenze liegt das Haus des B. In der Vergangenheit ist es zwischen E und B wiederholt zu Meinungsverschiedenheiten bezüglich der Grundstücksgrenze gekommen. In deren Verlauf verlangte E von B die Beseitigung einer auf der gemeinsamen Grundstücksgrenze verlegten Reihe von Steinplatten, die ca. 5 cm in das Grundstück des E hineinragten. B entfernte die Platten, ließ sie aber dicht an der Grenze auf seinem Grundstück liegen. Weiterhin stellte er eine blaue Regentonne, einen weißen und einen schwarzen Eimer, zerbrochene Gehwegplatten, Ziegel- und Betonsteine an der Grundstücksgrenze ab und errichtete unmittelbar dahinter einen Flechtzaun, sodass die genannten Gegenstände nur von der Grundstücksseite des E aus zu sehen sind. E findet diesen Anblick unästhetisch.

**Frage: Welche Rechte hat E gegenüber den Beteiligten?**

## A. Vorüberlegungen[1]

§ 1004 bildet den rechtlichen Schwerpunkt des Falles. Der Sachverhalt ist in zwei Abschnitte geteilt, die beide Bereiche aus der Problematik des Beseitigungsanspruches enthalten. In beiden Varianten geht es darum, welche Einwirkungen auf das Grundstück ein Eigentümer verbieten kann.

**I.** Die Klausur befasst sich mit der direkten Anwendung des § 1004. Denken Sie aber bitte daran, dass nach allgemeiner Auffassung gem. §§ 1004, 823 analog auch ein sog. quasinegatorischer Unterlassungs- und Beseitigungsanspruch besteht. Er dient im Unterschied zum Schadensersatzanspruch dem präventiven Rechtsgüterschutz. Dabei werden die Schutzgüter den deliktsrechtlichen Normen entnommen, die weiteren Tatbestandsvoraussetzungen und die Rechtsfolgen dem § 1004. Der Unterlassungsanspruch besteht demnach, wenn einem der in §§ 823 ff. geschützten Rechtsgüter eine konkrete Beeinträchtigung droht, und zwar auch beim ersten Mal.[2] In § 1004 I 2 ist dieses Erfordernis weit auszulegen, da auch die erste Beeinträchtigung nicht abgewartet werden muss. Verschulden ist für den Anspruch nicht erforderlich. Ein Rechtfertigungsgrund kann zur Duldungspflicht analog § 1004 II führen. Denken Sie dabei an § 193 StGB, wenn es um Äußerungen über andere Personen geht. 1177

Die bereits eingetretene Beeinträchtigung eines durch die §§ 823 ff. geschützten Rechtsgutes hat folgende Konsequenzen: Zum einen indiziert sie die Gefahr neuer Beeinträchtigungen, die Wiederholungsgefahr, gem. § 1004 I 2, und begründet demnach ohne Weiteres den Unterlassungsanspruch. Zum andern führt sie zum Beseitigungsanspruch, soweit die erste Verletzung des Rechtsgutes bereits Folgen hinterlassen hat. Schwierig ist die Abgrenzung zum Schadensersatzanspruch im Bereich der Rechtsfolgen.[3] Als Faustregel hat sich die Formulierung herausgebildet, dass der Störer den »contrarius actus«, also die entgegengesetzte Verhaltensweise im Verhältnis zur Beeinträchtigung, schuldet.[4] 1178

**II.** Zurück zur direkten Anwendung des § 1004: Wenn jemand in seinem Eigentum beeinträchtigt wird, handelt es sich in der Praxis oft um Grundstücksstreitigkeiten. Das Verhältnis der Grundstückseigentümer zueinander ist aber häufig auch von öffentlich-rechtlichen Vorschriften betroffen.

**1.** Dann stellt sich ein *Konkurrenzproblem*, das nur zT geregelt ist. Zivilrechtliche Beseitigungs- und Unterlassungsansprüche sind ausgeschlossen, wenn eine Anlage gem. § 14 S. 1 BImSchG bestandskräftig genehmigt wurde. Hier geht es allenfalls noch um Schutzvorkehrungen und Schadensersatz.[5] 1179

Problematischer ist das Verhältnis zum Bauplanungsrecht. Man könnte meinen, der bestandskräftige Bebauungsplan berücksichtige die nachbarlichen Interessen abschließend und verdränge damit den zivilrechtlichen Schutz des Bürgers. Es handelt 1180

1 Ausf. zu § 1004 *Schreiber* JURA 2013, 111 ff.; zum Anspruch auf Unterlassung der Verwertung ungenehmigter Fotografien eines Grundstücks aus § 1004 I 2 vgl. BGH NJW 2013, 1809.

2 *Schapp/Schur* SachenR Rn. 152.

3 Vgl. *Medicus/Petersen* BürgerlR Rn. 628 ff.; *Schreiber* SachenR Rn. 151; *Olzen* JURA 1991, 281 (289); zur Abgrenzung bei Bodenverseuchung vgl. BGH NJW 1996, 845 ff.

4 MüKoBGB/*Baldus* § 1004 Rn. 106; *Baur* AcP 160 (1961), 465 (489).

5 Zu vergleichbaren Normen vgl. Staudinger/*Roth*, 2009, § 906 Rn. 26.

sich um ein sehr umstrittenes Problem,[6] das hier nur angedeutet werden kann: Vorrang des Zivilrechtes auf der einen Seite sowie ein solcher des öffentlichen Rechtes auf der anderen Seite werden ebenso vertreten wie – und dies entspricht der hM – eine Zweigleisigkeit des Rechtsschutzes.[7]

**2.** Auch damit werden Sie in der vorliegenden Klausur nicht konfrontiert. Sie müssen aber den nicht ganz einfachen Aufbau des Gutachtens bewältigen. Dafür und für vergleichbare Fälle sollten Sie von folgender Reihenfolge ausgehen:

**1181** **a)** Anspruchsteller iSd § 1004 ist der *Eigentümer* oder der *Inhaber* eines solchen dinglichen Rechtes, für das auf § 1004 verwiesen wird, zB in den §§ 1027, 1065 und anderen. Als Gläubiger kommt auch der Anwartschaftsberechtigte in Betracht, insbesondere dann, wenn die Sachgefahr auf ihn übergegangen ist.[8]

Der entsprechende Anspruch hilft gem. § 862 auch dem *Besitzer*. Daneben besteht Streit über eine *analoge* Anwendung auf einen weiteren Personenkreis, der mit der Störung in Berührung kommt, zB auf den Arbeitnehmer, der täglich neben einem störenden Grundstück arbeiten muss.[9]

**1182** **b)** Als nächstes müssen Sie für den Beseitigungsanspruch eine *bestehende*, für den Unterlassungsanspruch eine *drohende* Beeinträchtigung des Eigentums prüfen.

**1183** **aa)** Die Beeinträchtigung – dies wird in der Lösungsskizze im Einzelnen ausgeführt – darf keine Entziehung oder Vorenthaltung des Besitzers darstellen, wie sich aus § 1004 I ergibt. Der Sinn dieser Negativdefinition ergibt sich aus der Systematik der Vorschriften über den Inhalt des Eigentums und der sich daraus ergebenden Ansprüche: Gem. § 903 ist Inhalt des Eigentums die dem Eigentümer zustehende Befugnis, grundsätzlich mit der Sache nach Belieben zu verfahren und andere von jeder Einwirkung auszuschließen. § 903 bildet aber selbst keine Anspruchsgrundlage, sondern dies sind § 985 für die Entziehung und Vorenthaltung des Besitzes und § 1004 für Störungen und sonstige Beeinträchtigungen. Hinzu treten noch das Verfolgungsrecht gem. § 1005 und die Spezialansprüche unter den Grundstücksnachbarn, §§ 907–909, 915, 917 I, 918 II, 919, 920 und 923 II.

**1184** Abgesehen von der Abgrenzung zu § 985 enthält § 1004 keine weiteren Einschränkungen, sodass an sich jede fremde tatsächliche Einwirkung auf das Eigentum den Anspruch begründen müsste. Dass dies zu weit geht, zeigt § 906, der zwischen wesentlichen und unwesentlichen Beeinträchtigungen unterscheidet. Dieser Maßstab gilt auch für § 1004. Dadurch wird die Anspruchsprüfung etwas komplizierter: Sofern Sie eine Einwirkung iSd § 906 I 1 feststellen, müssen Sie untersuchen, ob sie wesentlich oder unwesentlich ist. Gelangen Sie zur Unwesentlichkeit, besteht kein Anspruch gem. § 1004 I. Bejahen Sie die Wesentlichkeit, müssen Sie weiter prüfen, ob die Einwirkung ortsüblich ist und durch wirtschaftlich zumutbare Maßnahmen verhindert

6 Vgl. dazu iE *Medicus/Petersen* BürgerlR Rn. 442; *Olzen* JURA 1991, 281 ff.; zur Durchsetzung einer Auflage in der Baugenehmigung im Wege quasinegatorischer Unterlassungsklage vgl. BGH NJW 1993, 1580 ff.

7 Vgl. nur *Marburger*, Gutachten zum 56. DJT, 1986, Bd. 1, C 103 ff.

8 OLG Brandenburg BeckRS 2012, 14957; MüKoBGB/*Baldus* § 1004 Rn. 54.

9 Vgl. *Olzen* JURA 1991, 281 (283).

werden kann. Nicht ortsübliche Einwirkungen können immer verboten werden, ortsübliche nur, wenn sie im vorgenannten Sinne vermeidbar sind.[10]

Aufbautechnisch beruht die dargestellte Prüfungsreihenfolge auf der Überlegung, dass nicht jede Beeinträchtigung den Tatbestand des § 1004 I erfüllt. Sie können die Problematik allerdings auch bei der Duldungspflicht gem. § 1004 II behandeln. So geht die Lösungsskizze vor. Die Entscheidung kann davon abhängig sein, wie einfach oder kompliziert die übrigen Tatbestandsvoraussetzungen festzustellen sind und wie Ihr Zeitplan in der Klausur aufgeht.

**bb)** Im Übrigen enthält der Tatbestand des § 906 I 1 das schwierige Problem der »ähnlichen Einwirkung«. Verschiedene Fragen dazu sind in der Lösungsskizze angesprochen. Daneben wird auch die sog. negative Einwirkung diskutiert, zB das Abschatten von Funk- und Fernsehempfang durch Baumaßnahmen auf dem Nachbargrundstück.[11] Wenn Sie bei Ihrer Prüfung zu der Auffassung gelangen, dass Katzen den in § 906 I 1 genannten Einwirkungen nicht ähneln, beurteilt sich der Anspruch im Folgenden allein nach § 1004 I. Sie müssen dann von einer Beeinträchtigung im Sinne der Norm ausgehen. **1185**

**c)** Ihre Prüfung muss sich danach auf die Feststellung des Anspruchsgegners, des *Störers* im Sinne der Norm, richten. Beachten Sie bitte die aus dem Polizei- und Ordnungsrecht bereits bekannte Unterscheidung zwischen Handlungs- und Zustandshaftung.[12] Dazu gibt es eine Reihe verschiedener, schwieriger Fragestellungen, so etwa, unter welchen Voraussetzungen der Vermieter als Störer in Anspruch genommen werden kann, oder der Arbeitgeber, wenn der Arbeitnehmer stört.[13] Wichtig ist auch die Abgrenzung zum Naturereignis, das nicht den Tatbestand des § 1004 I erfüllt. **1186**

Diese Fragen sind in der Lösungsskizze behandelt.

**d)** Als nächstes stellt sich das Problem einer eventuellen *Duldungspflicht*. Ausnahmsweise kann sie auf einem Rechtsgeschäft beruhen, regelmäßig folgt sie aus einem Gesetz. Sofern Sie bei der Beeinträchtigung diesen Punkt noch nicht angesprochen haben, müssen Sie jetzt § 906 in die Betrachtung einbeziehen. Weitere privatrechtliche Duldungspflichten enthalten die §§ 904, 912 I, 917 I. Auch können sich solche aus öffentlich-rechtlichen Normen ergeben, schließlich aus dem nachbarlichen Gemeinschaftsverhältnis, einem gesetzlichen Schuldverhältnis mit Rücksichtspflichten gem. § 241 II.[14] **1187**

**III.** Dieser Aufbau – der uU noch mit einer Fragestellung zum Anspruchsumfang enden kann, wie eingangs angedeutet wurde – hilft Ihnen auch bei der Beantwortung der zweiten Frage. Hier geht es darum, ob mit § 1004 sog. ästhetische/ideelle Einwirkungen verboten werden können. Nun mag sich zwar ein Grundstückseigentümer davon genauso betroffen fühlen wie von realen Einwirkungen oder sogar mehr. Das Problem liegt aber darin, einen vernünftigen Interessenausgleich zwischen den beiden **1188**

10 Andernfalls steht gem. § 906 II 2 ein finanzieller Ausgleich infrage.

11 Vgl. dazu BGHZ 88, 344 ff.; *Olzen* JURA 1991, 281 (285); ferner MüKoBGB/*Baldus* § 1004 Rn. 124 f.; Staudinger/*Gursky*, 2013, § 1004 Rn. 65 ff.

12 IE dazu *Olzen* JURA 1991, 281 (286 f.); vor allem auch MüKoBGB/*Baldus* § 1004 Rn. 149 ff., jeweils mwN.

13 Vgl. dazu BGH DB 1979, 544 f.

14 Staudinger/*Olzen*, 2015, § 241 Rn. 409 ff.; früher wurde dieses Rechtsinstitut aus § 242 abgeleitet, vgl. *Wilhelm* SachenR Rn. 802 ff.

Grundstückseigentümern zu finden, um die Eigentümerbefugnisse nicht zu stark einzuschränken. Die Lösungen sind unterschiedlich, deshalb können Sie hier frei entscheiden. Unter Umständen passen aber die sachenrechtlichen Maßstäbe der §§ 1004, 906 nicht so recht für Einwirkungen, die weniger die Nutzung eines Grundstückes beeinträchtigen als die Person des Nachbarn. Besonders schwerwiegende Fälle sind uU mit einem Anspruch wegen eines Verstoßes gegen das allgemeine Persönlichkeitsrecht oder auch mit § 826 zu lösen. Ob dieser Rahmen hier schon ausgefüllt ist, müssen Sie entscheiden.

## B. Lösung

### 1. Teil. Ansprüche des E wegen der Katzen

### I. Ansprüche des E gegen A

### 1. Anspruch aus § 833 S. 1

Voraussetzung dafür ist eine Schadensverursachung durch ein Tier. Vorliegend kommt eine Sachbeschädigung in Betracht.[15] 1189

Indem die Katzen des A das Grundstück des E betreten und dort Vögel jagen, verursachen sie keine Sachbeschädigung, da gerade nicht auf die Sachsubstanz eingewirkt wird. Auch die Verschmutzung der Terrasse mit Kot zählt nicht darunter.

Damit scheidet ein Anspruch gem. § 833 S. 1 aus.[16]

### 2. Anspruch aus § 1004 I

In Betracht kommt aber ein Beseitigungsanspruch des E gegen A sowie ein Anspruch auf Unterbinden weiteren Katzenbesuches gem. § 1004 I.

Er setzt zunächst voraus, dass in diesen Umständen eine Eigentumsbeeinträchtigung iSd § 1004 I zu sehen und A Störer ist.

**a)** Gem. § 1004 I 1 sind Beeinträchtigungen abwehrbar, die in anderer Weise als durch Entziehung oder Vorenthaltung des Besitzes in das Eigentum eingreifen. Voraussetzung ist somit, dass A durch die Einwirkung auf sein Eigentum in der Eigentümerfreiheit iSd § 903 beeinträchtigt wird. 1190

**aa)** Zunächst kommt eine Eigentumsbeeinträchtigung insoweit in Betracht, als die Katzen das Grundstück des E betreten. Ob bereits darin eine Beeinträchtigung liegt, lässt sich aber bezweifeln.[17] Man könnte meinen, Katzenbesuch beeinträchtige die Eigentümerinteressen nicht, solange er sich in Grenzen hält. Aus der Eigentumssystematik, dh dem Zusammenspiel der §§ 903, 985 und 1004, ergibt sich aber, dass der Eigentümer grundsätzlich jede Einwirkung auf seine Sache ausschließen kann, also nach Art und Schwere zunächst nicht zu differenzieren ist.[18] Danach stellt bereits der bloße Katzenbesuch eine Eigentumsbeeinträchtigung iSd § 1004 dar.[19] 1191

**bb)** Daneben sind jedenfalls die Vogeljagd der Katzen und vor allem die durch sie verursachte Verunreinigung der Terrasse eine Beeinträchtigung im Sinne der Norm.

**b)** Allerdings muss es sich um eine Einwirkung handeln, die durch menschliches Verhalten oder durch den einem Menschen zurechenbaren Zustand einer Sache hervorgerufen wird. Dazu müsste A Störer iSd § 1004 I sein.[20] Dies setzt voraus, dass er für die Einwirkung auf das Grundstück des E verantwortlich ist. Der Tatbestand wäre 1192

15 Vgl. Soergel/*Krause* § 833 Rn. 3 f.; Staudinger/*Eberl-Borges*, 2008, § 833 Rn. 21.
16 Andernfalls wäre eine Tiergefahr zu verneinen.
17 Abl. AG Diez NJW 1985, 2339; ebenso LG Augsburg NJW 1985, 499 f., sogar beim Betreten des Schlafzimmers durch die Katze.
18 OLG Köln NJW 1985, 2338; AG Passau NJW 1983, 2885 f.
19 Hier ist eine abweichende Entscheidung möglich.
20 Vgl. Palandt/*Bassenge* § 1004 Rn. 16 ff.

demnach nicht erfüllt, wenn die Beeinträchtigung ausschließlich auf Naturkräfte zurückginge.[21] Den Naturkräften ist an sich auch ein Tierverhalten zuzurechnen.

Vorliegend handelt es sich allerdings um Haustiere des A. Die Einwirkungen auf das Grundstück des E sind also entscheidend dadurch verursacht, dass A die Katzen hält.[22] Folglich geht die Beeinträchtigung nicht ausschließlich auf Naturkräfte zurück. Somit ist A als Störer verantwortlich.

1193 **c)** Eine weitere Voraussetzung des Abwehranspruches gem. § 1004 I besteht darin, dass der dem Inhalt des Eigentums widersprechende Zustand rechtswidrig ist.[23] Demgegenüber kommt es auf die Rechtswidrigkeit der Eingriffshandlung nicht an.[24] Regelmäßig wird die Rechtswidrigkeit durch die Eigentumsverletzung bereits indiziert.[25] Der Anspruch gem. § 1004 I könnte aber gem. § 1004 II dadurch ausgeschlossen sein, dass der Eigentümer E zur Duldung der Einwirkung verpflichtet ist.

1194 Eine entsprechende Duldungspflicht folgt aus einem Rechtsgeschäft, allgemeinen Rechtfertigungsgründen oder aus Rechtsnormen.[26]

Allgemeine Rechtfertigungsgründe zugunsten des A und auch rechtsgeschäftliche Vereinbarungen zwischen E und A sind nicht ersichtlich. Fraglich ist deshalb, ob sich eine Duldungspflicht des E aus privatrechtlichen Normen ableiten lässt.

1195 **aa)** In Betracht kommt zunächst § 906 I. Danach kann ein Grundstückseigentümer Einwirkungen insoweit nicht verbieten, als sie die Nutzung seines Grundstückes nicht oder nur unwesentlich beeinträchtigen.

Da der Katzenbesuch nicht zu den in § 906 I ausdrücklich aufgeführten Einwirkungen zählt, kommt es darauf an, ob hierin eine »ähnliche von einem anderen Grundstück ausgehende Einwirkung« iSd § 906 I zu sehen ist.

1196 Man könnte zunächst der Ansicht sein, Kriterium der ähnlichen Einwirkung sei, dass es sich um einen unwägbaren Stoff, eine sog. Imponderabilie, handelt.[27] Bei dieser Betrachtungsweise würde das Eindringen von Katzen auf ein Grundstück aus dem Tatbestand der Norm ausscheiden, § 906 I also nicht zu einer Duldungspflicht des E führen.

1197 Allerdings zeigt die Aufzählung von Rauch und Ruß im Tatbestand des § 906 I, dass es auf die Wägbarkeit der entsprechenden Stoffe nicht ankommt.[28] Deshalb könnte man meinen, man müsse für die Ähnlichkeit der Einwirkung auf das Kriterium der Größe des Körpers abstellen.[29] Bei dieser Betrachtungsweise wären uU Kleinsttiere eine ähnliche Einwirkung im Sinne der Norm,[30] zB Insekten oder

21 BGH NJW 1985, 1773; Palandt/*Bassenge* § 1004 Rn. 19; *Olzen* JURA 1991, 281 (286).

22 Vgl. dazu LG Bonn NJW-RR 2010, 310; AG Passau NJW 1983, 2885.

23 Palandt/*Bassenge* § 1004 Rn. 12 und 34; *Schreiber* SachenR Rn. 150 mwN.

24 BGH NJW 1976, 416.

25 BGH WM 1971, 278 ff.; MüKoBGB/*Baldus* § 1004 Rn. 92; *Schreiber* SachenR Rn. 150.

26 Palandt/*Bassenge* § 1004 Rn. 35 ff.; *Olzen* JURA 1991, 281 (288).

27 MüKoBGB/*Säcker* § 906 Rn. 27.

28 Entsprechend hat man auch meist eine Qualifizierung als ähnliche Einwirkung nicht an der Wägbarkeit scheitern lassen, vgl. RGZ 141, 406 (408); anders BGHZ 90, 255 (258).

29 BGHZ 16, 366 (370 f.); w. Nachw. auch bei Palandt/*Bassenge* § 906 Rn. 10; Staudinger/*Roth*, 2009, § 906 Rn. 165 ff.

30 Palandt/*Bassenge* § 906 Rn. 11 mwN.

Käfer, aber keine Katzen.[31] Auch bei dieser Betrachtungsweise greift § 906 I somit nicht ein.

Schließlich könnte man versuchen, die Ähnlichkeit aus Sinn und Zweck der Vorschrift zu bestimmen.[32] Dafür lässt sich anführen, die Vorschrift wolle das Ausschließungsrecht des Eigentümers mit den Bedürfnissen des wirtschaftlichen Lebens in Einklang bringen. Dem widerspricht es uU, jede mit der Benutzung eines Grundstückes verbundene Auswirkung auf ein anderes Grundstück zu verbieten.[33] Im Einzelfall wird dann nach der Intensität der Einwirkung differenziert. Einwirkungen iSd § 906 wären nur solche, von denen in Abhängigkeit zu ihrer Intensität eine Beeinträchtigung ausgeht, nicht hingegen solche, die unabhängig von ihrer Intensität stets zu einer Beeinträchtigung führen. Das Eindringen von Katzen stellt nicht in jedem Fall eine Beeinträchtigung dar. Somit käme es auf die Intensität der Einwirkung an, sodass nach dieser Betrachtungsweise an sich § 906 anwendbar ist. Gemessen am Maßstab der Intensität könnte gelegentlicher Katzenbesuch nicht abgewehrt werden. 1198

Lt. Sachverhalt jagen die Katzen aber auf dem Grundstück Vögel, und sie beschmutzen die Terrasse mit Kot. Hierin ist eine intensive Beeinträchtigung der Grundstücksnutzung zu sehen, die aus dem Kreis der duldungspflichtigen Einwirkungen iSd § 906 I ausscheidet. Damit kann der Meinungsstreit unentschieden bleiben, eine Duldungspflicht gem. § 906 I besteht für E nicht.

**bb)** Eine Duldungspflicht könnte sich aus § 906 II 1 ergeben, sofern man mit der letztgenannten Auffassung eine Katze grundsätzlich als »ähnliche Einwirkung« ansieht und die Beeinträchtigung ortsüblich ist. Selbst in diesem Fall kann die Beeinträchtigung durch wirtschaftlich zumutbare Maßnahmen im Sinne der Norm verhindert werden, und zwar dergestalt, dass A die Katzen nicht mehr frei herumlaufen lässt. Somit besteht auch insoweit keine Duldungspflicht des E. 1199

**cc)** Eine Duldungspflicht könnte sich jedoch aus dem nachbarlichen Gemeinschaftsverhältnis, einem gesetzlichen Schuldverhältnis gem. § 241 II ergeben,[34] aus dem Pflichten zu gegenseitiger Rücksichtnahme entstehen.[35] Unter diesem Gesichtspunkt könnte auch eine Pflicht zur Duldung von Grenzüberschreitungen durch Katzen bestehen.[36] Aber eine solche Duldungspflicht entspricht nur bei gelegentlichem, unauffälligem Katzenbesuch Treu und Glauben, nicht jedoch, wenn damit Verunreinigungen der Terrasse und die Vogeljagd verbunden sind.[37] 1200

31 Vgl. auch Palandt/*Bassenge* § 903 Rn. 13 und § 906 Rn. 5; Nachw. ferner bei *Jauernig* JZ 1986, 605 (608).

32 *Jauernig* JZ 1986, 605 (608 ff.).

33 *Jauernig* JZ 1986, 605 (608).

34 So Staudinger/*Olzen*, 2015, § 241 Rn. 409 ff.; früher wurde dies aus § 242 abgeleitet, vgl. BGHZ 28, 110 (114); BGH NJW 2003, 1392 f.; OLG Köln NJW 1985, 2338; OLG Frankfurt NJW-RR 1989, 464; *Wilhelm* SachenR Rn. 802 ff.

35 Palandt/*Bassenge* § 903 Rn. 13; das nur in zwingenden Ausnahmefällen anwendbare Rechtsinstitut kann bestehende Rechte einschränken oder ausschließen, selbst wenn die Ausübung nicht sittenwidrig ist, vgl. dazu BGHZ 28, 110 (114); 68, 350; BGH NJW 1984, 729.

36 OLG Köln NJW 1985, 2338 f.; krit. dazu *Dieckmann* NJW 1985, 2311 ff.; im Anschluss daran auch Palandt/*Bassenge* § 903 Rn. 13.

37 Hier ist durchaus ein anderes Ergebnis vertretbar.

1201 **d)** Der Anspruch richtet sich gem. § 1004 I 1 auf Beseitigung der Beeinträchtigung. Dies bedeutet, dass die Einwirkung für die Zukunft abgestellt, nicht aber der frühere Zustand durch Beseitigung der Folgen wiederhergestellt werden muss.[38]

A schuldet demgemäß die Entfernung der Katzen, sofern sie sich noch auf dem Grundstück des E befinden. Außerdem hat er sie für die Zukunft gem. § 1004 I 2 von dem Grundstück des E fernzuhalten. Die für den Unterlassungsanspruch notwendige Wiederholungsgefahr ergibt sich aus der vorhergehenden Beeinträchtigung.[39] Demgegenüber ist der Anspruch des E nicht darauf gerichtet, von A die Beseitigung evtl. noch vorhandener Kotspuren auf der Terrasse verlangen zu können.[40]

### 3. Anspruch des E gegen A aus § 862 I

1202 Der Anspruch des E gegen A besteht auch gem. § 862 I. Die mit dem Eindringen der Katzen verbundene Besitzstörung stellt eine verbotene Eigenmacht des A gem. § 858 I dar.

### 4. Anspruch des E gegen A aus § 823 I

1203 Sofern die Terrasse noch beschmutzt ist, hat E gegen A einen Anspruch auf Entfernung des Kots gem. § 823 I. Nach dem soeben zu § 1004 I Ausgeführten handelt es sich um eine dem A zurechenbare, rechtswidrige Eigentumsverletzung. Sein Verschulden liegt darin, dass er die Katzen frei herumlaufen ließ. Damit wurde die iSd § 276 I erforderliche Sorgfalt außer Acht gelassen, die hier darauf gerichtet sein muss, Verschmutzungen des Nachbargrundstückes zu verhindern, soweit dies dem A möglich und zumutbar ist. A schuldet dem E also Beseitigung des Schadens gem. § 249 I.

### II. Ansprüche des E gegen N aus § 1004 I auf Fernhaltung der Katzen

Da eine Beeinträchtigung des Eigentums im Sinne der Norm bereits bejaht wurde, ist allein zu prüfen, ob N als Schuldner des Anspruchs, dh als Störer, in Betracht kommt.

1204 Störer iSd § 1004 ist derjenige, auf dessen Willensbetätigung die Beeinträchtigung des Eigentums unmittelbar oder auch adäquat mittelbar[41] zurückgeht.[42] Dies gilt entweder, weil der Betroffene selbst handelt oder die Störung auf dem Zustand einer in seiner Verantwortlichkeit stehenden Sache beruht.[43]

1205 Stört wie im vorliegenden Fall der Mieter, so erscheint fraglich, ob der Vermieter als sog. mittelbarer Handlungsstörer in Anspruch genommen werden kann. Dies wäre zu bejahen, wenn der Vermieter dem Mieter die störende Benutzung ausdrücklich oder stillschweigend gestattet hat und nicht auszuschließen ist, dass er die Störung beseitigen kann.[44]

Mangels entgegenstehender Sachverhaltsangaben ist aber nicht davon auszugehen, dass N bei Vertragsschluss mit A Kenntnis von der beabsichtigten Katzenhaltung

38 Vgl. iE MüKoBGB/*Baldus* § 1004 Rn. 217 ff.; Staudinger/*Gursky*, 2013, § 1004 Rn. 144 ff. mwN; *Olzen* JURA 1991, 289.

39 Palandt/*Bassenge* § 1004 Rn. 32 mwN.

40 Palandt/*Bassenge* § 1004 Rn. 28.

41 BGHZ 28, 110 (111); Palandt/*Bassenge* § 1004 Rn. 16 ff.; *Müller* SachenR Rn. 739 ff.

42 BGHZ 19, 126 (129).

43 Vgl. Palandt/*Bassenge* § 1004 Rn. 16 ff.; zum Ganzen auch *Olzen* JURA 1991, 281 (287).

44 Palandt/*Bassenge* § 1004 Rn. 18 mwN; vgl. auch *Medicus/Petersen* BürgerlR Rn. 447.

hatte. Außerdem geht die Beeinträchtigung nicht primär auf die Katzenhaltung, sondern auf ihre besondere Art zurück, indem A die Katzen ins Freie lässt. Deshalb ist hier weder eine ausdrückliche noch eine stillschweigende Gestattung der Störung durch den N ersichtlich.

Somit bleibt zu prüfen, ob die Störereigenschaft des N nicht schon daraus folgt, dass 1206
er die Katzenhaltung durch A nicht unterbindet, soweit E davon betroffen ist. Man könnte meinen, der Vermieter werde bereits dadurch zum Störer, dass er das Verhalten des Mieters dulde, die Beeinträchtigung also nicht verhindere.[45] Dafür spricht, dass die Störung der Nachbarn regelmäßig den Mietvertrag verletzt, sodass rechtliche Maßnahmen gegen den Mieter möglich sind.[46]

Andererseits lässt sich argumentieren, die bloße Möglichkeit zur Störungsbeseitigung 1207
reiche für eine eigene Verantwortlichkeit des Vermieters nicht aus.[47] Andernfalls käme man zu einer Aufsichtspflicht gegenüber voll geschäftsfähigen Personen, die im Privatrecht weder Grundlage noch Parallele findet.[48] Für einen so schwerwiegenden Eingriff in das Mietverhältnis im Drittinteresse besteht wegen des Rechtsschutzes, den der Beeinträchtigte gegen den Mieter hat, uU auch gar kein Bedürfnis.[49] Da die beiden Auffassungen in ihren Ergebnissen für den vorliegenden Fall differieren, muss zwischen ihnen entschieden werden.

Zuzugeben ist, dass bei störendem Verhalten dem Vermieter regelmäßig rechtliche 1208
Maßnahmen gegen den Mieter möglich sind, und zwar auf der Grundlage der §§ 541, 543.[50] Andererseits zeigt gerade der rechtliche Anknüpfungspunkt des vertragswidrigen Gebrauchs, dass es hier um Zurechnung eines Mieterverhaltens geht, das der Vermieter vertraglich gerade nicht ermöglicht hat. Damit fehlt die Grundlage für eine Zurechnung, die immer dann erforderlich ist, wenn jemand für fremdes Verhalten einstehen soll, wie die §§ 278 und 831 zeigen. Nimmt man hinzu, dass der Beeinträchtigte seine Interessen im Verhältnis zum unmittelbaren Handlungsstörer durchsetzen kann, so besteht auch kein Bedürfnis dafür, ihm einen weiteren Schuldner zu verschaffen.[51]

Folglich ist N kein Störer iSd § 1004 I, und E kann deshalb von ihm die Fernhaltung der Katzen auch nicht verlangen.

## 2. Teil. Ansprüche des E gegen B auf Beseitigung der auf der Grundstücksgrenze abgestellten Gegenstände

### I. Anspruch aus § 1004 I

Dann müsste der von E als unästhetisch empfundene Anblick der an der Grundstücksgrenze abgestellten Gegenstände eine Beeinträchtigung im Sinne der Norm darstellen.

45 Dies entspricht nach Palandt/*Bassenge* § 1004 Rn. 18 stRspr.
46 Vgl. Palandt/*Bassenge* § 1004 Rn. 18.
47 Zusammenfassend *Paschke* JZ 1986, 147 mwN.
48 *Paschke* JZ 1986, 147.
49 *Paschke* JZ 1986, 147.
50 Vgl. die Beispiele bei Palandt/*Weidenkaff* § 541 Rn. 6.
51 An dieser Stelle ist auch eine andere Entscheidung möglich.

1209 Ob sog. ideelle Immissionen abwehrbare Beeinträchtigungen iSd § 1004 I sind, erscheint zweifelhaft.[52] Dagegen spricht, dass es sich nicht um eine Einwirkung auf das Grundstück und die dort befindlichen Sachen handelt.[53] Man könnte ferner der Auffassung sein, ideelle Immissionen seien keine Einwirkungen, die ihrem Wesen nach typischerweise geeignet sind, unmittelbar das gesundheitliche Befinden der sich auf dem Grundstück aufhaltenden Personen zu beeinträchtigen.[54] Zudem besteht uU die Gefahr, dass eine Einbeziehung der ideellen Immissionen in den Anwendungsbereich des § 1004 I zu einer uferlosen und damit unvertretbaren Ausweitung der Norm führen würde.[55] Allenfalls in besonders krassen Fällen wäre an eine Abweichung von dieser Linie zu denken,[56] während es aber nicht darum gehen kann, jeden hässlichen Anblick abwehren zu können.[57]

Bei dieser Betrachtungsweise wäre der Anblick der abgestellten Gegenstände keine abwehrbare Beeinträchtigung gem. § 1004 I. Der Sachverhalt enthält keine Angaben für einen krassen Ausnahmefall, der zu einem abweichenden Ergebnis führen könnte. Somit würde ein Anspruch des E gegen B gem. § 1004 mangels abwehrbarer Beeinträchtigung entfallen.

1210 Dagegen lässt sich einwenden, dass der Wortlaut des § 1004 I keinen Anhaltspunkt dafür enthält, den negatorischen Schutz auf körperliche Einwirkungen zu beschränken. Wenn das Eigentum geschützt wird, dann auch deshalb, weil damit die auf dem Grundstück lebenden Personen geschützt werden. Diese aber können in ihrer Persönlichkeit durch ideelle Beeinträchtigungen genauso betroffen sein wie durch körperliche.

Der begründeten Befürchtung einer unvertretbaren Ausweitung des Eigentumsschutzes müsste man allerdings dadurch entgegentreten, dass nur wesentliche oder intensive ideelle Beeinträchtigungen[58] den Tatbestand der Norm erfüllen.

Aufgrund der im Sachverhalt vorgegebenen Angaben kann angesichts einer blauen Regentonne, zweier Eimer und einiger zerbrochener Gehwegplatten nicht von einer wesentlichen oder intensiven Beeinträchtigung ausgegangen werden.

Damit scheidet eine abwehrbare Beeinträchtigung des E iSd § 1004 I durch die abgestellten Gegenstände aus. Die Streitfrage, ob ideelle Immissionen abwehrbare Beeinträchtigungen im Sinne der Norm sind, kann somit offen bleiben.

### II. Anspruch aus §§ 826, 1004 I[59]

1211 Fraglich ist zunächst, ob in dem Abstellen der Gegenstände an der Grundstücksgrenze eine gegen die guten Sitten verstoßende Handlung iSd § 826 vorliegt. Dies wäre zu

52 Die höchstrichterliche Rspr. (BGHZ 51, 396 [398 f.]; 54, 56 [59 ff.]; BGH NJW 1975, [170]) und ein Teil der Literatur (Staudinger/*Gursky*, 2013, § 1004 Rn. 76 ff.; MüKoBGB/*Baldus* § 1004 Rn. 51 ff.; *Müller* SachenR Rn. 726 ff.) lehnen einen Abwehranspruch gegen ideelle Immissionen grds. ab.

53 BGHZ 51, 396 (398).

54 BGHZ 51, 396 (398).

55 BGHZ 51, 396 (398); BGH NJW 1975, 170; BGH JZ 1986, 145 f.

56 BGH NJW 1975, 170.

57 BGH NJW 1975, 170.

58 Vgl. AG Münster NJW 1983, 2886 (2887); *Neuner* JuS 2005, 487.

59 Ein Beispiel finden Sie in der Entscheidung des LG Limburg NJW-RR 1987, 81: Errichtung eines Galgens auf dem Nachbargrundstück, an dem eine Puppe mit dem Schild hing: »Ich war ein Drecksack«.

bejahen, wenn das Handeln das Anstandsgefühl aller billig und gerecht Denkenden verletzt.[60] Dafür ist im Einzelfall auf Inhalt, Zweck und Beweggrund der Handlung abzustellen.[61]

Dabei könnte von Bedeutung sein, dass das Abstellen der Gegenstände an der Grundstücksgrenze den vorausgegangenen Streitigkeiten zwischen E und B folgte. Damit war der Zweck der Handlung des B uU eine Art von Vergeltung für das frühere Vorgehen des E.

Selbst wenn man dies aber annehmen wollte, obwohl der Sachverhalt insoweit keinen eindeutigen Aufschluss gibt, liegt hierin noch kein Sittenverstoß. Nicht jede Verhaltensweise, die unvernünftig erscheint und der Pflege guter nachbarlicher Beziehungen zuwiderläuft, verletzt schon das Anstandsgefühl aller billig und gerecht Denkenden. Die gegenteilige Betrachtungsweise würde § 826 zu einem Instrument machen, mit dem man nahezu jede gesellschaftlich gewünschte Verhaltensweise erzwingen könnte. Dazu ist die Norm aber nicht gedacht. Sie soll die vorsätzliche und sittenwidrige Schadenszufügung verhindern.

Damit scheidet mangels Sittenwidrigkeit des Verhaltens ein Anspruch des E gegen B aus § 826 aus.

### III. Anspruch aus §§ 823 II, 226

Aus den gleichen Erwägungen ist auch ein eventueller Anspruch aus §§ 823 II, 226 zu **1212**
verneinen, obwohl § 226 Schutzgesetz ist, sodass die Voraussetzungen auch für einen Beseitigungsanspruch gegeben sein könnten.[62] Inhaltlich hätte die Abwägung aber die gleichen Aspekte zu berücksichtigen wie diejenige bei § 826. E kann also von B die Beseitigung der aufgezählten Gegenstände nicht verlangen.

## 3. Teil. Ergebnis

E kann von A aus § 1004 I 1 und § 862 I Entfernung der Katzen verlangen, sofern sie sich noch auf seinem Grundstück befinden. Außerdem hat A sie für die Zukunft gem. § 1004 I 2 und § 862 I vom Grundstück fernzuhalten. Sofern die Terrasse noch beschmutzt ist, hat E gegen A einen Anspruch auf Entfernung des Kots gem. § 823 I.

60 Palandt/*Sprau* § 826 Rn. 4.
61 Palandt/*Sprau* § 826 Rn. 4.
62 Vgl. Palandt/*Ellenberger* § 226 Rn. 4.

## Fall 27: »Auf der Strecke geblieben«

### Ausgangsfall:

1213 Die B-AG, ein Energieversorgungsunternehmen, bestellt bei dem im Handelsregister eingetragenen Schwindel, der ihr gegenüber als »Baumaschinenvermieter« auftritt, zehn Hubarbeitsbühnen zum Preis von insgesamt 430.000 EUR für die Wartung ihrer Anlagen. Schwindel hat ein sehr kleines Unternehmen, was der B-AG auch ohne Weiteres erkennbar ist. Der B-AG ist aufgrund des geringen Unternehmensumfangs des Schwindel bekannt, dass dieser ein solch großes Geschäft nicht selbst tätigen kann. Sie vermutet, dass an den Hubarbeitsbühnen Sicherungsrechte Dritter bestehen und hält folglich Schwindel nicht für den Eigentümer der Hubarbeitsbühnen. Schwindel wiederum bestellt diese zehn Hubarbeitsbühnen bei der S-OHG. Die S-OHG bestellt ihrerseits die zehn Hubarbeitsbühnen bei der S-GmbH. Schwindel spiegelt nunmehr dem Leasingunternehmen K vor, die Hubarbeitsbühnen habe die B-AG bei Schwindel geleast. Im Vertrauen darauf tritt K in den zwischen der S-OHG und dem Schwindel bestehenden Kaufvertrag ein. Des Weiteren schließt K mit Schwindel einen Mietvertrag. Um alles perfekt aussehen zu lassen, tritt Schwindel seine Rechte aus einem angeblich bestehenden Untermietvertrag zwischen ihm und der B-AG an die K ab. Die K lässt daraufhin der B-AG eine Abtretungsanzeige zukommen, die dem zuständigen Mitarbeiter B der B-AG zugeht. B weiß jedoch nicht so recht, was er mit dieser Anzeige anfangen soll, und legt sie in seine große Schreibtischschublade, wo er sie vergisst. Daraufhin liefert die S-GmbH auf Weisung der K an die S-OHG und auf Weisung der S-OHG an die S-GmbH die Hubarbeitsbühnen auf dem Gelände der B-AG an Schwindel aus. Schwindel übergibt die Hubarbeitsbühnen an die B-AG in Erfüllung seines Kaufvertrags mit der B-AG. Daraufhin zahlt die B-AG den Kaufpreis für die zehn Hubarbeitsbühnen an Schwindel; K zahlt ihrerseits den Kaufpreis für die Hubarbeitsbühnen an die S-OHG.

Schwindel stellt danach seine Mietzahlungen an K ein und setzt sich nach Florida ab. K kündigt daraufhin fristlos den zwischen ihr und Schwindel bestehenden Mietvertrag und fordert nunmehr die B-AG auf, die Hubarbeitsbühnen an sie herauszugeben.

Die B-AG ist der Meinung, sie sei Eigentümerin der Hubarbeitsbühnen und kommt dieser Aufforderung nicht nach.

**Frage 1: Kann K Herausgabe der Hubarbeitsbühnen von der B-AG verlangen?**

### Abwandlung 1:

Die B-AG übergibt nunmehr eine Hubarbeitsbühne der X-GmbH zur Wartung. Da die Z-OHG an der Hubarbeitsbühne großes Interesse hatte und die B-AG feststellt, dass sie für ihre Wartungsarbeiten auch mit neun Hubarbeitsbühnen auskommt, veräußert sie diese Hubarbeitsbühne an die Z-OHG und fordert die Z-OHG auf, sich die Hubarbeitsbühne bei der X-GmbH abzuholen. Damit erklärte sich die Z-OHG einverstanden. Zu einer Abholung kam es bisher jedoch nicht.

Nunmehr stellt Schwindel seine Mietzahlung an K ein. K kündigt wiederum den Mietvertrag mit Schwindel fristlos und fordert die X-GmbH auf, die Hubarbeitsbühne an sie herauszugeben. Die X-GmbH kommt dieser Aufforderung nicht nach. Sie ist der Meinung, dass ein solcher Anspruch nicht gegeben sei, da das Eigentum der Z-OHG entgegenstehe.

**Frage 2: Kann K Herausgabe der Hubarbeitsbühne von der X-GmbH verlangen?**

**Abwandlung 2:**

Wie ist der Fall zu entscheiden, wenn die B-AG eine Hubarbeitsbühne zur Sicherung eines Darlehens, welches sie von der Z-OHG erhalten hat, an die Z-OHG übereignet hat, die B-AG die Hubbühne selbst aufgrund eines zwischen der B-AG und der Z-OHG geschlossenen Mietvertrags weiterhin nutzt und danach Schwindel die Mietzahlungen einstellt und nunmehr K die B-AG zur Herausgabe der Hubarbeitsbühne auffordert?

**Frage 3: Kann K Herausgabe dieser Hubarbeitsbühne von der B-AG verlangen?**

## A. Vorüberlegungen

1214 Der Fall ist einer BGH-Entscheidung nachgebildet.[1] Er wirkt auf den ersten Eindruck kompliziert. Bei einem zweiten Durchlesen wird jedoch klar, dass die Probleme nicht im Bereich des Mietvertrags zwischen K und Schwindel liegen und es auf den vorgetäuschten Leasingvertrag nicht ankommt. Vielmehr liegen die Probleme im Bereich des Geheißerwerbs und des Bereichs des gutgläubigen Erwerbs nach den Vorschriften der §§ 932 BGB, 366 HGB, 933 und 934 BGB. Für ein besseres Verständnis des Sachverhaltes ist es dringend geboten, eine Sachverhaltsskizze anzufertigen (→ Rn. 3 f.).

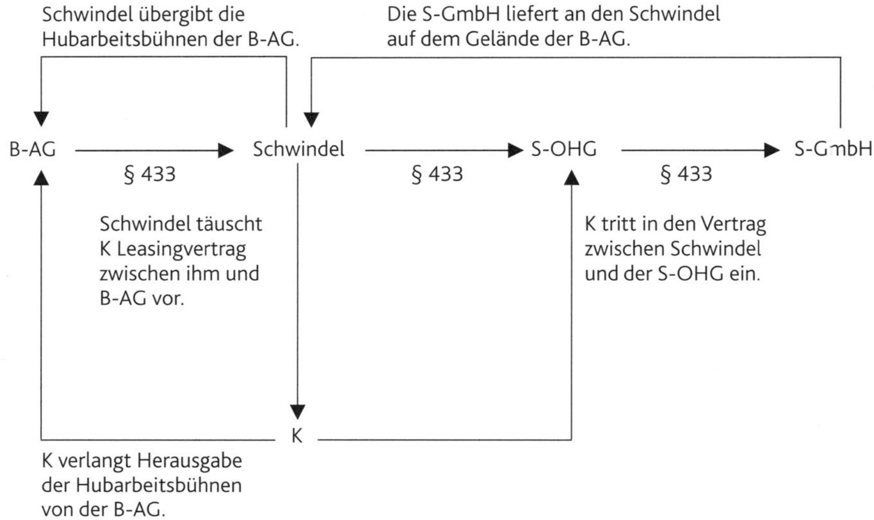


Der Geheißerwerb stellt sich dabei wie folgt dar:

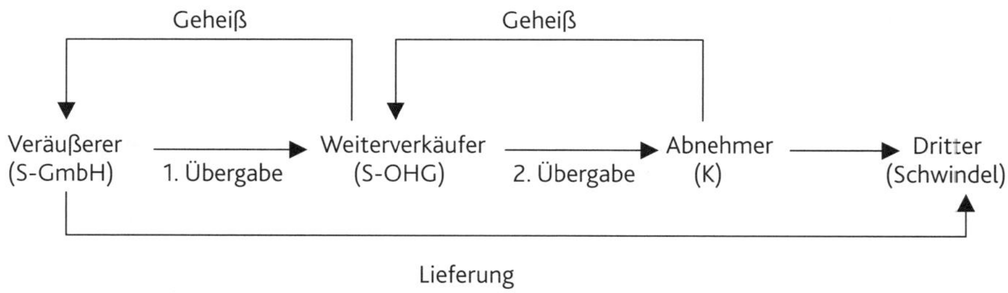


Die 1. Übergabe (Veräußerer an Weiterverkäufer) erfolgt mittels des Abnehmers als Erwerbsgeheißperson des Weiterverkäufers (wobei der Abnehmer zur Weitergabe des Geheißes auf der Erwerberseite vom Weiterverkäufer befugt ist).[2]

Hinsichtlich der 2. Übergabe (Weiterverkäufer an Abnehmer) fungiert der Veräußerer als Veräußerergeheißperson des Weiterverkäufers und der Dritte als Erwerbsgeheißperson des Abnehmers.[3]

1 BGH NJW 1999, 425 = WM 1998, 2532 = ZIP 1998, 2155.

2 *Martinek* AcP 188 (1988), 573 (619).

## B. Lösung

### Frage 1:

Anspruch der K gegen die B-AG auf Herausgabe der Hubarbeitsbühnen gem. § 985 **1215**

K könnte gegen die B-AG einen Anspruch auf Herausgabe der Hubarbeitsbühnen gem. § 985 haben.

Der Anspruch aus § 985 setzt voraus, dass K Eigentümerin ist, die B-AG Besitzerin und dass die B-AG kein Recht zum Besitz iSd § 986 gegenüber K hat.

**I.** Die B-AG müsste Besitzerin der Hubarbeitsbühnen sein. Sie ist gem. § 1 I 1 AktG eine Gesellschaft mit eigener Rechtspersönlichkeit, sie übt die tatsächliche Sachherrschaft über die Hubarbeitsbühnen über ihre Organe im Wege des sog. Organbesitzes aus; folglich ist die B-AG Besitzerin der Hubarbeitsbühnen.[4] Nach anderer Auffassung ist die B-AG mittelbare Besitzerin. Unmittelbarer Besitzer sei der Vorstand, der der AG den Besitz mittele.[5] Auch nach dieser Auffassung ist die B-AG Besitzerin, sodass es dahinstehen kann, welcher Meinung zu folgen ist.

**II.** Fraglich ist, ob K Eigentümerin der Hubarbeitsbühnen geworden ist.

**1.** Das setzt voraus, dass die S-OHG Eigentümerin oder zumindest Berechtigte war, **1216**
dass eine Einigung zwischen der S-OHG und K vorliegt und dass die S-OHG die Hubarbeitsbühnen der K übergeben hat.

**a)** Zunächst war die S-GmbH Eigentümerin. Sie könnte aber ihr Eigentum gem. **1217**
§ 929 S. 1 an die S-OHG verloren haben, indem sie auf Weisung der S-OHG die Hubarbeitsbühnen an Schwindel ausgeliefert hat. Dies setzt voraus, dass sich die S-OHG mit der S-GmbH über den Eigentumsübergang geeinigt hat und dass die S-GmbH die Hubarbeitsbühnen der S-OHG übergeben hat.

**aa)** Die S-GmbH handelte in Erfüllung ihres mit der S-OHG geschlossenen Kaufvertrags, § 433 I 1. Daher ist in der Erteilung der Weisung an die S-GmbH durch die S-OHG und der Erfüllung dieser Weisung durch die S-GmbH auch die Einigung zwischen der S-GmbH und der S-OHG iSd § 929 S. 1 BGB zu erblicken.

**bb)** Fraglich ist jedoch, ob eine Übergabe der zehn Hubarbeitsbühnen an die S-OHG iSd § 929 S. 1 durch die S-GmbH erfolgte. Grundsätzlich setzt nämlich eine solche Übergabe voraus, dass der Erwerber an der Sache Besitz erlangt hat.[6] Die S-OHG war aber niemals unmittelbare Besitzerin iSd § 854 I, und die S-GmbH mittelte der S-OHG niemals den Besitz iSd § 868 durch ihre Organe. Die S-OHG hat infolge der direkten Lieferung der S-GmbH an Schwindel demnach niemals an der Sache Besitz erlangt.[7]

3 Vgl. *Ann* Anm. zu BGH JA 1999, 529 (530) Fn. 3; *Martinek* AcP 188 (1988), 573 (619 f.).
4 Vgl. Palandt/*Bassenge* § 854 Rn. 10.
5 Vgl. *E. Wolf* SachenR, 2. Aufl. 1979, § 2 E II 2b.
6 BGH JA 1999, 529 ff., mAnm *Ann*; *Masloff* JA 2000, 503, Fn. 3 mwN; Palandt/*Bassenge* § 929 Rn. 12.
7 AA Baur/*Stürner* SachenR § 51 Rn. 17, die in der Einräumung der Weisungsbefugnis die Vereinbarung eines Besitzmittlungsverhältnisses sehen (sog. Unterwerfungstheorie). IErg gelangen aber auch sie zum Eigentumserwerb; vgl. *Gursky*, 20 Probleme aus dem Sachenrecht, 8. Aufl. 2014, 50 ff. mwN.

Der S-OHG wurden damit die Hubarbeitsbühnen nicht im Wege der Besitzübertragung übergeben.[8]

Fraglich ist, ob dies für die *Übergabe* iSd § 929 S. 1 erforderlich ist.

Möglicherweise erfolgte die Übergabe an die S-OHG als Erwerberin iSd § 929 S. 1 durch die Auslieferung der Hubarbeitsbühnen durch die S-GmbH an Schwindel auf Weisung der S-OHG.[9]

Der Erwerber und Weiterverkäufer einer Sache erlangt nach ganz herrschender Auffassung an einer durchgelieferten Sache auch dann Eigentum, wenn sein Lieferant die Sache weisungsgemäß direkt an einen Dritten ausliefert.[10] Dabei handelt es sich um eine sog. Durchlieferung im Streckengeschäft[11] mit »doppeltem« Geheißerwerb.[12] Unter der Eigentumsübertragung ist dabei die vom Veräußerer veranlasste oder geduldete Überführung der Sache aus seinem Zuordnungsbereich in den Zuordnungsbereich des Erwerbers und die Herstellung einer der neuen Eigentumslage entsprechenden Besitzsituation zu verstehen. Nicht erforderlich ist dafür, dass der Dritte dem Erwerber den Besitz mittelt.[13] Gerechtfertigt wird diese Durchbrechung des Publizitäts- und Traditionsprinzips mit dem unabweisbaren Verkehrsbedürfnis des Warenverkehrs.[14]

Erforderlich ist des Weiteren, dass der Besitzerwerb des Schwindels auf Veranlassung der S-OHG durch die S-GmbH erfolgte.[15] Hier veranlasste K die S-OHG zur direkten Lieferung an Schwindel, welche wiederum die S-GmbH zur direkten Lieferung veranlasste, sodass eine Veranlassung des Veräußerers S-OHG zum Zwecke der Übergabe an Schwindel ebenfalls gegeben ist.

---

8 Vgl. *Gursky*, 20 Probleme aus dem Sachenrecht, 8. Aufl. 2014, 50.

9 Vgl. BGH NJW 1999, 425.

10 BGHZ 36, 56 (60 f.); BGH NJW 1973, 141 f.; *Ann* Anm. zu BGH JA 1999, 529 (530); *Gursky*, 20 Probleme aus dem Sachenrecht, 8. Aufl. 2014, 50 ff.; zum Geheißerwerb ausf. *Hager* ZIP 1993, 1446 ff.

11 Begrifflich wird hier häufig unterschieden zwischen Streckengeschäft/Kettengeschäft oder Durchlieferung auf der einen Seite und Geheißerwerb auf der anderen Seite. Dabei ist ein Streckengeschäft ein Geschäft, bei dem der Erstveräußerer der Strecke/Kette auf Weisung des Erstkäufers der Strecke/Kette direkt an den Zweiterwerber oder Dritterwerber usw in der Strecke/Kette liefert, vgl. dazu *Hager* ZIP 1993, 1446 (1447); Palandt/*Bassenge* § 929 Rn. 19 ff. Im Unterschied dazu ist beim Geheißerwerb der Dritte nicht notwendig Erwerber der Sache, vgl. Palandt/*Bassenge* § 929 Rn. 19 ff.; daher ist jedes Streckengeschäft immer ein Geheißerwerb. Terminologisch wäre es besser, insoweit nur von einem Geheißerwerb zu sprechen oder die Begriffe zumindest synonym zu gebrauchen; vgl. *Ann* Anm. zu BGH JA 1999, 529 (530); *Medicus/Petersen* BürgerlR Rn. 563, 565, 671 f.

12 *Ann* Anm. zu BGH JA 1999, 529 (531); BGH EWiR § 366 HGB 1/99, 215 mAnm *Medicus*.

13 *Masloff* JA 2000, 503 (504); Palandt/*Bassenge* § 929 Rn. 19 ff.; Staudinger/*Wiegand*, 2011, § 929 Rn. 50 ff., 60, 63; aA *Martinek* AcP 188 (1988), 573 (610), der für den Fall, dass die Erwerbsgeheißperson Eigenbesitz begründet, den Geheißerwerb verneint.

14 *Ann* Anm. zu BGH JA 1999, 529 ff.; *Medicus/Petersen* BürgerlR Rn. 565, 671; Staudinger/*Wiegand*, 2011, § 929 Rn. 54 mwN; *E. Wolf*, Sachenrecht, 2. Aufl. 1979, § 5 IV C 2, S. 221 f.; aA *Baur/Stürner* SachenR § 51 Rn. 17.

15 Vgl. *Martinek* AcP 188 (1988), 573 (582, 601); *Masloff* JA 2000, 503 (505); *Baur/Stürner* SachenR § 51 Rn. 18; *Medicus/Petersen* BürgerlR Rn. 671; Palandt/*Bassenge* § 929 Rn. 19.

Indem die S-GmbH auf Weisung der Erwerberin S-OHG die Hubarbeitsbühnen direkt an Schwindel ausgeliefert hat, ist die S-OHG gem. § 929 S. 1 Eigentümerin der Hubarbeitsbühnen geworden.

Die S-OHG war damit Eigentümerin der zehn Hubarbeitsbühnen.

**b)** Eine Einigung zwischen der S-OHG und K lag ebenfalls vor, denn K ist in den Kaufvertrag, der zwischen der S-OHG und Schwindel bestand, eingetreten,[16] sodass die Einigung, die in der Erteilung der Weisung der K, direkt an Schwindel zu liefern, und der Weiterleitung dieser Weisung durch die S-OHG an die S-GmbH liegt, hinsichtlich des Eigentumsübergangs iSd § 929 S. 1 ebenfalls zwischen K und der S-OHG zustande gekommen ist. **1218**

**c)** Es könnte jedoch an einer Übergabe an K fehlen. Eine Übergabe setzt grundsätzlich voraus, dass der Erwerber an der Sache Besitz erlangt hat.[17]

K erlangte durch die Lieferung der S-OHG an Schwindel keine tatsächliche unmittelbare Sachherrschaft an den Hubarbeitsbühnen und somit keinen unmittelbaren Besitz iSd § 854 I. Mangels Fremdbesitzerwillens des Schwindel in Bezug auf K erlangte K auch keinen mittelbaren Besitz iSd § 868. K wurden damit die Hubarbeitsbühnen ebenso wie der S-OHG nicht im Wege einer Besitzübertragung übergeben. Dies ist aber, wie bereits festgestellt, für die *Übergabe* iSd § 929 S. 1 nicht erforderlich.

Möglicherweise erfolgte die Übergabe an K als Erwerberin iSd § 929 S. 1 durch die Auslieferung der Hubarbeitsbühnen durch die S-OHG an Schwindel auf Weisung der K.[18]

Dabei kommt ebenfalls eine Durchlieferung im Streckengeschäft mit »doppeltem« Geheißerwerb in Betracht.[19] Die Übergabe der Hubarbeitsbühnen kann nämlich auf Geheiß des Veräußerers (hier: S-OHG) durch einen Dritten (S-GmbH) und zugleich auf Geheiß des Erwerbers (K) an eine von ihm bestimmte Person (Schwindel) erfolgen, auch wenn dieser dem Erwerber absprachewidrig nicht den Besitz mittelt.[20] Der Geheiß ersetzt damit aus Gründen des Verkehrsbedürfnisses gänzlich den Besitzerwerb.[21]

**Hinweis:** Nicht zu empfehlen ist es, den Geheißerwerb mit der Begründung abzulehnen, die Erwerbsgeheißperson (Schwindel) müsse sich tatsächlich dem Erwerber unterordnen. Richtig ist: Indem Schwindel Eigenbesitz gem. § 872 begründet, ordnet er sich nicht der Erwerberin K unter. Allerdings würde sich dann der Bearbeiter die folgenden Probleme des gutgläubigen Erwerbs abschneiden, auf die es dem Aufgabensteller ersichtlich ankam. Der Bearbeiter sollte dies bei Abfassung seiner Bearbeitung berücksichtigen (→ Rn. 39).

Erforderlich ist auf der Seite der Erwerberin K des Weiteren, dass der Besitzerwerb des Schwindel auf Veranlassung der K durch die S-OHG oder deren (Veräußerer-) Geheißperson, die S-GmbH, erfolgte. Hier veranlasste K die S-OHG zur direkten Lieferung an Schwindel, welche wiederum die S-GmbH zur direkten Lieferung ver-

16 Vgl. dazu Palandt/*Grüneberg* § 398 Rn. 41.
17 Vgl. BGH JA 1999, 529 ff. mAnm *Ann*.
18 BGH NJW 1999, 425.
19 *Ann* Anm. zu BGH JA 1999, 529, 531.
20 BGH NJW 1999, 425 Ls. 1; *Masloff* JA 2000, 503 (504); aA *Martinek* AcP 188 (1988), 573 (610).
21 *Masloff* JA 2000, 503 (504).

anlasste, sodass eine Veranlassung des Veräußerers S-OHG zum Zwecke der Eigentumsübertragung an K ebenfalls gegeben ist. Unschädlich ist dabei, dass nicht die S-OHG selbst übergeben hat, sondern auf ihr Geheiß hin die S-GmbH[22]; denn insoweit handelt es sich um einen sog. doppelten Geheißerwerb, der aufgrund der Verkehrsbedürfnisse anerkannt ist.[23]

Da die Lieferung der Hubarbeitsbühnen dabei an den Schwindel erfolgt, ist dieser *Erwerbs*geheißperson der K.

Indem die S-OHG auf Weisung der Erwerberin K die Hubarbeitsbühnen direkt an die Erwerbsgeheißperson Schwindel ausgeliefert hat, ist K gem. § 929 S. 1 Eigentümerin der Hubarbeitsbühnen geworden.

**2.** K könnte jedoch ihr Eigentum an Schwindel verloren haben.

1219 **a)** Zu denken ist an einen Eigentumsverlust gem. § 929 S. 1. Jedoch fehlt es bereits an einer Einigung über den Eigentumsübergang zwischen K und Schwindel. Schwindel und K haben nämlich einen Mietvertrag geschlossen, K wollte also dem Schwindel kein Eigentum übertragen.[24] Eine Übergabe liegt dagegen vor, da die S-OHG als *Veräußerer*geheißperson der K und auf Geheiß der K an Schwindel die Hubarbeitsbühnen übergeben hat.

**b)** Ein gutgläubiger Erwerb kommt ebenfalls nicht in Betracht, da durch den guten Glauben lediglich die fehlende Berechtigung, aber nicht die fehlende Einigung überwunden werden kann.[25]

1220 **3.** K könnte jedoch ihr Eigentum verloren haben, indem Schwindel die Hubarbeitsbühnen der B-AG in Erfüllung seines Kaufvertrags übergeben hat.

**a)** Einigung und Übergabe zwischen Schwindel und B-AG liegen vor; gleichwohl kommt ein Eigentumsverlust der K mangels Berechtigung Schwindels lediglich im Wege des gutgläubigen Erwerbs gem. §§ 929 S. 1, 932 I oder gem. §§ 929 S. 1 BGB, 366 HGB in Betracht.

**b)** Gem. § 932 I wird also lediglich die fehlende Berechtigung durch den guten Glauben überwunden. Die B-AG wusste jedoch, dass Schwindel ein solch umfangreiches Geschäft aufgrund seines geringen Unternehmensumfangs nicht vorfinanzieren konnte. Sie vermutete deshalb an den Hubarbeitsbühnen Sicherungsrechte Dritter und glaubte daher nicht an das Eigentum Schwindels. Die B-AG war demnach nicht iSd § 932 II gutgläubig.[26]

1221 **c)** Möglicherweise war jedoch die B-AG im Hinblick auf § 366 HGB gutgläubig. § 366 I HGB schützt unter anderem den guten Glauben des Erwerbers an die Verfügungsbefugnis des Veräußerers für den Fall, dass ein Kaufmann im Betrieb seines

22 BGH EWiR § 366 HGB 1/99, 215 mAnm *Medicus*.

23 S. dazu bereits *Masloff* JA 2000, 503 (504); Palandt/*Bassenge* § 929 Rn. 19 ff.; Staudinger/*Wiegand*, 2011, § 929 Rn. 50 ff., 60, 63; aA *Martinek* AcP 188 (1988), 573 (610), der für den Fall, dass die Erwerbsgeheißperson Eigenbesitz begründet, den Geheißerwerb verneint.

24 Vgl. *Medicus/Petersen* BürgerlR Rn. 671.

25 Palandt/*Bassenge* § 932 Rn. 2 ff.

26 Vgl. BGH EWiR § 366 HGB 1/99, 215 mAnm *Medicus*; BGH JuS 1999, 502 (503) mAnm *K. Schmidt*.

Handelsgewerbes eine ihm nicht gehörige bewegliche Sache veräußert.[27] Grund dafür ist, dass der im Rahmen des BGB gewährte Schutz des guten Glaubens an das Eigentum des Veräußerers für den Handelsverkehr nicht ausreicht.[28]

Die Anwendung des § 366 HGB setzt voraus, dass Schwindel Kaufmann gewesen ist, der die Hubarbeitbühnen im Betrieb seines Handelsgewerbes veräußert hat, und dass die B-AG gutgläubig im Hinblick auf die Verfügungsbefugnis des Schwindel gewesen ist.

Kaufmann ist nach § 1 I HGB, wer ein Handelsgewerbe betreibt. Handelsgewerbe ist jeder Gewerbebetrieb, es sei denn, dass das Unternehmen nach Art und Umfang einen in kaufmännischer Weise eingerichteten Geschäftsbetrieb nicht erfordert, § 1 II HGB. Dies könnte hier aufgrund des geringen Unternehmensumfangs des Schwindel der Fall sein; die Frage kann aber dahinstehen, da das Unternehmen des Schwindel in das Handelsregister eingetragen ist,[29] sodass zumindest die Kaufmannseigenschaft nach § 2 S. 1 HGB gegeben ist. Schwindel ist somit Kaufmann.

Fraglich ist, ob es sich um ein im Betrieb des Handelsgewerbes des Schwindel liegendes Geschäft iSd § 366 I HGB handelt. Diese Formulierung stellt klar, dass es sich tatsächlich um ein Handelsgeschäft iSd § 343 HGB handeln muss, der gute Glaube daran reicht nicht.[30] Handelsgeschäfte sind Geschäfte eines Kaufmanns, die zum Betrieb seines Handelsgewerbes gehören. Daran bestehen hier Zweifel, da Schwindel gegenüber der B-AG als Baumaschinen*vermieter* auftrat und nunmehr auch Baumaschinen veräußert. Es könnte sich jedoch um ein Handels*nebengeschäft* handeln. Dies sind solche Geschäfte, die der Kaufmann gelegentlich im Betriebe seines gewöhnlich auf andere Geschäfte gerichteten Handelsgewerbes abschließt.[31] Gegen ein Handelsnebengeschäft könnte jedoch sprechen, dass es sich nicht um die Veräußerung einer gebrauchten Maschine, sondern um die Veräußerung von zehn fabrikneuen Hubarbeitsbühnen handelte, sodass es zweifelhaft ist, ob wirklich ein zum Betrieb des Handelsgewerbes des Schwindel gehörendes Handelsgeschäft vorliegt. Es ist daher auf die Vermutung des § 344 I HGB zurückzugreifen. Demnach gelten die von einem Kaufmann vorgenommenen Rechtsgeschäfte als im Zweifel zum Betriebe seines Handelsgewerbes gehörig.[32] Damit gehört auch die Veräußerung von Hubarbeitsbühnen gem. § 344 I HGB zum Betrieb des Handelsgewerbes des Schwindel und wird somit auch von § 366 I HGB erfasst.

Des Weiteren muss die B-AG den Veräußerer Schwindel für befugt gehalten haben, über die Hubarbeitsbühnen zu verfügen. Insoweit verweist § 366 I HGB auf § 932 BGB.[33] Entsprechend § 932 II ist danach der Erwerber nicht in gutem Glauben, wenn ihm bekannt ist oder infolge grober Fahrlässigkeit unbekannt ist, dass der Veräußerer nicht zur Verfügung berechtigt ist.

Grundsätzlich darf zwar derjenige, der bei einem Händler im Rahmen dessen Betriebs eine Ware kauft, von dessen Verfügungsbefugnis ausgehen, sofern sich nicht

27 Anm. *K. Schmidt* zu BGH JuS 1999, 502 (503 f.) Fn. 6 mwN.
28 *Brox/Henssler* HandelsR Rn. 309a.
29 Vgl. Baumbach/Hopt/*Hopt* HGB § 1 Rn. 8; *Brox/Henssler* HandelsR Rn. 36.
30 *Brox/Henssler* HandelsR Rn. 310.
31 *Brox/Henssler* HandelsR Rn. 283.
32 *Brox/Henssler* HandelsR Rn. 285, 311.
33 *Brox/Henssler* HandelsR Rn. 312.

gegenteilige Anhaltspunkte aufdrängen.[34] Schwindel ist aber gegenüber der B-AG nicht als berufsmäßiger Händler, sondern als Vermieter von Baumaschinen aufgetreten. Bei Veräußerungsgeschäften außerhalb des gewöhnlichen oder ordnungsgemäßen Geschäftsbetriebes des Veräußerers sind erhöhte Anforderungen an den guten Glauben des Erwerbers zu stellen.[35] Zum gewöhnlichen Betrieb eines Baumaschinenvermieters mag der gelegentliche Verkauf einer gebrauchten Maschine noch gehören, nicht aber der Verkauf von zehn hochwertigen, fabrikneuen Maschinen zum Preise von 430.000 EUR.[36] Hinzu kommt die Abtretungsanzeige der K. Ob es sich dabei um eine wirksame Abtretungsanzeige iSd § 409 I handelt, mag dahinstehen,[37] denn es kommt für die Gutgläubigkeit nicht darauf an, dass eine wirksame Abtretungsanzeige erteilt wurde, sondern nur, dass eine solche erteilt wurde. Möglicherweise muss sich nämlich die B-AG die durch den Mitarbeiter B erlangte Kenntnis von einer Abtretungsanzeige zurechnen lassen. Hier war B als zuständiger Mitarbeiter der B-AG damit betraut, solche Abtretungsanzeigen entgegenzunehmen, gegebenenfalls weiterzuleiten; damit war B Wissensvertreter der B-AG analog § 166 I.[38] Die B-AG muss sich daher die Kenntnis von der Abtretungsanzeige analog § 166 I zurechnen lassen. Hatte jedoch die B-AG Kenntnis von einer Abtretungsanzeige der K, so wusste die B-AG davon, dass Schwindel der K Rechte aus einem angeblichen Untermietvertrag zwischen ihr und Schwindel abgetreten hat. Dies hätte sie dazu veranlassen müssen, sich über die Verfügungsbefugnis des Schwindel zu vergewissern. Dies gilt umso mehr vor dem Hintergrund, dass an die B-AG als Energieversorgungsunternehmen und Aktiengesellschaft bei der Beurteilung der Gutgläubigkeit erhöhte Anforderungen zu stellen sind.[39] Demgemäß hat die B-AG hinsichtlich des guten Glaubens an die Verfügungsbefugnis die im Verkehr erforderliche Sorgfalt in ungewöhnlich hohem Maße verletzt und dasjenige unbeachtet gelassen, was im gegebenen Fall sich jedem aufgedrängt hätte.[40] Die B-AG hätte nämlich zumindest eingehend prüfen müssen, ob Schwindel zur Verfügung berechtigt ist, da sich die Zweifel daran geradezu aufdrängten. Daher ist kein guter Glaube der B-AG hinsichtlich der Verfügungsbefugnis des Schwindel gegeben.[41]

K ist daher weiterhin Eigentümerin der Hubarbeitsbühnen.

1222 **III.** Als weitere Voraussetzung dürfte die B-AG kein Recht zum Besitz gem. § 986 haben. Die B-AG ist jedoch nicht der Eigentümerin K gegenüber zum Besitz berechtigt. Ein sich eventuell aus dem Kaufvertrag zwischen B-AG und Schwindel ableitendes Recht wirkt lediglich inter partes, dh zwischen den Parteien des Kaufvertrags, und begründet kein Besitzrecht in Bezug auf K.

K hat somit einen Anspruch aus § 985 gegen die B-AG auf Herausgabe der Hubarbeitsbühnen.

34 BGH NJW 1999, 425 (426); 1975, 735; Baumbach/Hopt/*Hopt* HGB § 366 Rn. 6.

35 BGH NJW 1999, 425 (426); 1989, 895 (896 f.); WM 1964, 1193 (1195); Staub/*Canaris*, Großkommentar zum HGB, 4. Aufl. 2004, HGB § 366 Anm. 40.

36 Vgl. BGH NJW 1999, 425 (426); BGH EWiR § 366 HGB 1/99, 215, 216 mAnm *Medicus*.

37 Dazu BGHZ 100, 36 (46).

38 Palandt/*Ellenberger* § 166 Rn. 6; BGH NJW 1999, 425 (426); BGHZ 117, 104 (106 f.) = NJW 1992, 1099; BGHZ 132, 30 (35) = NJW 1996, 1339; BGH NJW 1996, 1205.

39 Vgl. BGH NJW 1999, 425 (426); MüKoBGB/*Oechsler* § 932 Rn. 52.

40 Vgl. BGH NJW 1994, 2022 (2023); Palandt/*Bassenge* § 932 Rn. 10.

41 Vgl. dazu BGH EWiR § 366 HGB 1/99, 215, 216 mAnm *Medicus*; *K. Schmidt* NJW 1999, 400; *K. Schmidt* JuS 1999, 502 (503).

**Frage 2:**

Anspruch der K gegen die X-GmbH auf Herausgabe der Hubarbeitsbühne gem. § 985 1223

K könnte gegen die X-GmbH einen Anspruch auf Herausgabe der Hubarbeitsbühne gem. § 985 haben.

Dann müsste K Eigentümerin der Hubarbeitsbühne sein, die X-GmbH Besitzerin, und es dürfte auch kein Recht der X-GmbH zum Besitz iSd § 986 gegenüber K bestehen.

**I.** Die X-GmbH ist Besitzerin der Hubarbeitsbühne. 1224

**II.** Fraglich ist jedoch, ob K weiterhin Eigentümerin dieser Hubarbeitsbühne ist. Sie 1225
könnte nämlich ihr Eigentum an die Z-OHG verloren haben. Dann müsste die Z-OHG durch die Aufforderung der B-AG an die Z-OHG, sich die Hubarbeitsbühne bei der X-GmbH abzuholen, Eigentümerin geworden sein.

**1.** Eine Einigung zwischen der B-AG und der Z-OHG über den Eigentumsübergang 1226
ist in der Aufforderung zur Abholung der Hubarbeitsbühne zu erblicken und in der Einverständniserklärung der Z-OHG, dem nachzukommen, § 929 S. 1.

**2.** An einer Übergabe iSd § 929 S. 1 fehlt es jedoch, da eine solche grundsätzlich vor- 1227
aussetzt, dass der Erwerber an der Sache Besitz erlangt.[42] Jedoch kann die Übergabe gem. § 931 dadurch ersetzt werden, dass der Eigentümer dem Erwerber den Anspruch auf Herausgabe der Sache abtritt. Dafür wäre aber erforderlich, dass die B-AG Eigentümerin der Hubarbeitsbühne ist. Wie aber bereits festgestellt, ist aufgrund des doppelten Geheißerwerbs K Eigentümerin der Hubarbeitsbühnen geworden. Auch ein gutgläubiger Erwerb der B-AG von Schwindel schied aufgrund der grob fahrlässigen Unkenntnis von der fehlenden Verfügungsbefugnis des Schwindel aus, sodass lediglich ein gutgläubiger Erwerb des Eigentums durch die Z-OHG aufgrund des § 934 1. Var. in Betracht kommt. Danach wird der Erwerber, wenn die Sache nicht dem Veräußerer gehört, auch dann Eigentümer, wenn der Veräußerer mittelbarer Besitzer der Sache ist und er den Herausgabeanspruch an den Erwerber abtritt und der Erwerber im Zeitpunkt der Abtretung gutgläubig ist.

**a)** Dann müsste die B-AG mittelbare Besitzerin der Hubarbeitsbühne gewesen sein, 1228
§ 868. Der mittelbare Besitz setzt voraus, dass eine Person, der sog. *Besitzmittler*, unmittelbaren Fremdbesitz (§ 872 im Umkehrschluss) über die Sache ausübt, also der Besitzmittler den mittelbaren Besitz des *Oberbesitzers* anerkennt.[43] Der Werkvertrag gem. § 631 stellt dabei ein ähnliches Verhältnis iSd § 868 dar, denn der Werkunternehmer, der mit der Wartung der Hubarbeitsbühne beauftragt ist, hat grundsätzlich Fremdbesitzerwillen und mittelt dem Eigentümer und Werkbesteller den Besitz.[44] Die B-AG war aufgrund der Besitzmittlung durch den Werkunternehmer X-GmbH mittelbare Besitzerin.

**b)** Die B-AG müsste des Weiteren einen aufgrund des Werkvertrags bestehenden 1229
Herausgabeanspruch an die Z-OHG abgetreten haben, § 934 1. Var., denn dies ge-

42 Palandt/*Bassenge* § 929 Rn. 12.
43 *Schreiber* SachenR Rn. 63.
44 Palandt/*Bassenge* § 868 Rn. 11.

nügt für die Übertragung des mittelbaren Besitzes gem. § 870. Die Z-OHG ist aufgrund einer Nebenpflicht aus dem Werkvertrag nicht nur zur Herbeiführung des Erfolges gem. § 631 II verpflichtet, sondern auch zur Herausgabe der dem Werkbesteller gehörenden Gegenstände.[45] Eventuell bestehende Zurückbehaltungsrechte hindern nicht die Entstehung des Herausgabeanspruchs, sondern lediglich seine Durchsetzbarkeit.[46] Die X-GmbH wird im Verhältnis zur Z-OHG durch § 986 II geschützt.[47] Ein Herausgabeanspruch der B-AG gegenüber der X-GmbH bestand somit ohne Rücksicht darauf, ob die B-AG die Werklohnforderung der X-GmbH bereits beglichen hatte oder nicht. Diesen Anspruch hat sie, indem sie die Z-OHG aufforderte, sich die Hubarbeitsbühne bei der X-GmbH abzuholen, auch an die Z-OHG gem. § 398 S. 1 abgetreten, die damit einverstanden war. Im Hinblick auf die in § 933 getroffene Regelung scheint es merkwürdig, dass im Falle des § 934 1. Var. das Eigentum bereits mit der Abtretung des Herausgabeanspruchs übergeht. Jedoch folgt der Gesetzgeber lediglich dem Grundsatz, dass der gutgläubige Erwerb einer Sache den vollständigen Besitzverlust beim Veräußerer voraussetzt.[48] Ihren mittelbaren Besitz hat die B-AG aber im Hinblick auf § 870 vollständig verloren, sodass sie keinerlei besitzrechtliche Beziehung mehr zu der Sache hat.

**c)** Die Z-OHG müsste auch gutgläubig gewesen sein. Dabei geht das Gesetz aufgrund der negativen Formulierung in § 932 II von der Gutgläubigkeit als dem Regelfall aus. Anhaltspunkte dafür, dass die Z-OHG hinsichtlich der fehlenden Eigentümerstellung der B-AG Kenntnis oder grob fahrlässige Unkenntnis hatte, sind nicht ersichtlich, sodass die Z-OHG gutgläubig war. Damit ist die Z-OHG Eigentümerin der Hubarbeitsbühne geworden.

**Ergebnis:** K hat daher keinen Anspruch gegen die X-GmbH auf Herausgabe der Hubarbeitsbühne.

**Frage 3:**

1230 Anspruch der K gegen die B-AG auf Herausgabe der Hubarbeitsbühne gem. § 985

K könnte gegen die B-AG einen Anspruch auf Herausgabe der Hubarbeitsbühne gem. § 985 haben.

1231 **I.** Die B-AG ist unmittelbare Fremdbesitzerin der Hubarbeitsbühne, da sie diese für die Z-OHG besitzt.

1232 **II.** Des Weiteren müsste K Eigentümerin sein. K könnte ihr Eigentum gem. §§ 929 S. 1, 930, 868, 933 an die Z-OHG verloren haben, indem die B-AG der Z-OHG die Hubarbeitsbühne zur Sicherheit übereignet hat und die B-AG die Hubarbeitsbühne aufgrund eines Mietvertrags weiterhin nutzt.

**1.** Eine Einigung zwischen der B-AG und der Z-OHG liegt vor.

45 Palandt/*Sprau* § 631 Rn. 12.

46 Palandt/*Sprau* § 647 Rn. 6.

47 Insoweit ist aufgrund der Regelung des § 936 III BGB auch kein gutgläubiger lastenfreier Erwerb möglich, es sei denn, es greift § 366 II HGB ein. Da dies aber nicht das Verhältnis der B-AG zur Z-OHG betrifft, sondern nur, ob die X-GmbH eine Einrede gegenüber dem Herausgabeverlangen der Z-OHG geltend machen kann, war dies hier nicht zu erörtern.

48 *Schreiber* SachenR Rn. 173.

**2.** Eine Übergabe iSd § 929 S. 1 erfolgte nicht. Möglicherweise ist diese jedoch durch die Vereinbarung eines Besitzkonstituts zwischen der B-AG und der Z-OHG ersetzt worden. Gem. §§ 930, 868 ist der Mietvertrag, § 535, als taugliches Besitzkonstitut in § 868 ausdrücklich erwähnt. Wie bereits festgestellt, fehlte es jedoch an dem Eigentum der B-AG, sodass lediglich ein gutgläubiger Erwerb gem. 933 in Betracht kommt.

Der gutgläubige Erwerb gem. § 933 setzt jedoch voraus, dass der Erwerber oder eine von diesem benannte Person mit Willen des Veräußerers eine Besitzposition erhält, die jeden Besitz des Veräußerers ausschließt.[49] Hier hat jedoch die B-AG aufgrund des zwischen ihr und der Z-OHG bestehenden Besitzkonstituts weiterhin unmittelbaren Fremdbesitz an der Hubarbeitsbühne, sodass keine Übergabe iSd § 933 vorliegt. K ist daher weiterhin Eigentümerin der Hubarbeitsbühne geblieben.

**III.** Die B-AG hat auch kein Recht zum Besitz gegenüber K iSd § 986. Der zwischen 1233
B-AG und Z-OHG bestehende Mietvertrag begründet lediglich Rechte und Pflichten zwischen den Vertragsparteien und nicht zwischen B-AG und K.

**Ergebnis:** K hat somit einen Anspruch auf Herausgabe der Hubarbeitsbühne gegen die B-AG gem. § 985.

49 BGH NJW 1959, 2206 (2207); *Schreiber* SachenR Rn. 172.

## Fall 28: »Das Grundstück in Mühlendorf«

### Ausgangsfall:

1234 Der im Grundbuch als Eigentümer eingetragene A schließt am 14.6.2004 einen notariell beurkundeten Kaufvertrag mit B, in dem er diesem sein Grundstück in Mühlendorf, Gemarkung Weiher, Flur 16, Flurstück 145, verkauft. In der Urkunde wird zugleich die Auflassung des Grundstücks erklärt und zugunsten des B von A die Eintragung einer Vormerkung bewilligt. Der von den Parteien bevollmächtigte Notar soll den Antrag auf Eintragung des B als neuer Eigentümer erst nach Einholung aller notwendigen öffentlich-rechtlichen Genehmigungen, am 31.12.2008, stellen, wenn B den Kaufpreis bis zu diesem Zeitpunkt auf ein Notaranderkonto eingezahlt hat.

Die Eintragung der Vormerkung im Grundbuch erfolgt am 16.8.2009. Am 23.8.2004 wird ein Widerspruch gegen die Eintragung des A als Eigentümer in das Grundbuch eingetragen, der von E beantragt worden ist. E kann nachweisen, dass A nur vermeintlich Alleinerbe des verstorbenen früheren Eigentümers V geworden ist. Tatsächlich ist E aufgrund einer nach der Erbeinsetzung des A erfolgten Verfügung von Todes wegen zum Alleinerben des V bestimmt worden. E wird daraufhin am 10.12.2009 als Eigentümer in das Grundbuch eingetragen.

B, der von dem Sachverhalt nach Eintragung des Widerspruchs in das Grundbuch erfahren hat, zahlt trotzdem den Kaufpreis und drängt den Notar, seine Eintragung in das Grundbuch zu beantragen. Das Grundbuchamt verweigert jedoch (mit Recht) die Eintragung des B, weil eine Bewilligung des im Grundbuch eingetragenen E gem. § 19 GBO fehle.

**Frage 1: Kann B von E verlangen, die Bewilligung zu erteilen?**

**Abwandlung:**

Die Eintragung des Widerspruches erfolgt erst am 25.9.2009. B, der am 10.8.2009 davon erfahren hat, dass nicht A, sondern E Erbe ist, tritt am 10.9.2009 in einem notariell beurkundeten Vertrag alle Ansprüche aus dem mit A geschlossenen Kaufvertrag an den gutgläubigen C ab und erklärt zugleich die Auflassung an C. E gelingt es nicht mehr, vor dem 31.12.2009 seinen Grundbuchberichtigungsanspruch durchzusetzen. Am 3.1.2010 wird C als neuer Eigentümer in das Grundbuch eingetragen.

**Frage 2: Kann E von C die Berichtigung des Grundbuches verlangen, wenn er seine Stellung als Alleinerbe des V mithilfe eines Erbscheines nachweisen kann?**

## A. Vorüberlegungen

Im Sachverhalt sind Hinweise auf das Erbrecht enthalten. Dies geschah jedoch offensichtlich nur colorandi causa, um eine plausible Begründung für die fehlerhafte Grundbuchposition des A zu geben. 1235

Der Ausgangsfall ist, ausgehend von der Prämisse, dass ein gutgläubiger Erwerb der Vormerkung möglich ist, nur auf das Problem gerichtet, ob diese Vormerkung auch gegenüber dem wahren Eigentümer durchgesetzt werden kann. Insoweit ist es notwendig, sich im Rahmen der erforderlichen Analogiebildungen streng an das Gesetz zu halten. Das Problem, ob neben der Bewilligung nach § 19 GBO auch eine materiell-rechtliche Genehmigung notwendig ist, wurde hier durch die Fragestellung ausgeklammert. Hüten sollte man sich bei der Lösung in diesen wie in anderen Gutglaubensfällen vor vorschnellen Gerechtigkeitserwägungen derart, dass der wahre Eigentümer hier schuldlos sein Eigentum verliert. Insoweit ist die Grundentscheidung des Gesetzgebers für einen Gutglaubensschutz zu beachten, die nicht mit rechtspolitischen Argumenten bei der Gesetzesanwendung einfach übergangen werden darf.

In der Variante steht dann das Problem des maßgeblichen Zeitpunktes beim Gutglaubensschutz im Vordergrund. Insoweit kann eine Entscheidung mit guten Argumenten für jede Lösung vertreten werden. Klausurtaktisch nicht empfehlenswert wäre es, den Fall bereits bei der Verneinung eines gutgläubigen Zweiterwerbs zu beenden, was natürlich auch vertretbar ist. Dadurch würde hier die Erörterung der Problematik des Zeitpunktes abgeschnitten und damit der Sachverhalt nicht ausgeschöpft. Auch hier ist nicht auf das Erbrecht einzugehen. § 2366 steht selbstständig neben § 894. Von einem guten Glauben an den Erbschein ist im Sachverhalt nicht die Rede.

Insgesamt ist festzustellen, dass die hier notwendigen Analogiebildungen wohl nur von besonders guten Studenten erkannt werden und dass für eine erfolgreiche Klausurbearbeitung auch eine weniger tiefschürfende Erörterung genügt.[1]

1 Der hier abgedruckte Fall wurde inzwischen auch in einer Vorgerücktenübung in Genf gestellt; dazu *Ehricke/Diehn* JuS 2002, 669.

## B. Lösung

### Frage 1:

1236 Anspruch des B gegen E auf Bewilligung der Eintragung als Eigentümer

### I. Anspruch aus § 888 I

B hat gegen E einen Anspruch auf Zustimmung zu der Eintragung, die zur Verwirklichung des Auflassungsanspruchs des B gegen A erforderlich ist, wenn zugunsten des B eine Vormerkung besteht und der Rechtserwerb des E gegenüber B unwirksam ist.

#### 1. Wirksame Vormerkung zugunsten des B

1237 **a)** B könnte dadurch gem. § 885 I 1 2. Var. an dem Grundstück in Mühlendorf, Gemarkung Weiher, Flur 16, Flurstück 145 (im folgenden »Grundstück«) eine Vormerkung zur Sicherung des Auflassungsanspruchs aus dem Vertrag vom 14.6.2001 erworben haben, dass A zu seinen Gunsten die Eintragung einer Vormerkung bewilligte. Die Bewilligung muss aber gem. § 885 I 1 von demjenigen erteilt werden, dessen Grundstück von der Vormerkung betroffen wird, dh vom wahren Eigentümer.

Vorliegend ist aber nicht A, sondern E der wahre Grundstückseigentümer, da er gem. §§ 2258, 1922 Rechtsnachfolger des V geworden ist. Die Bewilligung des A war daher nicht bereits gem. § 885 I 1 2. Var. wirksam.

1238 **b)** B könnte aber die Vormerkung von A gem. §§ 893 2. Var., 892 I 1 gutgläubig erworben haben.

**aa)** Die Bewilligung der Eintragung einer Vormerkung müsste ein nicht unter § 892 fallendes Rechtsgeschäft sein. Die Bewilligung der Vormerkung dürfte nicht auf den Erwerb eines Rechtes an einem Grundstücksrecht gerichtet sein. Die Vormerkung dient gem. § 883 I 1 zur Sicherung des Anspruchs auf Einräumung eines Grundstücksrechts. Anknüpfungspunkt der Vormerkung ist damit der zu sichernde Anspruch, nicht das davon betroffene Grundstücksrecht. Ohne den zu sichernden Anspruch kann die Vormerkung nicht entstehen, als akzessorisches Nebenrecht geht sie gem. § 401 auf einen neuen Forderungsinhaber über. Daher ist es nicht gerechtfertigt, die Vormerkung selber als Grundstücksrecht aufzufassen. Wollte man anders entscheiden, müsste bei der Abtretung der Forderung der gute Glaube an die Buchposition geschützt werden. Für einen entsprechenden gutgläubigen Forderungserwerb sind jedoch keine Grundlagen ersichtlich.

**bb)** Die Vormerkungsbewilligung müsste nach § 893 2. Var. ein Rechtsgeschäft zwischen B und A darstellen, das eine Verfügung über das Recht enthält. Die Bewilligung ist eine einseitige empfangsbedürftige Willenserklärung. Diese hat A hier in dem notariell beurkundeten Kaufvertrag und damit gegenüber B abgegeben. Es liegt damit ein Rechtsgeschäft zwischen A und B hinsichtlich der Vormerkung zur Bewilligung vor.

Die Bewilligung müsste auch eine Verfügung über ein Recht, hier die Vormerkung, enthalten. Durch die Bewilligung einer Vormerkung verliert der Bewilligende die Möglichkeit, wirksam eine Zweitverfügung über das Recht vorzunehmen. Er kann dinglich den Rechtserwerb des Vormerkungsberechtigten nicht mehr verhindern. Die Beschränkung der Verfügungsmacht gestattet es damit, in der Bewilligung der Vormerkung eine Verfügung über ein Recht zu sehen.

cc) Die Voraussetzungen des § 893 sind also vorliegend im Hinblick auf die Bewilligung der Vormerkung erfüllt, sodass § 892 entsprechend angewendet werden kann. Danach gilt zugunsten des Vormerkungsberechtigten der Inhalt des Grundbuches als richtig, wenn dieser nicht bösgläubig ist oder ein Widerspruch in das Grundbuch eingetragen worden ist.

Die Eintragung der Vormerkung erfolgte am 16.8.2009. Erst am 23.8.2009 wurde ein Widerspruch gegen die Auflassung in das Grundbuch eingetragen. B erfuhr auch erst nach dem 23.8.2009, dass A nicht der wahre Eigentümer des Grundstückes war. Damit war B bis zum Wirksamwerden der Vormerkung gutgläubig. Zu seinen Gunsten galt daher das Grundbuch als richtig und damit A als wahrer Eigentümer des Grundstücks. Somit konnte A auch wirksam zugunsten des B gem. § 885 I 1 2. Var. eine Vormerkung bewilligen.

## 2. Gegenüber B unwirksamer Rechtserwerb des E

**Hinweis:** Der Tatbestand des § 888 I ist an dieser Stelle etwas unglücklich formuliert. Er ist zu lesen: »Soweit ein Rechtserwerb gegenüber demjenigen, zu dessen Gunsten die Vormerkung besteht, gem. § 883 II unwirksam ist ... «. Es liegt eine Verweisung auf den Tatbestand des § 883 II vor. 1239

Der Rechtserwerb des E ist gegenüber B als dem Vormerkungsberechtigten unwirksam, wenn die Voraussetzungen des § 883 II vorliegen. Dann müsste die nach der Eintragung der Vormerkung zugunsten des B erfolgte Eintragung des E als Eigentümer in das Grundbuch eine Verfügung sein, die den durch die Vormerkung gesicherten Anspruch vereitelt oder beeinträchtigt.

Fraglich ist zunächst, ob in der Eintragung des E im Wege der Grundbuchberichtigung eine Verfügung über das Grundstück iSd § 883 II gesehen werden kann. Wie sich aus § 883 II 2 ergibt, ist der Begriff der Verfügung hier weit zu verstehen. Er erfasst nicht nur die willentlichen Verfügungen des Rechtsinhabers, sondern auch zwangsweise durchgesetzte Veränderungen des Grundbuchinhalts. Daher kann auch eine Grundbuchberichtigung als Verfügung iSd § 883 II 1 angesehen werden.

Diese Verfügung könnte auch den vorgemerkten Anspruch vereiteln. Ohne den Anspruch aus § 888 wäre der Anspruchsinhaber B nach Eintragung des E nicht mehr in der Lage, seinen Auflassungsanspruch gegen E durchzusetzen.

Bedenken gegen die Anwendung des § 883 II könnten sich aber daraus ergeben, dass E wahrer Eigentümer des Grundstückes ist.

Zweifelhaft ist, ob die Vormerkung auch dazu dienen kann, den wahren Eigentümer, gestützt auf einen Anspruch gegen einen nichtberechtigten ehemaligen im Grundbuch eingetragenen Scheineigentümer, wieder aus seinem Recht zu verdrängen. Die Zweifel sind berechtigt, wenn es nicht dem Zweck der Vormerkung entsprechen würde, vergangene Fehler (hier Eintragung des A statt des E) auszugleichen, sondern alleine den Vormerkungsberechtigten vor zukünftigen Zweitverfügungen zu schützen.

Dem lässt sich aber entgegenhalten, dass die Nichtanwendung des § 883 II gegenüber dem wahren Eigentümer dem Gutglaubensschutz einen wichtigen Teil seines Anwendungsbereiches entzöge. Bejaht man einen gutgläubigen Vormerkungserwerb, so ist es konsequent, dem Gutgläubigen die gleiche Position zu verschaffen wie demjenigen, der vom wahren Rechtsinhaber erworben hat. Dieser hat aber eine Rechtsposition erworben, die von Dritten nicht mehr zerstört werden kann. Der Rechtsverlust hinsichtlich des durch die Vormerkung gesicherten Erwerbsanspruches hat bereits durch die Bewilligung der Vormerkung einen Umfang erhalten, der die grundbuchmäßige Umschreibung nur als einen formalen Akt erscheinen lässt. Einer solchen gesicherten Stellung entspricht es aber nicht, wenn der Vormerkungsberechtigte fürchten müsste, durch einen ihm unbekannten Rechtsinhaber wieder aus seiner Position verdrängt werden zu können. Daher muss der erste Schritt, die Anwendung der Gutglaubensvorschriften auf den Vormerkungserwerb, den zweiten Schritt, die Anwendung der Vormerkungsvorschriften gegen den wahren Eigentümer, nach sich ziehen.

Der Rechtserwerb des E ist somit gegenüber B gem. § 883 II unwirksam.

### 3. Ergebnis

1240 B hat gegen E gem. § 888 einen Anspruch auf Bewilligung seiner Eintragung als Eigentümer.

1241 **II.** Andere Anspruchsgrundlagen sind hier nicht ersichtlich. Gegenüber § 894 ist § 888 lex specialis. Eine Prüfung des Bereicherungsrechts scheidet neben der abschließenden Regelung der §§ 883, 888 aus.

## Frage 2:

1242 Anspruch des E gegen C auf Zustimmung zur Berichtigung des Grundbuchs

### I. Anspruch aus § 894

E könnte gegen C ein Anspruch auf Zustimmung zur Berichtigung des Grundbuches zustehen, wenn der Inhalt des Grundbuches im Hinblick auf die Eintragung des C als Eigentümer des Grundstückes mit der wirklichen Rechtslage nicht im Einklang steht. Dies ist dann der Fall, wenn E selber der wahre Eigentümer des Grundstücks ist.

### 1. Eigentumserwerb des E

1243 Ursprünglich war V Eigentümer des Grundstücks. Rechtsnachfolger des V ist gem. § 1922 E geworden. A war dagegen nur Scheinerbe und nicht wahrer Eigentümer.

### 2. Kein Eigentumsverlust des E

1244 E dürfte sein Eigentum nicht verloren haben, nachdem er Erbe des V geworden ist. Dies könnte hier dadurch geschehen sein, dass C das Eigentum am Grundstück wirksam von A erworben hat. A war allerdings nicht Eigentümer des Grundstückes. Ein Eigentumserwerb des C kommt damit nur unter der Voraussetzung des § 892 in Betracht.

1245 **a)** C müsste das Grundstückseigentum durch Rechtsgeschäft erworben haben. A hat gegenüber B gem. §§ 873, 925 formgerecht die Auflassung erklärt. Den Auflassungsanspruch des B hat dieser gem. § 398 wirksam[2] an C abgetreten. Gleichzeitig hat B

2 Die Abtretung des Auflassungsanspruchs bedarf nicht der Form des § 311b, BGHZ 89, 41 (46); die Abtretung ist Verfügung, nicht Verpflichtung.

die Auflassung an C erklärt.[3] Dadurch ist C im Ergebnis in die Rechtsposition des B eingerückt.

**Hinweis:** Diese Rechtsposition stellt hier noch kein Anwartschaftsrecht dar, da ein Antrag auf Eintragung in das Grundbuch noch nicht gestellt worden war.[4]

Aus diesem Grunde kam auch eine Prüfung des gutgläubigen Erwerbs des B nicht in Betracht; denn die Voraussetzungen des Eigentumserwerbsanspruchs (§§ 873, 925) sind hier nur in der Person des C, nicht in der des B (mangels Eintragung) gegeben. Der Rechtserwerb des C wäre damit gem. § 873 I durch seine Eintragung vollendet worden, wenn A Berechtigter gewesen wäre.

**b)** Zugunsten des C gilt der Inhalt des Grundbuches, also das dort ausgewiesene Eigentum des A am Grundstück, als richtig, wenn C nicht bösgläubig gem. § 892 war. 1246

**aa)** Hier ist vor der Eintragung des C ein Widerspruch des E in das Grundbuch eingetragen worden. Damit war ein gutgläubiger Erwerb gem. § 892 I 1 ausgeschlossen,[5] wenn man auf den Zeitpunkt der Eintragung als maßgeblichen Zeitpunkt abstellt.

**bb)** Vorliegend könnte aber entsprechend § 883 II auf den Zeitpunkt der Eintragung der Vormerkung abzustellen sein. Voraussetzung dafür ist, dass C Inhaber einer wirksamen Vormerkung ist und dass § 883 II analog angewendet werden kann. 1247

**(1)** C könnte eine zugunsten des B entstandene Vormerkung durch die Abtretung der Forderung gem. §§ 401, 398 erworben haben.

Voraussetzung dafür ist, dass zugunsten des B eine wirksame Vormerkung begründet worden war. Die Bewilligung zur Eintragung einer Vormerkung zugunsten des B war hier aber von dem Nichtberechtigten A erteilt worden, sodass eine wirksame Vormerkung gem. § 885 I 1 nicht entstanden ist.

Ein gutgläubiger Erwerb der Vormerkung durch B gem. §§ 893, 892 (→ Rn. 1236 ff.) scheidet hier aus, da B bereits vor Eintragung der Vormerkung bösgläubig geworden ist. Es ist damit zugunsten des B keine wirksame Vormerkung entstanden, die gem. §§ 398, 401 auf C übergehen konnte.

**(2)** C könnte die Vormerkung aber gutgläubig gem. §§ 893 2. Var., 892 erworben haben.

Zwar ist zwischen B als dem Zedenten und C als Zessionar ein Rechtsgeschäft vorgenommen worden, doch ist fraglich, ob es auch eine Verfügung über ein Recht iSd § 893 enthält. 1248

Gegen die Anwendung des § 893 spricht, dass hier im Hinblick auf die Vormerkung gerade keine rechtsgeschäftliche Verfügung getroffen wird, sondern dass der Rechtsübergang insoweit zwischen Zedent und Zessionar nur kraft Gesetzes möglich ist.

3 Zur Übertragung der Rechtsstellung des Auflassungsempfängers s. Palandt/*Bassenge* § 925 Rn. 26; MüKoBGB/*Kanzleiter* § 925 Rn. 35; dort Rn. 44 zur Frage, inwieweit die Zustimmung des Auflassenden gem. § 185 notwendig ist: in der Regel nicht.

4 Vgl. BGHZ 49, 197 (201); trotzdem vollzieht sich auch hier der Rechtserwerb unmittelbar beim Eigentümer.

5 § 892 II bezieht sich nur auf die Kenntniserlangung, nicht auf den Widerspruch und ist hier daher nicht anzusprechen.

Ein Gutglaubensschutz im Hinblick auf die Forderungsabtretung ist im Gesetz nicht vorgesehen. Daher erscheint es systemwidrig, ihn für das akzessorische Nebenrecht zu bejahen.

Für einen gutgläubigen Vormerkungserwerb aufgrund Forderungsabtretung spricht dagegen, dass der Fall demjenigen der Übertragung des Vollrechts nahe kommt, da der Zedent bereits eine im Grundbuch verankerte Rechtsstellung hat. Für diese wäre aber Gutglaubensschutz gem. § 892 möglich. In beiden Fällen liegt also ein schutzwürdiges Vertrauen vor. Daher ist es unter dem Gesichtspunkt des Verkehrsschutzes angebracht, § 893 auch auf den Fall der Abtretung des Auflassungsanspruches anzuwenden.

C hat die Vormerkung vorliegend auch gutgläubig gem. § 892 erworben, da er im Zeitpunkt des Erwerbs der Vormerkung weder bösgläubig war noch ein Widerspruch in das Grundbuch eingetragen war.

**1249** **(3)** Fraglich ist aber weiterhin, ob zugunsten eines Vormerkungsberechtigten im Rahmen des gutgläubigen Erwerbs des Vollrechts gem. § 892 für die Bestimmung der Gutgläubigkeit auf den Zeitpunkt der Eintragung der Vormerkung abzustellen ist.

Auch insoweit könnte mit dem Zweck der Vormerkung argumentiert werden. Geht man entsprechend der oben dargestellten Diskussion davon aus, dass die Vormerkung nicht nur dem Schutz vor Zweitverfügungen, sondern auch dem Schutz des Erwerbs durch den Vormerkungsberechtigten in allgemeiner Form dient, so liegt es nahe, diesen Schutz durch eine Vorverlegung des für den Gutglaubensschutz maßgeblichen Zeitpunktes zu verwirklichen. Ohne diese Vorverlegung würde die Vormerkung insoweit keine Wirkung entfalten, als bis zur Eigentumsumschreibung noch eine Zerstörung des guten Glaubens möglich wäre.

Fraglich ist aber, ob eine vom Gesetz abweichende Vorverlegung des für den Gutglaubensschutz maßgeblichen Zeitpunktes notwendig ist, um dem Vormerkungsberechtigten das Eigentum zu verschaffen. Es könnte auch daran gedacht werden, ihm aus § 888 einen Anspruch auf Genehmigung der Verfügung des Scheineigentümers gem. § 185 I zu geben.

Beide Konstruktionsmöglichkeiten führen jedoch vorliegend, nach Eintragung des C in das Grundbuch, nicht zu unterschiedlichen Ergebnissen:

Bei Vorverlegung des Gutglaubensschutzes hat C wirksam Eigentum von A erworben, E hat sein Eigentum verloren. Die im Grundbuch ausgewiesene Rechtslage entspricht also der tatsächlichen, sodass § 894 tatbestandlich nicht erfüllt ist.

Wendet man § 888 in der Weise an, dass C gegen E ein Anspruch auf Genehmigung der Verfügung des A zusteht, so ist E zwar noch Eigentümer und das Grundbuch damit unrichtig, doch kann C dem Grundbuchberichtigungsanspruch des E eine dauernde Einrede entgegenhalten: dolo agit qui petit quod statim redditurus est. E kann seinen Anspruch nicht durchsetzen, weil er verpflichtet ist, die Rechtslage herzustellen, die das Grundbuch ausweist.

Beide Wege führen hier also zum gleichen Ergebnis, sodass eine Entscheidung nicht notwendig ist.

### 3. Ergebnis

E hat gegen C keinen Anspruch auf Berichtigung des Grundbuches gem. § 894 1250

## II. Anspruch des E gegen C aus § 812 I 1

Neben dem Anspruch aus § 894 kann derjenige aus § 812 geltend gemacht werden, da 1251
die Buchposition ein »etwas« iSd § 812 I 1 ist. Es kommt insoweit hier mangels Leistungsbeziehungen zwischen E und C nur eine Bereicherung in sonstiger Weise gem. § 812 I 1 2. Var. in Betracht. Im Hinblick auf die erörterte Rechtslage zum gutgläubigen Eigentumserwerb des C ist jedoch vorliegend nicht zu erkennen, dass C die Buchposition rechtsgrundlos erworben hat. Im Übrigen stünde dem Anspruch aus § 812 I 1 2. Var. in gleicher Weise wie dem Anspruch aus § 894 eine Einrede des C entgegen.

## Fall 29: »Ein schlechtes Geschäft«

1252 A ist begeisterter Porschefahrer. Im November 2008 kauft er von seinem Bruder B einen gebrauchten Porsche für 50.000 EUR. Da A zurzeit nicht in der Lage ist, das Geld aufzubringen, kommt er mit B überein, den Kaufpreis erst im Mai 2009 zu zahlen. Allerdings verlangt B Sicherheiten. A wendet sich an seinen Freund E, der sich bereit erklärt, an seinem Grundstück für die Schuld des A eine Briefhypothek zu bestellen. E und B werden sich einig und vereinbaren, dass die Hypothek nicht vor dem 1.12.2009 fällig sein soll. Die Hypothek wird im Grundbuch zugunsten des B eingetragen, zur Eintragung der Stundungsabrede im Grundbuch oder auf dem Hypothekenbrief kommt es nicht.

B, der sich zwischenzeitlich mit A zerstritten hat, tritt die Kaufpreisforderung im Januar 2009 schriftlich an X ab; die Hypothek erwähnt er nicht. Im Februar 2009 überträgt er die Hypothek auf Y, übergibt ihm den Hypothekenbrief und erteilt eine schriftliche Abtretungserklärung, ohne den Y als Zessionar einzutragen und ihn von der Stundungsabrede in Kenntnis zu setzen. B ermächtigt den Y zugleich, einen beliebigen Namen in der Abtretungserklärung anzugeben. Y vervollständigt die Erklärung im März 2009, indem er sich selbst als Erwerber einsetzt.

Nach einiger Zeit stellt A fest, dass das Auto im September 2008 in einen schweren Unfall verwickelt war, bei dem die Karosserie erheblich beschädigt wurde. Der Reparaturaufwand belief sich damals auf 20.000 EUR. Diesen Umstand hatte B verschwiegen, um einen höheren Kaufpreis erzielen zu können. A ficht den Kaufvertrag gegenüber B mit der Begründung an, bei Kenntnis der wahren Sachlage hätte er sich nicht auf das Geschäft eingelassen.

Im Juni 2009 wollen X und Y gegen A bzw. E vorgehen.

**Frage 1: Wie ist die Rechtslage?**

**Abwandlung:**

A verzichtet im Januar 2009 seinem Bruder zuliebe auf die Anfechtung des Kaufvertrags sowie auf die Geltendmachung etwaiger Gewährleistungsansprüche. Im Juli 2009 zerkratzt der Y aus Neid auf den Porsche des A die gesamte Karosserie und zersticht alle vier Reifen. Dem A entsteht ein Schaden iHv 20.000 EUR. Im Übrigen entspricht der Sachverhalt dem Ausgangsfall.

**Frage 2: Welche Ansprüche haben X und Y gegen A und E?**

## A. Vorüberlegungen

Der Fall beschäftigt sich mit einigen Standardproblemen im Hypothekenrecht. Der gutgläubige Zweiterwerb einer Hypothek und das Einredensystem der §§ 1137, 1157 sind klausurrelevante Themenkreise, die Examenskandidaten beherrschen müssen.[1] 1253

**I.** Bevor Sie mit der eigentlichen Lösung beginnen, sollten Sie sich die grundsätzliche *Zweiteilung* vor Augen führen, die in solchen Sachverhaltskonstellationen auftritt: Zum einen muss man den schuldrechtlichen Zahlungsanspruch begutachten, der sich nur gegen den Forderungsschuldner richtet, zum anderen geht es um den dinglichen Anspruch auf Duldung der Zwangsvollstreckung aus § 1147, die der Gläubiger nur vom Grundstückseigentümer verlangen kann. Haben Sie diese Unterscheidung getroffen, ist der Grundstein für eine richtige Lösung gelegt.

**1.** Die Grundlage für einen *Anspruch auf Zahlung* ergibt sich stets aus dem *schuldrechtlichen Geschäft*, in der Regel aus einem Kauf- oder Darlehensvertrag. Bei Abtretung der Forderung durch den ursprünglichen Gläubiger ist zusätzlich § 398 heranzuziehen. Die Einigung über den Übergang der Forderung kann zu Problemen führen, wenn die Abtretungserklärung nicht eindeutig formuliert wurde oder sich nur auf die Hypothek bezieht. In solchen Fällen bedarf die Willenserklärung des Zedenten der Auslegung, die sich nach den allgemeinen Regeln der §§ 133, 157 richtet. Wichtig ist in diesem Zusammenhang, dass die Abtretung einer hypothekarisch gesicherten Forderung nur unter Beachtung der *Formvorschrift* des § 1154 erfolgen kann.[2] Die Norm stellt besondere Wirksamkeitsvoraussetzungen für die Einigung gem. § 398 auf. Wann die Erfordernisse des § 1154 erfüllt sind, wird im Einzelnen in der Falllösung besprochen. 1254

Im Fall der *Nichtigkeit* des die Forderung begründenden Rechtsgeschäfts – in Betracht kommen alle aus dem Allgemeinen Teil des BGB bekannten Nichtigkeitsgründe –, fehlt es an der Berechtigung des Altgläubigers zur Abtretung. Der Erwerber kann dann die Forderung allenfalls vom Nichtberechtigten erlangen. An dieser Stelle müssen Sie auf die §§ 405, 1138 zu sprechen kommen und insbesondere zeigen, dass Sie den Inhalt des § 1138 verstanden haben. Da die Hypothek wegen ihrer Akzessorietät ohne die Forderung nicht wirksam bestellt oder übertragen werden kann (vgl. § 1153), erstreckt § 1138 die Gutglaubenswirkungen der §§ 891 ff. auch auf die Forderung. Das bedeutet allerdings nicht, dass unter den Voraussetzungen des § 892 der gesicherte schuldrechtliche Zahlungsanspruch tatsächlich erworben wird.[3] Nach § 1138 wird die Forderung vielmehr nur insoweit fingiert, als ihr Bestand erforderlich ist, um die Hypothek zu übertragen.[4] § 1138 will dem Erwerber nicht die *Forderung* verschaffen, sondern nur die Verkehrsfähigkeit der *Hypothek* erhalten. 1255

Als Ergebnis sollten Sie sich merken: Besteht die Forderung nicht, kann der Schuldner aus dem Vertrag auch nicht in Anspruch genommen werden. Diese – eigentlich selbstverständliche – Rechtslage ändert sich auch nicht dadurch, dass die Forderung durch eine Hypothek gesichert wurde.

1 Vgl. hierzu *v. Bismarck* JA 2011, 652 ff.; allg. zur Hypothek *Braun/Schultheiß* JuS 2013, 871 ff.
2 Vgl. hierzu *Wagner* JA 2014, 13 ff.
3 Vgl. Soergel/*Konzen* § 1138 Rn. 2; MüKoBGB/*Eickmann* § 1138 Rn. 15; *Wolf/Wellenhofer* SachenR § 27 Rn. 48.
4 *Baur/Stürner* SachenR § 38 Rn. 22.

1256 **2.** Gegen den Grundstückseigentümer kommt nur ein Anspruch auf *Duldung der Zwangsvollstreckung* gem. § 1147 in Betracht, und zwar dann, wenn der Anspruchsteller Inhaber einer Hypothek geworden ist.

1257 **a)** Eine Hypothek kann man zum einen durch *erstmalige Bestellung* gem. §§ 873, 1113 ff. erwerben.[5] Die Voraussetzungen der §§ 873, 1113 ff. ergeben sich unmittelbar aus dem Gesetzestext. Wegen des Akzessorietätsgrundsatzes müssen Sie als zusätzlichen Punkt lediglich prüfen, ob eine Forderung existent ist, die durch die Hypothek gesichert werden kann, § 1113 I.

1258 Zum anderen ist es möglich, eine Hypothek durch die *wirksame Übertragung der Forderung* gem. §§ 398, 1154 zu erwerben, der das Grundpfandrecht nach § 1153 I automatisch folgt, sog. *Mitlaufgebot*. Grundsätzlich bewirkt also jede Art des Forderungsüberganges den gleichzeitigen Übergang der Hypothek.[6] § 1153 II konkretisiert das Mitlaufgebot noch, indem er die getrennte Übertragung von Forderung und dinglichem Recht für unzulässig erklärt.[7]

1259 Ist die Forderung nicht zur Entstehung gelangt, kann der Zedent allenfalls eine *fingierte Forderung* übertragen haben. In diesem Fall haben Sie zu erörtern, ob eine Forderungsfiktion über §§ 1138, 892 stattgefunden hat, wobei zu beachten ist, dass die Voraussetzungen des § 892 in Bezug auf die Forderung vorliegen müssen.

Hinzuweisen bleibt noch darauf, dass § 1138 ebenso wie alle anderen Vorschriften, die den Akzessorietätsgrundsatz durchbrechen, nicht für die in § 1184 geregelte Sicherungshypothek gilt.

1260 **b)** Schließlich müssen Sie sich darüber Gedanken machen, ob der Inhaber der Hypothek den *Anspruch aus § 1147 durchsetzen* kann. Der Durchsetzbarkeit könnte hier die Stundungsvereinbarung zwischen E und B entgegenstehen, die eine Einrede gem. § 1157 begründet und den Eigentümer berechtigt, die Duldung der Zwangsvollstreckung bis zum verabredeten Fälligkeitstermin zu verweigern, vgl. §§ 205, 271 II.[8] Die Einzelheiten zu § 1157 werden im Übrigen in Zusammenhang mit den anderen denkbaren Verteidigungsmöglichkeiten des Eigentümers im Folgenden unter II. erklärt.

**II.** Die Abwandlung hat verschiedene *Einreden des Eigentümers* gegen den Anspruch des Gläubigers auf Duldung der Zwangsvollstreckung aus § 1147 zum Gegenstand.[9]

1261 **1.** Der Eigentümer kann zunächst Einreden und Einwendungen gegen das *dingliche Recht* des Hypothekars erheben, die aus dem *Rechtsverhältnis zwischen ihm und dem Gläubiger* stammen. *Einwendungen* stellen alle Tatbestände dar, die bewirken, dass die Hypothek nicht entsteht (rechtshindernde Einwendung) oder nachträglich erlischt oder unwirksam wird (rechtsvernichtende Einwendungen).[10] *Einreden* lassen demgegenüber den Bestand der Hypothek unberührt,[11] sie gestatten dem Eigentümer

5 Vgl. hierzu *Schreiber* JURA 2013, 1013 ff.
6 Zu den Ausnahmen vgl. MüKoBGB/*Eickmann* § 1153 Rn. 8 ff.
7 Vgl. MüKoBGB/*Eickmann* § 1153 Rn. 6.
8 Die Stundung ist gesetzlich nicht ausdrücklich geregelt. Sie setzt immer einen Vertrag voraus, vgl. Staudinger/*Peters/Jacoby*, 2014, § 202 Rn. 6.
9 Grds. hierzu: *Coester-Waltjen* JURA 1991, 186 ff.
10 *Wolf/Wellenhofer* SachenR § 27 Rn. 17.
11 *Wolf/Wellenhofer* SachenR § 27 Rn. 19.

jedoch, die Duldung der Zwangsvollstreckung in sein Grundstück dauernd oder vorübergehend zu verweigern.

Diese Möglichkeit, das dingliche Recht anzugreifen, verbleibt dem Eigentümer grundsätzlich auch, wenn der ursprüngliche Gläubiger die Forderung abtritt und damit die Hypothek gem. § 1153 I kraft Gesetzes auf den Zessionar übergeht. Gem. § 1157 S. 1 kann der Eigentümer eine Einrede, die ihm aufgrund eines zwischen ihm und dem *bisherigen Gläubiger* bestehenden Rechtsverhältnisses gegen die Hypothek zusteht, auch dem *neuen Gläubiger* entgegensetzen.[12] § 1157 findet unabhängig davon Anwendung, ob der Eigentümer zugleich der persönliche Schuldner ist.

Zu beachten bleibt, dass § 1157 S. 1 das Leistungsverweigerungsrecht des Eigentümers auf Einreden gegen die Hypothek aufgrund *einer schuldrechtlichen Vereinbarung zwischen ihm und dem Gläubiger* beschränkt.[13] Diese sind einerseits von den Einwendungen gegen den Bestand des Rechts und andererseits von Einreden gegen die persönliche Forderung zu unterscheiden.[14] Die Geltendmachung von *Einwendungen gegen den Bestand* der Hypothek ist gesetzlich nicht ausdrücklich geregelt. Für eine entsprechende Vorschrift besteht aus nachfolgenden Gründen aber auch kein Bedürfnis: Grundsätzlich setzt der Zweiterwerb der Hypothek voraus, dass der ursprüngliche Gläubiger Inhaber des Grundpfandrechts gewesen ist. Der Eigentümer kann dem neuen Gläubiger also Einwendungen, nach denen die Hypothek gar nicht zur Entstehung gelangt, nach allgemeinen Grundsätzen ohnehin entgegenhalten.[15] Insofern findet die Vorschrift des § 892 Anwendung. Sinn und Zweck des § 1157 S. 1 entsprechen dem Rechtsgedanken des § 404,[16] wonach die Position des Schuldners durch die Abtretung nicht verschlechtert werden soll.[17] Der Übergang der Hypothek auf den Zessionar berührt damit die Rechte des Eigentümers grundsätzlich nicht. **1262**

Insbesondere um die Verkehrsfähigkeit der Hypothek zu erhalten, sieht § 1157 S. 2 durch den Verweis auf § 892 jedoch die Möglichkeit des *gutgläubigen einredefreien Erwerbs* vor. Es leuchtet ein, dass die Hypothek als Sicherungsmittel leerlaufen würde, wenn sich der Erwerber einer Verkehrshypothek alle Einreden entgegenhalten lassen müsste, welche im Verhältnis Schuldner/Eigentümer begründet waren.[18] Der neue Gläubiger, der die Hypothek durch ein Rechtsgeschäft erwirbt, ist von ihnen deshalb nur dann betroffen, wenn sie aus dem Hypothekenbrief oder aus dem Grundbuch ersichtlich oder ihm sonst bekannt sind.[19] Das Gesetz schützt damit die Interessen des Zweiterwerbers der Hypothek im Falle seiner Gutgläubigkeit. **1263**

**2.** Als Verteidigungsmöglichkeit des Eigentümers gegen seine Inanspruchnahme aus § 1147 kommt ferner in Betracht, die dem *Grundpfandrecht zugrunde liegende Forderung* mit der Behauptung anzugreifen, deren Mangel hindere die Durchsetzung der Hypothek. Gem. § 1137 kann der Eigentümer gegen die Hypothek die dem *persön-* **1264**

12 Staudinger/*Wolfsteiner*, 2014, § 1157 Rn. 1.
13 MüKoBGB/*Eickmann* § 1157 Rn. 2.
14 MüKoBGB/*Eickmann* § 1157 Rn. 2 f.; vgl. Staudinger/*Wolfsteiner*, 2014, § 1157 Rn. 2; *Schreiber* SachenR Rn. 465.
15 *Schreiber* SachenR Rn. 466.
16 Palandt/*Bassenge* § 1157 Rn. 2.
17 BGHZ 19, 153 (156); Staudinger/*Busche*, 2005, § 404 Rn. 2; MüKoBGB/*Roth* § 404 Rn. 1.
18 *Coster-Waltjen* JURA 1991, 186 (189 f.).
19 Staudinger/*Wolfsteiner*, 2014, § 1157 Rn. 10; MüKoBGB/*Eickmann* § 1157 Rn. 10.

*lichen Schuldner* gegen die Forderung sowie die nach § 770 einem *Bürgen* zustehenden Einreden erheben.

**1265** § 1137 stellt eine Ausprägung des Akzessorietätsgrundsatzes dar. Das bedeutet, dass die Geltendmachung der Hypothek durch den Gläubiger nicht nur von dem Bestand der Forderung, vgl. § 1163 I 1, sondern auch davon abhängt, inwieweit sie durchgesetzt werden kann.[20] Da die Stellung des vom persönlichen Schuldner verschiedenen Eigentümers mit der eines Bürgen vergleichbar ist,[21] verweist § 1137 I 1 2. Var. auf § 770. Gem. § 770 I vermag der Eigentümer die Einrede der *Anfechtbarkeit* oder gem. § 770 II die Einrede der *Aufrechenbarkeit* der Forderung gegen die Hypothek zu erheben. Die einzelnen Voraussetzungen werden in der Falllösung näher erläutert.

**1266** Für Einwendungen existiert keine entsprechende Vorschrift. Einer solchen bedarf es deshalb nicht, weil der Eigentümer mit einer Einwendung gegen die Forderung geltend macht, dass die Forderung nicht entstanden oder erloschen sei. Diese Tatbestände erfasst § 1163 in dem Sinne, dass sie den Übergang der Hypothek auf den Eigentümer zur Folge haben. Hieraus folgt, dass der Eigentümer alle Einwendungen gegen die Forderung benutzen kann, um das Entstehen des Grundpfandrechts zugunsten des Gläubigers zu bestreiten.[22]

**1267** Da § 1137 nicht zwischen Erst- und Zweiterwerber der Hypothek unterscheidet, hat der Eigentümer die Möglichkeit, begründete Einreden grundsätzlich auch nach Abtretung der der Hypothek zugrunde liegenden Forderung gegenüber dem neuen Gläubiger zu erheben. Zu beachten ist wiederum, dass der in Bezug auf das Bestehen solcher Einreden gutgläubige Zessionar das Grundpfandrecht unter den Voraussetzungen des § 1138 einredefrei erwirbt.[23]

---

20 NK-BGB/*Zimmer* § 1137 Rn. 1 f.; *Wolf/Wellenhofer* SachenR § 27 Rn. 15.
21 MüKoBGB/*Eickmann* § 1137 Rn. 1; *Baur/Stürner* SachenR § 38 Rn. 66.
22 *Prütting* SachenR Rn. 670.
23 MüKoBGB/*Eickmann* § 1137 Rn. 11.

## B. Lösung

### Frage 1:

### 1. Teil. Anspruch des X gegen A auf Zahlung des Kaufpreises iHv 50.000 EUR gem. §§ 433 II, 398, 1154

X könnte gegen A einen Anspruch auf Zahlung von 50.000 EUR gem. §§ 433 II, 398, 1154 haben, wenn B ihm die Kaufpreisforderung wirksam abgetreten hat.

**I.** X und B haben sich über den Übergang der Forderung gem. § 398 geeinigt.

**II.** Da es sich bei der Kaufpreisforderung um eine hypothekarisch gesicherte Forde- **1268**
rung handelt, setzt eine wirksame Abtretung voraus, dass die Form des § 1154 gewahrt wird. Nach § 1154 I muss die Übertragung schriftlich erfolgen und der Hypothekenbrief übergeben werden. Zwar hat B die Forderung schriftlich abgetreten, der Hypothekenbrief wurde X aber nicht ausgehändigt. Die Übergabe des Briefes ist auch nicht gem. § 1154 II dadurch ersetzt worden, dass die Abtretung im Grundbuch eingetragen wurde.

Die Form des § 1154 ist somit nicht eingehalten worden, die Übertragung der Kaufpreisforderung war folglich unwirksam.

X hat gegen A keinen Anspruch auf Zahlung des Kaufpreises iHv 50.000 EUR.

### 2. Teil. Ansprüche des Y gegen A auf Zahlung des Kaufpreises iHv 50.000 EUR gem. §§ 433 II, 398, 1154

Voraussetzung ist zunächst, dass B dem Y die Kaufpreisforderung wirksam abgetreten hat.

**I.** Dann müssten sich Y und B über den Übergang der Forderung gem. § 398 geeinigt haben.

Dies ist deshalb fraglich, weil B nur die Hypothek übertragen hat. Ob darin konklu- **1269**
dent eine Abtretung der Forderung liegt, muss durch Auslegung ermittelt werden. Entscheidend kommt es darauf an, wie der Erklärungsempfänger die Erklärung nach Treu und Glauben unter Berücksichtigung der Verkehrssitte verstehen musste.[24] Zu beachten ist, dass eine Hypothek gem. § 1153 I nur durch Abtretung der gesicherten Forderung übergehen kann, sodass eine isolierte Übertragung der Hypothek als Verstoß gegen das Trennungsverbot des § 1153 II unwirksam wäre. In der Regel wird daher nach dem Parteiwillen die Abtretung der Hypothek die Forderung umfassen,[25] soweit sich aus der Erklärung nicht eindeutig entnehmen lässt, dass die Beteiligten den Übergang beider Rechte wirklich ausschließen und nur eines von ihnen übertragen wollten.[26]

Danach konnte Y davon ausgehen, dass B ihm nicht nur die Hypothek, sondern Hypothek und Forderung übertragen wollte. Dafür spricht auch die Übergabe des

24 So die stRspr zur Auslegung von Willenserklärungen, vgl. BGHZ 36, 30 (33); 47, 75 (78); 103, 275 (280).

25 Staudinger/*Wolfsteiner*, 2014, § 1153 Rn. 12; vgl. auch MüKoBGB/*Eickmann* § 1153 Rn. 5, der davon ausgeht, dass es sich um einen Anwendungsfall des Grundsatzes »falsa demonstratio non nocet« handelt, wenn nur die Hypothek erwähnt wird.

26 MüKoBGB/*Eickmann* § 1153 Rn. 5.

Hypothekenbriefes, die gem. § 1154 I für eine wirksame Abtretung der Forderung erforderlich ist. Der vorherige Versuch des B, dem X die Kaufpreisforderung zu übertragen, könnte zwar den Gegenschluss rechtfertigen, dass B Forderung und Hypothek trennen wollte. Dieser Begleitumstand ist aber deshalb nicht bei der Auslegung zu berücksichtigen, weil er dem Erklärungsempfänger Y weder bekannt noch erkennbar war.[27] Seine Sicht entscheidet jedoch im Rahmen der Auslegung.

Somit liegt in der Übertragung der Hypothek konkludent die Abtretung der Kaufpreisforderung. Y und A haben sich über den Übergang der Forderung gem. § 398 geeinigt.

**II.** Weiterhin müsste die Form des § 1154 eingehalten sein.

**1.** B hat dem Y im Februar 2009 die Hypothek schriftlich abgetreten, ohne ihn in der Abtretungserklärung als Erwerber anzugeben.

1270 Der Wirksamkeit dieser Erklärung könnte unter Formgesichtspunkten zunächst entgegenstehen, dass B die *Hypothek* überträgt, § 1154 I hingegen grundsätzlich verlangt, dass die Abtretung der *Forderung* schriftlich erklärt wird. Wegen der aus § 1153 herrührenden untrennbaren Verbindung von Hypothek und Forderung ist aber davon auszugehen, dass eine formgerechte Erklärung iSd § 1154 I auch dann vorliegt, wenn sie nur die Übertragung der Hypothek beinhaltet. Dies gilt jedenfalls in Fällen, in denen – wie hier – keine Anhaltspunkte dafür bestehen, dass der Zedent dem Zessionar nur das dingliche Recht verschaffen wollte.[28]

1271 Fraglich ist außerdem, wie es sich auf die Wirksamkeit der Abtretungserklärung auswirkt, dass B den Namen des Y nicht eingetragen hat. Eine Erklärung iSd § 1154 muss auch Zedent und Zessionar bezeichnen, damit deren Identifizierung möglich ist,[29] sodass die Abtretungserklärung im Februar 2009 noch nicht wirksam war. Es genügt jedoch, wenn die ursprüngliche Blankoerklärung nachträglich mit Willen des Übertragenden um die fehlenden Angaben ergänzt wird; sie erlangt dann ex nunc Wirksamkeit.[30] Da B den Y dazu ermächtigt hatte, die Abtretungserklärung zu vervollständigen, wurde sie also im März 2009 wirksam, als Y seinen Namen einsetzte.

Somit liegt eine wirksame schriftliche Abtretungserklärung iSd § 1154 I vor.

1272 **2.** Da B dem Y auch den Hypothekenbrief übergeben hat, sind die Voraussetzungen des § 1154 I erfüllt, sodass sich B und Y formgerecht über den Übergang der hypothekarisch gesicherten Kaufpreisforderung geeinigt haben.

1273 **III.** Damit Y die Forderung erwerben konnte, müsste B zur Übertragung berechtigt gewesen sein. Dies ist der Fall, wenn B Inhaber der Kaufpreisforderung gegen A gewesen wäre. A und B müssten also einen wirksamen Kaufvertrag geschlossen haben.

**1.** B hat dem A das Kraftfahrzeug laut Sachverhalt verkauft, sodass es zu einer Einigung iSd § 433 gekommen und ein Kaufvertrag geschlossen worden ist.

1274 **2.** Der Wirksamkeit dieses Vertrags könnte aber entgegenstehen, dass A den Kaufvertrag angefochten hat. Gem. § 142 I ist ein Rechtsgeschäft im Falle wirksamer Anfech-

27 Vgl. Palandt/*Ellenberger* § 133 Rn. 15.
28 Vgl. MüKoBGB/*Eickmann* § 1154 Rn. 7.
29 MüKoBGB/*Eickmann* § 1154 Rn. 7; Erman/*Wenzel* § 1154 Rn. 4.
30 MüKoBGB/*Eickmann* § 1154 Rn. 8.

tung als von Anfang an nichtig anzusehen. Fraglich ist, ob die Voraussetzungen der Anfechtung gegeben sind.

**a)** A hat die Anfechtung gem. § 143 I, II gegenüber dem richtigen Anfechtungsgegner B erklärt.

**b)** Als Anfechtungsgrund kommt eine arglistige Täuschung iSd § 123 I in Betracht.

**aa)** Im Gegensatz zu der Irrtumsanfechtung gem. § 119 II wird § 123 nicht durch die Gewährleistungsvorschriften verdrängt, weil der Täuschende nicht privilegiert werden soll. Dem Getäuschten stehen die Rechte aus §§ 123 f. und §§ 434 ff. wahlweise zu,[31] sodass § 123 anwendbar ist. **1275**

**bb)** A müsste durch arglistige Täuschung zur Abgabe einer Willenserklärung bestimmt worden sein. B hat A bei Abschluss des Kaufvertrags nicht darüber aufgeklärt, dass der Porsche an einem Unfall beteiligt war. In diesem Verhalten könnte eine Täuschung durch Verschweigen liegen, wenn eine Rechtspflicht zur Aufklärung bestand.[32] Entscheidend ist, ob der Vertragspartner nach Treu und Glauben unter Berücksichtigung der Verkehrsanschauung redlicherweise Aufklärung erwarten durfte.[33] Umstände, die für die Willensbildung des anderen Teils offensichtlich von maßgebender Bedeutung sind, müssen danach offenbart werden. Weiß der Verkäufer eines gebrauchten Kraftfahrzeugs, dass es sich um einen Unfallwagen handelt, so hat er diesen Umstand dem Käufer ungefragt mitzuteilen, soweit nicht nur Bagatellschäden vorliegen.[34] **1276**

Hier war der Porsche in einen schweren Unfall verwickelt, bei dem die Karosserie erheblich beschädigt wurde; die Reparaturkosten beliefen sich auf 20.000 EUR. In einem solchen Fall ist die Unfallfreiheit eines Kraftfahrzeugs von ausschlaggebender Bedeutung für den Käufer, sodass B den A hätte informieren müssen. Da A auf diese Weise zu einer falschen Vorstellung über den Kaufgegenstand gelangte, hat B ihn getäuscht.

Diese Täuschung war auch arglistig, weil B mit Täuschungswillen handelte; er wollte aufgrund der vermeintlichen Unfallfreiheit einen höheren Kaufpreis erzielen als für ein Unfallfahrzeug.

Ebenso war sie für die Willenserklärung des A, den Porsche kaufen zu wollen, ursächlich, da A den Vertrag bei Kenntnis der wahren Sachlage nicht geschlossen hätte.

Die Voraussetzungen des § 123 I sind somit erfüllt, A konnte den Kaufvertrag anfechten.

**c)** An der Einhaltung der Jahresfrist des § 124 I, II bestehen keine Bedenken.

Somit ist die Anfechtung durch A wirksam, gem. § 142 I ist der Kaufvertrag ex tunc unwirksam. B hat gegen A keine Forderung gem. § 433 II erworben, er war folglich zur Abtretung an Y gem. § 398 nicht berechtigt.

---

31 BGH NJW 1989, 3151; OLG Saarbrücken NJW-RR 1989, 1211; MüKoBGB/*Armbrüster* § 123 Rn. 89; Erman/*Arnold* § 123 Rn. 6; Palandt/*Ellenberger* § 123 Rn. 29.

32 Palandt/*Ellenberger* § 123 Rn. 5.

33 BGH NJW 1989, 763 (764); NJW-RR 1991, 440.

34 StRspr, vgl. BGH NJW 1982, 1386; 1979, 1886 (1887); 1975, 642 (644); Palandt/*Ellenberger* § 123 Rn. 7; MüKoBGB/*Armbrüster* § 123 Rn. 39.

**IV.** Möglicherweise hat Y die Forderung jedoch gutgläubig vom Nichtberechtigten erworben.

1277 Grundsätzlich ist ein Erwerb von Forderungen kraft guten Glaubens ausgeschlossen.[35]

1278 **1.** Eine Ausnahme von diesem Grundsatz ergibt sich aber für verbriefte Forderungen aus § 405. Es existiert allerdings keine Urkunde, die das Bestehen der Forderung zwischen B und A beweisen soll. Zudem überwindet § 405 nur die Einwendung des Scheingeschäfts iSd § 117 und die des Abtretungsverbots gem. § 399 2. Var. Somit scheidet ein gutgläubiger Erwerb der Forderung durch Y gem. § 405 aus.

1279 **2.** Fraglich bleibt, ob Y die Forderung nach §§ 1138, 892 gutgläubig erworben haben kann. § 1138 verfolgt jedoch nicht den Zweck, dem Erwerber einer Hypothek auch die gesicherte Forderung zu verschaffen. Unter den Voraussetzungen des § 892 wird gem. § 1138 vielmehr die Forderung lediglich fingiert, um dem Zessionar den Hypothekenerwerb zu ermöglichen.[36]

Ein gutgläubiger Erwerb der Kaufpreisforderung durch Y nach §§ 1138, 892 kommt folglich nicht in Betracht.

Y hat deshalb gegen A keinen Anspruch auf Zahlung von 50.000 EUR.

### 3. Teil. Ansprüche des Y gegen E auf Duldung der Zwangsvollstreckung gem. § 1147

**I.** Y müsste Inhaber der Hypothek sein.

1280 Y könnte die Hypothek von B gem. § 1153 I erworben haben. Danach geht die Hypothek – sofern sie wirksam bestellt wurde – mit der Übertragung der Forderung auf den neuen Gläubiger über. Wie bereits geprüft, haben sich B und Y über den Übergang der Forderung gem. §§ 398, 1154 geeinigt. Da die Kaufpreisforderung allerdings wegen der wirksamen Anfechtung nicht zur Entstehung gelangt ist, kommt ein Hypothekenerwerb nur durch Übertragung einer gem. §§ 1138, 892 fingierten Forderung in Betracht.

1281 **1.** Die §§ 1138, 892 sind hier – anders als oben – deshalb anwendbar, weil im Rahmen des Anspruchs aus § 1147 der Hypothekenerwerb in Rede steht und der Bestand der Forderung erforderlich ist, um die Hypothek zu übertragen.[37]

Damit die Forderung gem. § 1138 fingiert werden kann, müssen die Voraussetzungen des § 892 im Hinblick auf die Forderung erfüllt sein.

**a)** Die Forderung sollte von B auf Y durch ein Rechtsgeschäft iSd § 892, also durch ein Verkehrsgeschäft, übertragen werden.

**b)** Außerdem müsste das Grundbuch unrichtig sein. Dies ist – wie sich aus § 894 ableiten lässt – dann der Fall, wenn es in Ansehung eines Rechtes an einem Grundstück mit der wirklichen Rechtslage nicht übereinstimmt. Zugunsten des B wurde im Grundbuch eine Hypothek eingetragen. Diese Eintragung erweckt den Anschein,

35 Vgl. Palandt/*Grüneberg* § 405 Rn. 1; Erman/*Westermann* § 405 Rn. 1.

36 MüKoBGB/*Eickmann* § 1138 Rn. 15; Soergel/*Konzen* § 1138 Rn. 6.

37 Vgl. dazu MüKoBGB/*Eickmann* § 1138 Rn. 1; *Baur/Stürner* SachenR § 38 Rn. 22.

dass B als Gläubiger des akzessorischen Sicherungsmittels auch der Berechtigte der zugrunde liegenden Forderung sei. Da die gesicherte Kaufpreisforderung aber infolge der Anfechtung rückwirkend entfiel, § 142 I, entspricht die aus dem Grundbuch ersichtliche Rechtslage nicht der tatsächlichen. Das Grundbuch ist somit unrichtig und B als Inhaber der Forderung legitimiert.

c) Weiterhin müsste Y gutgläubig iSd § 892 I 1 gewesen sein, dh er dürfte keine positive Kenntnis vom Fehlen der Forderung gehabt haben. Y war die Anfechtung des Kaufvertrags durch A nicht bekannt, vielmehr ging er vom Bestand der Kaufpreisforderung aus. Also war Y gutgläubig.

d) Weil sich auch kein Widerspruch gegen die Richtigkeit des Grundbuchs findet, liegen die Voraussetzungen des § 892 mit der Folge vor, dass die Forderung zum Zwecke des Hypothekenerwerbs gem. § 1138 fingiert wird.

**2.** Gem. § 1153 I geht die Hypothek mit der fiktiv erworbenen Forderung auf Y über, **1282**
falls E dem B wirksam eine Hypothek gem. §§ 873, 1113 ff. bestellt hat.

B und E haben sich gem. § 873 über die Bestellung einer Hypothek iSd § 1113 geeinigt. Die Hypothek wurde auch gem. §§ 873, 1115 im Grundbuch eingetragen, ein Hypothekenbrief gem. § 1116 I ausgestellt und dem B entsprechend § 1117 I übergeben. Zudem war E als Eigentümer berechtigt, sein Grundstück mit einer Hypothek zu belasten.

Wegen der Akzessorietät der Hypothek ist für eine wirksame Belastung des Grundstücks iSd § 1113 darüber hinaus erforderlich, dass eine zu sichernde Forderung existiert. Vorliegend bestand die zu sichernde Forderung zwar zum Zeitpunkt der Hypothekenbestellung. Sie fiel aber infolge der Rückwirkung der Anfechtung gem. § 142 I mit ex tunc-Wirkung weg, sodass sich das Grundpfandrecht zur verdeckten Eigentümergrundschuld umwandelte, vgl. §§ 1163 I, 1177 I. Demzufolge handelte B bei der Übertragung der Hypothek, § 1153, als Nichtberechtigter. Y konnte diese daher nur über die Gutglaubensvorschrift des § 892 erwerben.

Im Hinblick auf die Gutgläubigkeit gelten jedoch keine anderen Gesichtspunkte als in Ansehung der Forderung, da er gem. § 142 II die Anfechtbarkeit des Rechtsgeschäfts nicht kannte.

Y ist somit Inhaber der Hypothek und kann deshalb grundsätzlich gegen E nach § 1147 vorgehen.

**II.** Etwas anderes gilt, wenn E gegenüber dem Anspruch des Y aus § 1147 Einreden **1283**
geltend machen kann. Mit B hatte E vereinbart, dass die Hypothek nicht vor dem 1.12.2009 fällig sein soll. Eine solche Abrede stellt eine Stundung dar, die dem Schuldner eine Einrede gewährt.[38] B hätte also nicht vor dem angegebenen Zeitpunkt in das Grundstück vollstrecken dürfen. Eine Einrede, die dem Eigentümer aufgrund eines zwischen ihm und dem bisherigen Gläubiger bestehenden Rechtsverhältnisses gegen die Hypothek zusteht, kann gem. § 1157 S. 1 auch dem neuen Gläubiger entgegengehalten werden. Somit besteht die Stundungseinrede des E gegenüber dem Zweiterwerber Y fort.

38 Vgl. MüKoBGB/*Krüger* § 271 Rn. 21.

1284 **III.** E könnte sich jedoch dann nicht auf die Stundungsvereinbarung berufen, wenn Y die Hypothek gem. §§ 1157 S. 2, 892 gutgläubig einredefrei erworben hätte. Für einen gutgläubigen einredefreien Erwerb ist erforderlich, dass die Voraussetzungen des § 892 in Bezug auf die Stundungseinrede vorliegen.

Das Grundbuch müsste zunächst unrichtig sein. Da Einreden zu einer Reduzierung des Sicherungsumfanges der Hypothek führen, ist das Grundbuch als unrichtig zu betrachten, wenn sie nicht eingetragen sind,[39] wie es vorliegend bezüglich der Stundung der Fall war. Außerdem war Y gutgläubig, da er keine Kenntnis von der Vereinbarung hatte. Ein gutgläubig einredefreier Erwerb scheitert auch nicht an § 1140, weil die Unrichtigkeit des Grundbuchs nicht aus dem Hypothekenbrief hervorgeht; auch dort war die Abrede nicht eingetragen.

Also hat Y die Hypothek gutgläubig einredefrei gem. §§ 1157 S. 2, 892 erworben. E kann dem Y die Stundungseinrede nicht entgegenhalten.

### 4. Teil. Ergebnis zu Frage 1

Y steht gegen E ein Recht auf Befriedigung im Wege der Zwangsvollstreckung gem. § 1147 zu.

## Frage 2:

### 1. Teil. Ansprüche des X gegen A auf Zahlung des Kaufpreises iHv 50.000 EUR gem. §§ 433 II, 398, 1154

1285 X und B haben sich zwar mit dem Inhalt des § 398 geeinigt. Wie bereits im Ausgangsfall unter Punkt A. geprüft, scheitert die Abtretung der Kaufpreisforderung aber an der Übergabe des Hypothekenbriefes.

Folglich hat X die Forderung nicht erworben.

### 2. Teil. Ansprüche des Y gegen A auf Zahlung des Kaupreises iHv 50.000 EUR gem. §§ 433 II, 398, 1154

Y könnte gegen A einen Anspruch auf Zahlung des Kaufpreises gem. §§ 433 II, 398, 1154 haben, wenn die Kaufpreisforderung wirksam abgetreten wurde.

1286 **I.** Anders als oben dargelegt, steht diesem Umstand jetzt keine wirksame Anfechtung entgegen. Die Willenserklärung ist folglich nicht gem. § 142 I rückwirkend durch Anfechtung des A nichtig. Damit war B Inhaber der Kaufpreisforderung. Diese hat er wirksam auf Y übertragen.

1287 **II.** Fraglich erscheint allerdings, ob der Anspruch des Y gegen A durchsetzbar ist. A könnte gem. § 320 I 1 berechtigt sein, gegenüber B, unter Berufung auf die mangelhafte Leistung, die Zahlung des Kaufpreises zu verweigern. Diese Einrede müsste sich der Y unter den Voraussetzungen des § 404 entgegenhalten lassen. Danach ist erforderlich, dass A Inhaber einer Einwendung im Sinne der Vorschrift ist, die im Zeitpunkt der Abtretung der Kaufpreisforderung begründet war.

39 Staudinger/*Wolfsteiner*, 2014, § 1157 Rn. 11.

Der Einwendungsbegriff des § 404 umfasst im weitesten Sinne alle Gegenrechte des Schuldners, damit auch Einreden,[40] sodass ein Leistungsverweigerungsrecht des A gem. § 320 I 1 an sich in Betracht käme. Indessen hat A dem B gegenüber auf die Geltendmachung etwaiger Gewährleistungsrechte verzichtet. Die rechtliche Möglichkeit eines solchen Verzichts auf Gewährleistungsansprüche lässt sich aus § 444 ablesen.[41] Damit bestand im Zeitpunkt der Abtretung keine Einrede iSd § 404. Da die Forderung auf den neuen Gläubiger gem. § 398 in der Form übergeht, in der sie dem bisherigen Gläubiger zustand, und die Abtretung die Rechtslage des Schuldners auch nicht verbessern darf,[42] kann A dem Zessionar Y ebenfalls keine Einrede entgegenhalten, auch wenn der Verzicht nur gegenüber B erklärt wurde. 1288

Y hat somit einen Anspruch gegen A auf Zahlung des Kaufpreises gem. §§ 433 II, 398, 1154.

### 3. Teil. Anspruch des Y gegen E auf Duldung der Zwangsvollstreckung gem. § 1147

**I.** Dass Y Inhaber einer Hypothek ist, wurde bereits oben ausgeführt. Folglich hat Y die Hypothek mit der Abtretung der Kaufpreisforderung durch B erworben, wobei es jetzt mangels Anfechtung des Kaufvertrags nicht auf § 1138 ankommt. 1289

**II.** Der E könnte jedoch Einreden gegen den Anspruch des Y aus § 1147 geltend machen.

**1.** Hinsichtlich der Stundungseinrede ändert sich an der Beurteilung des Falls nichts.

**2.** E könnte gem. § 1137 berechtigt sein, alle dem Schuldner, also A, gegen die Kaufpreisforderung sowie die nach § 770 einem Bürgen zustehenden Einreden gegen die Hypothek zu erheben. 1290

**a)** Die Anfechtbarkeit des Kaufvertrags gem. § 123 I gewährt dem Hauptschuldner ohne die entsprechende Anfechtungserklärung keine Einrede und kann deshalb auch von E gem. § 1137 I 1 1. Var. seiner Inanspruchnahme nicht entgegengesetzt werden. 1291

**b)** E könnte aber gegen die Hypothek die Einrede der Anfechtbarkeit der Kaufpreisforderung gem. § 1137 I 1 2. Var. iVm § 770 I erheben, wenn die Anfechtung noch möglich ist.[43] 1292

Die arglistige Täuschung des B bei Abschluss des Kaufvertrags erfüllt den Tatbestand des § 123 und die Anfechtungsfrist des § 124 I ist noch nicht abgelaufen, sodass die Anfechtung des Kaufvertrags grundsätzlich noch denkbar erscheint.

Fraglich bleibt allerdings, wie sich der Verzicht des A auf das Anfechtungsrecht auswirkt. Dabei stellt sich zunächst das Problem, ob der Anfechtungsberechtigte auf ein durch Täuschung begründetes Anfechtungsrecht verzichten kann. Aus § 144 folgt die Möglichkeit, dass der Anfechtungsberechtigte das anfechtbare Rechtsgeschäft im Bewusstsein der die Anfechtung begründenden Umstände bestätigt. Gleiches muss 1293

40 Palandt/*Grüneberg* § 404 Rn. 2; HK-BGB/*Schulze* § 404 Rn. 2.
41 MüKoBGB/*Westermann* § 444 Rn. 1.
42 Vgl. Staudinger/*Busche*, 2012, § 404 Rn. 11.
43 MüKoBGB/*Eickmann* § 1137 Rn. 19; Palandt/*Bassenge* § 1137 Rn. 7.

dann aber auch für den von A erklärten Verzicht gelten. Folglich konnte A wirksam auf die Ausübung seines Anfechtungsrechts verzichten.

1294 Zu prüfen bleibt, ob der von A wirksam erklärte Verzicht zulasten des E geht. Aus § 1137 II lässt sich ableiten, dass der mit dem persönlichen Schuldner nicht identische Eigentümer das Recht, sich auf die Einrede zu berufen, in einem solchen Falle nicht verliert.

Aus dem Wortlaut des Abs. 2 und seinem Zusammenhang mit Abs. 1 S. 1 ergibt sich indessen, dass die Bestimmung nur die dem persönlichen Schuldner gegen die Forderung zustehenden Einreden des Abs. 1 betrifft,[44] sich also nicht auf die Einreden des § 770 bezieht. Folglich wirkt der von A erklärte Verzicht auf die Ausübung des ihm zustehenden Anfechtungsrechts auch zulasten des E. Er kann dem Y mithin nicht gem. § 1137 I 1 2. Var. die Einrede der Anfechtbarkeit entgegenhalten.

**3.** E könnte aber gem. § 1137 I 1 1. Var. berechtigt sein, gegenüber der Kaufpreisforderung die Einrede des § 320 I 1 wegen mangelhafter Leistung und daher nichterfüllten Vertrags zu erheben.

1295 **a)** Das setzt zunächst voraus, dass § 320 eine Einrede iSd § 1137 darstellt. Die Vorschrift umfasst alle Gegenrechte, die dem Schuldner erlauben, die Befriedigung der Forderung auf Dauer oder für eine bestimmte Zeit zu verweigern.[45] § 320 gewährt dem Käufer ein Leistungsverweigerungsrecht bei nicht ordnungsgemäßer Erfüllung der Hauptleistungspflicht des Verkäufers gem. § 433 I 1, dh auch bei mangelhafter Leistung. Folglich begründet die Vorschrift eine Einrede iSd § 1137.

1296 **b)** Des Weiteren müssten die Tatbestandsvoraussetzungen des § 320 erfüllt sein. A und B haben einen Kaufvertrag gem. § 433 geschlossen. Infolge des schwerwiegenden Unfalls und der entsprechenden Parteiabrede war die Sache mangelhaft iSd § 434 I 1. Beide Umstände lagen iSd § 434 I 1 iVm § 446 bereits zum Zeitpunkt der Übergabe vor. Somit trat keine Erfüllungswirkung iSd §§ 362 I, 433 I 2 ein. Die Voraussetzungen des § 320 I 1 liegen an sich vor.

1297 Allerdings hat A auf die Geltendmachung etwaiger Gewährleistungsrechte verzichtet. Gem. § 1137 II verliert jedoch ein Eigentümer, der nicht der persönliche Schuldner ist, die Einrede nicht dadurch, dass dieser auf sie verzichtet. Folglich wirkt der nachträglich erklärte Verzicht des A nicht zulasten des E. Somit ist die Einrede des nichterfüllten Vertrags begründet.

1298 **c)** In Betracht kommt jedoch ein gutgläubiger, einredefreier Erwerb der Hypothek gem. §§ 1138, 892 durch Y.

Dazu müsste der Tatbestand des § 892, auf den § 1138 hinsichtlich der dem Eigentümer gem. § 1137 zustehenden Einreden verweist, erfüllt sein.

Die Übertragung der Kaufpreisforderung stellte ein Rechtsgeschäft im Sinne eines Verkehrsgeschäftes dar, wie es § 892 verlangt. Die Einrede wurde auch nicht in das Grundbuch eingetragen, sodass dieses unrichtig war. Y müsste gutgläubig gewesen sein. Ihm war die Unrichtigkeit des Grundbuches unbekannt.[46] Die Einrede konnte

44 Staudinger/*Wolfsteiner*, 2014, § 1137 Rn. 6; Soergel/*Konzen* § 1137 Rn. 7.
45 Staudinger/*Wolfsteiner*, 2014, § 1137 Rn. 7; MüKoBGB/*Eickmann* § 1137 Rn. 16.
46 Vgl. auch Staudinger/*Gursky*, 2013, § 892 Rn. 140.

weder aus dem Hypothekenbrief noch aus dem Grundbuch ersehen werden. Letzteres enthielt auch keinen Widerspruch gegen die Eintragung. Y hat die Hypothek somit im Hinblick auf die Einrede des § 320 gutgläubig einredefrei erworben, sodass E ihm diese nicht gem. § 1137 I 1 1. Var. entgegenhalten kann.

**4.** In Betracht kommt jedoch weiterhin eine Einrede des E gem. §§ 1137 I, 770 II gegen seine Inanspruchnahme aus § 1147, sofern sich Y durch Aufrechnung gegen eine fällige Forderung des Hauptschuldners A befriedigen könnte. 1299

Y ist infolge der Abtretung Gläubiger der Hauptforderung aus §§ 433 II, 398, 1154. Indem er den im Eigentum des A stehenden Porsche rechtswidrig und schuldhaft beschädigte, verwirklichte er den Tatbestand des § 823 I ebenso wie denjenigen des § 823 II iVm § 303 StGB, der zumindest auch dem Interesse des geschädigten Eigentümers dient und deshalb ein Schutzgesetz im Sinne der Norm darstellt. A als Hauptschuldner hat gegen Y folglich eine fällige Gegenforderung, sodass in seiner Person die gem. §§ 387, 770 II erforderliche Aufrechnungslage iHv 20.000 EUR an sich vorliegt.

Problematisch erscheint indessen, dass A Inhaber einer Forderung aus einer vorsätzlichen unerlaubten Handlung ist, gegen die § 393 die Aufrechnung verbietet. Es stellt sich die Frage, ob § 770 II in dem Fall, in dem nur der Hauptschuldner, nicht aber der Gläubiger aufrechnen darf, Anwendung findet. 1300

Dagegen spricht, dass der Wortlaut der Vorschrift ausschließlich auf die Befriedigungsmöglichkeit des Gläubigers abstellt[47] und insoweit auch keine Unklarheiten bestehen, sodass jedenfalls eine direkte Anwendung des § 770 II nicht in Betracht kommt. 1301

Man könnte jedoch an eine analoge Anwendung der Norm denken, weil das Gesetz den hier fraglichen Fall nicht regelt. Neben der dazu erforderlichen Lückenhaftigkeit des Gesetzes müsste eine vergleichbare Interessenlage zwischen dem geregelten und dem nicht geregelten Fall vorhanden sein. Dabei ist auf Folgendes hinzuweisen: Der Bürge und dementsprechend auch der Eigentümer gem. § 1137 sollen akzessorisch haften[48] und können deshalb alles ihrer Inanspruchnahme entgegensetzen, was auch der persönliche Schuldner einzuwenden vermag. Man müsste nun überlegen, ob der Gesetzgeber im Falle des § 393 von diesem Prinzip eine Ausnahme regeln wollte. Sie hätte jedoch zur Folge, dass Y, der eine unerlaubte Handlung gegen A begangen hat, insofern privilegiert würde, als er in Höhe dieses Betrages die Zwangsvollstreckung gegen E betreiben könnte, obwohl ihm das Gesetz durch § 393 gerade den Vorteil der Aufrechnung entziehen will. Auch zeigt § 770 I, dass es weniger auf die Belange des Gläubigers als darauf ankommt, dass der Bürge – bzw. hier der Eigentümer – die Rechtsposition erhalten soll, die an sich der Hauptschuldner hat. Diese Gesichtspunkte sprechen dafür, § 770 II analog auf den Fall anzuwenden, dass nur der Hauptschuldner, nicht aber der Gläubiger aufrechnen kann.[49] 1302

47 Staudinger/*Horn*, 2012, § 770 Rn. 9 mwN; Palandt/*Sprau* § 770 Rn. 3; offengelassen BGHZ 42, 396 (398).

48 Staudinger/*Horn*, 2012, § 770 Rn. 1.

49 Vgl. Soergel/*Mühl* § 770 Rn. 6; für eine analoge Anwendung von Abs. 1 vgl. MüKoBGB/*Habersack* § 770 Rn. 10; ähnlich HK-BGB/*Staudinger* § 770 Rn. 5.

### 4. Teil. Ergebnis zu Frage 2:

Y hat einen Anspruch gegen A auf Zahlung des Kaufpreises gem. §§ 433 II, 398, 1154. E kann der Zwangsvollstreckung gem. § 1147 iHv 20.000 EUR über § 1137 I 1 2. Var. die Einrede des § 770 II analog entgegensetzen.

## Fall 30: »Alles gehört mir«

E betreibt auf eigenem Grundstück, an dem eine Eigentümergrundschuld iHv 200.000 EUR besteht, eine Möbelfabrik. 1303

Am 5.3.2009 erwarb E zehn Standbohrmaschinen, die auf dem Betriebsgelände zur Möbelfertigung eingesetzt wurden. E übereignete diese Geräte am 12.4.2009 an die X-Bank, die ihm einen Kredit gewährt hatte. Die Geräte blieben jedoch im Betrieb, um dem E die weitere Arbeit mit ihnen zu ermöglichen.

Als E weiteres Geld benötigte, nahm er auch bei der G-Bank ein Darlehen auf. Er übertrug ihr zur Sicherheit am 18.5.2009 formgerecht die Eigentümergrundschuld.

Am 20.6.2009 erwarb E von V eine Furnierpresse unter Eigentumsvorbehalt zum Preise von 50.000 EUR, die er für den Holzzuschnitt ebenfalls auf dem Betriebsgrundstück einsetzte.

Nachdem sich die wirtschaftliche Lage des E nicht verbesserte, sah er sich einen Monat später gezwungen, einen seiner beiden Kleinlastwagen, die er dazu verwendete, Möbel zum Großhändler zu transportieren, an Z zu veräußern. Er erhielt dafür den angemessenen Preis von 10.000 EUR. E benötigte in der damaligen Situation den Kleinlastwagen nicht mehr so dringend und hoffte, mit dem anderen Fahrzeug auszukommen. Für den Kaufpreis iHv 10.000 EUR kaufte er unbedingt benötigtes Material. Z nahm den Kleinlastwagen sofort nach Vertragsschluss mit.

Als E auf den Kaufpreis der Furnierpresse iHv 50.000 EUR 40.000 EUR gezahlt hatte, geriet er in noch größere finanzielle Schwierigkeiten. Deshalb nahm er bei der Y-Bank ein drittes Darlehen iHv 40.000 EUR auf. Da auch diese Bank Sicherheiten verlangte, übertrug E im August 2009 »seine Rechte aus dem Kaufvertrag mit V« an Y. Mit dem erhaltenen Darlehensbetrag beglich er unter anderem die offene Kaufpreisschuld bei V.

Als E die Darlehensraten an die X-Bank nicht mehr bezahlen konnte, wollte diese die Bohrmaschinen verwerten. Bevor sie aber Zeit gefunden hatte, sie abholen zu lassen, wurde auf Betreiben der G-Bank die Beschlagnahme des Grundstückes zum Zwecke der Zwangsversteigerung angeordnet und am 2.10.2009 auch ein entsprechender Vermerk in das Grundbuch eingetragen. Am 8.10.2009 ließ die X-Bank, die von alldem nichts wusste, die Bohrmaschinen bei E abholen.

Die G-Bank ist nun der Auffassung, dass das Grundstück allein in der Zwangsversteigerung nur ca. 100.000 EUR erbringen wird und fragt deshalb nach ihren Ansprüchen gegen Z wegen des Lkw, gegen die X-Bank wegen der Bohrmaschinen und gegen die Y-Bank wegen der Furnierpresse.

**Frage: Wie ist die Rechtslage?**

## A. Vorüberlegungen

1304 Der Fall behandelt den wohl zu Recht unbeliebten hypothekarischen Haftungsverband, der in den §§ 1120–1130 geregelt ist. Die Vorschriften haben auch für das Zwangsvollstreckungsrecht Bedeutung; merken Sie sich bei dieser Gelegenheit die wichtige Kette der §§ 90 II, 55, 20 ZVG. Hiernach entscheidet sich, in welchem Umfang ein Ersteigerer Eigentum an beweglichen Sachen im Rahmen der Immobiliarversteigerung erwirbt.

1305 **I.** Die §§ 1120 ff. dehnen die Haftungsgrundlage für Grundpfandrechte – gem. §§ 1192 I gelten die Normen auch für die Grund- und Rentenschuld – auf bestimmte bewegliche Sachen aus. Dem Grundpfandgläubiger haftet das Zubehör gem. §§ 97, 98, und es haften die Erzeugnisse und die sonstigen Bestandteile, § 1120. Hinsichtlich der letztgenannten Mobilien ist für die Zeit *vor* und *nach* der Trennung zu unterscheiden. *Vor* der Trennung gehören wesentliche Bestandteile und Erzeugnisse zum Grundstück und haften schon als Teil dessen, §§ 93, 94. § 1120 hat dann nur Bedeutung für den nicht sehr häufigen Fall der unwesentlichen Bestandteile, da die §§ 93, 94 und die Zubehörvorschriften die meisten beweglichen Sachen erfassen. Ein Beispiel wäre etwa ein zweiter Heizungskessel in einem Haus, der aber nur in Reserve gehalten wird.[1] *Nach* der Trennung gehören (nur) diejenigen Erzeugnisse und Bestandteile in den hypothekarischen Haftungsverband, die gem. §§ 954–957 dem Eigentümer oder Eigenbesitzer, § 872, zufallen.

1306 Erwähnenswert ist ferner, dass bedeutende *Rechte*, zB die Miet- und Pachtzinsforderungen gem. § 1123 I und Versicherungsforderungen gem. § 1127, in den Haftungsverband fallen. Schließlich haften auch die wiederkehrenden Leistungen aus subjektiv-dinglichen Rechten, zB einer Reallast oder einem Erbbaurecht, gem. § 1126 dem Grundpfandgläubiger.

1307 **II.** Ein besonderes Problem besteht in der *Enthaftung* der vorbezeichneten Gegenstände, dh in ihrem Ausscheiden aus dem hypothekarischen Haftungsverband, mit dem sich die Klausur beschäftigt. Der Gesetzgeber musste dabei eine Abwägung treffen, die den Interessen des Eigentümers an der Weiterführung eines Unternehmens oder der Weiterbewirtschaftung eines landwirtschaftlichen Betriebes trotz Bestellung eines Grundpfandrechtes ebenso Rechnung trägt wie den Sicherungsinteressen des Grundpfandgläubigers. Dieser wird zunächst durch die §§ 1133–1135 geschützt, aufgrund deren der Grundpfandgläubiger einer Verschlechterung des Grundstücks oder einer Verschlechterung des Zubehörs durch Beseitigungs- und Unterlassungsansprüche, evtl. auch durch Befriedigung aus dem Grundpfandrecht, § 1133 S. 2, entgegentreten kann. Außerdem bestehen möglicherweise Schadensersatzansprüche gem. § 823 I, II; die vorgenannten Normen sind Schutzgesetze iSd § 823 II. Von diesen Möglichkeiten abgesehen kann der Eigentümer auch bei bestehenden Grundpfandrechten über die Gegenstände des hypothekarischen Haftungsverbandes frei verfügen, über das Grundstück ohnehin, § 1136, da die Sicherungsrechte dadurch nicht betroffen sind.

1308 Diese Situation ändert sich durch die *Beschlagnahme* des Grundstückes, also durch die Anordnung der Zwangsverwaltung oder Zwangsversteigerung gem. §§ 20, 146, 148 ZVG.

1 Beispiele bei MüKoBGB/*Stresemann* § 93 Rn. 13.

In einer Klausur sind verschiedene Fallgestaltungen denkbar: So kann es sein, dass sich *nach* Durchführung der Versteigerung der Eigentümer einer mitversteigerten beweglichen Sache mit dem Ersteher um das Eigentum streitet oder mit dem Grundpfandgläubiger um den Erlös, §§ 90, 55, 20 ZVG. Auch dazu benötigen Sie die Vorschriften über den hypothekarischen Haftungsverband. Ferner ist es möglich, dass der Eigentümer einer beweglichen Sache *vor* ihrer Versteigerung *Freigabe* gem. § 771 ZPO verlangt. Er beruft sich dann für seine Position auf § 37 Nr. 5 ZVG.[2] Oft sind zwei Fragestellungen zu unterscheiden. Zum einen stellt sich das Problem, ob *nach* der Beschlagnahme ein Dritter noch *Eigentum* erwerben kann, obwohl die Beschlagnahme gem. § 23 I 1 ZVG ein Veräußerungsverbot zur Folge hat. Dies ist zunächst der Fall, wenn die Beschlagnahme den Gegenstand gem. § 21 I ZVG überhaupt nicht erfasst, zB getrennte Erzeugnisse, die nicht Zubehör sind. Andernfalls fragen Sie, ob § 23 I 2 ZVG eingreift. Im Fall der Ablehnung dieser Vorschrift prüfen Sie nun die Normen über den gutgläubigen Erwerb, §§ 136, 135 II, 932. Der gute Glaube muss sich auf die (mangelnde) Beschlagnahme beziehen. 1309

Zum anderen müssen Sie prüfen, ob der Erwerber *lastenfreies Eigentum* erworben hat, dh, ob die erworbene Sache noch in den Haftungsverband fällt. Vorliegend wird die umgekehrte Situation zugrunde gelegt. Der Grundpfandgläubiger fragt nach seinen Rechten gegen die übrigen Gläubiger des E. Er möchte also wissen, ob er von ihnen Duldung der Zwangsvollstreckung gem. § 1147, evtl. auch Schadensersatz verlangen kann, wenn sie ihm durch ihren Erwerb die Haftungsgrundlage für sein Grundpfandrecht vermindert haben. Denkbar wäre schließlich, dass er sich aus diesem Grunde auch mit Schadensersatzansprüchen an den E hält, wenn dieser unberechtigt Gegenstände aus dem hypothekarischen Haftungsverband veräußert hat. Danach ist aber nicht gefragt. 1310

Ausgangspunkt ist die Überlegung, dass die G-Bank Duldung der Zwangsvollstreckung gem. § 1147 verlangen kann, wenn die fraglichen Gegenstände von der Beschlagnahme des Grundstückes erfasst sind, also in den Haftungsverband fallen. Für die erstgenannte Fragestellung lesen Sie noch einmal § 1120. Um das schwierige Problem der Enthaftung, §§ 1121, 1122, verstehen zu können, müssen Sie sich einige Dinge vorweg klarmachen:

**1.** Anknüpfungspunkt für eine Enthaftung ist zunächst eine *ordnungsgemäße* Bewirtschaftungsmaßnahme des Grundstückseigentümers. Lesen Sie hierzu bitte § 1122. In § 1122 I ist geregelt, dass getrennte Erzeugnisse und Bestandteile aus dem Haftungsverband frei werden, wenn sie (endgültig) *vor* der Beschlagnahme im Rahmen ordnungsgemäßer Wirtschaft von dem Grundstück entfernt werden. Das Gleiche gilt für *alle beweglichen Sachen nach* der Beschlagnahme gem. § 23 I 2 ZVG. Damit ist – wie eingangs ausgeführt – zunächst nur gesagt, dass ein Dritter trotz des durch die Beschlagnahme entstandenen Veräußerungsverbotes Eigentum erworben hat. Gleichzeitig bringt die Norm aber auch zum Ausdruck, dass der so veräußerte Gegenstand nicht mehr von der Beschlagnahme erfasst wird und damit auch nicht mehr in den Haftungsverband fällt. Die Regelung ist die Konsequenz aus § 24 ZVG, der dem Eigentümer auch nach Beschlagnahme zum Zwecke der *Zwangsversteigerung* die Verwaltung und Nutzung des Grundstückes belässt. Sie greift deshalb nicht im Fall der Zwangsverwaltung gem. § 148 I 2 ZVG ein. 1311

2 Vgl. dazu auch unten Fn. 33.

1312 **2.** Haftungsfrei werden ferner (nur) *Zubehörstücke*, deren Zubehöreigenschaft *vor* der Beschlagnahme im Rahmen ordnungsgemäßer Wirtschaft[3] gem. § 1122 II *aufgehoben* wurde, zB wenn ein Hotelier veraltetes Inventar im Keller lagert. Aus dem Zusammenhang mit § 1121 I folgt, dass mit »aufgehoben« nicht die Veräußerung gemeint ist. Die Beschlagnahme erfasst diese Gegenstände dann nicht mehr, § 21 I ZVG.

1313 **3.** Etwas problematischer ist die Enthaftung beweglicher Sachen aufgrund eines *gutgläubigen, lastenfreien* Erwerbs, die zweite Variante der Enthaftung.

Zunächst ist zu beachten, dass die Einfügung einer beweglichen Sache in den hypothekarischen Haftungsverband deren Belastung mit einem Pfandrecht bedeutet, sodass im Fall der Veräußerung an sich § 936 eingreifen müsste. Erfolgt später die Beschlagnahme, so bewirkt sie ein relatives, gerichtliches *Veräußerungsverbot* iSd § 136, für das § 135 II auf die Vorschriften des gutgläubigen Erwerbs verweist.[4] Diesen an sich vorhandenen Mechanismus des gutgläubigen (und lastenfreien) Erwerbs modifiziert nun § 1121. Dabei wird auch dem Umstand Rechnung getragen, dass der entscheidende Gesichtspunkt für die Enthaftung die *Entfernung* vom Grundstück ist, weil umgekehrt der Grund für die Einbeziehung in den Haftungsverband in der räumlichen und sachlichen Beziehung zum Grundstück liegt.

Dabei müssen Sie folgende Situationen unterscheiden:[5]

1314 **a)** Allein wegen des Umstandes, dass die fragliche bewegliche Sache zum Haftungsverband gehört, könnte an sich ein Erwerb – unabhängig von der Beschlagnahme – nur unter den Voraussetzungen der Gutgläubigkeit gem. § 936 erfolgen. Diese Lösung ging dem Gesetzgeber zulasten der Verfügungsbefugnis des Eigentümers aber zu weit. Deshalb wird § 936 durch § 1121 I vollständig *ausgeschlossen*. Erfolgen Veräußerung und Entfernung *vor* der Beschlagnahme, tritt danach die Enthaftung ein, ohne dass es hierzu der Gutgläubigkeit des Erwerbers bedürfte.

1315 **b)** Schwieriger ist das Verständnis des § 1121 II: Im Zusammenhang mit § 1121 I gelesen, bezieht er sich auf folgende Geschehensabläufe:

Veräußerung – Beschlagnahme – Entfernung

Dies ergibt sich aus der Formulierung: »erfolgt die Veräußerung vor der Entfernung«. In diesen Fällen modifiziert § 1121 II den § 936 zunächst dahingehend, dass dem Erwerber Gutgläubigkeit hinsichtlich der Hypothek nicht hilft.

Ist er aber *bei der Entfernung* gutgläubig bezüglich der *Beschlagnahme*, so kann er erwerben, § 1121 II 2. Gutgläubig ist ein Erwerber entsprechend § 932 II dann, wenn er die Beschlagnahme oder den Antrag auf Zwangsversteigerung bzw. Zwangsverwaltung nicht kennt und sich auch nicht in grob fahrlässiger Unkenntnis befindet, §§ 23 II 1, 146 ZVG. Die Bösgläubigkeit wird fingiert durch den entsprechenden Vermerk im Grundbuch, § 23 II 2 ZVG.

3 Dazu gehört nicht die Betriebsstillegung, BGH JuS 1996, 647 mAnm *K. Schmidt*.

4 Manche meinen, auf § 936, andere auf § 932; vgl. nur die Nachw. bei *Schapp/Schur* SachenR 255, Fn. 47. An dieser Stelle finden Sie im Übrigen einen guten Überblick über die Problematik; vgl. ferner *Müller* SachenR Rn. 1590 ff.

5 Vgl. auch *Schreiber* SachenR Rn. 455 ff.

c) § 1121 II erfasst aber nicht die Situation, dass die Veräußerung am Ende der Erwerbskette steht, also 1316

Beschlagnahme – Entfernung – Veräußerung oder

Entfernung – Beschlagnahme – Veräußerung.

Hierfür gibt es keine Sonderregelung. Deshalb gelten die allgemeinen Regeln der §§ 936, 135 II. Der gute Glaube muss sich dementsprechend auf die Beschlagnahme als gesetzliches Veräußerungsverbot beziehen.

Wenn Sie sich nun den Sachverhalt noch einmal ansehen, so stellen Sie fest, dass die 1317
Veräußerung und Entfernung des Lkw an Z vor der Beschlagnahme erfolgte. Sofern Sie sich also mit der Frage auseinandergesetzt haben, ob ein Fahrzeug, das nur sehr begrenzt *auf* dem Grundstück eingesetzt wird, dennoch Zubehör iSd § 1120 ist, gelangen Sie zunächst zu § 1121 I. Beachten Sie aber bitte, dass danach trotzdem noch Schadensersatzansprüche gem. § 823 I und § 823 II infrage stehen, weil § 1121 nur die dingliche Rechtslage regelt. Dies hindert den Grundpfandgläubiger nicht, die Beteiligten wegen eines Eingriffs in sein Recht bzw. wegen Verletzung eines Schutzgesetzes in Anspruch zu nehmen.

Bei den Ansprüchen gegen X sind zwei Probleme zu beachten: Zum einen war E zu dem Zeitpunkt, als die Eigentümergrundschuld zur Fremdgrundschuld wurde, schon nicht mehr Eigentümer der Bohrmaschinen. Prüfen Sie also, ob diese dennoch in den Haftungsverband gefallen sind und ob durch die Sicherungsübereignung oder durch die spätere Entfernung vom Grundstück Enthaftung eingetreten sein könnte.

Was schließlich die Furnierpresse angeht, so stand sie zu keiner Zeit im Eigentum des E. Hier lautet also die Frage, welche Rolle dem Anwartschaftsrecht des Grundstückseigentümers im hypothekarischen Haftungsverband zukommt.

## B. Lösung

### 1. Teil. Ansprüche der G-Bank gegen Z bezüglich des Lkw

### I. Anspruch auf Duldung der Zwangsvollstreckung in das Fahrzeug gem. § 1147

G kann von Z Duldung der Zwangsvollstreckung in den Lastwagen verlangen, wenn dieser zum Haftungsverband der Grundschuld gehört, die dem G zusteht, §§ 1147, 1120, 1192 I.

1318 **1.** Gem. §§ 1120, 1192 I haftet das Grundstückszubehör für die Grundschuld mit Ausnahme der Zubehörstücke, die nicht in das Eigentum des Grundstückseigentümers gelangt sind.[6]

**a)** Der Lkw stand im Eigentum des E.

**b)** Deshalb stellt sich die Frage, ob der Wagen Grundstückszubehör ist.

1319 Das Fahrzeug ist eine bewegliche Sache. Somit ist entscheidend, ob es iSd § 97 dem wirtschaftlichen Zweck des Grundstücks nicht nur vorübergehend zu dienen bestimmt war. Hierzu ist neben einer räumlichen Beziehung ein Abhängigkeitsverhältnis erforderlich, das durch Überordnung der Hauptsache (des Grundstücks) und Unterordnung der Hilfssache (des Zubehörs) gekennzeichnet wird.[7]

1320 Die Entscheidung, was bei einem Gewerbebetrieb Hauptsache ist, muss danach getroffen werden, wo der wirtschaftliche Schwerpunkt, der »Brennpunkt« des Unternehmens liegt.[8] Er wird sich im Allgemeinen auf dem Betriebsgrundstück befinden. Allerdings stellt ein dem Unternehmen dienendes Grundstück nicht schon allein deshalb die Hauptsache für die zu seiner Betreibung notwendigen beweglichen Gegenstände dar, weil von diesem aus das Unternehmen geführt wird.[9] Hinzutreten muss vielmehr, dass der wirtschaftliche Schwerpunkt des Unternehmens gerade *auf* dem Grundstück liegt.[10] Im Hinblick auf Kraftfahrzeuge setzt die Zubehöreigenschaft voraus, dass ein enger Bezug zwischen Fahrzeug und Unternehmensgrundstück besteht.[11] Dies ist zu bejahen, wenn es sich um Fahrzeuge handelt, die auf dem Grundstück für Bereitstellung, Lagerung sowie den An- und Abtransport der für die Produktion notwendigen Rohstoffe und Betriebserzeugnisse verwendet werden.[12] Etwas anderes gilt, wenn der Gegenstand des Unternehmens nur der Güter- und Warentransport ist, der lediglich von einem Betriebsgrundstück *aus* veranlasst wird.

Vorliegend diente der Laster dem Lieferverkehr, da E damit seine Möbel, die auf dem Betriebsgrundstück produziert wurden, von dort zu den jeweiligen Kunden brachte. Der Warentransport war somit nicht Haupt-, sondern Hilfszweck des Unternehmens, sodass das Grundstück auch im Verhältnis zum Lastwagen als Hauptsache anzusehen ist. Der Lkw diente der dort betriebenen Möbelproduktion.

---

6 Didaktisch orientierte Darstellungen zum hypothekarischen Haftungsverband finden Sie bei *Eckardt* ZJS 2012, 467 ff.

7 Vgl. BGHZ 85, 234 (237) mwN.

8 So die Rspr. zusammenfassend BGHZ 85, 234 (237).

9 BGHZ 62, 49 (51).

10 BGHZ 85, 234 (237).

11 BGHZ 85, 234 (238).

12 Dies gilt zB für Gabelstapler und Elektrokarren, BGHZ 85, 234 (238), aber auch für den Fuhrpark einer Fabrik, sofern mit ihm die Bedarfsgüter des Betriebes herbeigeschafft bzw. die erzeugten Produkte des Betriebes ausgeliefert werden, BGHZ 85, 234 (237).

Als Teil des Fuhrparks war er somit Zubehör iSd §§ 1120, 1192 I, 97.

**2.** Der Lkw würde jedoch dann nicht mehr der Zwangsvollstreckung unterliegen, wenn er von der hypothekarischen Haftung frei geworden wäre.

**a)** Eine Enthaftung könnte eingetreten sein, wenn bereits vor der Veräußerung die Zubehöreigenschaft beendet war. Dies könnte vorliegend dadurch geschehen sein, dass E den Lkw in seiner Funktion wegen des momentanen Geschäftsrückganges nicht mehr im vollen Umfang einsetzen konnte. Die Zubehöreigenschaft findet aber nur dann ihr Ende, wenn die zweckdienende Funktion des jeweiligen Zubehörstückes aufgehoben wurde. Vorliegend wurde der Lkw vielleicht weniger benutzt als zuvor. Damit ist aber noch keine Aufhebung der Widmung verbunden. **1321**

**b)** Fraglich ist allerdings, ob die Zubehöreigenschaft durch die Veräußerung an Z aufgehoben wurde. Aus dem systematischen Zusammenhang der §§ 1122 und 1121 ergibt sich jedoch, dass der Fall der Veräußerung von § 1121, der Fall der Bewirtschaftungsmaßnahme von § 1122 erfasst wird.[13] Danach stellt also die Veräußerung keinen Fall der Bewirtschaftung dar. Somit ist auch auf diese Weise keine Enthaftung eingetreten. **1322**

**3.** Das Fahrzeug könnte aber nach § 1121 I als Zubehörstück von der Haftung frei geworden sein, wenn es vor der Beschlagnahme veräußert und vom Grundstück entfernt worden ist.

Mit Beschlagnahme iSd § 1121 ist die Anordnung der Zwangsversteigerung bzw. Zwangsverwaltung gem. §§ 20, 146 ZVG gemeint,[14] Veräußerung bedeutet die Eigentumsübertragung des betreffenden Gegenstandes ohne gleichzeitige Veräußerung des Grundstückes.[15] **1323**

Unter »Entfernung« fällt schließlich jede auf Dauer angelegte Fortschaffung vom Grundstück.[16]

Hier ist der Wagen an Z veräußert und von ihm vom Grundstück entfernt worden, bevor durch Anordnung der Zwangsversteigerung die Beschlagnahme erfolgt ist. Somit ist Enthaftung eingetreten: eine eventuelle Kenntnis des Z von der Zugehörigkeit zum Haftungsverband ist dafür nach § 1121 ohne Belang.[17]

G hat deshalb keinen Anspruch gegen Z, die Zwangsvollstreckung in den Lkw zu dulden.

## II. Anspruch auf Schadensersatz

### 1. Anspruch aus § 823 I

**a)** Fraglich ist zunächst die Anwendbarkeit der genannten Norm. Schadensersatzansprüche könnten deshalb ausgeschlossen sein, weil § 1121 I zur Enthaftung des Zubehörs führt. Man könnte daraus schließen, dass das Gesetz den Erwerber dann auch vor Schadensersatzansprüchen schützen müsse. Diese Betrachtungsweise begegnet aber Bedenken: § 1121 I greift unabhängig von der Kenntnis des Erwerbers ein. Er **1324**

13 MüKoBGB/*Eickmann* § 1122 Rn. 13 mwN.

14 Vgl. Jauernig/*Berger* Anm. zu den §§ 1120–1122 Rn. 5.

15 Vgl. Jauernig/*Berger* Anm. zu den §§ 1120–1122 Rn. 9.

16 Nach hM muss die Entfernung mit der Veräußerung im Zusammenhang stehen, vgl. RGZ 144, 152 (155).

17 MüKoBGB/*Eickmann* § 1121 Rn. 26.

kann somit durchaus von der Beschlagnahme wissen und könnte demnach – sogar vorsätzlich – die Enthaftung und damit eine Schädigung des Grundpfandgläubigers herbeiführen. Um dieses Ergebnis zu vermeiden, sind die §§ 823 ff. auch im Fall des § 1121 I anwendbar.

1325 **b)** Das Sachenrecht erlaubt es, das im Eigentumsrecht versammelte Bündel von Einzelbefugnissen aufzuschnüren und je gesondert zu übertragen. Die so gebildeten Abspaltungen des Eigentumsrechts, wie die Grundschuld, teilen dessen Rechtscharakter und sind somit als ein »sonstiges Recht« iSd § 823 I zu qualifizieren.[18]

**c)** Durch den Erwerb und die Entfernung des Fahrzeuges vom Grundstück hat Z in dessen Bestand eingegriffen, da es als Haftungsobjekt nicht mehr zur Verfügung steht. Rechtsgutsverletzung und Verletzungshandlung sind damit zu bejahen.

1326 **d)** Fraglich ist aber, ob Z auch rechtswidrig gehandelt hat. Die Veräußerung erfolgte, weil der Eigentümer lt. Sachverhalt keine Verwendung mehr für den Wagen hatte, und zwar infolge des zurückgegangenen Geschäftsbetriebes. E erhielt für den Lkw einen angemessenen Preis von Z, mit dem er dringend benötigtes Material erwarb. Es handelte sich damit um eine Maßnahme ordnungsgemäßer Verwaltung, die das Gesetz gestattet, wie sich aus den §§ 1122, 1135 ableiten lässt. Somit hat Z auch als Erwerber rechtmäßig gehandelt.

Ein Anspruch gegen ihn gem. § 823 I scheidet aus.

### 2. Anspruch gem. §§ 823 II, 1134 f.

1327 **a)** Auch dieser Anspruch wird nicht dadurch ausgeschlossen, dass eine Enthaftung nach § 1121 eingetreten ist; die Gründe hierfür wurden bereits ausgeführt.[19]

**b)** Die §§ 1134 f. sind Schutzgesetze iSd § 823 II.[20] Hypothekar oder Grundschuldgläubiger sollen vor einer Verschlechterung der Masse geschützt werden.

**c)** Ein Anspruch scheidet jedoch deshalb aus, weil Z für den von E nicht mehr benötigten Lastwagen einen angemessenen Preis gezahlt hat. Auch hier gilt, dass E im Rahmen einer ordnungsgemäßen Wirtschaft gehandelt hat.[21]

Die Maßnahme ist also nicht als Verschlechterung des hypothekarischen Haftungsverbandes anzusehen.

## 2. Teil. Ansprüche der G-Bank gegen X bezüglich der Bohrmaschinen gem. §§ 1147, 1120, 1192 I

1328 **I.** Als Inventar sind die Bohrmaschinen Zubehör gem. §§ 97, 98 Nr. 1 und können damit in den hypothekarischen Haftungsverband gem. § 1120 fallen.

1329 **II.** Fraglich ist jedoch, ob sich die Grundschuld auf die Bohrmaschinen erstreckte. Zweifel bestehen deshalb, weil E zu dem Zeitpunkt, als sie in seinem Eigentum standen, nur eine Eigentümergrundschuld hatte, § 1196 I. X hat demgegenüber am 12.4. Eigen-

18 MüKoBGB/*Wagner* § 823 Rn. 209.
19 Vgl. auch MüKoBGB/*Eickmann* § 1121 Rn. 26.
20 BGHZ 85, 234 (236).
21 Zu den nicht allg. bestimmbaren Anforderungen einer ordnungsgemäßen Wirtschaft vgl. *Stöber*, Zwangsversteigerungsgesetz, 19. Aufl. 2009, § 23 Rn. 3.

tum erworben, bevor die Grundschuld auf G übertragen wurde. Zu diesem Zeitpunkt standen die Maschinen nicht mehr im Eigentum des E, wie es § 1120 aE verlangt.

**1.** Es lässt sich die Ansicht vertreten, dass die Haftungserstreckung gem. §§ 1192 I, 1120 f. erst einsetzen konnte, nachdem die Eigentümergrundschuld in den Händen der G-Bank zur Fremdgrundschuld geworden ist.[22] Folge wäre, dass die X-Bank von der Grundschuld unbelastetes Sicherungseigentum an den Bohrmaschinen erworben hätte und somit auch nicht die Zwangsversteigerung dulden müsste. Zur Begründung ließe sich § 1197 I heranziehen, wonach der Inhaber einer Eigentümergrundschuld nicht berechtigt ist, die Zwangsvollstreckung in das Grundstück zu betreiben. **1330**

**2.** Für die Anwendung der §§ 1120 ff. auf die Eigentümergrundschuld spricht jedoch, dass Eigentümergrundschulden typischerweise auf Dritte übertragen und in deren Hand zu Fremdgrundschulden werden sollen.[23] Die §§ 1120 ff. tragen der Tatsache Rechnung, dass sich der Wert eines Grundstückes auch nach den beweglichen Sachen bemisst, die sich auf ihm befinden.[24] Somit haben die §§ 1120 ff. die Funktion, den wirtschaftlichen Wert eines Grundpfandrechtes sicherzustellen; sie sollen insoweit dafür die wirtschaftliche Einheit von Grundstück und Zubehör wahren.[25] Dieser Zweck gilt auch für die Eigentümergrundschuld, die als Grundpfandrecht zur Kreditsicherung eingesetzt wird. Deshalb ist es gerechtfertigt, die §§ 1120 ff. darauf anzuwenden.[26] E hatte auch Eigentum an den Bohrmaschinen gem. § 1120 aE, als ihm die Eigentümergrundschuld zustand. **1331**

Somit sind die Bohrmaschinen ursprünglich von der hypothekarischen Haftung erfasst worden.

**III.** Nach Übertragung der Eigentümergrundschuld gem. §§ 1192 I, 1154 ff. auf G, wodurch diese zur Fremdgrundschuld wurde, haften die Bohrmaschinen für das der G-Bank zustehende Grundpfandrecht, sofern nicht Enthaftung eingetreten ist.

**1.** Die Veräußerung des Zubehörs an X am 12.4. vermag die Zugehörigkeit zum Haftungsverband nicht aufzuheben, auch wenn E hierdurch seine Eigentümerstellung verlor. Sofern das Zubehör einmal in den hypothekarischen Haftungsverband fällt, beurteilt sich die Frage der Enthaftung allein nach den §§ 1120 ff., nicht aber nach den Eigentumsverhältnissen.[27] **1332**

**2.** Fraglich ist demnach, ob die Bohrmaschinen durch die Sicherungsübereignung an X gem. §§ 1192 I, 1121 I frei geworden sind.

**a)** Die Sicherungsübereignung gem. §§ 929, 930 ist als reguläre Form der Eigentumsübertragung eine Veräußerung iSd §§ 1192 I, 1121 I. Jedoch fehlt es hier an einer Entfernung. Die Veräußerung gem. § 930, bei der die Übergabe durch ein Besitzkonstitut ersetzt wurde, brachte keine räumliche Trennung vom Grundstück mit sich.[28] **1333**

22 Vgl. BGH NJW 1973, 997 (999).
23 Die Funktion des Institutes liegt in der Rangsicherung für den Eigentümer, der ein vorrangiges Grundpfandrecht erhält, das sich leicht verwerten lässt.
24 Vgl. MüKoBGB/*Eickmann* § 1120 Rn. 1.
25 *H.P. Westermann* SachenR Rn. 501.
26 So BGH NJW 1979, 2514; ebenso MüKoBGB/*Eickmann* § 1120 Rn. 52.
27 Staudinger/*Wolfsteiner*, 2014, § 1120 Rn. 33 f. mwN; MüKoBGB/*Eickmann* § 1120 Rn. 29.
28 Vgl. dazu auch BGH NJW 1979, 2514; NJW 1987, 1266 (1267); Soergel/*Konzen* § 1121 Rn. 5.

Somit ist am 12.4. keine Enthaftung der Bohrmaschinen nach den genannten Normen eingetreten.

1334 **b)** Die vorbezeichnete Sicherungsübereignung bewirkte auch keine Enthaftung der Geräte nach § 1122 II. Eine Sicherungsübereignung führt nicht zur Aufhebung der Zubehöreigenschaft,[29] vielmehr ist die Aufrechterhaltung der dienenden Funktion für den auf dem Grundstück ausgeübten Betrieb bei der Sicherungsübereignung gerade beabsichtigt. Zu diesem Zweck werden dem Sicherungsgeber Besitz und Nutzung belassen.

**c)** Die Enthaftung könnte aber gem. §§ 1192 I, 1121 II am 8.10. erfolgt sein, als X die Bohrmaschinen vom Grundstück des E abgeholt hat.

Veräußerung und spätere Entfernung des Zubehörs vom Grundstück sind zu bejahen. Fraglich ist die Gutgläubigkeit der X.

**aa)** Gem. §§ 1192 I, 1121 II 1 kann X sich nicht darauf berufen, sie sei hinsichtlich der Grundschuld gutgläubig gewesen.

1335 **bb)** Vielmehr ist entscheidend, ob X hinsichtlich der Beschlagnahme gutgläubig war. Zwar hatte X keine Kenntnis von der Beschlagnahme. Jedoch greift vorliegend § 23 II 2 ZVG ein. Durch die Eintragung des Zwangsversteigerungsvermerkes im Grundbuch wird der gute Glaube des Erwerbers ausgeschlossen.

1336 **cc)** Zu erwägen bleibt, ob dessen ungeachtet eine Enthaftung eingetreten ist, weil X uU im Hinblick auf die Zubehöreigenschaft der Bohrmaschinen gutgläubig gewesen ist. Man könnte der Ansicht sein, über den Wortlaut des § 1121 II hinaus sei auch entscheidend, ob der Erwerber Kenntnis von der Zugehörigkeit der beweglichen Sache zum Haftungsverband gehabt habe.[30]

1337 Dagegen sprechen aber folgende Überlegungen: Die Enthaftung durch Entfernung nach der Beschlagnahme ist eine gesetzliche Ausnahme vom Prinzip der hypothekarischen Haftung. Hierfür hat das Gesetz – abgesehen von § 1122 – zwei Fallgestaltungen der Gutgläubigkeit in § 1121 geregelt. Beide knüpfen durch die Formulierung »in Ansehung der Hypothek« und »in Ansehung der Beschlagnahme« an aus dem Grundbuch ersichtliche Umstände an. Daneben auf eine Eigenschaft einer beweglichen Sache, dh auf ihre Zugehörigkeit zum hypothekarischen Haftungsverband, abzustellen, würde diese klare Grenzziehung verwischen und den Anwendungsbereich der §§ 1120 f. entwerten. Dies folgt daraus, dass man auf die Beweislastregelung des § 932 II abstellen und von der Gutgläubigkeit ausgehen müsste. Im Übrigen kommt es hinsichtlich der Gutgläubigkeit im Rahmen des § 135 II auch sonst nur auf den Bestand des Veräußerungsverbotes und nicht auf den Umfang und die Auswirkungen an.

Aus diesem Grunde ist ein lastenfreier Erwerb abzulehnen.[31]

Insgesamt ist damit keine Enthaftung eingetreten, X muss die Zwangsvollstreckung in die Bohrmaschinen dulden.

29 Vgl. BGH NJW 1979, 2514; so auch Bamberger/Roth/*Fritzsche* § 97 Rn. 21.

30 So etwa Palandt/*Bassenge* § 1121 Rn. 6) bei »außergewöhnlichen Umständen«; unklar Staudinger/*Wolfsteiner*, 2014, § 1121 Rn. 21.

31 Vgl. dazu auch MüKoBGB/*Eickmann* § 1121 Rn. 33; Erman/*Wenzel* § 1121 Rn. 6; da das Problem umstritten ist, wäre auch hier eine abweichende Entscheidung möglich.

### 3. Teil. Ansprüche der G-Bank gegen Y bezüglich der Furnierpresse gem. §§ 1147, 1120, 1192 I

**I.** Die Furnierpresse ist Zubehör des Grundstückes iSd §§ 97, 98 und kann damit ebenfalls gem. § 1120 in den hypothekarischen Haftungsverband fallen.

**II.** Fraglich erscheint jedoch, ob sich die Grundschuld auf die Furnierpresse erstreckte, da sie zu keiner Zeit im Eigentum des E stand, und nach § 1120 nur Zubehör für das Grundpfandrecht haftet, das dem Grundstückseigentümer gehört.

Infolge des Verkaufs unter Eigentumsvorbehalt ist dem E das Eigentum an der Furnierpresse aufschiebend bedingt übertragen worden und er hat damit ein Anwartschaftsrecht erlangt. Zu prüfen bleibt somit, ob dieses Recht in den Haftungsverband fällt. 1338

Dafür spricht die Überlegung, dass das Anwartschaftsrecht am Mobiliareigentum rechtlich ähnlich wie Eigentum behandelt wird und auch einen wirtschaftlichen, vom Rechtsverkehr anerkannten Wert darstellt. Ferner besteht ein wirtschaftliches Bedürfnis an dieser Auslegung des § 1120, da Veräußerungen unter Eigentumsvorbehalt weit verbreitet sind und häufig ein wesentlicher Teil des Vermögens eines Unternehmers davon betroffen ist.

Diese Erwägungen können es rechtfertigen, das Anwartschaftsrecht in den Haftungsverband der Hypothek einzubeziehen.[32]

Somit gehörte auch das Anwartschaftsrecht an der Furnierpresse ursprünglich zum Haftungsverband der Grundschuld.

**III.** Das Anwartschaftsrecht ist zwar entsprechend §§ 929, 930 auf Y übertragen worden, und nach Bedingungseintritt durch die Zahlung des Restkaufpreises hat die Y-Bank Eigentum an der Furnierpresse erlangt. Ihr Eigentum war jedoch mit der Haftung für die Grundschuld belastet. 1339

Zu prüfen bleibt deshalb nur, ob Enthaftung eingetreten ist: Für § 1121 fehlt es an der Entfernung vom Grundstück, für § 1122 an der Aufhebung der Zubehöreigenschaft. § 23 I 2 ZVG greift deshalb nicht ein, weil die Furnierpresse nicht nach der Beschlagnahme veräußert wurde.

Somit muss Y die Zwangsvollstreckung in die Furnierpresse dulden.[33]

### 4. Teil. Ergebnis

Aufgrund der Enthaftung hat die G-Bank keinen Anspruch gegen Z, die Zwangsvollstreckung in den Lkw zu dulden. Gegen X steht ihr ein Anspruch auf Duldung einer Zwangsvollstreckung in die Bohrmaschinen aus §§ 1192 I, 1147 zu. Den gleichen Anspruch kann die G-Bank gegen Y bezüglich der Furnierpresse als Zubehör des Grundstücks geltend machen.

32 So die stRspr seit BGHZ 35, 85 ff.; vgl. ferner ausf. *Medicus/Petersen* BürgerlR Rn. 484; *Mand* JURA 2004, 221 (221 f.).

33 Weitere Ansprüche, etwa der G gegen E, sind durch die Frage nach der Rechtslage an sich auch betroffen. Hier wird die allgemeine Fragestellung aber durch die Vorgabe des letzten Absatzes im Sachverhalt eingeschränkt. Deshalb sind die Möglichkeiten von X und Y, gegen die Zwangsversteigerung ihres Eigentums vorzugehen, nicht gefragt. Während des laufenden Zwangsvollstreckungsverfahrens wären die dafür einschlägigen Anspruchsgrundlagen nicht die §§ 985, 812 oder 823, sondern der richtige Rechtsbehelf wäre die Drittwiderspruchsklage nach § 771 ZPO; vgl. Sie dazu iE *Medicus/Petersen* BürgerlR Rn. 484.

## Fall 31: »Ein Bruder mit Grundstück«

1340 **1.** S nahm 2007 bei der B-Bank ein Anschaffungsdarlehen iHv 100.000 EUR für seinen Hausstand auf. Als die B-Bank Sicherheiten verlangte, bestellte E, der Bruder des S, an seinem Grundstück der B-Bank eine Grundschuld iHv 100.000 EUR.

Dem lag eine drei Seiten umfassende formularmäßige Erklärung zugrunde, darunter auch eine Zweckerklärung, wonach das Grundstück, »auch wenn die Sicherheit anlässlich einer bestimmten Kreditgewährung bestellt wird, zur Sicherung aller bestehenden und künftigen Ansprüche« haften sollte.

In der Folgezeit zahlte S den Kredit von 100.000 EUR in Raten bis Januar 2012 vollständig an die B-Bank zurück. Ende 2011 hatte S einen weiteren Kredit über 50.000 EUR von der B-Bank erhalten. Als er die vereinbarten Tilgungsraten im März 2011 nicht mehr aufbringen konnte, kündigte die B-Bank die Grundschuld und nahm E ab Juli 2012 iHv 50.000 EUR aus der Grundschuld in Anspruch. E, der von dem neuen Kredit nichts wusste, hält dies für unzulässig.

**Frage 1: Hat E Recht?**

**2.** Fs Freund G ist Geschäftsführer der G-GmbH. Als diese bei ihrer Bank in Zahlungsschwierigkeiten gerät, verlangt die Bank Sicherheiten. Da die G-GmbH über keinerlei Immobilien verfügt, bittet G den F um seine Hilfe. F bestellt daraufhin nach dem gleichen Formular, wie es gegenüber E verwandt wurde, zugunsten der G-GmbH in deren Auftrag für die B-Bank eine Sicherungsgrundschuld an seinem Grundstück iHv 100.000 EUR. Zugrunde liegt eine Kontokorrentforderung der B-Bank gegen die G-GmbH von zurzeit 80.000 EUR. Die B-Bank bewilligt der G-GmbH daraufhin einen Kreditrahmen von 100.000 EUR. Die G-GmbH führt ihre Geschäfte zunächst weiter, stellt dann aber ihre Zahlungen ein. Zur Vermeidung der Zwangsvollstreckung zahlt F an die B-Bank 90.000 EUR. Diese Summe entspricht den von der B-Bank geltend gemachten Forderungen in Höhe des derzeitigen Endsaldos aus der Kontokorrentverbindung zwischen der B-Bank und der G-GmbH.

**Frage 2: Wie ist die Rechtslage?**

## A. Vorüberlegungen

Auf den ersten Blick ist zu erkennen, dass es bei beiden Fallvarianten um eine Sicherungsgrundschuld geht. Zwar entspricht das Recht der Grundschuld grundsätzlich dem Hypothekenrecht, wie sich aus § 1192 ergibt, jedoch mit zahlreichen Besonderheiten, die sich aus der fehlenden Akzessorietät von Forderung und Grundschuld ergeben. Die Sicherungsgrundschuld ist nunmehr zum Teil in § 1192 Ia geregelt. Dieser bestimmt, dass der Eigentümer Einreden, die sich aus dem Sicherungsvertrag ergeben, dem jeweiligen Erwerber der Grundschuld entgegen halten kann (→ Rn. 1102). Die Verknüpfung von Forderung und Grundschuld erfolgt durch einen schuldrechtlichen Vertrag, den Sicherungsvertrag. 1341

Eine Besonderheit der Fälle liegt darin, dass der Schuldner der zu sichernden Forderung nicht mit dem Eigentümer des durch die Sicherungsgrundschuld dinglich belasteten Grundstücks identisch ist. Von daher ergibt sich eine grundsätzlich andere Interessenlage.

Die Fälle unterscheiden sich in der jeweiligen Fallfrage.

In Frage 1 kommt es nur auf die Klärung der Inanspruchnahme des Sicherungsgebers an. Von Bedeutung scheint zu sein, dass nach der Formularklausel das Grundstück auch für zukünftige Verbindlichkeiten haften soll. Vergleicht man den Sachverhalt infrage 1 und Frage 2, so ist jedenfalls im ersten zweifelhaft, ob die Vereinbarung diese Konsequenzen haben kann.

In Frage 2 hingegen ist nach der Rechtslage gefragt. Hier müssen alle möglichen Ansprüche der drei Beteiligten untereinander geprüft werden. Zur Einhaltung der logischen Reihenfolge ist hier zunächst gedanklich zu klären, welche Rechtsfolgen die Zahlung des Eigentümers an den Gläubiger ausgelöst hat. Danach ist zu klären, welche Ansprüche F gegen die B-Bank hat. Erst dann kann man mögliche Ansprüche der B-Bank gegen die G-GmbH prüfen, da dazu die Kenntnis von Bestand und Verbleib der Forderung erforderlich ist, die sich erst aus der vorangegangenen Prüfung ergibt.

## B. Lösung

### Frage 1:

1342 Anspruch der B-Bank gegen E auf Duldung der Zwangsvollstreckung gem. §§ 1147, 1191 I

**I.** Die B-Bank könnte gegen E gem. §§ 1147, 1192 I einen Anspruch auf Duldung der Zwangsvollstreckung haben. Dann müsste E zugunsten der B-Bank wirksam eine Grundschuld bestellt haben. Die Grundschuld kommt durch Einigung und Eintragung zustande, § 873 I. Ist die Erteilung eines Briefes, wie hier, nicht ausgeschlossen, erwirbt der Grundschuldgläubiger die Grundschuld erst mit der Übergabe des Grundschuldbriefes, §§ 1116 I, II, 1117 I, 1192 I.

Der Sachverhalt gibt keine Anhaltspunkte dafür, dass die Grundschuld nicht wirksam entstanden ist. Insbesondere kann eine Grundschuld auch zugunsten eines vom Eigentümer verschiedenen Schuldners bestellt werden.

1343 **II.** Die B-Bank müsste noch Inhaberin der Grundschuld sein. Das könnte deswegen zweifelhaft sein, weil S den Kredit von 100.000 EUR an die B-Bank zurückgezahlt hat. Die Zahlung könnte bewirkt haben, dass die Sicherungsgrundschuld zu einer Eigentümergrundschuld geworden ist.

Die Zahlung kann jedoch nicht als Zahlung auf die Grundschuld ausgelegt werden. Der Schuldner leistet seine Ratenzahlungen in der Regel nur auf die Forderung. Das Erlöschen der Forderung führt auch nicht zur Entstehung einer Eigentümergrundschuld. § 1163 findet über § 1192 I keine Anwendung auf die Grundschuld, denn diese Norm setzt die Akzessorietät von Forderung und Hypothek voraus.[1]

1344 **III.** Die Grundschuld ist auch fällig, § 1193 I.

1345 **IV.** Dem Anspruch der B-Bank auf Duldung der Zwangsvollstreckung könnte E aber möglicherweise eine Einrede entgegenhalten.

**1. a)** In Betracht käme hier die Einrede »dolo facit qui petit, quod statim redditurus est«[2] aus § 242 iVm dem Sicherungsvertrag, wenn E, nachdem S den Kredit von 100.000 EUR zurückgezahlt hat, einen Anspruch auf Rückübertragung der Grundschuld hat.

Ob in der formularmäßigen Erklärung ein Rückübertragungsanspruch vereinbart wurde, geht aus dem Sachverhalt nicht hervor. Aber selbst wenn es an einer ausdrücklichen Abrede fehlt, ergibt die ergänzende Vertragsauslegung angesichts des Sicherungszwecks der Abrede einen Rückgewähranspruch. Nach dem Sicherungszweck soll die überschießende Rechtsmacht des Sicherungsnehmers schuldrechtlich begrenzt werden. Ihm soll die Grundschuld nur solange zustehen, bis die gesicherte Forderung getilgt ist, und der Eigentümer soll dann einen Rückübertragungsanspruch haben.[3]

1 BGHZ 39, 242 (245).
2 BGHZ 19, 205 (206).
3 *Westermann/Gursky/Eickmann* SachenR § 117 III 3, S. 885.

**b)** Daneben könnte E die Einrede der Bereicherung gem. § 821 zustehen. Dann müsste E gegen die B-Bank aus § 812 einen Anspruch auf Rückübertragung der Grundschuld haben.

**Hinweis:** Ob überhaupt aus § 812 ein Rückübertragungsanspruch neben einem vertraglichen aus der Sicherungsabrede besteht, ist umstritten.[4] Wenn man der Ansicht folgt, dass die Bereicherungseinrede geltend gemacht werden kann, muss man weiter entscheiden, aus welcher Alternative des § 812 I sich ein Rückübertragungsanspruch herleiten lässt.[5]

**c)** Darüber hinaus könnte E neben seinem möglichen vertraglichen Rückübertragungsanspruch einen dinglichen Anspruch auf Verzicht aus §§ 1169, 1192 gegen die B-Bank haben, den er einredeweise geltend machen könnte.[6] Dies setzt eine dauernde Einrede des E gegen die Geltendmachung der Grundschuld voraus. Eine solche wäre wiederum der Rückgewähranspruch aus dem Sicherungsvertrag.[7]

**2.** Voraussetzung des Rückübertragungsanspruchs ist aber in allen Fällen, dass die gesicherte Forderung getilgt ist. Hier diente die Grundschuld ursprünglich dazu, die Forderung der B-Bank gegen S iHv 100.000 EUR zu sichern. Dieses Darlehen hat S 2009 zurückgezahlt. **1346**

**3.** E hat aber dann keinen Rückgewähranspruch gegen die B-Bank, wenn die an seinem Grundstück bestellte Grundschuld auch für das dem S 2008 gewährte Darlehen haftet. Da die geschuldeten Raten nicht gezahlt worden sind, kann die B-Bank nunmehr auf die für die Forderung bestellten Sicherheiten zurückgreifen. Eine Haftung des Grundstücks könnte sich aus der Zweckerklärung ergeben, in der es heißt, dass auch alle künftigen Ansprüche gesichert werden sollten. **1347**

Die Zweckabrede war in einem mehrseitigen von der B-Bank verwendeten und für eine Vielzahl von Fällen vorformulierten Sicherungsvertrag enthalten, sodass darauf die §§ 305 ff. anzuwenden sind.

Einer gesonderten Einbeziehung der allgemeinen Geschäftsbedingungen gem. § 305 II bedurfte es nicht, da in diesem Fall AGB und Einzelvertrag in einem Formular enthalten sind. Allerdings könnte die Klausel, wonach das Grundstück auch für alle künftigen Ansprüche haften sollte, nicht Vertragsbestandteil geworden sein. Das wäre dann der Fall, wenn es sich dabei um eine überraschende Klausel iSv § 305c handelte. **1348**

Man könnte daran denken, dies richte sich danach, was allgemein an Klauseln in Sicherungsabreden enthalten ist. Fast alle gängigen Bankformulare enthalten aber derartige Regelungen, sodass damit die Üblichkeit nicht verneint werden könnte. Mit einer solchen Auslegung des § 305c ließe sich aber ein effektiver Schutz des Kunden nie erreichen.

Abzustellen ist vielmehr darauf, ob die Klausel nach den Umständen so ungewöhnlich ist, dass der Kunde mit ihr keinesfalls zu rechnen brauchte. § 305c will den Vertragspartner des Verwenders vor Klauseln mit einem starken Überraschungsmoment schützen.[8] E hatte als Privatmann für seinen Bruder S, ebenfalls ein Privatmann, eine

4 Staudinger/*Wolfsteiner*, 2015, Vor §§ 1191 ff. Rn. 150 ff.; BGH NJW 1985, 800 (801).
5 Vgl. dazu *Baur/Stürner* SachenR § 45 Rn. 24.
6 Vgl. BGH NJW 1985, 800 (801).
7 Palandt/*Bassenge* § 1169 Rn. 3 iVm § 1191 Rn. 23.
8 BGHZ 84, 109 (112); 100, 82 (85).

Grundschuld an seinem Grundstück bestellt, weil dieser zur Anschaffung von Haushaltsgegenständen die konkrete Verbindlichkeit iHv 100.000 EUR gegenüber der B-Bank eingegangen war.

Anlass der Sicherungsabrede war die konkrete Verbindlichkeit, sodass vom Erwartungshorizont des Sicherungsgebers S auch nur damit zu rechnen war, dass die Grundschuld eben diese Forderung sichern sollte. Vor dem Hintergrund dieses Vertragsschlusses brauchte S nicht damit zu rechnen, dass die Grundschuld auch für ungewisse, seiner Kenntnis und Einflussnahme entzogene künftige Schulden seines Bruders bei der B-Bank haften soll.

Der Überrumpelungseffekt dieser weiten formularmäßig vereinbarten Sicherungsabrede ist in dem Widerspruch zwischen den durch den besonderen Anlass der Grundschuldbestellung zutage getretenen Zweckvorstellungen des Sicherungsgebers und der davon in einem nicht zu erwartenden Ausmaß abweichenden Ausweitung des Sicherungszwecks zu sehen.[9]

1349 **Hinweis:** Die formularmäßige Ausdehnung der Sicherungsabrede auf alle bestehenden und künftigen Ansprüche kann nur dann eine überraschende Klausel iSv § 305c sein, wenn Kreditnehmer und Sicherungsgeber personenverschieden sind und die weite Sicherungsabrede deutlich vom Erwartungshorizont des Sicherungsgebers abweicht, da dieser in den Verhandlungen zum Sicherungsvertrag darauf nicht hingewiesen wurde, sondern vielmehr davon ausging, eine bestimmte Forderung zu sichern.[10] Sind Darlehensnehmer und Sicherungsgeber identisch, fehlt der Sicherungsabrede der für § 305c erforderliche Überraschungseffekt. In diesem Fall dient die Ausnutzung der Grundschuld für spätere Kreditgeschäfte dem Interesse des Kunden, der zugleich Sicherungsgeber ist. Er hat es in der Hand, ob er weitere Verbindlichkeiten eingeht.[11]

Angesichts eines dreiseitigen Formulars war diese Klausel auch nicht so auffällig, dass E hätte darauf stoßen müssen. Vielmehr war sie auch nach ihrem äußeren Erscheinungsbild überraschend. Ist somit diese Klausel gem. § 305c nicht Vertragsbestandteil geworden, so erstreckt sich die Haftung der Grundschuld auch nicht auf diese erst 2008 begründete Forderung.

Damit ist der Sicherungszweck der Grundschuld nach der Zweckabrede erfüllt. E kann der B-Bank einredeweise entgegenhalten, dass ihm ein Rückübertragungsanspruch zusteht.

Der Anspruch der B-Bank gegen E ist nicht begründet.

## Frage 2:

### 1350 1. Teil. Ansprüche der B-Bank gegen F auf Duldung der Zwangsvollstreckung

**I.** Die B-Bank könnte gegen F einen Anspruch aus §§ 1192, 1147 auf Duldung der Zwangsvollstreckung aus der Grundschuld iHv 100.000 EUR haben.

**1.** F hat zugunsten der B-Bank wirksam eine Grundschuld iHv 100.000 EUR an seinem Grundstück bestellt. Insbesondere kann eine Grundschuld aufgrund ihrer Unabhängigkeit von der Forderung auch zur Sicherung eines laufenden, in der Höhe

9 Vgl. BGH NJW 1989, 831.

10 *Braunert* NJW 1991, 805 (806 f.).

11 BGH ZIP 1981, 147; NJW 1987, 2228.

ständig wechselnden Kredits (Kontokorrent, § 355 HGB) zwischen Bank und Kunden bestellt werden.[12]

**Hinweis:** Da der Kredit in wechselnder Höhe in Anspruch genommen wird, erfolgt die Grundschuldbestellung in der Regel in Höhe des eingeräumten Kreditrahmens.

In diesem Fall kann F auch nicht einwenden, sein Grundstück hafte nur iHv 80.000 EUR, da die Klausel betreffend der Haftung für zukünftige Verbindlichkeiten wegen § 305 c nicht Vertragsbestandteil geworden sei. Hier wurde die Grundschuld der B-Bank gerade zur Sicherung eines Kontokorrents bestellt. In diesem Fall weiß der Sicherungsgeber, dass typischerweise zugunsten der Bank Verbindlichkeiten in wechselnder Höhe entstehen und dass er bis zum für die Grundschuld angegebenen Betrag dafür haftet. Die Klausel war für F nicht überraschend, sodass hier § 305c nicht entgegensteht.

**2.** Die Sicherungsgrundschuld könnte aber iHv 90.000 EUR, die F an die B-Bank ge- **1351**
zahlt hat, erloschen sein.

Voraussetzung dafür ist allerdings, dass F auf die Grundschuld gezahlt hat und nicht nur auf die Forderung der B-Bank gegen die G-GmbH iHv 90.000 EUR. Worauf die Leistung erfolgte, ist nach dem Parteiwillen zu entscheiden. Eine Tilgungsvereinbarung im Sicherungsvertrag zwischen F und der B-Bank liegt nicht vor. Auch hat F bei der Zahlung eine ausdrückliche Bestimmung nicht getroffen, § 366 I. Es kommt daher auf den mutmaßlichen Parteiwillen an, so wie er sich aus den Umständen des Einzelfalls ermitteln lässt. Dafür ist entscheidend auf die Interessenlage abzustellen.[13] Dies kommt auch in der gesetzlichen Wertung des § 366 II zum Ausdruck. Die Norm kann vorliegend allerdings nicht angewandt werden, weil sie die Fälligkeit mehrerer Forderungen voraussetzt, F aber nur aus der Grundschuld verpflichtet war und schon vor Fälligkeit der Grundschuld gezahlt hat.

**Hinweis:** Sind Eigentümer und Schuldner identisch und wird die noch ausstehende Summe auf einmal zurückgezahlt, so erfolgt die Zahlung zumeist auf die Grundschuld und die Forderung.[14] Damit erlischt die Forderung infolge Erfüllung, die Sicherungsgrundschuld wird zur Eigentümergrundschuld. Dies entspricht dem Sinn und Zweck der Sicherungsabrede, wonach der Gläubiger trotz schuldrechtlicher Verpflichtung einerseits und dinglicher Sicherung andererseits die Leistung nur einmal erhalten soll.[15]

Sofern Schuldner und Eigentümer personenverschieden sind, haftet das Grundstück nur für eine dem Eigentümer fremde Forderung. Deshalb geht in einem solchen Fall das Interesse des zahlenden Eigentümers regelmäßig dahin, die Grundschuld abzulösen. Er zahlt in der Regel nur auf die Grundschuld und nicht, um die Forderung zu tilgen. Dieser Lösung stehen auch keine Interessen des Geldgebers entgegen.

**Hinweis:** Eine andere Interessenlage wird jedoch anzunehmen sein, wenn der Eigentümer den Grundschuldbetrag zahlt, das Grundpfandrecht aber zur Sicherung eines laufenden Kredits diente und das

12 *Rimmelspacher*, Kreditsicherungsrecht, 2. Aufl. 1987, Rn. 798.

13 *Westermann/Gursky/Eickmann* SachenR § 116 IV 3, S. 883.

14 BGH NJW 1987, 838 (839); *Baur/Stürner* SachenR § 45 Rn. 42 ff.; aA *Serick*, Eigentumsvorbehalt und Sicherungsübertragung Bd. II, Die einfache Sicherungsübertragung, Erster Teil, 1965, 428.

15 BGH DNotZ 1981, 389 (391).

Kreditverhältnis über die Zahlung hinaus fortdauert. Dann widerspricht es dem Interesse des Geldgebers, ihm die dingliche Sicherung der ständig in der Höhe wechselnden Darlehensforderung zu entziehen.

Nachdem die G-GmbH ihre Geschäfte eingestellt hatte, kam eine Fortsetzung des Kreditverhältnisses und eine Aufstockung des Kredits nicht mehr in Betracht. Entsprechend der Interessenlage hat F damit auf die Grundschuld gezahlt. Zu prüfen ist, ob damit die Grundschuld erloschen ist.

Zahlt der Eigentümer auf die Grundschuld, so geht diese als Eigentümergrundschuld auf ihn über. Zur Begründung sind drei mögliche Lösungswege denkbar, wobei jeweils die Hypothekenvorschriften analog anzuwenden sind. In Betracht kommt eine analoge Anwendung des § 1163 I 2[16] oder der §§ 1168, 1170, 1171[17], ferner eine entsprechende Anwendung der §§ 1142, 1143.[18] Da alle Ansichten zum gleichen Ergebnis führen, ist eine Entscheidung nicht erforderlich.

Nach Zahlung der 90.000 EUR auf die Sicherungsgrundschuld ist damit in Höhe dieser Summe eine Eigentümergrundschuld entstanden.

Damit stand der B-Bank nach Zahlung die Sicherungsgrundschuld nicht mehr iHv 100.000 EUR, sondern nur noch iHv 10.000 EUR zu.

1352 **3.** Fraglich ist aber, ob der Anspruch der B-Bank aus §§ 1192, 1147 auf Duldung der Zwangsvollstreckung aus der verbleibenden Grundschuld durchsetzbar ist, da die G-GmbH nur einen Kredit über 90.000 EUR in Anspruch genommen hat.

F könnte gegen den Duldungsanspruch die Einrede des mangelnden Sicherungsfalles zustehen. IHv 10.000 EUR ist keine Auszahlung erfolgt, sodass auch keine zu sichernde Forderung in dieser Höhe entstanden ist und aufgrund der Geschäftsaufgabe auch nicht entstehen wird. Ob in dem Sicherungsvertrag eine dahingehende Vereinbarung getroffen wurde, dass die Grundschuld nur im Rahmen der zugrundeliegenden Forderung verwertet werden darf, geht aus dem Sachverhalt nicht hervor. Sollte es an einer ausdrücklichen Abrede fehlen, ergibt aber die ergänzende Vertragsauslegung entsprechend dem Sicherungszweck das gleiche Ergebnis.[19]

F kann dem Duldungsanspruch der B-Bank bezüglich der verbleibenden 10.000 EUR die Einrede des mangelnden Sicherungsfalles entgegenhalten.[20]

IHv 90.000 EUR ist die Sicherungsgrundschuld zur Eigentümergrundschuld geworden und iHv 10.000 EUR nicht durchsetzbar.

1353 **II.** Ansprüche der B-Bank gegen F aus anderen Rechtsgründen bestehen nicht.

### 2. Teil. Anspruch des F gegen die B-Bank aus der Sicherheitsabrede

1354 F könnte gegen die B-Bank einen Anspruch auf Abtretung der persönlichen Forderung gegen die G-GmbH aus der Sicherungsabrede haben.

16 *Baur/Stürner* SachenR § 44 Rn. 23 f.
17 *Wolff/Raiser* SachenR § 156 Fn. 11, S. 647.
18 Staudinger/*Wolfsteiner*, 2015, § 1192 Rn. 18.
19 Vgl. MüKoBGB/*Eickmann* § 1191 Rn. 16.
20 Vgl. weiter zu den möglichen Einreden → Rn. 1345.

**I.** Dann müsste die B-Bank Inhaberin der Forderung sein. Da F nur auf die Grundschuld gezahlt hat und das rechtliche Schicksal der Forderung vom Bestand der Grundschuld unabhängig ist, ist die Forderung nicht mit der Zahlung des F auf die Grundschuld erloschen.[21]

Die Forderung könnte aber mit der Zahlung auf F übergegangen sein. Ein gesetzlicher Forderungsübergang könnte sich aus § 426 II oder § 1143 I 1 ergeben. § 426 II greift nicht ein. Zwischen dem persönlichen Schuldner und dem Eigentümer, der zur Sicherung einer fremden Verbindlichkeit eine Grundschuld an seinem Grundstück bestellt, besteht kein Gesamtschuldverhältnis. Zum einen sind schuldrechtliche Forderung und dingliches Recht zu verschiedenartig, zum anderen spricht der unterschiedliche Inhalt der Haftung gegen die Annahme einer Gesamtschuld iSv § 421.[22] § 1143 I 1 könnte nur über die Verweisung des § 1192 anwendbar sein. Die Norm betrifft jedoch die besondere Verknüpfung von Hypothek und Forderung, sodass eine entsprechende Anwendung auf die Grundschuld nicht möglich ist.[23]

**II.** Der zahlende Eigentümer F könnte aus der Sicherungsabrede einen Anspruch auf Abtretung der Forderung der B-Bank gegen die GmbH haben. **1355**

Eine ausdrückliche Vereinbarung haben F und die B-Bank für diesen Fall nicht getroffen. Aufgrund der wirtschaftlichen Verwandtschaft von Hypothek und Sicherungsgrundschuld lässt die Sicherungsabrede aber unter Berücksichtigung der beiderseitigen Interessen eine ergänzende Vertragsauslegung des Inhalts zu, dass der den Gläubiger befriedigende Eigentümer verlangen kann, so gestellt zu werden, wie der in der gleichen Lage befindliche Hypothekenschuldner.[24] Dieser würde kraft Gesetzes Inhaber der Forderung, § 1143 I 1, sodass der den Gläubiger befriedigende Grundschuldbesteller vom Gläubiger die Abtretung der schuldrechtlichen Forderung gegen den Darlehensnehmer verlangen kann.[25]

F hat aus der Sicherungsabrede gegen die B-Bank einen Anspruch auf Abtretung der zugunsten der B-Bank gegen die G-GmbH bestehenden Forderung.

## 3. Teil. Anspruch der B-Bank gegen die G-GmbH auf Zahlung von 90.000 EUR aus § 607

Die B-Bank könnte zunächst noch, bis zur Abtretung der Darlehensforderung an F, einen Anspruch auf Zahlung von 90.000 EUR gegen die G-GmbH haben. Die Forderung ist entstanden und durch die Zahlung des F nicht untergegangen. Zu prüfen ist, ob die Forderung auch durchsetzbar ist. Die G-GmbH könnte ihrer Inanspruchnahme möglicherweise die Zahlung des F auf die Grundschuld entgegenhalten, § 242. Dafür spricht die Interessenlage. Die B-Bank hat von F schon einmal 90.000 EUR erhalten und würde bei einer erneuten Zahlung durch den persönlichen Schuldner doppelt befriedigt. Des Weiteren müsste die G-GmbH dann zweimal zahlen, zum einen an den Gläubiger und zum anderen an den Grundschuldgeber, wenn sie ihm im Innenverhältnis ausgleichpflichtig ist. Der Gläubiger kann daher wegen Verstoßes **1356**

21 Vgl. BGHZ 80, 228; BGH NJW 1987, 838 (839).
22 BGHZ 105, 154 (157).
23 *Reinicke/Tiedtke* NJW 1981, 2145, 2146.
24 RGZ 150, 371 (374); *Reinicke/Tiedtke* NJW 1981, 2145 (2146).
25 Soergel/*Konzen* § 1143 Rn. 4; Staudinger/*Wolfsteiner*, 2015, § 1143 Rn. 37 f.; *Wolf/Wellenhofer* SachenR § 28 Rn. 27 f.; aA MüKoBGB/*Eickmann* § 1191 Rn. 127: entsprechend § 1143.

gegen § 242 die ihm vor der Abtretung an den Eigentümer noch zustehende Forderung nicht durchsetzen, wenn er dadurch eine doppelte Befriedigung erlangen würde.[26]

## 4. Teil. Ansprüche des F gegen die G-GmbH auf Zahlung von 90.000 EUR aus §§ 398, 607

1357 **I.** Sobald die B-Bank ihre Forderung gegen die G-GmbH an F abgetreten hat, kann F aus dieser Forderung gegen die G-GmbH vorgehen, §§ 398, 607. Dabei gehen auch eventuell bestehende Pfandrechte und Sicherheiten im Verhältnis der B-Bank gegen die G-GmbH nach § 401 auf F mit über.

**II.** Weiterhin hat F gegen die G-GmbH aus dem zwischen ihnen bestehenden Auftrag oder Geschäftsbesorgungsvertrag, der der Sicherungsbestellung zugrunde liegt, einen Anspruch auf Erstattung der notwendigen Aufwendungen aus § 670.

Beide Ansprüche sind jeweils auf 90.000 EUR gerichtet und können von F in Form der Anspruchskonkurrenz nebeneinander geltend gemacht werden.

26 BGHZ 105, 154 (158); *Reinicke/Tiedtke* NJW 1981, 2145 (2146).

# 5. Abschnitt. Familienrecht

## 1. Kapitel. Grundprobleme der Falllösung im Familienrecht

### A. Das Familienrecht in der Ausbildung

Das Familienrecht gehört für manchen Studenten zu den Anwendungsbereichen des Prinzips »Mut zur Lücke«. In den meisten Prüfungsordnungen für das Erste Staatsexamen auf »Grundzüge« reduziert, wird es von vielen Studenten nicht selten während der Ausbildung vernachlässigt, obwohl seine Bedeutung in der Anwalts- und Gerichtspraxis nicht bestritten werden kann. Wir meinen, es sollte in den wichtigsten Bereichen seinen Platz in einer guten Examensvorbereitung haben. Deshalb wird im Folgenden eine Reihe von Fällen vorgestellt, teilweise wegen der Aktualität der Themen, teilweise, weil es sich um »Klassiker« des Familienrechtes handelt. Aus erstgenanntem Grund haben wir auch eine Klausur aus dem Recht der nichtehelichen Lebensgemeinschaft ausgewählt, obwohl man die Thematik nicht zum engeren Bereich des Familienrechtes zählen kann. Wegen der Vielfältigkeit denkbarer Anspruchsgrundlagen eignet sie sich indessen recht für eine Examensklausur. 1358

Wie auch in den anderen Rechtsgebieten ist die folgende Darstellung nicht erschöpfend. Eine empfehlenswerte Ergänzung zum Selbststudium[1] betrifft die Scheidung und ihre Rechtsfolgen,[2] insbesondere natürlich, wenn Sie sich für einen fachspezifischen Schwerpunkt entscheiden. Aber nun zu den hier behandelten Themenbereichen:

### B. Die Erfordernisse der Eheschließung

Der erste Fall befasst sich mit den Voraussetzungen wirksamer Eheschließung bzw. mit den Folgen ihres Fehlens. Vorangestellt sei deshalb ein kurzer Überblick über die Erfordernisse der Eheschließung.

Sowohl das Scheidungs- als auch das Eheschließungsrecht sind (wieder) Bestandteile des BGB. Während dies für das Scheidungsrecht bereits seit dem 1. Eherechtsreformgesetz, in Kraft getreten am 1.7.1977, gilt, wurde das Recht der Eheschließung erst mit dem Eheschließungsrechtsgesetz vom 4.5.1998[3] in das BGB übernommen und das seit 1946 geltende Ehegesetz (EheG) aufgehoben.[4] 1359

In den §§ 1303–1320 finden Sie nunmehr die Voraussetzungen wirksamer Eheschließung ebenso abschließend geregelt wie die Rechtsfolgen ihres Fehlens. 1360

**I.** Die §§ 1303, 1304 befassen sich mit der Ehefähigkeit, einer Sonderform der Geschäftsfähigkeit, da die Ehe ein Vertrag, wenngleich besonderer Art, ist: 1361

Geschäftsunfähige können nicht wirksam die Ehe eingehen, § 1304, voll Geschäftsfähige ohne Weiteres, § 1303 I. Minderjährige ab 16 Jahren bedürfen grundsätzlich

1 Zur Vertiefung aktueller Problematiken im Familien- und Erbrecht vgl. *Röthel* Fallrep FamR/ErbR.
2 Vgl. etwa *Schwab* FamR Rn. 314 ff.
3 BGBl. 1998 I 833 ff.
4 Vgl. zur geschichtlichen Entwicklung *Bosch* NJW 1998, 2004 ff.

der Einwilligung des gesetzlichen Vertreters, § 1303 III. Lediglich § 1303 IV, III enthält eine Ausnahme davon.

1362 **II.** Im zweiten Unterabschnitt, in den §§ 1306–1308, führt das Gesetz die Eheverbote auf, die durch das Eheschließungsrechtsgesetz auf drei reduziert wurden: das Verbot der Doppelehe (§ 1306), der Ehe zwischen nahen (§ 1307) oder infolge Adoption gesetzlich (§ 1308) Verwandten. In diesen Zusammenhang gehört noch § 1320. Das Nichtvorliegen dieser Ehehindernisse ist zwar Voraussetzung für eine *rechtmäßige* Ehe. Aber die Rechtsfolgen eines Ehehindernisses sind sehr unterschiedlich, wie bereits die Formulierungen in den §§ 1306 f. (»darf nicht«) und in § 1308 (»soll nicht«) zeigen. Darauf ist später einzugehen.

1363 **III.** Im vierten Unterabschnitt schließlich, in den §§ 1310–1312, finden Sie die *formellen* Vorschriften für die Eheschließung. Verfahrensnormen für die beiden ersten Unterabschnitte enthält das FamFG,[5] für den vierten Abschnitt das Personenstandsgesetz.

1364 **IV.** Die letzten Rechtmäßigkeitsvoraussetzungen befinden sich in § 1314, der als Spezialvorschrift zu den §§ 119 ff. Willensmängel bei der Eheschließung regelt. Schließlich ist auch hier noch § 1320 zu erwähnen.

## C. Nicht-Ehe und aufhebbare Ehe

Es wurde bereits angedeutet, dass Verstöße gegen die genannten Normen unterschiedliche Konsequenzen haben. Man unterscheidet die Nicht-Ehe von der aufhebbaren Ehe.

1365 **I.** Von einer Nicht-Ehe spricht man, wenn die Eheschließung entweder nicht vor dem Standesamt stattfand oder – dies wird unterstellt, ohne dass es ausdrücklich im Gesetz geregelt ist – die Erklärung, die Ehe eingehen zu wollen, nicht von zwei Personen verschiedenen Geschlechtes abgegeben wurde. In letzterem Fall besteht seit dem In-Kraft-Treten des Lebenspartnerschaftsgesetzes (LPartG)[6] am 1.8.2001 die Möglichkeit zur Begründung einer Eingetragenen Lebenspartnerschaft. Durch diese werden gleichgeschlechtliche Partnerschaften in vielen Rechtswirkungen dem Eherecht angenähert, worauf an gegebener Stelle noch eingegangen werden wird.

1366 **II.** Aus welchem Grund eine Ehe aufgehoben werden kann, regelt das Gesetz gem. § 1313 S. 3 abschließend in § 1314. Dazu zählen nach § 1314 I Formmängel iSd § 1311, mangelnde Geschäftsfähigkeit gem. §§ 1303 f. oder die Eheverbote der §§ 1306 f. Aufhebungsgründe stellen darüber hinaus die in § 1314 II Nr. 1–5 aufgezählten Willensmängel sowie § 1320 dar. Zu beachten ist, dass eine Aufhebung gem.

---

5 Das Gesetz über das Verfahren in Familiensachen und Angelegenheiten der freiwilligen Gerichtsbarkeit (FamFG) ist in Art. 1 des Gesetzes zur Reform des Verfahrens in Familiensachen und in den Angelegenheiten der freiwilligen Gerichtsbarkeit (FGGRG) v. 17.12.2008 geregelt, welches am 1.9.2009 in Kraft getreten ist, BGBl. I 2586. Vgl. zu den Änderungen durch das FamFG *Büte* FuR 2009, 251 ff.

6 BGBl. 2001 I 266; zur Verfassungsmäßigkeit des LPartG vgl. BVerfG NJW 2002, 2543 ff., besprochen von *Braun* JuS 2003, 21 ff. Ausf. zu Wirksamkeitsvoraussetzungen und Rechtsfolgen der Eingetragenen Lebenspartnerschaft auch *Muscheler* JURA 2004, 217 ff. Zum Ausschluss der Lebenspartnerschaft vom Ehegattensplitting s. BVerfG NJW 2013, 2257 ff., zur Sukzessivadoption durch eingetragene Lebenspartner BVerfG NJW 2013, 847 ff.

§ 1315 in Folge nachträglicher Bestätigung der Ehe ausgeschlossen sein kann. Die Aufhebung entfaltet *ex-nunc-Wirkung* und tritt mit Rechtskraft des entsprechenden Urteils ein, § 1313 S. 2. Die Klagemöglichkeit ist in den Fällen des § 1314 II Nr. 2–4 gem. § 1317 befristet. In verfahrensrechtlicher Hinsicht gelten §§ 121 Nr. 2 ff. FamFG. Der Antrag löst grundsätzlich keinen zukünftigen vermögensrechtlichen Ausgleich zwischen den Beteiligten aus.[7] Die Scheidungsfolgen greifen nur unter den Voraussetzungen des § 1318 ein.

**III.** Alle anderen Rechtmäßigkeitsvoraussetzungen, die oben genannt wurden, berühren den Bestand der Ehe nicht, sind also keine Wirksamkeitsvoraussetzungen.

Auf dieser Grundlage soll jetzt der erste Fall behandelt werden.

## D. Reformen im Familienrecht

Im Familienrecht wurden in jüngerer Vergangenheit zahlreiche Bereiche reformiert. **1367**
Als am ehesten examensrelevant sind die Reformen des Unterhaltsrechts,[8] des Zugewinn-[9] und der Versorgungsausgleichs[10] sowie des Familienverfahrensrechts hervorzuheben.

Das Familienverfahrensrecht glich bislang einem aus verschiedenen Regelungen in diversen Einzelgesetzen zusammengesetzten Flickenteppich. Zentrale Regelungen enthielten neben der ZPO das FGG sowie die HausratsVO. Mit der Reform des Zugewinnausgleichs- und Vormundschaftsrechts wurden die verbliebenen Regelungen der HausratsVO ins BGB (vgl. §§ 1361a, 1361b, 1568a und 1568b) eingefügt. Durch die Zusammenfassung in einem neuen Gesetz sollte vor allem der durch zahlreiche Verweisungsvorschriften zwischen den einzelnen Gesetzen hervorgerufenen Unübersichtlichkeit ein Ende gesetzt werden. Neben der Vereinheitlichung verfolgte der Gesetzgeber auch zahlreiche inhaltliche Änderungen, zB die Einführung eines großen Familiengerichts mit erweiterten Zuständigkeiten, die Ablösung des Urteils durch die Entscheidungsform des Beschlusses oder die Erweiterung der Auskunftspflichten.[11]

7 Vgl. Palandt/*Brudermüller* BGB § 1318 Rn. 1.

8 Gesetz zur Änderung des Unterhaltsrechts v. 21.12.2007 (in Kraft getreten am 1.1.2008; BGBl. 2007 I 3189); vgl. zu den inhaltlichen Änderungen *Sonnenfeld* RpflStud 2009, 33 ff.

9 Gesetz zur Änderung des Zugewinnausgleichs- und Vormundschaftsrechts v. 6.7.2009 (BGBl. I 1696); vgl. zu den inhaltlichen Neuerungen *Rakete-Dombek* FPR 2009, 270 ff.

10 Gesetz über den Versorgungsausgleich v. 3.4.2009 (in Kraft getreten am 1.9.2009; BGBl. I 700); einen Überblick über die Neuregelungen bietet *Bergner* NJW 2009, 1169 ff.

11 Vgl. zu den verfahrensrechtlichen Veränderungen Prütting/Helms/*Prütting* FamFG Einl. Rn. 33 ff.; *Büte* FuR 2009, 251.

## 2. Kapitel. Fälle

### Fall 32: »Schwindel vor der Eheschließung«

1368 M und F unterhielten im Jahre 1988 intime Beziehungen, die sich gegen Ende des Jahres abkühlten, weil sich die F mit ihrem französischen Sprachlehrer L angefreundet hatte. Zu Silvester 1988 erklärte die F dem M, dass sie schwanger sei, wobei sie – der Wahrheit zuwider – beteuerte, das Kind könne allein von M stammen, da es sich bei ihrer Beziehung zu L nur um eine harmlose Freundschaft gehandelt habe.

Im August 1989 schlossen M und F die Ehe miteinander, nachdem die F auf Verlangen des M eine schriftliche Erklärung folgenden Wortlauts unterzeichnet hatte:

»Ich erkläre hiermit, dass ich einzig und allein mit meinem zukünftigen Mann, Herrn M, geschlechtlich verkehrt habe. Somit kann nur dieser als Vater meines Kindes gelten. Eine Vaterschaft Dritter ist daher völlig ausgeschlossen. Im Bewusstsein der rechtlichen Folgen dieser Erklärung gebe ich diese im Besitz meiner geistigen und physischen Kräfte ab«.

Im September 1989 brachte die F eine Tochter, T, zur Welt. Im Jahre 1992 wurde die Ehe geschieden.

Durch Urteil vom 9.9.2004 wurde aufgrund einer Anfechtungsklage des M rechtskräftig das Nichtbestehen der Vaterschaft im Verhältnis zur T festgestellt.

**Frage 1: Hätte M Eheaufhebung verlangen können?**

**Frage 2: Kann M von F Erstattung des an die Tochter T geleisteten Unterhalts verlangen?**

## A. Vorüberlegungen

Der Fall ist nicht einfach, und zwar weniger hinsichtlich der zu prüfenden Tatbestände, als in Bezug auf die dabei auftretenden Konkurrenzfragen.

Im Rahmen der ersten Frage ist ein Antrag auf Eheaufhebung wegen vorhandener Willensmängel bei der Eheschließung gem. § 1314 II zu prüfen. Bei der zweiten Frage ist – wie in vielen anderen familienrechtlichen Klausuren – zu berücksichtigen, inwieweit allgemeine schuldrechtliche Ansprüche durch die speziellen Vorschriften des Familienrechtes verdrängt werden. Grundsätzlich können zwischen Eheleuten rechtsgeschäftliche Beziehungen und auch gesetzliche Schuldverhältnisse wie zwischen nicht verheirateten Personen bestehen. Dies lässt sich bereits aus dem reduzierten Haftungsmaßstab des § 1359 folgern.[1] Etwas anderes gilt – nach der umstrittenen Rechtsprechung des BGH – für die Verletzung spezieller eherechtlicher Verpflichtungen, seien sie *personen-* oder *vermögensrechtlicher Art*. 1369

In erstgenannter Hinsicht beziehen sich die meisten Urteile auf die Rechtsfolgen des Ehebruchs im Verhältnis zum Ehepartner und zum beteiligten Dritten. Hier werden von der Rechtsprechung Schadensersatzansprüche aus Delikt sowohl gegenüber dem Ehepartner als auch gegenüber dem sog. Drittstörer verneint.[2] Nur so lasse sich gewährleisten, dass der persönliche Kernbereich der Ehe wegen der gesetzgeberischen Wertung in § 888 III ZPO (diese Regelung findet sich nunmehr in § 120 III FamFG) frei von staatlichem Zwang sei,[3] und zwar auch von mittelbarem Zwang, den der BGH darin sieht, dass man Schadensersatzansprüche gegen einen Dritten begründet. Denn der in Anspruch genommene Dritte würde sich nach Auffassung der Rechtsprechung im Wege des Gesamtschuldnerregresses an den Ehegatten halten und damit zumindest auch teilweise dessen Inanspruchnahme wieder herbeiführen.[4] Im Übrigen könnten personenrechtliche Pflichten aus der Ehe nur den Ehepartner, nicht aber einen Dritten treffen.[5] Mit diesen Argumenten hat der BGH regelmäßig auch Ansprüche wegen einer eventuellen Verletzung des allgemeinen Persönlichkeitsrechts aus Spezialitätsgründen ausgeschlossen:[6] Es werde durch die Besonderheiten des Familienrechtes modifiziert bzw. verdrängt. Ausnahmen von diesem Grundsatz macht die Rechtsprechung zum einen beim Eindringen in den sog. »räumlich-gegenständlichen Bereich« der Ehe, zum anderen soll § 826 nicht ausgeschlossen sein.[7] 1370

Nur einige Stimmen in der Literatur sind der Rechtsprechung zur Verletzung von *personenrechtlichen* Pflichten im vollen Umfang gefolgt.[8] Andere begründen Schadensersatzansprüche gegen den Ehegatten teilweise auf der Grundlage des § 1353, 1371

1 Für die Eingetragene Lebenspartnerschaft vgl. die Parallelvorschrift des § 4 LPartG.

2 Vgl. dazu BGH NJW 1990, 706 f.; dort ist auch die Entwicklung der Rspr. dargestellt; zahlreiche Nachw. bei Soergel/*Lange* § 1353 Rn. 39.

3 BGH JZ 1973, 668 mAnm *Löwisch* mit ausf. Nachw.; BGH NJW 1990, 706; JZ 1990, 433 mAnm *Schwenzer*.

4 BGHZ 23, 279 ff.; eine zsfd. Darstellung findet sich etwa bei *Medicus/Petersen* BürgerlR Rn. 616 ff.

5 BGHZ 23, 279 (281); 57, 232 f.

6 BGH JZ 1973, 295.

7 Vgl. BGH NJW 1990, 706 (708); Fall 32 der Voraufl. befasst sich mit dem Schutz des räumlich-gegenständlichen Bereichs der Ehe.

8 Vgl. MüKoBGB/*Roth* § 1353 Rn. 48. Vgl. außerdem im Bereich der Familienplanung *Looschelders* JURA 2000, 169 ff.

teilweise aus § 823 I.[9] Als absolut geschütztes Recht bezeichnen manche das Recht auf ungestörten Fortbestand der Ehe, andere die aus § 1353 I abgeleitete Verpflichtung zur geschlechtlichen Treue.[10] Allerdings beschränkt sich der Schadensersatzanspruch nach allen Auffassungen auf das sog. Abwicklungsinteresse (zB Scheidungskosten, Kosten der Ehelichkeitsanfechtung und ähnliches), während das Bestandsinteresse (etwa der Erhalt von Unterhaltsansprüchen oder erbrechtlichen Positionen) nicht abgedeckt werden soll.[11]

**1372** Obwohl es auf den ersten Blick ungerecht erscheint, dass insbesondere der Ehestörer keiner schadensersatzrechtlichen Verpflichtung unterliegen soll, ist die Rechtsprechungslinie insgesamt überzeugender: Abgesehen davon, ob es wirklich ein absolut geschütztes Rechtsgut iSd § 823 I gibt, das vor den Schäden aus der Verletzung personenrechtlicher Pflichten in einer Ehe schützt – § 1353 lässt sich nach seiner Formulierung jedenfalls nicht als Anspruchsgrundlage gegen Dritte verstehen –, sollte im Wege des Schadensersatzes mit seinem Verschuldenserfordernis nicht wieder ermöglicht werden, was das Zerrüttungsprinzip ausschließen soll, nämlich, dass die Parteien »ihre schmutzige Wäsche vor Gericht waschen«. Auch die gesetzgeberische Grundentscheidung in § 120 III FamFG würde auf diese Weise unterlaufen. Etwas anderes folgt nicht aus der Verweisung auf das Allgemeine Persönlichkeitsrecht: Dieses weit gefasste Rahmenrecht muss den Regeln des jeweils betroffenen Anwendungsbereichs, hier denen des Familienrechtes, angepasst werden, sodass ein Vorrang familienrechtlicher Wertentscheidungen besteht. Zudem zeigen die Streitigkeiten über Umfang und Ausübbarkeit der Schadensersatzansprüche, wie weit man sich mit ihrer Annahme vom Gesetz entfernt und mit welchen Unwägbarkeiten ihre Durchsetzung belastet ist.[12] In einer Klausur allerdings lassen sich beide Auffassungen gleichermaßen vertreten.

**1373** Bezüglich des abschließenden Charakters der *vermögensrechtlichen* Regelungen im Eherecht ging es mehrfach um das Problem, ob ein Ehegatte, der das Vermögen des anderen während der Ehe vermehrt hat, unabhängig von Zugewinnausgleichsansprüchen nach Auflösung der Ehe weitere Ausgleichsansprüche allgemeiner Art, zB aus Geschäftsführung ohne Auftrag oder § 812, geltend machen kann. Auch dabei wird überwiegend die Auffassung vertreten, der Rückgriff auf die allgemeinen Vorschriften sei ausgeschlossen.[13]

Dies bedeutet für Ihre Fallbearbeitung, dass bei jeder denkbaren Anspruchsgrundlage die Frage der Anwendbarkeit der entsprechenden Norm besonderer Beachtung bedarf. Im hier zu beurteilenden Sachverhalt taucht das Problem in zweierlei Hinsicht auf: Zum einen, wenn Sie Grundlagen für eventuelle Erstattungsansprüche des M gegen F suchen, zum andern aber auch, soweit bei der Prüfung darauf abzustellen ist, dass F den M durch Unterschreiben der im Sachverhalt zitierten Erklärung getäuscht hat. In beiden Fällen ist die Spezialität eventueller familienrechtlicher Vorschriften zu bedenken.

---

9 Nachw. bei Soergel/*Lange* § 1353 Rn. 40.

10 Vgl. Soergel/*Lange* § 1353 Rn. 40; MüKoBGB/*Roth* § 1353 Rn. 48; *Medicus/Petersen* BürgerlR Rn. 619.

11 MüKoBGB/*Roth* § 1353 Rn. 48 f. mwN; *Gernhuber/Coester-Waltjen* FamR § 17 Rn. 26 ff.; *Rauscher* FamR Rn. 249.

12 So auch Soergel/*Lange* § 1353 Rn. 41; *Deutsch*, FS Gernhuber, 1993, 581, 593.

13 Darauf wird im Zusammenhang mit Fall 33 eingegangen.

## B. Lösung

### Frage 1:

### I. Recht des M auf Aufhebung der Ehe gem. §§ 1313, 1314 II Nr. 3

M hätte möglicherweise die Aufhebung der Ehe gem. §§ 1313, 1314 II Nr. 3 wegen arglistiger Täuschung erwirken können.

Dies setzt zunächst voraus, dass M von F bei Eingehung der Ehe arglistig getäuscht worden ist. Unter arglistiger Täuschung versteht man das vorsätzliche Erregen eines Irrtums in der Absicht, den Getäuschten zur Eingehung der Ehe zu veranlassen.[14] Das Erfordernis ist deshalb gegeben, weil F den M vorsätzlich über die Abstammung des Kindes getäuscht hat, indem sie die schriftliche Erklärung des oben genannten Inhaltes abgab. 1374

Dabei müsste es sich um einen Umstand gehandelt haben, dessen richtige Bewertung den M bei Kenntnis der Sachlage und richtiger Würdigung des Wesens der Ehe von der Eheschließung abgehalten hätte. Die Täuschung müsste also objektiv und subjektiv kausal für die spätere Eheschließung durch M gewesen sein. 1375

Ein gemeinsames Kind zu erwarten, ist für die (künftigen) Eheleute regelmäßig von besonderer Bedeutung. Zwar hätte M sich auch bei Kenntnis des wahren Sachverhaltes zur Eheschließung entscheiden können. Darum geht es indessen nicht. Wie immer man das Wesen der Ehe auffasst, steht doch außer Frage, dass Geburt, Pflege und Erziehung gemeinsamer Kinder zu einem jedenfalls überwiegend akzeptierten Ehebild gehören und umgekehrt die Täuschung über die Abstammung eines Kindes deshalb auch zur Ablehnung der Ehe führen kann.[15] Damit ist die objektive Kausalität zu bejahen. Die subjektive Kausalität ergibt sich daraus, dass M von F die von ihr unterzeichnete Erklärung gefordert hatte: Hieran zeigt sich, dass für ihn offenbar die Frage der Vaterschaft von besonderer Bedeutung war.

Schließlich ist auch die Arglist zu bejahen: Als F die Erklärung unterschrieb, wusste sie, dass M ohne ihre Unterzeichnung von der Eheschließung Abstand nehmen würde. Anders lässt sich ihr Verhalten nicht erklären. Somit sind die Voraussetzungen des § 1314 II Nr. 3 zu bejahen.

Als Ehegatte ist M auch gem. § 1316 I Nr. 2 antragsberechtigt. 1376

Im Sachverhalt fehlen Anhaltspunkte dafür, dass M während der Ehe Kenntnis von der Täuschung seitens der F erlangt hat. Folglich wäre die Eheaufhebung auch nicht gem. § 1315 I 1 Nr. 4 infolge Bestätigung ausgeschlossen gewesen. 1377

### II. Ergebnis zu Frage 1:

M hätte die Aufhebung der Ehe wegen arglistiger Täuschung verlangen können.

14 Palandt/*Brudermüller* § 1314 Rn. 9.
15 Vgl. auch *Finger* JURA 1991, 127 (131).

## Frage 2:

### 1. Teil. Ansprüche des M gegen F auf Erstattung des Unterhalts für T

#### I. Anspruch aus §§ 677, 683 S. 1, 670

1378 **1.** Voraussetzung ist zunächst, dass die Vorschriften über die Geschäftsführung ohne Auftrag auf die Rechtsbeziehung zwischen M und F anwendbar sind. Dies erscheint deshalb fraglich, weil im Bereich familienrechtlicher Beziehungen schuldrechtliche Ansprüche durch abschließende Sonderregelungen des Familienrechtes ausgeschlossen sein können.

Als solche käme zunächst § 1601 in Betracht, wonach Verwandte einander Unterhalt schulden. Infolge rechtskräftiger Feststellung des Nichtbestehens der Vaterschaft entfiel zwischen T und M aber rückwirkend ein verwandtschaftliches Verhältnis, § 1599 I.[16]

Eine Regressvorschrift für die Rechtsbeziehung zwischen dem sog. Scheinvater und der Kindesmutter findet sich jedoch im Familienrecht nicht. Zu prüfen ist deshalb, ob daraus der Schluss gezogen werden kann, dass das Gesetz einen solchen Rückgriff nach den allgemeinen Vorschriften auch nicht zulassen will.

1379 Hierfür könnte zunächst § 1607 III 2 sprechen, der den Forderungsübergang bezüglich der Unterhaltsansprüche des Kindes gegen seinen Erzeuger auf den Scheinvater anordnet. Man könnte daraus den Schluss ziehen, damit seien gleichzeitig weitere Ansprüche ausgeschlossen.

1380 Allerdings ist zu beachten, dass die Norm eventuelle Ansprüche des Scheinvaters gegen das Kind – etwa aus Bereicherungsrecht – nicht erfasst. Deshalb sind Zweifel am abschließenden Charakter der Norm angebracht. Vielmehr ist davon auszugehen, dass der Gesetzgeber mit der cessio legis dem Scheinvater einen sicheren Anspruch gegen den Erzeuger gewähren wollte, weil in diesem Verhältnis die Voraussetzungen der allgemeinen schuldrechtlichen Ansprüche häufig nicht gegeben sind: Für einen Anspruch aus Geschäftsführung ohne Auftrag fehlt regelmäßig der Fremdgeschäftsführungswille iSd § 677, für eine Kondiktion gem. § 812 I 1, erster Fall der ebenfalls erforderliche Wille, die Schuld eines Dritten zu tilgen.

Somit spricht die Existenz des § 1607 III 2 nicht gegen eine Anwendung der §§ 677 ff. auf die Rechtsbeziehungen zwischen M und F hinsichtlich des gezahlten Unterhaltes.

1381 Indessen könnte noch ein anderer Gesichtspunkt für eine abschließende Regelung des Familienrechtes herangezogen werden: In § 1607 II 2 findet sich ein weiterer Forderungsübergang für den Fall, dass ein nachrangiger Verwandter an Stelle eines vorrangigen Unterhalt zahlt, sofern gegen den letztgenannten die Rechtsverfolgung im Inland ausgeschlossen oder erheblich erschwert ist. Diese Vorschrift betrifft zwar nicht den vorliegenden Sachverhalt, zeigt aber, dass das Gesetz den Unterhaltsregress insgesamt an zwei Stellen geregelt hat, ohne einen Anspruch des Scheinvaters gegen die Kindesmutter zu normieren.

Aber auch insoweit gilt der Einwand, dass die familienrechtlichen Vorschriften das Rechtsverhältnis zwischen Scheinvater und Kind in gleicher Weise ungeregelt lassen

16 Palandt/*Brudermüller* § 1599 Rn. 8; NK-BGB/*Gutzeit* § 1599 Rn. 6.

und deshalb nicht zwingend angenommen werden kann, dass auch dort kein Ausgleich erfolgen sollte.

1382 Schließlich ist in diesem Zusammenhang § 1606 III 2 zu beachten. Danach erfüllt ein Elternteil regelmäßig seine Verpflichtung durch Betreuung, ist im Grundsatz also nicht barunterhaltspflichtig.[17] Daran zeigt sich, dass eine Geschäftsführung ohne Auftrag für die Mutter im gesetzlichen Grundfall nicht vorliegen kann, weil nicht »ihr Geschäft« geführt wird, sodass es auch keiner Regelung des Regresses bedurfte. Andererseits folgt aus dem Tatbestandsmerkmal »in der Regel« aber auch, dass es Ausnahmen gibt, in denen die Mutter barunterhaltspflichtig ist, zB wenn sie das Kind nicht betreut, weil es in einem Internat lebt. In einem solchen Fall könnte also auch der Tatbestand der §§ 677 ff. erfüllt sein, sodass man insgesamt nicht von einer verdrängenden Spezialität der familienrechtlichen Vorschriften ausgehen kann.[18]

**2.** Voraussetzung für einen Anspruch aus §§ 677, 683 S. 1, 670 ist, dass M durch die Unterhaltszahlung an T ein Geschäft für F geführt hat.

1383 Für den Unterhalt eines Kindes haben gem. § 1601 die Verwandten in gerader Linie, also erstrangig Vater und auch Mutter, aufzukommen. F ist aber ihrer Unterhaltsverpflichtung durch Pflege und Erziehung des Kindes nachgekommen, da sich im Sachverhalt keine Anhaltspunkte für eine Abweichung von der gesetzlichen Regelung des § 1606 III 2 finden.

Somit hat M zwar durch seine Unterhaltszahlungen ein objektiv fremdes Geschäft, aber kein solches der F geführt. Ein Anspruch aus §§ 677, 683 S. 1, 670 entfällt damit.

### II. Anspruch aus c.i.c. gem. §§ 311 II, 280 I, 241 II

M könnte von F Schadensersatz aus c.i.c. gem. §§ 311 II, 280 I, 241 II verlangen, weil F ihn vor der Eheschließung wahrheitswidrig als Vater der T bezeichnet hat. Hierin liegt möglicherweise eine Verletzung der vor der Ehe bestehenden Sorgfaltspflichten.

1384 Es stellt sich allerdings auch dabei die Frage, ob das Institut der Vertrauenshaftung auf das besondere Vertragsverhältnis der Ehe Anwendung findet. Dabei ist zum einen zu berücksichtigen, dass Pflichtverletzungen während des Verlöbnisses, wenn sie zu dessen Auflösung führen, ihre schadensersatzrechtlichen Folgen in den §§ 1298, 1299 finden. Diese greifen vorliegend jedoch nicht ein. Soweit solche Pflichtverletzungen Willensmängel bei Eingehung der Ehe zur Folge haben, sind deren Rechtsfolgen in den §§ 1313 ff. geregelt. § 1314 II Nr. 3 erfasst den Fall der arglistigen Täuschung, der vorliegend eine Aufhebungsklage des M begründet hätte.

1385 Allerdings schließt eine Regelung, die bei Verursachung eines Willensmangels durch eine vorvertragliche Pflichtverletzung die Aufhebung des auf seiner Grundlage zustande gekommenen Rechtsgeschäftes ermöglicht, die Anwendung der c.i.c. mit der Folge des Schadensersatzes noch nicht aus. So ist dieser Anspruch auch dann gegeben, wenn eine Anfechtungsmöglichkeit gem. §§ 119 ff. besteht.[19] Der Grund liegt

17 Dies gilt auch dann, wenn der Elternteil selbst erwerbstätig ist, Bamberger/Roth/*Reinken* § 1606 Rn. 18.

18 Auch das umgekehrte Ergebnis ist vertretbar und für die Lösung der Klausur ohne Belang. Der BGH ist in BGHZ 80, 235 (237) auf diese Frage nicht eingegangen, das Berufungsgericht hatte einen Ausschluss der GoA angenommen.

19 BGH NJW 1979, 1983; Palandt/*Grüneberg* § 311 Rn. 13.

darin, dass Schadensersatzanspruch und Anfechtungsrecht unterschiedliche Zielrichtungen verfolgen. Deshalb könnte man Entsprechendes auch für das Verhältnis des Aufhebungsantrags gem. §§ 1313, 1314 II zur Vertrauenshaftung annehmen.

1386 Etwas anderes ergibt sich aber möglicherweise daraus, dass § 1318 in bestimmten Fällen die vermögensrechtlichen Folgen einer Eheaufhebung unter Bezugnahme auf das Scheidungsfolgenrecht regelt. In § 1318 II Nr. 1 iVm § 1314 II Nr. 3 könnte somit im vorliegenden Fall eine verdrängende Sondernorm zu sehen sein. Andererseits ist zu beachten, dass M keine vermögensrechtliche Wirkung der Eheaufhebung geltend machen will. Er bezieht sich vielmehr auf die Verletzung einer personenrechtlichen Verpflichtung bei Eingehung der Ehe, da F ihn wahrheitswidrig über die Abstammung der T getäuscht hat.

1387 Gegen die Anwendung der Regeln über die c.i.c. spricht aber ferner, dass sie sich nicht auf den Fall der arglistigen Täuschung beschränken, sondern jede (fahrlässige) Form der Verletzung vorehelicher Sorgfaltspflichten, insbesondere Aufklärungspflichten, erfassen würde. Da der entsprechende Schadensersatzanspruch auf das negative Interesse gerichtet ist, müsste der Verletzte so gestellt werden, als wenn die Eheschließung nicht stattgefunden hätte. Dies widerspricht aber eindeutig der Wertung der §§ 1313 S. 2, 1318, aus denen sich ergibt, dass die Rechtswirkungen der Ehe bis zu ihrer Auflösung bestehen bleiben sollen. Der Grund liegt darin, dass sich die Rechtsbeziehungen zwischen Ehegatten aus vielfältigen Rechten und Pflichten zusammensetzen, sodass eine rückwirkende Beseitigung – wie bei anderen Dauerrechtsverhältnissen – ausgeschlossen erscheint.[20]

Daraus ist zu folgern, dass die Verletzung vorehelicher personenrechtlicher Verpflichtungen in den §§ 1298 f. einerseits und den §§ 1313 S. 2, 1318 andererseits abschließend geregelt ist. Wegen des Anwendungsbereichs der genannten Normen gilt die Spezialität aber nur insoweit, als aus der Verletzung vorehelicher Sorgfaltspflichten Ersatz für Schäden geltend gemacht wurde, die in Zusammenhang mit der späteren Eheschließung stehen.

1388 Diese Verbindung scheint hier deshalb vorzuliegen, weil wegen der gesetzlich fingierten Vaterschaft des M gem. § 1592 Nr. 1 die Unterhaltspflicht des M nach § 1601 entstand. Man könnte aber ebenso den Standpunkt vertreten, als Folge der wahrheitswidrigen Erklärung habe M nicht nur die Ehe geschlossen, sondern vor allem eine Anfechtung seiner Vaterschaft unterlassen. Sieht man diesen Umstand als vorrangig an, so ist eine Verletzung eines vorehelichen Vertrauensverhältnisses unter dem Aspekt zu prüfen, dass M – unabhängig vom Bestand der Ehe – seine Unterhaltsverpflichtung nicht durch sofortige Anfechtungsklage beseitigt hat. Dass die Konkurrenz zu den §§ 1303 ff. bei einer solchen Betrachtungsweise nicht von Bedeutung sein kann, zeigt ein Vergleich mit dem Sachverhalt, dass etwa M und F nach der Erklärung der F in nichtehelicher Lebensgemeinschaft zusammengelebt und M daraufhin seine Vaterschaft gem. § 1594 anerkannt hätte. Auch dann wäre zu fragen, ob dem M aus dem Verhalten der F ein Anspruch aus c.i.c. entstanden wäre. Die Frage müsste man allerdings deshalb verneinen, weil ein solcher Anspruch ein vorvertragliches Schuldverhältnis iSd § 311 II voraussetzt, welches zwischen unverheirateten Personen nicht besteht. Lässt man also im vorliegenden Fall die Eheschließung außer Betracht, so

20 So ausf. BGHZ 48, 82 (85 ff.) für den Ausschluss deliktischer Ansprüche.

bestand für F keine Sonderrechtsverbindung, aus der ihr Aufklärungspflichten über die Vaterschaft des M entstanden.

Die Anwendbarkeit der c.i.c. ist somit unter jedem denkbaren Gesichtspunkt ausgeschlossen: Betrachtet man die gesetzlich fingierte Vaterschaft gem. § 1592 Nr. 1 als entscheidendes Moment für die Entstehung der Unterhaltspflicht des M, so scheitert der Anspruch aus c.i.c. bereits an der Spezialität der §§ 1298 f. sowie der §§ 1313 S. 2, 1318. Vertritt man hingegen den Standpunkt, dass die unterlassene Anfechtung für die Unterhaltspflicht ursächlich geworden ist, so gilt zwar nicht der Vorrang der genannten Spezialvorschriften. Ein Anspruch aus c.i.c. scheidet aber mangels bestehender Sonderrechtsverbindung aus.[21]

### III. Anspruch aus § 812 I 1, 1. Var.

**1.** Hinsichtlich der Anwendbarkeit der Norm gelten die gleichen Erwägungen wie im Rahmen der Geschäftsführung ohne Auftrag.[22] 1389

**2.** Maßgeblich für einen Anspruch des M gem. § 812 I 1, erster Fall ist, dass die F durch die Unterhaltszahlungen an T etwas erlangt hat. Der Bereicherungsgegenstand kann in jeder Art von Vermögensvorteil bestehen, dh auch in der Befreiung von einer Verbindlichkeit.[23] Allerdings ist nach dem oben Gesagten die F ihrer Unterhaltsverpflichtung gegenüber T durch Pflege und Erziehung des Kindes nachgekommen, § 1606 III 2. Somit hat F durch die Leistung des M an T keinen Vermögensvorteil erlangt. Ein Anspruch scheidet damit aus. 1390

### IV. Anspruch gem. § 823 I

**1.** Zunächst stellt sich die Frage der Anwendbarkeit der Norm.

Grundsätzlich sind die deliktsrechtlichen Vorschriften unter Ehegatten anwendbar, wie sich aus § 1359 ableiten lässt. Problematisch erscheint, ob sich ein Ausschluss bei Verletzung ehespezifischer Verpflichtungen ergibt. Also muss geprüft werden, ob eine personenrechtliche Verpflichtung der F, die aus der Ehe resultiert, in Betracht kommt. Diese Frage ist jedoch deshalb zu verneinen, weil die falsche Auskunft der F vor der Eheschließung erfolgte.[24] 1391

Ähnlich wie im Rahmen der Prüfung einer c.i.c. stellt sich somit die Frage, ob die Verletzung vorehelicher personenrechtlicher Verpflichtungen abschließend in den §§ 1298, 1299 einerseits und §§ 1313, 1318 andererseits geregelt ist. Sie ist grundsätzlich auch im gleichen Sinne zu beantworten, soweit die Anwendung des Deliktsrechtes dazu führen würde, die Folgen der Eheschließung ohne Eheaufhebung zu beseitigen. 1392

21 Die Argumente zur Konkurrenz wurden hier sehr umfassend zusammengetragen. Damit hätten Sie eine Auswahl; Vollständigkeit würde niemand von Ihnen erwarten.

22 Der BGH (NJW 1990, 706 ff.) hat auch in dieser Entscheidung Ansprüche aus Geschäftsführung ohne Auftrag und Bereicherungsrecht nicht untersucht.

23 Palandt/*Sprau* § 812 Rn. 15; HK-BGB/*Schulze* § 812 Rn. 3.

24 Dies unterscheidet den Fall von mehreren vom BGH beurteilten Sachverhalten, bei denen der Ehemann als Scheinvater für ein aus einem Ehebruch hervorgegangenes Kind Unterhalt zahlte, vgl. BGH NJW 1990, 706; ferner BGHZ 26, 218 (220 ff.); 48, 82 (88) und 57, 229 (231).

Vorliegend hat M infolge der wahrheitswidrigen Erklärung der F aber nicht nur die Ehe geschlossen, sondern auch die Anfechtung seiner Vaterschaft unterlassen. Damit macht er weder eine Rechtswirkung der Ehe noch eine solche der Verletzung vorehelicher Sorgfalts- und Aufklärungspflichten geltend, für die das Familienrecht Sonderregelungen bereithält.[25]

Zwar ist nicht zu leugnen, dass die Unterhaltsverpflichtung des M unmittelbar aus der Ehe resultierte, weil er zum Zeitpunkt der Geburt der T mit F verheiratet war, § 1592 Nr. 1.[26] Diese Rechtsbeziehung konnte M jedoch, ohne den Bestand der Ehe zu verändern, rückwirkend durch die Klage nach §§ 1600 ff. vernichten.[27] Der Umstand, dass die F den M durch ihre wahrheitswidrige Erklärung davon abgehalten hat, wird somit von den deliktsrechtlichen Vorschriften erfasst, bzw. von den familienrechtlichen Vorschriften nicht abschließend und damit verdrängend geregelt.

1393 **2.** Voraussetzung für einen Schadensersatzanspruch des M gem. § 823 I ist die Verletzung eines der in der Norm genannten Rechtsgüter des Anspruchstellers. In Betracht käme hier lediglich die Rechtspflicht der Ehegatten zur Einhaltung der ehelichen Treue als sonstiges Recht iSd § 823 I.[28] Allerdings stammt T aus einem vorehelichen Geschlechtsverkehr mit L, sodass der Anspruch bereits an dieser Stelle scheitert.

### V. Anspruch gem. § 823 II iVm § 263 I StGB

1394 **1.** Die Voraussetzung eines Ersatzanspruches gem. § 823 II besteht in der Verletzung einer Rechtsnorm, die zumindest neben anderen Zwecken auch einem gezielten Individualzweck des Anspruchstellers dient und gegen eine näher bestimmte Art der Schädigung eines im Gesetz festgelegten Rechtsgutes oder Individualinteresses gerichtet ist.[29] Unter diesem Gesichtspunkt ist die Vorschrift des § 263 StGB als Schutzgesetz im Sinne der Norm anzusehen.[30]

F müsste also den Tatbestand des Betruges gem. § 263 I StGB verwirklicht haben, indem sie den M über die Abstammung der T täuschte. Dadurch, dass F dem M schriftlich versicherte, er allein komme als Vater ihres Kindes in Betracht, hat sie ihn über Tatsachen getäuscht. Hierdurch erregte sie bei M einen entsprechenden Irrtum über die Vaterschaft hinsichtlich der T.

Fraglich bleibt jedoch, worin die erforderliche Vermögensverfügung des M gesehen werden kann.[31] Im Hinblick auf die Eheschließung bestehen deshalb Zweifel, weil M nach dem Gesagten die aus der Ehe resultierenden Unterhaltspflichten durch eine Anfechtungsklage hätte beseitigen können. Jedenfalls liegt die Vermögensverfügung aber darin, dass M infolge der Täuschung über die Abstammungsverhältnisse davon abgesehen hat, die Vaterschaft anzufechten und dadurch den gegen ihn gerichteten Anspruch aus § 1601 zu beseitigen. Daraus entstand dem M ein Vermögensschaden in

25 Auch diese Betrachtungsweise ist immer noch stark umstritten, vgl. die Nachw. der Gegenansicht in BGH NJW 1990, 707.
26 S. oben Lösung → Rn. 1378 ff.
27 Vgl. auch BGHZ 80, 235 (240).
28 Vgl. MüKoBGB/*Roth* § 1353 Rn. 48.
29 Palandt/*Sprau* § 823 Rn. 57.
30 BGHZ 57, 137.
31 Vgl. BGHZ 80, 235 (240).

Höhe der Unterhaltsleistungen, nachdem die entsprechende Verpflichtung infolge der Anfechtungsklage rückwirkend entfallen ist.

F handelte vorsätzlich hinsichtlich der Verwirklichung des Betrugstatbestandes.[32] Somit ist der Tatbestand des § 263 StGB verwirklicht.

**2.** F muss dem M den aus dem Betrug entstandenen Schaden ersetzen. Der Umfang des Schadensersatzanspruches bemisst sich gem. §§ 249 ff.

Dabei stellt sich die Frage, ob M sich den gem. § 1607 III 2 auf ihn übergegangenen **1395**
Anspruch gegen den wirklichen Vater L im Wege der Vorteilsausgleichung anrechnen lassen muss.[33]

Dies erfordert zunächst, dass der Vorteil mit dem Schadensereignis adäquat kausal im Zusammenhang stand und seine Anrechnung dem Zweck des Ersatzanspruches entspricht, dh dem Geschädigten zumutbar ist und den Schädiger nicht ungerechtfertigt entlastet.[34]

Die Täuschung über die Vaterschaft seitens der F war sowohl für die Eheschließung als auch für das Unterlassen der Ehelichkeitsanfechtung und damit die Unterhaltszahlungen an T, die den Forderungsübergang gem. § 1607 III bewirkten, kausal. Dieser Kausalzusammenhang war auch vorhersehbar. Somit wäre das Merkmal der Adäquanz zu bejahen.

Der Zweck des Ersatzanspruches aus § 823 II iVm § 263 I StGB liegt darin, den täuschungsbedingten Vermögensschaden zu ersetzen. Unter diesem Gesichtspunkt ist es für M aber unzumutbar, über den Umweg einer Vorteilsanrechnung auf einen Unterhaltsprozess mit L verwiesen zu werden. Es wäre vielmehr Aufgabe der F gewesen, im Namen der T die Unterhaltsverpflichtung des L geltend zu machen. Diese Umstände hat F sich durch Täuschung des M erspart, wenngleich auch noch andere Motive gegeben sein mögen.

Deshalb entspricht es nicht dem Zweck des Ersatzanspruches, der M gerade wegen **1396**
der Täuschung zusteht, den im Wege der Zession übergegangenen Anspruch gegen den L gem. § 1607 III als Vorteil anzurechnen. Etwas anderes gilt auch dann nicht, wenn man darauf abstellt, ob eine Vorteilsausgleichung vom Sinn und Zweck der verletzten Norm her geboten ist.[35] Gerade im Rahmen des Betrugstatbestandes wäre es unangebracht, den Geschädigten auf andere, uU unsichere Möglichkeiten zu verweisen, seinen Schaden ersetzt zu erhalten oder zu verringern.

M kann also von F Schadensersatz in Höhe des an T geleisteten Unterhaltes gem. § 823 II iVm § 263 I StGB verlangen.

### VI. Anspruch gem. § 826

Der Anspruch setzt zunächst voraus, dass durch eine Handlung des Anspruchsgegners ein Schaden des Anspruchstellers eingetreten ist. Er besteht hier in dem ohne entsprechende Verpflichtung an T geleisteten Unterhalt.

32 → Rn. 1374 ff.
33 Vgl. Palandt/*Grüneberg* Vorbem. § 249 Rn. 67 ff.; MüKoBGB/*Oetker* § 249 Rn. 228 f. mwN.
34 So jedenfalls die Rspr., vgl. BGH NJW 2008, 2773 (2774) mwN.
35 MüKoBGB/*Oetker* § 249 Rn. 236 mwN.

1397 Die Schädigung muss sittenwidrig sein, dh das Handeln des Schädigers dem Anstandsgefühl aller billig und gerecht Denkenden widersprechen.[36] Dabei kann sich der Widerspruch zur allgemeinen Moralauffassung aus dem verfolgten Zweck, dem angewandten Mittel, der dabei zutage getretenen Gesinnung oder den damit angerichteten Folgen ergeben.

Der Zweck der Täuschung des M durch F bestand in erster Linie darin, ihn zur Eheschließung zu bewegen. Damit allein lässt sich die Sittenwidrigkeit nicht begründen. Dieses Ziel hat F jedoch mittels eines Betruges, also in strafbarer Weise, verfolgt. Damit verstieß ihre Handlungsweise gegen die Rechtsordnung und war demnach auch sittenwidrig.

Die Schädigung müsste vorsätzlich erfolgt sein. Daran bestehen angesichts des Wortlautes der von F abgegebenen Erklärung keine Zweifel. F wusste und wollte, dass M hiernach die Ehe eingehen und auch seine Vaterschaft nicht anfechten würde. Deshalb war ihr Handeln auch darauf gerichtet, ihn zu den fraglichen Unterhaltsleistungen zu veranlassen. Ein Anspruch aus § 826 besteht daher.

### VII. Anspruch aus § 1607 III 2 analog

1398 Voraussetzung für eine analoge Anwendung des § 1607 III 2 wäre eine Lücke im Gesetz. Diese fehlt jedoch vorliegend. Zwar bestehen keine familienrechtlichen Vorschriften, die einen Unterhaltsregress des Scheinvaters gegen die Kindesmutter enthalten. Eine planwidrige Regelungslücke scheitert aber daran, dass ein Anspruch gegen F auf Schadensersatz durch die allgemeinen Vorschriften der § 823 II iVm § 263 I StGB sowie § 826 begründet wird. Schließlich passt § 1607 III 2 analog auch in seiner Rechtsfolge nicht: T hat gegen ihre Mutter nur einen Anspruch auf Betreuung, den diese erfüllt hat. Für eine Legalzession ist nach Untergang des Anspruchs somit kein Raum.

### 2. Teil. Ergebnis zu Frage 2:

M kann von F Erstattung des an T geleisteten Unterhalts aus § 823 II iVm § 263 I StGB sowie § 826 verlangen.

36 OLG Karlsruhe NJW-RR 1992, 515; Vgl. Staudinger/*Oechsler*, 2013, § 826 Rn. 24; HK-BGB/*Staudinger* § 826 Rn. 6 f.

## Fall 33: »Der undankbare Ehemann«

M und F sind seit 1973 verheiratet und bewohnen gemeinsam ein Hausgrundstück, das der F gehört. Nach einigen glücklichen Ehejahren überträgt F dem M den hälftigen Miteigentumsanteil hieran. Der notarielle Vertrag wird nach Belehrung durch den Notar mit »Schenkungsvertrag« überschrieben und enthält auch die Auflassungserklärung. Dementsprechend wird M als Miteigentümer in das Grundbuch eingetragen. 1399

Später wird M der F untreu, indem er eine außereheliche Beziehung zu Frau G aufnimmt. Hiervon erfährt F Anfang 2003 durch anonyme Briefe, die allerdings den Namen der G nicht enthalten. Von F zur Rede gestellt, streitet M alles ab.

Im Februar 2005 verlangt F, die sich wenige Tage zuvor Gewissheit über die Beziehung des M zur G verschaffen konnte, Rückübertragung des Miteigentums.

M meint, Zuwendungen unter Ehegatten gestalteten lediglich die eheliche Lebensgemeinschaft aus; von einer Schenkung im Rechtssinne könne daher keine Rede sein. Auch sei seine nur »normale« Untreue angesichts des geltenden Scheidungsrechtes kein Grund für eine Rückforderung. Schließlich komme F mit ihrem Verlangen zu spät, da sie seit 2003 von alledem gewusst habe.

Außerdem habe M, was die F auch einräumt, nach Begründung des Miteigentums Arbeitsleistungen an dem Haus im Werte von 20.000 EUR erbracht. Notfalls mache er die Rückübertragung von der Bezahlung dieses Betrages abhängig.

**Frage: Wie ist die Rechtslage?**

## A. Vorüberlegungen

Der nachfolgende Fall ist der erste, der sich mit den vermögensrechtlichen Wirkungen der Ehe befasst, sodass einige Sätze zum ehelichen Güterrecht vorweggeschickt werden sollen.

### I. Grundzüge des Güterrechts

1400 Nach langer Auseinandersetzung bei Abfassung des BGB hatte sich der Gesetzgeber dafür entschieden, einen gesetzlichen Güterstand und zwei Wahlgüterstände zu schaffen. Bis zum Inkrafttreten des Gleichberechtigungsgrundsatzes in Art. 3 II GG am 1.4.1953 war die Gütertrennung gesetzlicher Güterstand, der Ehemann hatte jedoch ein Verwaltungs- und Nutznießungsrecht am Vermögen seiner Frau. 1957 wurde mit dem Gleichberechtigungsgesetz die Zugewinngemeinschaft eingeführt, die in den §§ 1363–1390 geregelt ist. Diese wurde mit Wirkung zum 1.9.2009 durch das Gesetz zur Änderung des Zugewinnausgleichs- und Vormundschaftsrechts v. 6.7.2009 reformiert, um im Rahmen des finanziellen Ausgleichs ein größeres Maß an Gerechtigkeit zu schaffen.[1] Das Vertragsgüterrecht ist in den §§ 1408–1518 normiert. Dabei befasst sich nur § 1414 mit der Gütertrennung, während die restlichen Vorschriften die Gütergemeinschaft betreffen. Der zum 1.5.2013 neu eingefügte § 1519 BGB beinhaltet einen vierten Güterstand, den die Ehegatten wählen können, die Wahl-Zugewinngemeinschaft Er beruht auf dem deutsch-französischen Abkommen über den Güterstand der Wahl-Zugewinngemeinschaft.[2]

1401 Die *Gütertrennung* ist grundsätzlich Wahlgüterstand und entsteht aufgrund eines Ehevertrags, § 1414 S. 1 iVm §§ 1408 f. Sie tritt allerdings auch *kraft Gesetzes* bei einer Klage auf vorzeitigen Zugewinnausgleich mit Rechtskraft des Urteils gem. § 1388 und mit Aufhebung der Gütergemeinschaft gem. §§ 1449 I, 1470 I, 1414 S. 2 ein. Der Grundgedanke der Gütertrennung liegt darin, dass sich die Ehepartner vermögensrechtlich wie nicht verheiratete Personen gegenüberstehen. Das gesetzliche Erbrecht der Ehegatten gründet sich in einem solchen Fall allein auf § 1931 I und IV. Zugewinnausgleichsansprüche bei Auflösung der Ehe entstehen nicht.[3]

1402 Das Prinzip der *Gütergemeinschaft*, §§ 1415 ff., die im Gegensatz zur Gütertrennung an Bedeutung verloren hat, ist die *Einheit* des Ehegattenvermögens. Das *Gesamtgut* wird entweder von einem Ehegatten allein, §§ 1422 ff., oder von beiden Ehegatten verwaltet, §§ 1450 ff. Daneben bestehen möglicherweise als Sondervermögensmassen für jeden Ehegatten Vorbehalts- und Sondergut, §§ 1418, 1417. Vorbehaltsgut sind solche Vermögensbestandteile, die von einem Ehegatten bei Eintritt der Gütergemeinschaft dazu erklärt wurden oder die er durch Verfügung von Todes wegen bzw. durch Schenkung während der Gütergemeinschaft erwirbt, sofern der Schenker oder der Erblasser die Zugehörigkeit zum Vorbehaltsgut anordnet. Sondergut sind unübertragbare Vermögensrechte.

1 BGBl. 2009 I 1696; vgl. zu den Neuregelungen *Rakete-Dombek* FPR 2009, 270 ff.
2 BGBl. 2012 II 178. Zum Anwendungsbereich des Abkommens s. *Keller* JA 2014, 87 (89 f.).
3 Ansprüche auf Versorgungsausgleich sind hingegen vom Güterstand unabhängig. Deshalb ist es problematisch, wenn § 1414 S. 2, wenn auch als Auslegungsregel, Gütertrennung anordnet, sofern der Versorgungsausgleich ausgeschlossen wird, vgl. Soergel/*Gaul* § 1408 Rn. 26.

Für die Examensvorbereitung haben die Grundzüge der *Zugewinngemeinschaft*[4], des gesetzlichen Güterstandes, mehr Bedeutung. Von einer Zugewinngemeinschaft geht man aus, sofern sich keine Angaben in einem Sachverhalt finden.[5] Sie basiert auf folgenden Prinzipien: Grundsätzlich besteht während der Ehe Gütertrennung; jeder Ehegatte bleibt nach Eintritt des Güterstandes Inhaber seines Vermögens, er wird grundsätzlich Eigentümer oder Forderungsinhaber, wenn er während der Ehe hinzuerwirbt, § 1363 II 1. Das eigene Vermögen wird von jedem Ehegatten selbst verwaltet, § 1364. 1403

Endet die Zugewinngemeinschaft, so wird der Zugewinn ausgeglichen, und zwar unabhängig vom Beendigungsgrund: Beim Tod eines Ehegatten tritt zum gesetzlichen Erbrecht nach § 1931 I die pauschale Erhöhung des gesetzlichen Ehegattenerbteils um 1/4 gem. § 1371 I hinzu, und zwar ohne Rücksicht darauf, wer in der Ehe den höheren Zugewinn erwirtschaftet hat. Besonderheiten gelten gem. § 1371 II und III, wenn der überlebende Ehegatte enterbt wurde oder die Erbschaft ausgeschlagen hat. 1404

Sofern die Zugewinngemeinschaft auf andere Weise als durch Tod eines Ehegatten beendet wird, regelmäßig also durch Scheidung, gelten die §§ 1373–1390. Es folgt dann der güterrechtliche Zugewinnausgleich. Er gewährt dem Berechtigten einen schuldrechtlichen Zahlungsanspruch gem. § 1378 I. Zur Feststellung seiner Höhe ist für beide Ehepartner der Zugewinn gem. § 1373 zum Zeitpunkt der Rechtshängigkeit des Scheidungsantrages zu ermitteln, § 1384. Dies geschieht in der Weise, dass Anfangs- und Endvermögen der Ehegatten gem. §§ 1374 ff. festgestellt werden.[6] Die Differenz zwischen beiden Vermögensmassen ist der Zugewinn, der in Höhe des Überschusses zur Hälfte ausgeglichen werden muss, § 1378 I. 1405

In der Wahl-Zugewinngemeinschaft bleibt das Vermögen der Ehegatten (wie auch in der Zugewinngemeinschaft) getrennt, vgl. Art. 2 des Abkommens. Im Grundsatz bestehen eine alleinige Verfügungsmacht über das eigene Vermögen und eine alleinige Schuldenhaftung jedes Gatten. Verfügungsbeschränkungen finden sich in Art. 5 und 6 des Abkommens: Nach Art. 5 I 1 sind Rechtsgeschäfte eines Gatten über Haushaltsgegenstände oder über Rechte, durch die die Familienwohnung sichergestellt wird, ohne die Zustimmung des anderen Gatten unwirksam. Sie können aber von diesem genehmigt werden, Art. 5 I 2. Der besondere Schutz der Familienwohnung stammt aus der französischen Rechtstradition.[7] Eine § 1365 BGB entsprechende Regelung, d.h., ein Verfügungsverbot über das Vermögen im Ganzen, enthält das Abkommen hingegen nicht. 1406

Nach Art. 6 I des Abkommens kann jeder Gatte Verträge zur Führung des Haushalts und für den Bedarf der Kinder alleine schließen. Durch sie wird der andere Ehegatte

4 Vgl. etwa *Rauscher* FamR Rn. 372 ff.; zum reformierten Güterrecht *Rakete-Dombek* FPR 2009, 270 ff.

5 Sie ist als gesetzlicher Güterstand die Regel. Für einen Vertragsgüterstand müssen besondere Anhaltspunkte vorliegen. Entsprechend ist die Rechtslage – mittlerweile – auch bei der Eingetragenen Lebenspartnerschaft, vgl. § 6 S. 1 LPartG.

6 Durch das Gesetz zur Änderung des Zugewinnausgleichs- und Vormundschaftsrechts v. 6.7.2009 (BGBl. 2009 I 1696) erfolgte eine Anerkennung negativen Anfangs- und Endvermögens (vgl. §§ 1374 III und 1375 I 2).

7 *Keller* JA 2014, 87 (93).

gesamtschuldnerisch verpflichtet.[8] Das Pendant hierzu ist für alle Güterstände des § 1357.

Auch in der Wahl-Zugewinngemeinschaft findet bei ihrer Beendigung ein Zugewinnausgleich statt. Allerdings weichen die Vorschriften über den Zugewinnausgleich in einigen Punkten von denen des deutschen Rechts ab.[9]

## II. Ehegattenzuwendungen und Ehegattenmitarbeit

Besonderheiten treten auf, wenn ein Ehegatte dem anderen während der Ehe etwas zuwendet oder zu dessen Gunsten Arbeitsleistungen erbringt. Hierbei ist zu differenzieren:

1407 Keine Schwierigkeiten bereitet der Fall, dass die Ehepartner Vereinbarungen getroffen haben. Dies ist unter Ehegatten in gleicher Weise möglich wie unter Dritten und praktisch auch nicht selten, um günstige Steuerfolgen auszulösen.

1408 Ausgleichsansprüche entfallen, soweit die Zuwendung oder Arbeitsleistung durch die Unterhaltspflicht des § 1360 erfasst wird. Dabei ist auch die Auslegungsregel des § 1360b zu berücksichtigen, die die Rückforderung von zuviel geleistetem Unterhalt regelmäßig ausschließt.[10] Kleinere Hilfeleistungen, die nicht von der Unterhaltspflicht erfasst werden, sondern die sich aus der Verpflichtung zur ehelichen Lebensgemeinschaft gem. § 1353 I 2 ableiten lassen oder als Gefälligkeitsverhältnisse einzuordnen sind, begründen ebenfalls keine Entgeltansprüche. Dies lässt sich mit einer analogen Anwendung des § 1360b begründen.[11]

1409 Schwieriger wird die rechtliche Beurteilung bei Zuwendungen oder Arbeitsleistungen zugunsten des anderen Ehepartners, die den aufgezeigten Rahmen überschreiten. Die meisten Anspruchsbeziehungen bei einer Zuwendung *während* der bestehenden Ehe behandelt der nachfolgende Fall. Auch Entgeltansprüche für Mitarbeit während der Ehe sind denkbar, wenngleich sie in der Praxis selten im Streit geltend gemacht werden. Bei *Auflösung* der Ehe durch Scheidung tritt das Konkurrenzproblem zwischen eventuell bestehenden allgemeinen Anspruchsgrundlagen und dem Zugewinnausgleichsanspruch der §§ 1372 ff. hinzu, das im Folgenden kurz behandelt werden soll.

### 1. Der Ausgleich für Mitarbeit

#### a) Der Zugewinnausgleichsanspruch

1410 Der betroffene Gegenstand, zB das Unternehmen, in dem der Ehegatte mitgearbeitet hat, gehört zum Endvermögen des durch die Arbeitsleistung Begünstigten. § 1374 II, der schenkweise Zuwendungen dem Anfangsvermögen des Empfängers zuordnet, findet selbst dann keine Anwendung, wenn die Mitarbeit beweisbar zu einer Wertsteigerung des entsprechenden Vermögensbestandteiles geführt hat. Arbeitsleistungen sind kein Schenkungsgegenstand. Sie entstammen nicht dem Vermögen des Tätigen. Auch § 1380, auf den noch einzugehen sein wird, gilt bei der Ehegattenmitarbeit nicht. Eine Arbeitsleistung ist keine Zuwendung durch *Rechtsgeschäft* im Sinne der Norm.

8 *Keller* JA 2014, 87, 93.
9 Zu Einzelheiten s. *Keller* JA 2014, 87 (91 f.).
10 Vgl. MüKoBGB/*Roth* § 1356 Rn. 24.
11 Soergel/*Lange* § 1356 Rn. 27.

Daraus folgt, dass die Vorschriften über den Zugewinnausgleich für Ehegattenmitarbeit keine besondere Regelung treffen. Der mitarbeitende Ehegatte wird nur insoweit entschädigt, als seine Leistung das Endvermögen des anderen Ehegatten vergrößert hat.

### b) Konkurrenzfragen

Nach Prüfung des Zugewinnausgleichsanspruches müssen Sie bei der Untersuchung eventueller schuldrechtlicher Anspruchsgrundlagen fragen, inwieweit sie durch § 1378 verdrängt werden. Dieses Problem stellt sich beim Güterstand der Gütertrennung nicht, sodass hier die allgemeinen Anspruchsgrundlagen ihren wichtigsten Anwendungsbereich haben. In der Zugewinngemeinschaft sind zur Konkurrenzproblematik drei Positionen denkbar, zwischen denen Sie sich entscheiden müssen.[12] 1411

So kann man zum einen die Ansicht vertreten, § 1378 I verdränge alle allgemeinen Ausgleichsansprüche. Dafür lässt sich folgende Überlegung anführen: Die §§ 1372 ff. sind möglicherweise Ausdruck eines gesetzgeberischen Willens, den während der Ehe erwirtschafteten Vermögenszuwachs abschließend auszugleichen. Dem entspricht der Gedanke, dass in der Ehe nicht gegeneinander aufgerechnet wird, was ein Partner für den anderen getan hat. Auch könnte man argumentieren, dass derjenige, der während der bestehenden Ehe kein Geld für seine Mitarbeit verlangt hat, nach deren Ende ebenfalls keine Ansprüche haben soll. Prozessual hat diese Betrachtungsweise zudem den Vorzug, dass das Familiengericht nicht mit der Beurteilung der Zugewinnausgleichsansprüche warten muss, bis der mitarbeitende Ehegatte seine Ansprüche vor dem Allgemeinen Zivilgericht oder vor dem Arbeitsgericht tituliert bekommt. 1412

Folgt man dieser Betrachtungsweise nicht, so kann man die Ansicht vertreten, § 1378 I sei jedenfalls insoweit verdrängende Sondervorschrift, als die Mitarbeit eines Ehegatten durch den Zugewinnausgleich bereits angemessen berücksichtigt wird.[13] Schuldrechtliche Ansprüche wären dann zwar möglich, aber als Ausnahme anzusehen. Die Begründung läge darin, dass die Mitarbeit eines Ehepartners jedenfalls keine doppelte Berücksichtigung im Rahmen der Ehescheidung finden soll. Dabei besteht aber die Schwierigkeit, festzustellen, wann die Ehegattenmitarbeit beim Zugewinnausgleich ihre angemessene Anerkennung gefunden hat. Vielfach handelt es sich dabei um eine Ermessensentscheidung, die die Vorhersehbarkeit eines Klageverfahrens nahezu ausschließt. 1413

Für ein gleichberechtigtes Nebeneinander von Zugewinnausgleich und schuldrechtlichen Ansprüchen spricht, dass sich beide Anspruchsarten in ihren Zwecken unterscheiden. Der Zugewinnausgleichsanspruch wird gewährt, weil der eine Ehegatte durch Haushaltsführung die Arbeit des anderen fördert oder eigenen Erwerb unterlässt. Er entsteht unabhängig davon, ob ein Ehegatte im Unternehmen des anderen mitgearbeitet und ob eine eventuelle Mitarbeit den Wert dieses Unternehmens gesteigert hat. Demgegenüber ist der schuldrechtliche Entgeltanspruch für Mitarbeit Ausgleich für die gemeinsame Schaffung von Vermögenswerten, wie sie auch unter nicht verheirateten Personen stattfinden könnte. Diese Überlegung spricht dafür, eine Spezialität des Zugewinnausgleichsanspruches zu verneinen. Allerdings ist dann problematisch, wie der schuldrechtliche Ausgleichsanspruch zu beziffern ist. 1414

12 IE ist vieles str., vgl. MüKoBGB/*Ulmer/Schäfer* Vorbem. § 705 Rn. 79 f.; MüKoBGB/*Roth* § 1356 Rn. 23 ff.

13 Vgl. auch *Schlüter* FamR Rn. 84.

Aus der Vielfältigkeit des Meinungsstandes folgt, dass Sie in der Bearbeitung kaum einen Fehler begehen können, wenn Sie sich nur des Problems bewusst sind.

Je nach Entscheidung beginnt dann die Tatbestandsprüfung einzelner schuldrechtlicher Ausgleichsansprüche. Dabei sind die Umstände des Einzelfalles maßgeblich, sodass angesichts der ausufernden Problematik kein vollständiger Überblick gegeben werden kann. Dennoch müssen Sie folgende Anspruchsgruppen berücksichtigen:

#### aa) Vertragliche Ansprüche

1415 (1) §§ 611, 612

(2) §§ 721, 738 I 2 oder 733 II 1.[14]

(3) Familienrechtlicher Vertrag iVm § 313 (Störung der Geschäftsgrundlage)

#### bb) Gesetzliche Ansprüche

1416 (1) § 1353 I 2

(2) §§ 677, 683 S. 1, 670

(3) § 748

(4) § 812 I 1, erster Fall

(5) § 812 I 2, erster Fall oder zweiter Fall

Die Einzelheiten hierzu finden Sie in der Lösungsskizze.

### 2. Die Rückabwicklung von Ehegattenzuwendungen

Ähnlich wie bei den Entgeltansprüchen für Ehegattenmitarbeit stellt sich die Rechtslage dar, wenn ein Ehegatte dem anderen während der Ehe Zuwendungen gemacht hat.[15]

#### a) Zuwendungen im Zugewinnausgleichsverfahren

1417 Deshalb ist kurz darauf einzugehen, wie sich Zuwendungen unter Ehegatten auf den Zugewinnausgleichsanspruch gem. § 1378 I auswirken. Hierzu gibt es zwei Vorschriften, die bereits erwähnt wurden: § 1374 II und § 1380. § 1374 II bestimmt, dass Schenkungen grundsätzlich dem Anfangsvermögen zuzurechnen und damit im Ausgleichsverfahren neutral sind. Da § 1374 II eine Schenkung verlangt, scheidet die Norm bei Zuwendungen unter Ehegatten insoweit aus, als es sich um eine sog. unbenannte Zuwendung handelt, die im Fall näher besprochen wird.[16] Streitig ist, ob die

14 Vgl. dazu iE die Lösungsskizze → Rn. 1436.

15 Beide Fälle, Entgelt für geleistete Mitarbeit und Rückforderungsansprüche bezüglich Zuwendungen, werden daher zT auch an gleicher Stelle behandelt, vgl. etwa Soergel/*Lange* § 1356 Rn. 29.

16 Zu unbenannten Zuwendungen seitens der Eltern eines Ehegatten an beide Ehepartner OLG Nürnberg FamRZ 2006, 38 ff. mit krit. Anm. *Hohloch* JuS 2006, 849 ff. Zum Zuwendungsausgleich im Rahmen einer Eingetragenen Lebenspartnerschaft s. *Röthel* JURA 2006, 641 (648) mwN.

Vorschrift bei Schenkungen unter Ehegatten eingreift.[17] Der Wortlaut lässt keine eindeutige Entscheidung zu. Gegen die Anwendung des § 1374 II auf Ehegattenschenkungen spricht folgende Überlegung aus seinem Regelungszweck: Das Recht des Zugewinnausgleichs soll verteilen, was die Ehegatten während der Ehe gemeinsam erwirtschaftet haben. Dieser Aspekt gilt nicht bei Schenkungen von dritter Seite. Ein solcher Erwerb beruht nicht auf gemeinsamer Arbeit. Was jedoch ein Ehegatte dem anderen zuwendet, ist gleichsam eine Art vorweggenommener Zugewinnausgleich, sofern nicht ausnahmsweise der Gegenstand der Zuwendung aus dem Anfangsvermögen stammt. Solche Ausnahmefälle bleiben aber bei der pauschalierten Betrachtungsweise des Zugewinnausgleichsrechtes außer Betracht.[18]

Folgt man der These von der Nichtanwendung des § 1374 II, ist noch § 1380 zu berücksichtigen. Anders als § 1374 II spricht diese Vorschrift von »Zuwendungen« und nicht von Schenkungen, sodass hierunter auch die sog. unbenannten Zuwendungen fallen. **1418**

Rechnerisch wird ihr Wert gem. § 1380 II 1 dem Zugewinn des Zuwendenden hinzugerechnet und danach von der so errechneten Ausgleichsforderung des Zuwendungsempfängers gem. § 1380 I 1 abgezogen.[19] Dies bedeutet, dass Zuwendungen wertmäßig zur Hälfte über § 1378 I rückabgewickelt werden.[20] Ohne § 1380 wäre das Ergebnis allerdings auch nicht anders: Der Wert der Zuwendung würde dem Endvermögen des Empfängers hinzugerechnet und von dem des Zuwendenden abgezogen.[21] Probleme bereitet § 1380 dann, wenn der Wert der Zuwendung den des Ausgleichsanspruches übersteigt, den der Zuwendungsempfänger an sich hätte.[22] Für diesen Fall schließt die Norm einen Zugewinnausgleichsanspruch des Zuwendungsempfängers zwar aus. Offen und streitig ist aber, ob sie auch einem Zugewinnausgleichsanspruch des Zuwendenden selbst entgegensteht,[23] etwa, wenn der Zuwender 50.000 EUR Zugewinnausgleich zahlen müsste, aber eine ausgleichspflichtige Zuwendung iHv 60.000 EUR gemacht hatte. Nach überwiegender Auffassung hat § 1380 nur die Funktion, die Anrechnung der Zuwendung auf den Anspruch des Zuwendungsempfängers zu ermöglichen, nicht hingegen, einen Anspruch des Zuwendenden aus § 1378 I auszuschließen.[24] Diese Betrachtungsweise lässt sich mit dem Wortlaut der Norm begründen, der davon ausgeht, dass der Zuwendende der Ausgleichsverpflichtete ist.[25] **1419**

### b) Konkurrenzfragen

Sofern Sie den Zugewinnausgleichsanspruch unter Berücksichtigung der §§ 1374 II und 1380 geprüft haben, bleibt die Frage sonstiger Anspruchsgrundlagen und ihres **1420**

17 Verneinend BGHZ 101, 65 (69 ff.) = BGH NJW 1987, 2814; HK-BGB/*Kemper* § 1374 Rn. 11; *Schlüter* FamR Rn. 124; *Pridik* JA 2004, 318 (320); aA MüKoBGB/*Koch* § 1374 Rn. 23.

18 Anders *Seutemann* FamRZ 1989, 1023 (1025).

19 Zu beachten ist, dass nach der Rspr. des BGH (BGHZ 82, 227, 234 mwN) die Zuwendung im Endvermögen des Zuwendungsempfängers nicht berücksichtigt wird. Krit. dazu Soergel/*Lange* BGB § 1374 Rn. 14.

20 Vgl. etwa das Beispiel bei *Schwab* FamR Rn. 287 oder bei MüKoBGB/*Koch* § 1380 Rn. 17.

21 Vgl. dazu *Joost* JZ 1985, 14.

22 Vgl. das Beispiel bei *Schlüter* FamR Rn. 132.

23 Vgl. *Schlüter* FamR Rn. 132 mwN und einem Zahlenbeispiel.

24 Vgl. die Nachw. in BGHZ 82, 227 (233).

25 BGHZ 82, 227 (234); *Schlüter* FamR Rn. 132 mwN; *Schwab* FamR Rn. 288.

Verhältnisses zu § 1378 I. Die Konkurrenzproblematik müssen Sie hier in ähnlicher Weise beurteilen wie bei der Ehegattenmitarbeit. Wertungsmäßig ist aber zu berücksichtigen, dass Zuwendungen unter Ehegatten in § 1380 eine gesetzliche Regelung gefunden haben, anders als das Problem der Mitarbeit. Hinsichtlich der schuldrechtlichen Anspruchsgrundlagen kommt es im Übrigen auf den Einzelfall an, dh welche Art von Zuwendung zu welchem Zweck gegeben wurde.[26] Allerdings kann man auch hier als Hilfestellung folgendes gedankliches Schema empfehlen:

**aa) Vertragliche Ansprüche**

**1421** (1) § 488 I 2 bei der Hingabe von Geld

(2) §§ 531 II, 516 I, 812

(3) §§ 733 II 1 oder 738 I 2 (Gewinnansprüche entfallen nach Auflösung der Ehegatteninnengesellschaft)

(4) Unbenannte Zuwendung iVm § 313 (Störung der Geschäftsgrundlage)

**bb) Gesetzliche Ansprüche**

**1422** § 812 I 1, erster Fall und § 812 I 2, erster und zweiter Fall

**1423** An der Vielfalt der Anspruchsgrundlagen sehen Sie auch hier, dass nicht alle Fälle angesprochen werden können. Ansprüche aus Gesellschafts- und Arbeitsvertrag sind zB Alternativen, ebenso wie solche aus Darlehens- oder Schenkungsvertrag. Auch Schenkung und unbenannte Zuwendung schließen sich wechselseitig aus. Beim Rückforderungsanspruch des Schenkers wegen groben Undanks gem. §§ 531 II, 812 – ähnliches kann auch für die anderen Ansprüche gelten – ist im Verhältnis zum Zugewinnausgleich noch Folgendes zu berücksichtigen: Grundsätzlich führt der Bereicherungsanspruch zur gegenständlichen Rückübertragung des Zuwendungsgegenstandes, die im Zugewinnausgleichsverfahren nur unter den besonderen Voraussetzungen des § 1383 erfolgt. Vermögensmäßig wirkt sich der Schenkungswiderruf dahingehend aus, dass sich das Endvermögen des Schenkers um den Bereicherungsanspruch vergrößert, gleichzeitig aber das Endvermögen des Zuwendungsempfängers entsprechend verringert. Der Wert der Schenkung wird damit im Zugewinnausgleichsverfahren zur Hälfte ausgeglichen, sofern er zum Zeitpunkt des Widerrufes noch genauso hoch war wie zum Zeitpunkt der Zuwendung, §§ 531 II, 818 II, 818 III. Damit ist in den meisten Fällen eine angemessene Rückabwicklung von Ehegattenzuwendungen im Zugewinnausgleichsverfahren möglich. Dies spricht dafür, jedenfalls insoweit eine verdrängende Konkurrenz zugunsten des § 1378 I anzunehmen.[27]

---

26 ZB OLG Bremen NJW 2000, 82 ff. zu § 242.

27 BGHZ 82, 235 f.; 115, 132 = BGH JR 1992, 233 mAnm *Koch*; etwas anderes gilt, wenn dem Zuwendenden ein Verzicht auf den Zuwendungsgegenstand nicht zugemutet werden kann, ferner, wenn die Parteien bei der Zuwendung konkrete Vereinbarungen getroffen haben, die entweder für die gesamte Zuwendung oder jedenfalls für den Teil Bedeutung haben, der vom Zugewinnausgleichsverfahren nicht erfasst wird. Der kontroverse Meinungsstand ist bei MüKoBGB/*Koch* Vorbem. § 1363 Rn. 19 ff. zusammengestellt.

## B. Lösung

### I. Anspruch der F gegen M auf Rückübertragung des Miteigentumsanteils aus § 812 I 2, 1. Var. iVm §§ 531 II, 516 I[28]

**1.** Da die Norm nur klarstellt, dass der Widerruf der Schenkung den Rechtsgrund entfallen lässt und somit eine Rechtsgrundverweisung bildet,[29] muss zunächst geprüft werden, ob M etwas erlangt hat. Bereicherungsgegenstand ist jeder Vermögensvorteil.[30] Vorliegend hat F dem M formgerecht gem. §§ 873 I, 925 den halben Miteigentumsanteil an ihrem Grundstück übertragen. Folglich hat M »etwas« iSd § 812 erlangt. 1424

**2.** Diese Bereicherung müsste auf einer Leistung der F beruhen. Unter Leistung im Sinne der Bereicherungsrechtes versteht man jede bewusste und zweckgerichtete Mehrung fremden Vermögens.[31] F hat dem M das Miteigentum im Hinblick auf die Erfüllung des »Schenkungsvertrags« übertragen, mithin durch Leistung das Vermögen des M vermehrt.

**3.** Der Rechtsgrund müsste nachträglich weggefallen sein. Dies kann durch den Widerruf einer vollzogenen Schenkung gem. §§ 530 I, 531 II geschehen sein.[32]

**a)** Zunächst ist zu prüfen, ob ursprünglich ein wirksamer Schenkungsvertrag gem. §§ 516 I, 518 I vorgelegen hat. Dies setzt voraus, dass sich die Parteien formgerecht über die unentgeltliche Zuwendung aus dem Vermögen des Schenkers an den Beschenkten geeinigt haben. 1425

F und M haben einen notariell beurkundeten Vertrag geschlossen, der mit »Schenkungsvertrag« überschrieben war. Darin liegt ein Anhaltspunkt für die Rechtsnatur der Vereinbarung. Entscheidend bleibt aber, ob darin im Wege der Auslegung gem. §§ 133, 157 der für eine Schenkung notwendige rechtsgeschäftliche Wille über die Unentgeltlichkeit einer Zuwendung aus dem Vermögen des Schenkers entnommen werden kann. Unentgeltlich ist eine Zuwendung dann, sofern sie unabhängig von einer Gegenleistung erfolgt.[33] Ein Schenkungsvertrag zwischen F und M wäre damit zweifelhaft, wenn man darauf abstellt, dass die Übertragung des Miteigentumsanteils im Zusammenhang mit den Arbeitsleistungen des M stand. Diese wurden aber erst nach der Übertragung des Miteigentums durchgeführt. Dafür, dass die Eigentumsübertragung als »vorweggenommene« Gegenleistung gedacht war, besteht nach dem Sachverhalt kein Anhaltspunkt.

Einer Einordnung des Vertrags als Schenkung könnte ferner entgegenstehen, dass es sich um eine Zuwendung handelte, die allein die eheliche Lebensgemeinschaft ausge- 1426

28 Im vorliegenden Fall sind wegen der Art der Zuwendung weder Ansprüche aus einem Darlehens- noch aus einem Gesellschaftsvertrag zu prüfen. Auch Bereicherungsansprüche scheiden aus (soweit sie nicht ihre Grundlage im Schenkungsvertrag haben): Für die Übereignung des Miteigentumsanteiles besteht mit der Schenkung ein Rechtsgrund. Eine besondere Zweckvereinbarung ist dem Sachverhalt nicht zu entnehmen. Lesen Sie zur Abrundung der Problematik unbedingt auch Fall 34.

29 MüKoBGB/*Koch* § 531 Rn. 4.

30 Palandt/*Sprau* § 812 Rn. 15.

31 BGHZ 40, 277; 58, 188; 61, 291; 72, 248; Palandt/*Sprau* § 812 Rn. 3.

32 Palandt/*Sprau* § 812 Rn. 100.

33 BGH NJW 1982, 436; Palandt/*Weidenkaff* § 516 Rn. 8.

staltete. Das Merkmal der Unentgeltlichkeit wäre nicht erfüllt, wenn in der Zuwendung des Miteigentums lediglich die Anerkennung der F für einen auf gemeinsamer Anstrengung beruhenden Umbau des Hauses gesehen werden müsste.[34] Derartige unbenannte Zuwendungen[35] sind Ausdruck gemeinsamer Wertschaffung durch beide Ehegatten, nicht des Willens, das Vermögen des jeweils anderen Partners unentgeltlich zu vermehren.

**1427** Im vorliegenden Fall ist aber zu berücksichtigen, dass das Haus der F von vornherein gehörte und die Arbeiten in keinem Zusammenhang mit der Miteigentumsübertragung standen. Hinzu tritt, dass die Parteien nach entsprechender Beratung durch den Notar den Vertrag ausdrücklich als »Schenkungsvertrag« bezeichnet haben.[36] Da die Parteien nicht gehindert sind, Schenkungsverträge miteinander zu schließen, ist nach allem davon auszugehen, dass M und F sich über die Unentgeltlichkeit der Zuwendung einig waren. Damit ist ein Schenkungsvertrag zu bejahen.

**1428** **b)** Der rechtliche Grund könnte durch den Widerruf der Schenkung gem. §§ 530 ff. entfallen sein.

**aa)** Die gem. § 531 I notwendige Widerrufserklärung der F liegt vor.

**1429** **bb)** Weiterhin muss ein Widerrufsgrund gem. § 530 I gegeben sein. Danach kann eine Schenkung dann widerrufen werden, wenn sich der Beschenkte durch eine schwere Verfehlung gegen den Schenker groben Undanks schuldig macht, dh zusätzlich zum objektiven Tatbestand der schwerwiegenden Verfehlung eine Gesinnung an den Tag legt, die auf einen Mangel an Dankbarkeit schließen lässt.[37]

Die schwere Verfehlung gegen F könnte darin liegen, dass M ein Verhältnis mit G hatte. Selbst wenn insoweit Zweifel bestehen, ist zu berücksichtigen, dass M das Verhältnis über mehrere Jahre aufrechterhalten hat, obwohl er von F bereits zur Rede gestellt worden war. Im Zusammenhang mit seiner Lüge und der Fortsetzung der Beziehung stellt sich die Handlungsweise des M als ausgeprägte Treulosigkeit dar, sodass an sich eine schwere Verfehlung grundsätzlich anzunehmen wäre.

**1430** Fraglich ist, ob daran die Abschaffung des früheren Verschuldensprinzips bei der Ehescheidung etwas ändert. Man könnte für eine Harmonisierung der Auslegung des § 530 mit den anspruchsausschließenden Normen der §§ 1381, 1579 I eintreten und

---

34 Vgl. BGH NJW 1982, 1093.

35 Es handelt sich um Sach- (Geld) oder Dienstleistungen, die unentgeltlich erfolgen, die aber nicht wie eine Schenkung der Vermögensmehrung des anderen Ehegatten dienen, sondern ihre Grundlage im Zusammenleben haben und die Mitarbeit und Hilfe des anderen ausgleichen. Sie unterliegen auch nicht der Rückforderung nach Schenkungsrecht (BGH NJW 1972, 580; vgl. ferner BGH JR 1983, 453 [454] und OLG Bamberg JA 1997, 91 ff.; *Pridik* JA 2004, 318; *Röthel* JURA 2006, 641 [643]). Der BGH hat diese Rechtsfigur in Ausnahmefällen als Anknüpfungspunkt (besonderer familienrechtlicher Vertrag) für das Rechtsinstitut der Störung der Geschäftsgrundlage gem. § 313 angesehen. Grds. soll – ebenso wie bei der Schenkung – der Zugewinnausgleich vor allgemeinen schuldrechtlichen Ansprüchen vorrangig sein (*Pridik* JA 2004, 318 [320 f.]; *Röthel* JURA 2006, 641 [644 f.]). Ausnahmen seien denkbar, wenn die Beibehaltung der durch die Zuwendung geschaffenen Vermögensverhältnisse für den benachteiligten Ehegatten unzumutbar sei (BGH JR 1982, 439 [494] mAnm *Olzen*, ferner BGH JR 1992, 233 mAnm *Koch*). Die Schwelle der Unzumutbarkeit ist bei der Gütertrennung schneller erreicht als bei der Zugewinngemeinschaft.

36 Vgl. dazu auch OLG Frankfurt FamRZ 1986, 576; wegen § 925a soll zwar das Grundgeschäft notariell beurkundet werden, es muss aber nicht als Schenkungsvertrag gekennzeichnet sein.

37 Erman/*Herrmann* § 530 Rn. 2.

bei »normaler« Untreue eine schwere Verfehlung verneinen.[38] Danach würde nur noch ein sog. »exzessives Fehlverhalten«, dh ein solches, das über die Untreue hinausgeht, als Widerrufsgrund ausreichen. Hierfür lässt sich geltend machen, dass andernfalls das Zerrüttungsprinzip unterlaufen würde.

Abgesehen davon, ob vorliegend nicht sogar aufgrund des hartnäckigen Handelns ein exzessives Fehlverhalten des M vorliegt, ist eine solche Betrachtungsweise abzulehnen, weil sie sich mit dem Gesetz nicht vereinbaren lässt. Das Zerrüttungsprinzip gilt nur für das Scheidungs- und das Scheidungsfolgenrecht, nicht aber für sonstige schuldrechtliche Beziehungen unter den Ehegatten.[39] **1431**

**cc)** Der Widerruf könnte jedoch gem. § 532 S. 1 ausgeschlossen sein. Zwar ist eine Verzeihung durch F nach dem Sachverhalt nicht gegeben, jedoch könnte eine eventuelle Kenntnis aufgrund der anonymen Briefe von Anfang 2003 den Tatbestand erfüllen. Es handelte sich aber um anonyme Briefe, über deren Inhalt sich F nur durch Nachfrage bei M Gewissheit verschaffen konnte, sofern sie nicht die Vertrauensbasis der Ehe vollständig infrage stellen wollte. Sofern man von F verlangen wollte, bereits aufgrund eines anonymen Briefes die Schenkung zu widerrufen, würde diesen mehr Gewicht beigemessen als den Beteuerungen des M, er habe kein Verhältnis, denen die F letztlich glaubte. **1432**

Dem Widerruf steht aus diesen Gründen § 532 S. 1 nicht entgegen, sodass F ihre Schenkung wirksam widerrufen hat. Damit ist der Rechtsgrund für die Zuwendung des Miteigentumsanteils nachträglich weggefallen. F kann folglich Rückübertragung gem. § 812 I 2, erster Fall verlangen.

**3.** Fraglich bleibt der Umfang des Anspruches. Es erscheint denkbar, dass M im Rahmen der Saldierung dem Rückübertragungsanspruch der F die Arbeitsleistung iHv 20.000 EUR entgegensetzen könnte. Dies ist gem. § 818 III dann der Fall, wenn es sich um Verwendungen gehandelt hat, die von M im Vertrauen auf die Rechtsbeständigkeit des Erwerbes gemacht wurden.[40] Voraussetzung dafür wäre zunächst, dass M die Arbeitsleistungen nach der Miteigentumsübertragung erbracht hat. Davon geht der Sachverhalt aus. Fraglich ist allerdings, ob er sie zu einer Zeit tätigte, als er an die Rechtsbeständigkeit der Schenkung glaubte. Dazu müsste sich aus dem Sachverhalt entnehmen lassen, dass M seine Arbeiten vor dem Ehebruch durchführte. Der Umstand, dass insoweit keine Anhaltspunkte im Sachverhalt vorhanden sind, geht zulasten des M. Er trägt hierfür die Beweislast, weil § 818 III eine ihm günstige Tatsache darstellt, deren Voraussetzungen er darzulegen und zu beweisen hat. **1433**

Somit besteht der Anspruch ohne Einschränkung.

## II. Zurückbehaltungsrecht des M gegenüber dem Anspruch der F

M könnte jedoch gegenüber dem Anspruch der F wegen der Arbeitsleistungen im Werte von 20.000 EUR ein Zurückbehaltungsrecht gem. § 273 I zustehen. Hierzu müsste er einen fälligen Gegenanspruch aus demselben rechtlichen Verhältnis haben, auf dem seine Verpflichtung beruht. **1434**

38 So *Bosch* FamRZ 1982, 1067.
39 Vgl. auch BGH JR 1983, 453 mAnm *Olzen*.
40 Vgl. Palandt/*Sprau* § 818 Rn. 29.

### 1. Anspruch aus § 611 I

1435 Ein Anspruch des M gegen F aus § 611 I scheidet aus, da nach dem Sachverhalt kein Arbeitsvertrag zustande gekommen ist. Hierfür wäre erforderlich, dass die Parteien eine Vereinbarung getroffen hätten, die M von den Weisungen der F abhängig machte.

### 2. Anspruch aus § 733 II 1

1436 M könnte Ansprüche gegen F gem. § 733 II 1[41] iHv 20.000 EUR geltend machen, sofern zwischen den Eheleuten eine BGB-Gesellschaft bestand und der Wert der Arbeitsleistung als Einlage des M anzusehen ist, die nicht dem Rückforderungsausschluss des § 733 II 3 unterliegt. Dann müsste zwischen M und F ein Gesellschaftsvertrag iSd § 705 geschlossen worden sein. Da keine ausdrückliche Vereinbarung getroffen wurde, ist zu prüfen, ob die Parteien konkludente Willenserklärungen im Hinblick auf eine sog. Ehegatteninnengesellschaft[42] abgegeben haben. Voraussetzung dafür wäre aber, dass die bloße gemeinsame Unterhaltung eines Wohnhauses tauglicher Gesellschaftszweck iSd § 705 ist.[43] Dies würde zu der unübersichtlichen Rechtslage führen, dass neben der Ehe im Hinblick auf größere Vermögensgegenstände eine Vielzahl von Ehegatteninnengesellschaften bestehen könnte. Deshalb ist der Gesellschaftszweck nur dann zu bejahen, wenn er über das hinausgeht, was der Verwirklichung der ehelichen Lebensgemeinschaft dient, etwa auf Kapitalbildung, Ausübung eines Gewerbes oder Führung eines Unternehmens gerichtet ist.[44] Der jeweilige Bereich der Gesellschaft muss somit von der ehelichen Lebensgemeinschaft abgrenzbar sein, die Eheleute müssen sich in ihm wie Dritte gegenübertreten.

Da diese Voraussetzungen nicht gegeben sind, scheidet ein gesellschaftsvertraglicher Anspruch aus.

### 3. Anspruch aus § 313 I wegen Störung der Geschäftsgrundlage

1437 Voraussetzung dafür wäre ein zwischen den Ehegatten bestehendes schuldrechtliches Verhältnis, dessen Geschäftsgrundlage von vornherein nicht bestanden hat oder später weggefallen ist.[45] Die Ehe stellt kein solches Rechtsverhältnis dar, da die in ihr fehlgeschlagenen Erwartungen über das Scheidungsrecht abgewickelt werden. Für den Abschluss eines darüber hinausgehenden sog. familienrechtlichen Vertrags

---

41 Auch §§ 738 I 2, 721 kommen als Anspruchsgrundlagen in Betracht. M macht aber keinen Anspruch am Auseinandersetzungsguthaben und auch keine Gewinnbeteiligung geltend. Vgl. dazu noch unten Fall 35 → Rn. 1507 ff.

42 Zur Ehegatteninnengesellschaft vgl. iE *Schwab* FamR Rn. 106 ff., mwN; sowie BGH NJW 1995, 3383 (3384): keine Innengesellschaft bei ausdrücklicher Vereinbarung eines Dienstverhältnisses; zur Abgrenzung von unbenannten Zuwendungen BGH JuS 2000, 186 f.; zum gleichwertigen Nebeneinander von gesellschaftsrechtlichem Ausgleichsanspruch und Anspruch auf Zugewinnausgleich vgl. BGH NJW 2006, 1268 (1269). Einen guten Überblick finden Sie bei *K. Schmidt*, Gesellschaftsrecht, 4. Aufl. 2002, § 59 I 2. b), S. 1728 ff.

43 Nachw. bei *Schlüter* FamR Rn. 151a; BGH NJW 1974, 2278; bei ausdrücklich geschlossenem Gesellschaftsvertrag ferner BGH NJW 1982, 170 ff.; MüKoBGB/*Roth* § 1356 Rn. 26 mwN.

44 BGH NJW 2006, 1268 (1269); *Pridik* JA 2004, 318 (320).

45 Vgl. BGH JR 1982, 493 mit krit. Anm. *Olzen* JR 1982, 496; NJW 1995, 1889 (1890).

bestehen nach dem Sachverhalt keine Anhaltspunkte.[46] Auch eine Schenkung von M an F als Schuldverhältnis zwischen den Beteiligten steht nicht infrage: Arbeitsleistungen stammen nicht aus dem Vermögen iSd § 516 I und sind somit kein tauglicher Zuwendungsgegenstand im Sinne der Norm. Der einzige Anhaltspunkt für das Institut der Störung der Geschäftsgrundlage wäre damit die zwischen M und F bestehende Miteigentümergemeinschaft, die jedoch zum Zeitpunkt der Arbeitsleistung bereits bestand, sodass eine Verknüpfung zwischen Miteigentum und Arbeitsleistungen als Geschäftsgrundlage ebenfalls entfällt. Ein Anspruch aus § 313 I besteht somit nicht.

### 4. Anspruch aus § 748

Ein Anspruch aus § 748 setzt voraus, dass M und F im Zeitpunkt der Arbeitsleistungen Miteigentümer waren und die Arbeiten des M Erhaltungsmaßnahmen betrafen. Während die zunächst genannte Voraussetzung nach dem Sachverhalt gegeben ist, lässt sich nicht feststellen, ob M an dem Haus Erhaltungsmaßnahmen vorgenommen hat oder ob es sich um Verbesserungen des Hauses handelte. Damit scheidet ein Anspruch aus § 748 aus. **1438**

### 5. Anspruch aus § 1353 I 2 auf Zahlung von 20.000 EUR

Dann müsste die Norm eine Anspruchsgrundlage für während der Ehe geleistete Mitarbeit darstellen. Gegen diese Annahme spricht zunächst der weite und unbestimmte Wortlaut der Vorschrift, der keine Aufspaltung in Tatbestand und Rechtsfolge in Form eines Ausgleichsanspruchs enthält. Selbst wenn man aber aus § 1353 I 2 einen Anspruch auf Rücksichtnahme ableitet und ihn damit konkretisiert, ergibt sich kein anderes Ergebnis. Man könnte zwar argumentieren, im Falle der Eheauflösung entspreche es dem Gebot der Rücksichtnahme, eine durch Mitarbeit des anderen Ehegatten erfolgte Vermögensmehrung auszugleichen, für die es keinen anderweitigen Ersatz gebe.[47] Im hier zu bewertenden Sachverhalt ist die Ehe aber nicht einmal aufgelöst und es lässt sich auch nicht erkennen, warum F mit dieser Begründung ausgleichen soll, was M an Arbeitsleistung am gemeinsamen Haus erbracht hat. Beide Ehepartner haben dieses Haus gemeinsam bewohnt und bewohnen es noch. Deshalb scheidet ein solcher gesetzlicher Anspruch ebenfalls aus. **1439**

### 6. Anspruch aus §§ 677, 683 S. 1, 670 auf Aufwendungsersatz

Dies erfordert zunächst, dass M ein Geschäft für F besorgt hat, ohne von dieser beauftragt oder sonst dazu berechtigt gewesen zu sein.

46 Der familienrechtliche Vertrag diente der Rspr. verschiedentlich als Anknüpfungspunkt für das Rechtsinstitut der Störung der Geschäftsgrundlage. Der Inhalt dieses Vertrages ist bis heute nicht geklärt; vgl. auch *Schlüter* FamR Rn. 151a; ferner *Rauscher* FamR Rn. 486. BGHZ 65, 320 (324) hat die Berufung auf die Störung der Geschäftsgrundlage für die Zugewinngemeinschaft regelmäßig ausgeschlossen. Eine Ausnahme könnte man sich überlegen, wenn dies für den mitarbeitenden Ehepartner unzumutbar wäre, etwa wenn er im Innenehеverhältnis allein das Unternehmen aufgebaut oder betrieben hat, vgl. ähnlich BGHZ 82, 227 (236).

47 Vgl. *Schwab* FamR Rn. 314 f.

1440 **a)** Unter den Begriff einer Geschäftsbesorgung iSd § 677 fällt die Vornahme rechtsgeschäftlicher oder tatsächlicher Handlungen.[48] Die Arbeitsleistungen für das gemeinsame Familienheim stellen somit eine Geschäftsbesorgung dar.

1441 Fraglich ist jedoch, ob es sich für M um ein fremdes Geschäft handelte. Dafür muss es nach Gegenstand und Erscheinungsbild für jedermann erkennbar zum Rechtskreis der F gehören.[49]

Nach dem Sachverhalt war M zum Zeitpunkt der Arbeitsleistung Miteigentümer, sodass die Geschäftsbesorgung auch seinem Rechtskreis zugeordnet war.

Ein objektiv fremdes Geschäft iSd § 677 liegt allerdings auch dann vor, wenn das fremde Geschäft nur mitbesorgt wird, der Geschäftsführer daneben aber zugleich eigene Interessen wahrnimmt.[50]

Somit steht das Miteigentum des M der Annahme eines fremden Geschäftes nicht entgegen.

1442 **b)** Erforderlich ist weiterhin, dass M mit Fremdgeschäftsführungswillen handelte. Dieser wird beim ausschließlich fremden Geschäft vermutet.[51] Fraglich erscheint, ob dies auch beim Handeln im Doppelinteresse gilt. Um den Anwendungsbereich der Geschäftsführung ohne Auftrag nicht unangemessen auszuweiten und die Rechtsfigur damit zu einem bloßen Billigkeitsinstrument werden zu lassen, ist die Frage zu verneinen.[52] Somit sind bei einem »auch-fremden« Geschäft konkrete Anhaltspunkte für das Vorliegen eines Fremdgeschäftsführungswillens zu verlangen. Da hierfür nach dem Sachverhalt keine Ansatzpunkte bestehen, scheidet ein Anspruch aus §§ 677, 683 S. 1, 670 aus.[53]

### 7. Anspruch aus § 812 I 1, 1. Var.

1443 **a)** Als Bereicherungsgegenstand sind die ersparten Aufwendungen der F anzusehen.

**b)** Zur Bejahung einer condictio indebiti müsste M seine Leistung jedoch auf eine vermeintlich bestehende Verbindlichkeit erbracht haben. M war indessen nicht verpflichtet, auch nicht aus seiner Unterhaltsverpflichtung gem. § 1360, Arbeitsleistungen am gemeinsamen Haus zu erbringen, sodass der Anspruch ausscheidet.

48 Staudinger/*Bergmann*, 2006, Vorbem. §§ 677 ff. Rn. 107.

49 MüKoBGB/*Seiler* § 677 Rn. 4; Palandt/*Sprau* § 677 Rn. 4.

50 Vgl. BGHZ 16, 12 (16); 54, 157 (160); 98, 235; Palandt/*Sprau* § 677 Rn. 6.

51 MüKoBGB/*Seiler* § 677 Rn. 6; Bamberger/Roth/*Gehrlein* § 677 Rn. 13.

52 Für die Vermutung des Fremdgeschäftsführungswillens BGHZ 63, 167; BGH NJW 1978, 1375; 1979, 598; Palandt/*Sprau* § 677 Rn. 6; zum Ganzen vgl. Staudinger/*Bergmann*, 2006, Vorbem. §§ 677 ff. Rn. 139 ff.; Erman/*Dornis* BGB § 677 Rn. 7, 12; *Medicus/Petersen* BürgerlR Rn. 409.

53 Bei entgegengesetzter Betrachtungsweise wäre zu berücksichtigen, dass die eheliche Lebensgemeinschaft zwischen M und F den M zwar nicht verpflichtet, Arbeitsleistungen am gemeinsamen Haus zu erbringen, wohl aber berechtigt. Schließlich wird die für die Geschäftsführung eingesetzte Arbeitskraft als solche nach ganz überwiegender Auffassung (vgl. nur Palandt/*Sprau* § 670 Rn. 3) nicht als Aufwendung iSd Norm angesehen. Der Anspruch entfällt also in jedem Fall.

### 8. Anspruch aus § 812 I 2, 2. Var.[54]

Dies setzt voraus, dass die Parteien anlässlich der Durchführung der Arbeiten eine Zweckabrede getroffen haben. Soweit eine solche Vereinbarung darin bestanden hat, das Familienhaus zu verbessern oder zu reparieren, wurde der Zweck erreicht.[55] Aus dem Sachverhalt ist nicht zu entnehmen, dass M einen darüber hinausgehenden Zweck verfolgt und mit F eine entsprechende Vereinbarung getroffen hat. Somit scheidet auch ein Anspruch aus § 812 I 2, 2. Var. aus. 1444

Insgesamt hat M damit keine Ansprüche wegen der von ihm erbrachten Arbeitsleistungen.

Da auch kein Verwendungsanspruch iSd § 273 II eingreift, ist kein Zurückbehaltungsrecht gem. § 273 gegeben.

## III. Ergebnis

F hat einen Anspruch gegen M auf Rückübertragung des Miteigentumsanteils aus § 812 I 2, 1. Var. iVm §§ 531 II, 516 I. Ein Zurückbehaltungsrecht des M besteht nicht.

54 Nach der Scheidung kann man an die condictio ob causam finitam, § 812 I 2, erster Fall denken. Sie kommt aber nur infrage, wenn aufgrund der Ehe Mitarbeit geschuldet wurde, denn nur dann ist die Ehe ein Rechtsgrund, der mit der Scheidung wegfällt; vgl. BGH JR 1982, 483 mAnm *Olzen* S. 496. Selbst dann entfällt aber der Rechtsgrund der Ehe mit der Scheidung nicht *rückwirkend*, vgl. MüKoBGB/*Roth* § 1356 Rn. 24.

55 Nachw. bei MüKoBGB/*Roth* § 1356 Rn. 24. Andere nehmen an, Zweck der Arbeitsleistung sei es, die künftige Verwendung des Hauses als Familienwohnheim zu schaffen oder zu erhalten, *Lipp* JuS 1993, 89 (96); dagegen MüKoBGB/*Wacke*, 4. Aufl. 2004, § 1356 Rn. 24 mwN. Für den Vorrang des Bereicherungsrechts sogar im Zugewinnausgleichsverfahren vgl. *Joost* JZ 1985, 10 (14).

## Fall 34: »Was hast Du getan?«

1445 F lebt mit ihrem Mann M, der häufig auf Geschäftsreisen ist, im gesetzlichen Güterstand. Gemeinsam mit ihm ist sie zur Hälfte Eigentümerin eines unbelasteten Hausgrundstückes im Werte von 300.000 EUR. Außer ihrem Anteil an dem Grundstück hat F nur einige persönliche Habe, Kleidung usw, sowie ein Sparbuch, auf dem sich 5.000 EUR Guthaben befinden, daneben Schulden iHv 80.000 EUR bei der B-Bank. Sie hatte dort ein Darlehen aufgenommen, um ein Geschäft zu gründen, war aber gescheitert.

Als M sich wieder einmal – für F unerreichbar – auf Geschäftsreise im Ausland befindet, bestellt die F ihrer Schwester S, die die Vermögensverhältnisse der F kennt, eine Grundschuld iHv 30.000 EUR an ihrer ideellen Grundstückshälfte.

Außerdem veräußert sie den DVD-Player, den sie während der Ehe angeschafft hatte, um sich in Abwesenheit ihres Mannes nicht zu langweilen, an einen Bekannten D, der diesen sogleich mitnimmt. Einige Tage später wird der DVD-Player bei D, der sich in Zahlungsschwierigkeiten befindet, gepfändet.

Als M kurze Zeit später von seiner Geschäftsreise zurückkehrt, erfährt er von den in seiner Abwesenheit getätigten Geschäften. Er fragt an, ob er gegen die Grundschuldbestellung und die Pfändung des DVD-Players gerichtlich vorgehen kann.

**Frage: Wie ist die Rechtslage?**

## A. Vorüberlegungen

Der Fall befasst sich mit zwei zentralen Problemen des Familienrechtes: zum einen mit den nach §§ 1365, 1369 geltenden Verpflichtungs- und Verfügungsbeschränkungen der Ehegatten in der Zugewinngemeinschaft, zum anderen mit § 1357, der Vorschrift, die die Wirkungen von Rechtsgeschäften zur angemessenen Deckung des Lebensbedarfes regelt.

### I. Zu § 1365

Im ersten Teil will M die Berichtigung des Grundbuches erreichen und dazu benötigt er die Zustimmung der S als Betroffene iSd § 894. Um sie einzuklagen, müsste er als Prozessstandschafter die Rechte seiner Frau geltend machen, die sich aus einem eventuellen Verstoß des Rechtsgeschäftes gegen § 1365 ergeben. Im Hinblick auf § 1365 enthält die Klausur nahezu alle Fragestellungen, auf die Sie bei Anwendung der Norm treffen können.[1] Orientieren Sie Ihre Vorüberlegungen am nachfolgenden Schema. Die Schwerpunkte sind dann schnell ersichtlich. 1446

**§ 1365 Tatbestandsvoraussetzungen**

**a)** Kein *Ausschluss* der Norm durch *Vereinbarung*.[2]

**b)** Rechtsgeschäft über das *Vermögen im Ganzen*:

**aa)** *Rechtsgeschäftsarten*: Verpflichtungs- und Verfügungsgeschäfte. Betroffen sind ausschließlich solche Verpflichtungsgeschäfte, die auf eine Verfügung über *vorhandenes*[3] Vermögen gerichtet sind. Die Begründung von Zahlungspflichten in Höhe des Gesamtvermögens scheidet aus, etwa durch Kreditaufnahme oder Bürgschaft.[4] 1447

**bb)** *Für den Vermögensbegriff* gilt Folgendes:

Es kommt auf das *Nettovermögen* an, dh auf das Vermögen nach Abzug der Schulden.[5] 1448

Es entscheidet das *Aktivvermögen*, dh Schulden bleiben unberücksichtigt.[6] Deshalb kann § 1365 auch bei einem überschuldeten Ehegatten eingreifen.[7] 1449

Eine Ausnahme gilt dann, wenn die Schuld durch ein *Grundpfandrecht* gesichert ist; dann wird sie für die Feststellung des Vermögenswertes vom Grundstückswert abgezogen.[8] 1450

**cc)** Vermögen im *Ganzen*:

**(1)** Erstes Problem: Wird eine *Gegenleistung* berücksichtigt? 1451

1 Durch die Verweisungsnorm des § 6 S. 2 LPartG gilt § 1365 auch bei der Eingetragenen Lebenspartnerschaft.
2 Vgl. iE MüKoBGB/*Koch* § 1365 Rn. 99 f.; HK-BGB/*Kemper* § 1365 Rn. 2; PWW/*Weinreich* § 1365 Rn. 3.
3 Vgl. dazu BGHZ 132, 218 (221 f.).
4 BGH FamRZ 1983, 455.
5 *Schulz/Kersting* JR 1959, 135. Dadurch wurde der Anwendungsbereich des § 1365 zu weit, wenn der Ehegatte nahezu ebenso viele Schulden wie Guthaben hat (veraltet).
6 Dies entspricht der hM; vgl. Staudinger/*Thiele*, 2007, § 1365 Rn. 14.
7 BGH FamRZ 2000, 744.
8 BGHZ 77, 293 (297) (lesenswert); so auch NK-BGB/*Gruber* § 1365 Rn. 10.

Dies könnte im Ergebnis zu einer Beschränkung des § 1365 auf unentgeltliche Rechtsgeschäfte führen. Dagegen spricht § 1365 II: Unentgeltliche Rechtsgeschäfte sind keine ordnungsgemäße Verwaltung. Also gilt § 1365 auch für entgeltliche Rechtsgeschäfte.[9]

1452 (2) Zweites Problem: Wann ist die Anwendung der Norm durch vorhandenes *Restvermögen* ausgeschlossen?

Nach allgemeiner Meinung schließt »kleines Restvermögen« § 1365 nicht aus.[10]

1453 (3) Drittes Problem: Ist die Norm anwendbar, wenn das Gesamtvermögen durch *einen Gegenstand* gebildet wird? Hier steht die Einzeltheorie im Gegensatz zur Gesamttheorie.[11] Die herrschende Einzeltheorie bejaht die Anwendbarkeit der Norm, wenn das gesamte Vermögen aus einem Gegenstand besteht.

1454 Allerdings ist zum Schutz des Geschäftspartners als subjektives Erfordernis die Kenntnis notwendig, dass das Rechtsgeschäft das gesamte Vermögen betrifft.[12] Streitig ist schließlich der Zeitpunkt, in dem die Kenntnis noch die Rechtsfolgen des § 1365 auslöst:

1455 (a) Erste Auffassung: Es entscheidet für die Gutgläubigkeit des Geschäftspartners der Zeitpunkt des Verpflichtungsgeschäftes.[13] Spätere Kenntnis schadet also nicht.

1456 (b) Zweite Auffassung: Es kommt auf den Zeitpunkt des Erfüllungsgeschäftes an.[14]

1457 (c) Dritte Auffassung (für Grundstücksgeschäfte): Maßgeblich ist der Antrag auf Eintragung einer Vormerkung oder auf Eintragung des Rechtes.[15]

1458 c) Das Verpflichtungsgeschäft muss auf eine *Verfügung* gerichtet sein:

Streitig ist, ob eine Grundstücksbelastung Verfügung im Sinne der Norm ist. Nach hM (sog. Erschöpfungstheorie) fällt jede Belastung, die den Wert des Grundstückes ganz oder im Wesentlichen ausschöpft, unter § 1365.[16]

**§ 1365 Rechtsfolgen**

1459 Sie ergeben sich aus § 1366, der im Wesentlichen § 108 entspricht. Zu beachten ist, dass § 1365 ein absolutes Veräußerungsverbot darstellt, ebenso wie § 1369.[17] Die Regeln über den gutgläubigen Erwerb greifen somit nicht ein.

## II. Eigentum des M nach § 1357

Bezüglich des DVD-Players liegt zunächst ein Problem im prozessualen Einstieg. Um eine Klage aus § 771 ZPO zu begründen, muss M ein »die Veräußerung hindern-

9 *Olzen* JURA 1988, 13 (15).

10 Vgl. BGHZ 77, 293: Das Geschäft bleibt zustimmungsbedürftig, wenn 15% bei »kleineren Vermögen«, 10% bei »größeren Vermögen« bleiben, zu Letzterem vgl. BGH NJW 1991, 1739.

11 Nachw. bei *Olzen* JURA 1988, 13 (16); MüKoBGB/*Koch* § 1365 Rn. 9 ff., 12 ff.

12 Vgl. BGH NJW 1989, 1609 (1610).

13 BGH NJW 1989, 1609 = JR 1989, 506 mAnm *Joost*; *Rauscher* FamR Rn. 386.

14 OLG Saarbrücken FamRZ 1984, 587.

15 Nachw. bei *Schlüter* FamR Rn. 113.

16 Nachw. bei *Olzen* JURA 1988, 13 (17). Ferner OLG Brandenburg FamRZ 1996, 1015 (1016).

17 BGHZ 40, 218.

des Recht« an dem Gerät geltend machen, also vortragen, Eigentümer oder Miteigentümer geworden zu sein.

**1.** Der Erwerbsgrund könnte zum einen in einem Rechtsgeschäft liegen, bei dem M bereits zum Zeitpunkt des Erwerbes durch F über die Regeln der Stellvertretung bzw. des Geschäftes für den, den es angeht, Eigentum oder Miteigentum erlangte. Ferner ist ein gesetzlicher Eigentumserwerb gem. § 1357 I 2 denkbar, wenn die Norm dingliche Wirkung hat. Schließlich ist zu überlegen, ob F dem M zu einem späteren Zeitpunkt Eigentum verschafft hat. Darauf geht die Lösung im Einzelnen ein. **1460**

**2.** Da § 1357 aber insgesamt zentrale Bedeutung für Ihre Examensvorbereitung zukommt, sind zu dieser Vorschrift einige Bemerkungen vorweg notwendig: Die für alle Güterstände geltende Norm hat eine wechselvolle Geschichte hinter sich.[18] Bis zum Inkrafttreten des Gleichberechtigungsgrundsatzes in Art. 3 II GG im Jahre 1953 erlaubte die Vorschrift der haushaltsführenden Ehefrau, Rechtsgeschäfte innerhalb des häuslichen Wirkungskreises als *Vertreterin* des Ehemannes zu schließen, sofern sich aus den Umständen nichts anderes ergab. Der Ehemann allein wurde somit berechtigt und verpflichtet. Das Gleichberechtigungsgesetz schaffte 1957 das Vertretungsmodell ab, führte aber gleichzeitig eine subsidiäre Haftung der Ehefrau im Falle der Zahlungsunfähigkeit des Ehemannes ein. Seine heutige Fassung erhielt § 1357 durch das 1. Eherechtsreformgesetz im Jahre 1976. Die Norm gilt nun für beide Ehegatten,[19] unabhängig von der Haushaltsführung und den Erwerbsverhältnissen. Außerdem werden jetzt beide Ehegatten berechtigt und verpflichtet. **1461**

Der frühere Zweck des § 1357, der haushaltsführenden und regelmäßig nicht erwerbstätigen Ehefrau einen Freiraum eigenverantwortlicher, rechtsgeschäftlicher Betätigung zu verschaffen, entfällt heute. Zwar ist auch dieser Sachverhalt noch vom Anwendungsbereich der Norm erfasst. Für eine Doppelverdienerehe oder für die Rechtsgeschäfte des alleinverdienenden Ehegatten hingegen gilt die Zielsetzung nicht. Gesetzeszweck bleibt allein der Gläubigerschutz. Aber warum sollen ausgerechnet Gläubiger eines Ehepartners einen zweiten Schuldner erhalten, selbst wenn sie vom Familienstand ihres Geschäftspartners nichts wissen? Mit diesen Überlegungen hätte man die Norm ersatzlos streichen können. Eine Novellierung ist allerdings nicht mehr zu erwarten, nachdem das Bundesverfassungsgericht in § 1357 keinen Verstoß gegen Art. 6 I, 3 I und 2 I GG gesehen hat,[20] obwohl für die nichteheliche Lebensgemeinschaft eine vergleichbare Regelung fehlt.

Streitig ist bis heute die Rechtsnatur des § 1357. Die Meinungen reichen von einem speziell geregelten Fall einer Duldungs- oder Anscheinsvollmacht[21] über eine gesetzliche Verpflichtungsermächtigung[22] bis hin zur Rechtsmacht sui generis.[23] **1462**

Für die Klausur ist dieser Streit nicht von Bedeutung. Gegen die Annahme einer Vertretungsregelung sprechen aber die fehlende Offenkundigkeit des Handelns sowie die

18 Vgl. zur Entwicklung *Huber* JURA 2003, 145.

19 § 1357 gilt gem. § 8 II LPartG auch für Eingetragene Lebenspartnerschaften; zu den hiermit verbundenen Folgeproblemen *Huber* JURA 2003, 145 (149).

20 BVerfG FamRZ 1989, 1273.

21 MüKoBGB/*Wacke* § 1357 Rn. 11.

22 MüKoBGB/*Roth* § 1357 Rn. 10.

23 MüKoBGB/*Roth* § 1357 Rn. 10; Soergel/*Lange* § 1357 Rn. 9.

gemeinsame Berechtigung beider Ehegatten. Dennoch werden einzelne Vorschriften des Vertretungsrechtes analog angewendet.[24]

Im Übrigen können Sie für die Tatbestandsprüfung von folgendem Schema ausgehen:

1463 **§ 1357 Tatbestandsvoraussetzungen**

a) Wirksame *Ehe* (unabhängig vom Güterstand: allgemeine Rechtswirkung der Ehe).
b) *Kein Getrenntleben*, § 1357 III.[25] Streitig ist, ob § 1567 I 2 gilt, weil der Gläubiger die Trennung in diesem Fall nicht erkennen kann.[26]
c) *Kein Ausschluss* durch Ehevertrag, §§ 1357 I, 1412.
d) Rechtsgeschäft zur *angemessenen* Deckung des *Lebensbedarfes*.
   aa) Lebensbedarf:
      (1) Erste Auffassung: Der Rahmen entspricht der früheren Formulierung des § 1357, erfasst werden Rechtsgeschäfte im häuslichen Wirkungskreis.
      (2) Zweite Auffassung: Die Vorschrift umfasst den gesamten Lebensbedarf iSd § 1610 II.
      (3) Dritte Auffassung: Nicht erfasst sind Rechtsgeschäfte, die eine gemeinsame Abstimmung erfordern und aufgeschoben werden können.
      (4) Allgemein anerkannte Grenzen: Rechtsgeschäfte, die sich auf die berufliche oder vermögensrechtliche Sphäre *eines* Ehegatten beziehen oder die Lebensgemeinschaft der Familie verändern, sind nicht vom Anwendungsbereich der Norm umfasst.[27]
   bb) Angemessenheit:
   Entscheidend sind die Einkommens- und Vermögensverhältnisse der Familie aus der Sicht des vernünftigen Geschäftspartners. Auch der Abschluss des Rechtsgeschäftes durch einen Ehegatten muss angemessen sein.[28]
e) Aus den *Umständen* ergibt sich nichts anderes:
   aa) Handeln im eigenen Namen unter Offenbarung des Status berechtigt und verpflichtet den Handelnden.
   bb) Handeln im Namen des Ehepartners führt zu § 164 bzw. § 179.[29]

1464 **§ 1357 Rechtsfolgen**

Hinsichtlich der Rechtsfolgen ist streitig, ob § 428 oder § 432 eingreift. Dem Wesen der partnerschaftlichen Ehe und den Interessen des Gläubigers entspricht eher § 428.[30]

24 Vgl. *Huber* JURA 2003, 145; *Schlüter* FamR Rn. 87, nicht aber § 166. Auch § 179 greift grds. nicht ein.
25 Vgl. BGH FamRZ 2013, 1199 f.
26 Vgl. *Schlüter* FamR Rn. 91 mwN.
27 Vgl. PWW/*Weinreich* BGB § 1357 Rn. 6; *Schlüter* FamR Rn. 88.
28 Vgl. BGH FamRZ 1985, 576.
29 Vgl. BGHZ 94, 1.
30 Vgl. *Schwab* FamR Rn. 181; *Huber* JURA 2003, 145 (148); *Dethloff* FamR § 4 Rn. 67; zur Streitdarstellung: Palandt/*Brudermüller* § 1357 Rn. 21 f.

### III. Rechtsprobleme des § 1369

Sofern Sie in Ihren Vorüberlegungen geklärt haben, wie Sie die Eigentumsproblematik lösen wollen, müssen Sie § 1369 beachten. Die Lösungsskizze geht davon aus, dass M kein Eigentümer oder Miteigentümer des DVD-Players geworden ist. Dann bereitet § 1369 keine Schwierigkeiten. Die Norm ist ohne Weiteres anwendbar. Wäre M Alleineigentümer des Gerätes, gälte § 1369 seines klaren Wortlautes wegen nicht direkt. Die Sache »gehört« in diesem Falle nicht der F. Gegen eine Analogie spricht der Mangel einer Gesetzeslücke: Der DVD-Player wäre M abhandengekommen, sodass ein Eigentumserwerb des D an § 935 I scheitern müsste. **1465**

Gelangen Sie zum Miteigentum beider Ehegatten, bestehen folgende Möglichkeiten: Entweder Sie wenden § 1369 in weiter Auslegung auf Gegenstände im Miteigentum des handelnden Ehegatten an und gelangen so zur Unwirksamkeit der Eigentumsübertragung durch F oder Sie beziehen die Norm auf den Miteigentumsanteil der F. Dann gilt für den Rest des Rechtsgeschäftes § 139, da D am Erwerb eines Miteigentumsanteils nicht gelegen sein wird. Im Übrigen gälte auch hier wieder § 935 I. Im Ergebnis schlägt der Eigentumserwerb des D in jeder Hinsicht fehl.[31] **1466**

31 Vgl. zum Problem *Schlüter* FamR Rn. 120 mwN; MüKoBGB/*Koch* § 1369 Rn. 11 ff.

## B. Lösung

### 1. Teil. Rechtslage bezüglich der Grundschuldbestellung

1467 M könnte S auf Zustimmung zur Grundbuchberichtigung verklagen. Mit Rechtskraft des stattgebenden Urteils gilt die Zustimmung der S als abgegeben, § 894 S. 1 ZPO.

### I. Zulässigkeit der Klage

1468 Die sachliche Zuständigkeit des Landgerichtes folgt aus den §§ 23, 71 GVG, die örtliche aus § 24 ZPO. M muss sich gem. § 114 I FamFG anwaltlich vertreten lassen.

1469 Zweifelhaft ist im Rahmen der Zulässigkeit allein, ob M im eigenen Namen ein der F zustehendes Recht geltend machen kann, also prozessführungsbefugt ist.[32] Hierzu ist erforderlich, dass ein Fall der Prozessstandschaft vorliegt. Es handelt sich hier um eine gesetzliche Prozessstandschaft, die sich aus § 1368 ergibt. Danach kann der übergangene Ehegatte bei einem Verstoß gegen § 1365 die Rechte des handelnden Ehegatten gerichtlich ausüben. Somit ist die Klage zulässig.

### II. Begründetheit der Klage

#### 1. Anspruch auf Grundbuchberichtigung aus § 894

Die Klage ist begründet, wenn F gegen S einen Grundbuchberichtigungsanspruch gem. § 894 hat. Dann dürfte das Grundbuch mit der wirklichen Rechtslage nicht in Einklang stehen, die Grundschuld zugunsten der S also nicht wirksam bestellt worden sein.

1470 **a)** Die Belastung eines Grundstückes mit einer Grundschuld richtet sich nach § 873 I. Eine Einigung zwischen F und S liegt vor, S ist auch als Berechtigte im Grundbuch eingetragen.

1471 **b)** Fraglich ist jedoch, ob § 1365 der Wirksamkeit der Einigung entgegensteht. Hiernach bedarf ein Ehegatte, der wie F im Güterstand der Zugewinngemeinschaft lebt, der Einwilligung des anderen Ehegatten, wenn er sich verpflichtet, über sein Vermögen im Ganzen zu verfügen oder diese Verpflichtung erfüllen will. Maßgeblich ist deshalb, ob die Grundschuldbestellung ein Verfügungsgeschäft über das gesamte Vermögen darstellt.

**aa)** Zunächst ist zu fragen, welcher Vermögensbegriff zugrunde zu legen ist, weil F einerseits einen Miteigentumsanteil am Grundstück, gleichzeitig aber auch beträchtliche Schulden hat.

1472 Zum einen könnte man meinen, Vermögen iSd § 1365 sei das Aktivvermögen, zum anderen käme das Nettovermögen in Betracht, sodass die Schulden in Abzug zu bringen wären. Für die letztgenannte Auffassung spricht der Gesetzeswortlaut, da zumindest nach allgemeinem Sprachgebrauch bei wirtschaftlicher Betrachtungsweise nur der Überschuss des Guthabens über die Schulden als Vermögen bezeichnet wird.

1473 Allerdings ist diese Betrachtungsweise deshalb nicht zwingend, weil möglicherweise ein vorrangiger juristischer Sprachgebrauch besteht.[33] Deshalb sind auch Sinn und Zweck der Vorschrift zu berücksichtigen. Sie könnten maßgeblich darin liegen, dem

32 Vgl. dazu Thomas/Putzo/*Hüßtege* ZPO § 51 Rn. 20 ff.
33 Vgl. zur Wortlautauslegung oben 1. Teil → Rn. 108.

am Rechtsgeschäft unbeteiligten Ehegatten die Zugewinnausgleichsforderung für den Fall der Eheauflösung zu erhalten.[34] Hierfür ist nur das Nettovermögen von Bedeutung. Primär soll § 1365 jedoch die wirtschaftliche Grundlage der Ehe sichern.[35] Dieser Schutzzweck wird vereitelt, wenn man auf das Nettovermögen abstellt, da schützenswerte wirtschaftliche Grundlagen einer Ehe auch dann vorhanden sind, wenn dem Guthaben entsprechende Schulden gegenüberstehen.

Daraus folgt, dass § 1365 selbst bei Rechtsgeschäften eines verschuldeten Ehegatten eingreift, die Schulden der F somit der Anwendung nicht entgegenstehen.[36]

**bb)** Fraglich ist, ob das gesamte Vermögen von der Grundschuldbestellung betroffen ist.

**(1)** Man könnte zunächst der Auffassung sein, das Rechtsgeschäft müsse sich ausdrücklich auf das gesamte Vermögen beziehen.[37] Hierfür spricht, dass § 1365, anders als § 1369 für Haushaltsgegenstände, nicht gegenstandsbezogen, sondern inhaltsbezogen Rechtsgeschäfte unwirksam werden lässt. Sofern also die Vereinbarung nicht ausdrücklich vom Gesamtvermögen spricht, lässt sich aus ihr die Rechtsfolge der Unwirksamkeit nicht ohne Weiteres ableiten. Desgleichen könnte man aus einem Zusammenhang mit § 311b II folgern, dass das entsprechende Rechtsgeschäft das Vermögen en bloc erfassen muss. Auf diese Weise käme man zu einer beschränkten Anwendbarkeit des § 1365, der uU dem Ausnahmecharakter der Norm entspricht. Vorliegend wäre der Tatbestand deshalb nicht erfüllt, weil sich die Grundschuldbestellung nur auf einen Einzelgegenstand bezog. **1474**

**(2)** Demgegenüber steht die Ansicht, § 1365 erfasse nicht nur Gesamtvermögensgeschäfte, sondern auch Rechtsgeschäfte über einen einzelnen Gegenstand, sofern dieser das gesamte oder nahezu das gesamte Vermögen des Ehegatten darstellt. Dafür sprechen folgende Überlegungen: Gesamtvermögensgeschäfte sind im Sachenrecht grundsätzlich ausgeschlossen, da dort der Spezialitätsgrundsatz gilt. Schon deshalb kann man nicht davon ausgehen, dass § 1365 allein hierauf bezogen sein soll. Außerdem sind beide denkbaren Ziele des § 1365 – Schutz der wirtschaftlichen Grundlage der Familie sowie der Zugewinnausgleichsforderung – unabhängig davon betroffen, ob sich das Rechtsgeschäft auf einen einzelnen Gegenstand oder das gesamte Vermögen bezieht. Somit ist der letztgenannten Auffassung zu folgen und § 1365 nicht schon deshalb ausgeschlossen, weil Gegenstand des Rechtsgeschäfts nur das Grundstück war. **1475**

**cc)** Es muss aber geprüft werden, ob in einschränkender Auslegung des § 1365 bei Rechtsgeschäften, die Einzelgegenstände betreffen, zum Schutz des Geschäftspartners ein subjektives Tatbestandserfordernis notwendig ist. Anknüpfungspunkt dafür bildet die Überlegung, dass dem Geschäftspartner bei einem Rechtsgeschäft über einen einzelnen Gegenstand die wirklichen Umstände und die damit verbundenen Rechtsfolgen uU nicht ersichtlich sind. Man könnte also die Rechtswirkungen des **1476**

34 Vgl. die Begründung zu § 1372 des Regierungsentwurfes in BT-Drs. II/224, 41.

35 Vgl. hierzu auch die Stellungnahme des Rechtsausschusses in BT-Drs. II/3409, 6; BGH NJW 2007, 3124 [3126]; Staudinger/*Thiele*, 2007, § 1365 Rn. 2; MüKoBGB/*Koch* § 1365 Rn. 1; für Gleichrangigkeit beider Zielsetzungen Erman/*Budzikiewicz* § 1365 Rn. 1; vereinzelt wurde als alleiniger Schutzzweck die Sicherung des Ausgleichsanspruches angesehen.

36 BGH FamRZ 2000, 744.

37 Vgl. zur früher vertretenen Gesamttheorie Staudinger/*Thiele*, 2007, § 1365 Rn. 17.

§ 1365 von der Kenntnis des Vertragspartners abhängig machen, dass der einzelne Gegenstand das gesamte Vermögen ausmacht. Eine solche Betrachtungsweise wäre allerdings abzulehnen, wenn man allein den familienrechtlichen Schutzzweck der Norm in den Vordergrund stellt.[38] Andererseits ist aber auch der Schutz des Rechtsverkehrs zu berücksichtigen, ferner der Umstand, dass § 1365 eine Ausnahme zu der grundsätzlich uneingeschränkten Verfügungsbefugnis des Ehegatten im Rahmen der Zugewinngemeinschaft darstellt, § 1364: Ausnahmevorschriften sind prinzipiell eng auszulegen. In diese Richtung zielt, dass der Geschäftspartner bei einem Einzelgeschäft wissen muss, dass es sich hierbei um das Gesamtvermögen eines Ehegatten handelt, damit § 1365 zur Anwendung gelangt.[39]

Daraus folgt schließlich die Erwägung, dass bei umgekehrter Betrachtungsweise der Rechtsverkehr behindert würde und hierdurch letztlich auch den im Güterstand der Zugewinngemeinschaft lebenden Ehegatten Nachteile entstehen würden.[40]

1477 **dd)** Zu prüfen bleibt, zu welchem Zeitpunkt die Kenntnis des Erwerbers die Rechtsfolgen des § 1365 auslöst. Dabei sind verschiedene Anknüpfungspunkte denkbar, die vom Zeitpunkt des Verpflichtungsgeschäftes bis zur Vollendung des Rechtserwerbes, hier also bis zur Eintragung im Grundbuch, reichen. Vorliegend kann der Meinungsstreit deshalb unentschieden bleiben, weil S nach dem Sachverhalt die Vermögensverhältnisse ihrer Schwester kannte, und zwar bereits zum Zeitpunkt des Verpflichtungsgeschäftes. Somit lag die für Rechtsgeschäfte über Einzelgegenstände notwendige Kenntnis des Erwerbers vor.

1478 **ee)** Fraglich ist, ob § 1365 am Tatbestandsmerkmal des Gesamtvermögens scheitert, weil F mit dem Guthaben von 5.000 EUR auf ihrem Sparbuch noch ein Restvermögen hatte. Dafür könnte der Wortlaut der Vorschrift sprechen: Der Miteigentumsanteil stellte nicht ihr gesamtes Vermögen dar. Andererseits kann nicht jedes geringfügige Restvermögen die Anwendbarkeit der Norm ausschließen, da diese sonst leerlaufen würde. Unabhängig davon, welche Grenze man im Einzelfall zieht, steht der Anwendung des § 1365 die hier in Betracht kommende Relation nicht entgegen. Der Wert des Miteigentumsanteils betrug 150.000 EUR, sodass ein Sparguthaben iHv 5.000 EUR nicht geeignet ist, den Tatbestand des Gesamtvermögensgeschäftes auszuschließen. Dieser Betrag könnte weder den Zugewinnausgleichsanspruch sichern noch die wirtschaftliche Grundlage der betreffenden Familie. Somit ist insgesamt der Tatbestand des Rechtsgeschäftes über das Vermögen im Ganzen erfüllt.

1479 **ff)** Zu prüfen bleibt, ob das Rechtsgeschäft auf eine Verfügung iSd § 1365 gerichtet war. Grundsätzlich ist eine Verfügung jedes Rechtsgeschäft, durch das ein Recht übertragen, aufgehoben, belastet oder in sonstiger Weise inhaltlich geändert wird.[41] Dadurch wäre an sich jede Belastung eines Einzelgegenstandes, der nahezu das gesamte Vermögen des handelnden Ehepartners ausmacht, tatbestandsmäßig iSd § 1365.[42] Damit würde allerdings der Grundsatz der eigenständigen Verwaltung in

38 Sog. objektive Theorie, vgl. Erman/*Gamillscheg*, 12. Aufl. 2008, § 1365 Rn. 10.

39 BGH NJW 1989, 1609 (1610); BGHZ 123, 93 (95); *Rauscher* FamR Rn. 386; nach aA soll in Anlehnung an die Rspr. zu § 2206 und § 149 HGB Kennenmüssen des Erwerbers ausreichen, *Mülke* AcP 161 (1962), 149 ff.

40 Staudinger/*Thiele*, 2007, § 1365 Rn. 21 mwN; *Olzen* JURA 1988, 13 (16).

41 Staudinger/*Gursky*, 2014, § 185 Rn. 4.

42 Dies wird heute nicht mehr vertreten, vgl. etwa *Meyer-Stolte* FamRZ 1959, 228 (233); LG Detmold NJW 1958, 1729; LG Bielefeld FamRZ 1958, 376.

§ 1364 ausgehöhlt. Deshalb könnte man andererseits der Auffassung sein, die Belastung eines Grundstückes mit einem Grundpfandrecht sei stets zustimmungsfrei, weil sie die Substanz des Vermögens unberührt lässt.[43] Allerdings muss man berücksichtigen, dass damit der Schutzzweck des § 1365 umgangen würde: Anstatt das Grundstück zu veräußern, könnte ein Ehepartner sich den Wert im Wege einer Kreditaufnahme verschaffen und zur Sicherheit das Grundstück in voller Höhe belasten. Dadurch würden sowohl der Zugewinnausgleichsanspruch als auch die wirtschaftliche Grundlage der Familie gefährdet.

Deshalb ist der Verfügungsbegriff iSd § 1365 bei einer Grundstücksbelastung so auszulegen, dass nicht die Bestellung eines jeden Grundpfandrechtes ausreicht, wohl aber diejenige, die die Wertgrenze des Grundstückes nahezu erreicht.[44]

Gemessen an dem Wert des Bruchteilseigentums der F, 150.000 EUR, war die Bestellung einer Grundschuld iHv 30.000 EUR keine Verfügung über das gesamte Vermögen. Daraus folgt, dass kein Verstoß gegen § 1365 vorliegt und das Grundbuch nicht unrichtig geworden ist.

M steht somit kein Anspruch aus § 894 zu.

### 2. Anspruch auf Herausgabe aus § 812 I 1, 1. Var.

Zunächst ist zu prüfen, ob es sich hierbei um einen Anspruch handelt, der im Rahmen des § 1368 erhoben werden kann. Voraussetzung für dessen Anwendbarkeit ist, dass der eine Ehegatte eine Verfügung ohne die gem. § 1365 erforderliche Zustimmung des anderen Ehegatten getroffen hat. Die Unwirksamkeit des Verpflichtungsgeschäfts, die sich ebenfalls aus § 1365 ergibt, kann damit nicht nach Maßgabe des § 1368 geltend gemacht werden. Dadurch fallen aber Ansprüche aus Leistungskondiktion, die an eben diesem Unwirksamkeitsgrund anknüpfen, aus dem Anwendungsbereich des § 1368 heraus.[45] 1480

Von daher kann M keinen Herausgabeanspruch aus § 812 I 1, erster Fall geltend machen.

## 2. Teil. Die Rechtslage bezüglich des DVD-Players

M könnte gegen die Pfändung des DVD-Players bei D im Wege der Drittwiderspruchsklage gem. § 771 ZPO vorgehen.

### I. Zulässigkeit der Klage

### 1. Zuständigkeit

Für die Drittwiderspruchsklage ist örtlich das Gericht ausschließlich zuständig, in dessen Bezirk die Zwangsvollstreckung erfolgt, §§ 771 I, 802 ZPO. Die sachliche Zuständigkeit richtet sich grundsätzlich nach den §§ 23 Nr. 1, 71 GVG, sodass die Klage 1481

43 *Gernhuber/Coester-Waltjen* FamR, 4. Aufl. 1994, S. 519; MüKoBGB/*Gernhuber*, 3. Aufl. 1993, § 1365 Rn. 61 f.; aA jetzt MüKoBGB/*Koch* § 1365 Rn. 64; *Gernhuber/Coester-Waltjen* FamR § 35 Rn. 42.

44 Staudinger/*Thiele*, 2007, § 1365 Rn. 38, 39, 47 mwN; *Henrich* FamR § 10 IVc, S. 98 f.; *Rauscher* FamR Rn. 388.

45 Vgl. Staudinger/*Thiele*, 2007, § 1368 Rn. 5 f.

in Abhängigkeit vom Streitwert beim Land- oder Amtsgericht erhoben werden muss. Vorliegend gilt es aber zu beachten, dass M Rechte an einem Haushaltsgegenstand geltend macht und sich damit auf eine Verfügungsbeschränkung aus dem ehelichen Güterrecht beruft. Somit ist ausnahmsweise gem. § 23 b I GVG, § 111 Nr. 9 FamFG das Familiengericht zuständig, weil das veräußerungshindernde Recht seine Wurzel im Familienrecht hat.[46]

### 2. Prozessführungsbefugnis

1482 Fraglich bleibt im Rahmen der Zulässigkeit die Prozessführungsbefugnis des M, da die Eigentumsverhältnisse an dem DVD-Player ungeklärt sind. Dabei ergeben sich folgende denkbare Konstellationen: Sofern M Eigentümer bzw. Miteigentümer des Gerätes war, würde er sich im Rahmen seiner Klage auf ein eigenes Recht an dem Gegenstand der Zwangsvollstreckung stützen. Stand seiner Frau Alleineigentum zu, wäre M gem. § 1369 III iVm § 1368 legitimiert, das Recht seiner Ehefrau im eigenen Namen geltend zu machen.[47]

Somit ist die Klage des M in jedem Falle zulässig.

## II. Begründetheit der Klage

1483 Die Begründetheit der Klage erfordert, dass M oder F ein die Veräußerung hinderndes Recht iSd § 771 ZPO an dem DVD-Player haben.

### 1. Eigentum des M

M könnte Eigentümer des Gerätes sein.

**a)** Eine Übertragung des Alleineigentums von F an M lässt sich dem Sachverhalt nicht entnehmen.

**b)** Fraglich erscheint, ob M bereits beim Erwerb des DVD-Players durch F Alleineigentümer geworden ist.

1484 **aa)** Ein gesetzlicher Eigentumserwerb für M könnte sich aus § 1357 I 2 ergeben. Die Vorschrift gibt unabhängig vom Güterstand die Möglichkeit, Rechtsgeschäfte zur angemessenen Deckung des Lebensbedarfes der Familie zu tätigen, die beide Ehegatten berechtigen und verpflichten. Man könnte der Ansicht sein, § 1357 I verschaffe demjenigen Eigentum, der die Mittel zum Erwerb des betreffenden Gegenstandes stellt.[48]

Selbst bei dieser Auslegung hätte M nur Alleineigentum erworben, wenn die gesamten Mittel zur Anschaffung des Gerätes von ihm stammten. Nach dem Sachverhalt ist dies aber nicht ersichtlich. Vielmehr hat F zumindest zum jetzigen Zeitpunkt mehrere

46 Vgl. dazu BGH NJW 1985, 3066; BGH FamRZ 1981, 1045.

47 Ausgeschlossen ist § 771 ZPO demgegenüber, wenn der betreffende Gegenstand bei dem anderen Ehegatten wegen einer titulierten Geldschuld gepfändet wird. Dann ist die Zwangsvollstreckung gegen den Ehegatten keine Verfügung iSd § 1369. Andernfalls würde die Wirkung des § 739 ZPO umgangen. Demgegenüber findet § 771 ZPO Anwendung, wenn der Erwerber gegen den handelnden Ehegatten den Übereignungsanspruch vollstreckt. Vgl. dazu insgesamt Staudinger/*Thiele*, 2007, § 1369 Rn. 38 f. mwN.

48 MüKoBGB/*Roth* § 1357 Rn. 42.

1.000 EUR auf ihrem Konto. Somit lässt sich ein Alleineigentum des M auf diese Weise nicht feststellen.

**bb)** M könnte rechtsgeschäftlich Alleineigentum im Wege der Stellvertretung gem. §§ 164 I, 929 S. 1 erlangt haben, als F den DVD-Player erwarb. Es ist zwar nicht ersichtlich, dass F dabei im Namen des M auftrat, sodass die gem. § 164 I 1 notwendige Offenkundigkeit fehlt. Der Eigentumserwerb erfolgte aber uU nach den Grundsätzen über das »Geschäft für den, den es angeht«. Dafür ist aber Voraussetzung, dass F für M erwerben wollte und zwischen beiden ein vorweggenommenes Besitzkonstitut vereinbart wurde. Hierfür bestehen nach dem Sachverhalt jedoch keine Anhaltspunkte. **1485**

Somit ist M nicht Alleineigentümer geworden.

## 2. Miteigentum des M

Als ein die Veräußerung hinderndes Recht iSd § 771 ZPO käme ferner ein Miteigentumsanteil des M in Betracht. Miteigentum begründet im Verhältnis zu Dritten die gleiche Rechtsposition wie Eigentum, § 1011. Dem entspricht, dass der Miteigentümer auch keine Zwangsvollstreckung in den gesamten Gegenstand dulden muss. **1486**

**a)** Es ist zu prüfen, ob M gem. § 1357 I 2 auf gesetzlichem Wege Miteigentum erworben hat.[49] Unbeschadet aller Tatbestanderfordernisse der Norm setzt dies voraus, dass sich diese Rechtsfolge aus § 1357 ableiten lässt. Dafür spricht, dass der Gesetzgeber für Hausratsgegenstände, die während der Ehe angeschafft wurden, gem. § 1568 b II[50] von der Vermutung gemeinsamen Eigentums ausgeht. Da die meisten Haushaltsgegenstände während der Ehe erworben werden, muss der vom Gesetzgeber vermutete Miteigentumserwerb auch während der Ehe stattfinden, möglicherweise eben kraft Gesetzes. Auch könnte man denken, dass der schuldrechtlichen Verpflichtung beider Ehegatten im Sinne der Norm die Berechtigung auf der dinglichen Ebene korrespondiert. Schließlich lässt sich anführen, dass der Gleichwertigkeit von Haushaltsführung und Erwerbstätigkeit am besten die gleiche Berechtigung im Eigentumsbereich entspricht. **1487**

Andererseits sprechen gegen die dingliche Wirkung des § 1357 folgende Argumente: Zwar erfasst der Wortlaut »berechtigt« bei weiter Auslegung noch die dingliche Berechtigung, obwohl die »Verpflichtung« eher auf die schuldrechtliche Position verweist.[51] Entscheidender ist aber der systematische Zusammenhang des § 1357 mit dem ehelichen Güterrecht: Die Vorschrift gilt für alle Güterstände und müsste deshalb auch bei Gütertrennung zum gesetzlichen Miteigentumserwerb führen, obwohl die Eheleute vertraglich vermögensrechtliche Wirkungen der Ehe ausschließen wollten. In der Gütergemeinschaft entstünde das Problem, dass an die Stelle des gesamthänderischen Eigentums gem. § 1416 I Bruchteilseigentum gem. §§ 1008, 741 **1488**

49 Vgl. OLG Schleswig FamRZ 1989, 88 f.; *Schwab* FamR Rn. 186 f.

50 Die Regelung entspricht § 8 II HausratsVO. Mit der Reform des Zugewinnausgleichs- und Vormundschaftsrechts (Art. 2 G v. 6.7.2009, BGBl. I 1696, 1698) wurde die HausratsVO gänzlich aufgehoben. Die verbliebenen Regelungen wurden in §§ 1361a, 1361b, 1568a und § 1568b eingefügt. Zur Darstellung der Neuregelungen vgl. *Götz/Brudermüller* FamRZ 2009, 1261 ff.

51 Vgl. BGHZ 114, 74 = JZ 1992, 217 mAnm *Kick*; die historische Auslegung ergibt, dass die Materialien zum 1. EheRG über den gesetzlichen Eigentumserwerb keine Aussage treffen, BT-Drs. 7/650, 98 f. (Eine solche Kenntnis wird aber in der Klausur nicht erwartet).

träte, obwohl beide Eigentumsarten bezüglich Verwaltung und Auseinandersetzung unterschiedlichen Regeln unterliegen.[52] Insgesamt würde für alle von § 1357 erfassten Gegenstände ein Teilgüterstand eingeführt, was der Wertung der §§ 1363, 1364 widerspricht. Darin hat der Gesetzgeber zum Ausdruck gebracht, dass in der Zugewinngemeinschaft die Vermögensmassen der Ehegatten ebenfalls getrennt bleiben und ein Ausgleich nur schuldrechtlich bei Auflösung der Ehe erfolgt. Dieser Grundentscheidung liefe es zuwider, wenn man § 1357 dingliche Wirkung beimessen würde, da alle zur angemessenen Deckung des Lebensbedarfes angeschafften Gegenstände dem Zugewinnausgleichsverfahren entzogen würden. Daran ändert auch § 1568b II nichts. Die Norm wäre vielmehr überflüssig, wenn auf gesetzlichem Wege Miteigentum der Ehegatten entstehen würde.

Eine dingliche Wirkung des § 1357 ist damit abzulehnen.[53]

**b)** Fraglich bleibt, ob M von F rechtsgeschäftlich Miteigentum erworben hat.

**1489** **aa)** Dies könnte zunächst beim Erwerb des Gegenstandes durch F der Fall gewesen sein. Da F auch insoweit die Rechtsverhältnisse gegenüber dem Veräußerer nicht offengelegt hat, käme ein Rechtserwerb wiederum nur nach den Regeln des »Geschäftes für den, den es angeht« in Betracht.

Beim Kauf eines DVD-Players handelt es sich – mangels entgegenstehender Angaben im Sachverhalt – um ein Bargeschäft des täglichen Lebens. Somit war es dem Veräußerer grundsätzlich gleichgültig, an wen er übereignete. Die entsprechenden Einigungserklärungen sind deshalb so auszulegen, wie sie von F abgegeben werden sollten. Konkrete Anhaltspunkte für ihre Willensrichtung gem. §§ 133, 157 finden sich im Sachverhalt nicht. Für eine auf Miteigentumserwerb gerichtete Einigungserklärung könnte aber sprechen, dass der DVD-Player für den gemeinsamen Gebrauch im Haushalt bestimmt sein sollte. Dem partnerschaftlichen Wesen der Ehe entspricht es, an der Wohnungseinrichtung und den Haushaltsgegenständen gleichberechtigt beteiligt zu sein.[54] Das bedeutet aber nicht, dass man auf die erforderlichen Willenserklärungen,[55] seien sie auch konkludent abgegeben, verzichten kann. Mangels irgendwelcher Anhaltspunkte im Sachverhalt wäre eine entsprechende Willensrichtung der Eheleute allenfalls deshalb zu vermuten, weil sie uU dem Verständnis der meisten Ehegatten entspricht.[56] Abgesehen davon, dass diese These ungesichert ist, entspricht sie jedenfalls nicht dem Willen des Gesetzgebers, der in Abhängigkeit vom Güterstand unterschiedliche Eigentumsverhältnisse vorgesehen hat. Der Zugewinngemeinschaft liegt gem. §§ 1363, 1364 der Gedanke der Gütertrennung zugrunde. Dem Interesse gemeinsamer und gleichberechtigter Nutzung der Haushaltsgegenstände wird durch den Mitbesitz der Ehegatten gem. § 1353 I ausreichend Rechnung getragen. Die Vermutung des § 1568 b II schließlich ist im Rahmen eines (regelmäßig) zu vermutenden rechtsgeschäftlichen Miteigentumserwerbes nicht anders zu beurteilen als oben.

---

52 *Schlüter* FamR Rn. 89; BGH FamRZ 1991, 924.

53 Ausf. Nachw. in BGH FamRZ 1991, 924; *Gernhuber/Coester-Waltjen* FamR § 19 Rn. 56 ff., die jedoch eine Pflicht zur Übertragung des Miteigentumsanteils aus § 1353 ableiten.

54 Vgl. BGHZ 114, 74 f.

55 Vgl. für die Eigentumsverhältnisse an einem Pkw OLG Oldenburg NJW-RR 1991, 963; ferner OLG Hamburg FamRZ 1990, 1118 zum Pkw als Hausrat.

56 BGHZ 114, 74 f.

Es bleibt also dabei, dass vorliegend ein Miteigentumserwerb des M mangels entsprechender Willenserklärung nicht stattgefunden hat, als die F den DVD-Player vom Veräußerer ausgehändigt bekam.[57]

**bb)** Allerdings könnte eine Übertragung des Miteigentumsanteils durch Eingliederung des Gerätes in den Haushalt stattgefunden haben,[58] weil beide Eheleute das Gerät benutzten. Aber auch hier gelten die gleichen Bedenken wie oben: Ohne konkrete Anhaltspunkte, die gem. §§ 133, 157 die Annahme entsprechender Einigungserklärungen erlauben, bleibt eine solche Auslegung Fiktion und mit den Grundsätzen der Rechtsgeschäftslehre unvereinbar. **1490**

Mangels entsprechender Willenserklärung entfällt also auch ein späterer Miteigentumserwerb des M.[59]

### 3. Eigentum der F

M könnte aber als »die Veräußerung hinderndes Recht« das Eigentum der F geltend **1491**
machen, sofern deren Veräußerung des DVD-Players an D unwirksam war.

Dies ist bei einem Verstoß gegen § 1369 der Fall. Hiernach bedürfen Verfügungsgeschäfte über Haushaltsgegenstände der Einwilligung des Ehepartners. Da ein Eigentumserwerb des M nicht festgestellt werden konnte, stand der DVD-Player im Alleineigentum der F. Fraglich bleibt, ob er sich als Haushaltsgegenstand iSd § 1369 qualifizieren lässt. Die F hatte ihn erworben, um ihn in Abwesenheit des M zu benutzen. Für den persönlichen Gebrauch eines Ehegatten bestimmte Sachen unterstehen nicht dem Anwendungsbereich des § 1369, wobei die Zweckbestimmung innerhalb der jeweiligen Ehe entscheidet.[60] Sinn und Zweck der Anschaffung des DVD-Players waren zwar die Unterhaltung der F. Daraus lässt sich indes noch keine Widmung in der Form ableiten, dass das Gerät ausschließlich dazu bestimmt war, von ihr benutzt zu werden. Der Sachverhalt steht insofern der Annahme nicht entgegen, dass der DVD-Player auch von M gebraucht wurde. Es handelte sich damit um einen Haushaltsgegenstand. M hat der Veräußerung nicht zugestimmt, sodass die Voraussetzungen des § 1369 gegeben sind. Die Eigentumsübertragung von F auf D war insoweit unwirksam.

Damit ist die Klage des M aus § 771 ZPO begründet.

## 3. Teil. Ergebnis

Eine Klage des M gegen S auf Zustimmung zur Grundbuchberichtigung ist zulässig, aber unbegründet. Die Drittwiderspruchsklage des M gegen die Pfändung des DVD-Players ist zulässig und begründet.

57 Der BGH würde wohl umgekehrt entscheiden, vgl. BGH FamRZ 1991, 924.
58 Vgl. Staudinger/*Langhein*, 2008, § 741 Rn. 29 ff.
59 Angesichts des sehr umstrittenen Rechtsgebietes sind hier andere Lösungen denkbar.
60 Palandt/*Brudermüller* § 1369 Rn. 5 f.; Bamberger/Roth/*Mayer* § 1369 Rn. 4.

## Fall 35: »Ehe ohne Trauschein«

1492 E arbeitete als Sekretärin und verdiente monatlich 1.500 EUR netto. Sie wohnte zunächst allein in Hamburg, die Miete beträgt 500 EUR. Als sie 2001 den Jurastudenten P kennenlernte, wollte sie ihn in ihre Wohnung aufnehmen. Ihr Vermieter V hatte allerdings bereits bei Abschluss des Mietvertrags erklärt, dass »so etwas nicht infrage käme«. Da er jedoch in Berlin wohnte und sich nur wenig um sein Haus kümmerte, zog P im Dezember 2010 ein. In der Folgezeit lebten P und E wie Eheleute zusammen, und zwar von E's Gehalt und den monatlichen 400 EUR, die P von seinen Eltern erhielt. Außerdem arbeitete er gelegentlich, auch diese Einkünfte flossen in die gemeinsame Haushaltskasse. Hieraus wurden alle Ausgaben bestritten. 2012 erbte P 5.000 EUR, die er mit E für eine Mexiko-Reise verbrauchte. 2013 entschloss sich P, einen gebrauchten Golf TDI auf Kredit zu kaufen. Der Kaufpreis betrug 10.850 EUR, die Anzahlung 3.350 EUR. Davon zahlte P 1.000 EUR und E 2.350 EUR. Den Rest iHv 7.500 EUR finanzierten sie im August 2013 mit einem Ratenkredit bei der B-Bank. Da P als Student nicht kreditwürdig war, wurde der Wagen zwar auf seinen Namen gekauft und zugelassen, den Kreditvertrag schloss jedoch E im eigenen Namen. Sie zahlte auch die monatlichen Raten iHv 300 EUR. P benutzte den Wagen aber ausschließlich selbst, da E ein eigenes Auto hatte.

Weihnachten 2014 schenkte E dem P einen Computer im Werte von 2.500 EUR. Als sie im Februar 2015 erfuhr, dass P bereits seit August 2014 ein Verhältnis mit einer Kommilitonin unterhielt, ging ihre Beziehung mit P auseinander. Sie zog noch im Februar aus der gemeinsamen Wohnung aus, die sie frist- und formgerecht kündigte.

Nun verlangt E von P zurück, was sie in den vergangenen Jahren für ihn aufgewendet hatte, und zwar im Einzelnen:

- 550 EUR pro Monat (die Hälfte von 1.500 EUR minus 400 EUR) für geleisteten Unterhalt in der Zeit vom Dezember 2011 bis Februar 2015,
- ihren Anteil an der Anzahlung für den Golf TDI iHv 2.350 EUR,
- die von ihr an die B-Bank gezahlten Raten iHv 300 EUR pro Monat.

Sie verlangt auch den Computer heraus und fordert schließlich, dass P den noch ausstehenden Restkredit bei der B-Bank ablöst oder sie in anderer Weise von ihrer Verpflichtung freistellt.

P lehnt alle Ansprüche ab. Er meint, E könne für ihre höheren Beiträge zum Lebensunterhalt während des Zusammenlebens keinen Ersatz verlangen. Den Computer habe er geschenkt bekommen. Hinsichtlich des Autos und des dafür aufgenommenen Kredites ist er der Auffassung, dass E ebenfalls keinen Ausgleich verlangen könne. P verweist auch darauf, dass er 2012 den gemeinsamen Mexiko-Urlaub allein finanziert habe. E schulde ihm insoweit die anteiligen Kosten iHv 2.500 EUR, da der Urlaub 5.000 EUR gekostet habe. Weiterhin möchte er von E bis zum Abschluss des ersten Staatsexamens wie bisher monatlichen Unterhalt bekommen. Schließlich will P wissen, ob V von ihm Räumung der Wohnung verlangen kann.

**Frage: Wie ist die Rechtslage?**

## A. Vorüberlegungen

Der Fall beschäftigt sich mit Problemen der nichtehelichen Lebensgemeinschaft, die wegen ihrer zunehmenden Verbreitung in den letzten Jahrzehnten eine ganze Reihe rechtlicher Fragen aufgeworfen hat. Abgesehen davon, ob und in welchem Umfang nichteheliche Paare während der Zeit des Zusammenlebens Eheleuten oder doch zumindest Verlobten rechtlich gleichzustellen sind,[1] steht vor allem die Abwicklungsproblematik im Vordergrund.[2] Da nichteheliche Paare wie Eheleute zusammenleben und -wirtschaften, treten im Trennungsfall scheidungsähnliche Fragen auf. Sind ungleiche Beiträge zum gemeinsamen Lebensunterhalt auszugleichen? Wie sind gemeinsame Investitionen abzurechnen, die die Lebensgemeinschaft überdauern? Können gegenseitige Zuwendungen zurückgefordert werden? Ist vielleicht sogar »nachnichtehelicher« Unterhalt zu zahlen? **1493**

Da es keine spezielle gesetzliche Regelung gibt und nach überwiegender Meinung auch nicht gewünscht wird, müssen Sie in einer Falllösung mit den allgemeinen zivilrechtlichen Instituten arbeiten. Dies klingt zwar schwierig, aber im Grunde können Sie kaum Fehler begehen, wenn Sie die Grundregeln juristischer Argumentation einhalten. In Rechtsprechung und Schrifttum wurden nämlich nahezu alle Konstruktionen verwendet, die das Zivilrecht bereithält: analoge Anwendung des Ehe-[3] oder Verlöbnisrechtes,[4] vertragliche Lösungen, zB nach Gesellschaftsrecht,[5] und schließlich gesetzliche Ansprüche aus dem Gemeinschaftsrecht, der Geschäftsführung ohne Auftrag und wegen ungerechtfertigter Bereicherung.[6] Im vorstehenden Sachverhalt sind praktisch alle Probleme zusammengetragen, die sich aus der vermögensmäßigen Abwicklung einer nichtehelichen Lebensgemeinschaft ergeben. Dadurch ist die Aufgabe umfangreicher, als Sie sie in einer Klausur erwarten müssen. Mit personenrechtlichen Fragen, etwa des Erziehungs- oder Umgangsrechtes bei gemeinsamen Kindern, werden Sie dort kaum konfrontiert werden.

1 S. dazu die Übersicht bei Palandt/*Brudermüller* Vorbem. § 1297 Rn. 10 ff.

2 Ausf. hierzu *Röthel* JURA 2006, 641 (648 ff.).

3 Vgl. *Roth-Stielow* JR 1978, 233 f. zumindest für einzelne Normen; dagegen *Kemper* NJ 2009, 177 (179); *Strätz* FamRZ 1980, 304; *Grziwotz*, Nichteheliche Lebensgemeinschaft, 4. Aufl. 2006, § 5 Rn. 14 f.; *Wiebe* JuS 1995, 227 f.

4 *Evans-von Krbek* JA 1979, 236 ff.

5 MüKoBGB/*Wacke*, 4. Aufl. 2002, nach § 1302 Rn. 17 ff.

6 Der BGH hat im Jahr 2008 seine bisherige Rspr. zum Ausschluss des Ausgleichs von Leistungen im Falle der Auflösung einer nichtehelichen Lebensgemeinschaft aufgegeben (grdl. BGH FamRZ 2008, 1822; BGH FamRZ 2008, 1828). Als Folge dieser Rechtsprechungsänderung sieht der BGH neben vertraglichen Ansprüchen aus den Vorschriften der BGB-Gesellschaft Raum für Anspruchsgrundlagen nach den Grundsätzen über den Wegfall der Geschäftsgrundlage (Vereinbarung einer Zweckabrede) und aus Bereicherungsrecht (s. BGH NJW 2013, 2187 ff.). Umfassend zum Systemwechsel des BGH und der sich daraus ergebenen Klausurrelevanz *Kindler* JURA 2010, 131 ff.

## B. Lösung

### 1. Teil. Ansprüche der E gegen P

### I. Ansprüche auf Erstattung der monatlichen Unterhaltsleistungen iHv 550 EUR pro Monat

#### 1. Anspruch aus § 733 II 1

1494 E müsste die Unterhaltsleistungen als Einlage zur Förderung eines mit P gemeinsam verfolgten Zweckes iSd § 705 erbracht haben.

Dazu müssten die Partner ausdrücklich oder konkludent einen Gesellschaftsvertrag geschlossen haben.[7] Verfolgen die Partner einen Zweck, der allein in der Verwirklichung der Lebensgemeinschaft liegt, bestehen Zweifel an dem für den Abschluss eines Gesellschaftsvertrages erforderlichen Rechtsbindungswillen.[8]

Sowohl E's Gehalt als auch die 400 EUR, die P monatlich von seinen Eltern erhielt, flossen in die gemeinsame Haushaltskasse. Diese diente dazu, alle anfallenden Ausgaben zu bestreiten und hatte daher ausschließlich den Zweck, zur Verwirklichung der nichtehelichen Lebensgemeinschaft beizutragen. Eine darüber hinausgehende Absicht ist nicht ersichtlich, so dass die Unterhaltsleistungen der E mangels Abschluss eines Gesellschaftsvertrages nicht als Einlage zu bewerten sind.

Ein Anspruch auf Einlagenrückerstattung aus § 733 II 1 scheidet daher aus.

#### 2. Anspruch aus § 488 I 2

1495 In Betracht kommt ein Rückzahlungsanspruch der E gegen P aus § 488 I 2, sofern E die Unterhaltsbeiträge darlehensweise, dh im Zusammenhang mit einer Rückzahlungsabrede, erbracht hat. Eine dahingehende Vereinbarung ist nach dem Sachverhalt nicht ersichtlich. Ein Anspruch aus § 488 I 2 entfällt somit ebenfalls.

#### 3. Anspruch aus §§ 516 I, 531 II, 812 ff.

1496 Dieser Anspruch setzt voraus, dass die beiden sich hinsichtlich der Unterhaltsleistungen darüber geeinigt haben, das Vermögen des P unentgeltlich zu vermehren. Eine solche Willensübereinkunft lässt sich aber nach dem Sachverhalt nicht feststellen; vielmehr wurden die Unterhaltsleistungen – wenn auch nicht in gleicher Höhe – erbracht, um das Zusammenleben zu ermöglichen. Somit liegt keine Schenkung vor.[9]

#### 4. Anspruch aus §§ 677, 683 S. 1, 670

1497 Dann müsste E mit der Unterhaltsgewährung ein fremdes Geschäft, dh ein Geschäft des P, geführt haben. § 685 II zeigt, dass die Unterhaltsgewährung grundsätzlich eine Geschäftsführung darstellen kann, da die Norm den Tatbestand des § 677 voraussetzt.[10] Allerdings ist zu berücksichtigen, dass E die Beiträge zum gemeinsamen Unterhalt teilweise selbst zugutekamen, insoweit also keine Fremd-, sondern eine Eigengeschäftsführung vorliegen könnte. Indessen wird von ihr nur geltend gemacht,

7 BGH NJW 2013, 2187; *Wellenhofer* JuS 2012, 74.
8 BGH NJW 2013, 2187.
9 Der Anspruch müsste jedenfalls an § 818 III scheitern, da der Unterhalt verbraucht wurde.
10 MüKoBGB/*Seiler* § 685 Rn. 9.

was sie über die Beiträge des P hinaus in die nichteheliche Lebensgemeinschaft eingebracht hat.

Daher stellt sich das Problem, ob das gemeinsame Wirtschaften von E und P in ein teilweise eigenes und teilweise fremdes Geschäft aufgespaltet werden kann, sofern die Partner unterschiedliche Beiträge zum Zusammenleben leisten. Dagegen spricht zunächst, dass eine solche Rechnung deshalb Schwierigkeiten bereitet, weil der Geldleistung des einen uU Arbeitsleistungen des anderen gegenüberstehen könnten. Ferner steht der Annahme eines »auch-fremden Geschäftes« entgegen, dass ein Ausgleich über die Regeln der Geschäftsführung ohne Auftrag dem Zweck des Rechtsinstitutes widersprechen würde. Damit soll die Wahrung fremder Interessen erfasst werden, während die Partner beim gemeinsamen Zusammenleben nicht die Interessen des anderen, sondern in erster Linie eigene oder gemeinsame Interessen wahrnehmen.

Mit dieser Erwägung sind die gesamten Beiträge zum laufenden Unterhalt als eigenes Geschäft der E anzusehen. Ein Anspruch aus Geschäftsführung ohne Auftrag scheidet damit aus.[11]

### 5. Anspruch aus § 812 I 1, 1. Var.

Ein Anspruch der E aus § 812 I 1, erster Fall entfällt deshalb, weil E nicht auf eine bestehende Verbindlichkeit geleistet hat. Es besteht keine Unterhaltspflicht im Rahmen der nichtehelichen Lebensgemeinschaft.[12] 1498

### 6. Anspruch aus § 812 I 2, 2. Var.

Zwischen E und P müsste im Zusammenhang mit der Hingabe der Unterhaltsleistungen eine Zweckvereinbarung getroffen worden sein. Diese könnte nur darin zu sehen sein, dass E ihre Zahlungen im Hinblick auf den Fortbestand der nichtehelichen Lebensgemeinschaft leistete und für P erkennbar auch davon abhängig machen wollte.[13] Darüber hinaus erfordert ein Anspruch wegen Zweckverfehlung, dass die erbrachten Leistungen über die Finanzierung des Zusammenlebens hinausgehen und zur Bildung fortdauernder Vermögenswerte geführt haben.[14] Bei den Unterhaltsbeiträgen der E handelt es sich jedoch nicht um Leistungen, die notwendig nur in Erwartung des längeren Fortbestandes der Lebensgemeinschaft erbracht wurden. Vielmehr dient der laufende Unterhalt dem sofortigen Verbrauch bzw. der unmittelbaren Verwirklichung des Zusammenlebens und hatte nicht die Bildung fortdauernder Vermögenswerte zur Folge.[15] 1499

11 Vgl. dazu auch MüKoBGB/*Seiler* § 677 Rn. 31 f. mwN; der Anspruch würde spätestens an einer analogen Anwendung des § 685 II scheitern. Über das Ergebnis herrscht Einigkeit, die Begründungen sind verschieden; vgl. auch BGH FamRZ 1981, 531; FamRZ 1983, 1213.

12 Vgl. dazu BGH NJW 1980, 40. Auch § 814 stünde dem Anspruch entgegen, *Schlüter/Belling* FamRZ 1986, 405 (414).

13 Vgl. *Krause* JuS 1989, 455 (499); *Grziwotz*, Nichteheliche Lebensgemeinschaft, 5. Aufl. 2014, § 23 Rn. 56 ff.; abl. auch *Schlüter/Belling* FamRZ 1986, 405 (412 ff.).

14 *Wellenhofer* JuS 2012, 74 (75).

15 Ebenfalls gegen einen Ausgleich laufender Unterhaltsleistungen BGH NJW 2010, 868 f.; BGH FamRZ 2008, 1822 (1827 [bei § 313]); *Schwab* FamRZ 2010, 1701 (1703); *Kemper* NJ 2009, 177 (180 f.).

Somit scheidet ein Anspruch aus § 812 I 2, zweiter Fall ebenfalls aus.

### 7. Anspruch aus § 313 I

1500 Fraglich ist, ob die Auflösung der nichtehelichen Lebensgemeinschaft zu Ansprüchen wegen Störung der Geschäftsgrundlage gem. § 313 I führt. Ein Anspruch aus § 313 I setzt zunächst voraus, dass sich Umstände, die zur Grundlage des Vertrages geworden sind, nach Vertragsschluss schwerwiegend verändert haben oder sich als falsch herausstellen, § 311 II. Demnach erfordert § 311 ein Rechtsverhältnis, dessen Geschäftsgrundlage entfallen sein könnte.

Bei den sog. unbenannten Zuwendungen, denen die Vorstellung oder die Erwartung zugrunde lag, die Lebensgemeinschaft werde Bestand haben, liegt das Rechtsverhältnis in einem Kooperationsvertrag sui generis, der den Anwendungsbereich des § 313 I eröffnet.[16] Zu prüfen ist daher, ob die Unterhaltsleistungen unbenannte (gemeinschaftsbezogene) Zuwendungen darstellen, denen die Erwartung des Fortbestehens der Lebensgemeinschaft zu Grunde lag. Eine unbenannte Zuwendung ist allerdings nur dann zu bejahen, wenn es sich um eine Leistung handelt, die der Verwirklichung der Lebensgemeinschaft dient und über die laufenden Unterhaltsbedürfnisse hinausgeht.[17] Unterhaltungsleistungen, die im Rahmen des täglichen Zusammenlebens und –wirtschaftens erbracht werden, sind daher keine unbenannen Zuwendungen.[18] E's Gehalt floss in die Haushaltskasse und diente lediglich dazu, die laufenden Ausgaben zu bestreiten. Damit entfällt eine Leistung, die über die Unterhaltsbedürfnisse hinausgeht, so dass eine gemeinschaftsbezogene Zuwendung ausscheidet.[19]

E hat gegen P keine Ansprüche auf Erstattung der Unterhaltsbeiträge.

## II. Ansprüche der E gegen P auf Herausgabe des Computers

### 1. Anspruch aus §§ 531 II, 516 I, 812 ff.

1501 a) Voraussetzung hierfür ist zunächst eine Schenkung der E an P. Beide haben sich darüber geeinigt, dass E im Wege der unentgeltlichen Zuwendung aus ihrem Vermögen P das Eigentum an dem Computer verschaffen wollte. Es bestand kein Zusammenhang mit einer Leistung des P im Rahmen der nichtehelichen Lebensgemeinschaft, sodass keine unbenannte Zuwendung vorliegt Durch die gleichzeitige Über-

16 BGH FamRZ 2008, 1822 (1825 ff.); 2008, 1828 f.; und zuletzt BGH NJW 2013, 2187 (2188); MüKoBGB/*Finkenauer* § 313 Rn. 286. Der Anspruch wird gewährt, aber nur wenn die Beibehaltung der herbeigeführten Vermögenslage unzumutbar ist. Nach aA ist ein Anspruch aus § 313 I generell abzulehnen, vgl. früher BGH NJW 1997, 3371 (3372); *Schlüter/Belling* FamRZ 1986, 405 (412). Der Grund sei, dass bei nichtehelichen Lebensgemeinschaften ein solches Rechtsverhältnis mangels Rechtsbindungswillens generell fehle. Die Auflösbarkeit der Lebensgemeinschaft sei von den Parteien vielmehr gewollt und in ihre Dispositionen einzubeziehen; BGHZ 77, 55 (60); vgl. aber auch BGH JR 1991, 282 für eine besondere Fallgestaltung; dazu *Probst* JR 1991, 284. In seiner Rechtsprechungsänderung im Jahr 2008 räumt der BGH (FamRZ 2008, 1822, [1826]) ein, dass seine bisherige Argumentation aus dem Umstand der grundsätzlichen Unauflösbarkeit der Ehe angesichts der steigenden Scheidungszahlen nicht mehr aufrecht zu erhalten sei.

17 *Gernhuber/Coester-Waltjen* FamR§ 24 Rn. 21.

18 BGH NJW 2013, 2187 (2188); BGH FamRZ 2008, 1828 f.; KG FamRZ 2010, 476 f.; *Grziwotz*, Nichteheliche Lebensgemeinschaft, 5. Aufl. 2014, § 5 Rn. 42; *Kemper* NJ 2009, 177 (181).

19 Daher muss auch nicht mehr geprüft werden, ob E die Unterhaltungsleistungen in Erwartung des Fortbestehens ihrer Beziehung zu P erbracht hat.

eignung gem. § 929 S. 1 liegt somit eine wirksame Handschenkung vor, die in formeller Hinsicht keinen Bedenken begegnet, §§ 516 I, 518 I, II.

**b)** Eine weitere Voraussetzung eines Rückforderungsanspruches bildet der Widerruf der Schenkung. Zwar hat E diesen nicht ausdrücklich gegenüber P erklärt, jedoch ist ihr Rückforderungsverlangen als dahingehende konkludente Willenserklärung zu verstehen.

**c)** Entscheidend ist deshalb, ob ein Widerrufsgrund gem. § 530 I vorliegt. Dies erfordert eine schwere Verfehlung des Beschenkten gegen den Schenker. Anhaltspunkt dafür ist allein der Umstand, dass P während der nichtehelichen Lebensgemeinschaft eine neue Bindung zu seiner Kommilitonin einging. Angesichts der jederzeitigen Auflösbarkeit der nichtehelichen Lebensgemeinschaft bestehen Zweifel daran, ob in einer »Untreue« bereits ein grober Undank erblickt werden kann.[20] 1502

Zu beachten bleibt aber, dass P das Geschenk zu einem Zeitpunkt entgegennahm, als er bereits längere Zeit ein Verhältnis zu einer anderen Frau unterhielt. Zwar könnte man meinen, dass § 530 I diesen Fall nicht erfasse, weil nach der gesetzlichen Formulierung der Undank der Schenkung folgen muss, während P die Beziehung schon vor Annahme des Geschenkes aufgenommen hatte. Bei Entgegennahme des Computers aber den Eindruck einer funktionierenden Lebensgemeinschaft zu vermitteln und danach die anderweitige Beziehung fortzusetzen, lässt gerade die undankbare Gesinnung erkennen, die § 530 meint. Auch wenn die Parteien einer nichtehelichen Lebensgemeinschaft keine rechtliche Bindung wollen, so ist dennoch der Charakter eines Vertrauensverhältnisses zu wahren, den P hier in schwerwiegender Weise verletzt hat[21].

E kann deshalb von P die Herausgabe des Computers gem. §§ 531 II, 516 I, 812 ff. verlangen.

### 2. Anspruch aus §§ 1301 S. 1, 812 ff.

Ein Anspruch der E gegen P auf Herausgabe des Computers gem. §§ 1301 S. 1, 812 ff. 1503
scheidet deshalb aus, weil sich nach dem Sachverhalt keine Anhaltspunkte für ein Eheversprechen ergeben.

### 3. Anspruch aus §§ 1301 S. 1, 812 ff. analog[22]

Man könnte die Ansicht vertreten, die nichteheliche Lebensgemeinschaft sei zwar 1504
gegenüber dem Verlöbnis mangels eines Heiratsversprechens ein »Minus«, die Interessenlage jedoch ähnlich wie bei einer Verlobung.[23] Dagegen sprechen jedoch verschiedene Gesichtspunkte: Zunächst muss angesichts der verschiedenen Gesetzesänderungen im Familienrecht in jüngster Zeit davon ausgegangen werden, dass keine planwidrige Gesetzeslücke vorliegt, da der Gesetzgeber mehrfach die Möglichkeit hatte, die Rechtsverhältnisse der nichtehelichen Lebensgemeinschaft zu regeln und hierauf willentlich verzichtete. Außerdem gibt es bei einer nichtehelichen Lebens-

20 AA *Grziwotz*, Nichteheliche Lebensgemeinschaft, 5. Aufl. 2014, § 5 Rn. 31.

21 Grdl. OLG Hamm NJW 1978, 224; Palandt/*Weidenkaff* § 530 Rn. 4 ff.; Palandt/*Brudermüller* Vorbem. § 1297 Rn. 35.

22 *Evans-von Krbek* JA 1979, 236 ff.

23 *Evans-von Krbek* JA 1979, 236 (242).

gemeinschaft keinen dem § 1298 vergleichbaren Sachverhalt, da es an einem Eheversprechen und damit an einer begründeten Eheerwartung gerade fehlt. Hierin liegt der entscheidende Unterschied. Bei einer Verlobung kann jeder der beiden Verlobten von einer dauerhaften Beziehung ausgehen und dabei auf ihren Bestand vertrauen, da die Ehe als grundsätzlich auf Dauer gerichtete Lebensgemeinschaft gem. § 1353 I 1 bereits versprochen wurde. Deshalb sind Rückforderungs- und Schadensersatzansprüche wegen eines enttäuschten Vertrauens dort angemessen.

Dieses Element fehlt aber gerade in der nichtehelichen Lebensgemeinschaft, sofern sie nicht mit einer Verlobung einhergeht.[24]

Ein Anspruch aus §§ 1301 S. 1, 812 ff. analog scheidet somit aus.

#### 4. Anspruch aus § 826

1505 Eine vorsätzliche sittenwidrige Schädigung kommt in Betracht, wenn jemand eine größere Zuwendung des Partners in einem Zeitpunkt entgegennimmt, in dem dieser schon entschlossen ist, das eheähnliche Verhältnis aufzulösen.[25]

Vorliegend unterhielt P zwar schon im Zeitpunkt der Schenkung des Computers eine Beziehung zu seiner Kommilitonin. Eine feste Trennungsabsicht im Hinblick auf die nichteheliche Lebensgemeinschaft lässt sich aber dem Sachverhalt nicht entnehmen, sodass der Anspruch ausscheidet.

#### 5. Ergebnis:

E kann von P die Herausgabe des Computers gem. §§ 531 II, 516 I, 812 ff. verlangen.

### III. Ansprüche der E gegen P wegen der Aufwendungen für das Auto

#### 1. Anspruch aus § 488 I 2

1506 Da E dem P die Anzahlung iHv 2.350 EUR sowie die Darlehensvaluta iHv 7.500 EUR zur Verfügung gestellt hat, könnte man daran denken, beide Beträge seien Gegenstand eines Darlehens gewesen, sodass ein Anspruch aus § 488 I 2 möglich wäre. Anhaltspunkte für den Abschluss eines Darlehensvertrags sind aber dem Sachverhalt nicht zu entnehmen, sodass diese Anspruchsgrundlage entfällt.

#### 2. Anspruch aus § 733 II 1[26]

Voraussetzung für den Anspruch wäre ein zwischen E und P geschlossener Gesellschaftsvertrag gem. § 705. Dieser könnte sich auf das Zusammenleben schlechthin oder auf die Anschaffung und den Betrieb des Autos bezogen haben. Zu prüfen ist

24 Vgl. *Grziwotz*, Nichteheliche Lebensgemeinschaft, 5. Aufl. 2014, § 5 Rn. 16 f. mwN.

25 Vgl. OLG Celle NJW 1983, 1065.

26 Die folgenden Ausführungen sind auch dann notwendig, wenn man als Anspruchsgrundlage § 738 I 2 anwendet, vgl. *Krause* JuS 1989, 458 mwN. Dann wäre der Anspruch aber auf eine Beteiligung am jetzigen Wert des Autos, nicht auf die Rückzahlung geleisteter Geldbeträge gerichtet. Für § 733 II 1 spricht, dass ein zu verteilender Überschuss erst nach Rückerstattung der Einlagen in Betracht kommt.

daher zunächst, ob es sich dabei um mögliche Gesellschaftszwecke iSd § 705 handelt.[27]

**a)** Allein das Zusammenleben in vermögensmäßiger und persönlicher Hinsicht kann allerdings nicht als Gesellschaftszweck angesehen werden kann.[28] Begründen lässt sich dieses Ergebnis sowohl mit familienrechtlichen als auch gesellschaftsrechtlichen Gesichtspunkten. Zum einen statuieren Art. 6 I GG und § 1353 einen Typenzwang für eine rechtlich verfasste Lebensgemeinschaft von Mann und Frau, und zwar im Hinblick auf die Ehe. Eine solche zentrale Wertung darf nicht generell durch die Annahme eines Gesellschaftsvertrags unterlaufen werden,[29] wenn sich Paare in einer anderen Lebensform zusammenfinden. 1507

Zum anderen fordert das Gesellschaftsrecht einen bestimmten gemeinsamen Zweck: Eine Gesellschaft für alle Vermögensbeziehungen zwischen zwei Personen ist deshalb ausgeschlossen.[30] Sie muss sich vielmehr auf einen begrenzten Anwendungsbereich beziehen. Im Übrigen könnten gegen einen so umfassend verstandenen Vertragszweck, der auch die persönliche Seite der Beziehungen erfasst, Bedenken unter dem Aspekt der Sittenwidrigkeit bestehen. Sie beruhen darauf, dass die vollständige Regelung aller Beziehungen zwischen den Partnern in einem Gesellschaftsvertrag eine Einschränkung der persönlichen Freiheit bedeuten würde. Es bliebe daher nur die Möglichkeit, lediglich die Durchführung der vermögensrechtlichen Angelegenheiten als Gesellschaftszweck anzuerkennen, der sich jedoch von der persönlichen Beziehung in der nichtehelichen Lebensgemeinschaft kaum trennen lässt. Dabei ist zu berücksichtigen, dass eine Gesellschaft nicht nur Rechte im Falle der Auseinandersetzung, sondern auch Pflichten während ihres Bestehens schaffen würde. Eine Förderungspflicht im Hinblick auf die Vermögensangelegenheiten der nichtehelichen Lebensgemeinschaft lässt sich aber ohne Eingriffe in die persönlichen Verhältnisse nicht erfüllen.[31] Somit scheidet das Zusammenleben als Zweck iSd § 705 aus.[32] 1508

**b)** Es bleibt als möglicher Gesellschaftszweck damit nur die Anschaffung bzw. der Betrieb des Pkw.

Im Unterschied zur Lebensgemeinschaft als solcher handelt es sich dabei um einen abgegrenzten Lebensbereich, dessen Umfang und Kosten feststellbar sind. Außerdem könnte eine solche Aktivität auch außerhalb einer nichtehelichen Lebensgemeinschaft betrieben werden, ist für diese also nicht spezifisch. Deshalb sind Anschaffung und Betrieb eines Pkw grundsätzlich denkbarer Zweck einer BGB-Gesellschaft, jedenfalls 1509

27 Der BGH (BGHZ 84, 388 ff. und NJW 1986, 51 ff.) wendet die §§ 730 ff. analog an, wenn eine Vereinbarung fehlt; vgl. *Wiebe* JuS 1995, 227 (229 f.); krit. dazu *Medicus/Petersen* BürgerlR Rn. 690 b. Aber auch eine analoge Anwendung ist nur möglich, wenn ein entsprechender Gesellschaftszweck vorhanden ist. Seine Prüfung steht deshalb im Vordergrund.

28 BGH NJW 2013, 2187; *Grziwotz*, Nichteheliche Lebensgemeinschaft, 5. Aufl. 2014, § 5 Rn. 18 ff. mwN.

29 So auch BGH NJW 1997, 3371; OLG Naumburg NJW 2003, 1819; MüKoBGB/*Ulmer/Schäfer* Vor § 705 Rn. 73 ff.

30 *Krause* JuS 1989, 456.

31 *Wiebe* JuS 1995, 227 (229).

32 Ebenfalls für ein Ausgleichsverbot für diejenigen Leistungen, durch die lediglich das Zusammenleben in der nichtehelichen Lebensgemeinschaft ermöglicht werden sollte BGH FamRZ 2008, 1822 (1824 f.). Anders wohl MüKoBGB/*Wacke*, 4. Aufl. 2002, nach § 1302 Rn. 52 mit Nachw. der gegenteiligen Ansicht.

wenn die Parteien dies ausdrücklich vereinbaren.[33] Allerdings muss man beachten, dass ein Gesellschaftszweck iSd § 705 ein gemeinsamer, dh von allen Gesellschaftern verfolgter Zweck sein muss. Vorliegend besteht die Besonderheit darin, dass P den Pkw auf seinen Namen gekauft und auch angemeldet hatte. Er allein benutzte den Wagen, für den E keinen Bedarf hatte, da sie über ein eigenes Fahrzeug verfügte. Damit fehlt es hier an einer gemeinsamen Zweckverfolgung der Gesellschafter, sodass kein Anspruch aus § 733 II 1 besteht.

### 3. Anspruch aus § 733 II 1 analog

1510 Eine analoge Anwendung des § 733 II 1 scheidet ebenfalls aus. Sie könnte nur dann erwogen werden, wenn zwischen P und E keine Vereinbarung getroffen wurde, nicht aber, wenn es an einem denkbaren Gesellschaftszweck fehlt. Geregelter und ungeregelter Sachverhalt lassen sich nicht miteinander vergleichen.

### 4. Anspruch aus §§ 531 II, 516 I, 812 ff.

1511 Anspruchsziel wären auch hier die Darlehensvaluta sowie die Anzahlung iHv 2.350 EUR. Nach dem Sachverhalt hat P sich nach Erhalt des entsprechenden Geldes den Wagen gekauft. Deshalb könnte man erwägen, ob eine Schenkung im Hinblick auf den Pkw vorliegt. Sie kommt aber deshalb nicht in Betracht, weil P auch eigene Mittel in Form der Anzahlung hierfür aufgebracht hat.[34] Insofern beschränkt sich die Prüfung einer Schenkung auf das Darlehen und die Anzahlung.

1512 a) Der Rückforderungsanspruch wegen groben Undanks setzt zunächst eine Schenkung gem. § 516 I voraus. Zu prüfen ist also, ob zwischen den Parteien eine Vereinbarung getroffen wurde, wonach das Vermögen des P durch eine unentgeltliche Zuwendung aus dem Vermögen der E vermehrt werden sollte. Zweifel bestehen deshalb, weil nicht jede Leistung im Zusammenhang mit der gemeinsamen Lebensführung als Schenkung angesehen werden kann. In der Ehe wie in der nichtehelichen Lebensgemeinschaft tauschen die Partner wechselseitig Leistungen aus, ohne das Vermögen des anderen unentgeltlich mehren zu wollen, vielmehr nur deshalb, um das Zusammenleben zu gewährleisten.[35] Dies ist auch dann der Fall, wenn die entsprechenden Zahlungen nicht nur dem Lebensunterhalt dienen, sondern das gemeinsame Zusammenleben fördern. Dadurch scheiden Schenkungen innerhalb einer nichtehelichen Lebensgemeinschaft nicht aus. Vielmehr ist im Wege der Auslegung gem. §§ 133, 157 festzustellen, was E und P gewollt haben. Vorliegend könnte die Zuwendung der E sowohl eine sog. unbenannte Zuwendung[36] als auch eine Schenkung gewesen sein. Besondere Anhaltspunkte aus dem Sachverhalt ergeben sich nicht.

---

33 Ob man in einem solchen Fall den Abschluss eines konkludenten Gesellschaftsvertrages annehmen würde, erscheint zweifelhaft. Bejahend für einen Pkw-Fall OLG Düsseldorf FamRZ 1978, 109 (110); das OLG Stuttgart NJW-RR 1993, 1475 f. verlangt die Absicht gemeinsamer Wertschöpfung; abl. *Wiebe* JuS 1995, 227 (229); vgl. auch BGH FamRZ 1989, 147 für die vergleichbare Problematik in einer Ehe.

34 Ob Sachschenkung oder Schenkung des Geldes vorliegt, wenn Mittel zur Anschaffung eines Gegenstandes hingegeben wurden, ist jeweils im Wege der Auslegung festzustellen, vgl. BGH NJW 1972, 247 f.

35 *Grziwotz*, Nichteheliche Lebensgemeinschaft, 5. Aufl. 2014, § 5 Rn. 29.

36 Vgl. zur unbenannten Zuwendung in der Ehe oben die Vorüberlegungen II zu Fall 33 → Rn. 1407 ff.; krit. hinsichtlich der Anwendung auf die nichteheliche Lebensgemeinschaft *Probst* JR 1991, 284.

Für eine Schenkung spricht es, wenn ein Zuwendungsgegenstand allein dem anderen Partner zugutekommt und die Zuwendung über das für das Zusammenleben notwendige Maß hinausgeht.[37] Das letztgenannte Kriterium kann man bei einem Betrag von nahezu 10.000 EUR unter den vorhandenen finanziellen Verhältnissen bejahen. Außerdem ist zu berücksichtigen, dass E den Wagen weder benutzte noch benötigte, sondern vielmehr über einen eigenen Pkw verfügte. Sie hatte an der Anschaffung des Golf TDI kein eigenes Interesse und sah ihn nicht als Gegenstand der nichtehelichen Lebensgemeinschaft an. Aus diesem Grunde liegt in der Zuwendung des Geldes eine Schenkung iSd § 516 I.

**b)** Fraglich ist, ob auch der grobe Undank bejaht werden kann. Im Hinblick auf den Computer ergab er sich daraus, dass P das Gerät zu einem Zeitpunkt annahm, als er bereits eine anderweitige Beziehung eingegangen war. Mit dieser Begründung lässt sich der grobe Undank hier nicht bejahen. Allerdings muss auch kein Zusammenhang zwischen Schenkung und Verfehlung bestehen.[38] Wohl aber ist unter Berücksichtigung der Umstände des Einzelfalles zu prüfen, ob aus der Verfehlung auf eine undankbare Gesinnung des Beschenkten gegen den Schenker geschlossen werden kann. Dabei sind aber auch die besonderen Verhältnisse der nichtehelichen Lebensgemeinschaft zu berücksichtigen. Würde man eine Rückwirkung der Verfehlung auf alle vorherigen Schenkungen während der nichtehelichen Lebensgemeinschaft annehmen, so wäre die Möglichkeit der jederzeitigen Auflösung mit schweren mittelbaren Nachteilen belastet, die die Entscheidung des jeweiligen Partners beeinflussen könnten. Dem widerspricht aber gerade die Absicht der Beteiligten, keine rechtliche Bindung einzugehen. Eine Untreue, die nicht einmal unter Eheleuten für sich gesehen groben Undank bedeutet, kann erst recht nicht in der nichtehelichen Lebensgemeinschaft zum Widerruf aller Schenkungen führen, da sonst auf diese Weise ein Wohlverhalten des Beschenkten erzwungen würde.[39] 1513

Damit ist der grobe Undank zu verneinen, sodass der Anspruch aus §§ 531 II, 516 I, 812 ff. entfällt.

### 5. Anspruch aus § 313 I

Ein Anspruch aus § 313 I besteht nicht. Soweit er auf das Fehlverhalten des P gestützt werden könnte, sind die §§ 528 ff. vorrangige Regelungen, sodass ein Anspruch aus § 313 I nicht in Betracht kommt..[40] Im Übrigen besteht kein Rechtsverhältnis zwischen den Parteien, dessen Geschäftsgrundlage weggefallen ist.[41] 1514

37 MüKoBGB/*Wacke*, 4. Aufl. 2002, nach § 1302 Rn. 56.

38 Palandt/*Weidenkaff* § 530 Rn. 8; OLG Hamm NJW 1978, 224.

39 *Grziwotz*, Nichteheliche Lebensgemeinschaft, 5. Aufl. 2014, § 5 Rn. 31.

40 Vgl. dazu *Probst* JR 1991, 284.

41 Vgl. dazu auch oben Fall 33 → Rn. 1437 für die Rechtslage unter Eheleuten; sowie *Wiebe* JuS 1995, 227 f.; für Wegfall der Geschäftsgrundlage OLG Karlsruhe NJW-RR 1994, 1157 f. S. auch hier die Rechtsprechungsänderung des BGH oben Fn. 16. Voraussetzung für einen Anspruch wäre nach der neuen Rspr. des BGH eine gemeinschaftsbezogene Zuwendung als Schuldverhältnis, dessen Grundlage weggefallen sein könnte. Finanzierungsleistungen sind darüber hinaus aber nur dann zu erstatten, wenn die Zuwendungen weit über die laufende Bedarfsdeckung hinausgegangen sind, sich beim Partner vermögensbildend niedergeschlagen haben und dem Leistenden die Beibehaltung der durch die Leistung getroffenen Vermögensverhältnisse nach Treu und Glauben nicht zuzumuten ist (BGH NJW 2013, 2187 [2188]; *Wellenhofer* JuS 2012, 74 [75]). Kriterien zur Ermittlung der Unzumutbarkeit sind z.B. die Dauer der Lebensgemeinschaft, Art und Umfang

### 6. Anspruch aus § 753 I auf anteiligen Erlös aus dem Verkauf des Autos

Dies setzt zunächst voraus, dass zwischen E und P eine Bruchteilsgemeinschaft an dem Pkw bestand, also E Miteigentümerin des Autos geworden ist.

1515 a) Nach dem Sachverhalt hat E zwar den Ratenkreditvertrag bei der B-Bank abgeschlossen. Jedoch ist sie weder gegenüber dem Veräußerer des Autos in Erscheinung getreten, noch hat P in ihrem Namen gehandelt. Ein Miteigentumserwerb der E gem. §§ 929 S. 1, 164 I kommt daher nicht in Betracht.

1516 b) E könnte allerdings durch P im Wege des Geschäftes für den, den es angeht, Miteigentum erworben haben. Dazu ist bei P eine entsprechende Willensrichtung zum Zeitpunkt des Erwerbes erforderlich.[42] Ob eine solche vorlag, muss gem. §§ 133, 157 durch Auslegung ermittelt werden.

Dabei ist zu berücksichtigen, dass P den Wagen nicht nur im eigenen Namen gekauft, sondern auch auf seinen Namen zugelassen hat. Die Zulassung des Kfz hat zwar keine unmittelbare zivilrechtliche Bedeutung, sie legt aber doch den Schluss nahe, dass nach dem übereinstimmenden Willen von E und P allein dieser für den Wagen zuständig sein sollte. Dafür spricht auch, dass E selbst ein Auto hat. Eine dingliche Rechtsposition am Pkw des P wäre also für sie nur unter dem Gesichtspunkt einer Sicherheit für den gewährten Kredit von Bedeutung gewesen. Dass E sich gegenüber P insoweit absichern wollte, lässt sich dem Sachverhalt nicht entnehmen. Somit hat E beim Erwerb des Pkw kein Miteigentum daran erlangt.[43]

c) Für eine spätere Miteigentumsübertragung von P auf E enthält der Sachverhalt ebenfalls keine Anhaltspunkte. Wie beim Erwerb ist zu berücksichtigen, dass P und E getrennte Pkw hatten. Damit entfällt der Anspruch aus § 753 I.

### 7. Anspruch aus §§ 670, 662

1517 Schließlich könnte E gegen P einen Aufwendungsersatzanspruch gem. §§ 670, 662 haben. Gegenstand des Anspruches wäre hier Ersatz für die an die Bank gezahlten Kreditraten. Der Sachverhalt sagt aber nicht aus, dass sich E gegenüber ihrem Partner im Rahmen eines Auftrages verpflichtet hat, den Bankkredit aufzunehmen.

### 8. Anspruch aus §§ 677, 683 S. 1, 670

1518 Gem. § 677 wäre indessen denkbar, dass E den Kredit im Rahmen einer Geschäftsführung ohne Auftrag aufgenommen hat und auf diese Weise gem. § 683 S. 1 ebenfalls den Anspruch aus § 670 geltend machen könnte.

Dies setzt zunächst eine Geschäftsbesorgung für einen anderen voraus. Hierunter fällt die Kreditaufnahme, sofern sie kein eigenes Geschäft der E war. Allerdings wur-

der erbrachten Leistungen und die Höhe der dadurch eingetretenen Vermögensmehrung sowie die Einkommens- und Vermögensverhältnisse der Partner.

42 Palandt/*Ellenberger* § 164 Rn. 8.

43 Teilweise wurde früher angenommen, eine Rechtsgemeinschaft hinsichtlich des Besitzes an einer Sache reiche zur Begründung von Auseinandersetzungsansprüchen aus, so *Derleder* NJW 1980, 545 (550); dagegen *Lipp* JuS 1982, 18 ff. Diese Auffassung ist aber so speziell, dass Sie von Ihnen in einer Klausur nicht erwartet werden kann. Sollte sie Ihnen bekannt sein, müssten Sie den Anspruch am fehlenden Mitbesitz der E scheitern lassen.

de bereits festgestellt, dass E dem P die Mittel zur Anschaffung des Pkw schenkweise zugewendet hat. Damit hat sie bei der Beschaffung der dazu notwendigen Geldmittel ausschließlich ihr eigenes Geschäft geführt. Selbst wenn sie im Zeitpunkt der Darlehensaufnahme noch kein wirksames Schenkungsversprechen gegenüber P abgegeben haben sollte, wovon angesichts der mangelnden Erwähnung notarieller Beurkundung im Sachverhalt auszugehen ist, lag die spätere Schenkung in ihrer Absicht.

Somit scheidet ein Anspruch aus Geschäftsführung ohne Auftrag aus.[44]

### 9. Anspruch aus § 812 I 2, 2. Var.

Zu prüfen bleibt ein Anspruch gem. § 812 I 2, zweiter Fall wegen Zweckverfehlung. Voraussetzung dafür wäre eine Zweckvereinbarung zwischen P und E anlässlich der Schenkung des Geldes für die Anschaffung des Pkw. Eine gemeinsame und auf längere Zeit gedachte Benutzung des Pkw als von den Parteien vereinbarter Zweck kommt deshalb nicht in Betracht, weil E über einen eigenen Wagen verfügt.[45] 1519

### 10. Ergebnis:

E hat mithin gegen P keine Ansprüche hinsichtlich ihrer Zahlungen für den Pkw und auch nicht wegen der noch ausstehenden Kreditraten.

## 2. Teil. Ansprüche des P gegen E

### I. Ansprüche auf Erstattung der Kosten für die Urlaubsreise

Die anteiligen Kosten der Urlaubsreise nach Mexiko iHv 2.500 EUR könnte P gem. den Anspruchsgrundlagen verlangen, die oben im Verhältnis zwischen E und P für die Unterhaltsbeiträge geprüft wurden. Hier wie dort gilt aber, dass es sich um Aufwendungen im Rahmen der gemeinsamen Lebensführung handelt, für die eine Rückerstattung nicht in Betracht kommt. Insoweit kann auf die Ausführungen im ersten Teil zu I. verwiesen werden. 1520

### II. Anspruch des P gegen E auf monatlichen Unterhalt bis zum Abschluss des ersten Staatsexamens

Ein Unterhaltsanspruch nach Beendigung der nichtehelichen Lebensgemeinschaft besteht nicht kraft Gesetzes. Eine analoge Anwendung der §§ 1569 ff. verbietet sich im Interesse der Partner einer nichtehelichen Lebensgemeinschaft, denen sonst (zumindest teilweise) die Folgen einer Rechtsform aufgezwungen würden, die sie willentlich nicht gewählt haben.[46] Für eine vertragliche Unterhaltsregelung bestehen nach dem Sachverhalt keine Anhaltspunkte, sodass der Anspruch des P entfällt. 1521

---

44 Ohne Vorliegen einer Schenkung der Darlehensvaluta werden von der Rspr. Aufwendungsersatzansprüche bejaht, allerdings allein hinsichtlich der nach der Trennung gezahlten Kreditraten. Vorher seien solche Zahlungen Aufwendungen zur gemeinsamen Lebensführung. Als Anspruchsgrundlage wird § 670, teilweise iVm § 662, teilweise auch iVm §§ 677, 683 S. 1 angewendet. Grdl. dazu BGH NJW 1981, 1502 f., ferner NJW 1983, 1055; vgl. auch OLG Celle NJW 1983, 1063 f.; OLG Karlsruhe FamRZ 1986, 1095; krit. zu dieser Rspr. *Krause* JuS 1989, 455 (460).

45 Vgl. BGH FamRZ 2009, 849 f.; *Schwab* FamRZ 2010, 1701 (1703); dagegen bejahte das OLG Stuttgart NJW-RR 1993, 1475 f. eine Rückabwicklung über § 812 I 2, 2. Var. aus Billigkeitserwägungen.

46 Vgl. iE MüKoBGB/*Wellenhofer* nach § 1302 Rn. 35 mwN. Ferner *Busche* JZ 1998, 387 (390 f.).

### 3. Teil. Anspruch des V gegen P auf Räumung

#### I. Räumungsanspruch aus § 546 I

Der Anspruch setzt voraus, dass P weder ein eigenes noch ein abgeleitetes Nutzungsrecht hat.

1522 Da V dem Einzug nicht zugestimmt hatte, steht P kein Nutzungsrecht aufgrund eines eigenen Vertrags zu. Allerdings hatte P ein gesetzliches Nutzungsrecht, wenn V verpflichtet war, seine Aufnahme in die Wohnung zu dulden. Ein solches Nutzungsrecht des Partners einer nichtehelichen Lebensgemeinschaft könnte man entweder auf der Grundlage des § 553[47] als selbstständiges oder aber auch als unselbstständiges Mitgebrauchsrecht neben der E als Mieterin annehmen.[48] Unabhängig davon, worauf sich ein Nutzungsrecht stützt, ist es jedenfalls vom Bestand des Mietvertrags zwischen E und P abhängig. Es endet somit, wenn dieser Mietvertrag durch Kündigung beendet wird. In diesem Fall ist der Räumungsanspruch begründet.[49]

#### II. Räumungsanspruch aus § 985

1523 V hat gegen P zudem einen Räumungsanspruch aus § 985. Da P nach Kündigung des Mietvertrags zwischen E und V kein Nutzungsrecht mehr hat, steht dem Anspruch kein Recht zum Besitz iSd § 986 I entgegen.

**Ergebnis:**

V kann nach Beendigung des mit E bestehenden Mietvertrags von P die Räumung der Wohnung gem. § 546 I und § 985 verlangen.

### 4. Teil. Gesamtergebnis

E hat weder Ansprüche gegen P auf Erstattung der Unterhaltsbeiträge noch hinsichtlich der Zahlungen für den Pkw und der noch ausstehenden Kreditraten. Sie kann von P jedoch die Herausgabe des Computers gem. §§ 531 II, 516 I, 812 ff. verlangen.

P hat gegen E keinen Anspruch auf Erstattung der Kosten für die Urlaubsreise sowie auf monatlichen Unterhalt bis zum Abschluss des 1. Staatsexamens.

V kann von P gem. § 546 I und § 985 Räumung der Wohnung verlangen.

---

47 *Strätz* FamRZ 1980, 438.

48 Dafür früher *Roquette*, Mietrecht, 1966, § 549 Anm. 4.

49 Vgl. dazu *Grziwotz*, Nichteheliche Lebensgemeinschaft § 14 Rn. 48 ff.

# 6. Abschnitt. Erbrecht

## 1. Kapitel. Grundprobleme der Falllösung im Erbrecht

### A. Einleitung

Wie das Familienrecht, so ist in den Prüfungsordnungen für das 1. Staatsexamen auch das Erbrecht auf Grundzüge beschränkt, allerdings auch meist Gegenstand eines Schwerpunktes. 1524

Hier wie dort liegt darin ein Risiko für den Studenten. Überprüft man die Ausbildungsordnungen im Hinblick darauf, welche erbrechtlichen Themen examensrelevant sein können, dann wird deutlich, dass nahezu alles in Betracht kommt, mit Ausnahme vielleicht der Testamentsvollstreckung oder von Einzelheiten der Erbenhaftung.[1] Statistisch gesehen lässt sich wohl vermuten, dass dem Erbrecht im Examen mehr Bedeutung zukommt als dem Familienrecht. Insgesamt aber sollte man die sog. Grundzügefächer keinesfalls vernachlässigen. Aufgrund der gestiegenen Anzahl von zivilrechtlichen Klausuren im 1. Staatsexamen werden zwangsläufig immer mehr Nebengebiete in die Aufgabenstellung einbezogen. In den Klausuren stellt man fest, dass eine nennenswerte Anzahl von Studenten das Rechtsgebiet offenbar vollständig bei ihrer Examensvorbereitung ausklammert. Das hat den Vorteil, dass Sie schon mit Grundkenntnissen recht ordentliche Ergebnisse erzielen können. Überhaupt ist es im Erbrecht bereits sehr wertvoll, wenn Sie sich einen Überblick über die Systematik verschafft haben, die sich zugegebenermaßen nicht leicht erschließt. Meinungsstreitigkeiten in Rechtsprechung und Literatur gibt es selbstverständlich auch hier, aber doch viel seltener als zB im Schuldrecht.[2]

Wie in den vorherigen Teilen unseres Buches soll auch hier der Mangel an Vollständigkeit durch die Empfehlung ausgeglichen werden, sich bestimmte Bereiche, wie etwa die Erbenhaftung, sowie das Pflichtteilsrecht an anderer Stelle noch einmal genauer anzusehen.[3]

In diesem Kapitel werden die Rechtsquellen, Grundbegriffe und Grundprinzipien des Erbrechts vorangestellt. Anschließend erhalten Sie einen Einblick in die Grundzüge der gesetzlichen und gewillkürten Erbfolge. Sechs examensrelevante Problemkreise sind schließlich in den Fällen angesprochen.[4]

1 Diese allerdings können über § 185 II Bedeutung erlangen.

2 Stichworte sind in diesem Zusammenhang etwa das Mätressentestament (dazu *Schnabl/Hamelmann* JURA 2009, 161) oder die Aushöhlungsnichtigkeit (dazu *Dilcher* JURA 1988, 72) oder die Abgrenzung zwischen § 2301 und § 331; vgl. dazu Fall 40 → Rn. 1733 ff.

3 Zu berücksichtigen sind hierbei auch die Änderungen durch das sog. Gesetz zur Änderung des Erb- und Verjährungsrechts v. 24.9.2009 (BGBl. I 3142), das zum 1.1.2010 in Kraft getreten ist. Insbesondere wurden hierdurch die Pflichtteilsentziehungsgründe modernisiert und die Ausschlussfrist für Pflichtteilsergänzungsansprüche flexibler gestaltet. Vgl. dazu *Wärholz* DStR 2009, 2104. Zudem hat der BGH seine stRspr zur Theorie der Doppelberechtigung im Rahmen des Pflichtteilsergänzungsanspruchs mit BGHZ 193, 260, aufgegeben. Danach genügt, dass die Pflichtteilsberechtigung im Zeitpunkt des *Erbfalls* vorliegt. Das Bestehen der Pflichtteilsberechtigung auch im Zeitpunkt der *Schenkung* ist nicht mehr Voraussetzung für § 2325 I.

4 Zur Wiederholung und Vertiefung die zusammenfassenden Übersichten bei *Olzen* ErbR, nach jedem Kapitel.

## I. Rechtsquellen

1525 Das Erbrecht findet sich überwiegend in den §§ 1922–2385. Daneben gibt es Vorschriften mit erbrechtlichem Bezug in vielen anderen Bereichen des BGB, die Sie sich kaum alle merken werden[5] und die in den jeweiligen Rechtsgebieten mitbehandelt werden. Hier sei auf die §§ 563, 563 a (Mietverhältnis beim Tode eines Mieters), auf § 857 (den Erbenbesitz), §§ 22, 25 HGB (Firmenfortführung und Erwerberhaftung beim Tode des Firmeninhabers) sowie auf § 727 hingewiesen, wonach eine Personengesellschaft mit dem Tode eines ihrer Gesellschafter grundsätzlich erlischt. Dieser Grundsatz wird allerdings für die OHG und KG durchbrochen, vgl. §§ 131 III Nr. 1, 139, 161 II, 177 HGB.

## II. Grundbegriffe[6]

1526 Einige Legaldefinitionen finden Sie in § 1922, und zwar für den *Erbfall*, die *Erbschaft*, den *Allein-* bzw. die *Miterben*. Wer *Erbe* sein kann, regelt § 1923. Dass die juristische Person möglicher Erbe ist, hat der Gesetzgeber als selbstverständlich angesehen, wie sich aus § 2101 II ableiten lässt. Demgegenüber kommt als Erblasser nur eine natürliche Person infrage; juristische Personen erlöschen oder werden umgewandelt. *Erbschaft* (*Nachlass*) ist die Summe aller geldwerten Rechte und Güter, soweit sie nicht höchstpersönlich sind, wie zB die Leibrente gem. § 759 oder der Nießbrauch gem. § 1061. Die mangelnde Vererblichkeit ist also für Vermögensrechte die (gesetzlich geregelte) Ausnahme, während höchstpersönliche immaterielle Rechte, zB das allgemeine Persönlichkeitsrecht, unvererblich sind. Zum Nachlass gehören aber nicht nur die Aktiva, sondern auch die Schulden. Sie wurden entweder vom Erblasser begründet (*Erblasserschulden*, vgl. § 1967 II am Anfang) oder entstehen mit dem Erbfall (*Erbfallschulden*, § 1967 II aE). Hinzu treten die Schulden, die durch den bzw. die Erben begründet werden (*Nachlasskostenschulden*, zB die Kosten für die Eröffnung einer Verfügung von Todes wegen, §§ 348 ff. FamFG[7] oder die Kosten der Nachlassverwaltung, § 1981, sowie *Nachlasserbenschulden*).

## III. Grundprinzipien

1527 Wichtigstes Grundprinzip des Erbrechts ist die *Testierfreiheit*. Sie ist die Fortsetzung der Eigentümerfreiheit und bedeutet, dass der Erblasser über sein Vermögen für die Zeit nach seinem Tode frei verfügen kann. Grenzen stellen einerseits die Gesetzes- oder Sittenwidrigkeit gem. §§ 134, 138 I[8] und andererseits das Pflichtteilsrecht gem. §§ 2303 ff. dar. Aus dem letztgenannten Rechtsinstitut kann man im Übrigen ersehen, dass das Erbrecht von dem Grundprinzip der Familienerbfolge beherrscht wird, das allerdings im Verhältnis zur Testierfreiheit nachrangig ist.

5 Vgl. die Zusammenstellung bei *Brox/Walker* ErbR Rn. 29 ff.; *Olzen* ErbR Rn. 90 .

6 Vgl. Überblick bei *Röthel* JURA 2014, 179 ff.

7 Das Gesetz über das Verfahren in Familiensachen und Angelegenheiten der freiwilligen Gerichtsbarkeit (FamFG) ist in Art. 1 des Gesetzes zur Reform des Verfahrens in Familiensachen und in den Angelegenheiten der freiwilligen Gerichtsbarkeit (FGGRG) v. 17.12.2008 geregelt, welches am 1.9.2009 in Kraft getreten ist, BGBl. I 2586. Vgl. zu den Änderungen durch das FamFG *Büte* FuR 2009, 251 ff. Zu den Auswirkungen des FamFG auf das Erbscheinsverfahren s. *Zimmermann* JuS 2009, 817 ff.; *Baumann* NotBZ 2011, 157 ff., 193 ff.;ausf. zur Thematik des Erbscheins *Muscheler* JURA 2009, 329 ff., 567 ff., 731 ff.

8 Vgl. zu dieser Problematik auch BGH JuS 1999, 606 ff. (»Hohenzollerntestament«) sowie die hierzu ergangene Entscheidung des BVerfG NJW 2004, 2008 ff.

Einen weiteren Grundsatz enthält § 1922 I mit der *Gesamtrechtsnachfolge* (Universalsukzession).[9] Sie bedeutet, dass der Nachlass ohne Übertragungsakt auf den oder die Erben übergeht, wobei mehrere Erben gem. §§ 2032 ff. eine *Gesamthandsgemeinschaft* bilden. Den Miterben steht also der gesamte Nachlass im Verhältnis ihrer Bruchteile zu. Es gibt keine Vererbung von einzelnen Gegenständen.[10] 1528

Schließlich sei noch darauf hingewiesen, dass für das Erbrecht im Unterschied zum Schuldrecht *Form- und Typenzwang* besteht. Für die erbrechtlichen Verfügungen können nur die gesetzlich vorgesehenen Typen (Testament und Erbvertrag) gewählt werden; dabei sind die Formvorschriften zwingend zu beachten. 1529

## B. Grundlagen der gesetzlichen und der gewillkürten Erbfolge

Der erste Fall befasst sich mit den Rechtsproblemen der gesetzlichen Erbfolge, insbesondere dem Ehegattenerbrecht. Ihm sollen deshalb zunächst die Grundlagen der gesetzlichen Erbfolge vorangeschickt werden. Sodann folgt aus Gründen der Vollständigkeit ein kurzer Überblick über die letztwilligen Verfügungen.

### I. Die gesetzliche Erbfolge[11]

#### 1. Anwendungsbereich und Verhältnis zur gewillkürten Erbfolge

Die gesetzliche Erbfolge ist ein subsidiäres System, das also nur eingreift, wenn und soweit der Erblasser nicht durch letztwillige Verfügung eine anderweitige Verteilung seines Nachlasses angeordnet hat, § 1937. In der Praxis werden aber die meisten Erbfälle (ca. 80%) nach den Vorschriften über die gesetzliche Erbfolge behandelt. Die letztwillige Verfügung ist zahlenmäßig seltener. Die Prüfung einer eventuellen Erbenstellung beginnt also nicht mit den Regeln der gesetzlichen Erbfolge, §§ 1924 ff., sondern mit der Frage, ob eine letztwillige Verfügung vorliegt, ob ihre formellen Voraussetzungen erfüllt sind und welchen Inhalt sie hatte. Damit soll nicht zum Ausdruck gebracht werden, dass die Erbrechtsklausur nicht prinzipiell auch eine Anspruchsklausur ist.[12] Aber es gibt ebenso die Arbeit, in der gefragt wird, ob zB X Erbe geworden ist, ob er einen Erbschein[13] beantragen kann usw. 1530

Selbst wenn der Nachlass nach den Regeln der gewillkürten Erbfolge verteilt wird, bleibt uU für die §§ 1924 ff. insofern Raum, als sie die Grundlage der Pflichtteilsberechtigungen, §§ 2303 ff., sind, oder der Erblasser in seiner letztwilligen Verfügung auf die gesetzliche Erbfolge Bezug genommen hat. Lesen Sie dazu bitte die gesetzlichen Auslegungsregeln der §§ 2066 ff. Im Übrigen benötigen Sie die Regeln über die gesetzliche Erbfolge trotz einer (ursprünglich) wirksamen Verfügung von Todes wegen, wenn diese erfolgreich angefochten wurde, §§ 2078 ff., 142 I, aber auch dann, wenn der eingesetzte Erbe die Erbschaft ausschlägt, § 1953 I, oder für erbunwürdig erklärt wird, § 2344 I. 1531

#### 2. Gesetzliche Erben

Gesetzliche Erben sind der Staat, § 1936, die Verwandten, §§ 1924–1930, sowie der Ehegatte, § 1931.

9 Vgl. dazu ausf. *Muscheler* JURA 1999, 234 ff.

10 Ausnahmen finden Sie in den Höfeordnungen der jeweiligen Bundesländer.

11 Vgl. dazu auch *Olzen* JURA 1998, 135 ff.

12 Wichtige Anspruchsgrundlagen in diesem Zusammenhang werden in den Fällen 36–39, 41 behandelt. Vgl. auch den Überblick bei *Röthel* JURA 2013, 583 ff.

13 Ausf. zur Thematik des Erbscheins *Muscheler* JURA 2009, 329 ff., 567 ff., 731 ff.

1532 a) Das gesetzliche Noterbrecht des Staates (in erster Linie des betreffenden Landes, im Übrigen des Bundes) steht hier nicht wegen seiner Wichtigkeit an der Spitze, sondern weil mit einem Satz das Wissenswerte hierzu gesagt werden kann: Es soll einen herrenlosen Nachlass vermeiden und für eine ordnungsgemäße Abwicklung sorgen. Aus diesem Grunde kann der Fiskus als Noterbe auch nicht ausschlagen, § 1942 II, wohl aber – wie jeder Erbe – gem. §§ 1975 ff. seine Haftung auf den Nachlass beschränken.

1533 b) Zur gesetzlichen Erbfolge der Verwandtschaft ist zunächst auf § 1589 S. 1 und 2 hinzuweisen, in dem die Verwandtschaft in gerader Linie bzw. in der Seitenlinie definiert wird. Anders als im Familienrecht in § 1589 S. 3, der die Nähe der Verwandtschaft nach Graden bemisst, liegt dem Erbrecht eine Einteilung nach Ordnungen zugrunde. Das Gradualsystem gewinnt erst in der 4. Ordnung, § 1928 III, Bedeutung.

Die Einteilung in Ordnungen hat den Vorteil, dass man nach Feststellung der Verwandtschaftsbeziehungen auch komplizierte Familienverhältnisse erbrechtlich sehr gut beurteilen kann. Ein weiterer Zweck des Gesetzes liegt darin, möglichst junge und nahe Verwandte erbrechtlich zu bedenken und im Übrigen eine Zersplitterung des Nachlasses zu verhindern. Diese Zielsetzung lässt sich vor allem aus § 1930 ablesen, wonach eine niedrigere Ordnung die höhere Ordnung vollständig von der Erbfolge ausschließt. Dies bedeutet eine starke Privilegierung der Abkömmlinge.

Sofern Sie demnach eine gesetzliche Erbfolge beurteilen wollen, prüfen Sie zunächst, welche Ordnung zum Zuge kommt. Alle nachfolgenden Ordnungen bedürfen dann keiner Beachtung mehr.

1534 In einem nächsten Schritt ist zu fragen, wie innerhalb der jeweiligen Ordnung vererbt wird. Auch dazu merken Sie sich bitte folgende Grundsätze: Die Binnenordnung der einzelnen Parentelen finden Sie in den §§ 1924 ff. Innerhalb der 1. Ordnung werden die Erben in *Stämme* eingeteilt, die durch die Kinder des Erblassers gebildet werden, § 1924 III. Enkel und Urenkel bilden *Unterstämme*. Diese Stämme erben gem. § 1924 IV zu gleichen Teilen.

1535 In der 2. und 3. Ordnung unterscheidet das Gesetz nach *Linien*; anders als in der 1. Ordnung fließt der Nachlass – aus der Sicht des Erblassers – nicht nach unten, sondern nach oben in die väterliche bzw. mütterliche Linie. Diese Linien erben gleichberechtigt, §§ 1925 II, 1926 II. Sind Eltern oder Großeltern verstorben, so gilt über die §§ 1925 III, 1926 III und V wieder das Stammesprinzip: Mehrere Geschwister oder mehrere Onkel oder Tanten erben zu gleichen Teilen.

1536 In der 4. und in den weiteren Ordnungen gilt – wie erwähnt – das *Gradualsystem*: Die Nähe der Verwandtschaft entscheidet über die Erbfolge, § 1928 III. Um sie festzustellen, müssen Sie die Anzahl der zwischen dem jeweiligen Erbprätendenten und dem Erblasser liegenden Geburten zählen.

1537 Im Übrigen wird das gesetzliche Erbrecht der Verwandten noch von zwei wesentlichen Regeln beherrscht: dem Repräsentationsprinzip und dem sog. Eintrittsrecht. Das *Repräsentationsprinzip* bedeutet, dass der mit dem Erblasser innerhalb eines Stammes oder einer Linie am nächsten verwandte Angehörige alle anderen Angehörigen im Stamm oder in der Linie vollständig von der Erbfolge ausschließt. Er repräsentiert also den Stamm, vgl. §§ 1924 II, 1925 III, 1926 III. Ist ein Repräsentant vor dem Erblasser verstorben, so tritt an seine Stelle der nächste Angehörige, vgl. § 1924 III. Dies versteht man als Eintrittsrecht. Es ist erst in der 4. Ordnung eingeschränkt, vgl. § 1928 III.

**c)** Im Zusammenhang mit der Erbfolge in der 1. Ordnung sind nichteheliche Kinder den ehelichen Kindern durch das Erbrechtsgleichstellungsgesetz[14] gleichgestellt worden, sodass es hier keine Besonderheiten mehr gibt. Vor dem 1.7.1949 geborene nichteheliche Kinder und ihre Abkömmlinge sind jedoch weiterhin in bis zum 28.5.2009 eingetretenen Erbfällen vom Erbrecht nach dem Vater und dessen Verwandten ausgeschlossen.[15] **1538**

**d)** Zum Schluss noch einige Worte zum Ehegattenerbrecht:[16] Es setzt voraus, dass zum Zeitpunkt des Erbfalles eine *wirksame Ehe* besteht. Hieran fehlt es im Falle der Ehescheidung, § 1564, ebenso wenn die Ehe aufgehoben wurde, §§ 1313 ff. Unter den Voraussetzungen des § 1933 entfällt das Ehegattenerbrecht trotz bestehender Ehe, sofern – im praktisch wichtigsten Fall der Scheidung – der verstorbene Ehepartner die Scheidung beantragt bzw. ihr zugestimmt hatte, und die Voraussetzungen für eine Ehescheidung zum Zeitpunkt des Erbfalles gegeben waren.[17] **1539**

Im Übrigen hängt das Ehegattenerbrecht vom jeweiligen *Güterstand* und davon ab, *welche Verwandten* des Erblassers außer dem Ehegatten vorhanden sind. Unbeschadet des Güterrechtes erbt der Ehegatte neben Verwandten der 1. Ordnung ein Viertel, neben Verwandten der 2. Ordnung die Hälfte und aus der 3. Ordnung neben den Großeltern ebenfalls die Hälfte. Alle entfernteren Verwandten werden durch den Ehegatten von der Erbfolge ausgeschlossen, vgl. § 1931 I und II. **1540**

Leben die Ehegatten im Güterstand der *Gütertrennung*, § 1414, bleibt es grundsätzlich bei dieser Regelung. Nur eine Änderung kann sich aus § 1931 IV ergeben: Sofern beim Erbfall neben dem überlebenden Ehegatten ein oder zwei Kinder des Erblassers als gesetzliche Erben berufen sind, erben alle Beteiligten zu gleichen Teilen. Dies hat bei Familien mit einem Kind zu einer Angleichung mit dem Güterstand der Zugewinngemeinschaft geführt, die zT kritisiert worden ist.[18] **1541**

Anders als im gesetzlichen Güterstand der Zugewinngemeinschaft[19], für den § 1931 III auf § 1371 verweist, bleibt es auch im deutsch-französischen Güterstand der *Wahl-Zugewinngemeinschaft* gem. § 1519 bei der Berechnung des Ehegattenerbteils nach § 1931 I. Es erfolgt also keine pauschale Erhöhung des Erbteils nach § 1371 I. Vielmehr ist der Zugewinn stets nach den güterrechtlichen Bestimmungen, §§ 1373 ff., auszugleichen. Der Zugewinnausgleichsanspruch wird in der Folge Nachlassverbindlichkeit **1542**

Im Fall der *Gütergemeinschaft* wird der verstorbene Ehegatte gem. § 1482 S. 2 ebenfalls nach § 1931 I beerbt. Eine gewisse Schwierigkeit besteht nur darin, dass es in der Gütergemeinschaft neben dem Gesamtgut, § 1416, das Sondergut und das Vorbe- **1543**

14 v. 16.12.1997, BGBl. I 2968.
15 BVerfG NJW 2013, 1203 ff.; BGHZ 191, 229 (233 f.).
16 Vgl. *Falkner* JA 2013, 824 ff. S. auch Fall 33, Vorüberlegungen I.
17 Erforderlich ist Rechtshängigkeit des Scheidungsantrags, BGHZ 111, 329; NK-BGB/*Kroiß* § 1933 Rn. 2.
18 Vgl. dazu iE noch den Fall 36 → Rn. 1590 ff.
19 Das Ehegattenerbrecht im gesetzlichen Güterstand behandelt Fall 36.

haltsgut gem. §§ 1417, 1418 gibt. Bezüglich des Gesamtgutes bilden die Ehegatten eine Gesamthandsgemeinschaft, sodass auch nur der Anteil daran in den Nachlass fällt, § 1482 S. 1. Der Ehegatte muss sich – sofern er nicht Alleinerbe ist – nach den §§ 1471 ff. mit den übrigen Erben auseinandersetzen, es sei denn, der Erblasser hat die Fortsetzung der Gütergemeinschaft gem. §§ 1483 f. angeordnet.

1544 Unabhängig vom Güterstand bekommt der Ehegatte als gesetzliches Vorausvermächtnis gem. § 1932 den sog. »Voraus«. Es handelt sich dabei um die Haushaltsgegenstände und die Hochzeitsgeschenke, die dem Erblasser gehörten. Der Anspruch auf den »Voraus« besteht nur, wenn der Ehegatte gesetzlicher Erbe ist, und entfällt, wenn er ausschlägt. Im Verhältnis zu den Abkömmlingen ist er auf den angemessenen Hausrat verwiesen, § 1932 I 2.

## II. Die gewillkürte Erbfolge

### 1. Arten letztwilliger Verfügungen

Zunächst einige Worte zu den Arten letztwilliger Verfügungen:[20]

1545 Verfügung von Todes wegen ist der Oberbegriff für *Testament* als einseitige und *Erbvertrag* als zweiseitige Verfügung von Todes wegen. Alle Verfügungen von Todes wegen erzeugen zu Lebzeiten des Erblassers keine Rechtswirkungen, sodass der Begriff vom allgemeinen Verfügungsbegriff abweicht. Verfügungen von Todes wegen sind also Anordnungen des Erblassers für die Zeit nach seinem Tode und müssen unterschieden werden von der Urkunde, in der sie verkörpert sind. Verbrennt zB zufällig ein Testament, so wird die letztwillige Verfügung darin nicht unwirksam, sondern nur schwerer zu beweisen. Das Gesetz bezeichnet außerdem nicht nur die gesamte Verfügung von Todes wegen als letztwillige Verfügung, sondern auch jede einzelne darin enthaltene Anordnung, die ein jeweils unterschiedliches, voneinander unabhängiges rechtliches Schicksal haben kann, § 2085.

1546 Zu den Arten letztwilliger Verfügungen vgl. folgende Übersicht:

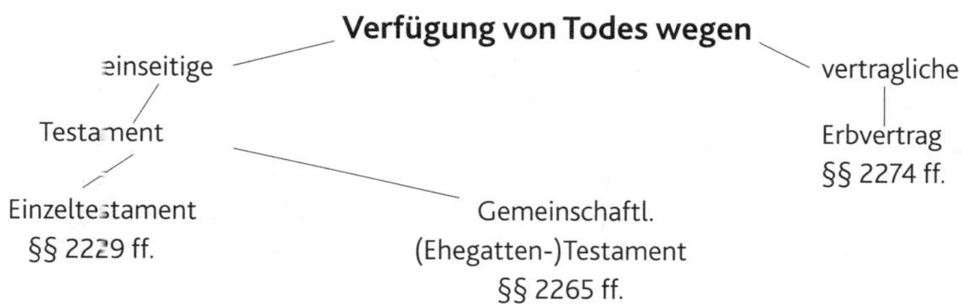


### 2. Inhalt

1547 Regelmäßig wird in einer letztwilligen Verfügung eine Abweichung von der gesetzlichen Erbfolge angeordnet, entweder *Erbeinsetzung* – evtl. mit Vor- und Nacherbschaft gem. §§ 2100 ff.[21] oder Bestimmung eines Ersatzerben gem. § 2096 – oder vollständige bzw. teilweise *Enterbung*, §§ 1937 f. Möglicher Inhalt einer letztwilligen Verfügung ist ferner ein *Vermächtnis* gem. §§ 2147 ff. als schuldrechtlicher Anspruch

20 Vgl. Überblick bei *Olzen* ErbR Rn. 208 ff.; *Röthel* JURA 2013, 773 ff.; *Schreiber* JURA 1996, 360 und 409.

21 Vgl. zu den Wirkungen der Vor- und Nacherbschaft im Rahmen eines gemeinschaftlichen Ehegattentestaments Fall 41.

gegen den Erben auf Zuwendung eines Einzelgegenstandes oder eines Rechtes, § 1939, sowie eine *Auflage*, die den Beschwerten verpflichtet, eine bestimmte Leistung zu erbringen, ohne dass ein anderer hierauf einen Anspruch hat, zB Grabpflege, vgl. §§ 1940, 2192 ff. Ferner kann eine Teilungsanordnung getroffen, § 2048, die Auseinandersetzung ausgeschlossen, § 2044, eine Pflichtteilsentziehung unter den Voraussetzungen der §§ 2333 ff. oder schließlich die Testamentsvollstreckung gem. §§ 2197 ff. angeordnet werden. Möglich ist auch, dass bei einer letztwilligen Verfügung eine frühere aufgehoben oder verändert wird, §§ 2253 ff. All dies sind nur Beispiele für die Vielzahl einzelner Anordnungen, die der Erblasser treffen kann.

### 3. Wirksamkeitsvoraussetzungen

a) Für alle letztwilligen Verfügungen gilt, dass sie weder gegen ein Verbotsgesetz iSd § 134 verstoßen noch sittenwidrig nach § 138 I sein dürfen. **1548**

Ein häufig besprochenes Verbotsgesetz liegt im nunmehr nicht mehr geltenden § 14 HeimG aF.[22] In dessen Abs. 1 wurde dem Träger eines Heims untersagt, »sich (…) Geld oder geldwerte Leistungen über das nach § 4 vereinbarte Entgelt hinaus versprechen oder gewähren zu lassen.« § 14 V HeimG dehnt dieses Verbot auf Beschäftigte oder sonstige Mitarbeiter aus. Da der Begriff des »Versprechens« als Oberbegriff für alle denkbaren vertraglichen Vereinbarungen zu sehen ist, besteht Einigkeit darüber, dass erbvertragliche Einsetzungen entsprechender Personen oder Heimträger damit gesetzlich verboten waren. **1549**

Im Hinblick auf Testamente ist die Rechtslage dagegen umstritten. Eine testamentarische Erbeinsetzung ließe sich allenfalls als ein »Gewährenlassen« iSd § 14 I HeimG aF werten. Auch hierfür wäre jedoch zumindest irgendeine Form von Einverständnis seitens des Bedachten zu fordern. Befürworter dieser Lesart wollen die Reichweite des Verbotsgesetzes daher auf Testamente beschränken, von denen der Begünstigte bereits zu Lebzeiten des Erblassers Kenntnis hatte.[23] Die Gegner eines solchen Normverständnisses verweisen dagegen auf die Möglichkeit des Widerrufs eines Testaments nach § 2253, die eine Ausdehnung des Verbotstatbestands überflüssig mache. Zudem schränke eine derart extensive Auslegung des § 14 HeimG aF die Testierfreiheit in unverhältnismäßiger Weise ein und verstieße damit gegen Art. 14 I GG.[24] **1550**

Als sittenwidrig iSd § 138 I hatte der BGH[25] ursprünglich alle letztwilligen Verfügungen angesehen, die zum Zwecke der Belohnung von Geschlechtsverkehr oder zum Zwecke der Fortsetzung geschlechtlicher Beziehungen errichtet worden waren. **1551**

22 Ausf. hierzu *Olzen* ErbR Rn. 249 ff. Durch die Föderalismusreform wurde die Gesetzgebungskompetenz für das Heimrecht auf die Länder übertragen, vgl. Art. 74 I Nr. 1 GG. Mit Inkrafttreten des ThürWTG am 24.6.2014 haben nun alle Bundesländer eigene Vorschriften zur Regelung des Heimrechts aufgestellt. Das HeimG gilt seitdem bundesweit nicht mehr. Wegen der weitgehend inhaltsgleichen Regelungen kann jedoch weiterhin auf die zum HeimG entwickelten Grundsätze zurückgegriffen werden. So hat bspw. in NRW § 7 WTG NRW die bundesrechtliche Vorschrift des § 14 HeimG abgelöst. § 7 WTG NRW übernimmt damit im Wesentlichen – lediglich sprachlich etwas modernisiert – die bisherige Regelung des § 14 I, V HeimG. Für einen Überblick über die weiteren Landesgesetze vgl. Staudinger/*Otte* (2013) Vorbem. §§ 2064–2086 Rn. 133.

23 BGH NJW 2012, 155 (156); BayObLG FamRZ 1991, 354; 1993, 479; dazu *Rossek* ZEV 1996, 41 (44).

24 Vgl. *Brox/Walker* ErbR Rn. 261a ff.

25 BGHZ 20, 71.

Für diese Motivation nahm er eine Vermutung an, sodass derjenige, der Rechte aus der letztwilligen Verfügung ableiten wollte, beweisen musste, dass ihr andere, achtenswerte Motive zugrunde gelegen hatten. Diese Beweislastregel hat der BGH unter dem Eindruck der Kritik zurückgenommen.[26] Heute gilt in groben Zügen: Bei letztwilligen Verfügungen innerhalb einer nichtehelichen Lebensgemeinschaft müssen stets *besondere Umstände* hinzutreten, um die Sittenwidrigkeit zu begründen.

1552 Hat ein Ehepartner »ein Verhältnis« und setzt er den/die Geliebte/n als Erben ein, so ist die Verfügung nur dann sittenwidrig, wenn der zurückgesetzte Ehepartner beweisen kann, dass sie ausschließlich zur Fortsetzung der Beziehung errichtet wurde. Im Verhältnis zum Ehepartner und zu anderen Verwandten kann es ferner darauf ankommen, ob deren Zurücksetzung auch unter dem Aspekt der Erbauseinandersetzung mit dem/der Geliebten besonders kränkend ist. Regelmäßig verstoßen also derartige Verfügungen von Todes wegen heute nicht mehr gegen § 138 I.[27]

1553 Eine weitere Fallgruppe möglicher Sittenwidrigkeit letztwilliger Verfügungen stellen die sog. Behindertentestamente dar.[28] Hierbei handelt es sich um Testamentsgestaltungen, bei denen der Erblasser, dessen behindertes Kind auf Kosten der Sozialhilfe untergebracht ist, sein Vermögen in der Weise an einen anderen Erben weiterleiten will, dass der Sozialhilfeträger keine Möglichkeit hat, wegen der ihm entstehenden Aufwendungen (Unterhaltszahlungen) auf den Nachlass zuzugreifen. Üblicherweise wird der Behinderte in einer solchen Konstellation zu einer den Pflichtteil übersteigenden Erbquote als Vorerbe eingesetzt[29] Derjenige, der letztlich begünstigt werden soll, wird dagegen zum Nacherben bei Versterben des Behinderten berufen und gleichzeitig zu dessen Dauertestamentsvollstrecker ernannt (vgl. hierzu §§ 2306 I, 1903, 2209).

1554 Die hierdurch geschaffenen Beschränkungen ließen sich lediglich im Wege der Ausschlagung der Erbschaft unter gleichzeitiger Geltendmachung des (unbeschränkten) Pflichtteils beseitigen, vgl. § 2306 I. Eben diese Ausschlagung kann jedoch weder durch den Träger der Sozialhilfe selbst erklärt noch von diesem erzwungen werden, sodass er im Ergebnis doppelt benachteiligt wird: Seinem Zugriff auf den aus der Vorerbschaft stammenden Nachlass steht die Dauertestamentsvollstreckung (sog. Verwaltungsvollstreckung, § 2209) entgegen. Ein möglicher Regress nach dem Tod des Behinderten scheitert dagegen daran, dass der Nacherbe die Erbschaft nach dem verstorbenen Elternteil antritt und somit das behinderte Kind als Vorerbe nichts hinterlässt.

1555 Dem in diesem Zusammenhang erhobenen Vorwurf sittenwidriger Testamentsgestaltung ist der BGH jedoch entgegen getreten.[30] Das Gericht wies darauf hin, dass das Prinzip des Nachrangs der Sozialhilfe (§ 2 SGB XII) gerade bei der Versorgung Behinderter bereits kraft Gesetzes mehrfach durchbrochen sei. Zudem beziehe es sich nur auf das Vermögen des Kindes und nicht auf dasjenige der Eltern. Diese Recht-

26 BGHZ 53, 369 (373).

27 Zahlreiche Nachw. bei Palandt/*Ellenberger* § 138 Rn. 50.

28 Näher hierzu *Olzen* ErbR Rn. 266 ff.; vgl. auch BGHZ 123, 368 und BGHZ 111, 36.

29 Will man die Entstehung von Pflichtteilsansprüchen gänzlich verhindern, muss auch nach der Neufassung des § 2306 I durch das Gesetz zur Änderung des Erb- und Verjährungsrechts die Erbquote den Pflichtteil übersteigen, da sonst ein Anspruch auf den Zusatzpflichtteil (§ 2305) entsteht, vgl. *Dreher/Görner* NJW 2011, 1761 (1764).

30 Vgl. BGHZ 111, 36 (42).

sprechung hat der BGH in seiner jüngsten Entscheidung bestätigt und unterstrichen, dass Behindertentestamente mit der kombinierten Anordnung von Vor- und Nacherbschaft sowie einer Dauertestamentsvollstreckung gerade Ausdruck einer sittlich anzuerkennenden Sorge der Eltern für das Wohl des Kindes über den Tod der Eltern hinaus seien. So wollte man dem Kind Vermögensvorteile verschaffen, auf die der Sozialhilfeträger keinen Zugriff erhalte. Auch ein von dem behinderten Sozialleistungsbezieher erklärter Pflichtteilsverzicht sei nicht sittenwidrig.[31]

**b)** Für alle letztwilligen Verfügungen muss *Testierfähigkeit* als Sonderform der Geschäftsfähigkeit gegeben sein.[32] Sie ist für die einzelnen letztwilligen Verfügungen unterschiedlich. 1556

**aa)** Geistes- und Bewusstseinsgestörte sind gem. § 2229 IV testierunfähig, sofern ihnen die nötige Einsichtsfähigkeit fehlt. Die Testierunfähigkeit wegen Entmündigung ist durch das Betreuungsgesetz mit Wirkung vom 1.1.1992 weggefallen. Mit der Neuerung der §§ 2232, 2233 im Jahre 2002 beseitigte der Gesetzgeber darüber hinaus die sog. faktische Testierunfähigkeit. Die Normen forderten in ihrer ursprünglichen Fassung zur Testamentserrichtung ausdrücklich eine mündliche oder (eigenhändige) schriftliche Erklärung gegenüber einem Notar. Der hierdurch bewirkte generelle Ausschluss mehrfach Körperbehinderter von der Möglichkeit, letztwillig zu verfügen, wurde durch das BVerfG bereits im Jahre 1999 als Verstoß gegen Art. 3 I, III 2, 14 I GG gerügt.[33] Das Gericht befand im damaligen Verfahren, dass es durchaus Personen gebe, die zwar stumm und nicht schreibfähig, jedoch aufgrund ihrer intellektuellen Fähigkeiten in der Lage seien, ein Testament zu errichten.

**bb)** Testierfähigkeit besteht im Übrigen ab 16 Jahren ohne Zustimmung des gesetzlichen Vertreters. Allerdings kann ein Minderjähriger gem. § 2247 IV kein eigenhändiges Testament errichten und ein öffentliches nur mündlich oder durch Übergabe einer offenen Schrift, §§ 2232, 2233 I.[34] 1557

**cc)** Stellvertretung ist bei allen letztwilligen Verfügungen ausgeschlossen, §§ 2064, 2274. 1558

**dd)** Auch darf kein Dritter über die Gültigkeit, die Person des Erben oder den Gegenstand der Zuwendung entscheiden, § 2065. Möglich ist aber, dass der Erblasser Angaben macht, die für jeden objektiven Dritten zweifelsfrei eine Bestimmung des Erben zulassen,[35] also kein Ermessen einräumen.[36] 1559

31 Vgl. BGH NJW 2011, 1586 Rn. 12, 13. Der BGH folgt in seiner aktuellen Entscheidung der allgemeinen Literaturmeinung und hat nunmehr ausdrücklich entschieden, dass ein Überleiten des Ausschlagungsrechts auf den Sozialhilfeträger zur Erlangung des Pflichtteils (vgl. § 2306 I) nicht möglich ist, BGH NJW 2011, 1586 Rn. 30.

32 *Schreiber* JURA 2011, 19 ff.

33 BVerfG DNotZ 1999, 409 ff.

34 Vgl. ferner zur Testiermöglichkeit Schreib- und Sprechunfähiger BVerfG NJW 1999, 1853 ff.; Bamberger/Roth/*Litzenburger* § 2232 Rn. 5 f.

35 Vgl. BGHZ 15, 199 (203).

36 Soll ein Dritter allerdings eine eigene Bewertung der »Eignung« der Abkömmlinge zur Geschäftsführung vornehmen, ist der zulässiger Weise einzuräumende Beurteilungsspielraum überschritten, vgl. HK-BGB/*Hoeren* § 2065 Rn. 2.

### 4. Das Testament[37]

Man unterscheidet außerordentliche und ordentliche Testamente:

1560 **a)** Die außerordentlichen (Not-)Testamente sind in den §§ 2249–2252 beschrieben.

1561 **b)** Die ordentlichen Testamente unterteilt man in öffentliche (notarielle) und eigenhändige.

**aa)** Das öffentliche Testament ist in § 2231 Nr. 1 geregelt. Es kann zur Niederschrift des Notars oder durch Überreichung einer offenen oder verschlossenen Schrift errichtet werden, § 2232. Der Verfasser muss demgemäß die Verfügung nicht selbst formulieren. Der Notar berät aber den Erblasser gem. § 17 BeurkG mit der möglichen Schadensersatzfolge des § 19 BNotO. Er fertigt gem. § 8 BeurkG eine Niederschrift an, liest sie vor, lässt sie unterschreiben und genehmigen, § 13 BeurkG. Danach gibt er sie gem. § 34 BeurkG in amtliche Verwahrung.

1562 **bb)** Das eigenhändige Testament muss gem. § 2247 I eigenhändig geschrieben und unterschrieben werden; zu den Voraussetzungen der Unterschrift vgl. § 2247 III. Ort und Zeitangabe *sollen* erfolgen, § 2247 II, stellen somit keine Wirksamkeitserfordernisse dar, sondern erleichtern lediglich den Beweis. Für die amtliche Verwahrung von Testamenten sind gem. §§ 344 I FamFG, 23a GVG die Amtsgerichte als Nachlassgerichte zuständig.[38]

Die Unterschrift muss den Text abschließen. Nachträgliche Änderungen sind grundsätzlich ebenso zu unterschreiben wie Zusätze.[39] Im Einzelnen ist hier vieles streitig. Nach Auffassung des BGH genügt es auch, wenn die Auslegung ergibt, dass die Unterschrift erkennbar den gesamten Text abdecken sollte.

### 5. Das gemeinschaftliche Testament, §§ 2265 ff.

1563 **a)** Es kann nur von Ehegatten errichtet werden, und zwar in allen oben dargestellten Formen. Für das eigenhändige Ehegattentestament genügt es, wenn ein Ehegatte den Text schreibt und beide ihn unterschreiben. Streitig ist, ob eine gemeinsame Urkunde erforderlich ist, oder ob das Testament in zwei Urkunden geschrieben werden darf, sofern nur der Wille zum gemeinschaftlichen Testament besteht.[40] Die herrschende Auffassung stellt den nötigen sog. Errichtungszusammenhang in einem solchen Fall sowohl anhand subjektiver als auch objektiver Kriterien fest. Der Wille zur gemeinsamen Testamentserrichtung muss danach in den beiderseitigen Erklärungen einen förmlichen Ausdruck gefunden haben. Letzteres bestimmt sich nach den Grundsätzen der Andeutungstheorie[41] und ist insbesondere dann zu bejahen, wenn die Eheleute in ihren Verfügungen aufeinander Bezug nehmen, sich bei Abfassung des Testaments der »Wir-Form« bedienen oder wenn sie die Verfügung des anderen jeweils mit unterzeichnet haben.[42]

1564 **b)** Inhaltlich kann ein Ehegattentestament alles enthalten, was auch Gegenstand einer einseitigen Verfügung von Todes wegen ist. Hinsichtlich der Abhängigkeit der Verfü-

---

37 Vgl. Überblick bei *Röthel* JURA 2014, 475 ff.

38 Eine Ausnahme gilt für Baden-Württemberg, wo die Notariate ausschließlich zuständig sind gem. Art. 147 I EGBGB iVm § 1 II LFGG.

39 BGH NJW 1974, 1083.

40 BGHZ 9, 113.

41 Vgl. hierzu bereits → Rn. 119 ff.

42 Vertiefend *Olzen* ErbR Rn. 422 ff.

gungen voneinander, die Konsequenzen für die Aufhebung und auch für die Bindungswirkung hat – dazu gleich –, unterscheidet man folgende Arten:

**aa)** *Wechselbezügliche Verfügung*: Der eine Ehegatte setzt den anderen ein, weil er selbst von ihm als Erbe eingesetzt wird, § 2270. **1565**

**bb)** *Gegenseitiges Testament*: Die Eheleute setzen sich gegenseitig zu Erben ein oder der eine Ehegatte mit Rücksicht auf den anderen eine dritte Person, ohne dass diese Abhängigkeit besteht. **1566**

**cc)** *Testiergemeinschaft*: Zwischen den beiden Verfügungen besteht überhaupt keine Wechselbeziehung, sondern der Grund für ihre Abfassung ist etwa nur die erleichterte Form. **1567**

**c)** Einen Sonderfall stellt das sog. *Berliner Testament* dar, § 2269. Hier setzen sich die Ehegatten gegenseitig und einen Dritten (meist ein Kind) zum Erben des Überlebenden ein. Dabei gibt es erbrechtlich zwei Konstruktionen: **1568**

**aa)** Trennungsprinzip: Der überlebende Ehegatte wird Vorerbe, der Dritte Nacherbe, § 2100. Der überlebende Ehegatte hat dann zwei getrennte Vermögensmassen: Eigenvermögen und Nachlass des verstorbenen Partners. Über letztgenanntes darf er nur unter den Beschränkungen der Nacherbschaft, §§ 2112 ff., 2136, verfügen. **1569**

**bb)** Einheitsprinzip: Der überlebende Ehegatte wird Vollerbe und der Dritte Schlusserbe. Der Nachlass fällt uneingeschränkt an den Überlebenden, und der Dritte bekommt von dem einheitlichen Vermögen das, was beim Tode des zweiten Ehegatten noch vorhanden ist.[43] Diese Regelung gilt gem. § 2269 I im Zweifel. **1570**

### 6. Der Erbvertrag, §§ 2274 ff.[44]

**a)** Der Erbvertrag ist letztwillige Verfügung, aber auch Vertrag. Seine Wirkungen betreffen die Zeit nach dem Tode des Erblassers. Zu Lebzeiten erzeugt er keine Rechte und Pflichten. **1571**

**b)** Gem. § 1941 I ist möglicher Inhalt des Erbvertrags eine Erbeinsetzung, ein Vermächtnis oder eine Auflage. Andere Verfügungen können vertragsmäßig nicht getroffen werden, wohl aber als einseitige Verfügungen, vgl. §§ 2278 II, 2299. Dies hat wiederum Folgen für die Bindungswirkung und die Aufhebung der entsprechenden Verfügung. Der Erbvertrag stellt somit uU eine Verbindung vertraglicher und einseitiger Verfügungen dar. Mindestens eine Verfügung muss aber vertragsmäßig sein. Außerdem ist es möglich, dass eine Partei Erblasser, die andere nur Begünstigter ist, jedoch auch, dass beide Erblasser sind. Hierauf müssen Sie in der Fallbearbeitung deshalb achten, weil einige gesetzliche Anforderungen nur für den jeweiligen *Erblasser* gelten. In diesem Falle können die Verfügungen wie beim Ehegattentestament wiederum wechselbezüglich sein oder nicht. Schließlich können in einem Erbvertrag auch *lebzeitige Vereinbarungen* getroffen, etwa Versorgungsleistungen für den Erblasser bestimmt werden. Ihre Nichterfüllung hat dann uU Auswirkung auf den Bestand des Erbvertrags. **1572**

43 Vgl. ergänzend zum Schlusserben BGH NJW 1998, 543.

44 Vgl. Überblick bei *Röthel* JURA 2014, 781 ff.

**c) Voraussetzungen des Erbvertrags:**

1573 **aa)** Der Erblasser – und nur er – muss unbeschränkt geschäftsfähig sein, § 2275 I; für Ehegatten und Verlobte[45] gilt § 2275 II.

**bb)** Der Erblasser hat höchstpersönlich zu handeln, § 2274, Stellvertretung ist für ihn ausgeschlossen.

**cc)** Der Erbvertrag ist bei gleichzeitiger Anwesenheit vor dem Notar zu schließen, § 2276 I 1.

**d) Rechtsfolgen des Erbvertrags:**

1574 Der vertragsmäßig Bedachte wird gem. § 2289 I gegen frühere oder spätere Verfügungen des Erblassers von Todes wegen geschützt. Gem. § 2286 kann der Erblasser aber zu Lebzeiten frei verfügen. Lediglich Geschenke an Dritte, die vom Erblasser gemacht wurden, um den Erbvertragspartner zu schädigen, können vom Beschenkten herausverlangt werden, § 2287.[46]

1575 Nach einer langen und kontroversen Entwicklung in Rechtsprechung und Literatur wird vom BGH[47] bei § 2287 die Schädigungsabsicht vermutet: Der Anspruch besteht immer dann, wenn der erbvertraglich gebundene Schenker – durch den Begünstigten beweisbar – kein lebzeitiges billigenswertes Eigeninteresse an der Schenkung hatte. Diese Betrachtungsweise gilt nach Ansicht des BGH im Rahmen wechselbezüglicher Ehegattentestamente analog.[48]

### 7. Die Aufhebung letztwilliger Verfügungen

Für die Aufhebung letztwilliger Verfügungen ist zwischen Testament, Ehegattentestament und Erbvertrag zu differenzieren.

#### a) Die Aufhebung des Testamentes

#### aa) Widerruf

1576 Testamente sind frei widerruflich gem. § 2253. Hierfür bedarf es lediglich der Testierfähigkeit. Der Widerruf erfolgt durch ein neues Testament – gleich welcher Form – gem. §§ 2254, 2258, welches das alte widerruft oder inhaltlich zu ihm im Widerspruch steht. Ferner kann der Widerruf durch Vernichtung oder Änderung der Urkunde, § 2255, oder durch Rücknahme aus amtlicher Verwahrung gem. § 2256 erfolgen. Auch ein Widerrufstestament kann gem. § 2257 jederzeit widerrufen werden. Dann lebt die ursprüngliche Verfügung wieder auf.

#### bb) Die Testamentsanfechtung, §§ 2078 ff.[49]

1577 Die vorbezeichneten Vorschriften kennen als Anfechtungsgrund den Erklärungsirrtum, den Inhaltsirrtum und, im Unterschied zum Allgemeinen Teil des BGB, auch den Motivirrtum, ferner die Drohung. Hinzu tritt gem. § 2079 die Übergehung eines Pflichtteilsberechtigten. Bei allen Anfechtungsgründen muss Kausalität vorliegen, dh es ist zu prüfen, ob der Erblasser in Kenntnis der wirklichen Umstände oder ohne die

45 Vgl. dazu *Stumpf* JURA 2013, 334 (338 ff.).

46 Darüber hinaus kann der Vertragserbe auch von einem Dritten, der den Gegenstand unentgeltlich vom Beschenkten erlangt hat, Herausgabe unter den Voraussetzungen des § 822 verlangen, BGH NJW 2014, 782 (783).

47 Vgl. BGH NJW 1980, 2307 (2308).

48 Vgl. BGH NJW 1984, 121.

49 Zur Anfechtung einer Verfügung von Todes wegen vgl. *Schreiber* JURA 2009, 507 ff.

Drohung die letztwillige Verfügung in gleicher Weise verfasst hätte. Dies wird bei § 2079 widerleglich vermutet, § 2079 S. 2. Auf die objektive Kausalität kommt es im Unterschied zu § 119 nicht an.

Anfechtungsberechtigt ist jeder, dem der Wegfall der letztwilligen Verfügung unmittelbar zugutekäme, § 2080. Der Erblasser selbst zählt nicht zum Kreis der Anfechtungsberechtigten, da er jederzeit sein Testament frei widerrufen kann. 1578

Die Anfechtung muss innerhalb eines Jahres seit Kenntnis des Anfechtungsgrundes (frühester Fristbeginn: Erbfall) gegenüber demjenigen erklärt werden, der durch den möglichen Wegfall der Verfügung betroffen ist, § 143, in den Fällen des § 2081 gegenüber dem Nachlassgericht.

Sofern eine wirksame Anfechtung erfolgt ist, entfällt die angefochtene Verfügung rückwirkend, nicht aber das gesamte Testament. Der Rest bleibt, soweit es möglich ist, gem. § 2085 erhalten. 1579

### b) Die Aufhebung des gemeinschaftlichen Testamentes, § 2271

#### aa) Widerruf

**(1)** Bis zum Tode eines Ehegatten sind alle Verfügungen, auch wechselbezügliche, frei widerruflich. Der Widerruf muss allerdings höchstpersönlich erfolgen und notariell beurkundet werden,[50] §§ 2271 I 1, 2296. Er hat bei wechselbezüglichen Verfügungen gem. § 2270 I die Unwirksamkeit der entsprechenden wechselbezüglichen Verfügungen des anderen Ehegatten zur Folge. 1580

**(2)** Nach dem Tode eines Ehegatten endet die freie Widerruflichkeit wechselbezüglicher Verfügungen. Ein Widerruf ist dann nur noch möglich, wenn der überlebende Ehegatte die Erbschaft ausschlägt, § 2271 II. 1581

**(3)** Schlägt der überlebende Ehegatte nicht aus, so kann er letztwillig nicht mehr zum Nachteil eines Drittbegünstigten, zB des Kindes, verfügen. Lebzeitige Rechtsgeschäfte sind zulässig, soweit nicht § 2287 analog eingreift oder die oben erwähnte Beschränkung durch Anordnung einer Nacherbschaft. 1582

#### bb) Anfechtung

Hier gibt es keine Sonderregelung für gemeinschaftliche Testamente. Vielmehr ist zu unterscheiden:

Zu Lebzeiten beider Ehegatten ist die Anfechtung ausgeschlossen; die Ehegatten können frei widerrufen, und Dritte haben vor dem Erbfall ohnehin kein Anfechtungsrecht. 1583

Nach dem Tode eines Ehegatten kann der Überlebende die Verfügung seines Ehepartners anfechten, wenn ihm ein Anfechtungsgrund zur Seite steht. Ebenso sind jetzt Dritte unter den Voraussetzungen anfechtungsberechtigt, die oben beim Testament genannt wurden. Ficht der Ehegatte an, so entfallen die eigenen wechselbezüglichen Verfügungen gem. § 2270 I. Der Rest ist ohnehin für ihn frei widerruflich. 1584

50 Vgl. dazu BGHZ 31, 5; 48, 374; OLG Hamm NJW-RR 1991, 1480. Zum Widerruf wechselbezüglicher Verfügungen gegenüber einem testierunfähigen Ehegatten OLG Nürnberg NJW 2013, 2909; OLG Hamm FamRZ 2014, 1484.

1585 Eigene nicht wechselbezügliche Verfügungen kann der überlebende Ehegatte auch jetzt nicht anfechten, sondern wiederum frei widerrufen. Eigene wechselbezügliche Verfügungen sind dagegen für ihn bindend und können deshalb auch angefochten werden. Hier gelten analog die Vorschriften für den Erbvertrag, §§ 2281–2285, auf die noch eingegangen wird.

#### c) Die Aufhebung des Erbvertrags

##### aa) Widerruf und Rücktritt

1586 Einseitige Verfügungen in einem Erbvertrag können gem. § 2299 II 1 frei widerrufen werden. Außerdem gibt es die gemeinsame vertragliche *Aufhebung* in Form des Erbvertrags gem. §§ 2290–2292. Sie ist hinsichtlich aller Verfügungen möglich. Eheleute können ausnahmsweise einen Erbvertrag durch gemeinschaftliches, auch eigenhändiges, Testament aufheben, § 2292.

1587 Daneben hat der Erblasser gem. § 2293–2297 die Möglichkeit zum *Rücktritt*. Der Rücktrittsgrund ergibt sich aus Vertrag oder Gesetz. Gesetzlicher Rücktrittsgrund ist die schwere Verfehlung des Bedachten gem. § 2294 sowie die Nichterfüllung der Verpflichtung zu wiederkehrenden Leistungen, die der Bedachte im Erbvertrag übernommen hat, § 2295. Der Wortlaut ist insoweit eindeutig, sodass die Schlechterfüllung, zB der versprochenen Krankenpflege, nicht hierunter fällt. In diesem Falle kommt eine Kündigung gem. § 314 in Betracht, die die Verpflichtung iSd § 2295 entfallen lässt.

Der Rücktritt erfolgt durch notariell beurkundete Erklärung gegenüber dem Vertragspartner, § 2296 II, und führt zur Aufhebung des gesamten Erbvertrags gem. § 2298 II 1. Nach dem Tode der anderen Vertragspartei kann der Erblasser den Erbvertrag durch Testament aufheben, wenn ein Rücktrittsgrund vorliegt, § 2297.

##### bb) Anfechtung des Erbvertrags, §§ 2281–2285

1588 Ein wichtiger Unterschied zum Testament besteht darin, dass der Erblasser zu seinen Lebzeiten wegen der ihn treffenden vertraglichen Bindung gem. § 2281 selbst anfechten kann. Im Übrigen jedoch gelten die Regelungen der Testamentsanfechtung, soweit sich nicht aus den genannten Vorschriften Besonderheiten ergeben. Ansonsten sei nur kurz erwähnt, dass es streitig ist, ob durch die Anfechtung aufseiten des Anfechtungsgegners der Schadensersatzanspruch gem. § 122 ausgelöst wird.[51] Die Anfechtungserklärung muss höchstpersönlich und notariell beurkundet sein und innerhalb Jahresfrist erfolgen, §§ 2282 f.

## C. EU-Erbrechtsverordnung

1589 Am 17.8.2015 ist die EU-Erbrechtsverordnung – VO (EU) Nr. 650/2012 v. 4.7.2012 (EuErbVO)[52] – in Kraft getreten. Sie regelt die Zuständigkeit (Art. 4–19 EuErbVO), das anzuwendende Recht (Art. 20–38 EuErbVO), die Anerkennung und Vollstreckung von Entscheidungen (Art. 39–58 EuErbVO) und die Annahme und Vollstreckung öffentlicher Urkunden in Erbsachen (Art. 59–61 EuErbVO) sowie die Einführung eines Europäischen Nachlasszeugnisses (Art. 62–73 EuErbVO). Sowohl das auf die Rechtsnachfolge von Todes wegen anzuwendende Recht, Art. 21 EuErbVO, als auch die internationale Zuständigkeit für Entscheidungen in Erbsachen, Art. 4 EuErbVO,

51 Vgl. dazu OLG München NJW 1997, 2331 mwN.
52 VO (EU) Nr. 650/2012, ABl. 2012 L 201, 107.

richten sich jetzt nach dem *gewöhnlichen Aufenthalt* des Erblassers im Zeitpunkt seines Todes. Eine Anknüpfung an die *Staatsangehörigkeit* des Erblassers, wie sie Art. 25 EGBGB aF vorsah, ist allein über eine vorrangig zu beachtende *Rechtswahl* mittels einer Verfügung von Todes wegen möglich, Art. 22 EuErbVO oder soweit Staatsverträge bestehen, die die Erbrechtsverordnung nicht außer Kraft setzen konnte, zB mit der Türkei. Abgesehen von den das Internationale Privat- und Verfahrensrecht betreffenden Neuregelungen kann Ihnen insbesondere das Europäische Nachlasszeugnis (ENZ) in der Klausur begegnen. Vergleichbar mit dem in den §§ 2353 ff. geregelten Erbschein[53] dient es als Nachweis über die Rechtsstellung des Erben und gegebenenfalls Vermächtnisnehmers, die etwaige Zuweisung bestimmter Vermögenswerte an Erb- und Vermächtnisnehmer sowie die Befugnis als Testamentsvollstrecker, Art. 63 II EuErbVO. So finden die §§ 2365–2367 ihre Entsprechung in Art. 69 II EuErbVO über die Vermutung der Richtigkeit und Art. 69 III, IV EuErbVO über den guten Glauben des ENZ. Obwohl Erbschein und ENZ diesbezüglich inhaltlich kaum voneinander abweichen,[54] bietet das Nachlasszeugnis im Falle grenzüberschreitender Nachlassabwicklung den Vorteil der (grundsätzlich) unionsweiten Anerkennung, ohne dass es eines zusätzlichen Verfahrens bedarf, Art. 69 I EuErbVO. Die Möglichkeit der parallelen Beantragung eines Erbscheins ist hiervon nicht berührt, Art. 62 III EuErbVO.

53 Vgl. dazu Fall 37.

54 So schließen Art. 69 III, IV EuErbVO den guten Glauben bei Kenntnis oder *grob fahrlässiger Unkenntnis* der Unrichtigkeit des ENZ aus, während § 2366, 2367 auf die *Kenntnis* der Unrichtigkeit des Erbscheins oder des Rückgabeverlangens des Nachlassgerichts abstellen.

## Fall 36: »Streit in der Familie«

1590 Die Eheleute M und F lebten im Güterstand der Zugewinngemeinschaft. Das Anfangsvermögen des M betrug bei der Eheschließung 195.000 EUR, das der F 20.000 EUR. Nach zwanzigjähriger Ehe, aus der die beiden Söhne S 1 und S 2 hervorgegangen waren, hatte M bei seinem Tode ein Vermögen im Wert von 225.000 EUR, F ein solches im Wert von 40.000 EUR.

**Fallvariante 1:**

M und F hatten ein gemeinschaftliches Testament errichtet, in dem sie sich gegenseitig als Alleinerben und die Kinder zu Erben des Längstlebenden eingesetzt hatten. Nach dem Tode des M will S 1, der sich ein Unternehmen aufbauen möchte, wissen, welche Ansprüche er gegen seine Mutter hat. Er meint, dabei dürfe nicht unberücksichtigt bleiben, dass F testamentarische Erbin nach dem Vater geworden sei.

**Fallvariante 2:**

M und F lebten vor dem Tode des M in Streit, ohne jedoch ein Scheidungsverfahren eingeleitet zu haben. Deshalb hatte M seine Söhne als Alleinerben eingesetzt. Nun fragt F nach ihren Rechten. Sie meint, sie dürfe keinesfalls schlechter gestellt sein als im Falle einer Gütertrennung.

**Wie ist jeweils die Rechtslage?**

## A. Vorüberlegungen

### I. Der Erbteil der Ehefrau

Die Probleme des Falles liegen auf der Grenze zwischen dem Familien- und dem Erbrecht, weil sich die Erbberechtigung des Ehegatten in der Zugewinngemeinschaft sowohl aus § 1931 als auch aus § 1371 ableitet. Die Aufgabe schließt mit zwei unterschiedlichen Varianten ab, hat demnach zwei Schwerpunkte: 1591

**1.** Bei der ersten Abwandlung geht es darum, ob und in welcher Höhe S 1 Pflichtteilsansprüche geltend machen kann. Die Regeln über Pflichtteilsansprüche finden Sie in den §§ 2303 ff.; hier liegen keine Schwierigkeiten. Das erste Problem ist vielmehr etwas versteckt. Es geht darum, ob sich § 1371 I auf die Pflichtteilsberechtigung der Verwandten, hier der Abkömmlinge, auswirkt. Sie müssen prüfen, ob Grundlage der Berechnung der erhöhte Ehegattenerbteil der §§ 1931 I, 1371 I oder lediglich der nicht erhöhte Ehegattenerbteil des § 1931 I ist. Hieraus ergeben sich für die Abkömmlinge erhebliche Unterschiede.

Das zweite Problem steht damit im Zusammenhang und findet sich in der von S 1 vorgetragenen Rechtsansicht: Manche sind der Auffassung, vom erhöhten Ehegattenerbteil sei nur dann auszugehen, wenn der Ehegatte *gesetzlicher* Erbe wurde, nicht aber im Falle der gewillkürten Erbfolge.

**2.** Die zweite Abwandlung betrifft die Rechtslage der enterbten Ehefrau, behandelt somit zentral § 1371 II. Dabei ist es wichtig, die genannte Vorschrift genau auszulegen, insbesondere sich zu überlegen, ob die Formulierung »in diesem Falle« immer eingreift, wenn der Ehegatte keine erbrechtliche Zuwendung erhält, oder nur dann, wenn er den güterrechtlichen Zugewinn verlangt. Dabei müssen Sie wieder den Einwand der F berücksichtigen, sie dürfe jedenfalls nicht schlechter gestellt werden als im Falle der Gütertrennung. Vergleichen Sie also Ihr Ergebnis mit § 1931 IV, der dafür einschlägigen Vorschrift, und gehen Sie der Frage nach, ob die dort festgelegte Erbberechtigung die untere Grenze des Anspruches der F darstellen könnte. 1592

### II. Zugewinnausgleich und Pflichtteil der Ehefrau

Im Zusammenhang von § 1371 ist noch – unabhängig vom Fall – auf zwei andere Punkte hinzuweisen: Zunächst auf § 1371 I, 2. Hs. Danach ist der pauschalierte Zugewinnausgleich des Ehegatten davon unabhängig, wer in der Ehe den Zugewinn erwirtschaftet hat. Die unter Gerechtigkeitsgesichtspunkten zweifelhafte Regelung sollte verhindern, dass die gesetzliche Erbfolge durch die Berechnung des Zugewinnausgleichsanspruches kompliziert würde und damit auch Rechtsstreitigkeiten vermeiden. Angesichts des § 1371 II, der dem enterbten Ehegatten die Möglichkeit gibt, den güterrechtlichen Zugewinnausgleich zu verlangen, erscheint jedoch die Begründung nicht überzeugend. 1593

Von Bedeutung ist schließlich noch § 1371 III, 1. Hs., der dem überlebenden Ehegatten unabhängig von den erbrechtlichen Vorschriften der §§ 2306 I und 2307 I über ein Ausschlagungsrecht zum Pflichtteil verhilft. Wenn Sie die Absätze 3 und 2 miteinander vergleichen, so wird klar, dass § 1371 III stets zum sog. »kleinen Pflichtteil« führt, der sich allein an der Quote des §§ 1931 bemisst. 1594

**1595** Abschließend sei die komplizierte erbrechtliche Stellung des Ehegatten in der Zugewinngemeinschaft für den Fall des Zusammentreffens mit Abkömmlingen noch einmal wie folgt zusammengefasst:

1. Es besteht eine letztwillige Verfügung
   a) Der Ehegatte erhält danach *mehr* als seinen gesetzlichen Erbteil (= 1/4 gem. §§ 1931 I + 1/4 gem. §1371 I = 1/2):
      aa) Es bleibt bei dieser Regelung.
      bb) Der Ehegatte schlägt aus und bekommt den *kleinen* Pflichtteil (allein auf der Grundlage des § 1931 berechnet) sowie den güterrechtlichen Zugewinnausgleich, § 1371 III, II, beim Vermächtnis § 2307 I 1.
   b) Der Ehegatte erhält *weniger* als seinen gesetzlichen Erbteil:
      aa) Es bleibt dabei, zuzüglich Pflichtteilsrestanspruch gem. §§ 2305, 2307 I 2 bis zum *großen* Pflichtteil. § 1371 II gilt *nicht*.
      bb) Der Ehegatte schlägt aus: Wie 1. a) bb).
   c) Der Ehegatte ist *enterbt*: Er erhält den güterrechtlichen Zugewinnausgleich plus den kleinen Pflichtteil, § 1371 II (str. ob Wahlrecht: Einheitstheorie, Wahltheorie, vgl. Lösung).

2. Es besteht *keine* Verfügung von Todes wegen
   a) Ohne Ausschlagung gelten §§ 1931 I, 1371 I.
   b) Bei Ausschlagung erhält der Ehegatte gem. § 1371 III 1 den kleinen Pflichtteil zuzüglich des güterrechtlichen Zugewinnausgleichs.

## B. Lösung

### Fallvariante 1:

### I. Pflichtteilsanspruch des S 1 gegen F aus § 2303 I 1

#### 1. Anspruchsvoraussetzungen

Der Pflichtteilsanspruch setzt zunächst voraus, dass der Anspruchssteller vom Erblasser abstammt. Dies ist nach dem Sachverhalt der Fall. Außerdem müsste er durch Verfügung von Todes wegen von der Erbfolge ausgeschlossen sein. 1596

M und F haben zu Lebzeiten ein formgültiges Ehegattentestament gem. §§ 2265, 2269 I errichtet, wonach die F den M allein beerbt. Dadurch könnte S 1 von der Erbfolge ausgeschlossen sein. Zweifel bestehen aber deshalb, weil S 1 und S 2 Erben des längstlebenden Ehegatten sein sollten. Sofern die Eheleute M und F damit Vor- und Nacherbschaft gem. §§ 2100 ff. angeordnet hätten, wäre S 1 beim ersten Erbfall Nacherbe und damit nicht enterbt, wie sich aus § 2306 ergibt. Für eine entsprechende Regelung müssten indessen besondere Anhaltspunkte vorhanden sein. Da diese fehlen, bleibt es bei der Auslegungsregel des § 2269 I, wonach die Söhne Schlusserben und damit beim Tode des ersten Ehegatten enterbt sind.[1] Die Voraussetzungen für einen Anspruch des S 1 aus § 2303 I 1 liegen somit vor. 1597

#### 2. Anspruchsumfang

Fraglich bleibt jedoch der Umfang des Pflichtteilsanspruches. Dieser besteht gem. § 2303 I 2 in der Hälfte des Wertes, den der gesetzliche Erbteil hat. Somit ist zunächst der gesetzliche Erbteil des S 1 zu ermitteln. 1598

a) Ausgehend von § 1931 I 1 erhält der überlebende Ehegatte neben Verwandten der 1. Ordnung 1/4. Gem. § 1924 I sind die Abkömmlinge gesetzliche Erben der 1. Ordnung des Erblassers. Nach § 1924 IV erben Kinder zu gleichen Teilen. Unter Zugrundelegung dieser Vorschriften beträgt der gesetzliche Erbteil des S 1 mithin 3/8. Die Pflichtteilsquote würde sich damit auf 3/16 belaufen.

b) Eine andere Quote ergibt sich, wenn man bei der Berechnung des Pflichtteils der Abkömmlinge gem. § 1371 I den um 1/4 erhöhten Erbteil des überlebenden Ehegatten zugrunde legt. In diesem Falle beliefe sich der gesetzliche Erbteil des S 1 auf 1/4, sein Pflichtteilsanspruch würde demnach nur 1/8 des Nachlasswertes umfassen. 1599

c) Der Umfang des Anspruches hängt somit davon ab, ob die Erhöhung des Ehegattenerbteils den Pflichtteil der Abkömmlinge mindert, wenn – wie hier – der überlebende Ehegatte aufgrund einer *letztwilligen Verfügung* des verstorbenen Ehegatten bzw. einer gemeinschaftlichen Verfügung von Todes wegen Alleinerbe geworden ist. Hierauf zielt auch der Einwand des S 1, es dürfe nicht unberücksichtigt bleiben, dass F testamentarische Erbin nach dem Vater geworden sei. 1600

Eine besondere Regelung zu der Frage, wie sich § 1371 I auf den Pflichtteil der Abkömmlinge auswirkt, fehlt im Gesetz. § 2310, die einzige Vorschrift, die sich mit der Feststellung der Erbteile und damit auch der Pflichtteile befasst, enthält hierzu keine

1 Vgl. iE Staudinger/*Kanzleiter*, 2013, § 2269 Rn. 26 ff.; Bamberger/Roth/*Litzenburger* § 2269 Rn. 14.

Aussage. Deshalb ist die Lösung anhand der Auslegungsmethoden[2] zu ermitteln, beginnend mit dem Wortlaut des § 1371.

1601 Dabei könnte die Formulierung des Absatzes 1 »dass sich der *gesetzliche* Erbteil des Ehegatten . . .« darauf hindeuten, dass die Norm bei gewillkürter Erbfolge nicht eingreift.[3] Andererseits ist der gesetzliche Erbteil stets, dh auch bei Vorliegen einer letztwilligen Verfügung, Maßstab und Grundlage für die Berechnung der Pflichtteilsansprüche. Dies zeigen die §§ 2305–2307 für den Fall, dass infrage steht, ob ein Pflichtteilsberechtigter, der etwas zugewendet bekommt, den Pflichtteilsrestanspruch oder auch den Wegfall von Beschwerungen verlangen kann.[4] Somit gibt der Wortlaut keine eindeutige Auskunft.

1602 In systematischer Hinsicht zeigt sich, dass § 2303 II 2 die allgemeine Anwendung des § 1371 anordnet und nicht nur diejenige des Absatzes 3, wonach der Ehegatte den Pflichtteil ohne die Einschränkungen der §§ 2306 I bzw. 2307 verlangen kann. Daraus folgt, dass der Gesetzgeber nicht nur die Verbindung zwischen Ausschlagung und Pflichtteilsrecht herstellen, sondern § 1371 in den Gesamtzusammenhang des Pflichtteilsrechtes aufnehmen wollte. Dem entspricht, dass auch in § 1931 III für das gesetzliche Ehegattenerbrecht pauschal auf § 1371 hingewiesen wird. Schließlich ist zu berücksichtigen, dass § 1371 II für den Fall der Enterbung des Ehegatten eine Sonderregelung enthält. Hier bekommt der den Zugewinnausgleich verlangende Ehegatte nur den »kleinen« Pflichtteil, und für die sonstigen Pflichtteilsberechtigten bildet dann der »kleine« Pflichtteil des Ehegatten ebenfalls die Bemessungsgrenze ihres Anspruchs. Daraus lässt sich im Umkehrschluss folgern, dass im Übrigen von der Berechnungsgrundlage des § 1371 I auszugehen ist. Damit spricht die Gesetzessystematik dafür, dass der Pflichtteilsberechnung für Abkömmlinge stets der erhöhte Ehegattenerbteil zugrunde liegen soll.[5]

1603 Entscheidend bleibt aber eine Auslegung der §§ 1371, 1931, 2303 nach dem objektivierten Willen des Gesetzes. Dabei zeigt sich, dass die Ansicht, im Falle einer letztwilligen Zuwendung des Erblassers an den überlebenden Ehegatten errechne sich dessen eigener Pflichtteil nach seinem erhöhten gesetzlichen Erbteil, während sich die Pflichtteile der sonstigen Berechtigten unter Berücksichtigung seines nicht erhöhten Erbteils bestimmten, tragenden Grundsätzen des Pflichtteilsrechtes widerspricht.[6] Sie würde dazu führen, dass die Summe aller Pflichtteilsrechte mehr als die Hälfte des Nachlasswertes ausmachen, der Erblasser somit in stärkerem Maße als vom Gesetz gewollt in seiner Testierfreiheit beschränkt würde. Im Übrigen ist Folgendes zu bedenken: Wenn die erbrechtliche Lösung des § 1371 I nicht vorhanden wäre, müssten sich die Abkömmlinge den Zugewinnausgleichsanspruch des Ehegatten bei der Berechnung ihrer Pflichtteile als Nachlassschuld ebenfalls anrechnen lassen. Deshalb erscheint es angemessen, dass sich die vom Gesetzgeber als pauschaler Zugewinnaus-

2 → Rn. 94 ff.

3 So die ältere Auffassung, vgl. *Rittner* DNotZ 1957, 483 (487).

4 Vgl. BGHZ 37, 58 (61).

5 Für das hier gewonnene Ergebnis ließe sich auch die Entstehungsgeschichte des Gesetzes heranziehen; dies wird aber in der Klausur nicht verlangt, vgl. BT-Drs. II/3409, Anl. 17; ferner *Brox/Walker* ErbR Rn. 551.

6 Vgl. BGHZ 37, 58 (61 ff.)

gleich geregelte Erhöhung des Ehegattenerbteils auf den Pflichtteil der Abkömmlinge auswirkt.[7]

Der gesetzliche Erbteil des S 1 ist also unter Berücksichtigung des erhöhten Ehegattenerbteils gem. § 1371 I zu ermitteln. Er beläuft sich auf 1/4, der Pflichtteilsanspruch daher auf 1/8 des Nachlasswertes.

### II. Ergebnis:

Somit kann S 1 von F gem. § 2303 I 2 Zahlung von 28.125 EUR verlangen.

### Fallvariante 2:

### I. Ansprüche der F gegen S1 und S2

### 1. Zugewinnausgleichsanspruch aus §§ 1371 II, 1373, 1378 I iVm §§ 2058 f., 1967

**a)** Voraussetzung dafür ist zunächst, dass F als Ehegatte nicht Erbe wird und ihr auch kein Vermächtnis zusteht. 1604

F war beim Tode des M dessen Ehefrau und durch das formgültige Testament des M weder Erbin noch Vermächtnisnehmerin geworden.

**b)** Fraglich bleibt deshalb nur, wie hoch der Anspruch der F gem. §§ 1371 II, 1373, 1378 I ist. 1605

M hat in den zwanzig Jahren der Ehe einen Zugewinn iSd § 1373 iHv 30.000 EUR erwirtschaftet (Endvermögen gem. § 1375 I 1 iHv 225.000 EUR abzüglich des Anfangsvermögens gem. § 1374 I iHv 195.000 EUR). Der Zugewinn der F beträgt demgegenüber 20.000 EUR (Endvermögen iHv 40.000 EUR abzüglich des Anfangsvermögens iHv 20.000 EUR). Der Unterschied beläuft sich damit auf 10.000 EUR.

F steht deshalb nach den oben angeführten Normen eine Ausgleichsforderung iHv 5.000 EUR zu.

### 2. Pflichtteilsanspruch aus § 2303 I 1, II 1 iVm §§ 2058 f., 1967

F wurde als Ehegattin des M durch Verfügung von Todes wegen von der Erbfolge ausgeschlossen, sodass die Voraussetzungen des Pflichtteilsanspruches gegeben sind.

Die Höhe des Pflichtteilsanspruches der F beläuft sich gem. § 2303 I 2 wiederum auf die Hälfte des Wertes, den der gesetzliche Erbteil hat.

**a)** Gem. § 1931 I 1 beträgt der gesetzliche Erbteil des überlebenden Ehegatten neben Verwandten der 1. Ordnung 1/4. Damit betrüge der Pflichtteil der F 1/8.

Vom Nachlasswert des M ist allerdings zunächst die Ausgleichsforderung der F gem. §§ 1371 II, 1378 I iHv 5.000 EUR abzuziehen, da es sich um eine Nachlassverbindlichkeit iSd § 1967 II handelt,[8] § 2311 I 1. Der Wert des Nachlasses beträgt damit 220.000 EUR. F könnte somit gegen S 1 und S 2 einen Pflichtteilsanspruch iHv 1606

7 So die hM, vgl. auch *Leipold* ErbR Rn. 165 ff.; MüKoBGB/*Koch* § 1371 Rn. 14 und 25; MüKoBGB/*Lange* § 2303 Rn. 41; HK-BGB/*Kemper* § 1371 Rn. 4.

8 Palandt/*Weidlich* § 1967 Rn. 5 und § 2311 Rn. 4.

27.500 EUR geltend machen. Die Nachlassbeteiligung der F besteht damit insgesamt iHv 32.500 EUR.

**1607** **b)** Zu prüfen bleibt, ob für F auch die Möglichkeit besteht, den Pflichtteil des überlebenden Ehegatten nach dem erhöhten Erbteil gem. § 1371 I zu berechnen (Wahltheorie), anstatt den güterrechtlichen Zugewinnausgleich durchzuführen (Einheitslösung). Die Pflichtteilsquote der F würde dann 1/4 des Nachlasswertes ausmachen, mithin zu einem Anspruch iHv 56.250 EUR führen. Dazu müsste § 1371 II dem Ehegatten ein *Wahlrecht* zwischen den beiden geschilderten Berechnungsmethoden einräumen.[9]

**1608** Der Wortlaut des Gesetzes lässt infolge der Verwendung des rückbezüglichen Ausdrucks »in diesem Falle« in § 1371 II Zweifel darüber zu, für welche Variante die von Abs. 1 abweichende güterrechtliche Regelung des Zugewinnausgleiches des Abs. 2 gilt: Ob der überlebende Ehegatte, der weder Erbe des Ehegatten wurde noch ein Vermächtnis erhielt, stets auf den kleinen Pflichtteil und den güterrechtlichen Zugewinnausgleich beschränkt ist,[10] oder nur für den Fall, dass er von seiner Befugnis Gebrauch macht und den Ausgleich des Zugewinns auch verlangt.[11] Somit führt die Wortlautauslegung zu keinem abschließenden Ergebnis.

**1609** In systematischer Hinsicht ist der Vergleich mit § 1931 IV vorzunehmen, der die gesetzliche Erbquote im Güterstand der Gütertrennung regelt. Hiernach bekäme F 1/3 (da sie mit zwei Abkömmlingen zusammentrifft) und somit als Pflichtteil 1/6 des Nachlasswertes. Man kann nun die Auffassung vertreten, F müsse bei bestehender Zugewinngemeinschaft besser gestellt sein als im Güterstand der Gütertrennung, oder jedenfalls nicht schlechter, weil die Gütertrennung keinen Ausgleich für den Vermögenserwerb während der Ehe kennt. Dies wäre ein Argument dafür, als Bezugsgröße im Rahmen des § 1371 II zumindest dann den großen Pflichtteil zu wählen, wenn der Ehegatte andernfalls, dh bei güterrechtlichem Zugewinnausgleich zuzüglich des kleinen Pflichtteils, weniger als 1/6 des Nachlasses erhielte.[12]

**1610** Um die Frage endgültig zu beantworten, sind Sinn und Zweck der Norm in die Betrachtung einzubeziehen. Der Grundgedanke der in § 1371 I getroffenen erbrechtlichen Lösung liegt in der Vereinfachung des Zugewinnausgleichs durch schematische und pauschale Ermittlung, wie insbesondere der zweite Hs. des § 1371 I deutlich werden lässt. Der pauschalierte Zugewinnausgleich wird aber nicht zwingend vorgeschrieben.[13] Vielmehr kann der überlebende Ehegatte den güterrechtlichen Zugewinn durch Ausschlagung gem. § 1371 III, der Erblasser eben durch Enterbung gem. Abs. 2 herbeiführen. Wenn der Erblasser seinen Ehegatten enterbt hat, zeigt dies seinen Willen, keinen pauschalierten Zugewinnausgleich zu ermöglichen. Könnte der überlebende Ehegatte jedoch zwischen den beiden Varianten wählen, würde der Erblasser dieses Ziel nicht erreichen. Eine solche Einschränkung seiner Testierfreiheit ist jedoch ungerechtfertigt. Darüber hinaus wird mit der Einheitslösung auch der Rechtsunsicherheit der Wahltheorie begegnet, die diese dadurch verursacht, dass ein Wahlrecht des überlebenden Ehegatten zeitlich unbegrenzt wäre (abgesehen von der

9 Vgl. dazu *Olzen* ErbR Rn. 1060 ff.
10 BGHZ 42, 182 (185 f.); BGH FamRZ 1982, 571 (572 f.), jeweils mwN; Palandt/*Brudermüller* § 1371 Rn. 14.
11 Nachw. in BGHZ 42, 182 (185 f.).
12 *Olzen* ErbR Rn. 1058 ff.
13 BGHZ 42, 182 (187 f.).

Verjährungsfrist für Pflichtteilsansprüche gem. § 2332 I).[14] Im Ergebnis steht dem enterbten Ehegatten deshalb kein Wahlrecht zu; er ist hingegen auf den kleinen Pflichtteil und den Zugewinnausgleich beschränkt.

Gibt man damit der sog. Einheitslösung den Vorzug, hat F keinen Anspruch auf den großen Pflichtteil und auch nicht auf einen an der Gütertrennung ausgerichteten Pflichtteil, weil sie enterbt worden ist.

Es bleibt somit bei ihrem Anspruch auf 1/8, also im Ergebnis bei einem Anspruch iHv 27.500 EUR.

## II. Ergebnis:

F steht neben einer Ausgleichsforderung iHv 5.000 EUR gem. §§ 1371 II, 1373, 1378 I iVm §§ 2058 f., 1967 gegen S 1 und S 2 auch ein Anspruch aus § 2303 I 1, II 1 iVm §§ 2058 f., 1967 iHv 27.500 EUR zu. Damit beträgt ihre Nachlassbeteiligung insgesamt 32.500 EUR.

14 Sicher ist wohl, dass der Gesetzgeber an ein Wahlrecht nicht gedacht hat; dies brauchen Sie aber in einer Klausur nicht zu wissen, vgl. MüKoBGB/*Lange* § 2303 Rn. 37.

## Fall 37: »Schön wär's gewesen«

1611 Am 1.4.2006 starb der alleinstehende, kinderlose B, der in einem eigenhändigen Testament vom 7.6.2000 A zum Alleinerben eingesetzt hatte. A nahm daraufhin den Nachlass in Besitz.

B hatte zeitlebens Modelleisenbahnen geliebt. Unter den Nachlassgegenständen befand sich deshalb eine ansehnliche Modelleisenbahn, für die A jedoch keine Verwendung hatte. Er veräußerte sie für 500 EUR an C.

Außerdem erfuhr A, dass B dem D im März 2005 700 EUR »gepumpt« hatte, um ihm aus einer momentanen und kurzfristigen Geldverlegenheit zu helfen. A ließ sich dieses Geld zurückzahlen.

Am 1.10.2006 wurde ein handschriftliches Testament des B vom 3.3.2001 entdeckt. Darin hieß es: »A hat mir dieses Jahr nicht zum Geburtstag gratuliert. Er hat auch während meines Urlaubs im Allgäu die Blumen nicht richtig gegossen. Deshalb soll A nichts erben. Alles soll mein lieber Freund E haben«. A ist wütend und enttäuscht und möchte wissen, was auf alle Beteiligten zukommt.

**Abwandlung:**

Ändert sich die Rechtslage, wenn A einen Erbschein hatte, der ihn als Alleinerben auswies, C und D von dem Erbschein nichts wussten, wohl aber A für den Erben hielten?

**Frage 1 und 2: Wie ist jeweils die Rechtslage?**

## A. Vorüberlegungen

Der Fall behandelt zwei gängige Prüfungsthemen aus dem Erbrecht; es handelt sich dabei um das Verhältnis zwischen Erben und Erbschaftsbesitzer zum einen, zum anderen um dasjenige zwischen dem Erbscheinserben und einem Dritten.

### I. Die Systematik der §§ 2018 ff. [1]

1612 In der Ausgangsfrage stehen Sie zunächst vor einem Aufbauproblem. Regelmäßig ist die Aufgabe so gestaltet, dass der Erbschaftsbesitzer anfänglich vermeintlicher Erbe war, sei es als gesetzlicher Erbe oder aufgrund einer letztwilligen Verfügung, die entweder ursprünglich unwirksam war oder später unwirksam wurde. Er hat dann meist Rechtsgeschäfte mit Bezug zum Nachlass vorgenommen, und Sie müssen sich fragen, ob Sie zunächst die Rechtslage zwischen dem Erben und dem Erbschaftsbesitzer oder diejenige zwischen dem Erben und den Partnern der jeweiligen Rechtsgeschäfte prüfen wollen. Die letztgenannte Variante ist zu empfehlen: Die Rechtsbeziehungen zwischen Erben und Erbschaftsbesitzer hängen, wie auch der Fall zeigt, im beträchtlichen Maße davon ab, ob die Rechtsgeschäfte des Erbschaftsbesitzers mit dem Dritten wirksam sind. Dies gilt etwa für den Umfang der jeweiligen Ansprüche. Hierüber entscheiden Sie inzidenter im Rahmen der Frage, ob etwa der Erbe im vorliegenden Fall von C die Modelleisenbahn herausverlangen kann.[2]

1613 Ein Weiteres müssen Sie beachten: Im Verhältnis zwischen Erben und Erbschaftsbesitzer sind die §§ 2018 ff. keine verdrängenden Spezialvorschriften. Somit müssen Sie daneben die allgemeinen Anspruchsgrundlagen im Auge behalten.[3] Nur hinsichtlich der Rechtsfolgen stellt § 2029 eine Schranke auf: Der Erbschaftsbesitzer soll nach den allgemeinen Regeln nicht schärfer haften als nach den §§ 2018 ff. Daraus folgt, dass die letztgenannten Vorschriften an die Spitze der Überlegungen gehören, wenn Sie die Rechtslage zwischen Erben und Erbschaftsbesitzer prüfen.[4] Die §§ 2018 ff. seien Ihnen noch deshalb besonders ans Herz gelegt, weil sie in vielen Punkten mit den §§ 987 ff. übereinstimmen, sodass Sie beide Systeme im Zusammenhang lernen können. Einige Abweichungen sollen kurz erwähnt werden:

1614 Anders als § 985 knüpft § 2018 an die *Nachlasszugehörigkeit* eines Gegenstandes an. Der Erbe kann also auch herausverlangen, was der Erblasser nur in Besitz hatte.

1615 Eine weitere Besonderheit stellt die Surrogationsvorschrift des § 2019 I dar; sie hat im Eigentümer-Besitzer-Verhältnis keine Entsprechung. Daraus ergeben sich für die Ansprüche auf Herausgabe von Nutzungen Konsequenzen. Es kann sein, dass Nutzungen, etwa als *Sachfrüchte* gem. §§ 99 I, 953, direkt in den Nachlass fallen und der Herausgabeverpflichtung gem. § 2018 unterliegen. Soweit § 955 eingreift, schuldet der Erbschaftsbesitzer die Herausgabe nach § 2020, 2. Hs. Das Surrogationsprinzip wird damit durchbrochen. Möglich ist schließlich, dass für Nutzungen § 2019 I gilt, weil sie, zB als Mietzins, mit Mitteln der Erbschaft erworben wurden. Gebrauchsvorteile hingegen fallen unter §§ 2021, 818 II: Sie sind nicht herausgabefähig iSd § 2020. Ärgerlich ist dabei, dass sich die gleichen Ergebnisse durch Anwendung des § 988 er-

1 Vgl. Überblick bei *Röthel* JURA 2012, 947 ff.
2 Vgl. dazu das Bsp. bei *Olzen* JuS 1989, 374 (381).
3 S. hierzu die Übungsfällel von *Gerlach* JURA 2003, 774 (776 ff.) und *Muscheler/Schewe* JURA 2013, 950 ff.
4 Vgl. *Medicus/Petersen* BürgerlR Rn. 574 g.

zielen ließen, in anderen Fällen mit der Eingriffskondiktion, sodass die komplizierten Regeln an sich wohl auch noch überflüssig sind.[5] Bitte merken Sie sich dennoch, bei Nutzungen genau darauf zu achten, welchen gesetzlichen Ausgangspunkt Sie wählen.

§ 2019 I hat auch Folgen für die Haftung des Erbschaftsbesitzers, wenn er den Herausgabeanspruch aus § 2018 nicht erfüllen kann. Sofern an die Stelle des Nachlassgegenstandes ein Surrogat tritt, ist dieses gem. § 2019 I Gegenstand der Herausgabe, sodass für § 2021 nur ein schmaler Anwendungsbereich bleibt, wenn man von der Herausgabepflicht für Nutzungen absieht.

1616 Zu erwähnen bleibt, dass der gutgläubige Erbschaftsbesitzer *alle* Verwendungen ersetzt erhält, § 2022 I, und zwar bezogen auf den weiten Verwendungsbegriff des § 2022 II. Die Beschränkungen der §§ 994, 996 gelten für ihn nicht.

## II. Die Systematik der §§ 2365 ff.

1617 Die Fallvariante befasst sich mit den Erbscheinvorschriften in den §§ 2365 ff.[6] Als Grundregel für deren Verständnis sollten Sie sich merken, dass der Erwerb vom Erbscheinsinhaber genauso behandelt wird wie der Erwerb vom Erben. Deshalb müssen Sie § 2366 mit den jeweiligen Erwerbsvorschriften verbinden: Ist der Erbe verfügungsberechtigt, weil der Erblasser selbst Forderungsinhaber oder Eigentümer war, so gilt § 2366 iVm den §§ 398, 873, 925 oder 929 ff.[7] War der Erblasser hingegen lediglich Besitzer, so erfolgt der Erwerb vom Erbscheinserben über § 2366 iVm den §§ 932 ff., soweit es um bewegliche Sachen geht.[8] Der Erwerber muss dann in doppelter Hinsicht gutgläubig gewesen sein, und zwar bezüglich des Erbscheinsinhaltes und bezüglich der Eigentümerstellung des Erblassers. § 935 kommt nicht zum Zuge, weil ja auch beim Erwerb vom Erben diese Vorschrift nicht eingegriffen hätte. Sie schließt einen Erwerb nur dann aus, wenn bereits der Erblasser die Sache wegen § 935 nicht wirksam erworben, sie also zB gestohlen hatte. In diesem Falle hätte der Dritte auch vom Erben nicht wirksam erwerben können.

1618 Beim Immobiliarerwerb gilt es zu beachten, ob der Erbscheinsinhaber im Grundbuch eingetragen ist oder nicht; nur im letztgenannten Fall hat § 2366 Bedeutung,[9] während nach Eintragung des Erbscheinsinhabers in das Grundbuch der Erwerb gem. §§ 892, 873 I, 925 erfolgt.[10]

1619 Bemerkenswert bleibt, dass – in Abweichung vom Zessionsrecht – § 2366 auch einen Forderungserwerb vom Erbscheinsinhaber als Nichtberechtigtem ermöglicht. Die Ausnahme ist aber verständlich. Denn der Erbschein führt dazu, dass der Erbscheinsinhaber so behandelt wird wie der wirkliche Erbe. Voraussetzung ist jedoch, dass die Forderung beim Erblasser bestand und damit auf den wirklichen Erben auch übergehen konnte. § 2367 schließlich regelt die Rechtslage bei der Leistung an den Erbscheinsinhaber.

5 *Schlinker/Zickgraf* JuS 2013, 876 ff; vgl. im Einzelnen *Olzen* JuS 1989, 374 (378).
6 Vgl. dazu auch *Muscheler* JURA 2009, 329 ff., 567 ff., 731 ff.
7 Vgl. *Medicus/Petersen* BürgerlR Rn. 568.
8 Krit. hierzu *Harke/Meier* JR 2010, 282 (283 f.).
9 Lies dazu auch § 40 I, 1. Fall GBO.
10 Vgl. iE *Medicus/Petersen* BürgerlR Rn. 570; zum gutgläubigen Vormerkungserwerb im Zusammenhang mit einem Erbschein s. den Übungsfall von *Gergen* JURA 2004, 700 ff.

Wenn Sie sich auf dieser Grundlage die Variante ansehen und prüfen, wo die Unterschiede zum Ausgangsfall liegen, so fällt ins Auge, dass C gem. §§ 929 S. 1, 2366 Eigentum an der Modelleisenbahn erworben und D mit befreiender Wirkung an A geleistet hat. Kenntnis von Existenz und Inhalt des Erbscheins verlangt § 2366 nicht.[11] Streitig ist jedoch, ob der Erwerber zumindest wissen muss, dass er einen Nachlassgegenstand erwirbt.[12] Hierfür soll der Wortlaut »Erbschaftsgegenstand« sprechen. Zwingend erscheint diese Auslegung nicht. Berücksichtigt man aber, dass die §§ 2366 f. den guten Glauben an ein vermeintlich bestehendes Erbrecht schützen, so erscheint der Bezug des Gegenstandes zum Nachlass unerlässlich.[13] Im Sachverhalt ist dieses Problem ausgeklammert, indem C und D unterstellt wird, sie hätten A für den Erben gehalten. **1620**

11 AA *Parodi* AcP 185 (1985), 362 ff.

12 *Brox/Walker* ErbR Rn. 618.

13 NK-BGB/*Kroiß* § 2366 Rn. 5; Bamberger/Roth/*Siegmann/Höger* § 2366 Rn. 9; MüKoBGB/*J. Mayer* § 2366 Rn. 24.

## B. Lösung

### Frage 1:

### 1. Teil. Ansprüche des E wegen der Modelleisenbahn

### I. Ansprüche des E gegen C

### 1. Anspruch aus § 985

**a)** Dann müsste E Eigentümer der im Besitz des C befindlichen Modelleisenbahn sein, ohne dass C ein Recht zum Besitz hätte.

1621 **b)** E könnte gem. § 1922 I im Wege der Erbfolge Eigentum erworben haben, sofern B ihn durch das Testament vom 3.3.2001 wirksam zum Erben eingesetzt hat. E wird in dem genannten Testament als Erbe bezeichnet. Dieses Testament wurde von B auch formgerecht iSd § 2247 errichtet. Dadurch hat B gleichzeitig sein Testament vom 7.6.2000 gem. §§ 2253, 2254, 2258 I widerrufen. Mithin ist E durch wirksames Testament zum Erben des B eingesetzt worden und hat mit dem Erbfall am 1.4.2006 gem. § 1922 I Eigentum an der Modelleisenbahn erworben.

**c)** E könnte jedoch das Eigentum durch Veräußerung der Modelleisenbahn von A an C gem. §§ 929 S. 1, 932 verloren haben.

1622 A und C haben sich über den Eigentumsübergang geeinigt und die Eisenbahn wurde dem C auch übergeben. Allerdings hat A, der nicht Erbe geworden war, ohne Berechtigung über das Eigentum des E verfügt. Deshalb kommt für C nur ein gutgläubiger Erwerb gem. § 932 I in Betracht. Bösgläubigkeit des C hinsichtlich der Eigentümerstellung des A ist nicht ersichtlich; fraglich ist aber, ob dem E die Modelleisenbahn gem. § 935 I 1 abhandengekommen ist. Abhandenkommen im Sinne der Vorschrift liegt vor, wenn dem Eigentümer der unmittelbare Besitz ohne seinen Willen entzogen worden ist.[14] Dies ergibt sich aus einem Vergleich mit den in § 935 I 1 geregelten Sonderfällen des Besitzverlustes.

E hat die tatsächliche Sachherrschaft gem. § 854 I nicht erlangt. Allerdings gilt gem. § 857 der Besitz als in der Form auf den Erben übergegangen, wie er beim Erblasser bestand. Da B vor dem Erbfall unmittelbarer Besitzer der Modelleisenbahn war, ist es auch E im Erbfall nach B geworden. Somit verübte jeder Nichterbe, der ohne oder gegen den Willen des E den Besitz an der Modelleisenbahn ergriff, verbotene Eigenmacht iSd § 858 I. Damit ist E die Sache abhandengekommen. Folglich scheidet ein gutgläubiger Erwerb der Modelleisenbahn durch C aus. E blieb vielmehr Eigentümer.

Da C kein Recht zum Besitz im Verhältnis zu E gem. § 986 I geltend machen kann, besteht der Herausgabeanspruch gem. § 985.

### 2. Anspruch aus § 861 I

1623 Voraussetzung ist zunächst, dass der Besitz an der Modelleisenbahn E durch verbotene Eigenmacht entzogen wurde. Dieses Erfordernis wurde bereits im Zusammenhang mit der Prüfung des § 935 I 1 bejaht. Entscheidend bleibt deshalb, ob der Besitz des C fehlerhaft iSd § 861 I ist.

14 Vgl. HK-BGB/*Schulte-Nölke* § 935 Rn. 1; Palandt/*Bassenge* § 935 Rn. 3.

§ 858 II 1 ordnet an, dass der durch verbotene Eigenmacht erlangte Besitz fehlerhaft ist. Allerdings wurde diese verbotene Eigenmacht nicht durch den C begangen, sondern durch seinen Rechtsvorgänger A. Gem. § 858 II 2 muss C als Nachfolger diese Fehlerhaftigkeit nur dann gegen sich gelten lassen, wenn er sie beim Besitzerwerb kannte. Eine solche Kenntnis lässt sich jedoch aus dem Sachverhalt nicht entnehmen, sodass ein Anspruch des E gegen C aus § 861 I ausscheidet. 1624

### 3. Anspruch aus § 1007 II 1

Dass die Sache dem E als früherem Besitzer abhandengekommen war, wurde bereits bejaht. Auch hat kein Eigentumserwerb des C stattgefunden, wie bei der Prüfung des § 935 ebenfalls bereits festgestellt wurde. Schließlich dürfte die Modelleisenbahn dem C auch nicht vor der Besitzzeit des E abhandengekommen sein. Dafür bestehen nach dem Sachverhalt keine Anhaltspunkte, sodass die Tatbestandsvoraussetzungen des § 1007 II 1 gegeben sind. 1625

Da kein Ausschlussgrund iSd § 1007 III ersichtlich ist, kann E von C die Herausgabe der Modelleisenbahn gem. § 1007 II 1 verlangen.

## II. Ansprüche des E gegen A auf den Veräußerungserlös iHv 500 EUR

### 1. Anspruch aus §§ 2018, 2019 I

**a)** Die Erbenstellung des E wurde bereits bejaht, sodass der Anspruch auf den Veräußerungserlös zunächst davon abhängt, ob A Erbschaftsbesitzer im Sinne der Vorschrift ist. Dies setzt voraus, dass A die Modelleisenbahn als Nachlassgegenstand aufgrund eines ihm in Wirklichkeit nicht zustehenden Erbrechtes erlangt hat.[15] 1626

A meinte, aufgrund des Testamentes vom 7.6.2000 Erbe geworden zu sein, und hat daraufhin laut Sachverhalt den Nachlass in Besitz genommen. Damit hat sich A ein ihm in Wirklichkeit nicht zustehendes Erbrecht angemaßt.[16] Er war somit Erbschaftsbesitzer.

**b)** A müsste weiterhin den Veräußerungserlös iHv 500 EUR durch Rechtsgeschäft mit Mitteln der Erbschaft erworben haben. Er hat mit C einen Kaufvertrag über die Modelleisenbahn geschlossen, die zum Nachlass gehörte. Die in Erfüllung dieses Kaufvertrags erfolgte Verfügung über die Modelleisenbahn war allerdings nicht wirksam. Deshalb ist zu prüfen, ob die Surrogation gem. § 2019 I ein wirksames Rechtsgeschäft erfordert, durch das die eingesetzten Nachlassmittel dem Erwerber übertragen werden. Hierfür spricht zunächst, dass § 2019 I dem Erben einen Ausgleich für den Verlust von Nachlassgegenständen schaffen soll, damit der Nachlass in seiner Gesamtheit als Vermögensmasse dem Erben möglichst ungeschmälert erhalten bleibt. Allerdings ist der Schutz des Erben dem Sinn und Zweck der Vorschrift nach möglichst umfassend zu begreifen, weil sie ihn vor jeglicher Art von wirtschaftlicher Benachteiligung bewahren will. Da aber bereits der Besitzposition als solcher ein wirtschaftlicher Wert zukommt, engt die Forderung nach einem wirksamen Eigentumsverlust an einem Nachlassgegenstand den Anwendungsbereich des § 2019 zu stark 1627

15 Vgl. dazu iE *Olzen* JuS 1989, 374 (375).

16 Wechselt der Erbschaftsbesitzer nachträglich seine Stellung und berühmt er sich schließlich keines Erbrechtes mehr, kann er sich dadurch dem Anspruch aus den §§ 2018 ff. nicht entziehen, vgl. Bamberger/Roth/*Müller-Christmann* § 2018 Rn. 12; Palandt/*Weidlich* § 2018 Rn. 4.

ein. Somit ist keine wirksame Verfügung über das Eigentum erforderlich, um die Surrogationsvorschrift des § 2019 I eingreifen zu lassen.[17]

Vorliegend hat A aufgrund der unwirksamen Verfügung immerhin den Besitz an der Modelleisenbahn auf C übertragen. Auch dieser Besitz hat Vermögenswert, sodass sein Verlust nach dem eben Gesagten die Wirkung des § 2019 I auslöst.

E kann also von A den Veräußerungserlös iHv 500 EUR gem. §§ 2018, 2019 I verlangen.

1628 c) Zu prüfen bleibt allerdings, wie sich dieser Anspruch zum Herausgabeanspruch des E gegen C verhält. Es würde eine ungerechtfertigte Privilegierung des Erben bedeuten, beide Ansprüche nebeneinander bestehen zu lassen.

Somit kann E wahlweise entweder von C Herausgabe der Modelleisenbahn aufgrund der oben geprüften Anspruchsgrundlagen oder von A Herausgabe des Erlöses Zug um Zug gegen Genehmigung der unwirksamen Verfügung verlangen.[18]

### 2. Anspruch aus §§ 2023, 2024 iVm §§ 989, 990

1629 Ein Anspruch des E gegen A auf Schadensersatz gem. §§ 2023, 2024 iVm §§ 989, 990 scheidet aus, da zum Zeitpunkt der beeinträchtigenden Verfügung weder Rechtshängigkeit des Erbschaftsanspruches noch Kenntnis des A bezüglich seines mangelnden Erbrechtes gegeben war.

### 3. Anspruch aus §§ 2025 S. 1, 823 I

1630 Ein Anspruch des E gegen A auf Schadensersatz aus §§ 2025 S. 1, 823 I entfällt ebenfalls. Zwar hat A den Besitz an der Modelleisenbahn durch verbotene Eigenmacht erlangt. Gem. § 2025 S. 2 entfällt der Anspruch jedoch gegenüber dem gutgläubigen Erbschaftsbesitzer, soweit nicht der Erbe bereits den Besitz tatsächlich erlangt hatte. Hier war E aber lediglich Erbschaftsbesitzer gem. § 857.

### 4. Anspruch aus §§ 989, 990

1631 Ein Anspruch des E gegen A aus den §§ 989, 990 scheidet in gleicher Weise aus. Zwar sind die Normen auch im Verhältnis zwischen Erben und Erbschaftsbesitzer anwendbar, wie sich sowohl aus der Formulierung des § 2018 (»kann«) als auch aus § 2029 ableiten lässt.[19] Außerdem bestand im Zeitpunkt der beeinträchtigenden Handlung eine Vindikationslage. Aber der Herausgabeanspruch war weder rechtshängig, noch hatte A Kenntnis von seiner mangelnden Besitzberechtigung.

### 5. Anspruch aus §§ 992, 823 I

1632 Eine Haftung des A gegenüber E aus den §§ 992, 823 I ist ebenfalls nicht gegeben, da die Privilegierung des § 2025 S. 2 gem. § 2029 auch für die Haftung aus den Einzelansprüchen gilt.

---

17 *Lange/Kuchinke* ErbR § 41 II 3c, S. 1013 f.; *Olzen* ErbR Rn. 837 ff.; aA Staudinger/*Gursky*, 2010, BGB § 2019 Rn. 12.

18 Vgl. MüKoBGB/*Helms* § 2019 Rn. 10 f. mwN; ferner *Medicus/Petersen* BürgerlR Rn. 603b.

19 Vgl. *Olzen* JuS 1989, 374 (381).

#### 6. Anspruch aus §§ 677, 681 S. 2

Nach diesen Vorschriften ist das aus einer Geschäftsführung ohne Auftrag Erlangte herauszugeben. Allerdings finden die Normen gem. § 687 I bei vermeintlicher Eigengeschäftsführung keine Anwendung. Da A zum Zeitpunkt des Rechtsgeschäftes der Auffassung war, Erbe geworden zu sein, ist der Anspruch somit ausgeschlossen. 1633

#### 7. Anspruch aus § 816 I 1

**a)** Voraussetzung dafür ist die Anwendbarkeit der Norm. Sie könnte zunächst im Hinblick auf das zwischen E und A bestehende Eigentümer-Besitzer-Verhältnis fraglich sein. Allerdings sind, wie § 993 I zeigt, nur Nutzungen und Schadensersatz dort abschließend geregelt, sodass § 816 I 1 bezüglich des Veräußerungserlöses nicht ausgeschlossen wird. 1634

Dass die §§ 2018 ff. die Einzelansprüche nicht blockieren, wurde bereits bei der Prüfung der Anspruchsgrundlagen aus dem Eigentümer-Besitzer-Verhältnis ausgeführt. Die Anwendbarkeit der Norm ist somit zu bejahen.

**b)** Die für den Tatbestand notwendige Verfügung des Nichtberechtigten A wurde ebenfalls bereits festgestellt. Allerdings war die Verfügung gegenüber E wegen § 935 I nicht wirksam. E kann folglich nur durch seine Genehmigung die Voraussetzungen eines Anspruchs aus § 816 I 1 gegen A auf Herausgabe des Veräußerungserlöses schaffen. 1635

### III. Ergebnis

E hat gegenüber C Ansprüche auf Herausgabe der Modelleisenbahn gem. §§ 985 und 1007 II 1 sowie wahlweise Ansprüche gegen A auf den Erlös von 500 EUR aus den §§ 2018, 2019 I und 816 I 1.

## 2. Teil. Ansprüche des E wegen der 700 EUR

### I. Ansprüche des E gegen D

#### 1. Anspruch aus § 488 I iVm § 1922 I auf Rückzahlung der 700 EUR

**a)** Laut Sachverhalt hatte B dem D 700 EUR »gepumpt«. Die Auslegung gem. §§ 133, 157 ergibt, dass ein Anspruch des B gegen D auf Rückzahlung gem. § 488 I bestand, weil zwischen den Parteien ein Darlehensvertrag zustande gekommen war. Dieser Anspruch ist gem. § 1922 I mit dem Erbfall auf E übergegangen. 1636

**b)** Der Anspruch könnte aber durch die Zahlung der 700 EUR von D an A erloschen sein.

**aa)** Dadurch könnte Erfüllung gem. § 362 I eingetreten sein, sofern die geschuldete Leistung an den Gläubiger erbracht wurde. Die geschuldete Leistung bestand in der Übereignung von 700 EUR. Gem. §§ 488 III 3 iVm § 271 konnte D seine Schulden auch jederzeit bezahlen, allerdings an den richtigen Gläubiger. Gem. § 1922 I war E Gläubiger der Darlehensforderung, nicht aber A, der das Geld erhielt. 1637

Mithin ist keine Erfüllung gem. § 362 I eingetreten. Auch Erfüllung gem. § 362 II iVm § 185 scheidet aus, da A kein empfangszuständiger Dritter war. Hierzu wäre die Genehmigung des E erforderlich gewesen.

**bb)** In Betracht kommt jedoch eine Leistungsbefreiung des D durch die Zahlung an A gem. § 407.

1638 Dann müsste die Norm anwendbar sein. Eine direkte Anwendbarkeit des § 407 scheidet mangels rechtsgeschäftlicher Übertragung der Forderung von A auf E aus. Auch eine entsprechende Anwendung über § 412 kommt nicht in Betracht, weil die Forderung nicht von A auf E, sondern von B auf E übergegangen ist; A war niemals Forderungsinhaber. Allerdings könnte § 407 aufgrund der Verweisung in § 2019 II anwendbar sein. Die Norm ordnet den Schuldnerschutz für eine »in solcher Weise erworbene Forderung« an. Aus dem systematischen Zusammenhang mit § 2019 I ergibt sich, dass der gutgläubig an den Erbschaftsbesitzer zahlende Schuldner nur dann geschützt werden soll, wenn die Forderung auch durch Rechtsgeschäft mit dem Erbschaftsbesitzer begründet worden war. Das Darlehen wurde aber nicht von A, sondern bereits vom Erblasser B gewährt. Somit ist § 407 vorliegend auch nicht durch die Verweisung in § 2019 II anwendbar.

Also ist die Schuld des D weder durch Erfüllung noch durch befreiende Leistung an einen anderen Gläubiger erloschen.

1639 **c)** Dennoch bleibt fraglich, ob E Zahlung der 700 EUR von D verlangen kann. Weitere Voraussetzung dafür wäre die Fälligkeit des Rückzahlungsanspruches. Hierzu bedarf es gem. § 488 III 1 einer wirksamen Kündigung.

**aa)** Eine konkludente Kündigungserklärung lag bereits im Zahlungsverlangen des A. Allerdings ist dieser nicht Erbe und deshalb auch nicht berechtigt, das Darlehen zu kündigen.

Eine Kündigungserklärung des E steht noch aus; sie würde jedoch als schlüssige Willenserklärung gem. §§ 133, 157 in der Geltendmachung des Anspruches zu sehen sein.

1640 **bb)** Die gesetzliche Kündigungsfrist beträgt bei Darlehen drei Monate gem. § 488 III 2. Folglich könnte E von D die Rückzahlung erst drei Monate nach seiner Kündigungserklärung verlangen, sofern nicht vertraglich etwas anderes vereinbart wurde.

§ 488 III 2 ist jedoch abdingbar. Deshalb muss im Wege der Auslegung nach den Umständen des Einzelfalles gem. §§ 133, 157 beurteilt werden, ob eine abweichende Kündigungsfrist zwischen B und D vereinbart worden war. Eine ausdrückliche Regelung lässt sich dem Sachverhalt nicht entnehmen. Deshalb ist auf die Umstände abzustellen.

Es handelte sich um ein Darlehen in verhältnismäßig geringfügiger Höhe. Der Ausdruck im Sachverhalt »gepumpt« spricht dafür, dass es aufgrund persönlicher Beziehungen gewährt wurde. Außerdem wurde das Darlehen dem D deshalb gewährt, weil dieser sich in einer momentanen und kurzfristigen Geldverlegenheit befand. Alle diese Umstände sprechen dafür, dass eine fristlose Kündigungsmöglichkeit vereinbart wurde.[20]

Somit ist der Anspruch nach einer Zahlungsaufforderung durch E sofort fällig.

20 Vgl. MüKoBGB/*K. P. Berger* § 608 Rn. 5.

**2. Ergebnis:**

E kann die Rückzahlung der 700 EUR von D aus § 488 I iVm § 1922 I verlangen.

## II. Ansprüche des E gegen A

### 1. Anspruch aus §§ 2018, 2019 I

E ist Erbe und A Erbschaftsbesitzer iSd § 2018. Zu prüfen bleibt daher, ob die 700 EUR gem. § 2019 I durch Rechtsgeschäft mit Mitteln der Erbschaft erlangt wurden. Dies setzt voraus, dass dem Nachlass ein Gegenwert für das Erlangte entzogen würde.[21] Die Darlehensforderung des E gegen D ist nach dem Gesagten jedoch bestehen geblieben. Dies ändert sich nur, wenn E die Zahlung des D an A genehmigt. **1641**

Folglich hat E derzeit keinen Anspruch aus den §§ 2018, 2019 I gegen A auf Zahlung der 700 EUR.

### 2. Anspruch aus § 816 II

Die Anwendbarkeit der Norm ist ebenso zu beurteilen wie diejenige des § 816 I 1. Es wurde auch bereits festgestellt, dass D an einen Nichtberechtigten geleistet hat. § 816 II erfordert jedoch darüber hinaus, dass die Leistung dem Berechtigten gegenüber wirksam ist. Diese Voraussetzung tritt ebenfalls erst ein, wenn E die Zahlung an A genehmigt. **1642**

## III. Ergebnis

E hat gegen D einen Anspruch auf Rückzahlung der 700 EUR aus § 488 I iVm § 1922 I. Er kann stattdessen die Zahlung an A genehmigen und dann von ihm Herausgabe der 700 EUR gem. §§ 2018, 2019 I und 816 II verlangen.

# 3. Teil. Ansprüche des C gegen A aufgrund der Zahlung des Kaufpreises iHv 500 EUR gem. § 433 I iVm § 311a II

Aus dem mit C geschlossenen Kaufvertrag war A verpflichtet, C Eigentum an der Modelleisenbahn zu verschaffen. Der Vertrag richtete sich auf eine unmögliche Leistung gem. § 311a I. Die Erfüllung dieser Pflicht war A subjektiv von Anfang an unmöglich, da er nicht Erbe und damit auch nicht Eigentümer der Modelleisenbahn geworden war. Auch ein gutgläubiger Erwerb des C entfällt von vornherein. Das »Kennenmüssen« des Leistungshindernisses wird gem. § 311a II 2 grundsätzlich vermutet. Jedoch geht A im Zeitpunkt der Veräußerung von seiner Erbenstellung aufgrund des vorliegenden Testamentes aus. Anhaltspunkte für ein Kennenmüssen seiner Nichtberechtigung sind nicht ersichtlich. Die Vermutung des § 311a II 2 ist daher widerlegt. **1643**

Im Ergebnis besteht daher der Anspruch aus § 433 I iVm § 311a II nicht.

21 Vgl. Palandt/*Weidlich* § 2019 Rn. 2 f.; § 2111 Rn. 5.

## 4. Teil. Ansprüche des D gegen A auf Rückzahlung der 700 EUR aus § 812 I 1, 1. Var.

1644 A hat durch Leistung des D 700 EUR erlangt. Dies geschah ohne Rechtsgrund. Somit ist A zur Herausgabe des Geldes verpflichtet. Genehmigt E die Leistung an A, so wird die Darlehensverbindlichkeit zum Rechtsgrund und der Anspruch entfällt.

## Frage 2:

## 1. Teil. Ansprüche des E wegen der Modelleisenbahn

### I. Ansprüche des E gegen C

#### 1. Anspruch aus § 985

Der Anspruch des E gegen C auf Herausgabe der Modelleisenbahn aus § 985 könnte entfallen, wenn E sein Eigentum durch die Veräußerung von A an C gem. § 929 S. 1 iVm § 2366 verloren hat.

Im Ausgangsfall scheiterte der Eigentumserwerb des C daran, dass E die Modelleisenbahn iSd § 935 I abhandengekommen war. Es fragt sich, ob die Norm dem Eigentumserwerb des C im Falle des § 2366 in gleicher Weise entgegensteht.

1645 Dafür spricht, dass der fiktive Erbenbesitz des E gem. § 857 auch dann bestand, wenn A einen Erbschein hatte, der ihn als Alleinerben auswies. Andererseits entfaltet gem. § 2366 der Erbschein öffentlichen Glauben, soweit die Vermutung des § 2365 reicht. Es handelt sich dabei um einen eigenständigen, von den §§ 932 ff. unabhängigen Gutglaubenstatbestand, für den § 935 nicht zur Anwendung gelangt. Hinsichtlich der durch § 2366 geschützten Verfügungsgeschäfte gilt deshalb auch der Besitz als beim Erbscheinserben vorhanden.[22]

1646 Zweifel an dem gutgläubigen Erwerb des C können aber daraus entstehen, dass dieser von dem Erbschein keine Kenntnis hatte. Nach der Formulierung des Gesetzes scheitert der gutgläubige Erwerb bei § 2366 jedoch nur dann, wenn der Erwerber die Unrichtigkeit des Erbscheins kennt oder wenn er weiß, dass das Nachlassgericht die Rückgabe wegen Unrichtigkeit verlangt hat. Der Tatbestand verlangt hingegen nicht, dass der Erbschein vorgelegt oder erwähnt wird oder dass der Erwerber von seiner Existenz wusste.[23] Allenfalls ist die Kenntnis erforderlich, einen Nachlassgegenstand zu erwerben. Bedenken bezüglich dieses Erfordernisses können dahinstehen, da C davon ausging, von A als Erben zu erwerben. Folglich trat der Eigentumsverlust des E ein, weil A einen Erbschein hatte.

Damit scheidet ein Anspruch gegen C auf Herausgabe gem. § 985 aus.

#### 2. Anspruch aus § 861 I

1647 Ein Anspruch auf Herausgabe der Modelleisenbahn des E gegen C aus § 861 I scheitert wie im Eingangsfall.

22 MüKoBGB/*J. Mayer* § 2366 Rn. 16.
23 HK-BGB/*Hoeren* § 2366 Rn. 5; Palandt/*Weidlich* § 2366 Rn. 1.

### 3. Anspruch aus § 1007 II 1

Der Anspruch gem. § 1007 II 1 greift ebenfalls nicht ein, wenn A einen Erbschein hatte. Wie unter 1. ausgeführt wurde, kam die Eisenbahn E in diesem Falle nicht abhanden. 1648

## II. Ansprüche des E gegen A

### 1. Anspruch aus §§ 2018, 2019 I

Der Anspruch des E gegen A gem. §§ 2018, 2019 I auf den Veräußerungserlös bleibt – wie im Eingangsfall – bestehen. Allerdings hat E wegen der Wirksamkeit der Verfügung nun kein Wahlrecht mehr. 1649

### 2. Anspruch aus § 816 I 1

Außerdem hat E gegen A einen Anspruch auf den Veräußerungserlös gem. § 816 I 1. Die Verfügung des A ist wegen des Erbscheines ebenfalls ohne Genehmigung des E wirksam. 1650

## III. Ergebnis

Wenn A einen Erbschein hatte, kann E nur von ihm Herausgabe des Erlöses iHv 500 EUR gem. §§ 2018, 2019 I und 816 I 1 verlangen.

# 2. Teil. Ansprüche des E wegen der 700 EUR Darlehenssumme

## I. Ansprüche des E gegen D

Wenn A einen Erbschein hatte, entfällt der Anspruch des E gegen D auf Rückzahlung des Darlehens gem. § 488 I iVm § 1922 I. Gem. §§ 2367, 2366 hat der Schuldner D dann an den Erbscheinserben mit befreiender Wirkung geleistet. 1651

## II. Ansprüche des E gegen A

**1.** Allerdings hat E gegen A einen Anspruch auf Zahlung von 700 EUR, weil durch die wirksame Leistung des D an A eine Mittelsurrogation gem. § 2019 I eintrat. 1652

**2.** E kann außerdem in diesem Falle Zahlung der 700 EUR auf der Grundlage des § 816 II verlangen. Dafür kommt es nicht mehr auf eine Genehmigung des E an. E kann von A 700 EUR gem. §§ 2018, 2019 I und 816 II verlangen.

# 3. Teil. Rechtslage hinsichtlich des Erbscheins

E kann von A gem. § 2362 I Herausgabe des Erbscheines an das Nachlassgericht verlangen. 1653

# 4. Teil. Ansprüche wegen des sonstigen Nachlasses

E kann ferner von A den sonstigen Nachlass gem. §§ 2018 ff. oder auf der Grundlage der jeweiligen Einzelansprüche herausverlangen, im Umfang begrenzt durch § 2029.[24] 1654

24 Vgl. *Olzen* JuS 1989, 374 (381).

## Fall 38: »Wenn es so ist«

1655 E starb am 1.6.2009 im Alter von 78 Jahren und hinterließ eine Tochter T, ,zu der er lange keinen Kontakt mehr hatte. Zum Nachlass gehörte ein Haus, dessen Dach schadhaft war. Wegen des andauernden Sommerregens beauftragte T den Dachdecker W mit der Reparatur, die auch alsbald durchgeführt wurde. Die Zahlung des Werklohns erfolgte bislang nicht.

B hatte von E einige Zeit zuvor Münzen zum Preise von 500 EUR gekauft. Der Kaufpreis war noch nicht an E bezahlt worden, und B weigerte sich nach dem Erbfall auch, seine Schuld zu begleichen, da er den Preis mittlerweile für überhöht hielt. Deshalb ließ ihm T zunächst einen Mahnbescheid und schließlich einen Vollstreckungsbescheid zustellen, ohne sich über die Konsequenzen ihres Handelns hinsichtlich der Erbschaft Gedanken zu machen; diese Bescheide wurden rechtskräftig. Daraufhin zahlte B an T.

Inzwischen hatte T erfahren, dass entgegen ihren ursprünglichen Erwartungen eine gewinnträchtige Beteiligung des E an einer OHG nicht mehr zum Nachlass gehörte, da E bereits einige Zeit vor seinem Tode aus der OHG ausgeschieden war. Sofort nachdem T diese Kenntnis erhielt, erklärte sie am 6.7.2009 gegenüber dem Nachlassgericht, die Erbschaft nicht behalten zu wollen. Das Nachlassgericht ermittelte als Nächstberufenen den N, der die Erbschaft auch annahm.

**Frage: Wie ist die Rechtslage?**

## A. Vorüberlegungen

**I.** Der Fall behandelt die Rechtsstellung des vorläufigen Erben, § 1959, und im Zusammenhang damit Annahme und Ausschlagung der Erbschaft, §§ 1942 ff.[1] Dazu ist im Sachverhalt Folgendes zu beachten: Die Termine deuten vordergründig auf ein Fristproblem hin. Zwar kann eine Erbschaft durch bloßen Fristablauf angenommen werden, § 1943. Dies kommt aber nur dann zum Tragen, wenn die Erbschaft nicht bereits in der Ausschlagungsfrist angenommen wurde, §§ 1943, 1946. Damit müssen Sie sich auseinandersetzen und danach prüfen, ob eine eventuelle Annahme wieder beseitigt werden kann, §§ 1954 ff. Wenn Sie auf diese Weise zur vorläufigen Erbenstellung der T bis zur Ausschlagung gelangt sind, müssen Sie überlegen, wie sich ihre Rechtsstellung gestaltet. Fraglich ist dabei zunächst, ob sie oder der wirkliche Erbe N dem W aus dem Werkvertrag haftet. Bei dieser Gelegenheit sollten Sie sich auch kurz die Vorschriften über die Erbenhaftung gem. §§ 1967 ff. und mögliche Haftungsbeschränkungen vor Augen führen.[2] 1656

**II.** Die Haftung des vorläufigen Erben führt zur Frage eines eventuellen Rückgriffs, allgemein gesagt, zum Rechtsverhältnis zwischen vorläufigem und wirklichem Erben. Es folgt gem. § 1959 I den Regeln der Geschäftsführung ohne Auftrag. Die Formulierung »wie ein Geschäftsführer« deutet darauf hin, dass es im Tatbestand der Geschäftsführung ohne Auftrag Besonderheiten gibt. Es handelt sich um eine beschränkte Rechtsgrundverweisung. Dies resultiert daraus, dass der vorläufige Erbe bis zu seiner Ausschlagung (regelmäßig) glaubt, ein eigenes Geschäft zu führen, und demgemäß meist weder Fremdgeschäftsführungswillen hat noch im Rahmen des § 683 auf den Willen des endgültigen Erben abstellen wird. 1657

Die Rechtsbeziehung zwischen E und B bzw. ihre gerichtliche Durchsetzung durch T führen zu § 1959 II und III. Schlagwortartig behandelt § 1959 II die generelle Wirksamkeit von Verfügungen im Rahmen der Notgeschäftsführung, die vom vorläufigen Erben wahrgenommen wurde. § 1959 III betrifft einseitige Rechtsgeschäfte gegenüber dem Erben. Beide Vorschriften sind notwendig, weil der vorläufige Erbe zunächst als Berechtigter handelt, dann aber seine Erbberechtigung *rückwirkend* verliert, § 1953 I.[3] 1658

**III.** Zum Schluss noch ein Hinweis: Die Klausur hat keinen prozessrechtlichen Einschlag, doch ist die prozessuale und vollstreckungsrechtliche Situation bis zur Annahme oder Ausschlagung der Erbschaft im Schwerpunktbereich prüfungsrelevant und soll deshalb kurz dargestellt werden.

Stirbt der Erblasser während des Rechtsstreites, so wird der Prozess unterbrochen und braucht vom vorläufigen Erben bis zur Annahme der Erbschaft nicht aufgenommen zu werden, § 239 I, V ZPO. Sofern der Erblasser vertreten war, wird das Verfahren nur auf Antrag des Prozessbevollmächtigten ausgesetzt, § 246 I ZPO, grundsätzlich bis zur Annahme der Erbschaft, §§ 246 II, 239 V ZPO. Rechtsstreitigkeiten *nach* dem Erbfall sind wie folgt zu beurteilen: Vor der Annahme kann der vor- 1659

1 Zur Genehmigungsbedürftigkeit der Erbschaftsausschlagung und ihren Ausnahmen für minderjährige Erben nach § 1643 II vgl. den Überblick bei *Becker* JA 2014, 101 ff.

2 Vgl. hierzu *Schreiber* JURA 2010, 117 ff.

3 Vgl. dazu *Brox/Walker* ErbR Rn. 316–318; *Leipold* ErbR Rn. 623 ff.; *Olzen* ErbR Rn. 812 ff.

läufige Erbe gem. § 1958 nicht verklagt werden,[4] wohl aber ein Nachlasspfleger, § 1960 III, dessen Bestellung ein Nachlassgläubiger erreichen kann, § 1961.

**1660** Die Frage, ob der vorläufige Erbe selbst klagen kann, regelt das Gesetz nicht, und es steht deshalb dem Prozessführungsrecht auch nicht entgegen. Regelmäßig liegt in der Klageerhebung gleichzeitig eine Annahme der Erbschaft.[5]

Die Zwangsvollstreckung gestaltet sich folgendermaßen:

**1661** Eine bereits gegen den Erblasser begonnene Zwangsvollstreckung wird (ausschließlich) in den Nachlass fortgesetzt, §§ 779 I, 778 I ZPO. Einer Umschreibung des Titels bedarf es nur, wenn die Zwangsvollstreckung aus einem Titel gegen den Erblasser nach dem Erbfall aufgenommen werden soll, § 727 ZPO. Vor Annahme der Erbschaft scheitert eine Titelumschreibung an § 1958. Ebenfalls ist es vor der Annahme ausgeschlossen, dass die persönlichen Gläubiger des vorläufigen Erben in den Nachlass vollstrecken, § 778 II ZPO.

4 Es ist str., ob die Annahme der Erbschaft eine Prozessvoraussetzung ist oder die mangelnde Passivlegitimation begründet, vgl. *Brox/Walker* ErbR Rn. 315. Eine vorherige Klage ist je nach Ansicht unzulässig (hM) oder unbegründet.

5 Vgl. dazu auch den hier behandelten Fall; zu den Einzelheiten MüKoBGB/*Leipold* § 1959 Rn. 12.

## B. Lösung

### 1. Teil. Ansprüche wegen der Dachreparatur

### I. Anspruch des W gegen T aus § 631 I

**1.** Ein Werkvertrag zwischen den Parteien ist zustande gekommen.

**2.** Fraglich erscheint jedoch, ob sich der Werklohnanspruch noch gegen T richtet, obwohl diese gegenüber dem Nachlassgericht am 6. Juli erklärt hat, die Erbschaft nicht behalten zu wollen. T könnte damit ihre Erbenstellung verloren haben, sodass die Wirkungen des Werkvertrags nunmehr uU den wirklichen Erben N treffen.

**a)** Zunächst stellt sich die Frage, ob T noch Erbin nach E ist.

**aa)** Als einzige Hinterbliebene des E wurde T am 1.6.2009 dessen gesetzliche Erbin gem. §§ 1922 I, 1924 I. Gem. § 1942 I ging die Erbschaft mit dem Erbfall auf die T über. **1662**

**bb)** T könnte ihre Erbenstellung durch Ausschlagung gem. § 1953 I rückwirkend verloren haben. Eine Ausschlagung kommt allerdings gem. § 1943 nur dann in Betracht, wenn die Erbschaft nicht vorher angenommen wurde. Somit stellt sich die Frage, ob T die Erbschaft bereits angenommen hatte. **1663**

Eine Annahme der Erbschaft kann auf dreierlei Arten erfolgen: durch ausdrückliche Erklärung des Erben, durch schlüssiges Annahmeverhalten oder durch Ablauf der Ausschlagungsfrist.[6] **1664**

**(1)** Eine ausdrückliche Annahmeerklärung hat T nicht geäußert. Auch war die sechswöchige Ausschlagungsfrist gem. § 1944 I am 6.7. noch nicht verstrichen, als sie die Erklärung gegenüber dem Nachlassgericht abgab.

**(2)** Damit kommt nur eine Annahme durch schlüssiges Verhalten in Betracht. Dies setzt eine nach außen erkennbare Handlung des Erben voraus, aus der man unter Berücksichtigung aller Umstände des Einzelfalles eindeutig schließen kann, der Erbe habe sich zur endgültigen Übernahme des Nachlasses entschlossen.[7] **1665**

**(a)** Ein derartiges Verhalten könnte darin liegen, dass T den W mit den Dacharbeiten für das zum Nachlass gehörige Haus beauftragte. Allerdings bestehen an dieser Auslegung Bedenken. Dem vorläufigen Erben, der sein Ausschlagungsrecht nicht verlieren möchte, steht gem. § 1959 I dennoch die Verwaltung des Nachlasses zu. Maßnahmen, die zur Sicherung und Erhaltung des Nachlasses unerlässlich sind, bringen daher regelmäßig keine Annahme zum Ausdruck.[8] Demzufolge lag in der Beauftragung des W keine Annahme der Erbschaft. **1666**

**(b)** Ein schlüssiges Annahmeverhalten könnte aber in der Einleitung des Mahnverfahrens gegen B zu sehen sein. Die Geltendmachung von Nachlassansprüchen,[9] zumal **1667**

6 MüKoBGB/*Leipold* § 1943 Rn. 2; s. zur Annahme durch Schweigen auch *Petersen* JURA 2003, 687 (689).
7 MüKoBGB/*Leipold* § 1943 Rn. 4; vgl. auch die Beispielsfälle bei Bamberger/Roth/*Siegmann/Höger* § 1943 Rn. 5 f.
8 MüKoBGB/*Leipold* § 1943 Rn. 5; Staudinger/*Otte*, 2008, § 1943 Rn. 8.
9 MüKoBGB/*Leipold* § 1943 Rn. 5.

die gerichtliche,[10] lässt sich als Annahme der Erbschaft deuten, wenn sie über den Rahmen der laufenden Verwaltung, der Fürsorge für den Nachlass, hinausgeht,[11] etwa bei drohender Verjährung.

Es drohte weder die Verjährung des Kaufpreisanspruchs noch sind besondere Umstände ersichtlich, die zum Schutze des Nachlasses eine sofortige gerichtliche Geltendmachung erfordert hätten. Die Einleitung des Mahnverfahrens gegen B ging damit über die laufende Verwaltung hinaus und erfüllte objektiv den Tatbestand einer konkludenten Annahmeerklärung.

1668 Fraglich ist, ob die Annahmeerklärung auch ein entsprechendes Erklärungsbewusstsein des vorläufigen Erben voraussetzt. Dagegen spricht, dass die §§ 1954 ff. eine Anfechtung der Annahme nach den allgemeinen Regeln, dh nach den §§ 119 ff. vorsehen, und zwar gem. § 1956 auch dann, wenn die Annahme durch Fristablauf angegriffen werden soll. Daraus ergibt sich, dass es für die Frage der Annahme zum Schutze der Rechtssicherheit allein auf den äußeren Tatbestand ankommt.[12]

Insgesamt liegen damit die Voraussetzungen einer wirksamen Annahmeerklärung vor.

cc) T könnte gem. §§ 1954 ff. die Annahme angefochten haben, als sie dem Nachlassgericht gegenüber erklärte, die Erbschaft nicht behalten zu wollen.

1669 (1) Eine Anfechtungserklärung gem. § 143 I in der Form des § 1955 S. 1 kann man bejahen.

(2) Zu prüfen ist der Anfechtungsgrund.

1670 (a) Zunächst kommt ein Inhaltsirrtum gem. § 119 I Fall 1 in Betracht. T könnte sich darüber geirrt haben, dass sie mit der Einleitung des Mahnverfahrens eine Annahme der Erbschaft zum Ausdruck brachte. Hierfür enthält der Sachverhalt allerdings keine Anhaltspunkte. Im Rahmen einer Anfechtung gem. § 119 I kann aber auch geltend gemacht werden, dass der Erklärende überhaupt keine Rechtsfolgen auslösen wollte: Weil allein aus dem objektiven Tatbestand der Rückschluss auf die Annahmeerklärung gezogen wurde, muss auch der Fall mangelnden Erklärungsbewusstseins als Inhaltsirrtum behandelt werden.[13] Somit ist der Anfechtungsgrund des § 119 I gegeben.

1671 (b) In Betracht kommt ferner ein Eigenschaftsirrtum gem. § 119 II. Obwohl die Vorschrift nur von Eigenschaften einer Sache spricht, ist dieser Begriff nicht in dem rechtstechnischen Sinne des § 90, sondern in einem weiteren Sinne zu verstehen; sie erfasst auch sonstige Gegenstände.[14] Damit ist auch die Erbschaft eine Sache iSd § 119 II.[15]

Vorliegend hat T sich über die Zugehörigkeit des OHG-Anteils zum Nachlass geirrt. Hierin müsste ein Irrtum über eine verkehrswesentliche Eigenschaft liegen.

10 Vgl. Palandt/*Weidlich* § 1943 Rn. 2.
11 Vgl. MüKoBGB/*Leipold* § 1943 Rn. 5.
12 Staudinger/*Otte*, 2008, § 1943 Rn. 8.
13 ZT wird hierin auch ein Erklärungsirrtum gesehen. Das Problem ist str. und aus dem Allgemeinen Teil bekannt, vgl. MüKoBGB/*Leipold* § 1954 Rn. 5.
14 Palandt/*Ellenberger* § 119 Rn. 27 mwN.
15 NK-BGB/*Ivo* § 1954 Rn. 10; MüKoBGB/*Leipold* § 1954 Rn. 11.

Zu den Eigenschaften einer Erbschaft gehört auch ihre Zusammensetzung. Der Irrtum über die Zugehörigkeit bestimmter Rechte zum Nachlass stellt somit einen Eigenschaftsirrtum dar.[16] Die Verkehrswesentlichkeit ergibt sich nach dem Sachverhalt daraus, dass die Beteiligung gewinnträchtig war. 1672

Da T ihre Erklärung gegenüber dem Nachlassgericht unmittelbar nach dem Zeitpunkt abgab, als sie vom Verlust des OHG-Anteils erfuhr, ergibt sich im Wege der Auslegung, dass sie in Kenntnis der wirklichen Umstände die Erbschaft nicht angenommen hätte; ihr Irrtum war somit auch ursächlich.

Mithin liegt auch der Anfechtungsgrund des § 119 II vor.

**(3)** Die Anfechtung erfolgte schließlich auch fristgemäß iSd § 1954 I.

Die wirksame Anfechtung der Annahme durch T gilt gem. § 1957 I als Ausschlagung. 1673
Diese wirkt gem. § 1953 I auf den Zeitpunkt des Erbfalles zurück. N ist daher gem. § 1953 II mit rückwirkender Kraft vom Zeitpunkt des Erbfalles an Erbe geworden.

**b)** Zu prüfen bleibt, ob damit N die Verpflichtungen aus dem zwischen T und W geschlossenen Werkvertrag treffen.

**aa)** Gem. § 1967 I haftet der Erbe, dh der N, für die Nachlassverbindlichkeiten. Gem. 1674
§ 1967 II sind nicht nur die vom Erblasser stammenden Schulden Nachlassverbindlichkeiten, sondern auch diejenigen, die der Erbe als solcher trägt, die sog. Erbfallschulden.[17] Hierzu zählen auch die sog. Nachlassverwaltungsschulden.

Die Reparatur eines schadhaften Daches stellt eine Maßnahme ordnungsgemäßer Nachlassverwaltung dar. Deshalb handelt es sich bei dem Werklohnanspruch um eine Nachlassverbindlichkeit iSd § 1967 II.

Fraglich erscheint, ob der endgültige Erbe in einem solchen Fall auch dann verpflich- 1675
tet wird, nachdem der vorläufige Erbe weggefallen ist, oder ob der vertragsschließende vorläufige Erbe weiterhin in Anspruch genommen werden kann. Für die erstgenannte Variante könnte der Vergleich mit der Vor- und Nacherbschaft sprechen. Beim Eintritt des Nacherbfalles gehen – wie sich aus der Gesetzessystematik der §§ 2115, 2144, 2145 ergibt – die Nachlassverbindlichkeiten auf den Nacherben über.[18] Jedoch gilt im Verhältnis zwischen vorläufigem und endgültigem Erben ein anderes Prinzip. Gem. §§ 1954 ff. fällt dem endgültigen Erben die Erbschaft rückwirkend an, während der Nacherbfall nur ex-nunc-Wirkung entfaltet. Dieser Unterschied gebietet es, auch den Übergang der Nachlassverbindlichkeiten zwischen dem vorläufigen und dem endgültigen Erben anders zu behandeln als im Falle der Nacherbschaft.

Die von T gegenüber W eingegangene Verbindlichkeit ist demnach zwar Nachlassverbindlichkeit gem. § 1967 II geworden, allerdings als solche nicht auf N übergegangen, sondern persönliche Verpflichtung der T geblieben.

**bb)** Der Werkvertrag zwischen T und W könnte jedoch gem. § 1959 III gegenüber N 1676
wirken. Dann müsste die Norm eingreifen, wenn Verpflichtungsgeschäfte mit Bezug

16 MüKoBGB/*Leipold* § 1954 Rn. 11; vgl. auch *Michalski* ErbR Rn. 154.

17 Die Gesetzesformulierung ist unscharf, weil auch die Erblasserschulden den Erben als solchen treffen, vgl. MüKoBGB/*Küpper* § 1967 Rn. 10. Deshalb ist es üblich, von sog. Erbfallschulden zu sprechen.

18 S. dazu BGHZ 32, 60 (64).

auf Nachlassgegenstände abgeschlossen wurden. Dagegen spricht aber, dass solche Rechtsgeschäfte nicht »gegenüber« dem vorläufigen Erben vorgenommen, sondern »mit ihm« geschlossen werden. Auch kann beim Abschluss eines Werkvertrags nicht von einem »müssen« im Sinne der Vorschrift die Rede sein.[19] Vielmehr ergibt die Auslegung, dass § 1959 III auf einseitige Rechtsgeschäfte im Verhältnis zum Erben zugeschnitten ist, zB Kündigungen, sodass die Norm hier nicht eingreift.

1677 **cc)** Überlegen lässt sich schließlich eine rechtsgeschäftliche Überleitung der Verpflichtung auf N gem. § 177 I.[20] Dafür fehlt es aber an einer Genehmigung durch N.

Mithin ist die Verpflichtung zur Zahlung des Werklohnes an W nicht auf N übergegangen. Der Anspruch des W aus § 631 I besteht vielmehr nach wie vor gegen T.

## II. Rückgriffsansprüche der T gegen N

### 1. Anspruch aus §§ 683 S. 1, 670

T könnte gegen N einen Anspruch auf Aufwendungsersatz wegen der Reparaturkosten gem. §§ 683 S. 1, 670 haben.

1678 **a)** T ging zum Zeitpunkt der Geschäftsführung von ihrer Erbenstellung aus und wollte ein eigenes Geschäft führen. Somit ist eine unmittelbare Anwendung der Vorschriften über die Geschäftsführung ohne Auftrag mangels Fremdgeschäftsführungswillens gem. § 687 I ausgeschlossen.

1679 **b)** In Betracht kommt jedoch eine Anwendung gem. § 1959 I. Die Norm enthält eine partielle Rechtsgrundverweisung auf die Geschäftsführung ohne Auftrag.[21]

1680 **aa)** Dies erfordert zunächst, dass der Erbe vor der Ausschlagung erbschaftliche Geschäfte besorgt. Der Begriff des Geschäftes ist – ebenso wie in § 677 – weit auszulegen und umfasst alle Handlungen des vorläufigen Erben, die sich auf den Nachlass beziehen.[22]

Danach handelt es sich bei der Beauftragung eines Werkunternehmers mit der Reparatur eines schadhaften Daches an einem zum Nachlass gehörigen Haus um die Besorgung eines erbschaftlichen Geschäftes durch die T.

1681 **bb)** Auf den Fremdgeschäftsführungswillen kann es deshalb nicht ankommen, da der Anwendungsbereich der Vorschrift andernfalls auf die Ausnahmefälle beschränkt wäre, in denen der vorläufige Erbe die Ausschlagung bereits in Aussicht genommen hatte.

1682 **cc)** Gem. § 1959 I muss das erbschaftliche Geschäft vor der Ausschlagung getätigt worden sein. Unter Ausschlagung ist auch diejenige durch wirksame Anfechtung der Annahme zu verstehen, da beide Fälle vom Gesetz gleich behandelt werden, wie sich aus § 1957 I ergibt.[23]

19 Vgl. auch MüKoBGB/*Leipold* § 1959 Rn. 8.
20 Vgl. Staudinger/*Marotzke*, 2008, § 1959 Rn. 12.
21 *Olzen* ErbR Rn. 816.
22 NK-BGB/*Ivo* § 1959 Rn. 4; MüKoBGB/*Leipold* § 1959 Rn. 3.
23 Vgl. MüKoBGB/*Leipold* § 1959 Rn. 3.

**c)** Somit ist T gem. § 1959 I wie ein Geschäftsführer ohne Auftrag berechtigt, von N als endgültigem Erben Aufwendungsersatz gem. §§ 683 S. 1, 670 zu verlangen.[24]

Aufwendungen sind freiwillige Vermögensopfer des Geschäftsführers.[25] Mithin zählt hierzu auch der Werklohn für die notwendige Dachreparatur. Der Umfang des Ersatzes bemisst sich gem. §§ 683 S. 1, 670 bei Verwendungen auf Sachen danach, ob sie für den Geschäftsherrn interessengemäß sind.[26] Bei der vorläufigen Erbschaft ist dagegen nicht auf den wirklichen oder mutmaßlichen Willen des endgültigen Erben abzustellen, weil der vorläufige Erbe regelmäßig keinen Fremdgeschäftsführungswillen hat. Vielmehr ist zu verlangen, dass erbschaftliche Geschäfte so geführt werden, wie dies ein verständiger Erbe mit Rücksicht auf die Art des Nachlasses tun würde.[27] **1683**

Bei verständiger Würdigung der Interessen eines Erben war eine Reparatur des Daches wegen des anhaltenden Sommerregens angezeigt. Entgegenstehende Interessen, insbesondere wegen des Verhältnisses der Nachlassmittel zu den Reparaturkosten, sind nicht ersichtlich. Somit sind die Reparaturkosten ersatzfähig gem. §§ 683 S. 1, 670.

Die Ersatzleistung richtet sich nach den allgemeinen Vorschriften der §§ 256, 257. Danach kann T von N gem. § 257 Befreiung von der Verbindlichkeit gegenüber W verlangen. **1684**

### 2. Anspruch aus § 2022 I 1

In Betracht kommt außerdem ein Verwendungsersatzanspruch der T gegen N gem. § 2022 I 1. Dann müsste die Vorschrift anwendbar sein.

**a)** Die §§ 2018 ff. regeln das Rechtsverhältnis zwischen Erbschaftsbesitzer und Erben. Der Erbschaftsbesitzer maßt sich ein nie bestehendes Erbrecht an, während der vorläufige Erbe bis zur Ausschlagung Erbe ist, wie sich aus § 1959 I ergibt. Für die Zeit bis zur Ausschlagung haftet der vorläufige Erbe nach der abschließenden Sonderregelung des § 1959 wie ein Geschäftsführer ohne Auftrag, die §§ 2018 ff. sind unanwendbar.[28] **1685**

**b)** Man könnte aber an eine entsprechende Anwendung des § 2022 denken, um den gutgläubigen, rechtmäßigen vorläufigen Erben nicht schlechter zu stellen, als den unrechtmäßigen Erbschaftsbesitzer. Im Hinblick auf § 2022 ist dies wegen des weiten Verwendungsbegriffes von Bedeutung. Der Erbe muss danach alle Verwendungen erstatten, gleichgültig, ob sie notwendig, nützlich oder werterhöhend waren.[29] **1686**

24 Ob der Aufwendungsersatzanspruch nach § 685 I ausgeschlossen sein kann, wird unterschiedlich beurteilt; er kommt hier nach dem Sachverhalt aber nicht in Betracht, vgl. dazu MüKoBGB/*Leipold* § 1959 Rn. 4 mwN in Fn. 7.

25 HK-BGB/*Schulze* § 670 Rn. 3; Palandt/*Sprau* § 670 Rn. 3.

26 MüKoBGB/*Seiler* § 683 Rn. 7.

27 MüKoBGB/*Leipold* § 1959 Rn. 4 mwN.

28 MüKoBGB/*Leipold* § 1959 Rn. 2; MüKoBGB/*Helms* § 2018 Rn. 19.

29 MüKoBGB/*Helms* § 2022 Rn. 4; für eine Anwendung zugunsten des vorläufigen Erben könnte man die gleichen Argumente anführen wie für eine entsprechende Anwendung der §§ 994 ff. auf den rechtmäßigen Fremdbesitzer, die mittlerweile allerdings weitestgehend abgelehnt wird; vgl. dazu Staudinger/*Gursky*, 2013, BGB Vorbem. §§ 994–1003 Rn. 34; Palandt/*Bassenge* Vorbem. § 994 Rn. 3 mwN.

Eine entsprechende Anwendung setzt jedoch eine Lücke im Gesetz voraus.[30] Sie ist vorliegend deshalb zu verneinen, weil T ihre Kosten über die § 1959 I iVm §§ 683 S. 1, 670 geltend machen kann.

### 3. Anspruch aus § 994 I 1

Hierzu müsste § 994 auf das Rechtsverhältnis zwischen vorläufigem und endgültigem Erben anwendbar sein.

1687 Die §§ 994–1003 regeln die Ansprüche des unrechtmäßigen Besitzers gegen den Eigentümer auf Verwendungsersatz.[31] Voraussetzung der Anwendbarkeit ist also grundsätzlich das Bestehen einer Vindikationslage im Zeitpunkt der Verwendungen. In der Zeit vor der Ausschlagung ist der vorläufige Erbe aber berechtigter Besitzer.[32] Daran ändert auch der rückwirkende Wegfall seiner Erbenstellung gem. § 1953 I nichts.[33] Es ist vielmehr auf die tatsächlichen Verhältnisse abzustellen. T hatte den unmittelbaren Besitz am Haus ergriffen.Mithin scheidet eine Anwendung des § 994 I 1 im Verhältnis zwischen vorläufigem und endgültigem Erben aus. T hat deshalb keinen Verwendungsersatzanspruch wegen der Reparaturkosten gegen N auf der Grundlage dieser Norm.

## 2. Teil. Ansprüche wegen der Münzen

### I. Anspruch N gegen B auf Zahlung von 500 EUR aus § 433 II

**1.** Durch Abschluss des Kaufvertrags hatte E gegen B einen Anspruch auf Zahlung des Kaufpreises gem. § 433 II erlangt. Dieser Anspruch ging gem. § 1922 I nach seinem Tode zunächst auf T über. Nach der gem. § 1953 I rückwirkenden Ausschlagung könnte der Anspruch nunmehr dem N zustehen.

1688 **2.** Dies wäre dann nicht der Fall, wenn der Anspruch durch Erfüllung seitens B gem. § 362 I untergegangen wäre. Hiernach erlischt das Schuldverhältnis, wenn die geschuldete Leistung an den Gläubiger bewirkt wird.

1689 B hat seine Schuld beglichen, allerdings an T geleistet, deren Gläubigerstellung durch Anfechtung der Annahme rückwirkend weggefallen ist. Dadurch stellt sich die Frage, ob die Leistung Erfüllungswirkung gegenüber N entfaltete. Dies könnte gem. § 1959 II der Fall sein. Voraussetzung dafür wäre zunächst, dass die Annahme der Leistung eine Verfügung über die Forderung darstellt.[34] Dafür sprechen auf den ersten Blick zum einen § 362 II mit dem Hinweis auf § 185, zum anderen § 816 II. Andererseits wären die genannten Vorschriften überflüssig, wenn die Annahme zum Zwecke der Erfüllung generell als Verfügung über die Forderung eingeordnet werden könnte. Vielmehr machen sie nur deutlich, dass die Erfüllung den gleichen Regeln folgt wie eine Verfügung. Aber auch wenn man die Annahme einer Leistung nicht als Verfügung bewertet, so erfordert sie doch eine gewisse Verfügungsmacht, die man als

30 → Rn. 114.
31 Vgl. Palandt/*Bassenge* Vorbem. § 994 Rn. 2.
32 Bamberger/Roth/*Siegmann*/*Höger* § 1959 Rn. 5; MüKoBGB/*Leipold* § 1959 Rn. 2.
33 Staudinger/*Marotzke*, 2008, § 1959 Rn. 14.
34 Vgl. Staudinger/*Olzen*, 2011, Vorbem. zu §§ 362 ff. Rn. 7 ff.; MüKoBGB/*Fetzer* § 362 Rn. 8 mwN.

Empfangszuständigkeit bezeichnet.[35] Dies spricht für eine Anwendung des § 1959 II.[36]

Andererseits ist die bei der Erfüllung mögliche und zumindest im Fall der Drittleistung gem. § 267 I sogar notwendige Tilgungsbestimmung ein Rechtsgeschäft[37] oder jedenfalls eine rechtsgeschäftsähnliche Handlung,[38] auf die rechtsgeschäftliche Regeln entsprechend anzuwenden sind. Damit kommt ebenso eine Anwendung des § 1959 III in Betracht.[39] 1690

Schließlich könnte man noch darauf abstellen, ob zur Erfüllung ein Rechtsgeschäft mit dem Erben erforderlich ist oder nicht. Dann könnte man im ersten Fall § 1959 II, im zweiten Fall § 1959 III anwenden.[40] 1691

Einer Entscheidung bedarf der Meinungsstand für den vorliegenden Fall aber nur dann, wenn sich aus den unterschiedlichen Auffassungen auch verschiedene Konsequenzen ergeben. Dies könnte deshalb der Fall sein, weil § 1959 II im Unterschied zu § 1959 III die *Dringlichkeit* der Verfügung als Tatbestandserfordernis enthält. Zum gleichen Ergebnis würde man aber gelangen, wenn die Dringlichkeit der Verfügung zu bejahen wäre. Sie könnte sich daraus ergeben, dass der wirkliche Erbe durch die Ablehnung der Leistung seitens des vorläufigen Erben in Annahmeverzug gem. §§ 293 ff. geriete. Dafür spricht, dass der vorläufige Erbe bis zur Ausschlagung die Rechtsposition eines Erben hat und demgemäß dem Schuldner die Möglichkeit eröffnet werden muss, die Rechtsfolgen des Gläubigerverzuges mit den Privilegierungen der §§ 300 ff. herbeizuführen. Dementsprechend ist die Dringlichkeit der Verfügung stets dann zu bejahen, wenn dem vorläufigen Erben eine fällige und erfüllbare Leistung angeboten wird, wie es vorliegend der Fall war.[41] Folgt man dieser Betrachtungsweise, so würde die Leistung an T im Verhältnis zu N befreiend wirken. Dafür lässt sich noch folgendes Argument anfügen: Das Problem der Erfüllung von Nachlassverbindlichkeiten gegenüber dem vorläufigen Erben steht in engem Zusammenhang mit seinem aktiven Prozessführungsrecht, das ihm als Träger der Nachlassrechte zukommt.[42] Von dieser Möglichkeit hat T vorliegend durch das gerichtliche Mahnverfahren auch Gebrauch gemacht. Wenn aber der Schuldner einer Nachlassforderung der gerichtlichen Inanspruchnahme durch den vorläufigen Erben ausgesetzt ist, dann muss der Leistung an ihn Erfüllungswirkung gegenüber dem endgültigen Erben beigemessen werden.[43] Deshalb ist B durch Zahlung an T frei geworden. 1692

N kann von B somit keine Zahlung der 500 EUR aus § 433 II verlangen.

35 PWW/*Pfeiffer* § 362 Rn. 9.
36 Staudinger/*Marotzke*, 2008, § 1959 Rn. 11.
37 PWW/*Pfeiffer* § 366 Rn. 12; Palandt/*Grüneberg* § 362 Rn. 7.
38 MüKoBGB/*Fetzer* § 366 Rn. 9.
39 MüKoBGB/*Leipold* § 1959 Rn. 10.
40 Staudinger/*Marotzke*, 2008, § 1959 Rn. 11; Erman/*Schmidt* § 1959 Rn. 4.
41 Vgl. Erman/*Schmidt* § 1959 Rn. 6; Staudinger/*Marotzke*, 2008, § 1959 Rn. 11.
42 MüKoBGB/*Leipold* § 1959 Rn. 11 mwN, auch zur gegenteiligen Ansicht.
43 Ein anderes Problem liegt darin, ob der vorläufige Erbe Leistung an sich verlangen kann, vgl. dazu MüKoBGB/*Leipold* § 1959 Rn. 11 m. Nachw. des Streitstandes. Ferner wird unterschiedlich beurteilt, ob ein rechtskräftiger Titel auch im Verhältnis zum endgültigen Erben wirkt; dies ist ebenfalls str., vgl. MüKoBGB/*Leipold* § 1959 Rn. 12.

### II. Anspruch des N gegen T auf Zahlung von 500 EUR

#### 1. Anspruch aus §§ 681 S. 2, 667, 1959 I

1693 Durch die Geltendmachung des Zahlungsanspruchs hat T vor der Ausschlagung ein erbschaftliches Geschäft iSd § 1959 I besorgt. Somit ist sie dem Erben N gegenüber wie ein Geschäftsführer ohne Auftrag zur Herausgabe des Erlangten verpflichtet. T muss gem. §§ 681 S. 2, 667, 1959 I die von B erhaltenen 500 EUR an N herausgeben.

#### 2. Anspruch aus § 816 II

1694 Ein Anspruch des N gegen T aus § 816 II auf Zahlung der 500 EUR scheidet aus, da B mit befreiender Wirkung an T geleistet und es sich nicht um eine Leistung an einen Nichtberechtigten gehandelt hat.[44]

### 3. Teil. Ergebnis

W hat einen Anspruch gegen T wegen der Dachreparatur aus § 631 I. T kann jedoch von N gem. § 257 Befreiung von dieser Verbindlichkeit verlangen. Verwendungsersatzansprüche stehen ihr hingegen nicht zu.

N hat gegen B keinen Zahlungsanspruch hinsichtlich der Münzen. Er hat jedoch einen Anspruch gegen T auf Herausgabe von 500 EUR aus §§ 681 S. 2, 667, 1959 I.

44 Vgl. auch MüKoBGB/ *Schwab* § 816 Rn. 72.

## Fall 39: »Der Umwelt zuliebe«

Am 17.12.2005 verstarb E und hinterließ als Erben zu gleichen Teilen seinen Enkelsohn A sowie die Enkeltöchter B und C. Zum Nachlass gehörten mehrere Grundstücke. Auf dem einen steht ein Ferienhaus und auf dem anderen ein Mehrfamilienhaus. Ferner enthielt der Nachlass Wertpapiere, 20.000 EUR in bar sowie die persönlichen Gegenstände des E. 1695

Da die anderen Erben weit entfernt wohnten, kam B, eine Rechtsanwältin, erst Anfang Januar 2006 dazu, die Unterlagen des E zu sichten. Sie fand einen Schriftwechsel über den Bau des Ferienhauses und die dabei vom Bauunternehmer U verschuldeten Mängel. Drei Tage nach seinem Einzug in das Ferienhaus hatte E dem U am 30.12.2000 eine Reihe von Beanstandungen mitgeteilt und dafür Schadensersatz verlangt. Aus den Unterlagen ging eindeutig hervor, dass seitdem mit Ausnahme eines umfangreichen Schriftwechsels nichts mehr geschehen war, E aber bis zuletzt die Ansprüche geltend machen wollte. B nahm die Unterlagen an sich, unternahm aber zunächst nichts. Als sie einige Zeit darauf mit den mittlerweile eingetroffenen anderen Erben die Nachlassabwicklung erörterte, vergaß sie den Vorfall. Die Miterbengemeinschaft kam am 22.1.2006 überein, die Erbschaft anzunehmen. Erst am 3.8.2006 erinnerte sich B an das immer noch bestehende Problem eventueller Ansprüche gegen U. Sie teilte es nunmehr A und C mit.

A bestellte einige Zeit nach dem Erbfall bei dem Heizungsbauer H zum Preise von 21.000 EUR eine neue Heizungsanlage. Die alte Anlage war zwar noch funktionsfähig, der Schadstoffausstoß auch rechtlich zulässig, jedoch nicht mehr technisch optimal. A stand auf dem Standpunkt, dass auch teure Maßnahmen angezeigt seien, um eine drohende Klimakatastrophe abzuwenden und dass die anderen Miterben mittragen müssten, was für Umwelt und Haus gut sei. Er wusste allerdings aus früheren Gesprächen mit B und C, dass diese eher wirtschaftlich orientiert waren und seine generell umweltbewusste Haltung nicht teilten. Dennoch verlangte er den an H gezahlten Betrag anteilig zurück. Bei der Versteigerung des Hauses im Rahmen der Erbauseinandersetzung fand sich ein Käufer, der – begeistert von der ökologisch vorbildlichen Anlage – einen 10.000 EUR über dem Marktpreis liegenden Betrag für das Haus zahlte.

**Frage 1: Zunächst fragt A Sie, ob er Ansprüche gegen seine Geschwister B und C wegen der Aufwendungen für die Heizungsanlage hat.**

**Frage 2: Sodann wollen A und C wissen, ob sie gegen die B wegen ihrer Untätigkeit vorgehen können.**

## A. Vorüberlegungen

Die Klausur behandelt Teilausschnitte aus einem schwierigen Rechtsgebiet, dem der Miterbengemeinschaft gem. §§ 2032 ff.: Es geht um Probleme im Rahmen der Verwaltung des Nachlasses durch die Miterben, ferner um die Haftung innerhalb der Miterbengemeinschaft.

Vorweg daher einige Bemerkungen zur Miterbengemeinschaft, die Ihre Kenntnisse ergänzen sollen.

### I. Die Miterbengemeinschaft

1696 Es handelt sich, wie bei der Gütergemeinschaft gem. § 1416 und der BGB-Gesellschaft gem. § 718 I, um eine Gesamthandsgemeinschaft ohne Rechtsfähigkeit.[1] Anders als diese genannten Gemeinschaften kommt die Miterbengemeinschaft allerdings durch den Erbfall und nicht durch freiwilligen Zusammenschluss zustande. Dem unfreiwilligen Zusammenschluss entspricht, dass die Miterben in notariell beurkundeter Form über ihren Anteil an der Gesamthandsgemeinschaft verfügen können gem. § 2033 I. Bei den übrigen Gesamthandsgemeinschaften ist dies hingegen nicht der Fall, vgl. §§ 719 I und 1419 I. Im Falle des Verkaufs haben die übrigen Miterben ein Vorkaufsrecht gem. §§ 2034 ff. Eine weitere Konsequenz des ungewollten Zusammentreffens in der Miterbengemeinschaft liegt darin, dass jeder Miterbe jederzeit grundsätzlich das Recht hat, die Auseinandersetzung zu verlangen, § 2042. Die Miterbengemeinschaft ist geradezu auf Auseinandersetzung ausgerichtet. Daraus resultiert ihre Bezeichnung als eine »sterbende, keine werbende Gemeinschaft«.[2]

1697 Aus dem Wesen der Gesamthandsgemeinschaft folgt, dass der Nachlass Sondervermögen wird, an dem den Miterben keine ideellen Bruchteile entstehen. An einzelnen Nachlassgegenständen besteht überhaupt keine besondere Berechtigung des einzelnen Miterben. Der Wortlaut des § 2033 II ist insoweit irreführend.[3] Der Gesetzgeber hat die Miterbengemeinschaft in der genannten Weise ausgestaltet, um auf möglichst einfache Weise den Nachlass als Haftungsgrundlage für die Nachlassgläubiger zu erhalten.[4] In diesen Zusammenhang gehört auch die Surrogationsvorschrift des § 2041, die ebenfalls dazu beiträgt, eine möglichst ungeschmälerte Haftungsmasse zu erhalten.

### II. Die Verwaltung des Nachlasses

1698 Mit der Verwaltung des Nachlasses bis zur Auseinandersetzung befasst sich die Klausur; es sei aber zusätzlich noch auf § 2040 hingewiesen, der das Prinzip der Gemeinschaftlichkeit bei *Verfügungen* über Nachlassgegenstände statuiert. Umstritten ist,

1 Bei der GbR handelt es sich indes um eine besondere Gesamthand, da ihr von der hM mittlerweile sowohl die Rechts- als auch die aktive und passive Parteifähigkeit zuerkannt wird, soweit sie durch Teilnahme am Rechtsverkehr eigene Rechte und Pflichten begründet (grdl. hierzu BGHZ 146, 341 ff.; vgl. auch den Überblick über die Entwicklung in der Rspr. bei *Kellermann* JA 2003, 648 ff.). Die Rechtsfähigkeit der Erbengemeinschaft lehnt der BGH dagegen bisher mangels Vergleichbarkeit mit der GbR ausdrücklich ab, s. BGH ZEV 2006, 27 (29); 2002, 504 (505). Zu den Folgen der fehlenden Parteifähigkeit der Erbengemeinschaft im Zivilprozess ein Überblick bei *Marquart/Klinkert* JuS 2012, 989 ff.

2 Vgl. *Lange/Kuchinke* ErbR § 42 I 5a, S. 1086.

3 Vgl. dazu auch BGH NJW 1997, 1150 (1151).

4 *Lange/Kuchinke* ErbR § 44 I 4, S. 1137.

wie sich diese Vorschrift zu § 2038 verhält, der Ausnahmen vom Gemeinschaftlichkeitsprinzip kennt. Jedenfalls im Rahmen der Notverwaltung gem. § 2038 I 2, 2. Hs. wird man einen Nachrang des Gemeinschaftlichkeitsprinzipes des § 2040 anerkennen müssen, damit notwendige Maßnahmen zugunsten des Nachlasses unverzüglich getroffen werden können.[5]

Fraglich ist, ob auch § 2038 II 1 iVm § 748 Vorrang vor § 2040 genießt, sodass auch 1699
bei ordnungsgemäßer Verwaltung, die mit Stimmenmehrheit beschlossen wurde, das Gemeinschaftlichkeitsprinzip für Verfügungen aufgehoben wird. Andernfalls müsste jedes Mal die Zustimmung der sich verweigernden Miterben eingeklagt werden, ein Vorgehen, das die Notverwaltung stark belasten würde. Deshalb sollte auch hier für die Verfügung über einzelne Nachlassgegenstände das Stimmenmehrheitsprinzip gelten. Für § 2040 bleibt dann allerdings nur noch ein kleiner Anwendungsbereich.[6]

Ein weiteres Problem liegt darin, ob sich die Vertretungsmacht des handelnden Mit- 1700
erben an § 2038 orientiert, der nur für das Innenverhältnis gilt. Sofern eine Maßnahme gemeinschaftlich beschlossen wird, aber von einem Miterben durchgeführt werden soll, hat dieser aufgrund des Beschlusses Vertretungsmacht. Nach ganz überwiegender Auffassung schafft auch der Mehrheitsbeschluss bezüglich einer Maßnahme ordnungsgemäßer Verwaltung für den handelnden Miterben Vertretungsmacht.[7] Im Rahmen der Notverwaltung wird man eine gesetzliche Vertretungsmacht aus § 2038 I 2 ableiten können.[8]

### III. Die Auseinandersetzung

Am Ende der Verwaltung steht in der Miterbengemeinschaft die Auseinandersetzung 1701
gem. §§ 2042 ff. Sie bleibt unter den Voraussetzungen der §§ 2043–2045 ausgeschlossen, und zwar in erster Linie, wenn der Erblasser es angeordnet hat, § 2044 I 1. Zu beachten ist jedoch, dass die Miterben sich gemeinschaftlich hierüber hinwegsetzen können, wenn niemand dagegen Maßnahmen ergreift, etwa ein Testamentsvollstrecker.[9] Umgekehrt können die Miterben allerdings auch vereinbaren, den Nachlass ungeteilt zu lassen, vgl. §§ 2044 I 2, 749.

Im Übrigen sind die Nachlassverbindlichkeiten gem. § 2046 zu berichtigen und evtl. 1702
die Überschüsse zu teilen. Sofern eine Teilung in Natur ausgeschlossen ist, muss der Gegenstand gem. §§ 2042 II, 753 in Geld umgesetzt werden. Teilungsanordnungen des Erblassers gem. § 2048 können dieses Verfahren modifizieren. Auch sie finden ihre Grenze am übereinstimmenden entgegenstehenden Willen aller Erbberechtigten.

Scheitert eine *gütliche* Einigung, kann jeder Miterbe die Auseinandersetzung unter 1703
Vermittlung des Nachlassgerichtes beantragen.[10] Es handelt sich um ein Verfahren der freiwilligen Gerichtsbarkeit gem. §§ 363 ff. FamFG, für das gem. § 3 Nr. 2c RPflG grundsätzlich der Rechtspfleger zuständig ist. Andernfalls bleibt der schwierige Weg der Erbteilungsklage, gerichtet auf Zustimmung zu einem näher bestimmten Teilungsplan.

5 *Brox/Walker* ErbR Rn. 507 mwN.
6 Vgl. zum Meinungsstand *Olzen* ErbR Rn. 986 ff.
7 BGHZ 56, 47; *Brox/Walker* ErbR Rn. 505.
8 Nachw. bei *Brox/Walker* ErbR Rn. 505.
9 Vgl. BGHZ 40, 115.
10 Ausf. hierzu *Zimmermann* ZEV 2009, 374 ff.

1704 Für den Ausgleich lebzeitiger Zuwendungen unter Abkömmlingen als *gesetzliche* Erben gelten die §§ 2050–2057a. Den Gegenstand der Ausgleichspflicht bestimmt § 2050, das Verfahren finden Sie in § 2055. Eine Herausgabe von zuviel Empfangenem findet nicht statt, § 2056. Den umgekehrten Fall, dass der Erblasser zu Lebzeiten etwas von einem Abkömmling erhalten hat, regelt § 2057a.[11]

## IV. Zum Fall selbst

Bei der ersten Frage geht es um die Verwaltung durch einen Miterben gem. § 2038. [12] Dabei ist zu unterscheiden:

1705 **1.** Grundsätzlich gilt das Prinzip der Gemeinschaftlichkeit, § 2038 I 1.

1706 **2.** Die ordnungsgemäße Verwaltung kann – wie erwähnt – auch durch Stimmenmehrheit festgelegt werden, §§ 2038 I 2, 1. Hs., II, 745. Die Mehrheitsverhältnisse bestimmen sich nach den Erbquoten, §§ 2038 II 1, 745 I 2. Jeder Miterbe schuldet Mitwirkung, § 2038 I 2, 1. Hs.

1707 **3.** Notverwaltungsmaßnahmen kann jeder Miterbe allein vornehmen, § 2038 I 2, 2. Hs.

1708 Liegt eine gemeinschaftliche Entscheidung aller Miterben vor, so hat der handelnde Miterbe grundsätzlich einen Aufwendungsersatzanspruch nach Auftragsrecht gem. §§ 662, 670. Im Falle ordnungsgemäßer Verwaltung aufgrund eines *Mehrheitsbeschlusses* müssen Sie erwägen, ob dann ebenfalls ein Auftrag mit der Folge des § 670 vorliegt oder die §§ 2038 I 2, II, 748 die Anspruchsgrundlage darstellen. Im Fall scheitert beides bereits an dem notwendigen Mehrheitsbeschluss. Zu überlegen ist, ob A ihn gem. § 2038 I 2, 1. Hs. erzwingen kann.

Bei einer Notverwaltungsmaßnahme schließlich schulden die Miterben Aufwendungsersatz aus Geschäftsführung ohne Auftrag. Bedenken Sie dabei eventuelle Konkurrenzprobleme. Zu beachten ist, dass je nach Art der Aufwendung unterschiedliche Anspruchsgrundlagen aus dem Recht der GoA in Betracht kommen, vgl. § 683 S. 1 iVm § 670 sowie §§ 684, 812.

1709 Wenn Sie auf diese Weise zu einer Haftung der Miterbengemeinschaft gelangen, müssen Sie noch entscheiden, wie sie haftet, da auch der handelnde A selbst Miterbe ist. Sofern man in dieser Situation überhaupt eine gesamtschuldnerische Haftung der Miterben gem. §§ 2058 f. für gegeben hält, stellt sich die Frage, wie sich der Umstand auswirkt, dass auch A selbst einen Anteil entsprechend seiner Erbquote zu tragen hat. Ferner ist zu überlegen, ob A auch die sog. Gesamthandsklage gem. § 2059 II erheben kann.[13]

1710 **4.** Die zweite Variante behandelt sozusagen die Kehrseite der Berechtigung zur Notverwaltung, dh die Frage, ob ein Miterbe zu entsprechenden Maßnahmen bei Vermeidung von Schadensersatzansprüchen den übrigen Miterben auch verpflichtet ist. Hier treffen Sie auf die Schwierigkeit, eine Anspruchsgrundlage zu finden, sowie das Problem, ob der Miterbe auch eigene Mittel für die erforderliche Maßnahme einsetzen muss. Außerdem ist zu prüfen, wie sich die gerichtliche Geltendmachung der

11 Um die Höhe der Ausgleichung zu bestimmen, ist eine »Gesamtschau« vorzunehmen. Im Übrigen schließt die Stellung als Alleinerbe die Ausgleichung nach den §§ 2316 I 1, 2057a I 1 gegenüber den Ansprüchen der Pflichtteilsberechtigten nicht aus, OLG Schleswig NJW-RR 2013, 205.

12 Vgl. den Überblick bei *Stützel* NJW 2013, 3543 ff.

13 Nach Teilung des Nachlasses gilt für die Haftung der Miterben § 2060, lies auch §§ 2061–2063.

Gewährleistungsansprüche gegen U auf den Nachlass ausgewirkt hätte. Dabei stellt sich ein Verjährungsproblem, wie Sie aus den Daten unschwer ablesen können.

Am Schluss überlegen Sie bitte wiederum genau, wer den Anspruch in welcher Höhe geltend machen kann.

## B. Lösung

### Frage 1:

### 1. Teil. Ansprüche des A gegen die Erbengemeinschaft auf Aufwendungsersatz wegen der Heizungsanlage

#### I. Anspruch gem. §§ 662, 670 iVm § 2038 I 1

Ein solcher Anspruch setzt voraus, dass die Miterbengemeinschaft A einen Auftrag im Hinblick auf den Einbau der Heizungsanlage erteilt hat.

1711 **1.** Dies wäre zunächst dann der Fall, wenn die Miterbengemeinschaft diese Maßnahme gemeinschaftlich im Rahmen des § 2038 I 1 beschlossen hätte.

A, B und C sind als Erben erster Ordnung gem. § 1924 I, IV Miterben gem. §§ 1922 I, 2032 ff. geworden. Allerdings liegt eine einhellige Entscheidung der Erbengemeinschaft nicht vor. Vielmehr hat A allein gehandelt, ohne die Zustimmung der Miterben zu dieser Verwaltungsmaßnahme einzuholen. Somit fehlt es an der Gemeinschaftlichkeit der Entscheidung.

1712 **2.** Unter den Voraussetzungen der §§ 2038 I 2, 1. Hs., II, 745 kann die Verwaltung auch durch Mehrheitsentscheidung erfolgen. Ein entsprechender Beschluss liegt aber ebenfalls nicht vor. Zu prüfen ist jedoch, ob A gem. § 2038 I 2, 1. Hs. die Zustimmung seiner Miterben erzwingen und damit auch die Anwendung des Auftragsrechtes herbeiführen kann. Unabhängig von der Frage, ob der Einbau der Heizungsanlage eine Maßnahme ordnungsgemäßer Verwaltung darstellt, eröffnet sich diese Möglichkeit zur Anwendung des Auftragsrechtes aber nur dann, wenn die Zustimmung vor der Durchführung der Maßnahme erzwungen wurde.[14] § 684 S. 2 macht deutlich, dass die Genehmigung einer Geschäftsführung nicht rückwirkend zur Herstellung vertraglicher Beziehungen zwischen Geschäftsführer und Geschäftsherrn führt.[15]

Somit scheidet ein Anspruch aus den §§ 662, 670 iVm § 2038 I aus.[16]

#### II. Anspruch gem. §§ 2038 I 2, 2. Hs. iVm §§ 2038 II 1, 748[17]

1713 Eine berechtigte Verwaltung, die zu einem Erstattungsanspruch führen kann, würde ferner vorliegen, wenn die Maßnahme iSd § 2038 I 2, 2. Hs. notwendig war. Dies setzt neben der Notwendigkeit auch die Dringlichkeit der Maßnahme in der Form voraus, dass eine Zustimmung der übrigen Miterben nicht eingeholt werden konnte.[18]

Der Einbau der neuen Heizungsanlage war jedoch nicht erforderlich, um den Wert des Nachlassgegenstandes zu erhalten,[19] sondern nützlich für die Umwelt. Selbst wenn man daraus auf eine Nützlichkeit für das Haus selbst schließt, reicht dies für

---

14 AA wohl *Brox/Walker* ErbR Rn. 498: Anspruch aus Auftrag.

15 Vgl. iE MüKoBGB/*Seiler* § 684 Rn. 13 ff.

16 Sofern Sie hinsichtlich der Genehmigungswirkungen anderer Ansicht sind und von einem rückwirkend entstehenden Auftragsverhältnis ausgehen möchten, müssten Sie zur Ordnungsgemäßheit der Verwaltung Stellung nehmen. Sie wäre wohl schon deshalb zu verneinen, weil durch die Maßnahme Zahlungspflichten der einzelnen Miterben begründet werden; vgl. für die werterhöhenden Maßnahmen iE MüKoBGB/*K. Schmidt* § 745 Rn. 26 mwN.

17 ZT wird wohl § 748 nicht als selbstständige Anspruchsgrundlage angesehen, vgl. dazu Soergel/*Wolf* § 2038 Rn. 20 f.; *Lange/Kuchinke* ErbR § 43 II 7 b, S. 1118.

18 *Brox/Walker* ErbR Rn. 494.

19 Vgl. dazu BGH NJW 1987, 3001.

die Voraussetzungen der Notverwaltung nicht aus.[20] Mangels Vorliegens einer Notverwaltungsmaßnahme scheidet der Anspruch aus.

### III. Anspruch gem. §§ 683 S. 1, 670, 677

**1.** Zweifelhaft ist zunächst, ob diese Vorschriften anwendbar sind.

**a)** So könnten die Vorschriften über die Erbengemeinschaft gem. §§ 2038 ff. die Normen der GoA verdrängen. Dies ist jedoch deshalb zu verneinen, weil § 2038 iVm dem Recht der Gemeinschaft oder dem Auftragsrecht einen Aufwendungsersatzanspruch des handelnden Miterben nur in den zwei Fällen gewährt, dass entweder die Zustimmung der Miterbengemeinschaft vorliegt oder die engen Voraussetzungen der Notverwaltung gegeben sind. Offen ist damit der Ersatz für alle wertsteigernden Maßnahmen, für die bei Ausschluss der GoA eine Lücke verbleiben würde.[21] **1714**

**b)** Die §§ 677 ff. könnten allerdings dann unanwendbar sein, wenn zwischen dem Ersatz verlangenden Erben und der Erbengemeinschaft eine Vindikationslage iSd §§ 987 ff. bestünde. Möglicherweise stellen die Vorschriften über das Eigentümer-Besitzer-Verhältnis abschließende Regelungen dar, die schuldrechtliche Anspruchsgrundlagen verdrängen.[22] **1715**

Ob eine solche verdrängende Konkurrenz tatsächlich besteht, kann aber dann offen bleiben, wenn im vorliegenden Fall die Anwendung der §§ 987 ff. ohnehin scheitert. Dies wäre dann der Fall, wenn zwischen A und der Erbengemeinschaft zum Zeitpunkt der Verwendung keine Vindikationslage bestand.

Gem. §§ 2038 II 1, 743 II ist jeder Erbe zum Besitz der Nachlassgegenstände berechtigt, solange er die übrigen Miterben nicht in ihrem Recht auf Mitbesitz und Mitgebrauch beeinträchtigt.[23] Eine solche Beeinträchtigung läge nur vor, wenn A den anderen Erben den Mitgebrauch an dem Mietshaus verweigert hätte.[24] Dies war jedoch nach dem Sachverhalt nicht der Fall, sodass A kein unberechtigter Besitzer gewesen ist. Damit scheidet eine Anwendung der §§ 987 ff. aus, sodass die Regeln über die Geschäftsführung ohne Auftrag nicht ausgeschlossen sind. **1716**

**2.** Ein Anspruch gem. §§ 683 S. 1, 670, 677 setzt zunächst voraus, dass eine Geschäftsbesorgung iSd § 677 vorgelegen hat. Darunter versteht man jede Tätigkeit, die Gegenstand eines Auftrages gem. § 662 sein kann, auch die Vornahme von Rechtsgeschäften.[25] Der Abschluss des Vertrags mit H erfüllt somit das Tatbestandsmerkmal der Geschäftsbesorgung iSd § 677. **1717**

Fremdgeschäftsführungswille des A ist lt. Sachverhalt ebenfalls gegeben: A will für die übrigen Miterben handeln; er ist der Auffassung, diese müssten die umweltschonende Maßnahme mittragen.

20 Vgl. Palandt/*Weidlich* § 2038 Rn. 11.
21 Dies entspricht allgemeiner Ansicht, vgl. nur *Brox/Walker* ErbR Rn. 498; BGH NJW 1987, 3001.
22 Vgl. BGHZ 39, 186 (188 f.); zu den diskutierten Ausnahmen Palandt/*Bassenge* Vorbem. § 987 Rn. 18.
23 Vgl. BGH NJW 1987, 3001.
24 Vgl. BGH NJW 1987, 3001.
25 HK-BGB/*Schulze* § 677 Rn. 2; Jauernig/*Mansel* § 677 Rn. 2.

Schließlich fehlt es nach dem zu § 2038 Ausgeführten an einem Auftrag oder einer sonstigen Berechtigung.

Gem. § 683 S. 1 müsste allerdings die Geschäftsführung dem Interesse und dem Willen der Erbengemeinschaft entsprochen haben.

Dem wirklichen Willen der Erbengemeinschaft entsprach der Einbau der Heizungsanlage nicht, wie sich aus der ablehnenden Haltung der Erben entnehmen lässt. A wusste aus früheren Gesprächen um die Einstellung seiner Geschwister. Deren – wenngleich nur generell – vorhandene ökonomische Einstellung hätte aus ihrer Sicht den Einbau der neuen Heizungsanlage ohne wirtschaftliche Notwendigkeit verhindert.

Somit liegen die Voraussetzungen des § 683 S. 1 nicht vor,[26] ein Anspruch gem. §§ 683 S. 1, 670, 677 entfällt.

### IV. Verwendungsersatzanspruch gem. §§ 684 S. 1, 812

**1.** Die Voraussetzungen der berechtigten GoA sind nicht gegeben.

1718 **2.** Fraglich ist jedoch, ob § 684 S. 1 durch § 687 II 1 ausgeschlossen wird. Dies ist dann der Fall, wenn A in Kenntnis seiner mangelnden Berechtigung das Geschäft als eigenes behandelte.[27]

Nun hat A zwar gewusst, dass er weder aufgrund einer einstimmigen Entscheidung der Erbengemeinschaft noch im Rahmen einer durch Mehrheit beschlossenen ordnungsgemäßen Verwaltung handelte. Dies reicht jedoch nicht für die Annahme aus, A habe auch Kenntnis von der mangelnden Berechtigung zum Einbau der Heizungsanlage gehabt.[28] Sofern ein Erbe annimmt, sein Handeln liege im Rahmen des Notverwaltungsrechtes gem. § 2038 I 2, 2. Hs., liegt mangels Kenntnis keine unerlaubte Eigengeschäftsführung vor.[29]

Vorliegend ging A davon aus, sein Notverwaltungsrecht decke die von ihm geplante umweltschonende Maßnahme; er meinte, die Erben müssten sich an der ökologisch sinnvollen Investition beteiligen. Deshalb greift § 687 II nicht ein.

**3.** Fraglich ist, ob die Erfordernisse des § 812 I zu prüfen sind.

1719 **a)** Dieses Problem stellt sich nicht im Rahmen des Bereicherungsgegenstandes; insoweit deckt sich der Tatbestand mit dem »alles« iSd § 684 S. 1. Gegenstand der Herausgabe ist hier der im Versteigerungsverfahren erlöste Differenzbetrag iHv 10.000 EUR, der auf die neue Heizungsanlage zurückzuführen ist.

**b)** Ob die weiteren Voraussetzungen des § 812 I 1 vorliegen müssen, entscheidet sich danach, ob es sich bei § 684 S. 1 um eine Rechtsgrund- oder eine Rechtsfolgenverweisung handelt.

---

26 Sollten Sie hinsichtlich des Willens anderer Auffassung sein, würde der Einbau der Heizungsanlage dem Interesse der Erbengemeinschaft nur entsprechen, wenn er objektiv nützlich wäre, vgl. Jauernig/*Mansel* § 683 Rn. 3. Vorliegend ist diese Nützlichkeit nur für das subjektive Empfinden das A gegeben, die Umwelt ohne Rücksicht auf Wirtschaftlichkeit schützen zu wollen. Deshalb scheitert der Anspruch auf jeden Fall.

27 Zum Ausschluss der §§ 684 S. 1, 812 durch § 687 II vgl. BGH NJW 1987, 3001.

28 Vgl. dazu auch BGH NJW 1987, 3001 (3002).

29 Vgl. BGH NJW 1987, 3001.

Gegen eine Rechtsgrundverweisung spricht, dass die Vorschrift dann an sich überflüssig wäre, weil mangels Vorliegens einer berechtigten GoA der Weg zum Bereicherungsrecht ohnehin offenstünde. 1720

Fasst man § 684 S. 1 aber als bloße Rechtsfolgenverweisung auf, so müsste der Anspruch andererseits selbst dann gewährt werden, wenn die anspruchshindernden Voraussetzungen der §§ 814, 815 oder 817 S. 2 dem Bereicherungsanspruch entgegenstünden. Da das Gesetz eine so weitgehende Haftung des Geschäftsherrn über das Bereicherungsrecht hinaus auch an anderer Stelle nicht kennt, ist davon auszugehen, dass sie auch hier nicht gewollt ist.[30] Somit enthält § 684 S. 1 eine klarstellende Rechtsgrundverweisung.[31] Deshalb ist entscheidend, ob der (weitere) Tatbestand des § 812 I vorliegt. 1721

**aa)** Für eine Leistung fehlt es an dem erforderlichen Leistungszweck.[32]

**bb)** A hat jedoch Verwendungen auf eine ihm – jedenfalls zT – nicht gehörende Sache gemacht und damit in sonstiger Weise (auch) das Vermögen der übrigen Miterben bereichert.

**cc)** Da der Rechtsgrund in Form einer berechtigten GoA nicht gegeben ist, liegt der Tatbestand einer Verwendungskondiktion vor.[33]

**4.** Zu prüfen bleibt, wie B und C dem A haften. Grundsätzlich haftet die Miterbengemeinschaft einem Nachlassgläubiger gegenüber gesamtschuldnerisch, § 2058, oder gesamthänderisch, § 2059 II. Vorliegend besteht aber die Besonderheit, dass A gleichzeitig Gläubiger und als Miterbe auch Schuldner der Forderung ist. 1722

Berücksichtigt man den Umstand, dass die gesamtschuldnerische Haftung der Miterben auf der Überlegung beruht, dass ein Gläubiger, der eine Forderung gegen den *Erblasser* hatte, nunmehr nicht auf eine Vielzahl von Schuldnern verwiesen werden soll, so gilt diese Betrachtungsweise nicht im Verhältnis der Miterben zueinander. Anderer Auffassung könnte man nur sein, wenn die Forderung bereits zu Lebzeiten des Erblassers entstanden war. Hier wusste A aber ganz genau, dass er seine Regressansprüche bei zwei Personen würde durchsetzen müssen. Zieht man hinzu, dass im Gemeinschaftsverhältnis nur eine anteilige Haftung gem. § 748 in Betracht kommt, so sprechen alle diese Erwägungen gegen eine gesamtschuldnerische Haftung von B und C.[34] 1723

A kann demgemäß entweder gegen die Miterben B und C gesamthänderisch gem. § 2059 II unter Abzug seines Eigenanteils vorgehen[35] oder B und C als Teilschuldner in Anspruch nehmen, wiederum unter Berücksichtigung seines Eigenanteils.[36]

Auf der Grundlage des Versteigerungsmehrerlöses ergibt sich damit eine jeweilige Teilforderung iHv 3.333,33 EUR gegen B und C oder eine Forderung gegen B und C als Gesamthänder iHv 6.666,66 EUR.

30 MüKoBGB/*Seiler* § 684 Rn. 4.
31 MüKoBGB/*Seiler* § 684 Rn. 4.
32 Vgl. aber MüKoBGB/*Seiler* § 684 Rn. 4.
33 Vgl. auch *Medicus/Petersen* BürgerlR Rn. 898, 947, 434.
34 Vgl. ausf. zu diesem Problem *Lange/Kuchinke* ErbR § 50 VII 1 S. 1292 f. (der allerdings im vorliegenden Fall anders entscheiden würde); aA auch *Brox/Walker* ErbR Rn. 732; Erman/*Bayer* BGB § 2058 Rn. 4.
35 Vgl. Erman/*Bayer* § 2058 Rn. 4 mwN.
36 Vgl. auch MüKoBGB/*Ann* § 2058 Rn. 28; die hM entscheidet anders; vgl. BGH NJW-RR 1988, 710. Deshalb können Sie selbstverständlich auch die gegenteilige Ansicht vertreten.

### 2. Teil. Ergebnis zu Frage 1:

A hat gegen seine Geschwister B und C gem. § 684 S. 1 iVm § 812 einen Anspruch wegen der Aufwendungen für die Heizungsanlage.

### Frage 2:

### I. Anspruch der Miterbengemeinschaft gegen B gem. § 280 I wegen Verletzung der Notverwaltungspflicht

Die Miterbengemeinschaft könnte gegen B einen Schadensersatzanspruch haben, weil diese es unterlassen hat, nach Kenntnis des Sachverhaltes gerichtliche Maßnahmen zu ergreifen, um die drohende Verjährung der Schadensersatzansprüche gegen U zu hemmen.

#### 1. Handlungspflicht

1724 Der Anspruch setzt voraus, dass eine dahingehende Verpflichtung der B bestand. Sie könnte sich aus § 2038 I 2, 2. Hs. ergeben. Danach ist jeder Miterbe zu Notverwaltungsmaßnahmen berechtigt. Fraglich erscheint indessen, ob daraus andererseits auch eine Verpflichtung zum Handeln entsteht.[37] Dabei ist zu berücksichtigen, dass der Nachlass den Miterben zur gesamten Hand zusteht. Hieraus resultiert eine enge rechtliche Bindung der Beteiligten zueinander. Deshalb entspricht der Berechtigung zur Notverwaltung jedenfalls dann eine Verpflichtung, wenn der betreffende Miterbe durch eine notwendige und nicht aufschiebbare Maßnahme Schaden vom Nachlass abwenden kann. Art und Umfang der Verpflichtung hängen dabei von den Umständen des Einzelfalles ab.

Zu prüfen ist also, ob die gerichtliche Durchsetzung der Schadensersatzansprüche gegen U eine solche unaufschiebbare Maßnahme war, die nur B ergreifen konnte.

1725 Prinzipiell besteht eine Verpflichtung jedes Miterben, durch geeignete Maßnahmen Schaden vom Nachlass abzuwenden, sofern dies im Einzelfall einem »durchschnittlichen« Erben möglich und zumutbar ist. Da vorliegend kein tatsächliches, sondern ein rechtliches Handeln gefordert war, stellt sich die Frage, welcher objektive Pflichtenrahmen bestand. Dabei kann man von einem Durchschnittserben nicht verlangen, dass er die juristische Situation, hier eventuell verbunden mit komplizierten Verjährungsfragen, selbst beurteilt. Ersichtlich war aber, dass E bis zu seinem Tode geglaubt hatte, Schadensersatzansprüche gegen U zu haben. Auf dieser Grundlage hätte jeder Erbe zunächst dadurch tätig werden können, dass er entsprechenden Rechtsrat einholte. Die Untätigkeit der B stellt damit eine Pflichtverletzung dar.

#### 2. Zumutbarkeit

Fraglich ist jedoch, ob einer Verpflichtung der B entgegensteht, dass sie zur Durchsetzung des Anspruches Geld hätte vorschießen müssen.

1726 Bei Klageerhebung durch einen Rechtsanwalt wären neben einem eventuell gem. § 9 RVG von diesem verlangten Vorschuss drei Gerichtsgebühren gem. § 12 I 1 GKG iVm Nr. 1210 des Kostenverzeichnisses Anl. 1 zum GKG notwendig gewesen. Auch

37 *Brox/Walker* ErbR Rn. 496; bei Unaufschiebbarkeit wird die Verpflichtung auch bejaht von *Lange/Kuchinke* ErbR § 43 II 4 c, S. 1114.

der Antrag auf Mahnbescheid hätte gem. § 12 III GKG iVm Nr. 1100 des Kostenverzeichnisses die Einzahlung einer 1/2 Gebühr erfordert. Selbst eine juristische Beratung der B als Miterbin hätte Geld gekostet.

Problematisch ist, ob der B eine solche Vorleistungspflicht nach Treu und Glauben (§ 242) zugemutet werden kann oder ob dadurch die Verpflichtung zur Vornahme der Notverwaltungsmaßnahme ausgeschlossen ist. Dabei sind im Rahmen der Zumutbarkeit die Umstände des Einzelfalles zu berücksichtigen. Dem verpflichteten Miterben dürfen jedenfalls keine unzumutbaren Zahlungspflichten auferlegt werden.[38] Ferner muss sicher sein, dass der Miterbe die entsprechenden Beträge später ersetzt erhält. 1727

Vorliegend ist zu berücksichtigen, dass B als Rechtsanwältin unschwer einen Mahnbescheid selbst hätte beantragen können, sodass der Kostenvorschuss auf eine ½ Gebühr vom entsprechenden Streitwert beschränkt gewesen wäre. Da lt. Sachverhalt U die Fehler des Werkes verschuldet hatte, wären ihr nach Obsiegen im Rechtsstreit aller Voraussicht nach diese Kosten und alle weiteren Kosten gem. § 91 ZPO erstattet worden. Da aber letztlich sowohl ein Prozesskostenrisiko als auch – in Abhängigkeit von der Liquidität des U – ein Kostenerstattungsrisiko besteht, muss darauf abgestellt werden, ob die B ihre Schuld gegen den Nachlass hätte durchsetzen können.[39] Hieran bestehen nach dem Sachverhalt, der nicht von größeren Nachlassverbindlichkeiten, wohl aber von hohen Nachlassaktivposten ausgeht, keine Bedenken.

Damit war B verpflichtet, gerichtliche Maßnahmen gegen U, zunächst auch auf ihre Kosten, einzuleiten. Diese Verpflichtung hat sie verletzt.

### 3. Kausalität

Fraglich ist allerdings, ob diese Pflichtverletzung kausal für einen Schaden sein konnte. Dies wäre dann nicht der Fall, wenn der Anspruch zu dem Zeitpunkt, als B Kenntnis von dem Schriftwechsel des Erblassers nahm, bereits verjährt war.

Dieser Anspruch verjährte nach fünf Jahren, da es sich hier um einen Werkvertrag – gerichtet auf die Erstellung eines Bauwerkes – handelte, § 634a I Nr. 2. Die Verjährung beginnt gem. § 634a II mit der Abnahme des Werkes, die gem. § 640 auch durch schlüssiges Verhalten erklärt werden kann.[40] Die Abnahme erfolgte also durch den Einzug des E in das Ferienhaus am 27.12.2000. Damit trat grundsätzlich am 27.12.2005[41] Verjährung ein, mit der Folge, dass U sich ab dem 28.12.2005 und damit auch Anfang 2006, als B die Unterlagen sichtete, gem. § 214 I auf die Verjährung der gegen ihn gerichteten Forderung berufen konnte. Daraus ergibt sich gleichzeitig, dass B durch eine gerichtliche Maßnahme Anfang 2006 die Verjährung an sich nicht mehr hemmen konnte, vgl. § 204. 1728

38 Vgl. *Lange/Kuchinke* ErbR § 43 II 4 c, S. 1114.

39 So auch *Lange/Kuchinke* ErbR § 43 II 4 c, S. 1114; demgegenüber stellt BGH JZ 1953, 706 nur auf Zumutbarkeit ab; gegen eine entsprechende Zahlungspflicht des notverwaltenden Miterben Staudinger/*Werner*, 2010, BGB § 2038 Rn. 42.

40 Vgl. BGHZ 94, 117 (119) mwN.

41 Dies war ein Montag.

1729 Allerdings ist § 211 zu beachten. Danach kann mit dem Erbfall für Ansprüche, die zum Nachlass gehören, eine Ablaufhemmung eintreten. Dies ist auch bei dem Schadensersatzanspruch des § 634 Nr. 4 Var. 1, den E gegen U hatte, der Fall.

Die Ablaufhemmung dauerte im vorliegenden Falle sechs Monate ab Annahme der Erbschaft, die am 22.1.2006 durch die Miterben erfolgte. Mithin verjährte der Anspruch erst am 24.7.2006, §§ 187 f., sodass B bis dahin die Möglichkeit der Verjährungshemmung hatte. Somit ist die Kausalität zu bejahen.

#### 4. Verschulden

1730 Ferner müsste ihr ein Verschulden gem. § 276 zur Last fallen. In Betracht kommt vorliegend Fahrlässigkeit gem. § 276 II. Prinzipiell kommt es für den Verschuldensmaßstab auf den durchschnittlichen Angehörigen des jeweiligen Verkehrskreises an, hier also auf eine »durchschnittliche Miterbin«. Diesbezüglich könnte man zweifeln, ob von einem Miterben Kenntnisse hinsichtlich der Verjährung werkvertraglicher Gewährleistungsansprüche zu erwarten ist. Der Schuldner muss sich aber Sonderkenntnisse und Fähigkeiten, die er besitzt, ebenfalls anrechnen lassen.[42] Wegen ihrer Ausbildung als Juristin war B in der Lage, die drohende Verjährung zu erkennen, sodass ihre Pflichtverletzung fahrlässig und damit schuldhaft erfolgte.

#### 5. Anspruchsumfang

1731 Der Schadensersatzanspruch bemisst sich nach § 249 I. Danach ist die Miterbengemeinschaft so zu stellen, als wenn B die Verjährung rechtzeitig unterbrochen hätte. Damit bestimmt sich die Höhe des Schadens nach der Höhe des Anspruches, den E gegen U hatte.

#### 6. Anwendbarkeit des § 2039 S. 1

1732 Für die Geltendmachung des Anspruches könnte § 2039 S. 1 eingreifen, wonach jeder Miterbe den Anspruch allein geltend machen, aber nur Leistung an alle verlangen kann.

Dann müsste der Schadensersatzanspruch zum Nachlass gehören. Dies ist nicht nur dann der Fall, wenn er bereits beim Erblasser entstanden war, sondern immer, wenn die Miterbengemeinschaft Anspruchsinhaber ist. Vorliegend folgt der Anspruch aus der Pflichtverletzung im Rahmen der Verwaltung des Nachlasses. Ebenso wie die Notverwaltung der Miterbengemeinschaft gemeinschaftlich zusteht, muss auch der Schadensersatzanspruch aus der Verletzung einer Verpflichtung zur Notverwaltung der Miterbengemeinschaft zugeordnet werden.[43]

### II. Ergebnis zu Frage 2:

A und C haben gegen B wegen ihrer Untätigkeit einen Schadensersatzanspruch nach § 280 I.

---

42 Vgl. Palandt/*Grüneberg* § 276 Rn. 15.

43 Man könnte erwägen, ob die derzeitige Geltendmachung des Anspruches vor der Auseinandersetzung gegen Treu und Glauben verstößt, weil das Auseinandersetzungsguthaben der B ohne weiteres ihre Miterbenschuld übersteigt, vgl. NK-BGB/*Ann* § 2039 Rn. 7; Bamberger/Roth/*Lohmann* § 2039 Rn. 5; Soergel/*Wolf* § 2039 Rn. 18. Die Wertverhältnisse zwischen Auseinandersetzungsguthaben und Schadensersatzanspruch sind jedoch nach dem Sachverhalt nicht zu beurteilen, sodass die Entscheidung offen bleiben muss. ZT wird auch die Einrede des § 273 zugunsten des Miterben erwogen, vgl. MüKoBGB/*Gergen* § 2039 Rn. 32.

## Fall 40: »Der großzügige Erblasser«

Am 6.3.2009 starb der alleinstehende und kinderlose E. Er hatte bereits 1972 ein Testament errichtet, durch das er A zum Alleinerben einsetzte. A nahm die Erbschaft auch an. 1733

Im Mai 2007 hatte E seinem volljährigen Patenkind D erklärt, er wolle für die Finanzierung seines, des D, Jurastudiums etwas tun. Deshalb habe er bei seiner Bank auf den Namen des D ein Konto mit einer Einlage von 20.000 EUR angelegt. Dies solle ihm zustehen, sobald er, E, »seinen letzten Atemzug getan habe«. Die Bank sei auch darüber informiert.

E hatte außerdem mit Gewinnen aus Börsengeschäften ein Konto bei der X-Bank in der Schweiz angelegt. Im Herbst 2008 hatte er seinem fleißigen Buchhalter B versichert, wenn ihm etwas passiere, solle B über das Konto verfügen. Das Geld stamme schließlich aus der gemeinsamen Arbeit. Am 29.1.2009 hatte E den B bevollmächtigt, »unwiderruflich über das Guthaben (nähere Bezeichnung) zu verfügen«. Nach dem Tode des E hob B 37.840 sfr von dem Konto ab.

D beansprucht nun von A die Herausgabe des Sparbuches auf seinen Namen, das A an sich genommen hat. A möchte demgegenüber wissen, ob er die 37.840 sfr entweder von der Bank in der Schweiz oder aber von B herausverlangen kann. Außerdem will er die Vollmachtsurkunde, die E dem B erteilt hatte, zurückhaben.

**Frage: Wie ist die Rechtslage nach deutschem Recht?**[1]

1 Ohne den Zusatz wäre die Rechtslage nach den Vorschriften des Internationalen Privatrechts zu bestimmen.

## A. Vorüberlegungen

Dieser Fall befasst sich mit einem schwierigen Problem. Es geht um das Verhältnis des § 2301 zu § 331 sowie um die Abgrenzung zwischen einer Schenkung unter Lebenden und einer Schenkung von Todes wegen.[2]

1734 In einer Klausur kann § 2301 in unterschiedlichen Konstellationen relevant werden. So ist denkbar, dass etwa ein Begünstigter vom Erben einen Gegenstand herausverlangt. Als Grundlage für einen Erfüllungsanspruch kommt dann ein Schenkungsvertrag gem. §§ 516 I, 518 I in Betracht oder ein Vermächtnis gem. §§ 2147, 2174. Wenn zB der Erblasser zu Lebzeiten gesagt hatte: »Nach meinem Tode kannst Du Dir dieses Bild nehmen«, so fehlt es für einen Anspruch aus § 2174 an einer erbrechtlichen Form. Ob ein Erfüllungsanspruch aus dem Schenkungsrecht besteht, hängt ebenfalls von der Form des § 518 I, aber auch davon ab, ob ein lebzeitiger Vollzug des Schenkungsversprechens gem. § 2301 II gegeben ist, sofern die Aussage des Erblassers den Tatbestand des § 2301 I erfüllt.

Die tatbestandlichen Probleme des § 2301 sind in der vorliegenden Klausur in zwei Varianten behandelt. [3]

### I. Vertrag zugunsten Dritter auf den Todesfall

1735 Die erste Variante befasst sich mit der Frage, ob zwischen E und seiner Bank ein Vertrag zugunsten des D auf den Todesfall geschlossen wurde, § 331, und wie sich das Valutaverhältnis zwischen E und D darstellt. Es ist unbestritten, dass hier eine causa zum Behaltendürfen vorliegen muss. Woraus sich der Rechtsgrund ergeben könnte, wird aber ganz unterschiedlich gesehen: Manche meinen, die Absprache mit der Bank enthalte gleichzeitig einen Schenkungsvertrag zugunsten des Dritten,[4] hier des D, oder sogar eine Verfügung zu seinen Gunsten.[5] Vereinzelt wird auch die Auffassung vertreten, das Valutaverhältnis sei ein Vermächtnis eigener Art oder eine Erbeinsetzung in einen Einzelgegenstand.[6]

1736 All diese Probleme tauchen in unserem Sachverhalt deshalb nicht auf, weil zwischen E und D eine Abrede getroffen worden war. Deshalb stellt sich hier nur die Frage, ob man bei diesem Vertrag zugunsten Dritter auf den Todesfall im Valutaverhältnis § 2301 anwendet oder lediglich die §§ 516 I, 518 I. Die Lösungsskizze basiert auf der erstgenannten Auffassung und enthält damit eine Minderheitsmeinung, mit der die Verfasser aber nicht allein stehen.[7] Der BGH und die hM[8] behandeln den Vertrag zugunsten Dritter im Valutaverhältnis ausschließlich nach den Schenkungsvorschriften. Dies hat weitreichende Konsequenzen. So kann ein formnichtiger Schenkungsvertrag noch nach dem Tode des Schenkers gem. § 518 II geheilt werden, während bei An-

2 Vgl. den Überblick bei *Schreiber* JURA 1995, 159.

3 Vgl. allg. zum Sparbuch im Erbfall den Überblick bei *Bredemeyer* ZEV 2013, 483 ff.; zu Zuwendungen auf den Todesfall unter Lebenden bei Bankgeschäften vgl. *Bonefeld/Heindl* ZErB 2014, 185 ff.

4 Soergel/*Wolf* § 2301 Rn. 12; vgl. ferner *Harder* FamRZ 1976, 418 (426); *Bökelmann* JR 1975, 243.

5 Vgl. dazu ausf. Staudinger/*Jagmann*, 2009, BGB Vorbem. § 328 Rn. 51 ff.

6 Vgl. zu den verschiedenen Auffassungen iE *Olzen* JURA 1987, 16 (24).

7 Vgl. *Medicus/Petersen* BürgerlR Rn. 396.

8 Vgl. die Nachw. bei *Medicus/Petersen* BürgerlR Rn. 395; *Olzen* ErbR Rn. 1221 ff.; ferner *Muscheler* JURA 1999, 289 (294 ff.).

wendung des § 2301 ein lebzeitiger Vollzug notwendig ist. Sofern zu Lebzeiten des Erblassers zwischen ihm und dem Dritten keine Vereinbarung getroffen wurde, konstruiert der BGH wie folgt:[9] Die Bank soll als Bote des Erblassers und Versprechensempfängers dessen Schenkungsofferte dem Dritten (Begünstigten) weiterleiten, sobald sie ihm nach dem Tode des Erblassers von dem Guthaben Mitteilung macht, § 130 II. Auf den Zugang der Annahmeerklärung verzichte der Erblasser, § 151. Im Auszahlungsverlangen des Dritten oder aber in der Entgegennahme des Geldes liege gleichzeitig die Annahme des Schenkungsversprechens. Sie sei nach § 153 auch noch nach dem Tode des Antragenden möglich. Ferner sei dadurch die Leistung iSd § 518 II bewirkt und der an sich bestehende Mangel notarieller Beurkundung mit der Folge des § 125 S. 1 geheilt. Die Rechtsprechung hat wohl selten eine Konstruktion gewählt, die weniger am Parteiwillen festgemacht werden kann als diese. Dennoch ist sie mittlerweile verfestigt.

## II. Die Schenkung von Todes wegen

Die zweite Fragestellung betrifft die eingangs vermerkte Abgrenzungsproblematik innerhalb des § 2301. Die durch den Tatbestand auftauchenden Fragen sind in der Lösungsskizze vermerkt. Denken Sie bitte an Folgendes: § 2301 kommt nie zum Zuge, wenn der Schenker zufällig zwischen Kausalgeschäft und Erfüllung verstirbt. Vielmehr liegt eine Schenkung von Todes wegen nur dann vor, wenn er den Eintritt der Rechtswirkungen auf seinen Tod befristet und das Rechtsgeschäft ferner unter die aufschiebende oder auflösende Bedingung stellt, dass der Beschenkte den Schenker überlebt. 1737

Fehlt die Überlebensbedingung, wäre noch die analoge Anwendung des § 2301 I zu prüfen. Man könnte sich nämlich auf den Standpunkt stellen, nicht die Überlebensbedingung sei der entscheidende Punkt, sondern dass Rechtsgeschäfte, deren Rechtswirkungen und wirtschaftliche Folgen vollständig erst nach dem Tode des Verpflichteten eintreten, nur in den Formen des Erbrechtes zulässig sind. Bei diesem Ausgangspunkt wäre das Gesetz für Rechtsgeschäfte, die diese Voraussetzung erfüllen, aber die Überlebensbedingung nicht beinhalten, lückenhaft.[10] Sofern deshalb unklar ist, ob eine lebzeitige Schenkung oder eine Schenkung von Todes wegen vorliegt, wählt der BGH[11] einen noch anderen Weg. Nach seiner Auffassung ist die Abgrenzung zwischen lebzeitigen und letztwilligen Rechtsgeschäften analog § 2084 danach vorzunehmen, bei welcher Betrachtungsweise die Verfügung des Erblassers am ehesten Erfolg hätte. Vom Standpunkt der möglichen Heilung aus gesehen ist dies bei Anwendung des § 516 I der Fall, da eine lebzeitige Schenkung nach dem Tode des Schenkers geheilt werden kann, § 518 II, während die Schenkung von Todes wegen einen *lebzeitigen* Vollzug gem. § 2301 II erfordert. Es erscheint allerdings problematisch, § 2084 auf diese Konstellation anzuwenden: Zum einen gehört die Norm sachlich ins Erbrecht, sodass sie kaum geeignet ist, lebzeitige und letztwillige Rechtsgeschäfte abzugrenzen, zum anderen ist eine Gesetzeslücke zweifelhaft, weil sich das Ergebnis aus § 133 ableiten lässt. 1738

9 Vgl. BGH NJW 1984, 480.
10 Vgl. *Olzen* JR 1987, 372 (373).
11 BGHZ 99, 97 (100 f.).

1739 Wenn der Tatbestand des § 2301 I gegeben ist, liegt in zwei Fällen ein wirksames Schenkungsversprechen vor: Entweder erfüllte das vom Erblasser gegebene Versprechen die Form einer letztwilligen Verfügung – umstritten ist dabei, ob es die erbvertragliche oder die testamentarische Form sein muss[12] –, oder das Rechtsgeschäft wurde zu Lebzeiten gem. § 2301 II vollzogen.

1740 Der Vollzugsbegriff ist sehr streitig. Einigkeit besteht darüber, dass der Vollzug mehr als das bloße Kausalgeschäft, aber weniger als das Erfüllungsgeschäft sein muss. Dazwischen gibt es verschiedene Betrachtungsweisen,[13] die im Einzelnen in der Lösungsskizze angesprochen werden.

12 *Olzen* JURA 1987, 116 (117).

13 *Olzen* JURA 1987, 116 f.; *Simon/Werner*, 22 Probleme aus dem Familien- und Erbrecht, 3. Aufl. 2002, 78 ff.

## B. Lösung

### 1. Teil. Ansprüche des D gegen A auf Herausgabe des Sparbuches aus § 985

**I.** A ist Besitzer des Sparbuches. Zunächst hatte er gem. § 857 fiktiven Erbenbesitz, und später – als er es an sich nahm – erlangte er auch gem. § 854 I die tatsächliche Sachherrschaft. 1741

**II.** D müsste Eigentümer des Sparbuches sein. Das Sparbuch steht als sog. »hinkendes« Inhaberpapier gem. § 808 I im Eigentum des Inhabers der Forderung, § 952 I. Deshalb ist zu prüfen, ob D einen Anspruch auf Auszahlung der 20.000 EUR gegen die Bank hat. Da er an dem zwischen E und der Bank geschlossenen Vertrag nicht beteiligt war, wäre dies der Fall, wenn es sich bei dem Rechtsgeschäft zwischen den genannten Parteien um einen Vertrag zugunsten des D handelte, § 328 I. Ob dies zutrifft, muss durch Auslegung gem. § 328 II ermittelt werden. 1742

**1.** Gegen die Annahme eines eigenen Forderungsrechtes für D gem. § 328 I spricht, dass ihm das Sparbuch nicht von E übergeben wurde.

**2.** Andererseits hatte E das Sparbuch auf den Namen des D angelegt und mit der Sparkasse eine Absprache getroffen, wonach D nach dem Tode des E forderungsberechtigt sein sollte. Davon hatte er auch D in Kenntnis gesetzt und diesem mitgeteilt, er könne nach seinem, des E, Tode sofort über das Geld verfügen.

Daraus ergibt sich, dass E dem D im Moment des eigenen Todes einen Anspruch gegen die Bank verschaffen wollte. Es handelt sich um einen Vertrag zugunsten Dritter auf den Todesfall gem. §§ 331, 328.

Somit hat D nach dem Tode des E einen eigenen Anspruch gegen die Bank erworben. Damit ist er gleichzeitig Eigentümer des Sparbuches geworden.

**III.** Fraglich bleibt jedoch, ob A ein Recht zum Besitz des Sparbuches zusteht. Dies wäre dann der Fall, wenn A dem Anspruch des D die allgemeine Bereicherungseinrede gem. § 821 entgegenhalten kann. Obwohl es sich bei § 821 um eine Vorschrift des Bereicherungsrechts handelt, kann die Einrede auch den Anspruch aus § 985 entgegengehalten werden, wie sich aus der Formulierung »auch dann« ergibt. Zu einem entsprechenden Ergebnis gelangt, wer statt § 821 die dolo-petit Einrede aus § 242 zulässt.[14] In beiden Fällen ist Voraussetzung,, dass D die Forderung rechtsgrundlos erlangt hat und das Geforderte deshalb sofort wieder herausgeben muss. 1743

Dafür ist Voraussetzung, dass E gegen D einen Anspruch aus § 812 I 1, 1. Var. hat, der auf den A als Alleinerben gem. § 1922 I überging.

**1.** Den Bereicherungsgegenstand bildet die Forderung des D gegen die Bank.

**2.** Diese Forderung wurde durch eine Leistung des E, dh die bewusste und zweckgerichtete Mehrung des Vermögens seines Patenkindes D, begründet: E wollte D das Sparbuch schenken, dh eine Verbindlichkeit gem. § 516 I begründen.

**3.** Ein Rechtsgrund zum »Behaltendürfen« wäre somit eine wirksame Schenkung von E an D gem. § 516 I.

---

14 So die hM, Bamberger/Roth/*Wendehorst* § 821 Rn. 3 mwN, ebenfalls zum Verhältnis zur entsprechenden dolo-petit-Einrede aus § 242.

**a)** Das Angebot des Erblassers lag darin, dass er D aufforderte, nach seinem Tod das Sparbuch an sich zu nehmen. Damit wollte er eine unentgeltliche Zuwendung aus seinem Vermögen an D vornehmen. Diese Erklärung wurde auch von D angenommen.

**b)** Diese Versprechensschenkung entsprach aber nicht dem Formerfordernis des § 518 I, da das Angebot nicht notariell beurkundet worden war.

**c)** Die daraus entstehende Formnichtigkeit des Schenkungsvertrags gem. § 125 S. 1 könnte gem. § 518 II mit dem Tode des E geheilt worden sein, da – wie oben ausgeführt – D zu diesem Zeitpunkt Inhaber der Forderung gegen die Bank wurde, sodass E seine Leistung bewirkt hatte.

1744 **d)** Eine solche Heilung wäre indessen nicht eingetreten, sofern die Schenkung unter § 2301 fiele. Hiernach müsste entweder gem. Abs. 1 die Form einer letztwilligen Verfügung eingehalten worden sein oder E hätte gem. Abs. 2 die Schenkung zu Lebzeiten vollziehen müssen.

**aa)** Zunächst stellt sich die Frage, ob § 2301 auf das Valutaverhältnis in einem Vertrag zugunsten Dritter auf den Todesfall gem. § 331 anwendbar ist.

1745 Der Wortlaut beider Vorschriften erlaubt keine Entscheidung. Gegen die Anwendbarkeit des § 2301 im Rahmen des § 331 kann die Stellung der Normen im Gesetz herangezogen werden. Man könnte der Auffassung sein, der Gesetzgeber habe mit der Einfügung des § 331 in das Allgemeine Schuldrecht dem Schenker die Möglichkeit eröffnen wollen, auf diese Weise – unabhängig von den Formen des Erbrechtes – auch mit Wirkung nach dem Tod des Schenkers Vermögenswerte zuzuwenden.[15]

1746 Aber auch die systematische Auslegung ist nicht zwingend. § 331 stellt lediglich eine Auslegungshilfe für den Vertrag zugunsten Dritter dar, der ohnehin schon ein sehr spezielles Rechtsinstitut ist. Die Vorschrift bezieht sich allein auf die Frage, wann bei einem Vertrag zugunsten Dritter auf den Todesfall der Anspruch gegen den Versprechenden entsteht. Das Valutaverhältnis wird hierdurch nicht berührt.[16]

Für die Richtigkeit dieser Überlegung lassen sich noch folgende Gesichtspunkte anführen: Sofern man das Valutaverhältnis bei § 331 dem Anwendungsbereich des § 2301 entziehen würde, könnte der Erblasser auf diesem Weg den Nachlass aushöhlen. Ohne Einhaltung erbrechtlicher Formen und ohne lebzeitigen Vollzug würden Vermögensgegenstände dem Nachlass entzogen. Beurteilt man das Valutaverhältnis allein nach den Regeln über die lebzeitige Schenkung, so müsste diese nach der Reihenfolge der §§ 39, 327 InsO sogar vor den Ansprüchen der Pflichtteilsberechtigten

15 Vgl. BGH NJW 1984, 480; *Brox/Walker* ErbR Rn. 764 ff.; MüKoBGB/*Gottwald* § 331 Rn. 4 mwN; die Entstehungsgeschichte des Gesetzes zeigt, dass der Gesetzgeber an den Lebensversicherungsvertrag gedacht hat, nicht aber an das allgemeine Konkurrenzproblem, *Mugdan* Die gesamten Materialien zum BGB für das deutsche Reich, Bd. II, 1899, 708. Im ersten Entwurf war eine § 331 entsprechende Vorschrift noch nicht vorgesehen, vgl. *Jakobs/Schubert*, Die Beratungen des BGB, Recht der Schuldverhältnisse, Bd. I, 1978, 512 (514); ausf. *Olzen* ErbR Rn. 28 ff. Diese Kenntnisse werden aber in der Klausur nicht von Ihnen erwartet.

16 Vgl. *Olzen* JURA 1987, 16 (24).

erfüllt werden. Hieraus ergäbe sich die Gefahr einer Schädigung der Nachlassbeteiligten, weil die ihnen zur Verfügung stehende Vermögensmasse geschmälert würde.[17]

Daraus folgt, dass im Valutaverhältnis zwischen E und D die Voraussetzungen des § 2301 gegeben sein mussten.

Die Schenkung war auf den Tod des E befristet.

**bb)** Fraglich ist jedoch, ob sie auch durch das Überleben des D bedingt war. Die ausdrückliche Vereinbarung einer Überlebensbedingung lässt sich dem Sachverhalt nicht entnehmen. Diese kann jedoch auch im Wege der Auslegung gem. §§ 133, 157 festgestellt werden. Für ihre Annahme spricht, dass E das Studium des D finanzieren wollte. Es ging ihm also nicht um die Zuwendung als solche, sondern um den mit ihr verbundenen Zweck. Er konnte indessen nur erreicht werden, wenn D zu dem Zeitpunkt, als E starb, noch lebte. Somit ist diese Schenkung als höchstpersönliche Zuwendung vom Überleben des D abhängig. Damit handelt es sich um eine Schenkung auf den Todesfall. **1747**

**IV.** Da weder die Testamentsform gem. §§ 2231 ff., 2247 noch diejenige des Erbvertrags gem. § 2276 eingehalten wurde, kommt es gem. § 2301 II auf den lebzeitigen Vollzug der Schenkung an. **1748**

Wann eine Schenkung vollzogen ist, lässt sich unterschiedlich beurteilen.[18] Man könnte zunächst darauf abstellen, ob der Schenkende und nicht erst der Erbe das Vermögensopfer erbringt.[19] Eine andere Betrachtungsweise geht dahin, ob der Schenker bereits zu Lebzeiten soviel für die Vermögensverschiebung getan hat, dass sie sich ohne weiteres Zutun nach seinem Tode vollendet.[20] Diesen Ansatz kann man auch subjektiv dahingehend verstehen, ob der Erblasser zu Lebzeiten das nach seiner Auffassung Erforderliche getan hat, um den Rechtserwerb beim Erben eintreten zu lassen.[21] Schließlich könnte man noch darauf abstellen, ob der Beschenkte bereits zu Lebzeiten des Schenkers eine unentziehbare Vermögensposition in Form eines Anwartschaftsrechtes erhält.[22] **1749**

Eine Entscheidung zwischen diesen verschiedenen Betrachtungsweisen ist entbehrlich, wenn nach allen dazu vertretenen Auffassungen kein Vollzug vorliegt.

Ein lebzeitiges Vermögensopfer des E scheitert daran, dass er das Sparbuch und damit den jederzeitigen Zugang zu dem Guthaben behielt. Seine Vermögenssituation vor und nach dem Schenkungsversprechen war identisch. Mit der gleichen Erwägung ist es auch zu verneinen, dass E – selbst nach eigener Auffassung – zu Lebzeiten alles Erforderliche getan hatte, um den Rechtserwerb nach seinem Tode ohne weiteres Zutun

17 Vgl. dazu ausf. *Olzen* JURA 1987, 16 (20 ff.); dieser Standpunkt wird auch von *Medicus/Petersen* BürgerlR Rn. 396 ff. vertreten. Er entspricht aber nicht der hM, sodass Sie sich in der Klausur auch gegen die Anwendung des § 2301 entscheiden können. Ihr Lösungsweg ist dann in den Vorüberlegungen zu diesem Fall aufgezeigt.

18 Ausf. hierzu NK-BGB/*Müßig* § 2301 Rn. 34 ff.

19 Vgl. Mot. V, S. 352 »Sofortige unmittelbare Vermögensminderung«; s. auch Bamberger/Roth/*Litzenburger* § 2301 Rn. 11; Palandt/*Weidlich* § 2301 Rn. 9 mwN; *Olzen* JURA 1998, 111 f.

20 Vgl. Palandt/*Weidlich* § 2301 Rn. 10.

21 BGH MDR 2012, 419 mwN. Eine umfassende Darstellung der Theorien finden Sie bei *Olzen* JURA 1998, 110 ff.

22 Vgl. dazu auch *Olzen* JURA 1987, 116 (117).

des Erben A zu vollenden: Hierzu hätte er D das Sparbuch übergeben müssen. Schließlich hatte dieser auch noch keine gesicherte Rechtsposition. Nach dem Sachverhalt ist nicht ersichtlich, dass es zu einer bedingten Forderungsabtretung gekommen wäre: Indem E das Sparbuch nicht herausgab, behielt er sich die lebzeitige Verfügung über die Forderung gegen die Bank vor; daran ändert auch der Umstand nichts, dass das Sparbuch auf den Namen des D angelegt war. E konnte das Rechtsgeschäft mit der Bank zu Lebzeiten rückgängig machen und anderweitig über die Forderung verfügen.

Somit ist die Schenkung nach allen denkbaren Betrachtungsweisen zu Lebzeiten des E nicht iSd § 2301 II vollzogen worden.

Daraus folgt, dass D keinen Rechtsgrund zum Behaltendürfen hat und A ihm die Einrede des § 821 entgegensetzen kann.

Der Anspruch aus § 985 ist unbegründet.

## 2. Teil. Ansprüche des A wegen der 37.840 sfr

### I. Ansprüche des A gegen die X-Bank

#### 1. Anspruch aus §§ 700 I, 488 I 2 iVm § 1922 I

1750 **a)** Der Rückzahlungsanspruch des E aus unregelmäßiger Verwahrung gegen die X-Bank ist mit Einzahlung des Geldes entstanden. Fraglich erscheint, ob dieser Anspruch zum Nachlass gehört. Er könnte durch Abtretung gem. § 398 auf B übergegangen sein. Dies setzt eine Einigung über den Forderungsübergang voraus.

Ausdrücklich hatten E und B sich nicht geeinigt. Es könnte jedoch eine konkludente Einigung zustandegekommen sein, deren Inhalt durch Auslegung gem. §§ 133, 157 zu ermitteln ist. Eine solche Abtretung lag noch nicht im Herbst 2008 vor, als E dem B in Aussicht stellte, er könne nach seinem, des E, Tode über das Geld verfügen. Denkbarer Zeitpunkt einer Abtretung wäre jedoch die unwiderrufliche Vollmachtserteilung im Januar 2009. Im Zusammenhang damit könnte E dem B die Verfügungsbefugnis über sein Konto eingeräumt haben. Dagegen spricht jedoch, dass B nach der vorherigen Absprache im Herbst 2008 erst nach dem Tode des E über das Geld verfügen können sollte, während E zu seinen Lebzeiten gleichermaßen die Verfügungsbefugnis über das Konto behielt und Inhaber der Forderung blieb. Sofern eine Abtretung vereinbart worden wäre, hätte es keiner Bevollmächtigung des B mehr bedurft; sie wäre auch nicht mehr möglich gewesen. Mangels Abtretung der Forderung ist diese also in den Nachlass gefallen.

1751 **b)** Die Forderung könnte jedoch durch Erfüllung gem. §§ 362 II, 185 erloschen sein. Aufgrund der wirksam erteilten Vollmacht, §§ 672 S. 1, 168, konnte die X-Bank von B angewiesen werden, mit befreiender Wirkung an ihn zu zahlen. Ein Verstoß gegen § 181, der darin liegen könnte, dass B als Vertreter des E mit sich im eigenen Namen ein Rechtsgeschäft vornahm, entfällt wegen der Gestattung des E. Somit ist die Forderung des A durch Auszahlung des Geldes an B erloschen. A hat daher keinen Auszahlungsanspruch gem. §§ 700 I, 488 I 2 iVm § 1922 I gegen die X-Bank.

#### 2. Anspruch aus §§ 280 I 1, 241 II

Der Anspruch könnte aus einer Pflichtverletzung des Bankvertrags resultieren.

Bei dem zwischen E und der X-Bank bestehenden Bankvertrag handelte es sich um einen Geschäftsbesorgungsvertrag gem. § 675, der auf den A als Alleinerben überging. 1752

Im Rahmen dieses Vertrags war die X-Bank gem. § 666 verpflichtet, A Mitteilung von dem Konto und den daran bestehenden Rechtsbeziehungen zu machen. Aus dem Sachverhalt ist indessen nicht zu entnehmen, dass die X-Bank diese Pflicht verletzt hat; die Auszahlung an den Vollmachtsinhaber B allein stellt keine Pflichtverletzung dar.[23]

Ein Schadensersatzanspruch gegen die X-Bank scheidet somit aus.

### II. Ansprüche des A gegen B

#### 1. Anspruch aus §§ 280 I 1, 241 II

Ein Anspruch des A gegen B aus §§ 280 I 1, 241 II wegen einer Pflichtverletzung aus dem der Vollmacht zugrunde liegenden Schuldverhältnis scheidet mangels Pflichtverletzung des B aus; er hat sich so verhalten, wie es mit dem Erblasser vereinbart war. 1753

#### 2. Anspruch aus §§ 677, 681 S. 2, 667

In gleicher Weise entfällt ein Anspruch aus §§ 677, 681 S. 2, 667: Da B die Vollmacht nach Weisung des E eingesetzt hat, war er zur Geschäftsführung berechtigt und zur Herausgabe iSd § 667 nicht verpflichtet. 1754

#### 3. Anspruch aus § 812 I 1 1. Var.

**a)** Dann müsste B durch eine Leistung etwas aus dem Nachlass erlangt haben. Diese Voraussetzung ist nach Übereignung des Geldes durch die angewiesene X-Bank gegeben; B handelte aufgrund seiner Vollmacht, sodass es sich um eine Leistung des Vollmachtgebers E bzw. seines Rechtsnachfolgers A handelte.

**b)** Die Bereicherung müsste rechtsgrundlos erfolgt sein. Dies wäre nicht der Fall, wenn eine wirksame Schenkung gem. § 516 I zwischen E und B vereinbart worden wäre.

**aa)** Fraglich ist zunächst, ob es sich bei der Zuwendung des Guthabens um eine belohnende Schenkung oder um eine freiwillige Zusatzleistung im Rahmen des Arbeitsverhältnisses handelte, die dann gerade nicht unentgeltlich gewesen wäre.

Eine Schenkung erfordert wegen der notwendigen Unentgeltlichkeit der Zuwendung, dass die Vereinbarung einverständlich aus dem Leistungszusammenhang des Arbeitsverhältnisses herausgenommen wurde.[24] Für eine Zuwendung im Rahmen des Arbeitsverhältnisses spricht, dass E erklärt hatte, das Guthaben stamme ohnehin aus der gemeinsamen Arbeit. Diese Äußerung bedeutet aber nicht zwingend, dass es sich um eine Gegenleistung für die Dienste des B handeln sollte, sondern kann auch lediglich den Anlass der Schenkung verdeutlichen. Demgegenüber lässt die Größenordnung der Zuwendung den Schluss zu, dass beide Parteien eine belohnende Schenkung 1755

23 Vgl. zu den Sorgfaltsanforderungen an eine Bank in derartigen Fällen BGHZ 127, 239.

24 Vgl. dazu HK-BGB/*Saenger* § 516 Rn. 4; MüKoBGB/*J. Koch* § 516 Rn. 33.

wollten. Ein Wert von mehr als 40.000 EUR geht weit über das hinaus, was ein Angestellter üblicherweise als Anerkennung für seine Arbeit erhält.

Mithin ist von einem Schenkungsvertrag auszugehen.

1756 **bb)** Der Vertrag könnte jedoch gem. § 125 S. 1 nichtig sein. E hat die Forderung gegenüber der X-Bank nicht gleichzeitig mit Erteilung des Schenkungsversprechens an B abgetreten. Mangels sofortigen Vollzugs handelte es sich folglich nicht um eine – formlos mögliche – sog. Handschenkung nach §§ 516 I, 518 II.

1757 Formnichtigkeit trat indessen dann nicht ein, wenn durch die Auszahlung des Geldes die Voraussetzungen des § 518 II erfüllt wurden. Dafür wäre erforderlich, dass es sich nicht um ein Schenkungsversprechen von Todes wegen, sondern um eine Schenkung unter Lebenden handelte. Die erstgenannte Variante greift ein, wenn E die Zuwendung auf seinen Tod befristet und vom Überleben des B abhängig gemacht hatte.

Die Formulierung »Wenn mir etwas passiert« bedeutet eine aufschiebende Befristung auf den Tod des E gem. §§ 158 I, 163. Eine ausdrückliche Vereinbarung der Überlebensbedingung fehlt hingegen, sodass nur eine konkludente Abrede in Betracht kommt. Sie ist wiederum im Wege der Auslegung gem. §§ 133, 157 festzustellen. Dabei ist zu berücksichtigen, dass der Zuwendende in diesem Fall den Gegenstand der Zuwendung ausschließlich dem Begünstigten, nicht aber seinem Erben zukommen lassen will. Hier lässt sich für eine Schenkung von Todes wegen anführen, dass die Zuwendung im engen Zusammenhang mit einer persönlichen Leistung des B stand. Hinzu tritt, dass das Rechtsgeschäft wirtschaftlich exakt die Folgen einer letztwilligen Verfügung herbeiführen sollte, weil der vollständige Wirkungseintritt erst nach dem Tode des E vorgesehen war. Berücksichtigt man, dass die Überlebensbedingung ein wesentliches Kriterium letztwilliger Verfügungen ist, §§ 1923 I, 2160, so spricht auch der Gesamtzusammenhang für die Vereinbarung einer Schenkung von Todes wegen.[25] Damit finden gem. § 2301 I 1 die Vorschriften über Verfügungen von Todes wegen Anwendung, nicht dagegen § 518 II.

**cc)** Deshalb ist zu prüfen, ob die Erfordernisse des § 2301 erfüllt sind, sodass aufgrund dieser Norm ein Rechtsgrund in Form einer Schenkung von Todes wegen besteht.

1758 **(1)** Für § 2301 I müssen die erbrechtlichen Formerfordernisse erfüllt sein. Fraglich ist, ob die Norm auf § 2276 oder auf § 2247 verweist.[26] Diese Frage kann jedoch hier unbeantwortet bleiben, da weder ein eigenhändiges Schriftstück des E vorliegt noch eine notarielle Beurkundung der Vereinbarung erfolgt ist. Somit leidet die Vereinbarung unter einem Formmangel.

1759 **(2)** Die Vorschriften über die lebzeitige Schenkung und damit auch § 518 II würden gelten, wenn das Schenkungsversprechen von Todes wegen zu Lebzeiten des E gem. § 2301 II vollzogen wurde.

Entsprechend dem oben dargestellten Meinungsstand wäre ein Vollzug nur zu bejahen, wenn man darauf abstellt, ob der Erblasser alles nach seiner Auffassung Erforderliche getan hat, um den Rechtserwerb des Begünstigten nach seinem Tode eintre-

25 Sollte man diese Ansicht nicht vertreten, wäre noch die analoge Anwendung des § 2301 I oder § 2084 zu prüfen, wie in den Vorbemerkungen ausgeführt wurde.

26 Vgl. *Olzen* JURA 1987, 116 (117 f.).

ten zu lassen. Ein lebzeitiges Vermögensopfer ist ebenso zu verneinen wie die Einräumung eines Anwartschaftsrechtes für B. Auch die Betrachtungsweise, die auf das objektiv Erforderliche zu Lebzeiten des Erblassers abstellt, käme hier zu einer Verneinung des Vollzuges: Nach dem Tode des E war noch eine Handlung des B erforderlich, um die Auszahlung des Geldes herbeizuführen.

Deshalb stellt sich allein die Frage, ob es auf den subjektiven Vollzug ankommt.

Die Anwendung der Auslegungsmethoden ergibt zunächst, dass diese Argumentati- 1760
on mit dem Wortlaut des § 2301 in Einklang zu bringen ist. Die Formulierung »durch den Schenker« könnte sogar darauf hindeuten, dass nach dem Gesetz subjektive Erfordernisse entscheiden sollen. Die systematische Auslegung vermag hier keine Hilfestellung zu geben. Sieht man aber den Sinn und Zweck der Vorschrift in einer möglichst klaren Grenzziehung zwischen lebzeitigen und letztwilligen Rechtsgeschäften, so ist die subjektive Betrachtungsweise abzulehnen. Ob der Erblasser das aus seiner Sicht Erforderliche getan hat, stellt eine innere Tatsache dar, die nach seinem Tod nur schwer dem Beweis zugänglich ist. Selbst wenn aber insoweit eine Klärung erfolgen kann, bringt der unbestimmte Begriff der »Erforderlichkeit« neue Unsicherheit.[27] Damit ist der subjektive Vollzugsbegriff mit dem Zweck des § 2301, Zuwendungen nach dem Tode nur in den Formen des Erbrechtes zuzulassen, unvereinbar und im Sinne der Rechtssicherheit abzulehnen.

Die zwischen E und B vereinbarte Schenkung wurde mithin nicht durch Vollzug gem. § 2301 II geheilt. Damit ist B in Höhe des genannten Betrages rechtsgrundlos bereichert. A hat folglich gegen B einen Anspruch auf Zahlung von 37.840 sfr gem. § 812 I 1, 1. Var.

### III. Ergebnis

A hat keine Ansprüche wegen der genannten Summe gegen die X-Bank, kann aber von B Rückzahlung verlangen.

## 3. Teil. Ansprüche des A gegen B auf Herausgabe der Vollmachtsurkunde

### I. Herausgabeanspruch gem. § 667

Dies setzt den Abschluss eines Auftragsvertrags zwischen E und B als Grundlage der 1761
Vollmachtserteilung voraus. E hat dem B jedoch die Vollmacht im Rahmen eines unwirksamen Schenkungsversprechens erteilt, sodass § 667 als Anspruchsgrundlage ausscheidet.

### II. Herausgabeanspruch gem. § 175

A könnte jedoch einen Anspruch auf Herausgabe der Vollmacht gem. § 175 haben. Es 1762
handelte sich bei der dem B erteilten Vollmacht um eine Einzelvollmacht, die mit Auszahlung des Geldes an B durch Zweckerreichung erloschen ist.[28] Das gleiche Ergebnis ergibt sich im Wege der Auslegung auch daraus, dass die Vollmachtserteilung an der Unwirksamkeit des zugrunde liegenden Schenkungsversprechens scheiterte.

27 Vgl. *Olzen* JURA 1987, 116 f.

28 Vgl. Palandt/*Ellenberger* § 168 Rn. 1.

A kann demnach von B die Herausgabe der Vollmacht verlangen.

**4. Teil. Ergebnis:**

D hat keinen Anspruch gegen A auf Herausgabe des Sparbuches. A hat keinen Anspruch gegen die X-Bank auf Zahlung von 37.840 sfr. Jedoch kann er von B gem. § 812 I 1, 1. Var. Rückzahlung verlangen, zudem die Herausgabe der Vollmachtsurkunde aus § 175.

## Fall 41: »Berliner Vorerbin«

Die kinderlosen Eheleute M und F haben 1985 ein Testament errichtet, welches von F handschriftlich verfasst, datiert und von beiden unterzeichnet wurde. Dieses Testament hat folgenden Inhalt: 1763

»Wer von uns beiden den anderen überlebt, soll, solange er lebt und sich nicht wieder verheiratet, alles haben. Das bedeutet aber nicht, dass ihm die freie und unbeschränkte Verfügung über das gemeinsame Vermögen zu Teil wird. Die gesetzlichen Erben des Erstverstorbenen sollen sich nach dem Tod des Letztverstorbenen bzw. nach der Wiederheirat des Überlebenden mit dem begnügen, was vom Vermögen des Erstverstorbenen noch vorhanden ist.«

Nach dem Tod des M im Januar 2008 fällt der F das Erbe zu, wozu auch ein Hausgrundstück sowie ein alter Kleinwagen gehören. F wird als Eigentümerin ins Grundbuch eingetragen, ebenso ein Nacherbenvermerk. Den Wagen sowie einen dazugehörigen Satz neuer Winterreifen verschenkt sie kurz darauf an ihre nächste Verwandte, die Nichte S, da sie mangels Fahrerlaubnis keine Verwendung dafür hat. Sie fühlte sich dazu auch deshalb verpflichtet, weil S in der Trauerphase ihre einzige Bezugsperson war.

Um über den Verlust ihres Mannes hinwegzukommen, widmet sich F in der Folgezeit einem neuen Hobby, dem Glücksspiel. Jedoch ist das Glück nicht von langer Dauer. Nachdem ihre gesamten Ersparnisse verbraucht sind, sieht sie nur noch einen Ausweg, um ihre Spielsucht weiterhin finanzieren zu können. Sie veräußert Mitte 2008 das zum Nachlass gehörende Grundstück an S, die auch ins Grundbuch eingetragen wird. Bald darauf lernt F den V kennen und lieben. Kurzentschlossen heiraten sie am 10.12.2008. Noch im selben Monat versterben beide bei einem Verkehrsunfall. Alleinerbin der F ist ihre Nichte S. Diese hatte im Oktober 2008 die veraltete Heizungsanlage in dem von F erworbenen Haus durch eine neue zum Preis von 30.000 EUR ersetzen lassen.

Als der Neffe E, der nächste Verwandte des M, von einer langen Reise Anfang 2009 zurückkehrt und von den Ereignissen erfährt, möchte er sich gegen die Eintragung der S im Grundbuch wehren. Außerdem verlangt er den Kleinwagen sowie die Winterreifen (Wert 500 EUR) heraus. S ist empört, verlangt aber für den Fall, dass E Recht hat, zumindest Ersatz der Kosten für die neue Heizungsanlage iHv 30.000 EUR. Außerdem könne sie die Winterreifen nicht mehr herausgeben, da sie ihr aus der Garage entwendet worden seien.

**Frage 1: Kann E von S Berichtigung des Grundbuchs verlangen?**
**Frage 2: Welche Ansprüche stehen ihm hinsichtlich des Pkw und der Winterreifen zu?**

## A. Vorüberlegungen

Der letzte Fall ist kompliziert, aber auch besonders examensnah, weil er mehrere erbrechtliche Problemkreise miteinander verbindet, ferner Kenntnisse des Schuld- sowie Sachenrechts verlangt, die den Rahmen der Klausur bilden. Deshalb dürfen Sie nicht verzweifeln, wenn der Sachverhalt Sie in nicht ganz vertraute Bereiche führt. Zwar gibt es auch spezielle erbrechtliche Herausgabe- und Schadensersatzansprüche. Bei deren Prüfung hilft Ihnen jedoch schon eine genaue Subsumtion unter die Vorschriften. Im Übrigen finden die Ihnen bekannten schuld- und sachenrechtlichen Standardanspruchsgrundlagen Anwendung. Den inhaltlichen Schwerpunkt bilden die Auslegung eines gemeinschaftlichen Testaments sowie die Wirkungen der Vor- und Nacherbschaft.

1764 **I.** Die Testierfreiheit erlaubt dem Erblasser verschiedene Gestaltungsmöglichkeiten. Eine davon besteht in der Einsetzung eines Nacherben, wodurch er das Schicksal seines Vermögens langfristig festlegen kann.[1] Besondere Bedeutung kommt den Verfügungsbeschränkungen des Vorerben (§§ 2112 ff.) zu, die eine Minderung des Nachlasses zu Gunsten des Nacherben verhindern sollen. Deshalb müssen Sie in einer entsprechenden Klausur immer ein besonderes Augenmerk auf die Wirksamkeit der Verfügungen des Vorerben richten.

1765 **II.** Die Einsetzung eines Nacherben kann auch durch gemeinschaftliches Ehegattentestament (§ 2265) erfolgen. Neben dem einfachen Testament und dem Erbvertrag bildet es eine dritte Art einer Verfügung von Todes wegen. Das Ehegattentestament kennzeichnet sich vor allem durch eine gegenüber dem einfachen Testament erhöhte Bindungswirkung, die jedoch nicht den Grad der Bindung eines Erbvertrags erlangt, vgl. § 2289. Erreicht wird dies vor allem durch die nur unter besonderen Voraussetzungen widerrufbaren wechselbezüglichen Verfügungen (§ 2271), um die es hier aber nicht geht.

1766 In der Praxis setzen sich die Ehegatten häufig nicht nur gegenseitig, sondern zusätzlich einen Dritten zum Erben des Überlebenden ein. Dieses sog. Berliner Testament lässt zwei Auslegungen zu. Sie müssen ermitteln, ob die Eheleute wollten, dass dem überlebenden Ehegatten der Nachlass uneingeschränkt als Vollerbe zufällt oder ob er nur Vorerbe sein soll. Im Zweifel gilt gem. § 2269 I die erstgenannte Testamentsgestaltung, das sog. Einheitsprinzip. Letztere Variante, eine Trennung der Vermögensmassen des Überlebenden in sein Eigenvermögen und in die Vermögensmasse Vorerbschaft, wird auch als Trennungsprinzip bezeichnet. Wenn Sie bei Ihrer Auslegung zu dem Ergebnis kommen, dass Vorerbschaft des überlebenden Ehegatten gewollt war, ist dieser in seiner Verfügungsbefugnis beschränkt.

1 *Olzen* ErbR Rn. 323.

## B. Lösung

### Frage 1

### I. Anspruch des E gegen S auf Grundbuchberichtigung gem. § 894

E könnte gegen S einen Anspruch auf Berichtigung des Grundbuches gem. § 894 haben.

**1.** Voraussetzung hierfür ist die Unrichtigkeit des Grundbuchs, also eine Diskrepanz zwischen der formellen und der materiellen Rechtslage.[2] Vorliegend wäre das Grundbuch unrichtig, wenn die eingetragene S kein Eigentum am Grundstück erworben hat, sondern E Eigentümer ist. Ein Eigentumserwerb der S setzt gem. §§ 873 I, 925 I Auflassung, Eintragung, Einigsein im Zeitpunkt der Eintragung sowie die Berechtigung der verfügenden F voraus. 1767

**a)** Eine Einigung gem. §§ 873 I, 925 I zwischen F und S über den Erwerb des Grundstückseigentums Mitte 2008 liegt vor. Eine Eintragung der Erwerberin S in das Grundbuch ist ebenfalls erfolgt. F und S waren sich im Zeitpunkt der Eintragung über den Grundstückseigentumserwerb einig, da für einen Widerruf der Auflassungserklärung keine Anhaltspunkte bestehen.

**b)** Fraglich ist, ob F zur Verfügung berechtigt war.

**aa)** Zweifel könnten sich aus § 2113 I ergeben. Danach ist die Verfügung eines Vorerben über ein zur Erbschaft gehörendes Grundstück im Falle des Eintritts der Nacherbfolge insoweit unwirksam, als sie das Recht des Nacherben vereiteln oder beeinträchtigen würde. Verfügung im Sinne der Vorschrift ist unter anderem die Rechtsübertragung.[3] Die Verfügungen iSd § 2113 I sind bei ihrer Vornahme wirksam, mit dem Nacherbfall tritt absolute Unwirksamkeit ein.[4] 1768

Dies erfordert zunächst, dass F Vorerbin hinsichtlich des Nachlasses, zu dem das Grundstück gehört, geworden ist. Grundlage dafür könnte das Testament aus dem Jahre 1985 sein.

**(1)** Das Testament müsste von F und M wirksam errichtet worden sein. Das gemeinschaftliche Testament, zu dessen Errichtung M und F als Ehegatten gem. § 2265 berechtigt waren, wurde von F eigenhändig verfasst, datiert und unterschrieben sowie von M ebenfalls mit unterzeichnet. Es entspricht demnach den Anforderungen der §§ 2267, 2247. 1769

**(2)** Fraglich erscheint, ob darin Vor- und Nacherbschaft angeordnet wurde. Im Rahmen gemeinschaftlicher Testamente sind bei der Einbeziehung Dritter zwei Gestaltungsmöglichkeiten zu unterscheiden. Die Abgrenzung erfolgt danach, ob eine Trennung der Vermögensmassen in der Hand des Längstlebenden gewollt war (Trennungslösung) oder ob die beiden Vermögensmassen, also die des Erstverstorbenen und die des überlebenden Ehegatten, sich vereinigen sollen. § 2269 (sog. Berliner Testament) vermutet, dass sich nach dem ersten Erbfall die Vermögensmassen zu einem einheitlichen Nachlass vereinigen (Einheitsprinzip). 1770

2 Vgl. Palandt/*Bassenge* § 894 Rn. 2.
3 *Olzen* ErbR Rn. 330; MüKoBGB/*Grunsky* § 2113 Rn. 7.
4 BGHZ 52, 269 (270); *Olzen* ErbR Rn. 320; PWW/*Kummer* § 2113 Rn. 4.

1771 **(a)** Nach dem sog. Einheitsprinzip wird der Längerlebende zum Vollerben des Erstversterbenden und der Dritte zum Schlusserben nach dem Tode des Längstlebenden eingesetzt.[5]

1772 **(b)** Bei der Trennungslösung hingegen setzen sich die Eheleute gegenseitig als Vorerben ein und den Dritten zum Nacherben des Letztversterbenden. Der vom Eigenvermögen des Überlebenden zu trennende Nachlass des verstorbenen Ehepartners unterliegt dann unter anderem der Verfügungsbeschränkung des § 2113 I.[6]

1773 **(c)** Ob in dem von M und F errichteten Ehegattentestament Vor- und Nacherbschaft (§§ 2100 ff.) angeordnet wurden, entscheidet der Wille der Eheleute, der durch Auslegung gem. §§ 133, 157 analog ermittelt werden muss.[7]

**(aa)** Für das Einheitsprinzip spricht, dass im Ehegattentestament vom »gemeinsamen Vermögen« die Rede ist. Dies ließe den Schluss zu, dass die Eheleute ihr Vermögen als Einheit sahen, welches in seiner Gesamtheit an den Dritten übergehen sollte.

1774 **(bb)** Andererseits gibt es im Testament auch Anhaltspunkte für die Trennungslösung. Dazu gehört zum einen, dass nach seinem Wortlaut die gesetzlichen Erben des Erstverstorbenen sich mit dem begnügen sollen, was von dessen Vermögen noch vorhanden ist. Dies setzt notwendigerweise eine Trennung der einzelnen Vermögensmassen voraus, da bei einer Verschmelzung nicht beurteilt werden könnte, was zum Vermögen des Erstverstorbenen bzw. zum Eigenvermögen des Überlebenden gehört. Dieses Auslegungsergebnis wird durch die Wiederverheiratungsklausel verstärkt. Zwar steht eine solche Klausel der Einheitslösung nicht zwingend entgegen.[8] Die Tatsache, dass beide Eheleute kinderlos sind, lässt jedoch den Schluss zu, dass M den wesentlichen Teil seines Vermögens, das ihm gehörige Grundstück, für seinen nächsten Verwandten, den Neffen E, sichern wollte. Bei einer Vollerbenstellung der F wäre eine solche Sicherung mangels Verfügungsbeschränkung nicht gewährleistet. Schließlich bildet die Eintragung des Nacherbenvermerks ein Indiz für die Richtigkeit der vorherigen Überlegungen.

Somit ist davon auszugehen, dass nach dem Willen der Eheleute Vor- und Nacherbschaft gewollt war.

1775 **(3)** Fraglich ist, ob die Anwendung des § 2113 I daran scheitert, dass die Eheleute eine befreite Vorerbschaft iSd § 2136 wollten. Für diese Annahme spricht, dass der Nacherbe auf den Rest des Vermögens eingesetzt worden ist (vgl. Ergänzungsregel § 2137 I). Im gemeinschaftlichen Testament der Eheleute M und F wurde aber eine solche Befreiung ausdrücklich ausgeschlossen. Ein Fall der befreiten Vorerbschaft gem. § 2136 ist demnach nicht gegeben.

1776 **(4)** E müsste Nacherbe iSd § 2100 und der Nacherbfall eingetreten sein. E ist als Neffe des M gem. § 1925 I Erbe zweiter Ordnung und damit gesetzlicher Erbe des M. Als nächster Angehöriger des M könnte er nach dessen Tod aufgrund des gemeinschaftlichen Testamentes Nacherbe geworden sein. Die Wiederverheiratungsklausel

5 *Olzen* ErbR Rn. 471.

6 → Rn. 1563 ff.

7 Zur Auslegung einer Verfügung von Todes wegen vgl. *Olzen* ErbR Rn. 560 ff.

8 BGH NJW 1983, 277 (278); vgl. zu den unterschiedlichen Meinungen bezüglich der Rechtsstellung des überlebenden Ehegatten bei der Einheitslösung vor der Wiederheirat MüKoBGB/*Musielak* § 2269 Rn. 54 ff.

war nach dem Willen der Eheleute aber ebenfalls ein Ereignis gem. § 2106 I, das den Nacherbfall auslösen sollte. Demnach wurde E bereits am 10. 12.2008 Nacherbe.

**bb)** Da die Eigentumsübertragung von F auf S den E in seinem Nacherbenrecht beeinträchtigte[9], sind die Voraussetzungen des § 2113 I gegeben. Mit Eintritt des Nacherbfalls wurde die Verfügung der F über das Grundstück unwirksam, sodass E Eigentümer des Grundstücks geworden sein könnte.

**c)** Möglicherweise hat S das Eigentum am Grundstück aber gutgläubig gem. §§ 2113 III, 892 erworben. Nach diesen Vorschriften wird zum einen der gute Glaube daran geschützt, dass der betreffende Gegenstand der Verfügung keiner Nacherbfolge unterliegt, zum anderen, dass befreite Vorerbschaft vorliegt, § 2136.[10] **1777**

**aa)** Fraglich ist, ob S sich auf die Eintragung der F als Eigentümerin im Grundbuch gem. § 892 I 1 berufen kann. F hat das Eigentum an dem Grundstück durch Rechtsgeschäft auf S übertragen. Ein Widerspruch gem. § 899 I gegen die Richtigkeit des Grundbuchs wurde laut Sachverhalt nicht eingetragen. S hatte auch keine Kenntnis von der Verfügungsbeschränkung der F, sodass die Voraussetzungen des § 892 I 1 an sich erfüllt sind.[11] **1778**

**bb)** Im Grundbuch findet sich allerdings ein Nacherbenvermerk gem. § 51 GBO, der auf die Beschränkungen des § 2113 schließen lässt. Der Gutglaubensschutz erfasst nach § 892 I 2 aber auch das Fehlen von Verfügungsbeschränkungen. Der redliche Erwerber kann sich darauf verlassen, dass andere als die eingetragenen Verfügungsbeschränkungen nicht bestehen.[12] Die Vorschrift gilt zwar grundsätzlich nur für relative Verfügungsbeschränkungen. Diesen gleichgestellt wird aber die Beschränkung des Vorerben gem. § 2113 I,[13] die gegenüber jedermann wirkt, jedoch auf einen bestimmten Zweck begrenzt ist.[14] Der Nacherbenvermerk verhindert also den gutgläubigen Eigentumserwerb, sofern nicht die Befreiung von den Verfügungsbeschränkungen des Vorerben gem. § 2136 eingetragen wurde, wie es § 51 GBO verlangt. Daran fehlt es hier jedoch. Wegen des uneingeschränkten Nacherbenvermerks kann sich S nicht auf die Eintragung der F im Grundbuch gem. § 892 I 1, 2 berufen. **1779**

**2.** Da ein gutgläubiger Erwerb der S gem. §§ 2113 III, 892 ausscheidet, ist E Eigentümer des Hausgrundstückes. Die eingetragene S hat kein Eigentum am Grundstück erworben. Damit ist das Grundbuch unrichtig und der Anspruch auf Grundbuchberichtigung gem. § 894 besteht.

**3.** Fraglich ist indes, ob der S ein Zurückbehaltungsrecht zusteht. Dieses könnte sich aus § 273 I, II und aus § 1000 analog ergeben.

**a)** In Betracht kommt zunächst die Einrede gem. § 1000 S. 1 analog. Die Vorschrift setzt in direkter Anwendung den Eigentumsherausgabeanspruch voraus, der hier **1780**

9 Die Beeinträchtigung iSd § 2113 I ist nicht nach wirtschaftlichen, sondern nach rein rechtlichen Gesichtspunkten zu beurteilen, vgl. Jauernig/*Stürner* § 2113 Rn. 2.

10 *Olzen* ErbR Rn. 334.

11 Im Rahmen des § 892 schadet nur positive Kenntnis, dh im Gegensatz zum gutgläubigen Erwerb beweglicher Sachen nach § 932 begründet im Fall des Grundstückserwerbs auch die grob fahrlässige Unkenntnis keine Bösgläubigkeit.

12 Vgl. *Prütting* SachenR Rn. 229; *Vieweg/Werner* SachenR § 13 Rn. 47.

13 Jauernig/*Berger* § 892 Rn. 6; *Prütting* SachenR Rn. 230; *Wieling* SachenR 2007, § 20 II 3c, S. 296.

14 *Baur/Stürner* SachenR § 15 Rn. 31.

nicht geltend gemacht wird. Ferner ist die Interessenlage für den Schuldner, der sich dem Grundbuchberichtigungsanspruch gegenüber sieht, aber Verwendungen auf das Grundstück gemacht hat, ähnlich. Deshalb gilt die Norm auch für den Grundbuchberichtigungsanspruch.[15]

Das Zurückbehaltungsrecht nach § 1000 setzt voraus, dass im Zeitpunkt der Verwendung im Oktober 2008 E Eigentümer und S Besitzerin des Grundstücks war. Vorliegend ist E aber erst mit der Wiederheirat der F im Dezember 2008 gem. §§ 1922, 2139 Eigentümer des Grundstücks geworden. Somit bestand zum Zeitpunkt des Einbaus der neuen Heizungsanlage kein Eigentümer-Besitzer-Verhältnis.

Demnach scheidet ein Zurückbehaltungsrecht nach § 1000 analog aus.

1781 **b)** S könnte die Einrede gem. § 273 II zustehen. Die Vorschrift regelt einen speziellen Fall des Zurückbehaltungsrechtes wegen Verwendungen, die einem Herausgabeanspruch entgegengesetzt werden.

1782 **aa)** § 273 II setzt also zunächst die Pflicht zur Herausgabe eines Gegenstandes voraus. Der Begriff ist weit zu verstehen und erfasst auch die sich aus einer unrichtigen Grundbucheintragung ergebende Rechtsposition.[16] Herausgabeanspruch iSv § 273 II ist wegen der ähnlichen Auswirkungen für den Besitzer daher auch der Anspruch auf Grundbuchberichtigung.[17]

**bb)** Weiterhin müsste S ein fälliger Anspruch auf Verwendungsersatz zustehen.

1783 **(1)** Problematisch ist zunächst, dass § 273 II Verwendungen auf einen Gegenstand verlangt.[18] Die Heizungsanlage wurde aber in das Haus eingebaut, bezog sich also nicht auf die Buchposition, die E von S herausverlangt. Andererseits besteht zwischen dem durch die Eintragung im Grundbuch dokumentierten Eigentumsrecht und dem Grundstück selber eine untrennbare Einheit. Deshalb gelten Verwendungen auf das Grundstück auch als solche auf das Eigentum, sodass § 273 II dem Grundbuchberichtigungsanspruch ebenfalls entgegengesetzt werden kann.[19]

1784 **(2)** Weiterhin müsste S einen Verwendungsersatzanspruch geltend machen können. Sie ließ im Oktober 2008, also vor Eintritt des Nacherbfalls, die Heizungsanlage für 30.000 EUR ersetzen. Da Ansprüche gem. §§ 994 ff. am fehlenden Eigentümer-Besitzer-Verhältnis zum Zeitpunkt der Verwendung scheitern, kämen für die Zeit vor dem Nacherbfall §§ 2124 f. in Betracht. Anspruchsberechtigter im Sinne dieser Norm ist jedoch der Vorerbe. S war aber keine Vorerbin, sondern hat das Grundstück rechtsgeschäftlich erworben. Bliebe es bei diesem Ergebnis, könnte der Nacherbe E evtl. Verwendungen ersatzlos für sich in Anspruch nehmen. Der Nacherbe darf aber nicht dadurch besser gestellt werden, dass die Verwendungen nicht durch den Vorerben, sondern durch einen Dritten, dem der Vorerbe letztlich unwirksam Eigentum übertragen hat, vorgenommen worden sind. Aufgrund der planwidrigen Gesetzeslücke, die insoweit besteht, und der vergleichbaren Interessenlage zwischen den Situa-

15 Vgl. Jauernig/*Berger* § 1000 Rn. 1.
16 BGHZ 75, 293; Palandt/*Grüneberg* § 273 Rn. 22.
17 BGHZ 41, 34 f.
18 MüKoBGB/*Krüger* § 273 Rn. 85.
19 So BGHZ 41, 30 (35 f.); krit. hierzu Staudinger/*Gursky*, 2013, § 894 Rn. 137.

tionen, dass der Vorerbe oder ein Dritter die Verwendungen vorgenommen hat, gelten §§ 2124 ff. zugunsten des Erwerbers analog.[20]

**(3)** Bei den von S durchgeführten Erneuerungsarbeiten müsste es sich um »andere Aufwendungen« iSd § 2124 II handeln. Darunter fallen Verbesserungen und Erneuerungen, die einerseits notwendig sind, aber andererseits das Maß der gewöhnlichen Erhaltungskosten iSd § 2124 I übersteigen, also vor allem solche, die für das Grundstück langfristig wertsteigernde Wirkung haben.[21] Dies ist im Hinblick auf den Einbau einer besseren Heizungsanlage zu bejahen.[22] 1785

**(4)** Somit hat S einen Anspruch auf Verwendungsersatz gem. § 2124 II 2 analog.

**c)** Der Anspruch kann auch durch Einrede nach § 273 I dem Berichtigungsanspruch gem. § 894 entgegengesetzt werden. § 273 II ist keine abschließende Sonderregelung.[23] Die Ansprüche des Nacherben und des Dritten, der vom Vorerben Eigentum erworben hat, beruhen durch die Vorerbschaft auf einem innerlich zusammenhängenden, einheitlichen Lebensverhältnis. Die für § 273 I erforderliche Konnexität zwischen Anspruch und Gegenanspruch[24] besteht damit, sodass auch diese Einrede eingreift. 1786

**4.** E hat gegen S einen Anspruch auf Zustimmung zur Berichtigung des Grundbuchs gem. § 894, Zug um Zug gegen Zahlung der außergewöhnlichen Erhaltungskosten iHv 30.000 EUR nach § 2124 II 2 analog.

### II. Anspruch des E gegen S auf Berichtigung des Grundbuchs gem. § 812 I 1 2. Var.

E könnte gegen S einen Anspruch auf Berichtigung des Grundbuchs gem. § 812 I 1 2. Var. haben.

**1.** Grundsätzlich ist die Nichtleistungskondiktion gegenüber der Leistungskondiktion subsidiär und S hat die Buchposition aufgrund einer Leistung der F erlangt. Durch den Tod der F trat aber im Wege der Gesamtrechtsnachfolge eine Vereinigung von Forderung und Schuld in der Person der S ein (Konfusion).[25] Dadurch ist das Schuldverhältnis zwischen F und S erloschen, sodass eine verdrängende Leistungskondiktion nicht mehr in Betracht kommt. 1787

**2.** Zunächst müsste S etwas erlangt haben.

Als Bereicherungsgegenstand kommt auch die Eintragung im Grundbuch als vermögenswerte Rechtsposition in Betracht.[26] S hat diese Buchposition erlangt. 1788

**3.** Weiterhin müsste S den Bereicherungsgegenstand in sonstiger Weise erlangt haben. Dies setzt voraus, dass S in den Zuweisungsgehalt eines Rechts eingegriffen hat, das E zugewiesen war.[27] Vor dem Nacherbfall lag aber deshalb kein Eingriff vor, weil die

20 Jauernig/*Stürner* § 2113 Rn. 2; BGH NJW 1985, 384.
21 Palandt/*Weidlich* § 2124 Rn. 3; Jauernig/*Stürner* Anm. zu den §§ 2124–2126 Rn. 2.
22 Palandt/*Weidlich* § 2124 Rn. 3; vgl. PWW/*Kummer* §§ 2124–2126 Rn. 8.
23 Staudinger/*Bittner*, 2014, § 273 Rn. 113; MüKoBGB/*Krüger* § 273 Rn. 82.
24 Vgl. zur Konnexität iSd § 273 I Palandt/*Grüneberg* § 273 Rn. 9.
25 Vgl. zur Konfusion Staudinger/*Olzen*, 2011, Einl. zu §§ 362 ff. Rn. 25 ff.
26 Jauernig/*Stadler* § 812 Rn. 8.
27 Jauernig/*Stadler* § 812 Rn. 50 ff.

Verfügung über das Grundstück bei ihrer Vornahme wirksam war. Allerdings ist E mit dem Nacherbfall Eigentümer geworden, sodass durch die fortbestehende Eintragung der S in sein ihm von der Rechtsordnung zugewiesenes Eigentumsrecht eingegriffen wird.

**4.** Aufgrund ihres fälligen Anspruchs auf Verwendungsersatz gem. § 2124 II 2 analog steht S ein Zurückbehaltungsrecht gem. § 273 II und I zu.

**5.** E hat gegen S einen Anspruch auf Berichtigung des Grundbuchs gem. § 812 I 1 2. Var., Zug um Zug gegen Zahlung der außergewöhnlichen Erhaltungskosten iHv 30.000 EUR nach § 2124 II 2 analog.

### Frage 2

### I. Anspruch des E gegen S auf Herausgabe des Wagens

#### 1. Anspruch aus § 2130 I 1

**1789** Gem. § 2130 I 1 kann der Nacherbe vom Vorerben die Herausgabe aller Nachlassgegenstände verlangen. Da der Anspruch sich gegen den Vorerben (F) und nicht gegen Dritte (S) richtet,[28] wäre er nach dem Tode der Frau an sich ausgeschlossen. Allerdings hat vorliegend S die Vorerbin F beerbt, sodass deren Herausgabepflicht auf die S übergegangen ist (§ 1967 I).[29]

E könnte daher von S Herausgabe des Pkw verlangen, wenn der entsprechende Anspruch zur Zeit des Erbfalls gegen die Vorerbin F bestanden hätte. Der Vorerbe kann aber nur zur Herausgabe derjenigen Sachen verpflichtet sein, die er noch besitzt.[30] Das Auto befand sich hingegen bei Eintritt des Nacherbenfalls nicht mehr im Besitz der F, da sie es bereits an S schenkweise veräußert hatte. Es bestand also keine übergangsfähige Herausgabeverpflichtung. Der Anspruch scheidet aus.

#### 2. Anspruch aus § 985

E könnte von der Besitzerin S Herausgabe des Autos beanspruchen, wenn er daran Eigentum erlangt hat. Fraglich ist, ob der Pkw zu dem Zeitpunkt noch zum Nachlass gehörte, als E durch Eintritt des Nacherbfalls am 10. Dezember den M beerbte.[31]

**1790** **a)** F könnte das Eigentum gem. § 929 S. 1 an S übertragen haben. F und S einigten sich Anfang des Jahres 2008 und F übergab der S auch den Wagen. Fraglich bleibt, ob F zur Verfügung über das Eigentum berechtigt war. Dazu müsste sie zunächst Eigentum an der Sache gehabt haben. Dies ist deshalb der Fall, weil sie den M als Vorerbin beerbt und damit das Eigentum an der Sache gem. § 1922 erlangt hat.

**1791** **b)** Allerdings könnte der Wirksamkeit ihrer Verfügung § 2113 II 1 entgegenstehen. Dann müsste die schenkweise Übertragung des Pkw an S eine unentgeltliche Verfügung im Sinne der Norm darstellen. Dies ist dann der Fall, wenn im Zusammenhang mit der Verfügung kein angemessener Gegenwert in den Nachlass gelangt.[32] Das Ge-

28 Bamberger/Roth/*Litzenburger* § 2130 Rn. 3; MüKoBGB/*Grunsky* § 2130 Rn. 3.
29 Vgl. zur Übertragung des Besitzes vom Erblasser auf den Erben *Ebenroth/Frank* JuS 1996, 794 (797).
30 *Leipold* ErbR Rn. 690 Fn. 31.
31 Der Nacherbe beerbt den Erblasser und nicht den Vorerben, vgl. *Olzen* ErbR Rn. 324.
32 BGHZ 78, 182.

setz nennt als Anwendungsfall in § 2113 II 2 insbesondere die Erfüllung eines Schenkungsversprechens, allerdings mit Ausnahme einer Anstands- oder Pflichtschenkung. Dafür könnte man einen Anhaltspunkt im Sachverhalt finden, weil die schenkweise Übereignung von F deshalb vorgenommen wurde, weil S in der Zeit ihrer Trauer ihre einzige Bezugsperson war. Es reicht aber nicht aus, dass das sittliche Gebot in der Person des Vorerben bestand, sondern es müsste bei dem Erblasser M vorgelegen haben.[33] Dafür sind aber keine Anhaltspunkte vorhanden. Damit verstieß die Übereignung an S gegen § 2113 und wäre unwirksam.

c) S könnte den Pkw aber gutgläubig erworben haben. Gem. § 2113 III gelten die §§ 932 ff. entsprechend. Es wird der gute Glaube daran geschützt, dass der Gegenstand keiner Nacherbfolge unterliegt oder dass befreite Vorerbschaft (§ 2136) angeordnet wurde.[34] Dass S von der Verfügungsbeschränkung der F wusste, lässt sich dem Sachverhalt nicht entnehmen. Sie hat somit gutgläubig Eigentum am Wagen erworben. 1792

E kann die Herausgabe des Wagens daher nicht aus § 985 verlangen.

### 3. Ansprüche aus §§ 861, 1007 I und II

Besitzschutzansprüche des E gegen S scheiden deshalb aus, weil E vor der Veräußerung keinen Besitz an dem Pkw hatte, auch nicht den Erbenbesitz gem. § 857. 1793

### 4. Anspruch aus § 816 I 2

Gem. § 816 I 2 ist derjenige, der aufgrund der unentgeltlichen Verfügung eines Nichtberechtigten etwas erlangt hat, dem Berechtigten gegenüber zur Herausgabe verpflichtet, wenn die Verfügung dem Berechtigten gegenüber wirksam war.[35] Nichtberechtigung im Sinne der Norm liegt auch dann vor, wenn die Verfügungsbefugnis rückwirkend weggefallen ist.[36] 1794

F hat durch den Eintritt des Nacherbfalls nachträglich als Nichtberechtigte über den Wagen verfügt. Die Verfügung erfolgte unentgeltlich. S hat daran gutgläubig Eigentum erworben und somit mittelbar einen rechtlichen Vorteil erlangt. E kann demnach von S Herausgabe des Autos aus § 816 I 2 verlangen.

## II. Anspruch des E gegen S auf Schadensersatz iHv 500 EUR für die Winterreifen

### 1. Anspruch auf Schadensersatz gem. §§ 989, 990

Der Anspruch scheitert mangels Vindikationslage. E ist nicht Eigentümer der Winterreifen geworden, da S sie – ebenso wie den Pkw – gutgläubig erworben hat. 1795

### 2. Anspruch auf Schadensersatz aus § 823 I

a) Erforderlich wäre zunächst eine Verletzung der Rechtsgüter des E. Da eine Eigentumsverletzung ausscheidet, kommt nur die Verletzung eines sonstigen Rechtes in 1796

33 MüKoBGB/*Grunsky* § 2113 Rn. 39.

34 *Olzen* JURA 2001, 726 (727).

35 MüKoBGB/*Schwab* § 816 Rn. 61; Staudinger/*Martinek* Eckpfeiler, 2014/15, 833; *Medicus/Petersen* BürgerlR Rn. 383.

36 Bamberger/Roth/*Wendehorst* § 816 Rn. 9; MüKoBGB/*Schwab* § 816 Rn. 24.

Betracht. Es muss sich um ein absolut geschütztes Recht handeln, das also Schutz gegen jedermann beanspruchen kann.

Die Rechtsstellung des Nacherben ist unentziehbar, gewährt ihm Ansprüche und sichert sein zukünftiges Erbrecht. Sie unterliegt deshalb als erbrechtliche Anwartschaft[37] dem deliktischen Schutz als sonstiges Recht.[38]

1797 **b)** Dieses Recht hat S jedenfalls teilweise dadurch verletzt, dass sie das Eigentum an den Rädern gutgläubig erworben hat. Der gutgläubige Erwerb ist aber nicht rechtswidrig, sondern in § 932 vorgesehen. Dass dies auch für die Verletzung der Nacherbenanwartschaft gilt, zeigt ein Erst-Recht-Schluss zum Eigentum, das ebenfalls durch den guten Glauben eines Dritten weg erworben werden kann.[39]

Ein Anspruch auf Schadensersatz gem. § 823 I besteht damit nicht.

### 3. Anspruch auf Wertersatz aus §§ 816 I 2, 818 II

1798 Gem. § 816 I 2 wäre S zur Herausgabe des Radsatzes verpflichtet gewesen. Da die Winterreifen jedoch aus der Garage der S entwendet wurden, ist die Herausgabe unmöglich geworden, § 275 I. E könnte daher Ersatz des Wertes verlangen. Der Anspruch ist aber ausgeschlossen, weil S in Folge des Diebstahls nicht mehr bereichert ist, § 818 III.

### 4. Anspruch aus §§ 2138 II, 1922, 1967 I

1799 E könnte ein Anspruch auf Schadensersatz gegen die Vorerbin F zustehen, weil sie die Winterreifen schenkweise weiter übertragen hat. Da S Erbin der Vorerbin war, wäre die Verpflichtung zum Schadensersatz als Verbindlichkeit des Erblassers durch den Erbfall gem. §§ 1922, 1967 I auf sie übergegangen. Es stellt sich also die Frage, ob sich F dem E gegenüber schadensersatzpflichtig gemacht hatte. Dies könnte sich aus § 2138 II 1. Var. ergeben, wonach der Vorerbe dem Nacherben zum Schadensersatz verpflichtet ist, wenn er unentgeltlich über einen Nachlassgegenstand verfügt hat.

1800 **a)** Zweifel an der Anwendbarkeit der Norm bestehen, wenn sie nur die Ersatzpflicht des befreiten Vorerben regelt.[40] Der Wortlaut erlaubt keinen eindeutigen Schluss. Jedoch könnte dafür die Gesetzessystematik sprechen, weil die §§ 2136 ff. die Befreiung des Vorerben regeln. Allerdings zeigt § 2138 II, dass selbst der befreite Vorerbe der Schadensersatzpflicht nicht entgeht, wenn er unentgeltlich verfügt. Dies muss für den beschränkten Vorerben aber erst recht gelten.

1801 **b)** Durch unentgeltliche Verfügung über einen Nachlassgegenstand verstößt der Vorerbe gegen seine Pflicht zur ordnungsgemäßen Verwaltung (§ 2130 I 1) im Hinblick auf das zwischen ihm und den Nacherben bestehende gesetzliche Schuldverhältnis.[41] Somit ist eine Pflichtverletzung zu bejahen.

37 *Olzen* ErbR Rn. 337; *Brox/Walker* ErbR Rn. 356.

38 Staudinger/*Avenarius*, 2003, § 2100 Rn. 73; PWW/*Kummer* § 2100 Rn. 49; vertiefend *Wiech*, Nacherbenschutz gem. § 823, 1999.

39 Staudinger/*Hager* Eckpfeiler, 2014/15, 904; MüKoBGB/*Wagner* § 823 Rn. 168.

40 MüKoBGB/*Grunsky* § 2138 Rn. 4.

41 Bamberger/Roth/*Litzenburger* § 2130 Rn. 5; Staudinger/*Avenarius*, 2013, § 2138 Rn. 9.

c) F müsste die Pflichtverletzung zu vertreten haben, § 276. Gem. §§ 277, 2131 haftet der Vorerbe bei der Verwaltung des Nachlasses nur für die Verletzung der Sorgfalt in eigenen Angelegenheiten[42]. F hat jedoch die sich aus § 2113 II ergebende Pflicht, unentgeltliche Verfügungen zu unterlassen, verletzt. Es handelt sich nicht um die allgemeine Nachlassverwaltung, sondern um die Einhaltung normierter Pflichten, für die der allgemeine Fahrlässigkeitsmaßstab gilt.[43] Da F das Testament mitverfasst hatte, handelte sie fahrlässig iSd § 276 II. 1802

d) E muss sich die Winterreifen selbst besorgen. Dadurch entstehen ihm Kosten iHv 500 EUR, die ihm bei ordnungsgemäßer Verwaltung des Nachlasses nicht entstanden wären. Er hat also einen ersatzfähigen Schaden erlitten, §§ 249 I, 251 I.

Sein Anspruch auf Schadensersatz ist daher begründet.

### 5. Anspruch aus §§ 678, 1922, 1967

a) Zur Veräußerung der Winterreifen war die Vorerbin F aufgrund der Verfügungsbeschränkung des § 2113 II nicht berechtigt. Dadurch hat sie in den Rechts- und Interessenkreis des Nacherben E eingegriffen und damit ein objektiv fremdes Geschäft geführt.[44] 1803

b) Bei einem objektiv fremden Geschäft wird der Fremdgeschäftsführungswille des Geschäftsführers vermutet.[45] Folglich hat F mangels gegenteiliger Angaben im Sachverhalt mit Fremdgeschäftsführungswillen gehandelt.

c) Die unentgeltliche Veräußerung der zum Nachlass gehörenden neuen Winterreifen stand objektiv im Widerspruch zum Willen des Nacherben E, jedenfalls zu seinem mutmaßlichen Willen.

d) Schließlich müsste das Übernahmeverschulden vorliegen, dh die Vorerbin F müsste den entgegenstehenden Willen des Geschäftsherrn E erkannt oder infolge Fahrlässigkeit nicht erkannt haben.[46] Vorliegend hätte die F bei Anwendung der im Verkehr erforderlichen Sorgfalt erkennen müssen (§ 276 II), dass sie mit der unentgeltlichen Verfügung gegen eine gesetzlich geregelte Pflicht verstieß, sie handelte damit fahrlässig.

e) Der Anspruch aus §§ 678, 1922, 1967 ist somit gegeben.

### 6. Anspruch aus §§ 823 I, 1922, 1967

Schließlich könnte die Vorerbin F dem Nacherben E auch aus § 823 I zum Ersatz verpflichtet gewesen sein. Durch die unentgeltliche Verfügung über den Wagen als Nachlassgegenstand hat F das Anwartschaftsrecht des Nacherben, das als sonstiges absolutes Recht zu qualifizieren ist,[47] verletzt. Da die unentgeltliche Verfügung der F gem. § 2113 II unwirksam war, stellt die schenkweise Veräußerung eine rechtswidrige Verletzung eines absolut geschützten Rechts dar. Durch die unentgeltliche Verfügung 1804

42 Diligentia quam in suis rebus adhibere solet.
43 Vgl. RGZ 73, 4 (7); MüKoBGB/*Grunsky* § 2131 Rn. 2.
44 Vgl. zum objektiv fremden Geschäft Palandt/*Sprau* § 677 Rn. 4.
45 Jauernig/*Mansel* § 677 Rn. 4.
46 Palandt/*Sprau* § 678 Rn. 3.
47 → Rn. 1796.

hat F gegen eine gesetzliche Pflicht verstoßen und handelte damit fahrlässig iSd § 276 II und schuldhaft.[48] Auch diese Verpflichtung ist auf S übergegangen, sodass der Anspruch besteht.

## III. Gesamtergebnis

E steht gegen S ein Grundbuchberichtigungsanspruch nach § 894 und § 812 I 1 2. Var., und zwar Zug um Zug gegen Zahlung der Kosten für die Heizungsanlage iHv 30.000 EUR nach § 2124 II 2 analog zu.

E kann zudem von S die Herausgabe des Pkw nach § 816 I 2 verlangen. Er hat ferner einen Schadensersatzanspruch iHv 500 EUR für die gestohlenen Winterreifen nach §§ 2138 II, 1922, 1967 I und §§ 678, 1922, 1967 sowie §§ 823 I, 1922, 1967.

48 → Rn. 1802.

# Sachverzeichnis

Die Zahlen verweisen auf die Randnummern des Buches. Die fett gedruckten Zahlen verweisen auf die Hauptfundstellen, die kursiv gedruckten Zahlen auf die Aufbauschemata innerhalb des Werkes.